Estrutura de Dados e Algoritmos em C++

Tradução da 4ª edição norte-americana

Dados Internacionais de Catalogação na Publicação (CIP)

D793e, Drozdek, Adam.
Estrutura de dados e algoritmos em C++ / Adam Drozdek;
 tradução: Roberto Enrique Romero Torrejon; revisão
 técnica: Flávio Soares Côrrea da Silva. - São Paulo
 SP. : Cengage Learning, 2023.
 706 p.: il. ; 26 cm

 Inclui bibliografia, índice e apêndice.
 Tradução de: Data structures and algorithms in C++ (4. ed.).
 1. reimpr. da 1. ed. de 2017
 ISBN: 978-85-221-2573-9

  1. Algoritmos - Computadores. 2. Estrutura de dados
  (Computação).3. C++ (linguagem de programação de
 computador). I. Torrejon, Roberto Enrique Romero. II. Silva,
 Flávio Soares Corrêa da. III. Título.

CDU 004.421   CDD 005.73

Índice para catálogo sistemático:
Algoritmos : Computadores   004.421
(Bibliotecária responsável: Sabrina Leal Araújo - CRB 10/1507)

Estrutura de Dados e Algoritmos em C++

Tradução da 4ª edição norte-americana

ADAM DROZDEK

Tradução
Roberto Enrique Romero Torrejon

Revisão Técnica
Flávio Soares Corrêa da Silva
Ph.D. em Inteligência Artificial pela Universidade de Edinburgh.
Livre-docente e professor associado do Departamento de Ciência da
Computação, Instituto de Matemática e Estatística da Universidade de São Paulo (USP-SP).

Cengage

Austrália • Brasil • Canadá • México • Cingapura • Reino Unido • Estados Unidos

Estrutura de dados e algoritmos em C++
Tradução da 4ª edição norte-americana
2ª edição brasileira

Adam Drozdek

Gerente editorial: Noelma Brocanelli

Editora de desenvolvimento: Salete Del Guerra

Editora de aquisição: Guacira Simonelli

Supervisora de produção gráfica: Fabiana Alencar Albuquerque

Produção gráfica: Raquel Braik Pedreira

Especialista em direitos autorais: Jenis Oh

Título original: *Data structures and algorithms in C++*, 4th ed. (ISBN 13: 978-1-133-61305-3)

Tradução da 1ª edição: Luiz Sérgio de Castro Paiva

Tradução dessa edição (textos novos): Roberto Enrique Romero Torrejon

Tradução técnica: Flávio Soares Corrêa da Silva

Copidesque: Isabel Ribeiro

Revisões: Vero Verbo Serviços Editoriais

Diagramação: Triall Editorial

Capa: Buono Disegno

Imagem da capa: Shutterstock/wavebreakmedia

© 2013 Cengage Learning Edições Ltda.
© 2017 Cengage Learning.

Todos os direitos reservados. Nenhuma parte deste livro poderá ser reproduzida, sejam quais forem os meios empregados, sem a permissão, por escrito, da Editora. Aos infratores aplicam-se as sanções previstas nos artigos 102, 104, 106 e 107 da Lei nº 9.610, de 19 de fevereiro de 1998.

Esta editora empenhou-se em contatar os responsáveis pelos direitos autorais de todas as imagens e de outros materiais utilizados neste livro. Se porventura for constatada a omissão involuntária na identificação de algum deles, dispomo-nos a efetuar, futuramente, os possíveis acertos.

A Editora não se responsabiliza pelo funcionamento dos sites contidos neste livro que possam estar suspensos.

Para informações sobre nossos produtos, entre em contato pelo telefone **+55 11 3665-9900**

Para permissão de uso de material desta obra, envie seu pedido para
direitosautorais@cengage.com

ISBN-13: 978-85-221-2573-9
ISBN-10: 85-221-2573-2

Cengage
WeWork
Rua Cerro Corá, 2175 – Alto da Lapa
São Paulo – SP – 05061-450
Tel.: (11) +55 11 3665-9900

Para suas soluções de curso e aprendizado, visite
www.cengage.com.br

Impresso no Brasil.
Printed in Brazil.
1ª reimpressão – 2023

Para minhas filhas, Justyna e Kasia.

Prefácio

O estudo das estruturas de dados, componente fundamental no aprendizado da Ciência da Computação, é a base sobre a qual muitos outros campos desta ciência são construídos. Ter algum conhecimento das estruturas de dados é imperativo para os estudantes que desejam trabalhar em implementação, testes e manutenção de projetos de virtualmente qualquer sistema de software. O escopo e a apresentação do material em *Estruturas de dados e algoritmos em C++* suprem os estudantes com o conhecimento necessário para realizar tal trabalho.

Este livro enfatiza três aspectos importantes das estruturas de dados. Primeiro, uma ênfase muito forte é dada na conexão entre as estruturas de dados e seus algoritmos, incluindo a análise da complexidade dos algoritmos. Segundo, as estruturas de dados estão apresentadas no contexto orientado a objetos, de acordo com o paradigma corrente de projeto e de implementação. Em particular, é realçado o princípio do ocultamento de informação, usado em encapsulamento e decomposição. Finalmente, um componente importante do livro é a implementação das estruturas de dados, que leva à escolha de C++ como a linguagem de programação.

C++, uma linguagem orientada a objetos descendente de C, está difundida na indústria e no meio acadêmico como excelente linguagem de programação. É também útil e natural para uma introdução a estruturas de dados. No entanto, o uso de C++ em um curso de algoritmos e estruturas de dados, mesmo no nível introdutório, é bastante justificado devido a seu uso na programação de aplicações e às características orientadas a objeto.

Este livro fornece o material para um curso introdutório de estruturas de dados, bem como para uma estrutura de dados e algoritmos avançados, é claro. Também atende aos requisitos para as seguintes unidades especificadas no Currículo da Ciência da Computação ACM 2008. DS/Graphs AndTrees, PF/DataStructures, PF/Recursion, PF/ObjectOriented, AL/BasicAnalysis, AL/AlgorithmicStrategies, AL/FundamentalAlgorithms, AL/PversusNP, PL/DeclarationsAndTypes, PL/AbstractionMechanisms, PL/ObjectOrientedProgramming.

A maioria dos capítulos inclui um estudo de caso que ilustra um contexto completo no qual certos algoritmos e estruturas de dados podem ser usados. Esses estudos foram escolhidos a partir de diferentes áreas da Ciência de Computação, como interpretadores, computação simbólica e processamento de arquivos, para indicar o amplo espectro de aplicações em que podem ser empregados os temas discutidos.

Breves exemplos de código C++ estão incluídos ao longo do livro para ilustrar a importância prática das estruturas de dados. No entanto, a análise teórica é igualmente importante, por isso as apresentações de algoritmos estão integradas com a análise de eficiência.

A apresentação da recursão é feita com grande cuidado, pois mesmo estudantes avançados têm problemas em relação a isto. Nossa experiência tem mostrado que a recursão pode ser mais bem explicada se a pilha de tempo de execução for levada em consideração. Mudanças na pilha são mostradas quando se está rastreando uma função recursiva não somente no capítulo sobre recursão, mas também em outros. Por exemplo, uma função surpreendentemente pequena, para percorrer uma árvore, pode permanecer um mistério se o trabalho efetuado pelo sistema na pilha de tempo de execução não for incluído na explicação. Afastar-se do sistema e manter uma perspectiva puramente teórica na discussão de algoritmos e estruturas de dados não é necessariamente proveitoso.

Este livro dedica-se a estruturas de dados. Outros tópicos são tratados somente quando forem necessários para assegurar um entendimento apropriado deste assunto. Os algoritmos são discutidos da perspectiva das estruturas de dados; o leitor não encontrará uma discussão completa dos diferentes tipos de algoritmos e de todas as facetas que uma apresentação global dos algoritmos exige. No entanto, conforme mencionado, a recursão é coberta em profundidade. Além disso, a análise de complexidade dos algoritmos está apresentada em detalhe.

Os Capítulos 1 e 3 a 8 apresentam diferentes estruturas de dados e os algoritmos que operam sobre elas. A eficiência de cada algoritmo é analisada e melhorias para os algoritmos são sugeridas.

- O Capítulo 1 apresenta os princípios básicos da programação orientada a objetos, uma introdução à alocação dinâmica de memória e o uso de ponteiros, bem como uma apresentação rudimentar da Biblioteca de Formatos-Padrão (em inglês, Standard Template Library – STL).
- O Capítulo 2 descreve alguns métodos usados para avaliar a eficiência de algoritmos.
- O Capítulo 3 apresenta os diferentes tipos de listas ligadas, com ênfase em sua implementação com ponteiros.
- O Capítulo 4 apresenta pilhas e filas e suas aplicações.
- O Capítulo 5 contém uma discussão detalhada sobre recursão. Seus diferentes tipos são discutidos e uma chamada recursiva é dissecada.
- O Capítulo 6 discute as árvores binárias, incluindo implementação, percursos e busca. As árvores balanceadas estão também incluídas neste capítulo.
- O Capítulo 7 detalha árvores mais genéricas, como árvores trie, 2-4 e -B.
- O Capítulo 8 apresenta grafos.

Os Capítulos 9 a 13 mostram diferentes aplicações das estruturas de dados apresentadas nos capítulos anteriores. Nestes capítulos são enfatizados os aspectos de estruturas de dados de cada um dos tópicos considerados.

- O Capítulo 9 analisa a ordenação em detalhe e apresenta diversos métodos elementares e não elementares.
- O Capítulo 10 discute as técnicas de *hashing* mais importantes para busca e pesquisa.
- Várias técnicas são apresentadas, com ênfase na utilização de estruturas de dados.
- O Capítulo 11 discute algoritmos de compressão de dados e estruturas de dados.
- O Capítulo 12 apresenta várias técnicas e estruturas de dados para o gerenciamento de memória.
- O Capítulo 13 discute vários algoritmos de correspondência de cadeia exata e aproximada.
- O Apêndice A discute em detalhes a notação O-Grande apresentada no Capítulo 2.
- O Apêndice B apresenta algoritmos padrão da Biblioteca de Formatos-Padrão.
- O Apêndice C dá uma prova do teorema de Cook e o ilustra com um exemplo estendido.

Cada capítulo contém uma discussão do material ilustrada com diagramas e tabelas apropriados. Com exceção do Capítulo 2, todos os outros incluem um estudo de caso — um exemplo estendido que usa as características discutidas no capítulo. Todos os estudos de caso foram testados usando o compilador e o compilador g++ em Unix, exceto o floco de neve de von Koch, que roda em um PC com Visual C++. No fim, acompanhando o texto de cada capítulo há um conjunto de exercícios com diferentes graus de dificuldade. Exceto o Capítulo 2, todos os outros incluem também exercícios de programação e uma bibliografia atualizada da literatura relevante.

Os Capítulos 1 a 6 (excluindo as Seções 2.9 e 2.10, 3.4, 6.4.3, 6.7 e 6.8 e 6.10 e 6.11) contêm o material que forma a base de qualquer curso de estruturas de dados. Esses capítulos devem ser estudados em sequência. Os seis capítulos restantes podem ser lidos em qualquer ordem. Um curso de um semestre poderia incluir os Capítulos 1 a 6, 9 e as Seções 10.1 e 10.2. O livro inteiro poderia também ser usado em uma sequência de dois semestres.

Material de apoio para professor e aluno

Você pode encontrar as respostas aos exercícios, em inglês, no site da Cengage Learning, **www.cengage.com.br**, na página do livro. Entre com seu cadastro.

Além disso, o código-fonte para os programas de exemplo de texto está disponível para download no site da Cengage Learning, na página do livro e, também, no site do autor, em: <http://www.mathcs.duq.edu/drozdek/DSinCpp>.

Mudanças nesta edição

A nova edição estende a anterior e inclui material sobre novos tópicos, sendo:

- Seção sobre *treaps* (6.10) e outra sobre árvores k-d (6.11)
- Seção sobre árvores-B k-d (7.15)
- Discussão dos dois métodos de ordenação adicionais (Seções 9.1.3.1, 9.3.6)
- Nova técnica de *hashing* (Seção 10.5.1)
- Seção sobre a coleta de lixo gerativa (12.3.4)

Há também muitas pequenas modificações e inserções ao longo do livro.

Sumário

1 Programação Orientada a Objetos Usando C++ 1
- 1.1 Tipos abstratos de dados 1
- 1.2 Encapsulamento 1
- 1.3 Herança 5
- 1.4 Ponteiros 8
  - 1.4.1 Ponteiros e matrizes 10
  - 1.4.2 Ponteiros e construtores de cópias 12
  - 1.4.3 Ponteiros e destrutores 14
  - 1.4.4 Ponteiros e variáveis de referência 15
  - 1.4.5 Ponteiros para funções 17
- 1.5 Polimorfismo 18
- 1.6 C++ e a programação orientada a objetos 20
- 1.7 A biblioteca de formatos-padrão 21
  - 1.7.1 Contêineres 21
  - 1.7.2 Iteradores 22
  - 1.7.3 Algoritmos 22
  - 1.7.4 Objetos de função 23
- 1.8 Vetores na biblioteca de formatos-padrão 24
- 1.9 Estruturas de dados e programação orientada a objetos 31
- 1.10 Estudo de caso: Arquivos de acesso não sequencial 31
- 1.11 Exercícios 41
- 1.12 Tarefas de programação 43
- Bibliografia 44

2 Análise de Complexidade 46
- 2.1 Complexidade computacional e assintótica 46
- 2.2 Notação O-Grande 47
- 2.3 Propriedades da notação O-Grande 49
- 2.4 Notações Ω e Θ 50
- 2.5 Possíveis problemas 51

2.6	Exemplos de complexidades	51
2.7	Encontrando a complexidade assintótica: Exemplos	53
2.8	O melhor, o médio e o pior casos	55
2.9	Complexidade amortizada	57
2.10	NP-Completude	60
2.11	Exercícios	63
	Bibliografia	65

3 Listas Ligadas 67

3.1	Listas singularmente ligadas	67
	3.1.1 Inserção	72
	3.1.2 Remoção	74
	3.1.3 Busca	79
3.2	Listas duplamente ligadas	79
3.3	Listas circulares	83
3.4	Listas de salto	84
3.5	Listas auto-organizadas	89
3.6	Tabelas esparsas	93
3.7	Listas na biblioteca de formatos-padrão	96
3.8	Conclusões	100
3.9	Estudo de caso: Uma biblioteca	100
3.10	Exercícios	109
3.11	Tarefas de programação	111
	Bibliografia	114

4 Pilhas e Filas 115

4.1	Pilhas	115
4.2	Filas	122
4.3	Filas com prioridades	129
4.4	Pilhas na biblioteca de formatos-padrão	130
4.5	Filas na biblioteca de formatos-padrão	131
4.6	Filas com prioridades na biblioteca de formatos-padrão	132
4.7	Deques na biblioteca de formatos-padrão	134
4.8	Estudo de caso: Saindo de um labirinto	139
4.9	Exercícios	144
4.10	Tarefas de programação	145
	Bibliografia	147

5 Recursão 148
5.1 Definições recursivas 148
5.2 Chamadas de função e implementação da recursão 150
5.3 Anatomia de uma chamada recursiva 151
5.4 Recursão de cauda 155
5.5 Recursão que não é de cauda 156
5.6 Recursão indireta 161
5.7 Recursão aninhada 162
5.8 Recursão excessiva 163
5.9 Retrocesso 166
5.10 Conclusões 172
5.11 Estudo de caso: Um interpretador de descendência recursiva 173
5.12 Exercícios 180
5.13 Tarefas de programação 183
Bibliografia 185

6 Árvores Binárias 186
6.1 Árvores, árvores binárias e árvores binárias de busca 186
6.2 Implementando árvores binárias 190
6.3 Percorrendo uma árvore binária de busca 193
6.4 Percurso em árvores 195
    6.4.1 Percurso em extensão 195
    6.4.2 Percurso em profundidade 195
    6.4.3 Percurso em profundidade sem pilha 203
6.5 Inserção 209
6.6 Remoção 211
    6.6.1 Remoção por fusão 212
    6.6.2 Remoção por cópia 215
6.7 Balanceando uma árvore 217
    6.7.1 O Algoritmo DSW 219
    6.7.2 Árvores AVL 223
6.8 Árvores autoajustadas 227
    6.8.1 Árvores autorreestruturáveis 228
    6.8.2 Afunilamento 229
6.9 Heaps 234
    6.9.1 Heaps como filas com prioridades 235
    6.9.2 Organizando matrizes como heaps 236
6.10 Treaps 241

6.11	Árvores *K*-d	243
6.12	Notação polonesa e as árvores de expressão	249
	6.12.1 Operações nas árvores de expressão	251
6.13	Estudo de caso: Calculando frequências de palavras	253
6.14	Exercícios	260
6.15	Tarefas de programação	263
	Bibliografia	267

7 Árvores Múltiplas 269

7.1	A família de árvores B	269
	7.1.1 Árvores B	271
	7.1.2 Árvores B*	279
	7.1.3 Árvores B⁺	280
	7.1.4 Árvores B⁺ de prefixos	283
	7.1.5 Árvores *K*-d B	286
	7.1.6 Árvores de bit	291
	7.1.7 Árvores R	293
	7.1.8 Árvores 2–4	295
	7.1.9 Conjuntos e multiconjuntos na biblioteca de formatos-padrão (STL – Standard Template Library)	306
	7.1.10 Mapas e multimapas na biblioteca de formatos-padrão	312
7.2	Tries	317
7.3	Conclusões	324
7.4	Estudo de caso: Corretor ortográfico	324
7.5	Exercícios	333
7.6	Tarefas de programação	335
	Bibliografia	338

8 Grafos 340

8.1	Representação de grafos	341
8.2	Percursos em grafos	343
8.3	Caminhos mais curtos	346
	8.3.1 O problema do caminho mais curto todos-para-todos	352
8.4	Detecção de ciclo	354
	8.4.1 O problema encontrar-unir	354
8.5	Árvores de espalhamento	356
8.6	Conectividade	359
	8.6.1 Conectividade em grafos não direcionados	360
	8.6.2 Conectividade em grafos direcionados	362

8.7	Ordenamento topológico	365
8.8	Redes	366
	8.8.1 Fluxos máximos	366
	8.8.2 Fluxos máximos de custos mínimos	375
8.9	Casamento	379
	8.9.1 O problema da correspondência estável	384
	8.9.2 O problema da atribuição	385
	8.9.3 Casamento em grafos não bipartidos	387
8.10	Grafos eulerianos e hamiltonianos	389
	8.10.1 Grafos eulerianos	389
	8.10.2 Grafos hamiltonianos	391
8.11	Coloração de grafos	398
8.12	Problemas NP-completos na teoria dos grafos	400
	8.12.1 O problema do clique	400
	8.12.2 O problema 3-colorabilidade	401
	8.12.3 O problema da cobertura de vértices	402
	8.12.4 O problema do ciclo hamiltoniano	403
8.13	Estudo de caso: Representantes distintos	405
8.14	Exercícios	415
8.15	Tarefas de programação	420
	Bibliografia	421

9 Ordenação 424

9.1	Algoritmos de ordenação elementares	425
	9.1.1 Ordenação por inserção	425
	9.1.2 Ordenação por seleção	428
	9.1.3 Ordenação por borbulhamento	429
	9.1.4 Ordenação tipo pente	432
9.2	Árvores de decisão	433
9.3	Algoritmos de ordenação eficientes	436
	9.3.1 Ordenação de Shell	436
	9.3.2 Ordenação de heap	438
	9.3.3 Quicksort (ordenação rápida)	441
	9.3.4 Mergesort (ordenação por fusão)	447
	9.3.5 Ordenação de raiz	450
	9.3.6 Ordenação por contagem	455
9.4	Ordenação na biblioteca de formatos-padrão (STL)	456
9.5	Conclusões	461
9.6	Estudo de caso: Somando polinômios	461
9.7	Exercícios	468
9.8	Tarefas de programação	469
	Bibliografia	471

10 Escrutínio (*Hashing*) 473

- **10.1** Funções de escrutínio 474
  - 10.1.1 Divisão 474
  - 10.1.2 Enlaçamento 474
  - 10.1.3 Função meio-quadrado 475
  - 10.1.4 Extração 475
  - 10.1.5 Transformação de raiz 475
  - 10.1.6 Funções universais de escrutínio 475
- **10.2** Resolução das colisões 476
  - 10.2.1 Endereçamento aberto 476
  - 10.2.2 Encadeamento 481
  - 10.2.3 Endereçamento em balde 482
- **10.3** Remoção 484
- **10.4** Funções de escrutínio perfeitas 485
  - 10.4.1 O método de Cichelli 486
  - 10.4.2 O algoritmo FHCD 488
- **10.5** Reescrutínio 490
  - 10.5.1 O escrutínio cuco 490
- **10.6** Funções de escrutínio para arquivos extensíveis 491
  - 10.6.1 Escrutínio extensível 493
  - 10.6.2 Escrutínio linear 495
- **10.7** Estudo de caso: Escrutínio com baldes 497
- **10.8** Exercícios 505
- **10.9** Tarefas de programação 506

11 Compressão de Dados 509

- **11.1** Condições para a compressão de dados 509
- **11.2** Codificação de Huffman 511
  - 11.2.1 Codificação adaptativa de Huffman 519
- **11.3** Codificação comprimento-de-carreira 523
- **11.4** Código Ziv-Lempel 524
- **11.5** Estudo de caso: Método de Huffman com codificação comprimento-de-carreira 527
- **11.6** Exercícios 537
- **11.7** Tarefas de programação 538
  - Bibliografia 539

12 Gerenciamento de Memória 540

- **12.1** Os métodos de ajuste sequencial 541

12.2	Os métodos de ajuste não sequencial	542
	12.2.1 Sistemas amigos	543
12.3	Coleta de lixo	550
	12.3.1 Marcar e trocar	550
	12.3.2 Métodos de cópia	556
	12.3.3 Coleta de lixo incremental	557
	12.3.4 Coleta de lixo geracional	563
12.4	Conclusões	568
12.5	Estudo de caso: Um coletor de lixo local	568
12.6	Exercícios	576
12.7	Tarefas de programação	577
	Bibliografia	579

13 Casamento de Cadeias de Caracteres ... 582

13.1	Casamento exato de cadeias	582
	13.1.1 Algoritmos simples	582
	13.1.2 O algoritmo Knuth-Morris-Pratt	585
	13.1.3 O algoritmo Boyer-Moore	591
	13.1.4 Pesquisas múltiplas	600
	13.1.5 Abordagem orientada por bit	602
	13.1.6 Casamento de conjuntos de palavras	605
	13.1.7 Casamento de expressões regulares	611
	13.1.8 Tries de sufixos e árvores	615
	13.1.9 Matrizes de sufixo	619
13.2	Sequências correspondentes aproximadas	621
	13.2.1 Sequência semelhante	622
	13.2.2 Casamento de cadeias de caracteres com k erros	627
13.3	Estudo de caso: A maior subsequência comum	630
13.4	Exercícios	638
13.5	Tarefas de programação	640
	Bibliografia	640

Apêndice A Calculando O-Grande ... 642

Apêndice B Algoritmos na Biblioteca de Formatos Padrão ... 648

Apêndice C NP-Completude ... 657

Índice Remissivo ... 670

Programação Orientada a Objetos Usando C++

1

1.1 Tipos abstratos de dados

Antes de um programa ser escrito, deveríamos ter uma ideia bem clara de como realizar a tarefa que está sendo implementada por ele. Por isso, um delineamento do programa contendo seus requisitos deveria preceder o processo de codificação. Quanto maior e mais complexo o projeto, mais detalhada deveria ser a fase de delineamento. Os detalhes de implementação deveriam ser adiados para estágios posteriores do projeto. Em especial, os detalhes das estruturas de dados particulares a ser utilizadas na implementação não deveriam ser especificados no início.

Desde o início, é importante especificar cada tarefa em termos de entrada e de saída. Nos estágios iniciais, não deveríamos nos preocupar tanto em como o programa poderia ou deveria ser feito, e sim focar nossa atenção no que deveria fazer. O comportamento do programa é mais importante do que as engrenagens do mecanismo que o executa. Por exemplo, se um item é necessário para realizar algumas tarefas, ele é especificado em termos das operações nele realizadas, em vez de sua estrutura interna. Essas operações podem atuar sobre este item, por exemplo, modificando-o ou procurando nele alguns detalhes ou estocando algo. Depois que essas operações são especificadas precisamente, a implementação do programa pode começar. Esta etapa decide que estrutura de dados deveria ser usada para tornar a execução mais eficiente em relação a tempo e espaço. Um item especificado em termos de operações é chamado *tipo abstrato de dados*, que não é parte de um programa, já que um programa escrito em linguagem de programação exige a definição de uma estrutura de dados, não apenas das operações nesta estrutura. No entanto, uma linguagem orientada a objetos (LOO), tal como C++, tem vínculo direto com os tipos abstratos de dados, implementando-os como uma classe.

1.2 Encapsulamento

A programação orientada a objetos (POO) gira ao redor do conceito de um objeto. Os objetos, no entanto, são criados usando-se uma definição de classe. *Classe* é um formato, de acordo com o qual os objetos são criados; um trecho de software que inclui a especificação de dados e as funções que operam sobre esses dados, e possivelmente sobre aqueles que pertencem a outras instâncias de classe. As funções definidas em uma classe são chamadas *métodos, funções-membro* ou *membros de função*, e as variáveis usadas em uma classe, *membros de dados* (mais apropriadamente, deveriam ser chamadas membros de dado). Esta combinação de dados e das operações relacionadas é chamada *encapsulamento* de dados. *Objeto* é uma instância de uma classe, entidade criada usando uma definição de classe.

Em oposição às funções nas linguagens não orientadas a objetos, os objetos fazem a conexão entre os dados e as funções-membro de maneira muito mais estreita e significativa. Em linguagens não orientadas a objetos, as declarações dos dados e as definições das funções podem ficar espalhadas ao longo do programa inteiro, e somente a documentação do programa indica que há uma conexão entre eles. Em LOO uma conexão é estabelecida logo no início; de fato, o programa é baseado nesta conexão. Um objeto é definido pelos dados e pelas operações relacionadas e, como pode haver muitos objetos usados no mesmo programa, eles se comunicam trocando mensagens que revelam um para o outro tão poucos detalhes sobre suas estruturas internas quantos forem necessários para uma comunicação adequada. A estruturação de programas em termos de objetos nos permite realizar diversos objetivos.

Primeiro, este forte acoplamento dos dados e das operações pode ser muito mais bem usado na modelagem de um fragmento do mundo, o que é enfatizado especialmente pela engenharia de software. Não é surpreendente que a POO tenha suas raízes na simulação, isto é, na modelagem de eventos do mundo real. A primeira LOO foi chamada Simula, desenvolvida na década de 1960 na Noruega.

Segundo, os objetos permitem que os erros sejam descobertos mais facilmente, porque as operações são localizadas dentro de seus objetos. Mesmo se efeitos colaterais ocorrerem, são mais fáceis de rastrear.

Terceiro, os objetos nos permitem esconder, de outros objetos, certos detalhes de suas operações, de modo que essas operações não possam ser desfavoravelmente afetadas por outros objetos. Isto é conhecido como o *princípio de ocultamento de informação*. Em linguagens não orientadas a objetos este princípio pode ser encontrado, até certo ponto, na forma de variáveis locais ou, como em Pascal, em funções ou procedimentos locais, que somente podem ser usados e acessados pela função que os define. No entanto, este é um ocultamento muito pequeno, ou mesmo um não ocultamento. Algumas vezes acontece de precisarmos usar (novamente, como em Pascal) uma função $f2$ definida em $f1$ fora de $f1$, mas não podemos. Outras, podemos necessitar acessar alguns dados locais em $f1$ sem exatamente conhecer a estrutura desses dados, mas não podemos. Por isto alguma modificação é necessária e realizada em LOOs.

Um objeto em uma LOO é como um relógio. Como usuários, estamos interessados no que mostram seus ponteiros, mas não no trabalho interno. Sabemos que existem engrenagens e molas dentro do relógio. Por usualmente sabermos muito pouco sobre por que todas essas peças estão em uma configuração particular, não devemos ter acesso a este mecanismo para não danificá-lo, inadvertida ou propositalmente. Esse mecanismo está oculto de nós, não temos acesso imediato, o relógio está protegido e trabalha melhor do que quando seu mecanismo é aberto por qualquer pessoa para vê-lo.

Um objeto é como uma caixa-preta cujo comportamento é muito bem definido, e o usamos porque sabemos o que faz, não porque temos uma compreensão de como faz. Essa opacidade dos objetos é extremamente útil para fazer sua manutenção independente uns dos outros. Se os canais de comunicação entre eles forem bem definidos, as mudanças feitas dentro de um objeto só poderão afetar outros objetos à medida que afetarem os canais de comunicação. Sabendo-se o tipo de informação enviada e recebida por um objeto, este pode ser substituído mais facilmente por um objeto mais adequado em uma situação particular: um novo objeto pode realizar a mesma tarefa de forma diferente, mas mais rápido em certo ambiente de hardware. Um objeto revela somente o necessário para o usuário utilizá-lo. Ele tem uma parte pública que pode ser acessada por qualquer usuário quando este envia uma mensagem que casa com qualquer dos nomes de função-membro revelados pelo objeto. Nessa parte pública o objeto exibe ao usuário botões que podem ser apertados para invocar as operações do objeto. O usuário conhece somente os nomes dessas operações e o comportamento esperado.

O ocultamento de informação tende a enevoar a linha divisória entre os dados e as operações. Nas linguagens semelhantes à Pascal a distinção entre dados e funções ou procedimentos é clara e rígida; são definidos de forma diferente e seus papéis bastante distintos. As LOO põem os dados e os métodos juntos, e, para o usuário do objeto, esta distinção é muito menos notável. Até certo ponto, isto incorpora as características de linguagens funcionais. A LISP, uma das mais antigas linguagens de programação, permite ao usuário tratar os dados e as funções de maneira similar, já que a estrutura de ambos é a mesma.

Já fizemos uma distinção entre objetos particulares e tipos ou classes de objeto. Escrevemos funções para ser usadas com diferentes variáveis, e, por analogia, não gostamos de ser forçados a escrever tantas declarações de objetos quanto o número de objetos exigidos pelo programa. Certos objetos são do mesmo tipo e gostaríamos de usar somente uma referência a uma especificação geral de objetos. Para variáveis isoladas, fazemos uma distinção entre a declaração de tipo e a declaração de variável. No caso de objetos, temos uma declaração de classe e uma instância de objeto. Por exemplo, na seguinte declaração de classe, C é uma classe e `objeto1` até `objeto3` são objetos.

```
class C {
public:
    C(char *s = "", int i = 0, double d = 1) {
        rcpy(dadosMembro1,s);
        dadosMembro2 = i;
        dadosMembro3 = d;
    }
    void funcaoMembro1() {
        cout << dadosMembro1 << ' ' << dadosMembro2 << ' '
            << dadosMembro3 << endl;
    }
    void funcaoMembro2(int i, char *s = "desconhecido") {
        dadosMembro2 = i;
        cout << i << " recebido de " << s << endl;
    }
protected:
    char dadosMembro1[20];
    int dadosMembro2;
    double dadosMembro3;
};

C objeto1("objeto1",100,2000), objeto2("objeto2"), objeto3;
```

A *Passagem de Mensagem* é equivalente a uma chamada de função em linguagens tradicionais. No entanto, para acentuar o fato de que em LOOs as funções-membro são relativas aos objetos este novo termo é usado. Por exemplo, a chamada à `funcaoMembro1()` pública no `objeto1`

```
objeto1.funcaoMembro1();
```

é vista como a mensagem `funcaoMembro1()` enviada ao `objeto1`. Ao receber a mensagem, o objeto invoca sua função-membro e exibe todas as informações relevantes. As mensagens podem incluir parâmetros, de modo que

```
objeto1.funcaoMembro2(123);
```

é a mensagem `funcaoMembro2()` com o parâmetro 123 recebida pelo `objeto1`.

As linhas que contêm essas mensagens podem estar no programa principal, em uma função ou em uma função-membro de outro objeto. Assim, o recebedor da mensagem é identificável, mas não necessariamente o expedidor. Se o `objeto1` recebe a mensagem `funcaoMembro1()`, não sabe onde ela é originada. Somente responde a ela exibindo a informação que a `funcaoMembro1()` encapsula. O mesmo acontece com a `funcaoMembro2()`. Em consequência, o expedidor pode preferir enviar uma mensagem que também inclua sua identificação, como a seguir:

```
objeto1.funcaoMembro2(123, "objeto1");
```

Uma característica poderosa do C++ é a possibilidade de declarar classes genéricas usando parâmetros de tipos nas declarações de classes. Por exemplo, se necessitamos declarar uma classe que usa uma matriz para estocar alguns itens, então podemos declarar esta classe como

```
class intClasse {
    int estocagem[50];
    .................
};
```

No entanto, deste modo limitamos a usabilidade desta classe somente para números inteiros; se necessitamos de uma classe que realize as mesmas operações que `intClasse`, exceto que opere em números flutuantes, então uma nova declaração é necessária, como

```
class flutClasse {
    float estocagem[50];
    .................
};
```

Se `estocagem` é para conter estruturas ou ponteiros para caracteres, então mais duas classes precisam ser declaradas. É muito melhor declarar uma classe genérica e decidir a que tipo de itens o objeto está se referindo somente quando se o estiver definindo. Afortunadamente, C++ nos permite declarar uma classe nesta forma, e a declaração para o exemplo é

```
template<class genTipo>
class genClasse {
    genTipo estocagem[50];
    .................
};
```

Mais tarde, tomamos a decisão de como inicializar `genTipo`:

```
genClasse<int> intObjeto;
genClasse<float> flutObjeto;
```

Esta classe genérica torna-se uma base para a geração de duas novas classes, `genClass` de `int` e `genClass` de `float`, e, em seguida, essas duas classes são usadas para criar dois objetos, `intObjeto` e `floatObjeto`. Deste modo, a classe genérica manifesta-se de diferentes formas, dependendo da declaração específica. Uma declaração genérica é suficiente para habilitar tais diferentes formas.

Podemos ir mais adiante, não nos comprometendo com 50 células em `estocagem` e postergando esta decisão até o estágio de definição de objeto. Por via das dúvidas, podemos deixar um valor default, de modo que a declaração de classe passa a ser

```
template<class genTipo, int tamanho = 50>
class genClasse {
    genTipo estocagem[tamanho];
..................
};
```

Agora a definição do objeto é

```
genClasse<int> intObjeto1; // usa o tamanho default;
genClasse<int,100> intObjeto2;
genClasse<float,123> flutObjeto;
```

Este método de usar tipos genéricos não está limitado somente às classes; podemos usá-lo nas declarações de funções. Por exemplo, a operação padrão para trocar dois valores pode ser definida pela função

```
template<class genTipo>
void troca(genTipo& el1, genTipo& el2) {
    genTipo tmp = el1; el1 = el2; el2 = tmp;
}
```

Este exemplo indica também a necessidade de adaptar operadores predefinidos a situações específicas. Se `genTipo` for um número, um caractere ou uma estrutura, o operador de atribuição, =, realiza sua função apropriadamente. Mas, se `genTipo` for uma matriz, podemos esperar problemas em `troca()`. O problema pode ser resolvido sobrecarregando-se o operador de atribuição, adicionando-lhe a funcionalidade exigida por um tipo de dado específico.

Depois que uma função genérica foi declarada, uma função apropriada pode ser gerada em tempo de compilação. Por exemplo, se o compilador vê duas chamadas,

```
troca(n,m); // troca dois valores inteiros
troca(x,y); // troca dois valores flutuantes
```

ele gera duas funções de troca para ser usadas durante a execução do programa.

1.3 Herança

As LOO permitem criar uma hierarquia de classes de modo que os objetos não tenham que ser instâncias de uma classe simples. Antes de discutir o problema da herança, considere as seguintes definições de classe:

```cpp
class ClasseBase {
public:
    ClasseBase(){}
    void f(char *s = "desconhecido"){
        cout << "A funcao f() em ClasseBase chamada de " << s << endl;
        h();
    }
    protected:
        void g(char *s = "desconhecido"){
            cout << "A funcao g() em ClasseBase chamada de " << s << endl;
        }
private:
    void h(){
        cout << "A funcao h() em ClasseBase\n";
    }
};
class Derivada1Nivel1 : public virtual ClasseBase{
public:
    void f(char *s = "desconhecido"){
        cout << "A funcao f() em Derivada1Nivel1 chamada de " << s << endl;
        g("Derivada1Nivel1");
        h("Derivada1Nivel1");
    }
    void h(char *s = "desconhecido"){
        cout << "A função h () DerivadaNivel1 chamada de " << s << endl;
    }
};
class Derivada2Nivel1 : public virtual ClasseBase {
public:
```

```cpp
        void f(char *s = "desconhecido"){
            cout << "A funcao f() em Derivada2Nivel1 chamada de "<< s << endl;
            g("Derivada2Nivel1");
//          h(); //erro: ClasseBase::h() nao esta acessivel
        }
};
class DerivadaNivel2 : public Derivada1Nivel1, public Derivada2Nivel1 {
public:
    void f(char *s = "desconhecido"){
        cout << "A funcao f() em DerivadaNivel2 chamada de "<< s << endl;
        g("DerivadaNivel2");
        Derivada1Nivel1::h("DerivadaNivel2");
        ClasseBase::f("DerivadaNivel2");
    }
};
```

Um programa de amostra é

```cpp
int main() {
    ClasseBase cb;
    Derivada1Nivel1 d1l1;
    Derivada2Nivel1 d2l1;
    DerivadaNivel2 dl2;
    cb.f("main(1)");
//  cb.g(); // erro: ClasseBase::g() nao esta acessivel
//  cb.h(); // erro: ClasseBase::h() nao esta acessivel
    d1l1.f("main(2)");
//      d1l1.g(); // erro: ClasseBase::g() nao esta acessivel
    d1l1.h("main(3)");
    d2l1.f("main(4)");
//  d2l1.g(); // erro: ClasseBase::g() nao esta acessivel
//  d2l1.h(); // erro: ClasseBase::h() nao esta acessivel
    dl2.f("main(5)");
//  dl2.g(); // erro: ClasseBase::g() nao esta acessivel
    dl2.h();
    return 0;
}
```

Esta amostra produz a seguinte saída:

```
A função f() em ClasseBase, chamada de main(1)
A função h() em ClasseBase
A função f() em Derivada1Nivel1, chamada de main(2)
A função g() em ClasseBase, chamada de Derivada1Nivel1
A função h() em Derivada1Nivel1, chamada de Derivada1Nivel1
A função h() em Derivada1Nivel1, chamada de main(3)
A função f() em Derivada2Nivel1, chamada de main(4)
A função g() em ClasseBase, chamada de Derivada2Nivel1
A função f() em DerivadaNivel2, chamada de main(5)
A função g() em ClasseBase, chamada de DerivadaNivel2
A função h() em Derivada1Nivel1, chamada de DerivadaNivel2
A função f() em ClasseBase, chamada de DerivadaNivel2
A função h() em ClasseBase
A função h() em Derivada1Nivel1, chamada de desconhecido
```

A classe `ClasseBase` é chamada *classe base* ou *superclasse*, e outras, *subclasses* ou *classes derivadas* porque derivam da superclasse, por poderem usar os membros de dados e as funções-membro especificados na `ClasseBase` como `protected` (protegido) ou `public` (público). Elas herdam todos esses membros a partir de sua classe base, de modo que não tenham que repetir as mesmas definições. No entanto, uma classe derivada pode sobrepor a definição de uma função-membro introduzindo sua própria definição. Assim, tanto a classe base como a classe derivada têm alguma medida de controle sobre suas funções-membro.

A classe base pode decidir quais funções-membro e quais membros de dados podem ser revelados para as classes derivadas, de modo que o princípio de ocultamento de informação se mantenha não somente com relação ao usuário da classe base, mas também das classes derivadas. Além disso, a classe derivada pode decidir quais partes das funções-membro e dos membros de dados públicos e protegidos deve reter e usar e quais modificar. Por exemplo, tanto `Derivada1Nivel1` como `Derivada2Nivel1` definem suas próprias versões de `f()`. No entanto, o acesso à função-membro com o mesmo nome em quaisquer das classes mais altas na hierarquia é ainda possível, precedendo-se a função com o nome da classe e com o operador de escopo, como mostrado na chamada de `ClasseBase::f()` a partir de `f()` em `DerivadaNivel2`.

Uma classe derivada pode adicionar alguns de seus novos membros. Tal classe pode se tornar uma classe base para outras classes que podem ser derivadas a partir dela, de modo que a hierarquia de heranças possa ser deliberadamente estendida. Por exemplo, a classe `Derivada1Nivel1` é derivada de `ClasseBase`, mas, ao mesmo tempo, é a classe base para a `DerivadaNivel2`.

A herança em nossos exemplos está especificada como pública, usando-se a palavra `public` depois do ponto e vírgula no cabeçalho de definição de uma classe derivada. A herança pública significa que os membros públicos da classe base são também públicos na classe derivada, e que os membros protegidos também assim o são. Em caso de herança protegida (com a palavra `protected` no cabeçalho da definição), tanto os membros públicos como os protegidos da classe base se tornam protegidos na classe derivada. Finalmente, para a herança privada, tanto os membros públicos como os protegidos da classe base se tornam privados na classe derivada. Em todos os tipos de herança, os membros privados da classe base são inacessíveis para quaisquer classes derivadas. Por exemplo, uma tentativa de chamar `h()` a partir de `f()` em `Derivada2Nivel1` causa um erro de compilação, "`ClasseBase::h()` não está acessível". No entanto, uma chamada de `h()` a partir de `f()` em `Derivada1Nivel1` não causa problema porque é uma chamada a `h()` definida em `Derivada1Nivel1`.

Os membros protegidos da classe base são acessíveis somente para as classes derivadas, e não para as não derivadas. Por esta razão, tanto `Derivada1Nivel1` como `Derivada2Nivel1` podem chamar a função-membro `g()` protegida da `ClasseBase`, mas uma chamada para esta função a partir de `main()` é interpretada como ilegal.

Uma classe derivada não tem que estar limitada somente a uma única classe. Ela pode ser derivada a partir de mais de uma classe base. Por exemplo, `DerivadaNivel2` está definida como uma classe derivada tanto de `Derivada1Nivel1` como de `Derivada2Nivel1`, herdando, assim, todas as funções-membro de `Derivada1Nivel1` e de `Derivada2Nivel1`. No entanto, `DerivadaNivel2` também herda as mesmas funções-membro da `ClasseBase` duas vezes, porque ambas as classes usadas na definição de `DerivadaNivel2` são derivadas a partir de `ClasseBase`. Isto é redundante no melhor caso, e, no pior, pode causar o erro de compilação "membro é ambíguo em `ClasseBase::g()` e `ClasseBase::g()`". Para evitar que isto aconteça, as definições das duas classes incluem o modificador `virtual`, que significa que `DerivadaNivel2` contém somente uma cópia de cada função-membro de `ClasseBase`. Um problema similar surge se `f()` em `DerivadaNivel2` chama `h()` sem o precedente operador de escopo e nome de classe, `Derivada1Nivel1::h()`. Não importa que `h()` seja privada em `ClasseBase` e inacessível a `DerivadaNivel2`. Um erro será impresso: "membro é ambíguo em `Derivada1Nivel1::h()` e `ClasseBase::h()`".

1.4 Ponteiros

As variáveis usadas em um programa podem ser consideradas como caixas que nunca estão vazias; são preenchidas com algum conteúdo tanto pelo programador como – se não inicializadas – pelo sistema operacional. Tal variável tem pelo menos dois atributos: o conteúdo (ou valor) e a localização da caixa (ou variável) na memória do computador. Este conteúdo pode ser um número, um caractere ou um item composto como uma estrutura ou uma união. No entanto, pode ser também a localização de outra variável; as variáveis com este conteúdo são chamadas de *ponteiros*. Estes usualmente são variáveis auxiliares que nos permitem acessar indiretamente os valores de outras variáveis. Um ponteiro é análogo a uma sinalização de estrada que nos leva a certo local, ou a uma tira de papel na qual um endereço tenha sido anotado. São variáveis que levam a variáveis, humildes auxiliares que apontam para outras variáveis como foco de atenção.

Por exemplo, na declaração

```
int i = 15, j, *p, *q;
```

i e j são variáveis numéricas, p e q são ponteiros para números; o asterisco à frente de p e de q indica sua função. Assumindo que os endereços das variáveis i, j, p e q sejam 1080, 1082, 1084 e 1086, depois de se atribuir 15 para i na declaração, as posições e os valores das variáveis na memória do computador estão como na Figura 1.1a.

Agora, poderíamos fazer a atribuição p = i (ou p = (int*) i se o compilador não aceitar isto), mas a variável p foi criada para estocar o endereço de uma variável de número inteiro, não o seu valor. Em consequência, a atribuição apropriada é p = &i, onde o E comercial (&) à frente do i significa que o endereço de i é que se tem em vista, e não o seu conteúdo. A Figura 1.1b ilustra esta situação. Na Figura 1.1c, a seta de p para i indica que p é um ponteiro que contém o endereço de i.

Temos que saber distinguir o valor de p, que é um endereço, do valor do local cujo endereço o ponteiro contém. Por exemplo, para atribuir 20 à variável apontada por p, a declaração de atribuição é

```
*p = 20;
```

O asterisco (*) aqui é um operador de indireção que força o sistema a buscar primeiro o conteúdo de p e então acessar o local cujo endereço acabou de ser recuperado de p, e somente depois atribuir 20 a esse local (Figura 1.1d). As Figuras 1.1e até 1.1n fornecem mais exemplos de declarações de atribuição e de como os valores estão estocados na memória do computador.

De fato, os ponteiros – como todas as variáveis – também têm dois atributos: um conteúdo e uma localização. Essa localização pode ser estocada em outra variável, que então se torna um ponteiro para um ponteiro.

Na Figura 1.1 os endereços das variáveis foram atribuídos para ponteiros. Os ponteiros podem, no entanto, se referir a localizações anônimas que são acessíveis somente por meio de seus endereços, e não – como as variáveis – por seus nomes. Esses locais precisam ser reservados pelo gerenciador de memória, o que é realizado dinamicamente durante a operação do programa, diferente das variáveis, cujas localizações são alocadas no tempo de compilação.

Para alocar e desalocar memória dinamicamente, duas funções são usadas. Uma função, new, toma da memória tanto espaço quanto necessário para estocar um objeto cujo tipo segue a palavra new. Por exemplo, com a instrução

```
p = new int;
```

o programa solicita do gerenciador de memória espaço suficiente para estocar um valor inteiro e o endereço do início desta porção de memória fica estocado em p. Agora os valores podem ser atribuídos ao bloco de memória apontado por p apenas indiretamente, por meio de um ponteiro, tanto o ponteiro p como qualquer outro ponteiro q a que tenha sido atribuído o endereço estocado em p com a atribuição q = p.

FIGURA 1.1 Mudanças de valores após atribuições são efetuadas utilizando variáveis de ponteiros. Note que (b) e (c) mostram a mesma situação, assim como (d) e (e), (g) e (h), (i) e (j), (k) e (l) e (m) e (n).

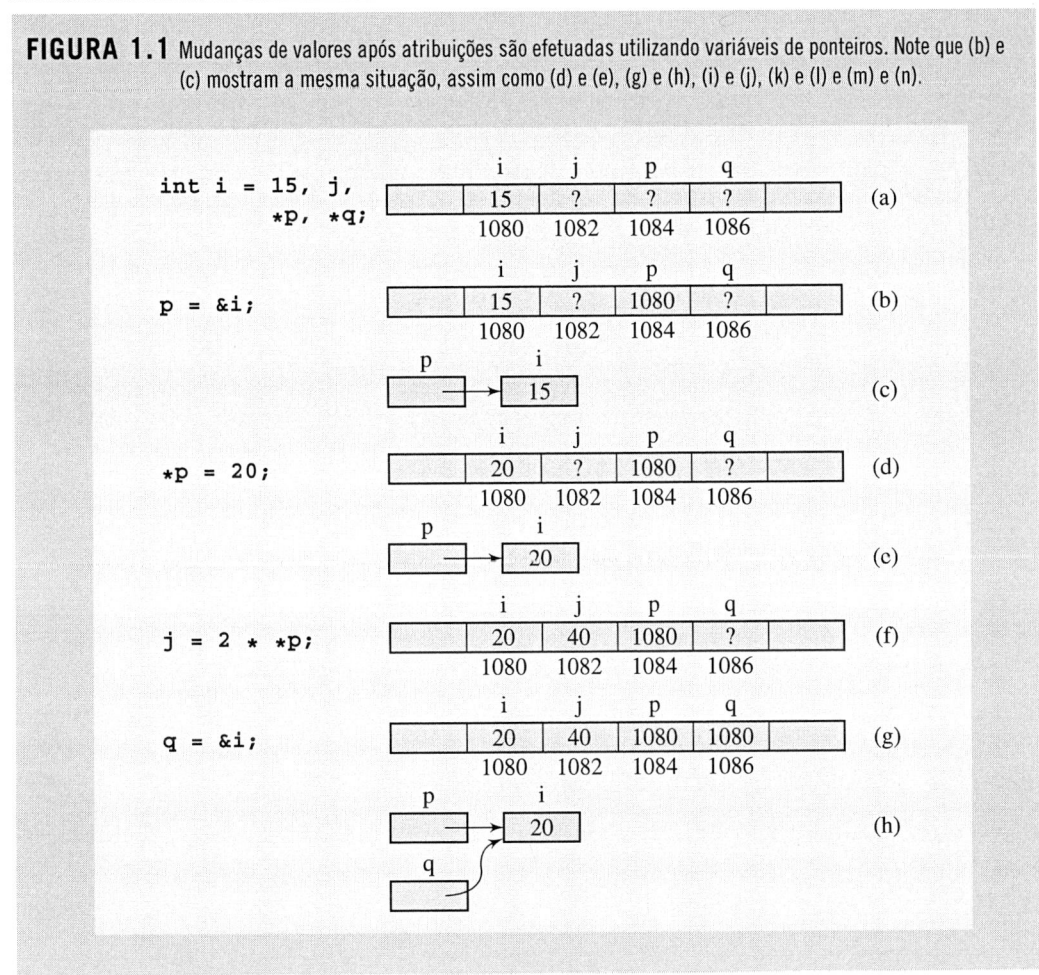

Se o espaço ocupado pelo inteiro acessível a partir de p não é mais necessário, ele pode ser retornado à área de posições livres de memória gerenciada pelo sistema operacional mediante a instrução

```
delete p;
```

No entanto, depois de executar esta instrução, os endereços do bloco de memória liberado estão ainda em p, embora o bloco no que diz respeito ao programa não exista mais. É como se se tratasse de um endereço de uma casa que tivesse sido demolida, ou seja, o endereço de um local existente. Se usarmos este endereço para encontrar algo, o resultado pode ser facilmente previsto. De forma similar, se depois de emitirmos a declaração `delete` não apagarmos o endereço da variável ponteiro que participa da supressão do bloco de memória, o resultado é potencialmente perigoso e podemos fazer o programa entrar em colapso quando tentamos acessar locais inexistentes, particularmente para objetos mais complexos do que valores numéricos. Isto é o que se chama *problema de referência pendente*. Para evitá-lo, um endereço tem que ser atribuído ao ponteiro; se não puder ser um endereço de algum local, deverá ser um endereço nulo, que é simplesmente 0. Depois da execução da atribuição

```
p = 0;
```

não podemos dizer que p se refere a nulo ou que aponta para nulo, mas que p se torna nulo ou é nulo.

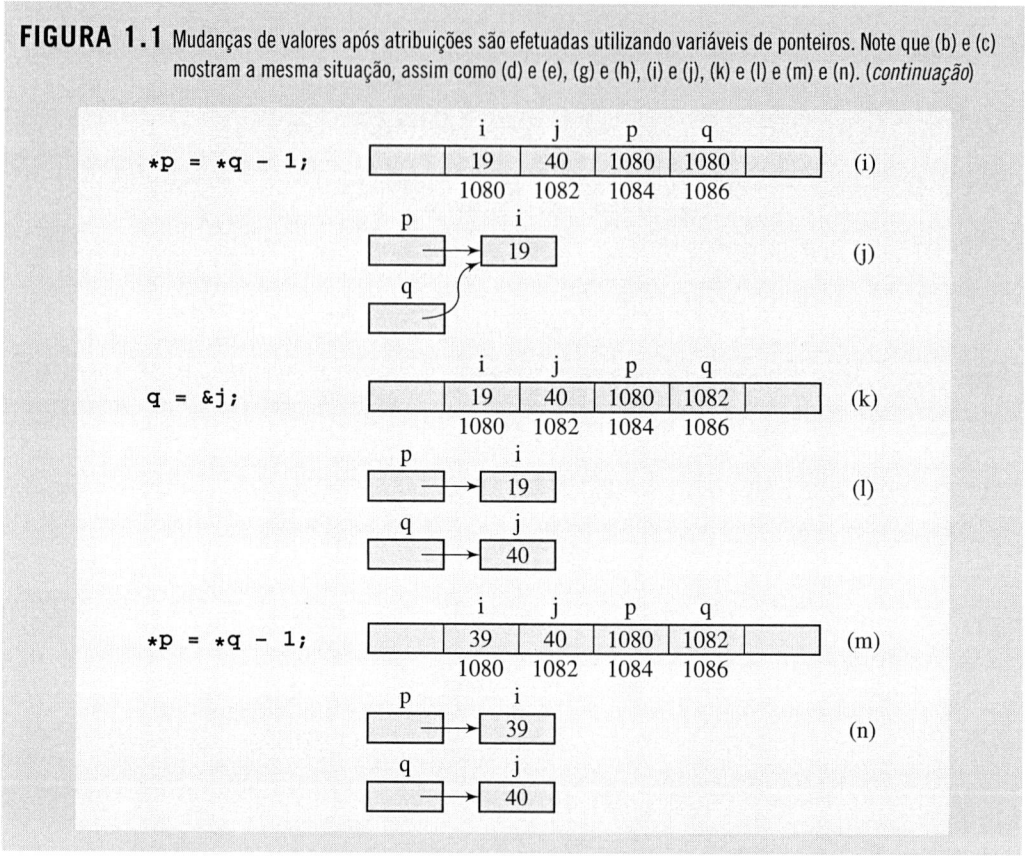

FIGURA 1.1 Mudanças de valores após atribuições são efetuadas utilizando variáveis de ponteiros. Note que (b) e (c) mostram a mesma situação, assim como (d) e (e), (g) e (h), (i) e (j), (k) e (l) e (m) e (n). (*continuação*)

Outro problema associado à exclusão é o *vazamento de memória*. Considere as seguintes duas linhas de código:

```
p = new int;
p = new int;
```

Depois de alocar uma célula para um número inteiro, o mesmo ponteiro p é usado para alocar outra célula. Após a segunda tarefa, a primeira célula torna-se inacessível e também indisponível para as alocações de memória subsequentes para a duração do programa. O problema é não liberar com delete a memória acessível de p antes de a segunda atribuição ser feita. O código deve ser:

```
p = new int;
delete p;
p = new int;
```

Vazamentos de memória podem se tornar um problema sério quando um programa usa mais e mais memória sem liberá-la, eventualmente esgotando-a e levando à finalização anormal. Isto é especialmente importante nos programas que são executados durante um longo tempo, tais como programas de servidores.

1.4.1 Ponteiros e matrizes

No último exemplo, o ponteiro p refere-se a um bloco de memória que contém um valor inteiro. Situação mais interessante é quando um ponteiro se refere a uma estrutura de dados que é criada e modificada dinamicamente. Esta é uma situação que gostaríamos de ter para superar as restrições impostas pelas matrizes. As matrizes em C++ e na maioria das linguagens de programação têm que ser declaradas antecipadamente; em consequência, seus tamanhos devem ser conhecidos antes que o programa inicie. Isto significa que o programador necessita de um conhecimento profundo do problema que está sendo programado para escolher o tamanho certo da matriz. Se for muito grande, a matriz ocupará espaço de memória desnecessariamente, que será basicamente desperdiçado. Se o espaço de memória for muito pequeno, a matriz poderá transbordar com dados e o programa abortará. Algumas vezes o tamanho da matriz simplesmente não pode ser previsto. Em consequência, a decisão é adiada até o tempo de execução, e então memória suficiente é alocada para conter a matriz.

O problema é resolvido com o uso de ponteiros. Considerando a Figura 1.1b, observe que o ponteiro p aponta para o local 1080, mas ele permite também acessar os locais 1082, 1084, e assim por diante, porque os locais são uniformemente espaçados. Por exemplo, para acessar o valor da variável j, que é uma vizinha de i, é suficiente adicionar o tamanho de uma variável do tipo inteiro ao endereço de i estocado em p para acessar o valor de j e também de p. Este é basicamente o modo como C++ manuseia as matrizes.

Considere as seguintes declarações:

```
int a[5], *p;
```

As declarações especificam que a é um ponteiro para um bloco de memória que pode conter cinco inteiros. O ponteiro a é fixo; isto é, a deve ser tratada como uma constante, de modo que qualquer tentativa de atribuir um valor para a, como em

```
a = p;
```

ou em

```
a++;
```

é considerada um erro de compilação. Como a é ponteiro, a notação de ponteiro pode ser usada para acessar as células da matriz a. Por exemplo, a notação de matriz usada no laço que soma todos os números em a,

```
for (soma = a[0], i = 1; i < 5; i++)
    soma += a[i];
```

pode ser substituída pela notação de ponteiro

```
for (soma = *a,   i = 1; i < 5; i++)
    soma += *(a + i);
```

ou por

```
for (soma = *a, p = a+1; p < a+5; p++)
    soma += *p;
```

Note que a+1 é o local da próxima célula da matriz a, de modo que a+1 é equivalente a &a[1]. Assim, se a vale 1020, então a+1 não é 1021, mas 1022, porque a aritmética de ponteiros depende do tipo da entidade apontada. Por exemplo, depois das declarações

```
char b[5];
long c[5];
```

e assumindo que b vale 1050 e c vale 1055, b+1 vale 1051, porque um caractere ocupa um byte, e c+1 vale 1059, porque um número longo ocupa quatro bytes. A razão para esses resultados da aritmética de ponteiros é que a expressão c+i denota o endereço de memória c+i*sizeof(long).

Nesta discussão a matriz a é declarada estaticamente, especificando-se em sua declaração que contém cinco células. O tamanho da matriz é fixo para a duração da operação do programa.

Matrizes podem também ser declaradas dinamicamente. Para este fim as variáveis de ponteiros são usadas. Por exemplo, a atribuição

```
p = new int[n];
```

aloca espaço suficiente para estocar n inteiros. O ponteiro p pode ser tratado como uma variável matriz de modo que a notação de matriz pode ser usada. Por exemplo, a soma dos números da matriz p pode ser obtida com o código que usa a notação de matriz

```
for (soma = p[0], i = 1; i < n; i++)
     soma += p[i];
```

uma notação de ponteiro que é uma versão direta do laço anterior,

```
for (soma = *p, i = 1; i < n; i++)
     soma += *(p+i);
```
ou uma notação de ponteiro que usa dois ponteiros,
```
for (soma = *p, q = p+1; q < p+n; q++)
     soma += *q;
```

Devido a p ser uma variável, pode-se lhe atribuir uma nova matriz. Mas, se a matriz correntemente apontada por p não for mais necessária, deve ser removida pela instrução

```
delete [] p;
```

Note o uso de colchetes vazios nesta instrução. Os colchetes indicam que p aponta para uma matriz. Além disso, delete deve ser usado com ponteiros a que foram atribuídos um valor com new. Por esta razão, as duas aplicações seguintes de delete são muito suscetíveis de conduzir a um acidente de programa:

```
int a [10], *p = a;
delete [] p;
int n = 10, *q = &n;
delete q;
```

Um tipo muito importante de matrizes são cadeias de caracteres (*strings*) ou matrizes de caracteres. Existem muitas funções predefinidas que operam sobre cadeias de caracteres. Os nomes dessas funções começam com str, como em strlen(s), que encontra o comprimento da cadeia de caracteres s, ou strcpy(s1,s2), para copiar a cadeia s2 para s1. É importante lembrar que todas essas funções assumem que as cadeias de caracteres são terminadas com o caractere nulo '\0'. Por exemplo, strcpy(s1,s2) copia até encontrar este caractere em s2. Se um programador não inclui este caractere em s2, a cópia termina quando a primeira ocorrência deste caractere é encontrada em algum lugar na memória do computador, depois da localização de s2. Isto significa que a cópia é realizada para locais fora de s1, o que eventualmente pode levar o programa ao colapso.

1.4.2 Ponteiros e construtores de cópias

Alguns problemas podem surgir quando os membros de dados não são manipulados apropriadamente ao se copiar dados de um objeto para outro. Considere a seguinte definição:[1]

```
struct Node {
    char *nome;
    int idade;
    Node(char *n = "", int a = 0){
        nome = strdup (n) ;
```

---

1. Foi mantida a notação inglesa para nó (node), para evitar ambiguidade.

```
        idade = a;
    }
};
```

A intenção das declarações

```
Node node1("Roger",20), node2(node1); //ou node2 = node1;
```

é criar o objeto `node1`, atribuir valores aos dois membros de dados em `node1`, e então criar o objeto `node2` e inicializar seus membros de dados para os mesmos valores que em `node1`. Esses objetos existem para ser entidades independentes de modo que, atribuindo-se valores a um deles, não se deve afetar valores no outro. No entanto, depois das atribuições

```
strcpy(node2.nome,"Wendy");
node2.idade = 30;
```

a declaração de impressão

```
cout<<node1.nome<<' '<<node1.idade<<' '<<node2.nome<<' '<<node2.idade;
```

gera a saída

```
Wendy 30 Wendy 20
```

As idades são diferentes, mas os nomes nos dois objetos são os mesmos. O que aconteceu? O problema é que a definição de `Node` não fornece um construtor de cópia

```
Node(const Node&);
```

que é necessário para executar a declaração `node2(node1)` para inicializar o `node1`. Se um construtor de cópia do usuário estiver faltando, ele é gerado automaticamente pelo compilador. Mas o construtor de cópia gerado pelo compilador realiza a cópia membro a membro. Devido a `nome` ser um ponteiro, o construtor de cópia copia o endereço da cadeia de caracteres `node1.nome` para `node2.nome`, não o conteúdo da cadeia de caracteres, de modo que, logo depois da execução da declaração, a situação é como na Figura 1.2a. Agora, se as atribuições

```
strcpy(node2.nome,"Wendy");
node2.idade = 30;
```

forem executadas, `node2.idade` é atualizada apropriadamente, mas a cadeia de caracteres "Roger" apontada pelo membro `nome` de ambos os objetos é reescrita como "Wendy", que também é apontada pelos dois ponteiros (Figura 1.2b). Para evitar que isto aconteça, o usuário precisa definir um construtor apropriado de cópia, como em

```
struct Node {
    char *nome;
    int idade;
    Node(char *n = 0, int a = 0) {
        nome = strdup (n);
        idade = a;
    }
    Node(const Node& n) { // construtor de copia
        nome = strdup (n.nome);
        idade = n.idade;
    }
};
```

Com o novo construtor, a declaração `node2(node1)` gera outra cópia de "Roger" apontada por `node2.nome` (Figura 1.2c) e as atribuições aos membros de dados em um objeto não têm efeito nos membros de outro objeto, de modo que, depois da execução das atribuições

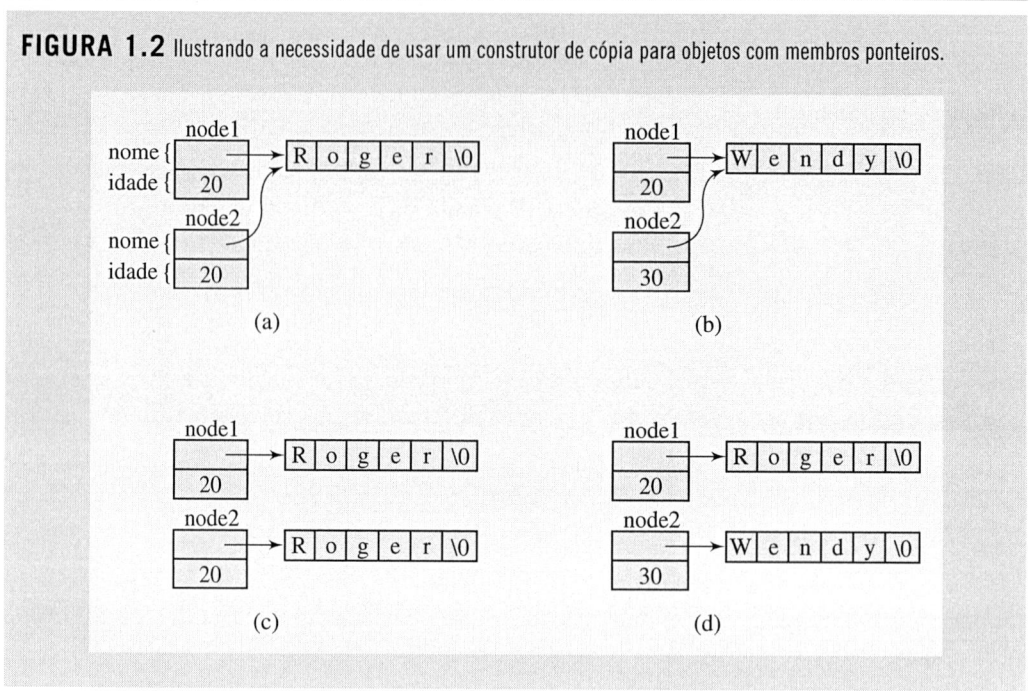

FIGURA 1.2 Ilustrando a necessidade de usar um construtor de cópia para objetos com membros ponteiros.

```
strcpy(node2.nome,"Wendy");
node2.idade = 30;
```

o objeto `node1` permanece imutável, como ilustrado na Figura 1.2d.

Note que um problema similar é provocado pelo operador de atribuição. Se uma definição do operador de atribuição não é fornecida pelo usuário, uma atribuição

```
node1 = node2;
```

realiza a cópia membro a membro, que leva ao mesmo problema apresentado na Figura 1.2 a-b. Para evitar o problema o operador de atribuição precisa ser sobrecarregado pelo usuário. Para `Node` a sobrecarga é realizada por

```
Node& operator=(const Node& n) {
    if (this != &n) { // sem atribuicao para ele proprio;
        if (nome != 0)
            free(nome) ;
        nome = strdup (n.nome);
        idade = n.idade;
    }
    return *this;
}
```

Neste código um ponteiro especial `this` é usado. Cada objeto pode acessar seu próprio endereço por meio do ponteiro `this`, de modo que `*this` é o próprio objeto.

1.4.3 Ponteiros e destrutores

O que acontece com os objetos definidos localmente do tipo `Node`? Como todos os itens locais, são destruídos, no sentido de que se tornam indisponíveis fora do bloco no qual são definidos, e a memória ocupada por eles é também. Embora a memória ocupada por um objeto do tipo `Node` seja liberada, nem toda memória relacionada com este objeto se torna disponível. Um dos membros de dados desse objeto é um ponteiro para uma cadeia de caracteres; em consequência, a memória ocupada pelo membro de dados ponteiro é vazada, mas a memória tomada pela cadeia de caracteres não. Depois que o objeto é destruído, a cadeia de caracteres previamente disponível a partir de seu membro de dados nome se torna inacessível (se não foi atribuída a nome de algum outro objeto ou a uma variável de cadeia de caracteres) e a memória ocupada por essa cadeia não pode mais ser liberada. Este é um problema com objetos que têm membros de dados que apontam para locais dinamicamente alocados. Para evitar o problema, a definição de classe deve incluir a definição de um *destrutor*, que é uma função automaticamente invocada quando um objeto é destruído, o que tem lugar na saída do bloco no qual o objeto é definido ou na chamada de delete. Destrutores não tomam argumentos nem retornam valores, de modo que pode haver somente um destrutor por classe. Para a classe Node, um destrutor pode ser definido como

```
~Node() {
    if(nome !=0)
        free (nome) ;
}
```

1.4.1 Ponteiros e variáveis de referência

Considere as seguintes declarações:

```
int n = 5, *p = &n, &r = n;
```

A variável p é declarada como sendo do tipo int*, um ponteiro para um inteiro, e r é do tipo int&, uma variável de referência de inteiro. Uma variável de referência precisa ser inicializada em sua declaração como uma referência a uma variável particular, e esta referência não pode ser mudada. Isto significa que uma variável de referência não pode ser nula. Uma variável de referência r pode ser considerada como um nome diferente para uma variável n, de modo que, se n muda, r muda também. Isto porque uma variável de referência é implementada como um ponteiro constante para a variável.

Depois das três declarações, a declaração de impressão

```
cout << n << ' ' << *p << ' ' << r << endl;
```

produz 5 5 5. Depois da atribuição

```
n = 7;
```

a mesma declaração de impressão produz 7 7 7. Também, uma atribuição

```
*p = 9;
```

fornece o resultado 9 9 9, e a atribuição

```
r = 10;
```

leva ao resultado 10 10 10. Essas declarações indicam que, em termos de notação, o que podemos realizar com o desreferenciamento de variáveis ponteiros é realizado sem o desreferenciamento de variáveis de referência. Isto não é um acidente porque, como mencionado, as variáveis de referência são implementadas como ponteiros constantes. Em vez da declaração

```
int& r = n;
```

podemos usar uma declaração

```
int *const r = &n;
```

onde r é um ponteiro constante para um inteiro, o que significa que a atribuição

```
r = q;
```

onde `q` é outro ponteiro, é um erro, porque o valor de `r` não pode mudar. No entanto, a atribuição

```
*r = 1;
```

é aceitável se `n` não for um inteiro constante.

É importante notar a diferença entre os tipos `int *const` e `const int *`. O segundo é um tipo de ponteiro para um inteiro constante:

```
const int *s = &m;
```

depois do qual a atribuição

```
s = &m;
```

onde `m` em um inteiro (seja constante ou não) é admissível, mas a atribuição

```
*s = 2;
```

é errônea, mesmo se `m` não é uma constante.

As variáveis de referência são usadas na passagem de argumentos por referência para chamadas de funções. A passagem por referência é requerida se um parâmetro atual deve ser mudado permanentemente, durante a execução de uma função. Isto pode ser realizado com ponteiros (e em C, é o único mecanismo disponível para se passar por referência) ou com variáveis de referência. Por exemplo, depois de declarar uma função

```
void f1(int i, int* j, int& k) {
    i = 1;
    *j = 2;
    k = 3;
}
```

os valores das variáveis

```
int n1 = 4, n2 = 5, n3 = 6;
```

depois de executar a chamada

```
f1(n1,&n2,n3);
```

são `n1 = 4, n2 = 2, = n3 = 3`.

O tipo referência é também utilizado para indicar o tipo de retorno de funções. Por exemplo, tendo-se definido a função

```
int& f2(int a[], int i ) {
    return a[i];
}
```

e declarado a matriz

```
int a[] = {1,2,3,4,5};
```

podemos usar `f2()` em qualquer lado do operador de atribuição. Por exemplo, no lado direito,

```
n = f2(a,3);
```

ou no lado esquerdo,

```
f2(a,3) = 6;
```

que atribui 6 para `a[3]`, de modo que `a = [1 2 3 6 5]`. Note que podemos realizar o mesmo com ponteiros, mas o desreferenciamento tem que ser usado explicitamente:

```
int* f3(int a[], int i) {
    return &a[i];
}
```

e então

```
*f3(a,3) = 6;
```

Variáveis de referência e o tipo de retorno de referência devem ser usados com cautela porque existe a possibilidade de comprometer o princípio de ocultação de informação quando são usados de forma inadequada. Considere a classe C:

```
class C {
public:
    int& getRefN() {
        return n;
    }
    int  getN () {
        return n;
    }
private:
    int n;
} c;
```

e essas atribuições:

```
int& k = c.getRefN();
k = 7;
cout << c.getN();
```

Embora n seja declarado private, após a primeira tarefa pode ser acessado à vontade do lado de fora através de k e atribuído qualquer valor. Uma atribuição também pode ser feita através de getRefN():

```
c.getRefN() = 9;
```

1.4.5 Ponteiros para funções

Como indicado na Seção 1.4.1, um dos atributos de uma variável é seu endereço que indica sua posição na memória do computador. O mesmo é verdade para as funções; um dos atributos de uma função é o endereço que indica o local do corpo da função na memória. Na chamada de função o sistema transfere o controle a esse local para executar a função. Por esta razão é possível usar ponteiros para funções. Esses ponteiros são muito úteis na implementação de funcionais (isto é, funções que tomam funções como argumentos), tal como a integral.

Considere a função simples

```
double f(double x) {
    return 2*x;
}
```

Com esta definição f é um ponteiro para a função f(), *f é a própria função e (*f)(7) é uma chamada para a função.

Considere agora a escrita de uma função C++ que calcula a seguinte soma:

$$\sum_{i=n}^{m} f(i)$$

Para calcular a soma temos que fornecer não somente os limites *n* e *m*, mas também uma função *f*. Em consequência, a implementação desejada deve permitir não somente a passagem de números como argumentos, mas também de funções. Isto é feito em C++ do seguinte modo:

```
double soma(double (*f)(double), int n, int m) {
    double resultado = 0;
    for(int i = n; i <= m; i++)
        resultado += f(i);
    return resultado;
}
```

Nesta definição da soma ( ), a declaração do primeiro argumento formal

```
double (f*)(double)
```

significa que f é um ponteiro para uma função com um argumento do tipo `double`, e um valor de retorno do tipo `double`. Note a necessidade dos parênteses ao redor de `*f`. Pelo fato de os parênteses terem precedência sobre o operador de desreferência *, a expressão

```
double *f(double)
```

declara a função que retorna um ponteiro para um valor `double`.

A função soma () pode ser chamada agora com qualquer função `double` incorporada ou definida pelo usuário que toma um argumento `double`, como em

```
cout << soma(f,1,5) << endl;
cout << soma(sin,3,7) << endl;
```

Outro exemplo é a função que encontra uma raiz de função contínua em um intervalo. A raiz é encontrada bissectando-se repetitivamente um intervalo e encontrando-se o ponto médio do intervalo corrente. Se o ponto médio for zero ou se o intervalo for menor do que algum valor pequeno, o ponto médio é retornado. Se os valores da função no limite esquerdo do intervalo corrente e no ponto médio tiverem sinais opostos, a pesquisa continua na metade esquerda do corrente intervalo; caso contrário, o intervalo corrente torna-se sua metade direita. Aqui está uma implementação desse algoritmo:

```
double raiz(double (*f)(double), double a, double b, double epsilon) {
    double metade = (a + b) / 2;
    while (f(metade) != 0 && fabs(b - a) > epsilon) {
        if (f(a) * f(metade) < 0)      // se f(a) e f(metade) têm
             b = metade;               // sinais opostos;
        else a = metade;
        metade = (a + b)/ 2;
    }
    return metade;
}
```

1.5 Polimorfismo

Polimorfismo refere-se à habilidade de adquirir várias formas. No contexto da POO, isto significa que o mesmo nome de função denota várias funções que são membros de diferentes objetos. Considere o seguinte exemplo:

```
class Classe1 {
public:
    virtual void f() {
```

```
            cout << "Funcao f() na Classe1\n";
        }
    void g() {
            cout << "Funcao g() na Classe1\n";
        }
};
class Classe2 {
public:
    virtual void f() {
            cout << "Funcao f() na Classe2\n";
        }
    void g() {
            cout << "Funcao g() na Classe2\n";
        }
};
class Classe3 {
public:
    virtual void h() {
            cout << "Funcao h() na Classe3\n";
        }
};
int main()    {
    Classe1 objeto1, *p;
    Classe2 objeto2;
    Classe3 objeto3;
    p = &objeto1;
    p->f();
    p->g();
    p = (Classe1*) &objeto2;
    p->f();
    p->g();
    p = (Classe1*) &objeto3;
    p->f(); // possivel termino anormal do programa;
    p->g();
//  p->h(); // h() não e um membro da Classe1;
    return 0;
}
```

A saída deste programa é esta:

```
Funcao f() in Classe1
Funcao g() in Classe1
Funcao f() in Classe2
Funcao g() in Classe1
Funcao h() in Classe3
Funcao g() in Classe1
```

Não deve nos surpreender o fato de que, quando p é declarada como um ponteiro ao objeto1 do tipo de classe Classe1, dois membros de função – definidos na Classe1 – são ativados. Mas, depois que p se torna um ponteiro para o objeto2 do tipo de classe Classe2, p->f() ativa a função definida na Classe2, enquanto p->g() ativa uma função definida na Classe1. Como isto é possível? A diferença se encontra no momento em que uma decisão é tomada com relação à função a ser chamada.

No caso da assim chamada *associação estática*, a decisão com relação a uma função a ser executada é determinada no tempo de compilação. No caso de *associação dinâmica*, a decisão é postergada até o tempo da operação. Na C++ a associação dinâmica é forçada declarando-se uma função-membro como `virtual`. Deste modo, se um membro de função virtual é chamado, a função escolhida para execução depende não do tipo de ponteiro determinado por sua declaração, mas do tipo do valor que o ponteiro atualmente tem. Em nosso exemplo, o ponteiro p foi declarado do tipo `Classe1*`. Em consequência, se p aponta para a função `g()`, que não é `virtual`, independentemente do local no programa no qual a instrução de chamada `p->g()` ocorre, é sempre considerado uma chamada à função `g()` definida na `Classe1`. Isto se deve ao fato de o compilador tomar esta decisão baseado na declaração de tipo de p e de `g()` não ser `virtual`. Para membros de função virtuais a situação muda drasticamente. Neste caso a decisão é tomada durante o tempo de execução; se um membro de função é `virtual`, o sistema procura o tipo do valor corrente do ponteiro e invoca o membro de função apropriado. Depois da declaração inicial de p, como sendo do tipo `Classe1*`, a função virtual `f()`, pertencendo à `Classe1`, é chamada, ao passo que, depois de atribuir a p o endereço do `objeto2` do tipo `Classe2`, `f()`, pertencendo à `Classe2`, é chamada.

Note que, depois que a p foi atribuído o endereço de `objeto3`, ainda se invoca `g()` definida na `Classe1`. Isto é assim porque `g()` não é redefinida na `Classe3` e `g()`, a partir da `Classe1`, é chamada. Mas uma tentativa de chamar `p->f()` resulta em um colapso do programa – ou dá uma saída errada, uma vez que C ++ escolhe a primeira função virtual na Classe3 –, porque `f()` é declarada virtual na `Classe1`, de modo que o sistema tenta encontrar, sem sucesso, na `Classe3`, a definição de `f()`. Além disso, ainda que p aponte para o `objeto3`, a instrução `p->h` resulta em erro de compilação, porque o compilador não encontra `h()` na `Classe1`, onde `Classe1*` é ainda o tipo do ponteiro p. Para o compilador não importa que `h()` seja definida na `Classe3` (seja ela virtual ou não).

Polimorfismo é uma ferramenta poderosa em POO. Basta enviar uma mensagem padrão para vários objetos diferentes sem especificar como ela será compreendida. Não há necessidade de conhecer de que tipo o objeto é. O recebedor é responsável por interpretar a mensagem e compreendê-la. O expedidor não tem que modificar a mensagem, dependendo do tipo do recebedor. Não há necessidade de declarações `switch` ou `if-else`. Novas unidades também podem ser adicionadas a um programa complexo sem necessidade de recompilar o programa inteiro.

1.6 C++ e a programação orientada a objetos

Até aqui assumiu-se que C++ é uma LOO, e todas as características das LOOs que discutimos foram ilustradas com o código em C++. No entanto, C++ não é uma LOO pura; é mais orientado a objetos do que C ou Pascal, que não têm características orientadas a objetos, ou Ada, que suporta classes (pacotes) e instâncias, mas é menos orientada a objetos do que LOOs puras, tais como Smalltalk ou Eiffel.

Em C++ a abordagem orientada a objetos não é obrigatória. Podemos programar em C++ sem saber que tais características são parte da linguagem. A razão para isto é a popularidade de C. C++ é um superconjunto de C, de modo que um programador C pode facilmente mudar para C++, adaptando-se somente a suas características mais amigáveis, tais como E/S, mecanismo de chamada por referência, valores default para parâmetros de função, sobrecarga de operadores, funções em linha e similares. Usar uma LOO, tal como C++, não garante que se pratique a POO. Por outro lado, invocar o mecanismo completo de classes e funções-membro pode nem sempre ser necessário, especialmente em pequenos programas; por isso, não forçar a POO não é necessariamente uma desvantagem. Ademais, C++ é mais fácil de se integrar com o código existente em C do que outras LOOs.

C++ tem excelentes recursos de encapsulamento que permitem um ocultamento de informação bem controlado. Há, no entanto, um afrouxamento desta regra no uso das assim chamadas funções amigas. O problema é que a informação privada de certa classe não pode ser acessada por qualquer um, e a informação pública é acessível por qualquer usuário. Mas algumas vezes gostaríamos de permitir que somente alguns usuários tivessem acesso à área privada de informação. Isto pode ser realizado se a classe listar as funções do usuário como suas amigas. Por exemplo, se a definição é

```
classe C {
    int n;
    friend int f();
} ob;
```

a função `f()` tem acesso à variável `n` que pertence à classe C, como em

```
int f ()
{    return 10 * ob.n; }
```

Isto poderia ser considerado uma violação do princípio de ocultamento de informação; no entanto, a própria classe C concede o direito de tornar público a alguns usuários o que é privado e inacessível a outros. Assim, desde que a classe tenha controle sobre o que considerar uma função amiga, o mecanismo de função amiga pode ser considerado uma extensão do princípio de ocultamento de informação. Este mecanismo é reconhecidamente usado para facilitar a programação e agilizar a execução, pois reescrever o código sem usar as funções amigas pode ser um grande problema. Tal afrouxamento de algumas regras, a propósito, não é incomum na ciência de computação; outros exemplos incluem a existência de laços em linguagens funcionais, tal como a LISP, ou a estocagem de alguma informação no início de arquivos de dados em violação do modelo de banco de dados relacionais, como no dBaseIII+.

1.7 A biblioteca de formatos-padrão

C++ é uma linguagem orientada a objetos, mas extensões recentes à linguagem a trouxeram para um nível mais alto. A adição mais significativa à linguagem é a Biblioteca de Formatos-Padrão (em inglês, Standard Template Library – STL), desenvolvida principalmente por Alexander Stepanov e Meng Lee, que inclui três tipos de entidades genéricas: contêineres, iteradores e algoritmos. Estes últimos são funções usadas com frequência que podem ser aplicadas a diferentes estruturas de dados. A aplicação é intermediada por iteradores que determinam quais algoritmos podem ser aplicados a que tipos de objetos. A STL libera os programadores de escrever suas próprias implementações de várias classes e funções. Em vez disso, eles podem usar implementações genéricas pré-empacotadas, adaptadas para o problema em questão.

1.7.1 Contêineres

Contêiner é uma estrutura de dados que detém alguns objetos que usualmente são do mesmo tipo. Tipos diferentes de contêineres organizam os objetos dentro de si de formas diferentes. Embora a quantidade de organizações diferentes seja teoricamente ilimitada, somente um pequeno número tem significado prático, e as organizações com mais frequência usadas estão incorporadas na STL. Esta inclui os seguintes contêineres: `deque`, `list`, `map`, `multimap`, `set`, `multiset`, `stack`, `queue`, `priority_queue` e `vector`.

Os contêineres STL estão implementados como classes de formato (*template*) que incluem funções-membro; estas especificam que operações podem ser realizadas sobre os elementos estocados na estrutura de dados especificada pelo contêiner ou sobre a própria estrutura de dados. Algumas operações podem ser encontradas em todos os contêineres, embora possam estar implementadas de formas diferentes. As funções-membro comuns a todos os contêineres incluem os construtores default e de cópia, o destrutor, `empty()`, `max_size()`, `size()`, `swap()`, `operator=` e, exceto em `priority_queue`, seis funções de operador relacional sobrecarregado (`operador<` etc.). Ademais, as funções-membro comuns a todos os contêineres, exceto `stack`, `queue` e `priority_queue`, incluem as funções `begin()`, `end()`, `rbegin()`, `rend()`, `erase()` e `clear()`.

Os elementos estocados nos contêineres podem ser de qualquer tipo e têm que fornecer pelo menos um construtor default, um destrutor e um operador de atribuição. Isto é particularmente importante para os tipos definidos pelo usuário. Alguns compiladores podem exigir também que alguns operadores relacionais sejam sobrecarregados (pelo menos os operadores == e <, mas podem ser != e > também), ainda que o programa não os use. Um construtor de cópia e a função operador= também devem ser fornecidos se os membros de dados são ponteiros, porque as operações de inserção usam uma cópia do elemento que está sendo inserido, e não o próprio elemento.

1.7.2 Iteradores

Iterador é um objeto usado para referenciar um elemento estocado em um contêiner. Portanto, é uma generalização do ponteiro. Ele permite o acesso à informação incluída em um contêiner, de modo que as operações desejadas possam ser realizadas sobre esses elementos.

Como uma generalização dos ponteiros, os iteradores retêm a mesma notação de desreferenciamento. Por exemplo, *i é um elemento referenciado pelo iterador i. Além disso, a aritmética do iterador é similar à do ponteiro, embora nem todas as operações sobre os iteradores sejam permitidas em todos os contêineres.

Nenhum iterador é suportado nos contêineres stack, queue e priority_queue. As operações de iterador para as classes list, map, multimap, set e multiset são como a seguir (i1 e i2 são iteradores, n é um número):

```
i1++, ++i1, i1--, --i1
i1 = i2
i1 == i2, i1 != i2
*i1
```

Em adição a essas operações, as de iterador para as classes deque e vector são como estas:

```
i1 < i2, i1 <= i2, i1 > i2, i1 >= i2
i1 + n, i1 - n
i1 += n, i1 -= n
i1[n]
```

1.7.3 Algoritmos

A STL fornece cerca de 70 funções genéricas, chamadas algoritmos, que podem ser aplicadas aos contêineres STL e às matrizes. Uma lista de todos os algoritmos consta no Apêndice B. Esses algoritmos estão implementando operações que são com muita frequência usadas na maioria dos programas, tais como localizar um elemento em um contêiner, inserir um elemento em uma sequência de elementos, remover um elemento de uma sequência, modificar elementos, comparar elementos, encontrar um valor baseado em uma sequência de elementos, ordenar a sequência de elementos, e assim por diante. Quase todos os algoritmos STL usam iteradores para indicar o intervalo dos elementos no qual operam. O primeiro iterador referencia o primeiro elemento do intervalo, e o segundo referencia um elemento *depois* do último elemento do intervalo. Em consequência, assume-se que sempre é possível atingir a posição indicada pelo segundo iterador incrementando-se o primeiro. Eis alguns exemplos.

A chamada

```
random_shuffle(c.begin(), c.end());
```

aleatoriamente reordena todos os elementos do contêiner c. A chamada

```
i3 = find(i1, i2, el);
```

retorna um iterador que indica a posição do elemento el no intervalo i1 até (mas não incluindo) i2. A chamada

```
n = count_if(i1, i2, NumImpar);
```

conta, por meio do algoritmo `count_if()`, os elementos no intervalo indicado pelos iteradores i1 e i2 para os quais uma função booleana definida pelo usuário de um argumento `NumImpar()` retorna true.

Algoritmos são funções acrescentadas às funções-membro fornecidas pelos contêineres. No entanto, alguns algoritmos estão também definidos como funções-membro para proporcionar melhor desempenho.

1.7.4 Objetos de função

Em C++ o operador de chamada de função () pode ser tratado como qualquer outro operador; em particular, pode ser sobrecarregado. Pode também retornar qualquer tipo e tomar qualquer número de argumentos, mas, como operador de atribuição, pode ser sobrecarregado somente como uma função-membro. Qualquer objeto que inclua uma definição do operador de chamada de função é chamado *objeto de função*, um objeto, mas comporta-se como se fosse uma função. Quando o objeto de função é chamado, seus argumentos tornam-se os argumentos do operador de chamada de função.

Considere o exemplo de obter a soma dos números que resulta de se aplicar uma função *f* aos números inteiros no intervalo [*n*,*m*]. Uma implementação da `soma()` apresentada na Seção 1.4.5 dependia do uso de um ponteiro de função como um argumento da função `soma()`. O mesmo pode ser realizado definindo-se primeiro uma classe que sobrecarrega o operador de chamada de função:

```
class classf {
public:
    classf() {
    }
    double operator() (double x) {
        return 2*x;
    }
};
```

e definindo

```
double soma2(classf f, int n, int m) {
    double result = 0;
    for (int i = n; i <= m; i++)
        result += f(i);
    return result;
}
```

que difere de `soma()` somente no primeiro parâmetro, que é um objeto de função, não uma função; se não, ela seria a mesma. A nova função pode agora ser chamada, como em

```
classf cf;
cout << soma2(cf,2,5) << endl;
```

ou simplesmente

```
cout << soma2(classf(),2,5) << endl;
```

O último modo de chamada exige uma definição do construtor `classf()` (mesmo que ele não tenha corpo) para criar um objeto do tipo `classf()` quando `soma2()` é chamada.

O mesmo pode ser realizado sem sobrecarregar o operador de chamada de função, como exemplificado nas duas seguintes definições:

```
class classf2 {
public:
    classf2 () {
    }
    double marcha (double x) {
        return 2*x;
    }
};
double soma3 (classf2 f, int n, int m) {
    double result = 0;
    for (int i = n; i <= m; i++)
        result += f.run(i);
    return result;
}
```

e uma chamada

```
cout << soma3(classf2(),2,5) << endl;
```

A STL depende muito fortemente dos objetos de função. O mecanismo dos ponteiros de função é insuficiente para os operadores predefinidos. Como podemos passar um menos unário para soma()? A sintaxe soma(-,2,5) é ilegal. Para contornar o problema, a STL define em <functional> objetos de função para os operadores C++ comuns. Por exemplo, o menos unário é definido como

```
template<class T>
struct negate : public unary_function<T,T> {
    T operator()(const T& x) const {
        return -x;
    }
};
```

Agora, depois de se redefinir a função soma() para que se torne uma função genérica:

```
template<class F>
double soma(F f, int n, int m) {
    double resultado = 0;
    for (int i = n; i <= m; i++)
        resultado += f(i);
    return resultado;
}
```

a função pode também ser chamada com o objeto de função negate,

```
soma(negate<double>(),2,5).
```

1.8 Vetores na biblioteca de formatos-padrão

O contêiner mais simples da STL é o vetor, uma estrutura de dados com blocos de memória contíguos, tal como uma matriz. Devido aos locais de memória serem contíguos, podem ser acessados aleatoriamente, de modo que o tempo de acesso de qualquer elemento do vetor é constante. A estocagem é gerenciada automaticamente; por isso, na tentativa de inserir um elemento dentro de um vetor cheio, um bloco de memória maior é alocado para o vetor, os elementos do vetor são copiados para o novo bloco e o bloco antigo é liberado. Um vetor é, assim, uma matriz flexível, isto é, uma matriz cujo tamanho pode ser dinamicamente modificado.

A Figura 1.3 lista em ordem alfabética todas as funções-membro do vetor. Uma aplicação dessas funções está ilustrada na Figura 1.4. Os conteúdos dos vetores afetados estão mostrados como comentários nas linhas nas quais as funções-membro são chamadas. Os conteúdos de um vetor são impressos com a função genérica `printVector()`, mas no programa da Figura 1.4 somente uma chamada aparece.

FIGURA 1.3 Uma lista alfabética das funções-membro na classe vector.

Função-membro	Operação
`void assign(primeiro iterador, ultimo iterador)`	remove todos os elementos no vetor e nele insere os elementos do intervalo indicado pelos iteradores `primeiro` e `ultimo`
`void assign(size_type n, const T& el = T())`	remove todos os elementos no vetor e nele insere n cópias de `el`
`T& at(size_type n)`	retorna o elemento na posição n do vetor
`const T& at(size_type n) const`	retorna o elemento na posição n do vetor
`T& back()`	retorna o último elemento do vetor
`const T& back() const`	retorna o último elemento do vetor
`iterator begin()`	retorna um iterador que referencia o primeiro elemento do vetor
`const_iterator begin() const`	retorna um iterador que referencia o primeiro elemento do vetor
`size_type capacity() const`	retorna o número de elementos que podem ser estocados no vetor
`void clear()`	remove todos os elementos no vetor
`bool empty() const`	retorna `true` se o vetor não inclui elemento; caso contrário, `false`
`iterator end()`	retorna um iterador que está adiante do último elemento do vetor
`const_iterator end() const`	retorna um iterador `const` que está adiante do último elemento do vetor
`iterator erase(iterador i)`	remove o elemento referenciado pelo iterador `i` e devolve um iterador que referencia o elemento posterior ao removido
`iterator erase (iterador primeiro, iterador ultimo)`	remove os elementos no intervalo indicado pelos iteradores `primeiro` e `ultimo` e devolve um iterador que referencia um elemento posterior ao removido
`T& front()`	retorna o primeiro elemento do vetor
`const T& front() const`	retorna o primeiro elemento do vetor
`iterator insert(iterador i, const T& el = T())`	insere `el` antes do elemento referenciado pelo iterador `i` e retorna o iterador que referencia o elemento mais novo inserido
`void insert(iterador i, size_type n, const T& el)`	insere n cópias de `el` antes do elemento referenciado pelo iterador `i`
`void insert(iterador i, iterador primeiro, iterador ultimo)`	insere elementos a partir do intervalo indicado pelos iteradores `primeiro` e `ultimo` antes do elemento referenciado pelo iterador `i`
`size_type max_size() const`	retorna o número máximo de elementos para o vetor

FIGURA 1.3 Uma lista alfabética das funções-membro na classe vector. (*continuação*)

`T& operator[]`	operador subscrito
`const T& operator[] const`	operador subscrito
`void pop_back()`	remove o último elemento do vetor
`void push_back(const T& el)`	insere el no final do vetor
`reverse_iterator rbegin()`	retorna um iterador que referencia o último elemento do vetor
`const_reverse_iterator rbegin() const`	retorna um iterador que referencia o último elemento do vetor
`reverse_iterator rend()`	retorna um iterador que está antes do primeiro elemento do vetor
`const_reverse_iterator rend() const`	retorna um iterador que está antes do primeiro elemento do vetor
`void reserve(syze_type n)`	reserva espaço suficiente para o vetor conter n itens se sua capacidade é menor que n
`void resize(syze_type n, const T& el = T())`	torna o vetor apto para conter n elementos adicionando n - size() mais posições com o elemento el, ou descartando size() - n posições em excesso a partir do final do vetor
`size_type size() const`	retorna o número de elementos no vetor
`void swap(vector<T>& v)`	troca o conteúdo do vetor com o conteúdo de outro vetor v
`vector()`	constrói um vetor vazio
`vector(size_type n, const T& el = T())`	constrói um vetor com n cópias de el do tipo T (se el não é fornecido, um construtor default T() é usado)
`vector(iterator primeiro, iterator ultimo)`	constrói um vetor com os elementos de intervalo indicado pelos iteradores primeiro e ultimo
`vector(const vector<T>& v)`	construtor de cópia

FIGURA 1.4 Um programa que demonstra a operação das funções-membro do vetor.

```cpp
#include <iostream>
#include <vector>
#include <algorithm>
#include <functional> // greater<T>

using namespace std;

template<class T>
void printVector(char *s, const vector<T>& v) {
    cout << s << " = (";
```

FIGURA 1.4 Um programa que demonstra a operação das funções-membro do vetor. (*continuação*)

```cpp
    if (v.size() == 0) {
        cout << ")\n";
    return;
    }
    typename (vector<T>::const_iterator i = v.begin();
    for ( ; i != v.end()-1; i++)
        cout << *i << ' ';
    cout << *i << ")\n";
}

bool f1(int n) {
    return n < 4;
}

void main() {
    int a[] = {1,2,3,4,5};
    vector<int> v1;   // v1 esta vazio, tamanho = 0, capacidade = 0
        printVector("v1",v1);
        for (int j = 1; j <= 5; j++)
            v1.push_back(j); // v1 = (1 2 3 4 5), tamanho = 5, capacidade = 8
    vector<int> v2(3,7);  // v2 = (7 7 7)
    vector<int> ::iterator i1 = v1.begin()+1;
    vector<int> v3(i1,i1+2); // v3 = (2 3), tamanho = 2, capacidade = 2
    vector<int> v4(v1);      // v4 = (1 2 3 4 5), tamanho = 5, capacidade = 5
    vector<int> v5(5);       // v5 = (0 0 0 0 0)
    v5[1] = v5.at(3) = 9;    // v5 = (0 9 0 9 0)
    v3.reserve(6);           // v3 = (2 3), tamanho = 2, capacidade = 6
    v4.resize(7);            // v4 = (1 2 3 4 5 0 0), tamanho = 7, capacidade = 10
    v4.resize(3);            // v4 = (1 2 3), tamanho = 3, capacidade = 10
    v4.clear();              // v4 esta vazio, tamanho = 0, capacidade = 10 (!)
    v4.insert(v4.end(),v3[1]);                      // v4 = (3)
    v4.insert(v4.end(),v3.at(1));                   // v4 = (3 3)
    v4.insert(v4.end(),2,4);                        // v4 = (3 3 4 4)
    v4.insert(v4.end(),v1.begin()+1,v1.end()-1);    // v4 = (3 3 4 4 2 3 4)
    v4.erase(v4.end()-2);                           // v4 = (3 3 4 4 2 4)
    v4.erase(v4.begin(), v4.begin()+4);             // v4 = (2 4)
    v4.assign(3,8);                                 // v4 = (8 8 8)
    v4.assign(a,a+3);                               // v4 = (1 2 3)
    vector<int> ::reverse_iterator i3 = v4.rbegin();
    for ( ; i3 != v4.rend(); i3++)
        cout << *i3 << ' ';                         // print: 3 2 1
    cout << endl;

// algorithms

    v5[0] = 3;                              // v5 = (3 9 0 9 0)
    replace_if(v5.begin(),v5.end(),f1,7);   // v5 = (7 9 7 9 7)
    v5[0] = 3; v5[2] = v5[4] = 0;           // v5 = (3 9 0 9 0)
```

FIGURA 1.4 Um programa que demonstra a operação das funções-membro do vetor. (*continuação*)

```
    replace(v5.begin(),v5.end(),0,7);              // v5 = (3 9 7 9 7)
    sort(v5.begin(),v5.end());                     // v5 = (3 7 7 9 9)
    sort(v5.begin(),v5.end(),greater<int> ());     // v5 = (9 9 7 7 3)
    v5.front() = 2;                                // v5 = (2 9 7 7 3)
    Return 0;
}
```

Para usar a classe vetor o programa tem que conter a instrução include

`#include <vector>`

A classe vetor tem quatro construtores. A declaração

`vector<int> v5(5);`

usa o mesmo construtor que a declaração

`vector<int> v2(3,7);`

mas para o vetor v5 o elemento com o qual está preenchido é determinado pelo construtor inteiro default, que é zero.

O vetor v1 é declarado vazio, e então novos elementos são inseridos com a função push_back(). A adição de um elemento ao vetor é usualmente rápida, a menos que esteja cheio e tenha que ser copiado para um novo bloco. Essa situação ocorre se o tamanho do vetor é igual a sua capacidade. Mas, se o vetor tem algumas células não utilizadas, pode acomodar um novo elemento imediatamente em tempo constante. Os valores correntes dos parâmetros podem ser testados com a função size(), que retorna o número de elementos correntemente no vetor, e a função capacity(), que retorna o número de células disponíveis no vetor. Se necessário, a capacidade pode ser modificada com a função reserve(). Por exemplo, depois de executar

`v3.reserve(6);`

o vetor v3 = (2 3) retém os mesmos elementos e o mesmo tamanho = 2, mas sua capacidade mudou de 2 para 6. A função reserve() afeta somente a capacidade do vetor, não seu conteúdo. A função resize() afeta os conteúdos e possivelmente a capacidade. Por exemplo, o vetor v4 = (1 2 3 4 5) de tamanho = capacidade = 5 modifica-se depois da execução de

`v4.resize(7);`

para v4 = (1 2 3 4 5 0 0), tamanho = 7, capacidade = 10, e depois de outra chamada para resize(),

`v4.resize(3);`

para v4 = (1 2 3), tamanho = 3, capacidade = 10. Esses exemplos indicam que o novo espaço está alocado para vetores, mas não é retornado.

Note que não há a função-membro push_front(). Isto reflete o fato de que adicionar um novo elemento à frente do vetor é uma operação complexa, porque exige que todos os elementos sejam deslocados de uma posição para criar espaço para o novo elemento. Esta é uma operação que consome tempo e pode ser realizada com a função insert(); é também uma função que automaticamente aloca mais memória para o vetor se necessário. Outras funções que realizam esta tarefa são os construtores, a função reserve() e o operator=.

Os elementos do vetor podem ser acessados com a notação de subscrito usada para as matrizes, como em

```
v4[0] = n;
```

ou com iteradores com a notação de desreferenciamento usada para ponteiros, como em

```
vector<int>::iterator i4 = v4.begin();
*i4 = n;
```

Note que algumas funções-membro têm o tipo de retorno T& (isto é, um tipo de referência). Por exemplo, para um vetor inteiro, a marca da função-membro `front()` é

```
int& front();
```

Isto significa que, por exemplo, `front()` pode ser usada tanto para o lado esquerdo como para o direito do operador de atribuição:

```
v5.front() = 2;
v4[1] = v5.front();
```

Todos os algoritmos STL podem ser aplicados a vetores. Por exemplo, a chamada

```
replace(v5.begin(),v5.end(),0,7);
```

substitui todos os 0s com 7s no vetor v5, de modo que v5 = (3 9 0 9 0) se torna v5 = (3 9 7 9 7), e a chamada

```
sort(v5.begin(),v5.end());
```

organiza na ordem ascendente o vetor v5. Alguns algoritmos permitem usar parâmetros funcionais. Por exemplo, se o programa inclui a definição de função

```
bool f1(int n) {
    return n < 4;
}
```

então a chamada

```
replace_if(v5.begin(),v5.end(),f1,7);
```

aplica f1() a todos os elementos de v5 e substitui todos os elementos menores que 4 por 7. Neste caso, v5 = (3 9 0 9 0) se torna v5 = (7 9 7 9 7). Incidentalmente, um modo mais crítico de realizar o mesmo resultado sem a necessidade de definir explicitamente f1 é dado por

```
replace_if(v5.begin(),v5.end(),bind2nd(less<int>(),4),7);
```

Nesta expressão, `bind2nd(op,a)` é uma função genérica que se comporta como se convertesse um objeto de função de dois argumentos em um objeto de função de um argumento, fornecendo (vinculando) o segundo parâmetro. Ela faz isto criando objetos de função de dois argumentos, nos quais uma operação de dois argumentos op toma a como o segundo argumento.

Os algoritmos de ordenação permitem a mesma flexibilidade. No exemplo de ordenação do vetor v5, a ordenação é ascendente. Como podemos ordená-lo de forma descendente? Um modo é fazer a ordenação ascendente e então invertê-lo com o algoritmo `reverse()`. Outro é forçar o `sort()` a aplicar o operador > na tomada de suas decisões. Isto é feito diretamente usando-se um objeto de função como parâmetro, como em

```
sort(v5.begin(),v5.end(),greater<int>());
```

ou indiretamente, como em

```
sort(v5.begin(),v5.end(),f2);
```

onde f2 é definido como

```
bool f2(int m, int n) {
    return m > n;
}
```

O primeiro método é preferível, mas isso somente é possível porque o objeto de função `greater` já está definido na STL. Esse objeto de função está definido como uma estrutura de formato que, em essência, sobrecarrega genericamente o operador >. Em consequência, `greater<int>()` significa que o operador deve ser aplicado a inteiros.

Esta versão do algoritmo `sort()`, que toma um argumento funcional, é particularmente útil quando necessitamos ordenar objetos mais complexos do que inteiros e usar diferentes critérios. Considere a seguinte definição de classe:

```
class Pessoa {
public:
    Pessoa (char *n = "", int a = 0) {
        nome = strdup(n);
        idade = a;
    }
    ~Pessoa () {
        free (name);
    }
    bool operator==(const Pessoa& p) const {
        return strcmp(nome,p.nome) == 0 && idade == p.idade;
    }
    bool operator<(const Pessoa& p) const {
        return strcmp(nome,p.nome) < 0;
    }
    bool operator>(const Pessoa& p) const {
        return !(*this == p) && !(*this < p);
    }
private:
    char *nome;
    int idade;
    friend bool idadeMenor(const Pessoa&, const Pessoa&);
};
```

Agora, com a declaração

```
vector<Pessoa> v6(1,Pessoa("Gregg",25));
```

adicionando-se a v6 mais dois objetos

```
v6.push_back(Pessoa("Ann",30));
v6.push_back(Pessoa("Bill",20));
```

e executando

```
sort(v6.begin(),v6.end());
```

v6 muda de v6 = (("Gregg", 25) ("Ann", 30) ("Bill", 20)) para v6 = (("Ann", 30) ("Bill", 20) ("Gregg", 25)), organizado na ordem ascendente, porque a versão de `sort()` com somente dois argumentos de iterador usa o operador < sobrecarregado na classe `Pessoa`. A chamada

```
sort(v6.begin(),v6.end(),greater<Pessoa>());
```

muda v6 = (("Ann", 30) ("Bill", 20) ("Gregg", 25)) para v6 = (("Gregg", 25) ("Bill", 20) ("Ann", 30)), organizado na ordem descendente, porque esta versão de sort() depende do operador > sobrecarregado para esta classe. O que devemos fazer para ordenar os objetos pela idade? Neste caso uma função precisa ser definida, como em

```
bool idadeMenor(const Pessoa& p1, const Pessoa& p2) {
    return p1.idade < p2.idade;
}
```

e então usá-la como argumento na chamada para sort(),

```
sort(v6.begin(),v6.end(),menorIdade);
```

que faz v6 = (("Gregg", 25) ("Bill", 20) ("Ann", 30)) mudar para v6 = (("Bill", 20) ("Gregg", 25) ("Ann", 30)).

1.9 Estruturas de dados e programação orientada a objetos

Embora os computadores operem com bits, usualmente não pensamos nestes termos; de fato, não gostamos disso. Embora um número inteiro seja uma sequência de, digamos, 16 bits, preferimos ver um inteiro como uma entidade com sua própria individualidade, que é refletida em operações que podem ser realizadas em inteiros, mas não em variáveis de outros tipos. Porque um inteiro usa bits como seus blocos de constituição, outros objetos podem usar inteiros como seus elementos atômicos. Alguns tipos de dados já estão desenvolvidos em uma linguagem particular, mas outros podem e necessitam ser definidos pelo usuário. Novos tipos de dados têm estruturas distintas e novas configurações de seus elementos, e essas estruturas determinam o comportamento dos objetos desses novos tipos. A tarefa dada ao domínio das estruturas de dados é explorar tais novas estruturas e investigar seus comportamentos em termos de exigências de tempo e de espaço. Diferentemente da abordagem orientada a objetos, na qual começamos com o comportamento e tentamos então encontrar os tipos de dados mais adequados que permitem levar em conta um desempenho eficiente das operações desejáveis, agora começamos com uma especificação do tipo de dados de alguma estrutura de dados e, então, observamos o que ela pode fazer, como o faz e quão eficientemente. O campo de estruturas de dados é concebido para construir ferramentas a ser incorporadas e usadas pelos programas de aplicação, e encontrar estruturas de dados que possam realizar certas operações rapidamente e sem impor muita carga à memória do computador. Este campo está interessado em construir classes concentrando-se na mecânica dessas classes, em suas engrenagens e rodas dentadas, que na maioria dos casos não estão visíveis ao usuário das classes. O campo das estruturas de dados investiga a operabilidade dessas classes e suas melhorias modificando as estruturas de dados encontradas dentro das classes, já que se tem acesso direto a elas. Ele afia as ferramentas e aconselha os usuários sobre quais propósitos elas podem ser aplicadas. Devido à herança, o usuário pode adicionar mais algumas operações a essas classes e tentar delas espremer mais do que o projetista da classe já fez, mas, devido às estruturas de dados estarem escondidas do usuário, essas novas operações podem ser testadas ao ser rodadas, e não pelo acesso ao interior da classe, a menos que o usuário tenha acesso ao código fonte.

O campo de estruturas de dados funciona melhor se realizado no modo orientado a objetos. Desta forma, pode construir ferramentas sem o perigo de essas ferramentas ser inadvertidamente mal-empregadas. Encapsulando-se as estruturas de dados dentro de uma classe e tornando público somente o que é necessário para o uso apropriado da classe, o campo das estruturas de dados pode desenvolver ferramentas cujas funções não são comprometidas por interferências desnecessárias.

1.10 Estudo de caso: Arquivos de acesso não sequencial

Este estudo de caso é primariamente projetado para ilustrar o uso das classes genéricas e da herança. A STL será aplicada a estudos de casos de capítulos posteriores.

Do ponto de vista dos sistemas operacionais, os arquivos são coleções de bytes, independentemente de seu conteúdo. Do ponto de vista do usuário, os arquivos são coleções de palavras, números, sequências de dados, registros, e assim por diante. Se o usuário quer acessar a quinta palavra em um arquivo de texto, um procedimento de busca varre sequencialmente o arquivo começando na posição 0 e verifica todos os bytes no caminho. Ele conta o número de sequências de caracteres em branco e, depois de pular quatro sequências (ou cinco, se uma sequência de brancos inicia o arquivo), para, porque encontra o começo da quinta sequência de não brancos ou da quinta palavra. Esta palavra pode começar em qualquer posição do arquivo. É impossível ir para uma posição particular de qualquer arquivo de texto e estar certo de que esta é a posição de início da quinta palavra do arquivo. Idealmente, queremos ir diretamente a uma posição do arquivo e estar certos de que a quinta palavra começa ali. O problema é causado pelo comprimento das palavras precedentes e pelas sequências de brancos. Se sabemos que cada palavra ocupa a mesma quantidade de espaço, é possível ir diretamente à quinta palavra, indo-se à posição 4 * comprimento (palavra). Mas, devido às palavras serem de comprimentos variados, isto pode ser realizado atribuindo-se o mesmo número de bytes a cada palavra; se uma palavra for menor, alguns caracteres de enchimento são adicionados para preencher o espaço remanescente; se for maior, a palavra é truncada. Deste modo, uma nova organização é imposta ao arquivo. O arquivo é agora tratado não meramente como uma coleção de bytes, mas como uma coleção de registros. Em nosso exemplo, cada registro consiste em uma palavra. Se uma solicitação chega para acessar a quinta palavra, esta pode ser diretamente acessada sem ver as palavras precedentes. Com a nova organização, criamos um arquivo de acesso não sequencial.

Um arquivo de acesso não sequencial permite o ingresso direto a cada registro. Os registros usualmente incluem mais itens do que uma palavra. O exemplo precedente sugere um modo de criar um arquivo de acesso aleatório, usando registros de comprimentos fixos. Nossa tarefa neste estudo de caso é escrever um programa genérico que gere um arquivo de acesso aleatório para qualquer tipo de registro. As operações do programa estão ilustradas para um arquivo que contém registros de pessoal, cada registro consistindo em cinco membros de dados (número do seguro social, nome, cidade, ano do nascimento e salário), e para um arquivo de estudante que estoca registros de estudantes. Os últimos registros têm os mesmos membros de dados que os registros de pessoal, mais a informação sobre a especialização acadêmica. Isto nos permite ilustrar a herança.

Neste estudo de caso um programa genérico de arquivo de acesso não sequencial insere novo registro em um arquivo, encontra um registro no arquivo e modifica um registro. O nome do arquivo tem que ser fornecido pelo usuário e, se o arquivo não for encontrado, é criado; caso contrário, é aberto para leitura e escrita. O programa é mostrado na Figura 1.5.

FIGURA 1.5 Listagem de um programa para gerenciar arquivos de acesso não sequencial.

```
//********************    personal.h    ********************

#ifndef PERSONAL
#define PERSONAL

#include <fstream.h>
#include <cstring.h>
using namespace std;

class Personal {
public:
```

FIGURA 1.5 Listagem de um programa para gerenciar arquivos de acesso não sequencial. (*continuação*)

```cpp
Personal();
    Personal(char*,char*,char*,int,long);
    void writeToFile(fstream&) const;
    void readFromFile(fstream&);
    void readKey();
    int size() const {
        return 9 + nameLen + cityLen + sizeof(year) + sizeof(salary);
    }
    bool operator==(const Personal& pr) const {
        return strncmp(pr.SSN,SSN,9) == 0;
    }
protected:
    const int nameLen, cityLen;
    char SSN[10], *name, *city;
    int year;
    long salary;
    ostream& writeLegibly(ostream&);
    friend ostream& operator<<(ostream& out, Personal& pr) {
        return pr.writeLegibly(out);
    }
    istream& readFromConsole(istream&);
    friend istream& operator>>(istream& in, Personal& pr) {
        return pr.readFromConsole(in);
    }
};

#endif

//********************    pessoal.cpp    ********************
#include "personal.h"
Personal::Personal() : nameLen(10), cityLen(10) {
    name = new char[nameLen+1];
    city = new char[cityLen+1];
}
Personal::Personal(char *ssn, char *n, char *c, int y, long s) :
        nameLen(10), cityLen(10) {
    name = new char[nameLen+1];
    city = new char[cityLen+1];
    strcpy(SSN,ssn);
    strcpy(name,n);
    strcpy(city,c);
    year = y;
    salary = s;
}
void Personal::writeToFile(fstream& out) const {
    out.write(SSN,9);
    out.write(name,nameLen);
```

FIGURA 1.5 Listagem de um programa para gerenciar arquivos de acesso não sequencial. (*continuação*)

```cpp
    out.write(city,cityLen);
    out.write(reinterpret_cast<const char*>(&year),sizeof(int));
    out.write(reinterpret_cast<const char*>(&salary),sizeof(int));
}
void Personal::readFromFile(fstream& in) {
    in.read(SSN,9);
    in.read(name,nameLen);
    in.read(city,cityLen);
    in.read(reinterpret_cast<char*>(&year),sizeof(int));
    in.read(reinterpret_cast<char*>(&salary),sizeof(int));
}

void Personal::readKey() {
    char s[80];
    cout << "Enter SSN: ";
    cin.getline(s,80);
    strncpy(SSN,s,9);
}

ostream& Personal::writeLegibly(ostream& out) {
    SSN[9] = name[nameLen] = city[cityLen] = '\0';
    out << "SSN = " << SSN << ", nome = " << nome
        << ", cidade = " << city << ", ano = " << year
        << ", salario = " << salary;
    return out;
}

istream& Personal::readFromConsole(istream& in) {
    SSN [9] = name [nameLen] = city[cityLen] = '\0';
    char s[80];
    cout << "SSN: ";
    entrada.getline(s,80);
    strncpy(SSN,s,9);
    cout << "Name: ";
    entrada.getline(s,80);
    strncpy(name,s,nameLen);
    cout << "City: ";
    entrada.getline(s,80);
    strncpy(city,s,cityLen);
    cout << "Birthyear: ";
    entrada >> year;
    cout << "Salary: ";
    entrada >> salary;
    entrada.ignore ();
    return in;
}

//********************        student.h        ********************
#ifndef STUDENT
#define STUDENT
```

FIGURA 1.5 Listagem de um programa para gerenciar arquivos de acesso não sequencial. (*continuação*)

```cpp
#include "personal.h"

class Student : public Personal {
public:
    Student();
    Student(char*,char*,char*,int,long,char*);
    void writeToFile(fstream&) const;
    void readFromFile(fstream&);
    int size() const {
        return Personal::size() + majorLen;
    }
protected:
    char *major;
    const int majorLen;
    ostream& writeLegibly(ostream&);
    friend ostream& operator<<(ostream& out, Student& sr) {
        return sr.writeLegibly(out);
    }
    istream& readFromConsole(istream&);
    friend istream& operator>>(istream& in, Student& sr) {
        return sr.readFromConsole(in);
    }
};
#endif

//********************     student.cpp     ********************

#include "student.h"

Student::Student() : majorLen(10) {
    Personal();
    major = new char[majorLen+1];
}

Student::Student(char *ssn, char *n, char *c, int y, long s, char *m) :
        majorLen(11) {
    Personal(ssn,n,c,y,s);
    major = new char[majorLen+1];
    strcpy(major,m);
}

void Student::writeToFile(fstream& out) const {
    Personal::writeToFile(out);
    out.write(major,majorLen);
}

void Student::readFromFile(fstream& in) {
    Personal::readFromFile(in);
```

FIGURA 1.5 Listagem de um programa para gerenciar arquivos de acesso não sequencial. (*continuação*)

```cpp
        in.read(major,majorLen);
}
ostream& Student::writeLegibly(ostream& out) {
    Personal::writeLegibly(out);
    major[majorLen] = '\0';
    out << ", especialidade = " << major;
    return out;
}
istream& Student::readFromConsole(istream& in) {
    Personal::readFromConsole(in);
    char s[80];
    cout << "Major: ";
    in.getline(s,80);
    strncpy(major,s,9);
    return in;
}

//********************         database.h         *********************

#ifndef DATABASE
#define DATABASE

template<class T>

class Database {
public:
    Database();
    void run();
private:
    fstream database;
    char fName[20];
    ostream& print(ostream&);
    void add(T&);
    bool find(const T&);
    void modify(const T&);
    friend ostream& operator<<(ostream& out, Database& db) {
        return db.print(out);
    }
};
#endif

//******************         database.cpp         *********************
#include <iostream>
#include "student.h"
#include "personal.h"
#include "database.h"

template<class T>
```

FIGURA 1.5 Listagem de um programa para gerenciar arquivos de acesso não sequencial. (*continuação*)

```cpp
Database<T>::Database() {
}
template<class T>
void Database<T>::add(T& d) {
    database.open(fName,ios::in|ios::out|ios::binary);
    database.seekp(0,ios::end);
    d.writeToFile(database);
    database.close();
}

template<class T>
void Database<T>::modify(const T& d) {
    T tmp;
    database.open(fName,ios::in|ios::out|ios::binary);
    while (!database.eof()) {
        tmp.readFromFile(database);
        if (tmp == d) {       // sobrecarregado ==
            cin >> tmp;       // sobrecarregado >>
            database.seekp(-d.size(),ios::cur);
            tmp.writeToFile(database);
            database.close();
            return;
        }
    }
    database.close();
    cout << "O registro a ser modificado nao esta no banco de dados\n";
}

template<class T>
bool Database<T>::find(const T& d) {
    T tmp;
    database.open(fName,ios::in|ios::binary);
    while (!database.eof()) {
        tmp.readFromFile(database);
        if (tmp == d) { // sobrecarregado ==
            database.close();
            return true;
        }
    }
    database.close();
    return false;
}

template<class T>
ostream& Database<T>::print(ostream& out) {
    T tmp;
    database.open(fName,ios::in|ios::binary);
    while (true) {
        tmp.readFromFile(database);
```

FIGURA 1.5 Listagem de um programa para gerenciar arquivos de acesso não sequencial. (*continuação*)

```cpp
            if (database.eof())
                break;
            out << tmp << endl; //sobrecarregado <<
        }
        database.close();
        return out;
}

template<class T>
void Database<T>::run() {
    cout << "File name: ";
    cin >> fName;
    char option[5];
    T rec;
    cout << "1. Adiciona 2. Procura 3. Modifica um registro; 4. Sair\n";
    cout << "Entre com uma opcao: ";
    cin.getline(option,4); //obtem '\n';
    while (cin.getline(option,4)) {
        if (*option == '1') {
            cin >> rec;       // sobrecarregado >>
            add(rec);
        }
        else if (*option == '2') {
            rec.readKey();
            cout << "O registro e ";
            if (find(rec) == false)
                cout << "nao ";
            cout << "esta no banco de dados\n";
        }
        else if (*option == '3') {
            rec.readKey();
            modify(rec);
        }
        else if (*option != '4')
            cout << "Opcao errada\n";
        else return;
        cout << *this;        // sobrecarregado <<
        cout << "Entre com uma opcao: ";
    }
}

int main () {
    Database<Personal>().run();
//  Database<Student>().run();
    Return 0;
}
```

A função `find()` determina se um registro está no arquivo. Ela realiza a pesquisa sequencialmente, comparando cada registro recuperado `tmp` ao registro buscado `d` usando um operador de igualdade `==` sobrecarregado. A função usa o fato de que o arquivo é não sequencial, pesquisando-o registro a registro, não byte a byte. Para estar seguro os registros são formados de bytes e todos os bytes pertencendo a um registro particular têm que ser lidos, mas somente os bytes exigidos pelo operador de igualdade participam da comparação.

A função `modify()` atualiza a informação estocada em um registro particular. O registro é primeiro recuperado do arquivo, também usando a pesquisa sequencial, e a nova informação é lida do usuário usando o operador sobrecarregado de entrada `>>`. Para estocar o registro atualizado `tmp` no arquivo, `modify()` força o ponteiro de arquivo `database` a ir de volta para o início do registro `tmp` que acabou de ser lido; caso contrário, o registro que está a seguir de `tmp` no arquivo seria reescrito. A posição de início de `tmp` pode ser determinada de imediato, porque cada registro ocupa o mesmo número de bytes; em consequência, é suficiente pular de volta o número de bytes ocupados por um registro. Isto é realizado chamando-se `database.seekp(-d.size(),ios::cur)`, onde `size()` precisa ser definido na classe `T`, que é o tipo de classe para o objeto `d`.

A classe genérica `Database` inclui mais duas funções. A função `add()` coloca um registro no final do arquivo; a `print()` imprime o conteúdo do arquivo.

Para ver a classe `Database` em ação, temos que definir uma classe específica que determina o formato de um registro em um arquivo de acesso não sequencial. Como exemplo, definimos a classe `Personal` com cinco membros de dados, `SSN`, `name`, `city`, `year` e `salary`. Os três primeiros membros de dados são cadeias de caracteres (strings), mas somente `SSN` é sempre do mesmo tamanho; em consequência, o tamanho está incluído na sua declaração, `char SSN[10]`. Para ter levemente mais flexibilidade com as outras duas cadeias de caracteres, duas constantes são usadas, `nameLen` e `cityLen`, cujos valores estão nos construtores. Por exemplo,

```
Personal::Personal() : nameLen(10), cityLen(10) {
    name = new char[nameLen+1];
    city = new char[cityLen+1];
}
```

Note que não podemos inicializar constantes com atribuições, como em

```
Personal::Personal () {
    nameLen = cityLen = 10;
    char name[nameLen+1];
    char city[cityLen+1];
}
```

Mas esta sintaxe peculiar usada em C++ para a inicialização de constantes em classes pode ser usada para inicializar variáveis.

A estocagem de dados a partir de um objeto exige um cuidado particular, que é tarefa da função `writeToFile()`. O membro de dados SSN é o mais simples de manusear. O número do seguro social inclui sempre nove dígitos; em consequência, o operador de saída `<<` pode ser usado. No entanto, os comprimentos dos nomes e das cidades e as seções de um registro no arquivo de dados designados para esses dois membros de dados precisam sempre ter o mesmo comprimento. Para garantir isto a função `write()`, como em `out.write(name,nameLen)`, é usada para enviar as duas cadeias de caracteres para o arquivo, porque a função escreve um número especificado de caracteres da cadeia de caracteres – incluindo os caracteres nulos `'\0'`,– que não é enviado com o operador `<<`.

Outro problema é colocado pelos membros de dados numéricos, `year` e `salary`, particularmente este segundo membro de dados. Se `salary` é escrito para o arquivo com o operador `<<`, então `salary` de 50.000 é escrito como uma cadeia de caracteres de cinco bytes de comprimento `'50000'`, e `salary` de 100.000 como uma cadeia de caracteres de seis bytes de comprimento `'100000'`, o que viola a condição de que cada registro no arquivo de acesso aleatório deve ser do mesmo comprimento. Para evitar o problema, os números são estocados na forma binária. Por exemplo, 50.000 é representado no membro de dados `salary` como a cadeia de caracteres de 32 bits 0000 00000000000001100001101010000 (assumindo que as variáveis `long` sejam estocadas em quatro bytes). Podemos agora tratar essa sequência de bits como representando não um número do tipo long, mas uma string de quatro caracteres, 00000000, 00000000, 11000011, 01010000, isto é, os caracteres cujos códigos ASCII são, em decimais, os números 0, 0, 195 e 80. Neste modo, independente do valor da variável `salary`, o valor é sempre estocado em quatro bytes. Isto é realizado com a instrução

```
out.write(reinterpret_cast<const char*>(&salary),sizeof(long));
```

que faz a função `write()` tratar `salary` como uma cadeia de caracteres de quatro bytes de comprimento, convertendo o endereço `&salary` em `const char*` e especificando o comprimento do tipo `long`.

Uma abordagem similar é usada para ler dados de um arquivo de dados, que é tarefa de `readFromFile()`. Em particular, as cadeias de caracteres que devem ser estocadas em membros de dados numéricos têm que ser convertidas de cadeias de caracteres para números. Para o membro `salary` isto é feito com a instrução

```
in.read(reinterpret_cast<char*>(&salary),sizeof(long));
```

que converte `&salary` para `char*`, com o operador `reinterpret_cast`, e especifica que os quatro bytes (`sizeof(long)`) devem ser lidos no membro de dados `salary` do tipo `long`.

Este método de estocar registros em um arquivo de dados cria um problema de legibilidade, particularmente no caso de números. Por exemplo, 50000 está estocado como quatro bytes: dois caracteres nulos, um caractere especial e um P maiúsculo. Para um leitor humano, não é óbvio que esses caracteres representem 50000. Em consequência, uma rotina especial é necessária para produzir registros em uma forma legível. Isto é realizado sobrecarregando o operador <<, que usa uma função auxiliar `writeLegibly()`. A classe database sobrecarrega também o operador <<, que usa sua própria auxiliar `print()`. A função lê repetitivamente os registros do arquivo de dados no objeto `tmp` com `readFromFile()` e produz `tmp` emuma forma legível com o operador <<. Isto explica por que este programa usa duas funções para ler e duas para escrever: uma é para manter os dados em um arquivo de acesso não sequencial, e a outra para ler e escrever os dados em uma forma legível.

Para testar a flexibilidade da classe `Database`, outra classe de usuário é definida: `Student`. Esta classe é usada também para mostrar mais um exemplo de herança.

A classe `Student` usa os mesmos membros de dados que a classe `Personal`, sendo definida como uma classe derivada de `Personal`, mais um membro, `major` do tipo de cadeia de caracteres. O processamento da entrada e da saída nos objetos de classe do tipo `Student` é muito similar ao da classe `Personal`, mas o membro adicional precisa ser considerado. Isto é feito redefinindo-se as funções da classe base e, ao mesmo tempo, reutilizando-as. Considere a função `writeToFile()` para escrever os registros dos estudantes em um arquivo de dados no formato de comprimento fixo:

```
void Student::writeToFile(fstream& out) const {
    Personal::writeToFile(out);
    out.write(major,majorLen);
}
```

A função usa `writeToFile()`, da classe base, para inicializar os cinco membros de dados, `SSN`, `name`, `city`, `year` e `salary`, e inicializa o membro `major`. Note que o operador de resolução de escopo :: precisa ser usado para indicar claramente que `writeToFile()`, que está sendo definido para a classe `Student`, chama `writeToFile()` já definida na classe base `Personal`. No entanto, a classe `Student` herda, sem qualquer modificação, a função `readKey()` e o operador sobrecarregado ==, porque em ambos os objetos `Personal` e `Student` a mesma tecla é usada para unicamente identificar qualquer registro; a saber: SSN.

1.11 Exercícios

1. Se i é um valor inteiro e p e q são ponteiros para inteiros, quais das seguintes atribuições causam erro de compilação?

    a. `p = &i;`
    b. `p = *&i;`
    c. `p = &*i;`
    d. `i = *&*p;`
    e. `i = *&p;`
    f.) `i = &*p;`
    g. `p = &*&i;`
    h. `q = *&*p;`
    i. `q = **&p;`
    j. `q = *&p;`
    k. `q = &*p;`

2. Identifique os erros; assuma em (b) e (c) que s2 foi declarada e atribuída como cadeia de caracteres:

    a.
    ```
    char* f(char *s) {
        char ch = 'A';
        return &ch;
    }
    ```
    b.
    ```
    char *s1;
    strcpy(s1,s2);
    ```
    c.
    ```
    char *s1;
    s1 = new char[strlen(s2)];
    strcpy(s1,s2);
    ```

3. Uma vez que as declarações
    `int intArray[] = {1, 2, 3}, *p = intArray;`
    tenham sido feitas, qual será o conteúdo de intArray e p depois de se executar individualmente (não em sequência)

    a. `*p++;`
    b. `(*p)++;`
    c. `*p++; (*p)++;`

4. Usando somente ponteiros (sem indexação de matriz), escreva:

    a. Uma função para somar todos os números em uma matriz de inteiros.
    b. Uma função para remover todos os números ímpares de uma matriz ordenada; a matriz deve permanecer ordenada. Seria mais fácil escrever esta função se a matriz não estivesse ordenada?

5. Usando somente ponteiros, implemente as seguintes funções de cadeias de caracteres:

    a. `strlen()`
    b. `strcmp()`
    c. `strcat()`
    d. `strchr()`

6. Qual é a diferença entre `if (p == q) {...}` e `if(*p == *q){...}`?

7. As primeiras versões da C++ não suportavam formatos (templates), mas as classes genéricas podiam ser introduzidas usando-se macros parametrizadas. Em que aspecto o uso de formatos é melhor do que o uso de macros?

8. Qual é o significado das partes `private`, `protected` e `public` das classes?

9. Qual deve ser o tipo de construtores e destrutores definidos nas classes?
10. Assuma a seguinte declaração de classe:

    ```
    template<class T>
    class genClasse {
        ...
        char aFuncao(...);
        ... };
    ```

    O que está errado com esta definição de classe?

    ```
    char genClasse::aFuncao(...) { ... };
    ```

11. Sobrecarga é uma ferramenta poderosa em C++, mas existem algumas exceções. Que operadores não podem ser sobrecarregados?
12. Se a `classeA` inclui uma variável n `private`, uma variável m `protected` e uma variável k `public`, e a `classeB` é dela derivada, quais dessas variáveis podem ser usadas na `classeB`? Pode n, na `classeB`, tornar-se `private`? `protected`? `public`? E quanto às variáveis m e k? Faz diferença se a derivação da `classeB` for `private`, `protected` ou `public`?
13. Transforme a declaração

    ```
    template<class T, int size = 50>
    class genClasse {
        T estocagem[tamanho];
        .....................
        void funMembro () {
            ............
            if (algumaVariavel < tamanho) { ...... }
            ............
        }
    };
    ```

    que usa a variável de tipo inteiro `tamanho` como um parâmetro para o `template`, em uma declaração de `genClasse`, que não inclua `tamanho` como parâmetro para o `template` e ainda leve em consideração o valor de `tamanho`. Considere uma declaração do construtor de `genClasse`. Há alguma vantagem de uma versão sobre a outra?
14. Qual é a diferença entre funções-membro que são do tipo `virtual` e aquelas que não são?
15. O que acontece se a declaração de `genClasse`:

    ```
    class genClasse {
        ..................
        virtual void processo1(char);
        virtual void processo2(char);
    };
    ```

    for seguida por esta declaração de `classeDerivada`?

    ```
    class classeDerivada : public genClasse {
        ..................
        void processo1(int);
    ```

```
        int processo2(char);
};
```

Que funções-membro são invocadas se a declaração de dois ponteiros

```
genClasse *objetoPtr1 = &classeDerivada,
          *objetoPtr2 = &classeDerivada;
```

é seguida por estas instruções?

```
objetoPtr1->processo1(1000);
objetoPtr2->processo2('A');
```

1.12 Tarefas de programação

1. Escreva uma classe Fração que defina a soma, a subtração, a multiplicação e a divisão de frações sobrecarregando-se os operadores padrões para essas operações. Escreva um membro de função para fatores de redução e sobrecarga dos operadores de E/S, para entrar e sair com frações.

2. Escreva a classe Quaternion que define as quatro operações dos quaternions e as duas operações de E/S. Os quaternions, como definidos em 1843 por William Hamilton e publicado em seu *Lectures on Quaternions*, em 1853, são uma extensão dos números complexos. Quaternions são quádruplas de números reais, $(a,b,c,d) = a + bi + cj + dk$, onde $1 = (1,0,0,0)$, $i = (0,1,0,0)$, $j = (0,0,1,0)$ e $k = (0,0,0,1)$, e as seguintes equações valem:

$$i^2 = j^2 = k^2 = -1$$
$$ij = k, jk = i, ki = j, ji = -k, kj = -i, ik = -j$$
$$(a + bi + cj + dk) + (p + qi + rj + sk)$$
$$= (a + p) + (b + q)i + (c + r)j + (d + s)k$$
$$(a + bi + cj + dk) \cdot (p + qi + rj + sk)$$
$$= (ap - bq - cr - ds) + (aq + bp + cs - dr)i$$
$$+ (ar + cp + dq - bs)j + (as + dp + br - cq)k.$$

Use essas equações na implementação de uma classe quaternion.

3. Escreva um programa para reconstruir um texto a partir da concordância de palavras. Este era um problema real quando da reconstrução de alguns textos não publicados dos Papiros do Mar Morto usando concordâncias. Por exemplo, eis aqui o poema de William Wordsworth, *Nature and the Poet*, e uma concordância de palavras que correspondem ao poema.

So pure the sky, so quiet was the air!

So like, so very like, was day today! Whene'er I look'd, thy image still was there; It trembled, but it never pass'd away.

A concordância de 33 palavras é esta:

1:1 so quiet was the *air!
1:4 but it never pass'd *away.
1:4 It trembled, *but it never
1:2 was *day to day!

1:2 was day to *day!

1:3 thy *image still was there;

. . . .

1:2 so very like, *was day

1:3 thy image still *was there;

1:3 *Whene'er I look'd,

Nesta concordância cada palavra está mostrada no contexto de até cinco palavras, e a palavra referida em cada linha está precedida de um asterisco. Para concordâncias maiores, dois números têm que ser incluídos, um correspondendo a um poema e um da linha onde as palavras podem ser encontradas. Por exemplo, assumindo que 1 é o número de *Nature and the Poet*, a linha "1:4 but it never pass'd *away." significa que a palavra "away" neste poema é encontrada na linha 4. Note que as marcas de pontuação estão incluídas no contexto.

Escreva um programa que carregue uma concordância a partir de um arquivo e crie um vetor no qual cada célula esteja associada a uma linha da concordância. Então, usando a busca binária, reconstrua o texto.

4. Modifique o programa do estudo de caso para manter uma ordem durante a inserção de novos registros no arquivo de dados. Isto exige a sobrecarga do operador < em `Personal` e em `Student`, para ser usados em uma função `add()` modificada em `Database`. A função encontra uma posição apropriada para um registro d, move todos os registros no arquivo para criar espaço para d e escreve d no arquivo. Com a nova organização do arquivo de dados, `find()` e `modify()` podem também ser modificados. Por exemplo, `find()` para a busca sequencial quando encontra um registro maior do que o registro procurado (ou atinge o fim de arquivo). Uma estratégia mais eficiente pode usar a busca binária, discutida na Seção 2.7.

5. Escreva um programa que mantenha uma ordem no arquivo de dados indiretamente. Use um vetor de ponteiros de posição de arquivo (obtido por meio de `tellg()` e `tellp()`) e mantenha o vetor na ordem classificada sem mudar a ordem dos registros no arquivo.

6. Modifique o programa do estudo de caso para remover os registros do arquivo de dados. Defina a função `isNull()` nas classes `Personal` e `Student` para determinar se um registro é nulo. Defina a função `writeNullToFile()` nas duas classes para sobrescrever um registro a ser removido por um registro nulo. Registro nulo pode ser definido como tendo um caractere não numérico (uma lápide) na primeira posição do membro SSN. Então, defina a função `remove( )` em `Database` (muito similar a `modify( )`), que localize a posição de um registro a ser removido e o sobrescreva com o registro nulo. Depois que uma sessão for terminada, um destrutor `Database` deve ser invocado que copie os registros não nulos para um novo arquivo de dados, remova o antigo arquivo de dados e renomeie o novo arquivo de dados com o nome do antigo arquivo de dados.

Bibliografia

BREYMANN, Ulrich. *Designing components with the C++ STL.* Harlow: Addison-Wesley, 2000.

BUDD, Timothy. *Data structures in C++ using the standard template library.* Reading, MA: Addison-Wesley, 1998.

CARDELLI, Luca; WEGNER, Peter. On Understanding types, data abstraction, and polymorphism. In *Computing Surveys* 17, 1985, p. 471-522.

DEITEL, Harvey M.; DEITEL, P. J.; SENGUPTA, Piyali. *C++: how to program*. Upper Saddle River, NJ: Pearson Education, 2011.

EGE, Raimund K. *Programming in an object-oriented environment*. San Diego: Academic Press, 1992.

FLAMING, Bryan. *Practical Data Structures in C++*. Nova York: Wiley, 1993.

FRANEK, Frantisek. *Memory as a programming concept in C and C++*. Cambridge: Cambridge University Press, 2004.

JOHNSONBAUGH, Richard; KALIN, Martin. *Object-oriented programming in C++*. Upper Saddle River, NJ: Prentice Hall, 2000.

KHOSHAFIAN, Setrag; RAZMIK, Abnous. *Object orientation*: concepts, languages, databases, user interfaces. Nova York: Wiley, 1995.

LIPPMAN, Stanley B.; LAJOIE, Josée; MOO, Barbara E. *C++ Primer*. Reading, MA: Addison-Wesley, 2005.

MEYER, Bertrand. *Object-oriented software construction*. Upper Saddle River, NJ: Prentice Hall, 1997.

SCHILDT, Herbert. *C++: The complete reference*. Nova York: McGraw-Hill, 2003.

STROUSTRUP, Bjarne. *The C++ programming language*. Boston, MA: Addison-Wesley, 2003.

WANG, Paul S. *Standard C++ with object-oriented programming*. Pacific Grove, CA: Brooks/Cole, 2001.

Análise de Complexidade

2.1 Complexidade computacional e assintótica

O mesmo problema com frequência pode ser resolvido com algoritmos que diferem em eficiência. As diferenças entre os algoritmos podem ser irrelevantes para processar um pequeno número de itens de dados, mas crescem proporcionalmente com a quantidade de dados. Para comparar a eficiência de algoritmos, uma medida do grau de dificuldade de um algoritmo, chamada *complexidade computacional*, foi desenvolvida por Juris Hartmanis e Richard E. Stearns.

A complexidade computacional indica quanto esforço é necessário para aplicar um algoritmo ou quão custoso é. Este custo pode ser medido em uma variedade de modos, e o contexto particular determina seu significado. Este livro trata dos dois critérios de eficiência: tempo e espaço. O fator tempo é mais importante que o espaço; assim, as considerações de eficiência usualmente focam a quantidade do tempo dispendido quando se processam dados. No entanto, o algoritmo mais ineficiente que roda num computador Cray pode executar muito mais rápido do que o algoritmo mais eficiente rodando em um PC; assim o tempo de operação é sempre dependente do sistema. Por exemplo, para comparar uma centena de algoritmos, todos têm que ser rodados na mesma máquina. Além disso, os resultados dos testes de tempo de operação dependem da linguagem na qual dado algoritmo está escrito, mesmo que os testes sejam realizados na mesma máquina. Se os programas são compilados, executam muito mais rápido do que quando são interpretados. Um programa escrito em C ou em Ada pode ser 20 vezes mais rápido do que o mesmo programa codificado em BASIC ou em LISP.

Para avaliar a eficiência de um algoritmo, unidades de tempo real, como micro e nanossegundos, não devem ser usadas. Ao contrário, unidades lógicas que expressam uma relação entre o tamanho n de um arquivo ou de uma matriz e a quantidade de tempo t exigida para processar os dados precisam ser usadas. Se houver uma relação linear entre o tamanho n e o tempo t, isto é, $t_1 = cn_1$, então um aumento dos dados por um fator de 5 resulta num aumento do tempo de execução pelo mesmo fator, se $n_2 = 5n_1$, então $t_2 = 5t_1$. De forma similar, se $t_1 = \log_2 n$, então, duplicando-se n aumenta-se t somente por uma unidade de tempo. Em consequência, se $t_2 = \log_2(2n)$, então $t_2 = t_1 + 1$.

Uma função que expressa a relação entre n e t usualmente é muito mais complexa, e o cálculo desta função é importante somente em relação a grandes quantidades de dados; quaisquer termos que não modifiquem substancialmente a grandeza da função devem ser eliminados da função. A função resultante dá somente uma medida aproximada da eficiência da função original. No entanto, essa aproximação é próxima o suficiente do original, especialmente para uma função que processa grandes quantidades de dados. Essa medida de eficiência é chamada *complexidade assintótica* e é usada quando se desprezam certos tempos de uma função para expressar a eficiência de um algoritmo ou quando calcular uma função é difícil ou impossível e somente aproximações podem ser encontradas. Para ilustrar o primeiro caso considere o seguinte exemplo:

$$f(n) = n^2 + 100n + \log_{10}n + 1\,000 \tag{2.1}$$

Para pequenos valores de n, o último termo, 1.000, é o maior. Quando n se iguala a 10, o segundo ($100n$) e o último (1.000) termos estão em igual condição com os outros, dando uma pequena contribuição ao valor da função. Quando n atinge o valor de 100, o primeiro e o segundo termos dão a mesma contribuição ao resultado. Mas quando n se torna maior do que 100, a contribuição do segundo termo se torna menos significativa. Por isso, para valores maiores de n, devido ao crescimento quadrático do primeiro termo (n^2), o valor da função f depende principalmente do valor do seu primeiro termo, como a Figura 2.1 demonstra. Os outros termos podem ser desprezados para n maior.

FIGURA 2.1 A taxa de crescimento de todos os termos da função $f(n) = n_2 + 100n + \log_{10}n + 1.000$.

n	f(n)	n^2		100n		$\log_{10}n$		1.000	
	Valor	Valor	%	Valor	%	Valor	%	Valor	%
1	1,101	1	0,1	100	9,1	0	0,0	1000	90,83
10	2,101	100	4,76	1000	47,6	1	0,05	1000	47,60
100	21,002	10000	47,6	10000	47,6	2	0,991	1000	4,76
1,000	1,101,003	1000000	90,8	100000	9,1	3	0,0003	1000	0,09
10,000	101001004	100000000	99,0	1000000	0,99	4	0,0	1000	0,001
100,000	10010001005	10000000000	99,9	10000000	0,099	5	0,0	1000	0,00

2.2 Notação O-Grande

A notação mais usada para especificar a complexidade assintótica, isto é, para estimar a taxa de crescimento da função, é a O-Grande, introduzida em 1894 por Paul Bachmann.[1] Dadas duas funções positivas f e g, considere a seguinte definição:

Definição 1: $f(n)$ é $O(g(n))$ se existem números positivos c e N tais que $f(n) \leq cg(n)$ para todo $n \geq N$.

Esta definição é lida assim: f é O-Grande de g se há um número positivo c tal que f não seja maior do que cg para ns suficientemente grandes, isto é, para todos ns maiores do que algum número N. A relação entre f e g pode ser expressa estabelecendo-se tanto que $g(n)$ é um limite superior no valor de $f(n)$ ou que f cresce no máximo tão rápido quanto g.

O problema com esta definição é que, primeiro, ela estabelece somente que precisam existir certos c e N, mas não dá qualquer sugestão de como calcular essas constantes. Segundo, não coloca quaisquer restrições sobre esses valores e dá pouca orientação em situações quando existem muitos candidatos. De fato, geralmente existem infinitamente muitos pares de cs e Ns que podem ser dados para o mesmo par de funções f e g. Por exemplo, para

$$f(n) = 2n^2 + 3n + 1 = O(n^2) \tag{2.2}$$

---

[1]. Bachmann introduziu a notação casualmente em sua discussão sobre uma aproximação de uma função e a definiu sucintamente: "com o símbolo $O(n)$ expressamos uma magnitude cuja ordem em relação ao n não exceda a de n". (BACHMANN, 1894, p. 401).

FIGURA 2.2 Valores diferentes de *c* e de *N* para a função $f(n) = 2n^2 + 3n + 1 = O(n^2)$ calculados de acordo com a definição de O-Grande.

c	≥ 6	$\geq 3\frac{3}{4}$	$\geq 3\frac{1}{9}$	$\geq 2\frac{13}{16}$	$\geq 2\frac{16}{25}$	...	$\rightarrow$	2
N	1	2	3	4	5	...	$\rightarrow$	∞

onde $g(n) = n^2$, valores candidatos para *c* e *N* são mostrados na Figura 2.2.

Obtemos esses valores resolvendo a desigualdade:

$$2n^2 + 3n + 1 \leq cn^2$$

ou de forma equivalente

$$2 + \frac{3}{n} + \frac{1}{n^2} \leq c$$

para *n*s diferentes. A primeira desigualdade resulta em substituir a função quadrática da Equação 2.2 para *f(n)* na definição da notação O-Grande e n^2 para *g(n)*. Como ela é uma desigualdade com duas incógnitas, diferentes pares de constantes *c* e *N* para a mesma função $g(=n^2)$ podem ser determinadas. Para escolher os melhores *c* e *N*, deve ser determinado para qual valor de *N* certo termo em *f* se torna o maior e permanece desta forma. Na Equação 2.2, os únicos candidatos a maior termo são $2n^2$ e $3n$; estes termos podem ser comparados usando-se a desigualdade $2n^2 > 3n$, que é válida para $n > 1,5$. Assim, $N = 2$ e $c \geq 3\frac{3}{4}$, como a Figura 2.2 indica.

Qual é o significado prático dos pares de constantes listados acima? Todos estão relacionados com a mesma função $g(n) = n^2$ e a mesma função *f(n)*. Para um *g* fixado, um número infinito de pares de *c*s e *N*s pode ser identificado. O ponto é que *f* e *g* crescem à mesma taxa. A definição estabelece, no entanto, que *g* é quase sempre maior que ou igual a *f* se for multiplicado por uma constante *c*. "Quase sempre" significa para todos *n*s não menores do que uma constante *N*. O ponto crucial é que o valor de *c* depende de qual *N* é escolhido e vice-versa. Por exemplo, se 1 é escolhido como o valor de *N* — isto é, se *g* é multiplicado por *c* de modo que *cg(n)* não seja menor do que *f* —, então *c* tem que ser igual a 6 ou maior. Se *cg(n)* é maior que ou igual a *f(n)* começando com $n = 2$, então é suficiente que *c* seja igual a 3,75. A constante *c* tem que ser ao menos 3 1/9 se *cg(n)* não é menor do que *f(n)* começando com $n = 3$. A Figura 2.3 mostra os gráficos das funções *f* e *g*. A função *g* está desenhada com diferentes coeficientes *c*. Também, *N* é sempre um ponto de interseção entre as funções *cg(n)* e *f*.

A imprecisão inerente à notação O-Grande vai mais além, já que pode haver infinitamente muitas funções *g* para uma dada função *f*. Por exemplo, o *f* da Equação 2.2 é O-Grande não somente de n^2, mas também de n^3, n^4, ..., n^k, ... para qualquer $k \geq 2$. Para evitar este problema de múltiplas opções, a menor função *g* é escolhida; n^2 neste caso.

A função de aproximação *f* pode ser refinada usando a notação O-Grande somente para a parte da equação que suprime informação irrelevante. Por exemplo, na Equação 2.1, a contribuição do terceiro e do último termos para os valores da função pode ser omitida (veja a Equação 2.3).

$$f(n) = n^2 + 100n + O(\log_{10} n) \tag{2.3}$$

De forma similar, a função *f* na Equação 2.2 pode ser aproximada como

$$f(n) = 2n^2 + O(n) \tag{2.4}$$

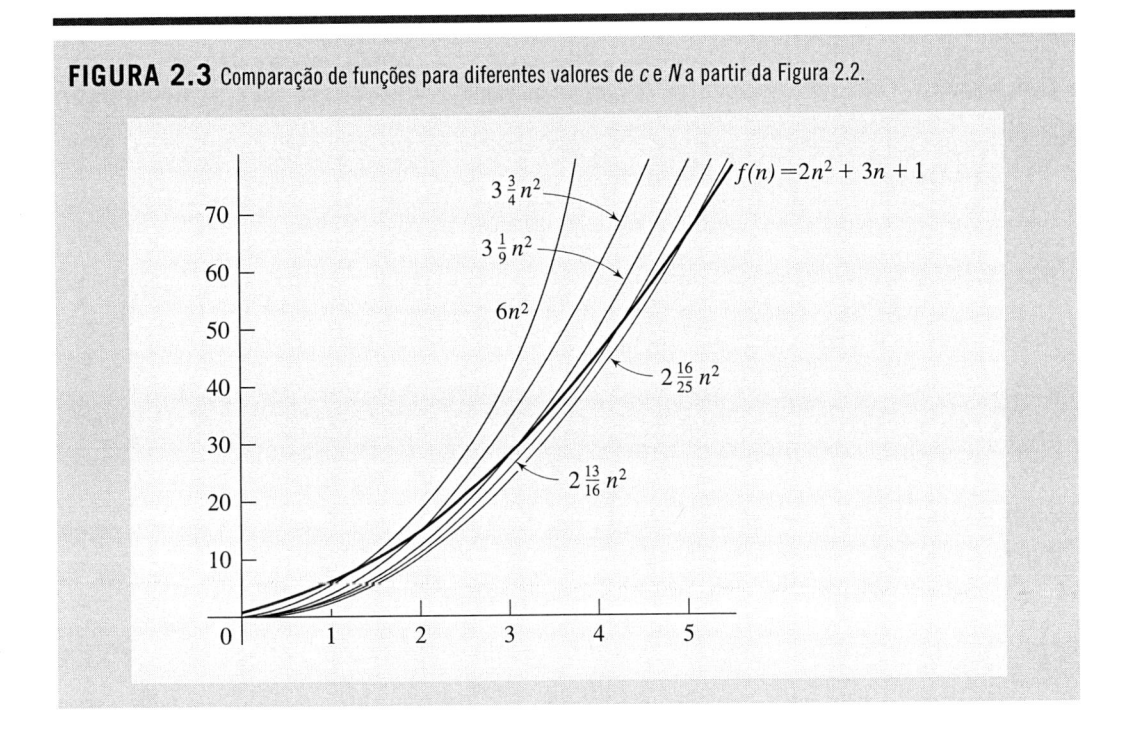

FIGURA 2.3 Comparação de funções para diferentes valores de c e N a partir da Figura 2.2.

[Gráfico mostrando as curvas $f(n) = 2n^2 + 3n + 1$, $3\frac{3}{4}n^2$, $3\frac{1}{9}n^2$, $6n^2$, $2\frac{16}{25}n^2$, $2\frac{13}{16}n^2$ no intervalo de 0 a 5 no eixo x e 0 a 70 no eixo y.]

2.3 Propriedades da notação O-Grande

Esta notação tem algumas propriedades que podem ser usadas quando se está estimando a eficiência de algoritmos.

Fato 1. (transitividade) Se $f(n)$ é $O(g(n))$ e $g(n)$ é $O(h(n))$, então $f(n)$ se $O(h(n))$. (Isso pode ser reescrito como $O(O(g(n)))$ é $O(g(n))$.)

Prova: De acordo com a definição, $f(n)$ é $O(g(n))$ se existem números positivos c_1 e N_1 tais que $f(n) \leq c_1 g(n)$ para todo $n \geq N_1$, e $g(n)$ é $O(h(n))$ se existem números positivos c_2 e N_2 tais que $g(n) \leq c_2 h(n)$ para todo $n \geq N_2$. Portanto, $c_1 g(n) \leq c_1 c_2 h(n)$ para $n \geq N$, onde N é o maior entre N_1 e N_2. Se tomamos $c = c_1 c_2$, então $f(n) \leq ch(n)$ para $n \geq N$, o que significa que f é $O(h(n))$.

Fato 2. Se $f(n)$ é $O(h(n))$ e $g(n)$ é $O(h(n))$, então $f(n) + g(n)$ é $O(h(n))$.

Prova: Depois de fazer c igual a $c_1 + c_2$, $f(n) + g(n) \leq ch(n)$.

Fato 3. A função an^k é $O(n^k)$.

Prova: Para que a desigualdade $an^k \leq cn^k$ seja válida, é necessário que $c \geq a$.

Fato 4. A função n^k é $O(n^{k+j})$ para qualquer j positivo.

Prova: A declaração se mantém se $c = N = 1$.

Segue de todos estes fatos que cada polinômio é O-Grande de n elevado à maior potência, ou

$$f(n) = a_k n^k + a_{k-1} n^{k-1} + \ldots + a_1 n + a_0 \text{ é } O(n^k)$$

É também óbvio que, no caso dos polinômios, $f(n)$ é $O(n^{k+j})$ para qualquer j positivo.

Uma das funções mais importantes na avaliação da eficiência dos algoritmos é a logarítmica. De fato, pode ser estabelecido que a complexidade de um algoritmo é da ordem de uma função logarítmica, o algoritmo pode ser considerado muito bom. Há um número infinito de funções que podem ser consideradas melhores do que a logarítmica, dentre as quais somente algumas, tais como $O(\lg \lg n)$ ou $O(1)$, têm utilidade prática. Antes que mostremos um fato importante sobre as funções logarítmicas, vamos observar sem demonstrar que:

Fato 5. Se $f(n) = cg(n)$, então $f(n)$ é $O(g(n))$.

Fato 6. A função $\log_a n$ é $O(\log_b n)$ para quaisquer números positivos a e $b \neq 1$.

Esta correspondência vale entre funções logarítmicas. O Fato 6 estabelece que, independentemente de suas bases, as funções logarítmicas são O-Grande umas das outras; isto é, todas essas funções têm a mesma taxa de crescimento.

Prova: Sendo $\log_a n = x$ e $\log_b n = y$ temos, pela definição de logaritmo, $a^x = n$ e $b^y = n$.

Tomando ln de ambos os lados resulta em

$$x \ln a = \ln n \text{ e } y \ln b = \ln n$$

Assim,

$$x \ln a = y \ln b,$$
$$\ln a \log_a n = \ln b \log_b n,$$
$$\log_a n = \frac{\ln b}{\ln a} \log_b n = c \log_b n$$

que prova que $\log_a n$ e $\log_b n$ são múltiplos um do outro. Pelo Fato 5, $\log_a n$ é $O(\log_b n)$.

Dado que a base do logaritmo é irrelevante no contexto da notação O-Grande, podemos sempre usar somente uma base, e o Fato 6 pode ser reescrito como

Fato 7. $\log_a n$ é $O(\lg n)$ para qualquer $a \neq 1$ positivo, onde $\lg n = \log_2 n$.

2.4 Notações Ω e Θ

A notação O-Grande refere-se aos limites superiores das funções. Há uma definição simétrica para um limite inferior na definição de Ω:

Definição 2: A função $f(n)$ é $\Omega(g(n))$ se existem números positivos c e N tais que $f(n) \geq cg(n)$ para todo $n \geq N$.

Esta definição é lida assim: f é Ω (grande ômega) de g se há um número positivo c tal que f é pelo menos igual a cg para quase todos ns. Em outras palavras, $cg(n)$ é um limite inferior no tamanho de $f(n)$, ou f cresce pelo menos à taxa de g.

A única diferença entre esta definição e a da notação O-Grande é a direção da desigualdade; uma definição pode ser convertida em outra substituindo-se "$\geq$" por "$\leq$". Há uma interconexão entre essas duas notações, expressa pela equivalência

$$f(n) \text{ é } \Omega(g(n)) \text{ se e somente se } g(n) \text{ é } O(f(n))$$

A notação Ω sofre do mesmo problema de profusão que a O-Grande: há um número ilimitado de escolhas para as constantes c e N. Para a Equação 2.2, estamos procurando um c, tal que $2n^2 + 3n + 1 \geq cn^2$, para qualquer $n \geq 0$, se $c \leq 2$, onde 2 é o limite para c na Figura 2.2. Também, se f é um Ω de g e $h \leq g$, então f é um Ω de h, isto é, se para f podemos encontrar uma função g tal que f é um Ω de g, então podemos encontrar infinitamente muitas. Por exemplo, a função 2.2 é uma Ω de n^2, mas também de n, $n^{1/2}$, $n^{1/3}$, $n^{1/4}$ ... e também de $\lg n$, $\lg \lg n$ ... e de muitas outras funções. Para propósitos práticos, somente as Ωs mais próximas são as mais interessantes (isto é: os maiores limites inferiores). Esta restrição é feita implicitamente a cada momento que escolhemos uma Ω de uma função f.

Há um número infinito de limites inferiores possíveis para a função f, isto é, há um conjunto infinito de gs tais que $f(n)$ é $\Omega(g(n))$, assim como um número ilimitado de possíveis limites superiores de f. Isto pode ser algo inquietante, assim restringimos nossa atenção aos menores limites superiores e aos maiores limites inferiores. Note que há um piso comum para as notações O-Grande e Ω, indicado pelas igualdades nas definições dessas notações: O-Grande é definida em termos de "≤" e Ω de "≥"; "=" está incluído em ambas as desigualdades. Isto sugere um meio de restringir os conjuntos de possíveis limites inferiores e superiores. Esta restrição pode ser realizada pelas seguintes definições da notação Θ (theta):

Definição 3: $f(n)$ é $\Theta(g(n))$ se existem números positivos c_1, c_2 e N tais que $c_1 g(n) \leq f(n) \leq c_2 g(n)$ para todo $n \geq N$.

Esta definição é lida assim: f tem uma ordem de grandeza g, f está na ordem de grandeza g, ou ambas as funções crescem à mesma taxa no longo prazo. Vemos que $f(n)$ é $\Theta(g(n))$ se $f(n)$ é $O(g(n))$ e $f(n)$ é $\Omega(g(n))$.

A única função listada acima que é tanto O-Grande como Ω da função 2.2 é n^2. No entanto, não é a única escolha, e há ainda um número infinito de escolhas, já que as funções $2n^2$, $3n^2$, $4n^2$... são também Θ da função 2.2. Mas é óbvio que a mais simples, n^2, será a escolhida.

Aplicando quaisquer dessas notações (O-Grande, Ω e Θ), não se esqueça de que elas são aproximações que escondem algum detalhe que, em muitos casos, pode ser considerado importante.

2.5 Possíveis problemas

Todas as notações servem ao propósito de comparar a eficiência de vários algoritmos projetados para resolver o mesmo problema. No entanto, se somente os Os-Grandes são usados para representar a eficiência dos algoritmos, alguns podem ser rejeitados prematuramente. O problema é que, na definição da notação O-Grande, f é considerada $O(g(n))$ se a desigualdade $f(n) \leq cg(n)$ vale para todos os números naturais, com algumas exceções. O número de ns que violam esta desigualdade é sempre finito. Basta satisfazer à condição da definição. Como a Figura 2.2 indica, esse número de exceções pode ser reduzido escolhendo-se um c suficientemente grande. No entanto, isto pode ser de pouca significância prática se a constante c em $f(n) \leq cg(n)$ for proibitivamente grande, digamos, 10^8, embora a função g por si pareça promissora.

Considere que existam dois algoritmos para resolver certo problema e suponha que o número de operações exigidas por esses algoritmos seja $10^8 n$ e $10n^2$. A primeira função é $O(n)$ e a segunda é $O(n^2)$. Usando-se somente a informação O-Grande, o segundo algoritmo é rejeitado porque o número de etapas cresce muito rápido. Isto é verdade, mas, novamente, a longo prazo, porque para $n \leq 10^7$, que é 10 milhões, o segundo algoritmo realiza menos operações do que o primeiro. Embora 10 milhões não seja um número inaudito de elementos a ser processado por um algoritmo, na maioria dos casos o número é muito mais baixo e, nesses casos, o segundo algoritmo é preferível.

Por essas razões, pode ser desejável usar mais uma notação que inclua constantes que são muito grandes para situações práticas. Udi Manber propôs uma notação duplo-O (OO) para indicar tais funções: f é $OO(g(n))$ se ela é $O(g(n))$, e a constante c é muito grande para ter significância prática. Assim, $10^8 n$ é $OO(n)$. No entanto, a definição de "muito grande" depende da aplicação particular.

2.6 Exemplos de complexidades

Os algoritmos podem ser classificados por suas complexidades de tempo e espaço. Sob este aspecto, diversas classes de algoritmos podem ser distinguidas, como a Figura 2.4 ilustra. Seus crescimentos estão também exibidos na Figura 2.5. Por exemplo, um algoritmo é chamado de *constante* se

FIGURA 2.4 Classes de algoritmos e seus tempos de execução em um computador que executa um milhão de operações por segundo (1 seg = 10^6 μseg = 10^3 mseg).

Classe	\multicolumn{7}{c}{Número de complexidade de operações e tempos de execução (1 instr/μseg)}						
n		\multicolumn{2}{c}{10}	\multicolumn{2}{c}{10^2}	\multicolumn{2}{c}{10^3}					
constante	$O(1)$	1	1 μseg	1	1 μseg	1	1 μseg
logarítmico	$O(\lg n)$	3,32	3 μseg	6,64	7 μseg	9,97	10 μseg
linear	$O(n)$	10	10 μseg	10^2	100 μseg	10^3	1 mseg
$O(n \lg n)$	$O(n \lg n)$	33,2	33 μseg	664	664 μseg	9970	10 mseg
quadrático	$O(n^2)$	10^2	100 μseg	10^4	10 mseg	10^6	1 seg
cúbico	$O(n^3)$	10^3	1 mseg	10^6	1 seg	10^9	16,7 min
exponencial	$O(2^n)$	1024	10 mseg	10^{30}	3,17 * 10^{17} anos	10^{301}	
n		\multicolumn{2}{c}{10^4}	\multicolumn{2}{c}{10^5}	\multicolumn{2}{c}{10^6}					
constante	$O(1)$	1	1 μseg	1	1 μseg	1	1 μseg
logarítmico	$O(\lg n)$	13,3	13 μseg	16,6	7 μseg	19,93	20 μseg
linear	$O(n)$	10^4	10 mseg	10^5	0,1 seg	10^6	1 seg
$O(n \lg n)$	$O(n \lg n)$	133 * 10^3	133 mseg	166 * 10^4	1,6 seg	199,3 * 10^5	20 seg
quadrático	$O(n^2)$	10^8	1,7 min	10^{10}	16,7 min	10^{12}	11,6 dias
cúbico	$O(n^3)$	10^{12}	11,6 dias	10^{15}	31,7 anos	10^{18}	31,709 anos
exponencia	$O(2^n)$	10^{3010}		10^{30103}		10^{301030}	

FIGURA 2.5 Funções típicas aplicadas nas estimativas O-Grande.

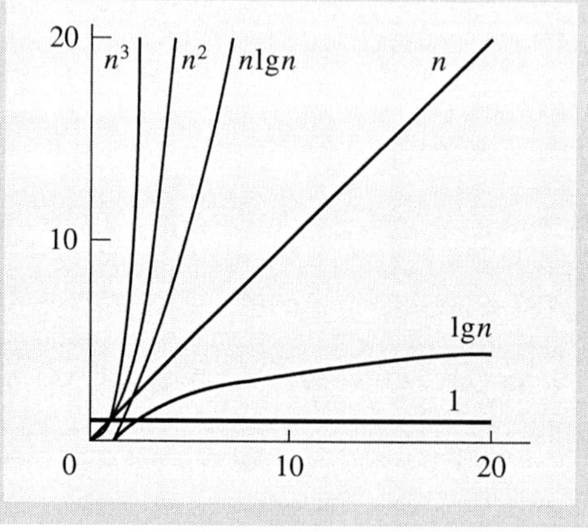

seu tempo de execução permanece o mesmo para qualquer número de elementos; é chamado de *quadrático* se seu tempo de execução é $O(n^2)$. Para cada uma dessas classes um número de operações é mostrado junto com o tempo real necessário para executá-las em uma máquina capaz de realizar um milhão de operações por segundo, ou uma operação por microssegundo (μseg). A tabela na Figura 2.4 indica que alguns algoritmos mal projetados, ou algoritmos cuja complexidade não pode ser melhorada, não têm aplicações práticas nos computadores disponíveis. Para processar um milhão de itens com um algoritmo quadrático, mais de 11 dias são necessários, e, para um algoritmo cúbico, milhares de anos. Mesmo se um computador pudesse realizar uma operação por nanossegundo (um bilhão de operações por segundo), o algoritmo quadrático terminaria em 16,7 segundos, mas o algoritmo cúbico exigiria mais de 31 anos. Mesmo uma melhoria de 1.000 vezes na velocidade de execução teria muito pouco sentido prático para este algoritmo. A análise da complexidade dos algoritmos é de extrema importância e não pode ser abandonada por conta do argumento de que entramos em uma era em que, a um custo relativamente pequeno, um computador sobre nossa mesa de trabalho pode executar milhões de operações por segundo. A importância de analisar a complexidade de algoritmos, em qualquer contexto, mas, em particular, no da estrutura de dados, não pode ser exagerada. A velocidade impressionante dos computadores é de utilidade limitada se os programas que neles rodam usam algoritmos ineficientes.

2.7 Encontrando a complexidade assintótica: Exemplos

Os limites assintóticos são usados para estimar a eficiência dos algoritmos, avaliando-se a quantidade de memória e de tempo necessária para realizar a tarefa para a qual os algoritmos foram projetados. Esta seção ilustra como esta complexidade pode ser determinada.

Na maioria dos casos estamos interessados na complexidade de tempo, que usualmente mede o número de atribuições e comparações realizadas durante a execução de um programa. O Capítulo 9, que trata de algoritmos de ordenação, considera ambos os tipos de operações; este considera somente o número de declarações de atribuição.

Comece com um laço simples para calcular a soma dos números em uma matriz:

```
for(i = soma = 0; i < n; i++)
    soma += a[i];
```

Primeiro, duas variáveis são inicializadas, então o laço for itera n vezes e, durante cada iteração, executa duas atribuições, uma das quais atualiza a soma e a outra i. Assim, existem $2 + 2n$ atribuições para a rodada completa desse laço for; sua complexidade assintótica é $O(n)$.

A complexidade usualmente cresce se laços aninhados são usados, como no seguinte código, que produz as somas de todas as submatrizes que começam com a posição 0:

```
for(i = 0; i < n; i++) {
    for(j = 1, soma = a[0]; j <= i; j++)
        soma += a[j];
    cout<<" soma para submatriz 0 até "<< i <<" e "<<soma<<endl;
}
```

Antes de iniciar o laço, a variável i é inicializada. O laço externo é efetuado n vezes e em cada iteração é efetuado o laço for interno, a impressão e as atribuições das variáveis i, j e soma. O laço interno é efetuado i vezes para cada $i \in \{1, \ldots, n-1\}$ com duas atribuições em cada iteração: uma para soma e uma para j. Portanto, são efetuadas $1 + 3n + \sum_{i=1}^{n-1} 2i = 1 + 3n + 2(1 + 2 + \cdots + n - 1) = 1 + 3n + n(n-1) = O(n) + O(n^2) = O(n^2)$ atribuições antes de completar o programa.

Algoritmos com laços aninhados geralmente têm uma complexidade maior do que algoritmos com um laço, mas ela não tem necessariamente que crescer. Por exemplo, podemos solicitar a impressão das somas dos números nas últimas cinco células das submatrizes que começam na posição 0. Adotamos o código precedente e o transformamos para

```
for(i = 4; i < n; i++) {
    for(j = i-3; soma = a[i-4]; j <= i; j++)
        soma += a[j];
    cout<<"soma para submatriz "<<i-4<<" ate "<< i <<" e "<<soma<<endl;
}
```

O laço externo é executado $n - 4$ vezes. Para cada i, o laço mais interno é executado somente quatro vezes; para cada iteração do laço mais externo existem oito atribuições no laço mais interno, e este número não depende do tamanho da matriz. Com uma inicialização de i, $n - 4$ autoincrementos de i, e $n - 4$ inicializações de j e sum, o programa faz $1 + 8 \cdot (n - 4) + 3 \cdot (n - 4) = O(n)$ atribuições.

A análise desses dois exemplos é relativamente simples porque o número de vezes que os laços executaram não depende da ordem das matrizes. A computação da complexidade assintótica fica mais complicada se o número de iterações não é sempre o mesmo. Este ponto pode ser ilustrado com um laço usado para determinar o comprimento da submatriz mais longa com os números na ordem crescente. Por exemplo, em [1 8 1 2 5 0 11 12], é três o comprimento da submatriz [1 2 5]. O código é

```
for(i = 0, comprimento = 1; i < n-1; i++) {
    for(i1 = i2 = k = i; k < n-1 && a[k] < a[k+1]; k++,i2++);
    if(comprimento < i2 - i1 + 1)
        comprimento = i2 - i1 + 1;
}
```

Note que, se todos os números na matriz estão em ordem decrescente, o laço mais externo é executado $n - 1$ vezes, mas, em cada iteração, o laço mais interno executa apenas uma vez. Assim, o algoritmo é $O(n)$. O algoritmo é menos eficiente se os números estão na ordem crescente. Neste caso, o laço for mais externo é executado $n - 1$ vezes, e o mais interno é executado $n - 1 - i$ vezes para cada $i \in \{0, ..., n - 2\}$. Assim, o algoritmo é $O(n^2)$. Na maioria dos casos, o arranjo de dados é menos ordenado, e medir a eficiência nestes casos é de grande importância. No entanto, está longe de ser trivial determinar a eficiência em casos médios.

Um quinto exemplo usado para determinar a complexidade computacional é o *algoritmo de busca binária*, usado para localizar um elemento em uma matriz ordenada. Se for uma matriz de números e tentamos localizar o número k, o algoritmo acessa o elemento do meio da matriz primeiro. Se aquele elemento é igual a k, então o algoritmo retorna sua posição; se não, o algoritmo continua. Na segunda tentativa, somente metade da matriz original é considerada: a primeira metade se k é menor do que o elemento do meio, e a segunda no caso contrário. Agora, o elemento do meio da submatriz escolhida é acessado e comparado com k. Se for o mesmo, o algoritmo se completa com sucesso. Caso contrário, a submatriz é dividida em duas metades, e se k é maior do que esse elemento do meio a primeira metade é descartada; caso contrário, a primeira metade é retida. Este processo de dividir no meio e comparar continua até que k seja encontrado ou a matriz não possa mais ser dividida em duas submatrizes. Este algoritmo relativamente simples pode ser assim codificado:

```
template <class T>      // operador sobrecarregado < e usado;
int buscaBinaria(const T arr[], int arrTamanho, const T& chave){
    int baixo = 0; meio, alto = arrTamanho-1;
    while (baixo <= alto){
        meio = (baixo + alto)/2;
        if (chave < arr[meio])
            alto = meio - 1;
        else if (arr[meio] < chave)
            baixo = meio + 1;
        else return meio; //sucesso: retorna o indice da
    }                     // celula ocupada pela chave
    return -1;            // falha: a chave nao esta na matriz
}
```

Se a chave está no meio da matriz, o laço executa somente uma vez. Quantas vezes o laço executa no caso em que a chave não está na matriz? Primeiro, o algoritmo procura na matriz inteira de tamanho n; então, em uma de suas metades de tamanho $\frac{n}{2}$; então, em uma das metades desta

Capítulo 2   Análise de Complexidade ■ 55

metade, de tamanho $\frac{n}{2^2}$, e assim por diante, até que a matriz seja de tamanho 1. Portanto, temos a sequência $n, \frac{n}{2}, \frac{n}{2^2}, \ldots, \frac{n}{2^m}$, e queremos saber o valor de m. Mas o último termo desta sequência $\frac{n}{2^m}$ é igual a 1, da qual temos $m = \lg n$. Assim, o fato de que k não está na matriz pode ser determinado depois de $\lg n$ iterações do laço.

2.8   O melhor, o médio e o pior casos

Os últimos dois exemplos da seção anterior indicam a necessidade de distinguir pelo menos três casos para os quais a eficiência dos algoritmos tem que ser determinada. O *pior caso* é quando um algoritmo exige um número máximo de etapas, e o *melhor* é quando o número de etapas é o menor. O *caso médio* cai entre estes extremos. Em casos simples, a complexidade média é estabelecida considerando-se entradas possíveis para um algoritmo, determinando-se o número de etapas realizadas pelo algoritmo para cada uma das entradas, somando-se o número de etapas para todas as entradas e dividindo-se pelo número de entradas. Esta definição, no entanto, assume que a probabilidade de ocorrência de cada uma das entradas é a mesma, o que nem sempre é o caso. Para considerar a probabilidade explicitamente, a complexidade média é definida como a média sobre o número de etapas executadas quando se está processando cada entrada ponderada pela probabilidade de ocorrência desta entrada, ou

$$C_{méd} = \Sigma_i p(entrada_i) etapas(entrada_i)$$

Esta é a definição do valor esperado, que assume que todas as possibilidades podem ser determinadas e a distribuição de probabilidade é conhecida, o que simplesmente determina a probabilidade de ocorrência de cada uma das entradas, $p(entrada_i)$. A função de probabilidade p satisfaz duas condições: ela nunca é negativa, $p(entrada_i) \geq 0$, e todas as probabilidades somam 1, $\Sigma_i p(entrada_i) = 1$.

Como exemplo, considere percorrer sequencialmente uma matriz não ordenada para encontrar um número. O melhor caso é quando o número é encontrado na primeira célula. O pior é quando o número está na última célula ou não está na matriz. Neste caso, todas as células são verificadas para determinar o fato. E o caso médio? Podemos formular a hipótese de que há uma chance igual para o número ser encontrado em quaisquer células da matriz; isto é, a distribuição de probabilidade é uniforme. Neste caso, há uma probabilidade igual a $\frac{1}{n}$ de que o número esteja na primeira célula, uma probabilidade igual a $\frac{1}{n}$ de que esteja na segunda célula, ..., e, finalmente, uma probabilidade igual a $\frac{1}{n}$ de que esteja na última, a célula n-ésima. Isto significa que a probabilidade de encontrar o número depois de uma tentativa é igual a $\frac{1}{n}$, e a de encontrá-lo depois de duas tentativas é igual a $\frac{1}{n}$, ..., e a de encontrá-lo depois de n tentativas também é igual a $\frac{1}{n}$. Em consequência, podemos avaliar a média de todos casos números possíveis de tentativas sobre o número de possibilidades e concluir que ela toma a média de

$$\frac{1 + 2 + \ldots + n}{n} = \frac{n+1}{2}$$

etapas para encontrar um número. Mas, se as probabilidades diferem, então o caso médio dá um resultado diferente. Por exemplo, se a probabilidade de encontrar um número na primeira célula é igual a $\frac{1}{2}$, a de encontrá-lo na segunda célula é igual a $\frac{1}{4}$, e a de encontrá-lo em quaisquer das células remanescentes é a mesma e igual a

$$\frac{1 - \frac{1}{2} - \frac{1}{4}}{n - 2} = \frac{1}{4(n-2)}$$

então ela toma a média de

$$\frac{1}{2} + \frac{2}{4} + \frac{3 + \ldots n}{4(n-2)} = 1 + \frac{n(n+1) - 6}{8(n-2)} = 1 + \frac{n+3}{8}$$

etapas para encontrar um número, o que é aproximadamente quatro vezes melhor do que $\frac{n+1}{2}$ encontrada previamente para uma distribuição uniforme. Note que as probabilidades de acessar uma célula particular não têm impacto sobre o melhor e o pior caso.

A complexidade para os três casos foi relativamente fácil de determinar para a busca sequencial, mas usualmente não é tão fácil assim. Em particular, a complexidade do caso médio pode apresentar difíceis problemas computacionais. Se a computação é muito complexa, aproximações são usadas, e nesses casos as notações O-Grande, Ω e Θ são bastante úteis.

Como exemplo, considere o caso médio para a busca binária. Assuma que o tamanho da matriz é uma potência de 2 e que um número a ser procurado tem uma chance igual de estar em qualquer das células da matriz. A busca binária pode localizá-lo tanto depois de uma tentativa no meio da matriz como depois de duas tentativas no meio da primeira metade da matriz, ou depois de duas tentativas no meio da segunda metade, ou depois de três tentativas no meio do primeiro quarto da matriz, ou depois de três tentativas no meio do quarto quarto, ou depois de quatro tentativas no meio do primeiro oitavo da matriz, ou... ou depois de quatro tentativas no meio do oitavo oitavo da matriz, ou depois da lg n tentativa na primeira célula, ou depois da tentativa lg n na terceira célula, ou, finalmente, depois da tentativa lg n na última célula. Isto é, o número de todas as possíveis tentativas é igual a

$$1 \cdot 1 + 2 \cdot 2 + 4 \cdot 3 + 8 \cdot 4 + \ldots + \frac{n}{2}\lg n = \sum_{i=0}^{\lg n - 1} 2^i(i+1)$$

a qual tem que ser dividida por $\frac{1}{n}$ para determinar a complexidade do caso médio. Esta soma é igual a quê? Sabemos que ela está entre 1 (o resultado do melhor caso) e lg n (o pior caso), determinada na seção precedente. Mas ela está mais perto do melhor caso — digamos, lg lg n — ou do pior — por exemplo, $\frac{\lg n}{2}$, ou lg $\frac{n}{2}$. A soma não permite uma simples conversão para forma fechada; assim, sua estimativa deve ser utilizada. Nossa conjectura é que a soma não é menor do que a soma das potências de 2 no intervalo especificado multiplicado pela metade de lg n, isto é,

$$s_1 = \sum_{i=0}^{\lg n - 1} 2^i(i+1) \geq \frac{\lg n}{2} \sum_{i=0}^{\lg n - 1} 2^i = s_2$$

A razão para esta escolha é que s_2 é uma série de potências multiplicada por um fator constante, e assim ela pode ser apresentada em forma fechada muito facilmente, a saber,

$$s_2 = \frac{\lg n}{2} \sum_{i=0}^{\lg n - 1} 2^i = \frac{\lg n}{2}\left(1 + 2\frac{2^{\lg n - 1} - 1}{2 - 1}\right) = \frac{\lg n}{2}(n-1)$$

que é $\Omega(n \lg n)$. Devido a s_2 ser o limite inferior para a soma s_1 considerada — isto é, s_1 é $\Omega(s_2)$ —, então $\frac{s_2}{n}$ também é o limite inferior da complexidade do caso médio procurada $\frac{s_1}{n}$ — isto é, $\frac{s_1}{n} = \Omega\left(\frac{s_2}{n}\right)$. Devido $\frac{s_2}{n}$ ser $\Omega(\lg n)$, assim também precisa ser $\frac{s_1}{n}$. Devido a lg n ser uma avaliação da complexidade do pior caso, a complexidade do caso médio é igual a $\Theta(\lg n)$.

Há ainda um problema não resolvido: é $s_1 \geq s_2$? Para determinar isto, conjecturamos que a soma de cada par de termos posicionados simetricamente com relação ao centro da soma s_1 não é menor do que a soma dos termos correspondentes de s_2. Isto é,

$$2^0 \cdot 1 + 2^{\lg n - 1} \lg n \geq 2^0 \frac{\lg n}{2} + 2^{\lg n - 1} \frac{\lg n}{2}$$

$$2^1 \cdot 2 + 2^{\lg n - 2}(\lg n - 1) \geq 2^1 \frac{\lg n}{2} + 2^{\lg n - 2} \frac{\lg n}{2}$$

...

$$2^j(j+1) + 2^{\lg n - 1 - j}(\lg n - j) \geq 2^j \frac{\lg n}{2} + 2^{\lg n - 1 - j} \frac{\lg n}{2}$$

...

onde $j \leq \frac{\lg n}{2} - 1$. A última desigualdade, que representa desigualdades alternadas, é transformada em

$$2^{\lg n - 1 - j}\left(\frac{\lg n}{2} - j\right) \geq 2^j\left(\frac{\lg n}{2} - j - 1\right)$$

e então em

$$2^{\lg n - 1 - 2j} \geq \frac{\frac{\lg n}{2} - j - 1}{\frac{\lg n}{2} - j} = 1 - \frac{1}{\frac{\lg n}{2} - j} \quad (2.5)$$

Todas essas transformações são permitidas porque todos os termos que se movem de um lado da desigualdade conjecturada para outro são não negativos e, assim, não modificam a direção da desigualdade. É a desigualdade verdadeira? Devido a expressão, $j \leq \frac{\lg n}{2} - 1$, $2^{\lg n - 1 - 2j} \geq 2$ e o lado direito da desigualdade (2.5) serem sempre menores do que 1, a desigualdade conjecturada é verdadeira.

Isto conclui nossa investigação do caso médio para a busca binária. O algoritmo é relativamente direto, mas o processo de encontrar a complexidade para o caso médio é um tanto complicado, mesmo para distribuições de probabilidade uniformes. Para algoritmos mais complexos, tais cálculos são significativamente mais desafiadores.

2.9 Complexidade amortizada

Em muitas situações, as estruturas de dados não estão sujeitas a apenas uma operação, e sim a uma sequência delas. Nesta sequência, uma operação realiza certas modificações que têm impacto no tempo de operação da próxima. Um modo de avaliar o tempo de operação do pior caso é somar suas eficiências para cada uma das operações. Mas isto pode resultar em um limite excessivamente grande e não realista sobre o tempo de operação real. Para ser mais realista, a análise amortizada pode ser usada para encontrar a complexidade média de uma sequência de operações do pior caso. Analisando sequências de operações em vez de operações isoladas, a análise amortizada leva em conta interdependências entre as operações e seus resultados. Por exemplo, se uma matriz é ordenada e somente uns poucos novos elementos são adicionados, então reordenar esta matriz deveria ser muito mais rápido do que ordená-la pela primeira vez, porque, depois de novas adições, a matriz está quase ordenada. Assim, deve ser mais rápido colocar todos os elementos em perfeita ordem do que em uma matriz completamente desorganizada. Sem levar esta correlação em consideração, o tempo de operação de duas operações de ordenação pode ser considerado duas vezes a eficiência do pior caso. A análise amortizada, por outro lado, decide que a segunda ordenação é raramente aplicada na situação do pior caso, de modo que a complexidade combinada das duas operações de ordenação é muito menor do que o dobro da complexidade do pior caso. Em consequência, a média para a sequência de ordenação do pior caso, com poucas inserções e reordenação, é mais baixa de acordo com a análise de amortização do que com a análise do pior caso, que despreza o fato de que a segunda ordenação é aplicada a uma matriz já organizada por uma ordenação prévia.

É importante acentuar que a análise amortizada está observando sequências de operações, ou, se operações simples estão sendo analisadas, ela é feita considerando que fazem parte da sequência. Os custos de operação na sequência podem variar consideravelmente, mas o quanto mais frequente as operações particulares ocorrem na sequência é importante. Por exemplo, para a sequência de operações $op_1, op_2, op_3, \ldots$ a análise do pior caso estima a complexidade computacional para a sequência inteira como

$$C(op_1, op_2, op_3, \ldots) = C_{pior}(op_1) + C_{pior}(op_2) + C_{pior}(op_3) + \ldots$$

enquanto a complexidade média estimada é

$$C(op_1, op_2, op_3, \ldots) = C_{méd}(op_1) + C_{méd}(op_2) + C_{méd}(op_3) + \ldots$$

Embora especifiquem complexidades para uma sequência de operações, nem a análise do pior caso nem a do médio estavam contemplando a posição de uma operação particular na sequência. Essas duas análises consideram as operações executadas isoladamente, e a sequência como uma coleção de operações isoladas e independentes. A análise amortizada muda a perspectiva, contemplando o que aconteceu até um ponto particular na sequência de operações, e, então, determina a complexidade de uma operação particular,

$$C(op_1, op_2, op_3, \ldots) = C(op_1) + C(op_2) + C(op_3) + \ldots$$

onde C pode ser a complexidade do pior, do médio, do melhor caso ou, com frequência, outra complexidade, dependendo do que aconteceu antes. Encontrar a complexidade amortizada pode ser, no entanto, muito complicado. Portanto, outra abordagem é usada. O conhecimento da natureza de processos particulares e de possíveis mudanças de uma estrutura de dados é usado para determinar a função C que pode ser aplicada a cada operação da sequência. A função é escolhida de tal maneira que considera as operações rápidas mais lentas do que realmente são, e as operações demoradas mais rápidas do que realmente são. É como se das operações baratas (rápidas) fossem cobradas mais unidades de tempo para gerar créditos, a fim de ser usados para cobrir o custo de operações caras, das quais é cobrado menos que seu custo real. É como permitir que o governo nos cobre mais por segurança social do que o necessário, de modo que no final do ano fiscal a sobretaxa possa ser recebida de volta e usada para cobrir as despesas de alguma outra coisa. A arte da análise amortizada está em encontrar uma função C apropriada, de modo que ela sobretaxe as operações baratas o suficiente para cobrir as despesas de operações subtaxadas. O balanço global precisa ser não negativo. Se ocorre um débito, precisa haver uma perspectiva de pagá-lo.

Considere a operação de adicionar um novo elemento ao vetor implementado como uma matriz flexível. O melhor caso é quando o tamanho do vetor é menor do que sua capacidade, porque adicionar um novo elemento equivale a colocá-lo na primeira célula disponível. O custo de adicionar um novo elemento é, então, $O(1)$. O pior caso é quando o tamanho iguala a capacidade, quando então não há espaço para novos elementos. Neste caso, novo espaço precisa ser alocado, os elementos existentes são copiados ao novo espaço e somente então pode o novo elemento ser adicionado ao vetor. O custo de adicionar um novo elemento é $O(tamanho(vetor))$. É claro que a última situação é menos frequente do que a primeira, mas isto depende de outro parâmetro, o incremento da capacidade, que se refere a quanto o vetor é aumentado quando o transbordo ocorre. No caso extremo, ele pode ser aumentado por exatamente uma célula; assim, na sequência de m inserções consecutivas, cada inserção causa um transbordo e exige $O(tamanho(vetor))$ vezes para terminar. Claramente esta situação deve ser adiada. Uma solução é alocar, digamos, um milhão de células para o vetor, que na maioria dos casos não causam um transbordo, mas a quantidade de espaço é excessivamente grande e pode-se esperar que somente uma pequena porcentagem de espaço alocado para o vetor seja realmente usada. Outra solução para o problema é duplicar o espaço alocado para o vetor se o transbordo ocorre. Neste caso, pode-se esperar que o desempenho pessimista $O(tamanho(vetor))$ da operação de inserção ocorra com pouca frequência. Usando-se esta estimativa, pode-se alegar que, no melhor caso, o custo de inserir m itens é $O(m)$, mas é impossível alegar que, no pior caso, seja $O(m \cdot tamanho(vetor))$. Em consequência, para ver melhor que impacto este desempenho tem sobre a sequência de operações, a análise amortizada deve ser usada.

Na análise amortizada a pergunta feita é: Qual é a eficiência esperada de uma sequência de inserções? Sabemos que o melhor caso é $O(1)$ e que o pior é $O(tamanho(vetor))$, mas também sabemos que o último caso ocorre somente ocasionalmente e leva a duplicar o tamanho do vetor. Neste caso, qual é a eficiência esperada de uma inserção na série de inserções? Note que estamos interessados somente nas sequências de inserções, excluindo remoções e modificações, para ter o cenário do pior caso. O resultado da análise amortizada depende do custo amortizado assumido de uma inserção. Está claro que, se

$$amCusto(empurra(x)) = 1$$

onde 1 representa o custo de uma inserção; então não estamos ganhando nada com esta análise, porque inserções fáceis estão se pagando diretamente e as que causam transbordo e cópia não têm crédito para repor seus custos altos. É

$$amCusto(empurra(x)) = 2$$

uma escolha razoável? Considere a tabela na Figura 2.6a, que mostra a mudança na capacidade do vetor e o custo de inserção quando o tamanho cresce de 0 para 18, isto é, indica as mudanças no vetor durante a sequência de 18 inserções em um vetor inicialmente vazio. Por exemplo, se existem quatro elementos no vetor (tamanho = 4), antes de inserir o quinto elemento, os quatro são copiados ao custo de quatro unidades, e então o novo quinto elemento é inserido no espaço recém-alocado para o vetor. Por isso o custo da quinta inserção é 4 + 1. Mas, para executar esta inserção duas unidades alocadas para o quinto elemento estão disponíveis, mais uma deixada da quarta inserção. Isto significa que esta operação é duas unidades mais curta para se pagar. Assim, na coluna de unidades deixadas, − 2 é inserido para indicar o débito de duas unidades. A tabela indica que o débito diminui e se torna zero, uma inserção barata longe da próxima inserção cara. Isto significa que as operações são quase constantemente executadas no vermelho, e, mais importante, se uma sequência de operações termina antes de o débito estar pago, o balanço indicado pela análise amortizada é negativo, o que é inadmissível no caso da análise do algoritmo. Em consequência, a próxima melhor solução é assumir que

$$amCusto(empurra(x)) = 3$$

FIGURA 2.6 Estimando o custo amortizado.

(a)					(b)				
Tamanho	Capacidade	Custo amortizado	Custo	Unidades remanescentes	Tamanho	Capacidade	Custo amortizado	Custo	Unidades remanescentes
0	0				0	0			
1	1	2	0 + 1	1	1	1	3	0 + 1	2
2	2	2	1 + 1	1	2	2	3	1 + 1	3
3	4	2	2 + 1	0	3	4	3	2 + 1	3
4	4	2	1	1	4	4	3	1	5
5	8	2	4 + 1	2	5	8	3	4 + 1	3
6	8	2	1	−1	6	8	3	1	5
7	8	2	1	0	7	8	3	1	7
8	8	2	1	1	8	8	3	1	9
9	16	2	8 + 1	−6	9	16	3	8 + 1	3
10	16	2	1	−5	10	16	3	1	5
⋮	⋮	⋮	⋮	⋮	⋮	⋮	⋮	⋮	⋮
16	16	2	1	1	16	16	3	1	17
17	32	2	16 + 1	−14	17	32	3	16 + 1	3
18	32	2	1	−13	18	32	3	1	5
⋮	⋮	⋮	⋮	⋮	⋮	⋮	⋮	⋮	⋮

A tabela na Figura 2.6b indica que nunca estamos em débito, e que a escolha de três unidades para o custo amortizado não é excessiva porque, logo após uma inserção cara, as unidades acumuladas estão quase esgotadas.

Neste exemplo, a escolha de uma função constante para os custos amortizados é adequada, mas usualmente não é assim. Define-se como *potencial* uma função que atribui um número para um estado particular de uma estrutura de dados *ds*, que é sujeita a uma sequência de operações. O custo amortizado é definido como uma função

$$amCusto(op_i) = custo(op_i) + potencial(ds_i) - potencial(ds_{i-1})$$

que é o custo real de executar a operação op_i, mais a mudança em potencial na estrutura de dados *ds* como um resultado da execução de op_i. Esta definição é válida para uma operação simples de uma sequência de *m* operações. Se os custos amortizados para todas as operações são somados, então o custo amortizado para a sequência

$$amCusto(op_1,\ldots,op_m) = \sum_{i=1}^{m}(custo(op_i) + potencial(ds_i) - potencial(ds_{i-1}))$$

$$= \sum_{i=1}^{m}(custo(op_i) + potencial(ds_m) - potencial(ds_0))$$

Na maioria dos casos a função potencial é inicialmente zero e sempre não negativa, de modo que o tempo amortizado é um limite superior de tempo real. Esta forma de custo amortizado é usada mais adiante neste livro.

O custo amortizado de incluir novos elementos em um vetor pode agora ser expresso em termos da função potencial definida como:

$$potencial(vetor_i) = \begin{cases} 0 & \text{se } tamanho_i = capacidade_i \text{ (vetor está cheio)} \\ 2tamanho_i - capacidade_i & \text{caso contrário} \end{cases}$$

Para ver que a função trabalha como esperado, considere três casos. O primeiro é quando um empurra barato é seguido de um empurra barato (o vetor não é estendido imediatamente antes do empurra corrente nem estendido como uma consequência do empurra corrente) e

$$amCusto(empurra_i()) = 1 + 2tamanho_{i-1} + 2 - capacidade_{i-1} - 2tamanho_{i-1} + capacidade_i = 3$$

porque a capacidade não se modificou, $tamanho_i = tamanho_{i-1} + 1$, e o custo atual é igual a 1. Para um empurra caro após um empurra barato

$$amCusto(empurra_i()) = tamanho_{i-1} + 2 + 0 - 2tamanho_{i-1} + capacidade_{i-1} = 3$$

porque $tamanho_{i-1} + 1 = capacidade_{i-1}$ e o custo atual é igual a $tamanho_i + 1 = tamanho_{i-1} + 2$, que é o custo de copiar os elementos do vetor mais adicionar o novo elemento. Para um empurra barato após um empurra caro,

$$amCusto(empurra_i()) = 1 + 2tamanho_i - capacidade_i - 0 = 3$$

porque $2(tamanho_i - 1) = capacidade_i$ e o custo atual é igual a 1. Note que o quarto caso, empurra caro seguido de empurra caro, ocorre somente duas vezes, quando a capacidade se modifica de zero para um e de um para zero. Em ambos os casos o custo amortizado é igual a 3.

2.10 NP-Completude

Um algoritmo *determinista* é uma sequência definida de forma única (determinada) de etapas para uma entrada particular; isto é, dada uma entrada e uma etapa durante a execução do algoritmo, há apenas uma maneira para determinar o próximo passo que o algoritmo pode fazer. Um algoritmo *não determinista* é aquele que pode usar uma operação especial que faz uma suposição quando uma decisão deve ser feita. Considere a versão não determinista de busca binária.

Se tentarmos localizar o número k em uma matriz não ordenada de números, então, primeiro o algoritmo acessa o elemento do meio m da matriz. Se $m = k$, então o algoritmo retorna a posição de m; se não, o algoritmo faz um palpite a respeito de qual caminho seguir para continuar: à esquerda do m ou à direita. Uma decisão semelhante é feita em cada fase: Se o número k não for localizado, continua em uma das duas metades da submatriz atualmente examinada. É fácil ver que tal suposição muito facilmente pode nos enganar, por isso precisamos dotar a máquina com o poder de fazer suposições corretas. No entanto, uma aplicação deste algoritmo não determinista teria que tentar, no pior dos casos, todas as possibilidades. Uma maneira de conseguir isto é através da exigência de que a decisão em cada iteração é, na realidade, isto: se $m \neq k$, em seguida ir tanto à direita quanto à esquerda do m. Desta forma, uma árvore é criada de modo que represente as decisões tomadas pelo algoritmo. O algoritmo resolve o problema se qualquer um dos ramos permite localizar k na matriz que inclui k, e se nenhum desvio leva a tal solução quando k não está na matriz.

Um *problema de decisão* tem duas respostas, chamadas "sim" e "não". Este problema é dado pelo conjunto de todas as instâncias do problema e pelo conjunto de instâncias para a qual a resposta é "sim". Muitos problemas de otimização não pertencem a esta categoria ("encontrar o x mínimo para o qual ..."), mas na maioria dos casos podem ser convertidos em problemas de decisão ("é x, para os quais ..., menor do que k?") .

Em geral, um algoritmo não determinista resolve um problema de decisão se atende de forma afirmativa e há um caminho na árvore que leva a uma resposta sim e ele responde negativamente se não existe tal caminho. Um algoritmo não determinista é considerado polinomial se uma série de etapas que conduzem a uma resposta afirmativa numa árvore de decisão é $O(n^k)$, onde n é o tamanho do problema.

A maior parte dos algoritmos analisados neste livro é de tempo polinomial; isto é, seu tempo de funcionamento no pior caso é $O(n^k)$ para algum k. Problemas que podem ser resolvidos com esses algoritmos são chamados *tratáveis* e os algoritmos considerados *eficientes*.

Um problema pertence à classe de problemas P se puder ser resolvido em tempo polinomial com um algoritmo determinista. Um problema pertence à classe dos problemas NP se puder ser resolvido em tempo polinomial com um algoritmo não determinista. Problemas P são, obviamente, tratáveis. Os NP também são, mas apenas quando algoritmos não deterministas são utilizados.

Claramente, P $\subseteq$ NP, porque algoritmos deterministas são os algoritmos não deterministas que não usam decisões não deterministas. Acredita-se também que P $\neq$ NP; isto é, existem problemas com algoritmos polinomiais não deterministas que não podem ser resolvidos com algoritmos polinomiais deterministas. Isto significa que, em máquinas deterministas Turing são executados em tempo não polinomial e, portanto, intratáveis. O mais forte argumento em favor desta convicção é a existência de problemas NP-completos. Mas, primeiro, precisamos definir o conceito de redutibilidade de algoritmos.

Um problema P_1 pode ser reduzido a outro P_2 se houver uma forma de instâncias codificadas x de P_1 como instâncias $y = r(x)$ de P_2 utilizando uma *função de redução* de r executada com um *algoritmo de redução*. Ou seja, para cada x, x é uma instância de P_1 se $y = r(x)$ é uma instância de P_2. Note que a redutibilidade não é uma relação simétrica: P_1 pode ser redutível a P_2, mas não necessariamente o inverso; isto é, cada instância x de P_1 deve ter um homólogo y de P_2, mas pode haver casos y de P_2 para os quais nenhum caso x de P_1 é mapeado com a função r. Portanto, P_2 pode ser considerado um problema mais difícil do que P_1.

A razão para esta redução é que, se o valor de $r(x)$, para qualquer x pode ser encontrado de forma eficiente (em tempo polinomial), em seguida uma solução eficaz para y pode ser efetivamente transformada em uma solução eficiente de x. Além disso, se não há nenhum algoritmo eficiente para x, então não há nenhuma solução eficaz para y.

Um problema é chamado *NP-completo* se é NP (que pode ser resolvido de forma eficiente por um algoritmo polinomial não determinista) e cada problema NP puder ser polinomialmente reduzido a este problema. Porque redutibilidade é uma relação transitiva, também podemos dizer que um problema NP P_1 é NP-completo se for P-completo P_2, que é polinomialmente redutível a P_1. Desta forma, todos os problemas NP-completos são equivalentes em termos computacionais; isto é, se um problema NP-completo pode ser resolvido com um algoritmo polinomial determinista, então todos os problemas NP-completos poderão sê-lo, e, portanto, P = NP. Além disso, se qualquer problema em NP é intratável, então todos os problemas NP-completos assim o são.

O processo de redução utiliza um problema NP-completo para mostrar que outro também é NP-completo. Deve haver, no entanto, pelo menos um problema diretamente comprovado ser NP-completo por outros meios que não a redução para tornar o processo de redução possível. Um problema mostrado por Stephen Cook desta categoria é o problema de satisfazimento.

Este problema diz respeito a expressões booleanas em forma normal conjuntiva (CNF, do inglês *conjunctive normal form*). Uma expressão é em CNF se for um conjunto de alternativas, no qual cada uma envolve variáveis booleanas e suas negações, e cada uma é verdadeira ou falsa. Por exemplo:

$$(x \vee y \vee z) \wedge (w \vee x \vee \neg y \vee z) \wedge (\neg w \vee \neg y)$$

é em CNF. Uma expressão booleana é *satisfazível* se existe uma atribuição de valores verdadeiros e falsos que torna a expressão inteira verdade. Por exemplo, nossa expressão é satisfazível para x = falso, y = falso e z = verdadeiro. O problema de satisfazimento consiste em determinar se uma expressão booleana é satisfazível (as atribuições de valor não têm que ser fornecidas). O problema é NP porque as atribuições podem ser supostas, e, em seguida, a expressão pode ser testada para satisfazimento em tempo polinomial.

Cook provou que o problema de satisfazimento é NP-completo usando um conceito teórico da máquina de Turing que pode executar decisões não determinísticas (fazer boas suposições). As operações desta máquina são, em seguida, descritas em termos de expressões booleanas, demonstrando que a expressão pode ser satisfeita se esta máquina termina para uma entrada específica (para a prova, consulte o Apêndice C).

Para ilustrar o processo de redução, considere o *problema 3-satisfazimento*, que é o problema de satisfazimento no caso em que cada alternativa de uma expressão booleana em CNF inclui apenas três variáveis diferentes. Afirmamos que o problema é NP-completo. O problema é NP porque uma atribuição de supostos valores verdadeiros às variáveis de uma expressão booleana pode ser verificada em tempo polinomial. Mostramos que o problema 3-satisfazimento é NP-completo reduzindo-o para o problema de satisfazimento. O processo envolve a redução, mostrando que uma alternativa com um número qualquer de variáveis booleanas pode ser convertida em um conjunto de alternativas, cada uma delas com apenas três variáveis booleanas. Isto é feito através da introdução de novas variáveis. Considere uma alternativa:

$$A = (p_1 \vee p_2 \vee \ldots \vee p_k)$$

Para $k \geq 4$ onde $p_i \in \{x_i, \neg x_i\}$. Com novas variáveis $y_1, \ldots, y_{k-3}$, transformamos A em

$$A' = (p_1 \vee p_2 \vee y_1) \wedge (p_3 \vee \neg y_1 \vee y_2) \wedge (p_4 \vee \neg y_2 \vee y_3) \wedge \ldots \wedge$$
$$(p_{k-2} \vee \neg y_{k-4} \vee y_{k-3}) \wedge (p_{k-1} \vee p_k \vee \neg y_{k-3})$$

Se a alternativa A é satisfeita, então pelo menos um termo p_i é verdadeiro, e os valores de y_js podem ser escolhidos de modo que A' seja verdadeira: se p_i é verdadeiro, então definimos $y_1, \ldots, y_{i-2}$ como verdadeiro e os restantes $y_{i-1}, \ldots, y_{k-3}$ como falsos. Por outro lado, se A' é satisfeita, então pelo menos um p_i deve ser verdadeiro, porque se todos os p_is são falsos, então a expressão:

$$A' = (\text{falso} \vee \text{falso} \vee y_1) \wedge (\text{falso} \vee \neg y_1 \vee y_2) \wedge (\text{falso} \vee \neg y_2 \vee y_3) \wedge \ldots$$
$$\wedge (\text{falso} \vee \text{falso} \vee \neg y_{k-3})$$

tem o mesmo valor verdadeiro como:

$$(y_1) \wedge (\neg y_1 \vee y_2) \wedge (\neg y_2 \vee y_3) \wedge \ldots \wedge (\neg y_{k-3})$$

que não pode ser verdade para qualquer escolha de valores para y_js; portanto, não é satisfatório.

2.11 Exercícios

1. Explique o significado das seguintes expressões:
   a. $f(n)$ é $O(1)$.
   b. $f(n)$ é $\Theta(1)$.
   c. $f(n)$ é $n^{O(1)}$.

2. Assumindo que $f_1(n)$ é $O(g_1(n))$ e $f_2(n)$ é $O(g_2(n))$, prove as seguintes declarações:
   a. $f_1(n) + f_2(n)$ é $O(\max(g_1(n), g_2(n)))$.
   b. Se um número k pode ser determinado tal que para todo $n > k$, $g_1(n) \leq g_2(n)$, então $O(g_1(n)) + O(g_2(n))$ é $O(g_2(n))$.
   c. $f_1(n) * f_2(n)$ é $O(g_1(n) * g_2(n))$ (regra do produto).
   d. $O(cg(n))$ é $O(g(n))$.
   e. c é $O(1)$.

3. Prove as seguintes declarações:
   a. $\sum_{i=1}^{n} i^2$ is $O(n^3)$ e, mais geralmente, $\sum_{i=1}^{n} i^k$ is $O(n^{k+1})$
   b. $an^k/\lg n$ é $O(n^k)$, mas $an^k/\lg n$ não é $\Theta(n^k)$
   c. $n^{1,1} + n \lg n$ é $\Theta(n^{1,1})$.
   d. $2n$ é $O(n!)$, e $n!$ não é $O(2n)$.
   e. 2^{n+a} é $O(2^n)$.
   f. 2^{2n+a} não é $O(2^n)$.
   g. $2^{\sqrt{\lg n}}$ é $O(n^a)$.

4. Faça as mesmas hipóteses que no exercício 2 e, ao encontrar contraexemplos, refute as seguintes declarações:
   a. $f_1(n) - f_2(n)$ é $O(g_1(n) - g_2(n))$.
   b. $f_1(n)/f_2(n)$ é $O(g_1(n)/g_2(n))$.

5. Encontre funções f_1 e f_2 tais que $f_1(n)$ e $f_2(n)$ sejam $O(g(n))$, mas $f_1(n)$ não seja $O(f_2)$.

6. É verdadeiro que
   a. Se $f(n)$ é $\Theta(g(n))$, então $2^{f(n)}$ é $\Theta(2^{g(n)})$?
   b. $f(n) + g(n)$ é $\Theta(\min(f(n), g(n)))$?
   c. 2na é $O(2^n)$?

7. O algoritmo apresentado neste capítulo para encontrar o comprimento da submatriz mais longa com os números na ordem crescente é ineficiente, já que não há necessidade de continuar a procurar outra matriz se o comprimento já encontrado é maior do que o da submatriz a ser analisada. Assim, se a matriz inteira já está na ordem, podemos parar a busca, convertendo o pior caso no melhor. A mudança necessária está no laço mais externo, que agora tem mais um teste:

```
for(i = 0, comprimento = 1; i < n-1 && comprimento < n==i; i++)
```

Qual é o pior caso agora? A eficiência do pior caso ainda é $O(n^2)$?

8. Encontre a complexidade da função usada para encontrar k-*ésimo* inteiro em uma matriz não ordenada de inteiros.

```
int selectkesimo (int a[], int k, int n) {
    int i, j, mini, tmp;
    for (i = 0; i < k; i++) {
        mini = i;
        for (j = i+1; j < n; j++)
            if (a[j]<a[mini])
                mini = j;
        tmp = a[i];
        a[i] = a[mini];
        a[mini] = tmp;
    }
    return a[k-1];
}
```

9. Determine a complexidade das seguintes implementações dos algoritmos para somar, multiplicar e transpor matrizes $n \times n$:

```
for(i = 0; i < n; i++)
    for(j = 0; j < n; j++)
        a[i][j] = b[i][j] + c[i][j];

for(i = 0; i < n; i++)
    for(j = 0; j < n; j++)
        for(k = a[i][j] = 0; k < n; k++)
            a[i][j] += b[i][k] * c[k][j];

for(i = 0; i < n - 1; i++)
    for(j = i+1; j < n; j++) {
        tmp = a[i][j];
        a[i][j] = a[j][i];
        a[j][i] = tmp;
    }
```

10. Encontre a complexidade computacional para os seguintes laços:

   a. ```
      for (cnt1 = 0, i = 1; i <= n; i++)
          for (j = 1; j <= n; j++)
              cnt1++;
      ```
   b. ```
      for (cnt2 = 0, i = 1; i <= n; i++)
          for (j = 1; j <= i; j++)
              cnt2++;
      ```
   c. ```
      for (cnt3 = 0, i = 1; i <= n; i *= 2)
          for (j = 1; j <= n; j++)
              cnt3++;
      ```
      ```

d. `for (cnt4 = 0, i = 1; i <= n; i *= 2)`
    `for (j = 1; j <= i; j++)`
        `cnt4++;`

11. Encontre a complexidade do caso médio de busca sequencial em uma matriz, considerando que a probabilidade de acessar a última célula é igual a $\frac{1}{2}$, a probabilidade da próxima até a última célula é igual a $\frac{1}{4}$, e a probabilidade de localizar um número em quaisquer das células remanescentes é a mesma e igual a $\frac{1}{4(n-2)n}$.

12. Considere um processo de incrementar um contador binário de n bits. Um incremento faz alguns bits mudarem de valor: alguns 0s são mudados para 1s, alguns 1s são mudados para 0s. No melhor caso a contagem envolve somente a mudança de um bit; por exemplo, quando 000 é mudado para 001, algumas vezes todos os bits são mudados, como quando se incrementa 011 para 100.

Número	Bits mudados
000	
001	1
010	2
011	1
100	3
101	1
110	2
111	1

Usando a avaliação do pior caso, podemos concluir que o custo de executar $m = 2^n - 1$ incrementos é $O(mn)$. Use a análise amortizada para mostrar que o custo de executar m incrementos é $O(m)$.

13. Como se pode converter um problema de satisfazimento em um problema 3-satisfazimento para uma instância quando uma alternativa em uma expressão booleana tem duas variáveis? E uma variável?

Bibliografia

Complexidade computacional

ARORA, Sanjeev e BARAK, Boaz. *Computational complexity*: A modern approach. Cambridge: Cambridge University Press, 2009.

FORTNOW, Lance. The status of the P versus NP problem. *Communications of the ACM* 52, 2009, n. 9, p. 78-86.

HARTMANIS, Juris e STEARNS, Richard E. On the Computational Complexity of Algorithms. *Transactions of the American Mathematical Society* 117, 1965, p. 284-306.

_____ e HOPCROFT, John E. An overview of the Theory of Computational Complexity. *Journal of the ACM* 18, 1971, p. 444-75.

PREPARATA, Franco P. Computational complexity. In: POLLACK, S. V. (ed.). *Studies in Computer Science*. Washington: The Mathematical Association of America, 1982, p. 196-228.

Notações O-Grande, Ω e Θ

BACHMANN, Paul G.H. *Zahlentheorie*, vol. 2: Die analytische Zahlentheorie. Leipzig: Teubner, 1894.

BRASSARD, G. Crusade for a better notation. *SIGACT News*, n. 17, 1985, p. 60-64.

GUREVICH, Yuri. What does O(n) mean? *SIGACT News*, n. 17, 1986, n. 4, p. 61-63.

KNUTH, Donald. Big Omicron and Big Omega and Big Theta. *SIGACT News 8, abr.-jun.* 1976, p. 18-24.

_____. *The art of computer programming, vol. 2: Seminumerical algorithms*. Reading, MA: Addison-Wesley, 1998.

VITANYI, P. M. B. e Meertens, L. Big Omega versus the wild functions. *SIGACT News*, n. 16, 1985, p. 56-59.

Notação OO

MANBER, Udi. *Introduction to algorithms:* A creative approach. Reading, MA: Addison-Wesley, 1989.

Análise amortizada

HEILEMAN, Gregory L. *Discrete structures, algorithms, and object-oriented programming.* Nova York: McGraw-Hill, 1996, capítulos 10-11.

TARJAN, Robert E. Amortized computational complexity. *SIAM Journal on algebraic and discrete methods*, n. 6, 1985, p. 306-18.

NP-completo

COOK, Stephen A. The complexity of theorem-proving procedures. *Proceedings of the third annual ACM Symposium on Theory of Computing*, 1971, p. 151-58.

GAREY, Michael R. e JOHNSON, David S. *Computers and intractability:* A guide to the Theory of NP-Completeness. São Francisco: Freeman, 1979.

JOHNSON, David S. e PAPADIMITRIOU, Christos H. Computational complexity. In: LAWLER, E. L., LENSTRA, J. K., RINNOY, Kan A. H. G. e SHMOYS, D. B. (eds.) *The traveling salesman problem*. Nova York: Wiley, 1985, p. 37-85.

KARP, Richard M. Reducibility among combinatorial problems. In: R. E. Miller e J. W. Thatcher (eds.) *Complexity of computer computations*. Nova York: Plenum Press, 1972, p. 85-103.

Listas Ligadas

3

Matrizes são estruturas de dados muito úteis fornecidas nas linguagens de programação. No entanto, elas têm pelo menos duas limitações: (1) seu tamanho tem que ser conhecido no momento da compilação, e (2) os dados em uma matriz estão separados na memória do computador pela mesma distância, o que significa que inserir um item dentro da matriz exige que se movam outros dados nela. Tal limitação pode ser superada usando-se *estruturas ligadas*. Estrutura ligada é uma coleção de nós, que armazenam dados, e de ligações com outros nós. Desse modo, os nós podem estar em qualquer lugar na memória, e a passagem de um nó para outro da estrutura ligada é realizada armazenando-se os endereços de outros nós na estrutura ligada. Embora estruturas ligadas possam ser implementadas de diferentes modos, a implementação mais flexível é por meio de ponteiros.

3.1 Listas singularmente ligadas

Se um nó contém um membro de dados que é um ponteiro para outro nó, então muitos nós podem ser encadeados juntos usando somente uma variável para acessar a sequência inteira de nós. Tal sequência de nós é a implementação usada com mais frequência de uma *lista ligada*, uma estrutura de dados composta de nós, cada nó contendo alguma informação e um ponteiro para outro nó na lista. Se um nó tem um vínculo somente para o seu sucessor na sequência, a lista é chamada *lista singularmente ligada*. Um exemplo desta lista está na Figura 3.1. Note que somente uma variável p é usada para acessar qualquer nó na lista. O último nó na lista pode ser reconhecido pelo ponteiro nulo.

Cada nó da lista da Figura 3.1 é uma instância da seguinte definição de classe:

```
class IntSLLNode {
public:
    IntSLLNode() {
        proximo = 0;
    }
    IntSLLNode(int i, IntSLLNode *entrada = 0) {
        info = i; proximo = entrada;
    }
        int info;
        IntSLLNode *next;
};
```

FIGURA 3.1 Uma lista singularmente ligada.

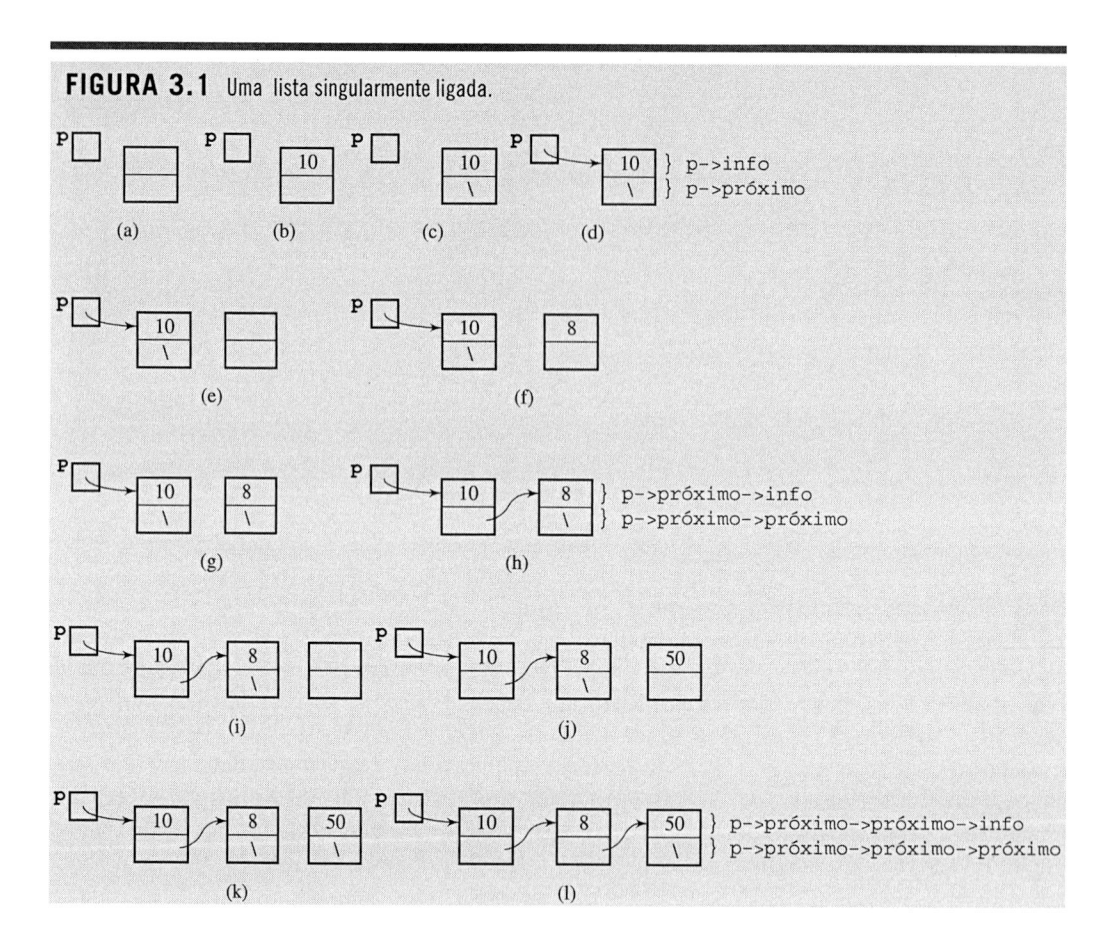

(a) (b) (c) (d) } p->info } p->próximo

(e) (f)

(g) (h) } p->próximo->info } p->próximo->próximo

(i) (j)

(k) (l) } p->próximo->próximo->info } p->próximo->próximo->próximo

Um nó inclui dois membros de dados: `info` e `proximo`. O primeiro é usado para estocar informação importante para o usuário. O segundo, para vincular nós que formam uma lista ligada; é um membro de dados auxiliar usado para manter a lista ligada, indispensável na implementação desta lista, mas não tão importante do ponto de vista do usuário. Note que `IntSLLNode` é definido em termos dele mesmo, já que o membro de dados `proximo` é um ponteiro para um nó do tipo que está sendo definido. Objetos que incluem tal membro de dados são chamados autorreferenciais.

A definição de um nó também inclui dois construtores. O primeiro inicializa o ponteiro `proximo` para nulo e deixa o valor de `info` não especificado. O segundo toma dois argumentos, um para inicializar o membro `info` e outro para inicializar o membro `proximo`. Este segundo construtor cobre também o caso de somente um argumento numérico ser fornecido pelo usuário. Neste caso `info` é inicializado para o argumento e `proximo` para nulo.

Agora, vamos criar a lista ligada na Figura 3.11. Um modo para criar esta lista ligada de três nós é, primeiro, gerar o nó contendo o número 10, então o nó contendo 8 e, finalmente, o nó contendo 50. Cada um dos nós tem que ser inicializado apropriadamente e incorporado na lista. Para ver isto, cada etapa está ilustrada na Figura 3.1 separadamente.

Primeiro, executamos a declaração e a atribuição

```
IntSLLNode *p = new IntSLLNode(10);
```

que cria o primeiro nó na lista e torna a variável p um ponteiro para este nó. Isto é feito em quatro etapas. Na primeira, um novo `IntSLLNode` é criado (Figura 3.1a); na segunda, o membro `info` deste nó é preenchido com 10 (Figura 3.1b), e na terceira etapa o membro `proximo` do nó é preenchido com nulo (Figura 3.1c). O ponteiro nulo é marcado com uma barra invertida no membro de dados do ponteiro. Note que a barra invertida no membro `proximo` não é o caractere de barra invertida. A segunda e a terceira etapas — inicialização dos membros de dados do novo `IntSLLNode` — são realizadas invocando-se o construtor `IntSLLNode(10)`, que se torna o construtor `IntSLLNode(10,0)`. A quarta etapa é fazer de p um ponteiro para o nó recém-criado (Figura 3.1d). Este ponteiro é o endereço do nó, mostrado como uma seta da variável p para o novo nó.

O segundo nó é criado com a atribuição

`p->proximo = new IntSLLNode(8);`

onde `p->proximo` é o membro `proximo` do nó apontado por p (Figura 3.1d). Como antes, quatro etapas são executadas:

1. criação de um novo nó (Figura 3.1e);
2. atribuição, pelo construtor, do número 8 ao membro `info` desse nó (Figura 3.1f);
3. atribuição de `nulo` a seu membro `proximo` (Figura 3.1g);
4. inclusão do novo nó na lista, fazendo o membro `proximo` do primeiro nó um ponteiro para o novo nó (Figura 3.1h).

Note que os membros de dados apontados por p são acessados usando a notação seta, que é mais clara do que usar uma notação ponto, como em (*p).proximo.

A lista ligada é agora estendida adicionando-se um terceiro nó com a atribuição

`p->proximo->proximo = new IntSLLNode(50);`

onde `p->proximo->proximo` é o membro a seguir (`proximo`) do segundo nó. Esta notação incômoda tem que ser usada porque a lista é acessível somente através da variável p.

No processamento do terceiro nó, quatro etapas são também executadas: criar o nó (Figura 3.1i), inicializar seus dois membros de dados (Figuras 3.1j-k), e então incorporar o nó na lista (Figuras 3.1l).

Nosso exemplo de lista ligada ilustra certa inconveniência em usar ponteiros: quanto mais longa a lista, mais longa a cadeia de `proximos` para acessar os nós no fim da lista. Neste exemplo, `p->proximo->proximo->proximo` nos permite acessar o membro posterior ao terceiro nó da lista. Mas como seria acessar o 103º, ou pior, o 1.003º nó na lista? Digitar 1.003 `proximos`, como em `p->proximo-> .... ->proximo`, seria desanimador. Se esquecêssemos um `proximo` nessa cadeia, uma atribuição errada seria feita. Também, a flexibilidade para usar as listas ligadas seria diminuída. Assim, são necessários outros modos de acessar os nós nas listas ligadas. Um deles é sempre manter dois ponteiros para a lista ligada, um para o primeiro nó e outro para o último, como mostrado na Figura 3.2.

FIGURA 3.2 Uma implementação de uma lista singularmente ligada de inteiros.

```
//*********************    intSLLst.h    **************************
//            classe de lista singularmente ligada para armazenar inteiros
#ifndef INT_LINKED_LIST
#define INT_LINKED_LIST

class IntSLLNode {
public:
    IntSLLNode () {
        proximo = 0;
    }
    IntSLLNode(int el, IntSLLNode *ptr = 0) {
        info = el; proximo = ptr;
    }
```

FIGURA 3.2 Uma implementação de uma lista singularmente ligada de inteiros. (*continuação*)

```cpp
    int ifo;
    IntSLLNode *proximo;
};

class IntSLList {
public:
    IntSLList() {
        topo = resto = 0;
    }
    ~IntSLList();
    int isEmpty() {
        return topo == 0;
    }
    void addToTopo(int);
    void addToResto(int);
    int  deleteFromTopo(); // remove o topo e retorna sua informacao;
    int deleteFromResto(); // remove o resto e retorna sua informacao;
    void deleteNode(int);
    bool isInList(int) const;
private:
    IntSLLNode *topo, *resto;
};

#endif

//*********************    intSLList.cpp    *************************

#include <iostream.h>
#include "intSLList.h"

IntSLList::~IntSLList() {
    for (IntSLLNode *p; !isEmpty(); ) {
        p = topo->proximo;
        delete topo;
        topo = p;
    }
}
void IntSLList::addToTopo(int el) {
    topo = new IntSLLNode(el, topo);
    if (resto == 0)
        resto = topo;
}
void IntSLList::addToResto(int el) {
    if (resto != 0){ //se a lista nao esta vazia;
        resto->proximo = new IntSLLNode(el);
        resto = resto->proximo;
    }
    else topo = resto = new IntSLLNode(el);
}
int IntSLList::deleteFromTopo() {
    int el = topo->info;
    IntSLLNode *tmp = topo;
```

FIGURA 3.2 Uma implementação de uma lista singularmente ligada de inteiros. (*continuação*)

```
        if (topo == resto)// se somente um no na lista;
            topo = resto = 0;
        else topo = topo->proximo;
        delete tmp;
        return el;
}
int IntSLList::deleteFromResto() {
    int el = resto->info;
    if (topo == resto) { // se somente um no na lista;
        delete topo;
        topo = resto = 0;
    }
    else {              // se mais de um no na lista,
        IntSLLNode *tmp;      // encontre o predecessor do resto;
        for (tmp = topo; tmp->proximo != resto; tmp = tmp->proximo);
        delete resto;
        resto = tmp;    // o predecessor do resto se torna resto;
        resto ->proximo = 0;
    }
    return el;
}
void IntSLList::deleteNode(int el) {
    if (topo != 0)                              // se lista nao vazia;
        if (topo == resto && el == topo->info) { // se somente um
            delete topo;                         // no na lista;
            topo = resto = 0;
        }
        else if (el == topo->info) {// se mais do que um no na lista
            IntSLLNode *tmp = topo;
            topo = topo->proximo;
            delete tmp;                 // e o antigo topo e removido;
        }
        else {                      // se ha mais que um no na lista
            IntSSLNode *pred, *tmp;
            for (pred = topo, tmp = topo->proximo; // e um no nao do topo
                 tmp != 0 && !(tmp->info == el);       // e removido;
                 pred = pred->proximo, tmp = tmp->proximo);
            if (tmp != 0) {
                pred->proximo = tmp->proximo;
                if (tmp == resto)
                    resto = pred;
                delete tmp;
            }
        }
}
bool IntSLList::isInList(int el) const {
    IntSSLNode *tmp;
    for (tmp = topo; tmp != 0 && !(tmp->info == el); tmp = tmp->proximo);
    return tmp != 0;
}
```

A implementação da lista singularmente ligada na Figura 3.2 usa duas classes: uma, `IntSLL-Node`, para os nós da lista, e outra, `IntSLList`, para acesso à lista. A classe `IntSLList` define dois membros de dados, `topo` e `resto`, que são ponteiros para o primeiro e último nós da lista. Isto explica por que todos os membros de `IntSLLNode` são declarados públicos. Devido a nós particulares da lista serem acessíveis através de ponteiros, os nós são tornados inacessíveis aos objetos externos declarando-se `topo` e `resto` como privados, assim o princípio de ocultamento da informação não é comprometido. Se alguns dos membros de `IntSLLNode` fossem declarados como não públicos, as classes derivadas de `IntSLList` não poderiam acessá-los.

Um exemplo de lista é apresentado na Figura 3.3. A lista está demonstrada com a declaração

`IntSLList list;`

O primeiro objeto na Figura 3.3a não é parte da lista; ele permite ter acesso a ela. Por simplicidade, nas figuras subsequentes, somente os nós pertencentes à lista são mostrados; o nó de acesso é omitido e os membros `topo` e `resto` estão marcados como na Figura 3.3b.

Além dos membros `topo` e `resto`, a classe `IntSLList` também define as funções-membro que nos permitem manipular as listas. Agora, veremos mais de perto algumas operações básicas das listas ligadas apresentadas na Figura 3.2.

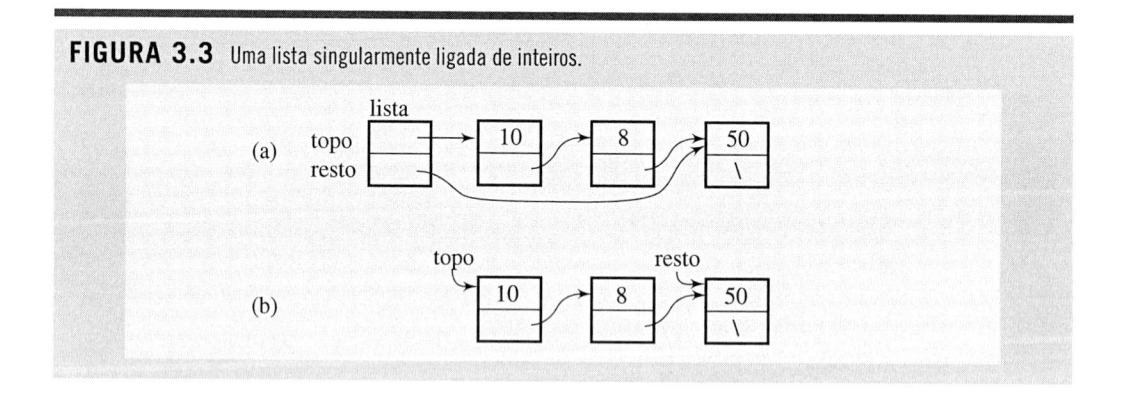

FIGURA 3.3 Uma lista singularmente ligada de inteiros.

3.1.1 Inserção

A adição de um nó no início de uma lista ligada é realizada em quatro etapas.

1. Um nó vazio é criado. Ele está vazio no sentido de que o programa que realiza a inserção não atribui quaisquer valores aos membros de dados do nó (Figura 3.4a).
2. O membro `info` do nó é inicializado para um inteiro em particular (Figura 3.4b).
3. Em razão de o nó ser incluído na frente da lista, o membro `proximo` se torna um ponteiro para o primeiro nó da lista, isto é, o valor corrente de `topo` (Figura 3.4c).
4. O novo nó precede todos os da lista, mas este fato tem que ser refletido no valor de `topo`; caso contrário, o novo nó não fica acessível. Em consequência, `topo` é atualizado para se tornar o ponteiro para o novo nó (Figura 3.4d).

As quatro etapas são executadas pela função-membro `addToTopo()` (Figura 3.2). A função executa as três primeiras etapas indiretamente chamando o construtor `IntSLLNode(el,topo)`. A última etapa é executada diretamente na função atribuindo-se o endereço do nó recém-criado para `topo`.

A função-membro `addToTopo()` destaca um caso especial, a saber, inserir um novo nó em uma lista ligada vazia. Em uma lista ligada vazia tanto `topo` como `resto` são nulos; em consequência, ambos se tornam ponteiros para o único nó da nova lista. Quando inserido em uma lista não vazia, somente `topo` necessita ser atualizado.

Capítulo 3　　　　　　　　　　　　　　　　　　　　　　　Listas Ligadas ■ **73**

FIGURA 3.4 Inserindo um novo nó no início de uma lista singularmente ligada.

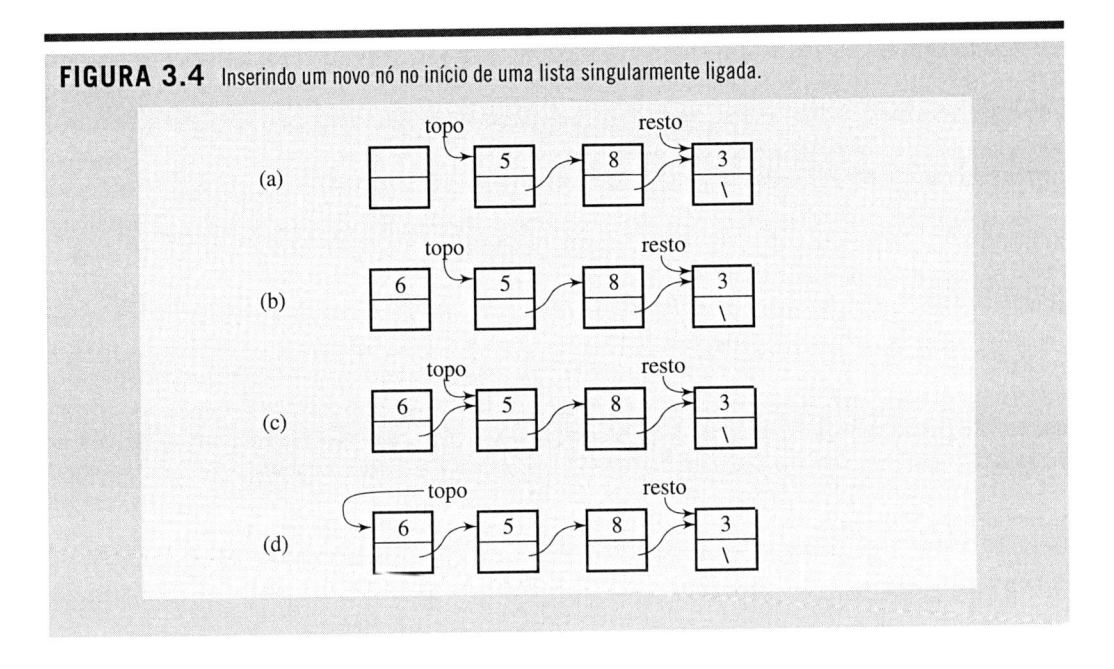

O processo de adicionar um novo nó ao fim da lista tem cinco etapas:

1. Um nó vazio é criado (Figura 3.5a).
2. O membro info nó é inicializado para um inteiro el (Figura 3.5b).
3. Devido ao nó ser incluído no final da lista, o membro proximo é ajustado para nulo (Figura 3.5c).
4. O nó é agora incluído na lista, fazendo o membro proximo do último nó da lista um ponteiro para o nó recém-criado (Figura 3.5d).
5. O novo nó está no final de todos os da lista, mas este fato tem que ser refletido no valor de resto, que agora se torna o ponteiro para o novo nó (Figura 3.5e).

FIGURA 3.5 Inserindo um novo nó no final de uma lista singularmente ligada.

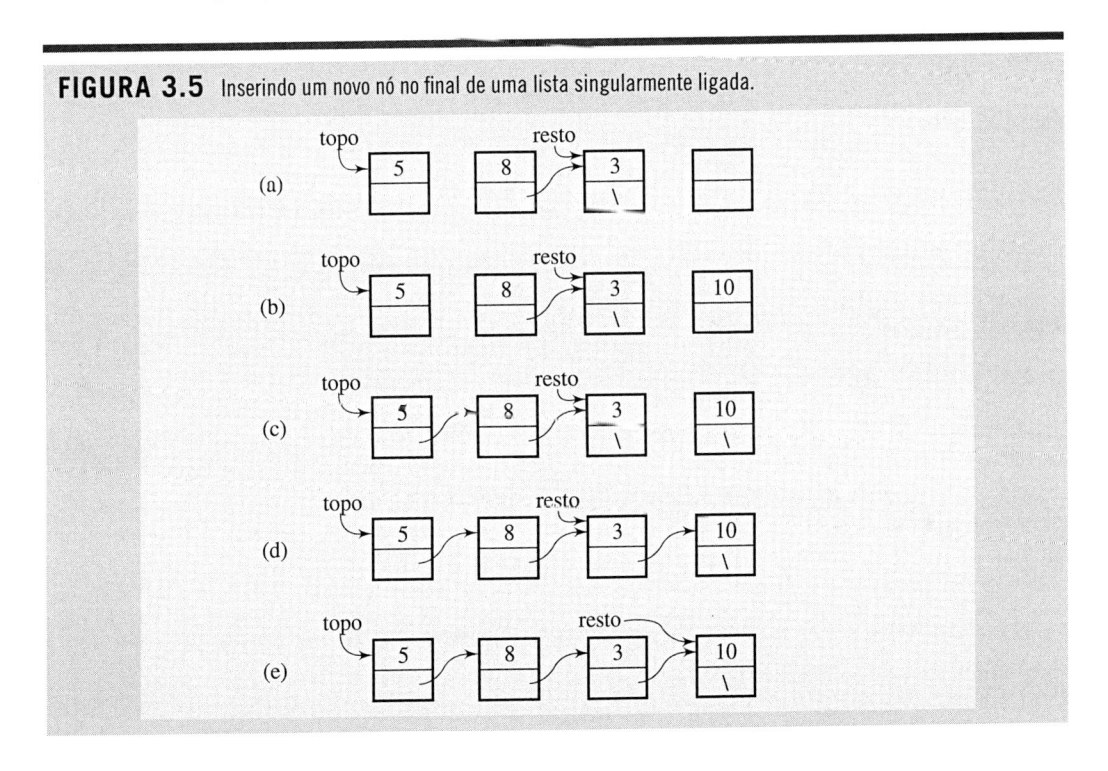

Todas essas etapas são executadas na cláusula `if` de `addToResto()` (Figura 3.2). A cláusula `else` desta função é executada somente se a lista ligada estiver vazia. Se este caso não fosse incluído, o programa poderia entrar em colapso, porque na cláusula `if` fizemos uma atribuição ao membro `proximo` do nó referido por `resto`. No caso de uma lista ligada vazia, ele é um ponteiro para um membro de dados não existente de um nó não existente.

O processo de inserir um novo nó no início de uma lista é muito similar ao de inserir um nó no fim dela. Isto é assim porque a implementação de `IntSLList` usa dois membros ponteiros: `topo` e `resto`. Por esta razão, tanto `addToTopo()` quanto `addToResto()` podem ser executados em tempo constante $O(1)$; isto é, independentemente do número de nós na lista, o número de operações realizadas por essas duas funções-membro não excedem algum número constante c. Note que, devido o ponteiro `topo` nos permitir acesso a uma lista ligada, o ponteiro `resto` não é indispensável; seu único papel é ter acesso imediato ao último nó da lista. Com este acesso, um novo nó pode ser facilmente adicionado ao fim da lista. Se o ponteiro `resto` não fosse usado, então adicionar um nó ao fim da lista seria mais complicado, porque teríamos primeiro que atingir o último nó, para anexar um novo nó nela. Isto exige varredura de lista e $O(n)$ etapas para terminar, isto é, é linearmente proporcional ao comprimento da lista. O processo de varrer listas é ilustrado na discussão da remoção do último nó.

3.1.2 Remoção

Esta operação consiste em remover um nó do início da lista e retornar o valor nela armazenado. É implementada pela função-membro `deleteFromTopo()`. Nesta operação a informação do primeiro nó é temporariamente armazenada em uma variável local `el`, e então `topo` é reajustado de tal modo que o que foi o segundo nó se torna o primeiro. Deste modo, o primeiro nó pode ser removido em tempo constante $O(1)$ (Figura 3.6).

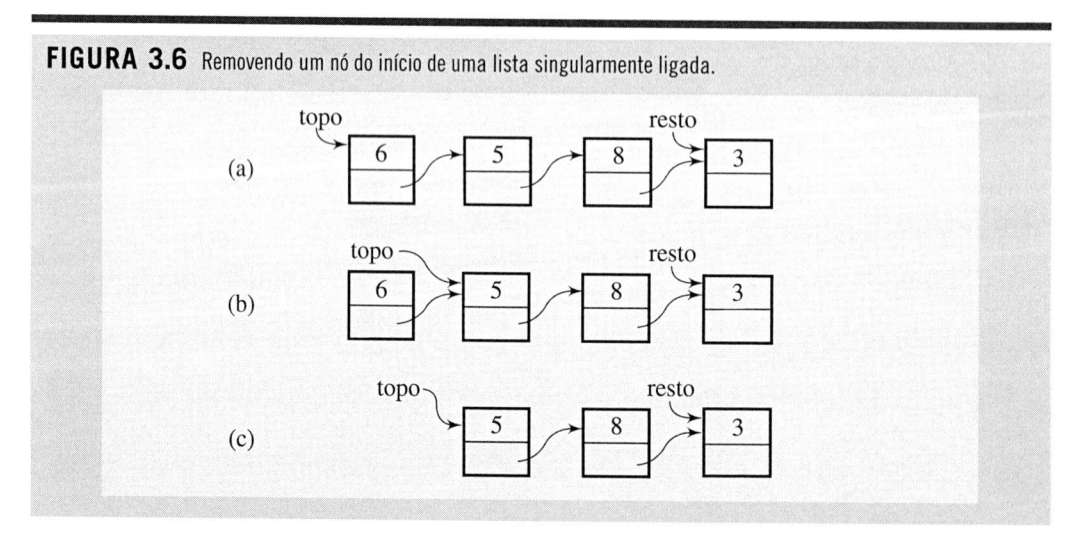

FIGURA 3.6 Removendo um nó do início de uma lista singularmente ligada.

Diferente de antes, há agora dois casos especiais a considerar. Um é quando tentamos remover um nó de uma lista ligada vazia. Se tal tentativa é feita, é muito provável que o programa entre em colapso, o que não queremos que aconteça. O ativador deve também saber que tal tentativa é feita para realizar certas ações. Depois de tudo, se o ativador espera que um número seja retornado da chamada para `deleteFromTopo()` e nenhum número pôde ser, então o ativador pode ser incapaz de realizar algumas operações.

Existem diversos modos para abordar este problema. Um deles é usar uma declaração `assert`:

```
int IntSLList::deleteFromTopo() {
    assert(!isEmpty()); // termina o programa se falso;
    int el = topo->info;
```

```
        . . . . . . . . . . .
        return el;
}
```

A declaração `assert` verifica a condição `!isEmpty()`, e se a condição é falsa, o programa é abortado. Esta é uma solução grosseira porque, da perspectiva do ativador, o programa pode ser continuado mesmo se nenhum número for retornado de `deleteFromTopo()`.

Outra solução é lançar uma exceção e capturá-la pelo usuário, como em:

```
int IntSLList::deleteFromTopo() {
    if (isEmpty())
        throw("Empty");
    int el = topo->info;
    . . . . . . . . . . .
    return el;
}
```

Espera-se que a cláusula `throw` com o argumento de cadeia de caracteres tenha uma cláusula `try--catch` concordante no ativador (ou ativador do ativador etc.), também com argumento de cadeia de caracteres que captura a exceção, como em

```
void f() {
    . . . . . . . . . .
    try {
        n = list.deleteFromTopo();
        // faça alguma coisa com n;
    } catch(char *s) {
        cerr << "Error: " << s << endl;
    }
    . . . . . . . . . .
}
```

Esta solução dá ao ativador algum controle sobre a situação anormal sem fazê-la letal ao programa, como com o uso da declaração `assert`. O usuário é responsável por fornecer um manuseador de exceção na forma da cláusula `try-catch`, com a solução apropriada ao caso particular. Se a cláusula não é fornecida, o programa entra em colapso quando a exceção é lançada. A função `f()` pode somente imprimir uma mensagem de que a lista está vazia quando uma tentativa é feita para remover um número de uma lista vazia; outra função `g()` pode atribuir certo valor a n neste caso, e ainda outra função `h()` pode identificar esta situação como danosa ao programa e abortá-lo.

A ideia de que o usuário é responsável por fornecer uma ação, no caso de uma exceção, é também suposta na implementação dada na Figura 3.2. A função-membro assume que a lista não está vazia. Para evitar que o programa entre em colapso, a função membro `isEmpty()` é adicionada à classe `IntSLList` e o usuário deve usá-la como em:

```
if (!list.isEmpty())
    n = list.deleteFromTopo();
else não remova;
```

Note que incluir uma declaração `if` similar em `deleteFromTopo()` não resolve o problema. Considere este código:

```
int IntSLList::deleteFromTopo() {
    if (!isEmpty()) {           // se lista nao vazia;
        int el = topo->info;
        . . . . . . . . . .
        return el;
```

```
    }
    else return 0;
}
```

Se uma declaração `if` é adicionada, a cláusula `else` precisa também ser adicionada; caso contrário, o programa não compila porque "nem todos os caminhos de controle retornam um valor". Mas, agora, se 0 é retornado, o ativador não sabe se o 0 retornado é um sinal de falha ou um literal 0 recuperado da lista. Para evitar qualquer confusão, o ativador precisa usar uma declaração `if` para testar se a lista está vazia antes de chamar `deleteFromTopo()`. Deste modo, uma declaração `if` seria redundante.

Para manter uniformidade na interpretação do valor retornado, a última solução pode ser modificada, de modo que, em vez de retornar um inteiro, retorne o ponteiro para um inteiro:

```
int* IntSLList::deleteFromTopo() {
    if (!isEmpty()) {           // se lista nao vazia;
        int *el = new int(topo->info);
        . . . . . . . . . .
        return el;
    }
    else return 0;
}
```

onde 0 na cláusula `else` é o ponteiro nulo, não o número 0. Neste caso, a chamada de função

```
n = * list.deleteFromTopo();
```

resulta em um colapso do programa se `deleteFromTopo()` retorna o ponteiro nulo.

Em consequência, um teste precisa ser realizado pelo ativador antes de chamar `deleteFromTopo()` para verificar se `list` está vazio ou se uma variável de ponteiro tem que ser usada,

```
int *p = list.deleteFromTopo();
```

e então um teste é realizado depois da chamada para verificar se `p` é nulo ou não. Em ambos os casos isto significa que a declaração `if` em `deleteFromTopo()` é redundante.

O segundo caso especial é quando a lista tem somente um nó para ser removido. Neste caso, a lista se torna vazia, o que exige ajustar `topo` e `resto` para nulo.

A segunda operação de remoção consiste em remover um nó do final da lista, implementada como a função-membro `deleteFromResto()`. O problema é que depois de remover um nó, `resto` deve se referir ao novo resto da lista, isto é, `resto` tem que ser movido um nó para trás. Mas mover para trás é impossível, porque não há um vínculo direto do último nó para o seu predecessor. Por isso, este predecessor tem que ser encontrado, pesquisando-se a partir do início da lista e parando diretamente antes de `resto`. Isto é realizado com uma variável temporária `tmp` usada para varrer a lista dentro do laço `for`. A variável `tmp` é inicializada para o topo da lista, e então, em cada iteração do laço, ele avança para o próximo nó. Se a lista é como na Figura 3.7a, então `tmp` primeiro se refere ao nó de topo que contém o número 6; depois de executar a atribuição `tmp = tmp->proximo`, `tmp` se refere ao segundo nó (Figura 3.7b). Depois da segunda iteração e de executar a mesma atribuição, `tmp` se refere ao terceiro nó (Figura 3.7c). Por este ser também o nó próximo ao último, o laço é abandonado e o último nó é removido (Figura 3.7d). Devido a `resto` estar agora apontando para um nó não existente, ele é imediatamente ajustado para apontar para o nó próximo ao último, correntemente apontado por `tmp` (Figura 3.7e). Para marcar o fato de que é o último nó da lista, o membro `proximo` deste nó é ajustado para nulo (Figura 3.7f).

Note que no laço `for` uma variável temporária é usada para varrer a lista. Se o laço fosse simplificado para

```
for ( ; topo->proximo != resto; topo = topo->proximo);
```

Capítulo 3   Listas Ligadas ■ 77

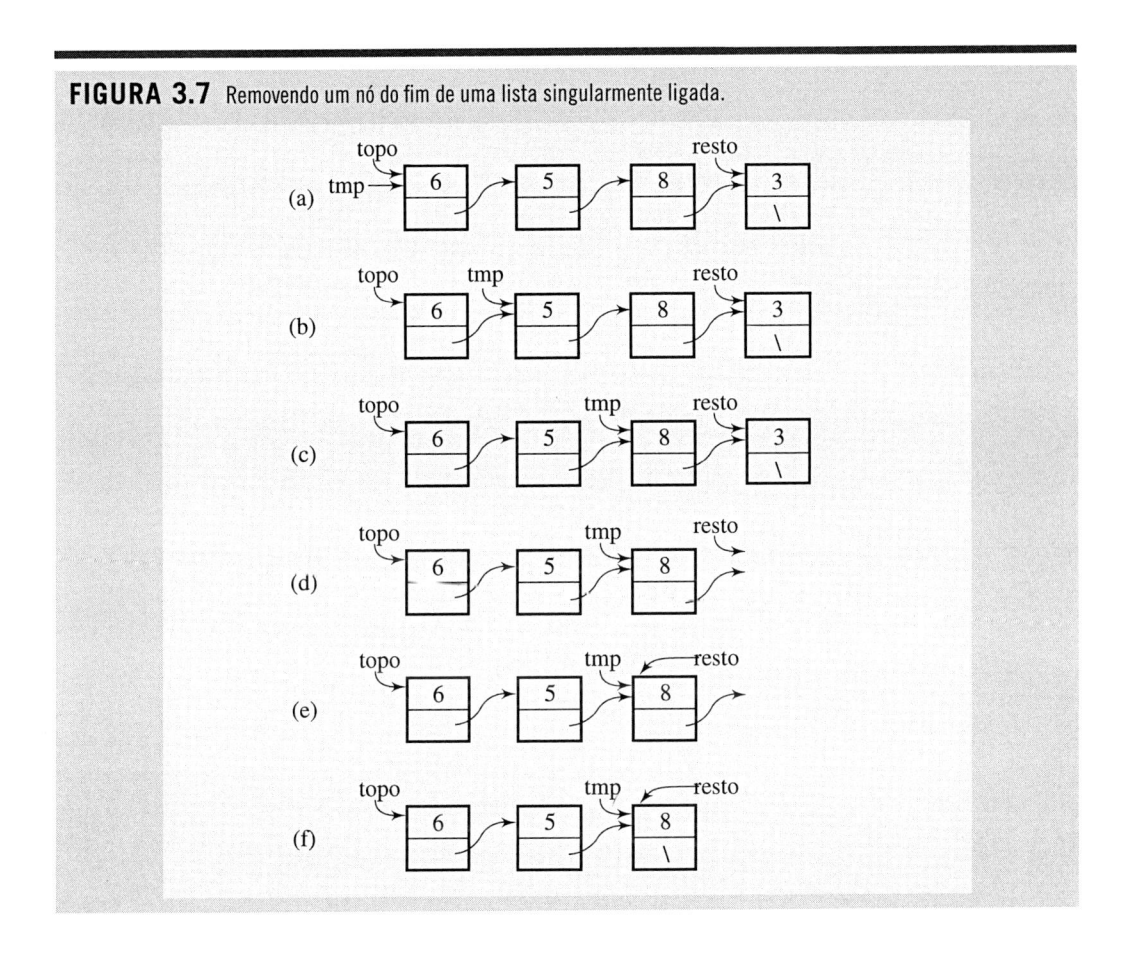

FIGURA 3.7 Removendo um nó do fim de uma lista singularmente ligada.

a lista seria varrida somente uma vez e o acesso para o início da lista seria perdido, porque `topo` teria sido permanentemente atualizado para o nó próximo ao último, que estaria para se tornar o último nó. É absolutamente crítico que, em casos como este, uma variável temporária seja usada de modo que o acesso ao início da lista seja mantido intacto.

Na remoção do último nó, os dois casos especiais são os mesmos em `deleteFromTopo()`. Se a lista está vazia, então nada pode ser removido, mas o que deveria ser feito neste caso é decidido no programa do usuário, tal como no caso de `deleteFromTopo()`. O segundo caso é quando uma lista de um único nó se torna vazia depois de se removê-lo, o que exige ajustar `topo` e `resto` para nulo.

O que consome mais tempo em `deleteFromResto()` é encontrar o nó próximo ao último, realizado pelo laço `for`. Está claro que o laço realiza $n - 1$ iterações em uma lista de n nós, que é a razão principal pela qual esta função-membro consome tempo $O(n)$ para remover o último nó.

As duas operações de remoção discutidas removem um nó do topo ou do resto (isto é, sempre da mesma posição) e retornam um inteiro que está no nó que está sendo removido. Uma abordagem diferente é quando queremos remover um nó que contém um inteiro em particular, independentemente da sua posição na lista. Ele pode estar no início, no fim ou em qualquer lugar dentro da lista. De forma resumida, um nó tem que ser localizado primeiro e então desligado da lista, o que se faz vinculando-se seu predecessor diretamente ao seu sucessor. Já que não sabemos onde o nó pode estar, o processo de encontrar e remover um nó contendo certo inteiro é muito mais complexo do que as operações de remoção discutidas até agora. A função-membro `deleteNode()` (Figura 3.2) é uma implementação deste processo.

Um nó é removido de dentro de uma lista, vinculando seu predecessor ao seu sucessor. No entanto, devido à lista ter somente vínculos para a frente, o predecessor de um nó não é alcançável a partir do nó. Um modo de realizar a tarefa é primeiro encontrar o nó a ser removido, varrendo-se a lista, e então varrê-la novamente para encontrar seu predecessor. Outro modo está apresentado em deleteNode(), como mostrado na Figura 3.8. Assuma que queremos remover um nó que contém o número 8. A função usa dois ponteiros, pred e tmp, inicializados no laço for de modo que apontem para o primeiro e o segundo nós da lista, respectivamente (Figura 3.8a). Devido ao nó tmp ter o número 5, a primeira iteração é executada, na qual tanto pred como tmp são avançados para os próximos nós (Figura 3.8b). Devido à condição do laço for agora ser verdadeira (tmp aponta para o nó com 8), o laço é abandonado e uma atribuição pred->proximo = tmp->proximo é executada (Figura 3.8c). Essa atribuição exclui da lista o nó com 8. O nó é ainda acessível a partir da variável tmp, e este acesso é usado para retornar o espaço ocupado por este nó para a área de células de memória livre, executando-se delete (Figura 3.8d).

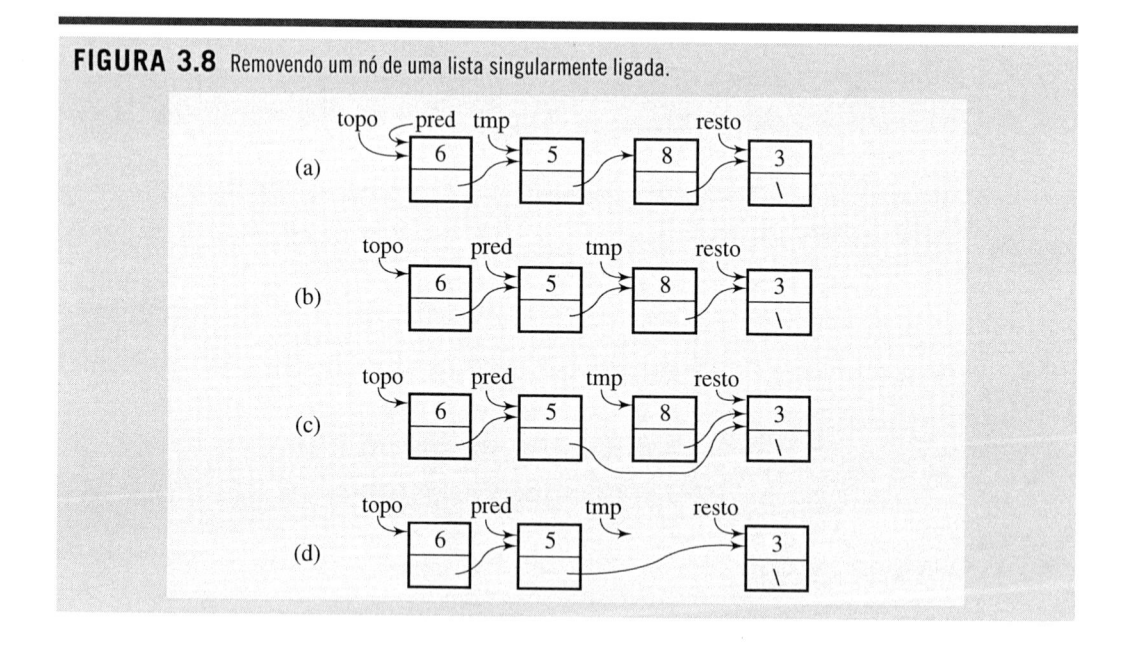

FIGURA 3.8 Removendo um nó de uma lista singularmente ligada.

O parágrafo anterior discutiu somente um caso. Eis os casos remanescentes:

1. Uma tentativa para remover um nó de uma lista vazia, em cujo caso a função é imediatamente abandonada.
2. Remoção do único nó de uma lista ligada de apenas um nó: tanto topo como resto são ajustados para nulo.
3. Remoção do primeiro nó da lista com pelo menos dois nós, o que exige atualizar topo.
4. Remoção do último nó da lista com pelo menos dois nós, levando à atualização de resto.
5. Uma tentativa para remover um nó com um número que não está na lista: não faz nada.

Está claro que o melhor caso para deleteNode() é quando o nó de topo é para ser removido, o que leva tempo $O(1)$ para acontecer. O pior caso é quando o último nó necessita ser removido, o que reduz deleteNode() para deleteFromResto() e para seu desempenho $O(n)$. Qual é o caso médio? Ele depende de quantas iterações o laço for executa. Assumindo que qualquer nó na lista tem uma chance igual de ser removido, o laço não realiza iteração se for o primeiro nó, apenas uma iteração se for o segundo nó ... e, finalmente, $n - 1$ iterações se for o último nó. Para uma longa sequência de remoções, uma remoção exige a média

$$\frac{0 + 1 + \ldots + (n-1)}{n} = \frac{\frac{(n-1)n}{2}}{n} = \frac{n-1}{2}$$

Isto é, na média, deleteNode() executa $O(n)$ etapas para terminar, tal como no pior caso.

3.1.3 Busca

As operações de inserção e de remoção modificam as listas ligadas. A operação de busca varre uma lista existente para informar se um número está nela. Implementamos esta operação com a função-membro booleana `isInList()`. A função usa uma variável temporária `tmp` para ir através da lista, começando do nó de topo. O número armazenado em cada nó é comparado com o número procurado e, se os dois números são iguais, o laço é abandonado; caso contrário, `tmp` é atualizada para `tmp->proximo`, de modo que o próximo nó possa ser investigado. Depois de atingir o último nó e executar a atribuição `tmp = tmp->proximo`, `tmp` se torna nulo, o que é usado como uma indicação de que o número `el` não está na lista. Portanto, se `tmp` é não nulo, a busca foi descontinuada em algum lugar dentro da lista porque `el` foi encontrado. É por isso que `isInList()` retorna o resultado da comparação `tmp != 0`: se `tmp` é não nulo, `el` foi encontrado e `true` (verdadeiro) é retornado. Se `tmp` é nulo, a busca não teve sucesso e `false`(falso) é retornado.

Com raciocínio similar àquele usado para determinar a eficiência de `deleteNode()`, `isInList()` leva o tempo $O(1)$ no melhor caso e $O(n)$ no pior e no médio casos.

Na discussão precedente, as operações nos nós foram realçadas. No entanto, uma lista ligada é construída com o intuito de armazenar e processar a informação, não por causa dela. Em consequência, a abordagem usada nesta seção é limitada, pois a lista pode somente armazenar inteiros. Se quisermos uma lista ligada para números em ponto flutuante ou para matrizes de números, uma nova classe terá que ser declarada com um novo conjunto de funções-membro, todas parecendo-se com as discutidas aqui. No entanto, é mais vantajoso declarar tal classe somente uma vez, sem decidir *a priori* que tipo de dados serão armazenados nela. Isto pode ser feito muito convenientemente em C++ com formatos. Para ilustrar o emprego de formatos no processamento de listas, a próxima seção aborda seu uso na definição de listas, embora com exemplos restritos àquelas que armazenam inteiros.

3.2 Listas duplamente ligadas

A função-membro `deleteFromResto()` indica um problema inerente às listas singularmente ligadas. Os nós em tais listas contêm somente ponteiros para os sucessores; em consequência, não existe um acesso imediato aos predecessores. Por esta razão `deleteFromResto()` foi implementada com um laço que nos permitiu encontrar o predecessor de `resto`. Embora este predecessor esteja, por assim dizer, à vista, está fora de alcance. Temos que varrer a lista inteira para parar à frente de `resto` e removê-lo. Para listas longas e para execuções frequentes de `deleteFromResto()`, isto pode ser um impedimento para o processamento rápido da lista. A fim de evitar este problema, a lista ligada é redefinida de modo que cada nó tenha dois ponteiros, um para o sucessor e um para o predecessor. Uma lista deste tipo é chamada *lista duplamente ligada*, ilustrada na Figura 3.9. A Figura 3.10 contém um fragmento de implementação para uma classe `DoublyLinkedList` genérica.

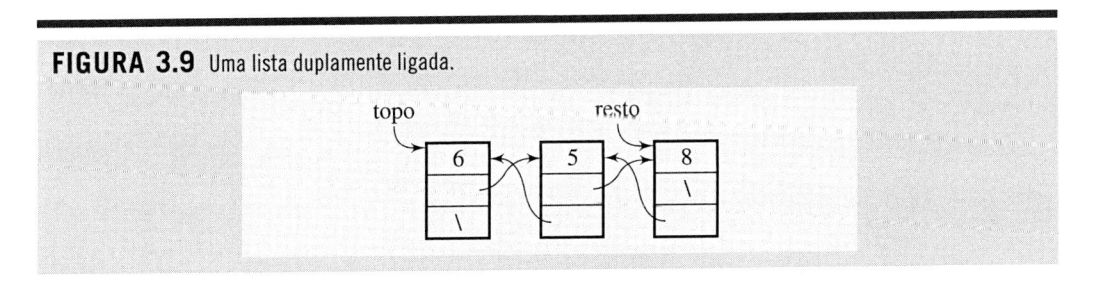

FIGURA 3.9 Uma lista duplamente ligada.

As funções-membro para o processamento de listas duplamente ligadas são levemente mais complicadas do que suas correspondentes para listas singularmente ligadas, porque há mais um membro ponteiro para ser mantido. Somente duas funções são discutidas: uma para inserir um nó no final da lista duplamente ligada e outra para remover um nó do final (Figura 3.10).

Para adicionar um nó à lista, ele tem que ser criado, seus membros de dados apropriadamente inicializados e então ser incorporado dentro da lista. A inserção de um nó no final de uma lista duplamente ligada, realizada por addToDLLResto(), está ilustrada na Figura 3.11. O processo é realizado em seis etapas:

1. um novo nó é criado (Figura 3.11a) e seus três membros de dados inicializados:
2. o membro info para o número el é inserido (Figura 3.11b),
3. o membro proximo é nulo (Figura 3.11c)
4. e o membro prev vai para o valor de resto, de modo que este membro aponte para o último nó da lista (Figura 3.11d). Mas agora o novo nó deve se tornar o último; em consequência,
5. resto é ajustado para apontar para o novo nó (Figura 3.11e). Mas o novo nó não é ainda acessível a partir de seu predecessor; para corrigir isto,
6. o membro proximo do predecessor é ajustado para apontar para o novo nó (Figura 3.11f).

FIGURA 3.10 Implementação de uma lista duplamente ligada.

```
//************************* genDLList.h *********************************
#ifndef DOUBLY_LINKED_LIST
#define DOUBLY_LINKED_LIST
template<class T>
class DLLNode {
public:
    DLLNode() {
        proximo = prev = 0;
    }
    DLLNode(const T& el, DLLNode *n = 0, DLLNode *p = 0) {
        info = el; proximo = n; prev = p;
    }
    T info;
    DLLNode *proximo, *prev;
};
template<class T>
class DoublyLinkedList {
public:
    DoublyLinkedList() {
        topo = resto = 0;
    }
    void addToDLLResto(const T&);
    T deleteFromDLLResto();
    . . . . . . . . . . . .
protected:
    DLLNode<T> *topo, *resto;
};
template<class T>
void DoublyLinkedList<T>::addToDLLResto(const T& el) {
    if (resto != 0) {
        resto = new DLLNode<T>(el,0,resto);
        resto->prev->proximo = resto;
    }
    else topo = resto = new DLLNode<T>(el);
}
```

FIGURA 3.10 Implementação de uma lista duplamente ligada. (*continuação*)

```
template<class T>
T DoublyLinkedList<T>::deleteFromDLLResto() {
    T el = resto->info;
    if (topo == resto) { // se somente um no na lista;
        delete topo;
        topo = resto = 0;
    }
    else {                 // se mais do que um no na lista;
        resto = resto->prev;
        delete resto->proximo;
        resto->proximo = 0;
    }
    return el;
}
. . . . . . . . . . . . . .
#endif
```

FIGURA 3.11 Adicionando um novo nó ao final de uma lista duplamente ligada.

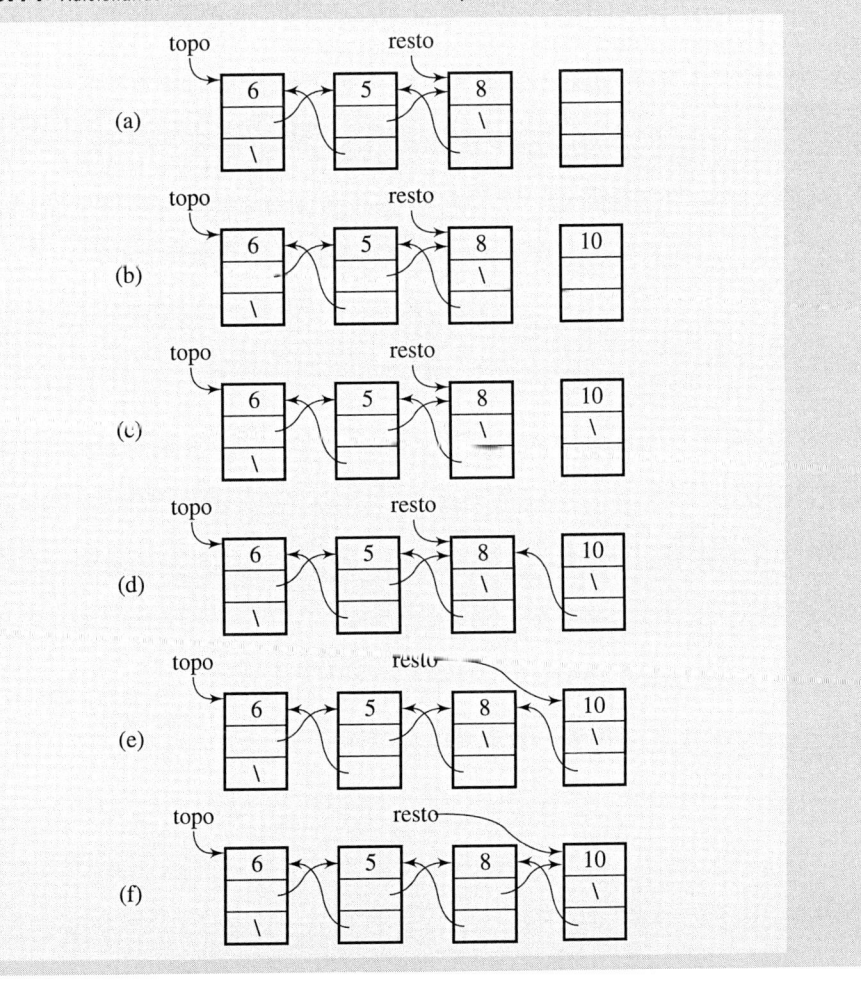

Um caso especial diz respeito à última etapa. Assume-se nesta etapa que o nó recém-criado tem um predecessor, assim ele acessa seu membro `prev`. Deveria ser óbvio que, para uma lista ligada vazia, o novo nó é o único e que não tem predecessor. Neste caso, tanto `topo` como `resto` se referem a este nó, e a sexta etapa ajusta `topo` para apontar para ele. Note que a etapa quatro — ajustar o membro `prev` para o valor de `resto` — é executada apropriadamente porque, para uma lista inicialmente vazia, `resto` é nulo. Assim, nulo se torna o valor do membro `prev` do novo nó.

Remover o último nó de uma lista duplamente ligada é simples porque há acesso direto deste para o seu predecessor e nenhum laço é necessário para remover o último nó. Quando se está removendo o último nó da lista na Figura 3.12a, a variável temporária `el` é ajustada para o valor do nó, então `resto` é ajustado para o seu predecessor (Figura 3.12b) e o último, e agora redundante, nó é removido (Figura 3.12c). Deste modo, o nó próximo ao último se torna o último nó. O membro `proximo` do nó de resto é uma referência pendente; em consequência, `proximo` é ajustado para nulo (Figura 3.12d). A última etapa está retornando a cópia de um objeto armazenado no nó removido.

Uma tentativa para remover um nó de uma lista vazia pode resultar em um colapso do programa. Em consequência, o usuário tem de verificar se a lista não está vazia antes de fazer uma tentativa de remover seu último nó. Tal como para o `deleteFromTopo()` da lista singularmente ligada, o ativador deve ter uma declaração `if`:

```
if (!list.isEmpty())
    n = list.deleteFromDLLResto();
else não remova;
```

Outro caso especial é a remoção do nó de uma lista de um único nó. Neste caso, tanto `topo` como `resto` são ajustados para nulo.

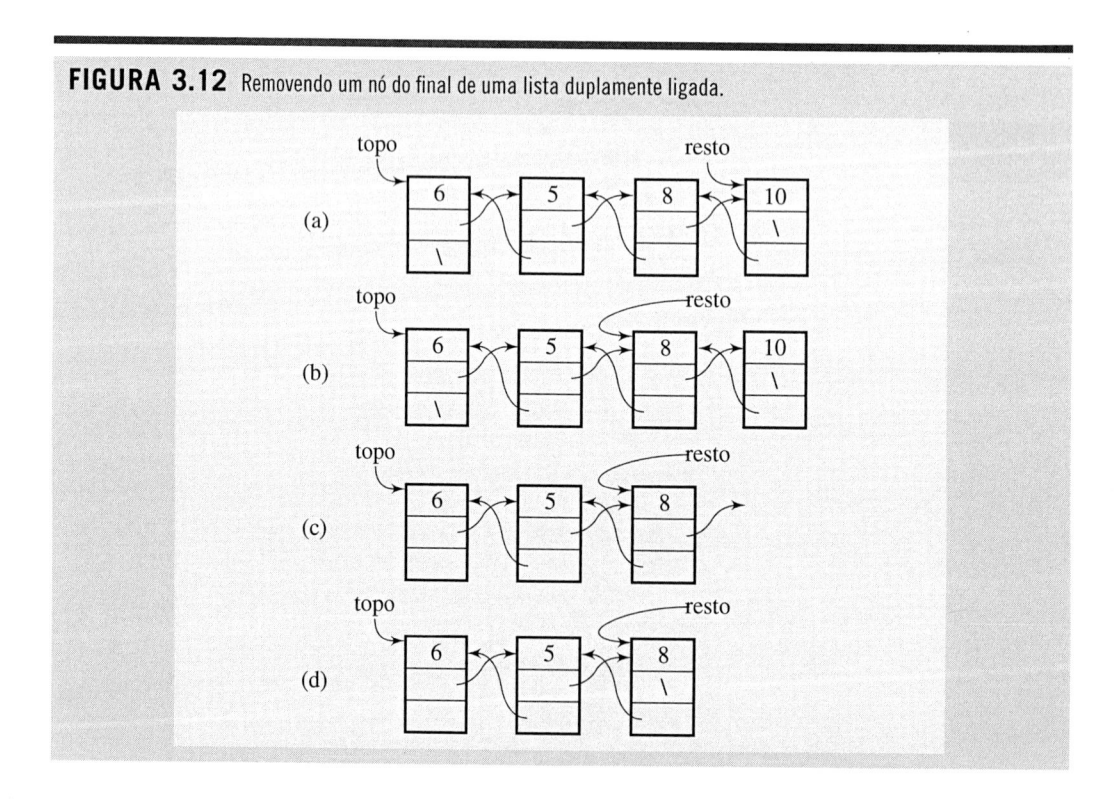

FIGURA 3.12 Removendo um nó do final de uma lista duplamente ligada.

Por causa da imediata acessibilidade do último nó, tanto `addToDLLResto()` e `deleteFromDLLResto()` são executadas em tempo constante $O(1)$.

Capítulo 3 Listas Ligadas ■ 83

Funções para operar no início da lista duplamente ligada são facilmente obtidas a partir das duas funções discutidas, mudando `topo` para `resto` e vice-versa, `proximo` para `prev` e vice-versa, e trocando a ordem dos parâmetros quando executando `new`.

3.3 Listas circulares

Em algumas situações precisamos de uma *lista circular*, na qual os nós formam um anel: a lista é finita e cada nó tem um sucessor. Um exemplo de tal situação é quando diversos processos estão usando os mesmos recursos ao mesmo tempo e temos de garantir que cada processo tenha uma parte equitativa do recurso. Em consequência, todos os processos — sejam seus números 6, 5, 8 e 10, como na Figura 3.13 — são colocados em uma lista circular, acessíveis através do ponteiro `corrente`. Depois que um nó da lista é acessado e o número do processo é recuperado do nó para ativar esse processo, `corrente` se move para o próximo nó de modo que o próximo processo possa ser ativado a seguir.

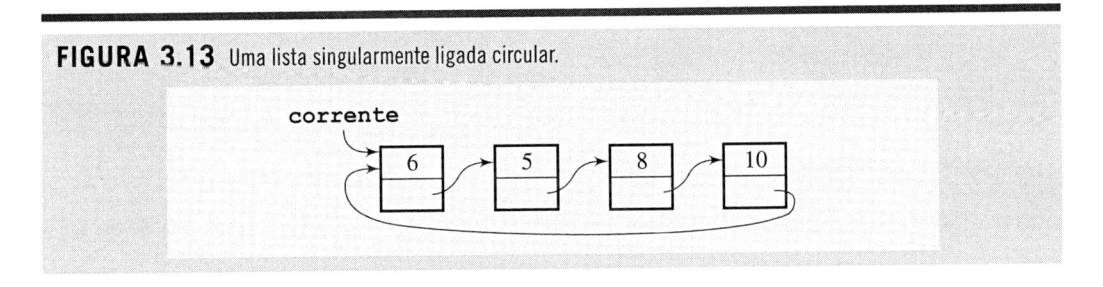

FIGURA 3.13 Uma lista singularmente ligada circular.

Na implementação de uma lista singularmente ligada circular podemos usar somente um ponteiro permanente, `resto`, ainda que as operações nela exijam acesso ao resto e ao seu sucessor, o topo. Para este fim, uma lista singularmente ligada linear, discutida na Seção 3.1, usa dois ponteiros permanentes, `topo` e `resto`.

A Figura 3.14a mostra uma sequência de inserções à frente de uma lista circular, e a 3.14b ilustra inserções ao final da lista. Como exemplo de uma função-membro operando em tal lista, apresentamos uma função para inserir um nó no resto de uma lista singularmente ligada circular em O(1):

```
void addToResto(int el) {
    if (isEmpty()) {
        resto = new IntSLLNode(el);
        resto->proximo = resto;
    }
    else {
        resto->proximo = new IntSLLNode(el, resto->proximo);
        resto = resto->proximo;
    }
}
```

A implementação aqui apresentada tem problemas. Uma função-membro para a remoção do nó do resto exige um laço, de modo que `resto`, depois da remoção, possa ser ajustado para seu predecessor. Isto faz esta função remover o nó do resto em tempo *O(n)*. Além disso, o processamento de dados na ordem inversa (impressão, busca etc.) não é muito eficiente. Para evitar o problema e ainda ser capaz de inserir e remover nós à frente e ao final da lista sem usar um laço, uma lista circular duplamente ligada pode ser usada. A lista forma dois anéis: um indo para a frente através dos membros `proximo` e outro para trás através dos membros `prev`. A Figura 3.15 ilustra tal lista acessível através do último nó. Remover o nó do fim da lista pode ser feito facilmente porque há acesso direto ao nó próximo ao último que necessita ser atualizado no caso de tal remoção. Nesta lista, tanto a inserção quanto a remoção do nó de resto podem ser feitas em tempo *O(1)*.

FIGURA 3.14 Inserindo nós à frente de uma lista singularmente ligada circular (a) e ao seu final (b).

(a)   (b)

FIGURA 3.15 Uma lista duplamente ligada circular.

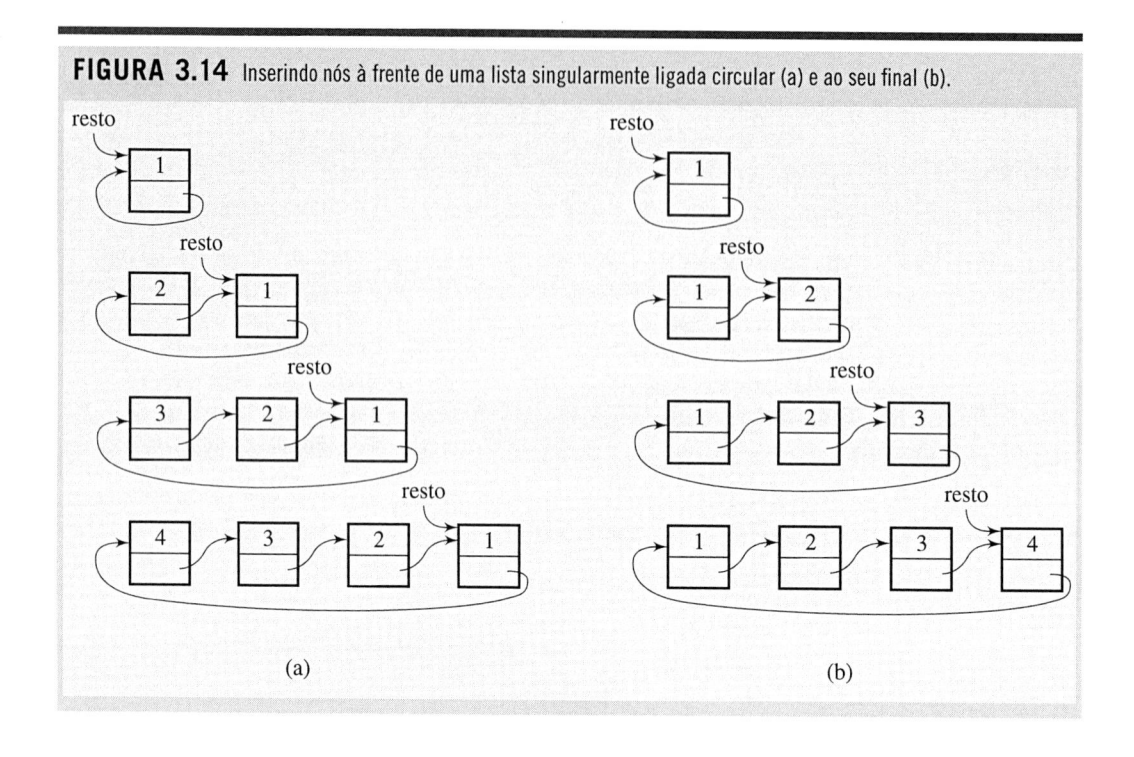

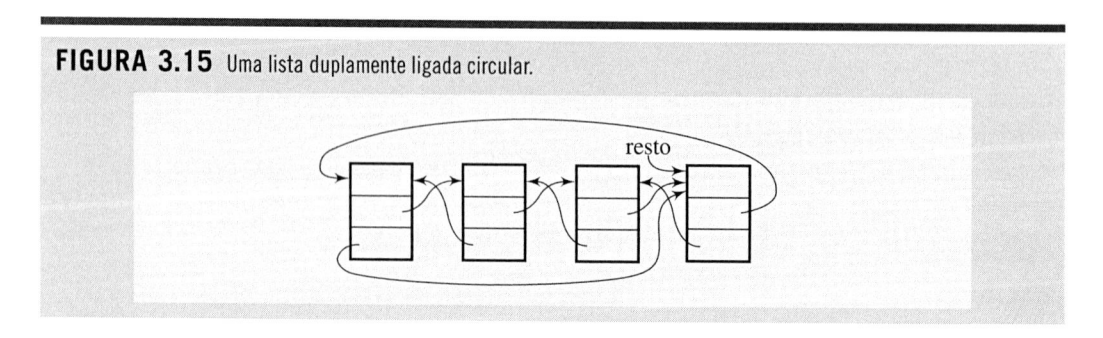

3.4 Listas de salto

As listas ligadas têm um sério problema: exigem varredura sequencial para localizar um elemento que está sendo procurado. A busca inicia no começo da lista e para quando encontra o elemento procurado ou quando o fim da lista é atingido sem encontrá-lo. A ordenação dos elementos na lista pode agilizar a busca, mas a busca sequencial ainda é exigida. Em consequência, podemos pensar em listas que permitam saltar certos nós para evitar o processamento sequencial. *Lista de salto* é uma variante interessante da ligada ordenada que torna uma busca não sequencial possível (PUGH, 1990).

Em uma lista de salto de n nós, para cada k e i tal que $1 \leq k \leq \lfloor \lg n \rfloor$ e $1 \leq i \leq \lfloor n/2^{k-1} \rfloor - 1$, o nó na posição $2^{k-1} \cdot i$ aponta para o nó na posição $2^{k-1} \cdot (i + 1)$. Isto significa que cada segundo nó aponta para o nó duas posições à frente, cada quarto nó aponta para o nó quatro posições à frente, e assim por diante, como mostrado na Figura 3.16a. Isto é realizado com diferentes números de ponteiros em nós na lista: metade dos nós tem somente um ponteiro, um quarto dos nós tem dois, um oitavo dos nós tem três, e assim por diante. O número de ponteiros indica o *nível* de cada nó, e o de níveis é *maxLevel* $= \lfloor \lg n \rfloor + 1$.

A busca pelo elemento `el` consiste em seguir os ponteiros no nível mais alto até que um elemento seja encontrado, o que finaliza a busca com sucesso. No caso de atingir o final da lista ou de encontrar um elemento `chave` que seja maior do que `el`, a busca é reiniciada a partir do nó que precede aquele contendo a `chave`, mas agora a partir de um ponteiro num nível mais baixo do que antes. A busca continua até que `el` seja encontrado, ou que os ponteiros do primeiro nível atinjam o final da lista ou encontrem um elemento maior do que `el`. A seguir, um pseudocódigo para esse algoritmo:

```
encontre(element el)
    p = a lista não nula no nível mais alto i;
    enquanto el não encontrado e i ≥ 0
        if p->key < el
            p = uma sublista que começa no predecessor de p no nível --i;
        senão se p->key > el
            se p é o último nó no nível i
                p = uma sublista não nula que começa em p no nível mais alto <i;
                i = o número do novo nível;
            senão p = p->proximo;
```

Por exemplo, se olhamos para o número 16 na lista da Figura 3.16b, o nível quatro é tentado primeiro, o que não tem sucesso porque o primeiro nó neste nível tem valor 28. A seguir tentamos a sublista do terceiro nível, começando a partir da raiz; isto leva a 8 e então a 17. Por isso, tentamos a sublista de segundo nível que se origina no nó contendo 8; isto leva a 10 e então novamente a 17. A última tentativa é iniciar a sublista do primeiro nível, que começa no nó 10; este primeiro nó da sublista tem 12, o próximo número é 17 e, desde que não haja um nível mais baixo, a busca é declarada como sem sucesso. O código para o procedimento de busca é dado na Figura 3.17.

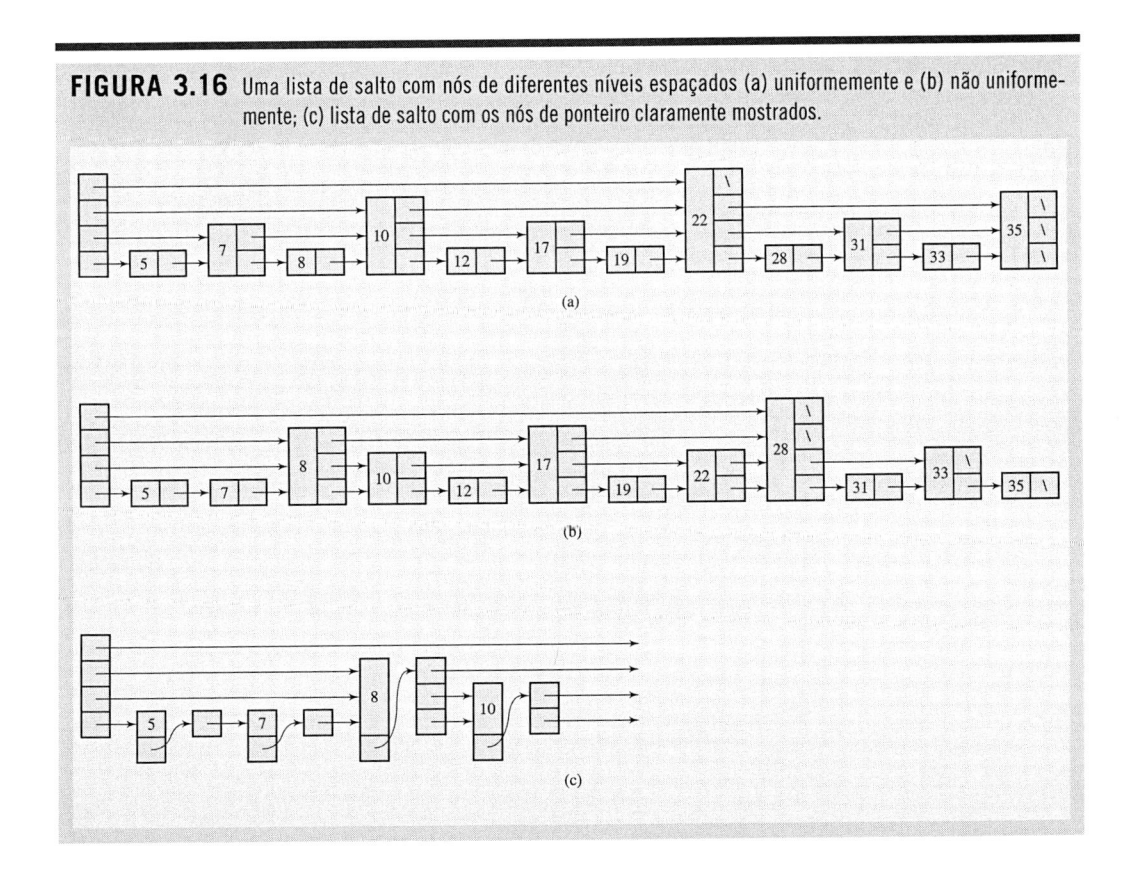

FIGURA 3.16 Uma lista de salto com nós de diferentes níveis espaçados (a) uniformemente e (b) não uniformemente; (c) lista de salto com os nós de ponteiro claramente mostrados.

A busca parece ser eficiente. No entanto, o projeto de listas de salto pode levar a procedimentos de inserção e de remoção ineficientes. Para inserir um novo elemento, todos os nós que seguem o nó inserido têm que ser reestruturados; o número de ponteiros e os valores dos ponteiros têm que ser mudados. De modo a reter algumas das vantagens que as listas de salto oferecem com relação à busca e evitar problemas de reestruturar as listas ao inserir e remover nós, a exigência sobre as posições dos nós de diferentes níveis é agora abandonada e somente a exigência sobre o número de nós de diferentes níveis é mantida. Por exemplo, a lista na Figura 3.16a se torna a da Figura 3.16b: ambas têm seis nós com somente um ponteiro, três nós com dois ponteiros, dois nós com três ponteiros e um nó com quatro ponteiros. A nova lista é pesquisada exatamente do mesmo modo que a original. A inserção não exige reestruturação da lista, e os nós são gerados de modo que sua distribuição em diferentes níveis seja mantida adequada. Como isto pode ser realizado?

FIGURA 3.17 Implementação de uma lista de salto.

```
//*********************     genSkipL.h     *********************
//                    generic skip list class
const int maxNivel = 4;

template<class T>
class SkipListNode {
public:
    SkipListNode() {
    }
    T chave;
    SkipListNode **proximo;
};

template<class T>
class SkipList {
public:
    SkipList();
    bool isEmpty () const;
    void choosePowers();
    int chooseNivel();
    T* skipListSearch(const T&);
    void skipListInsert(const T&);
private:
    typedef SkipListNode<T> *nodePtr;
    nodePtr raiz[maxNivel];
    int powers[maxNivel];
};

template<class T>
SkipList<T>::SkipList() {
    for (int i = 0; i < maxNivel; i++)
        raiz[i] = 0;
}
template<class T>
bool SkipList<T> : : isEmpty () const {
    return root [0] == 0;
}
template<class T>
```

FIGURA 3.17 Implementação de uma lista de salto. (*continuação*)

```
void SkipList<T>::choosePowers() {
    powers[maxNivel-1] = (2 << (maxNivel-1)) 1;      // 2^maxNivel - 1
    for (int i = maxNivel - 2, j = 0; i >= 0; i--, j++)
        powers[i] = powers[i+1] - (2 << j);          // 2^(j+1)
}
template<class T>
int SkipList<T>::chooseNivel() {
    int i, r = rand() % powers[maxNivel-1] + 1;
    for (i = 1; i < maxNivel; i++)
        if (r < powers[i])
            return i-1; // retorna um nivel < que o nivel mais alto;
    return i-1;         // retorna o nivel mais alto;
}
template<class T>
T* SkipList<T>::skipListSearch(const T& chave) {
    If (isEmpty ()) return 0;
    nodePtr prev, corr;
    int lvl;                             // encontra o nivel mais alto nao nulo
    for (lvl = maxNivel-1; lvl >= 0 && !raiz[lvl]; lvl--); // nivel;
    prev = corr = raiz[lvl];
    while (true) {
        if (chave == corr->chave)                    // sucesso se igual;
            return &corr->chave;
        else if (chave < corr->chave) {              // se menor, va para baixo
            if (lvl == 0)                            // se possivel,
                return 0;
            else if (corr == raiz[lvl])              // por um nivel
                corr = raiz[--lvl];                  // comecando do
            else corr = *(prev->proximo + --lvl);    // predecessor que
        }                                            // pode ser a raiz;
        else {                                       // se maior,
            prev = corr;                             // va para o proximo
            if (*(corr->proximo + lvl) != 0)         // no nao nulo
                corr = *(corr->proximo + lvl);       // no mesmo nivel
            else {                                   // ou para uma lista em um
                                                     // nivel mais baixo;
                for (lvl--; lvl >= 0 && *(corr->proximo + lvl)==0; lvl--);
                if (lvl >= 0)
                    corr = *(corr->proximo + lvl);
                else return 0;
            }
        }
    }
}
template<class T>
void SkipList<T>::skipListInsert (const T& chave) {
    nodePtr corr[maxNivel], prev[maxNivel], newNode;
    int lvl, i;
    corr[maxNivel-1] = raiz[maxNivel-1];
    prev[maxNivel-1] = 0;
    for (lvl = maxNivel - 1; lvl >= 0; lvl--) {
```

FIGURA 3.17 Implementação de uma lista de salto. (continuação)

```
        while (corr[lvl] && corr[lvl]->chave < chave) { // va para o proximo
            prev[lvl] = corr[lvl];                       // se menor;
            corr[lvl] = *(corr[lvl]->proximo + lvl);
        }
        if (corr[lvl] && corr[lvl]->chave == chave)     // nao inclua
            return;                                      // duplicatas;
        if (lvl > 0)                                     // va um nivel abaixo
            if (prev[lvl] == 0) {                        // se nao o mais baixo
                corr[lvl-1] = raiz[lvl-1];               // nivel, usando um vinculo
                prev[lvl-1] = 0;                         // tanto da raiz
            }
            else {                                       // como do predecessor;
                corr[lvl-1] = *(prev[lvl]->proximo + lvl-1);
                prev[lvl-1] = prev[lvl];
            }
    }
    lvl = chooseNivel();                 // gera nivel aleatorio para newNode;
    newNode = new SkipListNode<T>;
    newNode->proximo = new nodePtr[sizeof(nodePtr) * (lvl+1)];
    newNode->chave   = chave;
    for (i = 0; i <= lvl; i++) {         // inicialize os proximos campos de
        *(newNode->proximo + i) = corr[i]; // newNode e reajuste para newNode
        if (prev[i] == 0)                // tanto os campos da raiz
            raiz[i] = newNode;           // como os campos proximos dos
        else *(prev[i]->proximo + i) = newNode;  // predecessores;
    }
}
```

Assuma que *maxNivel* = 4. Para 15 elementos, o número exigido de nós de um ponteiro é oito; nós de dois ponteiros, quatro; nós de três ponteiros, dois; e nós de quatro ponteiros, um. Cada vez que um nó é inserido, um número não sequencial *r* entre 1 e 15 é gerado e, se *r* < 9, um nó de nível um é inserido. Se *r* < 13, um nó de segundo nível é inserido; se *r* < 15, é um nó do terceiro nível; se *r* = 15, um nó de nível quatro é gerado e inserido. Se *maxLevel* = 5, então, para 31 elementos, a correspondência entre o valor de *r* e o nível de nó é esta:

r	Nível do nó a ser inserido
31	5
29–30	4
25–28	3
17–24	2
1–16	1

Para determinar tal correspondência entre *r* e o nível do nó para qualquer *maxNivel*, a função `choosePowers()` inicializa `powers[]` da matriz, colocando limites inferiores para cada intervalo. Por exemplo, para *maxNivel* = 4, a matriz é [1 9 13 15] e para *maxNivel* = 5, é [1 17 25 29 31]. A função `chooseNivel()` usa `powers[]` para determinar o nível do nó a ser inserido. A Figura 3.17 contém o código para `choosePowers()` e `chooseNivel()`. Note que os níveis se estendem entre

0 e *maxNivel*–1 (e não entre 1 e *maxNivel*), de modo que os índices da matriz possam ser usados como níveis. Por exemplo, o primeiro nível é nível zero.

Mas também temos que falar a respeito da questão de implementar um nó. O modo mais fácil é fazer cada nó ter *maxNivel* ponteiros, mas isto é um desperdício. Necessitamos somente de tantos ponteiros por nó quanto o nível dos nós exige. Para realizar isto, o membro `proximo` de cada nó não é um ponteiro para o próximo nó, mas para uma matriz de ponteiro(s) ao(s) proximo(s) nó(s). O tamanho desta matriz é determinado pelo nível do nó. As classes `SkipListNode` e `SkipList` são declaradas, como na Figura 3.17. Assim, a lista na Figura 3.16b é realmente uma lista cujos quatro primeiros nós são mostrados na Figura 3.16c. Somente agora pode um procedimento de inserção ser implementado, como na Figura 3.17.

Quão eficientes são as listas de salto? Em uma situação ideal, exemplificada pela lista na Figura 3.16a, o tempo de busca é $O(\lg n)$. Na pior situação, quando todas as listas estão no mesmo nível, a lista de salto converte-se numa lista singularmente ligada regular e o tempo de busca é $O(n)$. No entanto, esta situação é improvável; na lista de salto aleatória, o tempo de busca é da mesma ordem que o melhor caso, isto é, $O(\lg n)$. Isto é uma melhoria na eficiência de busca das listas ligadas regulares. Revela também que as listas de salto se saem extremamente bem em comparação com estruturas de dados mais sofisticadas, tais como árvores autoajustadas ou AVL (veja as Seções 6.7.2 e 6.8), e, em consequência, são uma alternativa viável àquelas estruturas de dados (veja também a tabela na Figura 3.20).

3.5 Listas auto-organizadas

A introdução das listas de salto foi motivada pela necessidade de agilizar processos de busca. Embora as listas singular e duplamente ligadas exijam a busca sequencial para localizar um elemento ou para ver que ele não está na lista, podemos melhorar a eficiência da busca organizando dinamicamente a lista de certa maneira. Esta organização depende da configuração dos dados; assim, o fluxo de dados exige reorganizar os nós já na lista. Existem formas diferentes para organizar as listas, esta seção descreve quatro delas.

1. *Método de mover-para-frente*. Depois de localizar o elemento desejado, coloque-o à frente da lista (Figura 3.18a).
2. *Método da transposição*. Depois de localizar o elemento desejado, troque-o com o seu predecessor, a menos que ele esteja no topo da lista (Figura 3.18b).
3. *Método da contagem*. Ordene a lista pelo número de vezes que os elementos estão sendo acessados (Figura 3.18c).
4. *Método da ordenação*. Ordene a lista usando certos critérios comuns para a informação sob escrutínio (Figura 3.18d).

Nos três primeiros métodos, a nova informação é armazenada em um nó adicionado ao final da lista (Figura 3.18e), embora também possa ser armazenada no início da lista; no quarto, a nova informação é armazenada em um nó inserido em algum lugar na lista para manter a ordem da lista (Figura 3.18f). Um exemplo de busca de elementos em uma lista organizada por esses diferentes métodos está na Figura 3.19.

Com os três primeiros métodos, tentamos locar os elementos mais prováveis de ser vistos perto do início da lista, mais explicitamente, com o método mover-para-frente, e, mais cuidadosamente, com o método da transposição. O método da ordenação já usa algumas propriedades inerentes à informação armazenada na lista. Por exemplo, se estamos armazenando nós pertencentes às pessoas, a lista pode ser organizada alfabeticamente pelo nome da pessoa ou da cidade, ou na ordem ascendente ou descendente usando, digamos, a data de nascimento ou o salário. Isto é particularmente vantajoso ao buscar informação que não está na lista, já que a busca pode terminar sem varrer a lista inteira. Pesquisar todos os nós da lista, no entanto, é necessário em tais casos usando os outros três métodos. O método de contagem pode ser agrupado na categoria dos métodos de ordenação se a frequência é parte da informação.

FIGURA 3.18 O acesso a um elemento em uma lista ligada e mudanças na lista dependem da técnica de auto-organização aplicada: (a) método de mover-para-frente, (b) método da transposição, (c) método da contagem, (d) método da ordenação, em particular ordenação alfabética, que leva a não ocorrer mudança. No caso, quando o elemento desejado não está na lista, (e) os primeiros três métodos adicionam um novo nó com este elemento ao final da lista e (f) o método da ordenação mantém uma ordem na lista.

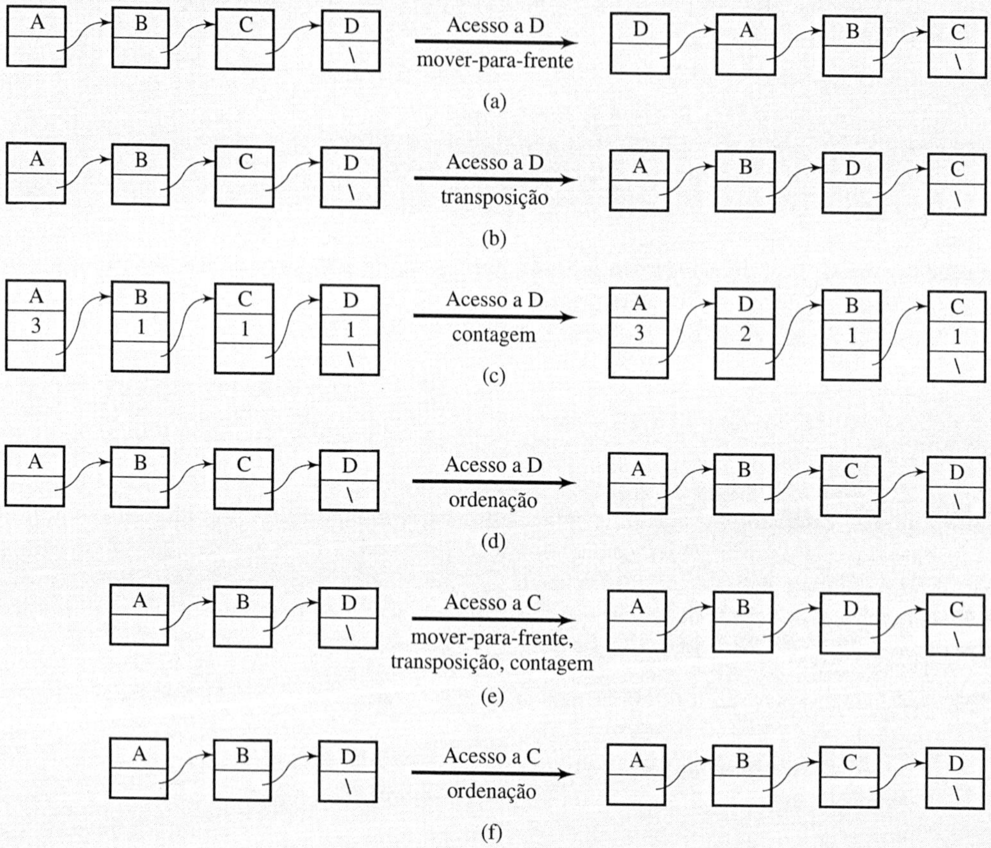

Em muitos casos, no entanto, a própria contagem é uma informação adicional exigida somente para manter a lista, e por isso precisa ser considerada "natural" como informação à mão.

As análises da eficiência desses métodos habitualmente comparam sua eficiência com a da *ordenação estática ótima*. Com esta ordenação, todos os dados já estão ordenados pela frequência de suas ocorrências no corpo dos dados, de modo que a lista é usada somente para busca, não para inserção de novos itens. Em consequência, esta abordagem exige duas passadas através do corpo de dados, uma para construir a lista e outra para usar a lista para a busca.

Para medir experimentalmente a eficiência desses métodos, o número de todas as comparações atuais foi comparado com o número máximo de possíveis comparações. O último número é calculado adicionando-se os comprimentos da lista no momento de processar cada elemento. Por exemplo, na tabela da Figura 3.19, o corpo dos dados contém 14 letras, 5 delas sendo diferentes, o que significa que 14 letras foram processadas. O comprimento da lista antes de processar cada letra é registrado, e o resultado, 0 + 1 + 2 + 3 + 3 + 4 + 4 + 4 + 4 + 4 + 4 + 4 + 4 + 5 = 46, é usado para comparar o número de todas as comparações feitas a este comprimento combinado. Deste modo sabemos qual porcentagem da lista foi varrida durante o processo inteiro. Para todos os métodos de organização de listas, exceto ordenação ótima, este comprimento ótimo é o mesmo; somente o número de comparações pode mudar. Por exemplo, quando se está usando a técnica mover-para-frente para os dados na tabela da Figura 3.19, 33 comparações foram feitas, que é 71,7% quando comparado a 46. O último número dá o pior caso possível, o comprimento combinado de listas intermediárias a cada momento que todos os nós na lista são verificados. A pesquisa comum, sem reorganização, exige somente 30 comparações, o que é 65,2%.

FIGURA 3.19 Processamento de fluxo de dados, A C B C D A D A C A C C E E, por diferentes métodos de organizar as listas ligadas. Essas listas estão apresentadas de forma abreviada; por exemplo, a transformação mostrada na Figura 3.18a está abreviada como transformando a lista A B C D na lista D A B C.

elemento buscado	comum	mover-para-frente	transposição	contagem	ordenação
A:	A	A	A	A	A
C:	A C	A C	A C	A C	A C
B:	A C B	A C B	A C B	A C B	A B C
C:	A C B	C A B	C A B	C A B	A B C
D:	A C B D	C A B D	C A B D	C A B D	A B C D
A:	A C B D	A C B D	A C B D	C A B D	A B C D
D:	A C B D	D A C B	A C D B	D C A B	A B C D
A:	A C B D	A D C B	A C D B	A D C B	A B C D
C:	A C B D	C A D B	C A D B	C A D B	A B C D
A:	A C B D	A C D B	A C D B	A C D B	A B C D
C:	A C B D	C A D B	C A D B	A C D B	A B C D
C:	A C B D	C A D B	C A D B	C A D B	A B C D
E:	A C B D E	C A D B E	C A D B E	C A D B E	A B C D E
E:	A C B D E	E C A D B	C A D E B	C A E D B	A B C D E

Essas amostras estão de acordo com a análise teórica que indica que o método da contagem e do mover-para-frente é, no máximo, duas vezes tão custoso quanto o de ordenação estática ótima; o método da transposição se aproxima do custo do mover-para-frente. Em particular, com a análise amortizada, pode-se estabelecer que o custo de acessar um elemento da lista com o método de mover-para-frente é, no máximo, duas vezes o de acessar este elemento na lista que usa a ordenação estática ótima.

Em uma prova desta declaração, o conceito de inversão é usado. Para duas listas contendo os mesmos elementos, uma inversão é definida para ser um par de elementos (x,y), tais que, em uma lista, x precede y, e, em outra, y precede x. Por exemplo, a lista (C, B, D, A) tem quatro inversões com relação à (A, B, C, D): $(C, A), (B, A), (D, A)$ e (C, B). Define-se o custo amortizado como a soma do custo atual e da diferença entre o número de inversões antes de acessar um elemento e depois de acessá-lo,

$amCost(x) = cost(x) + (inversionsBeforeAccess(x) - inversionsAfterAccess(x))$

Para medir este número, considere uma lista ótima $OL = (A, B, C, D)$ e uma lista mover-para-frente $MTF = (C, B, D, A)$. O acesso dos elementos usualmente muda o balanço das inversões. Seja *deslocado(x)* o número de elementos que precedem x em MTF, mas que estão depois de x em OL.

Por exemplo, $deslocado(A) = 3$, $deslocado(B) = 1$, $deslocado(C) = 0$ e $deslocado(D) = 0$. Se $pos_{MTF}(x)$ é a posição corrente de x em MTF, então $pos_{MTF}(x) - 1 - deslocado(x)$ é o número de elementos que precedem x em ambas as listas. É fácil ver que para D este número é igual a 2, e para os elementos remanescentes, 0. Agora, acessar um elemento x e movê-lo para a frente de MTF cria $pos_{MTF}(x) - 1 - deslocado(x)$ novas inserções e remove $deslocado(x)$ outras inversões, de modo que o tempo amortizado para acessar x é

$$amCusto(x) = pos_{MTF}(x) + pos_{MTF}(x) - 1\ deslocado(x) - deslocado(x) = 2(pos_{MTF}(x) - deslocado(x))^{-1}$$

onde $custo(x) = pos_{MTF}(x)$. Acessar A transforma MTF $= (C, B, D, A)$ em (A, C, B, D) e $amCusto(A) = 2(4 - 3) - 1 = 1$. Para B, a nova lista é (B, C, D, A) e $amCusto(B) = 2(2 - 1) - 1 = 1$. Para C, a lista não muda e $amCusto(C) = 2(1 - 0) - 1 = 1$. Finalmente, para D, a nova lista é (D, C, B, A) e $amCusto(D) = 2(3 - 0) - 1 = 5$. No entanto, o número de elementos comuns que precedem x nas duas listas não pode exceder o número de todos elementos que precedem x em OL; em consequência, $pos_{MTF}(x) - 1 - displaced(x) \leq pos_{OL}(x) - 1$, de modo que

$$amCusto(x) \leq 2pos_{OL}(x) - 1$$

O custo amortizado de acessar um elemento x em MTF excede $pos_{OL}(x) - 1$ unidades para seu custo atual de acesso em OL. Este excesso é usado para cobrir um custo adicional de acessar os elementos em MTF, para o qual $pos_{MTF}(x) > pos_{OL}(x)$; isto é, elementos que exigem mais acessos em MTF do que em OL.

É importante acentuar que os custos amortizados de operações simples são significativos no contexto de sequências de operações. O custo de uma operação isolada pode raramente ser igual ao seu custo amortizado; no entanto, em uma sequência de acessos suficientemente longa, cada acesso em média leva no máximo um tempo de $2pos_{OL}(x) - 1$.

A Figura 3.20 contém amostras das listas auto-organizadas aplicadas a arquivos contendo texto em inglês. Para três métodos, foram usadas duas versões: uma com a inserção de novos nós na parte da frente de uma lista e outra no final. Há uma tendência geral para todos os métodos de melhorar a sua eficiência com o tamanho do arquivo. Além disso, a inserção na cauda deu consistentemente melhores resultados do que a inserção na cabeça. As duas primeiras colunas de números referem-se aos arquivos que contêm programas, e as restantes aos que contêm texto em inglês. Exceto para a ordenação alfabética, todos os métodos melhoram sua eficiência com o tamanho do arquivo. O método mover-para-frente e o de contagem são quase os mesmos no que diz respeito à eficiência, e ambos têm desempenho acima dos métodos da transposição, comum e de ordenação. O pobre desempenho para arquivos menores deve-se ao fato de todos os métodos estarem ocupados incluindo novas palavras às listas, o que exige uma busca exaustiva nestas. Mais tarde, os métodos se concentram em organizar as listas para reduzir o número de buscas. A tabela da Figura 3.20 também inclui dados para uma lista de salto. Há uma diferença marcante entre a eficiência da lista de salto comparada aos outros métodos. No entanto, devemos considerar que, nesta tabela, somente comparações de dados estão incluídas, sem indicação de outras operações necessárias para a execução dos métodos analisados. Em particular, não há indicação de quantos ponteiros são usados e revinculados, que, quando incluídos, podem fazer uma diferença menos dramática entre os vários métodos.

Essas amostras revelam que, para listas de tamanhos modestos, as listas ligadas são suficientes. Com o aumento da quantidade dos dados e da frequência com que têm que ser acessados, métodos e estruturas de dados mais sofisticados devem ser usados.

FIGURA 3.20 Medindo a eficiência de diferentes métodos usando a fórmula (comparação do número de dados) / (comprimento combinado), expresso em porcentagens.

Palavras diferentes/Todas as palavras	189/362	1448/7349	3049/12948	6835/93087
Ótimo	29,7	15,3	15,5	7,6
Comum (topo)	79,5	76,3	81,0	86,6
Comum (resto)	66,1	48,8	43,4	19,3
Mover-para-frente (topo)	61,8	29,2	35,8	15,0
Mover-para-frente (resto)	58,2	29,7	35,7	14,3
Transposição (topo)	65,1	72,4	77,8	75,4
Transposição (resto)	78,6	39,6	43,0	18,2
Contagem	57,1	30,2	35,9	13,4
Ordem alfabética	55,3	50,2	53,8	54,9
Lista de salto	11,1	4,8	4,3	3,6

3.6 Tabelas esparsas

Em muitas aplicações, a escolha de uma tabela parece ser a mais natural, mas considerações de espaço podem impedir esta escolha. Isto é particularmente verdadeiro se somente uma pequena fração da tabela é usada. Uma tabela deste tipo é chamada *esparsa*, uma vez que é povoada esparsamente por dados e a maioria de suas células fica vazia. Neste caso, a tabela pode ser substituída por um sistema de listas ligadas.

Como um exemplo, considere o problema de armazenar as notas de todos os alunos em uma universidade para determinado semestre. Assuma que existem 8.000 alunos e 300 cursos. Uma implementação natural é uma matriz notas de duas dimensões, na qual os números dos alunos são os índices das colunas, e os números dos cursos, os índices das linhas (veja Figura 3.21). Uma associação dos nomes e dos números dos alunos está representada por uma matriz unidimensional students e uma associação de nomes e dos números de classe pela matriz classes. Os nomes não têm que ser ordenados. Se a ordem é exigida, outra matriz pode ser usada, na qual cada elemento da matriz é ocupado por um registro com dois campos, nome e número[1], ou a matriz original pode ser ordenada cada vez que uma ordenação for exigida. Isto, no entanto, leva a uma reorganização constante de notas, e não é recomendado.

Cada célula de notas armazena as notas obtidas pelos alunos depois que um curso é concluído. Se notas como A–, B+ ou C+ são usadas, então 2 bytes são exigidos para armazenar cada nota. Para reduzir o tamanho da tabela pela metade, a matriz Codnotas, na Figura 3.21c, associa cada nota a uma letra que exige somente 1 byte para armazenamento.

A tabela inteira (Figura 3.21d) ocupa 8.000 estudantes · 300 cursos · 1 byte = 2,4 milhões de bytes. Esta tabela é muito grande, mas esparsamente povoada pelas notas. Assumindo que, na média, os alunos têm quatro cursos por semestre, cada coluna da tabela tem somente quatro células ocupadas pelas notas, e o restante, 296 células, ou 98,7%, estão desocupados e perdidos.

---

[1] Isto é chamado de "tabela de índice invertido".

FIGURA 3.21 Matrizes e tabela esparsa usadas para armazenar notas de alunos.

alunos

1	Sheaver Geo
2	Weaver Henry
3	Shelton Mary
⋮	
404	Crawford William
405	Lawson Earl
⋮	
5206	Fulton Jenny
5207	Craft Donald
5208	Oates Key
⋮	

(a)

cursos

1	Anatomy/Physiology
2	Introduction to Microbiology
⋮	
30	Advanced Writing
31	Chaucer
⋮	
115	Data Structures
116	Cryptography
117	Computer Ethics
⋮	

(b)

Codnotas

a	A
b	A−
c	B+
d	B
e	B−
f	C+
g	C
h	C−
i	D
j	F

(c)

notas

Class	1	2	3	⋯	404	405	⋯	5206	5207	5208	⋯	8000
1										d		
2	b		e		h			b				
⋮												
30		f								d		
31	a					f						
⋮												
115		a				e			f			
116		d										
117												
⋮												
300												

(d)

A melhor solução é usar duas matrizes bidimensionais. A matriz `CursosAssist` representa todos os cursos aos quais os alunos assistem, e a `alunosEmCurso`, todos os alunos que participam de cada curso (veja a Figura 3.22). Uma célula de cada tabela é um objeto com dois membros de dados: um número de aluno ou de curso e uma nota. Assumimos que um aluno pode assistir a, no máximo, oito cursos, e que pode haver no máximo 250 estudantes inscritos para cada curso. Necessitamos de duas matrizes, pois uma somente é muito consumidora de tempo para produzir listas. Por exemplo, se somente `CursosAssist` é usada, então imprimir uma lista de todos os alunos inscritos em um curso particular exige uma busca exaustiva nesta matriz.

Assuma que o computador no qual este programa é implementado exige 2 bytes para estocar um inteiro. Com esta nova estrutura, 3 bytes são necessários para cada célula. Em consequência, `CursosAssist` ocupa 8.000 alunos · 8 cursos · 3 bytes = 192.000 bytes; `alunosEmCurso` ocupa 300 cursos · 250 alunos · 3 bytes = 225.000 bytes, e ambas as tabelas exigem um total de 417.000 bytes, menos que um quinto do número de bytes exigidos pela tabela esparsa na Figura 3.21.

Capítulo 3   Listas Ligadas   ■   95

Embora esta seja uma implementação muito melhor que a anterior, ainda desperdiça espaço; raramente ambas as matrizes estarão cheias, pois a maioria dos cursos tem menos de 250 alunos, e a maioria dos alunos assiste a menos do que 8 cursos. Esta estrutura é também inflexível: se um curso pode ser frequentado por mais de 250 alunos, um problema ocorre e tem que ser evitado de um modo artificial. Um modo é criar um curso não existente que contenha os alunos para o curso transbordado. Outro é recompilar o programa com um novo tamanho de tabela, o que pode não ser prático em momento futuro. Outra solução mais flexível é necessária, que use espaço mais frugalmente.

FIGURA 3.22 Matrizes bidimensionais para armazenar notas de alunos.

cursosAssist

	1	2	3	...	404	405	...	5206	5207	5208	...	8000
1	2 b	30 f	2 e		2 h	31 f		2 b	115 f	1 d		
2	31 a		115 a		115 e	64 f		33 b	121 a	30 d		
3	124 g		116 d		218 b	120 a		86 c	146 b	208 a		
4	136 g				221 b			121 d	156 b	211 b		
5					285 h			203 a		234 d		
6					292 b							
7												
8												

(a)

alunosEmCurso

	1	2	...	30	31	...	115	116	...	300
1	5208 d	1 b		2 f	1 a		3 a	3 d		
2		3 e		5208 d	405 f		404 e			
3		404 h					5207 f			
4		5206 b								
⋮										
250										

(b)

Duas matrizes unidimensionais de listas ligadas podem ser usadas como na Figura 3.23. Cada célula da matriz curso é um ponteiro para uma lista ligada de alunos que assistem a um curso, e cada célula da matriz aluno indica uma lista ligada de cursos assistidos por um aluno. As listas ligadas contêm nós com cinco membros de dados: número do aluno, número do curso, nota, um ponteiro para o próximo aluno e um ponteiro para o próximo curso. Assumindo que cada ponteiro exige somente 2 bytes, um nó ocupa 9 bytes e a estrutura inteira pode ser estocada em 8.000 alunos · 4 cursos (na média) · 9 bytes = 288.000 bytes, que é aproximadamente 10% do espaço exigido para a primeira implementação e cerca de 70% da segunda. Nenhum espaço é utilizado desnecessariamente, não há restrição imposta sobre o número de alunos por curso e a lista de alunos que assistem a um curso pode ser impressa de imediato.

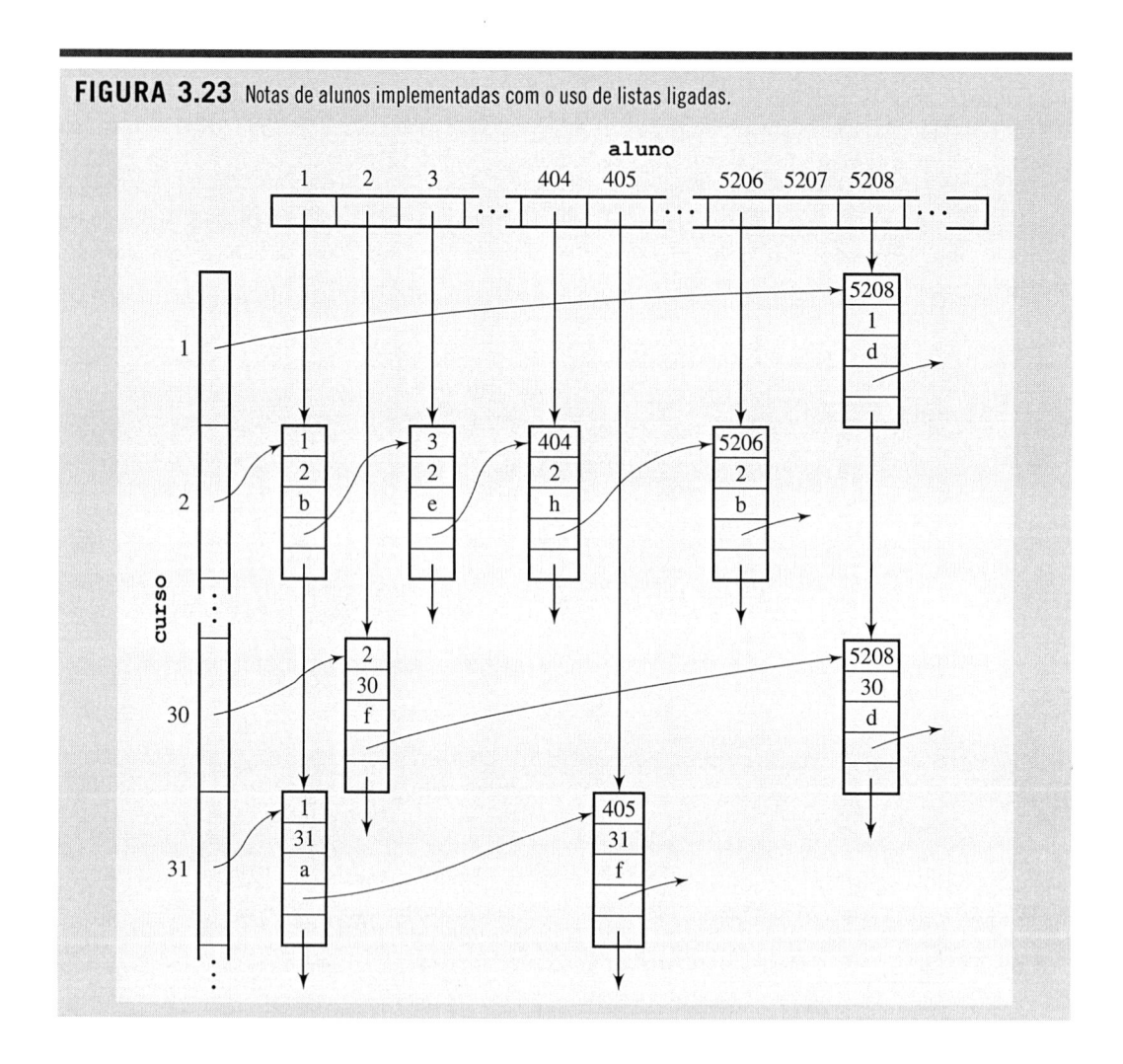

FIGURA 3.23 Notas de alunos implementadas com o uso de listas ligadas.

3.7 Listas na biblioteca de formatos-padrão

O contêiner de sequência de lista é uma implementação de várias operações nos nós de uma lista ligada. A STL implementa uma lista como duplamente ligada genérica, com ponteiros para o topo e para o resto. Uma instância deste tipo de lista que armazena inteiros é apresentada na Figura 3.9.

A classe list pode ser usada em um programa somente se estiver incluída com a instrução
`#include <list>`

As funções-membro incluídas no contêiner de lista são mostradas na Figura 3.24.

Uma nova lista é gerada com a instrução
`list<T> lst;`

onde T pode ser de qualquer tipo de dados. Se for um tipo definido pelo usuário, o tipo precisa também incluir um construtor default que é exigido para a inicialização dos novos nós. Caso contrário, o compilador fica incapaz de compilar as funções-membro com argumentos inicializados pelo construtor default. Estes incluem um construtor e funções `resize()`, `assign()` e uma versão de `insert()`. Note que este problema não surge quando se está criando uma lista de ponteiros para tipos definidos pelo usuário, como em
`list<T*> ptrLst;`

FIGURA 3.24 Uma lista alfabética das funções-membro na classe `list`.

Função-membro	Ação e valor retornado
`void assign(iterator first, iterator last)`	remove todos os nós da lista e insere nela os elementos a partir do intervalo indicado pelos iteradores primeiro e ultimo
`void assign(size_type n, el const T& el = T())`	remove todos os nós da lista e insere nela n cópias de el (se el não for fornecido, um construtor default T() será usado)
`T& back()`	retorna o elemento do último nó da lista
`const T& back() const`	retorna o elemento do último nó da lista
`iterator begin()`	retorna um iterador que referencia o primeiro nó da lista
`const_iterator begin() const`	retorna um iterador que referencia o primeiro nó da lista
`void clear()`	remove todos os nós da lista
`bool empty() const`	retorna true se a lista não inclui qualquer nó, caso contrário, false
`iterator end()`	retorna um iterador que está adiante do último nó da lista
`const_iterator end() const`	retorna um iterador que está adiante do último nó da lista
`iterator erase(iterator i)`	remove o nó referenciado pelo iterador i; retorna um iterador para o elemento seguinte ao último removido
`iterator erase(iterator first, iterator last)`	remove os nós do intervalo indicado pelos iteradores primeiro (first) e ultimo (last); retorna um iterador para o elemento seguinte ao último removido
`T& front()`	retorna o elemento do primeiro nó da lista
`const T& front() const`	retorna o elemento do primeiro nó da lista
`iterator insert(iterator i, const T& el = T())`	insere el antes do nó referenciado pelo iterador i e retorna o iterador referenciado pelo novo nó
`void insert(iterator i, size_type n, const T& el)`	insere n cópias de el antes do nó referenciado pelo iterador i
`void insert(iterator i, iterator first, iterator last)`	insere elementos a partir da posição referenciada por primeiro (first) até a posição referenciada por ultimo (last) antes do nó referenciado pelo iterador i
`list()`	constrói uma lista vazia
`list(syze_type n, const T& el = T())`	constrói uma lista com n cópias de el do tipo T
`list(iterator first, iterator last)`	constrói uma lista com elementos a partir do intervalo indicado pelos iteradores primeiro (first) e ultimo (last)
`list(const lst<T>& lst)`	construtor de cópia
`size_type max_size() const`	retorna o número máximo de nós para a lista
`void merge(lst<T>& lst)`	para a lista ordenada corrente e lst, remove todos os nós de lst e os insere ordenadamente na lista corrente

FIGURA 3.24 Uma lista alfabética das funções-membro na classe `list`. *(continuação)*

Função-membro	Ação e valor retornado
`void merge(lst<T>& lst, Comp f)`	para a lista ordenada corrente e `lst`, remove todos os nós de `lst` e os insere na lista corrente na ordem especificada pela função `f()` booleana de dois argumentos
`void pop_back()`	remove o último nó da lista
`void pop_front()`	remove o primeiro nó da lista
`void push_back(const T& el)`	Insere `el` no final da lista
`void push_front(const T& el)`	Insere `el` no topo da lista
`void remove (const T& el)`	remove da lista todos os nós que incluem `el`
`void remove_if (Pred f)`	remove os nós para os quais uma função `f()` booleana de um argumento retorna `true`
`void resize (size_type n, const T& el = T())`	faz a lista ter n nós adicionando n - `size()` mais nós com o elemento `el`, ou descartando `size()` - n nós de transbordo a partir do final da lista
`void reverse ()`	inverte a lista
`reverse_iterator rbegin ()`	retorna um iterador que aponta para o último nó da lista
`const_reverse_iterator rbegin() const`	retorna um iterador que aponta para o último nó da lista
`reverse_iterator rend ()`	retorna um iterador posicionado antes do primeiro nó da lista
`const_reverse_iterator rend () const`	retorna um iterador posicionado antes do primeiro nó da lista
`size_type size() const`	retorna o número de nós da lista
`void sort()`	ordena elementos da lista em ordem ascendente
`void sort(comp f)`	ordena elementos da lista na ordem especificada pela função `f()` booleana de dois argumentos
`void splice(iterator i, list<T>& lst)`	remove os nós da lista `lst` e os insere na lista antes da posição referenciada pelo iterador `i`
`void splice(iterator i, list<T>& lst, iterador j)`	remove da lista `lst` o nó referenciado pelo iterador `j` e o insere na lista antes da posição referenciada pelo iterador `i`
`void splice(iterator i, list<T>&, iterator first, iterator last)`	remove da lista `lst` os nós do intervalo indicado pelos iteradores `primeiro (first)` e `ultimo (last)` e os insere na lista antes da posição referenciada pelo iterador `i`
`void swap(list<T>& lst)`	troca o conteúdo da lista com o de outra lista `lst`
`void unique()`	remove os elementos duplicados da lista ordenada
`void unique(comp f)`	remove os elementos duplicados da lista ordenada, onde ser duplicado é especificado pela função `f()` booleana de dois argumentos

FIGURA 3.25 Um programa demonstrando a operação das funções-membro `list`.

```cpp
#include <iostream>
#include <list>
#include <algorithm>
#include <functional>

using namespace std;

int main() {
    list<int> lst1;                         // lst1 esta vazia
    list<int> lst2(3,7);                    // lst2 = (7 7 7)
    for (int j = 1; j <= 5; j++)            // lst1 = (1 2 3 4 5)
        lst1.push_back(j);
    list<int>::iterator i1 = lst1.begin(), i2 = i1, i3;
    i2++; i2++; i2++;
    list<int> lst3(++i1,i2);                // lst3 = (2 3)
    list<int> lst4(lst1);                   // lst4 = (1 2 3 4 5)
    i1 = lst4.begin();
    lst4.splice(++i1,lst2);                 // lst2 esta vazia,
                                            // lst4 = (1 7 7 7 2 3 4 5)
    lst2 = lst1;                            // lst2 = (1 2 3 4 5)
    i2 = lst2.begin();
    lst4.splice(i1,lst2,++i2);              // lst2 = (1 3 4 5),
                                            // lst4 = (1 7 7 7 2 2 3 4 5)
    i2 = lst2.begin();
    i3 = i2;
    lst4.splice(i1,lst2,i2,++i3);           // lst2 = (3 4 5),
                                            // lst4 = (1 7 7 7 2 1 2 3 4 5)
    lst4.remove(1);                         // lst4 = (7 7 7 2 2 3 4 5)
    lst4.sort();                            // lst4 = (2 2 3 4 5 7 7 7)
    lst4.unique();                          // lst4 = (2 3 4 5 7)
    lst1.merge(lst2);                       // lst1 = (1 2 3 3 4 4 5 5),
                                            // lst2 esta vazia
    lst3.reverse();                         // lst3 = (3 2)
    lst4.reverse();                         // lst4 = (7 5 4 3 2)
    lst3.merge(lst4,greater<int>());        // lst3 = (7 5 4 3 3 2 2),
                                            // lst4 esta vazia
    lst3.remove_if(bind2nd(not_equal_to<int>(),3));// lst3 = (3 3)
    lst3.unique(not_equal_to<int>());       // lst3 = (3 3)
    return 0;
}
```

O trabalho da maioria das funções-membro já foi ilustrado no caso do contêiner vector (veja a Figura 1.4 e a discussão sobre essas funções na Seção 1.8). O contêiner vector tem somente três funções-membro não encontradas no contêiner list (`at()`, `capacity()` e `reserve()`), mas há um número de funções-membro list que não são encontradas no contêiner vector. Exemplos de suas operações estão na Figura 3.25.

3.8 Conclusões

As listas ligadas foram introduzidas para superar as limitações das matrizes, permitindo a alocação dinâmica de quantidades justas de memória. Elas permitem a fácil inserção e remoção de informação, uma vez que tais operações têm impacto local na lista. Para inserir um novo elemento no começo da matriz, todos os seus elementos têm que ser transferidos para criar espaço para o novo item, por isso a inserção tem um impacto global na matriz. O mesmo ocorre com a remoção. Então, devemos sempre usar listas ligadas em vez de matrizes?

Matrizes têm algumas vantagens sobre as listas ligadas, ou seja, permitem acesso não sequencial. Para acessar o décimo nó de uma lista ligada, os nove precedentes têm que ser visitados. Na matriz podemos ir para o décimo nó diretamente. Portanto, se o acesso imediato a qualquer elemento é necessário, então uma matriz é a melhor escolha. Foi assim com a busca binária, e é também com a maioria dos algoritmos de ordenação (veja o Capítulo 9). Mas, se estamos constantemente acessando somente alguns elementos — o primeiro, o segundo, o último, e assim por diante —, e se mudar a estrutura é a essência de um algoritmo, então usar uma lista ligada é a melhor opção. Um bom exemplo é a fila, discutida no próximo capítulo.

Outra vantagem no uso das matrizes é o espaço. Para conter os itens na matriz, as células têm que ser do tamanho dos itens. Nas listas ligadas armazenamos um item por nó e o nó também inclui pelo menos um ponteiro; nas duplamente ligadas, o nó contém dois ponteiros. Para listas ligadas grandes, uma quantidade significativa de memória é necessária para armazenar os ponteiros. Em consequência, se um problema não exige muitas transferências de dados, então ter uma matriz superdimensionada pode não levar ao desperdício se seu tamanho é comparado com a quantidade de espaço necessário para a estrutura ligada que armazena os mesmos dados.

3.9 Estudo de caso: Uma biblioteca

Este estudo de caso é um programa que pode ser usado em uma pequena biblioteca para nela incluir novos livros, registrar saída de livros pelas pessoas e devolvê-los.

Como este programa é uma prática no uso de listas ligadas, quase tudo é implementado em termos de listas. Mas, para torná-lo mais interessante, ele usa listas de listas que também contêm referências cruzadas (veja a Figura 3.26).

Primeiro, poderia haver uma lista incluindo autores de todos os livros da biblioteca. No entanto, a busca através desta lista talvez fosse demorada, por isso poderia ser agilizada escolhendo-se uma entre duas estratégias:

- a lista pode ser ordenada alfabeticamente e a busca ser interrompida se encontramos o nome, um nome de autor adiante daquele que estamos buscando, ou se atingimos o final da lista;
- podemos usar uma matriz de ponteiros para as estruturas de autor e indexadas com letras; cada célula da matriz aponta para a lista de autores cujos nomes comecem com a mesma letra.

A melhor estratégia é combinar as duas abordagens. No entanto, neste estudo de caso, somente a segunda abordagem é usada, e o leitor é encorajado a ampliar o programa adicionando a primeira. Note que os artigos *a*, *an* e *the* no início dos títulos devem ser desprezados durante a operação de ordenação.

O programa usa uma matriz `catalog` de todos os autores de livros incluídos na biblioteca e uma matriz `people` de todas as que usaram a biblioteca pelo menos uma vez. Ambas as matrizes são indexadas com letras de modo que, por exemplo, a posição `catalog['F']` se refere a uma lista de todos os autores cujos nomes comecem com F.

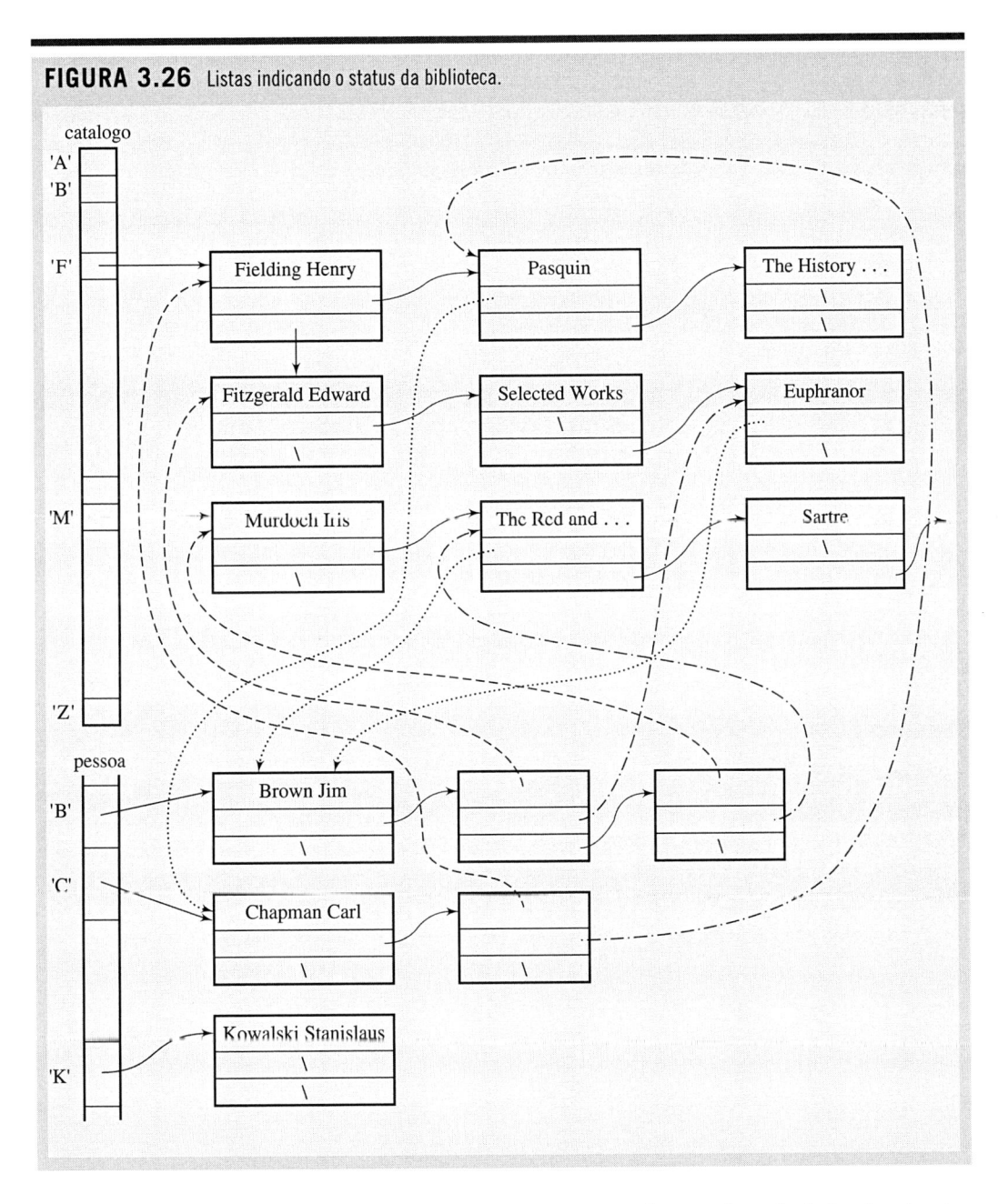

FIGURA 3.26 Listas indicando o status da biblioteca.

Como podemos ter diversos livros de um mesmo autor, um dos membros de dados do nó autor se refere à lista de livros de sua autoria que podem ser encontrados na biblioteca. De maneira similar, cada pessoa pode retirar diversos livros, por isso o nó correspondendo a essa pessoa contém uma referência à lista de livros correntemente por ela retirados. Este fato é também indicado ajustando-se o membro `patron` do livro retirado para o nó pertencendo à `pessoa` que está retirando o livro.

Os livros podem ser devolvidos, e este fato deve ser refletido removendo-se os nós apropriados da lista de livros retirados da pessoa que os devolveu. O membro `patron` no nó relacionado ao livro que está sendo retornado tem que ser reajustado para nulo.

O programa define quatro classes: `Author (Autor)`, `Book (Livro)`, `Patron (Pessoa)` e `CheckedOut (Livro Retirado)`. Para definir os diferentes tipos de listas, os recursos da STL são usados, em particular a biblioteca `<list>`.

O programa permite ao usuário escolher uma das cinco operações: incluir um livro, registrar a saída de um livro, devolver um livro, mostrar o status corrente da biblioteca e sair do programa. A operação é escolhida depois que um menu é exibido e entra-se com um número apropriado. O ciclo de exibir o menu e executar uma operação selecionada termina com a escolha da opção de saída. Eis um exemplo do status para uma situação mostrada na Figura 3.26:

```
A Biblioteca tem os seguintes livros:

Fielding Henry
    * Pasquin - retirado por Chapman Carl
    * The History of Tom Jones
Fitzgerald Edward
    * Selected Works
    * Euphranor - retirado por Brown Jim
Murdoch Iris
    * The Red and the Green - retirado por Brown Jim
    * Sartre
    * The Bell

As seguintes pessoas estao usando a biblioteca:

Brown Jim tem os seguintes livros
    * Fitzgerald Edward, Euphranor
    * Murdoch Iris, The Red and the Green
Chapman Carl tem os seguintes livros
    * Fielding Henry, Pasquin
Kowalski Stanislaus nao tem livros
```

Note que o diagrama na Figura 3.26 é simplificado, pois as cadeias de caracteres não são armazenadas diretamente nas estruturas, somente os ponteiros para essas cadeias. Por isso, tecnicamente, cada nome e título devem ser mostrados fora das estruturas com vínculos que levem a eles. Um fragmento da Figura 3.26 é exibido na Figura 3.27 com os detalhes de implementação evidenciados mais explicitamente. A Figura 3.28 contém o código para o programa de biblioteca.

Capítulo 3   Listas Ligadas   ■ 103

FIGURA 3.27 Fragmento da estrutura 3.26 com todos os objetos usados na implementação.

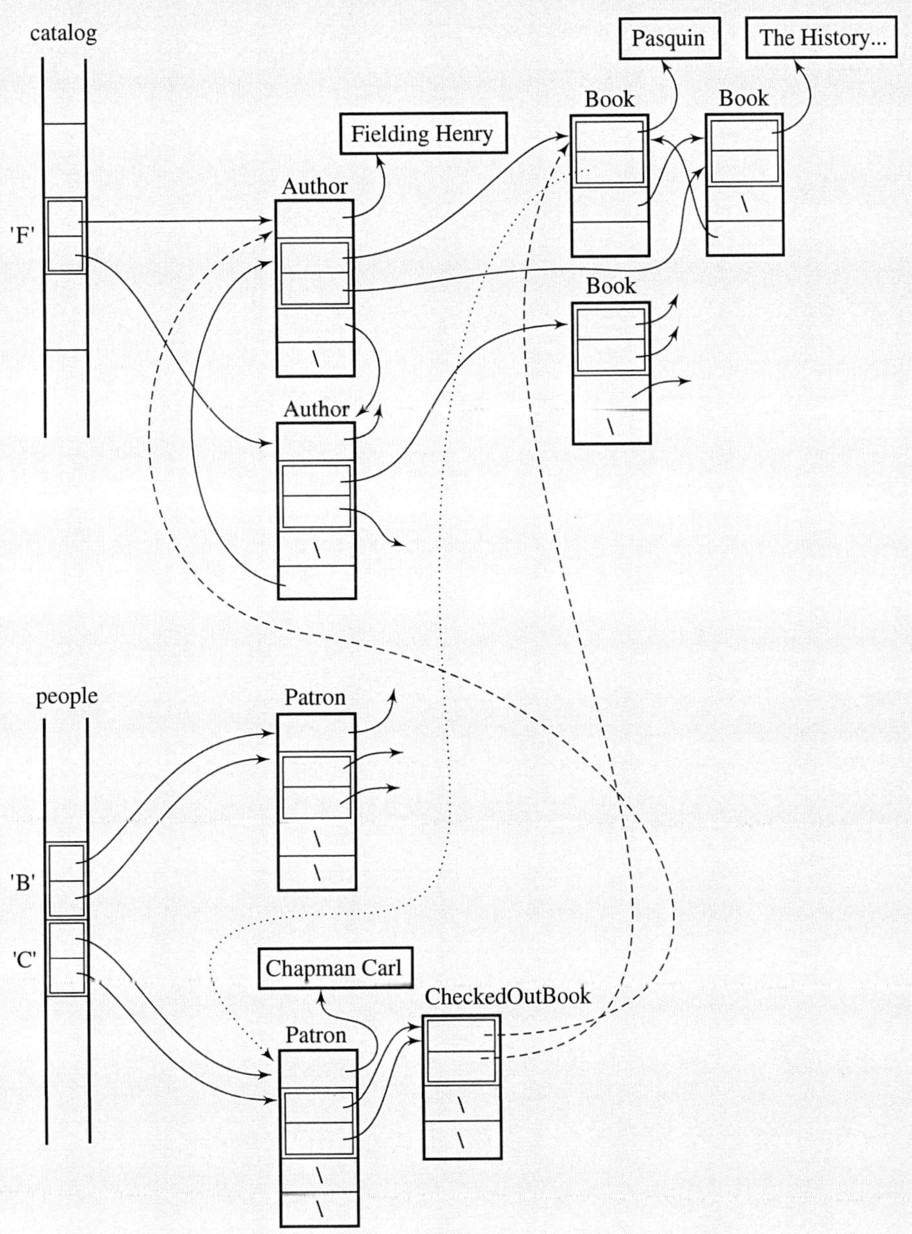

FIGURA 3.28 O programa biblioteca.

```cpp
#include <iostream>
#include <string>
#include <list>
#include <algorithm>

using namespace std;

class Patron;        // declaracao a frente;

class Book {
public:
   Book() {
      patron = 0;
   }
   bool operator== (const Book& bk) const {
      return strcmp(title,bk.title) == 0;
   }
private:
   char *title;
   Patron *patron;
   ostream& printBook(ostream&) const;
   friend ostream& operator<< (ostream& out, const Book& bk) {
       return bk.printBook(out);
   }
   friend class CheckedOutBook;
   friend Patron;
   friend void includeBook();
   friend void checkOutBook();
   friend void returnBook();
};

class Author {
public:
   Author() {
   }
   bool operator== (const Author& ar) const {
      return strcmp(name,ar.name) == 0;
   }
private:
   char *name;
   list<Book> books;
   ostream& printAuthor(ostream&) const;
   friend ostream& operator<< (ostream& out,const Author& ar) {
        return ar.printAuthor(out);
   }
   friend void includeBook();
   friend void checkOutBook();
   friend void returnBook();
   friend class CheckedOutBook;
   friend Patron;
};
```

FIGURA 3.28 O programa biblioteca. (*continuação*)

```cpp
class CheckedOutBook {
public:
   CheckedOutBook(list<Author>::iterator ar = 0,
                  list<Book>::iterator bk = 0) {
       author = ar;
       book = bk;
   }
   bool operator== (const CheckedOutBook& bk) const {
       return strcmp(author->name,bk.author->name) == 0 &&
              strcmp(book->title,bk.book->title) == 0;
   }
private:
   list<Author>::iterator author;
   list<Book>::iterator book;
   friend void checkOutBook();
   friend void returnBook();
   friend Patron;
};

class Patron {
public:
   Patron() {
   }
   bool operator== (const Patron& pn) const {
       return strcmp(name,pn.name) == 0;
   }
private:
   char *name;
   list<CheckedOutBook> books;
   ostream& printPatron(ostream&) const;
   friend ostream& operator<< (ostream& out, const Patron& pn) {
           return pn.printPatron(out);
   }
   friend void checkOutBook();
   friend void returnBook();
           friend Book;
};

list<Author> catalog['Z'+1];
list<Patron> people['Z'+1];

ostream& Author::printAuthor(ostream& out) const {
   out << name << endl;
   list<Book>::const_iterator ref = books.begin();
   for ( ; ref != books.end(); ref++)
      out << *ref; // sobrecarregado <<
   return out;
}
```

FIGURA 3.28 O programa biblioteca. (*continuação*)

```cpp
ostream& Book::printBook(ostream& out) const {
    out << "    * " << title;
    if (patron != 0)
        out << " - checked out to " << patron->name; // sobrecarregado <<
    out << endl;
    return out;
}

ostream& Patron::printPatron(ostream& out) const {
    out << name;
    if (!books.empty()) {
        out << " has the following books:\n";
        list<CheckedOutBook>::const_iterator bk = books.begin();
        for ( ; bk != books.end(); bk++)
            out << "    * " << bk->author->name << ", "
                << bk->book->title << endl;
    }
    else out << " has no books\n";
    return out;
}

template<class T>
ostream& operator<< (ostream& out, const list<T>& lst) {
    for (list<T>::const_iterator ref = lst.begin(); ref != lst.end();
         ref++) out << *ref; // overloaded <<
    return out;
}

char* getString(char *msg) {
    char s[82], i, *destin;
    cout << msg;
    cin.get(s,80);
    while (cin.get(s[81]) && s[81] != '\n'); // descarta caracteres
    destin = new char[strlen(s)+1];          // com sobrecarga;
    for (i = 0; destin[i] = toupper(s[i]); i++);
    return destin;
}

void status() {
    register int i;
    cout << "Library has the following books:\n\n";
    for (i = 'A'; i <= 'Z'; i++)
        if (!catalog[i].empty())
            cout << catalog[i];
    cout << "\nThe following people are using the library:\n\n";
    for (i = 'A'; i <= 'Z'; i++)
        if (!people[i].empty())
            cout << people[i];
}
```

FIGURA 3.28 O programa biblioteca. (*continuação*)

```cpp
void includeBook() {
    Author newAuthor;
    Book newBook;
    newAuthor.name = getString("Enter author's name: ");
    newBook.title  = getString("Enter the title of the book: ");
    list<Author>::iterator oldAuthor =
            find(catalog[newAuthor.name[0]].begin(),
                catalog[newAuthor.name[0]].end(),newAuthor);
    if (oldAuthor == catalog[newAuthor.name[0]].end()) {
        newAuthor.books.push_front(newBook);
        catalog[newAuthor.name[0]].push_front(newAuthor);
    }
    else (*oldAuthor).books.push_front(newBook);
}
void checkOutBook() {
    Patron patron;
    Author author;
    Book book;
    list<Author>::iterator authorRef;
    list<Book>::iterator bookRef;
    patron.name = getString("Enter patron's name: ");
    while (true) {
        author.name = getString("Enter author's name: ");
        authorRef = find(catalog[author.name[0]].begin(),
                       catalog[author.name[0]].end(),author);
        if (authorRef == catalog[author.name[0]].end())
             cout << "Misspelled author's name\n";
        else break;
    }
    while (true) {
        book.title = getString("Enter the title of the book: ");
        bookRef = find((*authorRef).books.begin(),
                     (*authorRef).books.end(),book);
        if (bookRef == (*authorRef).books.end())
             cout << "Misspelled title\n";
        else break;
    }
    list<Patron>::iterator patronRef;
    patronRef = find(people[patron.name[0]].begin(),
                   people[patron.name[0]].end(),patron);
    CheckedOutBook checkedOutBook(authorRef,bookRef);
    if (patronRef == people[patron.name[0]].end()) { // nova pessoa (patron)
        patron.books.push_front(checkedOutBook);    //    na biblioteca;
        people[patron.name[0]].push_front(patron);
        (*bookRef).patron = &*people[patron.name[0]].begin();
    }
    else {
        (*patronRef).books.push_front(checkedOutBook);
```

FIGURA 3.28 O programa biblioteca. (*continuação*)

```cpp
         (*bookRef).patron = &*patronRef;
   }
}

void returnBook() {
   Patron patron;
   Book book;
   Author author;
   list<Patron>::iterator patronRef;
   list<Book>::iterator bookRef;
   list<Author>::iterator authorRef;
   while (true) {
      patron.name = getString("Enter patron's name: ");
      patronRef = find(people[patron.name[0]].begin(),
                       people[patron.name[0]].end(),patron);
      if (patronRef == people[patron.name[0]].end())
          cout << "Patron's name misspelled\n";
      else break;
   }
   while (true) {
      author.name = getString("Enter author's name: ");
      authorRef = find(catalog[author.name[0]].begin(),
                       catalog[author.name[0]].end(),author);
      if (authorRef == catalog[author.name[0]].end())
          cout << "Misspelled author's name\n";
      else break;
   }
   while (true) {
      book.title = getString("Enter the title of the book: ");
      bookRef = find((*authorRef).books.begin(),
                     (*authorRef).books.end(),book);
      if (bookRef == (*authorRef).books.end())
          cout << "Misspelled title\n";
      else break;
   }
   CheckedOutBook checkedOutBook(authorRef,bookRef);
   (*bookRef).patron = 0;
   (*patronRef).books.remove(checkedOutBook);
}

int menu() {
   int option;
   cout << "\nEnter one of the following options:\n"
        << "1. Include a book in the catalog\n2. Check out a book\n"
        << "3. Return a book\n4. Status\n5. Exit\n"
        << "Your option? ";
   cin >> option;
```

FIGURA 3.28 O programa biblioteca. (*continuação*)

```
    cin.get();        // descarta '\n';
    return option;
}

void main() {
    while (true)
        switch (menu()) {
            case 1: includeBook();   break;
            case 2: checkOutBook();  break;
            case 3: returnBook();    break;
            case 4: status();        break;
            case 5: return 0;
            default: cout << "Wrong option, try again: ";
        }
}
```

3.10 Exercícios

1. Assuma que uma lista duplamente ligada circular foi criada, como na Figura 3.29. Depois de cada uma das seguintes atribuições, indique as mudanças feitas na lista mostrando quais vínculos foram modificados. A segunda atribuição deve fazer mudanças na lista modificada pela primeira atribuição, e assim por diante.

FIGURA 3.29 Uma lista duplamente ligada circular.

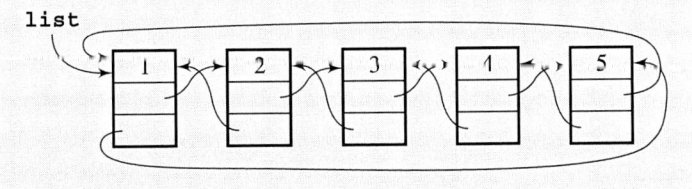

```
list->next->next->next = list->prev;
list->prev->prev->prev = list->next->next->next->prev;
list->next->next->next->prev = list->prev->prev->prev;
list->next = list->next->next;
list->next->prev->next = list->next->next->next;
```

2. Quantos nós a menor lista deve ter? E a mais longa?
3. A lista na Figura 3.11 foi criada na Seção 3.2 com três atribuições. Crie esta lista com somente uma atribuição.
4. Faça a fusão de duas listas singularmente ligadas ordenadas de inteiros em uma única lista ordenada.
5. Remova o *i*-ésimo nó em uma lista ligada. Tenha certeza de que tal nó existe.

6. Remova da lista L_1 os nós cujas posições devem ser encontradas na lista ordenada L_2. Por exemplo, se L_1 = (A B C D E) e L_2 = (2 4 8), então o segundo e o quarto nós devem ser removidos da lista L_1 (o oitavo nó não existe) e, depois da remoção, L_1 = (A C E).

7. Remova da lista L_1 os nós que ocupam as posições indicadas nas listas ordenadas L_2 e L_3. Por exemplo, se L_1 = (A B C D E), L_2 = (2 4 8), e L_3 = (2 5), então, depois da remoção, L_1 = (A C).

8. Remova de uma lista ordenada L os nós que ocupam as posições indicadas na própria lista L. Por exemplo, se L = (1 3 5 7 8), então, depois da remoção, L = (3 7).

9. Uma lista ligada não precisa ser implementada com ponteiros. Sugira outras implementações de listas ligadas.

10. Escreva uma função-membro para verificar se duas listas singularmente ligadas têm o mesmo conteúdo.

11. Escreva uma função-membro para inverter uma lista singularmente ligada usando somente uma passada através da lista.

12. Insira um novo nó dentro de uma lista singularmente ligada (a) antes de um nó apontado por p nesta lista e (b) depois deste nó (possivelmente o primeiro ou o último). Não use laços em qualquer dessas operações.

13. Anexe uma lista singularmente ligada ao fim de outra lista singularmente ligada.

14. Coloque números em uma lista singularmente ligada em ordem ascendente. Use esta operação para encontrar a mediana desta lista de números.

15. Como pode uma lista singularmente ligada ser implementada de modo que a inserção não exija teste para verificar se topo é nulo?

16. Insira um nó no meio de uma lista duplamente ligada.

17. Escreva um código para a classe IntCircularSLList para uma lista singularmente ligada circular que inclua equivalentes das funções-membro listadas na Figura 3.2.

18. Escreva um código para a classe IntCircularDLList para uma lista duplamente ligada circular que inclua equivalentes das funções-membro listadas na Figura 3.2.

19. Quão provável é a ocorrência do pior caso para pesquisar uma lista de salto?

20. Considere os métodos mover-para-frente, transposição, contagem e de ordenação.

    a. Em que caso uma lista mantida por esses métodos não é modificada?

    b. Em que caso esses métodos exigem uma busca exaustiva de listas para cada pesquisa, assumindo que somente elementos na lista são pesquisados?

21. Há uma grande diferença entre a eficiência de métodos simples e de transposição dependendo se uma nova palavra é colocada no início da lista ou no seu final. Parece que uma nova palavra deve ser colocada no início, uma vez que está sendo utilizada atualmente e palavras que são encontradas na lista sendo movidas para o seu início. Explique a razão para tal discrepância.

22. Na discussão de listas auto-organizadas, somente o número de comparações foi considerado como medida de eficiência dos diferentes métodos. Esta medida pode, no entanto, ser grandemente afetada por uma implementação particular da lista. Discuta como a eficiência dos métodos mover-para-frente, transposição, contagem e ordenação é afetada quando a lista é implementada como

    a. uma matriz;

    b. uma lista singularmente ligada;

    c. uma lista duplamente ligada;

23. Para listas duplamente ligadas existem duas variantes dos métodos mover-para-frente e de transposição (MATTHEWS, ROTEM e BRETHOLZ, 1980). O método *mover-*

Capítulo 3   Listas Ligadas   ■   111

-para-frente move um elemento sendo acessado para a extremidade oposta a partir da qual a pesquisa inicia. Por exemplo, se a lista duplamente ligada é uma de itens *A B C D* e a pesquisa inicia a partir da extremidade direita para acessar o nó *C*, então a lista reorganizada é *A B D C*. Se a pesquisa para *C* iniciou a partir da extremidade esquerda, o resultado é *C A B D*.

A técnica de *troca* transpõe um nó com seu predecessor também com relação à extremidade a partir da qual a pesquisa se iniciou (NG e OOMMEN, 1989). Assumindo que somente elementos da lista estão nos dados, qual é o pior caso para uma lista duplamente ligada movida-para-o-fim quando a pesquisa é feita alternadamente da esquerda e da direita? E para uma lista de troca?

24. Qual é o número máximo de comparações, para a pesquisa ótima, para as 14 letras mostradas na Figura 3.19?

25. Adapte a pesquisa binária para as listas ligadas. Quão eficiente pode ser esta pesquisa?

3.11 Tarefas de programação

1. As frações de Farey de nível um são definidas como a sequência $\left(\frac{0}{1}, \frac{1}{1}\right)$. Esta sequência é estendida no nível dois para formar a sequência $\left(\frac{0}{1}, \frac{1}{2}, \frac{1}{1}\right)$, a $\left(\frac{0}{1}, \frac{1}{3}, \frac{1}{2}, \frac{2}{3}, \frac{1}{1}\right)$ no nível três e a $\left(\frac{0}{1}, \frac{1}{4}, \frac{1}{3}, \frac{1}{2}, \frac{2}{3}, \frac{3}{4}, \frac{1}{1}\right)$ no nível quatro, de modo que a cada nível *n* uma nova fração $\frac{a+b}{c+d}$ é inserida entre duas frações vizinhas $\frac{a}{c}$ e $\frac{b}{d}$ somente se $c + d \leq n$. Escreva um programa que, para um número *n* entrado pelo usuário, crie – estendendo-a constantemente – uma lista ligada de frações no nível *n* e então as exiba.

2. Escreva um programa simples de reserva de bilhetes de linha aérea. O programa exibe um menu com as seguintes opções: reserva de bilhete, cancelamento de bilhete, verificação se um bilhete está reservado para uma pessoa em particular e exibição dos passageiros. A informação é mantida em ordem alfabética numa lista ligada de nomes. Em uma versão mais simples do programa, assuma que os bilhetes estão reservados para somente um voo. Numa versão mais completa, não coloque limite no número de voos. Crie uma lista ligada de voos com cada nó incluindo um ponteiro para uma lista ligada de passageiros.

3. Leia a Seção 12.1 sobre o método de ajuste sequencial. Implemente os métodos discutidos com as listas ligadas e compare suas eficiências.

4. Escreva um programa para simular gerenciamento de arquivos em discos. Defina o disco como uma matriz unidimensional `disco` de tamanho `numSetores*tamSetor`, onde `tamSetor` indica o número de caracteres armazenados em um setor. (Para fins de depuração, faça-o um número muito pequeno.) Uma área de setores disponíveis é mantida em uma lista ligada `setores` de estruturas de três campos: dois para indicar intervalos de setores disponíveis e um `proximo`. Os arquivos são mantidos numa lista ligada `arquivo` de estruturas de quatro campos: nome do arquivo, número de caracteres no arquivo, um ponteiro para uma lista ligada de setores na qual o conteúdo do arquivo pode ser encontrado e o campo `proximo`.

    a. Na primeira parte, implemente funções para gravar e para remover arquivos. A gravação de arquivos exige requisitar um número suficiente de setores da `area`, se disponível. Os setores não precisam ser contíguos, assim a lista atribuída ao arquivo pode conter diversos nós. O conteúdo dos arquivos tem que ser escrito para os setores atribuídos aos arquivos. A remoção de um arquivo exige somente que se removam os nós que correspondam a este arquivo (um de `arquivos` e o resto de sua própria lista de setores) e que se transfiram os setores atribuídos a este arquivo de volta a `area`. Nenhuma mudança é feita em `disco`.

b. A fragmentação do arquivo torna vagarosa sua recuperação. Na situação ideal, um grupo de setores é atribuído a um arquivo. No entanto, depois de muitas operações com os arquivos, isto pode não ser possível. Estenda o programa a fim de incluir uma função `junta()` para transferir arquivos aos setores contíguos; isto é, para criar a situação ilustrada na Figura 3.30. Os arquivos fragmentados `arquivo1` e `arquivo2` ocupam somente um grupo de setores depois que `junta()` é terminado. No entanto, um cuidado especial deve ser tomado para não sobrescrever setores ocupados por outros arquivos. Por exemplo, `arquivo1` exige oito setores; cinco setores estão livres no começo de `area`, mas os setores 5 e 6 estão ocupados por `arquivo2`. Em consequência, um arquivo f que ocupa tais setores tem que ser localizado primeiro, varrendo `arquivos`. O conteúdo desses setores precisa ser transferido para posições desocupadas, que exigem atualizar os setores que pertencem a f na lista vinculada; somente então podem os setores liberados ser utilizados. Um modo de realizar isto é copiar, da área dentro da qual um arquivo é copiado, pedaços de setores de outro arquivo dentro de uma área do disco grande o suficiente para acomodá-los. No exemplo da Figura 3.30, o conteúdo de `arquivo1` é primeiro copiado para os setores de 0 até 4, e então a cópia é temporariamente suspensa porque o setor 5 está ocupado. Assim, o conteúdo dos setores 5 e 6 é movido para os setores 12 e 14, e a cópia de `arquivo1` é retomada.

5. Escreva um editor de linha simples. Mantenha o texto inteiro em uma lista ligada, cada linha em um nó distinto. Comece o programa entrando EDIT arquivo, após o qual é apresentado um cursor, juntamente com o número da linha. Se a letra I é entrada com um número n seguindo-a, insira o texto que segue antes da linha n. Se I não é seguida de um número, insira antes da linha corrente. Se D é entrado com dois números, n e m, um n ou sem número seguindo-o, remova as linhas de n até m, linha n ou a linha corrente. Faça o mesmo com o comando L, que significa listar linhas. Se A é entrado, anexe o texto às linhas existentes. Entrar E significa sair e gravar o texto no arquivo. Eis um exemplo:

```
EDIT arquivoteste
1> A primeira linha
2>
3> E outra linha
4> I 3
3> A segunda linha
4> Mais uma linha
5> L
1> A primeira linha
2>
3> A segunda linha
4> Mais uma linha
5> E outra linha       // Esta e agora a linha 5, nao 3;
5> D 2                 // linha 5, pois L foi emitida a partir da linha 5;
4> L                   // linha 4, pois uma linha foi removida;
1> A primeira linha
2> A segunda linha     // esta e as linhas seguintes
        3> Mais uma linha    // nao ha novos números;
        4> E outra linha
        4> E
```

FIGURA 3.30 Listas ligadas usadas para alocar setores de disco para arquivos: (a) uma área de setores disponíveis; dois arquivos (b) antes e (c) depois de colocá-los sem setores contíguos; a situação em setores do disco 9d) antes e (e) depois dessa operação.

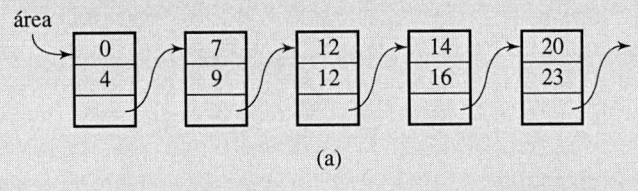

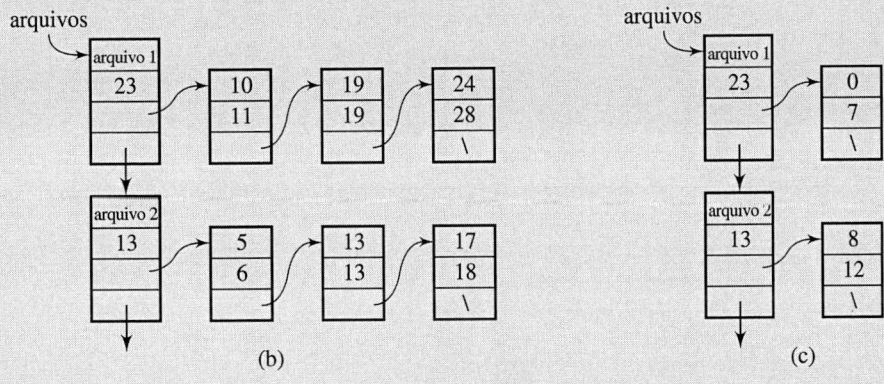

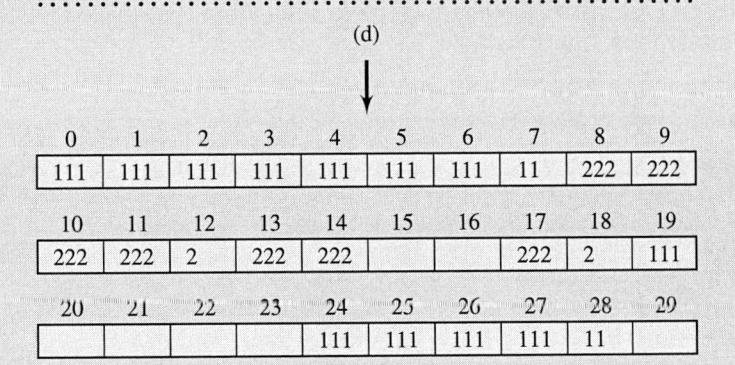

6. Estenda o programa do estudo de caso deste capítulo para armazenar toda a informação do arquivo `Biblioteca` à saída e inicializar todas as listas ligadas usando esta informação na invocação do programa. Além disso, estenda-o incluindo mais verificações de erro, tais como não permitir que o mesmo livro seja retirado ao mesmo tempo por mais de uma pessoa ou não incluir a mesma pessoa mais de uma vez na biblioteca.

7. Teste a eficiência das listas de salto. Em adição às funções dadas neste capítulo, implemente `skipListDelete()` e compare o número de acessos de nós na busca, na remoção e na inserção para grandes números de elementos. Compare esta eficiência com a das listas vinculadas e das listas vinculadas ordenadas. Teste seu programa em uma ordem de operações geradas aleatoriamente para ser executadas nos elementos. Esses elementos devem ser processados em ordem não sequencial. Então teste seu programa em amostras não aleatórias.

8. Escreva um programa simples lint para verificar se todas as variáveis foram inicializadas e se as variáveis locais têm os mesmos nomes que as globais. Crie uma lista ligada de variáveis globais e, para cada função, crie uma lista ligada de variáveis locais. Em ambas as listas armazene a informação na primeira de cada variável e verifique se qualquer inicialização foi feita antes que uma variável fosse usada pela primeira vez. Além disso, compare-as para detectar possíveis semelhanças e emitir um aviso de que uma semelhança foi encontrada. A lista de variáveis locais é removida depois que o processamento de uma função termina e é criada uma nova lista quando uma nova função é encontrada. Considere a possibilidade de manter uma ordem alfabética em ambas as listas.

Bibliografia

BENTLEY, Jon L.; McGEOCH, Catharine C. Amortized analyses of self-organizing sequential search heuristics. *Communications of the ACM*, n. 28, 1985, p. 404-11.

FOSTER, John M. *List processing*. Londres: McDonald, 1967.

HANSEN, Wilfred J. A Predecessor algorithm for ordered lists. *Information processing letters*, n. 7, 1978, p. 137-38.

HESTER, James H.; HIRSCHBERG, Daniel S. Self-organizing linear search. *Computing Surveys*, n. 17, 1985, p. 295-311.

MATTHEWS, D.; ROTEM, D.; BRETHOLZ, E. Self-organizing doubly linked lists. *International Journal of Computer Mathematics*, n. 8, 1980, p. 99-106.

NG, David T. H.; OOMMEN, B. John Generalizing singly-linked list reorganizing heuristics for doubly-linked lists. In: KRECZMAR, A.; MIRKOWSKA, G. (eds.), *Mathematical Foundations of Computer Science 1989*. Berlim: Springer, 1989, p. 380-89.

PUGH, William. Skip lists: a probabilistic alternative to balanced trees. *Communications of the ACM*, n. 33, 1990, p. 668-76.

RIVEST, Ronald. On self-organizing sequential search heuristics. *Communications of the ACM*, n. 19, 1976, v. 2, p. 63-67.

SLEATOR, Daniel D.; TARJAN, Robert E. Amortized efficiency of list update and paging rules. *Communications of the ACM*, n. 28, 1985, p. 202-08.

WILKES, Maurice V. Lists and why they are useful. *Computer Journal*, n. 7, 1965, p. 278-81.

Pilhas e Filas

4

Conforme explicado no primeiro capítulo, os tipos abstratos de dados nos permitem postergar a implementação específica do tipo de dados até que estejam bem entendidas quais operações são exigidas para operar sobre os dados. De fato, essas operações determinam a implementação dos tipos de dados mais eficientes em cada situação. Isto é ilustrado por dois tipos de dados, pilhas e filas, descritas por uma lista de operações. Somente depois que a lista das operações exigidas está determinada, apresentamos e comparamos algumas possíveis implementações.

4.1 Pilhas

Pilha é uma estrutura linear de dados que pode ser acessada somente por uma de suas extremidades para armazenar e recuperar dados. É como uma pilha de bandejas em uma lanchonete, que são colocadas e retiradas do topo da pilha. A última bandeja colocada é a primeira removida da pilha. Por esta razão, uma pilha é chamada de estrutura *LIFO* (do inglês *last in/first out*).

Pode-se pegar uma bandeja somente se houver bandejas na pilha, e uma bandeja pode ser adicionada à pilha somente se houver espaço suficiente, isto é, se a pilha não estiver muito alta. Assim, uma pilha é definida em termos das operações que modificam e das que verificam seu status. As operações são:

- *clear()*—Limpa a pilha.
- *isEmpty()*—Verifica se a pilha está vazia.
- *push(el)*—Coloca o elemento *el* no topo da pilha.
- *pop()*—Toma o elemento mais alto da pilha.
- *topEl()*—Retorna o elemento mais alto da pilha sem removê-lo.

Uma série de operações de colocar (push) e extrair (pop) é mostrada na Figura 4.1. Depois de se colocar o número 10 em uma pilha vazia, esta conterá somente este número. Depois de se colocar o número 5 na pilha, o número será colocado acima de 10, de modo que, quando a operação de extrair for executada, o 5 será removido da pilha, porque chegou depois de 10, e este último será deixado na pilha. Depois de se colocar 15 e então 7, o elemento mais no topo será 7, e este número será removido quando se executar a operação de extrair, depois da qual a pilha conterá 10 na base e 15 sobre ela.

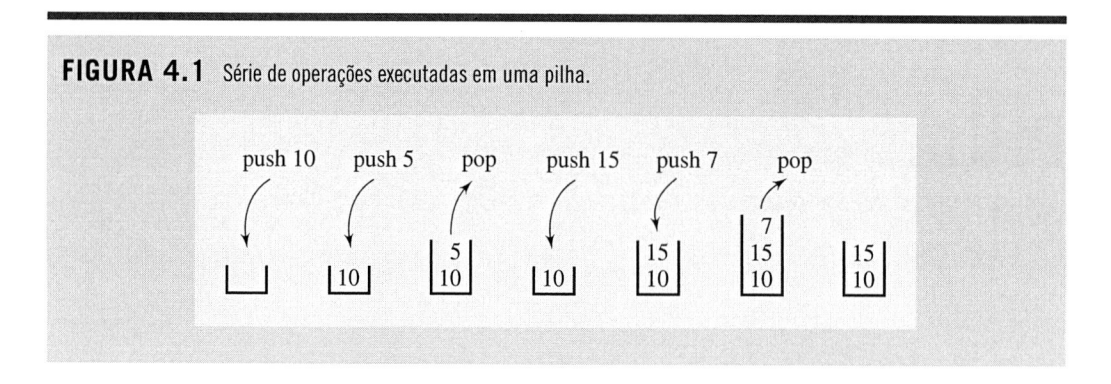

FIGURA 4.1 Série de operações executadas em uma pilha.

```
push 10    push 5    pop    push 15   push 7    pop
                                                  7
                       5              15        15      15
         10          10      10       10        10      10
```

Geralmente, a pilha é muito útil nas situações em que os dados têm que ser armazenados e então recuperados na ordem inversa. Uma aplicação da pilha é o casamento de delimitadores em um programa. Este é um exemplo importante, porque o casamento de delimitadores é parte de qualquer compilador: nenhum programa é considerado correto se os delimitadores não estão casados.

Nos programas C++ temos os seguintes delimitadores: parênteses "(" e ")", colchetes "[" e "]", chaves "{" e "}" e delimitadores de comentários "/*" e "*/". Veja a seguir exemplos de declarações C++ que usam apropriadamente os delimitadores:

```
a = b + (c - d) * (e - f);
g[10] = h[i[9]] + (j + k) * l;
while (m < (n[8] + o)) { p = 7; /* inicializa p */ r = 6; }
```

Estes exemplos são declarações nas quais não ocorre casamento:

```
a = b + (c - d) * (e - f));
g[10] = h[i[9]] + j + k) * l;
while (m < (n[8] + o]) { p = 7; /* inicializa p */ r = 6; }
```

Um delimitador em particular pode ser separado a partir de seu par por outros delimitadores, isto é, os delimitadores podem ser aninhados. Em consequência, um delimitador em particular está casado somente depois que todos os delimitadores que o seguem e que o precedem tenham sido casados. Por exemplo, na condição do laço

```
while (m < (n[8] + o))
```

o primeiro parêntese de abertura precisa estar casado com o último parêntese de fechamento, mas isto será feito somente depois que o segundo parêntese de abertura estiver casado com o parêntese de fechamento próximo ao último; isto será sucessivamente feito depois que o colchete de abertura estiver casado com o de fechamento.

O algoritmo de casamento de delimitador lê um caractere a partir de um programa C++ e o estoca em uma pilha se for um delimitador de abertura. Se um delimitador de fechamento é encontrado, ele é comparado a um delimitador extraído da pilha. Se eles se casam, o processamento continua; se não, o processamento para, assinalando um erro. O processamento do programa C++ termina com sucesso depois que o fim do programa for atingido e a pilha estiver vazia. Eis o algoritmo:

```
delimiterMatching (file)
  lê o caractere ch do arquivo file;
  while não é o fim de file
    if ch é '(', '[', or '{'
        push(ch);
    else if ch é ')', ']', ou '}'
        if ch e o caractere extraído não se casam
            falha;
    else if ch é '/'
```

```
        lê o próximo caractere;
        if este caractere é '*'
            pule todos os caracteres até encontrar "*/" e indique um erro
            se o final do arquivo for encontrado antes do "*/";
        else ch = o caractere lido em;
            continue; // ir para o início do laço;
// else ignore os outros caracteres;
        lê o próximo caractere ch a partir de file;
    if a pilha está vazia
        sucesso;
    else falha;
```

A Figura 4.2 mostra o processamento que ocorre quando se aplica este algoritmo à declaração

```
s=t[5]+u/(v*(w+y));
```

A primeira coluna da Figura 4.2 mostra o conteúdo da pilha no fim do laço antes que o próximo caractere seja fornecido a partir do arquivo do programa. A primeira linha mostra a situação inicial no arquivo e na pilha. A variável `ch` é inicializada para o primeiro caractere do arquivo — a letra s — e, na primeira iteração do laço, o caractere é simplesmente ignorado. Esta situação é mostrada na segunda linha da Figura 4.2. Então, o próximo caractere — o sinal de igual — é lido. Ele é também ignorado, da mesma forma que a letra t. Depois de ler o colchete esquerdo, este é colocado na pilha, de modo que a pilha agora tem um elemento — o colchete esquerdo. A leitura do dígito 5 não modifica a pilha, mas, depois que o colchete direito se torna o valor de `ch`, o elemento mais no topo é retirado da pilha e é comparado com `ch`. Já que o elemento extraído (colchete esquerdo) se casa com `ch` (colchete direito), o processamento da entrada continua. Depois de ler e de descartar a letra u, uma barra inclinada invertida é lida e o algoritmo verifica se ela é parte do delimitador de comentário, lendo o próximo caractere, um parêntese esquerdo. Devido o caractere lido não ser um asterisco, a barra inclinada invertida não é o início de um comentário, por isso `ch` é ajustado para o parêntese esquerdo. Na próxima iteração este parêntese é colocado na fila e o processamento continua, como mostrado na Figura 4.2. Depois de ler o último caractere — um ponto e vírgula —, o laço é deixado e a fila é verificada. Como ela está vazia (nenhum delimitador descasado foi deixado), o sucesso é declarado.

Como outro exemplo de aplicação da fila, considere uma soma de números muitos grandes. A maior grandeza de inteiros é limitada, assim, não é possível somar 18.274.364.583.929.273, 748.459.595.684.373 com 8.129.498.165.026.350.236, já que as variáveis inteiras não podem conter valores tão grandes, quanto mais sua soma. O problema pode ser resolvido se tratarmos esses números como cadeias de numerais; armazenarmos os números correspondentes a esses numerais em duas filas e então realizamos a soma extraindo-se os números das filas. O pseudocódigo para este algoritmo é:

```
addingLargeNumbers()
```
ler os numerais do primeiro número e armazenar os números correspondentes a eles em uma pilha;
ler os numerais do segundo número e armazenar os correspondentes a eles em outra pilha;
```
    resultado = 0;
    while pelo menos uma fila não esteja vazia
```
    extrair um número de cada pilha não vazia e somar a `resultado`;
    colocar a parte unitária na pilha de resultado;
    armazenar o vai-um em `resultado`;
colocar o vai-um na pilha de resultado se ele não for zero;
extrair os números da pilha de resultado e exibi-los na tela;

FIGURA 4.2 Processando a declaração `s=t[5]+u/(v*(w+y));` com o algoritmo `delimiterMatching()`.

Pilha	Caractere lido diferente de espaço branco	Entrada restante
empty		s = t[5] + u / (v * (w + y));
empty	s	= t[5] + u / (v * (w + y));
empty	=	t[5] + u / (v * (w + y));
empty	t	[5] + u / (v * (w + y));
[	[	5] + u / (v * (w + y));
[	5	] + u / (v * (w + y));
empty	]	+ u / (v * (w + y));
empty	+	u / (v * (w + y));
empty	u	/ (v * (w + y));
empty	/	(v * (w + y));
(	(	v * (w + y));
(	v	* (w + y));
(	*	(w + y));
((	(	w + y));
((	w	+y));
((	+	y));
((	y	));
((	)	);
empty	)	;
empty	;	

A Figura 4.3 mostra um exemplo de aplicação deste algoritmo. Nele, os números 592 e 3.784 são somados.

1. Os números que correspondem aos dígitos que compõem o primeiro número são colocados em `operandStack1`, e os que correspondem aos dígitos de 3.784 são colocados em `operand-Stack2`. Note a ordem dos dígitos nas pilhas.
2. Os números 2 e 4 são extraídos das pilhas e o resultado — 6 — é colocado em `resultStack`.
3. Os números 9 e 8 são extraídos das pilhas e a parte unitária de sua soma — 7 — é colocada em `resultStack`; a parte da dezena do resultado — o número 1 — é retida como vai-um na variável `vai-um` para uma soma subsequente.
4. Os números 5 e 7 são extraídos das pilhas e somados ao vai-um, a parte unitária do resultado — 3 — é colocada em `resultStack` e o vai-um — 1 — se torna um valor da variável `resultado`.

FIGURA 4.3 Um exemplo para somar os números 592 e 3.784 usando pilhas.

```
  592         2          9          1         1
+3784        +4         +8          5         3
─────       ──         ──          +7        +─
 4376        6          17          ──         4
                                    13
```

operand-
Stack1

operand-
Stack2

result-
Stack

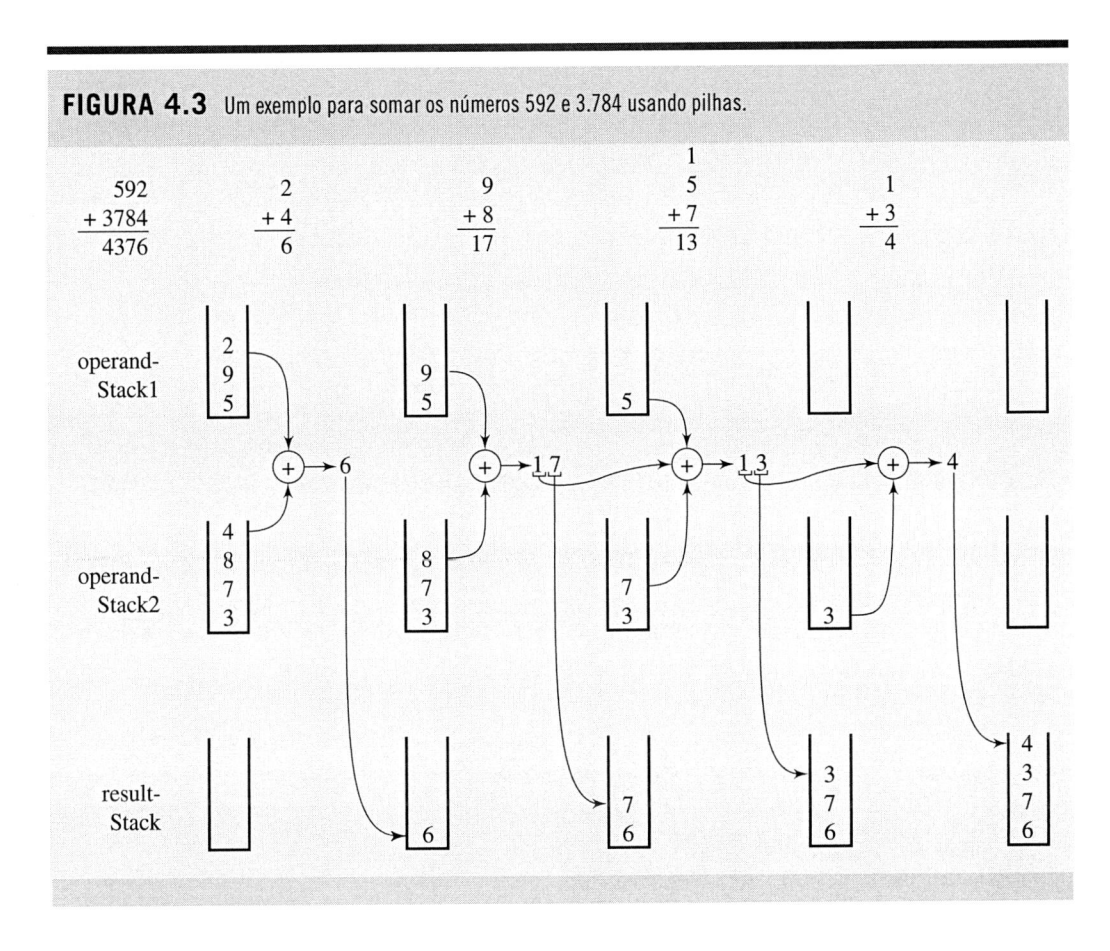

5. Uma pilha está vazia, então um número é extraído da pilha não vazia e somado ao vai-um. O resultado é estocado em resultStack.
6. Ambas as pilhas de operando estão vazias, assim, os números de resultStack são extraídos e impressos como o resultado final.

Considere agora a implementação da nossa estrutura abstrata de dados para pilhas. Usamos as operações de empurrar (push) e de extrair (pop) como se estivessem disponíveis, mas elas também precisam ser implementadas como funções que operam na pilha.

A implementação natural para uma pilha é uma matriz flexível, isto é, um vetor. A Figura 4.4 contém uma definição de classe genérica que pode ser usada para armazenar quaisquer tipos de objetos. Uma lista ligada também pode ser usada para a implementação de uma pilha (Figura 4.5).

FIGURA 4.4 Uma implementação de vetor de uma pilha.

```
//********************      genStack.h      *************************
//   classe genérica para a implementação de vetor de pilha

#ifndef STACK
#define STACK

#include <vector>

template<class T, int capacity = 30>
```

FIGURA 4.4 Uma implementação de vetor de uma pilha. (*continuação*)

```cpp
class Stack {
public:
    Stack() {
        pool.reserve(capacity);
    }
    void clear() {
        pool.clear();
    }
    bool isEmpty() const {
        return pool.empty();
    }
    T& topEl() {
        return pool.back();
    }
    T pop() {
        T el = pool.back();
        pool.pop_back();
        return el;
    }
    void push(const T& el) {
        pool.push_back(el);
    }
private:
    vector<T> pool;
};

#endif
```

FIGURA 4.5 Implementando uma pilha como uma lista ligada.

```cpp
//********************   genListStack.h   *************************
//   pilha genérica definida como uma lista duplamente ligada

#ifndef LL_STACK
#define LL_STACK

#include <list>

template<class T>
class LLStack {
public:
    LLStack() {
    }
    void clear() {
        lst.clear();
    }
    bool isEmpty() const {
        return lst.empty();
    }
```

FIGURA 4.5 Implementando uma pilha como uma lista ligada. (*continuação*)

```
    T& topEl() {
        return lst.back();
    }
    T pop() {
        T el = lst.back();
        lst.pop_back();
        return el;
    }
    void push(const T& el) {
        lst.push_back(el);
    }
private:
    list<T> lst;
};

#endif
```

A Figura 4.6 mostra a mesma sequência das operações de empurrar e de extrair presentes na 4.1, com as mudanças que tomam lugar na pilha implementada como um vetor (Figura 4.6b) e como uma lista ligada (Figura 4.6c).

A implementação da lista ligada casa com a pilha abstrata mais estreitamente porque inclui somente os elementos que estão na pilha, já que o número de nós na lista é o mesmo que o de elementos na pilha. Na implementação do vetor, a capacidade da pilha com frequência pode superar seu tamanho.

A implementação do vetor, assim como a da lista ligada, não força o programador a se comprometer, no início do programa, com relação ao tamanho da pilha. Se o tamanho pode ser razoa-

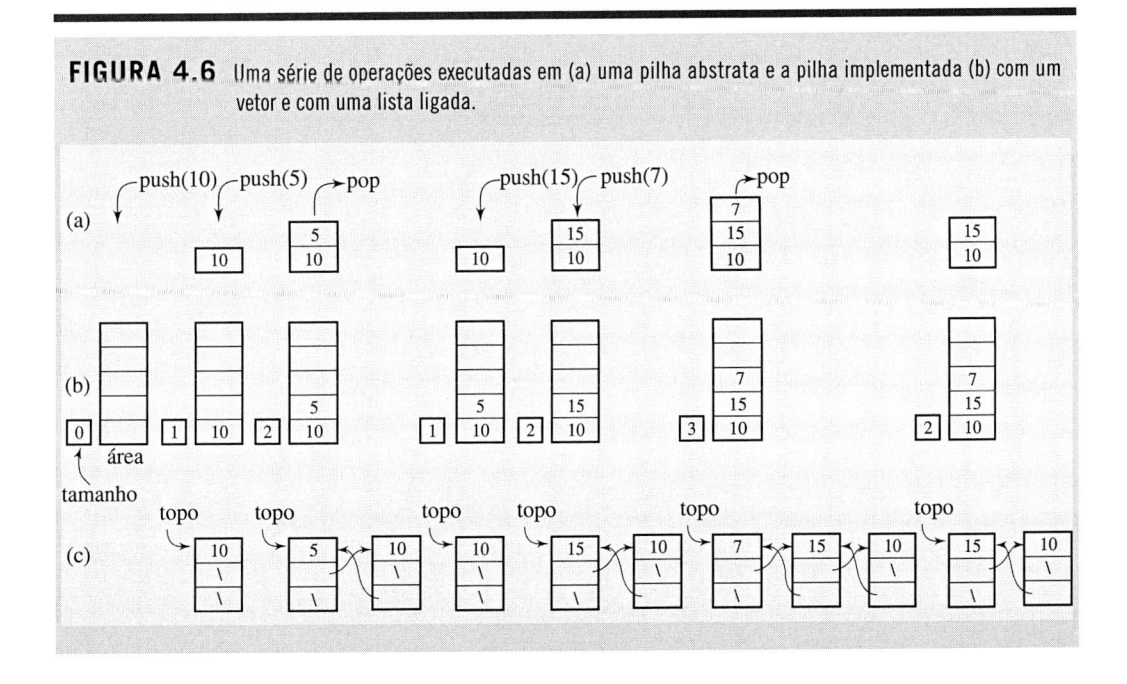

FIGURA 4.6 Uma série de operações executadas em (a) uma pilha abstrata e a pilha implementada (b) com um vetor e com uma lista ligada.

velmente avaliado de antemão, então o tamanho previsto pode ser usado como parâmetro para o construtor da pilha criar antecipadamente um vetor de capacidade especificada. Deste modo evita-se a sobrecarga de copiar os elementos do vetor para uma nova localização maior quando se coloca um novo elemento na pilha e o tamanho se iguala à capacidade.

É fácil ver que nas implementações de vetor e de lista ligada empurrar e extrair são executados em tempo constante $O(1)$. No entanto, na implementação de vetor, colocar um elemento em uma pilha cheia exige alocar mais memória e copiar os elementos do vetor existente para um novo. Em consequência, no pior caso, empurrar leva um tempo $O(n)$ para ser concluído.

4.2 Filas

Fila é simplesmente uma linha de espera que cresce somando elementos ao seu final e diminui tomando elementos à sua frente. Diferente de pilha, fila é uma estrutura na qual ambas as extremidades são usadas: uma para adicionar novos elementos e outra para removê-los. Em consequência, o último elemento tem que esperar até que todos os que o precedem na fila sejam removidos. Fila é uma estrutura FIFO (em inglês, *first in/first out*).

As operações das filas são similares às operações das pilhas. As seguintes operações são necessárias para gerenciar apropriadamente uma fila:

- *clear()*—Limpa a fila.
- *isEmpty()*—Verifica se a fila está vazia.
- *enqueue(el)*—Coloca o elemento `el` no final da fila.
- *dequeue()*—Toma o primeiro elemento da fila.
- *firstEl()*—Retorna o primeiro elemento na fila sem removê-lo.

Uma série de operações para colocar e para retirar é mostrada na Figura 4.7. Agora — diferente das pilhas —, as mudanças têm que ser monitoradas tanto no início como no fim da fila. Os elementos são colocados em uma extremidade e retirados na outra. Por exemplo, depois de se colocar 10 e 5, a operação retirar remove 10 da fila (Figura 4.7).

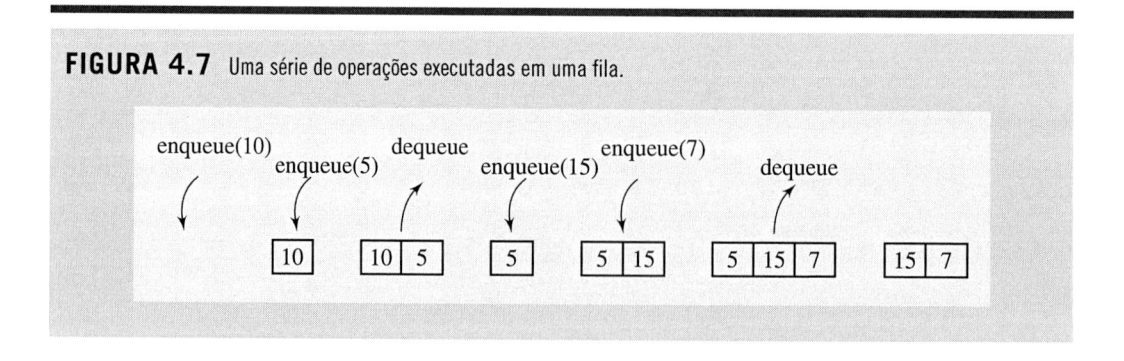

FIGURA 4.7 Uma série de operações executadas em uma fila.

Para aplicação de uma fila, considere o seguinte poema escrito por Lewis Carrol:

Round the wondrous globe I wander wild,
Up and down-hill—Age succeeds to youth—
Toiling all in vain to find a child
Half so loving, half so dear as Ruth.

O poema é dedicado a Ruth Dymes, indicada não somente pela última palavra do poema, mas também lendo-se em sequência as primeiras letras de cada linha, que também formam Ruth. Este tipo de poema é chamado acróstico, caracterizado pelas letras iniciais que formam uma palavra ou frase quando lidas na ordem. Para ver se um poema é um acróstico, idealizamos um simples algoritmo que lê um poema, o imprime, recupera e armazena a primeira letra de cada linha na fila; depois que o poema é processado, todas as primeiras letras armazenadas são impressas na sequência. Eis o algoritmo:

acrosticIndicator()
    while *não terminado*
        ler uma linha do poema;
        coloque na fila a primeira letra da linha;
        imprima a linha;
        while *a fila não estiver vazia*
            retira e imprime uma letra;

Há um exemplo mais significativo a seguir, mas, primeiro, vamos considerar o problema da implementação.

Uma possível implementação de fila é uma matriz, embora esta possa não ser a melhor escolha. Os elementos são adicionados ao final da fila, mas podem ser removidos do seu início, liberando células da matriz. Essas células não devem ser perdidas; em consequência, são utilizadas para enfileirar novos elementos, pelos quais o final da fila pode ocorrer no início da matriz. Esta situação é mais bem visualizada como uma matriz circular, como ilustra a Figura 4.8c. A fila está cheia se o primeiro elemento imediatamente precede na direção anti-horária o último elemento. No entanto, como uma matriz circular é implementada com uma matriz "normal", a fila está cheia tanto se o primeiro elemento estiver na primeira célula e o último na última (Figura 4.8a) como se o primeiro elemento estiver logo depois do último (Figura 4.8b). De forma similar, *enqueue( )* e *dequeue( )* têm que considerar a possibilidade de fechar a matriz quando se está adicionando ou removendo os elementos. Por exemplo, *enqueue( )* pode ser vista como operando em uma matriz circular (Figura 4.8c), mas na realidade está operando em uma matriz unidimensional. Em consequência, se o último elemento está na última célula e se quaisquer células estão disponíveis no início da matriz, um novo elemento é colocado lá (Figura 4.8d). Se o último elemento está em qualquer outra posição, então o novo elemento é colocado depois do último, se houver espaço (Figura 4.8e). Essas duas situações precisam ser reconhecidas quando se implementa uma fila vista como do tipo circular (Figura 4.8f).

A Figura 4.9 contém possíveis implementações de funções-membro que operam em filas.

A implementação de fila mais natural é uma lista duplamente ligada, como apresentada no capítulo anterior e também em list da STL (Figura 4.10).

Em ambas as implementações sugeridas, colocar na fila e retirar da fila podem ser executados em tempo constante $O(1)$, com a condição de que uma lista duplamente ligada seja usada na implementação da lista. Na implementação da lista singularmente ligada, retirar da fila exige $O(n)$ operações para varrer a lista e parar no nó próximo ao último (veja a discussão de deleteFromResto() na Seção 3.1.2).

A Figura 4.11 mostra a mesma sequência de operações colocar na fila e retirar da fila mostrada na Figura 4.7, e indica as mudanças na fila implementada como uma matriz (Figura 4.11b) e como uma lista ligada (Figura 4.11c). A lista ligada mantém somente os números que a lógica das operações da fila indicadas pela Figura 4.11a exige. A matriz inclui todos os números até que fique preenchida; depois, novos números são incluídos a partir do início da matriz.

Filas com frequência são usadas em simulações, uma vez que existe uma *teoria das filas* bem desenvolvida e matematicamente sofisticada na qual vários cenários são analisados e modelos que usam filas, construídos. Nos processos de filas há um número de clientes que vêm aos atendentes para receber serviço. A produtividade do atendente pode ser limitada. Em consequência, os clientes têm que esperar em filas antes que sejam atendidos, e ainda gastam algum tempo durante o atendimento. Por clientes queremos dizer não somente pessoas, mas também objetos. Por exemplo, peças em uma linha de montagem no processo para ser montadas em uma máquina, caminhões esperando por atendimento em uma estação de pesagem em uma rodovia interestadual, ou barcaças esperando que uma comporta seja aberta, de modo que possam passar através de uma canal, também esperam em filas. Os exemplos mais familiares são filas em armazéns, correios e bancos. Os tipos de problemas colocados nas simulações são: quantos atendentes são necessários para se evitar longas filas? Quão grande precisa ser o espaço de espera para se colocar a fila inteira dentro dele? É mais barato aumentar esse espaço ou criar mais um atendente?

FIGURA 4.8 (a-b) Duas possíveis configurações em uma implementação de matriz de uma fila quando a fila está cheia. (c) A mesma fila vista como uma matriz circular. (f) Enfileirando o número 6 em uma fila que estoca os números 2, 4 e 8. (d-e) A mesma fila vista como uma matriz unidimensional com o último elemento (d) no final da matriz e (e) no meio.

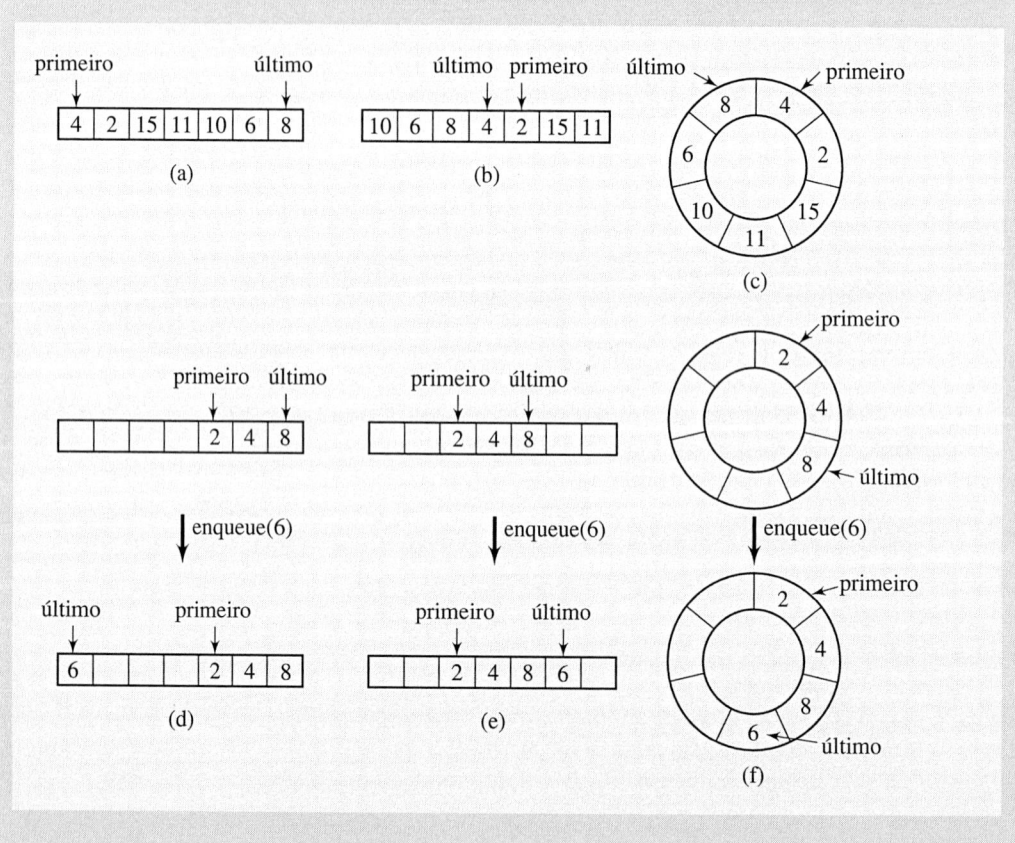

FIGURA 4.9 Implementação de matriz de uma fila.

```
//******************** genArrayQueue.h ********************
//      fila genérica implementada como uma matriz
#ifndef ARRAY_QUEUE
#define ARRAY_QUEUE
```

FIGURA 4.9 Implementação de matriz de uma fila. (*continuação*)

```cpp
template<class T, int size = 100>
class ArrayQueue {
public:
    ArrayQueue() {
        first = last = -1;
    }
    void enqueue(T);
    T dequeue();
    bool isFull() {
        return first == 0 && last == size-1 || first == last + 1;
    }
    bool isEmpty() {
        return first == -1;
    }
private:
    int first, last;
    T storage[size];
};

template<class T, int size>
void ArrayQueue<T,size>::enqueue(T el) {
    if (!isFull())
        if (last == size-1 || last == -1) {
            storage[0] = el;
            last = 0;
            if (first == -1)
                first = 0;
        }
        else storage[++last] = el;
    else cout << "Fila cheia.\n";
}

template<class T, int size>
T ArrayQueue<T,size>::dequeue() {
    T tmp;
    tmp = storage[first];
    if (first == last)
        last = first = -1;
    else if (first == size-1)
        first = 0;
    else first++;
    return tmp;
}

#endif
```

FIGURA 4.10 Implementação da lista ligada de uma fila.

```cpp
//********************     genQueue.h     ************************
//   fila genérica implementada com lista duplamente ligada
#ifndef DLL_QUEUE
#define DLL_QUEUE

#include <list>

template<class T>
class Queue {
public:
    Queue() {
    }
    void clear() {
        lst.clear();
    }
    bool isEmpty() const {
        return lst.empty();
    }
    T& front() {
        return lst.front();
    }
    T dequeue() {
        T el = lst.front();
        lst.pop_front();
        return el;
    }
    void enqueue(const T& el) {
        lst.push_back(el);
    }
private:
    list<T> lst;
};

#endif
```

Como um exemplo, considere o Banco One, que em um período de 3 meses registrou o número de clientes que vêm ao banco e a quantidade de tempo necessária para atendê-los. A tabela na Figura 4.12a mostra o número de clientes que chegam em intervalos de um minuto durante todo o dia. Para 15% de tais intervalos nenhum cliente chegou; para 20% somente um, etc. Atualmente seis caixas estão empregados, nenhuma fila tem sido observada e a administração do banco quer saber se os seis caixas são demais. Seria cinco um número suficiente? Quatro? Ou três? Podem-se esperar filas a qualquer momento? Para responder a essas questões é escrito um programa de simulação que aplica os dados e verifica diferentes cenários.

O número de clientes depende do valor de um número aleatoriamente gerado entre 1 e 100. A tabela na Figura 4.12a identifica cinco intervalos de números de 1 a 100, com base nas porcentagens dos intervalos de um minuto que tinham 0, 1, 2, 3 ou 4 clientes. Se o número aleatório é 21, então o de clientes é 1; se o número aleatório é 90, o de clientes é 4. Este método simula a taxa de clientes que chegam ao Banco One.

FIGURA 4.11 Uma série de operações executadas em (a) uma fila abstrata e a pilha implementada (b) com uma matriz e (c) com uma lista ligada.

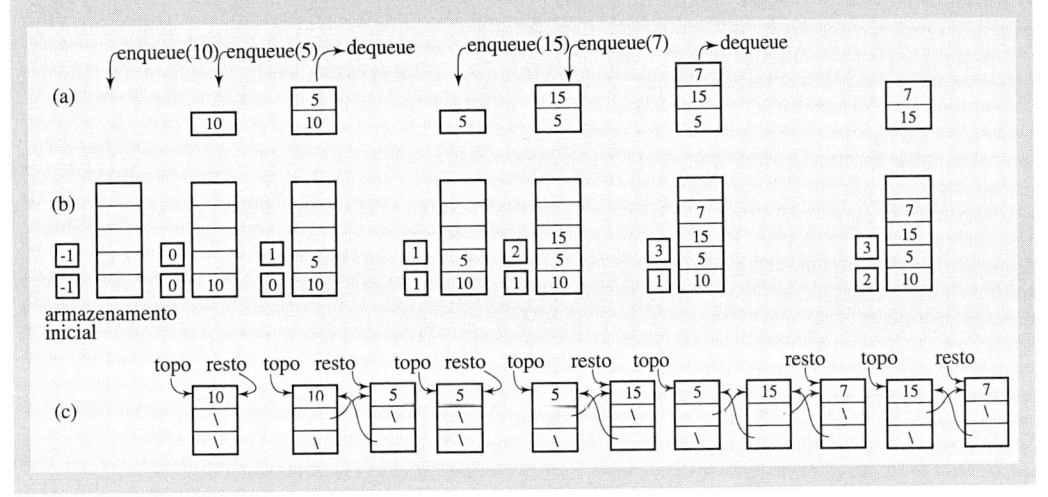

FIGURA 4.12 Exemplo do Banco One: (a) dados para o número de clientes que chegam por intervalo de um minuto e (b) tempo de transação em segundos por cliente.

Quantidade de clientes por minuto	Porcentagem de intervalos de um minuto	Intervalos	Quantidade de tempo requerida por serviço em segundos	Porcentagem de clientes	Intervalos
0	15	1–15	0	0	—
1	20	16–35	10	0	—
2	25	36–60	20	0	—
3	10	61–70	30	10	1–10
4	30	71–100	40	5	11–15
		(a)	50	10	16–25
			60	10	26–35
			70	0	—
			80	15	36–50
			90	25	51–75
			100	10	76–85
			110	15	86–100
				(b)	

Além disso, a análise das observações registradas indica que nenhum cliente exigiu transações de 10 ou 20 segundos, 10% exigiram 30 segundos etc., como indicado na Figura 4.12b. A tabela desta figura inclui intervalos para números aleatórios para gerar a extensão de uma transação em segundos.

A Figura 4.13 contém o programa que simula a chegada de clientes e o tempo de transação no Banco One. Ele usa três matrizes. A matriz `arrivals[]` registra as porcentagens de intervalos de um minuto, dependendo do número de clientes que chegam. A matriz `service[]` é usada para armazenar a distribuição do tempo necessário para o atendimento. A quantidade de tempo é obtida multiplicando-se o índice de dada célula da matriz por 10. Por exemplo, `service[3]` é igual a 10, o que significa que em 10% do tempo um cliente exigiu 3 · 10 segundos para o atendimento. A matriz `clerks[]` registra o tempo de transação em segundos.

Para cada minuto (representado pela variável t), o número de clientes que chegam é aleatoriamente escolhido, e, para cada cliente, o tempo de transação é assim também determinado. A função `option()` gera um número aleatório, encontra o intervalo no qual ele cai e então produz a saída da posição, que é tanto o número de clientes como a dezena de números de segundos.

As execuções deste programa indicam que seis ou cinco caixas são demais. Com quatro, o atendimento é realizado suavemente, com uma pequena fila de clientes esperando durante 25% do tempo. No entanto, três caixas estão sempre ocupados e há sempre uma longa fila de clientes à espera. A administração do banco certamente decidiria por empregar quatro caixas.

FIGURA 4.13 Exemplo do Banco One: código de implementação.

```
#include <iostream.h>
#include <cstdlib.h>

using namespace std;

#include "genQueue.h"
int option(int percents[]) {
    register int i = 0, choice = rand()%100+1, perc;
    for (perc = percents[0]; perc < choice; perc += percents[i+1], i++);
    return i;
}

int main() {
    int arrivals[] = {15,20,25,10,30};
    int service[] = {0,0,0,10,5,10,10,0,15,25,10,15};
    int clerks[] = {0,0,0,0}, numOfClerks = sizeof(clerks)/sizeof(int);
    int customers, t, i, numOfMinutes = 100, x;
    double maxWait = 0.0, currWait = 0.0, thereIsLine = 0.0;
    Queue<int> simulQ;
    cout.precision(2);
    for (t = 1; t <= numOfMinutes; t++) {
        cout << " t = " << t;
        for (i = 0; i < numOfClerks; i++)// depois de cada minuto, subtraia
            if (clerks[i] < 60)          // no maximo 60 segundos do tempo
                clerks[i] = 0;           // deixado para atender o corrente
            else clerks[i] -= 60;        // cliente pelo caixa i;
        customers = option(arrivals);
        for (i = 0; i < customers; i++) { // coloca na fila todos os novos clientes
            x = option(service)*10;       // (ou melhor, o tempo de atendimento
            simulQ.enqueue(x);            // que eles exigem);
            currWait += x;
        }
        // retira da fila os clientes quando os caixas estao disponiveis
        for (i = 0; i < numOfClerks && !simulQ.isEmpty(); )
            if (clerks[i] < 60)       {
```

FIGURA 4.13 Exemplo do Banco One: código de implementação. (*continuação*)

```
                x = simulQ.dequeue();    // atribui mais de um cliente
                clerks[i] += x;          // a um caixa se o tempo de servico
                currWait -= x;           // esta ainda abaixo de 60seg;
            }
            else i++;
        if (!simulQ.isEmpty()) {
            thereIsLine++;
            cout << " wait = " << currWait/60.0;
            if (maxWait < currWait)
                maxWait = currWait;
        }
        else cout << " wait = 0;";
    }
    cout << "\nPara " << numOfClerks << " caixas, ha uma fila"
         << thereIsLine/numOfMinutes*100.0 << "% do tempo;\n"
         << "O tempo maximo de espera foi de" << maxWait/60.0 << " min.";
    return 0;
}
```

4.3 Filas com prioridades

Em muitas situações as filas simples são inadequadas, pois o escalonamento FIFO tem que ser invalidado usando algum critério de prioridade. Em um exemplo dos Correios, uma pessoa com incapacidade física pode ter prioridade sobre outras. Em consequência, quando um atendente está disponível, uma pessoa com incapacidade física é atendida, em vez de alguém à frente na fila. Nas estradas com cabines de pedágio, alguns veículos podem passar imediatamente, mesmo sem pagamento (carros de polícia, ambulâncias, dos bombeiros etc.). Em uma sequência de processos, o processo P_2 pode necessitar ser executado antes do P_1 para o funcionamento apropriado do sistema, mesmo que P_1 seja colocado na fila de espera de processamento antes de P_2. Em situações como estas, uma lista modificada, ou *fila com prioridades*, é necessária. Em filas com prioridades, os elementos são retirados da fila de acordo com suas prioridades e suas posições correntes na fila.

O problema com uma fila com prioridades é encontrar a implementação eficiente que permita uma rápida colocação e retirada da fila. Como os elementos podem chegar aleatoriamente à fila, não há garantia de que os frontais serão os mais prováveis de ser retirados e que os colocados no final serão os últimos candidatos para a retirada da fila. A situação é complicada porque um amplo espectro de possíveis critérios de prioridade pode ser usado em diferentes casos, tais como frequência de uso, datas de nascimento, salário, posição, status e outros. Pode também ser o tempo de execução programado na fila de processos, o que explica a convenção usada nas discussões de filas com prioridades nas quais prioridades mais altas estão associadas com menores números que indicam a prioridade.

As filas com prioridades podem ser representadas por duas variações de listas ligadas. Em um tipo, todos os elementos são fornecidos ordenadamente; em outro, a ordem é mantida colocando-se um novo elemento em sua posição apropriada de acordo com sua prioridade. Em ambos os casos os tempos operacionais totais são $O(n)$, porque, para uma lista desordenada, adicionar um elemento é imediato, mas procurar é $O(n)$, e, em uma lista ordenada, tomar um elemento é imediato, mas adicionar é $O(n)$.

Outra representação de fila usa uma pequena lista ordenada e uma lista desordenada, e uma prioridade limiar é determinada (Blackstone et al., 1981). O número de elementos na lista ordenada depende da prioridade limiar. Isto significa que, em alguns casos, esta lista pode ser esvaziada e o limiar ser modificado dinamicamente para nela se ter alguns elementos. Outro modo é ter sempre o mesmo número de elementos na lista ordenada; o número $\sqrt{n}$ é um bom candidato. A colocação na fila leva o tempo médio $O(\sqrt{n})$, e a retirada é imediata.

Outra implementação de filas foi proposta por J. O. Hendriksen (1977, 1983). Ele usa uma lista ligada simples com uma matriz de ponteiros adicional para esta lista para encontrar um intervalo de elementos na lista na qual um elemento recém-chegado deve ser incluído.

Experimentos feitos por Douglas W. Jones (1986) indicam que uma implementação de lista ligada, apesar de sua eficiência $O(n)$, é melhor para dez elementos ou menos. A eficiência da versão de duas listas depende em muito da distribuição de prioridades e pode ser excelente ou tão pobre quanto aquela da implementação da lista simples para grandes números de elementos. A implementação de Hendriksen, com sua complexidade $O(\sqrt{n})$, opera consistentemente bem com filas de qualquer tamanho.

4.4 Pilhas na biblioteca de formatos-padrão

Uma classe genérica de pilha é implementada na STL como um adaptador de contêiner: usa um contêiner para fazê-la se comportar de um modo específico. O contêiner de pilha não é criado como novo; é uma adaptação de um contêiner já existente. Por default, `deque` é o contêiner básico, mas o usuário pode também escolher tanto `list` como `vector`, com as seguintes declarações:

```
stack<int> stack1;                      // deque por default
stack<int,vector<int> > stack2;         // vector
stack<int,list<int> > stack3;           // list
```

As funções-membro no contêiner `stack` estão listadas na Figura 4.14. Note que o tipo de retorno de `pop()` é void, isto é, `pop()` não retorna um elemento retirado. Para ter acesso ao elemento de topo, a função-membro `top()` tem que ser usada. Em consequência, a operação de retirada discutida neste capítulo tem que ser implementada com uma chamada para `top()`, seguida pela chamada para `pop()`. Devido às operações de retirada nos programas de usuários ser muitas vezes usadas para capturar os elementos retirados, e não somente para removê-los, a operação de extração desejada é realmente uma sequência das duas funções-membro do contêiner `stack`. Para juntá-las como uma única operação, uma nova classe que herda todas as operações de `stack` e redefine `pop()` pode ser criada. Esta é uma solução usada no estudo de caso no final do capítulo.

FIGURA 4.14 Uma lista das funções-membro de `stack`.

Função-membro	Operação
`bool empty() const`	retorna `true` se a pilha não contém elementos e `false`, caso contrário
`void pop()`	remove o elemento de topo da pilha
`void push(const T& el)`	insere `el` no topo da pilha
`size_type size() const`	retorna o número de elementos na pilha
`stack()`	cria uma pilha vazia
`T& top()`	retorna o elemento de topo na pilha
`const T& top() const`	retorna o elemento de topo na pilha

4.5 Filas na biblioteca de formatos-padrão

O contêiner de fila é implementado por default como o contêiner `deque`, e o usuário pode optar pelo uso do contêiner `list` em vez disso. Uma tentativa de usar o contêiner `vector` resulta em um erro de compilação, porque `pop()` é implementada como uma chamada a `pop_front()`, que é assumida como uma função-membro do contêiner básico, e `vector` não inclui tal função-membro. Para uma listagem das funções-membro de `queue` veja a Figura 4.15. Um pequeno programa na Figura 4.16 ilustra as operações das funções-membro. Note que a operação de retirada da fila discutida neste capítulo está implementada por `front()`, seguida por `pop()`, e a operação de colocação na fila é implementada com a função `push()`.

FIGURA 4.15 Uma lista das funções-membro `queue`.

Função-membro	Operação
`T& back()`	retorna o último elemento da fila
`const T& back() const`	retorna o último elemento da fila
`bool empty() const`	retorna `true` se a fila não contém elementos e `false`, caso contrário
`T& front()`	retorna o primeiro elemento da fila
`const T& front() const`	retorna o primeiro elemento da fila
`void pop()`	remove o primeiro elemento da fila
`void push(const T& el)`	insere `el` no final da fila
`queue()`	cria uma fila vazia
`size_type size() const`	retorna o número de elementos na fila

FIGURA 4.16 Uma aplicação de exemplo das funções-membro de `queue`.

```
#include <iostream>
#include <queue>
#include <list>

using namespace std;

int main() {
    queue<int> q1;
    queue<int,list<int> > q2; //deixar espaço entre os delimitadores > >
    q1.push(1); q1.push(2); q1.push(3);
    q2.push(4); q2.push(5); q2.push(6);
    q1.push(q2.back());
    while (!q1.empty()) {
        cout << q1.front() << ' ';   // 1 2 3 6
        q1.pop();
    }
    while (!q2.empty()) {
        cout << q2.front() << ' ';   // 4 5 6
```

FIGURA 4.16 Uma aplicação de exemplo das funções-membro de queue. (*continuação*)

```
        q2.pop();
    }
    return 0;
}
```

4.6 Filas com prioridades na biblioteca de formatos-padrão

O contêiner `priority_queue` (Figura 4.17) é implementado com o contêiner `vector` por default, e o usuário pode escolher o contêiner `deque`. O contêiner `priority_queue` mantém uma ordem na fila, deixando um elemento com a mais alta prioridade à frente da fila. Para realizar isto, uma função booleana de dois argumentos é usada pela operação de inserção `push()`, que reordena os elementos na fila para satisfazer esta exigência. A função pode ser fornecida pelo usuário; caso contrário, a operação < é usada e o elemento com o mais alto valor é considerado como tendo a mais alta prioridade. Se a prioridade mais alta é determinada pelo menor valor, então o objeto função `greater` necessita ser usado para indicar que `push()` deve aplicar o operador > ao invés de < ao tomar suas decisões para inserir novos elementos na fila com prioridades. Um exemplo é mostrado na Figura 4.18. A prioridade pq1 está definida como uma fila baseada em vetor que usa a operação < para determinar a prioridade de inteiros na fila. A segunda fila, pq2, usa a operação > durante a inserção. Finalmente, a fila pq3 é do mesmo tipo que pq1, mas é também inicializada com os números da matriz a. Os três laços `while` mostram a ordem em que os elementos dessas três filas são retirados.

FIGURA 4.17 Uma lista das funções-membro `priority_queue`.

Função-membro	Operação
`bool empty() const`	retorna `true` se a fila não contém elementos, caso contrário `false`
`void pop()`	remove da fila o elemento com a mais alta prioridade
`void push (const T& el)`	insere el em um local apropriado na fila com prioridade
`priority_queue(comp f())`	cria uma fila com prioridade vazia que usa uma função booleana f de dois argumentos para ordenar os elementos na fila
`priority_queue (iterador primeiro, iterador ultimo, comp f ())`	cria uma fila com prioridade vazia que usa uma função booleana f de dois argumentos para ordenar os elementos na fila; inicializa a fila com os elementos de um intervalo indicado pelos iteradores `primeiro` e `ultimo`
`size_type size() const`	retorna o número de elementos na fila com prioridade
`T& top()`	retorna o elemento com a mais alta prioridade da fila com prioridade
`const T& top() const`	retorna o elemento com a mais alta prioridade da fila com prioridade

FIGURA 4.18 Um programa que usa as funções-membro do contêiner `priority_queue`.

```cpp
#include <iostream>
#include <queue>
#include <functional>

using namespace std;

int main() {
    priority_queue<int> pq1; // mais vector<int> e less<int>
    priority_queue<int,vector<int>,greater<int> > pq2;
    pq1.push(3); pq1.push(1); pq1.push(2);
    pq2.push(3); pq2.push(1); pq2.push(2);
    int a[] = {4,6,5};
    priority_queue<int> pq3(a,a+3);
    while (!pq1.empty()) {
        cout << pq1.top() << ' ';    // 3 2 1
        pq1.pop();
    }
    while (!pq2.empty()) {
        cout << pq2.top() << ' ';    // 1 2 3
        pq2.pop();
    }
    while (!pq3.empty()) {
        cout << pq3.top() << ' ';    // 6 5 4
        pq3.pop();
    }
    return 0;
}
```

É mais interessante ver uma aplicação de objetos definidos pelo usuário. Considere a classe Pessoa definida na Seção 1.8:

```cpp
class Pessoa {
public:
    . . . . .
    bool operator<(const Pessoa& p) const {
        return strcmp(nome,p.nome) < 0;
    }
    bool operator>(const Pessoa& p) const {
        return !(*this == p) && !(*this < p);
    }
private:
    char *nome;
    int idade;
};
```

Nossa intenção agora é criar três filas com prioridades. Nas duas primeiras, a prioridade é determinada pela ordem lexicográfica, mas em `pqName1` a ordem é descendente, e em `pqName2` ascendente. Para este fim, `pqName1` usa o operador < sobrecarregado. A fila `pqName2` usa o operador > sobrecarregado, definindo o objeto-função `greater<Pessoa>`:

```
Pessoa p[] = {Pessoa("Gregg",25),Pessoa("Ann",30),Pessoa("Bill",20)};
priority_queue<Pessoa> pqName1(p,p+3);
priority_queue<Pessoa,vector<Pessoa>,greater<Pessoa> > pqName2(p,p+3);
```

Nestas duas declarações as duas filas com prioridades são também inicializadas com os objetos da matriz p.

Na Seção 1.8 há também uma função booleana `idadeMenor` usada para determinar a ordem dos objetos Pessoa pela idade, não pelo nome. Como podemos criar uma fila com prioridades na qual a prioridade mais alta seja determinada pela idade? Um modo de realizar isto é definir uma função objeto

```
class menorIdade {
public:
    bool operator()(const Pessoa& p1, const Pessoa& p2) const {
        return p1.age < p2.age;
    }
};
```

e então declarar uma nova fila com prioridades

```
priority_queue<Pessoa,vector<Pessoa>,menorIdade> pqAge(p,p+3);
```

inicializada com os mesmos objetos que pqName1 e pqName2. A impressão dos elementos das três filas nos indica as diferentes prioridades dos objetos nas diferentes filas:

```
pqName1:   (Gregg,25)  (Bill,20)   (Ann,30)
pqName2:   (Ann,30)    (Bill,20)   (Gregg,25)
pqAge:     (Ann,30)    (Gregg,25)  (Bill,20)
```

4.7 Deques na biblioteca de formatos-padrão

Deque (do inglês *double-ended queue*, fila com duas extremidades) é uma lista que permite o acesso direto a ambas as extremidades, particularmente para inserir e remover elementos. Por isso, pode ser implementada como uma lista duplamente ligada com os membros ponteiros de dados topo e resto, conforme discutido na Seção 3.2. Além disso, como apontado na Seção 3.7, o contêiner list já usa uma lista duplamente ligada. A STL, no entanto, adiciona outra funcionalidade à deque, que é o acesso não sequencial a qualquer posição da deque, tal como em matrizes e vetores. Os vetores, como discutido na Seção 1.8, têm um desempenho ruim para inserção e remoção de elementos em seu início, mas essas operações são realizadas rapidamente para as listas duplamente ligadas. Isto significa que a deque na STL deve combinar o comportamento de um vetor e de uma lista.

As funções-membro do contêiner deque da STL estão listadas na Figura 4.19. As funções são basicamente as mesmas que aquelas disponíveis para listas com poucas exceções. A deque não inclui a função splice(), que é específica à list, e as funções merge(), remove(), sort() e unique(), que estão também disponíveis como algoritmos, sendo que list as reimplementa somente como funções-membro. A diferença mais significativa é a função at() (e sua equivalente operator[]), que é indisponível em list. Esta função está disponível em vector, e, se comparamos o conjunto de funções-membro em vector (Figura 1.3) e em deque, vemos somente umas poucas diferenças. Em vector não há pop_front() e push_front(), como em deque, mas esta não inclui as funções capacity() e reserve(), que estão disponíveis em vector. Poucas operações são ilustradas na Figura 4.20. Note que, para listas, somente o autoincremento e o autodecremento eram possíveis para os iteradores, mas para deques podemos adicionar qualquer número para os iteradores. Por exemplo, dq1.begin()+1 é válido para deques, mas não para listas.

FIGURA 4.19 Uma lista de funções-membro na classe `deque`.

`void assign(iterador primeiro, iterador ultimo)`	remove todos os elementos da deque e nela insere os elementos a partir do intervalo indicado pelos iteradores `primeiro` e `ultimo`
`void assign(size_type n, const T& el = T())`	remove todos os elementos da deque e nela insere n cópias de `el`
`T& at(size_type n)`	retorna o elemento na posição n da deque
`const T& at(size_type n) const`	retorna o elemento na posição n da deque
`T& back()`	retorna o último elemento da deque
`const T& back() const`	retorna o último elemento da deque
`iterator begin()`	retorna um iterador que referencia o primeiro elemento da deque
`const_iterator begin() const`	retorna um iterador que referencia o primeiro elemento da deque
`void clear()`	remove todos os elementos da deque
`deque()`	constrói uma deque vazia
`deque(size_type n, const T& el = T())`	constrói uma deque com n cópias de `el` do tipo T (se `el` não é fornecido, um construtor default `T()` é usado)
`deque(const deque <T>& dq)`	construtor de cópia
`deque(iterador first, iterador last)`	constrói uma deque e a inicializa com valores a partir do intervalo indicado pelos iteradores `primeiro` e `ultimo`
`bool empty() const`	retorna `true` se a deque não inclui elementos; caso contrário, `false`
`iterator end()`	retorna um iterador que está adiante do último elemento da deque
`const_iterator end() const`	retorna um iterador que está adiante do último elemento da deque
`iterador erase(iterador i)`	remove o elemento referenciado pelo iterador i e retorna um iterador referenciando o elemento após a retirada
`iterator erase(iterador first, iterador last)`	remove os elementos do intervalo indicado pelos iteradores `primeiro` e `ultimo` e retorna um iterador referenciando o elemento após a última retirada
`T& front()`	retorna o primeiro elemento da deque
`const T& front() const`	retorna o primeiro elemento da deque
`iterator insert(iterador i, const T& el = T())`	insere `el` antes do elemento indicado pelo iterador i e retorna o iterador referenciando o elemento recém-inserido
`void insert(iterador i, size_type n, const T& el)`	insere n cópias de `el` antes do elemento referenciado pelo iterador i

FIGURA 4.19 Uma lista de funções-membro na classe `deque`. *(continuação)*

`void insert(iterador i, iterador primeiro, iterador ultimo)`	insere elementos a partir da posição referenciada por `primeiro` até a posição referenciada por `ultimo`, antes do elemento referenciado pelo iterador `i`
`size_type max_size() const`	retorna o número máximo de elementos para a deque
`T& operator[]`	operador subscrito
`void pop_back()`	remove o último elemento da deque
`void pop_front()`	remove o primeiro elemento da deque
`void push_back(const T& el)`	insere `el` no final da deque
`void push_front(const T& el)`	insere `el` no início da deque
`reverse_iterator rbegin()`	retorna um iterador que referencia o último elemento da deque
`const_reverse_iterator rbegin() const`	retorna um iterador que referencia o último elemento da deque
`reverse_iterator rend()`	retorna um iterador que está antes do primeiro elemento da deque
`const_reverse_iterator rend() const`	retorna um iterador que está antes do primeiro elemento da deque
`void resize(size_type n, const T& el = T())`	faz a deque ter n posições adicionando n - `size()` mais posições com o elemento `el`, ou descartando `size()` - n posições de transbordo a partir do final da deque
`size_type size() const`	retorna o número máximo de elementos para a deque
`void swap(deque<T>& dq)`	troca o conteúdo da deque com o conteúdo de outra deque `dq`

FIGURA 4.20 Um programa que demonstra a operação das funções-membro de `deque`.

```
#include <iostream.h>
#include <algorithm>
#include <deque>

using namespace std;

int main() {
    deque<int> dq1;
    dq1.push_front(1);                              // dq1 = (1)
    dq1.push_front(2);                              // dq1 = (2 1)
    dq1.push_back(3);                               // dq1 = (2 1 3)
    dq1.push_back(4);                               // dq1 = (2 1 3 4)
    deque<int> dq2(dq1.begin()+1,dq1.end()-1);      // dq2 = (1 3)
    dq1[1] = 5;                                     // dq1 = (2 5 3 4)
```

FIGURA 4.20 Um programa que demonstra a operação das funções-membro de deque. *(continuação)*

```
    dq1.erase(dq1.begin());                              // dq1 = (5 3 4)
    dq1.insert(dq1.end()-1,2,6);                         // dq1 = (5 3 6 6 4)
    sort(dq1.begin(),dq1.end());                         // dq1 = (3 4 5 6 6)
    deque<int> dq3;
    dq3.resize(dq1.size()+dq2.size());                   // dq3 = (0 0 0 0 0 0 0)
    merge(dq1.begin(),dq1.end(),dq2.begin(),dq2.end(),dq3.begin());
    // dq1 = (3 4 5 6 6) and dq2 = (1 3) ==> dq3 = (1 3 3 4 5 6 6)
    return 0;
}
```

Um aspecto muito interessante da deque em STL é sua implementação. O acesso não sequencial pode ser simulado nas listas duplamente ligadas, tendo na definição de `operator[](int n)` um laço que varre sequencialmente a lista e para no *n*-ésimo nó. A implementação em STL resolve este problema de forma diferente. Uma deque em STL não é implementada como uma lista ligada, mas como uma matriz de ponteiros para blocos ou matrizes de dados. O número de blocos muda dinamicamente dependendo da necessidade de armazenamento, e o tamanho da matriz de ponteiros muda de forma correspondente. (Encontramos na Seção 10.5.1 uma abordagem similar aplicada no *hashing* extensível.)

Para discutir uma possível implementação, assuma que a matriz de ponteiros tem quatro células e que uma matriz de dados tem três células; isto é, `TamBloco = 3`. Um objeto deque inclui os campos `topo, resto, BlocoTopo, BlocoResto` e `blocos`. Depois da execução de `push_front(e1)` e `push_front(e2)` com uma deque inicialmente vazia, a situação fica como na Figura 4.21a. Primeiro, a matriz `blocos` é criada, e então um bloco de dados fica acessível a partir de uma célula do meio de `blocos`. A seguir, e1 é inserido no meio do bloco de dados. As chamadas subsequentes colocam elementos consecutivamente na primeira metade da matriz de dados. A terceira chamada a `push_front()` não pode colocar com sucesso e3 na matriz de dados corrente; em consequência, uma nova matriz de dados é criada e e3 é colocada na ultima célula (Figura 4.21b). Agora executamos `push_back()` quatro vezes. O elemento e4 é colocado em uma matriz de dados existente e acessível a partir de deque até `BlocoResto`. Os elementos e5, e6 e e7 são colocados em um novo bloco de dados, que também se torna acessível através de `BlocoResto` (Figura 4.21c). A próxima chamada para `push_back()` afeta a matriz de ponteiros `blocos`, porque o último bloco de dados está cheio e é acessível para a última célula de `blocos`. Neste caso, uma nova matriz de ponteiros é criada, que contém (nesta implementação) duas vezes mais células que o número de blocos de dados. A seguir, os ponteiros da antiga matriz `blocos` são copiados para a nova, e então um novo bloco de dados pode ser criado para acomodar o elemento e8 que está sendo inserido (Figura 4.21d). Este é um exemplo do pior caso, para o qual entre n/TamBloco e n/TamBloco+2 células têm que ser copiadas da matriz antiga para a nova; em consequência, no pior caso, a operação empurrar leva tempo $O(n)$ para se realizar. Mas, assumindo que TamBloco é um número grande, pode-se esperar que o pior caso ocorra com muito menos frequência. Na maioria das vezes, a operação empurrar exige tempo constante.

Inserir um elemento dentro de uma deque é conceitualmente muito simples. Para inserir um elemento na primeira metade da deque, o elemento da frente é empurrado para dentro da deque e todos os que deveriam preceder o novo elemento são copiados para a célula precedente. O novo elemento pode então ser colocado na posição desejada. Para inserir um elemento na segunda metade da deque, o último é empurrado para dentro e os que deveriam seguir o novo elemento na deque são copiados para a célula seguinte.

FIGURA 4.21 Mudança na deque no processo de empurrar novos elementos.

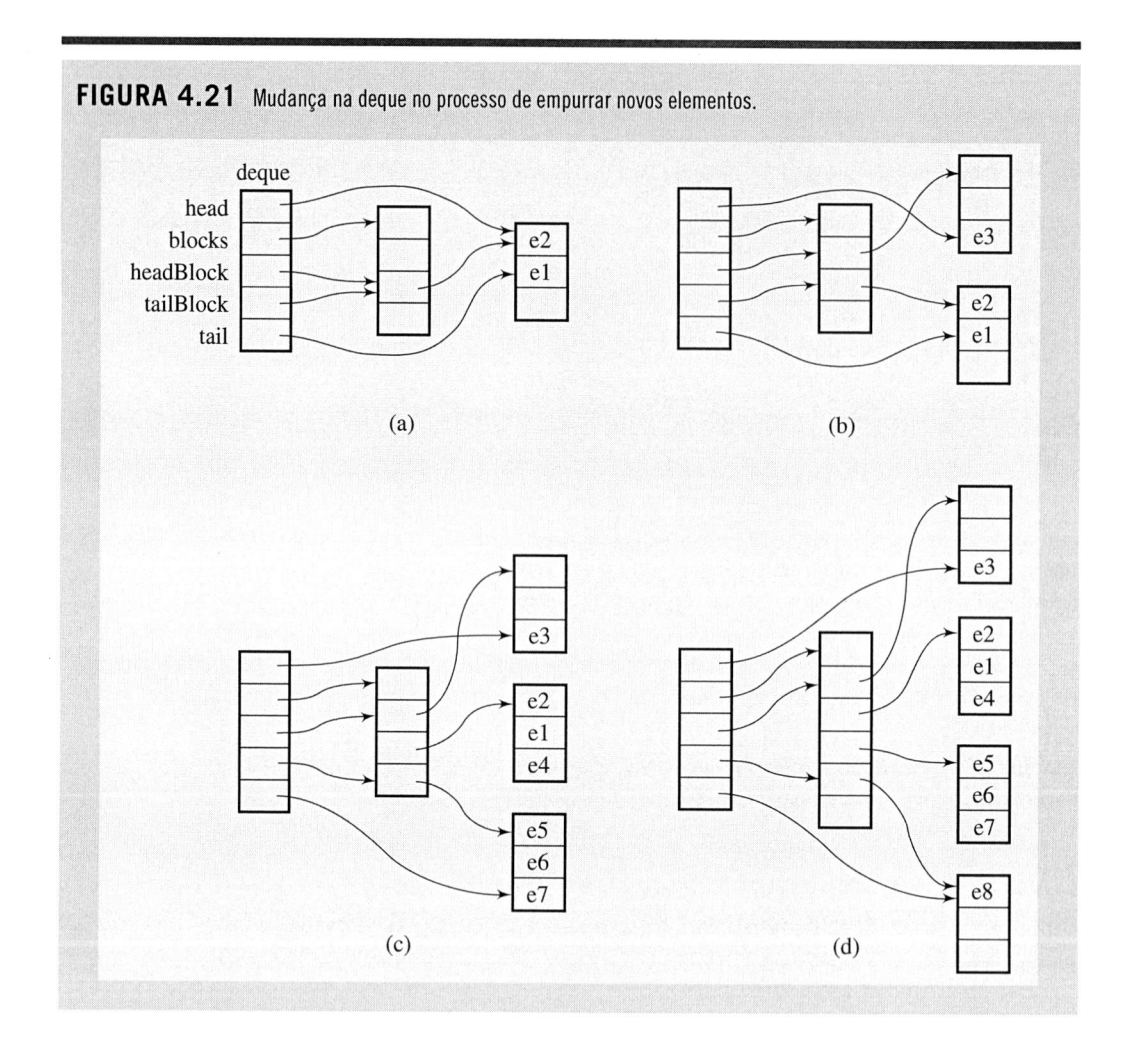

Com esta implementação, um acesso não sequencial pode ser realizado em tempo constante. Para a situação ilustrada na Figura 4.21, ou seja, com as declarações

```
T **blocos;
T **blocoTopo;
T *topo;
```

o operador de subscrito pode ser sobrecarregado assim:

```
T& operator[] (int n) {
    if (n < tamBloco - (topo - *blocoTopo))   // se n está
        return *(topo + n);                   // no primeiro bloco
    else {                                    // bloco;
        n = n - (tamBloco - (topo - *blocoTopo));
        int q = n / tamBloco + 1;
        int r = n % tamBloco;
        return *(*(blocoTopo + q) + r);
    }
}
```

Embora o acesso a uma posição particular exija várias operações aritméticas, de desreferenciamento e de atribuição, o número de operações é constante para qualquer tamanho de deque.

Capítulo 4 Pilhas e Filas ■ 139

4.8 Estudo de caso: Saindo de um labirinto

Considere o problema de um rato apanhado em uma armadilha que tenta encontrar o caminho para a saída de um labirinto (Figura 4.22a). O rato espera escapar do labirinto tentando sistematicamente todas as rotas. Se atinge um corredor sem saída, refaz suas etapas até a última posição e começa pelo menos mais um caminho não tentado. Para cada posição, ele pode ir para uma dentre quatro direções: direita, esquerda, para cima ou para baixo. Independente de quão perto está da saída, ele sempre tenta os caminhos abertos nesta ordem, o que pode levar a algumas voltas desnecessárias. Retendo a informação que permite retomar a procura depois que um corredor sem saída é atingido, o rato usa um método chamado *retrocesso*. Este método será discutido adiante, neste capítulo.

O labirinto é implementado como uma matriz de caracteres bidimensional, na qual as passagens são marcadas com 0s, as paredes com 1s, as posições de saída pela letra e, e a posição inicial do rato pela letra m (Figura 4.22b). Neste programa, o problema do labirinto é levemente generalizado, permitindo que a saída esteja em qualquer posição do labirinto (imagine a posição de saída como tendo um elevador que leva o rato para fora da armadilha) e permitindo que passagens estejam nas linhas limite. Para se proteger de cair fora da matriz ao tentar continuar seu caminho quando uma célula aberta for atingida em uma das linhas limites, o rato também tem que verificar constantemente se está em uma posição de linha limite ou não. Para evitar isto o programa automaticamente coloca uma estrutura de 1s ao redor do labirinto dado pelo usuário.

O programa usa duas pilhas: uma para inicializar o labirinto e outra para implementar o retrocesso.

O usuário fornece o labirinto, uma linha de cada vez. O labirinto fornecido pelo usuário pode ter qualquer número de linhas e qualquer número de colunas. As únicas hipóteses que o programa considera são que todas as linhas são do mesmo comprimento e que ele usa somente estes caracteres: qualquer número de: 1s, 0s, um e, e um m. As linhas são colocadas na pilha `mazeRows` na ordem em que foram entradas depois de anexar um 1 no início e um 1 no fim. Depois que todas as linhas foram fornecidas, o tamanho de armazenamento da matriz pode ser determinado, e então as linhas são transferidas da pilha para a matriz.

Uma segunda matriz, `mazeStack`, é usada no processo de escapar do labirinto. Para lembrar os caminhos não tentados para as tentativas subsequentes, as posições das vizinhanças não tentadas da posição corrente (se alguma) são armazenadas na pilha e sempre na mesma ordem, primeiro a vizinhança superior, então a inferior, então a esquerda e finalmente a direita. Depois de colocar na pilha as avenidas abertas, o rato toma a posição mais no topo e tenta segui-la, primeiro armazenando as vizinhanças não tentadas e então tentando a posição mais no topo, e assim por diante, até que atinge

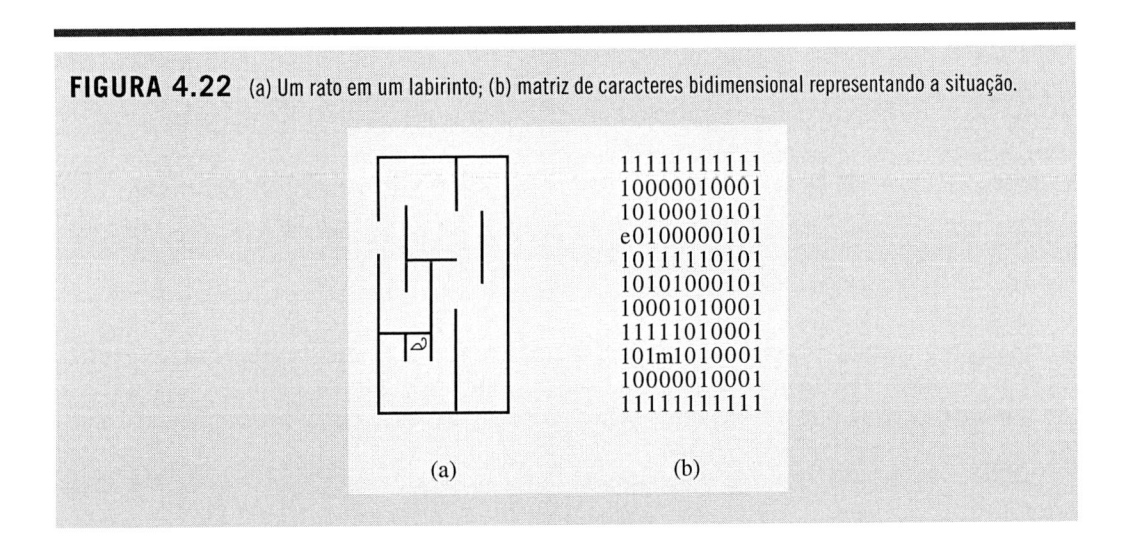

FIGURA 4.22 (a) Um rato em um labirinto; (b) matriz de caracteres bidimensional representando a situação.

```
11111111111
10000010001
10100010101
e0100000101
10111110101
10101000101
10001010001
11111010001
101m1010001
10000010001
11111111111
```

(a)   (b)

a saída ou esgota todas as possibilidades e se encontra preso na armadilha. Para evitar cair dentro de um laço infinito de caminhos tentados que já tenham sido investigados, cada posição visitada do labirinto é marcada com um ponto.

Eis o pseudocódigo de um algoritmo para se escapar de um labirinto:

```
exitMaze()
    inicializa a pilha, exitCell, entryCell, currentCell = entryCell;
    while currentCell não é exitCell
        marca currentCell como visitada;
        coloca na pilha as vizinhanças não visitadas de currentCell;
        if a pilha está vazia
            falha;
        else retira uma célula da pilha e a torna currentCell;
    sucesso;
```

A pilha armazena as coordenadas das posições das células. Isto poderia ser feito, por exemplo, usando-se duas pilhas de inteiros para as coordenadas *x* e *y*. Outra possibilidade é usar uma pilha de inteiros com ambas as coordenadas armazenadas em uma variável de inteiro, com o auxílio da operação de transferência. No programa da Figura 4.24, uma classe `MazeCell` é usada com dois campos de dados, *x* e *y*, de modo que uma `mazeStack` é usada para estocar objetos `MazeCell`.

Considere o exemplo mostrado na Figura 4.23. O programa imprime o labirinto depois de cada etapa realizada pelo rato.

0. Depois que o usuário entra no labirinto

```
1100
000e
00m1
```

o labirinto é imediatamente circundado com a estrutura de 1s

```
111111
111001
1000e1
100m11
111111
```

`entryCell` e `currentCell` são inicializados para (3 3) e `exitCell` para (2 4) (Figura 4.23a).

1. Como `currentCell` não é igual a `exitCell`, todas as quatro vizinhanças da célula corrente (3 3) são testadas e somente duas são candidatas para o processamento: (3 2) e (2 3); em consequência, elas são colocadas na pilha. A pilha é verificada para ver se contém alguma posição, e como não está vazia, a posição mais no topo (3 2) se torna a corrente (Figura 4.23b).

2. `currentCell` ainda não é igual a `exitCell`; em consequência, as duas opções viáveis acessíveis a partir de (3 2) são colocadas na pilha: as posições (2 2) e (3 1). Note que a posição que contém o rato não está incluída na pilha. Depois que a posição corrente é marcada como visitada, a situação no labirinto fica como na Figura 4.23c. Agora a posição mais no topo (3 1) é extraída da pilha e se torna o valor de `currentCell`. O processo continua até que a saída seja atingida, como mostrado etapa por etapa na Figura 4.23d-f.

Note que, na etapa quatro (Figura 4.23d), a posição (2 2) é colocada na pilha, embora já esteja lá. No entanto, isto não cria um risco, porque, quando a segunda instância desta posição é retirada da pilha, todos os caminhos que se direcionam dela já foram investigados usando a primeira instância desta posição na pilha. Note também que o rato faz um desvio, embora haja um caminho mais curto a partir de sua posição inicial para a saída.

FIGURA 4.23 Um exemplo de como processar um labirinto.

pilha:	$\begin{pmatrix} (3\ 2) \\ (2\ 3) \end{pmatrix}$	$\begin{pmatrix} (3\ 1) \\ (2\ 2) \\ (2\ 3) \end{pmatrix}$	$\begin{pmatrix} (2\ 1) \\ (2\ 2) \\ (2\ 3) \end{pmatrix}$	$\begin{pmatrix} (2\ 2) \\ (2\ 2) \\ (2\ 3) \end{pmatrix}$	$\begin{pmatrix} (2\ 3) \\ (2\ 2) \\ (2\ 3) \end{pmatrix}$	$\begin{pmatrix} (2\ 4) \\ (1\ 3) \\ (2\ 2) \\ (2\ 3) \end{pmatrix}$	$\begin{pmatrix} (1\ 3) \\ (2\ 2) \\ (2\ 3) \end{pmatrix}$
currentCell:	(3 3)	(3 2)	(3 1)	(2 1)	(2 2)	(2 3)	(2 4)
labirinto:	111111 111001 1000e1 100ml1 111111	111111 111001 1000e1 10.ml1 111111	111111 111001 1000e1 1..ml1 111111	111111 111001 1..00e1 1..ml1 111111	111111 111001 1..0e1 1..ml1 111111	111111 111001 1...e1 1..ml1 111111	111111 111001 1...e1 1..ml1 111111
	(a)	(b)	(c)	(d)	(e)	(f)	(g)

A Figura 4.24 contém o código que implementa o algoritmo de saída do labirinto. Observe que o programa define uma classe Stack derivada de stack. Aquela herda desta todas as funções-membro, mas redefine pop(), de modo que uma chamada à nova pop() resulta tanto em remover o elemento de topo da pilha como em retorná-lo ao ativador.

FIGURA 4.24 Listagem do programa para o processamento do labirinto.

```
#include <iostream>
#include <string>
#include <stack>

using namespace std;

template<class T>
class Stack : public stack<T> {
public:
    T pop() {
        T tmp = top();
        stack<T>::pop();
        return tmp;
    }
};

class Cell {
public:
    Cell(int i = 0, int j = 0) {
        x = i; y = j;
    }
    bool operator== (const Cell& c) const {
        return x == c.x && y == c.y;
    }
private:
```

FIGURA 4.24 Listagem do programa para o processamento do labirinto. (*continuação*)

```cpp
    int x, y;
    friend class Maze;
};

class Maze {
public:
    Maze();
    void exitMaze();
private:
    Cell currentCell, exitCell, entryCell;
    const char exitMarker, entryMarker, visited, passage, wall;
    Stack<Cell> mazeStack;
    char **store;       // matriz de cadeia de caracteres;
    void pushUnvisited(int,int);
    friend ostream& operator<< (ostream&, const Maze&);
    int rows, cols;
};
Maze::Maze() : exitMarker('e'), entryMarker('m'), visited('.'),
               passage('0'), wall('1') {
    Stack<char*> mazeRows;
    char str[80], *s;
    int col, row = 0;
    cout << "Entre um labirinto retangular usando os seguintes"
         << "caracteres:\nm - entrada\ne - saida\n1 - parede\n0 - passagem\n"
         << "Entre uma linha por vez; termine com Ctrl-z:\n";
    while (cin >> str) {
        row++;
        cols = strlen(str);
        s = new char[cols+3]; // mais duas celulas para as colunas
                              // limite;
        mazeRows.push(s);
        strcpy(s+1,str);
        s[0] = s[cols+1] = wall; // preencha as celulas-limite com 1s;
        s[cols+2] = '\0';
        if (strchr(s,exitMarker) != 0) {
            exitCell.x = row;
            exitCell.y = strchr(s,exitMarker) - s;
        }
        if (strchr(s,entryMarker) != 0) {
            entryCell.x = row;
            entryCell.y = strchr(s,entryMarker) - s;
        }
    }
    rows = row;
    store = new char*[rows+2];         // crie uma matriz de ponteiros 1D;
    store[0] = new char[cols+3];       // uma linha limite;
    for ( ; !mazeRows.empty(); row--) {
        store[row] = mazeRows.pop();
    }
    store[rows+1] = new char[cols+3]; // uma outra linha limite;
```

FIGURA 4.24 Listagem do programa para o processamento do labirinto. (*continuação*)

```cpp
        store[0][cols+2] = store[rows+1][cols+2] = '\0';
        for (col = 0; col <= cols+1; col++) {
            store[0][col] = wall; // preenche as linhas limite com 1s;
            store[rows+1][col] = wall;
        }
    }
    void Maze::pushUnvisited(int row, int col) {
        if (store[row][col] == passage || store[row][col] == exitMarker) {
            mazeStack.push(Cell(row,col));
        }
    }
    void Maze::exitMaze() {
        int row, col;
        currentCell = entryCell;
        while (!(currentCell == exitCell)) {
            row = currentCell.x;
            col = currentCell.y;
            cout << *this;        // imprime um instantaneo;
            if (!(currentCell == entryCell))
                store[row][col] = visited;
            pushUnvisited(row-1,col);
            pushUnvisited(row+1,col);
            pushUnvisited(row,col-1);
            pushUnvisited(row,col+1);
            if (mazeStack.empty()) {
                cout << *this;
                cout << "Falha\n";
                return;
            }
            else currentCell = mazeStack.pop();
        }
        cout << *this;
        cout << "Sucesso\n";
    }
    ostream& operator<< (ostream& out, const Maze& maze) {
        for (int row = 0; row <= maze.rows+1; row++)
            out << maze.store[row] << endl;
        out << endl;
        return out;
    }
    int main() {
        Maze().exitMaze();
        return 0;
    }
```

4.9 Exercícios

1. Inverta a ordem dos elementos na pilha S:

    a. usando duas pilhas adicionais;

    b. usando uma fila adicional;

    c. usando uma pilha adicional e algumas variáveis adicionais.

2. Ponha os elementos da pilha S na ordem ascendente usando uma pilha adicional e algumas variáveis adicionais.

3. Transfira os elementos da pilha S_1 para a pilha S_2 de modo que os elementos de S_2 estejam na mesma ordem que em S_1:

    a. usando uma pilha adicional;

    b. não usando pilha adicional, mas somente algumas variáveis adicionais.

4. Sugira uma implementação de uma pilha para conter elementos de dois tipos diferentes, tais como estruturas e números flutuantes.

5. Utilizando variáveis adicionais, ordene todos os elementos em uma fila usando:

    a. duas filas adicionais;

    b. uma fila adicional.

6. Neste capítulo, duas implementações diferentes foram desenvolvidas para uma pilha: as classes Stack e LLStack. Os nomes das funções-membro em ambas as classes sugerem que a mesma estrutura de dados é pretendida; no entanto, uma conexão mais forte entre essas duas classes pode ser estabelecida. Defina uma classe base abstrata para uma pilha e derive dela as classes Stack e LLStack.

7. Defina uma pilha em termos de uma fila, isto é, crie uma classe

    ```
    template <class T>
    class StackQ {
        Queue<T> pool;
        . . . . . . . . . .
        void push(const T& el) {
            pool.enqueue(el);
        . . . . . . . . . .
    ```

8. Defina uma fila em termos de uma pilha.

9. Uma classe de fila é definida em termos de um vetor:

    ```
    template<class T. int capacity = 30 >
    class QueueV {
        . . . . . . . . . .
    private:
        vector<T> pool;
    }
    ```

    Essa é uma solução viável?

10. Modifique o programa do estudo de caso para imprimir o caminho sem corredores sem saída e, possivelmente, com os desvios. Por exemplo, para um labirinto

   ```
   1111111
   1e00001
   1110111
   1000001
   100m001
   1111111
   ```

   o programa do estudo de caso imprime o labirinto processado

   ```
   1111111
   1e....1
   111.111
   1.....1
   1..m..1
   1111111
   Success
   ```

   O programa modificado deve, além disso, gerar o caminho desde a saída até o rato:
   [1 1] [1 2] [1 3] [2 3] [3 3] [3 4] [3 5] [4 5] [4 4] [4 3]
   que deixa dois corredores sem saída, [1 4] [1 5] e [3 2] [3 1] [4 1] [4 2], mas retém um desvio, [3 4] [3 5] [4 5] [4 4].

11. Modifique o programa do exercício anterior de modo que ele imprima o labirinto com o caminho sem corredores sem saída. O caminho é indicado por linhas tracejadas e barras verticais para indicar as mudanças de direção. Para o labirinto do exercício anterior, o programa modificado deverá imprimir

   ```
   1111111
   1e--..1
   111|111
   1..|--1
   1..m-|1
   1111111
   ```

4.10 Tarefas de programação

1. Escreva um programa que determine se dada cadeia de caracteres é um palíndromo ou não, isto é, se pode ser lida da mesma maneira para frente ou para trás. Em cada ponto você pode ler somente um caractere da cadeia dada; não use uma matriz para primeiro armazenar esta cadeia e então analisá-la (exceto, possivelmente, em uma implementação de pilha). Considere usar pilhas múltiplas.

2. Escreva um programa para converter um número de notação decimal em um expressado em um sistema de número cuja base (ou raiz) é um número entre 2 e 9. A conversão é realizada pela divisão repetitiva pela base à qual um número está sendo convertido e, então, tomando-se os restos da divisão na ordem inversa. Por exemplo, para converter para binário, o número 6 exige três de tais divisões: 6/2 = 3 com resto 0, 3/2 = 1 com resto 1 e, finalmente, 1/2 = 0 com resto 1. Os restos 0, 1 e 1 são colocados na ordem inversa, de modo que o binário equivalente de 6 é igual a 110.

   Modifique seu programa de modo que possa realizar uma conversão quando a base for um número entre 11 e 27. Os sistemas de números com bases maiores do que 10 exigem mais símbolos. Em consequência, use letras maiúsculas. Por exemplo, um sistema hexadecimal exige 16 dígitos: 0, 1, ..., 9, A, B, C, D, E, F. Neste sistema, o número decimal 26 é igual a 1A na notação hexadecimal, pois 26/16 = 1 resto 10 (isto é, A) e 1/16 = 0 resto 1.

3. Escreva um programa que implemente o algoritmo `delimiterMatching ()` da Seção 4.1.

4. Escreva um programa que implemente o algoritmo `addingLargeNumbers()` da Seção 4.1.

5. Escreva um programa para adicionar qualquer número de inteiros grandes. O problema pode ser abordado, pelo menos, de duas maneiras:

    a. Primeiro, adicione dois números e, em seguida, adicione repetidamente o próximo número com o resultado da adição anterior.

    b. Crie um vetor de pilhas e, em seguida, use uma versão generalizada de `addingLargeNumbers()` para todas as pilhas ao mesmo tempo.

6. Escreva um programa para realizar as quatro operações aritméticas básicas (+, -, · e /) em inteiros muito grandes. O resultado da divisão deve também ser um inteiro. Aplique essas operações para calcular 123^{45}, ou o centésimo número da sequência 1 * 2 + 3, 2 * 3^2 + 4, 3 * 4^3 + 5, ... Aplique-o também para calcular os números de Gödel de expressões aritméticas.

    A função *GN* de numeração de Gödel primeiro estabelece uma correspondência entre os elementos básicos de linguagem e os números:

Símbolo	Número GN de Gödel
=	1
+	2
*	3
-	4
/	5
(	6
)	7
^	8
0	9
S	10
x_i	$11 + 2 * i$
X_i	$12 + 2 * i$

onde *S* é a função sucessora. Então, para qualquer fórmula: $F = s_1 s_2 \ldots s_n$:

$$GN('s_1 s_2 \ldots s_n') = 2^{GN(s_1)} * 3^{GN(s_2)} * \ldots * p_n^{GN(s_n)}$$

onde p_n é o *n*-ésimo primo. Por exemplo,

$$GN(1) = GN(S0) = 2^{10} * 3^9$$

e

$$GN('x_1 + x_3 = x_4') = 2^{11+2} * 3^2 * 5^{11+6} * 7^1 * 11^{11+8}$$

Deste modo, a cada expressão aritmética pode ser atribuído um único número. Este método foi usado por Gödel para provar teoremas, conhecidos por teoremas de Gödel, que são de extrema importância para os fundamentos da matemática.

7. Escreva um programa para somar números flutuantes muito grandes. Estenda este programa a outras operações aritméticas.

Bibliografia

Filas

SLOYER, Clifford; COPES, WAYNE, SACCO; William; STARCK, Robert. *Queues:* will this wait never end!, Providence, RI: Janson, 1987.

Filas com prioridades

BLACKSTONE, John H.; HOGG, Gary L.; PHILLIPS, Don T. A two-list synchronization procedure for discrete event simulation. *Communications of the ACM* 24, 1981, p. 825-29.

HENDRIKSEN, James O. An improved events list algorithm. *Proceedings of the 1977 Winter Simulation Conference.* Piscataway, NJ: IEEE, 1977, p. 547-57.

_____. Event List Management – A tutorial. *Proceedings of the 1983 Winter Simulation Conference.* Piscataway, NJ: IEEE, 1983, p. 543-51.

JONES, Douglas W. An empirical comparison of priority-queue and event-set implementations. *Communications of the ACM* 29, 1986, p. 300-11.

Recursão

5

5.1 Definições recursivas

Uma das regras básicas para definir novos objetos ou conceitos é que a definição deve conter somente termos que tenham já sido definidos ou que sejam óbvios. Assim, um objeto definido em termos dele próprio é uma violação séria desta regra – um círculo vicioso. Por outro lado, existem muitos conceitos de programação que se autodefinem. Restrições formais impostas às definições, tais como existência e unicidade, são satisfeitas e não deve ocorrer violação das regras. Estas são chamadas *definições recursivas*, usadas primordialmente para se determinar conjuntos infinitos. Ao estabelecer tais conjuntos, uma listagem completa dos elementos é impossível, e, para conjuntos finitos grandes, ineficiente. Assim, um modo mais eficiente tem que ser idealizado para determinar se um objeto pertence a um conjunto.

Definição recursiva consiste de duas partes. Na primeira, chamada *âncora* ou *caso base*, os elementos básicos que são os blocos estruturais de todos os outros elementos do conjunto são listados. Na segunda, são dadas as regras que permitem a construção de novos objetos a partir dos elementos básicos ou de objetos que já tenham sido construídos. Estas regras são aplicadas repetidamente para gerar novos objetos. Por exemplo, para construir o conjunto de números naturais, um elemento básico, 0, é escolhido e a operação de se incrementar por 1 é dada como:

1. $0 \in \mathbf{N}$;
2. se $n \in \mathbf{N}$, então $(n + 1) \in \mathbf{N}$;
3. não há outros objetos no conjunto $\mathbf{N}$.

(Mais axiomas são necessários para assegurar que somente o conjunto que conhecemos como números naturais possa ser construído por estas regras.)

De acordo com essas regras, o conjunto de números naturais $\mathbf{N}$ consiste nos seguintes itens: 0, $0 + 1, 0 + 1 + 1, 0 + 1 + 1 + 1$ etc. Embora o conjunto $\mathbf{N}$ contenha objetos (e somente tais objetos) que chamamos números naturais, a definição resulta em uma lista de elementos um tanto difícil de manejar. Você pode imaginar aritmética com grandes números usando tal especificação? Em consequência, é mais conveniente usar a seguinte definição, que abrange o intervalo global da herança de números arábicos:

1. $0, 1, 2, 3, 4, 5, 6, 7, 8, 9 \in \mathbf{N}$;
2. se $n \in \mathbf{N}$, então $n0, n1, n2, n3, n4, n5, n6, n7, n8, n9 \in \mathbf{N}$;
3. estes são os únicos números naturais.

Então, o conjunto **N** inclui todas as possíveis combinações usando os "tijolos" de 0 até 9.

As definições recursivas servem a dois propósitos: *gerar* novos elementos, como já indicado, e *testar* se um elemento pertence ou não a um conjunto. No caso do teste, o problema é resolvido reduzindo-o a um problema mais simples; se este é ainda muito complexo, é reduzido a um ainda mais simples, e assim por diante, até que seja reduzido a um problema indicado na âncora. Por exemplo, 123 é um número natural? De acordo com a segunda condição da definição que introduz o conjunto **N**, $123 \in \mathbf{N}$ se $12 \in \mathbf{N}$, e a primeira condição já diz que $3 \in \mathbf{N}$; mas $12 \in \mathbf{N}$ se $1 \in \mathbf{N}$ e $2 \in \mathbf{N}$ e ambos pertencem a **N**.

A habilidade de decompor um problema em subproblemas mais simples do mesmo tipo é algumas vezes um benefício real, como veremos na discussão do algoritmo de ordenação "quicksort" na Seção 9.3.3, ou uma maldição, como veremos ainda neste capítulo.

As definições recursivas são frequentemente usadas para definir funções e sequências de números. Por exemplo, a função fatorial, !, pode ser definida da seguinte maneira:

$$n! = \begin{cases} 1 & \text{if } n = 0 \text{ (âncora)} \\ n \cdot (n-1)! & \text{if } n > 0 \text{ (passo de indução)} \end{cases}$$

Usando esta definição, podemos gerar a sequência de números

$$1, 1, 2, 6, 24, 120, 720, 5040, 40320, 362880, 3628800, \ldots$$

que inclui os fatoriais dos números. $0, 1, 2, \ldots, 10, \ldots$

Outro exemplo é a definição

$$f(n) = \begin{cases} 1 & \text{if } n = 0 \\ f(n-1) + \dfrac{1}{f(n-1)} & \text{if } n > 0 \end{cases}$$

que gera a sequência de números racionais

$$1, 2, \frac{5}{2}, \frac{29}{10}, \frac{941}{290}, \frac{969.581}{272.890}, \ldots$$

Definições recursivas de sequências têm uma característica indesejável: para se determinar o valor de um elemento s_n de uma sequência, primeiro temos que calcular os valores de alguns ou de todos os elementos prévios $s_1, \ldots, s_{n-1}$. Por exemplo, calcular o valor de 3! nos exige, primeiro, calcular os valores de 0!, 1! e 2!. Em termos computacionais isto é indesejável, pois força-nos realizar cálculos de um modo rebuscado. Queremos encontrar uma definição ou uma fórmula equivalente que não faça referências a outros elementos da sequência. Em geral, encontrar tal fórmula é um problema difícil que não pode sempre ser resolvido. Mas a fórmula é preferível a uma definição recursiva, porque simplifica o processo computacional e nos permite encontrar a resposta para um inteiro n sem calcular os valores para os inteiros $0, 1, \ldots, n-1$. Por exemplo, a definição da sequência g,

$$g(n) = \begin{cases} 1 & \text{if } n = 0 \\ 2 \cdot g(n-1) & \text{if } n > 0 \end{cases}$$

pode ser convertida na fórmula simples

$$g(n) = 2^n$$

Na discussão precedente, as definições recursivas foram tratadas somente teoricamente, como uma definição usada na matemática. Naturalmente, nosso interesse é a ciência da computação. Uma área em que as definições recursivas são usadas extensivamente é a especificação de gramáticas de linguagens de programação. Cada manual de linguagem de programação contém – como apêndice ou no próprio texto – uma especificação de todos os elementos válidos da linguagem. A gramática é especificada em termos de diagramas de blocos ou da forma de Backus-Naur (BNF, do inglês

Backus-Naur Form). Por exemplo, a definição sintática de uma declaração na linguagem C++ pode ser apresentada na forma de diagrama de blocos:

```
declaração ┬─► while ─►( ─► expressão ─► ) ─► declaração ──────────────────────┐
           ├─► if ─────►( ─► expressão ─► ) ─► declaração ┬─► else ─► declaração ─►
           └──────────────────────────────────────────────┘
```

ou em BNF:
```
<declaração> ::= while (<expressão>) <declaração> |
                 if (<expressão>) <declaração> |
                 if (<expressão>) <declaração>else<declaração> |
                 ...
```

O elemento de linguagem <declaração> é definido recursivamente, em termos dele próprio. Tais definições naturalmente expressam a possibilidade de criar construtores sintáticos como declarações ou expressões aninhadas.

Definições recursivas são também usadas em programação. O lado bom é que virtualmente nenhum esforço é necessário para fazer a transição de uma definição recursiva de uma função para sua implementação em C++. Simplesmente fazemos a tradução da definição formal para a sintaxe de C++. Por isso, por exemplo, um equivalente C++ do fatorial é a função

```
unsigned int factorial (unsigned int n) {
   if (n == 0)
      return 1;
   else return n * factorial (n - 1);
}
```

O problema agora parece ser mais crítico, pois não está claro como uma função que chama a si mesma pode trabalhar e retornar o resultado correto. Este capítulo mostra que é possível tal função trabalhar apropriadamente. As definições recursivas na maioria dos computadores são implementadas usando-se uma pilha em tempo de execução, embora o trabalho global de implementar a recursão seja feito pelo sistema operacional e o código fonte não inclua indicação de como isto é realizado. E. W. Dijkstra introduziu a ideia de usar uma pilha para implementar a recursão. Para melhor entender a recursão e para ver como trabalha, é necessário discutir o processamento das chamadas de função e ver as operações realizadas pelo sistema na invocação e na saída da função.

5.2 Chamadas de função e implementação da recursão

O que acontece quando uma função é chamada? Se ela tem parâmetros formais, eles têm que ser inicializados para os valores passados como parâmetros. Além disso, o sistema tem que saber onde reiniciar a execução do programa depois de a função ter terminado. A função pode ser chamada por outras funções ou pelo programa principal (a função `main()`). A indicação de onde ela foi chamada tem que ser lembrada pelo sistema. Isto poderia ser feito armazenando o endereço de retorno na memória principal em um lugar específico, mas não sabemos previamente quanto espaço pode ser necessário, e alocar muito espaço para somente este propósito não é eficiente.

Para uma chamada de função, mais informação do que o endereço de retorno tem que ser armazenada. Em consequência, a alocação dinâmica usando a pilha em tempo de execução é uma solução muito melhor. Mas que informação precisa ser preservada quando uma função é chamada? Primeiro, as variáveis locais precisam ser armazenadas. Se a função `f1()` que contém uma declaração de uma variável local x chama a função `f2()`, que localmente declara a variável x, o sistema tem que fazer uma distinção entre essas duas variáveis x. Se `f2()` usa uma variável x, então será sua própria variável x; se `f2()` atribui um valor para x, então a variável x pertencendo a `f1()` será mantida. Quando `f2()` termina, `f1()` pode usar o valor atribuído a sua variável x privada antes que `f2()`

seja chamada. Isto é especialmente importante no contexto deste capítulo, quando `f1()` é o mesmo que `f2()`, quando uma função chama ela mesma recursivamente. Como o sistema faz uma distinção entre essas duas variáveis x?

O estado de cada função, incluindo `main()`, é caracterizado pelo conteúdo de todas as variáveis locais, pelos valores dos parâmetros das funções e pelo endereço de retorno que indica onde tomar seu ativador. A área de dados que contém toda esta informação é chamada *registro de ativação* ou *estrutura de pilha*, alocada na pilha em tempo de execução. Um registro de ativação existirá enquanto uma função que o possuir estiver sendo executada. Este registro é uma área privada de informação para a função, um repositório que armazena toda a informação necessária para sua execução apropriada e como retornar para onde foi chamada. Os registros de ativação usualmente têm um tempo de vida curto, porque são dinamicamente alocados na entrada da função e desalocados na saída. Somente o registro de ativação de `main()` sobrevive a todos os outros registros de ativação.

Um registro de ativação usualmente contém as seguintes informações:

- Valores de todos os parâmetros da função; local da primeira célula, se uma matriz ou uma variável é passada por referência e cópias de todos os outros itens de dados.
- Variáveis locais que podem ser armazenadas em quaisquer outras partes, em cujo caso o registro de ativação contém somente seus descritores e ponteiros aos locais onde estão armazenadas.
- O endereço de retorno para retomar o controle pelo ativador e o endereço da instrução do ativador que imediatamente segue a chamada.
- Um vínculo dinâmico, que é um ponteiro para o registro de ativação do ativador.
- O valor retornado para uma função não declarada como `void`. Como o tamanho do registro de ativação pode variar de uma chamada para outra, o valor retornado é colocado diretamente acima do registro de ativação do ativador.

Como mencionado, se uma função é chamada por `main()` ou por outra função, seu registro de ativação é criado na pilha em tempo de execução. Esta sempre reflete o estado corrente da função. Por exemplo, suponha que `main()` chame a função `f1()`, `f1()` a `f2()`, e `f2()`, por sua vez, chame `f3()`. Se `f3()` estiver sendo executada, o estado da pilha em tempo de execução será como o mostrado na Figura 5.1. Pela natureza da pilha, se o registro de ativação para `f3()` for extraído movendo-se o ponteiro da pilha logo abaixo do valor de retorno de `f3()`, então `f2()` terminará e terá livre acesso à área de informação privada necessária para a reativação de sua execução. Por outro lado, se `f3()` chamar outra função `f4()`, a pilha em tempo de execução crescerá, já que o registro de ativação para `f4()` será criado na pilha e a atividade de `f3()` será suspensa.

Criar um registro de ativação sempre que uma função é chamada permite ao sistema manusear a recursão apropriadamente. Recursão é chamar uma função que tem o mesmo nome do ativador. Em consequência, uma chamada recursiva não é literalmente uma função chamando ela própria, mas sim uma instanciação de uma função que chama outra instanciação do mesmo original. Essas invocações são representadas internamente por diferentes registros de ativação e são assim diferenciadas pelo sistema.

5.3 Anatomia de uma chamada recursiva

A função que define elevar qualquer número x a uma potência inteira não negativa n é um bom exemplo de função recursiva. A definição mais natural desta função é dada por:

$$x^n = \begin{cases} 1 & \text{if } n = 0 \\ x \cdot x^{n-1} & \text{if } n > 0 \end{cases}$$

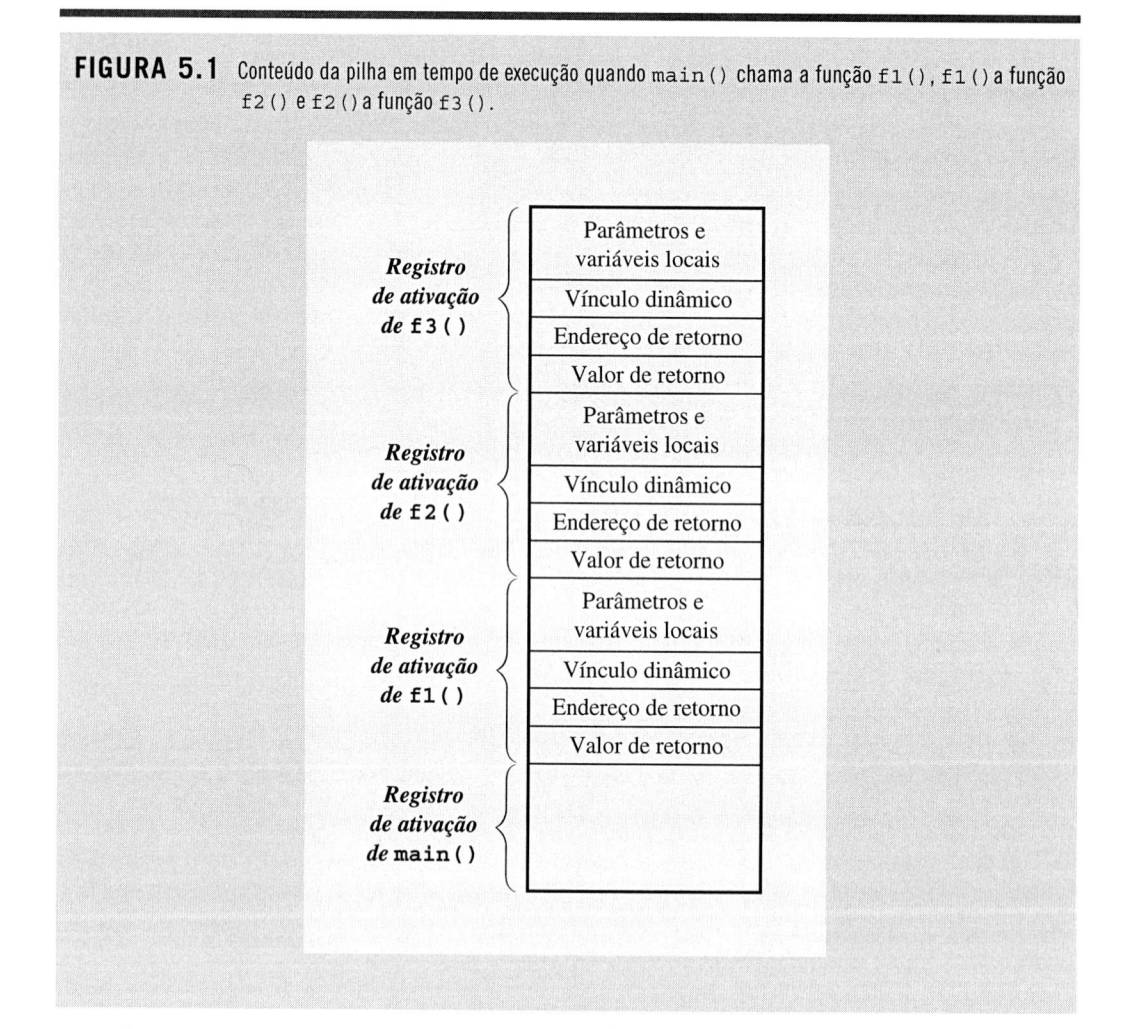

FIGURA 5.1 Conteúdo da pilha em tempo de execução quando main() chama a função f1(), f1() a função f2() e f2() a função f3().

```
                    ┌─ Parâmetros e
                    │  variáveis locais
   Registro         ├─────────────────
   de ativação      │  Vínculo dinâmico
   de f3()          ├─────────────────
                    │  Endereço de retorno
                    ├─────────────────
                    └─ Valor de retorno
                    ┌─ Parâmetros e
                    │  variáveis locais
   Registro         ├─────────────────
   de ativação      │  Vínculo dinâmico
   de f2()          ├─────────────────
                    │  Endereço de retorno
                    ├─────────────────
                    └─ Valor de retorno
                    ┌─ Parâmetros e
                    │  variáveis locais
   Registro         ├─────────────────
   de ativação      │  Vínculo dinâmico
   de f1()          ├─────────────────
                    │  Endereço de retorno
                    ├─────────────────
                    └─ Valor de retorno
   Registro
   de ativação
   de main()
```

Uma função C++ para calcular x^n pode ser escrita diretamente a partir da definição de uma potência:

```
/* 102 */ double power (double x, unsigned int n) {
/* 103 */     if (n == 0)
/* 104 */         return 1.0;
          // else/*
   105 */         return x * power(x,n-1);
              }
```

Usando esta definição, o valor de x^4 pode ser computado do seguinte modo:

$$x^4 = x \cdot x^3 = x \cdot (x \cdot x^2) = x \cdot (x \cdot (x \cdot x^1)) = x \cdot (x \cdot (x \cdot (x \cdot x^0)))$$
$$= x \cdot (x \cdot (x \cdot (x \cdot 1))) = x \cdot (x \cdot (x \cdot (x))) = x \cdot (x \cdot (x \cdot x))$$
$$= x \cdot (x \cdot x \cdot x) = x \cdot x \cdot x \cdot x$$

A aplicação repetitiva da etapa indutiva eventualmente leva à âncora, que é a última etapa na cadeia das chamadas recursivas. A âncora produz 1 como o resultado de se elevar x à potência zero;

o resultado é passado de volta à chamada recursiva anterior. Aquela chamada, cuja execução estava pendente, retorna seu resultado, $x \cdot 1 = x$. A terceira chamada, que estava esperando por este resultado, calcula seu próprio resultado, a saber, $x \cdot x$, e o retorna. A seguir, este número $x \cdot x$ é recebido pela segunda chamada, que o multiplica por x e retorna o resultado, $x \cdot x \cdot x$, para a primeira invocação de power(). Esta chamada recebe $x \cdot x \cdot x$, multiplica-o por x e retorna o resultado final. Deste modo, cada nova chamada aumenta o nível de recursão:

chamada 1	$x^4 = x \cdot x^3 \quad = x \cdot x \cdot x \cdot x$
chamada 2	$x \cdot x^2 \quad = x \cdot x \cdot x$
chamada 3	$x \cdot x^1 \quad = x \cdot x$
chamada 4	$x \cdot x^0 = x \cdot 1 = x$
chamada 5	1

chamada 1	power(x,4)
chamada 2	power(x,3)
chamada 3	power(x,2)
chamada 4	power(x,1)
chamada 5	power(x,0)
chamada 5	1
chamada 4	x
chamada 3	$x \cdot x$
chamada 2	$x \cdot x \cdot x$
chamada 1	$x \cdot x \cdot x \cdot x$

O que o sistema faz quando a função está sendo executada? Como já sabemos, ele mantém o controle de todas as chamadas em sua pilha em tempo de execução. A cada linha de código é atribuído um número pelo sistema,[1] e, se uma linha é uma chamada de função, seu número é então um endereço de retorno. O endereço é usado pelo sistema para lembrar onde retornar a execução depois que a função estiver completa. Para este exemplo, assuma que para as linhas na função power( ) são atribuídos os números 102 até 105, e que é chamada main() a partir da declaração

```
              int main()
              { ...
/* 136 */     y = power(5.6,2);
              ...
              }
```

Um acompanhamento das chamadas recursivas é relativamente simples, como indicado por este diagrama,

chamada 1	power(5.6,2)
chamada 2	power(5.6,1)
chamada 3	power(5.6,0)
chamada 3	1
chamada 2	5.6
chamada 1	31.36

uma vez que a maioria das operações é realizada na pilha em tempo de execução.

---

1. Uma linha do programa fonte é usualmente implementada por diversas instruções de máquina. Mas isto não é muito preciso, pois o sistema usa código de máquina em vez do código-fonte para executar os programas.

Quando a função é invocada pela primeira vez, quatro itens são colocados na pilha em tempo de execução: o endereço de retorno 136, os parâmetros atuais 5.6 e 2, e um local reservado para o valor retornado por power(). A Figura 5.2a representa esta situação. (Neste diagrama e nos subsequentes, SP é um ponteiro da pilha, AR um registro de ativação, e os pontos de interrogação representam locais reservados para os valores de retorno. Para distinguir valores de endereços, estes últimos são colocados entre parênteses, embora os endereços sejam números, exatamente como os argumentos das funções.)

Agora, a função power() é executada. Primeiro, o valor do segundo argumento, 2, é verificado e power() tenta retornar o valor de 5.6 · power(5.6,1), pois este argumento não é 0. Isto não pode ser feito imediatamente, porque o sistema não sabe o valor de power(5.6,1); primeiro ele precisa ser calculado. Em consequência, power() é chamada novamente com os argumentos 5.6 e 1. Mas antes que esta chamada seja executada, a pilha em tempo de execução recebe novos itens; seu conteúdo é mostrado na Figura 5.2b.

O segundo argumento é novamente verificado para ver se é 0. Por ser igual a 1, power() é chamada pela terceira vez, agora com os argumentos 5.6 e 0. Antes que a função seja executada o sistema lembra-se dos argumentos e do endereço de retorno colocando-os na pilha, não se esquecendo de alocar uma célula para o resultado. A Figura 5.2c contém os novos conteúdos da pilha.

Novamente surge a questão: o segundo argumento é igual a zero? Quando finalmente ele for, um valor concreto – a saber, 1.0 – pode ser retornado e colocado na pilha, e a função é terminada sem fazer qualquer chamada adicional. Neste ponto, existem duas chamadas pendentes na pilha em tempo de execução – as chamadas para power() – que têm que ser completadas. Como isto é feito? Primeiro, o sistema elimina o registro de ativação de power() que acabou de terminar. Isto é realizado logicamente, extraindo da pilha todos os seus campos (o resultado, dois argumentos e o endereço de retorno). Dizemos "logicamente" porque, em termos físicos, todos esses campos permanecem na pilha, somente o SP é decrementado de forma apropriada. Isto é importante, porque não queremos que o resultado seja destruído, pois não foi utilizado ainda. Antes e depois do término da última chamada de power(), a pilha parece ser a mesma, mas o valor de SP foi modificado (veja as Figuras 5.2d e e).

FIGURA 5.2 Mudança na pilha em tempo de execução durante a execução de power(5.6,2).

	(a)	(b)	(c)	(d)	(e)	(f)	(g)	(h)
Terceira chamada a power()			0 ← SP 5.6 (105) ?	0 ← SP 5.6 (105) 1.0	0 5.6 (105) 1.0			
Segunda chamada a power()		1 ← SP 5.6 (105) ?	1 5.6 (105) ?	1 5.6 (105) ?	1 5.6 (105) ?	1 ← SP 5.6 (105) 5.6	1 ← SP 5.6 (105) 5.6	1 5.6 (105) 5.6
Primeira chamada a power()	2 ← SP 5.6 (136) ?	2 5.6 (136) ?	2 5.6 (136) ?	2 5.6 (136) ?	2 5.6 (136) ?	2 5.6 (136) ?	2 ← SP 5.6 (136) ?	2 ← SP 5.6 (136) 31.36
AR para main()	⋮ y ⋮	⋮ y ⋮	⋮ y ⋮	⋮ y ⋮	⋮ y ⋮	⋮ y ⋮	⋮ y ⋮	⋮ y ⋮

Chave: SP Ponteiro da pilha
AR Registro de ativação
? Local reservado para o valor de retorno

Agora a segunda chamada para `power()` pode se completar, pois esperava pelo resultado da chamada `power(5.6,0)`. O resultado, 1.0, é multiplicado por 5.6 e armazenado no campo alocado para o resultado. Depois, o sistema pode extrair o registro de ativação corrente da pilha decrementando o valor de SP e terminar a execução da primeira chamada para `power()` que necessitou do resultado para a segunda chamada. A Figura 5.2f mostra o conteúdo da pilha antes de modificar o valor de SP, e a 5.2g o conteúdo depois desta mudança. Neste momento, `power()` pode terminar sua primeira chamada, multiplicando o resultado da segunda chamada, 5.6, pelo primeiro argumento, também 5.6. O sistema agora retorna a função que invocou `power()` e o valor final, 31.36, é atribuído a y. Imediatamente antes de a atribuição ser executada, o conteúdo da pilha é como na Figura 5.2h.

A função `power()` pode ser implementada de forma diferente, sem usar qualquer recursão, com o seguinte laço:

```
double nonRecPower(double x, unsigned int n) {
   double result = 1;
   for (result = x; n > 1; --n)
       result *= x;
   return result;
}
```

Ganhamos alguma coisa usando a recursão em vez de um laço? A versão recursiva parece ser mais intuitiva, pois é similar à definição original da função de potência. A definição é simplesmente expressa em C++ sem perder a estrutura original da definição. A versão recursiva aumenta a legibilidade do programa, melhora a autodocumentação e simplifica a codificação. Em nosso exemplo, o código da versão não recursiva não é substancialmente maior que o da recursiva, mas, para a maioria das implementações recursivas, o código é menor do que nas não recursivas.

5.4 Recursão de cauda

Todas as definições recursivas contêm uma referência a um conjunto ou a uma função que está sendo definida. Existe, no entanto, uma variedade de modos pelos quais uma referência pode ser implementada. Esta referência pode ser feita de uma maneira direta ou um modo intrincado, uma única ou muitas vezes. Pode haver muitos níveis possíveis de recursão ou diferentes níveis de complexidade. Nas seções seguintes alguns desses tipos são discutidos, começando com o caso mais simples, *recursão de cauda*.

Recursão de cauda é caracterizada pelo uso de somente uma chamada recursiva no final de uma implementação de função. Em outras palavras, quando a chamada é feita não existem declarações deixadas para ser executadas pela função. Não apenas a chamada recursiva é a última declaração, mas não há chamadas recursivas prévias, diretas ou indiretas. Por exemplo, a função `tail()` definida como

```
void tail (int i) {
  if (i > 0) {
    cout << i << ' ';
    tail(i-1);
  }
}
```

é um exemplo de uma função com recursão de cauda, enquanto a função `nonTail()`, definida como

```
void nonTail (int i) {
  if (i > 0) {
    nonTail(i-1);
    cout << i << ' ';
```

```
    nonTail(i-1);
  }
}
```

não é. A recursão de cauda é simplesmente um laço "glorificado" e pode facilmente ser substituída por um laço. Neste exemplo, substitui-se um laço `for` pela declaração `if` e decrementa-se a variável `i` de acordo com o nível da chamada recursiva. Deste modo, `tail()` pode ser expressa por uma função iterativa:

```
void iterativeEquivalentOfTail (int i) {
  for ( ; i > 0; i--)
    cout << i << '';
}
```

Existe alguma vantagem em usar a recursão de cauda em comparação à iteração? Para linguagens como C++ não há vantagem convincente, mas em uma linguagem como Prolog, que não tem uma construção de laço explícita (os laços são simulados por recursão), a recursão de cauda adquire um peso muito maior. Em linguagens dotadas de um laço ou seus equivalentes, como um `if` combinado com um `goto`, a recursão de cauda não é um recurso recomendado.

5.5 Recursão que não é de cauda

Outro problema que pode ser implementado na recursão é imprimir uma linha de entrada na ordem inversa. Eis uma implementação recursiva simples:

```
/* 200 */ void reverse() {
              char ch;
/* 201 */     cin.get(ch);
/* 202 */     if (ch != '\n') {
/* 203 */         reverse();
/* 204 */         cout.put(ch);
              }
          }
```

Onde está o truque? Não parece possível que a função faça alguma coisa. Mas, pelo poder da recursão, ela faz exatamente o que foi concebida para fazer. A função `main()` chama `reverse()` e a entrada é a cadeia de caracteres "ABC". Primeiro, um registro de ativação é criado com células para a variável `ch` e para o endereço de retorno. Não há necessidade de reservar uma célula para um resul-

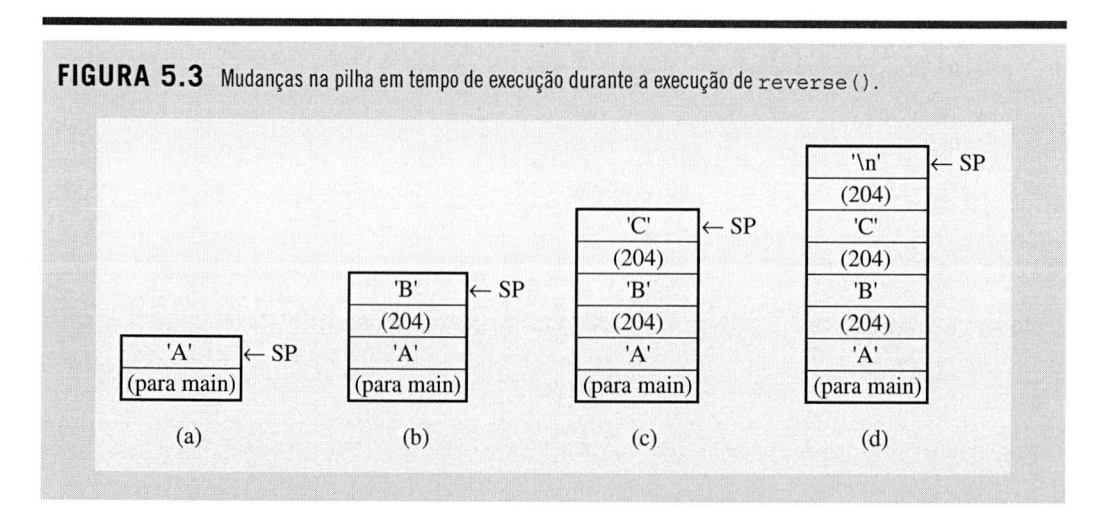

FIGURA 5.3 Mudanças na pilha em tempo de execução durante a execução de `reverse()`.

tado, pois nenhum valor é retornado, o que está indicado usando-se `void` à frente do nome da função. A função `get()` lê o primeiro caractere, "A". A Figura 5.3a mostra o conteúdo da pilha em tempo de execução imediatamente antes que `reverse()` chame a si mesma recursivamente pela primeira vez.

O segundo caractere é lido e verificado para ver se é o de fim de linha, e, se não for, `reverse()` é chamada novamente. Mas, em ambos os casos, o valor de `ch` é colocado na pilha em tempo de execução junto com o endereço de retorno. Antes que `reverse()` seja chamada pela terceira vez (a segunda recursivamente), existem mais dois itens na pilha (veja a Figura 5.3b).

Note que a função é chamada tantas vezes quanto o número de caracteres contidos na cadeia de caracteres de entrada, incluindo o de fim de linha. Em nosso exemplo, `reverse()` é chamada quatro vezes; a pilha em tempo de execução, durante a última chamada, é mostrada na Figura 5.3d.

Na quarta chamada, `get()` encontra o caractere de fim de linha e `reverse()` não executa qualquer outra declaração. O sistema recupera o endereço de retorno do registro de ativação e descarta este registro decrementando SP pelo número apropriado de bytes. A execução retoma a partir da linha 204, que é uma declaração de impressão. Devido ao registro de ativação da terceira chamada estar agora ativo, o valor de `ch`, a letra "C", é impresso como primeiro caractere. A seguir, o registro de ativação da terceira chamada a `reverse()` é descartado, e agora SP aponta para onde "B" está armazenado. A segunda chamada está para ser terminada, mas, primeiro, "B" está atribuído para `ch`, e então a declaração na linha 204 é executada, o que resulta na impressão de "B" na tela, imediatamente depois de "C". Finalmente, o registro de ativação da primeira chamada a `reverse()` é atingido. Então "A" é impresso, e o que pode ser visto na tela é a cadeia de caracteres "CBA". A primeira chamada é finalmente terminada e o programa continua a execução em `main()`.

Compare a implementação recursiva com uma versão não recursiva da mesma função:

```
void simpleIterativeReverse() {
    char stack[80];
    register int top = 0;
    cin.getline(stack,80);
    for (top = strlen(stack) -1; top >= 0; cout.put(stack[top--]));
}
```

A função é bastante pequena e, talvez, um pouco mais difícil de entender do que sua contraparte recursiva. Qual é a diferença então? Tenha em mente que a brevidade e a relativa simplicidade da segunda versão são devidas principalmente ao fato de querermos inverter uma cadeia de caracteres ou uma matriz de caracteres. Isto significa que funções como `strlen()` e `getline()` da biblioteca padrão do C++ podem ser usadas. Se não contamos com tais funções, então nossa função iterativa tem que ser implementada de forma diferente:

```
void iterativeReverse() {
    char stack[80];
    register int top = 0;
    cin.get(stack[top]);
    while(stack[top]!='\n')
        cin.get(stack[++top]);
    for (top -= 2; top >= 0; cout.put(stack[top--]));
}
```

O laço `while` substitui `getline()`, e o autoincremento da variável `top` `strlen()`. O laço `for` é o mesmo de antes. Esta discussão não é puramente teórica, porque inverter uma linha de entrada que consiste de inteiros usa a mesma implementação de `iterativeReverse()` depois de se mudar o tipo de dados de `stack` de `char` para `int` e de modificar o laço `while`.

Note que o nome da variável `stack` usado para a matriz não é acidental. Estamos tornando explícito o que é feito implicitamente pelo sistema. Nossa pilha assume os deveres da pilha em tempo de execução. Seu uso é necessário aqui, pois um laço simples não é suficiente, como no caso da recursão em cauda. Além disso, a declaração `put()` da versão recursiva tem que ser levada em consideração. Note que a variável `stack` é local para a função `iterativeReverse()`. No entanto, se houvesse uma exigência para se ter um objeto de pilha global `st`, esta implementação poderia ser reescrita como

```
void nonRecursiveReverse() {
   int ch;
   cin.get(ch);
   while (ch != '\n') {
      st.push(ch);
      cin.get(ch);
   }
   while (!st.empty())
      cout.put(st.pop());
}
```

com a declaração `Stack<char> st` fora da função.

Depois de comparar `iterativeReverse()` a `nonRecursiveReverse()`, podemos concluir que a primeira versão é melhor por ser mais rápida, pois nenhuma chamada de procedimento é feita e a função é autossuficiente, enquanto `nonRecursiveReverse()` chama pelo menos uma função durante cada iteração de laço, retardando a execução.

De um modo ou de outro a transformação de recursão em iteração usualmente envolve o manuseio explícito de uma pilha. Além disso, quando se está convertendo uma função de uma versão recursiva para uma iterativa, a clareza do programa pode ser diminuída e a brevidade da formulação do programa perdida. As versões iterativas das funções recursivas do C++ não são tão extensas como em outras linguagens de programação, assim, a brevidade do programa pode não ser um resultado.

Para concluir esta seção, considere uma construção do floco de neve de von Koch. A curva foi construída em 1904 pelo matemático sueco Helge von Koch, como exemplo de uma curva contínua e não diferenciável com um comprimento infinito e cobrindo uma área finita. Tal curva é um limite de uma sequência infinita de flocos de neve, dos quais os três primeiros são apresentados na Figura 5.4. Como em flocos de neve verdadeiros, essas curvas têm seis pétalas, mas, para facilitar o algoritmo, a figura é tratada como uma combinação de três curvas idênticas em diferentes ângulos e conectadas. Uma dessas curvas é desenhada da seguinte maneira:

1. Divida um intervalo *side* em três partes iguais.
2. Mova um terço de *side* na direção especificada por *angle*.
3. Gire à direita 60° (isto é, gire –60°) e vá para a frente um terço de *side*.
4. Gire à esquerda 120° e prossiga à frente um terço de *side*.
5. Gire à direita 60° e novamente desenhe uma linha com comprimento de um terço de *side*.

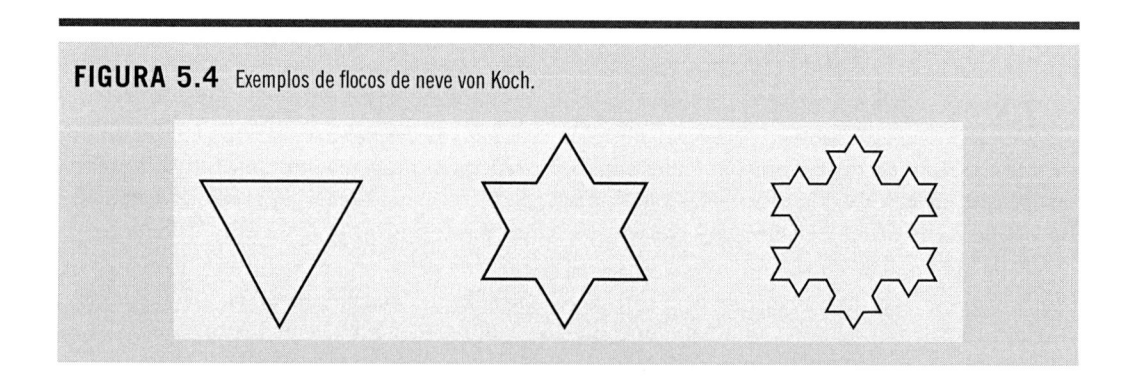

FIGURA 5.4 Exemplos de flocos de neve von Koch.

O resultado dessas cinco etapas está resumido na Figura 5.5. Esta linha, no entanto, tornar-se-ia mais denteada se cada um dos quatro intervalos se tornasse uma miniatura da curva toda, isto é, se o processo de desenhar quatro linhas fosse feito para cada um desses *side*/3 intervalos longos. Como resultado, 16 intervalos de comprimento *side*/9 seriam desenhados. O processo poderia continuar indefinidamente – pelo menos em teoria. A resolução gráfica do computador não nos permite ir muito longe, porque se as linhas forem menores do que o diâmetro de um pixel veremos apenas um ponto na tela.

FIGURA 5.5 O processo de desenhar quatro lados de um segmento de floco de neve de von Koch.

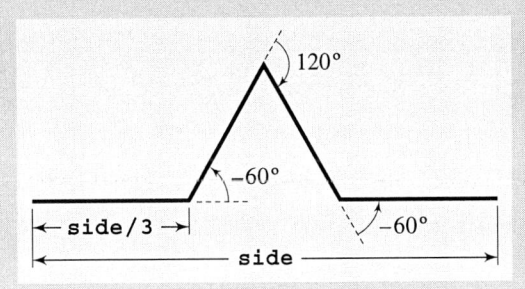

As cinco etapas que, em vez de desenhar uma linha de comprimento *side*, desenham quatro linhas cada uma com comprimento de um terço de *side* formam somente um ciclo. Cada uma dessas quatro linhas pode também ser linhas compostas, desenhadas usando o ciclo descrito. Esta é uma situação na qual a recursão é bem adequada, o que é refletido pelo seguinte pseudocódigo:

```
drawFourLines (side, nivel)
    if (nivel == 0)
      desenhe uma linha;
    else
      drawFourLines(side/3, nivel-1);
      gire à esquerda 60°;
      drawFourLines(side/3, nivel-1);
      gire à direita 120°;
      drawFourLines(side/3, nivel-1);
      gire à esquerda 60°;
      drawFourLines(side/3, nivel-1);
```

Este pseudocódigo pode ser convertido, quase sem mudanças, em código C++ (Figura 5.6).

FIGURA 5.6 Implementação recursiva do floco de neve de von Koch.

```cpp
// ************************ vonKoch.h ********************
//                    Visual C++ program
//      Um arquivo de cabeçalho em um projeto do tipo de aplicativo MFC.

#define _USE_MATH_DEFINES
#include <cmath>

class vonKoch {
public:
```

FIGURA 5.6 Implementação recursiva do floco de neve de von Koch. (*continuação*)

```cpp
        vonKoch (int, int, CDC*);
        void snowflake ();
    private:
        double side, angle;
        int level;
        CPoint currPt, pt;
        CDC *pen;
        void right (double x) {
            angle += x;
        }
        void left (double x){
            angle -= x;
        }
        void drawFourLines(double side, int nivel);
    };
    vonKoch::vonKoch (int s, int lvl, CDC *pDC) {
        pen = pDC;
        currPt.x = 200;
        currPt.y = 100;
        pen->MoveTo (currPt);
        angle = 0.0;
        side = s;
        level = lvl;
    }

    void vonKoch::drawFourLines (double side, int level) {
        // arguments to sin() and cos() are angles
        // specified in radians, i.e., the coefficient
        // PI/180 is necessary;
        If (level == 0) {
            pt.x = int(cos(angle*M_PI/180)*side) + currPt.x;
            pt.y = int(sin(angle*M_PI/180)*side) + currPt.y;
            pen->LineTo (pt);
            currPt.x = pt.x;
            currPt.y = pt.y;
        }
        else {
            drawFourLines(side/3,level-1);
            left (60);
            drawFourLines(side/3,level-1);
            right (120);
            drawFourLines(side/3,level-1);
            left (60);
            drawFourLines(side/3,level-1);
        }
    }

    void vonKoch::snowflake() {
        for (int i = 1; i <= 3; i++) {
            drawFourLines(side,level);
                right (120);
        }
```

FIGURA 5.6 Implementação recursiva do floco de neve de von Koch. (*continuação*)

```
}

//A função OnDraw() é gerada pelo Visual C++ em snowflakeView.cpp
// ao criar um projeto do floco de neve de tipo de aplicativo MFC;

#include "vonKoch.h"
void CSnowflakeView::OnDraw(CDC* pDC)
{
    CSnowflakeDoc* pDoc = GetDocument();
    ASSERT_VALID(pDoc);
    if (!pDoc)
        return;
    // TODO: adicionar código para dados nativos aqui

    vonKoch (200,4,pDC).snowflake () ;
}
```

5.6 Recursão indireta

A seção anterior discutiu somente a recursão direta, na qual a função f() chamava a si mesma. No entanto, f() pode assim chamar indiretamente por meio de uma cadeia de outras chamadas. Por exemplo, f() pode chamar g() e g() chamar f(). Este é o caso mais simples de recursão indireta.

A cadeia de chamadas intermediárias pode ser de um comprimento arbitrário, como em:

f() -> f1() -> f2() -> ··· -> fn() -> f()

Há também a situação em que f() pode chamar a si mesma indiretamente através de diferentes cadeias. Assim, em adição à cadeia dada acima, outra pode ser possível. Por exemplo,

f() -> g1() -> g2() -> ··· -> gm() -> f()

Esta situação pode ser exemplificada por três funções usadas para decodificar informação. A função receive() estoca a informação que chega em um buffer, a decode() converte-a em uma forma legível e a store() a armazena em um arquivo. A função receive() preenche o buffer e chama decode(), que, por sua vez, depois de terminar seu trabalho, submete o buffer com informação determinada para store(). Depois que store() realiza seu trabalho, chama receive() para interceptar mais informação codificada usando o mesmo buffer. Em consequência, temos a cadeia de chamadas

receive() -> decode() -> store() -> receive() -> decode() -> ···

que termina quando nenhuma nova informação chega. Estas três funções trabalham da seguinte maneira:

```
receive(buffer)
    while buffer não está cheio
        if informação está ainda chegando
            obtenha um caractere e o estoque em buffer;
        else exit();
    decode(buffer);

decode(buffer)
```

decodifique a informação em `buffer`*;*
`store(buffer);`

`store(buffer)`
transfira a informação do `buffer` *para* `file`*;*
`receive(buffer);`

Um exemplo mais matemático refere-se às fórmulas para calcular as funções trigonométricas seno, cosseno e tangente:

$$\sin(x) = \sin\left(\frac{x}{3}\right) \cdot \frac{(3 - \tan^2(\frac{x}{3}))}{(1 + \tan^2(\frac{x}{3}))}$$

$$\tan(x) = \frac{\sin(x)}{\cos(x)}$$

$$\cos(x) = 1 - \sin\left(\frac{x}{2}\right)$$

Como é usual no caso da recursão, tem que haver uma âncora, de modo a evitar um laço infinito de chamadas recursivas. No caso do seno, podemos usar a seguinte aproximação:

$$\sin(x) \approx x - \frac{x^3}{6}$$

onde os pequenos valores de x dão uma melhor aproximação. Para calcular o seno de um número x tal que seu valor absoluto seja maior que uma tolerância assumida, temos que calcular $\left(\frac{x}{3}\right)$ diretamente, $\sin\left(\frac{x}{3}\right)$ indiretamente através da tangente, e, da mesma forma, $\sin\left(\frac{x}{6}\right)$ através da tangente e do cosseno. Se o valor absoluto de $\left(\frac{x}{3}\right)$ é suficientemente pequeno e não exige outras chamadas recursivas, podemos representar todas as chamadas como uma árvore, como na Figura 5.7.

5.7 Recursão aninhada

Um caso mais complicado de recursão é encontrado nas definições nas quais uma função não é somente definida em termos dela mesma, mas também usada como um dos parâmetros. A seguinte definição é um exemplo de tal aninhamento:

$$h(n) = \begin{cases} 0 & \text{if } n = 0 \\ n & \text{if } n > 4 \\ h(2 + h(n)) & \text{if } n \leq 4 \end{cases}$$

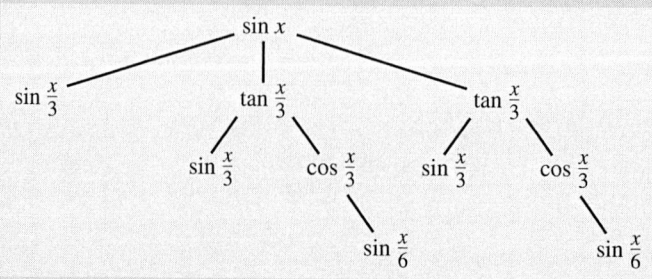

FIGURA 5.7 Uma árvore de chamadas recursivas para sin (x).

A função h tem uma solução para todo $n \geq 0$. Este fato é óbvio para todo $n > 4$ e $n = 0$, mas tem que ser provado para $n = 1, 2, 3$ e 4. Assim, $h(2) = h(2 + h(4)) = h(2 + h(2 + h(8))) = 12$. (Quais são os valores de $h(n)$ para $n = 1, 3$ e 4?)

Outro exemplo de recursão aninhada é uma função muito importante originalmente sugerida por Wilhelm Ackermann em 1928, mais tarde modificada por Rozsa Peter:

$$A(n,m) = \begin{cases} m+1 & \text{if } n = 0 \\ A(n-1,1) & \text{if } n > 0, m = 0 \\ A(n-1, A(n, m-1)) & \text{otherwise} \end{cases}$$

Esta função é interessante devido a seu crescimento rápido. Ela cresce tão rápido que garante não haver uma representação por uma fórmula que use as operações aritméticas, tais como soma, multiplicação e exponenciação. Para ilustrar a taxa de crescimento da função de Ackermann necessitamos somente mostrar que

$$A(3,m) = 2^{m+3} - 3$$

$$A(4,m) = 2^{2^{2^{\cdot^{\cdot^{2^{16}}}}}} - 3$$

com uma pilha de m 2s no expoente; $A(4,1) = 2^{2^{16}} - 3 = 2^{65536} - 3$, que excede até o número de átomos no universo (que é 10^{80}, de acordo com as teorias correntes).

A definição se traduz muito satisfatoriamente em C++, mas a tarefa de expressá-la em uma forma não recursiva é problemática.

5.8 Recursão excessiva

A simplicidade lógica e a legibilidade são usadas como um argumento para suportar o uso da recursão. O preço de usar a recursão é um tempo de execução maior e armazenar na pilha em tempo de execução mais coisas do que exigido em uma abordagem não recursiva. Se a recursão é muito profunda (por exemplo, calcular $5,6^{100.000}$), podemos ficar sem espaço na pilha e nosso programa entrar em colapso. Usualmente, o número de chamadas recursivas é muito menor do que 100.000, assim o perigo de transbordar a pilha pode não ser iminente.[2] No entanto, se alguma função recursiva repete os cálculos para alguns parâmetros, o tempo de execução pode ser proibitivamente longo mesmo para casos muito simples.

Considere os números de Fibonacci. Uma sequência de números de Fibonacci é definida como a seguir:

$$\text{Fib}(n) = \begin{cases} n & \text{if } n < 2 \\ \text{Fib}(n-2) + \text{Fib}(n-1) & \text{otherwise} \end{cases}$$

A definição estabelece que, se os primeiros dois números são 0 e 1, então qualquer número na sequência é a soma de seus dois predecessores. Mas esses predecessores são, por sua vez, somas de seus predecessores, e assim por diante, até o início da sequência. A sequência produzida pela definição é

0, 1, 1, 2, 3, 5, 8, 13, 21, 34, 55, 89, . . .

Como esta definição pode ser implementada em C++? Obtém-se uma tradução quase termo a termo para se ter uma versão recursiva, que é

---

2. Mesmo se tentássemos calcular o valor de $5,6^{100.000}$ usando um algoritmo iterativo, não estaríamos completamente livres de alguma situação incômoda, pois o número seria muito grande para se encaixar mesmo em uma variável de extensão dupla. Assim, embora o programa não entrasse em colapso, os valores calculados seriam incorretos, o que poderia ser ainda mais perigoso do que um colapso do programa.

```
unsigned long Fib (unsigned long n) {
    if (n < 2)
       return n;
//  else
       return Fib(n-2) + Fib(n-1);
   }
```

A função é simples e de fácil entendimento, mas extremamente ineficiente. Para ver isto, calcule Fib(6), o sétimo número da sequência, que é 8. Com base na definição, o cálculo se realiza como a seguir:

```
Fib(6) =                       Fib(4)                       + Fib(5)
       =            Fib(2)        +        Fib(3)           + Fib(5)
       =         Fib(0)+Fib(1)    +        Fib(3)           + Fib(5)
       =            0  +  1       +        Fib(3)           + Fib(5)
       =               1          +  Fib(1) +    Fib(2)     + Fib(5)
       =               1          +  Fib(1)+Fib(0)+Fib(1)   + Fib(5)
```
etc.

Este é só o início de nosso processo de cálculo, e mesmo aqui existem atalhos. Todos esses cálculos podem ser expressos mais concisamente na forma da árvore mostrada na Figura 5.8. Uma tremenda ineficiência ocorre porque `Fib()` é chamada 25 vezes para determinar o sétimo elemento da sequência de Fibonacci. A fonte desta ineficiência é a repetição dos mesmos cálculos, porque o sistema esquece o que já tinha sido calculado. Por exemplo, `Fib()` é chamada oito vezes com o parâmetro n = 1 para decidir que 1 pode ser retornado. Para cada número da sequência, a função calcula todos os seus predecessores sem levar em conta que é suficiente fazer isto somente uma vez. Para encontrar `Fib(6)` = 8, calcula `Fib(5)`, `Fib(4)`, `Fib(3)`, `Fib(2)`, `Fib(1)` e `Fib(0)` primeiro. Para determinar esses valores, `Fib(4)`, ..., `Fib(0)` têm que ser calculados para conhecer o valor de `Fib(5)`. Independente disto, a cadeia de cálculos `Fib(3)`, ..., `Fib(0)` é executada para encontrar `Fib(4)`.

Podemos provar que o número de somas exigidas para se encontrar `Fib(n)` usando uma definição recursiva é igual a Fib(n + 1) – 1. Contando-se duas chamadas para uma soma mais a primeira chamada significa que `Fib()` é chamada 2 · Fib(n + 1) – 1 vezes para calcular `Fib(n)`. Este número pode ser excessivamente grande para ns bastante pequenos, como a tabela da Figura 5.9 indica.

Leva-se quase um quarto de milhão de chamadas para se encontrar o 26º número de Fibonacci e quase 3 milhões de chamadas para se determinar o 31º! É um preço muito alto para a simplicidade do algoritmo recursivo. Como o número de chamadas e o tempo de operação crescem exponencialmente com n, o algoritmo tem que ser abandonado, exceto para números muito pequenos.

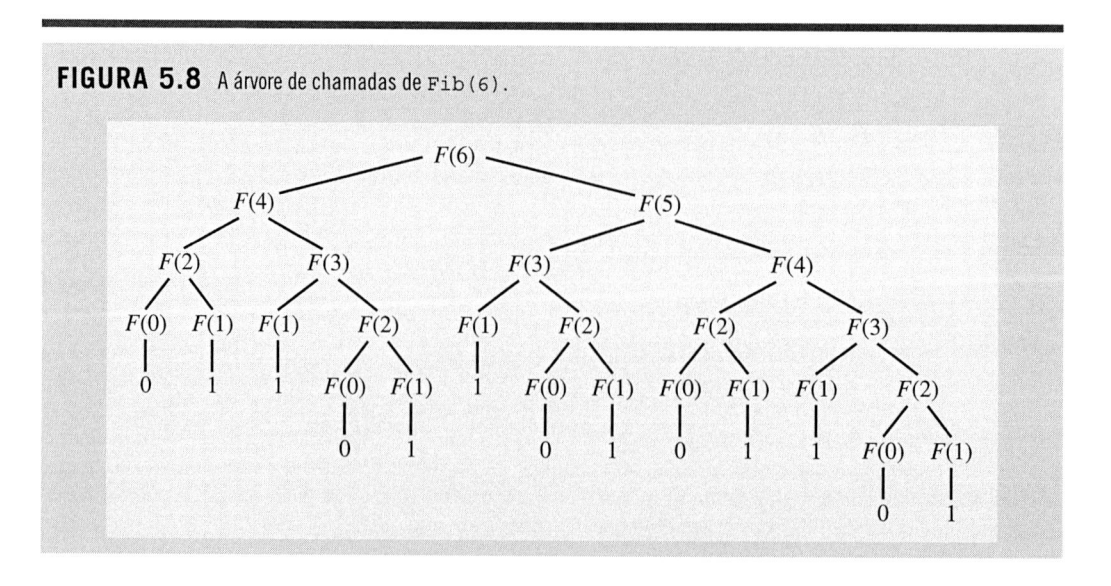

FIGURA 5.8 A árvore de chamadas de `Fib(6)`.

FIGURA 5.9 Número de operações de soma e número de chamadas recursivas para calcular os números de Fibonacci.

n	Fib(n+1)	Número de somas	Número de chamadas
6	13	12	25
10	89	88	177
15	987	986	1.973
20	10.946	10.945	21.891
25	121.393	121.392	242.785
30	1.346.269	1.346.268	2.692.537

Um algoritmo iterativo pode ser produzido facilmente:

```
unsigned long iterativeFib (unsigned long n) {
    if (n < 2)
        return n;
    else {
        register long i = 2, tmp, current = 1, last = 0;
        for ( ; i <= n; ++i) {
            tmp = current;
            current += last;
            last = tmp;
        }
        return current;
    }
}
```

Para cada n > 1, a função entra no laço n – 1 vezes fazendo três atribuições por iteração e somente uma adição, desprezando o autoincremento de i (veja a Figura 5.10).

No entanto, há outro método numérico para calcular Fib(n), usando uma fórmula descoberta por Abraham de Moivre:

$$\text{Fib}(n) = \frac{\psi^n \quad \hat{\phi}^n}{\sqrt{5}}$$

FIGURA 5.10 Comparação dos algoritmos iterativo e recursivo para calcular os números de Fibonacci.

n	Número de somas	atribuições Algoritmo iterativo	Algoritmo recursivo
6	5	15	25
10	9	27	177
15	14	42	1.973
20	19	57	21.891
25	24	72	242.785
30	29	87	2.692.537

onde $\phi = \frac{1}{2}(1+\sqrt{5})$ e $\hat{\phi} = 1 - \phi = \frac{1}{2}(1-\sqrt{5}) \approx -0{,}618034$. Como $-1 < \hat{\phi} < 0$, $\hat{\phi}^n$ se torna muito pequeno quando n cresce. Em consequência, pode ser omitido da fórmula e

$$\text{Fib}(n) = \frac{\phi^n}{\sqrt{5}}$$

aproximado para o inteiro mais próximo. Isto nos leva à terceira implementação para se calcular um número de Fibonacci. Para arredondar o resultado para o inteiro mais próximo, usamos a função ceil (de teto):

```
unsigned long deMoivreFib (unsigned long n) {
    return ceil(exp(n*log(1.6180339897) - log(2.2360679775)) - .5);
}
```

Tente justificar esta implementação usando a definição de logaritmo.

5.9 Retrocesso

Na solução de alguns problemas surge uma situação em que há diferentes caminhos que saem de determinada posição, nenhum deles com garantia de levar a uma solução. Depois de tentarmos um caminho sem sucesso, retornamos à encruzilhada e tentamos encontrar uma solução usando outro caminho. No entanto, precisamos assegurar que tal retorno é possível e que todos os caminhos podem ser tentados. Esta técnica é chamada *retrocesso*, e nos permite sistematicamente tentar todas as avenidas disponíveis a partir de um ponto depois que algumas delas levam a lugar nenhum. Usando o retrocesso, podemos sempre retornar a uma posição que ofereça outras possibilidades para resolver com sucesso o problema. Esta técnica é usada na inteligência artificial, e um dos problemas no qual o retrocesso é muito útil é o das oito rainhas.

Este problema tenta colocar oito rainhas em um tabuleiro de xadrez de tal maneira que nenhuma possa atacar qualquer outra. As regras do xadrez dizem que uma rainha pode tomar qualquer peça se esta estiver na mesma linha, na mesma coluna ou na mesma diagonal que a rainha (veja a Figura 5.11). Para resolver este problema tentamos colocar a primeira rainha no tabuleiro, e então a segunda, de modo que ela não possa tomar a primeira, e então uma terceira, de modo que ela não esteja em conflito com as duas já colocadas, e assim por diante, até que todas as rainhas estejam colocadas. O que acontece se, por exemplo, a sexta rainha não pode ser colocada em uma posição

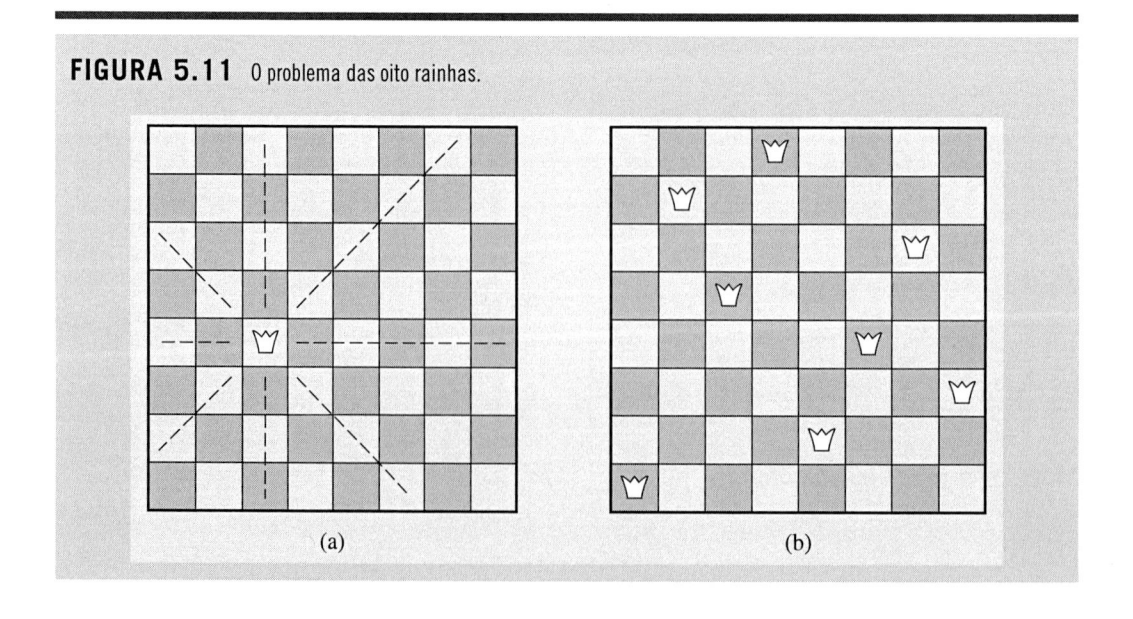

FIGURA 5.11 O problema das oito rainhas.

(a) (b)

conflitante? Escolhemos outra posição para a quinta e tentamos novamente com a sexta. Se isto não funciona, a quinta rainha é movida novamente. Se todas as possíveis posições para a quinta rainha tiverem sido tentadas, a quarta é movida e então o processo se reinicia. Este processo exige grande quantidade de esforço, a maioria gasto retrocedendo para as primeiras encruzilhadas que oferecem algumas avenidas não tentadas. Em termos de código, no entanto, o processo é simples devido ao poder da recursão, que é uma implementação natural do retrocesso. O pseudocódigo para este algoritmo de retrocesso é assim (a última linha pertence ao retrocesso):

```
putRainha(row)
    for cada posição col na mesma row
        if posição col está disponível
            coloque a próxima rainha na posição col;
            if (row < 8)
                putRainha(row+1);
            else sucesso;
            remove a rainha da posição col;
```

Este algoritmo encontra todas as possíveis soluções sem considerar o fato de que algumas delas são simétricas.

A abordagem mais natural para implementar este algoritmo é declarar a matriz board de 8 × 8 com 1s e 0s representando um tabuleiro de xadrez. A matriz é inicializada com 1s, e cada vez que uma rainha é colocada em uma posição (r, c), board[r][c] é ajustada para 0. Além disso, uma função precisa ajustar para 0, como não disponível, todas as posições na linha r, na coluna c e em ambas as diagonais que se cruzam na posição (r, c). No retrocesso, as mesmas posições (isto é, as posições nas linhas, colunas e diagonais correspondentes) têm que ser reajustadas para 1, como novamente disponíveis. Como podemos esperar centenas de tentativas para se encontrar posições disponíveis para as rainhas, o processo de ajuste e de reajuste é a parte mais demorada da implementação; para cada rainha, entre 22 e 28 posições têm que ser ajustadas e reajustadas, 15 para linhas e colunas e entre 7 e 13 para as diagonais.

Nesta abordagem, o tabuleiro é visto da perspectiva do jogador, que vê o tabuleiro inteiro junto com todas as peças ao mesmo tempo. No entanto, se focalizarmos somente as rainhas, poderemos considerar o tabuleiro por esta perspectiva. Para as rainhas, o tabuleiro não está dividido em quadrados, mas em linhas, colunas e diagonais. Se uma rainha é colocada em um quadrado simples, ela reside não somente neste quadrado, mas inteiramente na linha, na coluna e na diagonal, tratando-os como sua propriedade temporária. Uma estrutura de dados diferente pode ser utilizada para representar isto.

A fim de simplificar o problema para esta primeira solução, usamos um tabuleiro de 4 × 4, em vez do tabuleiro usual de 8 × 8. Mais tarde podemos fazer as mudanças óbvias no programa para acomodar um tabuleiro usual.

A Figura 5.12 contém um tabuleiro 4 × 4. Note que os índices em todos os campos na diagonal esquerda indicada somam dois, $r + c = 2$; este número está associado com esta diagonal. Existem sete diagonais esquerdas, de 0 a 6. Os índices nos campos da diagonal direita indicada têm todos a mesma dife-

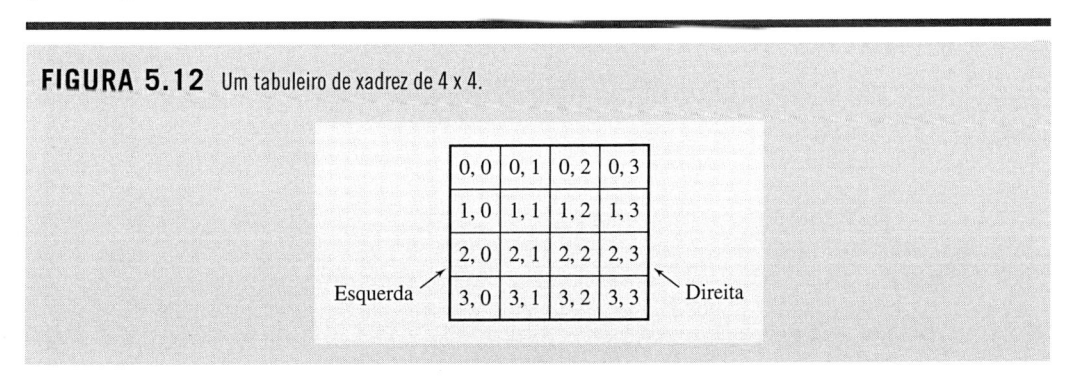

FIGURA 5.12 Um tabuleiro de xadrez de 4 x 4.

0, 0	0, 1	0, 2	0, 3
1, 0	1, 1	1, 2	1, 3
2, 0	2, 1	2, 2	2, 3
3, 0	3, 1	3, 2	3, 3

Esquerda   Direita

rença, $r - c = -1$, e este número é único entre todas as diagonais direitas. Em consequência, as diagonais direitas estão associadas aos números de –3 até 3. A estrutura de dados usada para todas as diagonais esquerdas é simplesmente uma matriz indexada pelos números de 0 a 6. Para as diagonais direitas, é também uma matriz, mas não pode ser indexada por números negativos. Em consequência, é uma matriz de sete células, mas, para levar em consideração os valores negativos obtidos da fórmula $r - c$, o mesmo número é sempre adicionado a ela, a fim de não ultrapassar os limites desta matriz.

Uma matriz análoga é também necessária para as colunas, mas não para as linhas, pois uma rainha *i* é movida ao longo da linha *i* e todas as rainhas < *i* já foram colocadas nas linhas < *i*. A Figura 5.13 contém o código para implementar essas matrizes. O programa é pequeno devido à recursão, que esconde o funcionamento interno da vista do usuário.

FIGURA 5.13 Implementação do problema das oito rainhas.

```
class Tabuleiro {
public:
    Tabuleiro();    // tabuleiro de xadrez 8 x 8;
    Tabuleiro(int); // tabuleiro de xadrez n x n;
    void buscaSolucao();
private:
    const bool disponivel;
    const int posicao, norm;
    bool *coluna, *diagEsq, *diagDir;
    int *posicaoNaLinha, quantidade;
    void putRainha(int);
    void imprTab(ostream&);
    void initTab();
};
Tabuleiro::Tabuleiro() : disponivel(true), posicao (8), norm(posicao-1)
{
    initTab();
}
Tabuleiro::Tabuleiro(int n) : disponivel(true), posicao (n),
norm(posicao-1) {
    initTab();
}
void Tabuleiro::initTab() {
    register int i;
    coluna = new bool[posicao];
    posicaoNaLinha = new int[posicao];
    diagEsq = new bool[posicao*2 - 1];
    diagDir = new bool[posicao*2 - 1];
    for (i = 0; i < posicao; i++)
        posicaoNaLinha[i] = -1;
    for (i = 0; i < posicao; i++)
        coluna[i] = disponivel;
    for (i = 0; i < posicao*2 - 1; i++)
        diagEsq[i] = diagDir[i] = disponivel;
    quantidade = 0;
}
void Tabuleiro::putRainha(int row) {
```

FIGURA 5.13 Implementação do problema das oito rainhas. *(continuação)*

```
    for (int col = 0; col < posicao; col++)
        if (coluna[col] == disponivel &&
            diagEsq [row+col] == disponivel &&
            diagDir[row-col+norm] == disponivel) {
            posicaoNaLinha[row] = col;
            coluna[col] = !disponivel;
            diagEsq[row+col] = !disponivel;
            diagDir[row-col+norm] = !disponivel;
            if (row < posicao - 1)
                putRainha(row+1);
            else imprTab(cout);
            coluna[col] = disponivel;
            diagEsq[row+col] = disponivel;
            diagDir[row-col+norm] = disponivel;
        }
}
void Tabuleiro::buscaSolucao() {
    putRainha(0);
    cout << quantidade << " solucoes encontradas.\n";
}
```

As Figuras 5.14 a 5.17 documentam os passos `putRainha()` para colocar quatro rainhas no tabuleiro. A Figura 5.14 contém os números do movimento, da rainha, da linha e da coluna para cada tentativa para se posicionar uma rainha. A Figura 5.15 contém as mudanças para as matrizes `posicaoNaLinha`, `coluna`, `diagEsq` e `diagDir`. A Figura 5.16 mostra as mudanças na pilha em tempo de execução durante os oito passos. Todas as mudanças na pilha de tempo de execução estão descritas por um registro de ativação para cada iteração do laço `for`, que principalmente leva a uma nova invocação de `putRainha()`. Cada registro de ativação armazena um endereço de retorno e os valores de `row` e de `col`. A Figura 5.17 ilustra as mudanças no tabuleiro. Uma descrição detalhada de cada etapa é apresentada a seguir.

FIGURA 5.14 Etapas levando à primeira configuração de sucesso de quatro rainhas pela função `putRainha()`.

Movimento	Rainha	linha	col	
{1}	1	0	0	
{2}	2	1	2	Falha
{3}	2	1	3	
{4}	3	2	1	Falha
{5}	1	0	1	
{6}	2	1	3	
{7}	3	2	0	
{8}	4	3	2	

FIGURA 5.15 Mudanças nas quatro matrizes usadas pela função putRainha().

positionInRow	column	leftDiagonal	rightDiagonal	row
(0,2, ,)	(!a,a,!a,a)	(!a,a,a,!a,a,a,a)	(a,a,!a,!a,a,a,a)	0, 1
{1}{2}	{1} {2}	{1} {2}	{2}{1}	{1}{2}
(0,3,1,)	(!a,!a,a,!a)	(!a,a,a,!a,!a,a,a)	(a,!a,a,!a,!a,a,a)	1, 2
{1}{3}{4}	{1} {4} {3}	{1} {4}{3}	{3} {1} {4}	{3}{4}
(1,3,0,2)	(!a,!a,!a,!a)	(a,!a,!a,a,!a,!a,a)	(a,!a,!a,a,!a,!a,a)	0, 1, 2, 3
{5} {6} {7} {8}	{7} {5} {8} {6}	{5} {7} {6} {8}	{6} {5} {8} {7}	{5}{6}{7}{8}

{1} Iniciamos tentando colocar a primeira rainha no canto superior esquerdo (0, 0). Uma vez que este é o primeiro movimento, a condição na declaração `if` é satisfeita e a rainha é colocada neste quadrado. Depois que a rainha é colocada, a coluna 0, a diagonal direita principal e a diagonal mais à esquerda são marcadas como indisponíveis. Na Figura 5.15, {1} é colocado embaixo das células, ajustadas para `!disponivel` nesta etapa.

{2} Uma vez que `row < 3`, `putRainha( )` chama ela mesma com `row+1`, mas, antes de sua execução, um registro de ativação é criado na pilha em tempo de execução (veja Figura 5.16a). Agora, verificamos a disponibilidade de um campo na segunda linha (i.e, `row==1`). Para `col==0`, a coluna 0 é defendida; para `col==1`, a diagonal direita principal é verificada; e para `col==2`, todas as três partes da declaração `if` são verdadeiras. Em consequência, a segunda rainha é colocada na posição (1, 2), e este fato é imediatamente refletido nas células apropriadas de todas as quatro matrizes. Novamente, row<3. A função `putRainha()` é chamada,

FIGURA 5.16 Mudanças na pilha em tempo de execução para a primeira conclusão de sucesso de putRainha().

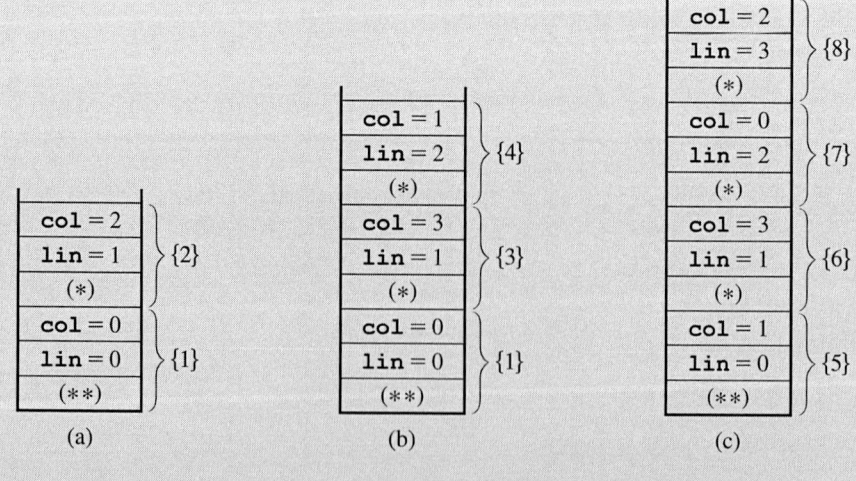

(a) (b) (c)

Chave:
** Endereço no primeiro registro de ativação, permitindo o retorno ao primeiro ativador de **putRainha()**
* Endereço dentro de **putRainha()**

FIGURA 5.17 Mudanças no tabuleiro de xadrez levando à primeira configuração de sucesso.

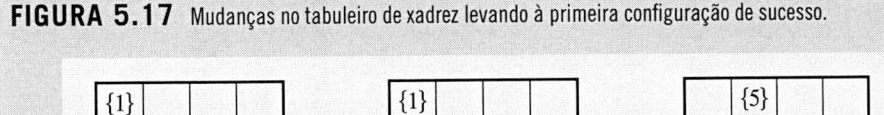

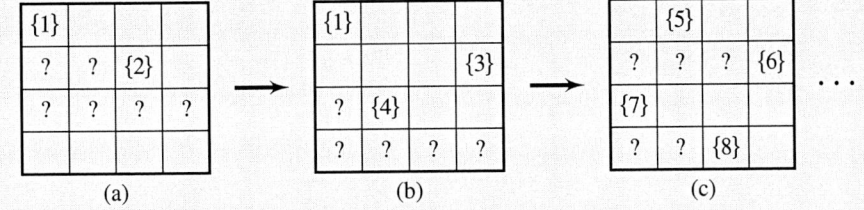

```
{1}              {1}              {5}
?  ? {2}             {3}       ?  ?  ? {6}   ...
?  ?  ?  ?       ? {4}         {7}
                 ?  ?  ?  ?    ?  ?  {8}
    (a)              (b)            (c)
```

tentando-se locar a terceira rainha na linha 2. Depois que todas as posições desta linha, de 0 a 3, são testadas e nenhuma posição disponível é encontrada, o laço for é abandonado sem executar o corpo da declaração if, e esta chamada para putRainha() é completada. Mas esta chamada foi executada por putRainha() lidando com a segunda linha, para a qual o controle é agora retornado.

{3} Os valores de col e de row são restaurados e a execução da segunda chamada de putRainha() continua, reajustando-se alguns campos nas três matrizes de volta para disponivel e, já que col==2, o laço for pode continuar a iteração. O teste na declaração if permite que a segunda rainha seja colocada no tabuleiro, desta vez na posição (1, 3).

{4} Depois, a função putRainha() é chamada novamente com row==2, a terceira rainha é colocada em (2, 1) e, depois da próxima chamada a putRainha(), uma tentativa de colocar a quarta rainha não tem sucesso (veja a Figura 5.17b). Nenhuma chamada é feita, a chamada da etapa {3} é retomada e a terceira rainha é outra vez movimentada, mas nenhuma posição pode ser encontrada para ela. Ao mesmo tempo, col se torna 3 e o laço for é terminado.

{5} Como resultado, a primeira chamada de putRainha() retoma a execução colocando a primeira rainha na posição (0, 1).

{6–8} Desta vez a execução segue em frente e obtemos uma solução completa.

A Figura 5.18 contém um acompanhamento de todas as chamadas que levam à primeira colocação de sucesso das quatro rainhas no tabuleiro 4 × 4.

FIGURA 5.18 Chamadas a putRainha() para colocar quatro rainhas.

```
putRainha(0)
  col = 0;
  putRainha(1)
    col = 0;
    col = 1;
    col = 2;
    putRainha(2)
      col = 0;
      col = 1;
      col = 2;
      col = 3;
    col = 3;
    putRainha(2)
```

FIGURA 5.18 Chamadas a putRainha() para colocar quatro rainhas. (*continuação*)

```
      col = 0;
      col = 1;
      putRainha(3)
         col = 0;
         col = 1;
         col = 2;
         col = 3;
         col = 2;
         col = 3;
   col = 1;
   putRainha(1)
      col = 0;
      col = 1;
      col = 2;
      col = 3;
      putRainha(2)
         col = 0;
         putRainha(3)
            col = 0;
            col = 1;
            col = 2;
            sucesso
```

5.10 Conclusões

Depois de ver todos esses exemplos (e mais um a seguir), o que pode ser dito sobre a recursão como uma ferramenta de programação? Tal como qualquer outro tópico em estruturas de dados, ela deve ser usada com critério. Não há regras gerais para quando usá-la e quando não. A recursão é usualmente menos eficiente do que seu equivalente iterativo. Mas, se um programa recursivo leva 100 milissegundos (ms) para executar, por exemplo, e a versão iterativa somente 10 ms, então, embora esta seja dez vezes mais rápida, a diferença é dificilmente perceptível. Se há uma vantagem em clareza, legibilidade e simplicidade do código, a diferença no tempo de execução entre essas duas versões pode ser desprezada. A recursão é com frequência mais simples do que a solução iterativa, e mais consistente com a lógica do algoritmo original. As funções fatorial e de potência são exemplos disto; veremos casos mais interessantes nos capítulos seguintes.

Embora cada procedimento recursivo possa ser convertido em uma versão iterativa, a conversão nem sempre é uma tarefa trivial. Em particular, ela pode envolver explicitamente a manipulação de uma pilha. É o caso em que o balanceamento entre tempo e espaço entra no jogo; usar a iteração frequentemente requer a introdução de uma nova estrutura de dados para se implementar uma pilha, enquanto uma recursão libera o programador desta tarefa transferindo-a ao sistema. De um modo ou de outro, se a recursão que não é de cauda está envolvida, com muito mais frequência uma pilha tem que ser mantida pelo programador ou pelo sistema. Mas o programador decide quem carrega o ônus.

Podem ser apresentadas duas situações nas quais uma implementação não recursiva é preferível mesmo que a recursão seja uma solução mais natural. Primeiro, a iteração deve ser usada nos assim chamados sistemas de tempo real, nos quais uma resposta imediata é vital para o funcionamento apropriado do programa. Por exemplo, nos meios militares, no lançamento espacial ou em certos tipos de experimentos científicos, pode fazer diferença se o tempo de resposta é de 10 ms ou de 100 ms. Segundo, o programador é encorajado a evitar a recursão em programas que são executados centenas de vezes. O melhor exemplo deste tipo de programa é um compilador.

Estas observações não devem ser tratadas muito estritamente, porque algumas vezes uma versão recursiva é mais rápida do que uma implementação não recursiva. O hardware pode ter operações de pilha incorporadas que agilizam consideravelmente as funções que operam na pilha em tempo de execução, tais como as funções recursivas. Rodar uma rotina simples implementada recursiva e iterativamente e comparar os dois tempos de operação pode auxiliar a decidir se a recursão é aconselhável – de fato, a recursão pode executar mais rápido do que a iteração. Tal teste é especialmente importante se a recursão de cauda entra no jogo. No entanto, quando uma pilha não pode ser eliminada da versão iterativa, o uso da recursão é geralmente recomendado, já que o tempo de execução para ambas as versões não difere substancialmente — certamente não por um fator de 10.

A recursão deve ser eliminada se alguma parte do trabalho é desnecessariamente repetida para calcular a resposta. O cálculo da série de Fibonacci é um bom exemplo de tal situação. Ele mostra que a facilidade de se usar a recursão pode algumas vezes ser enganosa, e nesses casos a iteração pode ser competitiva em face das limitações e ineficiências de tempo de execução. Se uma implementação recursiva leva a repetições desnecessárias, pode não ser imediatamente aparente; em consequência, desenhar uma árvore de chamadas similar à da Figura 5.8 pode ser muito útil. Esta árvore mostra que `Fib(n)` é chamada muitas vezes com o mesmo argumento n. Uma árvore desenhada para as funções potência e fatorial é reduzida a uma lista ligada sem repetições. Se a árvore é muito profunda (isto é, se tem muitos níveis), o programa pode pôr a pilha em tempo de execução em risco de transbordo. Se a árvore é rasa e ramificada, com muitos nós no mesmo nível, a recursão parece ser uma boa abordagem — somente se o número de repetições for muito moderado.

5.11 Estudo de caso: Um interpretador de descendência recursiva

Todos os programas escritos em qualquer linguagem têm que ser traduzidos em uma representação que o sistema do computador possa trabalhar. No entanto, isto não é um processo simples. Dependendo do sistema e da linguagem de programação, o processo pode consistir em traduzir uma declaração executável por vez e imediatamente executá-la, o que é chamado *interpretação*, ou traduzir o programa inteiro primeiro e então executá-lo, o que é chamado *compilação*. Seja qual for a estratégia usada, o programa não deve conter sentenças ou fórmulas que violem a especificação formal da linguagem de programação na qual o programa é escrito. Por exemplo, se queremos atribuir um valor a uma variável, precisamos colocar a variável primeiro, depois o sinal de igual e então um valor depois dele.

Escrever um interpretador não é de modo algum uma tarefa trivial. Como exemplo, este estudo de caso é um interpretador para uma linguagem limitada de programação. Nossa linguagem consiste somente em instruções de atribuição; não contém declarações, instruções `if-else`, laços, funções etc. Para esta linguagem limitada, gostaríamos de escrever um programa que aceitasse qualquer entrada e

- determinasse se ele contém instruções de atribuições válidas (este processo é conhecido como análise gramatical) e, simultaneamente,
- avaliasse todas as expressões.

Nosso programa é um interpretador; ele não só verifica se as instruções de atribuição estão sintaticamente corretas como também as executa.

O programa é para trabalhar da seguinte maneira. Se damos as instruções de atribuição

```
var1 = 5;
var2 = var1;
var3 = 44/2.0 * (var2 + var1);
```

então o sistema pode receber o valor de cada variável separadamente. Por exemplo, depois de entrar

```
print var3
```

o sistema deveria responder imprimindo

```
var3 = 220
```

A avaliação de todas as variáveis armazenadas pode ser solicitada com

```
status
```

e os seguintes valores deveriam ser impressos no nosso exemplo:

```
var3 = 220
var2 = 5
var1 = 5
```

Todos os valores correntes são armazenados em `idList` e atualizados se necessário. Assim, se

```
var2 = var2 * 5;
```

é dado, então

```
print var2
```

deveria retornar

```
var2 = 25
```

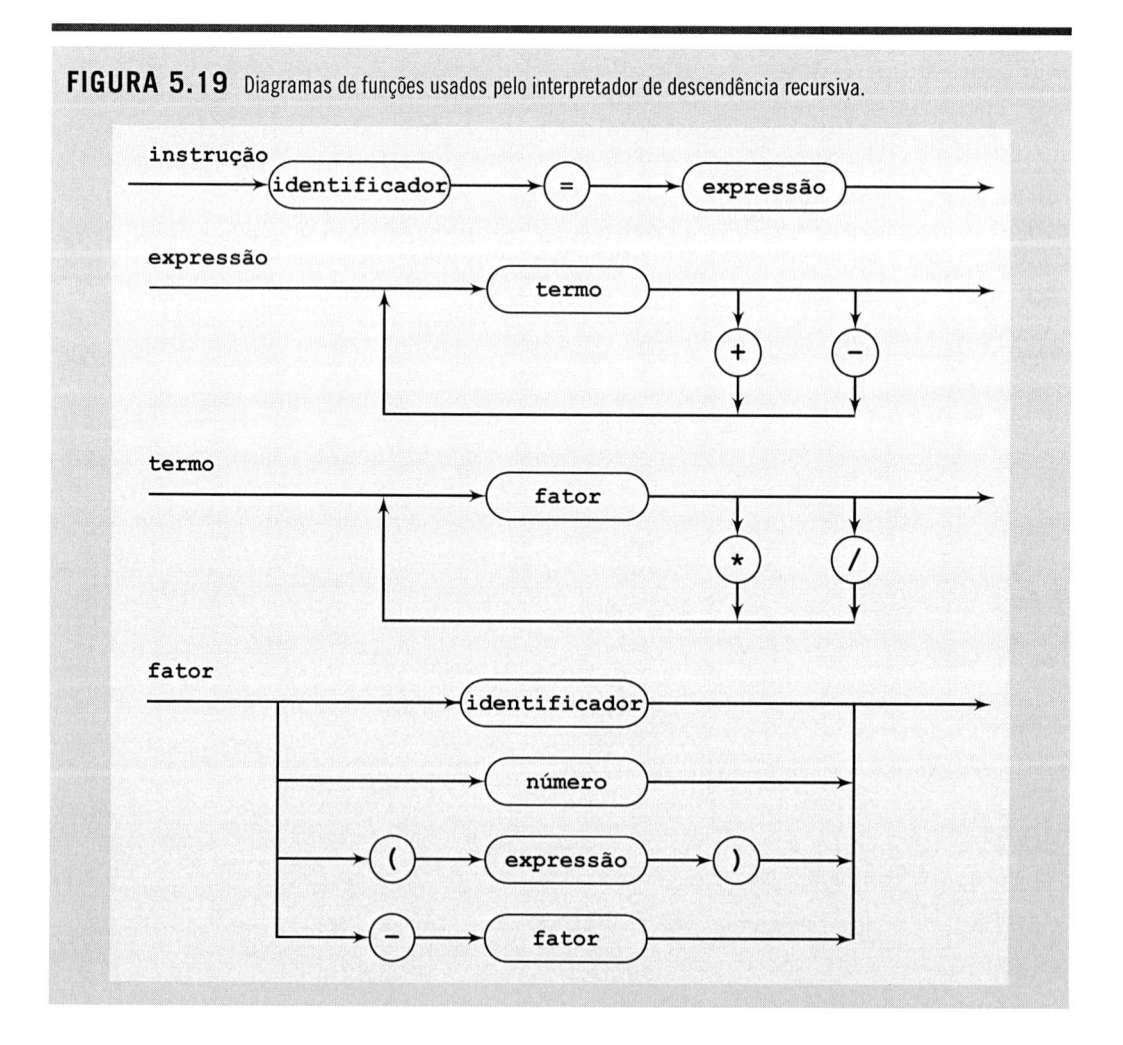

FIGURA 5.19 Diagramas de funções usados pelo interpretador de descendência recursiva.

O interpretador imprime uma mensagem se qualquer identificador indefinido é usado e se as instruções e as expressões não estão de acordo com as regras gramaticais comuns, tais como parênteses não casados, dois identificadores em uma linha etc.

O programa pode ser escrito em uma variedade de modos, mas, para ilustrar a recursão, escolhemos um método conhecido como *descendência recursiva,* que consiste em diversas funções mutuamente recursivas, de acordo com os diagramas da Figura 5.19.

Esses diagramas servem para definir uma instrução e suas partes. Por exemplo, um termo é um fator ou um fator seguido pelo símbolo de multiplicação "*" ou pelo de divisão "/" e então por outro fator. Um fator, por sua vez, é um identificador, um número, uma expressão cercada por um par de parênteses combinados ou um fator negado. Neste método uma instrução é vista em mais e mais detalhes. Ela é quebrada em seus componentes e, se os componentes são compostos, são separados em suas partes constituintes até que os elementos de linguagem mais simples sejam encontrados: números, nomes de variáveis, operadores e parênteses. Assim, o programa desce recursivamente de uma visão geral da instrução até os elementos mais detalhados.

Os diagramas da Figura 5.19 indicam que a descendência recursiva é uma combinação das recursões direta e indireta. Por exemplo, um fator pode ser do tipo precedido por um menos, uma expressão pode ser um termo, um termo pode ser um fator, um fator pode ser uma expressão, que, por sua vez, pode ser um termo, até que o nível de identificadores ou números seja encontrado. Assim, uma expressão pode ser composta de expressões, um termo de termos e um fator de fatores.

Como o interpretador de descendência recursiva pode ser implementado? A abordagem mais simples é tratar cada palavra nos diagramas como um nome de função. Por exemplo, term() é uma função que retorna um número do tipo double. Esta função sempre chama factor() primeiro, e se o caractere não branco sendo visto é "*" ou "/", então term() chama factor() outra vez. A cada vez, o valor já acumulado por term() é multiplicado ou dividido pelo valor retornado pela chamada subsequente de term() por factor(). Cada chamada de term() pode invocar outra chamada de term() indiretamente através da cadeia term() -> factor() -> expression() -> term(). O pseudocódigo para a função term() é:

```
term()
    f1 = factor();
    verifique caractere corrente ch;
    while ch é tanto / como *
        f2 = factor();
        f1 = f1 * f2 ou f1 / f2;
    return f1;
```

A função expression() tem exatamente a mesma estrutura, e o pseudocódigo para factor() é:

```
factor()
    processa todos os +s e –s que precedem um fator;
    if o caractere corrente ch é uma letra
        estoca em id todas as letras e/ou dígitos consecutivos que começam com ch;
        return o valor atribuído para id;
    else if ch é um dígito
        estoca em id todos os dígitos consecutivos que começam a partir de ch;
        return o número representado pela cadeia de caracteres id;
    else if ch é (
        e = expression();
        if ch é )
            return e;
```

Assumimos tacitamente que ch é uma variável global usada para varrer um caractere de entrada, caractere por caractere.

No pseudocódigo, no entanto, assumimos que somente instruções válidas são entradas para avaliação. O que acontece se um erro é feito, tal como entrar dois sinais de igual, errar na digitação do nome de uma variável ou esquecer um operador? No interpretador, a análise gramatical é simplesmente terminada depois de se imprimir uma mensagem de erro. A Figura 5.20 contém o código completo para nosso interpretador.

FIGURA 5.20 Implementação de um interpretador de linguagem simples.

```cpp
//*********************** interpreter.h ***********************
#ifndef INTERPRETER
#define INTERPRETER

#include <iostream>
#include <list>
#include <algorithm> // find()

using namespace std;

class IdNode {
public:
    IdNode(char *s = "", double e = 0) {
        id = strdup(s);
        value = e;
    }
    bool operator== (const IdNode& node) const {
        return strcmp(id,node.id) == 0;
    }
private:
    char *id;
    double value;
    friend class Statement;
    friend ostream& operator<< (ostream&, const IdNode&);
};

class Statement {
public:
    Statement() {
    }
    void getStatement();
private:
    list<IdNode> idList;
    char    ch;
    double factor();
    double term();
    double expression();
    void readId(char*);
    void issueError(char *s) {
        cerr << s << endl; exit(1);
    }
    double findValue(char*);
    void    processNode(char*, double);
    friend ostream& operator<< (ostream&, const Statement&);
};

#endif
```

FIGURA 5.20 Implementação de um interpretador de linguagem simples. (*continuação*)

```cpp
//*************************** interpreter.cpp  ***********************
#include <cctype>
#include "interpreter.h"
double Statement::findValue(char *id) {
    IdNode tmp(id);
    list<IdNode>::iterator i = find(idList.begin(),idList.end(),tmp);
    if (i != idList.end())
        return i->value;
    else issueError("Variavel desconhecida");
    return 0;    // this statement will never be reached;
}
void Statement::processNode(char* id,double e) {
    IdNode tmp(id,e);
    list<IdNode>::iterator i = find(idList.begin(),idList.end(),tmp);
    if (i != idList.end())
        i->value = e;
    else idList.push_front(tmp);
}
// readId() le cadeias de letras e digitos que comecam por
// uma letra e as estoca na matriz passada a ela como um atual
// parametro.
// Exemplos de identificadores sao: var1, x, pqr123xyz, aName, etc.
void Statement::readId(char *id) {
    int i = 0;
    if (isspace(ch))
        cin >> ch;        // pula os brancos;
    if (isalpha(ch)) {
        while (isalnum(ch)) {
            id[i++] = ch;
            cin.get(ch); // nao pula os brancos;
        }
        id[i] = '\0';
    }
    else issueError("Identificador esperado");
}
double Statement::factor() {
    double var, minus = 1.0;
    static char id[200];
    cin >> ch;
    while (ch == '+' || ch == '-') {// retire todos os '+' e '-'.
        if (ch == '-')
            minus *= -1.0;
        cin >> ch;
    }
    if (isdigit(ch) || ch == '.') {// O fator pode ser um numero
        cin.putback(ch);
        cin >> var >> ch;
```

FIGURA 5.20 Implementação de um interpretador de linguagem simples. (*continuação*)

```cpp
    }
    else if (ch == '(') {              // ou uma expressao
                                       // entre parenteses,
        var = expression();
        if (ch == ')')
            cin >> ch;
        else issueError("Parentese direito faltante");
    }
    else {
        readId(id);                    // ou um identificador.
        if (isspace(ch))
            cin >> ch;
        var = findValue(id);
    }
    return minus * var;
}

double Statement::term() {
    double f = factor();
    while (true) {
        switch (ch) {
            case '*' : f *= factor(); break;
            case '/' : f /= factor(); break;
            default  : return f;
        }
    }
}

double Statement::expression() {
    double t = term();
    while (true) {
        switch (ch) {
            case '+' : t += term(); break;
            case '-' : t -= term(); break;
            default  : return t;
        }
    }
}
void Statement::getStatement() {
    char id[20], command[20];
    double e;
    cout << "Entre com uma instrucao: ";
    cin >> ch;
    readId(id);
    strupr(strcpy(command,id));
    if (strcmp(command,"STATUS") == 0)
        cout << *this;
    else if (strcmp(command, "PRINT") == 0) {
        readId(id);
        cout << id << " = " << findValue(id) << endl;
```

FIGURA 5.20 Implementação de um interpretador de linguagem simples. (*continuação*)

```cpp
    }
    else if (strcmp(command,"END") == 0)
        exit(0);
    else {
        if (isspace(ch))
            cin >> ch;
        if (ch == '=') {
            e = expression();
            if (ch != ';')
                issueError("Existem alguns extras na declaracao");
            else processNode(id,e);
        }
        else issueError("'=' esta faltando ");
    }
}

ostream& operator<< (ostream& out, const Statement& s) {
    list<IdNode>::iterator i = s.idList.begin();
    for ( ; i != s.idList.end(); i++)
        out << *i;
    out << endl;
    return out;
}

ostream& operator<< (ostream& out, const IdNode& r) {
    out << r.id << " = " << r.value << endl;
    return out;
}

//*********************** useInterpreter.cpp ***********************

#include "interpreter.h"

using namespace std;

int main() {
    Statement statement;
    cout << "O programa processa instrucoes do seguinte formato :\n"
         << "\t<id> = <expr>;\n\tprint <id>\n\tstatus\n\tend\n\n";
    while (true)              // Este laco infinito e quebrado por exit (1)
        statement.getStatement(); // in getStatement() ou quando encontra
                                  // um erro.
    return 0;
}
```

5.12 Exercícios

1. O conjunto de números naturais N definido no início deste capítulo inclui os números 10, 11, ..., 20, 21, ..., e também 00, 000, 01, 001, ... Modifique esta definição para permitir somente números sem zeros à esquerda.
2. Escreva uma função recursiva que calcule e retorne o comprimento de lista ligada.
3. Qual é a saída da seguinte versão de reverse()?

    ```
    void reverse() {
        int ch;
        cin.get(ch);
        if (ch != '\n')
            reverse();
        cout.put(ch);
    }
    ```

4. Qual é a saída da mesma função se ch é declarada como

    `static char ch;`

5. Escreva um método recursivo tal que para um inteiro positivo n imprima números ímpares:

    a. entre 1 e n

    b. entre n e 1

6. Escreva um método recursivo que para um número inteiro positivo retorna uma cadeia de caracteres com vírgulas nos lugares apropriados, por exemplo, putCommas(1234567) retorna a cadeia de caracteres: "1,234,567".
7. Escreva um método recursivo para imprimir uma *sequência Siracusa* que começa com um número n_0 e cada elemento n_i da sequência é $n_{i-1}/2$ se n_{i-1} é par $3n_{i-1}+1$ em caso contrário. A sequência termina com 1.
8. Escreva um método recursivo que usa apenas adição, subtração e comparação para multiplicar dois números.
9. Escreva uma função recursiva para calcular o coeficiente binomial de acordo com a definição

$$\binom{n}{k} = \begin{cases} 1 & \text{se } k = 0 \text{ ou } k = n \\ \binom{n-1}{k-1} + \binom{n-1}{k} & \text{caso contrário} \end{cases}$$

10. Escreva uma função recursiva para adicionar os primeiros n termos da série

$$1 + \frac{1}{2} - \frac{1}{3} + \frac{1}{4} - \frac{1}{5} \cdots$$

11. Escreva uma função recursiva MDC(n,m) que retorne o maior divisor comum de dois inteiros n e m, de acordo com as seguintes definições:

$$\text{MDC}(n, m) = \begin{cases} m & \text{se } m \leq n \text{ e } n \bmod m = 0 \\ \text{MDC}(m, n) & \text{se } n < m \\ \text{MDC}(m, n \bmod m) & \text{caso contrário} \end{cases}$$

12. Dê uma versão recursiva da seguinte função:
```
void cubes(int n) {
    for (int i = 1; i <= n; i++)
        cout << i * i * i << ' ';
}
```
13. Uma aplicação antiga de recursão pode ser encontrada no método do século XVI, de John Napier, de encontrar logaritmos. O método era este:

    inicie com dois números n, m *e seus logaritmos* logn, logm *se eles forem conhecidos*;
    while *não executados*
        para uma média geométrica de dois números prévios,
        encontre o logaritmo que é uma
        média aritmética dos dois logaritmos prévios, isto é, logk = (logn+logm)/2 for k = $\sqrt{nm}$;
        continue recursivamente para pares (n, $\sqrt{nm}$) *e* ($\sqrt{nm}$, m);

    Por exemplo, os logaritmos na base 10 de 100 e 1.000 são os números 2 e 3, a média geométrica de 100 e 1.000 é 316,23, e a média aritmética de seus logaritmos 2 e 3 é 2,5. Assim, o logaritmo de 316,23 iguala-se a 2,5. O processo pode ser continuado; a média geométrica de 100 e 316,23 é 177,83, cujo logaritmo é igual a (2 + 2,5)/2 = 2,25.

    a. Escreva uma função recursiva `logarithm()` que produza logaritmos até que a diferença entre os logaritmos adjacentes seja menor do que certo número pequeno.
    b. Modifique esta função de modo que uma nova função `logarithmDe()` encontre um logaritmo de um número específico x entre 100 e 1.000. Pare o processo se você atingir um número y tal que $y - x < \epsilon$ para algum ϵ.
    c. Adicione uma função que chame `logarithmDe()` depois de se determinar entre que potências de 10 um número x cai de modo que não tenha que ser um número entre 100 e 1.000.

14. Os algoritmos para ambas as versões da função de potência dada neste capítulo são pouco inteligentes. É realmente necessário fazer oito multiplicações para se calcular x^8? Pode-se observar que $x^8 = (x^4)^2$, $x^4 = (x^2)^2$, e $x^2 = x \cdot x$, isto é, somente três multiplicações são necessárias para se encontrar o valor de x^8. Usando esta observação, melhore ambos os algoritmos para calcular x^n. Dica: Um caso especial é necessário para expoentes ímpares.

15. Execute à mão as funções `tail()` e `nonTail()` para os valores de parâmetro de 0, 2 e 4. As definições dessas funções estão na Seção 5.4.

16. Verifique recursivamente se os seguintes objetos são palíndromos:
    a. uma palavra;
    b. uma sentença (ignorar brancos, diferenças entre minúsculas e maiúsculas e marcas de pontuação como "Madam, I'm Adam" é aceitável como palíndromo).

17. Para dado caractere, recursivamente e sem usar `strchr()` ou `strrchr()`:
    a. verifique se ele é uma cadeia de caractere;
    b. conte todas as suas ocorrências em uma cadeia de caracteres;
    c. remova todas as suas ocorrências em uma cadeia de caracteres.

18. Escreva equivalentes das últimas três funções para subcadeias de caracteres (não use `strstr()`).

19. Que mudanças têm que ser feitas no programa da Figura 5.6 para desenhar uma linha como na Figura 5.21? Teste e experimente com outras possibilidades para gerar outras curvas.

FIGURA 5.21 Linhas a serem desenhadas com o programa modificado da Figura 5.6.

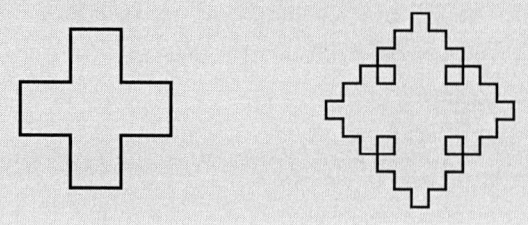

20. Crie uma árvore de chamadas para sin(x), assumindo que somente (...) (e valores menores) não dispare outras chamadas.
21. Escreva recursivamente e não recursivamente funções para imprimir um inteiro não negativo em binário. As funções não usam operações de bits.
22. A versão não recursiva da função para se calcular os números de Fibonacci usa a informação acumulada durante o cálculo, enquanto a versão recursiva não. No entanto, isto não significa que nenhuma implementação recursiva possa coletar a mesma informação que a contraparte não recursiva. De fato, tal implementação pode ser obtida diretamente a partir da versão não recursiva. Qual seria ela? Considere usar duas funções em vez de uma; uma faria todo o trabalho e a outra somente a invocaria com os parâmetros apropriados.
23. A função `putRainha()` não reconhece que certas configurações são simétricas. Adapte esta função para um tabuleiro de xadrez inteiro de 8 × 8, escreva uma função `imprTab()` e rode um programa para resolver o problema das oito rainhas de modo que não imprima soluções simétricas.
24. Termine o acompanhamento de execução de `putRainha()` mostrado na Figura 5.18.
25. Execute o seguinte programa à mão a partir do estudo de caso usando estas duas entradas:
    a. `v = x + y*w - z`
    b. `v = x * (y - w) --z`
    Indique claramente quais funções são chamadas em cada estágio da análise gramatical dessas sentenças.
26. Estenda nosso interpretador de modo que ele possa também processar a exponenciação, `^`. Lembre-se de que a exponenciação tem precedência sobre todas as outras operações, de modo que `2 - 3^4 * 5` é o mesmo que `2 - ((3^4) * 5)`. Note também que a exponenciação é um operador associativo à direita (diferente da soma ou da multiplicação), isto é, `2^3^4` é o mesmo que a expressão `2^(3^4)` e não `(2^3)^4`.
27. Em C++ o operador de divisão, `/`, retorna um resultado inteiro quando é aplicado a dois inteiros; por exemplo, `11/5` é igual a `2`. No entanto, em nosso interpretador, o resultado é `2,2`. Modifique este interpretador de modo que a divisão trabalhe do mesmo modo que em C++.
28. Nosso interpretador é implacável quando um erro é cometido pelo usuário, pois termina a execução se um problema é detectado. Por exemplo, quando o nome de uma variável é digitado erroneamente quando se está solicitando seu valor, o programa no-

tifica o usuário, termina e destrói a lista de identificadores. Modifique o programa de modo que ele continue a execução depois de encontrar um erro.

29. Escreva o menor programa que você puder que use a recursão.

5.13 Tarefas de programação

1. Calcule o desvio padrão σ para n valores x_k armazenados na matriz `data` e para as probabilidades iguais $\frac{1}{n}$ associadas a eles. O desvio padrão é definido como

$$\sigma = \sqrt{V}$$

onde a variância V é definida por

$$V = \frac{1}{n-1}\Sigma_k(x_k - \bar{x})^2$$

e a média, $\bar{x}$ por

$$\bar{x} = \frac{1}{n}\Sigma_k x_k$$

Escreva versões recursivas e iterativas tanto de V como de $\bar{x}$ e calcule o desvio padrão usando ambas as versões da média e da variância. Rode o programa para $n = 500$, 1.000, 1.500 e 2.000 e compare os tempos de execução.

2. Escreva um programa para executar diferenciação simbólica. Use as seguintes fórmulas:

Regra 1: $(fg)' = fg' + f'g$

Regra 2: $(f + g)' = f' + g'$

Regra 3: $\left(\dfrac{f}{g}\right)' = \dfrac{f'g - fg'}{g^2}$

Regra 4: $(ax^n)' = nax^{n-1}$

Um exemplo da aplicação dessas regras é dado abaixo para a diferenciação com relação a x:

$$\left(5x^3 + \frac{6x}{y} - 10x^2y + 100\right)'$$

$= (5x^3)' + \left(\dfrac{6x}{y}\right)' + (-10x^2y)' + (100)'$ Regra 2

$= 15x^2 + \left(\dfrac{6x}{y}\right)' + (-10x^2y)'$ Regra 4

$= 15x^2 + \dfrac{(6x)'y - (6x)y'}{y^2} + (-10x^2y)'$ Regra 3

$= 15x^2 + \dfrac{6y}{y^2} + (-10x^2y)'$ Regra 4

$= 15x^2 + \dfrac{6y}{y^2} + (-10x^2)y' + (-10x^2)'y$ Regra 1

$= 15x^2 + \dfrac{6}{y} - 20xy$ Regra 4

Primeiro, rode o programa somente para polinômios e adicione fórmulas para derivadas para as funções trigonométricas, logaritmos etc. que estendam o intervalo das funções manuseadas pelo programa.

3. Um quadrado $n \times n$ consiste em células pretas e brancas arranjadas de certa maneira. O problema é determinar o número de áreas brancas e o número de células brancas em cada área. Por exemplo, um tabuleiro de xadrez 8×8 tem 32 áreas de uma célula branca; o quadrado da Figura 5.22a consiste em 10 áreas, duas delas com 10 células e oito de 2; o da Figura 5.22b tem cinco áreas brancas de 1, 3, 21, 10 e 2 células.

Escreva um programa que, para dado quadrado $n \times n$, produza o número de áreas brancas e seus tamanhos. Use uma matriz $(n + 2) \times (n + 2)$ com células apropriadamente marcadas. Duas linhas e colunas adicionais constituem uma estrutura de células pretas circundando o quadrado entrado para simplificar sua implementação. Por exemplo, o quadrado da Figura 5.22b é estocado como o quadrado da Figura 5.22c.

FIGURA 5.22 (a-b) Dois quadrados $n \times n$ de células pretas e brancas, e (c) uma matriz $(n + 2) \times (n + 2)$ implementando o quadrado (b).

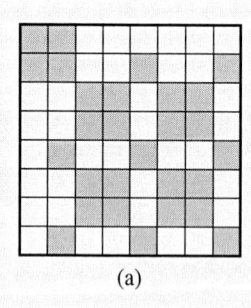

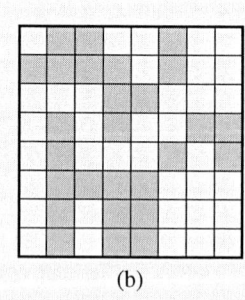

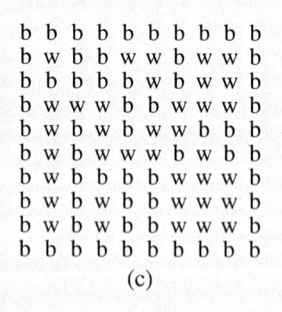

Percorra o quadrado linha por linha e, para a primeira célula não visitada encontrada, invoque uma função que processe uma área. O segredo está em usar quatro chamadas recursivas nesta função para cada célula branca não visitada e marcá-la com um símbolo especial como visitada (contada).

4. Escreva um programa para impressão de programas C++, isto é, para imprimir programas com uso consistente de endentação, número de espaços entre símbolos como palavras-chave, parênteses, colchetes, operadores, número de linhas em branco entre blocos de código (classes, funções), alinhamento de chaves com palavras-chave, alinhamento de instruções `else` com as correspondentes instruções `if`, e assim por diante. O programa toma como entrada um arquivo C++ e imprime os códigos deste arquivo de acordo com as regras incorporadas ao programa de impressão. Por exemplo, o código

```
if (n == 1) { n = 2 * m;
if (m < 10)
f(n,m-1); else f(n,m-2); } else n = 3 * m;
```

deve ser transformado em

```
if (n == 1) {
    n = 2 * m;
    if (m < 10)
```

```
            f(n,m-1);
       else f(n,m-2);
   }
   else n = 3 * m;
```

5. Um excelente exemplo de um programa que pode ser grandemente simplificado pelo uso da recursão está no estudo de caso do Capítulo 4, escapar de um labirinto. Como já explicado, em cada célula do labirinto o rato estoca na pilha do labirinto até quatro células contíguas à qual está localizado. As células colocadas na pilha são aquelas que precisam ser investigadas depois de atingir uma extremidade morta. É feito o mesmo para cada célula visitada. Escreva um programa que use a recursão para resolver o problema do labirinto. Use o seguinte pseudocódigo:

```
exitCell(currentCell)
    if currentCell é a saída
        sucesso;
    else exitCell(a passagem acima de currentCell);
         exitCell(a passagem abaixo de currentCell);
         exitCell(a passagem à esquerda de currentCell);
         exitCell(a passagem à direita de currentCell);
```

Bibliografia

Recursão e suas aplicações

BARRON, David W. *Recursive techniques in programming.* Nova York: Elsevier, 1975.

BERLIOUX, Pierre e BIZARD, Philippe. *Algorithms:* The construction, proof, and analysis of programs. Nova York: Wiley, 1986, capítulos 4-6.

BIRD, Richard S. *Programs and machines.* Nova York: Wiley, 1976

BURGE, William H. *Recursive programming techniques.* Reading, MA: Addison-Wesley, 1975.

LORENTZ, Richard. *Recursive algorithms.* Norwood, NJ: Ablex, 1994.

ROBERTS, Eric. *Thinking recursively with Java.* Nova York: Wiley, 2006.

ROHL, Jeffrey S. *Recursion via Pascal.* Cambridge: Cambridge University Press, 1984.

Transformações entre recursão e iteração

AUSLANDER, M. A. e STRONG, H. R. Systematic recursion removal. *Communications of the ACM* 21, 1978, p. 127-34.

BIRD, R. S. Notes on recursion elimination. *Communications of the ACM* 20, 1977, p. 434-39.

DIJKSTRA, Edsger W. Recursive programming. *Numerische mathematik* 2, 1960, p. 312-18.

Flocos de neve de von Koch

VON KOCH, Helge. Sur une courbe continue sans tangente obtenue par une construction géométrique élémentaire. *Arkiv för matematik, astronomi och fysik* 1, 1903-1904, p. 681-702.

Algoritmo para resolver o problema das oito rainhas

WIRTH, Niklaus. *Algorithms and data structures.* Englewood Cliffs, NJ: Prentice Hall, 1986.

Árvores Binárias

6.1 Árvores, árvores binárias e árvores binárias de busca

As listas ligadas usualmente fornecem maior flexibilidade que as matrizes, mas são estruturas lineares, e é difícil usá-las para organizar uma representação hierárquica de objetos. Embora pilhas e filas reflitam alguma hierarquia, são limitadas a somente uma dimensão. Para superar esta limitação, criamos um novo tipo de dados chamado *árvore*, que consiste em *nós* e *arcos*. Diferentemente de uma árvore natural, estas são representadas de cima para baixo, com a *raiz* no topo e as *folhas* na base (*nodos terminais*). A raiz é um nó que não tem ancestrais; só pode ter nós filhos. As folhas, por outro lado, não têm filhos, ou melhor, seus filhos são estruturas vazias. Uma árvore pode ser definida recursivamente como:

1. Uma estrutura vazia é uma árvore vazia.
2. Se $t_1, \ldots, t_k$ são árvores disjuntas, então a estrutura cuja raiz tem como suas filhas as raízes de $t_1, \ldots, t_k$ também é uma árvore.
3. Somente estruturas geradas pelas regras 1 e 2 são árvores.

A Figura 6.1 contém exemplos de árvores. Cada nó tem que ser atingível a partir da raiz através de uma sequência única de arcos, chamada *caminho*. O número de arcos em um caminho é chamado *comprimento* do caminho. O *nível* de um nó é o comprimento do caminho da raiz ao nó mais 1, que é o número de nós no caminho. A *altura* de uma árvore não vazia é o nível máximo de um nó na árvore. A árvore vazia é uma árvore legítima de altura 0 (por definição), e um nó único é uma árvore de altura 1. Este é o único caso no qual um nó é raiz e folha. O nível de um nó precisa estar entre 1 (o nível de uma raiz) e a altura da árvore, que, em um caso extremo, é o nível da única folha em uma árvore degenerada, que se parece com uma lista ligada.

A Figura 6.2 contém um exemplo de uma árvore que se reflete na hierarquia de uma universidade. Outros exemplos são árvores genealógicas, as que se refletem na estrutura gramatical de sentenças e as que mostram a estrutura taxonômica de organismos, plantas ou caracteres. Virtualmente todas as áreas da ciência fazem uso de árvores para representar estruturas taxonômicas.

FIGURA 6.1 Exemplos de árvores.

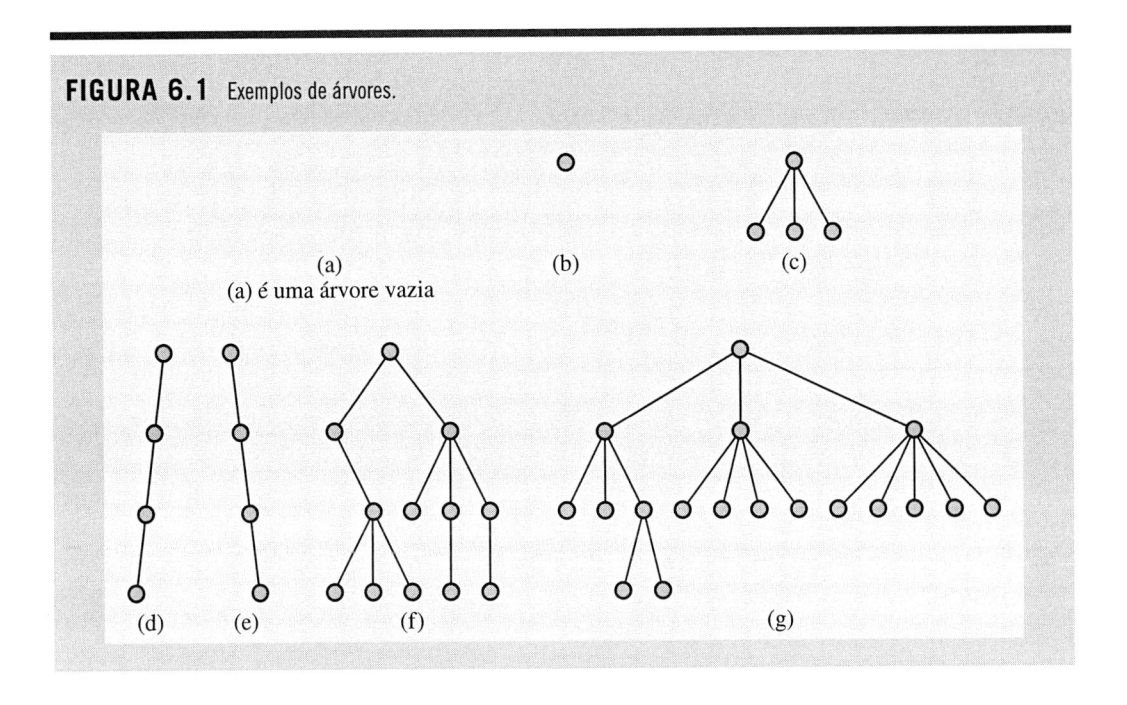

(a)
(a) é uma árvore vazia
(b)
(c)
(d) (e) (f) (g)

FIGURA 6.2 Estrutura hierárquica de uma universidade mostrada como uma árvore.

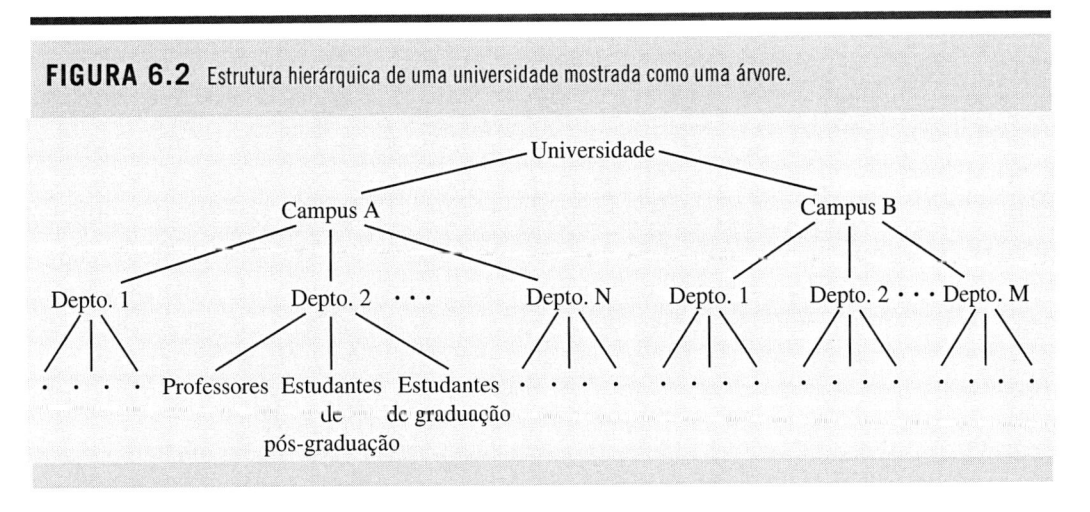

```
                        Universidade
              ┌──────────────┴──────────────┐
           Campus A                      Campus B
      ┌───────┼───────┐              ┌──────┼──────┐
   Depto. 1  Depto. 2 ··· Depto. N  Depto. 1 Depto. 2 ··· Depto. M
```
···· Professores Estudantes Estudantes ···   ···············
              de   de graduação
           pós-graduação

A definição de uma árvore não impõe qualquer condição sobre o número de filhos de um nó. Este número pode variar de 0 a qualquer inteiro. Nas árvores hierárquicas esta é uma propriedade bem-vinda. Por exemplo, a universidade tem somente dois ramos, mas cada campus pode ter um número diferente de departamentos. Tais árvores são usadas em sistemas de gerenciamento de banco de dados, especialmente no modelo hierárquico. Mas representar hierarquias não é a única razão para usar árvores. De fato, na discussão a seguir este aspecto de árvores é tratado de modo superficial, principalmente no que diz respeito às árvores de expressões. Este capítulo enfoca operações de árvores que nos permitem acelerar o processo de pesquisa.

Considere uma lista ligada de n elementos. Para localizar um elemento a pesquisa tem que começar do início da lista, que precisa ser varrida até que ele seja encontrado ou o fim da lista atingido. Mesmo que a lista seja ordenada, a pesquisa sempre tem que iniciar no primeiro nó. Assim, se a lista tem 10.000 nós e a informação no último é para ser acessada, todos os 9.999 predecessores têm que ser visitados, o que é uma inconveniência óbvia. Se todos os elementos estão armazenados em uma *árvore ordenada*, na qual todos os elementos estão armazenados de acordo com algum critério predeterminado de ordenação, o número de testes pode ser reduzido substancialmente, mesmo quando o elemento a ser localizado é o mais distante. Por exemplo, a lista ligada na Figura 6.3a pode ser transformada na da Figura 6.3b.

FIGURA 6.3 Transformando (a) uma lista ligada em (b) uma árvore.

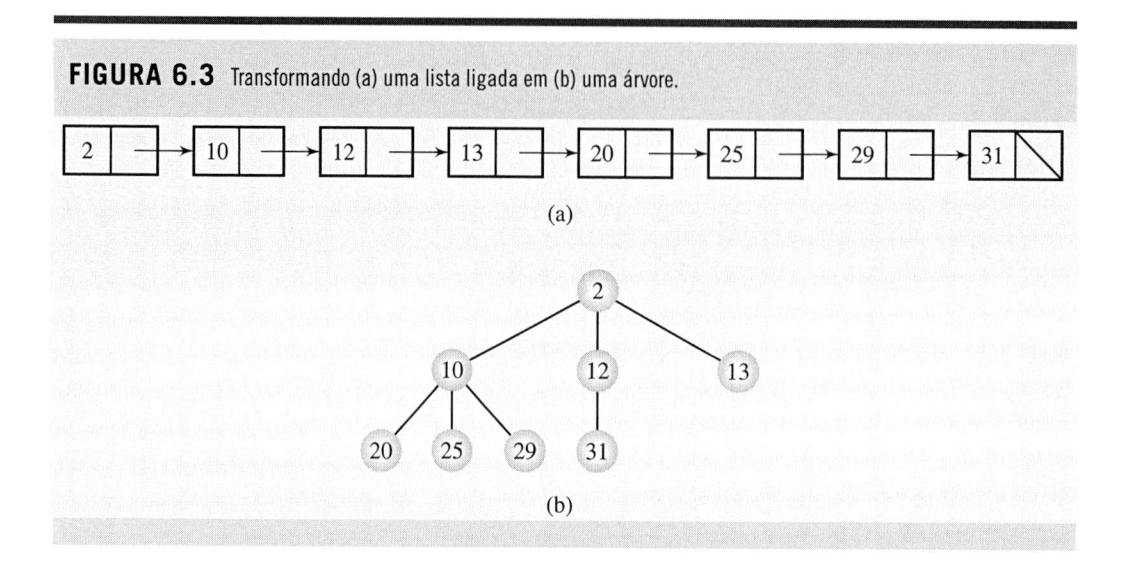

Para construir esta árvore foi aplicado um critério razoável de ordenação? Para testar se 31 está na lista ligada, oito testes têm que ser realizados. Este número pode ser reduzido ainda mais se os mesmos elementos estão ordenados do topo até a base e da esquerda para a direita na árvore? Como seria um algoritmo que nos forçasse a fazer somente três testes: um para a raiz, 2; um para o filho do meio, 12; e um para o único filho deste filho, 31? O número 31 poderia estar localizado no mesmo nível que 12 ou ser um filho de 10. Com esta ordenação da árvore, nada realmente interessante é obtido no contexto da pesquisa (a pilha discutida adiante neste capítulo usa esta abordagem). Em consequência, melhor critério precisa ser escolhido.

Novamente, note que cada nó pode ter qualquer número de filhos. De fato, existem algoritmos desenvolvidos para árvores com um número deliberado de filhos (veja o próximo capítulo), mas este capítulo discute somente as árvores binárias. Uma *árvore binária* é aquela cujos nós têm dois filhos (possivelmente vazios) e cada filho é designado como filho à esquerda ou filho à direita. Por exemplo, as árvores na Figura 6.4 são binárias, enquanto a da universidade na Figura 6.2 não é. Uma importante característica das árvores binárias, usada mais tarde para mensurar uma eficiência esperada de algoritmos de ordenação, é o número de folhas.

FIGURA 6.4 Exemplos de árvores binárias.

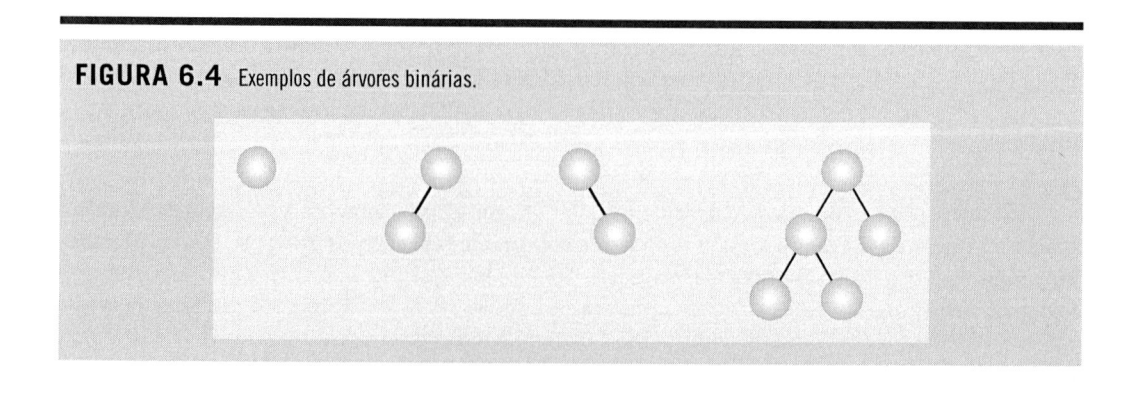

Como já definido, o nível de um nó é o número de arcos visitados da raiz até o nó mais 1. De acordo com esta definição, a raiz está no nível 1, seus filhos não vazios no nível 2, e assim por diante. Se todos os nós em todos os níveis, exceto o último, tivessem dois filhos, então haveria $1 = 2^0$ nós no nível 1, $2 = 2^1$ nós no nível 2, $4 = 2^2$ nós no nível 3 e, na forma geral, 2^i nós no nível $i + 1$. Uma árvore que satisfaça esta condição é chamada *árvore binária completa*. Nela, todos os nós não terminais têm seus dois filhos e todas as folhas estão no mesmo nível. Por consequência, em todas as árvores binárias existem no máximo 2^i nós no nível $i + 1$. No Capítulo 9, calculamos o número de folhas em uma *árvore de decisão*, que é do tipo binária na qual todos os nós têm zero ou dois filhos não vazios. Devido às folhas poderem estar dispersas por toda uma árvore de decisão e aparecerem em cada nível, exceto no 1, nenhuma fórmula aplicável à forma geral pode ser dada para calcular o número de nós, porque estes podem variar de árvore para árvore. Mas a fórmula pode ser aproximada, notando--se primeiro que

> Para todas as árvores binárias não vazias cujos nós terminais tenham exatamente dois filhos não vazios, o número de folhas m será maior que o de nós não terminais k e $m = k + 1$.

Se uma árvore tem somente uma raiz, esta observação é trivialmente válida. Se for válida para certa árvore, então, depois de anexar duas folhas a uma das folhas já existentes, esta se torna um nó não terminal, m é decrementado por 1 e k é incrementado por 1. No entanto, devido a duas novas folhas terem sido enxertadas na árvore, m é incrementado por 2. Depois desses dois incrementos e um decremento, a equação $(m - 1) + 2 = (k + 1) + 1$ é obtida e $m = k + 1$, que é exatamente o resultado desejado (veja a Figura 6.5). Isto implica que uma árvore de decisão completa de nível $i + 1$ tem 2^i folhas e, por causa da observação precedente, também tem $2^i - 1$ nós não terminais, que fazem $2^i + 2^i - 1 = 2^{i+1} - 1$ nós no total (veja também a Figura 6.35).

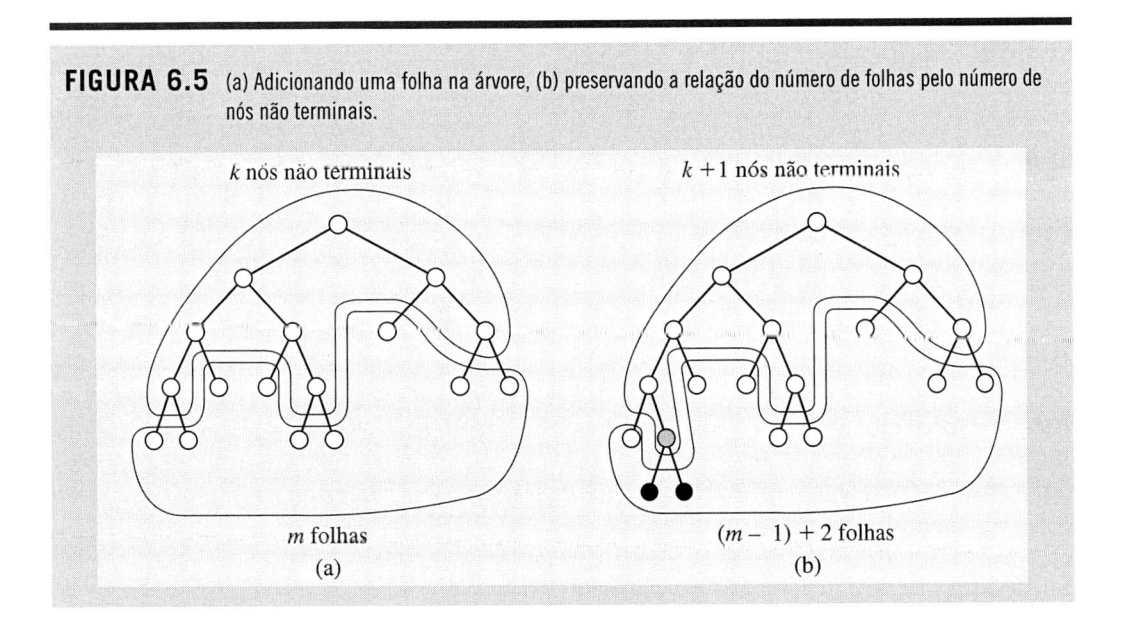

FIGURA 6.5 (a) Adicionando uma folha na árvore, (b) preservando a relação do número de folhas pelo número de nós não terminais.

Neste capítulo, as *árvores binárias de busca*, também chamadas *árvores binárias ordenadas*, são de particular interesse. Uma árvore binária de busca tem a seguinte propriedade: para cada nó n da árvore, todos os valores armazenados em sua subárvore à esquerda (a árvore cuja raiz é o filho à esquerda) são menores que o valor v armazenado em n, e todos os valores armazenados na subárvore à direita são maiores ou igual a v. Por razões a serem discutidas mais tarde, armazenar múltiplas cópias do mesmo valor na mesma árvore é evitado. Uma tentativa de fazê-lo pode ser tratada como um erro. O significado de "menor que" ou "maior que" depende do tipo de valores armazenados na árvore. Usamos os operadores "<" e ">", que podem ser sobrecarregados dependendo do conteúdo. A ordem alfabética é também usada no caso de cadeias de caracteres. As árvores na Figura 6.6 são binárias de busca. Note que a Figura 6.6c contém uma árvore com os mesmos dados que a lista ligada da Figura 6.3a, cuja busca devia ser melhorada.

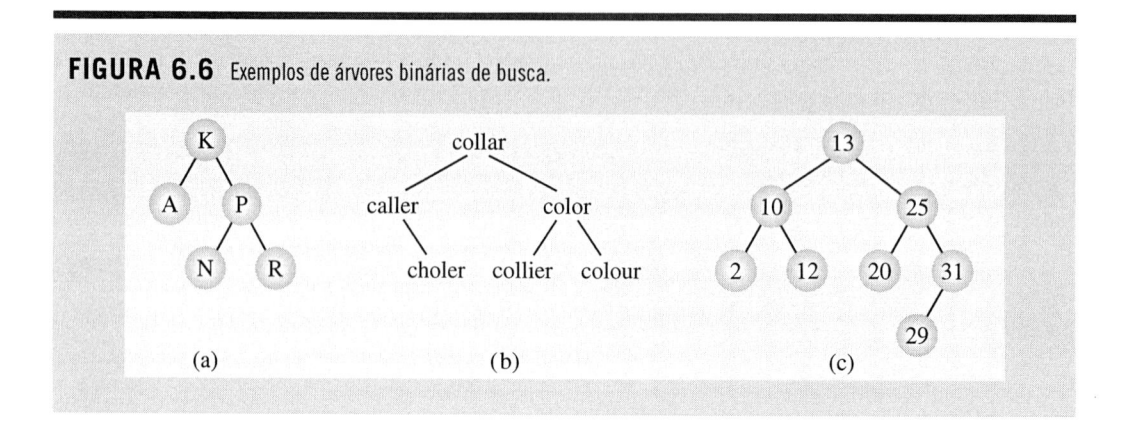

FIGURA 6.6 Exemplos de árvores binárias de busca.

6.2 Implementando árvores binárias

Árvores binárias podem ser implementadas pelo menos de dois modos: como matrizes e como estruturas ligadas. Para implementar uma árvore como uma matriz, um nó é declarado como uma estrutura com um campo de informação e dois campos de "ponteiros". Esses campos de ponteiros contêm os índices das células da matriz em que os filhos à esquerda e à direita são armazenados, se houver algum. Por exemplo, a árvore da Figura 6.6c pode ser representada como a matriz daquela na Figura 6.7. A raiz é sempre localizada na primeira célula, 0, e −1 indica um filho nulo. Nesta representação os dois filhos do nó 13 estão localizados nas posições 4 e 2, e o à direita do nó 31 é nulo.

Esta implementação, no entanto, pode ser inconveniente, mesmo se a matriz for flexível — isto é, um vetor. Locais de filhos devem ser conhecidos para inserir um novo nó, e esses locais podem precisar ser localizados sequencialmente. Após a exclusão de um nó da árvore, um furo na matriz teria de ser eliminado. Isto pode ser feito através da utilização de um marcador especial para uma célula não utilizada, o que pode levar a preencher a matriz com muitas células não utilizadas, ou movendo elementos de uma posição, que também requer referências de atualização para os elementos que tiverem sido movidos. Às vezes, uma implementação de matriz é conveniente e desejável, e será usada quando se discute o tipo de pilha. Mas, em geral, outra abordagem tem de ser usada.

Na nova implementação, um nó é uma instância de uma classe composta de um membro de informação e de dois membros de ponteiro. Este nó é usado e operado por funções-membro em outra classe que pertence à árvore como um todo (veja a Figura 6.8). Por esta razão, os membros de BSTNode são declarados públicos, porque podem ser acessíveis somente a partir de membros não públicos de objetos do tipo BST, de modo que o princípio de ocultamento de informação ainda se mantém. É importante ter membros de BSTNode públicos, caso contrário não estarão acessíveis às classes derivadas a partir de BST.

FIGURA 6.7 Representação de matriz da árvore da Figura 6.6c.

Índice	Info	Esquerda	Direita
0	13	4	2
1	31	6	−1
2	25	7	1
3	12	−1	−1
4	10	5	3
5	2	−1	−1
6	29	−1	−1
7	20	−1	−1

FIGURA 6.8 Implementação de uma árvore binária de busca genérica.

```
//*********************        genBST.h       *************************
//             arvore binária de busca genérica
#include <queue>
#include <stack>

using namespace std;

#ifndef BINARY_SEARCH_TREE
#define BINARY_SEARCH_TREE

template<class T>
class Stack : public stack<T> {     } // como na Figura 4.21

template<class T>
class Queue : public queue<T> {
public:
    T dequeue() {
        T tmp = front();
        queue<T>::pop();
        return tmp;
    }
    void enqueue(const T& el) {
        push(el);
    }
};
template<class T>
class BSTNode {
public:
    BSTNode() {
        left = right = 0;
```

FIGURA 6.8 Implementação de uma árvore binária de busca genérica. (*continuação*)

```
    }
    BSTNode(const T& e, BSTNode <T> *l = 0, BSTNode<T> *r = 0) {
        el = e; left = l; right = r;
    }
    T el;
    BSTNode<T> *left, *right;
};
template<class T>
class BST {
public:
    BST() {
        root = 0;
    }
    ~BST() {
        clear();
    }
    void clear() {
        clear(root); root = 0;
    }
    bool isEmpty() const {
        return root == 0;
    }
    void preorder() {
        preorder(root);                        // Figura 6.11
    }
    void inorder() {
        inorder(root);                         // Figura 6.11
    }
    void postorder() {
        postorder(root);                       // Figura 6.11
    }
    T* search(const T& el) const {
        return search(root, el);               Figura 6.9
    }
    void breadthFirst();                       // Figura 6.10
    void iterativePreorder();                  // Figura 6.15
    void iterativeInorder();                   // Figura 6.17
    void iterativePostorder();                 // Figura 6.16
    void MorrisInorder();                      // Figura 6.20
    void insert(const T&);                     // Figura 6.23
    void deleteByMerging(BSTNode<T>*&);        // Figura 6.29
    void findAndDeleteByMerging(const T&);     // Figura 6.29
    void deleteByCopying(BSTNode<T>*&);        // Figura 6.32
    void balance(T*,int,int);                  // Seção 6.7
    . . . . . . . . . . . . . . .
protected:
    BSTNode<T>* root;
    void clear(BSTNode<T>*);
    T* search(BSTNode<T>*, const T&) const;    // Figura 6.9
    void preorder(BSTNode<T>*);                // Figura 6.11
```

FIGURA 6.8 Implementação de uma árvore binária de busca genérica. (*continuação*)

```
    void inorder(BSTNode<T>*);           // Figura 6.11
    void postorder(BSTNode<T>*);         // Figura 6.11
    virtual void visit(BSTNode<T>* p) {
        cout << p->el << ' ';
    }
    . . . . . . . . . . . . . . .
};
#endif
```

6.3 Percorrendo uma árvore binária de busca

Um algoritmo para localizar um elemento nesta árvore é bastante direto, como indicado por sua implementação na Figura 6.9. Para cada nó, compare o elemento a ser localizado com o valor armazenado no nó correntemente apontado. Se o elemento for menor que o valor, vá para a subárvore à esquerda e tente novamente. Se for maior que o valor, tente a subárvore à direita. Se for o mesmo, obviamente a busca pode parar. A busca é também abortada se não há meios de continuar, indicando que o elemento não está na árvore. Por exemplo, para localizar o número 31 na árvore da Figura 6.6c, somente três testes são realizados. Primeiro, a árvore é verificada para ver se o número está no nó da raiz. A seguir, como 31 é maior que 13, o filho à direita da raiz que contém o valor 25 é visitado. Finalmente, como 31 é novamente maior que o valor do nó correntemente testado, o filho à direita é visitado novamente e o valor 31 é encontrado.

O pior caso para esta árvore binária é quando se buscam os números 26, 27, 28, 29 ou 30, porque cada uma dessas buscas exige quatro testes (por quê?). No caso de todos os outros inteiros, o número de testes é menor que quatro. Agora podemos ver por que um elemento deve ocorrer em uma árvore somente uma vez. Se ele ocorre mais do que uma vez, duas abordagens são possíveis. Uma localiza a primeira ocorrência de um elemento e despreza as outras. Neste caso, a árvore contém nós redundantes que nunca são usados; eles são acessados somente para teste. Na segunda, todas as ocorrências de um elemento podem ter que ser localizadas. Desta maneira, uma busca sempre tem que terminar com uma folha. Por exemplo, para localizar todas as instâncias de 13 em uma árvore, o nó raiz 13 tem que ser testado, depois seu filho à direita 25, e, finalmente, o nó 20. A busca continua ao longo do cenário do pior caso: quando o nível de folha está para ser alcançado na expectativa de que mais alguma ocorrência do elemento desejado possa ser encontrada.

FIGURA 6.9 Uma função para efetuar buscas em uma árvore binária de busca.

```
template<class T>
T* BST<T>::search(BSTNode<T>* p, const T& el) const {
    while (p != 0)
        if (el == p->el)
            return &p->el;
        else if (el < p->el)
            p = p->left;
        else p = p->right;
    return 0;
}
```

A complexidade da busca pode ser medida pelo número de comparações realizadas durante o processo de busca. Este número depende do de nós encontrados no único caminho que leva da raiz ao nó procurado. Em consequência, a complexidade é o comprimento do caminho que leva a esse nó, mais 1. A complexidade depende da forma da árvore e da posição do nó na árvore.

O *comprimento do caminho interno* (IPL — do inglês *internal path length*) é a soma de todos os comprimentos de caminho de todos os nós, calculada somando-se $\Sigma(i-1)l_i$ sobre todos os níveis i, onde l_i é o número de nós no nível i. A posição de um nó na árvore é determinada pelo comprimento do caminho. Uma posição média, chamada *comprimento de caminho médio*, é dada pela fórmula IPL/n, que depende da forma da árvore. No pior caso, quando a árvore se torna uma lista ligada, $caminho_{pior} = \frac{1}{n}\sum_{i=1}^{n}(i-1) = \frac{n-1}{2} = O(n)$, e uma busca leva n unidade de tempo.

O melhor caso ocorre quando todas as folhas da árvore de altura h estão, quando muito, a dois níveis, e somente nós no nível próximo ao último podem ter um filho. Para simplificar os cálculos, aproximamos o comprimento do caminho médio para tal árvore, $caminho_{melhor}$, pelo caminho médio de uma árvore binária completa da mesma altura.

Olhando exemplos simples, podemos determinar que, para a árvore binária completa de altura h, IPL = $\sum_{i=1}^{h-1} i 2^i$. Deste e do fato de que $\sum_{i=1}^{h-1} 2^i = 2^h - 2$, temos

$$\text{IPL} = 2\text{IPL} - \text{IPL} = (h-1)2^h - \sum_{i=1}^{h-1} 2^i = (h-2)2^h + 2$$

Como já foi estabelecido, o número de nós na árvore binária completa é $n = 2^h - 1$, então

$$caminho_{melhor} = \text{IPL}/n = (h-2)2^h + 2)/(2^h - 1) \approx h - 2$$

que está de acordo com o fato de que, nesta árvore, metade dos nós está no nível de folha com o comprimento de caminho $h - 1$. Além disso, nela, a altura $h = \lg(n+1)$, assim, $caminho_{melhor} = \lg(n+1) - 2$; o comprimento do caminho médio em uma árvore perfeitamente balanceada é $\lceil \lg(n+1) \rceil - 2 = O(\lg n)$, onde $\lceil x \rceil$ é o menor inteiro maior que x.

O caso médio em uma árvore média está em algum lugar entre $\frac{n-1}{2}$ e $\lg(n+1) - 2$. Uma busca para um nó em uma posição média em uma árvore de forma média está mais perto de $O(n)$ ou $O(\lg n)$? Primeiro, a forma média da árvore tem que ser representada de forma computacional.

A raiz de uma árvore binária pode ter uma subárvore à esquerda vazia e outra à direita com todos os $n - 1$ nós. Pode também ter um nó na subárvore à esquerda e $n - 2$ nós na subárvore à direita, e assim por diante. Finalmente, pode ter uma subárvore à direita vazia com todos os nós remanescentes à esquerda. O mesmo raciocínio pode ser aplicado a ambas as subárvores da raiz, às subárvores destas subárvores, para baixo até as folhas. O comprimento do caminho interno médio é a média sobre todas essas árvores diferentemente formadas.

Assuma que a árvore tem os nós de 1 até n. Se i é a raiz, sua subárvore à esquerda tem $i - 1$ nós, e sua subárvore à direita, $n - i$ nós. Se $caminho_{i-1}$ e $caminho_{n-i}$ são caminhos médios nessas subárvores, o caminho médio desta árvore é

$$caminho_n(i) = ((i-1)(caminho_{i-1} + 1) + (n-i)(caminho_{n-i} + 1))/n$$

Assumindo que os elementos vêm aleatoriamente à árvore, a raiz da árvore pode ser qualquer número i, $1 \leq i \leq n$. Em consequência, o caminho médio de uma árvore média é obtido tirando-se a média de todos os valores de $caminho_n(i)$ sobre todos os valores de i. Isto dá a fórmula

$$caminho_n = \frac{1}{n}\sum_{i=1}^{n} caminho_n(i) = \frac{1}{n^2}\sum_{i=1}^{n}((i-1)(caminho_{i-1}+1) + (n-i)(caminho_{n-i}+1))$$

$$= \frac{2}{n^2}\sum_{i=1}^{n-1} i(caminho_i + 1)$$

da qual, e do *caminho*$_1$ = 0, obtemos 2 ln n = 2 ln 2 lg n = 1.386 lg n, como uma aproximação para o *caminho*$_n$ (veja a seção A.4 no Apêndice A). Esta é uma aproximação para o número médio de comparações em uma árvore média. Este número é $O(\lg n)$, que está mais perto do melhor que do pior caso, e também indica que há pouco espaço para melhorias, pois *caminho*$_{melhor}$/*caminho*$_n \approx 0{,}7215$, e o comprimento do caminho médio no melhor caso é diferente por somente 27,85% do comprimento do caminho esperado no caso médio. A busca em uma árvore binária é, em consequência, muito eficiente na maioria dos casos, mesmo sem balancear a árvore. No entanto, isto é verdade somente para árvores criadas aleatoriamente, porque, naquelas altamente desbalanceadas e alongadas, cujas formas se parecem com listas ligadas, o tempo de pesquisa é $O(n)$, o que é inaceitável, considerando que uma eficiência $O(\lg n)$ pode ser obtida.

6.4 Percurso em árvores

Este é o processo de visitar cada nó da árvore exatamente uma vez. O percurso pode ser interpretado como colocar todos os nós em uma linha ou a linearização de uma árvore.

A definição de percurso especifica somente uma condição – visitar cada nó somente uma vez –, mas não a ordem na qual os nós são visitados. Por isso existem tantos percursos quantas permutações dos nós; para uma árvore com n nós, existem $n!$ percursos diferentes. A maioria deles, no entanto, é algo caótico e não indica muita regularidade, de modo que implementar tais cruzamentos não traz generalidade: para cada n um conjunto separado de procedimentos de percurso precisa ser implementado, e somente poucos deles podem ser usados para um diferente número de dados. Por exemplo, dois possíveis percursos da árvore da Figura 6.6c que podem ser de algum uso são as sequências 2, 10, 12, 20, 13, 25, 29, 31 e 29, 31, 20, 12, 2, 25, 10, 13. A primeira lista os números pares, e depois os ímpares em ordem ascendente; a segunda lista todos os nós de nível a nível da direita para a esquerda, do mais baixo até a raiz. A sequência 13, 31, 12, 2, 10, 29, 20, 25 não indica qualquer regularidade na ordem dos números ou na dos nós cruzados. Ela é apenas uma sequência aleatória de nó para nó provavelmente inútil. Não obstante, todas essas sequências são resultado de três percursos legítimos de 8! = 40.320. Em face de tal abundância de percursos e da aparente inutilidade da maioria deles, gostaríamos de restringir nossa atenção a duas classes somente: percursos em extensão e profundidade.

6.4.1 Percurso em extensão

Percurso em extensão é visitar cada nó começando do nível mais baixo (ou mais alto) e movendo para baixo (ou para cima) nível a nível, visitando nós em cada nível da esquerda para a direita (ou da direita para a esquerda). Existem, portanto, quatro possibilidades, e uma delas – percurso em extensão de cima para baixo, da esquerda para a direita, na árvore da Figura 6.6c – resulta na sequência 13, 10, 25, 2, 12, 20, 31, 29.

A implementação deste tipo de percurso é direta quando uma fila é usada. Considere um percurso em extensão de cima para baixo, da esquerda para a direita. Depois que um nó é visitado, seus filhos, se houver algum, são colocados no final da fila e o nó no início da fila é visitado. Considerando que para um nó no nível n seus filhos estão no nível $n + 1$, colocando-se esses filhos no final da fila, eles serão visitados depois que todos os nós do nível n assim o forem. Deste modo, a restrição de que todos os nós no nível n precisam ser visitados antes de visitar quaisquer nós no nível $n + 1$ será satisfeita.

Uma implementação da função-membro correspondente é mostrada na Figura 6.10.

6.4.2 Percurso em profundidade

Percurso em profundidade prossegue, tanto quanto possível, à esquerda (ou direita), então se move para trás até a primeira encruzilhada, vai um passo para a direita (ou esquerda) e novamente, tanto

FIGURA 6.10 Implementação do percurso em extensão do topo para baixo, da esquerda para a direita.

```cpp
template<class T>
void BST<T>::breadthFirst() {
    Queue<BSTNode<T>*> queue;
    BSTNode<T> *p = root;
    if (p != 0) {
        queue.enqueue(p);
        while (!queue.empty()) {
            p = queue.dequeue();
            visit(p);
            if (p->left != 0)
                queue.enqueue(p->left);
            if (p->right != 0)
                queue.enqueue(p->right);
        }
    }
}
```

quanto possível, para a esquerda (ou direita). Repetimos este processo até que todos os nós sejam visitados. Esta definição, no entanto, não especifica com clareza exatamente quando os nós são visitados: antes de prosseguir para baixo na árvore ou depois de mover para trás? Existem algumas variações do percurso em profundidade.

Há três tarefas de interesse neste tipo de percurso:

V – visitar um nó

L – percorrer a subárvore esquerda (do inglês *left*)

R – percorrer a subárvore direita (do inglês *right*)

Um percurso organizado ocorre se estas tarefas são realizadas na mesma ordem para cada nó. As três tarefas podem estar ordenadas em 3! = 6 modos, portanto, há seis possíveis percursos em profundidade:

VLR VRL

LVR RVL

LRV RLV

Se o número de ordenações diferentes ainda parece grande, pode ser reduzido para três percursos, onde o movimento é sempre da esquerda para a direita e a atenção é focalizada na primeira coluna. A esses percursos são dados os seguintes nomes padrão:

VLR – cruzamento de árvore em pré-ordem

LVR – cruzamento de árvore em in-ordem

LRV – cruzamento de árvore em pós-ordem

Pequenas e elegantes funções podem ser implementadas diretamente a partir das descrições simbólicas desses três percursos, como mostrado na Figura 6.11.

Essas funções podem parecer simplistas, mas seu real poder reside na recursão; aliás, na recursão dupla. O trabalho é realmente feito pelo sistema na pilha em tempo de execução. Isto simplifica a codificação, mas coloca uma pesada carga sobre o sistema. Para melhor entender este processo, o percurso de árvore em in-ordem é discutido em detalhes.

No percurso em in-ordem, a subárvore esquerda do nó corrente é visitada primeiro, então o próprio nó, e, finalmente, a subárvore à direita. Tudo isto vale, obviamente, se a árvore não está vazia. Antes de analisar a pilha de execução, a saída dada pelo cruzamento em in-ordem é determinada por referência à Figura 6.12. As seguintes etapas correspondem às letras nessa figura:

(a) O nó 15 é a raiz na qual inorder() é chamada pela primeira vez. A função chama a si mesma para o filho esquerdo do nó 15, o nó 4.

(b) O nó 4 é não nulo, assim, inorder() é chamada no nó 1. Devido ao nó 1 ser uma folha (isto é, suas duas subárvores estão vazias), invocações de inorder() nas subárvores não resultam em outras chamadas recursivas de inorder(), pois a condição na instrução if não é satisfeita. Assim, depois que a chamada de inorder() para subárvore esquerda é terminada, o nó 1 é visitado e então uma rápida chamada de inorder() é executada para a subárvore direita nula do nó 1. Depois de encerrar a chamada para o nó 4, este é visitado. Este nó tem uma subárvore direita nula; inorder() é chamada, portanto, somente para verificar isto, e, logo depois de encerrar a chamada para o nó 15, este é visitado.

(c) O nó 15 tem uma subárvore direita, assim, inorder() é chamada para o nó 20.

(d) inorder() é chamada para o nó 16, ele é visitado, e então para a sua subárvore esquerda nula, que é visitada após o nó 16. Depois de uma rápida chamada a inorder() na subárvore direita nula do nó 16 e do retorno à chamada no nó 20, este é também visitado.

(e) inorder() é chamada no nó 25, depois na sua subárvore esquerda vazia, e então o nó 25 é visitado, e finalmente inorder() é chamada na subárvore direita vazia do nó 25.

Se a visita inclui imprimir os valores armazenados nos nós, então a saída é:

```
1 4 15 16 20 25
```

FIGURA 6.11 Implementação do percurso em profundidade.

```
template<class T>
void BST<T>::inorder(BSTNode<T> *p) {
    if (p != 0) {
        inorder(p->left);
        visit(p);
        inorder(p->right);
    }
}

template<class T>
void BST<T>::preorder(BSTNode<T> *p) {
    if (p != 0) {
        visit(p);
        preorder(p->left);
        preorder(p->right);
    }
}

template<class T>
void BST<T>::postorder(BSTNode<T>* p) {
    if (p != 0) {
        postorder(p->left);
        postorder(p->right);
        visit(p);
    }
}
```

FIGURA 6.12 Percurso de árvore in-ordem.

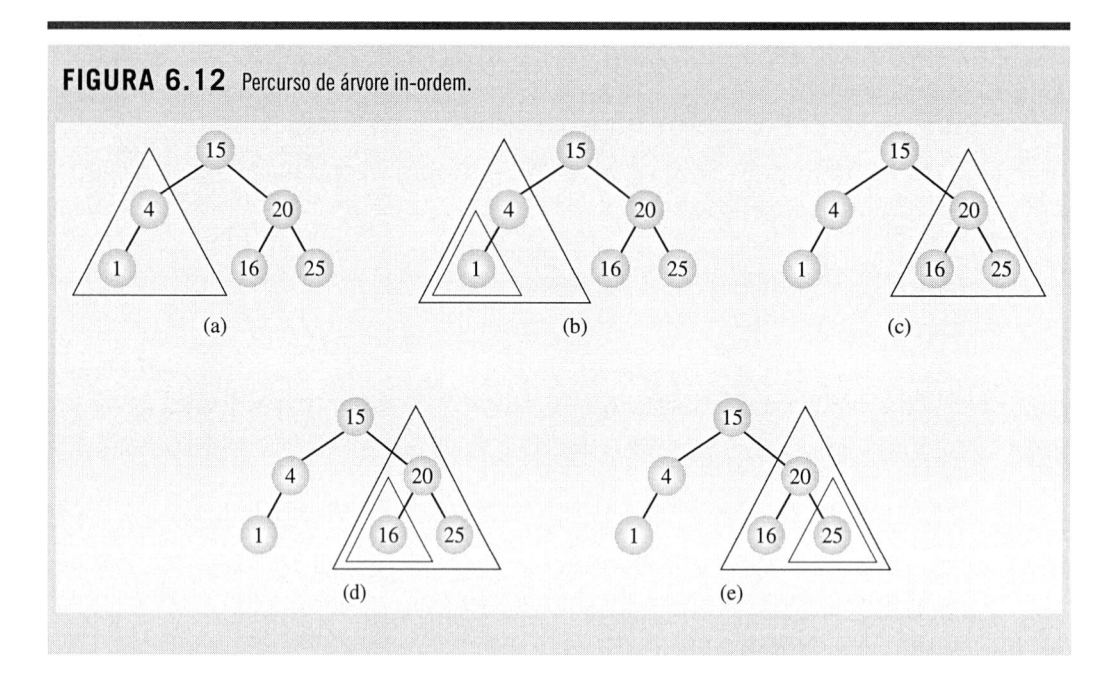

A chave para o percurso é que as três tarefas, L, V e R, são realizadas para cada nó separadamente. Isto significa que o percurso da subárvore direita de um nó é mantido pendente até que as primeiras duas tarefas, L e V, sejam realizadas. Se as últimas duas estão terminadas, podem ser canceladas, como na Figura 6.13.

Para apresentar o modo como inorder() trabalha, o comportamento da pilha em tempo de execução é observado. O número entre parênteses na Figura 6.14 indica o endereço de retorno mostrado no lado esquerdo do código para inorder().

```
         template<class T>
         void BST<T>::inorder(BSTnode<T> *node) {
             if (node ! = 0) {
/* 1 */          inorder(node->left);
/* 2 */          visit(node);
/* 3 */          inorder(node->right);
/* 4 */      }
         }
```

Um retângulo com uma seta para cima e um número indica o valor corrente de node colocado na pilha. Por exemplo, ↑4 significa que node aponta para o nó da árvore cujo valor é o número 4. A Figura 6.14 mostra as mudanças da pilha em tempo de execução quando inorder() é executada para a árvore da Figura 6.12.

(a) Inicialmente, a pilha em tempo de execução está vazia (ou melhor, assume-se que está vazia, desprezando-se o que estiver armazenado nela antes da primeira chamada para inorder()).

(b) Sobre a primeira chamada, o endereço de retorno de inorder() e o valor de node, ↑15, são colocados na pilha em tempo de execução. A árvore, apontada por node, não está vazia, a condição na instrução if é satisfeita e inorder() é chamada outra vez com o nó 4.

(c) Antes que ela seja executada, o endereço de retorno, (2), e o valor corrente de node, ↑4, são colocados na pilha. Como node não é nulo, inorder() está para ser invocado pelo filho esquerdo de node, ↑1.

(d) Primeiro, o endereço de retorno, (2), e o valor de node são colocados na pilha.

Capítulo 6 Árvores Binárias ■ 199

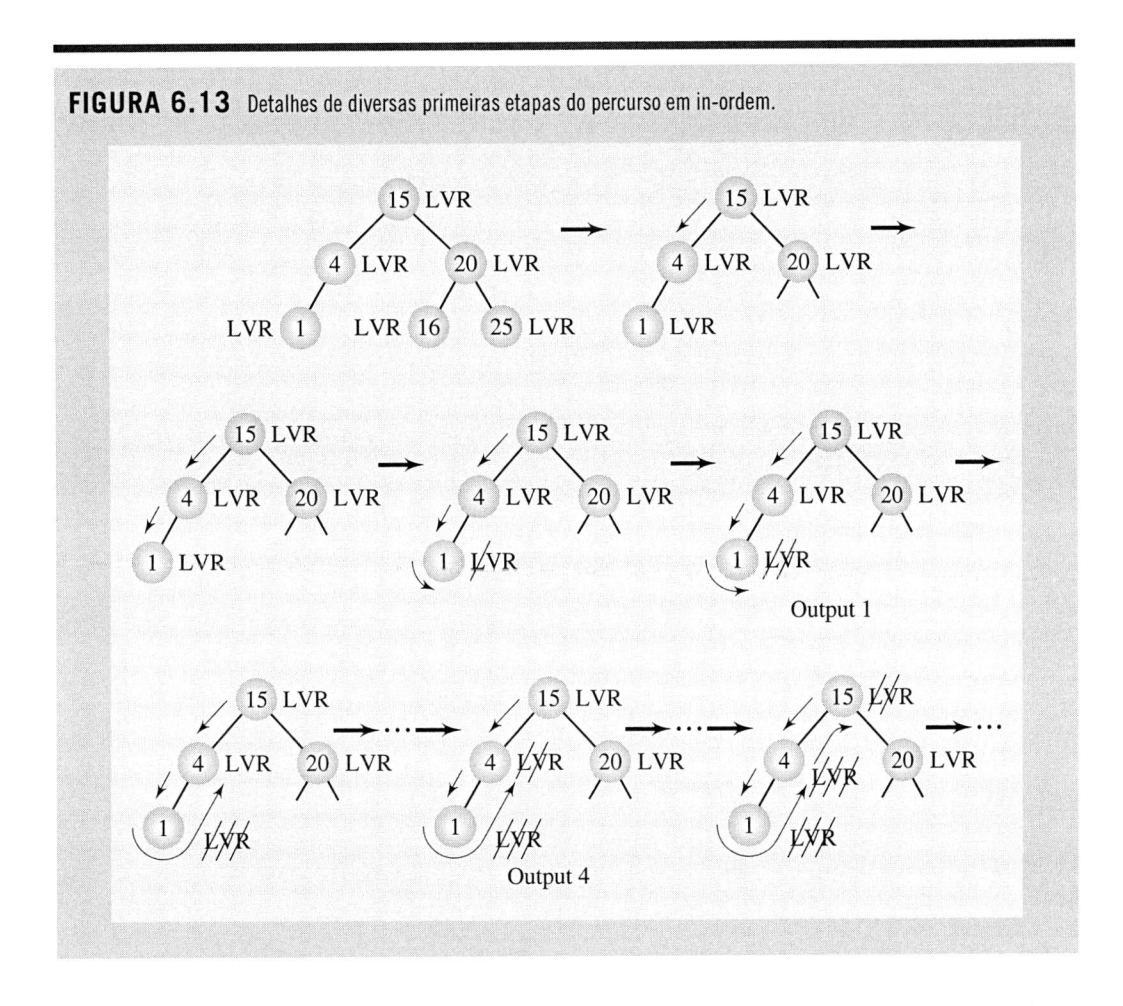

FIGURA 6.13 Detalhes de diversas primeiras etapas do percurso em in-ordem.

- (e) inorder() é chamada com o filho esquerdo do nó 1. O endereço (2) e o valor corrente do parâmetro de node, nulo, são armazenados na pilha. Como node é nulo, inorder() é imediatamente deixado; na saída, o registro de ativação é removido da pilha.
- (f) O sistema vai agora à sua pilha em tempo de execução, restaura o valor de node, ↑1, executa a instrução sob (2) e imprime o número 1. Como node não está completamente processado, seu valor e o endereço (2) ainda estão na pilha.
- (g) Com o filho à direita de node ↑1, a instrução sob (3) é executada, é a próxima chamada para inorder(). Primeiro, no entanto, o endereço (4) e o valor corrente de node, nulo, são colocados na pilha. Como node é nulo, inorder() é deixado; na saída, a pilha é limpa.
- (h) O sistema agora restaura o antigo valor de node, ↑1, e executa a instrução (4).
- (i) Como esta é a saída de inorder(), o sistema remove o registro corrente de ativação e remete novamente à pilha, restaura o valor de node, ↑4, e retoma a execução a partir da instrução (2). Isto imprime o número 4 e chama inorder() para o filho à direita de node, que é nulo.

Essas etapas são apenas o início, mostradas na Figura 6.14.

Neste ponto, considere o problema de uma implementação não recursiva dos três algoritmos de percurso. Como indicado no Capítulo 5, uma implementação recursiva tem a tendência de ser menos eficiente do que uma não recursiva. Se duas chamadas recursivas são usadas em uma função, o problema da possível ineficiência é duplicado. Pode a recursão ser eliminada desta implementação? A resposta tem que ser positiva, porque, se não é eliminada do código-fonte, o sistema faz isto para nós de qualquer forma. Assim, a questão deve ser refeita: é oportuno fazer isto?

FIGURA 6.14 Mudanças na pilha em tempo de execução durante o percurso em in-ordem.

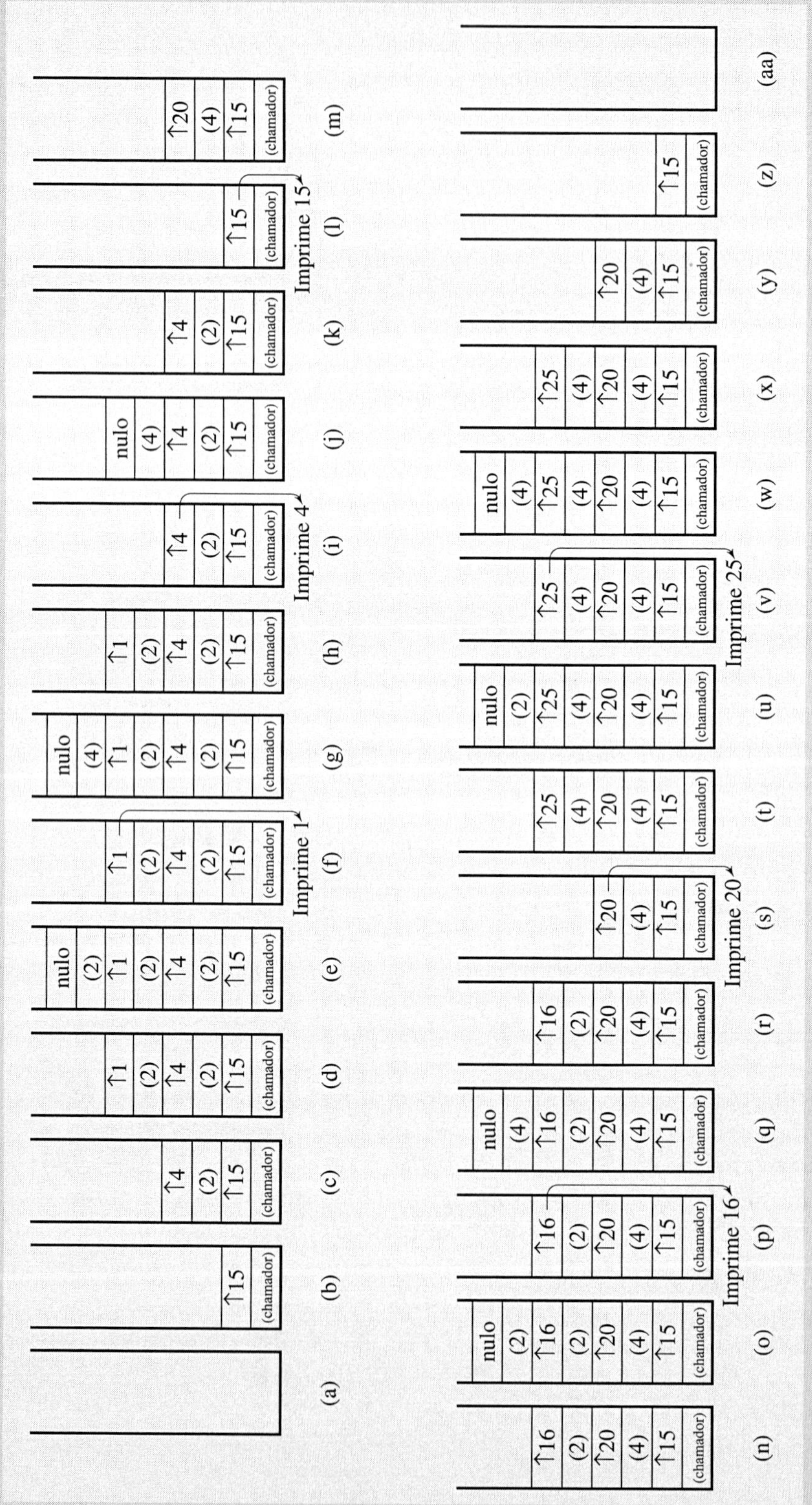

Veja primeiro uma versão não recursiva do percurso de arvore em pré-ordem, mostrada na Figura 6.15. A função `iterativePreorder()` é duas vezes tão grande quanto `preorder()`, mas é ainda pequena e legível; no entanto, usa pesadamente a pilha. Em consequência, funções de suporte são necessárias para processar a pilha, e a implementação total não é tão pequena. Embora duas chamadas recursivas sejam omitidas, existem agora até quatro chamadas por iteração do laço `while`: até duas chamadas de `push()`, uma chamada de `pop()` e uma chamada de `visit()`. É difícil considerar isto como melhoria da eficiência.

FIGURA 6.15 Uma implementação não recursiva no percurso de árvore em pré-ordem.

```
template<class T>
void BST<T>::iterativePreorder() {
    Stack<BSTNode<T>*> travStack;
    BSTNode<T> *p = root;
    if (p != 0) {
        travStack.push(p);
        while (!travStack.empty()) {
            p = travStack.pop();
            visit(p);
            if (p->right != 0)
                travStack.push(p->right);
            if (p->left != 0)   // filho a esquerda colocado depois do da direita
                travStack.push(p->left); // estar no topo
                            // da pilha;
        }
    }
}
```

Nas implementações recursivas dos três percursos, note que a única diferença está na ordem das linhas de código. Por exemplo, em `preorder()`, primeiro um nó é visitado e então há chamadas para a subárvore esquerda e para a direita. Por outro lado, em `postorder()`, visitar um nó precede ambas as chamadas. Podemos transformar tão facilmente a versão não recursiva de um percurso em pré-ordem da esquerda para a direita em uma não recursiva de um percurso em pós-ordem da esquerda para a direita? Infelizmente, não. Em `iterativePreorder()`, a visita ocorre antes que ambos os filhos sejam colocados na pilha. Mas esta ordem, na realidade, não importa. Se o filho é colocado primeiro e então o nó é visitado, isto é, se `visit(p)` é colocado depois que ambos chamam `push()`, a implementação resultante é ainda um cruzamento em pré-ordem. O que importa aqui é que `visit()` tem que seguir `pop()`, e esta última tem que preceder ambas as chamadas de `push()`. Em consequência, as implementações não recursivas dos percursos in-ordem e pós-ordem têm que ser desenvolvidas de forma independente.

Uma versão não recursiva do percurso em pós-ordem pode ser obtida com certa facilidade se observamos que a sequência gerada por um percurso em pós-ordem da esquerda para a direita (uma ordem LRV) é a mesma que a sequência inversa gerada por um percurso em pré-ordem da direita para a esquerda (uma ordem VRL). Neste caso, a implementação de `iterativePreorder()` pode ser adotada para criar `iterativePostorder()`. Isto significa que duas pilhas têm que ser usadas, uma para visitar cada nó na ordem inversa depois que um percurso em pré-ordem, da direita para a esquerda, é terminado. É, no entanto, possível desenvolver uma função para o percurso em pós-ordem que coloca na pilha um nó que tem dois descendentes, uma vez antes de percorrer sua subárvore esquerda e outra antes de percorrer sua subárvore direita. Um ponteiro auxiliar q é usado para distinguir estes dois casos. Os nós com um descendente são colocados somente uma vez, e as folhas não necessitam ser colocadas de modo algum (Figura 6.16).

Um percurso não recursivo em in-ordem de árvore também é complicado. Uma implementação possível é dada na Figura 6.17. Em casos assim, podemos claramente ver o poder da recursão: `iterativeInorder()` é quase ilegível, e sem uma explicação completa não é fácil determinar o propósito desta função. Por outro lado, a função `inorder()` recursiva demonstra imediatamente um propósito e é lógica. Em consequência, `iterativeInorder()` pode ser defendida em um caso apenas: se é mostrado que existe um ganho substancial no tempo de execução e que a função é chamada com frequência em um programa. Caso contrário, `inorder()` é preferível à sua contraparte iterativa.

FIGURA 6.16 Uma implementação não recursiva do percurso de árvore em pós-ordem.

```
template<class T>
void BST<T>::iterativePostorder() {
    Stack<BSTNode<T>*> travStack;
    BSTNode<T>* p = root, *q = root;
    while (p != 0) {
        for ( ; p->left != 0; p = p->left)
            travStack.push(p);
        while (p->right == 0 || p->right == q)) {
            visit(p);
            q = p;
            if (travStack.empty())
                return;
            p = travStack.pop();
        }
        travStack.push(p);
        p = p->right;
    }
}
```

FIGURA 6.17 Uma implementação não recursiva do percurso de árvore em in-ordem.

```
template<class T>
void BST<T>::iterativeInorder() {
    Stack<BSTNode<T>*> travStack;
    BSTNode<T> *p = root;
    while (p != 0) {
        while (p != 0) {              // empilha o filho a direita (se houver algum)
            if (p->right)             // e o proprio no quando indo
                travStack.push(p->right); // para a esquerda;
            travStack.push(p);
            p = p->left;
        }
        p = travStack.pop();          // extrai um no sem filho a esquerda
        while (!travStack.empty() && p->right == 0) { // visite-o
```

FIGURA 6.17 Uma implementação não recursiva do percurso de árvore em in-ordem. (*continuação*)

```
            visit(p);              // e todos os nos sem filho
            p = travStack.pop();   // a direita;
        }
        visit(p);                  // visite tambem o primeiro no com
        if (!travStack.empty())    // um filho à direita (se houver algum);
            p = travStack.pop();
        else p = 0;
    }
}
```

6.4.3 Percurso em profundidade sem pilha

Árvores alinhadas

As funções de percurso analisadas na seção anterior foram tanto recursivas como não recursivas, mas ambos os tipos usaram uma pilha tanto implícita quanto explicitamente para armazenar a informação sobre os nós cujos processamentos não tinham sido terminados. No caso das funções recursivas, a pilha em tempo de execução foi utilizada. No das variantes não recursivas uma pilha explicitamente definida e mantida pelo usuário foi usada. A questão é que algum tempo adicional tem que ser gasto para manter a pilha, e mais algum espaço ser colocado à parte para a própria árvore. No pior caso, quando a árvore é desequilibrada desfavoravelmente, a pilha pode conter informação sobre quase todo nó da árvore, uma séria questão para árvores muito grandes.

É mais eficiente incorporar a pilha como parte da árvore. Isto é feito incorporando *linhas* em um nó. Linhas são ponteiros para o predecessor e para o sucessor do nó, de acordo com o percurso na ordem de entrada, e as árvores cujos nós usam linhas são chamadas *árvores alinhadas*. Quatro ponteiros são necessários para cada nó da árvore, que novamente tomam espaço valioso.

O problema pode ser resolvido sobrecarregando ponteiros existentes. Nas árvores, os ponteiros à esquerda e à direita são para filhos, mas também podem ser usados como ponteiros para os predecessores e para os sucessores, desta forma sendo sobrecarregados com significado. Como distinguimos esses significados? Para um operador sobrecarregado, o contexto é sempre um fator de desambiguação. Nas árvores, no entanto, um novo membro de dados tem que ser usado para indicar o significado corrente dos ponteiros.

Como um ponteiro pode apontar para um nó de cada vez, o esquerdo é tanto ponteiro para o filho à esquerda como para um predecessor. Analogamente, o ponteiro direito aponta tanto para a subárvore à direita como para o sucessor (Figura 6.18a).

A Figura 6.18a sugere que ambos os ponteiros para os predecessores e para os sucessores têm que ser mantidos, o que nem sempre é o caso. Pode ser suficiente usar somente uma linha, como mostrado na implementação do percurso em in-ordem de uma árvore alinhada, que exige apenas ponteiros para os sucessores (Figura 6.18b).

A função é relativamente simples. A linha tracejada na Figura 6.18b indica a ordem na qual p acessa os nós na árvore. Note que somente uma variável, p, é necessária para percorrer a árvore. Nenhuma pilha é necessária; em consequência, espaço é economizado. Mas é realmente economizado? Como indicado, os nós exigem um membro de dados que indicam como o ponteiro à direita está sendo usado. Na implementação de `threadedInorder()`, o membro de dados booleano `sucessor` desempenha este papel, como mostrado na Figura 6.19. Por isso, `sucessor` exige somente um bit da memória do computador, insignificante em comparação com os outros campos. No entanto, os detalhes são altamente dependentes da implementação. O sistema operacional quase certamente recheia uma estrutura de bits com bits adicionais para um alinhamento apropriado das palavras da máquina. Se for assim, `sucessor` necessita de pelo menos um byte, se não uma palavra inteira, invalidando o argumento de economizar espaço usando árvores alinhadas.

FIGURA 6.18 (a) Uma árvore alinhada e (b) um caminho do percurso em in-ordem em uma árvore alinhada com somente sucessores à direita.

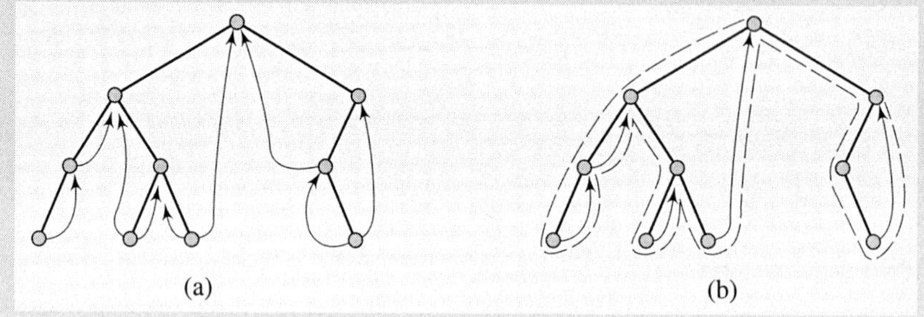

As árvores alinhadas podem também ser usadas para percorrer em pré-ordem e pós-ordem. No percurso em pré-ordem, o nó corrente é visitado primeiro, depois o percurso continua com seu descendente esquerdo, se houver algum, ou com o descendente direito, se houver. Se o nó corrente é uma folha, linhas são usadas para ir através da cadeia de seus já visitados sucessores na ordem de entrada a fim de reiniciar o percurso com o descendente à direita do último sucessor.

FIGURA 6.19 Implementação de uma árvore alinhada genérica e o percurso em in-ordem de uma árvore alinhada.

```
//********************     genThreaded.h  ********************
//            Árvore binária alinhada genérica de busca

#ifndef THREADED_TREE
#define THREADED_TREE

template<class T>
class ThreadedNode {
public:
    ThreadedNode() {
        left = right = 0;
    }
    ThreadedNode(const T& el, ThreadedNode *l = 0, ThreadedNode *r = 0) {
        el = e; left = l; right = r; successor = 0;
    }
    T el;
    ThreadedNode *left, *right;
    unsigned int successor : 1;
};

template<class T>
class ThreadedTree {
public:
```

FIGURA 6.19 Implementação de uma árvore alinhada genérica e o percurso em in-ordem de uma árvore alinhada. (*continuação*)

```
    ThreadedTree()    {
        root = 0;
    }
    void insert(const T&);      // Figura 6.24
    void inorder();
    . . . . . . . . . . . . . .
protected:
    ThreadedNode<T>* root;
    . . . . . . . . . . . . . .
};

#endif
template<class T>
void ThreadedTree<T>::inorder() {
    ThreadedNode<T> *prev, *p = root;
    if (p != 0) {                       // processe somente arvores não vazias;
        while (p->left != 0)            // va para o no mais a esquerda;
            p = p->left;
        while (p != 0) {
            visit(p);
            prev = p;
            p = p->right;               // va para o no a direita e somente
            if (p != 0 && prev->successor == 0) // se ele e um
                while (p->left != 0)// descendente vá para o
                    p = p->left;    // no mais a esquerda, caso contrario
        }                               // visite o sucessor;
    }
}
```

O percurso em pós-ordem é apenas levemente mais complicado. Primeiro, é criado um nó falso, que tem a raiz como seu descendente à esquerda. No processo de percurso uma variável pode ser usada para verificar o tipo da ação corrente. Se a ação é percurso à esquerda e o nó corrente tem um descendente à esquerda, o descendente é percorrido; caso contrário, a ação é mudada para percurso à direita. Se a ação é percurso à direita e o nó corrente tem um descendente não alinhado à direita, o descendente é percorrido e a ação é mudada para percurso à esquerda; caso contrário, a ação muda para visitar um nó. Se a ação é visitar um nó, então o nó corrente é visitado e, posteriormente, seu sucessor pós-ordem tem que ser encontrado. Se o ascendente do nó corrente é acessível através de uma linha (isto é, o nó corrente é o filho à esquerda do ascendente), o percurso é estabelecido para continuar com o descendente à direita do ascendente. Se o nó corrente não tem descendente à direita, ele é o final da cadeia de nós estendida à direita. Primeiro, o início da cadeia é atingido através da linha do nó corrente, depois as referências à direita dos nós na cadeia são invertidas, e, finalmente, a cadeia é varrida para trás, cada nó é visitado, e, em seguida, as referências à direita são restauradas aos seus ajustes prévios.

Percurso por transformação da árvore

O primeiro conjunto de algoritmos de percurso analisado previamente neste capítulo necessitou de uma pilha a fim de reter a informação necessária para o processamento bem-sucedido. As árvores alinhadas incorporaram uma pilha como parte da árvore, ao custo de estender os nós por um campo para fazer uma distinção entre a interpretação do ponteiro à direita como um ponteiro para o filho ou para o sucessor. Dois de tais campos de rótulo são necessários se tanto o sucessor quanto o predecessor são considerados. No entanto, é possível cruzar uma árvore sem usar qualquer pilha ou linha. Existem muitos desses algoritmos, todos possíveis fazendo-se mudanças temporárias na árvore durante o percurso. Essas mudanças consistem em reatribuir novos valores para alguns ponteiros, mas a árvore pode temporariamente perder sua estrutura, que necessita ser restaurada antes que o percurso termine. A técnica é ilustrada por um elegante algoritmo idealizado por Joseph M. Morris aplicado ao percurso em in-ordem.

Primeiro, é fácil notar que o percurso em in-ordem é muito simples para árvores degeneradas, nas quais nenhum nó tem um filho à esquerda (veja a Figura 6.1e). Nenhuma subárvore esquerda tem que ser considerada para qualquer nó. Em consequência, as três etapas usuais, LVR (visitar a subárvore esquerda, visitar o nó, visitar a subárvore direita), para cada nó no percurso em in-ordem se tornam duas etapas, VR. Nenhuma informação sobre o status corrente do nó que está sendo processado necessita ser retida antes de percorrer seu filho esquerdo, simplesmente porque não há um filho à esquerda. O algoritmo de Morris leva em conta esta observação temporariamente transformando a árvore de modo que o nó que está sendo processado não tenha filho à esquerda; por isso, esse nó pode ser visitado e sua subárvore à direita processada. O algoritmo pode ser sumarizado como:

```
MorrisInorder ()
    while não terminado
        if o nó não tem descendente à esquerda
            visite-o;
            vá para a direita;
        else faça desse nó o filho à direita do nó mais à direita no seu descendente à esquerda;
            vá para esse descendente à esquerda;
```

FIGURA 6.20 Implementação do algoritmo de Morris para o percurso em in-ordem.

```
template<class T>
void BST<T>::MorrisInorder() {
    BSTNode<T> *p = root, *tmp;
    while (p != 0)
        if (p->left == 0) {
            visit(p);
            p = p->right;
        }
        else {
            tmp = p->left;
            while (tmp->right != 0 &&   // va para o no mais a direita
                   tmp->right != p)      // da subárvore esquerda ou
                tmp = tmp->right;        // para o ascendente temporario
            if (tmp->right == 0) {       // de p; se 'true'
                tmp->right = p;          // o no mais a direita foi
                p = p->left;             // atingido, faca-o um
            }                            // ascendente temporário da
            else {                       // raiz corrente, caso contrario
                                         // um descendente temporario
                visit(p);                // foi encontrado; visite o no p
                tmp->right = 0;          // e entao corte o ponteiro
```

FIGURA 6.20 Implementação do algoritmo de Morris para o percurso em in-ordem. (*continuação*)

```
                p = p->right;     // direito da corrente
            }                     // ascendente, por onde ele
        }                         // cessa de ser um ascendente;
}
```

Este algoritmo percorre com sucesso a árvore, mas somente uma vez, pois destrói sua estrutura original. Em consequência, alguma informação precisa ser retida para permitir que a árvore seja restaurada à sua forma original. Isto é obtido retendo-se o ponteiro esquerdo do nó movido para baixo em sua subárvore à direita, como no caso dos nós 10 e 5 na Figura 6.21.

Uma implementação do algoritmo é mostrada na Figura 6.20, e os detalhes da execução estão na 6.21. A seguinte descrição está dividida em ações realizadas em iterações consecutivas do laço while mais externo:

1. Inicialmente, p aponta para a raiz, que tem um filho à esquerda. Como resultado, o laço while interno faz tmp tomar o nó 7, que é o mais à direita do filho à esquerda do nó 10, apontado por p (Figura 6.21a). Como nenhuma transformação foi feita, tmp não tem filho à direita e, na instrução if mais interna, a raiz, nó 10, é transformada em filho à direita de tmp. O nó 10 retém seu ponteiro esquerdo para o nó 5, seu filho à esquerda original. Agora, a árvore não é mais uma árvore, pois contém um ciclo (Figura 6.21b). Isto completa a primeira iteração.
2. O ponteiro p aponta para o nó 5, que também tem um filho à esquerda. Primeiro, tmp atinge o maior nó na subárvore, que é 3 (Figura 6.21c), e então a raiz corrente, o nó 5, torna-se o filho à direita do nó 3, enquanto retém o contato com o nó 3 através de seu ponteiro esquerdo (Figura 6.21d).
3. Como o nó 3, apontado por p, não tem um filho à esquerda, na terceira iteração este nó é visitado e p é reatribuído a seu filho à direita, o nó 5 (Figura 6.21e).
4. O nó 5 tem um ponteiro à esquerda não nulo; assim, tmp encontra um ascendente temporário do nó 5, que é o mesmo nó correntemente apontado por tmp (Figura 6.21f). A seguir, o nó 5 é visitado e a configuração da árvore na Figura 6.21b é restabelecida, ajustando-se o ponteiro direito do nó 3 para nulo (Figura 6.21g).
5. O nó 7, apontado agora por p, é visitado, e p se move para baixo, para seu filho à direita (6.21h).
6. tmp é atualizado para apontar para o ascendente temporário do nó 10 (Figura 6.21i). A seguir, este nó é visitado e então restabelecido ao seu status de raiz, anulando-se o ponteiro direito do nó 7 (Figura 6.21j).
7. Finalmente, o nó 20 é visitado sem trabalho posterior, pois não tem filho à esquerda nem sua posição alterada.

Isto completa a execução do algoritmo de Morris. Note que existem sete iterações do laço while mais externo para somente cinco nós na árvore da Figura 6.21. A razão disto é o fato de haver dois filhos na árvore; assim, o número de iterações extras depende do número de filhos à esquerda na árvore inteira. O algoritmo tem um desempenho pior para árvores com grande número de tais filhos.

O percurso em pré-ordem é fácil de obter, a partir do percurso em in-ordem, movendo visit() da cláusula else mais interna para a cláusula if mais interna. Deste modo, um nó é visitado antes de uma transformação de árvore.

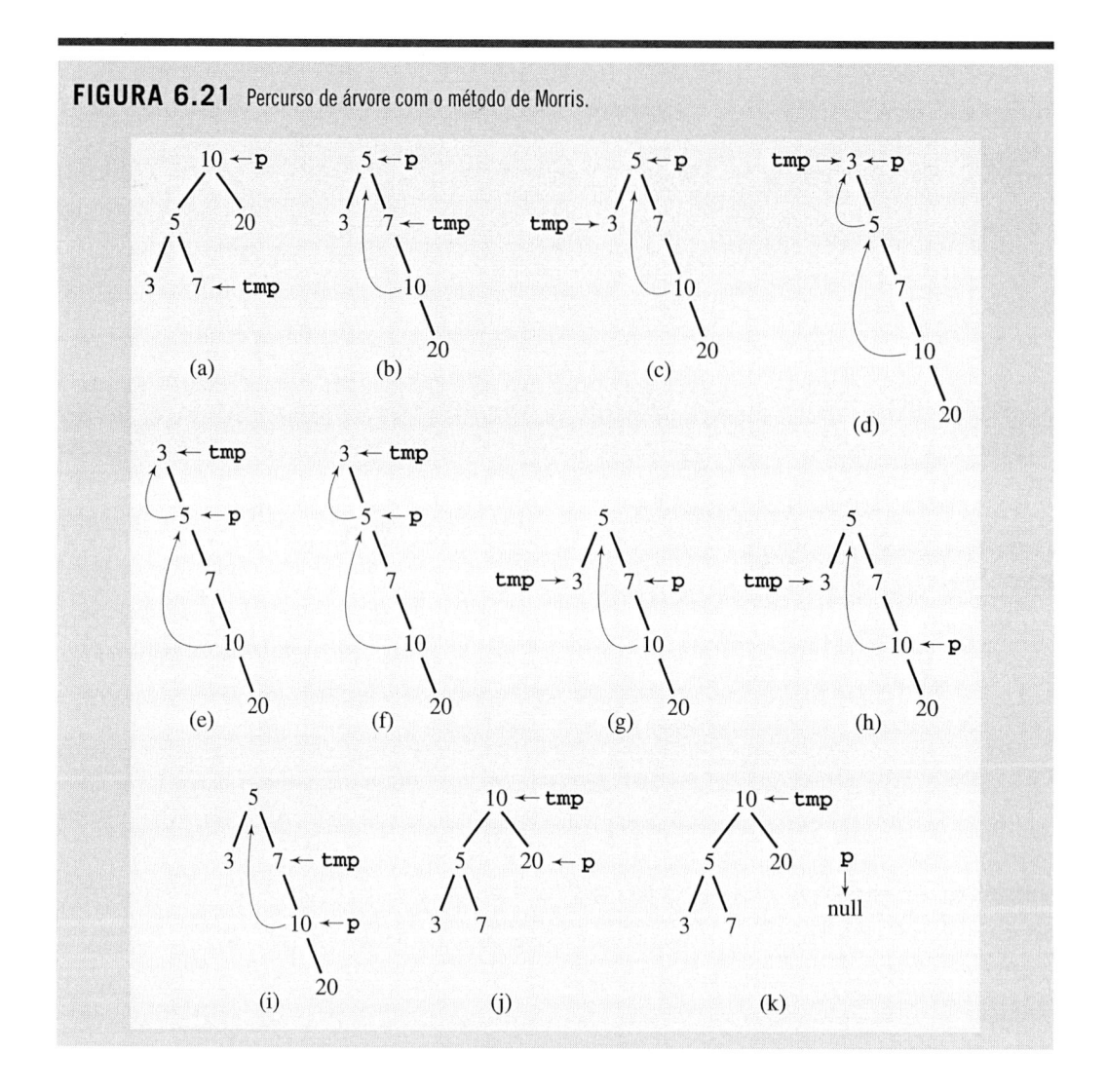

FIGURA 6.21 Percurso de árvore com o método de Morris.

O percurso em pós-ordem também pode ser obtido, a partir do percurso em in-ordem, primeiro criando um nó falso, cujo descendente à esquerda é a árvore que está sendo processada e o à direita é nulo. Então, esta árvore temporariamente estendida é percorrida como em in-ordem, exceto que, na cláusula `else` mais interna, depois de encontrar um ascendente temporário, nós entre `p->left` (incluído) e `p` (excluído) estendido para a direita em uma árvore modificada são processados na ordem inversa. Para processá-los em tempo constante, a cadeia de nós é varrida para baixo e os ponteiros direitos são invertidos para apontar para os ascendentes dos nós. Então, a mesma cadeia é varrida para cima, cada nó é visitado e os ponteiros direitos são restaurados aos seus ajustes originais.

Quão eficientes são os procedimentos de percurso discutidos nesta seção? Todos operam no tempo $\Theta(n)$, a implementação alinhada exige $\Theta(n)$ mais espaço para as linhas do que as árvores binárias de pesquisa não alinhadas, e tanto os percursos recursivos como os não recursivos exigem $O(n)$ de espaço adicional (na pilha do tempo de execução ou na definida pelo usuário). Diversas dúzias de rodadas em árvores geradas aleatoriamente de 5.000 nós indicam que, para as rotinas de percurso em pré-ordem e in-ordem (recursiva, iterativa, de Morris e alinhada), a diferença no tempo de execução é somente da ordem de 5% a 10%. Os percursos de Morris têm uma vantagem inegável sobre os outros: não exigem espaço adicional. Os percursos recursivos baseiam-se na pilha em tempo de execução, que pode transbordar com árvores muito profundas. Os percursos iterativos também usam uma pilha e, embora ela possa transbordar, o problema não é tão imediato como no caso da pilha em tempo de execução. As árvores alinhadas usam nós maiores do que os usados por árvores não alinhadas, o que usualmente não deve ser problema. Mas tanto a implementação iterativa quanto a alinhada são muito menos intuitivas do que as recursivas; em consequência, a clareza da implementação e os tempos de execução comparáveis claramente favorecem, na maioria das situações, as implementações recursivas sobre outras implementações.

6.5 Inserção

Busca em árvore binária não modifica a árvore. Ela varre a árvore de um modo predeterminado para acessar algumas das chaves da árvore ou todas, mas a própria árvore permanece inalterada depois da operação. Os percursos de árvores podem modificá-las, mas também deixá-las na mesma condição. Modificá-las ou não depende das ações prescritas por visit(). Existem certas operações que sempre fazem mudanças sistemáticas na árvore, tais como adicionar nós, removê-los, modificar elementos, fundir árvores e balancear árvores para reduzir sua altura. Esta seção trata somente da inserção de um nó em uma árvore binária de busca.

Para inserir um novo nó com a chave el, um nó da árvore com uma extremidade sem saída tem que ser atingido, e o novo nó tem de ser anexado a ele. Um nó da árvore é encontrado usando a mesma técnica que a pesquisa de árvore usou: a chave el é comparada com a chave de um nó que está sendo examinado atualmente durante uma varredura de árvore. Se el é menor que a chave, o filho da esquerda (se houver) de p é testado. Se o filho de p a ser testado está vazio, a varredura será interrompida e o novo nó torna-se este filho. O procedimento está ilustrado na Figura 6.22. A Figura 6.23 contém o algoritmo para inserir um nó.

FIGURA 6.22 Inserindo nós em árvores binárias de busca.

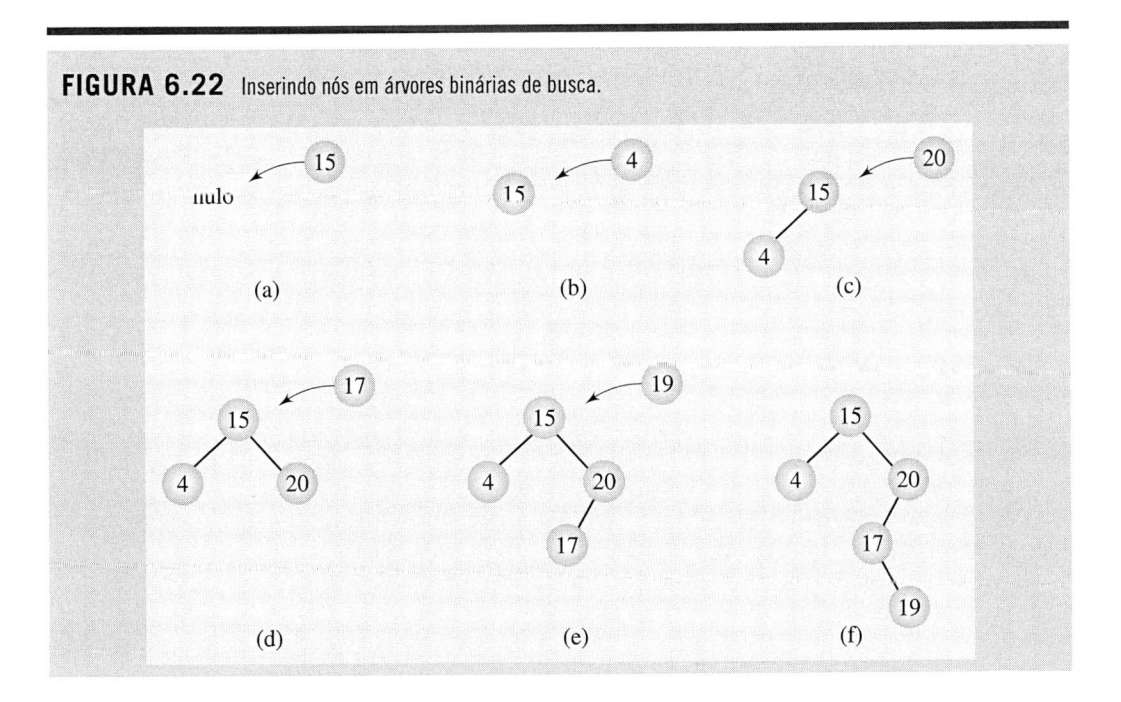

FIGURA 6.23 Implementação do algoritmo de inserção.

```
template<class T>
void BST<T>::insert(const T& el) {
```

FIGURA 6.23 Implementação do algoritmo de inserção. (*continuação*)

```cpp
    BSTNode<T> *p = root, *prev = 0;
    while (p != 0) {    // encontre um no para inserir um novo no;
        prev = p;
        if (el < p->el)
            p = p->left;
        else p = p->right;
    }
    if (root == 0)      // a arvore esta vazia;
        root = new BSTNode<T>(el);
    else if (el <  prev->el)
        prev->left  = new BSTNode<T>(el);
    else prev->right  = new BSTNode<T>(el);
}
```

FIGURA 6.24 Implementação do algoritmo para inserir nó em uma árvore alinhada.

```cpp
template<class T>
void ThreadedTree<T>::insert(const T& el) {
    ThreadedNode<T> *p, *prev = 0, *newNode;
    newNode = new ThreadedNode<T>(el);
    if (root == 0) {              // a árvore esta vazia;
        root = newNode;
        return;
    }
    p = root;                     // encontre um lugar para inserir newNode;
    while (p != 0) {
        prev = p;
        if (p->el > el)
            p = p->left;
        else if (p->successor == 0) // va para o no a direita somente se ele
            p = p->right;    // for um descendente, nao um sucessor;
        else break;          // nao siga o vinculo do sucessor;
    }
    if (prev-> el > el) {         // se newNode e o filho a esquerda de
        prev->left  = newNode;    // seu ascendente, o ascendente
        newNode->successor = 1;   // tambem se torna seu sucessor;
        newNode->right = prev;
    }
    else if (prev->successor == 1)  {// se o ascendente de newNode
        newNode->successor = 1;    // nao for o no mais a direita,
        prev->successor = 0;       // faca o sucessor do ascendente
        newNode->right = prev->right; // sucessor de newNode,
        prev->right = newNode;
    }
    else prev->right = newNode;    // caso contrario, ele nao tera sucessor;
}
```

Ao analisarmos o problema de percorrer as árvores binárias, três abordagens foram apresentadas: cruzamento com o auxílio de uma pilha, com o auxílio de linhas e através da transformação da árvore. A primeira abordagem não modifica a árvore durante o processo. A terceira a modifica, mas a restaura para a mesma condição de quando a iniciou. Somente a segunda abordagem necessita de alguma operação preparatória na árvore para se tornar praticável: exige linhas. Essas linhas podem ser criadas cada vez antes de o percurso iniciar sua tarefa, e removidas cada vez que é terminado. Se o percurso não é realizado com frequência, isto se torna uma opção viável. Outra abordagem é manter as linhas em todas as operações na árvore ao inserir um novo elemento na árvore binária de busca.

A função para inserir um nó em uma árvore alinhada é uma simples extensão de `insert()` para as árvores binárias de busca regulares, usada para ajustar as linhas sempre que possível. Esta função é para o percurso de árvore em in-ordem, e cuida somente dos sucessores, não dos predecessores.

Um nó com um filho à direita tem um sucessor em algum lugar na sua subárvore à direita. Em consequência, não necessita de uma linha de sucessor. Tais linhas são necessárias para permitir escalar a árvore, não para descê-la. Um nó sem filho à direita tem seu sucessor em algum lugar acima dele. Exceto para um nó, todos os nós sem filhos à direita terão linhas para os seus sucessores. Se um nó se torna o filho à direita de outro, ele herda o sucessor de seu novo ascendente. Se um nó se torna um filho à esquerda de outro, este ascendente se torna seu sucessor. A Figura 6.24 mostra a implementação deste algoritmo. As primeiras poucas inserções estão na Figura 6.25.

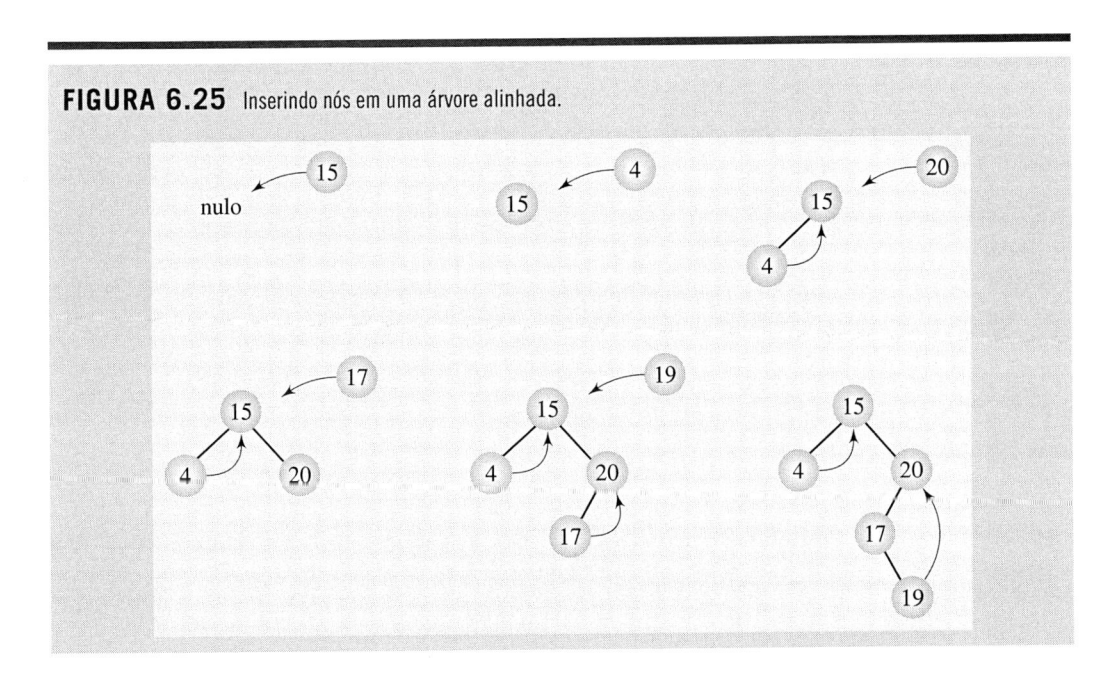

FIGURA 6.25 Inserindo nós em uma árvore alinhada.

6.6 Remoção

Remoção de um nó é outra operação necessária para manter uma árvore binária de busca. O nível de complexidade em realizar a operação depende da posição do nó a ser removido da árvore. É muito mais difícil remover um nó que tem duas subárvores do que uma folha; a complexidade do algoritmo de remoção é proporcional ao número de filhos que o nó tem. Existem três casos de remoção de um nó da árvore binária de busca:

1. O nó é uma folha e não tem filhos. Este é o caso mais fácil de se tratar. O ponteiro apropriado de seu ascendente é ajustado para nulo e o nó removido por `delete`, como na Figura 6.26.

2. O nó tem um filho. Este caso não é complicado. O ponteiro do ascendente para o nó é reajustado para apontar para o filho do nó. Deste modo, os filhos do nó são elevados em um nível e todos os antecessores perdem um grau de descendência em suas designações de parentesco. Por exemplo, o nó que contém 20 (veja Figura 6.27) é removido ajustando o ponteiro direito do seu ascendente, que contém 15, para apontar para o único filho de 20, que é 16.
3. O nó tem dois filhos. Neste caso, nenhuma operação de uma etapa pode ser realizada, pois os ponteiros direito e esquerdo do ascendente não podem apontar para ambos os filhos do nó ao mesmo tempo. Esta seção discute duas soluções diferentes para este problema.

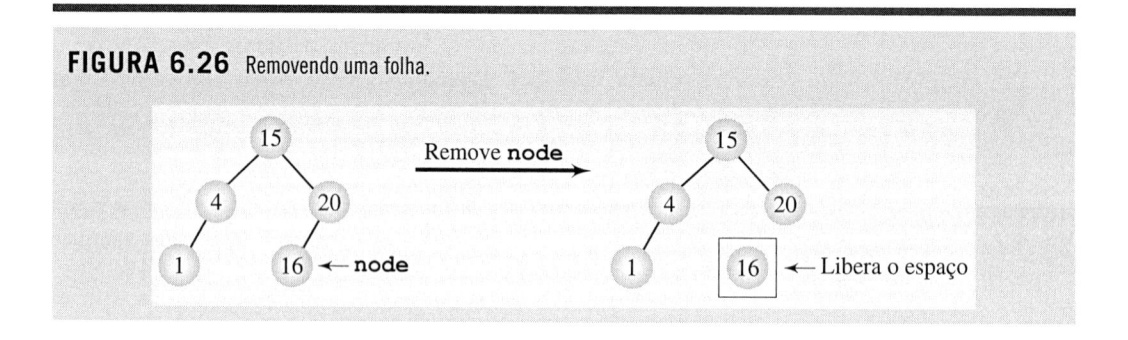

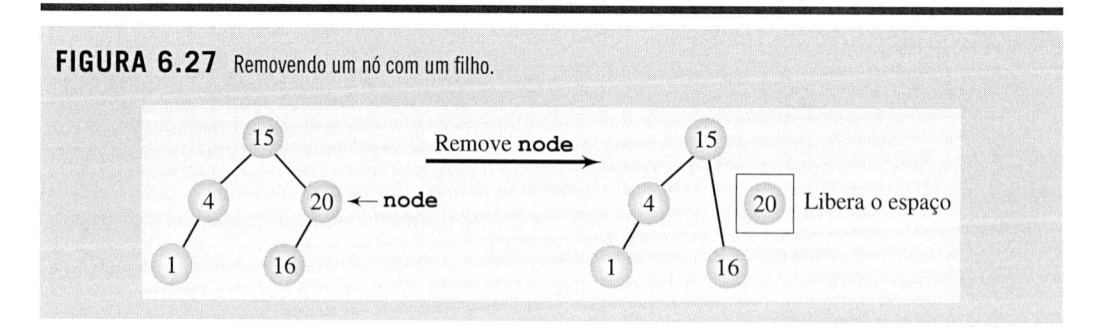

FIGURA 6.26 Removendo uma folha.

FIGURA 6.27 Removendo um nó com um filho.

6.6.1 Remoção por fusão

Esta solução extrai uma árvore das duas subárvores do nó e a anexa ao ascendente do nó. A técnica é chamada *remoção por fusão*. Mas como podemos fundir essas subárvores? Pela natureza das árvores binárias de busca, cada valor da subárvore direita é maior do que cada valor da subárvore esquerda; assim, a melhor coisa a fazer é encontrar na subárvore esquerda o nó com o maior valor e torná-lo um ascendente da subárvore direita. Simetricamente, pode-se encontrar na subárvore direita o nó com o menor valor e torná-lo um ascendente da subárvore esquerda.

O nó desejado é aquele mais à direita da subárvore esquerda. Ele pode ser localizado movendo-se ao longo da subárvore e tomando os ponteiros direitos até que nulo seja encontrado. Isto significa que este nó não terá um filho direito, e não há perigo de violar a propriedade das árvores binárias de busca na árvore original ajustando-se aquele ponteiro direito do nó mais à direita para a árvore direita. (O mesmo pode ser feito ajustando-se o ponteiro esquerdo do nó mais à esquerda para a subárvore direita da subárvore esquerda). A Figura 6.28 representa esta operação, e a 6.29 mostra a implementação do algoritmo.

Pode parecer que findAndDeleteByMerging() contém código redundante. Em vez de chamar search() antes de invocar deleteByMerging(), findAndDeleteByMerging() parece se esquecer de search() e pesquisa pelo nó a ser removido usando seu código privativo. Mas usar search() na função findAndDeleteByMerging() é uma tremenda simplificação. A função search() retorna um ponteiro para o nó que contém el. Em findAndDeleteByMerging(), é importante ter este ponteiro armazenado especificamente em um dos ponteiros do ascendente do nó. Em outras palavras, um chamador para search() fica satisfeito se pode acessar o nó a partir de qualquer direção, enquanto findAndDeleteByMerging() quer acessá-lo tanto do seu membro de dados do ponteiro direito como esquerdo do ascendente. Caso contrário, o acesso à subárvore inteira que tem este nó como sua raiz seria perdido. Uma razão para isto é que search() focaliza a chave do nó, e findAndDeleteByMerging() no próprio nó como um elemento de uma estrutura maior, ou seja, uma árvore.

FIGURA 6.28 Sumário da remoção por fusão.

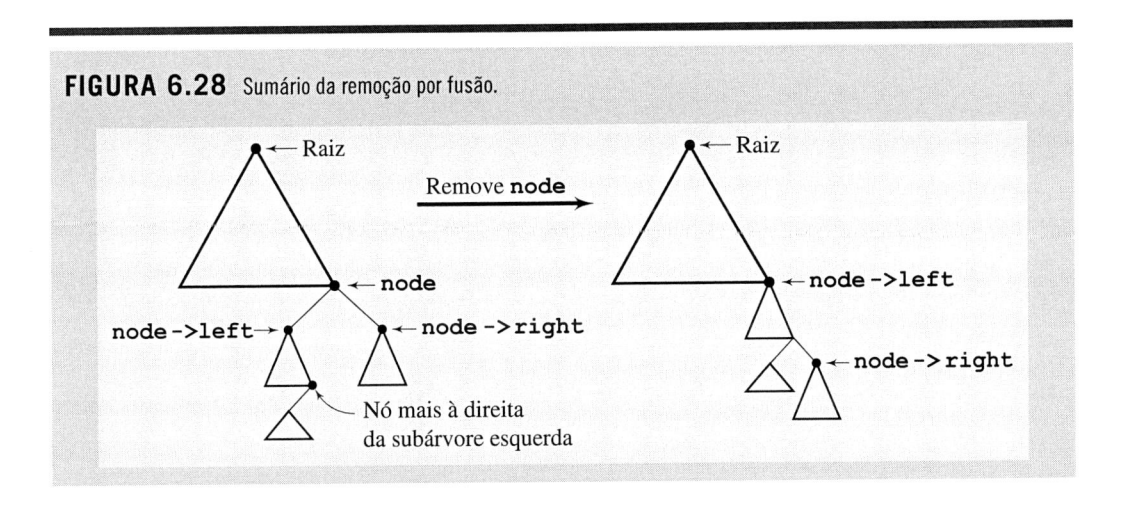

FIGURA 6.29 Implementação do algoritmo para remoção por fusão.

```
template<class T>
void BST<T>::deleteByMerging(BSTNode<T>*& node) {
    BSTNode<T> *tmp = node;
    if (node != 0) {
        if (!node->right)                  // o no nao tem filho a direita; seu filho
            node = node->left;             // a esquerda (se houver) e anexado a
                                           // seu ascendente;
        else if (node->left == 0)          // o no nao tem filho a esquerda; seu filho
            node = node->right;            // a direita e anexado a seu ascendente;
        else {                             // esteja preparado para fundir as subarvores;
            tmp = node->left;              // 1. mova-se para a esquerda
            while (tmp->right != 0)        // 2. e entao para a direita tanto quanto
                                           // possivel;
                tmp = tmp->right;
            tmp->right =                   // 3. estabeleca o vinculo entre
                node->right;               // o no mais a direita da subarvore
                                           //esquerda e da subarvore direita;
            tmp = node;                    // 4.
            node = node->left;             // 5.
        }
        delete tmp;                        // 6.
    }
}
```

FIGURA 6.29 Implementação do algoritmo para remoção por fusão. (*continuação*)

```cpp
template<class T>
void BST<T>::findAndDeleteByMerging(const T& el) {
    BSTNode<T> *node = root, *prev = 0;
    while (node != 0) {
        if (node->el == el)
            break;
        prev = node;
        if (el < node->el)
            node = node->left;
        else node = node->right;
    }
    if (node != 0 && node->el == el)
        if (node == root)
            deleteByMerging(root);
        else if (prev->left == node)
            deleteByMerging(prev->left);
        else deleteByMerging(prev->right);
    else if (root != 0)
        cout << "element " << el << " nao esta na arvore\n";
    else cout << "a arvore esta vazia\n";
}
```

A Figura 6.30 mostra cada etapa desta operação, evidenciando que mudanças são feitas quando findAndDeleteByMerging() é executada. Os números nesta figura correspondem àqueles colocados nos comentários do código da Figura 6.29.

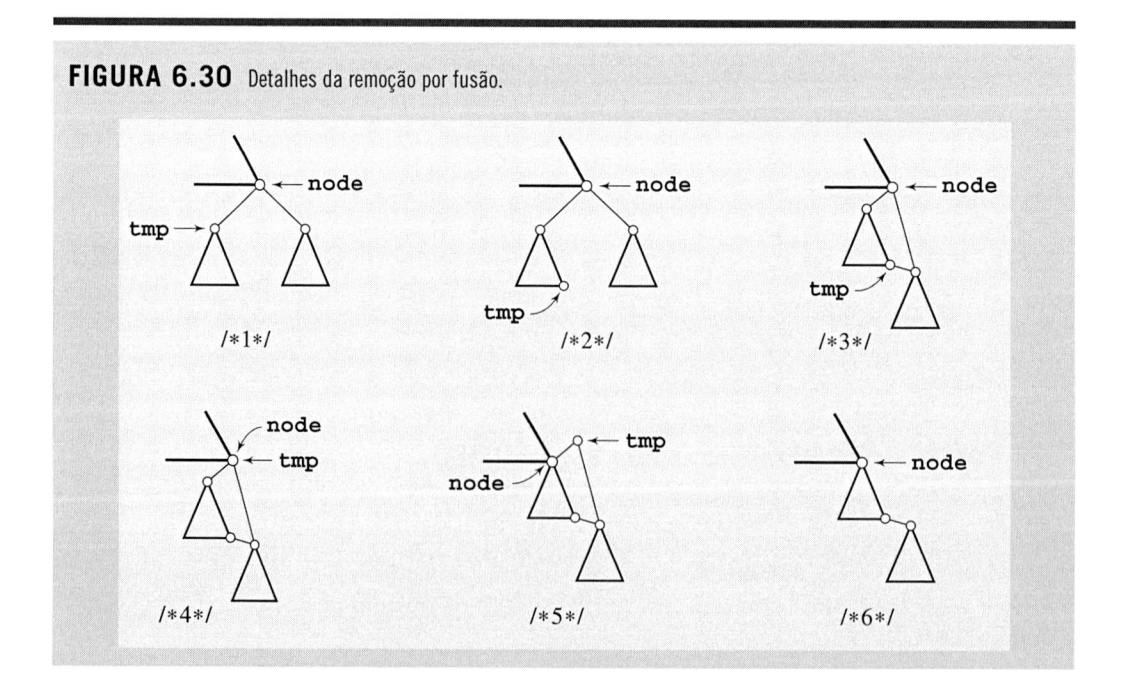

FIGURA 6.30 Detalhes da remoção por fusão.

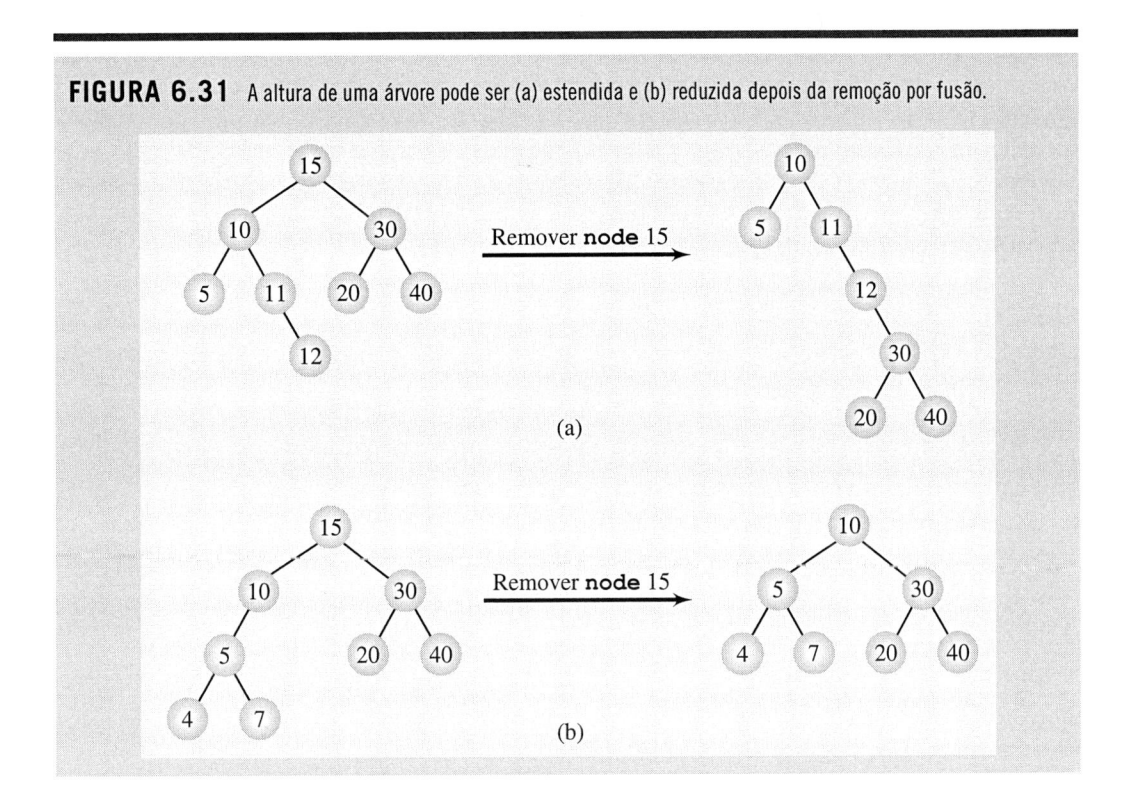

FIGURA 6.31 A altura de uma árvore pode ser (a) estendida e (b) reduzida depois da remoção por fusão.

O algoritmo para a remoção por fusão pode resultar no aumento da altura da árvore. Em alguns casos, a nova árvore pode ser altamente desbalanceada, como a Figura 6.31a ilustra. Algumas vezes, a altura pode ser reduzida (veja a Figura 6.31b). Este algoritmo não é necessariamente ineficiente, mas está longe da perfeição. Seria preferível um algoritmo que não permitisse à árvore aumentar sua altura ao remover um de seus nós.

6.6.2 Remoção por cópia

Outra solução, chamada *remoção por cópia*, foi proposta por Thomas Hibbard e Donald Knuth. Se o nó tem dois filhos, ele pode ser reduzido a um dos dois casos simples: o nó é uma folha ou tem somente um filho não vazio. Isto pode ser feito substituindo por seu predecessor imediato (ou sucessor) a chave que está sendo removida. Como já indicado no algoritmo remoção por fusão, um predecessor de chave é a chave do nó mais à direita na subárvore esquerda (e, analogamente, seu sucessor imediato é a chave do nó mais à esquerda na subárvore direita). Primeiro, o predecessor tem que ser localizado. Isto é feito, novamente, movendo-se uma etapa para a esquerda, primeiro atingindo a raiz da subárvore esquerda do nó e então movendo-se tão à direita quanto possível. A seguir, a chave do nó localizado substitui a chave a ser removida. Este é onde um dos dois casos simples entra em ação. Se o nó mais à direita é uma folha, o primeiro caso se aplica; no entanto, se ele tem um filho, o segundo caso é relevante. Deste modo, a remoção por cópia remove uma chave k_1 sobrescrevendo-a por outra chave k_2 e então removendo o nó que contém k_2, enquanto a remoção por fusão consistiu na remoção de uma chave k_1 junto com o nó que a continha.

Para implementar o algoritmo, duas funções podem ser usadas. Uma, deleteByCopying(), está ilustrada na Figura 6.32. A segunda, findAndDeleteByCopying(), é como findAndDeleteByMerging(), mas chama deleteByCopying(), em vez de deleteByMerging(). Um acompanhamento etapa por etapa é mostrado na Figura 6.33, e os números sobre os diagramas referem-se aos indicados nos comentários incluídos na implementação de deleteByCopying().

Este algoritmo não aumenta a altura da árvore, mas ainda causa um problema se é aplicado muitas vezes junto com a inserção. Ele é assimétrico; sempre remove o nó do predecessor imediato em node, possivelmente reduzindo a altura da subárvore esquerda e deixando a subárvore direita não afetada. Em consequência, a subárvore direita de node pode crescer depois das últimas inserções e, se a informação em node é novamente removida, a altura da árvore direita permanece a mesma. Depois de muitas inserções e remoções, a árvore inteira se torna desbalanceada à direita, com a árvore direita mais cerrada e maior do que a árvore esquerda.

FIGURA 6.32 Implementação do algoritmo para remoção por cópia.

```
template<class T>
void BST<T>::deleteByCopying(BSTNode<T>*& node) {
    BSTNode<T> *previous, *tmp = node;
    if (node->right == 0)                    // o no nao tem filho a direita;
        node = node->left;
    else if (node->left == 0)                // o no nao tem filho a esquerda;
        node = node->right;
    else {
        tmp = node->left;                    // o no tem ambos os filhos;
        previous = node;                     // 1.
        while (tmp->right != 0) {            // 2.
            previous = tmp;
            tmp = tmp->right;
        }
        node->el = tmp->el;                  // 3.
        if (previous == node)
            previous->left = tmp->left;
        else previous ->right = tmp->left;   // 4.
    }
    delete tmp;                              // 5.
}
```

Para evitar este problema, uma melhoria simples pode tornar o algoritmo simétrico. O algoritmo pode, alternativamente, remover o predecessor da informação em node da subárvore à esquerda e seu sucessor da subárvore à direita. A melhoria é significativa. As simulações realizadas por Jeffrey Eppinger mostram que um comprimento de caminho interno esperado para muitas inserções e remoções assimétricas é $\Theta(n \lg^3 n)$ para n nós, e, quando as remoções simétricas são usadas, o comprimento do caminho interno esperado se torna $\Theta(n \lg n)$. Os resultados teóricos obtidos por J. Culberson confirmam essas conclusões. De acordo com Culberson, as inserções e as remoções simétricas dão $\Theta(n\sqrt{n})$ para o comprimento de caminho interno esperado e $\Theta(\sqrt{n})$ para o tempo médio de busca (comprimento médio do caminho), enquanto as remoções simétricas levam a $\Theta(\lg n)$ para o tempo médio de busca, e, como antes, $\Theta(n \lg n)$ para o comprimento de caminho interno médio.

Esses resultados podem ser de importância moderada para as aplicações práticas. Os experimentos mostram que, para uma árvore binária de 2.048 nós, somente depois de 1,5 milhões de inserções e remoções simétricas o comprimento do caminho interno se torna pior do que em uma árvore gerada aleatoriamente.

Os resultados teóricos são apenas fragmentários por causa da extraordinária complexidade do problema. Arne Jonassen e Donald Knuth analisaram o problema das inserções e remoções aleatórias para uma árvore de somente três nós, que exigiram o uso das funções de Bessel e equações integrais bivariantes, e o resultado da análise classificou-se entre "as mais difíceis de todas as análises exatas de algoritmos que foram realizadas até a data". Em consequência, a confiança nos resultados experimentais não é surpreendente.

FIGURA 6.33 Remoção por cópia.

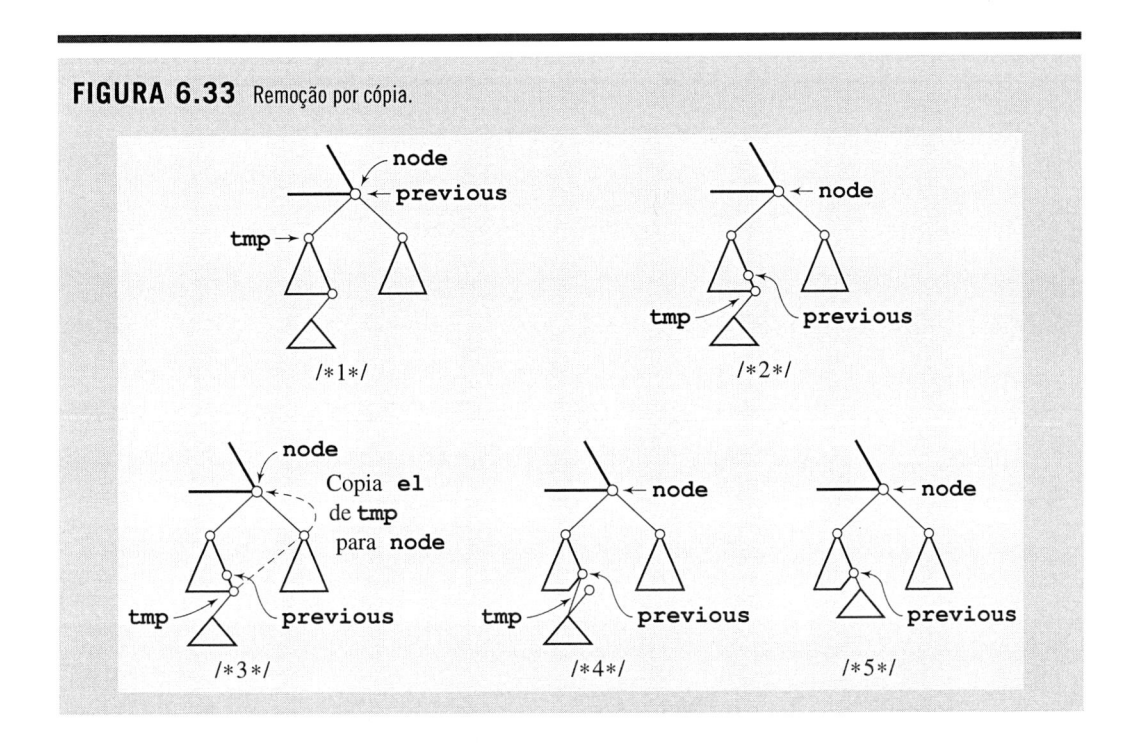

6.7 Balanceando uma árvore

No início deste capítulo, dois argumentos favoráveis às árvores foram apresentados; ambos são bem apropriados para representar a estrutura hierárquica de certo domínio, e o processo de busca é muito mais rápido usando árvores do que listas ligadas. O segundo argumento, no entanto, nem sempre se mantém. Tudo depende de como é a árvore. A Figura 6.34 mostra três árvores binárias de busca. Todas armazenam os mesmos dados, mas, obviamente, a da Figura 6.34a é a melhor, e a da 6.34c a pior. No pior caso, três testes são necessários na primeira, e seis na última para localizar um objeto. O problema com as árvores nas Figuras 6.34b e c é que são algo assimétricas ou aparadas de um lado, isto é, os objetos nelas não são distribuídos uniformemente na medida em que a árvore na Figura 6.34c praticamente se torna uma lista ligada, embora, formalmente, seja ainda uma árvore. Tal situação não aparece em uma árvore balanceada.

Uma árvore binária é *balanceada em altura* ou simplesmente *balanceada* se a diferença na altura de ambas as subárvores de qualquer nó na árvore é zero ou um. Por exemplo, para o nó K na Figura 6.34b, a diferença entre as alturas de suas subárvores ser igual a um é aceitável. Para o nó B, no entanto, esta diferença é três, o que significa que a árvore inteira é desbalanceada. Para o mesmo nó B na 6.34c, a diferença é a pior possível: cinco. Além disso, uma árvore é considerada *perfeitamente balanceada* se é balanceada e todas as folhas se encontram em um ou em dois níveis.

A Figura 6.35 mostra como muitos nós podem ser armazenados em árvores binárias de diferentes alturas. Uma vez que cada nó pode ter dois filhos, o número de nós em certo nível é o dobro do de ascendentes que residem no nível prévio (exceto, naturalmente, a raiz). Por exemplo, se 10.000 elementos são armazenados em uma árvore perfeitamente balanceada, então a árvore é de altura $\lceil \lg(10.001) \rceil = \lceil 13,289 \rceil = 14$. Em termos práticos, isto significa que, se 10.000 elementos são armazenados em uma árvore perfeitamente balanceada, no máximo 14 nós têm que ser verificados para localizar um elemento particular. Esta é uma diferença substancial, comparada aos 10.000 testes necessários em uma lista ligada (no pior caso). Em consequência, é válido o esforço para construir uma árvore balanceada ou modificar uma existente de modo que seja balanceada.

FIGURA 6.34 Diferentes árvores binárias de busca com a mesma informação.

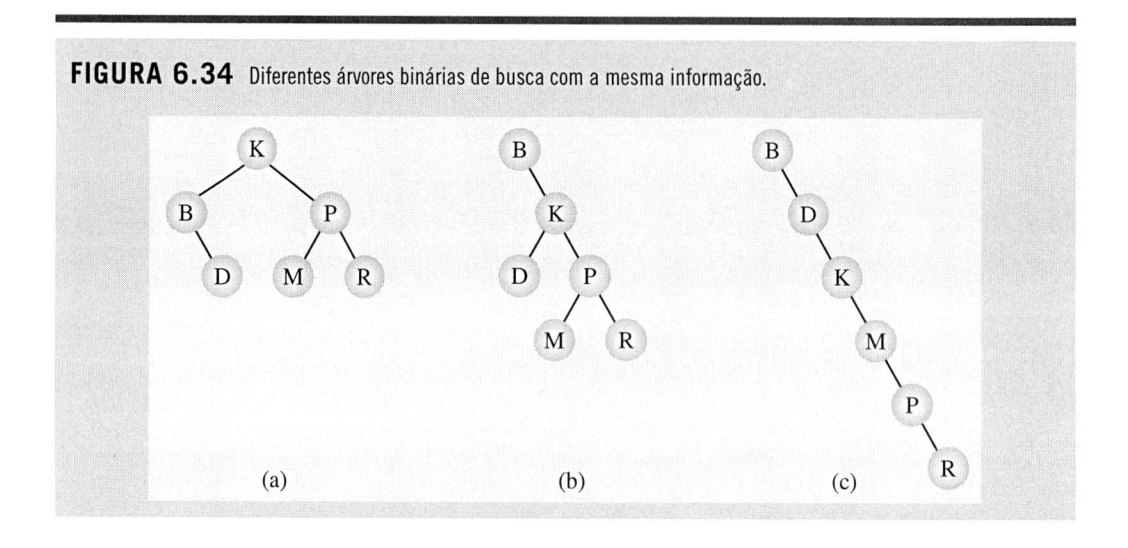

FIGURA 6.35 Número máximo de nós em árvores binárias de diferentes alturas.

Altura	Nós em um nível	Nós em todos os níveis
1	$2^0 = 1$	$1 = 2^1 - 1$
2	$2^1 = 2$	$3 = 2^2 - 1$
3	$2^2 = 4$	$7 = 2^3 - 1$
4	$2^3 = 8$	$15 = 2^4 - 1$
⋮		
11	$2^{10} = 1.024$	$2.047 = 2^{11} - 1$
⋮		
14	$2^{13} = 8.192$	$16.383 = 2^{14} - 1$
⋮		
h	2^{h-1}	$n = 2^h - 1$

Há um número de técnicas para balancear apropriadamente uma árvore binária. Algumas consistem em reestruturar constantemente a árvore quando os elementos chegam e levam a uma árvore desbalanceada. Outras, em reordenar os próprios dados e então construir uma árvore se uma ordenação dos dados garante que a árvore resultante está balanceada. Esta seção apresenta uma técnica simples deste tipo.

A árvore parecida com lista ligada da Figura 6.34c é o resultado de uma corrente de dados particular. Assim, se os dados chegam na ordem ascendente ou descendente, a árvore se parece com uma lista ligada. A árvore da Figura 6.34b é desbastada lateralmente porque o primeiro elemento que chega é a letra B, que precede quase todas as outras letras, exceto A; a subárvore esquerda de B é garantida de ter somente um nó. A árvore da Figura 6.34a parece muito bem, pois a raiz contém um elemento próximo do meio de todos os possíveis elementos, e P está mais ou menos no meio de K e Z. Isto nos leva a um algoritmo baseado na técnica binária de busca.

Quando os dados chegarem, armazene-os em uma matriz. Se todos os possíveis dados chegaram, ordene a matriz usando um dos algoritmos eficientes discutidos no Capítulo 9. Agora, designe para a raiz o elemento do meio na matriz. A matriz agora consiste em duas submatrizes: uma entre o seu início e o elemento escolhido para a raiz e uma entre esta e a extremidade da matriz. O filho à esquerda da raiz é tomado do meio da primeira submatriz, seu filho à direita, um elemento no meio da segunda. Agora, a construção do nível que contém os filhos da raiz está concluída. O próximo nível, com os filhos dos filhos da raiz, é construído da mesma maneira, usando quatro submatrizes e os elementos do meio de cada um deles.

Nesta descrição, primeiro a raiz é inserida em uma árvore inicialmente vazia, depois seu filho à esquerda, então seu filho à direita, e assim por diante, nível por nível. Uma implementação deste algoritmo é muito simplificada se a ordem de inserção é mudada: primeiro, insere-se a raiz, depois seu filho à esquerda, então o filho à esquerda deste à esquerda, e assim por diante. Isto permite usar a seguinte implementação simples recursiva:

```
template<class T>
void BST<T>::balance(T data[], int first, int last) {
   if (first <= last) {
      int middle = (first + last)/2;
      insert(data[middle]);
      balance (data,first,middle-1);
      balance (data,middle+1,last);
   }
}
```

Um exemplo de aplicação de `balance()` é mostrado na Figura 6.36. Primeiro, o número 4 é inserido (Figura 6.36a), então 1 (Figura 6.36b), depois 0 e 2 (Figura 6.36c) e, finalmente, 3, 7, 5, 6, 8 e 9 (Figura 6.36d).

Este algoritmo tem um sério inconveniente: todos os dados devem ser colocados em uma matriz antes que a árvore possa ser criada; e podem ser armazenados em uma matriz diretamente a partir da entrada. Neste caso, o algoritmo pode ser impróprio quando a árvore tem que ser usada enquanto os dados nela a ser incluídos ainda estão chegando. Mas os dados podem ser transferidos a partir de uma árvore desbalanceada para uma matriz usando o percurso em in-ordem. A árvore pode agora ser removida e recriada usando `balance()`. Isto pelo menos não exige o uso de qualquer algoritmo de ordenação para colocar os dados em ordem.

6.7.1 O Algoritmo DSW

O algoritmo discutido na seção anterior era um tanto ineficiente, pois exigia uma matriz adicional que necessitava ser ordenada antes que a construção de uma árvore perfeitamente balanceada começasse. Para evitar a ordenação, ele exigia a demolição e então a reconstrução da árvore, o que é ineficiente, exceto para árvores relativamente pequenas. Há, no entanto, algoritmos que exigem pequena armazenagem adicional para variáveis intermediárias e o uso de procedimentos sem ordenação. O elegante algoritmo DSW foi idealizado por Colin Day e mais tarde melhorado por Quentin F. Stout e Bette L. Warren.

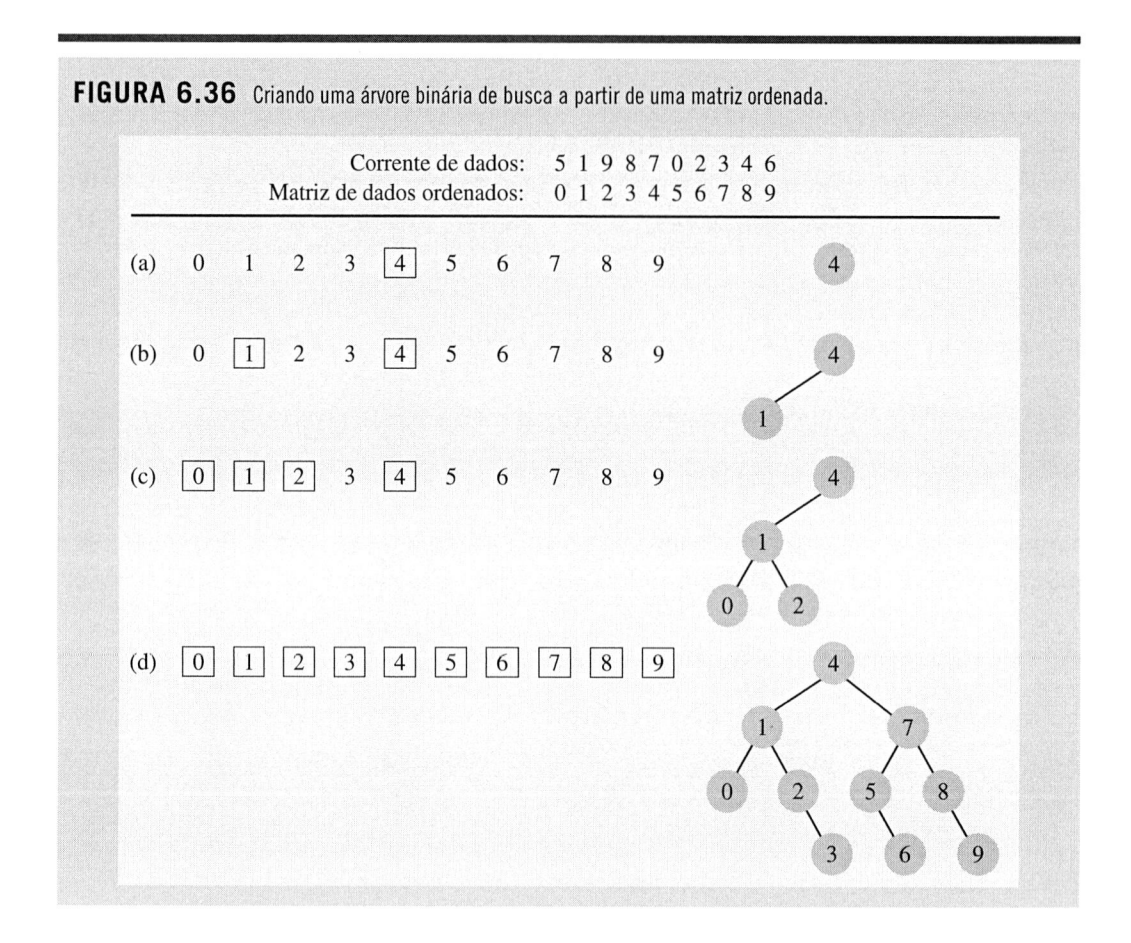

FIGURA 6.36 Criando uma árvore binária de busca a partir de uma matriz ordenada.

Corrente de dados: 5 1 9 8 7 0 2 3 4 6
Matriz de dados ordenados: 0 1 2 3 4 5 6 7 8 9

(a) 0 1 2 3 [4] 5 6 7 8 9   4

(b) 0 [1] 2 3 [4] 5 6 7 8 9   4
                                /
                               1

(c) [0] [1] [2] 3 [4] 5 6 7 8 9   4
                                    /
                                   1
                                  / \
                                 0   2

(d) [0] [1] [2] [3] [4] [5] [6] [7] [8] [9]
                                        4
                                       / \
                                      1   7
                                     / \ / \
                                    0 2 5 8
                                        \ \
                                         3 6 9

O essencial para as transformações de árvores neste algoritmo é a *rotação*, introduzida por Adel'son-Vel'skii e Landis (1962). Há dois tipos de rotação, a esquerda e a direita, simétricas uma à outra. A rotação à direita do nó Ch com relação ao seu ascendente Par é realizada de acordo com o seguinte algoritmo:

rotateRight (Gr, Par, Ch)
  if Par *nao e a raiz da arvore* // isto e, se Gr *nao e nulo*
    o avo Gr *do filho* Ch *se torna o ascendente de* Ch;
  a subarvore direita de Ch *se torna a subárvore esquerda do ascendente* Par *de* Ch;
  o no Ch *obtem* Par *como seu filho à direita*;

As etapas envolvidas nesta operação composta são mostradas na Figura 6.37. A terceira é o núcleo da rotação, quando Par, o nó ascendente do filho Ch, torna-se o filho de Ch, e os papéis de um ascendente e seu filho se modificam. No entanto, esta troca de papéis não pode afetar a principal propriedade da árvore, ou seja, é uma árvore de busca. A primeira e a segunda etapas de rotateRight() são necessárias para assegurar que, depois da rotação, a árvore permaneça uma árvore de busca.

Basicamente, o algoritmo DSW transfigura uma árvore binária arbitrária em uma árvore parecida com uma lista ligada chamada *espinha dorsal*. Então, esta árvore alongada é transformada em uma série de passagens em uma árvore perfeitamente balanceada, rotacionando repetidamente cada segundo nó da espinha dorsal ao redor de seu ascendente.

FIGURA 6.37 Rotação à direita do filho `Ch` ao redor do ascendente `Par`.

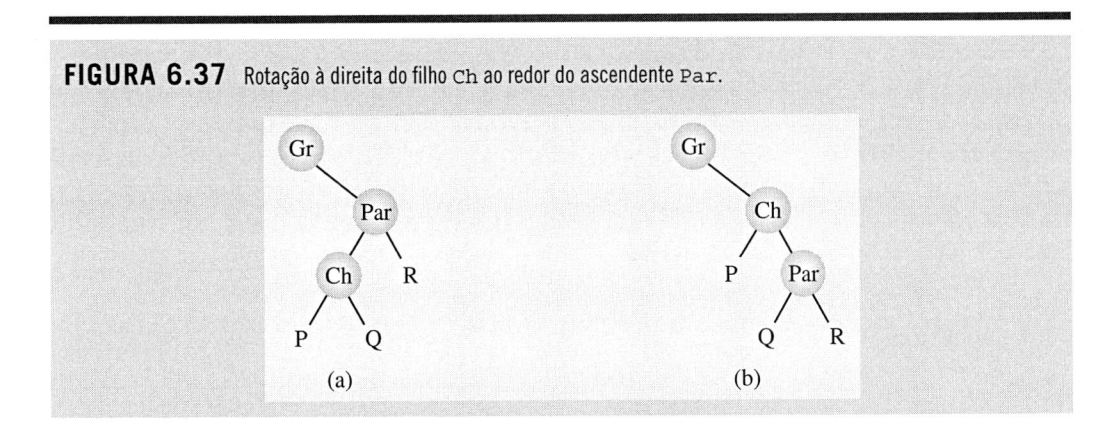

Na primeira fase, uma espinha dorsal é criada usando a seguinte rotina:

```
createBackbone(root)
  tmp = root;
  while (tmp != 0)
    if tmp tem um filho à esquerda
          gire esse filho ao redor de tmp;   // por isso o filho à esquerda
                                              // se torna o ascendente de tmp;
       ajuste tmp para o filho que se tornou o ascendente;
    else ajuste tmp para o filho à direita;
```

Este algoritmo está ilustrado na Figura 6.38. Note que uma rotação exige o conhecimento sobre o ascendente de `tmp`; assim, outro ponteiro tem que ser mantido quando implementado o algoritmo.

FIGURA 6.38 Transformando uma árvore binária de busca em uma espinha dorsal.

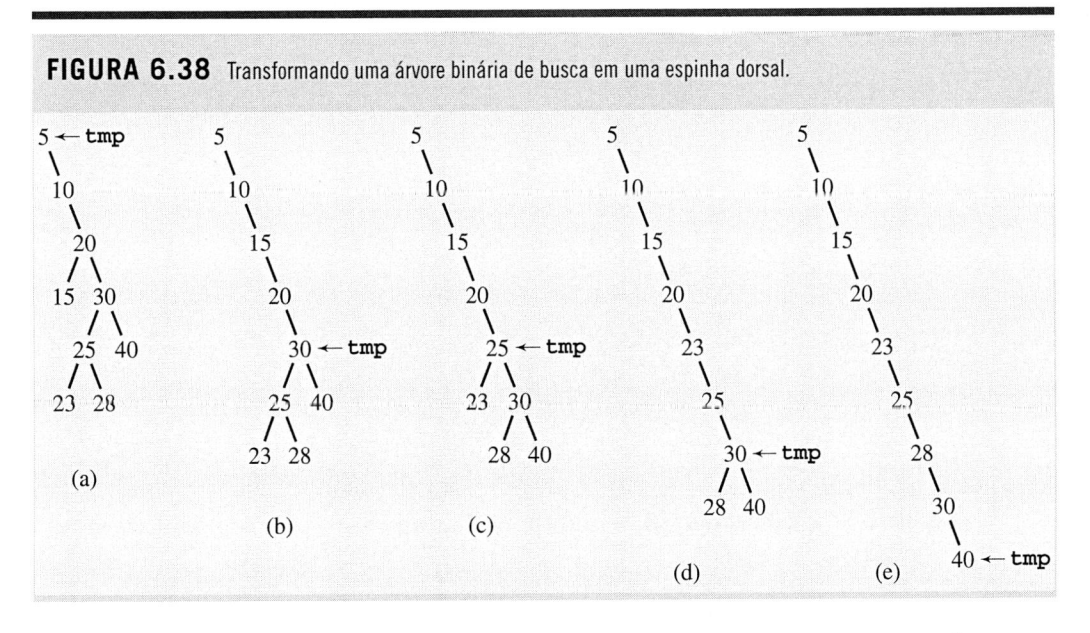

No melhor caso, quando a árvore já é uma espinha dorsal, o laço `while` é executado n vezes e nenhuma rotação é realizada. No pior, quando a raiz não tem um filho à direita, o laço `while` executa $2n - 1$ vezes com $n - 1$ rotações realizadas, onde n é o número de nós na árvore. O tempo de execução da primeira fase é $O(n)$. Neste caso, para cada nó, exceto aquele com o menor valor, o filho à esquerda de `tmp` é rotacionado ao redor de `tmp`. Depois que todas as rotações terminarem, `tmp` apontará para a raiz e, depois de *n* iterações, ela descerá a espinha dorsal para se tornar nula.

Na segunda fase, a espinha dorsal é transformada em uma árvore, mas, desta vez, a árvore está perfeitamente balanceada, com folhas somente em seus níveis adjacentes. Em cada passe para baixo na espinha dorsal, cada segundo nó para baixo até certo ponto é rotacionado ao redor de seu ascendente. A primeira passagem é usada para explicar a diferença entre o número *n* de nós na árvore corrente e o número $2^{\lfloor \lg(n+1) \rfloor} - 1$ de nós na árvore binária mais exatamente completa, onde $\lfloor x \rfloor$ é o mais próximo inteiro menor que *x*. Os nós que transbordam são, portanto, tratados separadamente.

```
createPerfectTree(n)
    n = número de nós;
    m = 2^⌊lg(n+1)⌋-1;
    faça n-m rotações começando do topo da espinha dorsal;
    while (m > 1)
        m = m/2;
        faça m rotações começando do topo da espinha dorsal;
```

A Figura 6.39 mostra um exemplo. A espinha dorsal na Figura 6.38e tem nove nós e é pré-processada por uma passagem fora do laço para ser transformada na espinha dorsal mostrada na Figura 6.39b. Agora, duas passagens são executadas. Em cada espinha dorsal, os nós a serem promovidos em um nível pelas rotações à esquerda aparecem como quadrados; seus ascendentes, ao redor do qual são girados, são círculos.

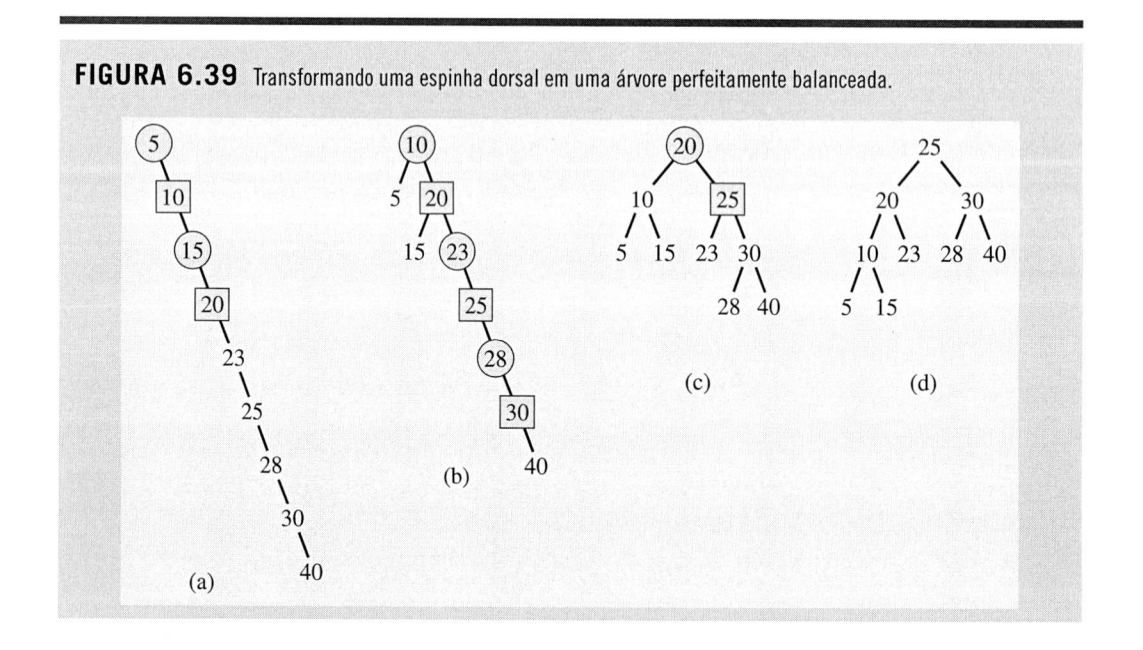

FIGURA 6.39 Transformando uma espinha dorsal em uma árvore perfeitamente balanceada.

Para calcular a complexidade da fase de construção da árvore, observe que o número de iterações realizadas pelo laço `while` iguala

$$(2^{\lg(m+1)-1} - 1) + \cdots + 15 + 7 + 3 + 1 = \sum_{i=1}^{\lg(m+1)-1} (2^i - 1) = m - \lg(m+1)$$

O número de rotações pode ser dado agora pela fórmula

$$n - m + (m - \lg(m+1)) = n - \lg(m+1) = n - \lfloor \lg(n+1) \rfloor$$

isto é, o número de rotações é O(*n*). Criar uma espinha dorsal exige também no máximo O(*n*) rotações, por isso o custo do rebalanceamento global com o algoritmo DSW é ótimo em termos de tempo, porque cresce linearmente com *n* e exige uma pequena e fixa quantidade de armazenagem.

6.7.2 Árvores AVL

As duas seções anteriores discutiram os algoritmos que rebalancearam a árvore globalmente; cada nó poderia ter sido envolvido no rebalanceamento tanto movendo os dados a partir dos nós ou reatribuindo novos valores aos ponteiros. O rebalanceamento da árvore, no entanto, pode ser realizado localmente se apenas uma porção dela for afetada mediante mudanças exigidas depois que um elemento for inserido na árvore ou dela removido. Um método clássico foi proposto por Adel'son-Vel'skii e Landis, que é celebrado no nome da árvore modificada com este método: a árvore AVL.

Uma *árvore AVL* (originalmente chamada *árvore admissível*) é aquela na qual as alturas das subárvores esquerda e direita de cada nó diferem no máximo por um. Por exemplo, todas as árvores da Figura 6.40 são AVL. Os números nos nós indicam os *fatores de balanceamento*, que são as diferenças entre as alturas das subárvores esquerda e direita. Um fator de balanceamento é a altura da subárvore direita menos a altura da subárvore esquerda. Para uma árvore AVL, todos os fatores de balanceamento devem ser +1, 0 ou –1. Note que a definição de árvore AVL é a mesma que a de árvore balanceada; no entanto, o seu conceito sempre inclui implicitamente as técnicas para balanceamento da árvore. Além disso, diferente dos dois métodos previamente discutidos, a técnica para balancear as árvores AVL não garante que a árvore resultante esteja perfeitamente balanceada.

A definição de uma árvore AVL indica que o número mínimo de nós em uma árvore é determinado por uma equação de recorrência

$$AVL_h = AVL_{h-1} + AVL_{h-2} + 1$$

onde $AVL_0 = 0$ e $AVL_1 = 1$ são as condições iniciais.[1] Esta fórmula leva aos seguintes limites na altura *h* de uma árvore AVL, dependendo do número de nós *n* (veja o Apêndice A.5):

$$\lg(n + 1) \leq h < 1{,}44\lg(n + 2) - 0{,}328$$

Em consequência, *h* é limitado por O(lg *n*); a busca de pior caso exige O(lg *n*) comparações. Para uma árvore binária perfeitamente balanceada de mesma altura, $h = \lceil \lg(n + 1) \rceil$. Por esta razão, o tempo de busca no pior caso em uma árvore AVL é 44% pior (ela exige 44% mais comparações) do que na configuração de árvore do melhor caso. Estudos empíricos indicam que o número médio de busca está muito mais perto do melhor caso que do pior, e é igual a $\lg n + 0{,}25$ para *n* grande (Knuth, 1998). As árvores AVL são, portanto, definitivamente estudos de importância.

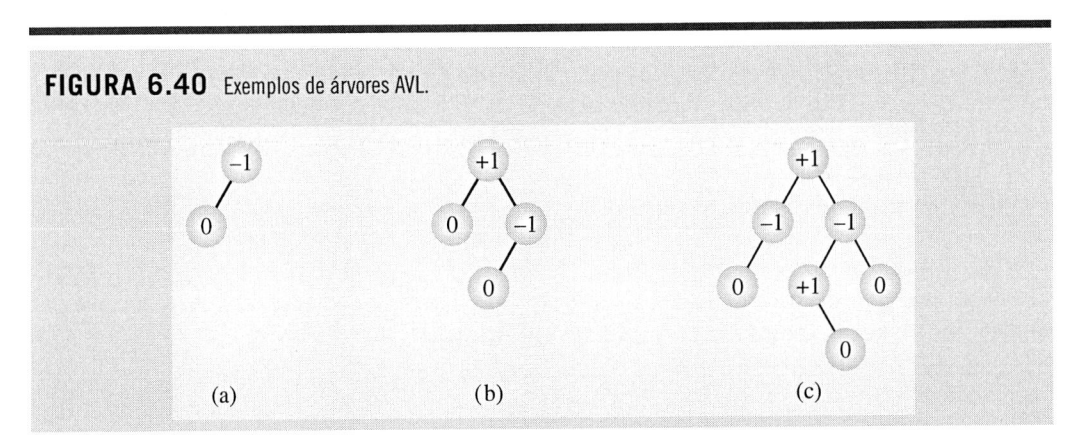

FIGURA 6.40 Exemplos de árvores AVL.

---

[1]. Os números gerados por esta fórmula de recorrência são chamados *números de Leonardo*.

Se o fator de balanceamento de qualquer nó em uma árvore AVL se torna menor do que –1 ou maior que 1, a árvore tem que ser balanceada. Uma árvore AVL pode se tornar desbalanceada em quatro situações, mas somente duas necessitam ser analisadas; as outras são simétricas. O primeiro caso, resultado de inserir um nó na subárvore direita do filho à direita, está ilustrado na Figura 6.41. As alturas das subárvores participantes estão indicadas dentro dessas subárvores. Na árvore AVL da Figura 6.41a, um nó é inserido em algum lugar da subárvore direita de Q (Figura 6.41b), o que perturba o balanceamento da árvore P. Neste caso, o problema pode ser facilmente retificado rotacionando o nó Q ao redor de seu ascendente P (Figura 6.41c), de modo que o fator de balanceamento tanto de P quanto de Q se torna zero, o que é ainda melhor do que no princípio.

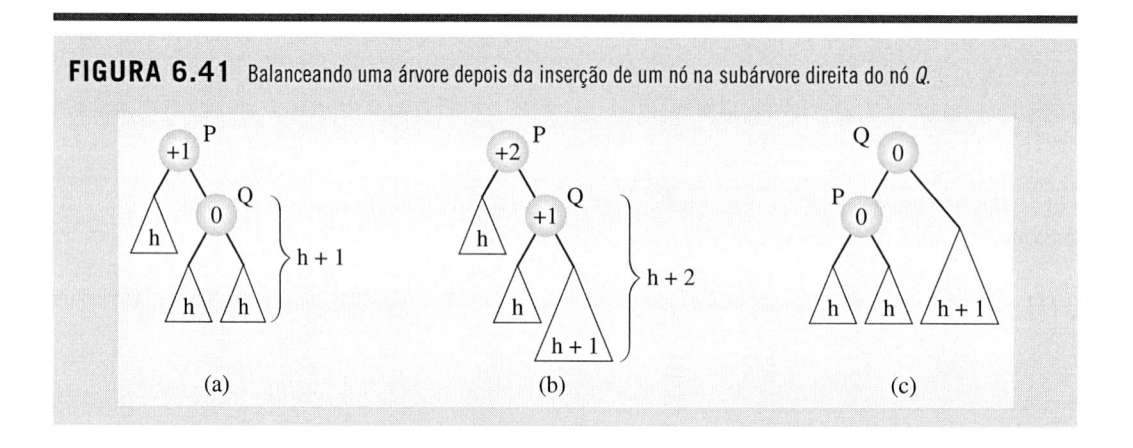

FIGURA 6.41 Balanceando uma árvore depois da inserção de um nó na subárvore direita do nó Q.

O segundo caso, resultado de inserir um nó na subárvore esquerda do filho à direita, é mais complexo. Um nó é inserido na árvore da Figura 6.42a; a árvore resultante é mostrada na Figura 6.42b e com mais detalhes na Figura 6.42c. Note que o fator de balanceamento de R também pode ser –1. Para trazer a árvore de volta ao balanceamento, uma dupla rotação é realizada. O balanço da árvore P é restaurado rotacionando-se R ao redor do nó Q (Figura 6.42d) e então rotacionando-se R novamente, desta vez ao redor do nó P (Figura 6.42e).

Nestes dois casos, a árvore P é considerada uma árvore única. No entanto, P pode ser parte de uma árvore AVL maior; pode ser um filho de algum outro nó na árvore. Se um nó é inserido na árvore e o balanceamento de P é perturbado e então restabelecido, é necessário trabalho extra com o(s) predecessor(es) de P? Felizmente não. Note que as alturas das árvores nas Figuras 6.41c e 6.42e, resultantes das rotações, são as mesmas que as das árvores antes da inserção (Figuras 6.41a e 6.42a) e são iguais a $h + 2$. Isto significa que o fator de balanceamento do ascendente da nova raiz (Q na Figura 6.41c e R na 6.42e) permanece o mesmo de antes da inserção, e as mudanças feitas na subárvore P são suficientes para restaurar o balanceamento da árvore AVL inteira. O problema é encontrar um nó P para o qual o fator de balanceamento se torne inaceitável depois de um nó ter sido inserido na árvore.

Este nó pode ser detectado movendo-se para cima em direção à raiz da árvore a partir da posição na qual o novo nó tenha sido inserido e atualizando os fatores de balanceamento dos nós encontrados. Então, se um nó com ±1 fator de balanceamento é encontrado, o este fator pode ser mudado para ±2, e o primeiro nó cujo fator de balanceamento é mudado deste modo se torna a raiz P de uma subárvore para a qual o balanceamento foi restabelecido. Note que os fatores de balanceamento não têm que ser atualizados acima deste nó, uma vez que permanecem os mesmos.

Para atualizar os fatores de balanceamento, o seguinte algoritmo pode ser usado:

```
updateBalanceFactors()
    Q = nó que acabou de ser inserido;
    P = antecessor de Q;
```

```
if Q é filho à esquerda de P
    P->balanceFactor--;
else P->balanceFactor++;
while P não é raiz e P->balanceFactor ≠ ±2
    Q = P;
    P = antecessor de P;
    if Q->balanceFactor is 0
        return;
    if Q é filho à esquerda de P
        P->balanceFactor--;
    Else P->balanceFactor++;
if P->balanceFactor is ±2
    rebalancear a subárvore com raiz em P;
```

Na Figura 6.43a, um caminho é marcado com um fator de balanceamento igual a +1. A inserção de um novo nó no final deste caminho resulta em uma árvore não balanceada (Figura 6.43b), e o balanceamento é restabelecido por uma rotação à esquerda (Figura 6.43c).

Contudo, se os fatores de balanceamento no caminho do recém-inserido nó até a raiz da árvore são todos zero, têm que ser atualizados, mas nenhuma rotação é necessária para quaisquer nós encontrados. Na Figura 6.44a, a árvore AVL tem um caminho de todos os fatores de balanceamento iguais a zero. Depois de um nó ter sido anexado ao fim deste caminho (Figura 6.44b), nenhuma mudança é feita na árvore, exceto para atualizar os fatores de balanceamento de todos os nós ao longo do caminho.

FIGURA 6.42 Balanceando uma árvore depois da inserção de nó na subárvore esquerda do nó Q.

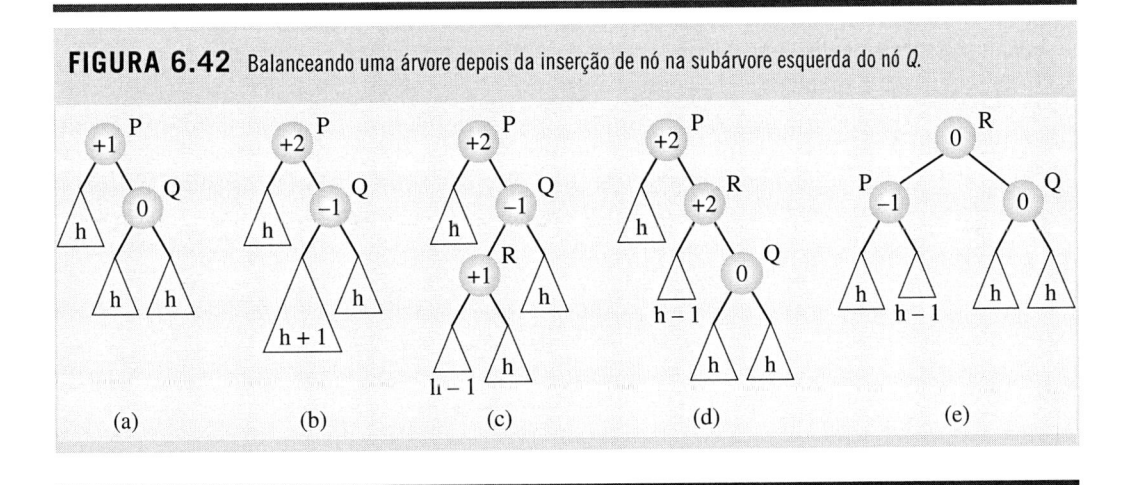

FIGURA 6.43 Um exemplo de inserção de um novo nó (b) em uma árvore AVL (a), que exige uma rotação (c) para restaurar o balanceamento da altura.

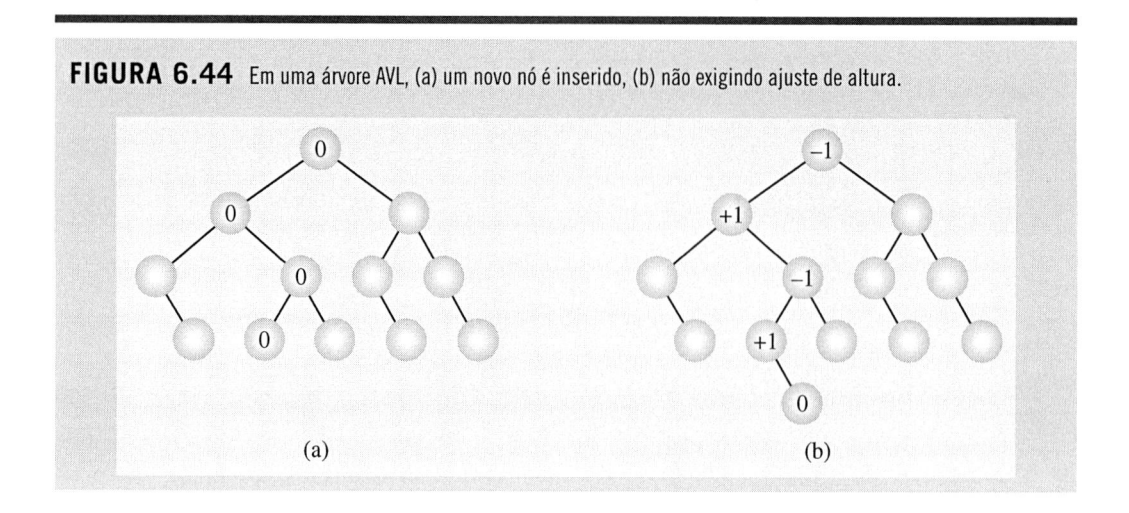

FIGURA 6.44 Em uma árvore AVL, (a) um novo nó é inserido, (b) não exigindo ajuste de altura.

A remoção pode ser mais demorada que a inserção. Primeiro, aplicamos `deleteByCopying()` para remover o nó. Esta técnica nos permite reduzir o problema de remover um nó com dois descendentes para removê-lo com no máximo um descendente.

Depois de um nó ter sido removido da árvore, os fatores de balanceamento são atualizados a partir do ascendente do nó removido até a raiz. Para cada nó nesse caminho cujo fator de balanceamento se torne ±2, uma rotação simples ou dupla tem que ser realizada para restabelecer o balanceamento da árvore. Muito importante: o rebalanceamento não para depois que o primeiro nó de P é encontrado para o qual o fator de balanceamento se tornaria ±2, como no caso com a inserção. Isto também significa que a remoção leva a no máximo $O(\lg n)$ rotações, já que, no pior caso, cada nó no caminho do nó removido até a raiz pode exigir rebalanceamento.

A remoção de um nó não precisa, necessariamente, de uma rotação imediata, porque pode melhorar o fator de balanceamento do seu ascendente (mudando-o de ±1 para 0), mas pode também piorar este fator para o avô (mudando-o de ±1 para ±2). Ilustramos somente aqueles casos que exigem rotação imediata. Existem quatro casos (mais quatro simétricos). Em cada um deles assumimos que o filho à esquerda do nó P é removido.

No primeiro caso, a árvore da Figura 6.45a se transforma, depois da remoção, na da Figura 6.45b. A árvore é rebalanceada rotacionando-se Q em relação a P (Figura 6.45c). No segundo, P tem um fator de balanceamento igual a +1, e sua árvore direita Q tem um fator de balanceamento igual a 0 (Figura 6.45d). Depois de remover um nó na subárvore esquerda de P (Figura 6.45e), a árvore é rebalanceada pela mesma rotação do primeiro caso (Figura 6.45f). Deste modo, ambos os casos podem ser processados juntos em uma implementação depois que o fator de balanceamento de Q é +1 ou 0. Se Q é –1, temos dois outros casos, mais complexos. No terceiro, a subárvore R de Q tem um fator de balanceamento igual a –1 (Figura 6.45g). Para rebalancear a árvore, primeiro R é rotacionado ao redor de Q e então ao redor P (Figuras 6.45h e i). O quarto difere do terceiro quanto ao fator de balanceamento de R ser igual a +1(Figura 6.45j), em cujo caso as mesmas duas rotações são necessárias para restabelecer o fator de balanceamento de P (Figuras 6.45k e l). Os casos três e quatro podem ser processados juntos em um programa que processe árvores AVL.

A análise acima indica que as inserções e as remoções exigem no máximo $1,44 \lg(n + 2)$ buscas. Além disso, a inserção pode exigir uma rotação simples ou dupla, e a remoção, $1,44 \lg(n + 2)$ rotações no pior caso. Mas, como indicado, o caso médio exige $\lg(n) + 0,25$ buscas, o que reduz o número de rotações no caso da remoção para este número. Para estar segura, a inserção no caso médio pode levar a uma rotação simples/dupla. Experimentos também indicam que as remoções, em 78% dos casos, não exigem nenhum rebalanceamento. Por outro lado, somente 53% das inserções não levam a árvores fora do balanço (Karlton et al., 1976). Em consequência, a remoção mais demorada ocorre com menos frequência do que a operação de inserção, não comprometendo a eficiência de rebalanceamento das árvores AVL.

Estas árvores podem ser estendidas permitindo-se diferença na altura $\Delta > 1$ (Foster, 1973). Não é surpresa que a altura do pior caso aumenta com Δ e

$$h = \begin{cases} 1{,}81 \lg(n) - 0{,}71 & \text{se } \Delta = 2 \\ 2{,}15 \lg(n) - 1{,}13 & \text{se } \Delta = 3 \end{cases}$$

Como os experimentos indicam, o número médio de nós visitados aumenta pela metade na comparação de árvores AVL puras ($\Delta = 1$), mas a quantidade de reestruturação pode ser diminuída por um fator de 10.

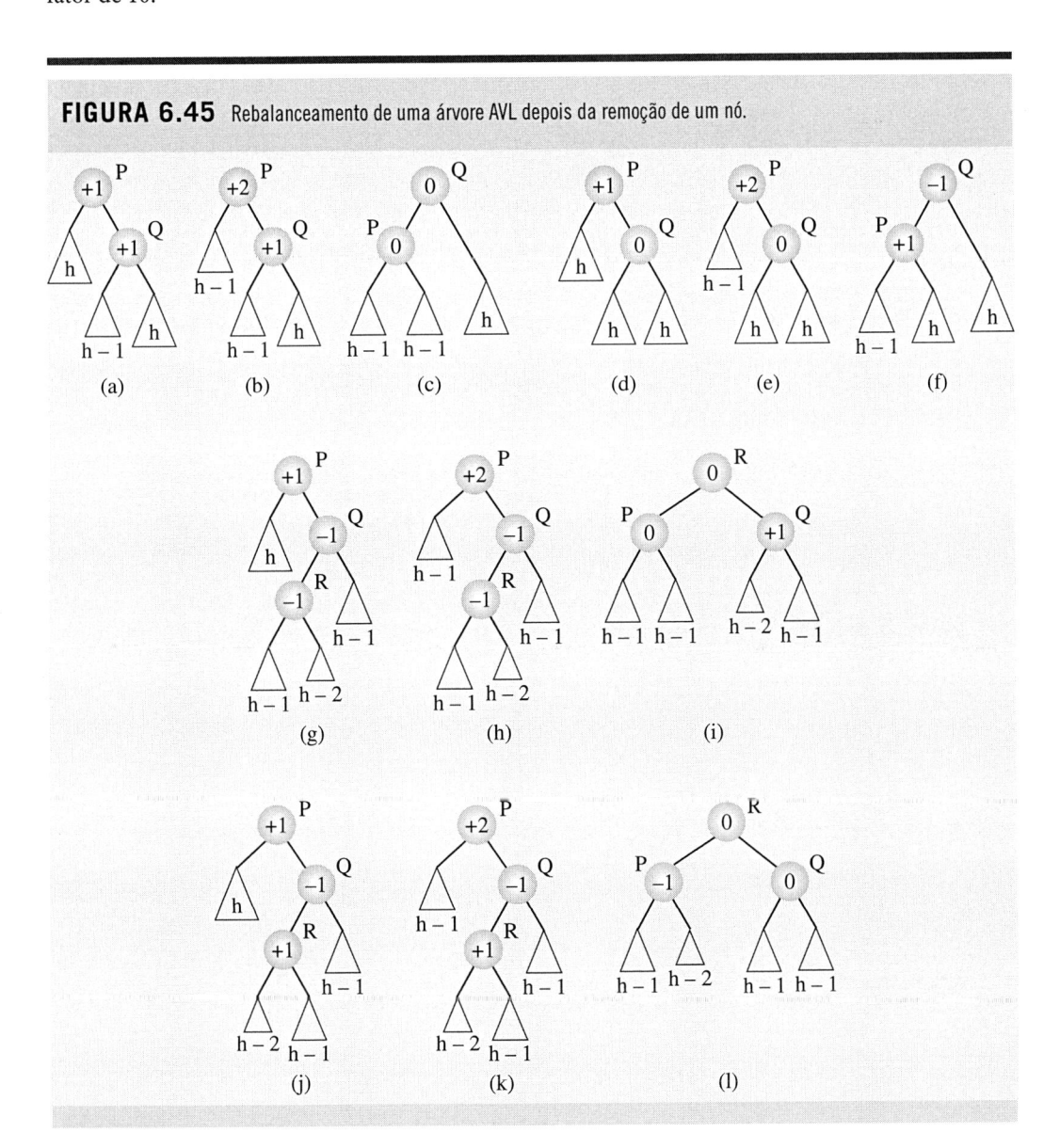

FIGURA 6.45 Rebalanceamento de uma árvore AVL depois da remoção de um nó.

6.8 Árvores autoajustadas

A maior preocupação no balanceamento das árvores é impedi-las de se tornar assimétricas e, idealmente, permitir que as folhas ocorram somente em um ou dois níveis. Em consequência, se um elemento recém-chegado compromete o balanço da árvore, o problema é imediatamente retificado reestruturando-se a árvore localmente (o método AVL) ou recriando-se a árvore (o método DSW). No entanto, podemos questionar se tal reestruturação é sempre necessária. As árvores binárias de pesquisa são usadas para inserir, recuperar e remover os elementos rapidamente, e a velocidade para realizar estas operações é o resultado, não a forma da árvore. O desempenho pode ser melhorado balanceando-se a árvore, mas este não é o único método que pode ser usado.

Outra abordagem começa com a observação de que nem todos os elementos são usados com a mesma frequência. Por exemplo, se um elemento no décimo nível da árvore é pouco usado, a execução do programa inteiro não é muito enfraquecida ao acessar este nível. No entanto, se o mesmo elemento é constantemente acessado, faz uma grande diferença se ele está no décimo nível ou perto da raiz. Em consequência, a estratégia nas árvores autoajustadas é reestruturar árvores somente movendo-se para cima aqueles elementos usados com mais frequência, criando um tipo de "árvore de prioridades". A frequência de acesso aos nós pode ser determinada por uma variedade de modos. Cada nó pode ter um campo contador que registra o número de vezes que o elemento foi usado para qualquer operação. Então, a árvore pode ser varrida para mover os elementos com mais frequência acessados em direção à raiz. Em uma abordagem menos sofisticada, assume-se que um elemento acessado tem boa chance de ser acionado outra vez rapidamente. Assim, ele é movido para cima na árvore. Nenhuma reestruturação é realizada para os novos elementos. Esta hipótese pode levar a promover elementos que são ocasionalmente acessados, mas a tendência global é mover para cima elementos com alta frequência de acesso e, para a maior parte, esses elementos povoarão os primeiros poucos níveis da árvore.

6.8.1 Árvores autorreestruturáveis

Uma estratégia proposta por Brian Allen e Ian Munro e James Bitner consiste em duas possibilidades:

1. *Rotação simples*: rotacionar um filho ao redor de seu ascendente se um elemento no filho é acessado, a menos que ele seja a raiz (Figura 6.46a).
2. *Mover até a raiz*: repetir a rotação filho ascendente até que o elemento que está sendo acessado esteja na raiz (Figura 6.46b).

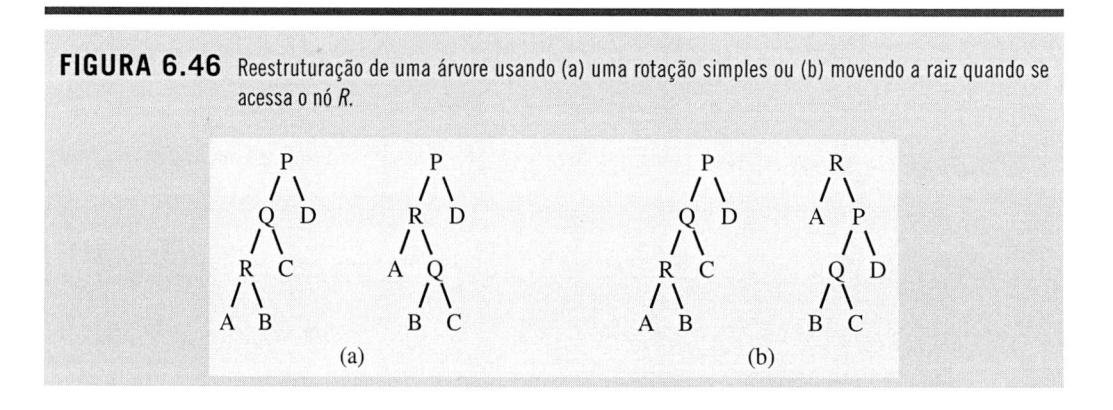

FIGURA 6.46 Reestruturação de uma árvore usando (a) uma rotação simples ou (b) movendo a raiz quando se acessa o nó R.

```
        P                P                    P              R
       / \              / \                  / \            / \
      Q   D            R   D                Q   D          A   P
     / \              / \                  / \                / \
    R   C            A   Q                R   C              Q   D
   / \                  / \              / \                / \
  A   B                B   C            A   B              B   C
        (a)                                      (b)
```

Usando-se a estratégia da rotação simples, os elementos com frequência acessados são eventualmente movidos para cima perto da raiz, de modo que os últimos acessos são mais rápidos do que os anteriores. Na estratégia de mover para a raiz, assume-se que o elemento acessado tem alta probabilidade de ser acessado novamente, pois percola para cima, direto para a raiz. Mesmo que não seja usado no próximo acesso, o elemento permanece perto da raiz. Estas estratégias, no entanto, não trabalham muito bem em situações desfavoráveis, quando a árvore binária é alongada como na Figura 6.47. Neste caso, a forma da árvore melhora vagarosamente. Apesar disto, tem sido determinado que o custo de mover um nó para a raiz converge para o de acessar o nó na árvore ótima três vezes 2 ln 2, isto é, converge para (2 ln 2)lg n. O resultado se mantém para qualquer distribuição de probabilidade (isto é, independente da probabilidade de que uma solicitação particular é emitida). No entanto, o tempo médio de busca quando todas as solicitações são igualmente prováveis é, para a técnica de rotação simples, igual a $\sqrt{\pi n}$.

6.8.2 Afunilamento

A modificação da estratégia de mover para a raiz é chamada *afunilamento*, que aplica rotações simples em pares, numa ordem que depende dos vínculos entre o filho, o ascendente e o avô (Sleator e Tarjan, 1985). Primeiro, três casos são distinguidos, dependendo da relação entre um nó R sendo acessado e os nós de seu ascendente Q e de seu avô P (se houver):

Caso 1: O nó do ascendente de R é a raiz.

Caso 2: *Configuração homogênea*: o nó R é o filho à esquerda de seu ascendente Q, e Q o filho à esquerda de seu ascendente P, ou R e Q são filhos à direita.

Caso 3: *Configuração heterogênea*: o nó R é o filho à direita de seu ascendente Q, e Q o filho à esquerda de seu ascendente P, ou R é o filho à esquerda de Q e Q o filho à direita de P.

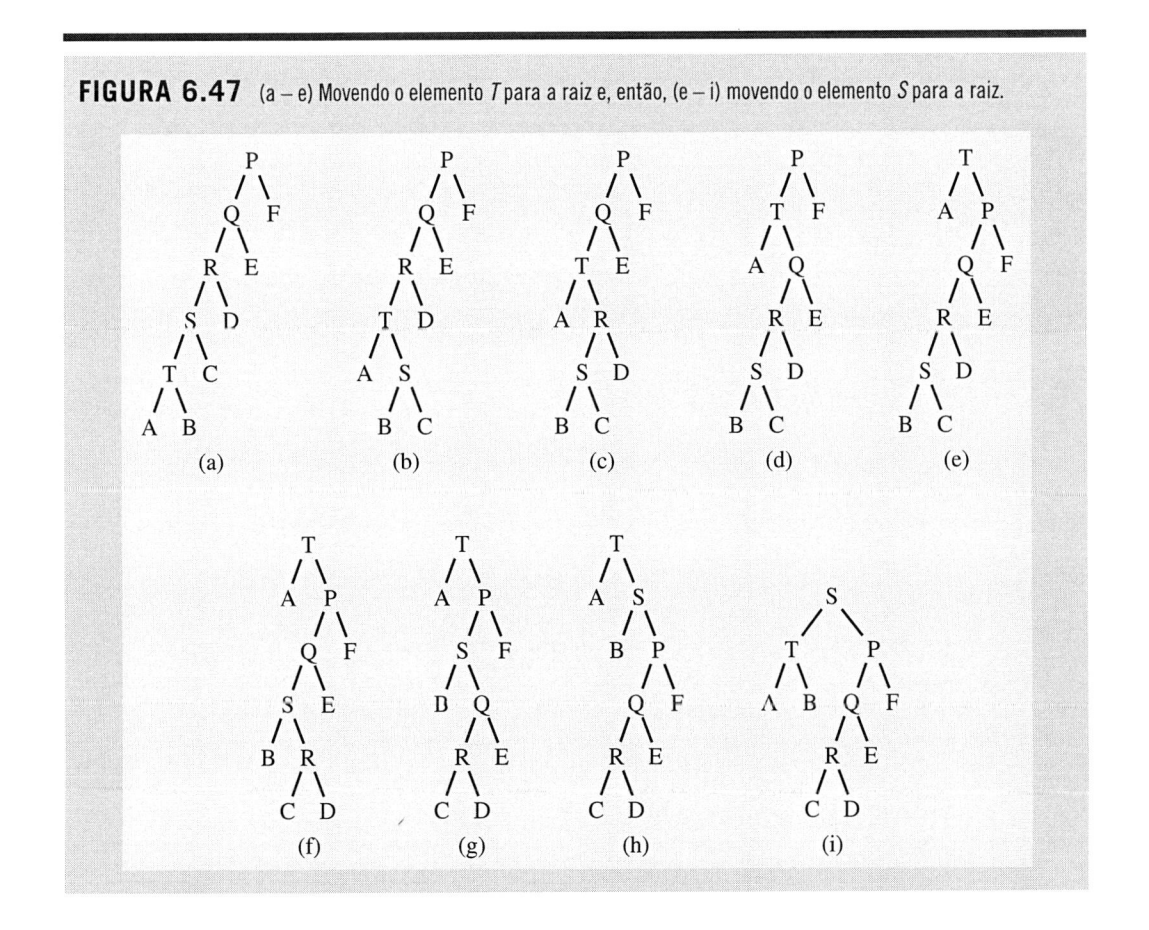

FIGURA 6.47 (a – e) Movendo o elemento T para a raiz e, então, (e – i) movendo o elemento S para a raiz.

O algoritmo para mover um nó R acessado para a raiz da árvore é:

```
splaying(P, Q, R)
    while R não é a raiz
```

if *o ascendente de R é a raiz*
    faça um afunilamento singular, rotacione R ao redor de seu ascendente (Figura 6.48a);
else if *R está na configuração homogênea com seus predecessores,*
    faça um afunilamento homogêneo, primeiro rotacione Q ao redor de P
    e então R ao redor de Q (Figura 6.48b);
else // *se R está em configuração heterogênea*
    // *com relacao aos predecessores*
    faça o mesmo afunilamento de forma heterogênea, primeiro para R ao redor de Q
    e então ao redor de P (Figura 6.48c);

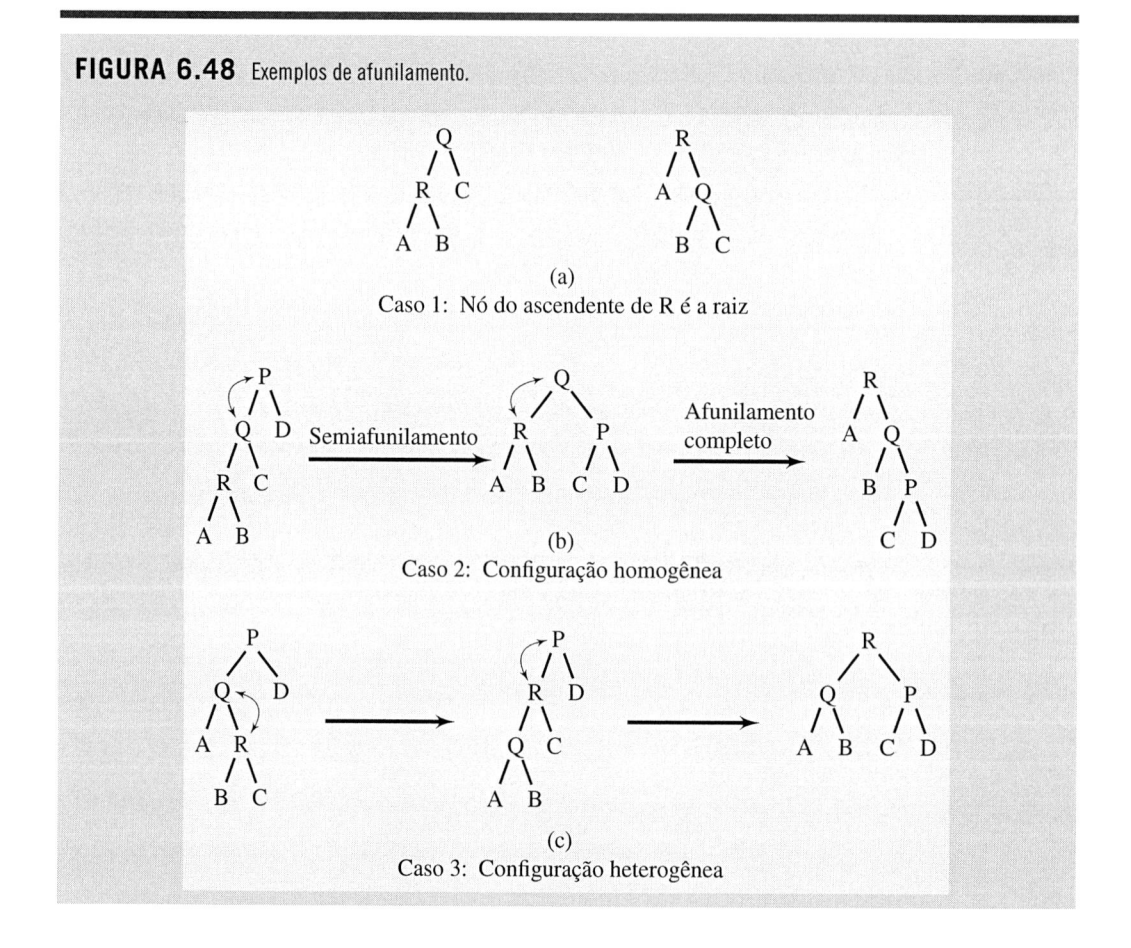

FIGURA 6.48 Exemplos de afunilamento.

(a) Caso 1: Nó do ascendente de R é a raiz

(b) Caso 2: Configuração homogênea

(c) Caso 3: Configuração heterogênea

A diferença em reestruturar uma árvore está ilustrada na Figura 6.49, na qual a árvore da Figura 6.47a é usada para acessar o nó *T* localizado no quinto nível. A forma da árvore é imediatamente melhorada. Então, o nó *R* é acessado (Figura 6.49c) e a forma da árvore se torna ainda melhor (Figura 6.49d).

Embora afunilamento seja uma combinação de duas rotações, exceto quando próximo da raiz, essas rotações não são sempre usadas no modo base-topo, como em árvores autoajustadas. Para o caso homogêneo (esquerda-esquerda ou direita-direita), primeiro, o ascendente e o avô do nó acessado são girados, somente depois o nó e seu ascendente são girados. Isto tem o efeito de mover um elemento para a raiz e achatar a árvore, o que tem um impacto positivo nos acessos a ser feitos.

O número de rotações pode parecer excessivo, e certamente seria se um elemento acessado fosse uma folha por vez. No caso de uma folha, o tempo de acesso é usualmente $O(\lg n)$, exceto para alguns acessos iniciais, quando a árvore não está balanceada. Mas os elementos acessados perto da raiz

Capítulo 6   Árvores Binárias ■ 231

podem tornar a árvore desbalanceada. Por exemplo, na árvore da Figura 6.49a, se o filho à esquerda da raiz fosse sempre acessado, a árvore eventualmente acabaria por ser também alongada, desta vez estendendo-se para a direita.

FIGURA 6.49 Reestruturando uma árvore com afunilamento (a - c) depois de acessar T e (c - d) então R.

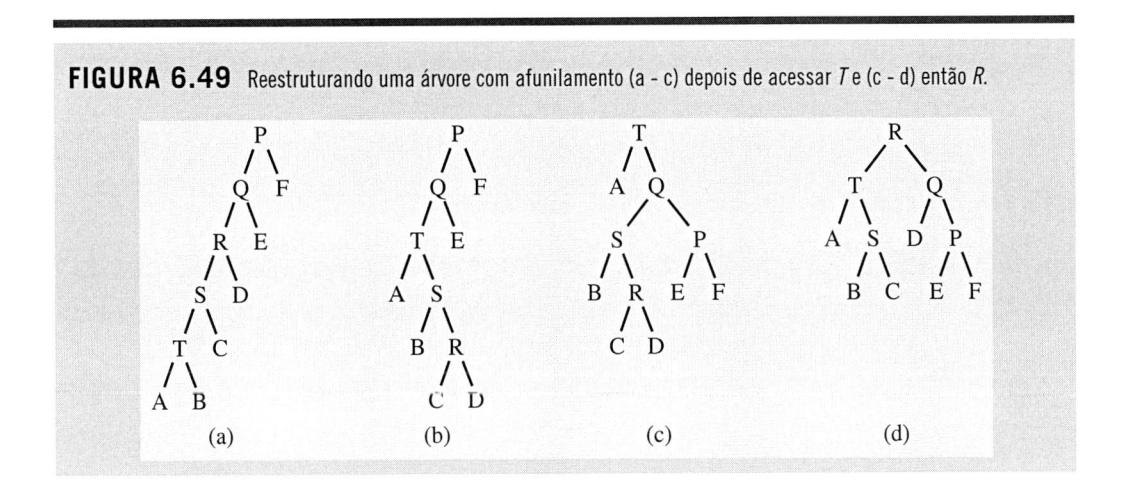

```
        P                    P                    T                    R
       / \                  / \                  / \                  / \
      Q   F                Q   F                A   Q                T   Q
     / \                  / \                      / \              / \ / \
    R   E                T   E                    S   P            A S D  P
   / \                  / \                      / \ / \          / \ / \
  S   D                A   S                    B R E F          B C E F
 / \                  / \
T   C                B   R
/ \                  / \
A B                  C D
       (a)                  (b)                  (c)                  (d)
```

Para estabelecer a eficiência de acessar um nó em uma árvore binária de busca que utiliza a técnica de afunilamento, uma análise amortizada será usada.

Considere uma árvore binária de busca t. Faça $nodes(x)$ ser o número de nós na subárvore cuja raiz é x, $rank(x) = \lg(nodes(x))$, de modo que $rank(root(t)) = \lg(n)$, e $potential(t) = \sum_{x \text{ é nó de } t} rank(x)$. Está claro que $nodes(x) + 1 \leq nodes(parent(x))$; em consequência, $rank(x) < rank(parent(x))$. Permita ao custo amortizado de acessar o nó x ser definido como a função

$$amCost(x) = cost(x) + potential_s(t) - potential_0(t)$$

onde $potential_s(t)$ e $potential_0(t)$ são os potenciais da árvore antes que o acesso se realize e depois que termine. É muito importante ver que uma rotação modifica as posições somente do nó x que está sendo acessado, do seu ascendente e do seu avô. Esta é a razão para basear a definição do custo amortizado de se acessar o nó x na mudança do potencial da árvore, o que equivale às mudanças das posições dos nós envolvidos nas operações de afunilamento que promovem x para a raiz. Podemos estabelecer agora um lema que especifica o custo amortizado de um acesso.

Lema de acesso (Sleator e Tarjan, 1985). Para o tempo amortizado de afunilar a árvore t no nó x,

$$amCost(x) < 3(\lg(n) - rank(x)) + 1$$

A prova desta conjectura está dividida em três partes, cada uma tratando com o diferente caso indicado na Figura 6.48. Faça $par(x)$ ser um ascendente de x e $gpar(x)$ um avô de x (na Figura 6.48, $x = R$, $par(x) = Q$ e $gpar(x) = P$).

Caso 1: Uma rotação é realizada. Isto pode ser somente a última etapa de afunilamento na sequência de tais etapas que movem o nó x para a raiz da árvore t, e, se há um total de s etapas de afunilamentos na sequência, o custo amortizado da última etapa de afunilamento s é

$$amCost_s(x) = cost_s(x) + potential_s(t) - potential_{s-1}(t)$$
$$= 1 + (rank_s(x) - rank_{s-1}(x)) + (rank_s(par(x)) - rank_{s-1}(par(x)))$$

onde $cost_s(x) = 1$ representa o custo atual, o custo de uma etapa de afunilamento (que nesta etapa está limitada a uma rotação); $potential_{s-1}(t) = rank_{s-1}(x) + rank_{s-1}(par(x)) + C$ e $potential_s(t) = rank_s(x)$

$+ rank_s(par(x)) + C$, porque x e $par(x)$ são os únicos nós cujas posições são mudadas. Agora, como $rank_s(x) = rank_{s-1}(par(x))$

$$amCost_s(x) = 1 - rank_{s-1}(x) + rank_s(par(x))$$

e, como $rank_s(par(x)) < rank_s(x)$

$$amCost_s(x) < 1 - rank_{s-1}(x) + rank_s(x).$$

Caso 2: Duas rotações são realizadas durante um afunilamento homogêneo. Como antes, o número 1 representa o custo atual de uma etapa de afunilamento.

$$amCost_i(x) = 1 + (rank_i(x) - rank_{i-1}(x)) + (rank_i(par(x)) - rank_{i-1}(par(x))) + (rank_i(gpar(x)) - rank_{i-1}(gpar(x)))$$

Como $rank_i(x) = rank_{i-1}(gpar(x))$

$$amCost_i(x) = 1 - rank_{i-1}(x) + rank_i(par(x)) - rank_{i-1}(par(x)) + rank_i(gpar(x))$$

Como $rank_i(gpar(x)) < rank_i(par(x)) < rank_i(x)$

$$amCost_i(x) < 1 - rank_{i-1}(x) - rank_{i-1}(par(x)) + 2rank_i(x)$$

e, como $rank_{i-1}(x) < rank_{i-1}(par(x))$, isto é, $-rank_{i-1}(par(x)) < -rank_{i-1}(x)$

$$amCost_i(x) < 1 - 2rank_{i-1}(x) + 2rank_i(x).$$

Para eliminar o número 1, considere a desigualdade $rank_{i-1}(x) < rank_{i-1}(gpar(x))$; isto é, $1 \leq rank_{i-1}(gpar(x)) - rank_{i-1}(x)$. Disso, obtemos

$$amCost_i(x) < rank_{i-1}(gpar(x)) - rank_{i-1}(x) - 2rank_{i-1}(x) + 2rank_i(x)$$
$$amCost_i(x) < rank_{i-1}(gpar(x)) - 3rank_{i-1}(x) + 2rank_i(x)$$

e, como $rank_i(x) = rank_{i-1}(gpar(x))$

$$amCost_i(x) < - 3rank_{i-1}(x) + 3rank_i(x)$$

Caso 3: Duas rotações são realizadas durante um afunilamento heterogêneo. A única diferença nesta prova é assumir que $rank_i(gpar(x)) < rank_i(x)$ e $rank_i(par(x)) < rank_i(x)$, em vez de $rank_i(gpar(x)) < rank_i(par(x)) < rank_i(x)$, que provoca o mesmo resultado.

O custo total amortizado de acessar um nó x é igual à soma dos custos amortizados de todas as etapas de afunilamento executadas durante este acesso. Se o número de etapas é igual a s, no máximo uma etapa (a última) exige somente uma rotação (caso 1), e, assim,

$$amCost(x) = \sum_{i=1}^{s} amCost_i(x) = \sum_{i=1}^{s-1} amCost_i(x) + amCost_s(x)$$
$$< \sum_{i=1}^{s-1} 3(rank_i(x) - rank_{i-1}(x)) + rank_s(x) - rank_{s-1}(x) + 1$$

Como $rank_s(x) > rank_{s-1}(x)$,

$$amCost(x) < \sum_{i=1}^{s-1} 3(rank_i(x) - rank_{i-1}(x)) + 3(rank_s(x) - rank_{s-1}(x)) + 1$$

$$= 3(rank_s(x) - rank_0(x)) + 1 = 3(\lg n - rank_0(x)) + 1 = O(\lg n)$$

Isto indica que o custo amortizado de um acesso a um nó, em uma árvore que está reestruturada com a técnica de afunilamento, é igual a $O(\lg n)$, que é o mesmo que o pior caso em árvores balanceadas. No entanto, para fazer a comparação mais adequada, devemos cotejar uma sequência de m acessos aos nós, em vez de apenas um, porque, com o custo amortizado, um acesso isolado pode ainda estar na ordem de $O(n)$. A eficiência de uma árvore que aplica o afunilamento é, assim, comparável à de uma árvore balanceada para uma sequência de acessos e se iguala a $O(m \lg n)$.

Afunilamento é uma estratégia que foca os elementos, não a forma da árvore. Pode atuar bem em situações nas quais alguns elementos são usados muito com mais frequência do que outros. Se os elementos perto da raiz são acessados com mais ou menos a mesma frequência que os nos níveis mais baixos, o afunilamento pode não ser a melhor escolha. Neste caso, uma estratégia que acentue mais o balanceamento da árvore do que a frequência é melhor; modificar o método de afunilamento é uma opção mais viável.

Semiafunilamento é uma modificação que exige somente uma rotação para um afunilamento homogêneo, e continua a afunilar com o ascendente do nó acessado, não com o próprio nó. Isto está ilustrado na Figura 6.48b. Depois que R é acessado, seu ascendente Q é rotacionado ao redor de P e o afunilamento continua com Q, não com R. A rotação de R ao redor de Q não é realizada, como seria o caso para o afunilamento.

A Figura 6.50 ilustra as vantagens do semiafunilamento. A árvore alongada da Figura 6.49a se torna balanceada com o semiafunilamento depois de acessar T (Figuras 6.50a - c), e, depois que T é acessado novamente, a árvore na Figura 6.50d tem basicamente o mesmo número de níveis que a da Figura 6.46a. (Pode haver mais um nível se E ou F foi uma subárvore maior do que alguma das A, B, C ou D.) Para a implementação desta estratégia de árvore, veja o estudo de caso no final deste capítulo.

Embora os limites teóricos obtidos com as árvores auto-organizadas sejam melhores que os limites obtidos com as árvores AVL e com as árvores de busca binária aleatórias – ou seja, nas quais nenhuma técnica de balanceamento foi utilizada – testes experimentais para árvores com diversos tamanhos e diferentes proporções de chaves de acesso indicam que, quase sempre, árvores AVL têm desempenho melhor que as árvores auto-organizadas, e em muitos casos até mesmo uma árvore binária de busca comum tem desempenho melhor (Bell e Gupta 1993). Na melhor das hipóteses, esse resultado indica que a complexidade computacional e o desempenho amortizado nem sempre deveriam ser considerados como as únicas medidas para o desempenho de um algoritmo.

FIGURA 6.50 (a – c) Acessando T e reestruturando a árvore com semiafunilamento; (c – d) acessando T novamente.

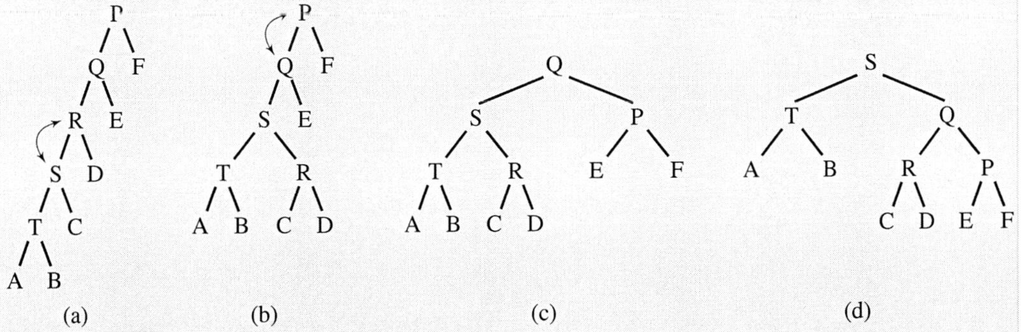

6.9 Heaps[2]

Um tipo particular de árvore binária, chamada *heap*, tem as seguintes propriedades:
1. O valor de cada nó não é menor do que os valores armazenados em cada um dos seus filhos.
2. A árvore é perfeitamente equilibrada e as folhas no último nível estão todas nas posições mais à esquerda.

Para ser exato, essas duas propriedades definem uma *heap máxima*. Se "maior" na primeira propriedade é substituído por "menor", a definição especifica uma *heap mínima*. Isto significa que a raiz de uma heap máxima contém o maior elemento, enquanto a raiz de uma heap mínima, o menor. Uma árvore tem *propriedade heap* se cada não folha tem a primeira propriedade. Devido à segunda condição, o número de níveis na árvore é $O(\lg n)$.

As árvores da Figura 6.51a são todas heaps; as da 6.51b violam a primeira propriedade, e as da 6.51c violam a segunda.

É interessante observar que as heaps podem ser implementadas por matrizes. Por exemplo, a matriz data = [2 8 6 1 10 15 3 12 11] pode representar uma árvore não *heap* na Figura 6.52. Os elementos são colocados em posições sequenciais, que representam os nós do topo até a base, e, em cada nível, da esquerda para a direita. A segunda propriedade reflete o fato de que a matriz é empacotada sem lacunas. Agora, uma heap pode ser definida como uma matriz heap de comprimento n, na qual

$$\text{heap}[i] \geq \text{heap}[2 \cdot i + 1], \text{para } 0 \leq i < \frac{n-1}{2}$$

e

$$\text{heap}[i] \geq \text{heap}[2 \cdot i + 2], \text{para } 0 \leq i < \frac{n-1}{2}$$

Elementos em uma heap não são perfeitamente ordenados. Sabemos apenas que o maior está no nó raiz, e que, para cada um dos seus descendentes, são menos que ou igual a esse nó. Mas não é determinada a relação entre nós irmãos ou, para continuar a terminologia de parentesco, entre nós tio e sobrinho. A ordem dos elementos obedece a uma linha linear de descendentes, desprezando-se as linhas laterais. Por esta razão, todas as árvores da Figura 6.53 são heaps legítimas, embora a da Figura 6.53b seja mais bem ordenada.

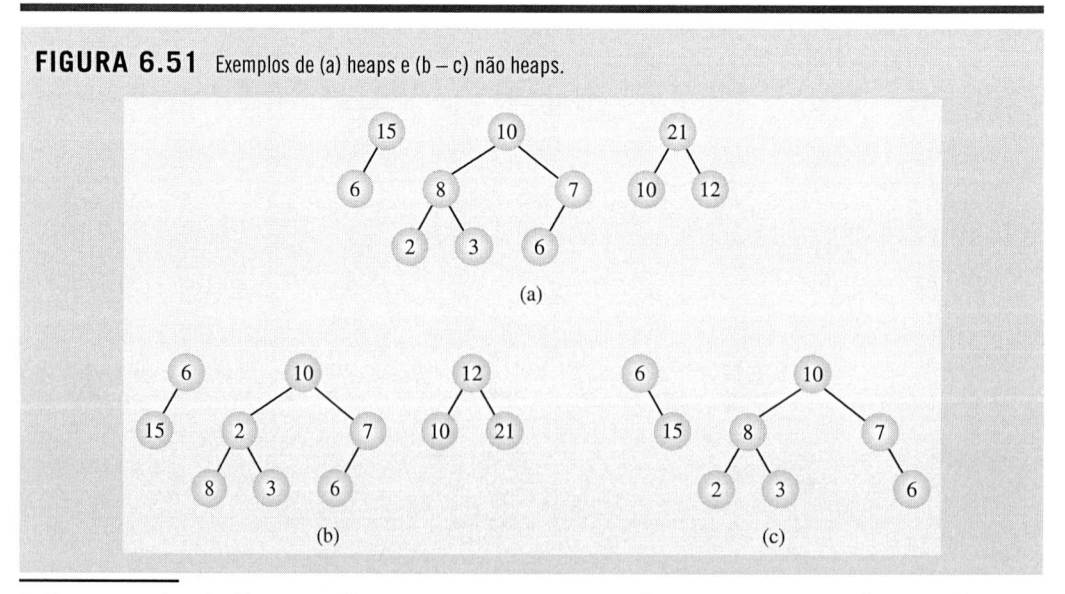

FIGURA 6.51 Exemplos de (a) heaps e (b – c) não heaps.

---

2. Este termo é traduzido como pilha; no entanto, para evitar confusão com o termo *stack*, cuja tradução é a mesma, foi mantida a grafia inglesa. (N.T.)

FIGURA 6.52 Matriz [2 8 6 1 10 15 3 12 11] vista como uma árvore.

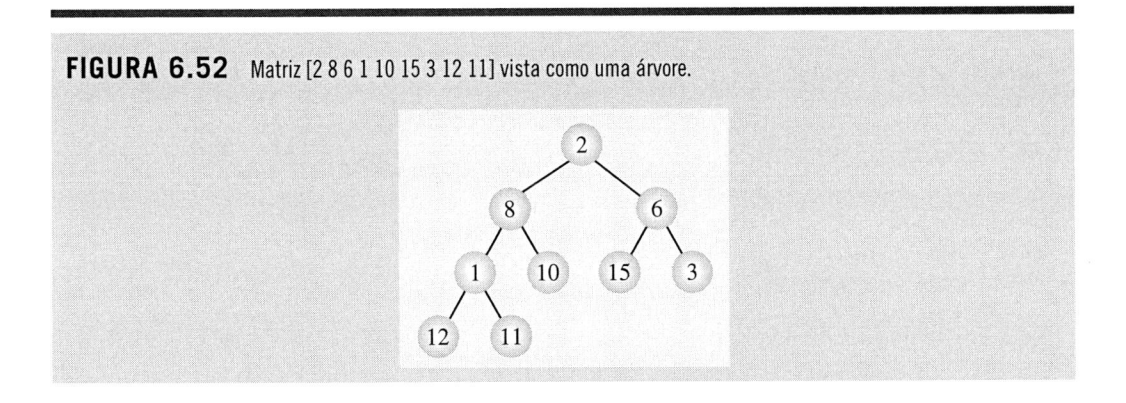

FIGURA 6.53 Diferentes heaps construídas com os mesmos elementos.

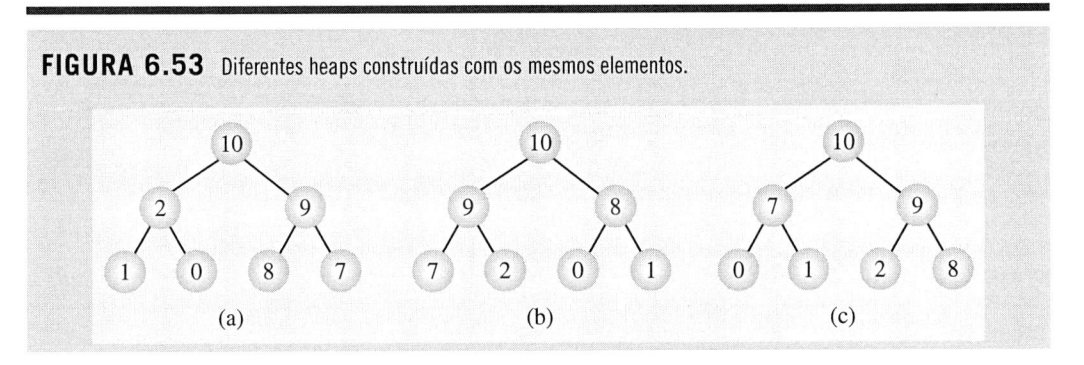

6.9.1 Heaps como filas com prioridades

Heap é um modo excelente para implementar filas com prioridade. A Seção 4.3 usou listas ligadas para implementá-las, estruturas para as quais a complexidade foi expressa em termos de $O(n)$ ou $O(\sqrt{n})$. Para n grande, isto pode ser muito ineficiente. Por outro lado, uma heap é uma árvore perfeitamente equilibrada, por isso, atingir uma folha exige $O(\lg n)$ buscas. Esta eficiência é muito promissora. Em consequência, heaps podem ser usadas para implementar as filas com prioridade. Para este fim, no entanto, dois procedimentos têm que ser implementados para colocar na fila e dela tirar elementos em uma fila com prioridade.

Para colocar um elemento na fila, ele é adicionado no fim da heap como a última folha. A restauração da propriedade da heap no caso de se colocar na fila é obtida movendo-se da última folha em direção à raiz.

O algoritmo para se colocar na fila é:

```
heapEnqueue(el)
    coloque el no final da heap;
    while el não está na raiz e el > que o ascendente(el)
        troque el com seu ascendente;
```

Por exemplo, o número 15 é adicionado à heap na Figura 6.54a como a próxima folha (Figura 6.54b), que destrói a propriedade de heap da árvore. Para restaurar esta propriedade, 15 tem que ser movido para cima na árvore até que termine na raiz ou encontre um ascendente que não seja menor que 15. Neste exemplo, o último caso ocorre e 15 tem que ser movido somente duas vezes sem atingir a raiz.

Tirar da fila um elemento da heap consiste em removê-lo da raiz da heap, pois, pela propriedade de heap, é aquele com a maior prioridade. Então, a última folha é colocada em seu lugar e a propriedade de heap quase certamente tem que ser restaurada, desta vez movendo da raiz para baixo na árvore.

O algoritmo para tirar da fila é:

```
heapDequeue()
  extrai o elemento da raiz;
  coloca o elemento da última folha em seu lugar;
  remove a última folha;
  // ambas as subarvores da raiz sao heaps;
  p = a raiz;
  while p não é uma folha p < que qualquer um de seus filhos
    troque p com o maior filho;
```

Por exemplo, 20 é tirado da heap na Figura 6.55a e 6 é colocado em seu lugar (Figura 6.55b). Para restaurar a propriedade de heap, 6 é trocado primeiro com seu filho maior, o número 15 (Figura 6.55c), e uma vez mais com o maior filho, 14 (Figura 6.55d).

As últimas três linhas do algoritmo de retirar da fila podem ser tratadas como um algoritmo separado que restaura a propriedade de heap somente se tiver sido violada pela raiz da árvore. Neste caso, o elemento da raiz é movido para baixo na árvore até que encontre uma posição apropriada. Este algoritmo, que é a chave para a ordenação da heap, é apresentado em uma possível implementação na Figura 6.56.

6.9.2 Organizando matrizes como heaps

Heaps podem ser implementadas como matrizes, e, neste sentido, cada heap é uma matriz, mas nem todas as matrizes são heaps. Em algumas situações, no entanto, mais notavelmente na ordenação de heap (veja a Seção 9.3.2), necessitamos converter uma matriz em uma heap (isto é, reorganizar os dados na matriz de modo que o resultado represente uma heap). Existem diversos modos para se fazer isto, mas, à luz da seção precedente, o mais simples é iniciar com uma heap vazia e sequencialmente incluir elementos em uma heap crescente. Este é o método de cima para baixo, proposto por John Williams, que estende a heap colocando nela novos elementos.

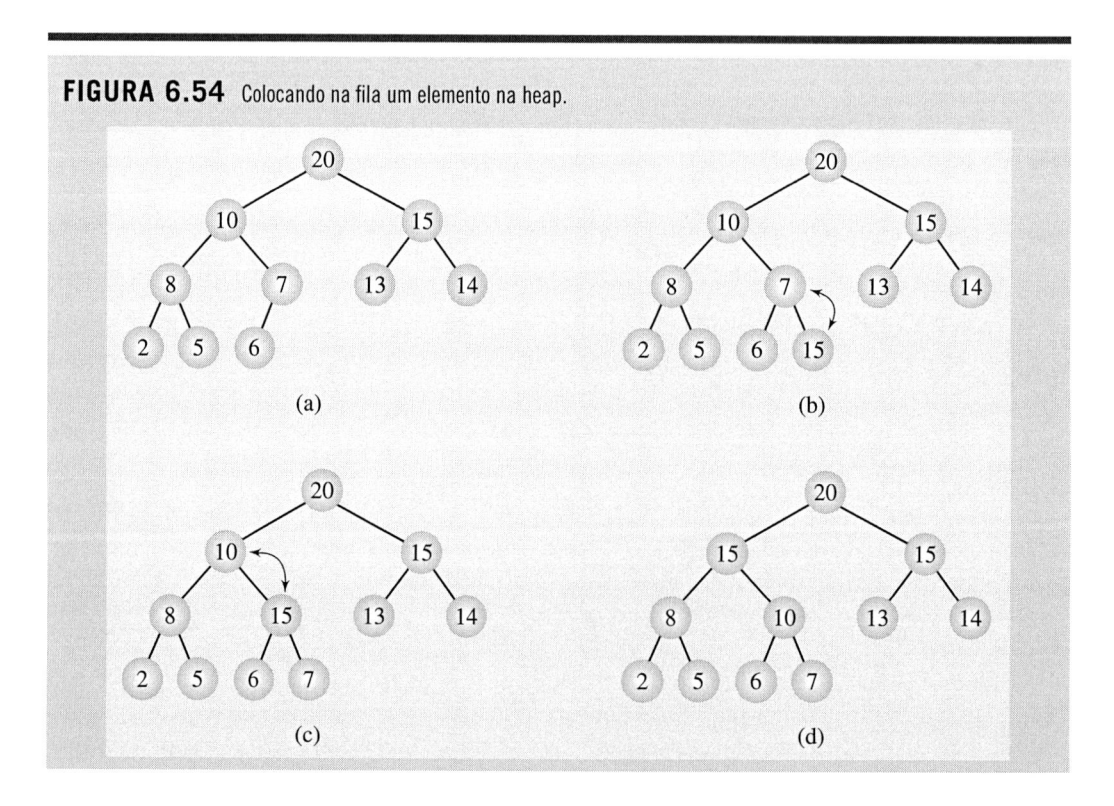

FIGURA 6.54 Colocando na fila um elemento na heap.

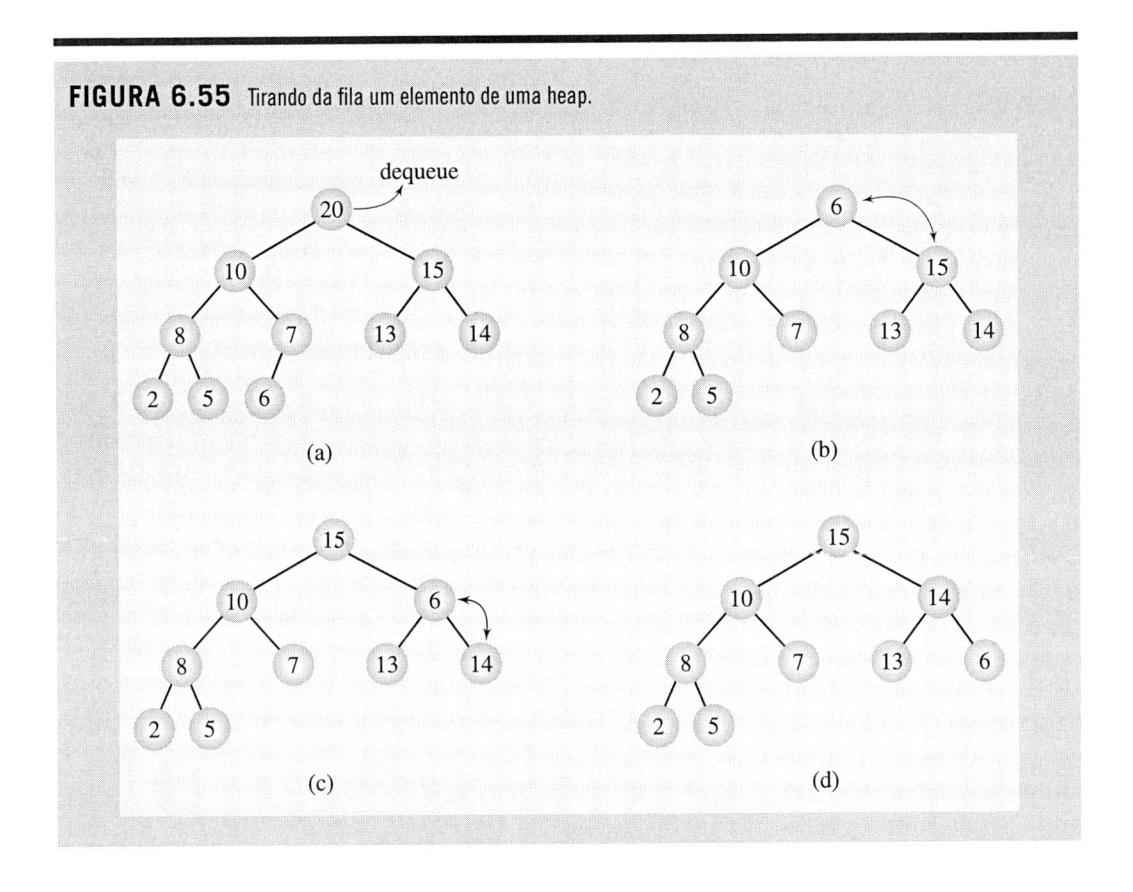

FIGURA 6.55 Tirando da fila um elemento de uma heap.

(a)
(b)
(c)
(d)

FIGURA 6.56 Implementação do algoritmo para mover o elemento da raiz para baixo na árvore.

```
template<class T>
void moveDown (T data[], int first, int last) {
    int largest = 2*first + 1;
    while (largest <= last) {
        if (largest < last &&  // primeiro tem dois filhos (em 2*first+1 e
            data[largest] < data[largest+1])    // 2*first+2), e o segundo
            largest++;                          // e maior do que o primeiro;

        if (data[first] < data[largest]) {     // se necessario,
            swap(data[first],data[largest]);   // troque filho e ascendente
            first = largest;                   // e mova para cima;
            largest = 2*first+1;
        }
        else largest = last+1;        // para sair do laco: a propriedade de heap
    }                                 // nao e violada por data [first];
}
```

A Figura 6.57 mostra um exemplo completo do método de cima para baixo. Primeiro, o número 2 é colocado em uma heap inicialmente vazia (6.57a). A seguir, 8 é colocado no final da heap corrente (6.57b), e então trocado com seu ascendente (6.57c). Colocar o terceiro e o quarto elementos,

6 (6.57d) e então 1 (6.57e), não necessita de troca. Colocar o quinto elemento, 10, equivale a colocá-lo no final da heap (6.57f), então trocá-lo com seu ascendente, 2 (6.57g), e com seu novo ascendente, 8 (6.57h), de modo que, ao final, 10 percole até a raiz da heap. Todas as etapas remanescentes podem ser acompanhadas na Figura 6.57.

Para verificar a complexidade do algoritmo, observe que, no pior caso, quando um elemento recém-adicionado tem que ser movido para cima para a raiz da árvore, $\lfloor \lg k \rfloor$ trocas são feitas em uma heap de k nós. Em consequência, se n elementos são colocados na heap, então, no pior caso

$$\sum_{k=1}^{n} \lfloor \lg k \rfloor \leq \sum_{k=1}^{n} \lg k = \lg 1 + \cdots + \lg n = \lg(1 \cdot 2 \cdot \cdots \cdot n) = \lg(n!) = O(n \lg n)$$

trocas são feitas durante a execução do algoritmo e o mesmo número de comparações (para a última igualdade, $\lg(n!) = O(n \lg n)$, veja a Seção A.2 no Apêndice A). Isto revela, no entanto, que podemos fazer melhor.

Em outro algoritmo, desenvolvido por Robert Floyd, uma heap é construída de baixo para cima. Nesta abordagem, pequenas heaps são formadas e repetidamente fundidas em grandes heaps, do seguinte modo:

```
FloydAlgorithm(data[])
    for i = índice da última não folha até 0
        restaura a propriedade de heap para a árvore cuja raiz é data[i] chamando-se
        moveDown(data,i,n-1);
```

A Figura 6.58 mostra um exemplo de transformação de matriz data [] = [2 8 6 1 10 15 3 12 11] em uma heap.

Começamos a partir do último nó não folha, que é data[n/2-1], n sendo o tamanho da matriz. Se data[n/2-1] é menor do que um de seus filhos, é trocado com o maior filho. Na árvore da Figura 6.58a, é o caso para data[3] = 1 e data[7] = 12. Depois de trocar os elementos, uma nova árvore é criada, mostrada na Figura 6.58b. A seguir, o elemento data[n/2-2] = data[2] = 6 é considerado. Por ser menor do que seu filho data[5] = 15, ele é trocado com o filho e a árvore é transformada naquela da Figura 6.58c. Agora, data[n/2-3] = data[1] = 8 é considerada. Por ser menor do que um dos seus filhos, que é data[3] = 12, um intercâmbio ocorre, levando à árvore da Figura 6.58d. Mas agora pode ser notado que a ordem estabelecida na subárvore, cuja raiz era 12 (Figura 6.58c), foi perturbada, pois 8 é menor do que seu novo filho 11. Isto simplesmente significa que não é suficiente comparar o valor de um nó com o de seus filhos, mas uma comparação similar necessita ser feita com o valor do avô, bisnetos etc., até que o nó encontre sua própria posição. Levando isto em consideração, a próxima troca é feita, depois da qual a árvore da Figura 6.58e é criada. Somente agora é o elemento data[n/2-4] = data[0] = 2 comparado com seus filhos, o que leva a duas trocas (Figuras 6.58f - g).

Quando um elemento é analisado, suas duas subárvores são heaps, como no caso com o número 2, e suas duas subárvores com raízes nos nós 12 e 15 são sempre heaps (Figura 6.58e). Esta observação é geralmente verdadeira: antes que um elemento seja considerado, suas subárvores devem ser convertidas em heaps. Assim, uma heap é criada de baixo para cima. Se a propriedade de heap é perturbada por um intercâmbio, como na transformação da árvore da Figura 6.58c na da Figura 6.58d, é imediatamente restabelecida deslocando para cima os elementos que são maiores do que o que é movido para baixo. Este é o caso quando 2 é trocado por 15. A nova árvore não é uma heap, pois o nó 2 tem ainda filhos maiores (Figura 6.58f). Para remediar este problema, 6 é deslocado para cima e 2 é movido para baixo. A Figura 6.58g é uma heap.

Assumimos que uma árvore binária completa é criada, isto é, $n = 2k - 1$ para qualquer k. Para criar a heap, moveDown() é chamada $\frac{n+1}{2}$ vezes, uma para cada não folha. No pior caso, moveDown() move dados do próximo até o último nível, consistindo em $\frac{n+1}{4}$ nós, e para baixo por um nível até o nível de folhas $\frac{n+1}{4}$ que realizam trocas. Em consequência, todos os nós desse nível fazem $1 \cdot \frac{n+1}{4}$ movimentos. Os dados do segundo para o último nível, que tem $\frac{n+1}{8}$ nós, são movidos dois níveis

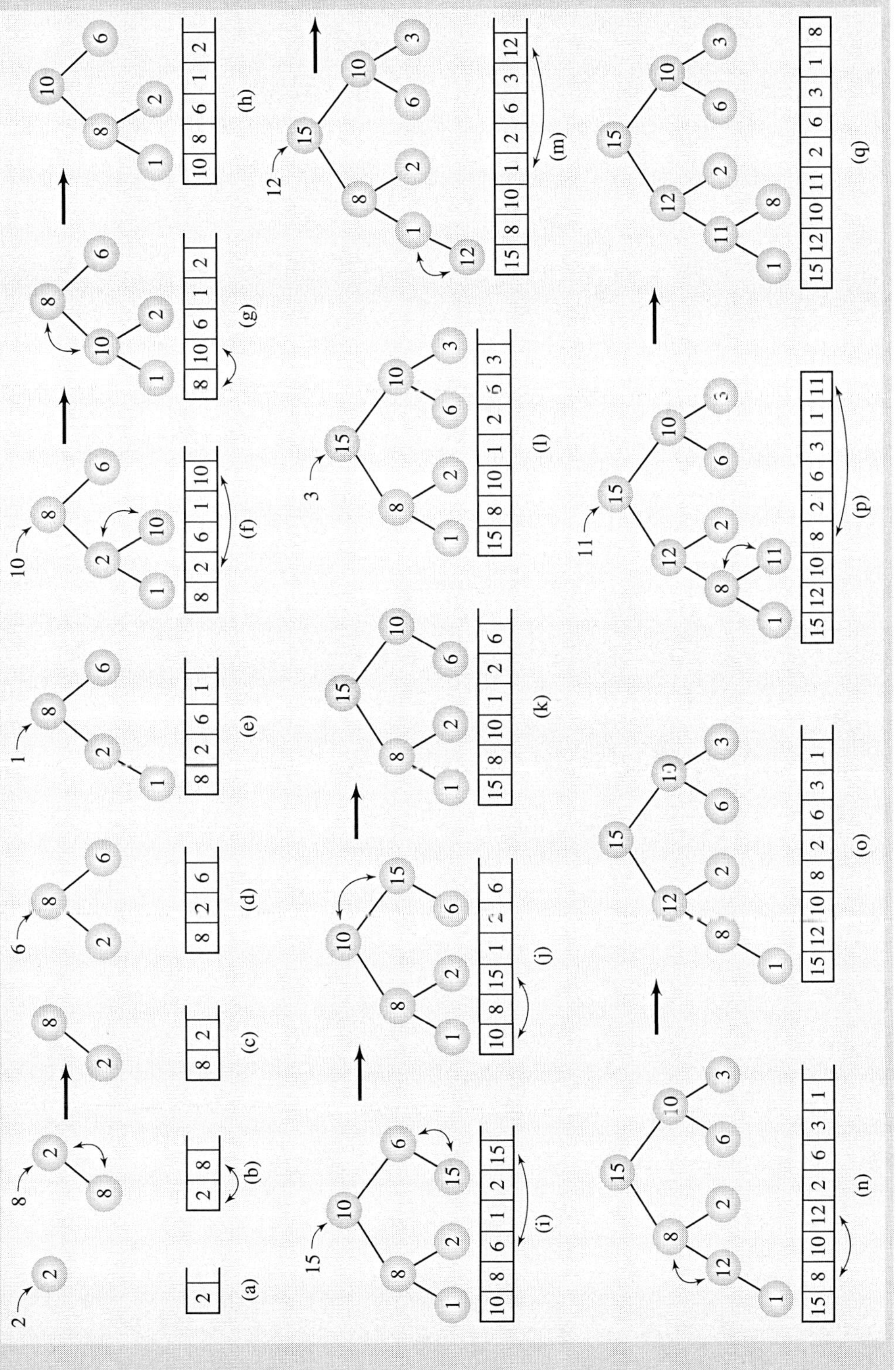

FIGURA 6.57 Organizando uma matriz como uma heap com o método de cima para baixo.

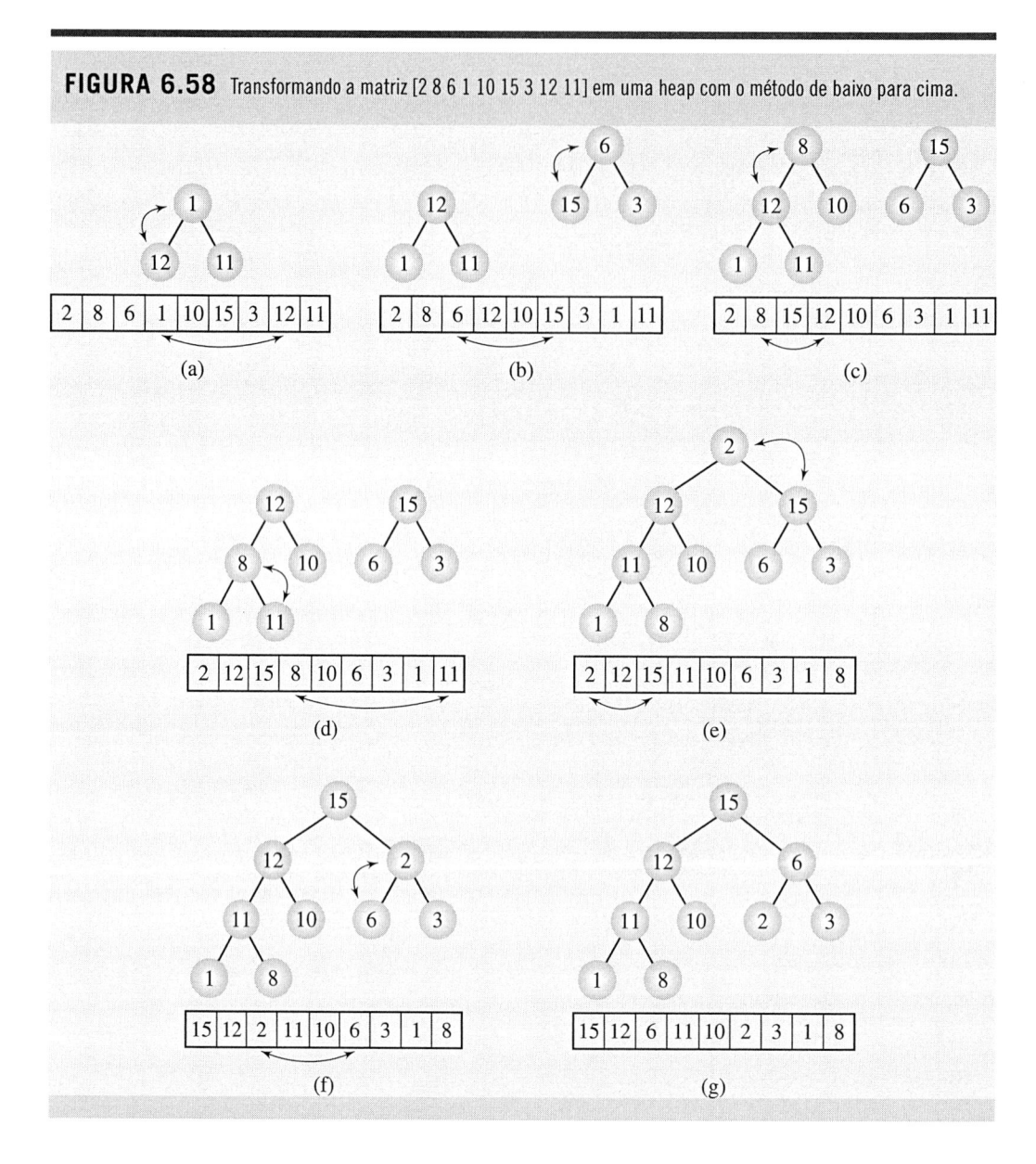

FIGURA 6.58 Transformando a matriz [2 8 6 1 10 15 3 12 11] em uma heap com o método de baixo para cima.

para baixo para atingir o nível das folhas. Assim, os nós deste nível realizam $2 \cdot \frac{n+1}{8}$ transferências, e assim por diante, até a raiz. A raiz da árvore, conforme a árvore se torna uma heap, é movida, novamente no pior caso, $\lg(n+1) - 1 = \lg \frac{n+1}{2}$ níveis abaixo na árvore para terminar em uma das suas folhas. Como há somente uma raiz, esta contribui com $\lg \frac{n+1}{2} \cdot 1$ transferências. O número total de transferências pode ser dado por esta soma

$$\sum_{i=2}^{\lg(n+1)} \frac{n+1}{2^i}(i-1) = (n+1) \sum_{i=2}^{\lg(n+1)} \frac{i-1}{2^i}$$

que é $O(n)$, pois a série $\sum_{i=2}^{\infty} \frac{i}{2^i}$ converge para 1,5 e $\sum_{i=2}^{\infty} \frac{i}{2^i}$ converge para 0,5. Para uma matriz que não é uma árvore binária completa, a complexidade é limitada a $O(n)$. O pior caso para as comparações é duas vezes este valor, que é também $O(n)$, pois em `moveDown()`, para cada nó, ambos os filhos do nó são comparados um com outro para que seja escolhido o maior. Este, por sua vez, é comparado com o nó. Em consequência, para o pior caso, o método de Williams tem um desempenho melhor que o de Floyd.

O desempenho para o caso médio é muito mais difícil de estabelecer. Temos que o algoritmo de construção da heap de Floyd exige, em média, $1,88n$ comparações (Doberkat, 1984; Knuth, 1998); o número de comparações exigidas pelo algoritmo de Williams está entre $1,75n$ e $2,76n$, e o número de trocas é $1,3n$ (Hayward e McDiarmid, 1991; McDiarmid e Reed, 1989). Assim, no caso médio, os dois algoritmos desempenham no mesmo nível.

6.10 Treaps

Heaps são muito atraentes porque são árvores perfeitamente equilibradas e permitem acesso imediato à maioria dos elementos no max-heap; mas não acesso rápido a qualquer outro elemento. A busca é realizada de forma muito eficiente na árvore binária de busca, mas a forma da árvore depende da ordem de inserções e remoções, e pode se tornar severamente deformada se nenhuma providência for tomada para equilibrá-la. No entanto, é possível combinar uma árvore binária de busca e uma heap em uma estrutura de dados, *treap*, sendo que esse nome é a composição das palavras "tree" (árvore) e heap. Note, no entanto, que uma heap é entendida nesta seção num sentido mais fraco, como árvore binária com a propriedade heap, mas a condição estrutural que exige que a árvore seja perfeitamente equilibrada e as folhas estejam nas posições mais à esquerda é ignorada, embora heaps se destinem a ser o mais perfeitamente equilibradas possível.

Treap é uma árvore binária de busca, ou seja, que usa uma chave de dados, como na árvore regular de busca binária, e uma chave adicional, uma prioridade, e também é uma heap organizada de acordo com tais prioridades. Por exemplo, a árvore binária de busca na Figura 6.59a e a max-heap na Figura 6.59b em conjunto formam uma treap na Figura 6.59c. Considere uma árvore de pares de números (x, y). Isto rende uma *árvore Cartesiana,* na qual x e y são as coordenadas de um ponto no plano cartesiano; x é utilizada para organizar a treap como uma árvore binária de busca, e y para organizá-la como uma heap (Vuillemin, 1980). Outra possibilidade é gerar aleatoriamente um número y para uma chave particular de dados x mediante a inserção da chave x na árvore (Seidel e Aragon, 1996). Isto torna uma *árvore ao acaso,* com o tempo esperado de operações de busca, inserção e exclusão sendo da ordem $O(\lg n)$.

Quando um item está para ser inserido numa treap, primeiro uma prioridade é gerada aleatoriamente para este item, em seguida, um lugar para ele é encontrado na árvore, onde é inserido como uma folha. Se a prioridade de seu ascendente é maior do que a do nó que acabou de inserir, nada mais precisa ser feito. De outra forma, o novo nó é rotacionado em torno do seu ascendente e, em seguida, eventualmente, em torno do seu novo antecessor etc., até que é encontrado um dos ascendentes cuja prioridade é maior que a do novo nó (a menos que, evidentemente, o novo nó seja rotacionado por todo o caminho para a raiz). Por exemplo, a inserção de G e a prioridade gerada 17 na treap da Figura 6.59c dá uma árvore binária de busca (Figura 6.59d) que requer duas rotações do nó G para restaurar a propriedade heap na árvore (Figuras 6.59e - f). A inserção de J com prioridade 25 nesta treap dá uma árvore binária de busca (Figura 6.59g) que requer três rotações para que ela se torne também uma heap (Figuras 6.59h - j).

Para excluir um nó x a partir de uma treap, o filho com a prioridade mais elevada deve ser rotacionado em torno do nó, que, então, deve ser feito para um novo filho de x, até que este tenha apenas um filho ou se torne uma folha, em cujo caso pode ser eliminado facilmente. Por exemplo, para excluir o nó J da treap da Figura 6.59j, primeiro o filho de J, M, com a prioridade mais elevada do que o outro filho G, é rotacionado em torno de J (Figura 6.59k), após o que o nó J pode ser removido, já que tem apenas um filho (Figura 6.59l).

É possível processar uma treap sem prioridades de conservação explícitas em seus nós. Num método, é utilizada uma função hash h e a prioridade para um item com a chave K é definida como $h(K)$, onde a função h apresenta um comportamento suficientemente aleatório.

FIGURA 6.59 Exemplos de operações de uma treap.

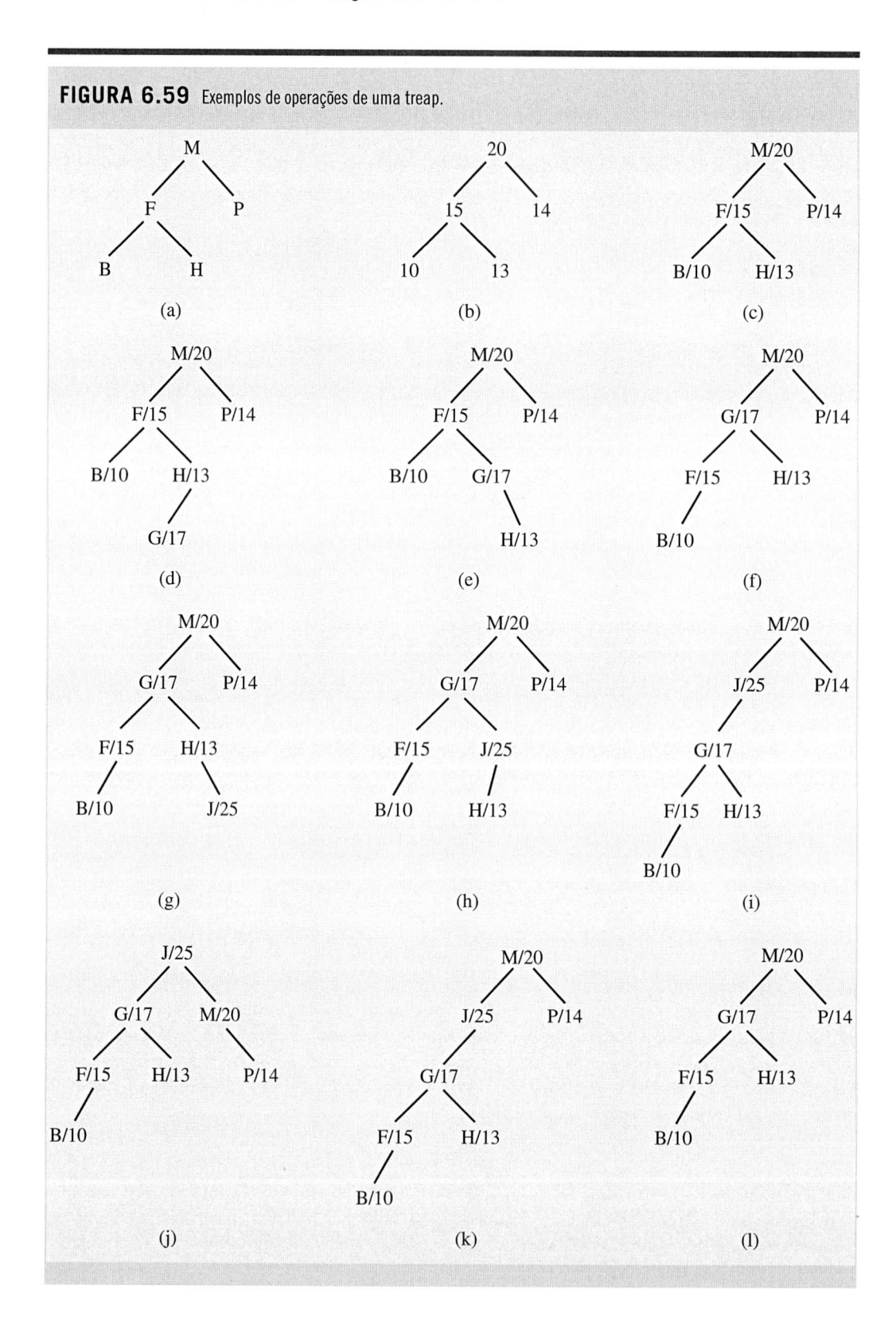

(a) Tree with nodes M (root), F and P as children of M, B and H as children of F.

(b) Tree with 20 (root), 15 and 14 as children, 10 and 13 as children of 15.

(c) Tree with M/20 (root), F/15 and P/14 as children, B/10 and H/13 as children of F/15.

(d) M/20 root; F/15, P/14 children; B/10, H/13 children of F/15; G/17 child of H/13.

(e) M/20 root; F/15, P/14 children; B/10, G/17 children of F/15; H/13 child of G/17.

(f) M/20 root; G/17, P/14 children; F/15, H/13 children of G/17; B/10 child of F/15.

(g) M/20 root; G/17, P/14 children; F/15, H/13 children of G/17; B/10 child of F/15; J/25 child of H/13.

(h) M/20 root; G/17, P/14 children; F/15, J/25 children of G/17; B/10 child of F/15; H/13 child of J/25.

(i) M/20 root; J/25, P/14 children; G/17 child of J/25; F/15, H/13 children of G/17; B/10 child of F/15.

(j) J/25 root; G/17, M/20 children; F/15, H/13 children of G/17; B/10 child of F/15; P/14 child of M/20.

(k) M/20 root; J/25, P/14 children; G/17 child of J/25; F/15, H/13 children of G/17; B/10 child of F/15.

(l) M/20 root; G/17, P/14 children; F/15, H/13 children of G/17; B/10 child of F/15.

Em outro método, os nós são armazenados em uma matriz. A treap que funciona como uma memória mínima armazena apenas o índice i do local ocupado por um item; o índice é utilizado também como a prioridade deste item. Para inserção, um índice $i \leq n$ é gerado aleatoriamente. Se $i = n$, o item é colocado na posição n da matriz e inserido na treap. Caso contrário, é movido um item ocupando atualmente a posição i para a posição n através de uma série de rotações para se tornar uma folha, sendo assim rebaixado para a prioridade n; o novo item é colocado na posição i e, em seguida, inserido na treap com prioridade i. Considere a treap das Figuras 6.59a e 6.60a, que é realmente armazenada como mostrado na Figura 6.60b: uma árvore binária com índices em campos de informação de seus nós que indicam posições de itens na matriz data[] e também funcionam como prioridades. Assume-se que para o item com a chave G a ser inserida, o índice $i = 1$ é gerado aleatoriamente. Isto é, a situação na matriz deve ser como ilustrada na Figura 6.60c: G é colocado na posição 1, depois é liberado F, sendo movido para a posição 5. Para refletir esta situação na treap, primeiro o campo de informação no nó correspondente à chave F é alterado para 5 (Figura 6.60c) e, em seguida, após duas rotações, o nó torna-se uma folha (Figura 6.60d, com uma visão conceitual da treap (só chaves) e sua aparência verdadeira (só prioridades)). Em seguida, a chave G é usada para inserir um nó na treap (Figura 6.60f). Para transformar a árvore em uma heap, o novo nó é rotacionado três vezes em seu lugar (Figuras 6.60g - i).

Para excluir um item, primeiro ele é excluído da treap e, em seguida, removido da matriz, e o item da posição n é movido para a posição i, o que resulta em uma rotação para cima deste item na treap. Se a chave P é excluída da treap da Figura 6.60i, então F é movido a partir da última posição da matriz para a posição 2 recém-desocupada por P, que muda sua prioridade (Figura 6.60j). Para restaurar a propriedade heap, F é rotacionado uma vez para cima (Figura 6.60k).

6.11 Árvores K-d

Como discutido neste capítulo, usa-se uma chave na árvore binária de busca para nela navegar e executar qualquer operação. No entanto, esta árvore pode ser utilizada na sua forma pura e ainda assim ser capaz de utilizar várias chaves. Tal árvore é do tipo de busca binária multidimensional (k dimensional) ou k d (Bentley, 1975). Multidimensionalidade refere-se a itens armazenados na árvore, não à própria árvore.

Considere pontos no plano cartesiano (que podem representar locais em uma cidade ou de um país). Cada ponto é caracterizado por dois atributos, ou chaves, a saber: coordenadas x e y. Uma árvore regular de busca binária pode armazenar todos os pontos usando a coordenada x como uma chave para determinar onde o ponto deve ser inserido, ou a coordenada y, ou uma chave criada a partir de ambos, x e y, por, digamos, concatenação. Para permitir a utilização das chaves separadamente, elas são acionadas de forma intercambiável quando descem uma árvore 2-d: no nível 1, a coordenada x é usada como um discriminador; no nível 2, a coordenada y; no nível 3, a coordenada x etc. Em outras palavras, sobre os níveis ímpares a coordenada x é usada como um discriminador, e nos pares é usada a y. A estrutura desta árvore 2-d corresponde a uma situação em um plano cartesiano, como ilustrado na Figura 6.61: já que A está na raiz, uma linha vertical que passa por A sobre o plano indica que os pontos à esquerda pertencem a uma subárvore à esquerda de A, e os à direita a uma subárvore à direita de A. No nível 2, a coordenada y é usada como um discriminador para determinar as posições dos descendentes; portanto, linhas horizontais são desenhadas através de G e B para indicar que, por exemplo, os pontos abaixo da linha que cruza B estão na subárvore à esquerda de B e os acima desta linha estão na subárvore à direita de B. Neste exemplo, os pontos de um quadrado de 100 × 100 são tomados para criar uma árvore 2-d, mas, em geral, não há nenhuma limitação no tamanho da área e, em particular, os pontos podem vir de todo o plano.

FIGURA 6.60 Exemplos de operações de uma treap implementada como uma memória mínima que utiliza uma matriz para acumular dados.

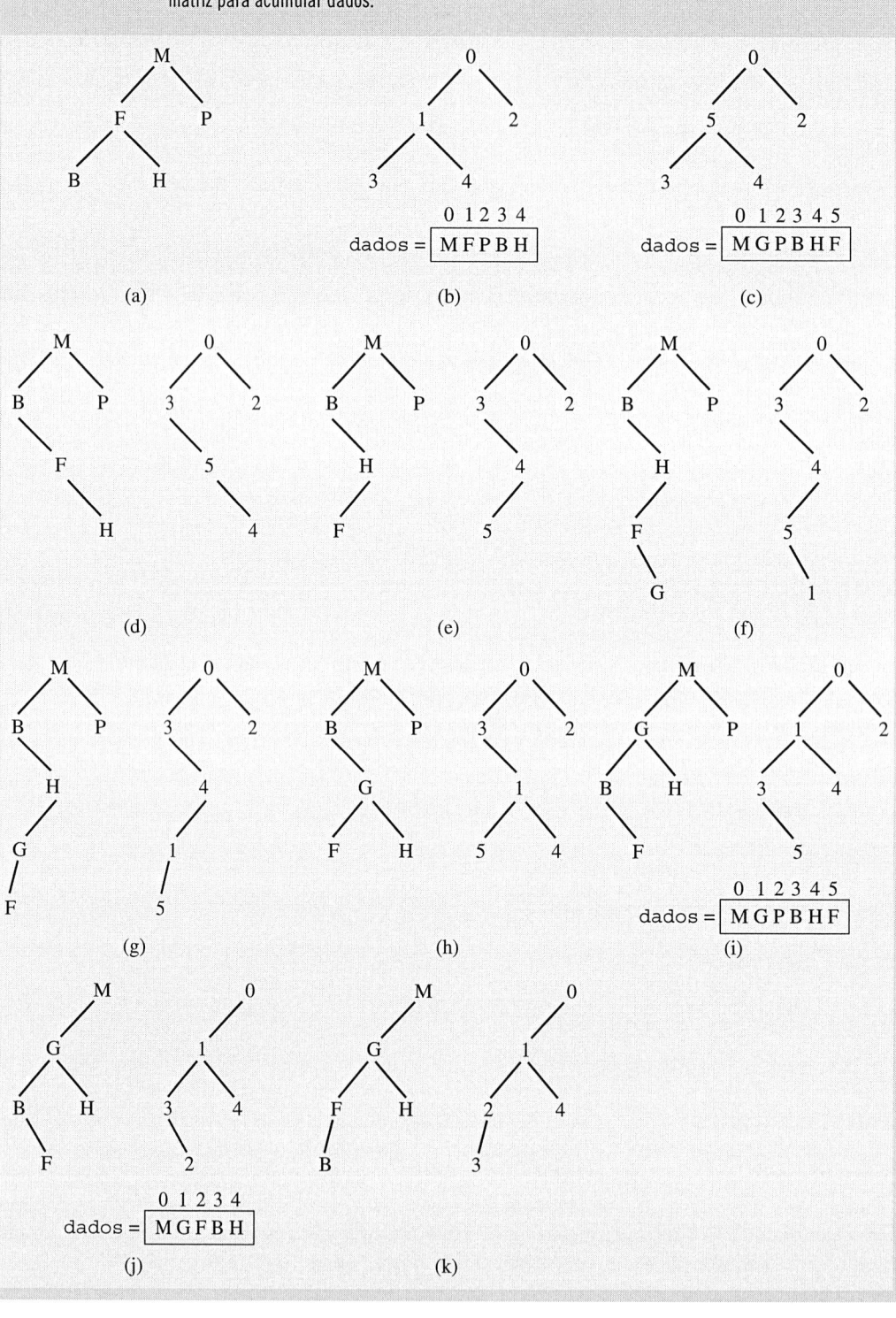

FIGURA 6.61 Exemplo de uma árvore 2-d.

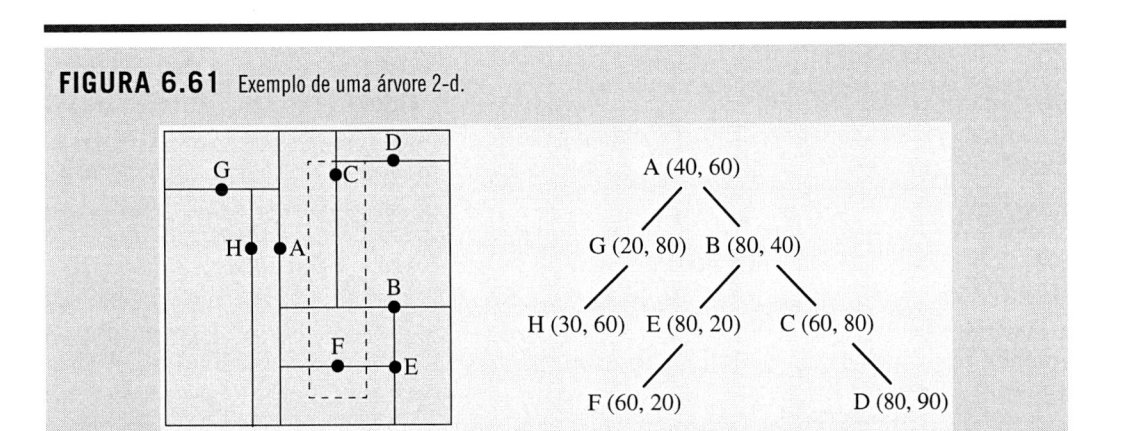

```
A (40, 60)
├── G (20, 80)
│   ├── H (30, 60)
│   └── E (80, 20)
│       └── F (60, 20)
└── B (80, 40)
    └── C (60, 80)
        └── D (80, 90)
```

FIGURA 6.62 Exemplo de uma árvore 3-d.

Nome	Ano de nascimento	Salário (K)
Kegan, John	1953	80
Adams, Carl	1977	45
Peterson, Ian	1969	66
Farrington, Jill	1988	71
Ruger, Ann	1979	72
Guyot, Franz	1979	70
Harel, Alan	1980	70

(Kegan John, 1953, 80)
├── (Adams Carl, 1977, 45)
│   └── (Farrington Jill, 1988, 71)
│   └── (Guyot Franz, 1979, 70)
│   └── (Harel Alan, 1980, 70)
└── (Peterson Ian, 1969, 66)
    └── (Ruger Ann, 1979, 72)

Em geral, qualquer número de atributos ou chaves pode ser utilizado em uma árvore k-d e ser de qualquer tipo. Por exemplo, uma tabela de banco de dados com três chaves: nome, ano de nascimento e salário pode ser representada por uma árvore 3-d, como na Figura 6.62, na qual no nível 1 o nome é usado como um discriminador; no 2, o ano de nascimento; no 3, salário; no 4, novamente nome etc. Isto se reflete no seguinte pseudocódigo para a inserção (supõe-se que `insert()` faz parte de uma classe `kdTree`, que inclui uma variável de classe ampla k inicializada pelo usuário através de um construtor, ou automaticamente com base no número de chaves):

```
insert (el)
    i = 0;
    p = root;
    prev = 0;
    while p ≠ 0
        prev = p;
        if el.keys[i] < p->el.keys[i]
            p = p->left;
        else p = p->right;
        i = (i+1) mod k;
    if root == 0
        root = new BSTNode(el);
```

```
    else if el.keys[(i - 1) mod k] < p->el.keys[(i-1) mod k]
        prev->left  = new BSTNode(el);
    else prev->right = new BSTNode(el);
```

Na Figura 6.61, a árvore foi criada pela inserção dos pontos A, B, C, D, E, F, G e H, nesta ordem. Por exemplo, para inserir o ponto F na árvore que consiste em cinco pontos, A a E, primeiro é comparada a coordenada *x* de F: 60 com a coordenada *x*: 40 do elemento raiz A. Já que 60 > 40, vamos para a direita de A, até B. Desta vez, é comparada a coordenada *y* de F: 20 com a coordenada *y* de B: 40. Já que 20 < 40, vamos para a esquerda de B, até E. Agora, é comparada a coordenada *x* de F: 60 com a coordenada *x* de E: 80, e, uma vez que 60 < 80, tentamos ir para a esquerda, mas este é um beco sem saída, que também indica a posição onde F deve ser inserido. Na Figura 6.62, para inserir o registro (Harel Alan, 1980, 70) na árvore 3-d, que já tem seis nós (que são Kegan, Adams, Peterson, Farrington, Ruger e Guyot), primeiro comparamos os nomes Harel e Kegan na raiz. Uma vez que Harel precede, em ordem alfabética, Kegan, vamos para o filho esquerdo da raiz. Agora, é comparado o ano de nascimento de Harel: 1980 com o de Adams: 1977, e, como 1980 > 1977, vamos para a direita de Adams, para o nó de Farrington. Desta vez, é comparado o salário 71 com o de Harel: 70, e, como 70 < 71, vamos para a esquerda, para o nó de Guyot. Agora, o nome Harel é comparado com Guyot, após o que tentamos ir para a direita, mas não há nenhum descendente direto de Guyot, por isso Harel se torna o descendente.

A árvore *k*-d pode ser usada para procurar um item em particular (uma consulta de correspondência exata), da mesma maneira que na árvore regular de busca binária, exceto que todas as chaves têm de ser iguais para uma pesquisa bem-sucedida e, para continuar a busca, as chaves (discriminadores) utilizadas em comparações têm que ser mudadas de um nível para o outro.

A árvore *k*-d também pode ser usada para itens de saída na árvore dentro de uma gama particular (uma região de consulta). Para um item particular, verifica-se se ele, neste nó, está dentro de uma região. Em seguida, se está em um nível no qual a chave *i* é usada como um discriminador, então, a busca continua para ambos os filhos se a chave *i* deste item está dentro do intervalo especificado para esta chave, apenas para o filho da direita, se esta chave está abaixo do limite superior da gama (mas não maior do que a faixa inferior), e apenas para o filho esquerdo se a chave está acima do limite inferior da gama (mas não menor do que o limite superior). Eis o pseudocódigo:

```
search (ranges[][])
    if root ≠ 0
        search(root,0,ranges);

search(p, i, ranges[][])
    found = true;
    for j = 0 até k-1
        if!(ranges [j] [0] ≤ p->el.keys[j] ≤ ranges[j] [1])
            found = false;
            break;
    if found
        produz p->el;
    if p->left ≠ 0 e ranges[i][0] ≤ p->el.keys[i]
        search(p->left,(i+1) mod k,ranges);
    if p->right ≠ 0 e p->el.keys[i] ≤ ranges [i][1]
        search(p->right,(i+1) mod k,ranges);
```

Por exemplo, podemos querer encontrar na Figura 6.61 todos os pontos com *x* e *y* tal que 50 ≤ *x* ≤ 70, 10 ≤ *y* ≤ 90, marcado com uma linha tracejada. A função de search(ranges) seria chamada com a matriz bidimensional ranges = {{50,70}, {10,90}} (em geral, isto é uma matriz bidimensional *k* × 2, ranges[k] [2]). Para o nó raiz A, ele é testado na primeira iteração do laço se a coordenada *x* está dentro do alcance *x*, ou seja, se 50 ≤ 40 ≤ 70. Uma vez que a condição é falsa, o laço é encerrado e o ponto A não é emitido. Depois, `search()` é chamado apenas para o filho B à direita de A, desde A · keys[0] ≤ ranges[0][1], ou seja, 40 ≤ 70. Agora, na primeira iteração do laço acontece que a coordenada x de B não está na gama de x, assim, a rotina é cancelada e B não é emitido. No entanto, como a coordenada y está dentro do intervalo y, 10 ≤ 40 ≤ 90, é chamado `search()` para ambos os filhos de B. Ao executar `search()` para E, o laço é encerrado depois de verificar que a coordenada x de E não está dentro do intervalo de x, e assim E não é emitido. Como a gama inferior de x 50 é menor do que a coordenada x 80 de E, é chamado `search()` para o filho à esquerda de E, F, mas não para o à direita, uma vez que é nulo. Quando `search()` é executado para F, a instrução "if" dentro do laço é avaliada como verdadeira durante a primeira iteração, já que a coordenada x de F está dentro do intervalo x, 50 ≤ 60 ≤ 70. A segunda iteração do laço testa a coordenada y de F, e, já que está dentro do intervalo de y, 10 ≤ 20 ≤ 90, o ponto F é emitido após o laço estar concluído. Em seguida, `search()` é chamado para o nó C: C é emitido desde que 50 ≤ 60 ≤ 70 e 10 ≤ 80 ≤ 90, e `search()` é chamado para o filho à direita de C, D, uma vez que C.keys[1] ≤ ranges[1][1], ou seja, 80 ≤ 90 somente para determinar que a coordenada x de D está fora do intervalo e, portanto, D não é emitido.

Tem sido demonstrado que, no pior caso, o custo da pesquisa de intervalo em uma árvore completa k-d com n nós é $O(k \cdot n^{1-1/k})$ (Lee e Wong, 1977).

Remoção é uma operação muito mais complicada. Em uma árvore regular de busca binária, para excluir um nó com dois descendentes, o sucessor imediato poderia ser encontrado indo para a subárvore direita e continuar indo à esquerda, ou o antecessor imediato poderia ser encontrado na posição mais à direita da subárvore esquerda. Esta estratégia não vai funcionar para árvores k-d. O sucessor imediato de um nó p está em sua subárvore direita, mas não necessariamente na sua posição mais à esquerda. Por exemplo, um antecessor imediato do nó raiz A na Figura 6.61 é H, não G, como seria determinado se fosse utilizado um algoritmo correspondente a uma árvore regular de busca binária. O problema é que, quando estamos no nó G, a coordenada y é usada como um discriminador, o que significa que em nós da subárvore à esquerda de G é possível encontrar uma coordenada x maior do que em G e sua subárvore direita, como é o caso aqui. Portanto, para encontrar um nó com a menor coordenada x a partir do nó G, ambas as subárvores têm que ser investigadas. De um modo geral, se é para ser encontrado um sucessor imediato no que diz respeito à chave i, então, a partir de um nó no nível em que esta chave é utilizada como um discriminador é suficiente para investigar somente a subárvore à direita deste nó; caso contrário, ambas as subárvores terão que se submeter ao escrutínio. No caso em que o nó p a ser eliminado não tiver um filho à direita, então é investigada a subárvore à esquerda de p para localizar o menor nó q; a informação a partir deste predecessor q é copiada sobre a informação em p, a subárvore à esquerda de p é feita subárvore à direita de p e o processo de remoção continua, excluindo q. Isto é ilustrado na Figura 6.63. Para excluir o nó raiz p, onde a coordenada x é o discriminador, é encontrado um nó q com o menor valor de x (Figura 6.63a), a informação de q substitui a informação em p, e a subárvore à esquerda de p torna-se subárvore à direita de p (Figura 6.63b). Existem agora dois nós com o mesmo conteúdo, e, assim, o velho nó q, agora p, é extirpado da árvore (Figura 6.63c). Note que havia dois candidatos para o nó com o menor valor, o nó há pouco excluído (10, 20) e seu ascendente (10, 30). Uma vez que, eventualmente, sempre é excluída uma folha da árvore k-d, em caso de empate é escolhido um nó de um nível mais baixo. Observe também que encontrar um nó com o maior valor de x na subárvore à esquerda da raiz na Figura 6.63a e copiar o conteúdo deste nó na raiz seria aparentemente simplificar a operação, desde que a subárvore à esquerda da raiz possa permanecer onde está. No entanto, isto resultaria em uma árvore k-d inconsistente, já que o maior valor, e, assim, um antecessor imediato da raiz (em relação ao valor de x), seria o nó (40, 40). Se estes valores foram colocados na raiz, então o filho esquerdo de (40, 40) seria o nó (40, 20); no entanto, o filho esquerdo de (40, 40) deve ter o valor de x menor do que 40 e, como tal, deve se tornar o filho à direita de (40, 40).

FIGURA 6.63 Excluindo nós de uma árvore 2-d.

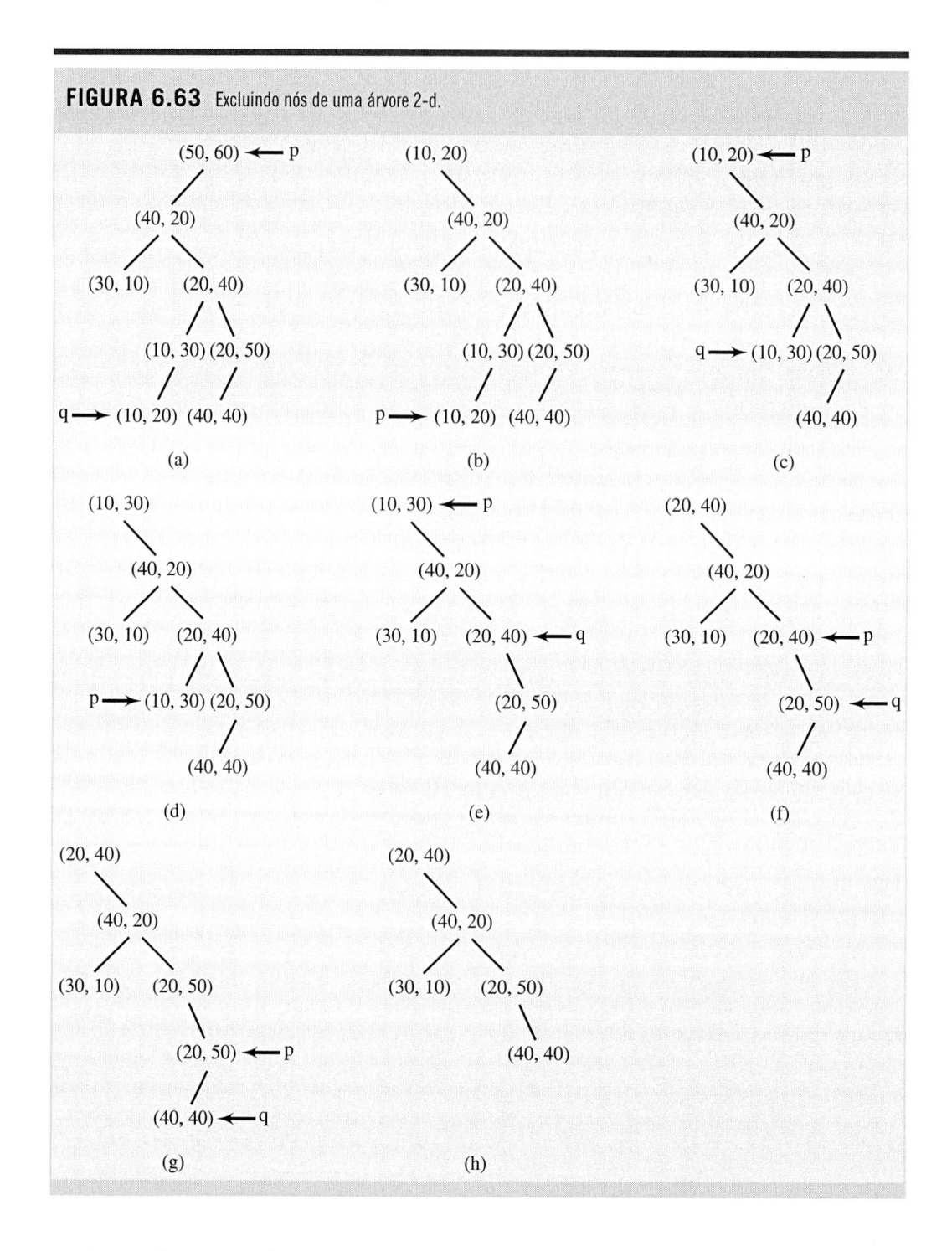

(a) — árvore com raiz (50, 60) ← p; filho esquerdo (40, 20); filhos (30, 10) e (20, 40); abaixo de (20, 40): (10, 30) e (20, 50); abaixo de (10, 30): q → (10, 20) e (40, 40).

(b) — raiz (10, 20); filho direito (40, 20); filhos (30, 10) e (20, 40); abaixo de (20, 40): (10, 30) e (20, 50); abaixo de (10, 30): p → (10, 20) e (40, 40).

(c) — raiz (10, 20) ← p; filho direito (40, 20); filhos (30, 10) e (20, 40); abaixo de (20, 40): q → (10, 30) e (20, 50); abaixo de (10, 30): (40, 40).

(d) — raiz (10, 30); filho direito (40, 20); filhos (30, 10) e (20, 40); abaixo de (20, 40): p → (10, 30) e (20, 50); abaixo de (10, 30): (40, 40).

(e) — raiz (10, 30) ← p; filho direito (40, 20); filhos (30, 10) e (20, 40) ← q; abaixo de (20, 40): (20, 50); abaixo: (40, 40).

(f) — raiz (20, 40); filho direito (40, 20); filhos (30, 10) e (20, 40) ← p; abaixo de (20, 40): (20, 50) ← q; abaixo: (40, 40).

(g) — raiz (20, 40); filho direito (40, 20); filhos (30, 10) e (20, 50); abaixo de (20, 50): (20, 50) ← p; abaixo: (40, 40) ← q.

(h) — raiz (20, 40); filho direito (40, 20); filhos (30, 10) e (20, 50); abaixo de (20, 50): (40, 40).

Para excluir a raiz q da árvore na Figura 6.63c, é encontrado um sucessor imediato q na subárvore à direita de p, a raiz é modificada, e, apenas encontrado o sucessor, este é marcado para remoção (Figura 6.63d) e excluído (Figura 6.63e). Se a raiz deve ser excluída da árvore da Figura 6.63e, é encontrado seu sucessor imediato q. Embora haja dois candidatos, (20, 40) e (20, 50), é escolhido o superior, já que não há um descendente à esquerda, e porque o valor de x é um discriminador, a subárvore à direita de (20, 40) não é investigada. Os passos restantes são mostrados nas Figuras 6.63f - h.

Um algoritmo para a remoção do nó é dado pelo seguinte pseudocódigo:

```
delete(el)
    p = o nó com el;
    delete(p, índice do discriminador i para p);

delete(p)
    if p é uma folha
        excluir p;
    else if p->right ≠ 0
        q = smallest(p->right, i, (i+1) mod k);
    else q = smallest(p->left, i, (i+1) mod k);
        p->right = p->left;
        p->left = 0;
    p->el = q->el;
    delete(q,i);

smallest(q,i,j)
    qq = q;
    if i == j
        if q->left ≠ 0
            qq = q = q->left;
        else return q;
    if q->left ≠ 0
        lt = smallest(q->left,i,(j+1) mod k);
        if qq->el.keys[i] ≥ lt->el.keys[i]
            qq = lt;
    if q->right ≠ 0
        rt = smallest(q->right,i,(j+1) mod k);
        if qq->el.keys[i] ≥ rt->el.keys[i]
            qq = rt;
    return qq;
```

Note que ao excluir a raiz, sobre os níveis em que o valor de x é usado como um discriminador (exceto o da raiz), só subárvores à esquerda dos nós precisam ser investigadas; nas Figuras 6.63a e c, a subárvore à direita de (20, 40) não foi pesquisada. Geralmente, em uma árvore k-d, somente para os nós em todos os níveis k-ésimo suas subárvores à direita não são examinadas. Isto faz o custo da eliminação ser $O(n^{1-1/k})$. No entanto, o custo da eliminação de um nó escolhido aleatoriamente é $O(\lg n)$ (Bentley, 1975).

6.12 Notação polonesa e as árvores de expressão

Uma das aplicações das árvores binárias é uma representação não ambígua de expressões aritméticas, relacionais e lógicas. No início de 1920, um logicista polonês Jan Łukasiewicz, inventou uma notação especial para a lógica proposicional que nos permite eliminar todos os parênteses das fórmulas. A notação de Łukasiewicz, chamada *notação polonesa*, resulta em fórmulas menos legíveis do que as originais com parênteses e não foi amplamente usada. No entanto, provou ser útil para computadores, especialmente para escrever compiladores e interpretadores.

Para manter a legibilidade e evitar a ambiguidade de fórmulas, símbolos extras, como parênteses, têm que ser usados. Todavia, se evitar a ambiguidade é o único objetivo, esses símbolos podem ser omitidos ao custo de mudar a ordem dos usados nas fórmulas. Isto é exatamente o que o compilador faz. Ele rejeita tudo o que não é essencial para recuperar o significado próprio das fórmulas.

Como esta notação trabalha? Veja primeiro o seguinte exemplo: Qual é o valor desta expressão algébrica?

$$2 - 3 \cdot 4 + 5$$

O resultado depende da ordem na qual as operações são executadas. Se multiplicarmos primeiro e então subtrairmos e adicionarmos, o resultado será –5, como esperado. Se a subtração for feita primeiro, e depois a adição e a multiplicação, como em

$$(2 - 3) \cdot (4 + 5)$$

o resultado será –9. Mas se subtrairmos depois de multiplicar e adicionar, como em

$$2 - (3 \cdot 4 + 5)$$

o resultado da avaliação será –15. Ao ver a primeira expressão, sabemos em que ordem avaliá-la. Mas o computador não sabe que, em tal caso, a multiplicação tem precedência sobre a adição e a subtração. Se queremos sobrescrever a precedência, parênteses são necessários.

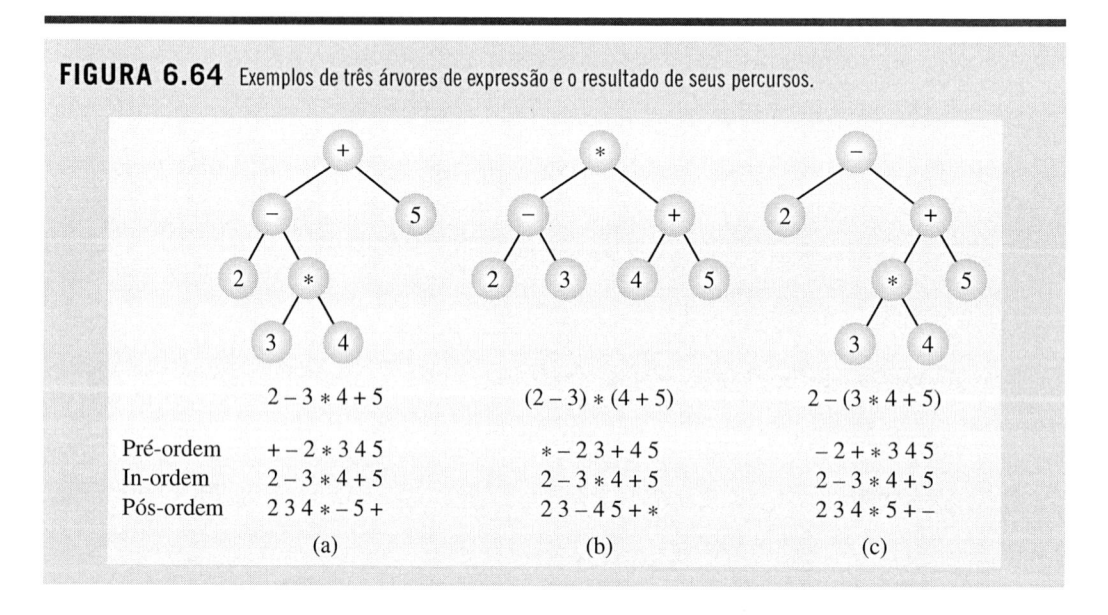

FIGURA 6.64 Exemplos de três árvores de expressão e o resultado de seus percursos.

	(a)	(b)	(c)
	$2 - 3 * 4 + 5$	$(2 - 3) * (4 + 5)$	$2 - (3 * 4 + 5)$
Pré-ordem	$+ - 2 * 3 4 5$	$* - 2 3 + 4 5$	$- 2 + * 3 4 5$
In-ordem	$2 - 3 * 4 + 5$	$2 - 3 * 4 + 5$	$2 - 3 * 4 + 5$
Pós-ordem	$2 3 4 * - 5 +$	$2 3 - 4 5 + *$	$2 3 4 * 5 + -$

Os compiladores necessitam gerar código montador no qual uma operação é executada por vez e o resultado é retido para outras operações. Em consequência, todas as expressões precisam ser quebradas sem ambiguidade em operações separadas e colocadas em sua ordem apropriada. É neste aspecto que a notação polonesa é útil, porque nos permite criar uma *árvore de expressão* que impõe uma ordem na execução das operações. Por exemplo, a primeira expressão, 2 – 3 · 4 + 5, que é a mesma que 2 – (3 · 4) + 5, é representada pela árvore da Figura 6.64a. A segunda e a terceira expressões correspondem às árvores das Figuras 6.64b e 6.64c. É óbvio agora que nas Figuras 6.64a e c temos primeiro que multiplicar 3 por 4 para obter 12. Mas 12 é subtraído de 2, de acordo com a árvore da Figura 6.64a, e adicionado a 5, de acordo com a Figura 6.64c. Não há ambiguidade envolvida nesta representação de árvore. O resultado final pode ser calculado somente se os intermediários são calculados primeiro.

Note também que as árvores não usam parênteses, e ainda assim nenhuma ambiguidade surge. Podemos manter esta situação livre de parênteses se a árvore de expressão é linearizada (isto é, se for transformada em uma expressão que usa o método de percurso de árvore). Os três métodos de percurso relevantes neste contexto são pré-ordem, in-ordem e pós-ordem. Usando estes métodos, nove resultados são gerados, como mostrado na Figura 6.64. De maneira interessante, o percurso in-ordem de todas as três árvores resulta na mesma saída, que é a expressão inicial causadora de toda a confusão. Isto significa que o percurso em in-ordem não é adequado para gerar a saída não ambígua, mas os outros dois são. Estes são diferentes para diferentes árvores, e, por consequência, úteis para o propósito da criação de expressões e sentenças não ambíguas.

Devido à importância dessas diferentes convenções, uma terminologia especial é usada. O percurso em pré-ordem gera *notação de prefixo*; o in-ordem, *notação de infixo*; e o pós-ordem, *notação de pós-fixo*. Note que estamos acostumados com a notação de infixo. Nesta, um operador é circundado por seus dois operandos. Na notação de prefixo, o operador precede os operandos, e na de pós-fixo, o operador segue os operandos. Algumas calculadoras manuais operam em expressões em notação pós-fixa. Algumas linguagens de programação também usam a notação polonesa. Por exemplo, Forth e PostScript usam a notação pós-fixa. LISP e, em grande medida, LOGO usam a notação prefixa.

6.12.1 Operações nas árvores de expressão

Árvores binárias podem ser criadas de duas maneiras diferentes: de cima para baixo ou de baixo para cima. Na implementação da inserção, a primeira abordagem foi usada. Esta seção aplica a segunda, criando árvores de expressão de cima para baixo enquanto se varrem expressões infixas da esquerda para a direita.

A parte mais importante deste processo de construção é reter a mesma precedência de operações que as das expressões que estão sendo varridas, como exemplificado na Figura 6.64. Se os parênteses não são permitidos, o trabalho é simples, pois eles permitem muitos níveis de aninhamento. Em consequência, um algoritmo deve ser poderoso o suficiente para processar qualquer número de níveis de aninhamento em uma expressão. Uma abordagem natural é a implementação recursiva. Modificamos o interpretador descendente recursivo discutido no estudo de caso do Capítulo 5 e delineamos um construtor de árvore de expressão descendente recursivo.

Como a Figura 6.64 indica, um nó contém um operador ou um operando, o último sendo tanto um identificador quanto um número. Para simplificar a tarefa, eles podem ser representados como cadeias de caracteres em uma instância de classe definida como

```
class ExprTreeNode {
public:
    ExprTreeNode(char *k, ExprTreeNode *l, ExprTreeNode *r){
        key = new char[strlen(k)+1];
        strcpy(key,k);
        left = l; right = r;
    }
    . . . . . . . .
private:
    char *key;
    ExprTreeNode *left, *right;
}
```

As expressões convertidas em árvores usam a mesma sintaxe que aquelas do estudo de caso do Capítulo 5. Em consequência, os mesmos diagramas de sintaxe podem ser usados. Usando estes diagramas, uma classe ExprTree pode ser criada, na qual as funções-membro para processar um fator e um termo têm o seguinte pseudocódigo (uma função para processar uma expressão tem a mesma estrutura que a que processa um termo):

```
factor()
    if (token é um número, id ou operador)
        return new ExprTreeNode(token);
    else if (token é '(')
        ExprTreeNode *p = expr();
        if (token é ')')
            return p;
        else erro;
```

```
term()
    ExprTreeNode *p1, *p2;
    p1 = factor();
    while (token é '*' or '/')
        oper = token;
        p2 = factor();
        p1 = new ExprTreeNode(oper,p1,p2);
    return p1;
```

A estrutura da árvore de expressão é muito adequada para gerar código montador ou intermediário em compiladores, como mostrado no pseudocódigo de uma função a partir da classe ExprTree:

```
void generateCode() {
    generateCode(root);
}
generateCode(ExprTreeNode *p) {
    if (p->key é um número ou id)
        return p->key;
    else if (p->key é um operador de adição)
        result = newTemporaryVar();
        output << "add\t" << generateCode(p->left) << "\t"
               << generateCode(p->right) << "\t"
               <<result<<endl;
        return result;
    . . . . . . . . .
}
```

Com essas funções-membro, uma expressão

$$(var2 + n) * (var2 + var1)/5$$

é transformada em uma árvore de expressão mostrada na Figura 6.65, e, desta árvore, `generateCode()` gera o seguinte código intermediário:

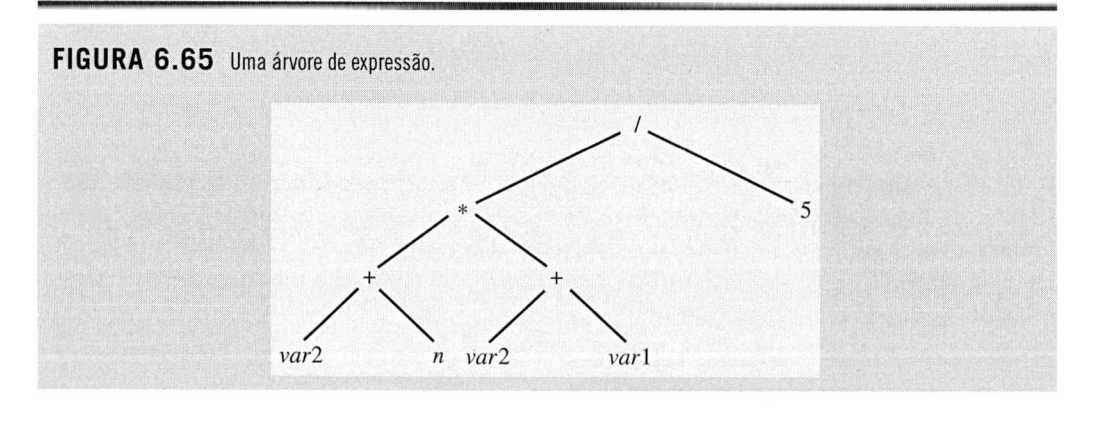

FIGURA 6.65 Uma árvore de expressão.

```
add     var2        n           _tmp_3
add     var2        var1        _tmp_4
mul     _tmp_3      _tmp_4      -tmp_2
div     _tmp_2      5           _tmp_1
```

Árvores de expressão são também muito convenientes para realizar outras operações simbólicas, tais como diferenciação, cujas regras (dadas nas tarefas de programação do Capítulo 5) são mostradas na forma de transformações de árvore na Figura 6.66 e no seguinte pseudocódigo:

```
differentiate(p,x) {
    if (p == 0)
        return 0;
    if (p->key é o id x)
        return new ExprTreeNode("1");
    if (p->key é outro id ou um número)
        return new ExprTreeNode("0");
    if (p->key é '+' ou '-')
        return new ExprTreeNode(p->key,differentiate(p->left,x),
                                        differentiate(p->right,x));
    if (p->key is '*')
        ExprTreeNode *q = new ExprTreeNode("+");
        q->left = new ExprTreeNode("*",p->left,new ExprTreeNode(*p->right));
        q->left->right = differentiate(q->left->right,x);
        q->right = new ExprTreeNode("*",new ExprTreeNode(*p->left),p->right);
        q->right->left = differentiate(q->right->left,x);
        return q;
    . . . . . . . . .
}
```

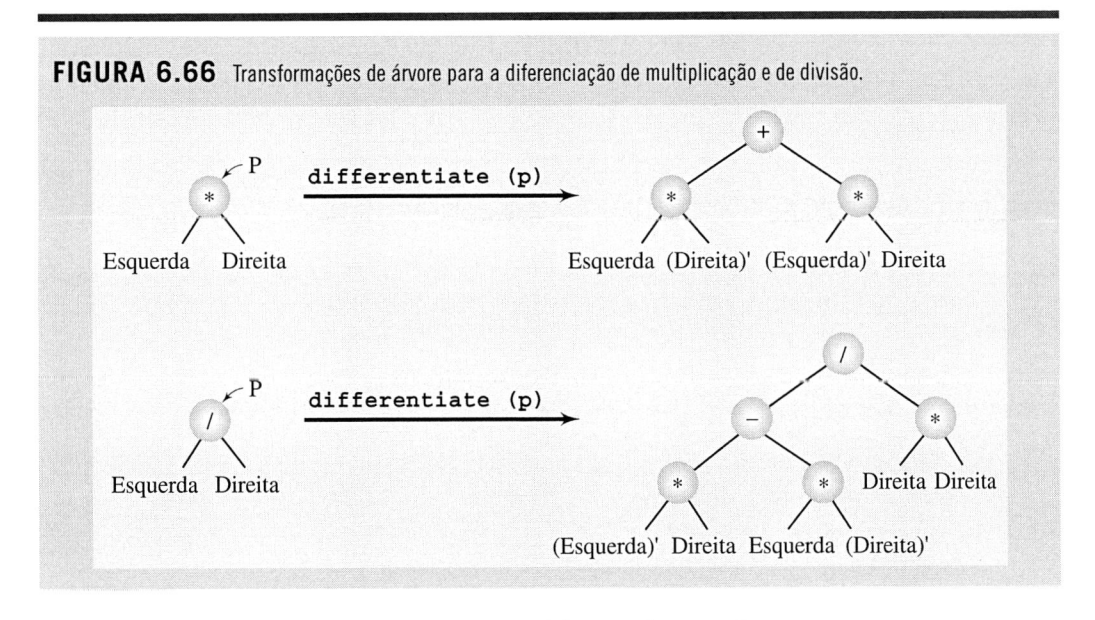

FIGURA 6.66 Transformações de árvore para a diferenciação de multiplicação e de divisão.

Aqui, p é um ponteiro para a expressão a ser diferenciada com relação a x.

As regras para a divisão são deixadas como um exercício.

6.13 Estudo de caso: Calculando frequências de palavras

Uma ferramenta para estabelecer a autoria de textos, em casos em que o texto não está assinado ou é atribuído a alguém, são as frequências de palavras. Se sabemos que o autor A escreveu o texto T_1 e que a distribuição das frequências de palavras em um texto T_2 sob escrutínio é muito perto daquelas em T_1, é provável que T_2 tenha sido escrito pelo autor A.

Independente de quão confiável este método é para estudos literários, nosso interesse reside em escrever um programa que varre um arquivo de texto e calcula a frequência da ocorrência de palavras nele. Para simplificar, as marcas de pontuação são desprezadas e a sensibilidade ao tamanho das letras desabilitada. Em consequência, a palavra *man's* é contada como duas, *man* e *s*, embora de fato possa ser uma única palavra (para possessividade) e não duas (contração de *man is* ou *man has*). Mas as contrações são contadas separadamente. Por exemplo, *s* de *man's* é considerado uma palavra separada. De forma similar, os separadores no meio de palavras, como hífens, fazem porções das mesmas palavras ser consideradas separadas. Por exemplo, *pre-existence* é dividida em *pre* e *existence*. Além disso, desabilitando-se a sensibilidade ao tamanho das letras, *Good* na frase *Mr. Good* é considerada outra ocorrência da palavra *good*. Por outro lado, *Good* usado no seu sentido normal no início de uma sentença é apropriadamente incluída como outra ocorrência de *good*.

Este programa foca não tanto em linguística, mas em construir uma árvore binária de busca autoajustada usando a técnica de semiafunilamento. Se uma palavra é encontrada no arquivo pela primeira vez, é inserida na árvore. Caso contrário, o semiafunilamento é iniciado a partir do nó que corresponde a esta palavra.

Outra questão é armazenar todos os predecessores ao varrer a árvore. Isto é obtido com o uso de um ponteiro para o ascendente. Deste modo, a partir de cada nó podemos acessar qualquer predecessor dele até a raiz da árvore.

A Figura 6.67 mostra a estrutura da árvore usando o conteúdo de um pequeno arquivo, e a 6.68 contém o código completo. O programa lê uma palavra, que é qualquer sequência de caracteres alfanuméricos que se inicia com uma letra (espaços, marcas de pontuação etc. são descartados), e verifica se a palavra está na árvore. Se estiver, a técnica de semiafunilamento é usada para reorganizar a árvore, e então o contador de frequência de palavras é incrementado. Note que este movimento em direção à raiz é realizado mudando-se os vínculos dos nós envolvidos, não se transferindo fisicamente a informação a partir de um nó para o seu ascendente, depois para o seu avô, e assim por diante. Se uma palavra não é encontrada na árvore, ela é inserida criando-se uma nova folha para ela. Depois que todas as palavras são processadas, um percurso de árvore in-ordem é realizado através da árvore para contar todos os nós e somar todas as contagens de frequência, para imprimir como resultado final os números de palavras na árvore e de palavras no arquivo.

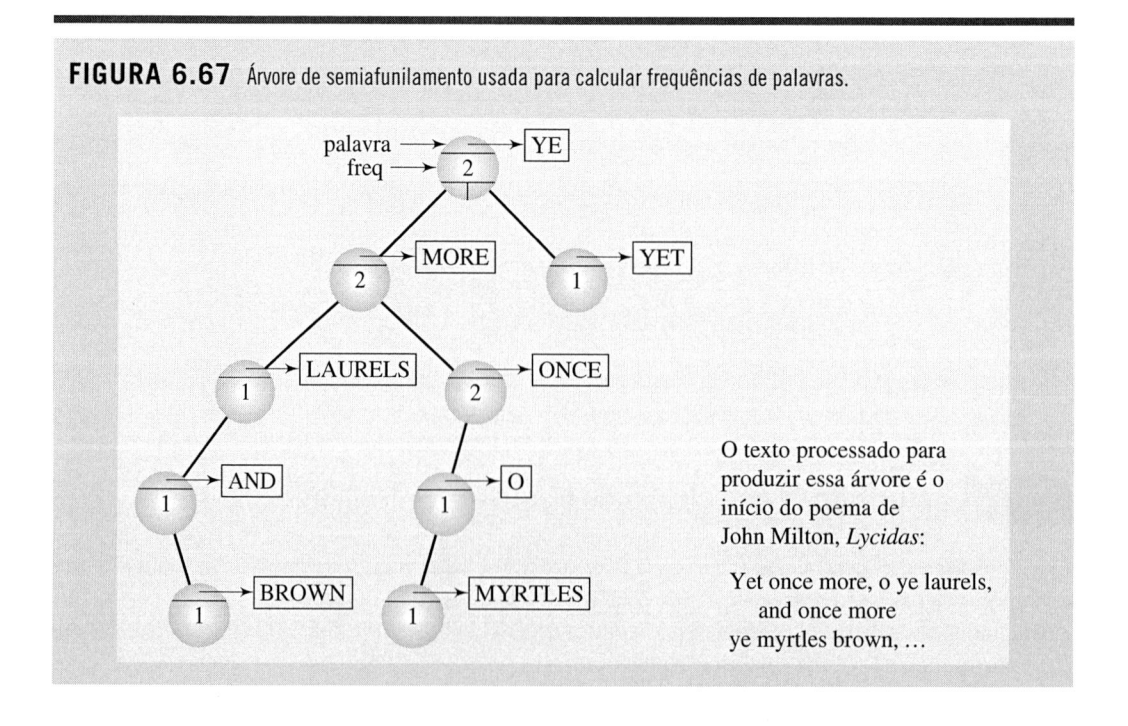

FIGURA 6.67 Árvore de semiafunilamento usada para calcular frequências de palavras.

O texto processado para produzir essa árvore é o início do poema de John Milton, *Lycidas*:

Yet once more, o ye laurels,
and once more
ye myrtles brown, ...

FIGURA 6.68 Implementação do cálculo da frequência de palavras.

```
//*********************     genSplay.h     *********************
//                    classe generica da arvore de afunilamento
#ifndef SPLAYING
#define SPLAYING

template<class T> class SplayTree;

template<class T>
class SplayingNode {
public:
    SplayingNode() {
        left = right = parent = 0;
    }
    SplayingNode(const T& el, SplayingNode *l = 0, SplayingNode *r = 0,
                 SplayingNode *p = 0) {
        info = el; left = l; right = r; parent = p;
    }
    T info;
    SplayingNode *left, *right, *parent;
};

template<class T>
class SplayTree {
public:
    SplayTree() {
        root = 0;
    }
    void inorder() {
        inorder(root);
    }
    T* search(const T&);
    void insert(const T&);
    }
protected:
    SplayingNode<T> *root;
    void rotateR(SplayingNode<T>*);
    void rotateL(SplayingNode<T>*);
    void continueRotation(SplayingNode<T>* gr, SplayingNode<T>* par,
                          SplayingNode<T>* ch, SplayingNode<T>* desc);
    void semisplay(SplayingNode<T>*);
    void inorder(SplayingNode<T>*);
    void virtual visit(SplayingNode<T>*) {
    }
};

template<class T>
void SplayTree<T>::continueRotation(SplayingNode<T>* gr,
SplayingNode<T>* par, SplayingNode<T>* ch, SplayingNode<T>* desc) {
    if (gr != 0) { // se p  tem um avo;
        if (gr->right == ch->parent)
```

FIGURA 6.68 Implementação do cálculo da frequência de palavras. (*continuação*)

```
                gr->right = ch;
            else gr->left = ch;
        }
        else root = ch;
        if (desc != 0)
            desc->parent = par;
        par->parent = ch;
        ch->parent = gr;
}

template<class T>
void SplayTree<T>::rotateR(SplayingNode<T>* p) {
    p->parent->left = p->right;
    p->right = p->parent;
    continueRotation(p->parent->parent,p->right,p,p->right->left);
}

template<class T>
void SplayTree<T>::rotateL(SplayingNode<T>* p) {
    p->parent->right = p->left;
    p->left = p->parent;
    continueRotation(p->parent->parent,p->left,p,p->left->right);
}

template<class T>
void SplayTree<T>::semisplay(SplayingNode<T>* p) {
    while (p != root) {
        if (p->parent->parent == 0)  // se o ascendente de p e a raiz;
            if (p->parent->left == p)
                rotateR(p);
            else rotateL(p);
        else if (p->parent->left == p) // se p e um filho a esquerda;
            if (p->parent->parent->left == p->parent) {
                rotateR(p->parent);
                p = p->parent;
            }
            else {
                rotateR(p); // gire p e seu ascendente;
                rotateL(p); // gire p e seu novo ascendente;
            }
        else                    // se p e um filho a direita;
            if (p->parent->parent->right == p->parent) {
                rotateL(p->parent);
                p = p->parent;
            }
            else {
                rotateL(p); // gire  p e seu ascendente;
                rotateR(p); // gire  p e seu novo ascendente;
            }
        if (root == 0)          // atualize a raiz;
```

FIGURA 6.68 Implementação do cálculo da frequência de palavras. (*continuação*)

```cpp
            root = p;
    }
}

template<class T>
T* SplayTree<T>::search(const T& el) {
    SplayingNode<T> *p = root;
    while (p != 0)
        if (p->info == el) {            // se el esta na arvore,
            semisplay(p);               // mova-o para cima;
            return &p->info;
        }
        else if (el < p->info)
            p = p->left;
        else p = p->right;
    return 0;
}

template<class T>
void SplayTree<T>::insert(const T& el) {
    SplayingNode<T> *p = root, *prev = 0, *newNode;
    while (p != 0) {   // encontre um lugar para inserir um novo no;
        prev = p;
        if (el < p->info)
            p = p->left;
        else p = p->right;
    }
    if ((newNode = new SplayingNode<T>(el,0,0,prev)) == 0) {
        cerr << "Sem espaco para novos nos\n";
        exit(1);
    }
    if (root == 0)    // a arvore esta vazia;
        root = newNode;
    else if (el < prev->info)
        prev->left  = newNode;
    else prev->right = newNode;
}
template<class T>
void SplayTree<T>::inorder(SplayingNode<T> *p) {
    if (p != 0) {
        inorder(p->left);
        visit(p);
        inorder(p->right);
    }
}

#endif

//*********************         splay.cpp         *************************

#include <iostream>
#include <fstream>
```

FIGURA 6.68 Implementação do cálculo da frequência de palavras. (*continuação*)

```cpp
#include <cctype>
#include <cstring>
#include <cstdlib> // exit()
#include "genSplay.h"
using namespace std;

class Word {
public:
    Word() {
        freq = 1;
    }
    int operator== (const Word& ir) const {
        return strcmp(word,ir.word) == 0;
    }
    int operator< (const Word& ir) const {
        return strcmp(word,ir.word) < 0;
    }
private:
    char *word;
    int freq;
    friend class WordSplay;
    friend ostream& operator<< (ostream&,const Word&);
};

class WordSplay : public SplayTree<Word> {
public:
    WordSplay() {
        differentWords = wordCnt = 0;
    }
    void run(ifstream&,char*);
private:
    int differentWords, // contador para diferentes palavras em um arquivo texto;
        wordCnt;        // contador para todas as palavras no mesmo arquivo;
    void visit(SplayingNode<Word>*);
};

void WordSplay::visit(SplayingNode<Word> *p) {
    differentWords++;
    wordCnt += p->info.freq;
}

void WordSplay::run(ifstream& fIn, char *fileName) {
    char ch = ' ', i;
    char s[100];
    Word rec;
    while (!fIn.eof()) {
        while (1)
            if (!fIn.eof() && !isalpha(ch)) // pule as nao letras
                fIn.get(ch);
```

FIGURA 6.68 Implementação do cálculo da frequência de palavras. (*continuação*)

```
            else break;
        if (fIn.eof())          // espacos no fim de fIn;
            break;
        for (i = 0; !fIn.eof() && isalpha(ch); i++) {
            s[i] = toupper(ch);
            fIn.get(ch);
        }
        s[i] = '\0';
        if (!(rec.word = new char[strlen(s)+1])) {
            cerr << "Sem espaco para novas palavras.\n";
            exit(1);
        }
        strcpy(rec.word,s);
        Word *p = search(rec);
        if (p == 0)
            insert(rec);
        else p->freq++;
    }
    inorder();
    cout << "\n\nFile " << fileName
        << " contains " << wordCnt << " words among which "
        << differentWords << " are different\n";
}

int main(int argc, char* argv[]) {
    char fileName[80];
    WordSplay splayTree;
    if (argc != 2) {
        cout << "Enter a file name: ";
        cin  >> fileName;
    }
    else strcpy(fileName,argv[1]);
    ifstream fIn(fileName);
    if (fIn.fail()) {
        cerr << "Cannot open " << fileName << endl;
        return 0;
    }
    splayTree.run(fIn,fileName);
    fIn.close();
    return 0;
}
```

6.14 Exercícios

1. A função `search()` dada na Seção 6.3 é bem adequada para árvores binárias de *busca*. Tente adotar todos os quatro algoritmos de percurso, de modo que se tornem procedimentos de busca para quaisquer árvores binárias.

2. Escreva funções
   a. para contar o número de nós em uma árvore binária
   b. para contar o número de folhas
   c. para contar o número de filhos à direita
   d. para encontrar a altura da árvore
   e. para excluir todas as folhas de uma árvore binária

3. Escreva uma função que verifique se uma árvore binária é perfeitamente equilibrada.

4. Projete um algoritmo para testar se uma árvore binária é do tipo de busca.

5. Aplique `preorder()`, `inorder()` e `postorder()` à árvore da Figura 6.69, se `visit(p)` é definida como:

   a. ```
      if (p->left != 0 && p->el - p->left->el < 2)
           p->left->el += 2;
      ```
   b. ```
      if (p->left == 0)
           p->right = 0;
      ```
   c. ```
      if (p->left == 0)
           p->left = new IntBSTNode(p->el - 1);
      ```
   d. ```
      {   tmp = p->right;
          p->right = p->left;
          p->left = tmp;
      }
      ```

FIGURA 6.69 Exemplo de uma árvore binária de busca.

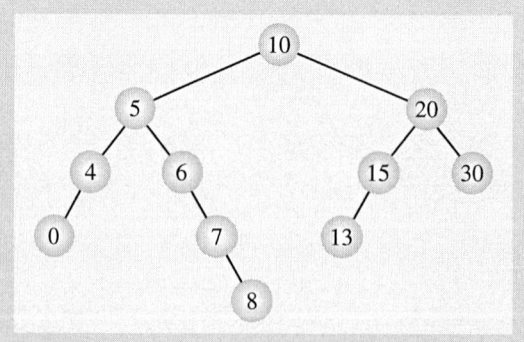

6. Por que as árvores fazem os percursos em pré-ordem e in-ordem gerando a mesma sequência?

7. A Figura 6.64 indica que o percurso em in-ordem para diferentes árvores pode resultar na mesma sequência. Isto é possível para os percursos em pré-ordem e em pós-ordem? Se for, mostre um exemplo.

Capítulo 6   Árvores Binárias   ■   261

8. Desenhe todas as possíveis árvores binárias de busca para os três elementos A, B e C.
9. Quais são os números mínimos e máximos de folhas em uma árvore balanceada de altura h?
10. Escreva uma função para criar uma imagem espelho de uma árvore binária.
11. Considere uma operação R que, para um dado método de percurso t, processe os nós na ordem oposta de t e uma operação C que processe os nós da imagem espelho de uma dada árvore usando o método de percurso t. Para os métodos de percurso de árvore — pré-ordem, in-ordem e pós-ordem —, determine quais das nove igualdades são verdadeiras:

$$R(\text{pré-ordem}) = C(\text{pré-ordem})$$
$$R(\text{pré-ordem}) = C(\text{in-ordem})$$
$$R(\text{pré-ordem}) = C(\text{pós-ordem})$$
$$R(\text{in-ordem}) = C(\text{pré-ordem})$$
$$R(\text{in-ordem}) = C(\text{in-ordem})$$
$$R(\text{in-ordem}) = C(\text{pós-ordem})$$
$$R(\text{pós-ordem}) = C(\text{pré-ordem})$$
$$R(\text{pós-ordem}) = C(\text{in-ordem})$$
$$R(\text{pós-ordem}) = C(\text{pós-ordem})$$

12. Usando os percursos in-ordem, pré-ordem e pós-ordem, visite somente as folhas de uma árvore. O que você pode observar? Como pode explicar este fenômeno?
13. (a) Escreva uma função que imprima lado a lado cada uma das árvores binárias com endentação apropriada, como na Figura 6.70a. (b) Adote esta função para imprimir uma árvore alinhada lado a lado; se apropriado, imprima a chave no nó sucessor, como na Figura 6.70b.

FIGURA 6.70   Imprimindo uma árvore binária de busca (a) e uma árvore alinhada (b) crescente da esquerda para a direita.

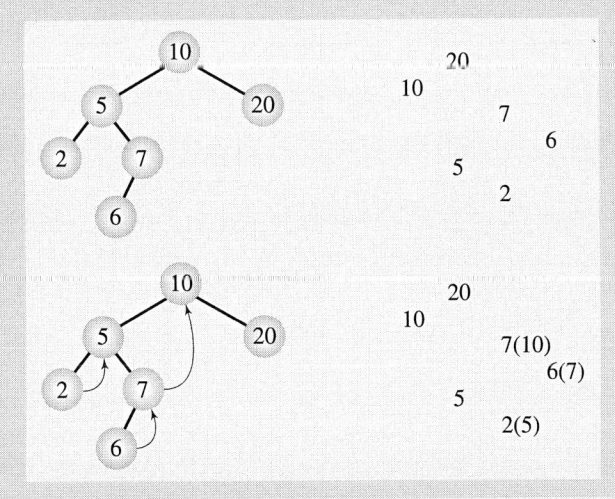

14. Delineie funções para inserir e remover um nó em uma árvore alinhada na qual as linhas são colocadas somente nas folhas, como ilustrado pela Figura 6.71.

FIGURA 6.71 Exemplos de árvores alinhadas.

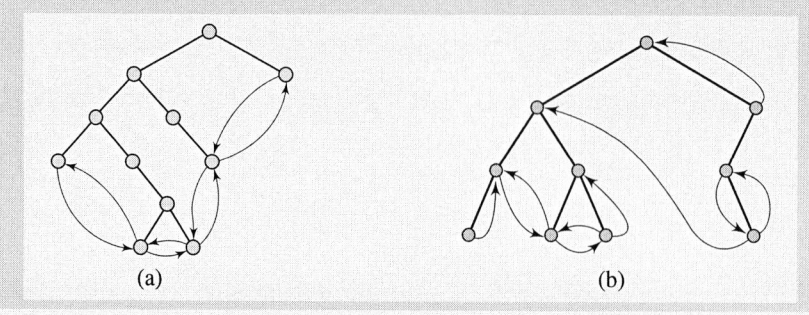

(a) (b)

15. A árvore na Figura 6.71b inclui linhas alinhando predecessores e sucessores de acordo com o percurso de pós-ordem. São essas linhas adequadas para realizar percursos em pré-ordem, in-ordem e pós-ordem alinhados?
16. Aplique a função `balance( )` ao alfabeto para criar uma árvore balanceada.
17. A sentença *Dpq* que usa a alternativa de Sheffer é falsa somente se tanto *p* quanto *q* são verdadeiros. Em 1925, Jan Łukasiewicz simplificou o axioma de Nicod, a partir do qual todas as teses de lógica proposicional podem ser derivadas. Transforme o axioma de Nicod-Łukasiewicz em uma sentença infixa com parênteses e construa uma árvore binária para ela. O axioma é *DDpDqrDDsDssDDsqDDpsDps*.
18. Escreva um algoritmo para imprimir uma expressão infixa com parênteses de uma árvore de expressão. Não inclua parênteses redundantes.
19. O algoritmo de Hibbard (1962) para remover uma chave de uma árvore binária de busca exige, se o nó que contiver a chave tiver um filho à direita, que a chave seja substituída pela menor chave na subárvore; caso contrário, que o nó com a chave seja removido. Em relação a que o algoritmo de Knuth (`deleteByCopying()`) é uma melhoria?
20. Uma *árvore de Fibonacci* pode ser considerada o pior caso de árvore AVL que tem o menor número de nós entre as árvores AVL de altura *h*. Desenhe árvores de Fibonacci para *h* = 1,2,3,4 e justifique o nome da árvore.
21. *Árvores de um lado balanceadas em altura* são do tipo AVL nas quais somente dois fatores de balanceamento são permitidos: –1 e 0 ou 0 e +1 (Zweben e McDonald, 1978). Qual é o raciocínio para introduzir este tipo de árvore?
22. Em *remoção lenta*, os nós a serem removidos são retidos na árvore e apenas marcados como removidos. Quais são as vantagens e desvantagens desta abordagem?
23. Qual é o número de comparações e de trocas no melhor caso para se criar uma heap usando
    a. o método de Williams?
    b. o método de Floyd?
24. Uma mistura dos métodos de Floyd e de Williams para se construir uma heap é aquela em que uma posição vazia ocupada por um elemento é movida para baixo, para a base da árvore, e então para cima (como no método de Williams), a árvore da posição que acabou de ser movida para baixo. Um pseudocódigo para esta função é:

```
i = n/2-1;  // posição do último ascendente na matriz de n elementos;
while (i >= 0)
    // fase de Floyd:
    tmp = data[i];
```

considere o elemento data[i] *vazio e o mova para baixo, para a base,*
   trocando-o a cada vez com o filho maior;
coloque tmp *na folha na qual esse processo terminou;*
// fase de *Williams*:
while tmp *não é a raiz* data[i] *da árvore considerada e é maior do que seu ascendente,*
   troque tmp *com seu ascendente;*
i--; // *vai para o ascendente precedente;*

Demonstrou-se que este algoritmo exige $1,65n$ comparações no caso médio (Mc Diarmid e Reed, 1989). Mostre as mudanças na matriz [2 8 6 1 10 15 3 12 11] durante a execução deste algoritmo. Qual é o pior caso?

25. Divida uma árvore binária de busca em duas, uma com chave $< K$ e a outra com chaves $\geq K$, onde K é qualquer chave na árvore.

26. Mescle duas árvores de busca binária em uma única sem inserir um nó de cada vez de uma árvore para outra.

27. Considere o seguinte algoritmo que insere um novo elemento na raiz, não em uma folha (Stephenson, 1980):

```
rootInsertion(el)
    p = root;
    q1 = q2 = root = new BSTNode(el);
    while p ≠ 0
        if p->el ≥ root->el
            if q2 == root
                q2->right = p;
            else  q2->left = p;
            q2 = p;
            p = p->left;
        else  //  if p->el < root->el
            if q1 == root
                q1->left = p;
            else q1->right = p;
            q1 = p;
            p = p->right;
    q1->left = q2->right = 0;
```

Mostre as árvores quando são inseridos os seguintes números:

a. 5 28 17 10 14 20 15 12 5

b. 1 2 3 4 5 6 7

Quando a inserção de uma raiz e de uma folha faz tornar-se a mesma árvore?

28. Escreva uma função search(el) para a árvore k-d.

29. Escreva uma função search(p,i,ranges[][]) para a árvore 2-d.

30. Escreva uma função search() para árvores 2-d visando encontrar pontos dentro de uma distância específica r a partir de determinado ponto (x, y).

6.15 Tarefas de programação

1. Escreva um programa que aceite uma expressão aritmética escrita em notação prefixa (polonesa), construa uma árvore de expressão e então a percorra para avaliar a expressão. A avaliação deve começar depois de uma expressão completa ter sido dada.

2. Uma árvore binária pode ser usada para se ordenar n elementos de uma matriz `data`. Primeiro, crie uma árvore binária completa, com todas as folhas em um nível, cuja altura $h = \lceil \lg n \rceil + 1$, e armazene todos os elementos da matriz nas primeiras n folhas. Em cada folha vazia, armazene um elemento E maior do que qualquer outro na matriz. A Figura 6.72a mostra um exemplo para `data` = {8, 20, 41, 7, 2}, $h = \lceil \lg(5) \rceil + 1 = 4$, e $E = 42$. Então, começando a partir da base da árvore, atribua a cada nó o mínimo dos valores de seus dois filhos, como mostrado na Figura 6.72b, de modo que o menor elemento $e_{mín}$ na árvore seja atribuído à raiz. A seguir, até que o elemento E seja atribuído à raiz, execute um laço em que cada iteração armazene E na folha, com o valor de $e_{mín}$ e que, também partindo da base, atribua a cada nó o mínimo de seus dois filhos. A Figura 6.72c exibe esta árvore depois de uma iteração do laço.

FIGURA 6.72 Árvore binária usada para ordenação.

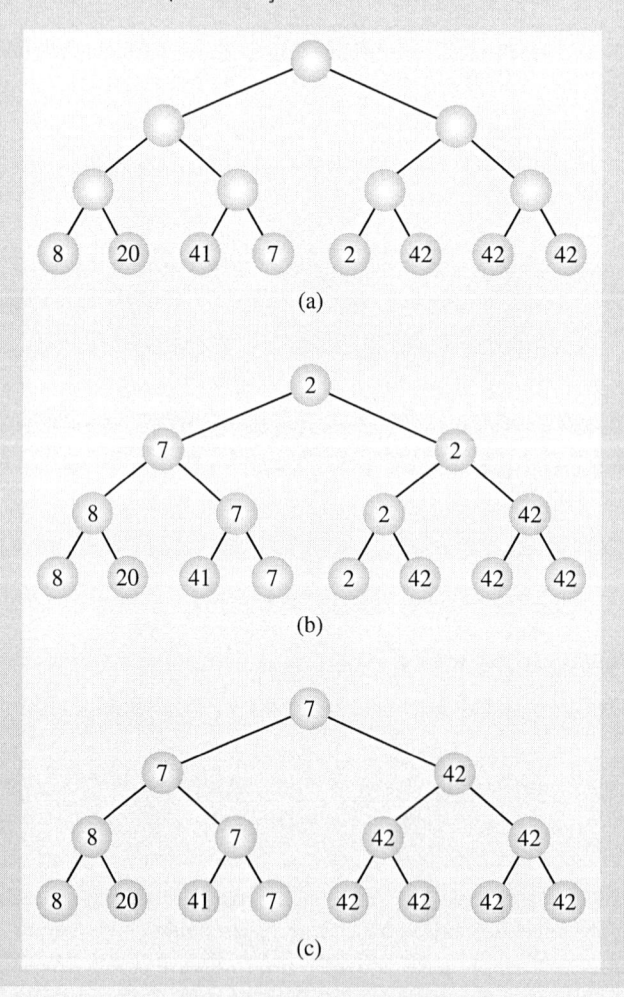

3. Implemente um programa conduzido por menus para gerenciar uma loja de softwares. Toda informação a respeito de softwares disponíveis é guardada em um arquivo `software`. Essa informação inclui o nome, a versão, a quantidade e o preço de cada pacote. Quando é invocado, o programa automaticamente cria uma árvore binária de busca com um nó que corresponde a um pacote de software, e inclui como sua chave o nome do pacote e sua versão. Outro campo nesse nó deve incluir a posição do registro no

arquivo `software`. O único acesso à informação armazenada em `software` deve ser através desta árvore.

O programa deve permitir que o arquivo e a árvore sejam atualizados quando um novo pacote de software chega à loja e/ou algum pacote é vendido. A árvore é atualizada pela maneira usual. Todos os pacotes são ordenados conforme sua entrada no arquivo `software`; se um novo pacote chega, é colocado no fim do arquivo. Se o pacote já tem uma entrada na árvore (e no arquivo), apenas o campo quantidade é atualizado. Se um pacote é vendido, o nó correspondente é removido da árvore e o campo quantidade no arquivo é mudado para 0. Por exemplo, se o arquivo tem estas entradas:

```
Adobe Photoshop              CS5         21      580
Norton Utilities                         10       50
Norton SystemWorks 2009                   6       50
Visual Studio Professional   2010        19      700
Microsoft Office             2010        27      150
```

então, depois de vender todas as seis cópias do Norton SystemWorks 2009, o arquivo é

```
Adobe Photoshop              CS5         21      580
Norton Utilities                         10       50
Norton SystemWorks 2009                   0       50
Visual Studio Professional   2010        19      700
Microsoft Office             2010        27      150
```

Se uma opção de saída é escolhida a partir do menu, o programa limpa o arquivo, movendo a entrada do fim do arquivo até as posições marcadas com 0 quantidades. Por exemplo, o arquivo anterior se torna

```
Adobe Photoshop              CS5         21      580
Norton Utilities                         10       50
Microsoft Office             2010        27      150
Visual Studio Professional   2010        19      700
```

4. Implemente algoritmos para construir árvores de expressão e diferenciar as expressões que representam. Estenda o programa para simplificar essas árvores. Por exemplo, dois nós podem ser eliminados das subárvores que representam $a \pm 0$, $a \cdot 1$, ou $\frac{a}{1}$.

5. Escreva um programa de referência cruzada que construa uma árvore binária de busca com todas as palavras incluídas a partir de um arquivo texto e registre os números de linhas nas quais essas palavras foram usadas. Esses números de linhas devem ser armazenados em listas ligadas associadas aos nós da árvore. Depois de o arquivo de entrada ter sido processado, imprima em ordem alfabética todas as palavras do arquivo texto junto com a lista de números de linhas correspondente nas quais as palavras ocorrem.

6. Faça um experimento aplicando alternativamente inserção e remoção de elementos aleatórios em uma árvore binária de busca aleatoriamente criada. Aplique remoções assimétricas e simétricas (discutidas neste capítulo). Para ambas as variantes do algoritmo de remoção, alterne as remoções estritamente com inserções e alterne essas operações aleatoriamente. Isso dá quatro combinações diferentes. Além disso, use dois geradores diferentes de números aleatórios para assegurar a aleatoriedade. Isto leva a oito combinações. Rode todas essas combinações para árvores de alturas 500, 1.000, 1.500 e 2.000. Plote os resultados e compare-os com os comprimentos do caminho interno (IPL) esperados indicados neste capítulo.

7. Cada unidade em um livro-texto de latim contém um vocabulário latim-inglês de palavras que são usadas pela primeira vez em uma unidade particular. Escreva um pro-

grama que converta um conjunto de tais vocabulários armazenados em um arquivo Latin em um conjunto de vocabulários inglês-latim. Faça as seguintes hipóteses:

a. Os nomes das unidades são precedidos por um símbolo de porcentagem.
b. Há somente uma entrada por linha.
c. Uma palavra em latim é separada por dois-pontos de sua(s) equivalente(s) inglesa(s); se há mais do que uma equivalente, elas são separadas por vírgula.

Para produzir as palavras em ordem alfabética, crie uma árvore binária de busca para cada unidade que contenha as palavras em inglês, e listas ligadas das equivalentes latinas. Assegure-se de que há somente um nó para cada palavra em inglês na árvore. Por exemplo, há somente um nó para *and*, embora *and* seja usada duas vezes na unidade 6: com palavras *ac* e *atque*. Depois que a tarefa tiver sido completada para uma dada unidade (isto é, o conteúdo da árvore tiver sido armazenado em um arquivo de saída), remova a árvore, junto com todas as listas ligadas, da memória do computador antes de criar uma árvore para a próxima unidade.

Eis o exemplo de um arquivo que contém os vocabulários latim-inglês:

```
%Unit 5
ante : before, in front of, previously
antiquus : ancient
ardeo : burn, be on fire, desire
arma : arms, weapons
aurum : gold
aureus : golden, of gold

%Unit 6
animal : animal
Athenae : Athens
atque : and
ac : and
aurora : dawn

%Unit 7
amo : love
amor : love
annus : year
Asia : Asia
```

Destas unidades, o programa deve gerar o seguinte resultado:

```
%Unit 5
ancient : antiquus
arms : arma
be on fire : ardeo
before : ante
burn : ardeo
desire : ardeo
gold: aurum
golden : aureus
in front of : ante
of gold : aureus
previously : ante
weapons : arma

%Unit 6
Athens : Athenae
and : ac, atque
```

```
animal : animal
dawn : aurora

%Unit 7
Asia : Asia
love : amor, amo
year : annus
```

8. Implemente um método de remoção que exclua um nó *x* rotacionando para baixo da árvore até que tenha no máximo um filho, quando poderá ser eliminado facilmente. A cada passo, rotacione em torno de *x* um filho que é a raiz de uma subárvore mais profunda do que a enraizada no outro filho. Considere o uso de uma variante em que um filho a ser rotacionado em torno de *x* é a raiz de uma subárvore com maior número de nós do que a enraizada no outro filho. A altura de uma subárvore ou o número de nós deve ser calculado mediante exclusão (conforme os Exercícios 2a e 2d na Seção 6.14).

Bibliografia

Inserções e remoções

CULBERSON, Joseph. The effect of updates in binary search trees. *Proceedings of the 17th Annual Symposium on Theory of Computing*, 1985, p. 205-12.

EPPINGER, Jeffrey L. An empirical study of insertion and deletion in binary search trees. *Communications of the ACM*, n. 26, 1983, p. 663-69.

HIBBARD, Thomas N. Some combinatorial properties of certain trees with applications to searching and sorting. *Journal of the ACM*, n. 9, 1962, p. 13-28.

JONASSEN, Arne T. e KNUTH, Donald E. A trivial algorithm whose analysis isn't. *Journal of Computer and System Sciences*, n. 16, 1978, p. 301-22.

KNUTH, Donald E. Deletions that preserve randomness. *IEEE Transactions of Software Engineering*, SE-3, 1977, p. 351 59.

STEPHENSON, C.J. A method for constructing binary search trees by making insertions at the root. *International Journal of Computer and Information Sciences*, n. 9, 1980, p. 15-29.

Percurso de árvores

BERZTISS, Alfs. A taxonomy of binary tree traversals. *BIT* 26, 1986, p. 266-76.

BURKHARD, W.A. Nonrecursive tree traversal algorithms. *Computer Journal*, n. 18, 1975, p. 227-30.

MORRIS, Joseph M. Traversing binary trees simply and cheaply. *Information Processing Letters*, n. 9, 1979, p. 197-200.

Balanceamento de árvores

BAER, J.L. e SCHWAB, B. A comparison of tree-balancing algorithms. *Communications of the ACM*, n. 20, 1977, p. 322-30.

CHANG, Hsi e IYENGAR, S. Sitharama. Efficient algorithms to globally balance a binary search tree. *Communications of the ACM*, n. 27, 1984, p. 695-702.

DAY, A. Colin. Balancing a binary tree. *Computer Journal*, n. 19, 1976, p. 360-61.

MARTIN, W.A. e Ness, D.N. Optimizing binary trees grown with a sorting algorithm. *Communications of the ACM*, n. 15, 1972, p. 88-93.

STOUT, Quentin F. e WARREN, Bette L. Tree rebalancing in optimal time and space. *Communications of the ACM*, n. 29, 1986, p. 902-08.

Árvores AVL

ADEL'SON-VEL'SKII, G. M. e LANDIS, E.M. An algorithm for the organization of information. *Soviet Mathematics*, n. 3, 1962, p. 1.259-63.

FOSTER, Caxton C. A generalization of AVL trees. *Communications of the ACM*, n. 16, 1973, p. 512-17.

KARLTON, P.L.; FULLER, S.H.; SCROGGS, R.E.; KAEHLER, E.B. Performance of height-balanced trees. *Communications of the ACM*, n. 19, 1976, p. 23-28.

KNUTH, Donald. *The Art of Computer Programming*, v. 3: Sorting and searching, Reading, MA: Addison-Wesley, 1998.

ZWEBEN, S.H. e McDONALD, M.A. An optimal method for deletion in one-sided height balanced trees. *Communications of the ACM*, n. 21, 1978, p. 441-45.

Árvores autoajustadas

ALLEN, Brian e MUNRO, Ian. Self-organizing binary search trees. *Journal of the ACM*, n. 25, 1978, p. 526-35.

BELL, Jim e GUPTA, Gopal. An evaluation of self-adjusting binary search tree techniques. *Software – Practice and Experience*, n. 23, 1993, p.369-82.

BITNER, James R. Heuristics that dynamically organize data structures. *SIAM Journal on Computing*, n. 8, 1979, p. 82-110.

SLEATOR, Daniel D. e TARJAN, Robert E. Self-adjusting binary search trees. *Journal of the ACM* 32, 1985, p. 652-86.

Heaps

BOLLOBÉS, B. e SIMON, I. Repeated random insertion into a priority queue structure. *Journal of Algorithms*, n. 6, 1985, p. 466-77.

DOBERKAT, E.E. An average case of Floyd's algorithm to construct heaps. *Information and Control*, n. 61, 1984, p. 114-31.

FLOYD, Robert W. Algorithm 245: Treesort 3. *Communications of the ACM*, n. 7, 1964, p. 701.

FRIEZE, A. On the random construction of heaps. *Information Processing Letters*, n. 27, 1988, p. 103.

GONNETT, Gaston H. e MUNRO, Ian. Heaps on heaps. *SIAM Journal on Computing*, n. 15, 1986, p. 964-71.

HAYWARD, Ryan e McDIARMID, Colin. Average case analysis of heap building by repeated insertion. *Journal of Algorithms*, n. 12, 1991, p. 126-53.

McDIARMID, C.J.H. e REED, B.A. Building heaps fast. *Journal of Algorithms*, n. 10, 1989, p. 351-65.

WEISS, Mark A. *Data structures and algorithm analysis in C++*. Boston: Addison-Wesley, 2006, capítulo 6.

WILLIAMS, John W.J. Algorithm 232: Heapsort. *Communications of the ACM*, n. 7, 1964, p. 347-48.

Treaps

SEIDEL, Raimund e ARAGON, Cecilia R. Randomized search trees. *Algorithmica*, n. 16, 1996, p. 464-97.

VUILLEMIN, Jean. A unifying look at data structures. *Communications of the ACM*, n. 23, 1980, p. 229-39.

Árvores k-d

BENTLEY, Jon L. Multidimensional binary search trees used for associative searching. *Communications of the ACM*, n. 18, 1975, p. 509-17.

LEE, D.T. e WONG, C.K. Worst-case analysis for region and partial region searches in multidimensional binary search trees and balanced quad trees. *Acta Informatica*, n. 9, 1977, p. 23-29.

Árvores Múltiplas

7

No início do capítulo anterior uma definição geral de árvore foi dada, mas o foco eram as árvores binárias e, em particular, árvores binárias de busca. Árvore foi definida tanto como uma estrutura vazia quanto uma estrutura cujos filhos são árvores disjuntas $t_1, ..., t_m$. De acordo com esta definição, cada nó deste tipo de árvore pode ter mais de dois filhos. Esta árvore é chamada *árvore múltipla de ordem m* ou *árvore m-ária*.

Numa versão mais útil de árvore múltipla, uma ordem é imposta pelas chaves que residem em cada nó. Uma *árvore de busca múltipla de ordem m* é uma árvore múltipla na qual

1. Cada nó tem m filhos e $m - 1$ chaves;
2. As chaves em cada um dos nós estão em ordem ascendente;
3. As chaves nos primeiros i filhos são menores do que na chave i-ésima;
4. As chaves nos últimos $m - i$ filhos são maiores do que na chave i-ésima.

As árvores de busca m-árias desempenham o mesmo papel, entre as m-árias, que as árvores binárias de busca desempenham entre as binárias, e são usadas para o mesmo propósito: rápida recuperação e atualização de informação. Os problemas que elas causam são similares. A árvore mostrada na Figura 7.1 é quaternária, na qual acessar as chaves exige um número diferente de testes para as diferentes chaves: o número 35 pode ser encontrado no segundo nó testado e 55 está no quinto nó verificado; em consequência, ela sofre de um mal conhecido: é desbalanceada. Este problema é de particular importância se queremos usar árvores para processar dados em armazenagem secundária, como discos ou fitas cujo cada acesso é dispendioso. Construir tais árvores exige abordagem mais cuidadosa.

7.1 A família de árvores B

A unidade básica de operações E/S associada a um disco é um bloco. Quando a informação é lida de um disco, o bloco inteiro que a contém é lido na memória, e, quando a informação é armazenada no disco, um bloco inteiro é escrito para ele. Cada vez que a informação é solicitada de um disco, ela tem que ser localizada, a cabeça ser posicionada sobre a parte do disco onde a informação reside e o disco ser girado, de modo que o bloco inteiro passe sob a cabeça para ser transferido para a memória. Isto significa que existem vários componentes de tempo para o acesso de dados:

tempo de acesso = tempo de procura + atraso rotacional (latência) + tempo de transferência

FIGURA 7.1 Uma árvore quaternária.

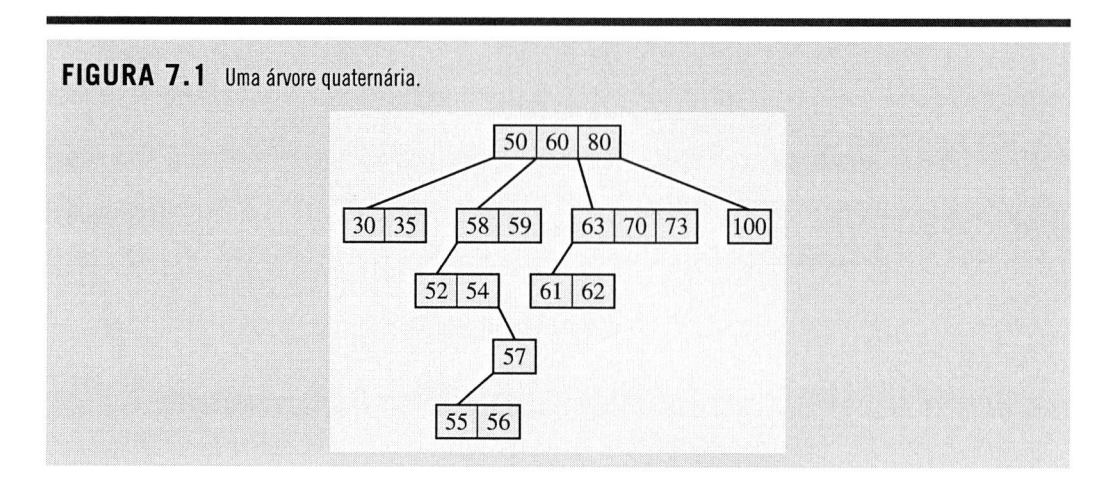

Este processo é extremamente lento em comparação com a transferência de informação dentro da memória. O primeiro componente, *tempo de procura*, é particularmente lento porque depende do movimento mecânico da cabeça do disco para posicionar a cabeça na trilha correta do disco. *Latência* é o tempo exigido para posicionar a cabeça em cima do bloco correto e, na média, é igual ao tempo necessário para fazer a metade de uma revolução. Por exemplo, o tempo para transferir 5KB (quilobytes) de um disco que exige 40ms (milissegundos) para localizar uma trilha, fazendo 3.000 revoluções por minuto e com taxa de transferência de dados de 1.000 KB por segundo é

tempo de acesso = 40ms + 10ms + 5ms = 55ms

Este exemplo indica que transferir informação do e para o disco está na ordem de milissegundos. Por outro lado, a CPU processa dados na ordem de microssegundos, 1.000 vezes mais rápido, ou na ordem de nanossegundos, um milhão de vezes mais rápido, ou ainda mais. Podemos ver que processar a informação na armazenagem secundária pode significativamente diminuir a velocidade de um programa.

Se um programa usa constantemente a informação depositada na armazenagem secundária, as características desta armazenagem devem ser levadas em conta quando se está projetando um programa. Por exemplo, uma árvore binária de busca pode estar espalhada sobre muitos blocos diferentes em um disco, como na Figura 7.2, de modo que uma média de dois blocos tem que ser acessada. Quando a árvore é usada com frequência em um programa, esses acessos podem retardar significativamente seu tempo de execução. Além disso, inserir e remover chaves nessa árvore exige muitos acessos de blocos. A árvore binária de busca, uma ferramenta eficiente quando reside inteiramente na memória, acaba sendo um empecilho. No contexto da armazenagem secundária, o potencial bom desempenho conta muito pouco, porque o acesso constante dos blocos do disco que este método causa atrapalha severamente o desempenho.

FIGURA 7.2 Nós de uma árvore binária podem ser localizados em diferentes blocos de um disco.

É também melhor acessar uma grande quantidade de dados de uma vez do que pular de uma posição no disco para outra para transferir pequenas porções de dados. Por exemplo, se 10KB têm que ser transferidos, então, com as características do disco dadas anteriormente, vemos que

$$tempo\ de\ acesso = 40ms + 10ms + 10ms = 60ms$$

No entanto, se esta informação está armazenada em dois blocos de 5KB,

$$tempo\ de\ acesso = 2 \cdot (40ms + 10ms + 5ms) = 110ms$$

que é quase duas vezes o tempo do caso anterior. A razão é que cada acesso de disco é muito dispendioso; se possível, os dados precisam ser organizados para minimizar o número de acessos.

7.1.1 Árvores B

Nos programas de bancos de dados, em que a maioria da informação está guardada em discos e fitas, a penalidade do tempo para acessar a armazenagem secundária pode ser significativamente reduzida pela escolha apropriada das estruturas de dados. As *árvores B* (Bayer e McCreight, 1972) são uma dessas abordagens.

A árvore B opera junto com a armazenagem secundária e pode ser sintonizada para reduzir os impedimentos impostos por este armazenamento. Uma propriedade importante das árvores B é o tamanho de cada nó, que pode ser tão grande quanto o de um bloco. O número de chaves em um nó pode variar dependendo do tamanho das chaves, da organização dos dados (as chaves são mantidas somente nos nós ou registros inteiros?) e, naturalmente, do tamanho do bloco. Este último varia para cada sistema, e pode ser 512 bytes, 4KB ou mais; o tamanho do bloco é o de cada nó de uma árvore B. A quantidade de informação armazenada em um nó da árvore B pode ser grande.

Uma *árvore B de ordem m* é um arvoredo do tipo de busca múltipla com as seguintes propriedades:

1. A raiz tem pelo menos duas subárvores, a não ser que seja uma folha;
2. Cada nó não raiz e não folha contém $k - 1$ chaves e k ponteiros para as subárvores onde $\lceil m/2 \rceil \leq k \leq m$.
3. Cada nó de folha contém $k - 1$ chaves, onde $\lceil m/2 \rceil \leq k \leq m$.
4. Todas as folhas estão no mesmo nível.[1]

De acordo com essas condições, uma árvore B sempre está cheia até a metade pelo menos, tem poucos níveis e está perfeitamente balanceada.

Um nó de uma árvore B usualmente é implementado como uma `classe` contendo uma matriz de $m - 1$ células para as chaves, uma matriz de m células de ponteiros para outros nós e, possivelmente, outras informações que facilitem a manutenção da árvore, tais como o número de chaves em um nó e uma bandeira folha/não folha, como em

```
template <class T, int M>
class BTreeNode {
public:
    BTreeNode();
    BTreeNode(const T&);
private:
    bool leaf;
    int keyTally;
    T keys[M-1];
```

---

[1] Nesta definição, a ordem de uma árvore B especifica o número *máximo* de filhos. Algumas vezes os nós de uma árvore B de ordem m são definidos como tendo k chaves e $k + 1$ ponteiros, onde $m \leq k \leq 2m$, que especifica o número *mínimo* de filhos.

```cpp
    BTreeNode *pointers[M];
    friend BTree<T,M>;
};
```

Usualmente *m* é grande (50-500), de modo que a informação armazenada em uma página ou bloco de armazenagem secundária caiba em um nó. A Figura 7.3a contém um exemplo de uma árvore B da ordem 7 que armazena códigos para alguns itens. Nela, as chaves parecem ser os únicos objetos de interesse. Na maioria dos casos, no entanto, tais códigos seriam somente campos de estruturas maiores, possivelmente registros variantes (uniões). Nestes, a matriz keys é de objetos, cada um tendo um campo de identificador único (tal como o código de identificação na Figura 7.3a) e um endereço de registro inteiro na armazenagem secundária, como na Figura 7.3b. Se o conteúdo de tal nó também residisse na armazenagem secundária, cada acesso de chave exigiria dois acessos da armazenagem secundária. No longo prazo, isto é melhor do que manter os registros inteiros nos nós, pois, neste caso, eles podem manter um número muito pequeno de tais registros. A árvore B resultante é muito profunda e os caminhos de buscas através dela muito mais longos do que em uma árvore B com os endereços de registros.

De agora em diante, as árvores B serão mostradas em uma forma abreviada, sem explicitamente indicar keyTally ou os campos de ponteiros, como na Figura 7.4.

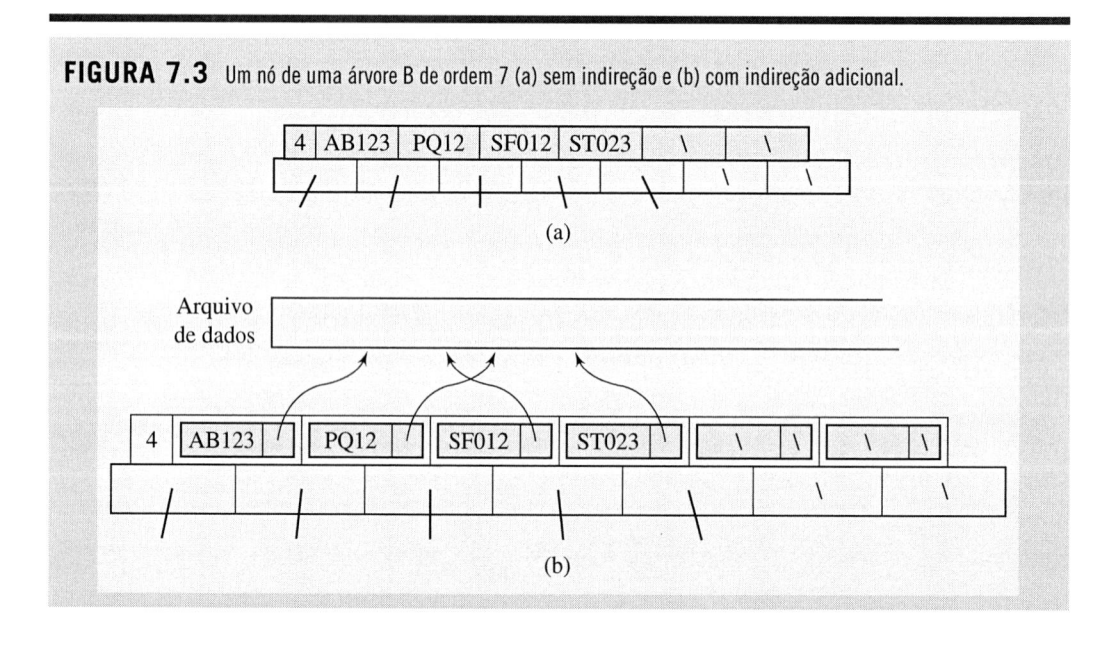

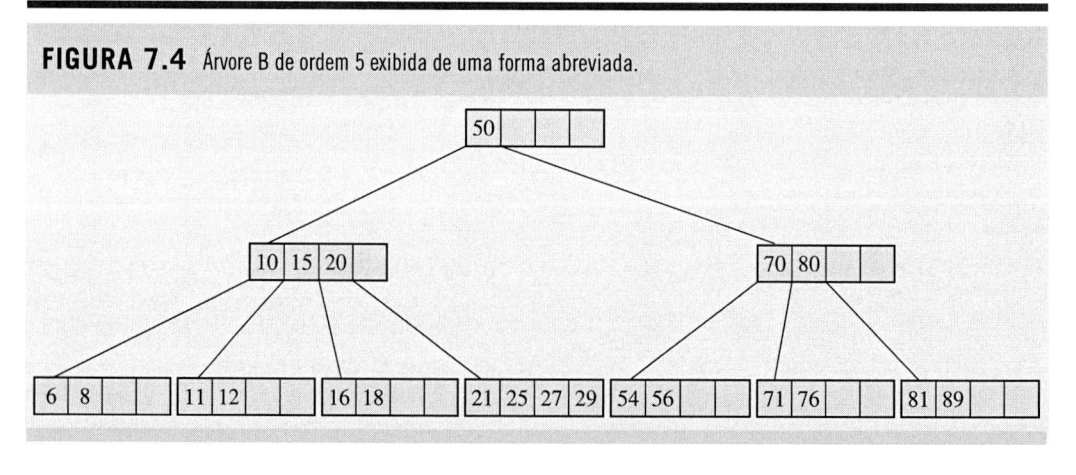

FIGURA 7.3 Um nó de uma árvore B de ordem 7 (a) sem indireção e (b) com indireção adicional.

FIGURA 7.4 Árvore B de ordem 5 exibida de uma forma abreviada.

Busca em uma árvore B

Um algoritmo para encontrar uma chave numa árvore B é simples e codificado como a seguir:

```
BTreeNode *BTreeSearch(keyType K, BTreeNode *node){
   if (node != 0) {
      for (i=1; i <= node->keyTally && node->keys[i-1] < K; i++);
      if (i > node->keyTally || node->keys[i-1] > K)
         return BTreeSearch(K,node->pointers[i-1]);
      else return node;
   }
   else return 0;
}
```

O pior caso de busca é quando a árvore B tem o menor número permitido de ponteiros por nó não raiz, $q = \lceil m/2 \rceil$ e a busca tem que atingir uma folha (tanto para uma busca de sucesso como para uma malsucedida). Neste caso, em uma árvore B de altura h existem

1 chave na raiz +
$2(q - 1)$ chaves no segundo nível +
$2q(q - 1)$ chaves no terceiro nível +
$2q^2(q - 1)$ chaves no quarto nível +
$\vdots$
$2q^{h-2}(q - 1)$ chaves nas folhas (nível h) =
$1 + \left(\sum_{i=0}^{h-2} 2q^i \right)(q - 1)$ chaves na árvore B +

Com a fórmula para a soma dos primeiros n elementos em uma progressão geométrica,

$$\sum_{i=0}^{n} q^i = \frac{q^{n+1} - 1}{q - 1}$$

o número de chaves na árvore B no pior caso pode ser expresso como

$$1 + 2(q - 1)\left(\sum_{i=0}^{h-2} q^i\right) = 1 + 2(q - 1)\left(\frac{q^{h-1} - 1}{q - 1}\right) = -1 + 2q^{h-1}$$

A relação entre o número n de chaves em qualquer árvore B e a sua altura é então expressa como

$$n \geq -1 + 2q^{h-1}$$

Resolver esta desigualdade para a altura h resulta em

$$h \leq \log_q \frac{n + 1}{2} + 1$$

Isto significa que, para uma ordem m suficientemente grande, a altura é pequena mesmo para um grande número de chaves armazenadas na árvore B. Por exemplo, se $m = 200$ e $n = 2.000.000$, então $h \leq 4$; no pior caso, encontrar uma chave nesta árvore B exige quatro buscas. Se a raiz pode ser mantida na memória durante todo o tempo, este número pode ser reduzido para somente três buscas na armazenagem secundária.

Inserindo uma chave em uma árvore B

Tanto as operações de inserção como as de remoção parecem ser desafiadoras se lembrarmos que todas as folhas têm que estar no último nível. Nem mesmo árvores binárias balanceadas exigem isto.

Implementar a inserção torna-se mais fácil quando a estratégia de construir uma árvore é mudada. Ao inserir um nó em uma árvore binária de busca, a árvore é sempre construída do topo para a base, resultando em árvores desbalanceadas. Se a primeira chave que chega é a menor, é colocada na raiz, que não tem uma subárvore à esquerda, a menos que providências especiais tenham sido tomadas para balancear a árvore.

Mas uma árvore pode ser construída da base para o topo, de modo que a raiz seja uma entidade sempre em fluxo, e somente no fim de todas as inserções podemos conhecer com certeza o conteúdo da raiz. Esta estratégia é aplicada para inserir chaves em árvores B. Neste processo, dada uma chave que chega, vamos diretamente para uma folha e a colocamos lá, se houver espaço. Quando a folha está cheia, outra é criada, as chaves são divididas entre essas folhas e uma chave é promovida para o ascendente. Se o ascendente está cheio, o processo é repetido até que a raiz seja atingida e uma nova raiz criada.

Para abordar o problema mais sistematicamente, há três situações comuns encontradas quando se insere uma chave em uma árvore B:

1. Uma chave é colocada em uma folha que ainda tenha algum espaço, como na Figura 7.5. Em uma árvore B de ordem 5, uma nova chave, 7, é colocada em uma folha, preservando a ordem das chaves na folha, de modo que a chave 8 precisa ser deslocada para a direita uma posição.

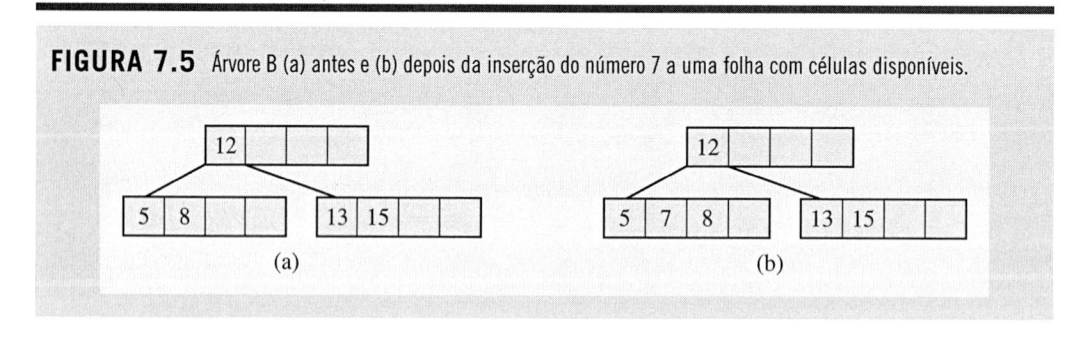

FIGURA 7.5 Árvore B (a) antes e (b) depois da inserção do número 7 a uma folha com células disponíveis.

2. A folha na qual uma chave precisa ser colocada está cheia, como na Figura 7.6. Neste caso, a folha é *dividida*, criando uma nova folha, e metade das chaves é movida da folha cheia para a nova. Mas esta tem que ser incorporada na árvore B. A última chave da folha velha é movida para o ascendente e um ponteiro para a nova folha é colocado no ascendente igualmente. O mesmo procedimento pode ser repetido para cada nó interno da árvore B, de modo que cada divisão lhe adicione mais um nó. Além disso, tal divisão garante que cada folha nunca tenha menos do que [$m/2$] − 1 chaves.

3. Um caso especial surge se a raiz da árvore B está cheia. Neste caso, uma nova raiz e um novo irmão da raiz existente têm que ser criados. Esta divisão resulta em dois novos nós na árvore B. Por exemplo, depois de inserir a chave 13 na terceira folha da Figura 7.7a, ela é dividida (como no caso 2), uma nova folha é criada e a chave 15 está para ser movida para o ascendente, mas este não tem espaço para ela (Figura 7.7b). Assim, o ascendente é dividido (Figura 7.7c), mas agora duas árvores B têm que ser combinadas em uma. Isto é obtido criando-se uma nova raiz e movendo-se a última chave da velha raiz até ela (Figura 7.7d). Deve ser óbvio que é o único caso no qual a árvore B aumenta em altura.

Capítulo 7 — Árvores Múltiplas

FIGURA 7.6 Inserindo o número 6 em uma folha cheia.

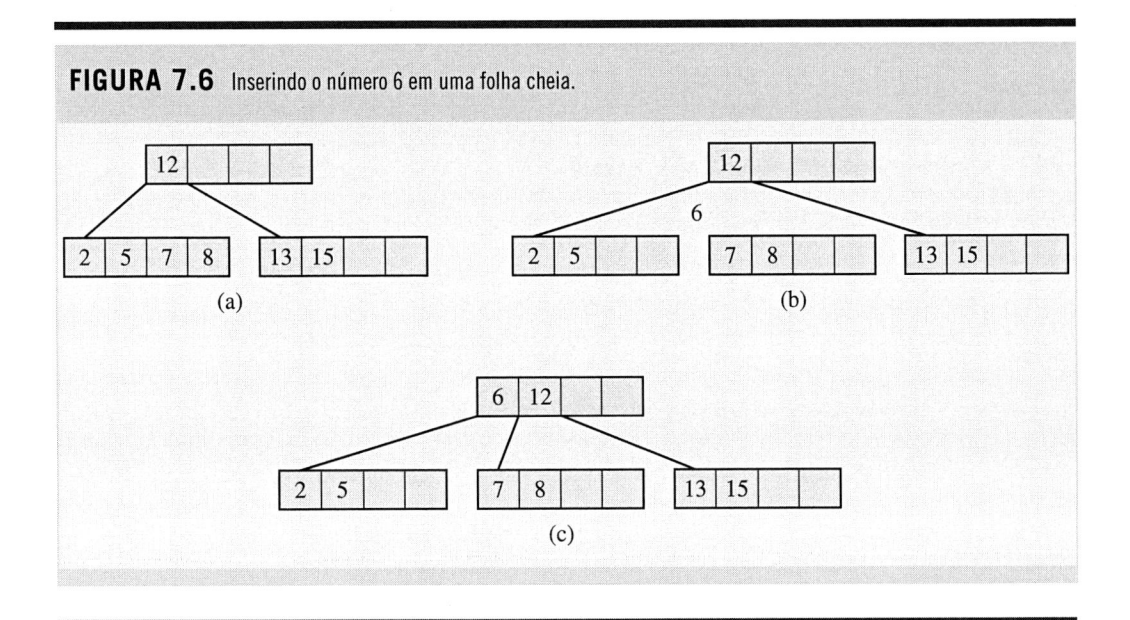

(a)

(b)

(c)

FIGURA 7.7 Inserindo o número 13 em uma folha cheia.

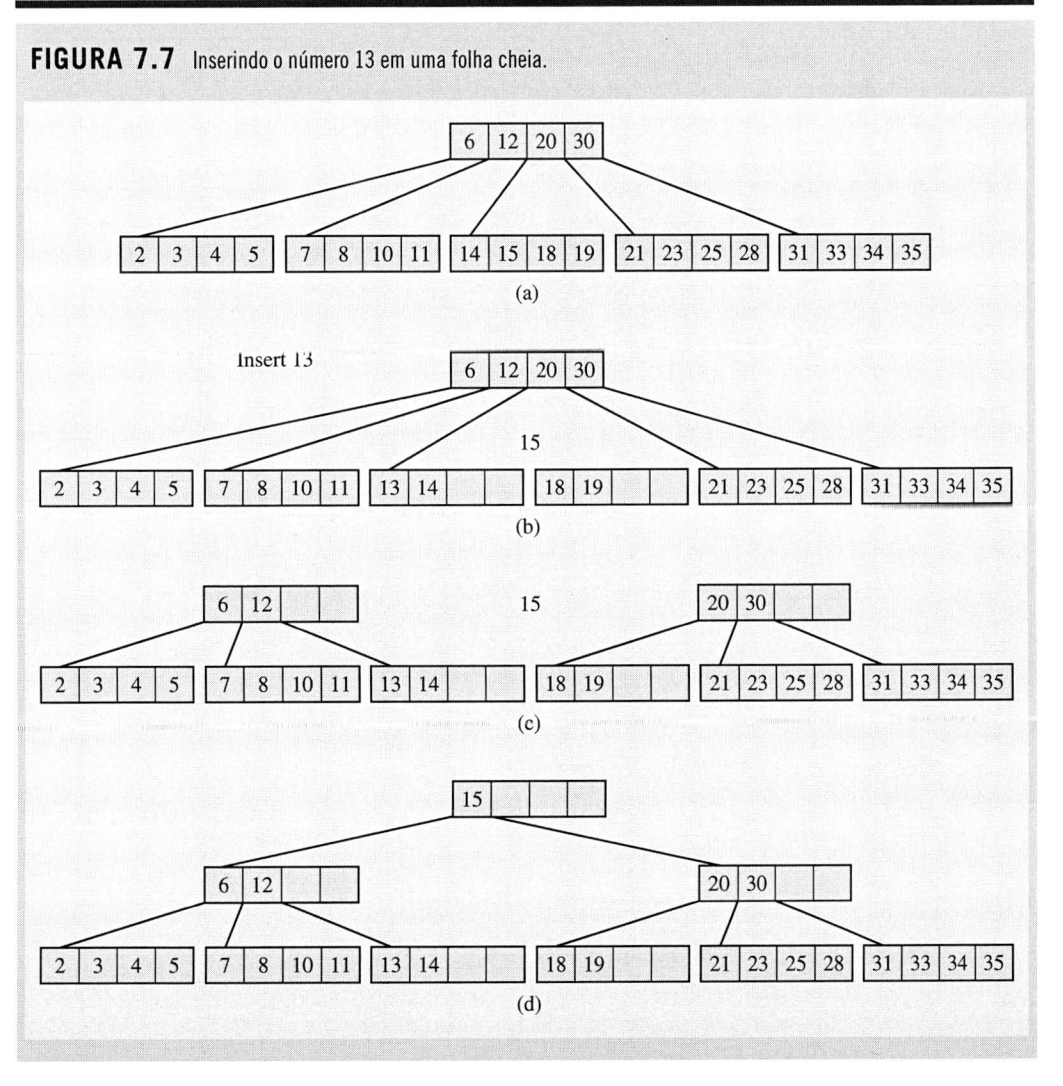

(a)

Insert 13

(b)

(c)

(d)

Um algoritmo para inserir chaves nas árvores B é este:

```
BTreeInsert (K)
  encontre um node folha para inserir K;
  while (true)
    encontre uma posição apropriada na matriz keys para K;
    if node não está cheio
      insira K e aumente keyTally;
      return;
    else divida node em node1 e node2; // node1 = node, node2 é novo;
      distribua as chaves e os ponteiros igualmente entre node1 e node2 e
      inicialize apropriadamente suas keyTally's;
      K = middle key;
      if node era a raiz
        crie uma nova raiz como ascendente de node1 e node2;
        coloque K e ponteiros para node1 e node2 na raiz e ajuste suas keyTally para 1;
        return;
      else node = seu ascendente; // e agora processe o ascendente de node;
```

A Figura 7.8 mostra o crescimento de uma árvore B de ordem 5 no curso da inserção de novas chaves. Note que durante todo o tempo a árvore está perfeitamente balanceada.

Uma variação desta estratégia de inserção usa a *pré-divisão*: quando uma busca é feita a partir do topo para baixo para uma chave particular, cada nó visitado que já está cheio é dividido. Deste modo, nenhuma divisão tem que ser propagada para cima.

Espera-se que as divisões de nós ocorram com que frequência? Uma divisão do nó raiz de uma árvore B cria dois novos nós. Todas as outras divisões adicionam somente mais um nó a esta árvore. Durante a construção de uma árvore B de p nós, $p - h$ divisões têm que ser realizadas, onde h é a altura da árvore B. Além disso, em uma árvore B de p nós, existem pelo menos

$$1 + (\lceil m/2 \rceil - 1)(p - 1)$$

chaves. A taxa de divisão com relação ao número de chaves na árvore B pode ser dada por

$$\frac{p - h}{1 + (\lceil m/2 \rceil - 1)(p - 1)}$$

Depois de dividir o numerador e o denominador por $p - h$ e observar que $\frac{1}{p-h} \to 0$ e $\frac{p-1}{p-h} \to 1$ com o aumento de p, a probabilidade média de uma divisão é

$$\frac{1}{\lceil m/2 \rceil - 1}$$

Por exemplo, para $m = 10$, esta probabilidade é igual a 0,25, para $m = 100$, é 0,02, para $m = 1000$, 0,002; espera-se que seja assim: quanto maior a capacidade de um nó, com menos frequência as divisões ocorrem.

Removendo uma chave de uma árvore B

A remoção é em grande parte o inverso da inserção, embora tenha mais casos especiais. É preciso tomar cuidado para evitar que qualquer nó esteja menos da metade cheio depois de uma remoção. Isto significa que os nós algumas vezes têm que ser fundidos.

Na remoção existem dois casos principais: remover uma chave de uma folha e remover uma chave de um nó não folha. No segundo, usaremos um procedimento similar a `deleteByCopying()`, aplicado para árvores binárias de busca (Seção 6.6).

1. Remover uma chave de uma folha.
    1.1 Se, depois de remover uma chave *K*, a folha está pelo menos metade cheia e somente chaves maiores do que *K* são movidas para a esquerda do buraco (veja as Figuras 7.9a - b). É o inverso do caso 1 de inserção.

FIGURA 7.8 Construindo uma árvore B de ordem 5 com o algoritmo `BTreeInsert()`.

Insert 8, 14, 2, 15

| 2 | 8 | 14 | 15 |

(a)

Insert 3

(b)

Insert 1, 16, 6, 5

(c)

Insert 27, 37

(d)

Insert 18, 25, 7, 13, 20

(e)

Insert 22, 23, 24

(f)

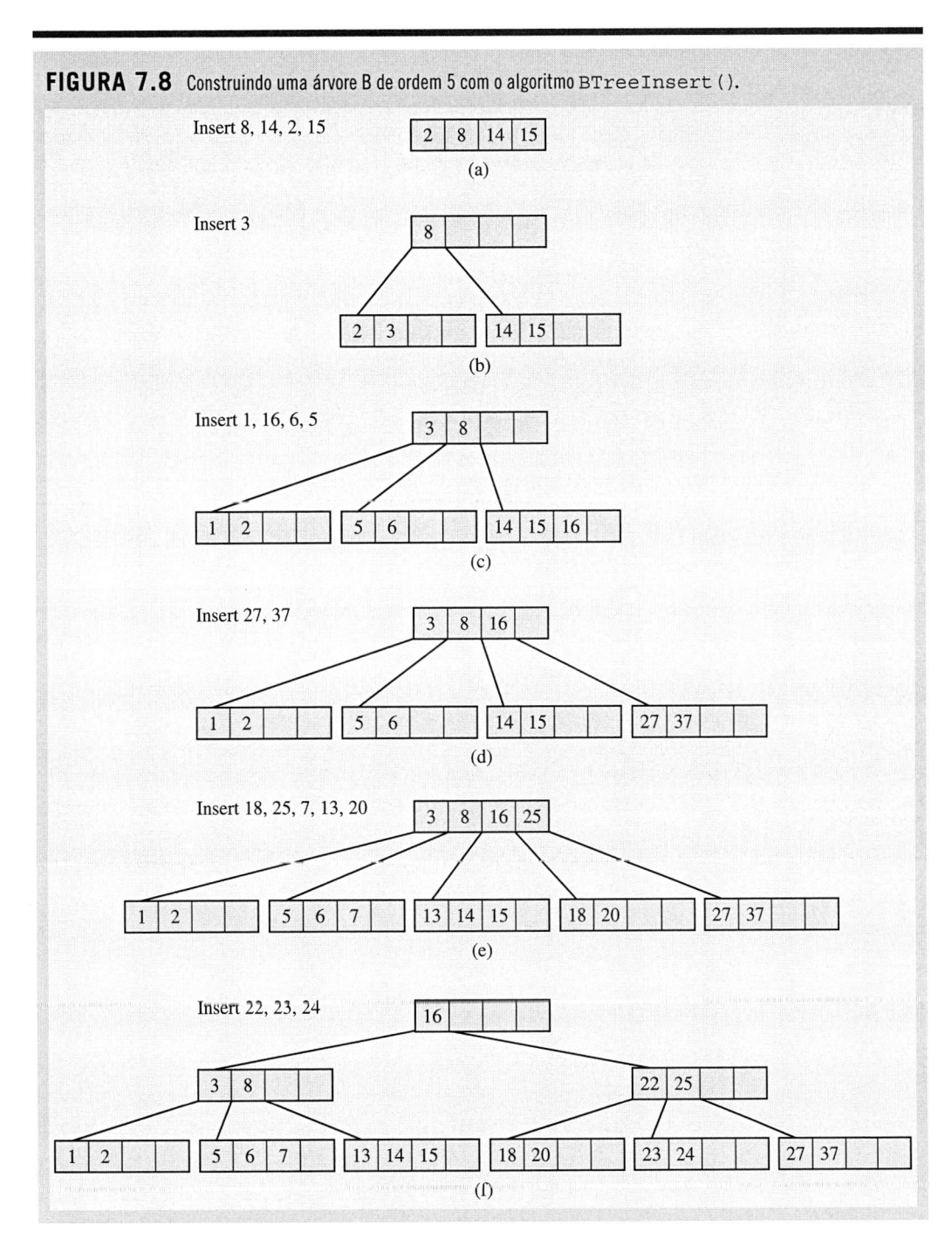

1.2 Se, depois de remover K, o número de chaves na folha é menor do que $\lceil m/2 \rceil - 1$, causando uma *subutilização*.

1.2.1 Se existe um irmão à esquerda ou à direita com o número de chaves excedendo o mínimo $\lceil m/2 \rceil - 1$, então todas as chaves desta folha e deste irmão são *redistribuídas* entre eles, movendo-se a chave separadora do ascendente até a folha e movendo-se uma chave do irmão até o ascendente (veja as Figuras 7.9b - c).

1.2.2. Se a folha é subutilizada e o número de chaves em seu irmão é $\lceil m/2 \rceil - 1$, a folha e o irmão são *fundidos*; as chaves de uma folha, de seu irmão e a de separação do ascendente são todas colocadas na folha e o nó irmão é descartado. As chaves no ascendente são movidas se um buraco aparece (veja as Figuras 7.9c - d). Isto pode inicializar uma cadeia de operações se o ascendente é subutilizado. O ascendente é agora tratado como se fosse uma folha, e a etapa 1.2.2 é repetida até que a 1.2.1 possa ser executada ou a raiz da árvore tenha sido atingida. Isto é o inverso do caso 2 de inserção.

    1.2.2.1 Um caso particular resulta em fundir uma folha ou não folha com seu irmão quando seu ascendente é a raiz com somente uma chave. Neste caso, as chaves do nó e seu irmão, junto com a única chave da raiz, são colocadas no nó que se torna uma nova raiz, e tanto o nó irmão como o nó raiz velho são descartados. É o único caso em que dois nós desaparecem ao mesmo tempo. Além disso, a altura da árvore é diminuída por um (veja as Figuras 7.9c - e). Isto é o inverso do caso 3 de inserção.

2. Remover uma chave de uma não folha. Isto pode levar a problemas com a reorganização da árvore. Em consequência, a remoção de um nó não folha é transformada na remoção de uma chave de uma folha. A chave a ser removida é substituída por seu predecessor imediato (o sucessor também poderia ser usado), que pode ser encontrado somente em uma folha. Esta chave sucessora é removida da folha, o que nos leva ao caso 1 anterior (veja as Figuras 7.9e - f).

Aqui está o algoritmo de remoção:

```
BTreeDelete (K)
   node = BTreeSearch(K,root);
   if (node != nulo)
      if node não é uma folha
         encontre uma folha com o predecessor S mais próximo de K;
         copia S sobre K no node;
         node = a folha que contém S;
         remova S de node;
      else remova K de node;
      while (1)
         if node não está subutilizado
            return;
         else if há um irmão de node com suficientes chaves
            redistribua as chaves entre node e seu irmão;
            return;
         else if o ascendente de node é a raiz
            if o ascendente tem somente uma chave
               faça a fusão de node, seu irmão e o ascendente para formar uma nova raiz;
            else faça a fusão de node e seu irmão;
            return;
         else faça a fusão de node e seu irmão;
            node = seu ascendente;
```

As árvores B, de acordo com sua definição, estão garantidas de ser pelo menos 50% cheias, por isto pode acontecer de 50% de espaço ser basicamente perdido. Com que frequência isto acontece? Se com muito frequência, a definição precisa ser reconsiderada ou algumas outras restrições impostas a esta árvore B. Análises e simulações, no entanto, indicam que, após uma série de numerosas inserções e remoções aleatórias, a árvore B está aproximadamente 69% cheia (Yao, 1978), depois disso as mudanças na porcentagem de células ocupadas são muito pequenas. Mas é muito improvável que a árvore B vá sempre estar cheia até a borda; assim, algumas estipulações adicionais são necessárias.

FIGURA 7.9 Removendo chaves de uma árvore B.

(a)

Delete 6

(b)

Delete 7

(c)

Delete 8

(d)

Delete 8 cont.

(e)

Delete 16

(f)

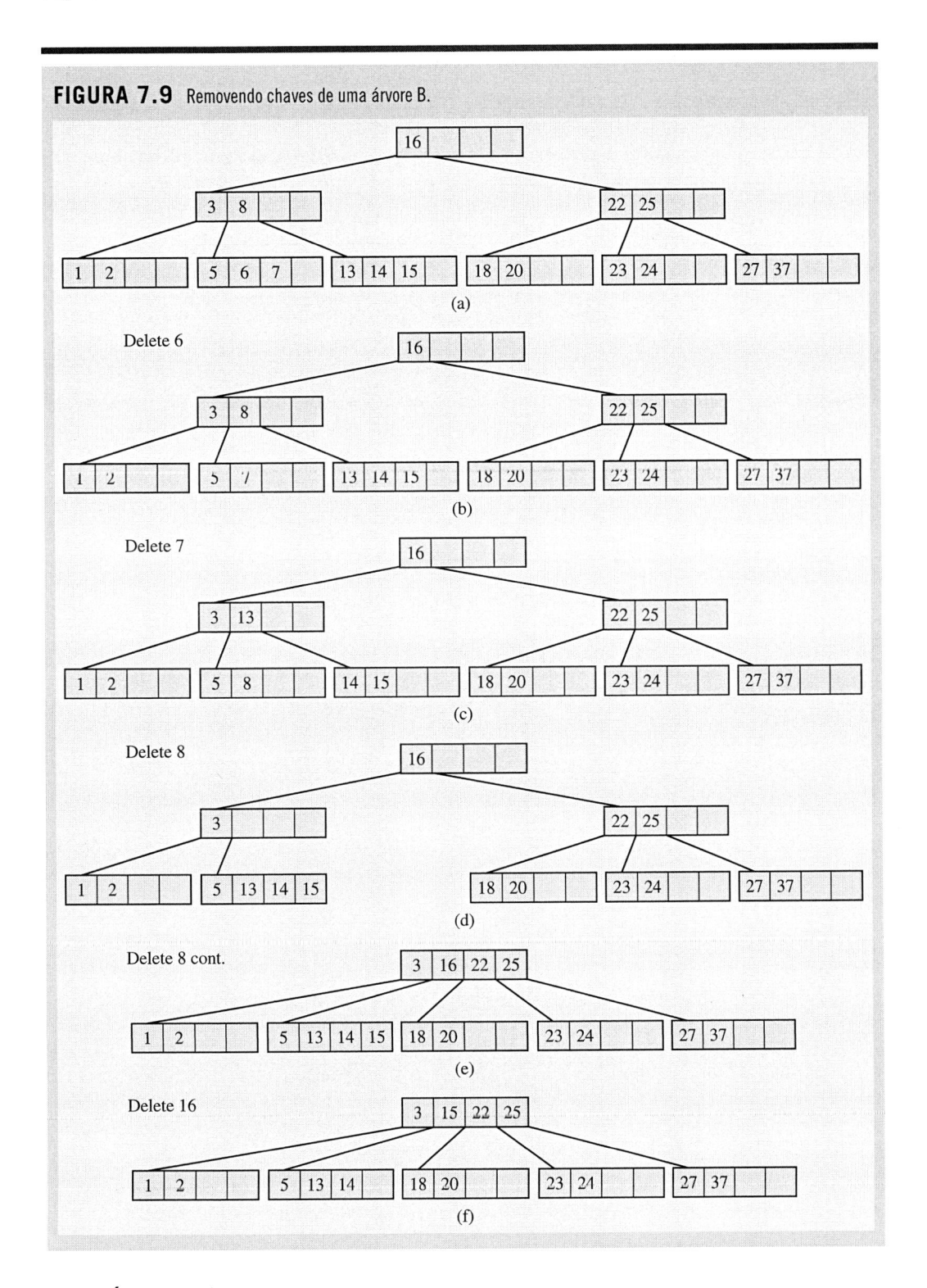

7.1.2 Árvores B*

Uma vez que cada nó de uma árvore B representa um bloco de memória secundária, acessar um nó significa um acesso da memória secundária, que é dispendioso se comparado a acessar chaves no nó que reside na memória primária. Em consequência, quanto menos nós forem criados, melhor.

Árvore B* é uma variante da árvore B introduzida por Donald Knuth e batizada por Douglas Comer. Em uma árvore B*, exige-se que todos os nós, exceto a raiz, estejam pelo menos dois terços cheios, não apenas metade, como nas árvores B. Mais precisamente, o número de chaves em todos os nós não raiz em uma árvore B de ordem m é agora k para $\lfloor \frac{2m-1}{3} \rfloor \leq k \leq m - 1$. A frequência de divisão de nós é diminuída atrasando-se uma divisão, e, quando o momento vem, dividindo-se dois nós em três, não um em dois. A utilização média da árvore B* é de 81% (Leung, 1984).

A divisão em uma árvore B* é atrasada tentando-se redistribuir as chaves entre um nó e seu irmão quando o nó transborda. A Figura 7.10 contém um exemplo de uma árvore B* de ordem 9. A chave 6 é para ser inserida no nó esquerdo, que já está cheio. Em vez de dividir o nó, todas as suas chaves e de seu irmão são homogeneamente divididas e a chave mediana, 10, é colocada no ascendente. Note que isto não apenas divide homogeneamente as chaves, mas também o espaço livre, de modo que o nó que estava cheio é agora capaz de acomodar uma chave a mais.

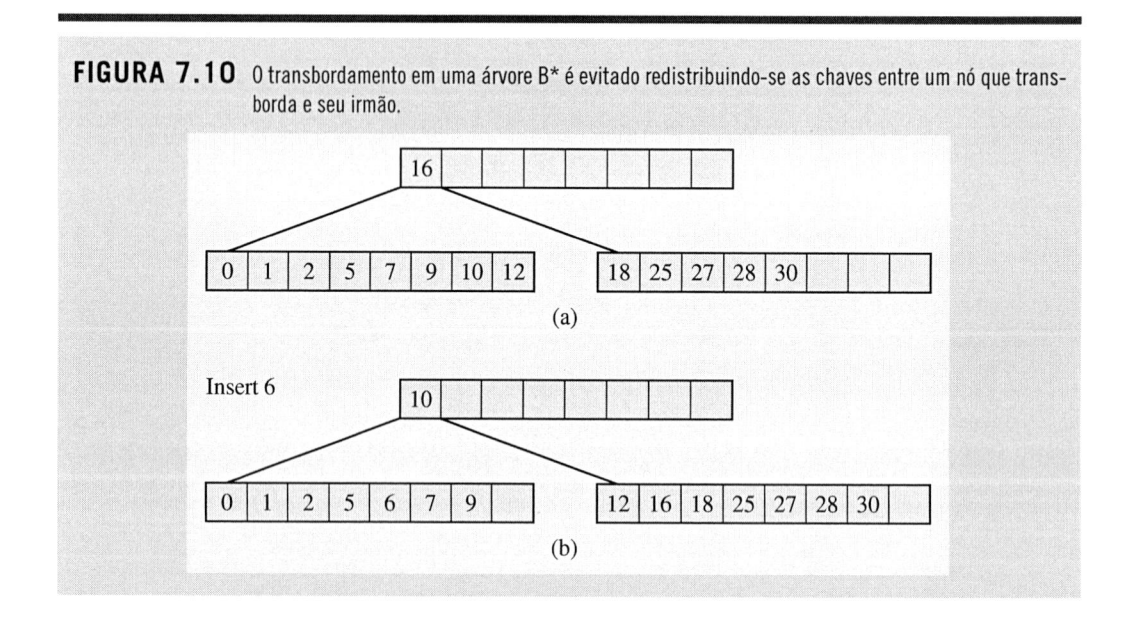

FIGURA 7.10 O transbordamento em uma árvore B* é evitado redistribuindo-se as chaves entre um nó que transborda e seu irmão.

Se o irmão também estiver cheio, uma divisão ocorre: um novo nó é criado, as chaves do nó e de seu irmão (junto com a chave de separação do ascendente) são homogeneamente divididas entre três nós, e duas chaves de separação são colocadas no ascendente (veja a Figura 7.11). Todos os três nós que participam da divisão são garantidos de estar dois terços cheios.

Note que, como se pode esperar, este aumento de um *fator de enchimento* pode ser feito em uma variedade de modos; alguns sistemas de banco de dados permitem ao usuário escolher um fator de enchimento entre 0,5 e 1. Em particular, uma árvore B cujos nós devem estar obrigatoriamente 75% cheios, no mínimo, é chamada árvore B** (McCreight, 1977). Esta observação sugere uma generalização: uma árvore B^n é uma B cujos nós precisam estar $\frac{n+1}{n+2}$ cheios.

7.1.3 Árvores B⁺

Já que um nó de uma árvore B representa uma página de memória secundária ou um bloco, a passagem de um nó para outro exige uma mudança demorada de página. Por isto gostaríamos de realizar a menor quantidade de acessos possível. O que acontece se solicitamos que todas as chaves na árvore B sejam impressas na ordem ascendente? Um percurso de árvore em in-ordem pode ser usado, que é fácil de implementar; mas, para nós não terminais, somente uma chave é mostrada de cada vez, e então outra página tem que ser acessada. Por esta razão gostaríamos de melhorar as árvores

B para nos permitir acessar os dados sequencialmente, de uma maneira mais rápida que o percurso em in-ordem. Uma *árvore B*⁺ oferece uma solução (Wedekind, 1974).[2]

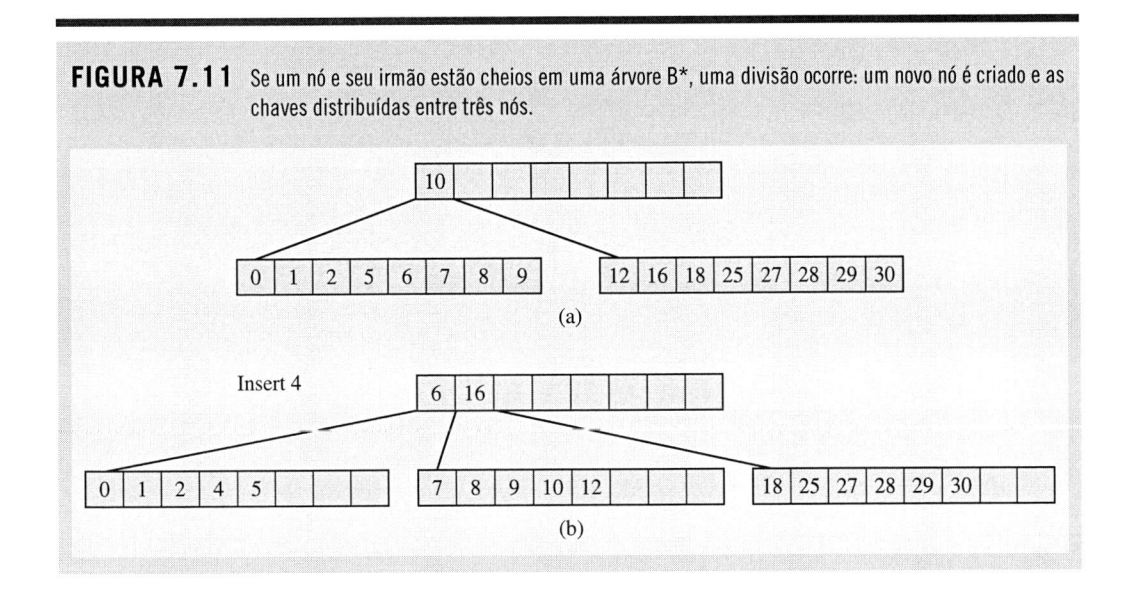

FIGURA 7.11 Se um nó e seu irmão estão cheios em uma árvore B*, uma divisão ocorre: um novo nó é criado e as chaves distribuídas entre três nós.

Em uma árvore B, referências aos dados são feitas a partir de quaisquer dos seus nós, mas na árvore B⁺ são feitas somente a partir das folhas. Os nós internos de uma árvore B⁺ são indexados para acesso rápido dos dados; esta parte da árvore é chamada *conjunto de índices*. As folhas têm uma estrutura diferente que a dos outros nós da árvore B⁺, e usualmente são vinculadas sequencialmente para formar um *conjunto de sequências*, de modo que varrer essa lista de folhas resulta nos dados obtidos na ordem ascendente. Por isso, uma árvore B⁺ é verdadeiramente uma árvore B mais: é um índice implementado como uma árvore B regular mais uma lista ligada de dados. A Figura 7.12 mostra um exemplo de árvore B⁺. Note que os nós internos armazenam chaves, ponteiros e um contador de chaves; as folhas, chaves, referências aos registros em um arquivo de dados associados com as chaves e ponteiros para a próxima folha.

As operações nas árvores B⁺ não são muito diferentes daquelas nas árvores B. Inserir uma chave em uma folha que ainda tenha algum espaço exige que sejam colocadas as chaves desta folha em ordem. Nenhuma mudança é feita no conjunto de índices. Se uma chave é inserida numa folha cheia, esta é dividida, o novo nó da folha é incluído no conjunto de sequências, as chaves distribuídas homogeneamente entre a folha velha e a nova, e a primeira chave do novo nó é copiada (não movida, como na árvore B) para o ascendente. Se este não está cheio, isto pode exigir reorganização local das chaves do ascendente (veja a Figura 7.13). Se o ascendente está cheio, o processo de divisão é realizado do mesmo modo que nas árvores B. Depois de tudo, o conjunto de índices é uma árvore B. Em particular, as chaves são movidas, não copiadas, no conjunto de índices.

Remover uma chave de uma folha sem subaproveitamento exige colocar as chaves remanescentes em ordem. Nenhuma mudança é feita no conjunto de índices. Em particular, se uma chave que ocorre somente em uma folha é removida, é simplesmente removida da folha, mas pode permanecer no nó interno. A razão é que ela ainda serve como guia apropriado quando se navega para baixo na árvore B⁺, porque ainda separa apropriadamente as chaves entre dois filhos adjacentes mesmo que o próprio separador não ocorra em nenhum dos filhos. A remoção da chave 6 da árvore da Figura 7.13b resulta na árvore da Figura 7.14a. Note que o número 6 não é removido de um nó interno.

---

2. Wedekind, que considerou essas árvores como apenas uma "leve variação" das árvores B, chamou-as árvores B*.

Quando a remoção de uma chave causa subaproveitamento, ambas as chaves dessa folha e as de um irmão são redistribuídas entre a folha e seu irmão, ou a folha é removida e as chaves remanescentes são incluídas em seu irmão. A Figura 7.14b ilustra o segundo caso. Depois de remover o número 2, um subaproveitamento ocorre e duas folhas são combinadas para formar uma. A chave de separação é removida do ascendente, e as chaves no ascendente são colocadas em ordem. Estas duas operações exigem atualização do separador no ascendente. Além disso, remover uma folha pode disparar fusões no conjunto de índices.

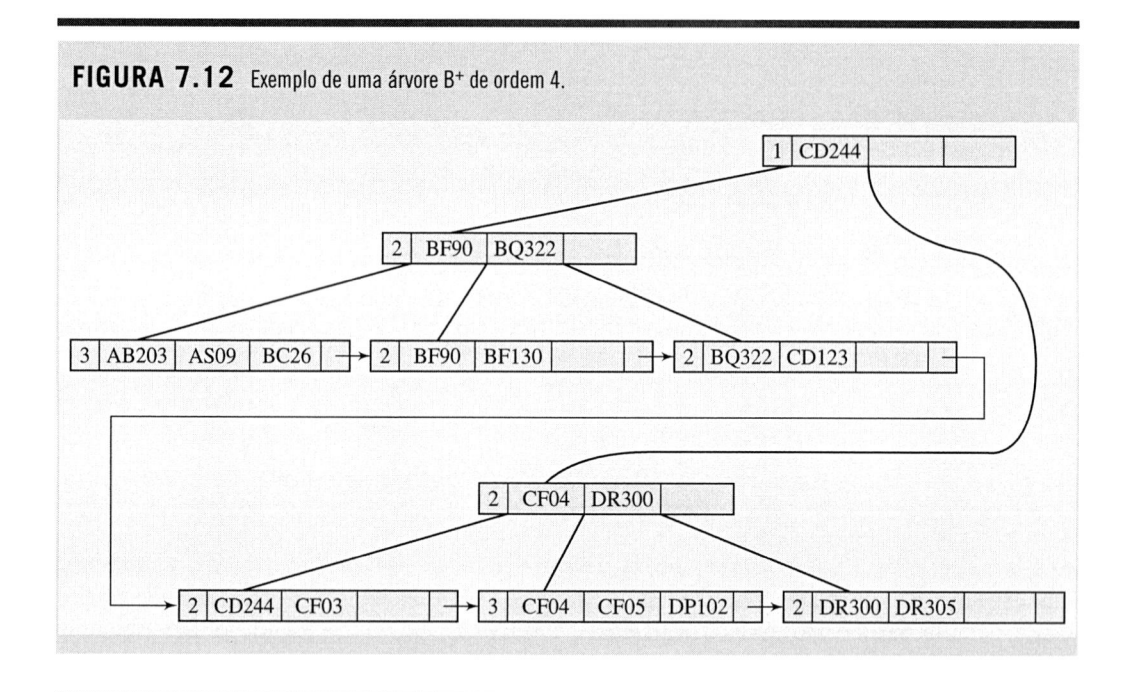

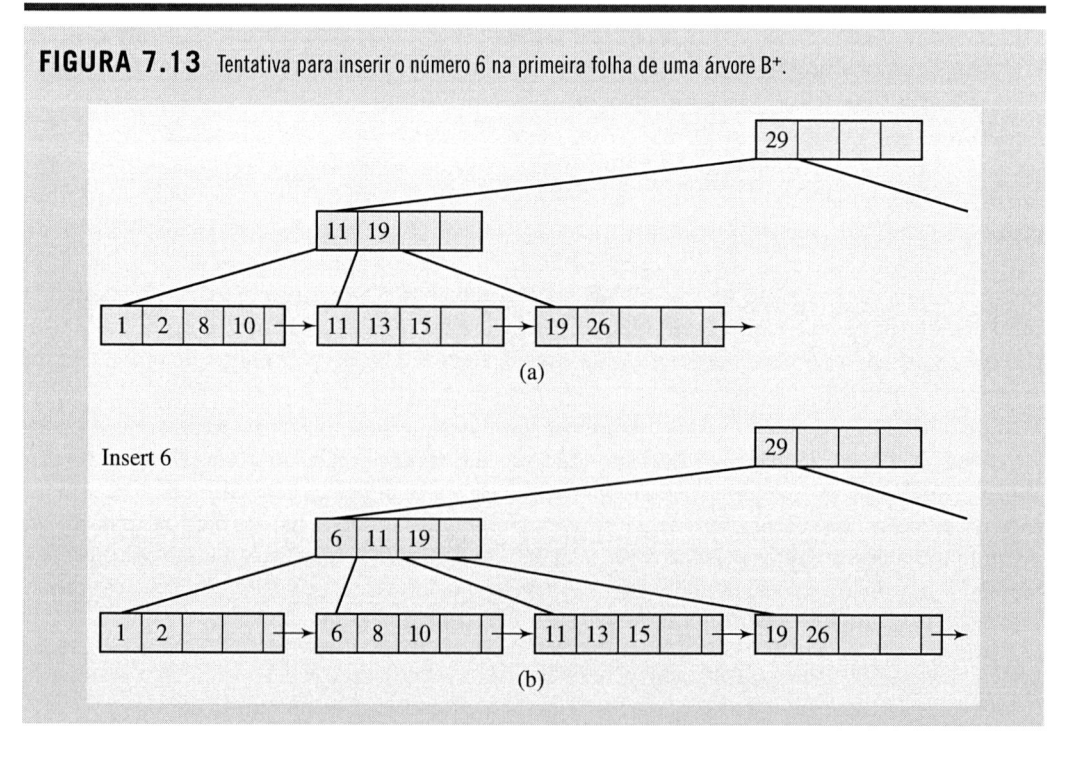

FIGURA 7.12 Exemplo de uma árvore B⁺ de ordem 4.

FIGURA 7.13 Tentativa para inserir o número 6 na primeira folha de uma árvore B⁺.

(a)

Insert 6

(b)

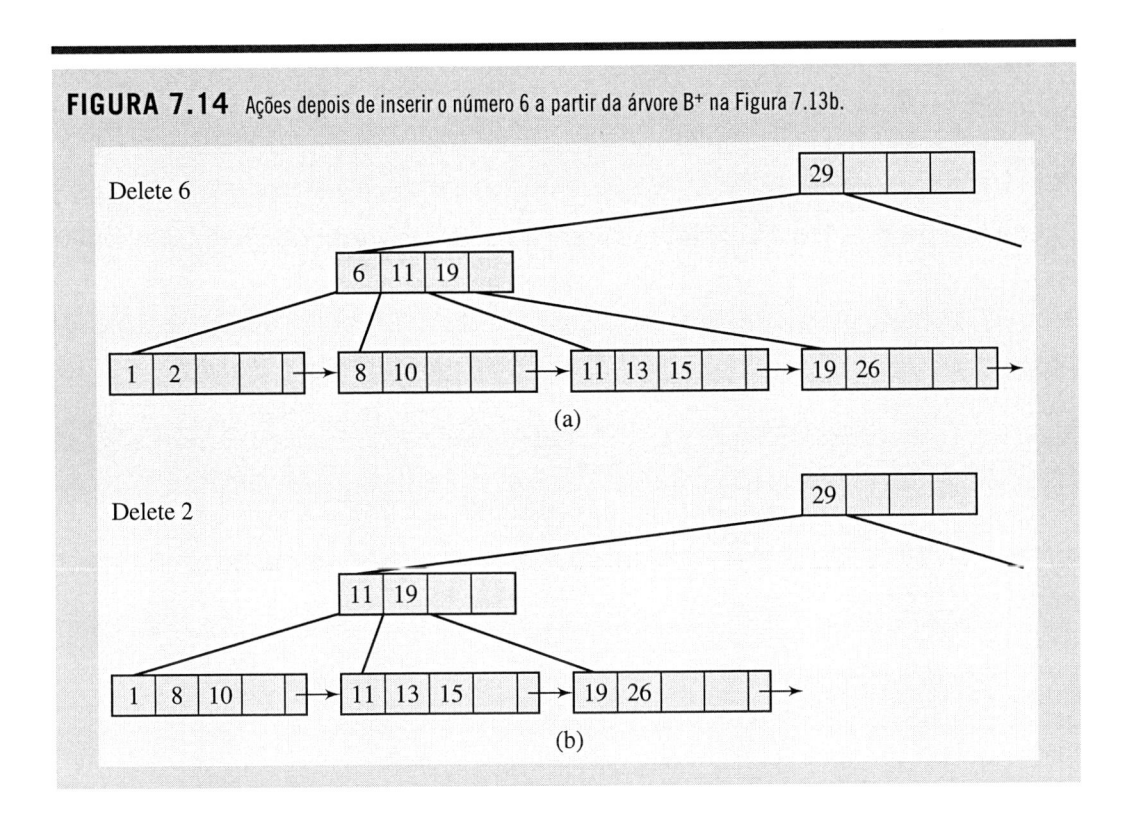

FIGURA 7.14 Ações depois de inserir o número 6 a partir da árvore B⁺ na Figura 7.13b.

7.1.4 Árvores B⁺ de prefixos

Se uma chave ocorreu em uma folha e em um nó interno de uma árvore B⁺, é suficiente removê-la da folha, porque a chave retida no nó é ainda um bom guia nas buscas subsequentes. Assim, realmente não importa se uma chave em um nó interno está em uma folha ou não. O que conta é que ela é um separador aceitável para as chaves em filhos adjacentes. Por exemplo, para duas chaves K_1 e K_2, o separador s precisa satisfazer a condição $K_1 < s \leq K_2$. Esta propriedade das chaves separadoras é também retida se fizermos as chaves tão pequenas quanto possível nos nós internos, removendo todos os seus conteúdos redundantes e ainda tendo uma árvore B⁺ trabalhando apropriadamente.

Uma *árvore B⁺ de prefixos simples* (Bayer e Unterauer, 1977) é uma árvore B⁺ na qual os separadores escolhidos são os menores prefixos que nos permitem distinguir duas chaves índices vizinhas. Por exemplo, na Figura 7.12, o filho à esquerda da raiz tem duas chaves, BF90 e BQ322. Se uma chave é menor do que BF90, a primeira folha é escolhida; se menor do que BQ322, a segunda folha é a escolha correta. Mas observe que podemos também ter os mesmos resultados se, em vez de BF90, as chaves BF9 ou somente BF são usadas, e se, no lugar de BQ322, um dos três prefixos desta chave é usado: BQ32, BQ3 ou somente BQ. Depois de escolher os menores prefixos de ambas as chaves, se qualquer chave for menor do que BF, a busca termina na primeira folha, e, se for menor do BQ, a segunda folha é escolhida; o resultado é o mesmo de antes. Reduzir o tamanho dos separadores para o mínimo essencial não modifica o resultado da busca. Isto somente torna os separadores menores. Como resultado, mais separadores podem ser colocados no mesmo nó, e um nó pode ter mais filhos. A árvore B⁺ inteira pode ter poucos níveis, o que reduz o fator de ramificação e torna o processamento da árvore mais rápido.

Este raciocínio não para no nível dos ascendentes das folhas. Ele é levado para qualquer outro nível, de modo que todo o conjunto de índices de uma árvore B⁺ é preenchido com prefixos (veja a Figura 7.15).

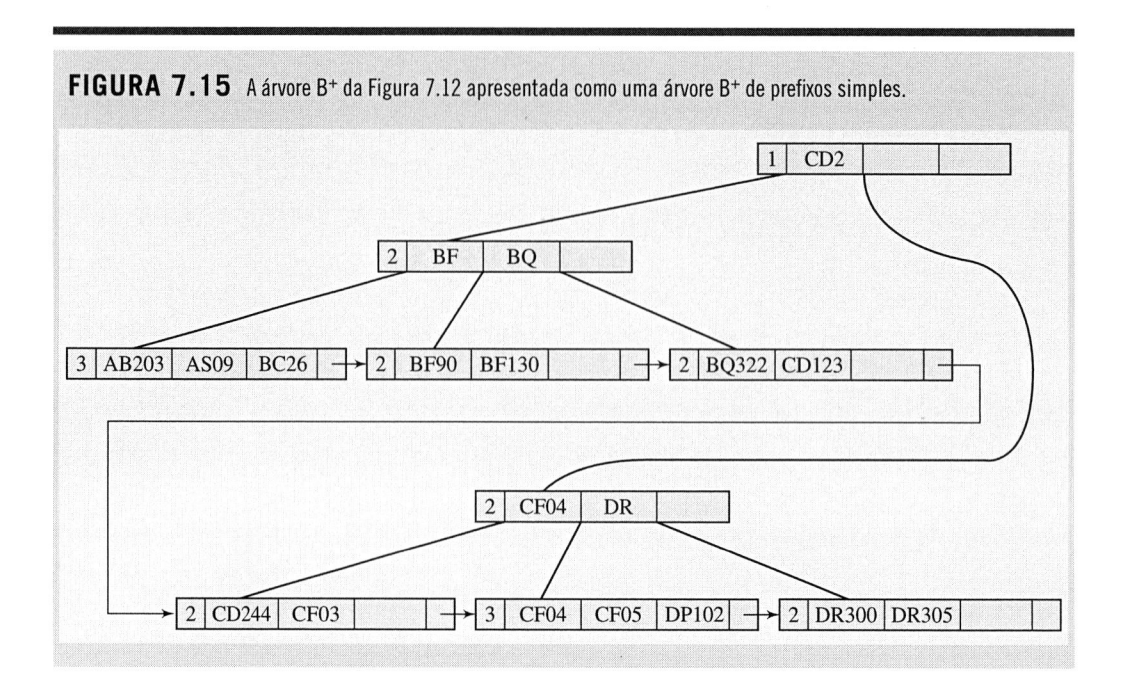

FIGURA 7.15 A árvore B⁺ da Figura 7.12 apresentada como uma árvore B⁺ de prefixos simples.

```
                                                          ┌─┬─────┬─┐
                                                          │1│ CD2 │ │
                                                          └─┴─────┴─┘
                              ┌─┬────┬────┬─┐
                              │2│ BF │ BQ │ │
                              └─┴────┴────┴─┘
   ┌─┬──────┬─────┬──────┐   ┌─┬──────┬──────┐   ┌─┬───────┬───────┐
   │3│AB203 │ AS09│ BC26 │→  │2│ BF90 │BF130 │→  │2│ BQ322 │ CD123 │→
   └─┴──────┴─────┴──────┘   └─┴──────┴──────┘   └─┴───────┴───────┘

                              ┌─┬──────┬────┬─┐
                              │2│ CF04 │ DR │ │
                              └─┴──────┴────┴─┘
        ┌─┬───────┬──────┐   ┌─┬──────┬──────┬───────┐   ┌─┬───────┬───────┐
      → │2│ CD244 │ CF03 │→  │3│ CF04 │ CF05 │ DP102 │→  │2│ DR300 │ DR305 │
        └─┴───────┴──────┘   └─┴──────┴──────┴───────┘   └─┴───────┴───────┘
```

As operações em árvores B⁺ de prefixos simples são bastante similares àquelas nas árvores B⁺, com certas modificações para levar em conta os prefixos usados como separadores. Em particular, depois de uma divisão, a primeira chave do novo nó não é nem movida nem copiada para o ascendente, mas encontrado o prefixo mais curto, que o diferencia do da última chave no velho nó, e então o prefixo mais curto é colocado no ascendente. Para a remoção, no entanto, alguns separadores retidos no conjunto de índices podem se tornar muito longos, mas, para tornar a remoção mais rápida, eles não têm que ser imediatamente diminuídos.

A ideia de usar prefixos como separadores pode ser realizada mesmo depois, se observarmos que os prefixos de prefixos podem ser omitidos nos níveis mais baixos da árvore, que é a ideia por trás de uma *árvore B⁺ de prefixos*. Este método trabalha particularmente bem se os prefixos são longos e repetitivos. A Figura 7.16b mostra um exemplo. Cada chave na árvore tem um prefixo AB12XY, e ele aparece em todos os nós internos. Isto é redundante. A Figura 7.16b mostra a mesma árvore com "AB12XY" despojado dos prefixos nos filhos da raiz. Para restabelecer o prefixo original, a chave do nó ascendente, exceto para seu último caractere, torna-se o prefixo da chave encontrada no nó corrente. Por exemplo, a primeira célula do filho da raiz na Figura 7.16b tem a chave "08". O último caractere da chave na raiz é descartado, e o prefixo obtido, "AB12XY", é colocado à frente de "08". O novo prefixo "AB12XY08" é usado para determinar a direção da busca.

Quão eficientes são as árvores B⁺? Rodadas experimentais indicam que quase não há diferença no tempo necessário para executar algoritmos em árvores B⁺ e B⁺ de prefixos simples, mas estas últimas necessitam de 50%–100% a mais de tempo. Em termos de acessos de disco, não há diferença entre essas árvores no número de vezes que o disco é acessado para árvores de 400 nós ou menos. Para árvores de 400–800 nós, ambas exigem 20%–25% a menos de acessos (Bayer e Unterauer, 1977). Isto indica que as árvores B⁺ de prefixos simples são uma opção viável, mas as B⁺ de prefixos permanecem principalmente de interesse teórico.

Capítulo 7 Árvores Múltiplas **285**

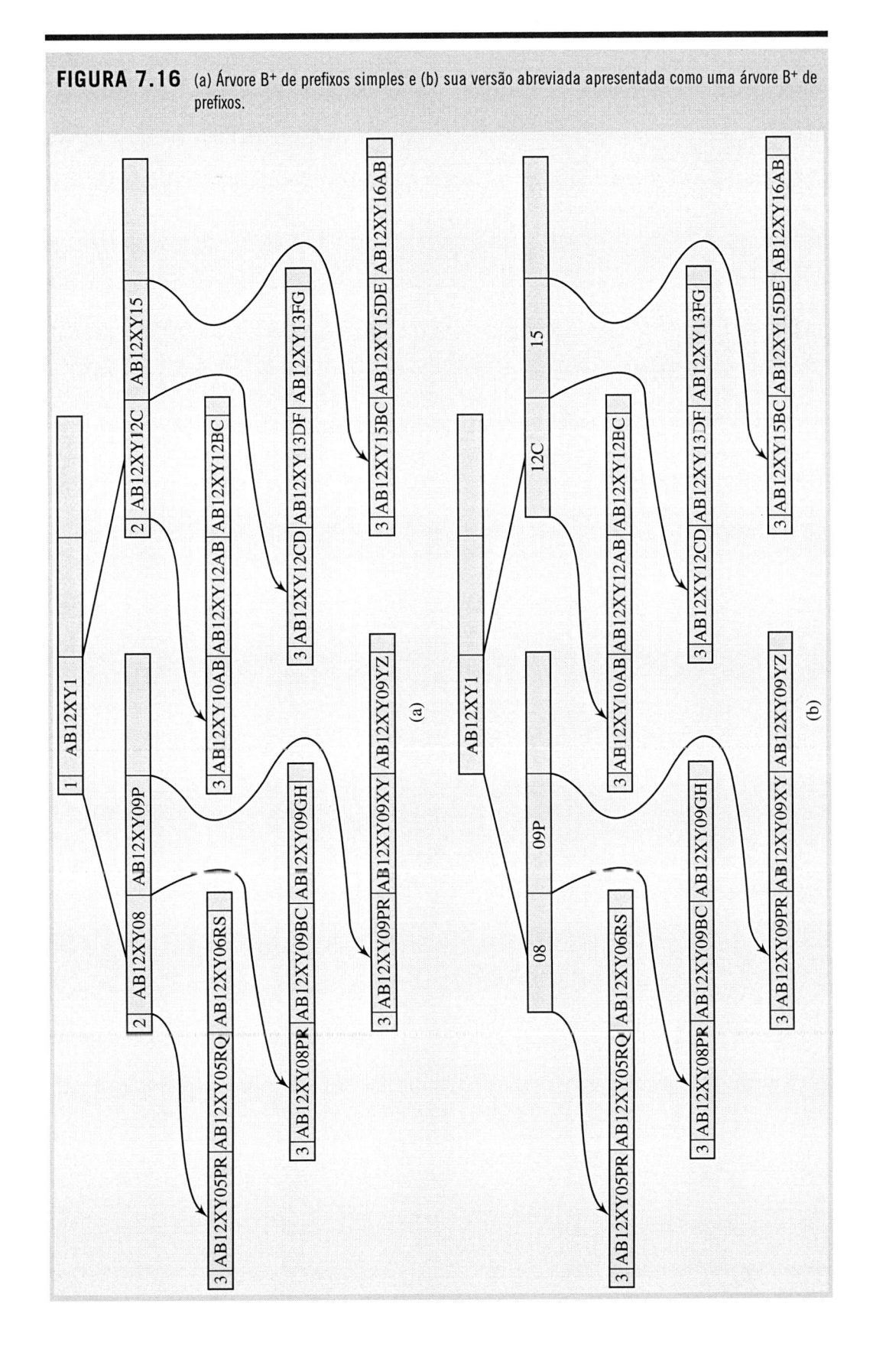

FIGURA 7.16 (a) Árvore B⁺ de prefixos simples e (b) sua versão abreviada apresentada como uma árvore B⁺ de prefixos.

7.1.5 Árvores *K*-d B

Esta é uma versão multivias da árvore *k*-d que permite armazenar até a pontos (elementos) de um espaço dimensional k (e tal nó se torna um ponto nó/balde/página[3]) e nós não terminais armazenados nas regiões b; para ascendentes de folhas, estas são regiões de pontos, para outros nós, regiões de regiões (e tal nó se torna uma região nó/balde/região[4]) (Robinson, 1981).[5] A tentativa de inserir um elemento na posição $a+1$ em uma folha causa um excesso; assim, o nó tem de ser dividido. Este fato se reflete na divisão de uma região que contém elementos na folha antes da separação em duas regiões e informação sobre estas regiões, juntamente com referências aos dois nós após a separação que terão de ser armazenados no ascendente. Se o ascendente está lotado, então também tem de ser dividido etc., subindo na árvore. No entanto, lidar com uma divisão na árvore *k*-d B é muito mais complicado do que na B. A divisão de uma folha é simples:

```
splitPointNode (p,el_s,i)
    p_right = new kdBtreeNode();
    mover para p_right elementos com key_i ≥ el_s . key_i ; // o nó antigo p é p_left ;
    return p_right ;
```

Nos exemplos a seguir assume-se que uma folha pode conter até quatro elementos ($a = 4$) e um nó regional até três regiões ($b = 3$).

Por exemplo, o nó na Figura 7.17a (raiz e uma folha ao mesmo tempo) está completo. A tentativa de inserir um novo elemento E leva a uma divisão. A separação é determinada por um discriminador em particular (neste caso, a coordenada x) e um elemento em particular. Este pode ser qualquer um, mas é melhor escolher um elemento que divide elementos no nó uniformemente ou quase. Uma nova folha é criada, e os elementos são divididos entre a folha antiga e a nova usando o discriminador (a coordenada $x = 60$ de E), o que leva à situação mostrada na Figura 7.17b.

No entanto, uma divisão de um nó regional está longe de ser simples.

```
splitRegionNode(p,el_s,i)
    p_right = new kdBtreeNode();
    p_left = p;
    for cada região r no nó p
        if r está inteiramente à direita de el_s . key_i
            mover r de p_left para p_right ;
        else if r está inteiramente à esquerda de el_s . key_i
            ; // sem fazer nada, r já está em p_left ;
        else divida r em r_left e r_right ao longo de el_s . key_i ;
            substitua r por r_left em p_left e some r_right a p_right ;
            pp = o filho p corresponde a r ;
            if pp é um nó pontual
                pp_right = splitPointNode(pp,el_s,i);
            else pp_right = splitRegionNode(pp,el_s,i);
            inclua pp_right em p_right ;
    return p_right ; // para ser usado para tratar um excesso;
```

Por exemplo, o filho da direita c_1 da raiz na Figura 7.17d é dividido ao longo de uma linha pontilhada horizontal ($y = 40$) mostrada no grande quadrado representando c_1 na Figura 7.17e. A linha indica que ambas as regiões têm de ser divididas, resultando em cinco regiões no total em c_1, que já está cheio. Duas regiões abaixo da linha permanecem no mesmo nó c_1 e as três acima da linha

---

3. Em inglês, *node/bucket/page*. (N.T.)
4. Em inglês, *node/bucket/region*. (N.T.)
5. Como todos os elementos são armazenados em folhas, a pureza terminológica requereria chamar este tipo de árvore *k*-d B+.

são colocadas em um novo nó c_2. No entanto, a separação das duas regiões tem de ser refletida nos descendentes correspondentes, que são folhas; assim, cada uma das duas regiões divididas é substituída por duas regiões menores em que tinham sido separadas. Portanto, o filho esquerdo de c_1 na Figura 7.17d é substituído por duas folhas: o mesmo filho esquerdo de c_1, mas com (a maior parte do tempo) um conjunto menor de pontos, e o filho esquerdo de c_2 na Figura 7.17e, cada um deles ligado a um ascendente diferente. Da mesma forma, o filho direito de c_1 na Figura 7.17d é substituído pelo mesmo filho direito de c_1, também com um conjunto menor de pontos, e o filho direito de c_2 na Figura 7.17e. Isto é, a operação de divisão é em cascata para os descendentes de um nó submetido a fracionamento. Para simplificar a operação e a discussão, assume-se que os nós após a divisão não estão excedidos. Embora seja concebível para escolher os critérios de divisão em que isto pode ocorrer, muito claramente esta não seria uma escolha desejável.

A operação de inserção pode ser igualmente envolvida por causa da possibilidade de um excesso. Quando isto ocorre, um nó é dividido e o ascendente recebe informações sobre este fato. Isto pode levar a um excesso, de modo que o ascendente tem de ser dividido etc., até que não seja necessária mais uma divisão ou a raiz seja alcançada e, eventualmente, uma nova raiz seja criada. Isto está resumido no seguinte pseudocódigo:

```
insert(el) // el = (id, valor₀, ..., valor_{k-1}) ;
    if root é nulo
        root = new kdBtreeNode(el);
    else insert2(el);

insert2(el)
    p = em que a folha el deve ser inserida;
    if ainda há espaço no p
        inserir el em p;
    else escolhe separando os el_s dentre os elementos p, incluindo el;
        escolhe separando o domínio i;
        p_right = splitPointNode(p, el_s, i);
        p = p->parent;
        incluir p_right no p;
        while p excessos
            p_right = splitRangeNode(p, el_s, i);
            if p é a root
                root = new kdBtreeNode(p, p_right);
                break;
            else p = p->parent;
                incluir p_right no p;
```

Por exemplo, uma tentativa para inserir E na raiz na Figura 7.17a leva à criação de uma nova raiz (Figura 7.17b), que se torna um nó de intervalo. Apenas uma folha nova é criada quando novos elementos são inseridos na Figura 7.17b (Figura 7.17c). A inserção de novos elementos na árvore da Figura 7.17c leva à criação de ainda outra folha, mas também a um excesso da raiz, e, assim, para a criação de uma nova raiz com dois filhos de nó regional (Figura 7.17d; o grande quadrado nesta figura é a raiz da Figura 7.17c com o eixo de divisão indicado pela linha pontilhada). A inserção de alguns novos elementos na árvore na Figura 7.17d leva a uma divisão do filho da esquerda (ou direita) de c_1 e depois para a divisão de c_1 (grande quadrado na Figura 7.17e), mas sem o excesso do ascendente de c_1, que é a raiz. No entanto, novas inserções para o filho da esquerda (ou do meio) de c_2 na árvore da Figura 7.17e levam a uma divisão de c_2 (o grande quadrado à esquerda na Figura 7.17f), que resulta em um excesso da raiz da árvore da Figura 7.17e (o grande quadrado à direita na Figura 7.17f) e na criação da nova raiz. Mas a divisão da raiz na Figura 7.17e também leva a uma divisão de seu filho do meio c_1, e isto leva a uma divisão do filho esquerdo de c_1. Portanto, um excesso é tratado dividindo-o, o que pode afetar os descendentes que não o causaram. Isto pode resultar em anormalidades, particularmente entre os nós divididos com alguns pontos regionais no nó. Por exemplo, o ascendente da terceira folha a partir da esquerda na Figura 7.17f tem apenas uma região depois da divisão. Mas uma folha após tal separação pode não ter elementos.

Assim, o excesso é em cascata para cima e a divisão o é para baixo. Portanto, a operação de inserção pode ser bastante dispendiosa, uma vez que, tratando um excesso, pode conduzir a uma série de excessos, e tratando cada um desses excessos, conduzir a uma série de divisões. Portanto, assim como em árvores B, quanto maior é o nó, tanto menor o número de excessos e divisões.

A operação de remoção pode ser bastante fácil se – ao contrário de árvores B – nenhuma provisão é feita sobre o nível de utilização do espaço. A árvore, no entanto, pode se tornar muito grande e ainda assim pouco povoada por elementos e regiões. Portanto, no caso de um subtransbordamento, os nós podem ser fundidos, mas somente quando são regiões acopláveis, isto é, quando as duas regiões formarem um retângulo com o número combinado de elementos sem causar um excesso. Por exemplo, na Figura 7.17c, a região que inclui F e aquela com C não são acopláveis, uma vez que, em conjunto, não formam um retângulo (e, também, o número combinado de elementos > 4), mas a região F e aquela com B poderiam ser acopláveis se o número combinado de elementos forem, no máximo, 4. É possível que três regiões possam ser unidas para criar uma (como as três regiões na Figura 7.17c). Se ocorrer um excesso, uma divisão da região resultante poderia corrigir o problema.

FIGURA 7.17 (a) A árvore 2-d B após a inserção de elementos de A a D. (b) A árvore após a inserção do elemento E, o que conduz a uma divisão e à criação de uma nova raiz. (c) A árvore após a inserção dos elementos F, G e H, o que leva à divisão de uma folha. A árvore é apresentada com as coordenadas de intervalos e pontos, e também de um modo mais ilustrativo com intervalos relativos a um nó particular mostrado com linhas contínuas. (d) A inserção dos elementos I, J e K no filho esquerdo da raiz em (c) leva a uma divisão deste filho, o que, por sua vez, leva a uma divisão da raiz, que, por sua vez, resulta numa divisão do filho do meio da antiga raiz em (c). (e) As divisões determinadas pela linha pontilhada após a inserção de novos elementos no filho da esquerda (ou direita) de c_2 na árvore (d). (f) Mais algumas divisões que começam com uma divisão no filho esquerdo (ou do meio) de c_2 na árvore (e).

Capítulo 7 Árvores Múltiplas **289**

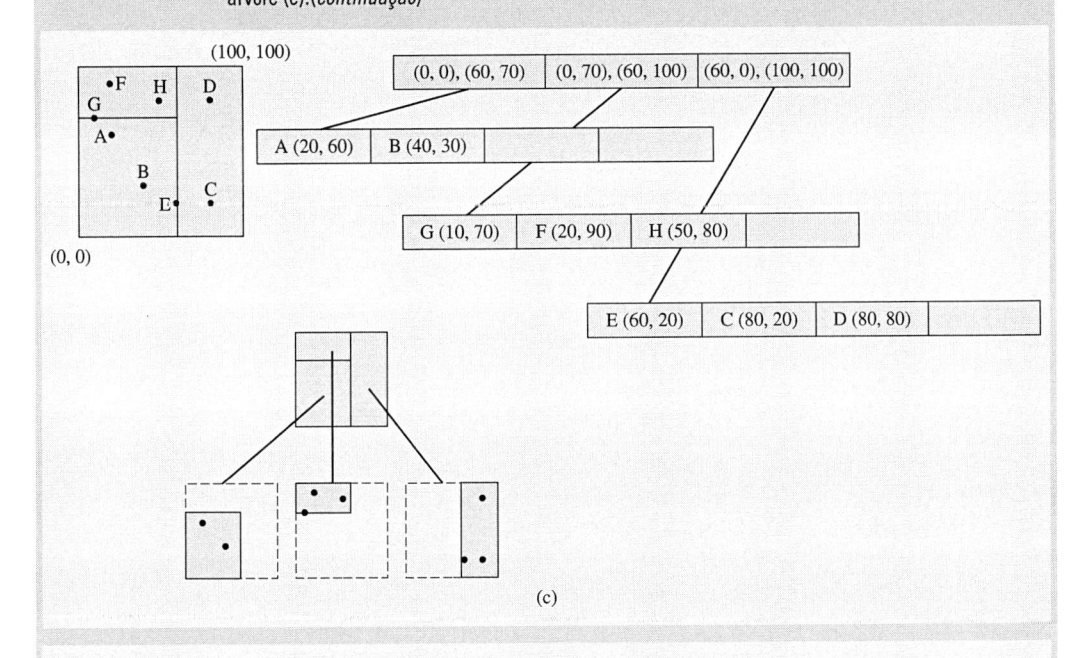

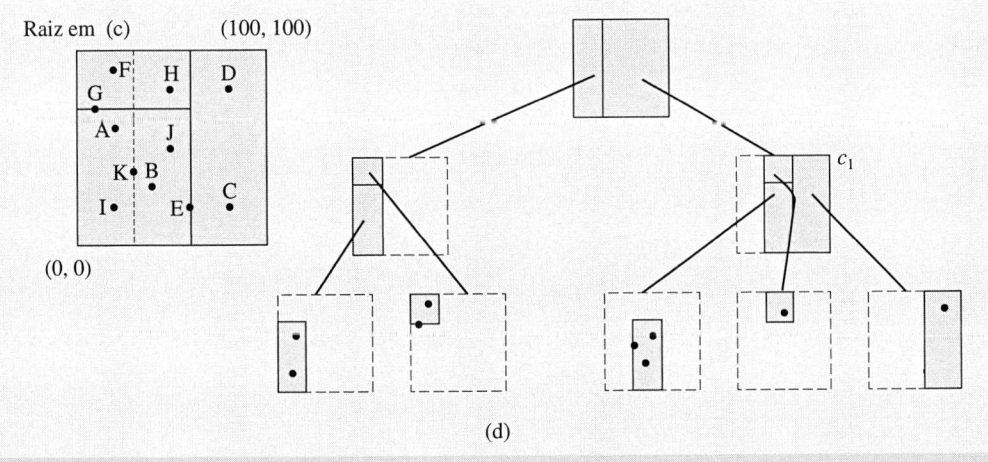

FIGURA 7.17 (a) A árvore 2-d B após a inserção de elementos de A a D. (b) A árvore após a inserção do elemento E, o que conduz a uma divisão e à criação de uma nova raiz. (c) A árvore após a inserção dos elementos F, G e H, o que leva à divisão de uma folha. A árvore é apresentada com as coordenadas de intervalos e pontos, e também de um modo mais ilustrativo com intervalos relativos a um nó particular mostrado com linhas contínuas. (d) A inserção dos elementos I, J e K no filho esquerdo da raiz em (c) leva a uma divisão deste filho, o que, por sua vez, leva a uma divisão da raiz, que, por sua vez, resulta numa divisão do filho do meio da antiga raiz em (c). (e) As divisões determinadas pela linha pontilhada após a inserção de novos elementos no filho da esquerda (ou direita) de c_2 na árvore (d). (f) Mais algumas divisões que começam com uma divisão no filho esquerdo (ou do meio) de c_2 na árvore (e).(*continuação*)

FIGURA 7.17 (a) A árvore 2-d B após a inserção de elementos de A a D. (b) A árvore após a inserção do elemento E, o que conduz a uma divisão e à criação de uma nova raiz. (c) A árvore após a inserção dos elementos F, G e H, o que leva à divisão de uma folha. A árvore é apresentada com as coordenadas de intervalos e pontos, e também de um modo mais ilustrativo com intervalos relativos a um nó particular mostrado com linhas contínuas. (d) A inserção dos elementos I, J e K no filho esquerdo da raiz em (c) leva a uma divisão deste filho, o que, por sua vez, leva a uma divisão da raiz, que, por sua vez, resulta numa divisão do filho do meio da antiga raiz em (c). (e) As divisões determinadas pela linha pontilhada após a inserção de novos elementos no filho da esquerda (ou direita) de c_2 na árvore (d). (f) Mais algumas divisões que começam com uma divisão no filho esquerdo (ou do meio) de c_2 na árvore (e). (*continuação*)

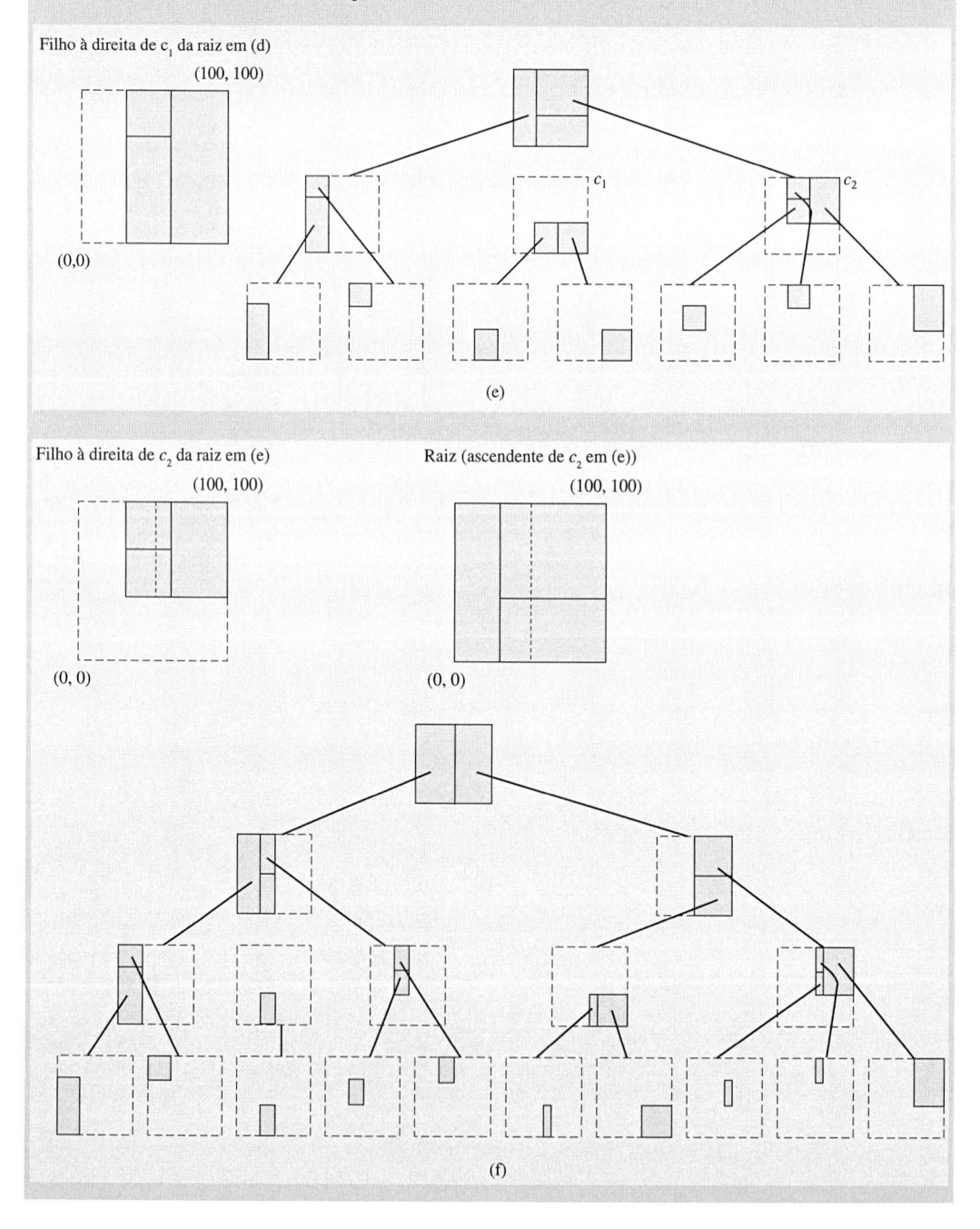

Há muitas variações de árvores k-d B. Para abordar o problema de subutilização de espaço, a do tipo *hB* permite regiões não retangulares (Lomet e Salzberg, 1990). Isto é, de forma elegante, conseguido através da implementação de nós de intervalos (chamados nós índice) como árvores k-b. Para representar uma região não retangular, várias folhas de uma árvore k-b podem referir-se ao mesmo nó de árvore hB (o que a faz uma árvore apenas pelo nome, já que, assim, se torna um gráfico acíclico direcionado). Para brevemente ilustrar a ideia, considere o exemplo de uma região Q na Figura 7.18. A região pode ser representada de diversas maneiras; duas delas são mostradas nesta figura. As duas árvores k-d são representações de nós possíveis em uma árvore hB. Note que, com esta representação, é evitada uma cascata para baixo da divisão: a mostrada ao longo de x_1 para processar P levaria a uma divisão ao longo do mesmo eixo de Q na árvore 2-d B. Na árvore hB isto não é necessário; a área P só é criada a partir da Q, fazendo, assim, Q ser uma forma não retangular.

7.1.6 Árvores de bit

Uma abordagem muito interessante é, por assim dizer, levar ao extremo o método das árvores B^+ de prefixos. Neste método os bytes são usados para especificar os separadores. Em *árvores de bit* o nível de bit é atingido (Ferguson, 1992).

A árvore de bit é baseada no conceito de um *bit de distinção* (*bit D*). Bit de distinção $D(K,L)$ é o número do bit mais significativo que difere em duas chaves K e L, e $D(K,L)$ = *key-length-in-bits* − 1 − $\lfloor \lg(K \times \text{ou } L) \rfloor$. Por exemplo, o bit D para as letras "K" e "N", cujos códigos ASCII são 01001011 e 01001110, é 5, a posição na qual a primeira diferença entre essas chaves foi detectada — $D(\text{"K"},\text{"N"})$ = 8 − 1 − $\lfloor \lg 5 \rfloor$ = 5.

Uma árvore de bit usa o bit D para separar as chaves somente nas folhas; a parte restante da árvore é do tipo B^+ de prefixos. Isto significa que as chaves atuais e os registros inteiros, a partir dos quais essas chaves são extraídas, estão armazenados em um arquivo de dados, de modo que as folhas podem incluir muito mais informação do que se as chaves fossem nelas armazenadas. As entradas da folha referem-se às chaves indiretamente, especificando bits de distinção entre as chaves que correspondem aos locais vizinhos na folha (veja a Figura 7.19).

FIGURA 7.18 Duas possíveis representações de árvores 2-d em uma árvore hB de área Q.

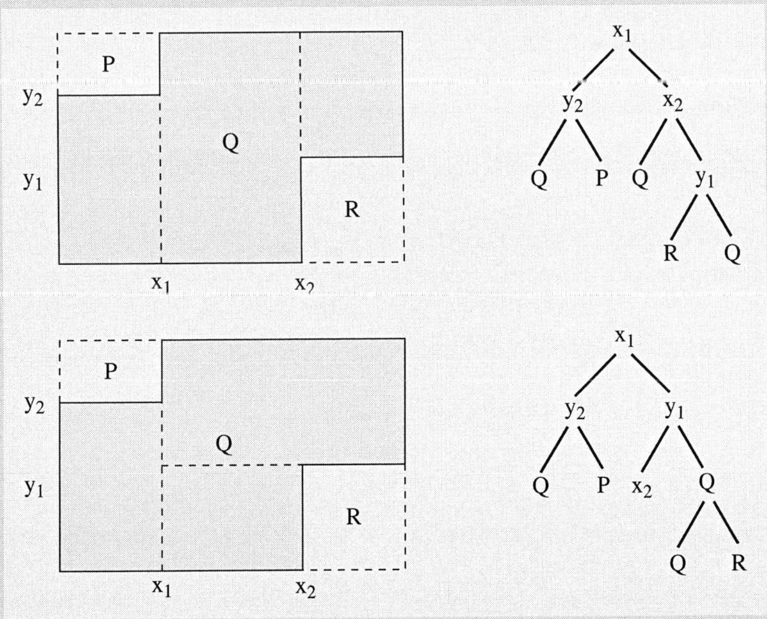

FIGURA 7.19 Uma folha de uma árvore de bit.

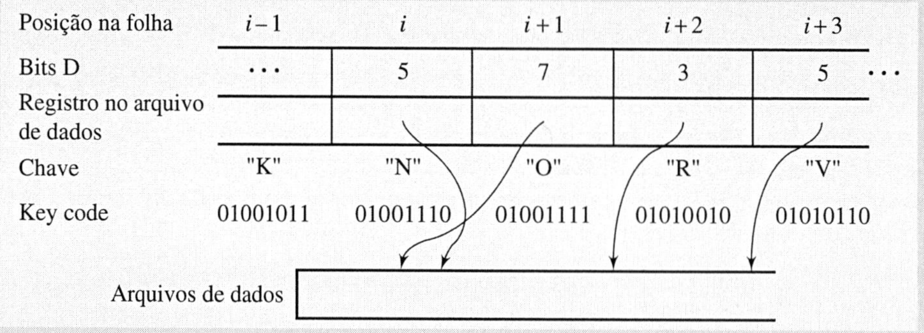

Posição na folha	$i-1$	i	$i+1$	$i+2$	$i+3$
Bits D	...	5	7	3	5 ...
Registro no arquivo de dados					
Chave	"K"	"N"	"O"	"R"	"V"
Key code	01001011	01001110	01001111	01010010	01010110

Arquivos de dados

Antes de apresentar um algoritmo para processar os dados com as árvores de bit, algumas propriedades úteis dos bits D precisam ser discutidas. Todas as chaves nas folhas são mantidas na ordem ascendente. Em consequência, $D_i = D(K_{i-1}, K_i)$ indica o bit mais à esquerda, que é diferente nessas chaves. Este bit é sempre 1 porque $K_{i-1} < K_i$ para $1 \leq i < m$ (= ordem da árvore). Por exemplo, $D(\text{"N"},\text{"O"}) = D(0100111\mathbf{0}, 0100111\mathbf{1}) = 7$, e o bit na posição 7 está ligado, com todos os bits precedentes em ambas as chaves sendo os mesmos.

Considere j a primeira posição em uma folha para a qual $D_j < D_i$ e $j > i$; D_j é o primeiro bit D menor que o precedente D_i. Neste caso, para todas as chaves entre as posições i e j nessa folha, o bit D_i é 1. No exemplo da Figura 7.19, $j = i + 2$, pois D_{i+2} é o primeiro bit D que segue a posição i, que é menor que D_i. Bit 5 na chave "O", na posição $i + 1$, é 1 como é 1 na chave "N" na posição i.

O algoritmo para pesquisar uma chave usando uma folha de árvore de bit é

```
bitTreeSearch(K)
   R = registro R₀;
   for i = 1 até m - 1
      if o bit Dᵢ em K é 1
         R = Rᵢ;
      else  pule todos os bits D até que um bit D menor seja encontrado;
   leia o registro R a partir do arquivo de dados;
   if K == chave a partir do registro R
      return R;
   else return -1;
```

Usando este algoritmo, podemos pesquisar por "V" assumindo que, na Figura 7.19, $i - 1 = 0$ e $i + 3$ é a última entrada na folha. R é inicializada para R_0 e i para 1.

1. Na primeira iteração do laço `for`, o bit $D_1 = 5$ na chave "V" = 01010110 é verificado e, por ser 1, a R é atribuído R_1.
2. Na segunda iteração, o bit $D_2 = 7$ é testado. Ele é 0, mas nada é pulado, como exigido pela instrução `else`, pois é encontrado diretamente um bit D menor que 7.
3. A terceira iteração: bit $D_3 = 3$ é 1, assim R se torna R_3.
4. Na quarta iteração, o bit $D_4 = 5$ é verificado novamente e, por ser 1, a R é atribuído R_5. Esta é a última entrada na folha; o algoritmo é terminado e R_5 é apropriadamente retornado.

O que acontece se a chave desejada não está no arquivo de dados? Podemos tentar localizar "S" = 01010011 usando as mesmas hipóteses que em $i - 1$ e $i + 3$. Bit $D_1 = 5$ é 0, por isso a posição com o bit D 7 é pulada, e, pelo fato do bit $D_3 = 3$ em "S" ser 1, o algoritmo retorna o registro R_3. Para evitar isto, `bitTreeSearch()` verifica se o registro realmente corresponde à chave desejada. Se não, um número negativo é retornado para indicar falha.

7.1.7 Árvores R

Dados espaciais são objetos com frequência utilizados em muitas áreas. Um projeto assistido por computadores, dados geográficos e projetos VLSI são exemplos de domínios nos quais os dados espaciais são criados, recuperados e removidos. Este tipo de dados exige estruturas de dados especiais para ser processado eficientemente. Por exemplo, podemos solicitar que todas as regiões em uma área especificada por coordenadas geográficas sejam impressas, ou que todos os prédios próximos da prefeitura sejam identificados. Muitas estruturas de dados diferentes têm sido desenvolvidas para acomodar este tipo de dados. Exemplo é uma *árvore R* (Guttman, 1984).

Uma árvore R de ordem m é uma estrutura parecida com uma árvore B que contém m entradas em um nó para algum $m \leq$ o número máximo permitido por nó (exceto a raiz). Por isso, não se exige que uma árvore R esteja cheia pelo menos até a metade.

Uma folha em uma árvore R contém entradas da forma (*rect,id*), onde *rect* = ($[c_1^1, c_1^2]$, ..., $[c_n^1, c_n^2]$) é um retângulo n-dimensional, c_i^1 e c_i^2 são coordenadas ao longo do mesmo eixo, e *id* é um ponteiro para um registro em um arquivo de dados. A variável *rect* é o menor retângulo que contém o objeto *id*. Por exemplo, a entrada em uma folha que corresponde a um objeto X em um plano cartesiano, como na Figura 7.20, é o par (([10,100], [5,52]), X).

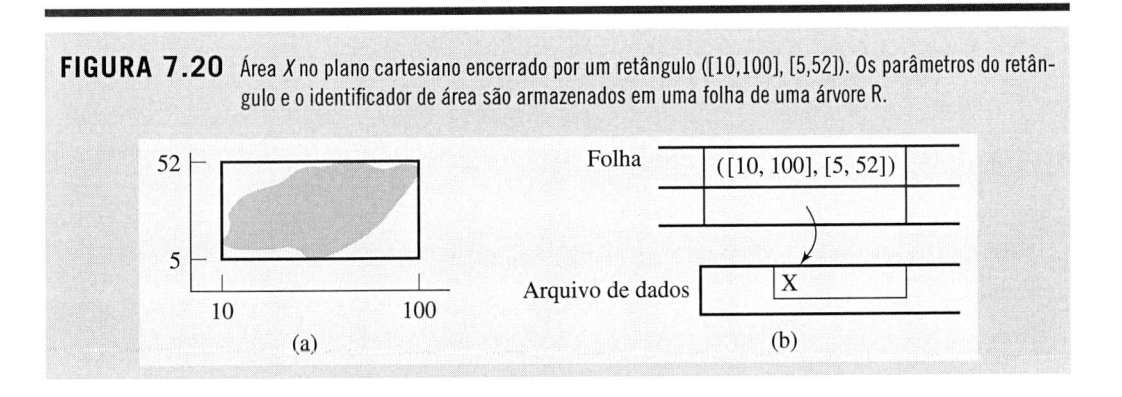

FIGURA 7.20 Área X no plano cartesiano encerrado por um retângulo ([10,100], [5,52]). Os parâmetros do retângulo e o identificador de área são armazenados em uma folha de uma árvore R.

Uma entrada de célula de nó não folha tem a forma (*rect,child*), onde *rect* é o menor retângulo que engloba todos os encontrados em *child*. A estrutura de uma árvore R não é idêntica à estrutura de uma B: a primeira pode ser vista como uma série de n chaves e n ponteiros que correspondem a essas chaves.

Inserir novos retângulos em uma árvore R é feito à maneira da B, com divisões e redistribuições. Uma operação crucial é encontrar uma folha apropriada para inserir um retângulo *rect*. Quando se move para baixo na árvore R, a subárvore escolhida no nó corrente é aquela que corresponde ao retângulo que exige a menor ampliação para incluir *rect*. Se ocorre uma divisão, novos retângulos englobados têm que ser criados. O algoritmo detalhado é mais complicado, pois, dentre outras coisas, não é óbvio como dividir retângulos de um nó que está sendo dividido. O algoritmo deve gerar retângulos que encerrem retângulos dos dois nós resultantes e sejam mínimos no tamanho.

A Figura 7.21 mostra um exemplo de inserção de quatro retângulos em uma árvore R. Depois de inserir os três primeiros retângulos, R_1, R_2 e R_3, somente a raiz está cheia (Figura 7.21a). A inserção de R_4 causa uma divisão, resultando na criação de dois retângulos englobados (Figura 7.21b). A inserção de R_7 não muda nada, e a de R_8 faz o retângulo R_6 ser estendido para acomodar R_8 (Figura 7.21c). A Figura 7.21d mostra outra divisão depois de se entrar R_9 na árvore R. R_6 é descartado e R_{10} e R_{11} são criados.

Um retângulo R pode ser contido em muitos outros retângulos englobados, mas pode ser armazenado somente uma vez em uma folha. Em consequência, um procedimento de busca pode tomar um caminho errado em algum nível h quando vê que R está encerrado por outro retângulo encontrado em um nó nesse nível. Por exemplo, o retângulo R_3 na Figura 7.21d está encerrado tanto por R_{10} quanto por R_{11}. Como R_{10} está antes de R_{11} na raiz, a busca acessa a folha do meio quando procura R_3. No entanto, se R_{11} precedesse R_{10} na raiz, seguir o caminho que corresponde a R_{11} não daria certo. Para árvores R altas e grandes esta sobreposição se torna excessiva.

Uma modificação das árvores R, chamada *árvore R+*, remove essa sobreposição (Stonebraker, Sellis e Hanson, 1986; Sellis, Roussopoulos e Faloutsos, 1987). Os retângulos englobados já não são mais sobrepostos e cada um deles está associado com todos os retângulos que ele intercepta. Mas agora o retângulo de dados pode ser encontrado em mais de uma folha. Por exemplo, a Figura 7.22 mostra uma árvore R+ construída depois que o retângulo de dados R_9 foi inserido na árvore R da Figura 7.21c. A Figura 7.22 substitui a 7.21d. Note que R_8 pode ser encontrado em duas folhas, porque pode ser interceptado por dois retângulos englobados, R_{10} e R_{11}. As operações em uma árvore R+ tornam difícil assegurar, sem uma manipulação posterior, que os nós fiquem pelo menos metade cheios.

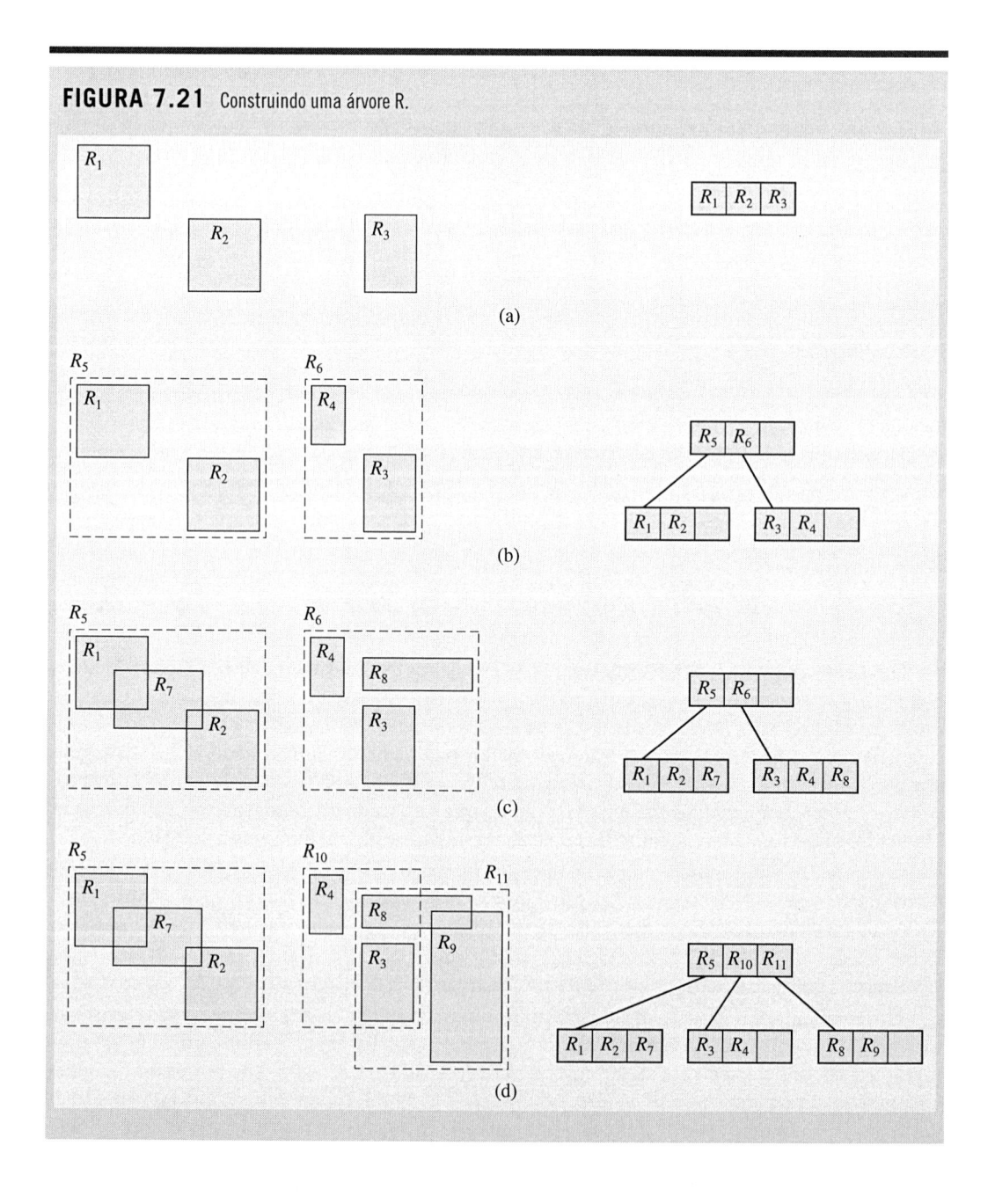

FIGURA 7.21 Construindo uma árvore R.

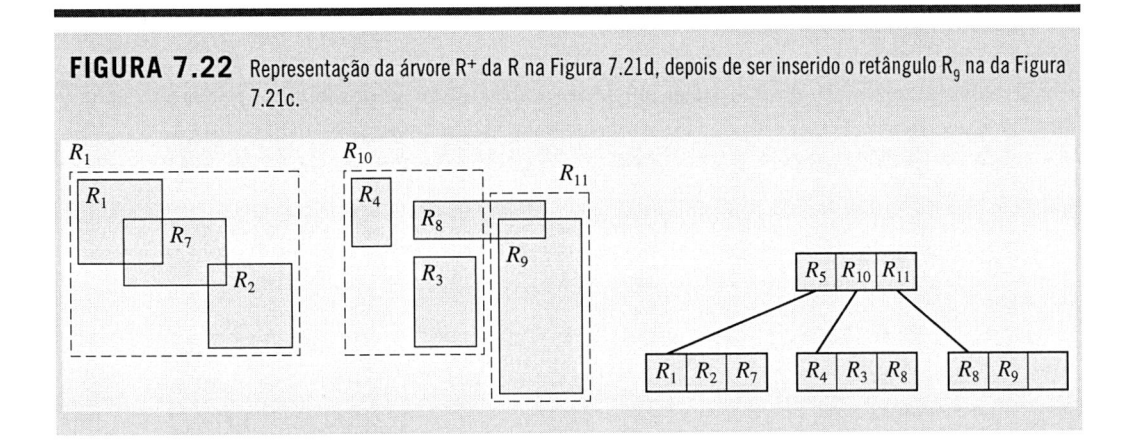

FIGURA 7.22 Representação da árvore R⁺ da R na Figura 7.21d, depois de ser inserido o retângulo R_9 na da Figura 7.21c.

7.1.8 Árvores 2–4

Esta seção discute um caso especial de árvore B, a B de ordem 4. Esta árvore B foi discutida primeiro por Rudolf Bayer, que a chamou de *árvore B binária simétrica* (Bayer, 1972), mas ela é usualmente chamada *árvore 2 – 3 – 4,* ou apenas *2 – 4,* que parece não oferecer novas perspectivas, mas não é verdade. Nas árvores B os nós são grandes para acomodar o conteúdo de um bloco lido de uma armazenagem secundária. Nas 2 – 4, por outro lado, um, dois ou no máximo três elementos podem ser armazenados em um nó. A menos que os elementos sejam muito grandes, tão grandes que três deles possam preencher um bloco em um disco, parece não haver razão para sequer mencionar árvores B de tão pequena ordem. Embora árvores B tenham sido introduzidas no contexto de manipulação de dados na armazenagem secundária, não significa que tenham de ser usadas somente para este propósito.

Usamos um capítulo inteiro para discutir as árvores binárias, em particular as de busca, e para desenvolver algoritmos que permitissem acesso rápido à informação nelas guardada. Podem as árvores B oferecer uma solução melhor ao problema de balancear ou percorrer as árvores binárias? Vamos agora retornar aos tópicos árvores binárias e processamento de dados na memória.

Árvores B são bem adequadas para desafiar os algoritmos usados para as árvores binárias de busca, pois uma árvore B, por sua natureza, tem que ser balanceada. Nenhum tratamento especial é necessário para se construir uma árvore; construir uma árvore B a balanceia ao mesmo tempo. Em vez de usar árvores binárias de busca, podemos usar árvores B de pequena ordem, como as 2 – 4. No entanto, se essas árvores são implementadas como estruturas similares às árvores B, existem três locais por nó para armazenar até três chaves e quatro locais por nó para armazenar até quatro ponteiros. No pior caso, metade dessas células não é usada, e, na média, 69% não são usadas. Uma vez que espaço está muito mais a prêmio na memória principal do que na armazenagem secundária, gostaríamos de evitar esta perda de espaço. Em consequência, as árvores 2 – 4 são transformadas na forma de árvore binária, na qual cada nó contém somente uma chave. Naturalmente, a transformação tem que ser feita de um modo que permita a restauração sem ambiguidade da forma original da árvore B.

Para representar uma árvore 2 – 4 como uma árvore binária, dois tipos de vínculos entre os nós são usados: um indica os vínculos entre os nós que representam as chaves pertencentes ao mesmo nó de uma árvore 2 – 4, e o outro, os vínculos ascendentes filhos regulares. Bayer os chamou de ponteiros *horizontais* e *verticais,* ou ponteiros ρ e δ; Guibas e Sedgewick, em sua estrutura dicromática, usaram ponteiros *vermelhos* e *pretos*. Não somente os nomes são diferentes, mas também as árvores são desenhadas de maneira um pouco diferente. A Figura 7.23 mostra os nós com duas e três chaves, chamados *nós-3* e *nós-4,* e suas representações equivalentes. A Figura 7.24 mostra uma árvore 2 – 4 completa e suas árvores binárias equivalentes. Note que os vínculos vermelhos são desenhados com linhas pontilhadas. A árvore *vermelho-preta* representa melhor a forma exata de uma árvore binária; as árvores *horizontal-verticais* são melhores para reter a forma das árvores 2 – 4 e mostrar as folhas como se estas estivessem no mesmo nível. Além disso, as árvores horizontal-verticais prestam-se facilmente a representar as árvores B de qualquer ordem, enquanto as vermelho-pretas não.

Tanto as vermelho-pretas quanto as horizontal-verticais são árvores binárias. Cada nó tem dois ponteiros que podem ser interpretados de dois modos. Para fazer uma distinção entre a interpretação aplicada em dado contexto, uma bandeira para cada um dos ponteiros é usada.

Árvores horizontal-verticais têm as seguintes propriedades:

- O caminho da raiz para qualquer nó nulo contém o mesmo número de ligações verticais.
- Nenhum caminho da raiz pode ter dois vínculos horizontais em uma linha.

As operações realizadas nas árvores horizontal-verticais devem ser as mesmas das binárias, embora suas implementações sejam muito mais complicadas. Somente a busca é a mesma; para se encontrar uma árvore horizontal-vertical, nenhuma distinção é feita entre os diferentes tipos de ponteiros. Podemos usar o mesmo procedimento de pesquisa das árvores binárias de busca: se a chave é encontrada, pare. Se a chave no nó corrente é maior do que aquele que estamos procurando, vamos para a subárvore esquerda; caso contrário, vamos para a direita.

Para encontrar o custo de buscar uma chave no pior caso em uma árvore horizontal-vertical, observe que em cada árvore gostaríamos de encontrar uma correspondência entre o número de nós e sua altura. Primeiro, observa-se que, se o caminho mais curto para uma folha consiste somente em ligações verticais, então o mais longo para outra folha pode começar e terminar com ligações horizontais, e há ligações verticais e horizontais usadas alternadamente. Portanto,

$$caminho_{mais\ longo} \leq 2 \cdot caminho_{mais\ curto} + 1$$

com igualdade se os caminhos mais curtos e mais longos são como descrito. Agora, gostaríamos de encontrar o número mínimo de nós $n_{mín}$ em uma árvore vh de determinada altura h. Considere as primeiras árvores vh de altura ímpar. A Figura 7.25a mostra uma árvore vh de altura 7 e, implicita-

FIGURA 7.23 (a) Um nó-3 representado (b – c) em dois possíveis modos pelas árvores vermelho-pretas e (d – e) pelas árvores horizontal-verticais. (f) Um nó-4 representado (g) por uma árvore vermelho-preta e (h) uma árvore horizontal-vertical.

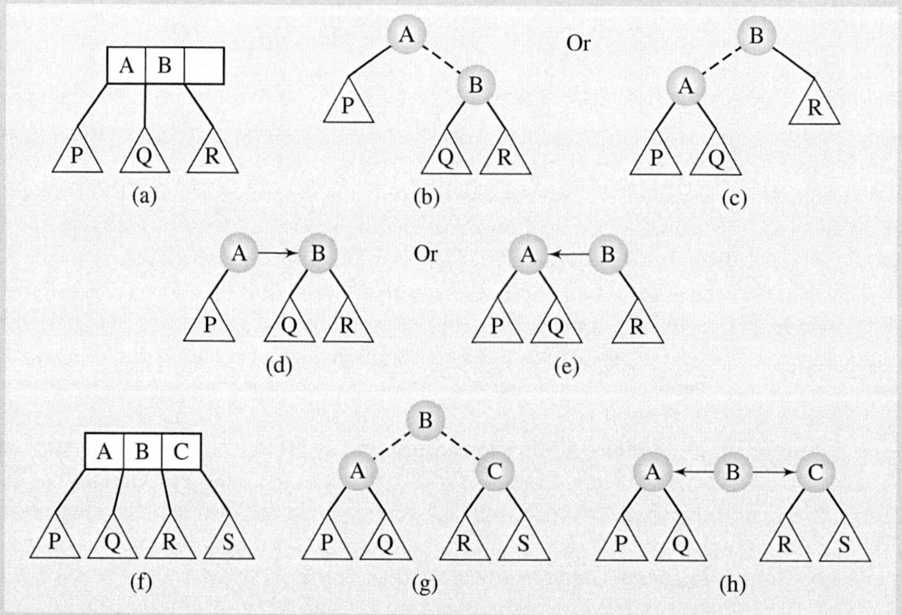

mente, de alturas 1, 3 e 5. Começando com h = 3, podemos observar uma progressão geométrica no número de nós adicionados à árvore da altura ímpar anterior:

$h = 3\ 5\ 7\ 9\ ....$
número de novos nós = 3 6 12 24 ...

A soma dos primeiros termos de m de uma sequência geométrica é expressa com a fórmula $a_1 \frac{q^m - 1}{q - 1}$ e, assim, após a adição de 1 representando a raiz:

$$n_{min} = 3\frac{2^{\frac{h-1}{2}} - 1}{2 - 1} + 1 = 3 \cdot 2^{\frac{h-1}{2}} - 2$$

A partir disto, temos

$$n \geq 3 \cdot 2^{\frac{h-1}{2}} - 2$$

e, então:

$$2\lg\frac{n+2}{3} + 1 \geq h$$

Para algumas alturas, como exemplificado na Figura 7.25b para uma árvore vh de altura 8, obtemos:

$h = 2\ 4\ 6\ 8\ ...$
número de nós novos = 2 4 8 16 ...

$$n_{min} = 2(2^{\frac{h}{2}} - 1)$$

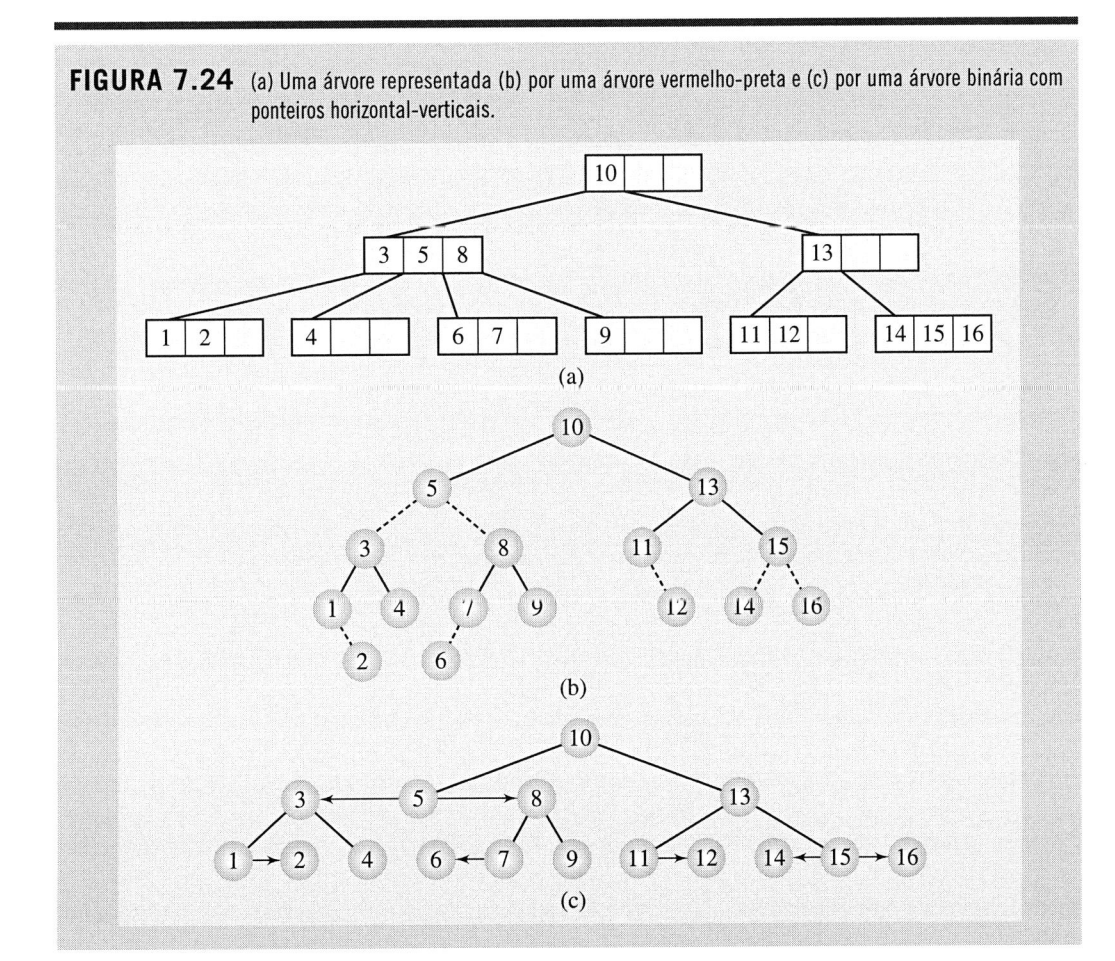

FIGURA 7.24 (a) Uma árvore representada (b) por uma árvore vermelho-preta e (c) por uma árvore binária com ponteiros horizontal-verticais.

FIGURA 7.25 (a) Uma árvore vh de altura 7; (b) Uma árvore vh de altura 8.

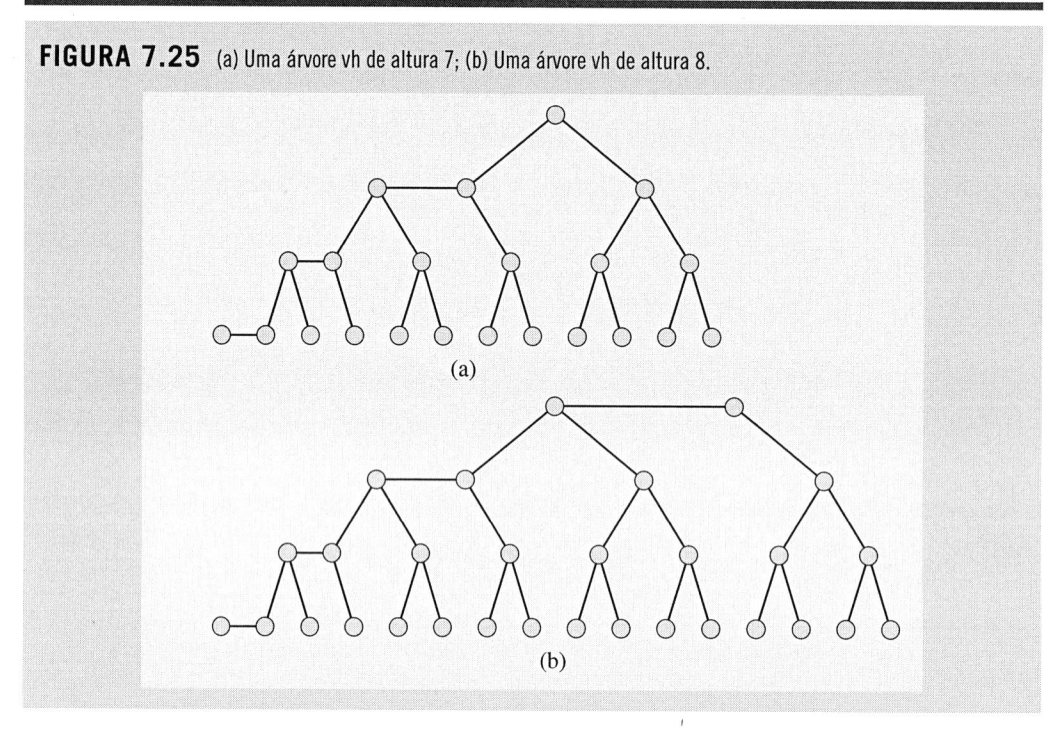

e, por consequência:

$$n \geq n_{min} = 2(2^{\frac{h}{2}} - 1)$$

do que decorre:

$$2\lg(n + 2) - 2 \geq h$$

É simples verificar que para qualquer n o limite para algumas alturas é maior, para que possa ser utilizado como um limite superior para todas as alturas. O limite inferior é determinado pela altura de uma árvore binária completa. O número de nós de tal árvore de altura h foi encontrado para ser $n = 2^h - 1$ (veja a Figura 6.35), a partir do qual:

$$\lg(n + 1) \leq h \leq 2\lg(n + 2) - 2$$

Este é o pior caso de pesquisa, quando ela tem que atingir o nível da folha.

As inserções reestruturam a árvore adicionando-lhe mais um nó e mais um vínculo. Ele deve ser um vínculo horizontal ou vertical? As remoções reestruturam a árvore do mesmo modo removendo um nó e um vínculo, mas isto pode levar a dois vínculos horizontais consecutivos. Essas operações não são tão diretas como para as árvores binárias de busca, pois algumas contrapartes da divisão e da fusão de nós têm que ser representadas nas árvores horizontal-verticais.

Uma boa ideia ao dividir árvores 2 – 4, como já indicado na discussão de árvores B, é dividir os nós quando indo para baixo na árvore durante a inserção de uma chave. Se um nó-4 é encontrado, é dividido antes de descer ainda mais na árvore. Devido a esta divisão ser feita do topo para baixo, um nó-4 pode ser um filho tanto de um nó-2 como de um nó-3 (com a usual exceção: a menos que seja uma raiz). As Figuras 7.26a e b mostram um exemplo. Dividir o nó com as chaves B, C e D exige criar um novo nó. Os dois nós envolvidos na divisão (Figura 7.26a) estão 4/6 cheios, e três nós depois da divisão estão 4/9 cheios (6/8 e 7/12, respectivamente, para os campos de ponteiros). Dividir nós nas árvores 2 – 4 resulta em um desempenho pobre. No entanto, se as mesmas operações são realizadas em suas equivalentes árvores horizontal-verticais, a operação é notavelmente eficiente. Nas Figuras 7.26c e d, a mesma divisão é realizada em uma árvore horizontal-vertical, e a operação exige mudar somente duas bandeiras de horizontal para vertical e uma de vertical para horizontal: somente três bits são reajustados!

FIGURA 7.26 (a – b) Divisão de um nó-4 anexado a um nó com uma chave em uma árvore 2 – 4. (c – d) A mesma divisão em uma árvore horizontal-vertical equivalente a esses dois nós.

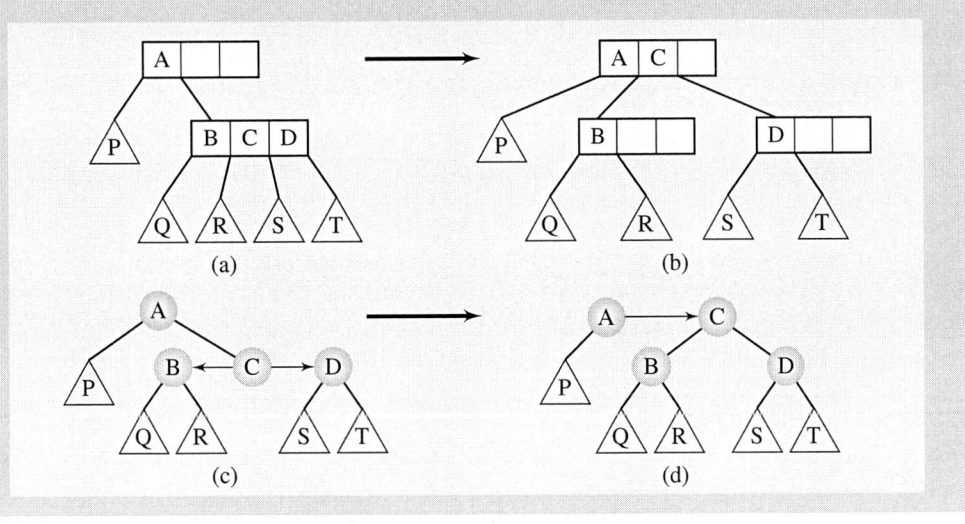

Reajustar essas três bandeiras sugere o algoritmo *flagFlipping*, que leva às seguintes etapas: se visitamos um nó *n* cujos vínculos são ambos horizontais, então reajustamos a bandeira correspondente ao vínculo do ascendente de *n* para *n* para a horizontal, e ambas as bandeiras em *n* para a vertical.

Se temos uma situação como a da Figura 7.27a, a divisão resulta em uma árvore 2 – 4 como na Figura 7.27b; aplicar *flagFlipping* à equivalente da árvore horizontal-vertical exige somente que três bits sejam reajustados (Figuras 7.27c e d).

A Figura 7.23 indica que o mesmo nó de uma árvore 2 – 4 pode ter dois equivalentes em uma árvore horizontal-vertical. Em consequência, a situação na Figura 7.27a pode ser refletida não somente pela árvore da Figura 7.27c, mas também pela árvore da Figura 7.28a. Se continuamos como antes, mudando as três bandeiras como na Figura 7.27d, a árvore da Figura 7.28b termina com dois

FIGURA 7.27 (a – b) Divisão de um nó 4 anexado a um nó 3 em uma árvore 2 – 4, e (c – d) operação similar realizada em uma possível árvore horizontal-vertical equivalente a esses dois nós.

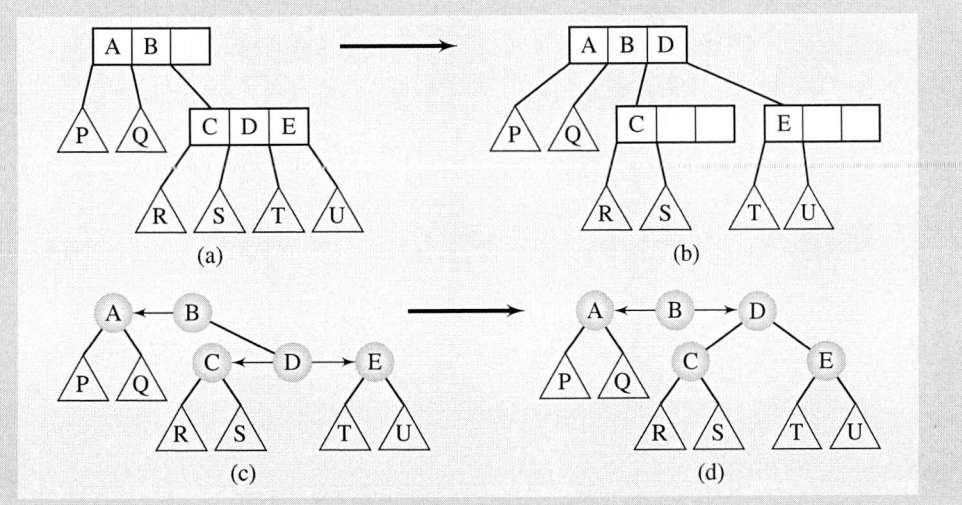

FIGURA 7.28 Consertando uma árvore horizontal-vertical que tem vínculos horizontais consecutivos.

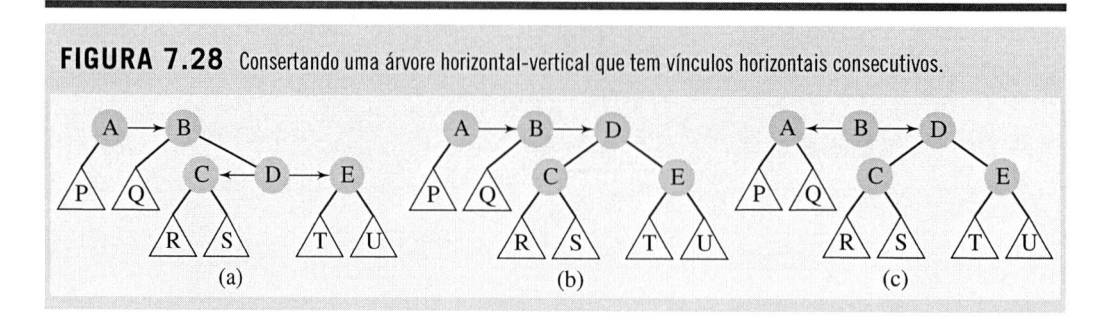

vínculos horizontais consecutivos, o que não tem contraparte em qualquer árvore 2 – 4. Neste caso, as viradas das três bandeiras têm que ser seguidas por uma rotação: o nó B é rotacionado ao redor do nó A, duas bandeiras são invertidas e a árvore da Figura 7.28c é a mesma que a da 7.27d.

A Figura 7.29a mostra outro modo no qual um nó-4 é anexado a um nó-3 numa árvore 2 – 4 antes de se dividir. A Figura 7.29b mostra a árvore depois da divisão. Aplicar *flagFlipping* à árvore da Figura 7.29c produz a árvore da 7.29d com dois vínculos horizontais consecutivos. Para restabelecer a propriedade da árvore horizontal-vertical, duas rotações e quatro viradas de bandeira são necessárias: o nó C é rotacionado ao redor do nó E, que é seguido por duas invertidas de bandeira (Figura 7.29e), e então o nó C ao redor do nó A, que é também seguido por duas viradas de bandeira. Isto tudo leva à árvore da Figura 7.29f.

Apresentamos quatro configurações que levam a uma divisão (Figuras 7.26c, 7.27c, 7.28a, 7.29c). Este número tem que ser dobrado se as imagens espelho da situação analisada são adicionadas.

FIGURA 7.29 Um nó-4 anexado a um nó-3 em uma árvore 2 – 4.

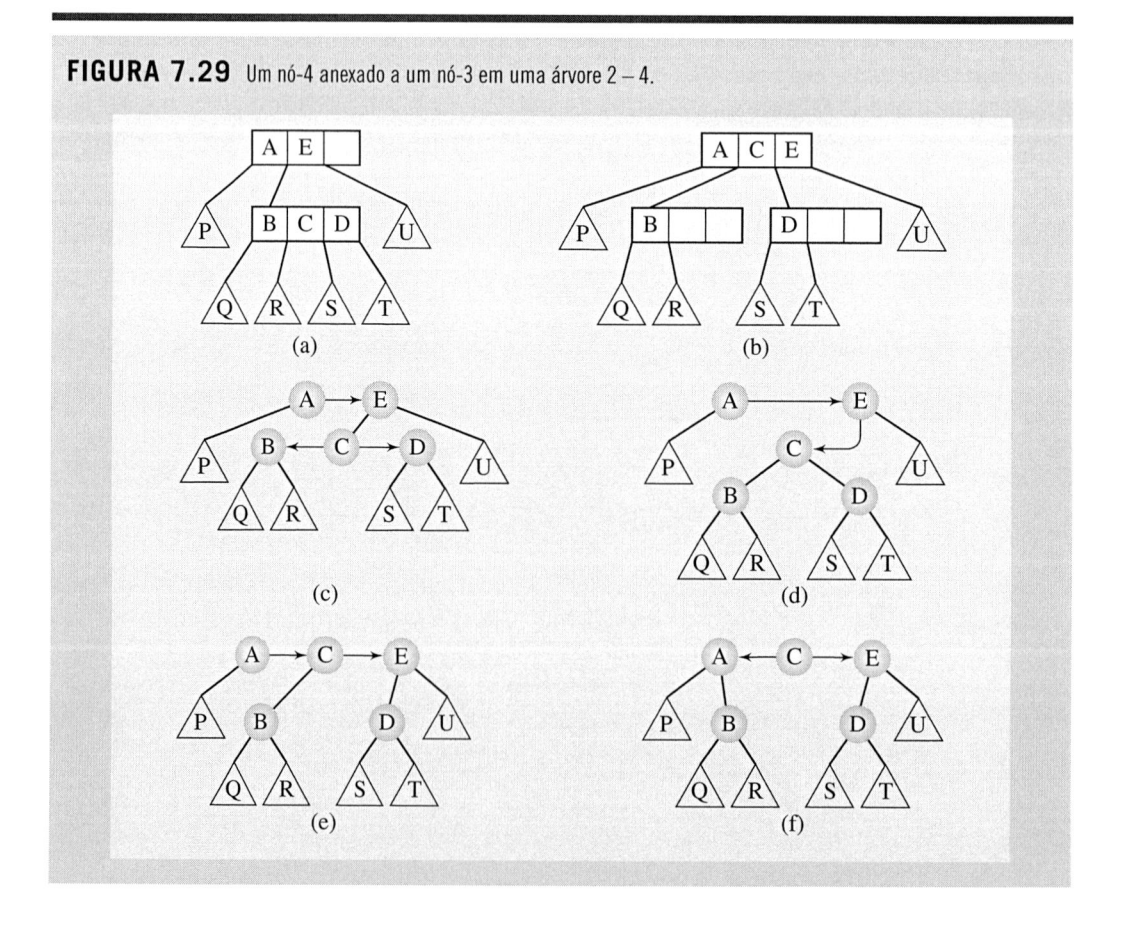

No entanto, em somente quatro casos a inversão do sinalizador tem que ser seguida por uma ou duas rotações para restaurar a propriedade vh. É importante notar que a altura da árvore medida no número de ligações verticais (adicionando 1) não cresce como resultado da(s) rotação(ões). Além disso, por causa da divisão de um nó-4 ao longo do trajeto para a posição de inserção, o novo nó é inserido em um nó-2 qualquer ou um nó-3; isto é, um novo nó está sempre ligado ao seu ascendente através de uma ligação horizontal, de modo que a altura da árvore, depois da inserção de um nó, não muda. O único caso em que a altura de fato cresce é quando a raiz é um nó-4. Este é o nono caso para a divisão.

A propriedade da árvore vh pode ser distorcida não só depois de uma separação de um nó-4, mas também após a inclusão de um novo nó na árvore, o que conduz a uma ou duas rotações, tal como indicado no final do algoritmo de inserção seguinte:

```
HVTreeInsert(K)
    crie newNode e o inicialize;
    if HVTree está vazio
        root = newNode;
        return;
    for (p = root, prev = 0; p != 0;)
        if p tem ambas as bandeiras ajustadas para horizontal
            ajuste-as para vertical // ajustando a bandeira
                marque o vínculo de prev conectando-o com p como horizontal;
            if os vínculos que conectam o ascendente de prev com prev e prev com p
                são ambos horizontais
                if ambos os vínculos estão à esquerda ou ambos à direita // Figura 7.28b
                    gire prev ao redor de seu ascendente;
                else gire p ao redor de prev e então p ao redor de seu novo ascendente; // Figura 7.29d
        prev = p;
        if (p->key > K)
            p = p->left;
        else p = p->right;
    anexe newNode a prev;
    marque a bandeira de prev que corresponde ao seu vínculo a newNode como horizontal;
    if o vínculo do ascendente de prev é horizontal
        gire prev ao redor de seu ascendente ou
        primeiro gire newNode ao redor de prev e então newNode ao redor de seu ascendente;
```

A Figura 7.30 mostra um exemplo de inserção de uma sequência de números. Note que uma dupla rotação tem que ser feita na árvore da Figura 7.30h enquanto 6 está sendo inserido. Primeiro, 9 é rotacionado ao redor de 5, e então 9 é rotacionado ao redor de 11.

A remoção de um nó pode ser conseguida por eliminação de cópia, como descrito na Seção 6.6.2; isto é, um sucessor (ou predecessor) imediato é encontrado na árvore, copiado sobre o elemento a ser removido, e o nó que contém o sucessor original é removido a partir da árvore. O sucessor é encontrado indo um passo à direita a partir do nó que contém o elemento a ser removido e, em seguida, na medida do possível, à esquerda. O sucessor está no último nível de ligações verticais; isto é, ele pode ter um descendente à esquerda acessível através de uma ligação horizontal (na Figura 7.30h, um sucessor de 11, 12, tem só este descendente, 13), ou nenhum (como 8, um sucessor de 5). Em uma árvore binária de busca simples é fácil remover tal sucessor. Na árvore vh, no entanto, pode não ser assim. Se o sucessor está ligado ao seu ascendente com um link horizontal, pode simplesmente ser destacado (como o nó 8 depois de copiar 8 sobre 5 para remover o número 5 da árvore na Figura 7.30h), mas, se a conexão do sucessor sem descendentes com o ascendente é estabelecida através da ligação vertical, então, remover este sucessor pode violar a propriedade da árvore vh. Por exemplo, para remover 9 na árvore da Figura 7.30j, o sucessor 10 é encontrado e copiado sobre o 9, e, em seguida, o nó 10 é removido, mas o caminho para o filho nulo esquerdo do nó 11 inclui apenas um nó vertical, ao passo que os caminhos para qualquer outro nó nulo na árvore incluem duas dessas ligações. Uma maneira de evitar o problema é assegurar que, ao procurar o sucessor de um nó particular, sejam executadas transformações de árvores que fazem de uma árvore vh válida e que o sucessor sem descendentes seja conectado ao seu ascendente com uma ligação horizontal. Para este fim, vários casos são distinguidos com suas transformações correspondentes. A Figura 7.31 ilustra estes casos e mostra uma seta ao lado de um link para indicar o nó atualmente examinado e o próximo nó a ser verificado depois.

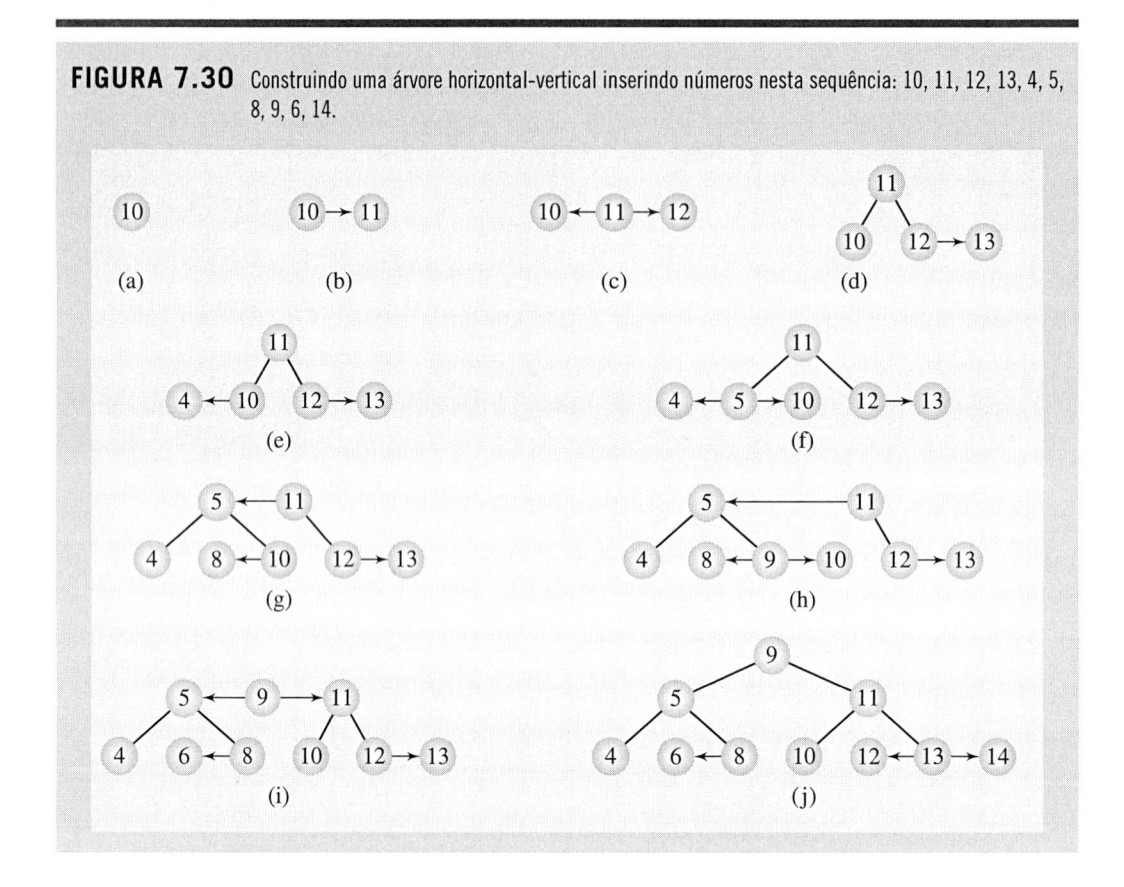

FIGURA 7.30 Construindo uma árvore horizontal-vertical inserindo números nesta sequência: 10, 11, 12, 13, 4, 5, 8, 9, 6, 14.

- **Caso 1**. Dois irmãos nó-2 têm um ascendente de nó-2; o nó e seus descendentes são fundidos em um nó-4 (Figura 7.31a), que requer apenas duas viradas de bandeira.
- **Caso 2**. Um nó-3 com dois descendentes nó-2 é transformado através da divisão do nó-3 em dois nós-2 e a criação de um nó-4 a partir dos três nós-2, tal como indicado na Figura 7.31b, ao custo de três viradas de bandeira.
- **Caso 2a**. Um nó-4 com dois descendentes nó-2 é dividido em um nó-2, e um nó-3, e os três nós-2 são fundidos em um nó-4 (Figura 7.31c). Isto requer as mesmas três viradas de bandeira, como no Caso 2.
- **Caso 3**. Quando a extremidade de um nó-3 é alcançada com uma ligação fora da horizontal, a direção da ligação é revertida através de uma rotação e duas viradas de bandeira (Figura 7.31d).
- **Caso 4**. Um nó-2 tem um irmão nó-3 (pode ter qualquer tamanho de ascendente). Através de uma rotação –C sobre B– e duas viradas de bandeira, o nó-2 é expandido para um nó-3 e o irmão de um nó-3 é reduzido a um nó-2 (Figura 7.31e).
- **Caso 5**. Semelhante ao Caso 4, exceto que o irmão de um nó-3 tem direção diferente. A transformação é realizada através de duas rotações – primeira: C sobre D, e depois C sobre B – e duas viradas de bandeira (Figura 7.31f).
- **Caso 5a**. Um nó-2 tem um irmão nó-4 (qualquer ascendente). O nó-2 foi alterado para um nó-3 e o nó-4 é transformado em um nó-3 com as mesmas transformações do Caso 5 (Figura 7.31g).

Note que em todos estes casos estamos preocupados sobre como alterar a ligação que leva a um nó-2 de vertical para horizontal (exceto o Caso 3, no qual a mudança está dentro de um nó-3). Nada é feito quando o destino for um nó-3 ou 4.

Capítulo 7   Árvores Múltiplas   **303**

FIGURA 7.31 Excluindo um nó de uma árvore vh.

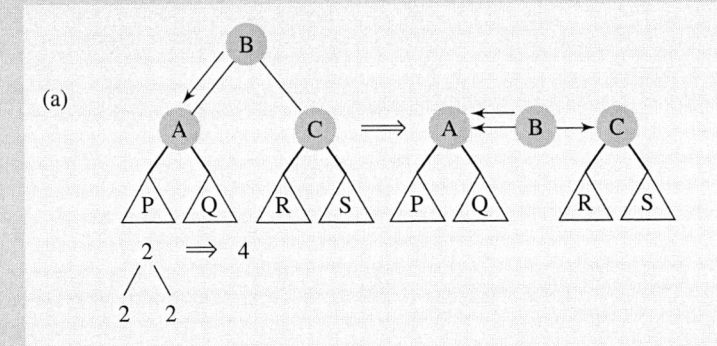

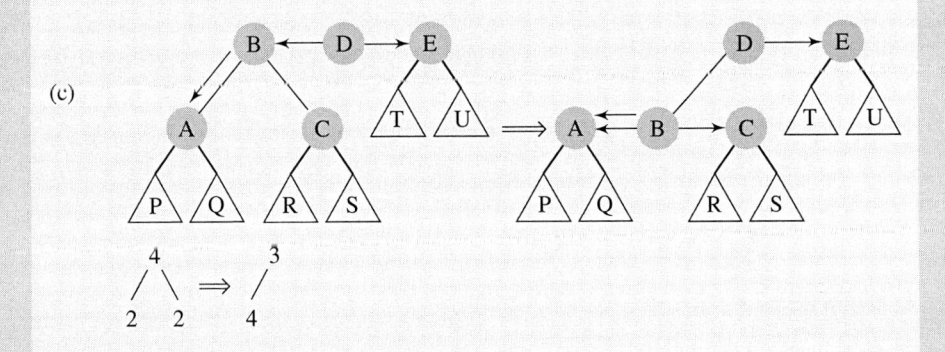

FIGURA 7.31 Excluindo um nó de uma árvore vh. (*continuação*)

(e)

(f)

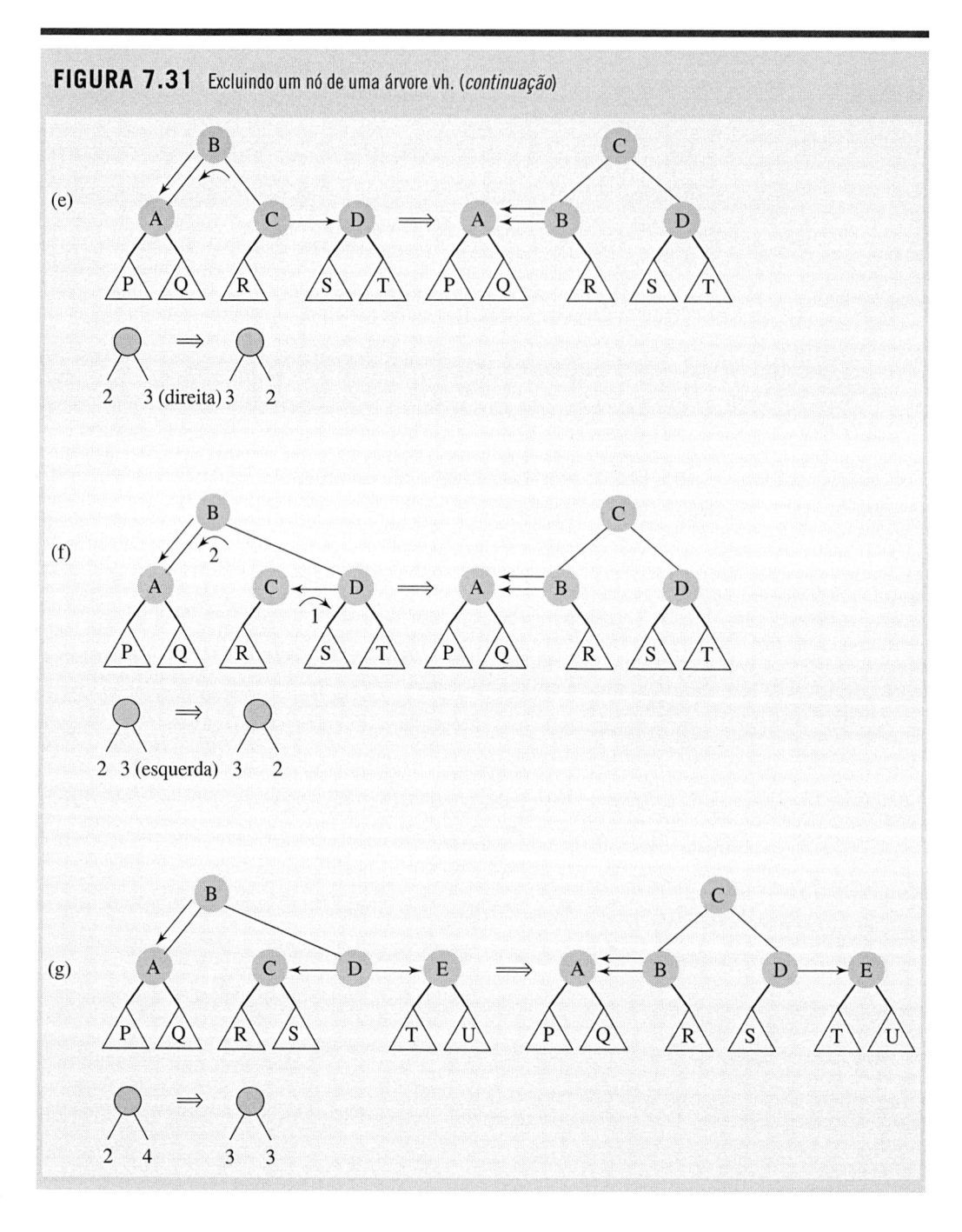

(g)

As transformações necessárias são realizadas a partir da raiz até que é encontrado o sucessor do nó a ser excluído. Porque o nó a ser excluído primeiro deve ser encontrado, os casos simétricos aos já listados também têm de ser incluídos, sendo assim, existem 15 casos: 1 não requer qualquer ação, e os restantes 14 podem ser servidos com 10 diferentes transformações. Exemplos de exclusões são apresentados na Figura 7.32.

FIGURA 7.32 Exemplos de exclusões de nós de uma árvore vh.

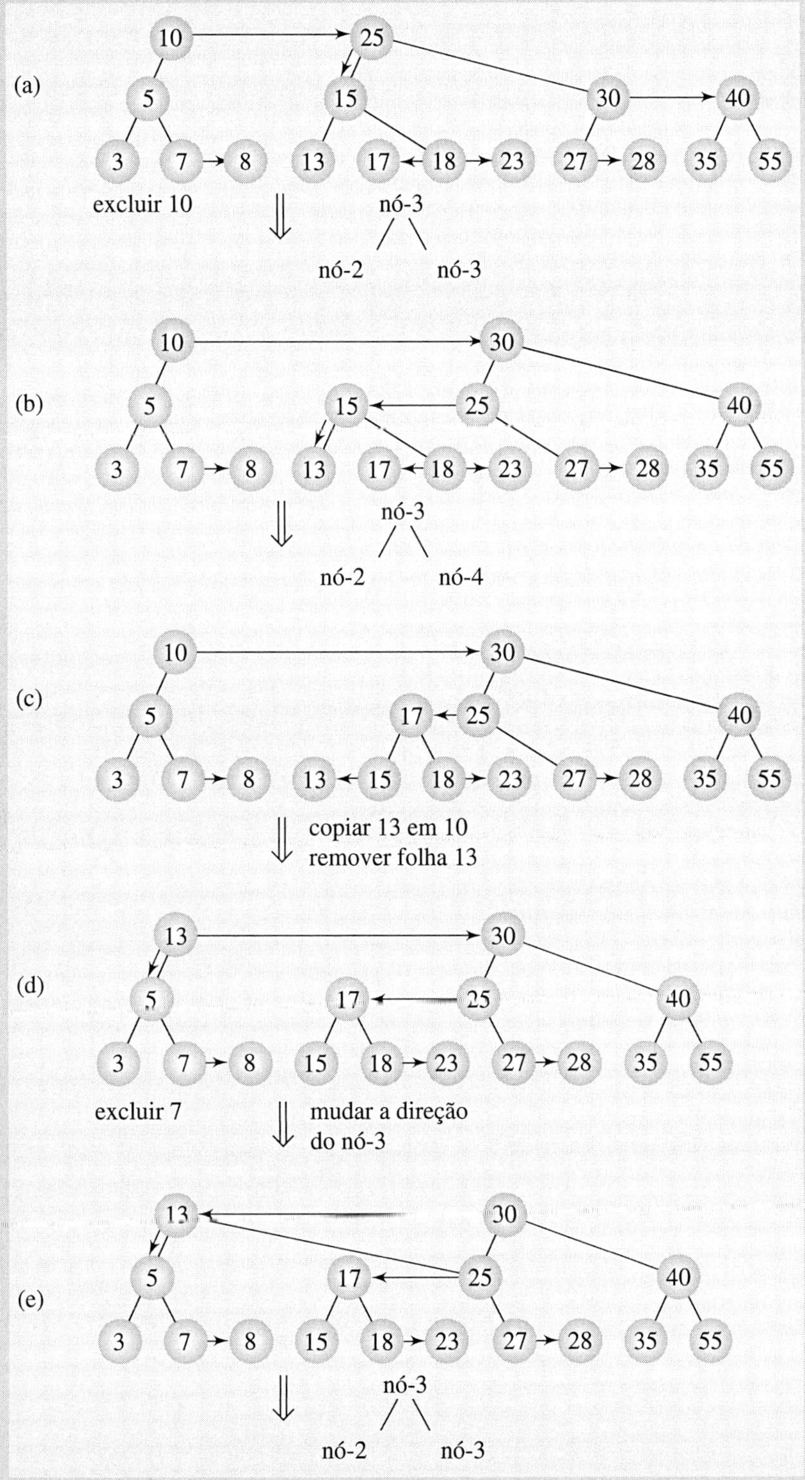
(a)
10
25
5
15
30
40
3
7
8
13
17
18
23
27
28
35
55
excluir 10
nó-3
nó-2
nó-3
(b)
10
30
5
15
25
40
3
7
8
13
17
18
23
27
28
35
55
nó-3
nó-2
nó-4
(c)
10
30
5
17
25
40
3
7
8
13
15
18
23
27
28
35
55
copiar 13 em 10
remover folha 13
(d)
13
30
5
17
25
40
3
7
8
15
18
23
27
28
35
55
excluir 7
mudar a direção
do nó-3
(e)
13
30
5
17
25
40
3
7
8
15
18
23
27
28
35
55
nó-3
nó-2
nó-3

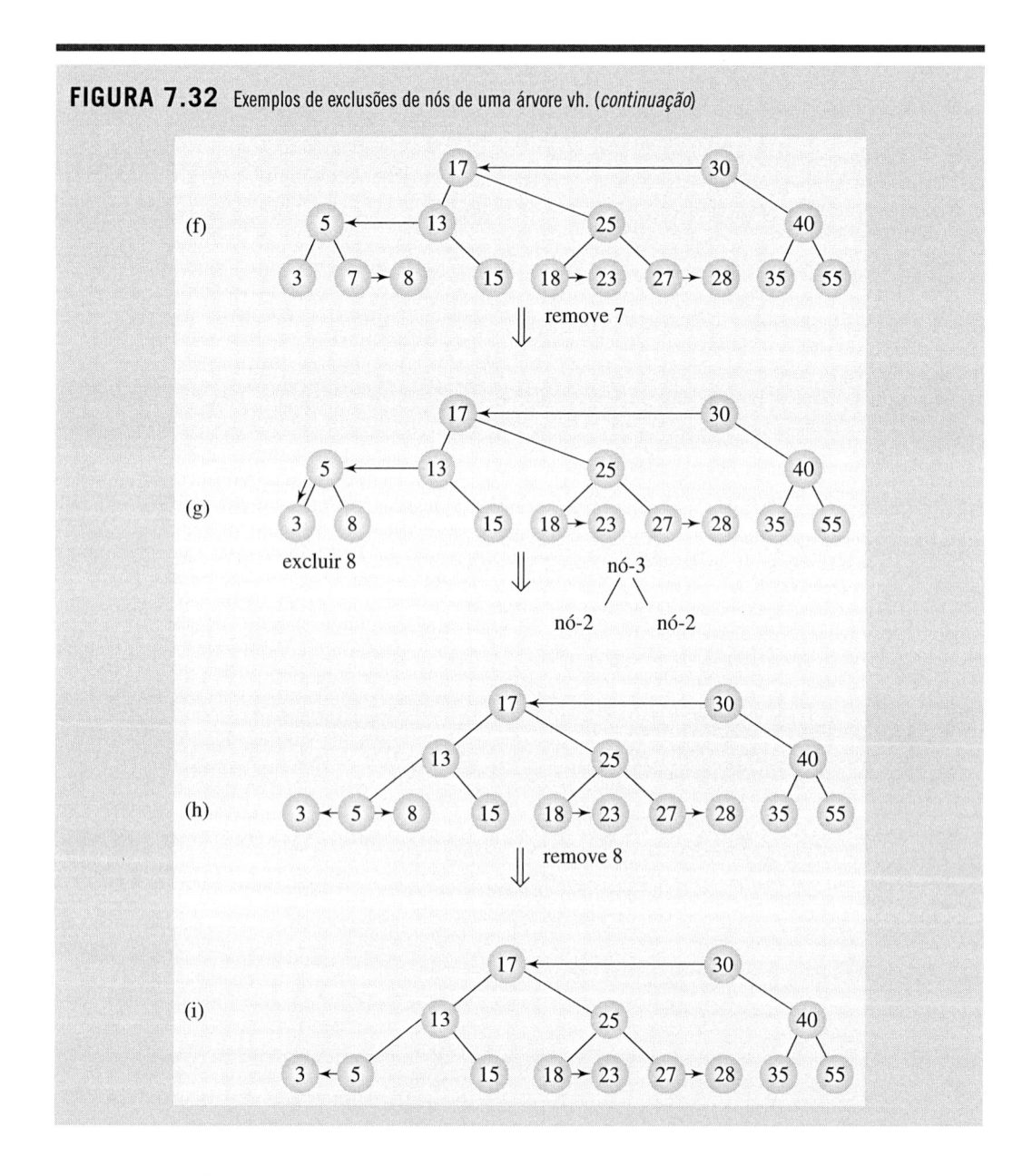

FIGURA 7.32 Exemplos de exclusões de nós de uma árvore vh. (*continuação*)

As árvores horizontal-verticais incluem também as AVL. Esta árvore pode ser transformada em uma horizontal-vertical, convertendo-se em vínculos horizontais os vínculos que conectam as raízes das subárvores de altura par com os filhos dessas raízes de altura ímpar. A Figura 7.33 ilustra esta conversão.

7.1.9 Conjuntos e multiconjuntos na biblioteca de formatos-padrão (STL – Standard Template Library)

O contêiner set é uma estrutura de dados que armazena unicamente elementos ordenados. As funções-membro de set estão listadas na Figura 7.34. A maioria das funções já foi encontrada em outros contêineres. No entanto, devido à necessidade de verificação constante, durante a inserção, para se determinar se um elemento que está sendo inserido já está no conjunto, a operação de inserção tem que ser implementada especificamente para aquela tarefa. Embora um vetor possa ser uma

FIGURA 7.33 Exemplo de conversão de uma árvore AVL (parte de cima) em uma horizontal-vertical equivalente (parte de baixo).

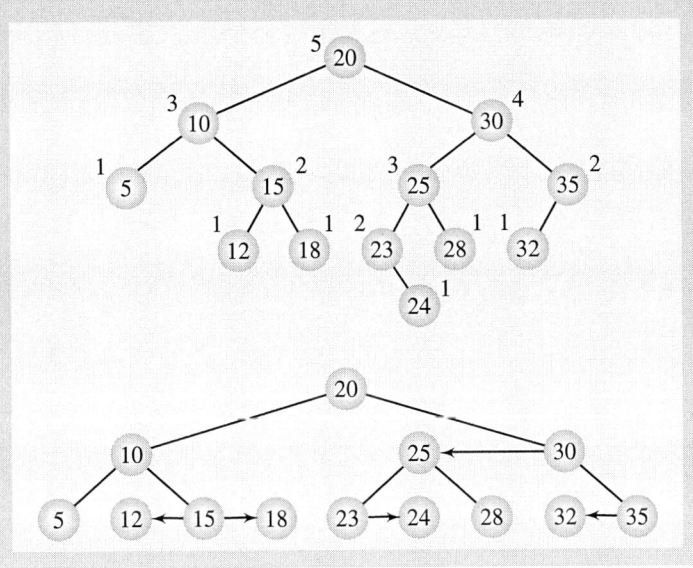

possível implementação de um conjunto, a operação de inserção exige o tempo $O(n)$ para terminar. Para um vetor não ordenado, todos os seus elementos têm que ser testados antes que uma inserção se realize. Para um vetor ordenado, verificar se um elemento está no vetor leva o tempo $O(\lg n)$ com a busca binária, mas um novo elemento exige o deslocamento de todos os elementos maiores, de modo que o novo possa ser colocado em uma célula apropriada do vetor, e a complexidade desta operação no pior caso é $O(n)$. Para agilizar a operação de inserção (e também de remoção), a STL usa uma árvore vermelho-preta para a implementação de um conjunto. Isto garante o tempo $O(\lg n)$ para a inserção e a remoção, mas coloca certos problemas na flexibilidade do conjunto.

O multiconjunto usa as mesmas funções-membro que um conjunto (Figura 7.34) com duas exceções. Primeira, os construtores de `set` são substituídos pelos de `multiset`, mas com os mesmos parâmetros. Segunda, a função-membro `pair<iterator,bool> insert(T& el)` é substituída pela `iterator insert(const T& el)`, que retorna um iterador referenciando o elemento recém-inserido. Devido a multiset permitir múltiplas cópias do mesmo elemento, não há necessidade de verificar se a inserção é bem-sucedida, porque sempre é. A operação de algumas funções-membro para conjuntos e multiconjuntos de inteiros está ilustrada na Figura 7.35. Os conjuntos e multiconjuntos estão ordenados com uma relação `less<int>` ou com uma relação especificada pelo usuário, como para o conjunto `st2` e o multiconjunto `mst2`. A relação pode sempre ser recuperada com a função-membro `key_comp()`.

FIGURA 7.34 Funções-membro do contêiner `set`.

Função-membro	Operação
`iterator begin()` `const_iterator begin() const`	retorna um iterador que referencia o primeiro elemento em um conjunto
`void clear()`	remove todos os elementos de um conjunto

FIGURA 7.34 Funções-membro do contêiner set. (*continuação*)

Função-membro	Operação
`size_type count(const T& el) const`	retorna o número de elementos em um conjunto igual a `el`
`bool empty() const`	retorna `true` se o conjunto não inclui elemento e `false`, caso contrário
`iterator end ()` `const_iterator end() const`	retorna um iterador que está antes do último elemento do conjunto
`pair<iterator, iterator>` `equal_range(const T& el) const`	retorna um par de iteradores `<lower_ bound upper_bound(el) >`, indicando um intervalo de elementos igual a `el`
`void erase(iterator i)`	remove o elemento referenciado pelo iterador `i`
`void erase(iterator first, iterator last)`	remove os elementos do intervalo indicado pelos iteradores `first` e `last`
`size_type erase(const T& el)`	remove os elementos iguais a `el` e retorna seus números
`iterator find(const T& el) const`	retorna um iterador referenciando o primeiro elemento igual a `el`
`pair<iterator,bool>` `insert(const T& el)`	insere el no conjunto e retorna um par `<posição de el, true>` se el foi inserido ou `<posição de el, false>` se el já está no conjunto
`iterator insert(iterator i, const T& el)`	insere `el` no conjunto antes do elemento referenciado pelo iterador `i`
`void insert(iterator first, iterator last)`	insere elementos a partir do intervalo indicado pelos iteradores `first` e `last`
`key_compare key_comp() const`	retorna a função de comparação para o conjunto
`iterator lower_bound(const T& el) const`	retorna um iterador indicando o limite inferior do intervalo de valores igual a `el`
`size_type max_size() const`	retorna o número máximo de elementos para o conjunto
`reverse_iterator rbegin()` `const_reverse_iterator rbegin() const`	retorna um iterador que está referenciando o último elemento no conjunto
`reverse_iterator rend()` `const_reverse_iterator rend() const`	retorna um iterador que está antes do primeiro elemento do conjunto
`set(comp = key_compare())`	constrói um conjunto vazio usando a função `comp` Booleana de dois argumentos
`set(st)`	construtor de cópia
`set(T *first, T *last, comp = Pred())`	constrói um conjunto e insere elementos do intervalo indicado por `first` e `last`
`size-type size() const`	retorna o número de elementos no conjunto
`void swap(st)`	troca o conteúdo do conjunto com o conteúdo de outro conjunto `st`
`const_iterator upper_bound(el) const`	retorna um iterator `const` indicando o limite superior do intervalo de valores iguais a `el`
`value_compare value_comp() const`	retorna a função de comparação para o conjunto

FIGURA 7.35 Exemplo de aplicação das funções-membro de set e multiset.

```cpp
#include <iostream>
#include <set>
#include <iterator>

using namespace std;

template<class T>
void Union(const set<T>& st1, const set<T>& st2, set<T>& st3) {
    set<T> tmp(st2);
    if (&st1 != &st2)
        for (set<T>::iterator i = st1.begin(); i != st1.end(); i++)
           tmp.insert(*i);
        tmp.swap(st3);
}

int main() {
    ostream_iterator<int> out(cout," ");
    int a[] = {1,2,3,4,5};
    set<int> st1;
    set<int,greater<int> > st2;
    st1.insert(6); st1.insert(7); st1.insert(8);        // st1 = (6 7 8)
    st2.insert(6); st2.insert(7); st2.insert(8);        // st2 = (8 7 6)
    set<int> st3(a,a+5);                                 // st3 = (1 2 3 4 5)
    set<int> st4(st3);                                   // st4 = (1 2 3 4 5)
    pair<set<int>::iterator,bool> pr;
    pr = st1.insert(7);  // st1 = (6 7 8), pr = (7 false)
    pr = st1.insert(9);  // st1 = (6 7 8 9), pr = (9 true)
    set<int>::iterator i1 = st1.begin(), i2 = st1.begin();
    bool b1 = st1.key_comp()(*i1,*i1);                   // b1 = false
    bool b2 = st1.key_comp()(*i1,*++i2);                 // b2 = true
    bool b3 = st2.key_comp()(*i1,*i1);                   // b3 = false
    bool b4 = st2.key_comp()(*i1,*i2);                   // b4 = false
    st1.insert(2); st1.insert(4);
    Union(st1,st3,st4); // st1 = (2 4 6 7 8 9) and st3 = (1 2 3 4 5) ->
                        // st4 = (1 2 3 4 5 6 7 8 9)
    multiset<int> mst1;
    multiset<int,greater<int> > mst2;
    mst1.insert(6); mst1.insert(7); mst1.insert(8);      // mst1 = (6 7 8)
    mst2.insert(6); mst2.insert(7); mst2.insert(8);      // mst2 = (8 7 6)
    multiset<int> mst3(a,a+5);                           // mst3 = (1 2 3 4 5)
    multiset<int> mst4(mst3);                            // mst4 = (1 2 3 4 5)
    multiset<int>::iterator mpr = mst1.insert(7);        // mst1 = (6 7 7 8)
    cout << *mpr << ' ';                                 // 7
    mpr = mst1.insert(9);                                // mst1 = (6 7 7 8 9)
    cout << *mpr << ' ';                                 // 9
    multiset<int>::iterator i5 = mst1.begin(), i6 = mst1.begin();
    i5++; i6++; i6++;                                    // *i5 = 7, *i6 = 7
    b1 = mst1.key_comp()(*i5,*i6);                       // b1 = false
    return 0;
}
```

Um novo número é inserido em um conjunto se ainda não estiver lá. Por exemplo, uma tentativa para inserir o número 7 no conjunto st1 = (6 7 8) é malsucedida, o que pode ser verificado porque o par pr do tipo pair<set<int>::iterator,bool> retornado pela função insert(),

```
pr = st1.insert(7);
```

é igual a <iterator referenciando o número 7, false>. Os componentes do par podem ser acessados como pr.first e pr.second.

Uma situação mais interessante surge para objetos compostos cuja ordem é determinada pelos valores de alguns de seus membros de dados. Considere a classe Person definida na Seção 1.8:

```
class Person {
public:
    . . . . . . . . . .
    bool operator<(const Person& p) const {
        return strcmp(name,p.name) < 0;
    }
private:
    char *name;
    int age;
    friend class lesserAge;
};
```

Com esta definição e uma matriz de objetos do tipo Person

```
Person p[] ={Person("Gregg",25),Person("Ann",30),Person("Bill",20),
    Person("Gregg",35),Person("Kay",30)};
```

podemos declarar e ao mesmo tempo inicializar dois conjuntos

```
set<Person> pSet1(p,p+5);
set<Person,lesserAge> pSet2(p,p+5);
```

Por default, o primeiro conjunto é ordenado com o operador < sobrecarregado para a classe Person, e o segundo é ordenado com a relação definida pelo objeto de função

```
class lesserAge {
public:
    int operator()(const Person& p1, const Person& p2) const {
        return p1.age < p2.age;
    }
};
```

de modo que

```
pSet1 = (("Ann", 30) ("Bill", 20) ("Gregg", 25) ("Kay", 30))
pSet2 = (("Bill", 20) ("Gregg", 25) ("Ann", 30) ("Gregg", 35))
```

O primeiro conjunto, pSet1, é ordenado pelo nome, e o segundo, pSet2, pela idade; em consequência, em pSet1 cada nome aparece somente uma vez, de modo que o objeto ("Gregg", 35) não está incluído, enquanto em pSet2 cada idade é única, de modo que o objeto ("Kay", 30) não está incluído. Um ponto interessante para se notar é que a desigualdade é suficiente para realizar isto, isto é, ela exclui de um conjunto as entradas repetitivas, dependendo do critério usado para ordenar os elementos do conjunto. Isto é possível por causa da implementação do conjunto. Como já mencionado, um conjunto é implementado como uma árvore vermelho-preta. Um iterador em tal árvore usa o percurso em in-ordem para varrer os nós da árvore. Ao longo do caminho, a desigualdade usada, que é pertencente a um conjunto particular para comparar o elemento que queremos inserir com o elemento no nó corrente t, por exemplo, el < info(t) ou `lesserAge(el,info(t))`. Note agora que, se um elemento el já está na árvore do nó nel, então, ao varrermos a árvore para inserir el novamente avançamos uma etapa para a direita de nel, porque `lesserAge(el,info(nel))` é falso (nenhum elemento é menor do que ele próprio), e então totalmente para a esquerda, atingindo algum nó n. O nó nel é o predecessor de *n* no percurso em in-ordem, de modo que, se a ordem dos elementos comparados é agora invertida, `lesserAge(info(nel),el)`, então o resultado é falso, porque info(nel) é igual a el, o que significa que el não deve ser inserido no conjunto. Nesta implementação, cada nó mantém um ponteiro ao seu ascendente, de modo que, se um iterador i referencia o nó n, então, ascendendo-se na árvore através do vínculo do ascendente, o predecessor de n no percurso em in-ordem referenciado por --i pode ser atingido.

Se declaramos agora dois multiconjuntos e os inicializamos,

```
multiset<Person> pSet3(p,p+5);
multiset<Person,lesserAge> pSet4(p,p+5);
```

criamos os multiconjuntos

```
pSet3 = (("Ann", 30) ("Dill", 20) ("Cregg", 25) ("Gregg", 35) ("Kay", 30))
pSet4 = (("Bill", 20) ("Gregg", 25) ("Ann", 30) ("Kay", 30) ("Gregg", 35))
```

Com tais declarações, podemos sair com o intervalo de todas as duplicatas (por exemplo, todos os objetos "Gregg" em pSet1):

```
pair<multiset<Person>::iterator,multiset<Person>::iterator> mprP;
   mprP = pSet3.equal_range("Gregg");
   for (multiset<Person>::iterator i = mprP.first; i != mprP.second; i++)
      cout << *i;
```

que produz a saída: (Gregg, 25) (Gregg, 35), ou o número de entradas particulares em multiconjuntos,

```
cout << pSet1.count("Gregg") << ' ' << pSet2.count(Person("",35));
```

que produz os números 2 2. Note que a função-membro `count()` exige um objeto de um tipo de classe particular, o que significa que `count("Gregg")` usa um construtor para construir um objeto com o qual ele é chamado, `count(Person("Gregg",0))`. Isto indica que a idade não contribui para o resultado da busca no multiconjunto pSet1, porque somente o nome é incluído na definição do operador <. De forma similar, em pSet2, o nome é irrelevante para a busca, assim, pode ser excluído da solicitação usada para encontrar objetos com uma idade particular.

É importante notar que os algoritmos relacionados com os conjuntos não podem ser usados em conjuntos. Por exemplo, a chamada

```
set_union(i1, i2, i3, i4, i5);
```

causa um erro de compilação, porque "l-value especifies const object" (valor l especifica objeto const). A razão para esta mensagem é que o algoritmo `set_union()` toma elementos não repetitivos do intervalo indicado pelos iteradores i1 e i2 e i3 e i4 e os copia em um conjunto que começa em uma posição indicada pelo iterador i5. Em consequência, a implementação de `set_union()` inclui uma atribuição

```
*i5++ = *i1++;
```

Para executar a atribuição, o iterador i5 não precisa ser constante, mas a classe set usa somente iteradores constantes. A razão é que o conjunto é implementado como um tipo de árvore binária de busca; em consequência, uma modificação da informação em um nó da árvore pode perturbar a ordem das chaves nela, o que leva a uma saída imprópria de muitas funções-membro da classe set. Paradoxalmente, os algoritmos relacionados com os conjuntos são a estes inaplicáveis. Para que sejam aplicados, os conjuntos precisam ser implementados de forma diferente (por exemplo, como uma matriz, um vetor, uma lista ou um deque). Outra solução é sugerida na Figura 7.35 em uma função genérica `Union()`, que conta com as funções-membro `insert()` e `swap()` e pode ser aplicada a objetos de qualquer tipo de classe que as suportem, incluindo os objetos do tipo `set`.

7.1.10 Mapas e multimapas na biblioteca de formatos-padrão

Mapas são tabelas que podem ser indexadas com qualquer tipo de dados. Por isso, são uma generalização das matrizes, porque estas podem ser indexadas somente com constantes e variáveis dos tipos ordinais, tais como caracteres e inteiros não negativos, mas não com cadeias de caracteres ou números do tipo double.

Mapas usam chaves que são empregadas como índices e elementos a ser acessados através das chaves. Como os índices nas matrizes, as chaves nos mapas são as únicas nas quais uma chave está associada com apenas um elemento. Assim, mapas são também uma generalização dos conjuntos. Da mesma forma que estes, os mapas são implementados como árvores vermelho-pretas. No entanto, diferente das árvores que implementam conjuntos que armazenam somente elementos, as que implementam os mapas armazenam pares <chave, elemento>. Os pares são ordenados por uma função de ordenação definida para chaves, não para elementos. Em consequência, determinado elemento é encontrado na árvore localizando-se um nó em particular que usa a chave a ele associada e extraindo o segundo elemento do par armazenado neste nó. Diferente dos conjuntos, os elementos podem agora ser modificados, porque a árvore está ordenada por chaves, não por elementos, o que também significa que as chaves na árvore não podem ser modificadas. A possibilidade de modificar os elementos explica as duas versões de muitas funções-membro listadas na Figura 7.36, uma para iteradores não constantes e outra para iteradores constantes.

FIGURA 7.36 Funções-membro do contêiner `map`.

Função-membro	Operação
`iterator begin()`	retorna um iterador que referencia o primeiro elemento no mapa
`const_iterator begin() const`	retorna um iterador que referencia o primeiro elemento no mapa
`void clear()`	remove todos os elementos do mapa
`size_type count(const k&key) const`	retorna o número de elementos em um mapa com a `key` (0 ou 1).
`bool empty() const`	retorna `true` se o mapa não inclui elementos e, caso contrário, `false`
`iterator end()`	retorna um iterador que está antes do último elemento do mapa
`const_iterator end() const`	retorna um iterador `const` que está antes do último elemento do mapa
`pair<iterator,iterator> equal_range(const k& key)`	retorna um par de iteradores <lower_bound(key), upper_bound(key) > indicando um intervalo de elemento com a `key`

FIGURA 7.36 Funções-membro do contêiner map. (*continuação*)

Função-membro	Operação
`pair<const_iterator, const_iterator> equal_range(const k& key) const`	retorna um par de iteradores `<lower_bound(key), upper_bound(key)>` indicando um intervalo de elementos com a `key`
`void erase(iterator)`	remove o elemento referenciado pelo iterador `i`
`void erase(iterator first, last)`	remove os elementos do intervalo indicado pelos iteradores `first` e `last`
`size_type erase(const K& key)`	remove os elementos com a `key` e retorna seus números
`iterator find(const K& key)`	retorna um iterador referenciando o primeiro elemento com a `key`
`const_iterator find(const K& key) const`	retorna um iterador referenciando o primeiro elemento com a `key`
`pair<iterator,bool> insert const pair <K,E>& (key,el))`	insere o par `<key,el>` no mapa e retorna um par `<posição de el, true>` se el foi inserido ou `<posição de el, false>` se el já está no mapa
`iterator insert(iterator i, (const pair <K,E>& (key,el))`	insere o par `<key,el>` no mapa antes do elemento referenciado pelo iterador `i`
`void insert(iterator first, iterator last)`	insere pares `<key,el>` a partir do intervalo indicado pelos iteradores `first` e `last`
`key_compare key_comp() const`	retorna a função de comparação para o mapa
`iterator lower_bound(const K& key)`	retorna um iterador indicando o limite inferior do intervalo de valores com a `key`
`const_iterator lower_bound(const K& key) const`	retorna um iterador indicando o limite inferior do intervalo de valores com a `key`
`map(comp = key_compare())`	constrói um mapa vazio usando a função `comp` booleana de dois argumentos
`map(const map<K,E>& m)`	construtor de cópia
`map(iterator first, iterator last, comp = key_compare())`	constrói um mapa e insere elementos do intervalo indicado `first` e `last`
`size_type max_size() const`	retorna o número máximo de elementos para o mapa
`T& operator[](const K& key)`	retorna o elemento com a `key` se ele estiver no mapa; caso contrário, insere-o
`reverse_iterator rbegin()`	retorna um iterador referenciando o último elemento do mapa

FIGURA 7.36 Funções-membro do contêiner map. (*continuação*)

Função-membro	Operação
`const_reverse_iterator rbegin() const`	retorna um iterador referenciando o último elemento do mapa
`reverse_iterator rend()`	retorna um iterador que está antes do primeiro elemento do mapa
`const_reverse_iterator rend() const`	retorna um iterador que está antes do primeiro elemento do mapa
`size_type size() const`	retorna o número de elementos no mapa
`void swap(map<K,E>& m)`	troca o conteúdo do mapa com o conteúdo de outro mapa m
`iterator upper_bound(const K& key)`	retorna um iterador indicando o limite superior do intervalo de valores com a `key`
`const_iterator upper_bound(const K& key) const`	retorna um iterador indicando o limite superior do intervalo de valores com a `key`
`value_compare value_comp() const`	retorna a função de comparação para o mapa

Um programa de exemplo está na Figura 7.37. O mapa `cities` está indexado com objetos do tipo `Person`. Ele é inicializado com três pares `<Person objeto, cadeia de caracteres>`. A atribuição

`cities[Person("Kay",40)] = "New York";`

usa como índice um novo objeto, mas o operador de subscrito `[]` é definido para mapas que insere o par <chave, elemento> se não estiver no mapa, como no caso desta atribuição. A próxima atribuição

`cities["Jenny"] = "Newark";`

implicitamente usa um construtor de classe para gerar um objeto `Person("Jenny",0)`, que é então usado como uma chave. Devido ao fato de não haver entrada no mapa para esta chave, o par `<Person("Jenny",0), "Newark")>` é nele inserido.

Novos pares podem ser explicitamente inseridos com a função-membro `insert()`, como também ilustrado no programa da Figura 7.37. Dois modos de criar um par são mostrados. Na primeira instrução `insert()`, um par é gerado com `value_type`, que está definido no mapa de classe como outro nome para o tipo `pair<tipo de chave, tipo de elemento>`. Na segunda instrução `insert()`, um par é explicitamente criado. Ambas as instruções são tentativas de inserir um par para uma chave já existente `Person("Kay",40)`; em consequência, nenhuma inserção se realiza, embora o elemento (city name) seja diferente daquele no mapa com o qual esta chave está associada. Para atualizar um elemento no mapa, uma atribuição tem que ser usada, como ilustrado no programa com a atribuição

`cities[p[1].first] = "Chicago";`

Como os elementos da matriz `p` são pares, uma chave, que é o primeiro elemento do par, é acessada usando a notação de ponto, `p[1].first`. Este modo de acessar os elementos dos pares é também ilustrado nas instruções de impressão.

FIGURA 7.37 Exemplo de aplicação das funções-membro de map.

```cpp
#include <iostream>
#include <map>

using namespace std;

void main() {
    pair<Person,char*> p[] =
        {pair<Person,char*>(Person("Gregg",25),"Pittsburgh"),
         pair<Person,char*>(Person("Ann",30),"Boston"),
         pair<Person,char*>(Person("Bill",20),"Belmont")};
    map<Person,char*> cities(p,p+3);
    cities[Person("Kay",40)] = "New York";
    cities["Jenny"] = "Newark";
    cities.insert(map<Person,char*>::value_type(Person("Kay",40),
                                                            "Detroit"));
    cities.insert(pair<Person,char*>(Person("Kay",40),"Austin"));
    map<Person,char*>::iterator i;
    for (i = cities.begin(); i != cities.end(); i++)
        cout << (*i).first << ' ' << (*i).second << endl;
    // output:
    //   (Ann,30) Boston
    //   (Bill,20) Belmont
    //   (Gregg,25) Pittsburgh
    //   (Jenny,0) Newark
    //   (Kay, 40) New York
    cities[p[1].first] = "Chicago";
    for (i = cities.begin(); i != cities.end(); i++)
        cout << (*i).first << ' ' << (*i).second << endl;
    // output:
    //   (Ann,30) Chicago
    //   (Bill,20) Belmont
    //   (Gregg,25) Pittsburgh
    //   (Jenny,0) Newark
    //   (Kay, 40) New York

    multimap<Person,char*> mCities(p,p+3);
    mCities.insert(pair<Person,char*>(Person("Kay",40),"Austin"));
    mCities.insert(pair<Person,char*>(Person("Kay",40),"Austin"));
    mCities.insert(pair<Person,char*>(Person("Kay",40),"Detroit"));
    multimap<Person,char*>::iterator mi;
    for (mi = mCities.begin(); mi != mCities.end(); mi++)
        cout << (*mi).first << ' ' << (*mi).second << endl;
    // output:
    //   (Ann,30) Boston
    //   (Bill,20) Belmont
    //   (Gregg,25) Pittsburgh
    //   (Kay, 40) Austin
    //   (Kay, 40) Austin
    //   (Kay, 40) Detroit
    (*(mCities.find(Person("Kay",40)))).second = "New York";
```

FIGURA 7.37 Exemplo de aplicação das funções-membro de map. (*continuação*)

```
    for (mi = mCities.begin(); mi != mCities.end(); mi++)
        cout << (*mi).first << ' ' << (*mi).second << endl;
    // output:
    // (Ann,30) Boston
    // (Bill,20) Belmont
    // (Gregg,25) Pittsburgh
    // (Kay, 40) New York
    // (Kay, 40) Austin
    // (Kay, 40) Detroit
    return 0;
}
```

O programa da Figura 7.37 é mostrado somente para ilustrar a indexação não convencional. Provavelmente seria mais natural incluir uma cidade como outro membro de dados em cada objeto. Um exemplo mais útil diz respeito aos números de previdência social e aos objetos do tipo Person. Se quiséssemos criar uma matriz (ou um vetor, ou um deque) de modo que os SSNs (*Social Security Numbers*) pudessem ser usados como índices, a matriz necessitaria de um bilhão de células, porque o maior SSN é igual a 999999999. Com mapas, no entanto, podemos ter somente tantas entradas quanto o número de objetos Person usados no programa. Por exemplo, podemos declarar um mapa SSN

```
map<long,Person> SSN;
```

e então executar uma série de atribuições

```
SSN[123456789] = p[1].first;
SSN[987654321] = p[0].first;
SSN[222222222] = Person("Kay",40);
SSN[111111111] = "Jenny";
```

Deste modo, SSN tem somente quatro entradas, embora as chaves sejam números muito grandes:
```
SSN = ((111111111, ("Jenny",0)), (123456789, ("Ann",30)),
       (222222222, ("Kay",40) ), (987654321, ("Gregg",25)))
```
A informação é agora muito facilmente acessível e modificável usando-se SSNs como chaves de acesso.

Multimapa é um mapa que permite chaves duplicadas. A classe multimap usa a mesma função que map, com poucas exceções. Construtores de mapa são substituídos por construtores de multimapas com os mesmos parâmetros, e a função-membro pair<iterator,bool> insert(key,el>) é substituída por iterator insert(<key,el>), que retorna um iterador referenciando a posição na qual o par <key,el> foi inserido. O operador de subscrito [] não é definido para multimapas. Para modificar um elemento em um mapa, ele pode ser encontrado e então modificado usando a função find(), como mostrado na Figura 7.37. Mas isto modifica somente uma entrada, a primeira encontrada pela função. Para modificar todas as entradas para uma chave particular, podemos usar um laço, como em

```
for (mi = mCities.lower_bound(Person("Kay",40));
     mi != mCities.upper_bound(Person("Kay",40)); mi++)
        (*mi).second = "New York";
```

7.2 Tries

O capítulo anterior mostrou que percorrer uma árvore binária era um ato guiado por comparações de chave inteira; cada nó continha uma chave que era comparada a outra para se encontrar um caminho apropriado através da árvore. A discussão das árvores B de prefixos indicou que isto não é necessário, e que somente uma porção de uma chave é exigida para se determinar o caminho. No entanto, encontrar um prefixo apropriado torna-se um problema, e manter prefixos de forma e tamanho aceitáveis torna o processo para inserção e remoção mais complicado do que nas árvores B padrões. Uma árvore que usa partes da chave para navegar a busca é chamada *trie*. O nome desta árvore é apropriado, pois é uma porção da palavra inglesa *retrie*val (*recuperação*) com uma pronúncia retorcida: para distinguir uma *tree* de uma *trie* na linguagem falada, *trie* é pronunciado "*try*".

Cada chave é uma sequência de caracteres, e uma trie é organizada ao redor desses caracteres, e não das chaves inteiras. Por simplicidade, assuma que todas as chaves são constituídas de cinco letras maiúsculas: A, E, I, P, R. Existem muitas palavras que podem ser geradas dessas cinco letras, mas nossos exemplos usarão somente um punhado delas.

A Figura 7.38 mostra uma trie para as palavras que são indicadas nos retângulos verticais; esta forma foi primeiro usada por E. Fredkin. Os retângulos representam as folhas da trie, que são os nós com as chaves reais. Os nós internos podem ser vistos como matrizes de ponteiros para as subtries. Em cada nível *i*, a posição da matriz é verificada, que corresponde à *i*-ésima letra da chave que está sendo processada. Se o ponteiro nesta posição é nulo, a chave não está na trie, o que pode significar uma falha ou um sinal para a inserção de chave. Se não, continuamos a processar até que uma folha contendo esta chave seja encontrada. Por exemplo, verificamos a palavra "ERIE". No primeiro nível da trie, o ponteiro que corresponde à primeira letra desta palavra, "E", é conferido. O ponteiro não é nulo, assim, vamos para o segundo nível da trie, o filho da raiz acessível a partir da posição "E"; agora o ponteiro na posição indicada pela segunda letra, "R", é testado. Não é nulo também, por isso descemos a trie mais um nível. No terceiro nível, a terceira letra, "I", é usada para acessar um ponteiro neste nó. O ponteiro aponta para uma folha que contém a palavra "ERIE". Assim, concluímos que a pesquisa é bem-sucedida. Se a palavra desejada fosse "ERIIE", falharíamos porque acessaríamos a mesma folha que antes e, obviamente, as duas palavras seriam diferentes. Se a palavra fosse "ERPIE", acessaríamos o mesmo nó cuja folha contivesse "ERIE", mas desta vez "P" seria usada para conferir o ponteiro correspondente no nó. Como o ponteiro seria nulo, concluiríamos que "ERPIE" não está na trie.

Existem pelo menos dois problemas. Primeiro, como fazemos uma distinção entre duas palavras quando uma é prefixo de outra? Por exemplo, "ARE" é prefixo em "AREA". Assim, se estamos procurando por "ARE" na trie, não precisamos seguir o caminho que leva a "AREA". Para este fim, um caractere especial é usado em cada nó, garantindo que não será usado em qualquer palavra; neste caso, um símbolo de cerquilha, "#". Enquanto pesquisamos por "ARE", depois de processarmos "A", "R" e "E" encontramo-nos em um nó no quarto nível da trie, cujas folhas são "ARE" e "AREA". Como processamos todas as letras da chave "ARE", conferimos o ponteiro que corresponde ao final das palavras, "#", e, por ele não estar vazio, concluímos que a palavra está na trie.

Este último exemplo aponta para outro problema. É realmente necessário armazenar palavras inteiras em uma trie? Depois que atingimos o quarto nível ao buscarmos "ARE" e o ponteiro para "#" não é nulo, temos que ir para a folha para fazer uma comparação entre a chave "ARE" e o conteúdo da folha, também "ARE"? Não necessariamente; o exemplo das árvores B prefixadas sugere a solução. As folhas podem conter somente os sufixos não processados das palavras. Isto pode tornar a comparação mais rápida em C++. Se em cada nível da trie o ponteiro *w* para uma palavra é incrementado para apontar para a próxima letra, então, ao atingirmos uma folha, necessitamos somente verificar `strcmp(w,leaf->key)`. O estudo de caso deste capítulo adota esta abordagem.

FIGURA 7.38 Trie de algumas palavras compostas de cinco letras: A, E, I, R e P. O sinal de cerquilha, #, indica o final de uma palavra, que pode ser um prefixo de outra palavra.

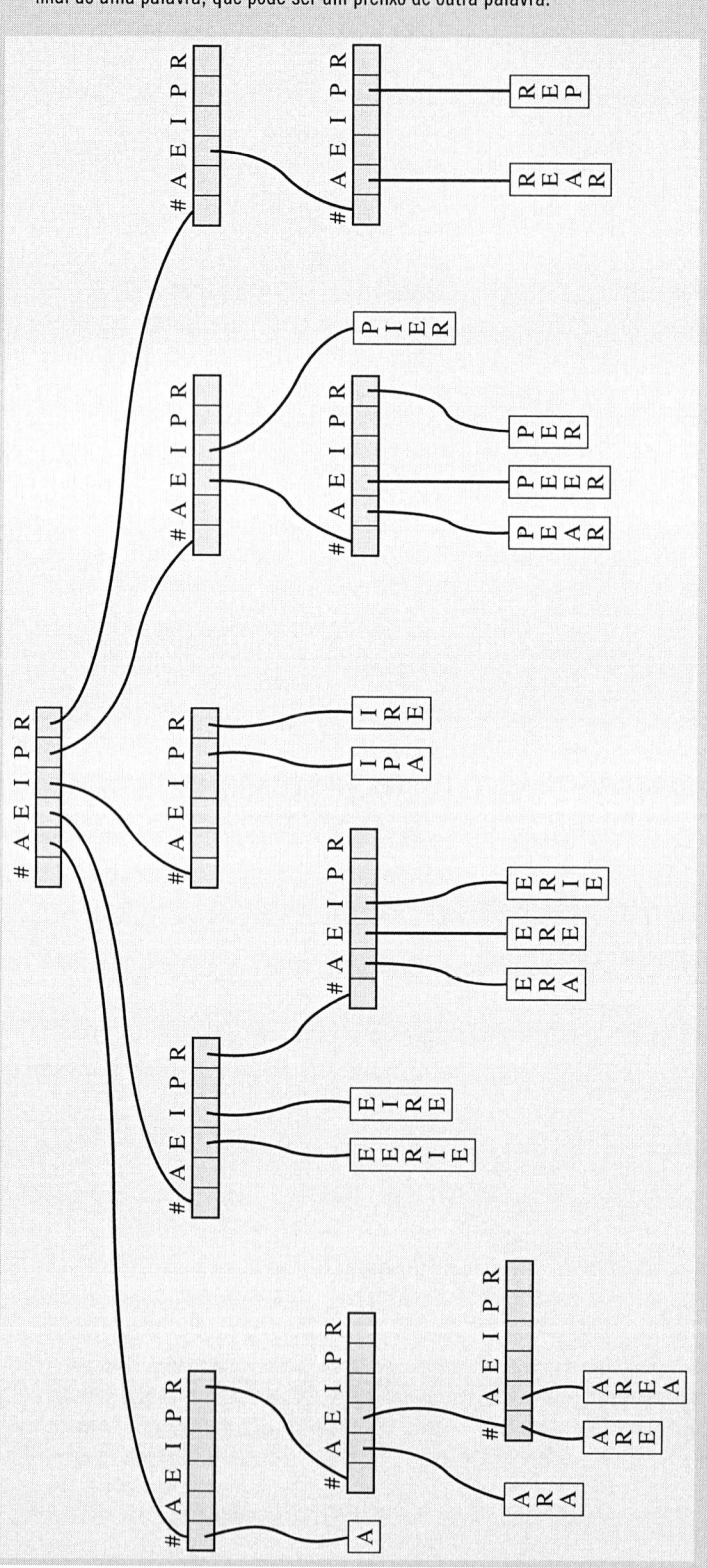

Este exemplo restringe a cinco o número de letras usadas, mas, em um cenário mais realista, todas as letras são usadas, de modo que cada um dos nós tem 27 ponteiros (incluindo "#"). A altura da trie é determinada pelo prefixo mais longo, e, para as palavras inglesas, o prefixo não deve ser uma cadeia de caracteres longa. Para a maioria das palavras o assunto é fixado depois de várias visitas de nós, provavelmente 5-7. Isto é verdadeiro para 10.000 palavras inglesas na trie, e para 100.000. Uma árvore binária de busca perfeitamente balanceada correspondente a 10.000 palavras tem uma altura [lg 10.000] = 14. Uma vez que a maioria das palavras é armazenada nos níveis mais baixos desta árvore, então, na média, a busca faz 13 visitas de nós. (O comprimento do caminho médio em uma árvore perfeitamente balanceada de altura h é [lg h] – 2). Isto é o dobro do número de visitas em uma trie. Para 100.000 palavras, o número médio de visitas na árvore aumenta em três, pois [lg 100.000] = 17; na trie este número pode aumentar em um ou dois. Além disso, quando se está fazendo uma comparação na árvore binária de busca, isto é feito entre a chave pesquisada e a chave no nó corrente, enquanto na trie somente um caractere é usado em cada comparação, exceto quando se compara com uma chave em uma folha. Em consequência, em situações nas quais a velocidade de acesso é vital, tais como em corretores ortográficos, a trie é uma escolha muito boa.

Devido ao fato de a trie ter dois tipos de nós, inserir uma chave em uma trie é um pouco mais complicado do que em uma árvore binária de busca.

```
trieInsert(K)
    i = 0;
    p = a raiz;
    while não inserido
        if (K[i] == '\0')
            ajuste o marcador de final de palavra em p para verdadeiro;
        else if (p->ptrs[K[i]] == 0)
            crie uma folha contendo K e coloque seu endereço em p->ptrs[K[i]];
        else if ponteiro p->ptrs[K[i]] aponta para uma folha
            K_L = chave na folha p->ptrs[K[i]]
            do  crie uma não folha e coloque seu endereço em p->ptrs[K[i]];
                p = a nova não folha;
            while (K[i] == K_L[i++]);
            crie uma folha que contenha K e coloque seu endereço em p->ptrs[K[--i]];
            if (K_L[i] == '\0')
                ajuste o marcador de final de palavra em p para verdadeiro;
            else crie uma folha contendo K_L e coloque seu endereço em p->ptrs[K_L[i]];
        else p = p->ptrs[K[i++]];
```

O laço interno do, neste algoritmo, é necessário quando um prefixo nas palavras K e K_L é mais longo do que o número de nós no caminho que leva ao nó corrente p. Por exemplo, antes que "REP" seja inserida na trie da Figura 7.38, a palavra "REAR" é armazenada em uma folha que corresponde à letra "R" da raiz da trie. Se "REP" é agora inserida, não é suficiente substituir esta folha por uma não folha, pois as segundas letras dessas palavras são a mesma letra "E". Por isso, mais uma não folha tem que ser criada no terceiro nível da trie e duas folhas que contêm as palavras "REAR" e "REP" são anexadas a esta não folha.

Se comparamos a trie com as árvores binárias de busca, vemos que, para as tries, a ordem na qual as chaves são inseridas é irrelevante, ao passo que esta ordem determina a forma das árvores binárias de busca. No entanto, as tries podem ser inclinadas pelas palavras ou, melhor, pelos tipos de prefixos das palavras que estão sendo inseridas. O comprimento do prefixo idêntico mais longo em duas palavras determina a altura da trie. Em consequência, a altura da trie é igual ao comprimento do prefixo mais longo comum a duas palavras mais uma (para um nível que discrimina entre as palavras com este prefixo) e mais um (para o nível das folhas). A trie na Figura 7.38 tem altura cinco, pois o prefixo mais longo idêntico, "ARE", tem somente três letras de comprimento.

O principal problema que as tries apresentam é a quantidade de espaço que exigem; uma substancial quantidade deste espaço é basicamente perdida. Muitos nós podem ter somente um par de ponteiros não nulos, e, ainda, os 25 ponteiros remanescentes precisam residir na memória. Há uma necessidade premente de se diminuir a quantidade de espaço exigida.

Um modo de diminuir o tamanho de um nó é armazenar somente os ponteiros que estão realmente em uso, como na Figura 7.39 (Briandais, 1959). No entanto, a flexibilidade introduzida relativa ao tamanho de cada um dos nós complica a implementação. Essas tries podem ser implementadas no espírito da implementação da árvore 2 – 4. Todos os nós irmãos podem ser colocados em uma lista ligada acessível a partir do nó ascendente, como na Figura 7.40. Um nó da trie prévia corresponde agora à lista ligada. Isto significa que o acesso aleatório de ponteiros armazenados nas matrizes não é mais possível, e as listas ligadas têm que ser varridas sequencialmente, embora não de maneira exaustiva, pois a ordem alfabética é bastante provável de ser mantida. As exigências de espaço também não são insignificantes, porque cada um dos nós contém dois ponteiros que podem exigir de dois a quatro bytes, se não mais, dependendo do sistema.

Outra forma de reduzir as exigências de espaço é mudar o modo como as palavras são testadas (Rotwitt e Maine, 1971). Uma trie *dorsal* pode ser construída, na qual os inversos das palavras são inseridos. Em nosso exemplo, o número de nós é aproximadamente o mesmo, mas uma representação de uma trie dorsal para palavras como "logged", "loggerhead", "loggia" e "logging" tem folhas no terceiro nível, não no sétimo, como na trie direta. Reconhecidamente, para algumas terminações com frequência usadas como "tion", "ism" e "ics", o problema reaparece.

Uma variedade de ordens pode ser considerada, e verificar cada um dos segundos caracteres provou ser muito útil (Bourne e Ford, 1961), mas o problema de uma ordem ótima não pode ser resolvido em sua generalidade, pois é extremamente complexo (Comer e Sethi, 1977).

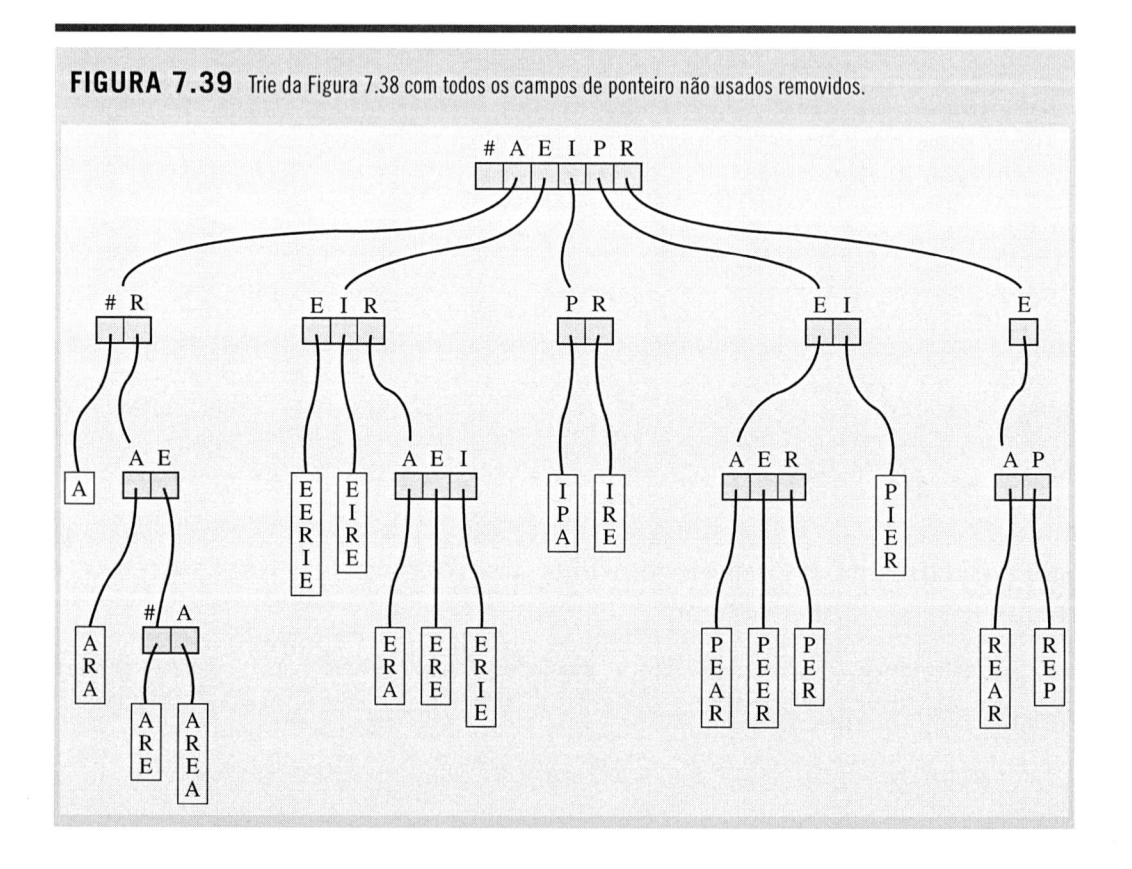

FIGURA 7.39 Trie da Figura 7.38 com todos os campos de ponteiro não usados removidos.

FIGURA 7.40 Trie da Figura 7.39 implementada como uma árvore binária.

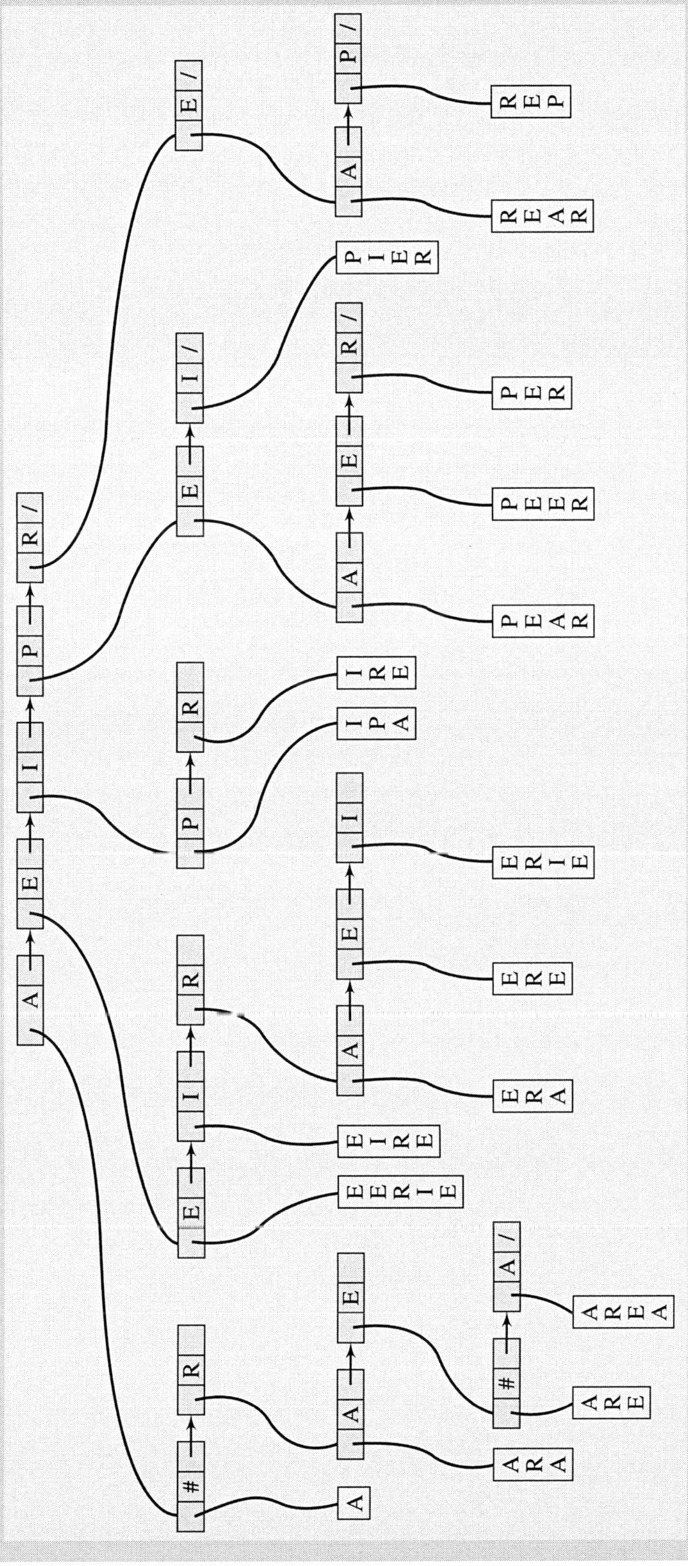

Outro modo de economizar espaço é comprimir a trie. Um método cria uma grande célula-matriz fora de todas as matrizes em todos os nós não folha, entrelaçando-as de modo que os ponteiros permaneçam intactos. As posições iniciais dessas matrizes são registradas na célula-matriz englobada. Por exemplo, os três nós mostrados na Figura 7.41a contendo os ponteiros p_1 até p_7 para outros nós da trie (incluindo as folhas) são colocados um a um em uma célula-matriz de um modo não conflitante, como na Figura 7.41b. O problema é como fazer isto eficientemente no tempo e no espaço, de modo que o algoritmo seja rápido e a matriz resultante ocupe substancialmente menos espaço do que todos os nós não folha combinados. Neste exemplo, todos os três nós exigem 3 · 6 = 18 células, e a célula-matriz tem 11 células; assim, a taxa de compressão é (18 – 11) / 18, 39%. No entanto, se as células são armazenadas como na Figura 7.41c, a taxa de compressão é (18 – 10) / 18, 44%.

Em consequência, o algoritmo que comprime a trie é exponencial no número de nós e inaplicável para grandes tries. Outros algoritmos podem não produzir a taxa de compressão ótima, mas são mais rápidos (cf. Al-Suwaiyel e Horowitz, 1984). Um deles é compressTrie().

```
compressTrie()
    Ajusta para nulo todas as nodeNum*cellNum células de cellArray;
    for cada um dos node
        for cada posição j de cellArray
            if depois de sobrepor node em cellArray[j],..., cellArray[j+cellNum-1]
                nenhuma célula contendo um ponteiro é sobreposta em uma célula com um ponteiro
                copia as células de ponteiro de node para corresponder às células que começam a partir de cellArray[j];
                registra j em trieNodes como a posição de node em cellArray;
                break;
```

Este é o algoritmo que foi aplicado à trie da Figura 7.41a para produzir as matrizes da Figura 7.41b. Pesquisar tal trie comprimida é similar à pesquisa de uma trie regular. No entanto, os acessos aos nós são intermediados através da matriz trieNodes. Se $node_1$ refere-se a $node_2$, a posição de $node_2$ tem que ser encontrada na matriz, e então $node_2$ pode ser acessado em cellArray.

FIGURA 7.41 Parte de uma trie (a) antes e (b) depois da compressão usando o algoritmo compressTrie(), e (c) depois de comprimi-la em um modo ótimo.

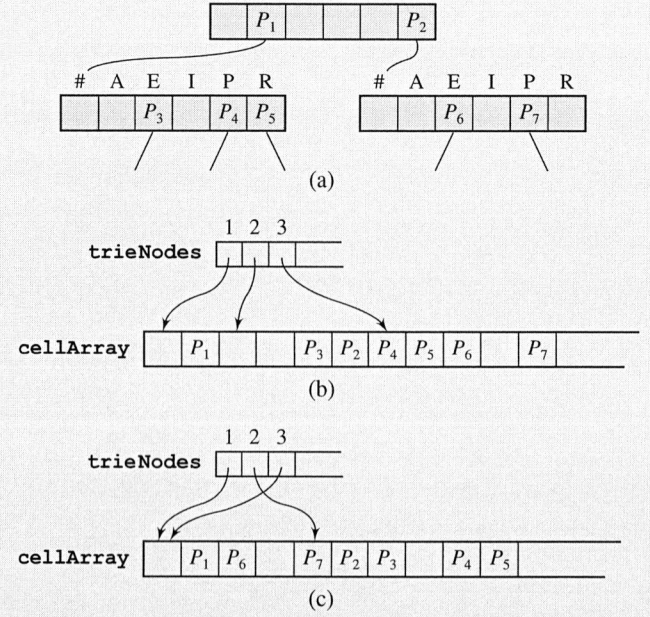

O problema em usar uma trie comprimida é que a pesquisa pode nos deixar perdidos. Por exemplo, uma pesquisa para uma palavra que começa com a letra "P" é imediatamente parada na trie da Figura 7.41a, já que o campo de ponteiro que corresponde a esta letra no nó raiz é nulo. Por outro lado, na versão comprimida da mesma trie (Figura 7.41b), no campo que corresponde a P, o ponteiro P_3 pode ser encontrado. Mas o caminho mal orientado é detectado somente mais tarde, quando se encontra um campo de ponteiro nulo, ou depois que se atinge uma folha, comparando-se a chave desta folha com a chave usada na pesquisa.

Outro modo para comprimir tries é a criação de uma trie-C que seja a versão em bit da trie original (Maly, 1976). Neste método, os nós de um nível da trie-C são armazenados em posições consecutivas de memória, e os endereços dos primeiros nós de cada nível o são em uma tabela de endereços. As informações armazenadas em nós particulares nos permitem acessar os filhos desses nós calculando seus desvios para seus filhos.

Cada nó tem quatro campos: uma bandeira folha/não folha, um campo de final de palavra ligado/desligado (que funciona como o nosso campo de sinal de cerquilha), um campo-K de bits de *cellNum* (que corresponde às células com caracteres) e um campo-C, que dá o número de 1s em todos os campos-K que estão no mesmo nível e que precedem este nó. O último inteiro é o número de nós no próximo nível que precede o primeiro filho deste nó.

As folhas armazenam as chaves atuais (ou seus sufixos) se se encaixam no campo-K+campo-C. Se não se encaixam, a chave é armazenada em alguma tabela e a folha contém uma referência a sua posição nesta tabela. O campo fim de palavra é usado para distinguir esses dois casos. Um fragmento da versão trie-C da trie da Figura 7.38 é mostrada na Figura 7.42. Todos os nós são do mesmo tamanho. Assume-se que a folha pode armazenar até três caracteres.

Para buscar uma chave em uma trie-C, os desvios têm que ser calculados muito cuidadosamente. Aqui está um delineamento do algoritmo:

```
CTrieSearch(K)
    for (i = 1, p = a raiz; ; i++)
        if p é uma folha
            if K é igual à chave(p)
                sucesso;
            else falha;
        else if (K[i] == '\0')
            if o campo fim de palavra está ligado
                sucesso;
            else falha;
        else if o bit correspondente ao caractere K[i] esta desligado
            falha;
        else p = endereço (o primeiro nó do nível i+1)
            +C-campo(p) * tamanho (um nó)   // pular todos os filhos dos nos
                                            // em frente de p no nível i;
            + (número de bits-1 no campo-K(p) à esquerda do bit   // pular
            que corresponde a K[i]) * tamanho (um nó)   // algum filho de p;
```

Por exemplo, para encontrar "EERIE" da trie-C da Figura 7.39, primeiro verificamos na raiz o bit que corresponde à primeira letra, "E". Uma vez que o bit está ligado e a raiz não é uma folha, vamos para o segundo nível. Neste, o endereço do nó a ser testado é determinado adicionando-se o endereço do primeiro nó neste nível ao comprimento de um nó, o primeiro, de modo a pulá-lo. O bit desta não folha que corresponde à segunda letra da nossa palavra, também um "E", está ligado, então prosseguimos para o terceiro nível. O endereço do nó a ser testado é determinado adicionando-se o endereço do primeiro nó do terceiro nível ao tamanho de um nó (o primeiro nó do nível três). Agora acessamos um nó folha com o campo final de palavra ajustado para 0. A tabela de palavras é acessada para fazer uma comparação entre a chave procurada e a chave na tabela.

A compressão é significativa. Um nó da trie original de 27 ponteiros de 2 bytes cada um ocupa 54 bytes. Um nó da trie-C exige 1 + 1 + 27 + 32 = 61 bits, que podem ser armazenados em 8 bytes. Mas não sem um preço. Este algoritmo exige que se coloquem os nós de um nível bem juntos, mas armazenar um nó de cada vez na memória usando-se new não garante que os nós sejam colocados

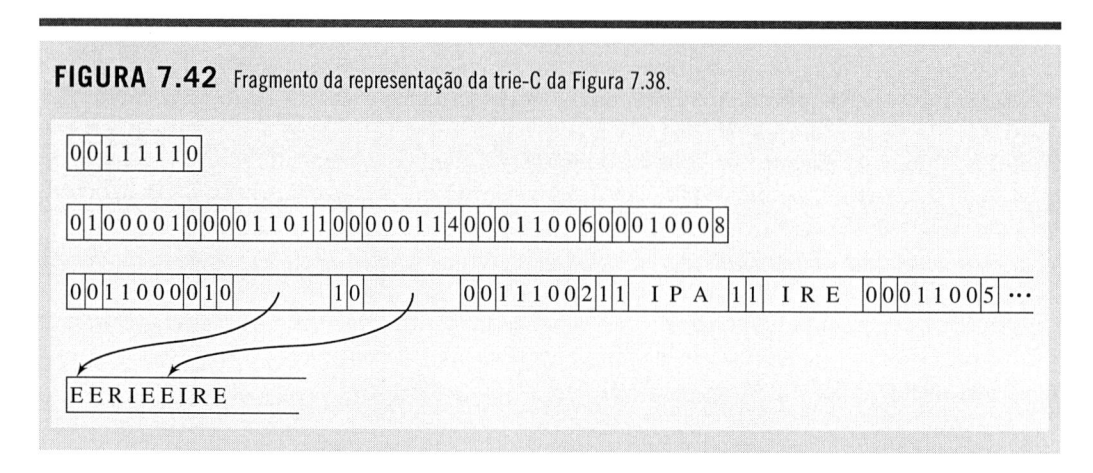

FIGURA 7.42 Fragmento da representação da trie-C da Figura 7.38.

| 0 | 0 | 1 1 1 1 1 | 0 |

| 0 | 1 | 0 0 0 0 1 | 0 | 0 | 0 0 1 1 0 1 | 1 | 0 | 0 0 0 0 1 1 | 4 | 0 | 0 0 1 1 0 0 | 6 | 0 | 0 0 1 0 0 0 | 8 |

| 0 | 0 | 1 1 0 0 0 0 | 0 | 1 | 0 | | 1 | 0 | | 0 | 0 | 1 1 1 0 0 | 2 | 1 | 1 | I P A | 1 | 1 | I R E | 0 | 0 | 0 1 1 0 0 | 5 | ...

| E E R I E E I R E |

em posições consecutivas, especialmente em um sistema multiusuário. Em consequência, os nós de um nível têm que ser gerados primeiro na armazenagem temporária, e somente então pode ser solicitado um pedaço de memória que seja grande o suficiente para acomodar todos esses nós. O problema indica também que a trie-C não é adequada para atualizações dinâmicas. Se a trie é gerada somente uma vez, a trie-C é uma excelente variação a ser utilizada. Se, no entanto, a trie necessita ser frequentemente atualizada, esta técnica para compressão da trie deve ser abandonada.

7.3 Conclusões

A revisão a respeito de árvores múltiplas neste capítulo não é de maneira alguma exaustiva. O número de diferentes tipos de árvores múltiplas é muito grande. Nossa intenção é realçar a variedade de usos aos quais essas árvores podem ser aplicadas e mostrar como o mesmo tipo de árvore pode ser aplicado a diferentes áreas. De particular interesse é uma árvore B com todas as suas variações. As árvores B$^+$ são comumente usadas na implementação de índices nos bancos de dados relacionais atuais. Elas permitem acesso aleatório muito rápido aos dados e também um rápido processamento sequencial dos dados.

A aplicação das árvores B não se limita a processar a informação a partir da armazenagem secundária, embora tenha sido a motivação original da introdução dessas árvores. Uma variante das árvores B, a 2 – 4, embora não apropriada para processar informação em armazenagem secundária, é muito útil para processar a informação na memória.

Também de particular uso são as tries, um tipo diferente de árvore. Com muitas variações, elas têm amplo escopo de aplicação; nosso estudo de caso ilustra uma aplicação muito útil delas.

7.4 Estudo de caso: Corretor ortográfico

Um utilitário indispensável para qualquer processador de texto é um corretor ortográfico que permita ao usuário encontrar tantos erros ortográficos quanto possível. Dependendo da sofisticação desta ferramenta, o usuário pode até ver possíveis correções. Corretores ortográficos são usados principalmente em ambientes interativos; o usuário pode invocá-los a qualquer momento quando está usando o processador de texto, fazer as correções rapidamente e sair mesmo antes de processar o arquivo inteiro. Isto exige que se escreva um programa de processamento de texto e, em adição a ele, um módulo de corretor ortográfico. Este estudo de caso foca o uso de tries. Em consequência, o corretor ortográfico será um programa à parte para ser usado fora de um processador de texto. Ele processará um arquivo de texto no modo em lotes, não permitindo correções palavra por palavra depois que os possíveis erros forem detectados.

O coração do corretor ortográfico é uma estrutura de dados que permite acesso eficiente a palavras em um dicionário. Esse dicionário muito provavelmente tem milhares de palavras, por isso o acesso tem que ser muito rápido para processar um arquivo de texto em uma razoável quantidade de tempo. Dentre as muito possíveis estruturas de dados, a trie é escolhida para armazenar as palavras do dicionário. Ela é criada depois que o corretor ortográfico é invocado, e, mais tarde, a real verificação ortográfica se realiza.

Para um grande número de palavras dicionarizadas, o tamanho da trie é muito importante porque deve residir na memória principal, sem auxílio da memória virtual. No entanto, como observamos neste capítulo, as tries com nós de comprimento fixo, como na Figura 7.38, são muito dispendiosas. Na maioria dos casos, somente uma fração das posições em cada nó é utilizada, e, quanto mais distante da raiz, menor esta fração se torna (a raiz pode ser o único nó com 26 filhos). Criar listas ligadas correspondendo a todas as letras utilizadas para cada um dos nós reduz o espaço perdido, como na Figura 7.40. Esta abordagem tem duas desvantagens: o espaço exigido para o campo dos ponteiros pode ser substancial, e as listas ligadas nos forçam a usar a pesquisa sequencial. Uma melhoria sobre a última solução seria reservar somente o espaço solicitado pelas letras usadas por cada um dos nós, sem recorrer ao uso das listas ligadas. Poderíamos usar vetores, mas, para ilustrar como as matrizes flexíveis são implementadas, o programa, quando uma necessidade surge, substitui grandes matrizes pelas já existentes, copiando o conteúdo das velhas matrizes para a nova e retornando a velha para o sistema operacional.

A chave para usar tais matrizes pseudoflexíveis é a implementação de um nó. Nó é um objeto que inclui os seguintes membros: uma bandeira folha/não folha, uma bandeira de fim de palavra, um ponteiro para uma cadeia de caracteres e um ponteiro para uma matriz de ponteiros para estruturas de mesmas categorias. A Figura 7.43 mostra a trie que utiliza os nós desta estrutura. Se uma cadeia de caracteres anexada a certo nó tem que ser estendida, é criada uma nova que tem o conteúdo da velha e uma nova letra inserida dentro da posição apropriada – uma função realizada por `addCell()`. As letras em cada um dos nós são mantidas na ordem alfabética.

A função `insert()` é uma implementação do algoritmo `trieInsert()` discutida neste capítulo. Como a posição de cada uma das letras pode variar de um nó para outro, esta posição tem que ser determinada a cada vez, função realizada por `position()`. Estando uma letra ausente de um nó, `position()` retorna –1, o que permite `insert()` empreender a ação apropriada.

A discussão sobre tries neste capítulo assumiu que suas folhas armazenam chaves cheias. Isto não é necessário, porque os prefixos de todas as palavras são implicitamente armazenados na trie e podem ser reconstruídos amontoando todas as letras no caminho que leva à folha. Por exemplo, para acessar a folha com a palavra "ERIE", duas não folhas têm que ser passadas através de ponteiros que correspondam às letras "E" e "R". Em consequência, é suficiente estocar o sufixo "IE" na folha, em vez da palavra inteira "ERIE". Fazendo isto, somente 13 letras de sufixos dessas palavras têm que ser retidas dessas folhas, dentre as 58 letras armazenadas em todas as folhas da trie da Figura 7.38, uma melhoria substancial.

Incluímos também a função `printTrie()`, que imprime o conteúdo de uma trie lateralmente. A saída gerada por esta função, quando aplicada à trie da Figura 7.43, é esta:

```
    >>REP|
    >>REA|R
>>PI|ER
      >>PER|
    >>PEE|R
    >>PEA|R
>>IR|E
>>IP|A
    >>ERI|E
    >>ERE|
    >>ERA|
>>EI|RE
>>EE|RIE
      >>AREA|
      >>>ARE|
    >>ARA|
>>>A
```

FIGURA 7.43 Implementação de uma trie que usa matrizes pseudoflexíveis. A trie tem as mesmas palavras que a trie da Figura 7.38.

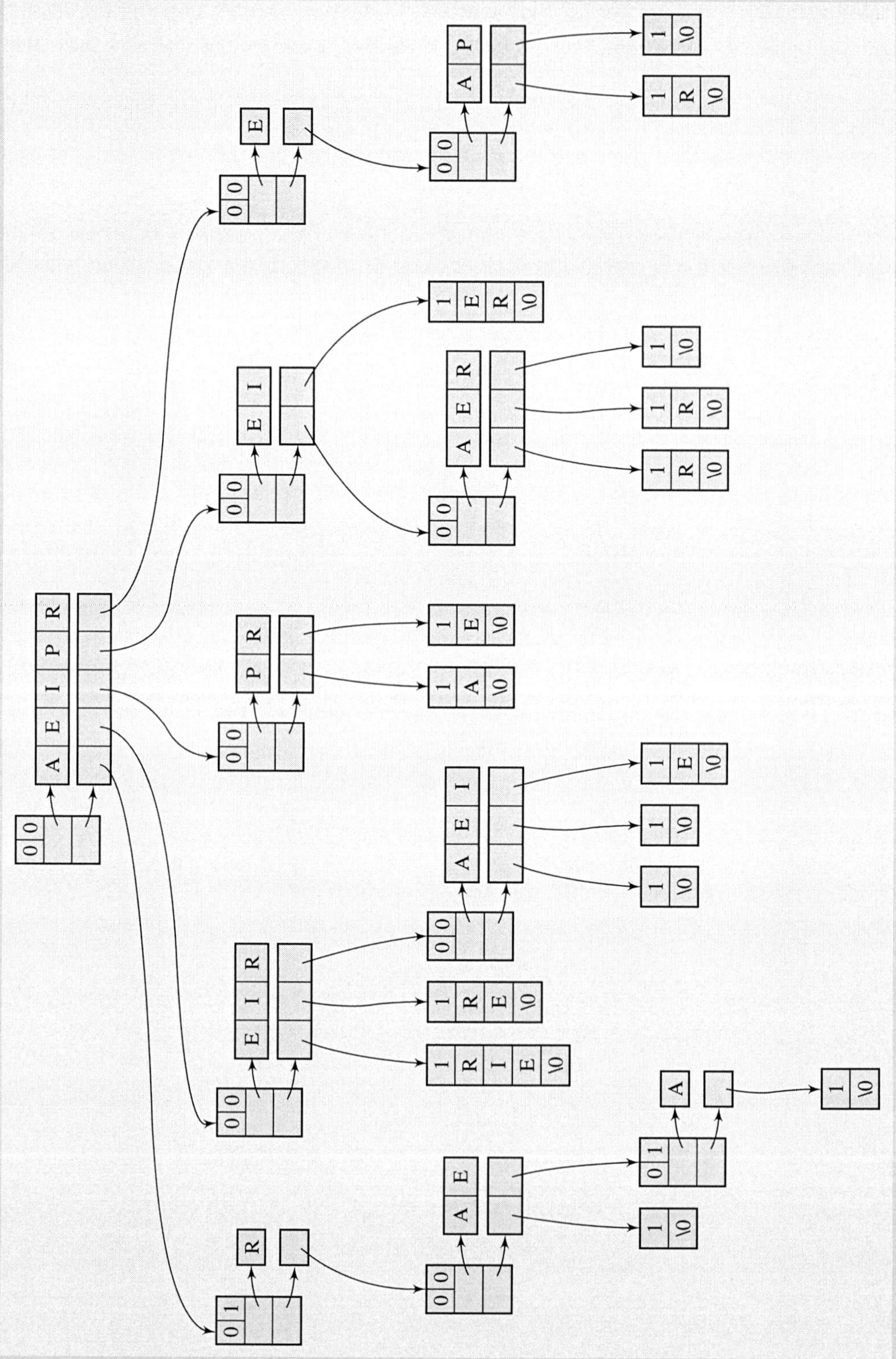

FIGURA 7.44 Implementação de corretor ortográfico usando tries.

```
//********************* trie.h ********************************

class Trie;

class TrieNonLeafNode {
public:
    TrieNonLeafNode() {
    }
    TrieNonLeafNode(char);
private:
    bool leaf, endOfWord;
    char *letters;
    TrieNonLeafNode **ptrs;
    friend class Trie;
};

class TrieLeafNode {
public:
    TrieLeafNode() {
    }
    TrieLeafNode(char*);
private:
    bool leaf;
    char *word;
    friend class Trie;
};

class Trie {
public:
    Trie() : notFound(-1) {
    }
    Trie(char*);
    void printTrie() {
        *prefix = '\0';
        printTrie(0,root,prefix);
    }
    void insert(char*);
    bool wordFound(char*);
private:
    TrieNonLeafNode *root;
    const int notFound;
    char prefix[80];
    int position(TrieNonLeafNode*,char);
    void addCell(char,TrieNonLeafNode*,int);
    void createLeaf(char,char*,TrieNonLeafNode*);
    void printTrie(int,TrieNonLeafNode*,char*);
};
```

FIGURA 7.44 Implementação de corretor ortográfico usando tries. (*continuação*)

```cpp
//*********************** trie.cpp *******************************

#include <iostream>
#include <cstring>
#include <cstdlib>
#include "trie.h"
using namespace std;

TrieLeafNode::TrieLeafNode(char *suffix) {
    leaf = true;
    word = new char[strlen(suffix)+1];
    if (word == 0) {
        cerr << "Out of memory2.\n";
        exit(-1);
    }
    strcpy(word,suffix);
}

TrieNonLeafNode::TrieNonLeafNode(char ch) {
    ptrs = new TrieNonLeafNode*;
    letters = new char[2];
    if (ptrs == 0 || letters == 0) {
        cerr << "Out of memory3.\n";
        exit(1);
    }
    leaf = false;
    endOfWord = false;
    *ptrs = 0;
    *letters = ch;
    *(letters+1) = '\0';
}

Trie::Trie(char* word) : notFound(-1) {
    root = new TrieNonLeafNode(*word); // inicialize a raiz
    createLeaf(*word,word+1,root);     // para evitar testes posteriores;
}

void Trie::printTrie(int depth, TrieNonLeafNode *p, char *prefix) {
    register int i; // hipotese: a raiz nao e uma folha
    if (p->leaf) {  // e nao e nula;
        TrieLeafNode *lf = (TrieLeafNode*) p;
        for (i = 1; i <= depth; i++)
            cout << "  ";
        cout << " >>" << prefix << "|" << lf->word << endl;
    }
    else {
```

FIGURA 7.44 Implementação de corretor ortográfico usando tries. (*continuação*)

```
        for (i = strlen(p->letters)-1; i >= 0; i--)
            if (p->ptrs[i] != 0) {              // adiciona a letra
                prefix[depth] = p->letters[i];  // correspondendo a
                prefix[depth+1] = '\0';         // posicao i para prefixar;
                printTrie(depth+1,p->ptrs[i],prefix);
            }
        if (p->endOfWord) {
            prefix[depth] = '\0';
            for (i = 1; i <= depth+1; i++)
                cout < " ";
            cout << ">>>" << prefix << "|\n";
        }
    }
}

int Trie::position(TrieNonLeafNode *p, char ch) {
    for (int i = 0; i < strlen(p->letters) && p->letters[i] != ch; i++);
    if (i < strlen(p->letters))
        return i;
    else return notFound;
}
bool Trie::wordFound (char *word) {
    TrieNonLeafNode *p = root;
    TrieLeafNode *lf;
    int pos;
    while (true)
        if (p->leaf) { // no p e uma folha
            lf = (TrieLeafNode*) p;             // onde o sufixo
            if (strcmp(word,lf->word) == 0)     // da palavra que casa
                return true;                    // deve ser encontrado;
            else return false;
        }
        else if (*word == '\0')         // o final da palavra tem
            if (p->endOfWord)           // que corresponder com
                return true;            // o marcador endOfWord
            else return false;          // no no p ajustado para verdadeiro;
        else if ((pos = position(p,*word)) != notFound &&
                 p->ptrs[pos] != 0) {   // siga adiante,
            p = p->ptrs[pos];           // se possível,
            word++;
        }
        else return false; // caso contrário falha;
}

void Trie::addCell(char ch, TrieNonLeafNode *p, int stop) {
```

FIGURA 7.44 Implementação de corretor ortográfico usando tries. (*continuação*)

```
        int i, len = strlen(p->letters);
        char *s = p->letters;
        TrieNonLeafNode **tmp = p->ptrs;
        p->letters = new char[len+2];
        p->ptrs = new TrieNonLeafNode*[len+1];
        if (p->letters == 0 || p->ptrs == 0) {
            cerr << "Out of memory1.\n";
            exit(1);
        }
        for (i = 0; i < len+1; i++)
            p->ptrs[i] = 0;
        if (stop < len)                       // se ch nao segue todas as letras em p,
            for (i = len; i >= stop+1; i--) { // copia de tmp as letras > ch;
                p->ptrs[i] = tmp[i-1];
                p->letters[i] = s[i-1];
            }
        p->letters[stop] = ch;
        for (i = stop-1; i >= 0; i--) {       // e as letras < ch;
            p->ptrs[i] = tmp[i];
            p->letters[i] = s[i];
        }
        p->letters[len+1] = '\0';
        delete [] s;
    }
}

void Trie::createLeaf(char ch, char *suffix, TrieNonLeafNode *p) {
    int pos = position(p,ch);
    if (pos == notFound) {
        for (pos = 0; pos < strlen(p->letters) &&
                      p->letters[pos] < ch; pos++);
        addCell(ch,p,pos);
    }
    p->ptrs[pos] = (TrieNonLeafNode*) new TrieLeafNode(suffix);
}

void Trie::insert (char *word) {
    TrieNonLeafNode *p = root;
    TrieLeafNode *lf;
    int offset, pos;
    char *hold = word;
    while (true) {
        if (*word == '\0') {             // se atingiu o final da palavra,
            if (p->endOfWord)
                cout << "Entrada1 duplicada " << hold << endl;
            else p->endOfWord = true;    // ajuste endOfWord para verdadeiro;
            return;
        }                                // se posicao em p indicada
        pos = position(p,*word);
```

FIGURA 7.44 Implementação de corretor ortográfico usando tries. (*continuação*)

```cpp
    if (pos == notFound) {                      // pela primeira letra da palavra
        createLeaf(*word,word+1,p);             // nao existe, crie
        return; // uma folha e armazene nela o
    }                                           // sufixo nao processado da palavra;
    else if (pos != notFound &&                 // se a posicao *word e
             p->ptrs[pos]->leaf) {              // ocupada por uma folha,
        lf = (TrieLeafNode*) p->ptrs[pos];      // contem essa folha;
        if (strcmp(lf->word,word+1) == 0) {
            cout << "Entrada2 duplicada " << hold << endl;
            return;
        }
        offset = 0;
        // crie quantas não folhas quanto o comprimento de prefixos de palavras
        // identicos e a cadeia de caracteres na folha (para a celula 'R',
        // folha 'EP', e a palavra 'REAR', dois de tais nos sao criados);
        do {
            pos = position(p,word[offset]);
            // word == "ABC", leaf = "ABCDEF" => leaf = "DEF";
            if (strlen(word) == offset+1) {
                p->ptrs[pos] = new TrieNonLeafNode(word[offset]);
                p->ptrs[pos]->endOfWord = true;
                createLeaf(lf->word[offset],lf->word + offset+1,
                                            p->ptrs[pos]);
                return;
            }
            // word == "ABCDE", leaf = "ABC" => leaf = "DEF";
            else if (strlen(lf->word) == offset) {
                p->ptrs[pos] = new TrieNonLeafNode(word[offset+1]);
                p->ptrs[pos]->endOfWord = true;
                createLeaf(word[offset+1],word+offset+2,
                                          p->ptrs[pos]);
                return;
            }
            p->ptrs[pos] = new TrieNonLeafNode(word[offset+1]);
            p = p->ptrs[pos];
            offset++;
        } while (word[offset] == lf->word[offset-1]);
        offset--;
        // word = "ABCDEF", leaf = "ABCPQR" =>
        //     leaf('D') - "EF", leaf('P') - "QR";
        // verifique se ha um sufixo deixado;
        // word = "ABCD", leaf = "ABCPQR" =>
        //     leaf('D') = null, leaf('P') = "QR";
        char *s = "";
        if (strlen(word) > offset+2)
            s = word+offset+2;
        createLeaf(word[offset+1],s,p);
        // check whether there is a suffix left:
        // word = "ABCDEF", leaf = "ABCP" =>
```

FIGURA 7.44 Implementação de corretor ortográfico usando tries. (*continuação*)

```cpp
            //   leaf('D') = "EF", leaf('P') = null;
            if (strlen(lf->word) > offset+1)
                 s = lf->word+offset+1;
            else s = "";
            createLeaf(lf->word[offset],s,p);
            delete [] lf->word;
            delete lf;
            return;
        }
        else {
            p = p->ptrs[pos];
            word++;
            }
        }
}
//*********************** spellCheck.cpp ************************
#include <iostream>
#include <fstream>
#include <cstdlib>
#include <cstring>
#include <cctype>
#include "trie.h"
using namespace std;

char* strupr(char *s) {
    for (char *ss = s; *s = toupper(*s); s++);
    return ss;
}
void main(int argc, char* argv[]) {
    char fileName[25], s[80], ch;
    int i, lineNum = 1;
    ifstream dictionary("dicionario");
    if (dictionary.fail()) {
        cerr << "Não pode abrir 'dicionario'\n";
        exit(-1);
    }
    dictionary >> s;
    Trie trie(strupr(s));   // inicialize raiz;
    while (dictionary >> s) // inicialize trie;
        trie.insert(strupr(s));
    trie.printTrie();
    if (argc != 2) {
        cout << "Entre um nome de arquivo: ";
        cin >> fileName;
    }
    else strcpy(fileName,argv[1]);
    ifstream textFile(fileName);
    if (textFile.fail()) {
        cout << "Nao pode abrir " << fileName << endl;
        exit(-1);
    }
```

FIGURA 7.44 Implementação de corretor ortográfico usando tries. (*continuação*)

```
    cout << "Palavras mal-escritas:\n";
    textFile.get(ch);
    while (!textFile.eof()) {
        while (true)
            if (!textFile.eof() && !isalpha(ch)) { // pule as nao letras
                if (ch == '\n')
                    lineNum++;
                textFile.get(ch);
            }
            else break;
        if (textFile.eof())                        // espacos no final do textFile;
            break;
        for (i = 0; !textFile.eof() && isalpha(ch); i++) {
            s[i] = toupper(ch);
            textFile.get(ch);
        }
        s[i] = '\0';
        if (!trie.wordFound(s))
            cout << s << " em linha " << lineNum << endl;
    }
    dictionary.close();
    textFile.close();
    return 0;
}
```

Três colchetes angulares indicam palavras para as quais a bandeira `endOfWord` foi ajustada no nó correspondente. As palavras com dois colchetes angulares têm folhas na trie. Algumas vezes essas folhas contêm somente o caractere '\0'. A barra vertical separa o prefixo reconstruído quando varre a trie a partir do sufixo que foi extraído da folha.

Os corretores ortográficos trabalham de maneira direta, examinando cada palavra de um arquivo de texto e imprimindo todas as palavras escritas com erro, junto com os números de linhas onde as palavras mal escritas foram encontradas. A Figura 7.44 mostra o código completo do corretor ortográfico.

7.5 Exercícios

1. Qual é o número máximo de nós em uma árvore múltipla de altura h?
2. Quantas chaves pode conter uma árvore B de ordem m e altura h?
3. Escreva uma função que imprima o conteúdo de uma árvore B na ordem ascendente.
4. A raiz de uma árvore B* exige uma atenção especial, já que não tem irmãos. Uma divisão não produz dois nós dois terços cheios mais uma nova raiz com uma chave. Sugira algumas soluções a esse problema.
5. As árvores B são imunes à ordem dos dados que entram? Primeiro, construa árvores B de ordem 3 (duas chaves por nó) para a sequência 1, 5, 3, 2, 4, e depois para 1, 2, 3, 4, 5. É melhor inicializar as árvores B com dados ordenados ou em uma ordem aleatória?

6. Desenhe todas as dez diferentes árvores B de ordem 3 que podem estocar 15 chaves e faça uma tabela, para cada uma delas, que mostre o número de nós e o número médio de nós visitados (Rosenberg e Snyder, 1981). Que generalização você pode fazer sobre elas? Esta tabela indicaria que (a) quanto menor o número de nós, menor o número médio de nós visitados, (b) quanto menor o número médio de nós visitados, menor o número de nós? Em quais características da árvore B devemos nos concentrar para torná-la mais eficiente?

7. Em todas as nossas considerações com relação às árvores B assumimos que as chaves são únicas. No entanto, este não tem que ser o caso, pois ocorrências múltiplas da mesma chave em uma árvore B não violam sua propriedade. Se essas chaves se referem a objetos diferentes no arquivo de dados (por exemplo, se a chave é um nome e muitas pessoas podem ter o mesmo nome), como você implementaria tais referências de arquivo de dados?

8. Qual é a máxima altura de uma árvore B$^+$ com n chaves?

9. Ocasionalmente, em uma árvore B$^+$ de prefixos, um separador pode ser tão grande quanto uma chave em uma folha. Por exemplo, se a última chave em uma folha é "Herman" e a primeira chave na próxima folha é "Hermann", então "Hermann" precisa ser escolhido como separador no ascendente dessas folhas. Sugira um procedimento para forçar o separador menor.

10. Escreva uma função que determine o separador mais curto de duas chaves em uma árvore B+ de prefixo.

11. É uma boa ideia usar formas abreviadas de prefixos nas folhas das árvores B$^+$ de prefixo?

12. É possível que uma divisão de um nó excedido p de uma árvore k-dB resulte um nó excedido $p_{esquerda}$ ou $p_{direita}$?

13. Se, em duas posições diferentes, i e j, $i < j$ de uma folha em uma árvore de bits, dois bits D são encontrados, tais que $D_j = D_i$, qual é a condição em que pelo menos um dos bits D seja D_k para $i < k < j$?

14. Se a chave K_i é removida de uma folha de uma árvore de bits, o bit D entre K_{i-1} e K_{i+1} tem que ser modificado. Qual é o valor deste bit D se os valores D_i e D_{i+1} são conhecidos? Faça remoções na folha na Figura 7.19 para um chute direcionado e então generalize esta observação. Ao fazer a generalização, considere dois casos: (a) $D_i < D_{i+1}$ e (b) $D_i > D_{i+1}$.

15. Escreva um algoritmo que, para uma árvore R, encontre todas as entradas nas folhas cujos retângulos sobreponham um retângulo R de busca.

16. Na discussão sobre árvores B, que são comparáveis em eficiência às binárias de busca, por que são somente as árvores B de menor ordem usadas e não as de ordens maiores?

17. Qual é o pior caso quando da inserção de uma chave em uma árvore 2 – 4?

18. Qual é a complexidade do algoritmo `compressTrie()` no pior caso?

19. Podem as folhas de uma trie comprimida com `compressTrie()` ainda ter versões abreviadas das palavras como partes que não são incluídas nos nós não terminais?

20. Nos exemplos de tries analisados neste capítulo lidamos somente com 26 letras maiúsculas. Um conjunto mais realista também inclui as minúsculas. No entanto, algumas palavras exigem uma letra maiúscula no início (nomes) e outras que a palavra inteira seja em maiúsculas (acrônimos). Como podemos resolver este problema sem incluir tanto as letras maiúsculas quanto as minúsculas nos nós?

21. Uma variante de trie é uma *árvore digital* que processa a informação no nível de bits. Como existem somente dois bits, apenas duas saídas são possíveis. As árvores digitais são binárias. Por exemplo, para testar se a palavra "BOOK" está na árvore, não usamos

Capítulo 7   Árvores Múltiplas   ■ **335**

a primeira letra, "B", na raiz para determinar em qual de seus filhos nós devemos ir, mas o primeiro bit, 0, da primeira letra (ASCII(B) = 01000010), no segundo nível, o segundo bit, e assim por diante, antes de irmos para a segunda letra. É uma boa ideia usar uma árvore digital para um programa corretor ortográfico, como discutido no estudo de caso?

7.6 Tarefas de programação

1. Estenda nosso programa de corretor ortográfico para sugerir a ortografia certa de uma palavra escrita incorretamente. Considere estes tipos de erros de ortografia: mudança na ordem das letras (copmutador), omissão de uma letra (computadr), adição de uma letra (compuetador), ditografia, isto é, repetição de uma letra (computtador), e mudança de uma letra (compurador). Por exemplo, se a letra i é mudada com a letra $i + 1$, o nível i da trie deve ser processado antes do nível $i + 1$.

2. Uma *árvore quádrupla de ponto* é do tipo quádrupla usada para representar pontos em um plano (Samet, 2006). Um nó contém um par de coordenadas (*latitude,longitude*) e ponteiros para quatro filhos que representam quatro quadrantes, NO, NE, SO e SE. Esses quadrantes são gerados pela intersecção das linhas verticais e horizontais que passam através do ponto (*lat,lon*) do plano. Escreva um programa que aceite os nomes das cidades e suas localizações geográficas (*lat,lon*) e as insira na árvore quádrupla. O programa deve então dar os nomes de todas as cidades localizadas dentro da distância r da localização (*lat,lon*) ou, alternativamente, dentro da distância r da cidade C.

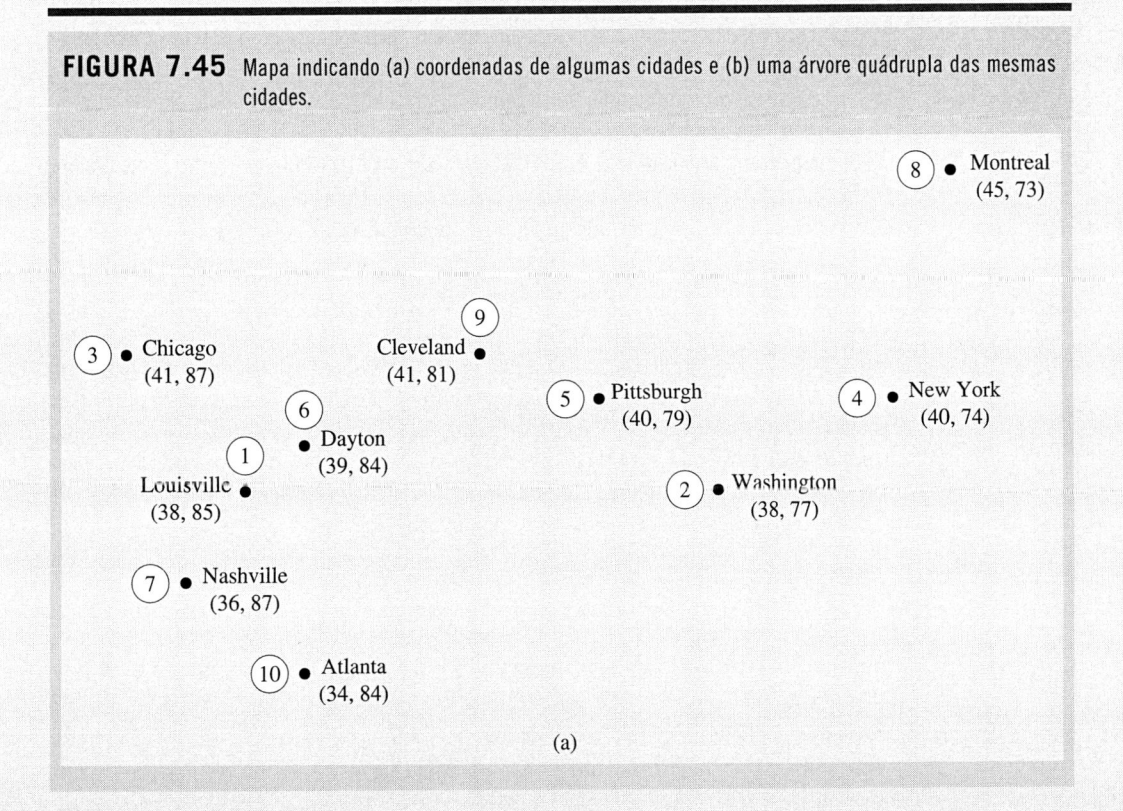

FIGURA 7.45 Mapa indicando (a) coordenadas de algumas cidades e (b) uma árvore quádrupla das mesmas cidades.

⑧ ● Montreal (45, 73)

③ ● Chicago (41, 87)   ⑨ Cleveland (41, 81)   ⑤ ● Pittsburgh (40, 79)   ④ ● New York (40, 74)

⑥ ① ● Dayton (39, 84)

Louisville ● (38, 85)   ② ● Washington (38, 77)

⑦ ● Nashville (36, 87)

⑩ ● Atlanta (34, 84)

(a)

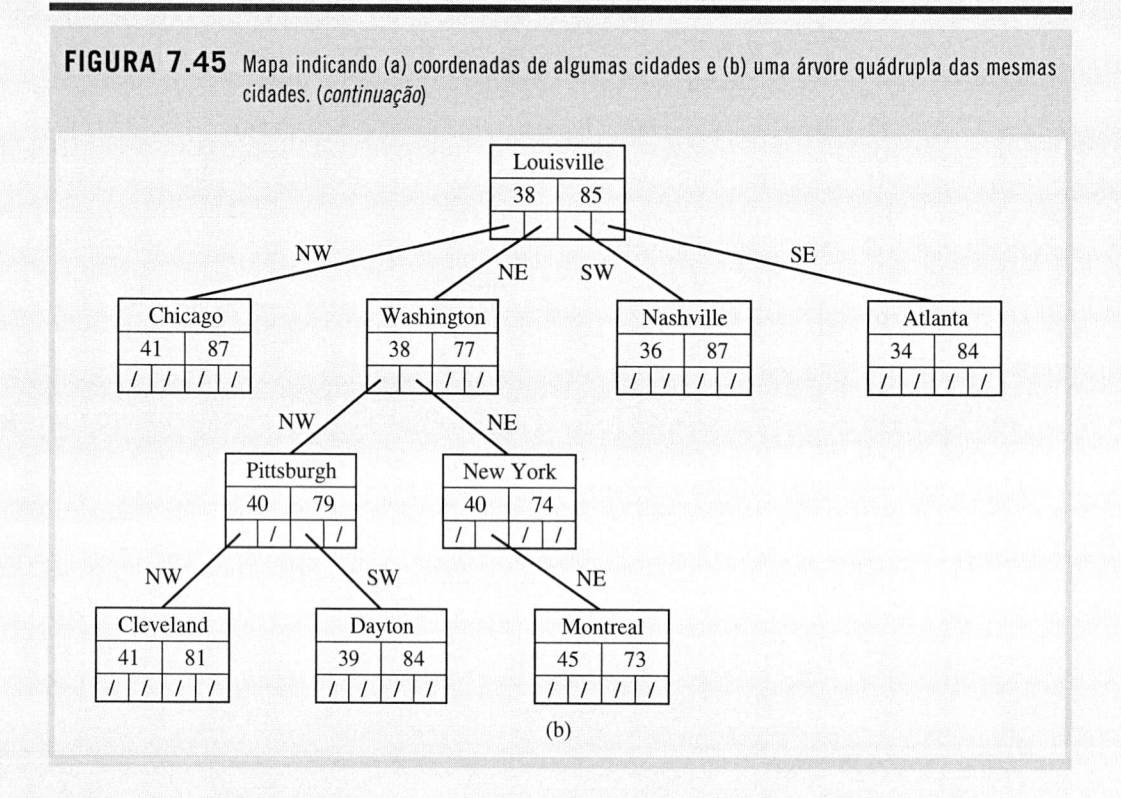

FIGURA 7.45 Mapa indicando (a) coordenadas de algumas cidades e (b) uma árvore quádrupla das mesmas cidades. *(continuação)*

(b)

A Figura 7.45 mostra um exemplo. As localizações no mapa da Figura 7.45a são inseridas na árvore quádrupla da 7.45b na ordem indicada pelos números circulados mostrados próximos aos nomes das cidades. Por exemplo, quando se está inserindo Pittsburgh na árvore quádrupla, verificamos em que direção esta cidade está com relação à raiz. A raiz armazena as coordenadas de Louisville, e Pittsburgh está a NE dela, isto é, ela pertence ao segundo filho da raiz. Mas este filho já armazena uma cidade, Washington. Em consequência, fazemos a mesma pergunta em relação a Pittsburgh sobre o nó corrente, o segundo filho da raiz: em que direção, com relação a esta cidade, está Pittsburgh? Desta vez a resposta é NO. Vamos, portanto, para o primeiro filho do nó corrente. O filho é um nó nulo, por isso o nó Pittsburgh pode ser inserido aqui.

O problema é não ter de fazer uma busca exaustiva da árvore quádrupla. Então, se buscarmos cidades dentro de um raio r a partir de uma cidade C, e, em seguida, para determinado nó nd, encontraremos a distância entre C e a cidade representada por nd. Se a distância está dentro de r, você tem que continuar por todos os quatro descendentes de nd. Se não, continua para os descendentes indicados pelas posições relativas. Para mensurar a distância entre as cidades com coordenadas (lat_1, lon_1) e (lat_2, lon_2), pode ser usada a grande fórmula da distância do círculo:

$$d = R \arccos(\sin(lat_1) \cdot \sin(lat_2) + \cos(lat_1) \cdot \cos(lat_2) \cdot \cos(lon_2 - lon_1))$$

assumindo que o raio da terra, $R = 3.956$ milhas, latitudes e longitudes são expressos em radianos (para converter graus decimais em radianos, multiplique o número de graus por $\pi/180 = 0,017453293$ radianos/grau). Além disso, para as direções oeste e sul, devem ser utilizados ângulos negativos.

Por exemplo, para encontrar cidades dentro da distância de 200 milhas a partir de Pittsburgh, comece com a raiz e $d((38,85),(40,79)) = 350$, então Louisville não se qualifica, mas agora você precisa continuar somente nos descendentes SE e NE de Louisville, para depois comparar as coordenadas de Louisville e Pittsburgh. Então você tenta Washington, que se qualifica ($d = 175$), de modo que, a partir desta cidade, você vai para Pittsburgh e depois aos seus descendentes. Mas, quando você chegar ao nó NE de Washington, verá que Nova York não se qualifica ($d = 264$), e de Nova York você teria que continuar nos descendentes SW e NW, mas eles são nulos, assim você para aí. Além disso, Atlanta precisa ser verificada.

3. A Figura 7.38 indica uma fonte de ineficiências para as árvores: o caminho para "REAR" e para "REP" leva através de um nó que tem apenas um filho. Para prefixos idênticos mais longos, o número de tais nós pode mesmo ser mais longo. Implemente um corretor ortográfico com uma variação da trie, chamada *árvore Patricia múltipla* (Morrison, 1968),[6] que encurta os caminhos na trie, evitando-se os nós com somente um filho. Ela faz isto indicando a cada ramal quantos caracteres devem ser pulados para se fazer um teste. Por exemplo, a trie da Figura 7.46a é transformada na árvore Patricia da Figura 7.46b. Os caminhos que levam às quatro palavras com prefixos "LOGG" são encurtados ao custo de se registrar em cada nó o número de caracteres a ser omitidos, começando da posição corrente em uma cadeia de caracteres. Agora, como certos caracteres não são testados ao longo do caminho, o teste final deve estar entre uma chave pesquisada e a chave *inteira* encontrada em uma folha específica.

4. A definição de uma árvore-B estipula que os nós têm que estar meio cheios, e a de uma árvore B* aumenta este requisito para dois terços. A razão para estes requisitos é alcançar razoavelmente boa utilização de espaço em disco. No entanto, é possível afirmar que árvores B podem ter um desempenho muito bom exigindo-se apenas que não incluam nós vazios. Para distinguir entre estes dois casos, as árvores B discutidas neste capítulo são chamadas árvores B *unida-na-metade*, e o outro tipo, quando os nós devem ter pelo menos um elemento, são chamadas árvores B *livre-em-vazio*. Revela-se, por exemplo, que, depois de construída uma árvore B livre-em-vazio e, após, cada inserção seguida por remoção, a utilização do espaço é de cerca de 39% (Johnson e Shasha, 1993), o que não é mau, considerando o fato de que este tipo de árvore pode ter bem pequena utilização do espaço ($1/m$% para uma árvore de ordem m), enquanto uma árvore B unida-na-metade tem, pelo menos, 50% de utilização. Portanto, pode-se esperar que, se o número de inserções supera o de remoções, a diferença entre as árvores B unida-na-metade e livre-no-vazio vai ser superada. Escreva um programa de simulação para verificar esta alegação. Primeiro, construa uma grande árvore B, e, em seguida, execute uma simulação para esta árvore tratando-a como uma árvore B unida-na-metade e, em seguida, como uma livre-em-vazio para diferentes proporções de número i de inserções para o número d, de remoções, de modo que $i/d \geq 1$; isto é, o número de inserções não é menor do que o de remoções (o caso quando remoções superam inserções não é interessante, porque, eventualmente, a árvore desaparece). Compare a utilização do espaço para estes casos diferentes. Por qual razão i/d a utilização do espaço entre estes dois tipos de árvores B é suficientemente próxima (digamos, uma diferença entre 5%-10%)? Depois de quantas remoções e inserções se consegue uma utilização semelhante? A ordem da árvore tem um impacto sobre a diferença de utilização do espaço? Uma vantagem em usar árvores livres-em-vazio seria diminuir a probabilidade de reestruturação da árvore. Em todos os casos, compare a taxa de reestruturação da árvore para ambos os tipos de árvores B.

---

6. A árvore Patricia original era do tipo binária, e os testes foram feitos no nível de bits.

FIGURA 7.46 (a) Trie com palavras tendo prefixos idênticos longos e (b) uma árvore Patricia com as mesmas palavras.

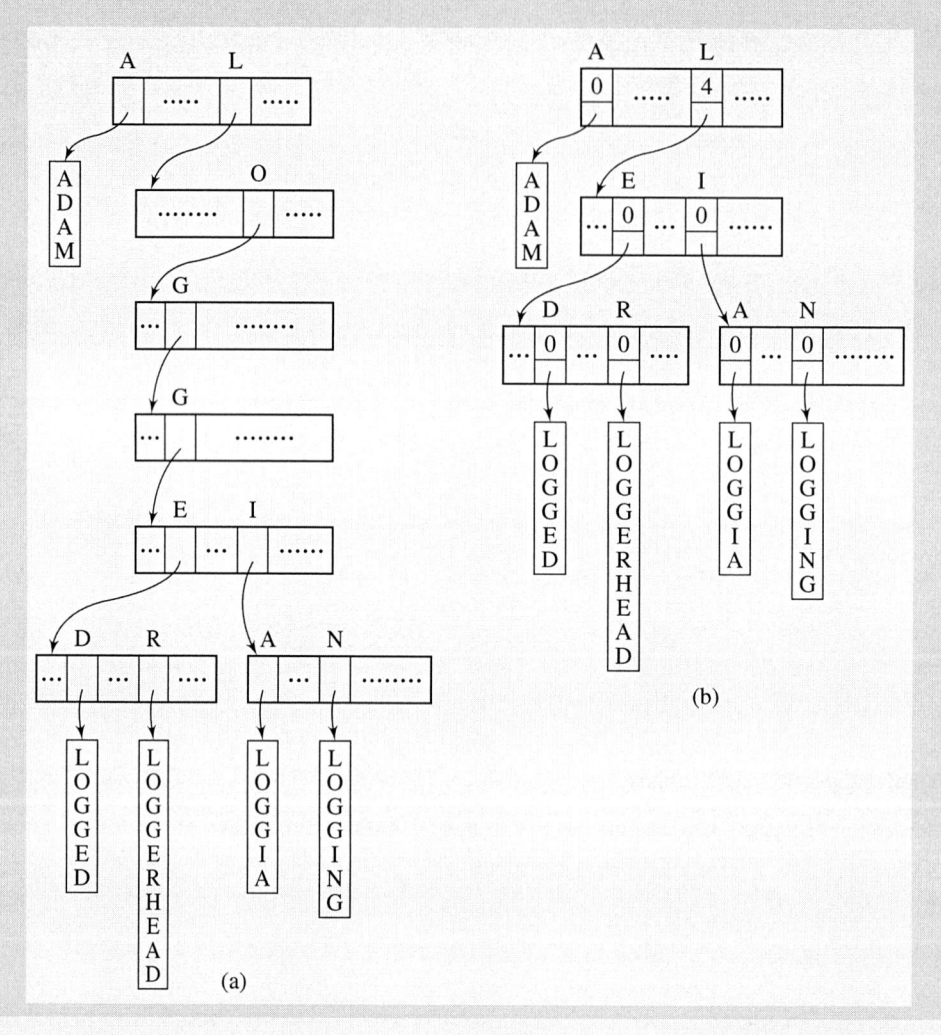

Bibliografia

Árvores B

BAYER, Rudolph. Symmetric binary B-trees: data structures and maintenance algorithms. *Acta Informatica*, n. 1, 1972, p. 290-306.

_____ e McCREIGHT, E. Organization and maintenance of large ordered indexes. *Acta Informatica*, n. 1, 1972, p. 173-89.

_____ e UNTERAUER, Karl. Prefix B-trees. *ACM Transactions on Database Systems*, n. 2, 1977, p. 11-26.

COMER, Douglas. The ubiquitous B-tree. *Computing Surveys*, n. 11, 1979, p. 121-37.

FERGUSON, David E. Bit-tree: A data structure for fast file processing. *Communications of the ACM*, n. 35, 1992, n. 6, p. 114-20.

FOLK, Michael J.; ZOELLICK, Bill; RICCARDI, Greg. *File structures: an object-oriented approach with C++*. Reading, MA: Addison-Wesley, 1998, capítulos 9 e 10.

GUIBAS, L.J. e SEDGWICK, R. A dichromatic framework for balanced trees. *Proceedings of the 19th Annual IEEE Symposium on the Foundation of Computer Science*, 1978, p. 8-21.

GUTTMAN, Antonin. R-trees: a dynamic index structure for spatial searching. *ACM SIGMOD '84 Proc. of Annual Meeting, SIGMOD Record*, n. 14, 1984, p. 47-57 [Veja também STONEBRAKER, Michael (ed.). *Readings in database systems*. San Mateo CA: Kaufmann, 1988, p. 599-609].

JOHNSON, Theodore e SHASHA, Dennis. B-trees with inserts and deletes: why free-at-empty is better than merge-at-half. *Journal of Computer and System Sciences*, n. 47, 1993, p. 45-76.

LEUNG, Clement H.C. Approximate storage utilization of B-trees: a simple derivation and generalizations. *Information Processing Letters*, n. 19, 1984, p. 199-201.

LOMET, David B. e SALZBERG, Betty. The hB-tree: a multiattribute indexing method with good guaranteed performance. *ACM Transactions on Database Systems*, n. 15, 1990, p. 625-58.

MANOLOPOULOS, Yannis; NANOPOULOS, Alexandros; PAPADOPOULOS, Apostolos N.; THEODORIDIS, Yannis. *R-trees*: theory and applications. Londres: Springer, 2006.

McCREIGHT, Edward M. Pagination of B*-trees with variable-length records. *Communications of the ACM*, n. 20, 1977, p. 670-74.

ROBINSON, John T. The K-D-B-tree: a search structure for large multidimensional dynamic indexes. *Proceedings of the 1981 ACM SIGMOD Conference on Management of Data*. Ann Arbor, 1981, p. 10-18.

ROSENBERG, Arnold L. e SNYDER, Lawrence. Time- and space-optimality in B-trees. *ACM Transactions on Database Systems*, n. 6, 1981, p. 174-93.

SELLIS, Timos; ROUSSOPOULOS, Nick; FALOUTSOS, Christos. The R^+-tree: A dynamic index for multi-dimensional objects. *Proceedings of the 13th Conference on Very Large Databases*, 1987, p. 507-18.

STONEBRAKER, M.; SELLIS, T.; HANSON, E. Analysis of rule indexing implementations in data base systems. *Proceedings of the First International Conference on Expert Database Systems*. Charleston: SC, 1986, p. 353-64.

WEDEKIND, H. On the selection of access paths in a data base system. In: KLIMBIE, J.W. e KOFFEMAN, K.L. (eds.). *Data Base Management*. Amsterdam: North-Holland, 1974, p. 385-97.

YAO, Andrew Chi-Chih. On Random 2-3 Trees. *Acta Informatica*, n. 9, 1978, p. 159-70.

Tries

AL-SUWAIYEL, M. e HOROWITZ, E. Algorithms for trie compaction. *ACM Transactions on Database Systems*, n. 9, 1984, p. 243-63.

BOURNE, Charles P. e FORD, Donald F. A study of methods for systematically abbreviating english words and names. *Journal of the ACM*, n. 8, 1961, p. 538-52.

BRIANDAIS, Rene de la. File searching using variable length keys. *Proceedings of the Western Joint Computer Conference*, 1959, p. 295-98.

COMER, Douglas e SETHI, Ravi. The complexity of trie index construction. *Journal of the ACM*, n. 24, 1977, p. 428-40.

FREDKIN, Edward. Trie memory. *Communications of the ACM*, n. 3, 1960, p.490-99.

MALY, Kurt. Compressed tries. *Communications of the ACM*, n. 19, 1976, p. 409-15.

MORRISON, Donald R. Patricia trees. *Journal of the ACM*, n. 15, 1968, p. 514-34.

ROTWITT, Theodore e DE MAINE, P.A.D. Storage optimization of tree structured files representing descriptor sets. *Proceedings of the ACM SIGFIDET Workshop on Data Description, Access and Control*. Nova York, 1971, p. 207-17.

Árvores quádruplas

FINKEL, Raphael A. e BENTLEY, Jon L. Quad trees: a data structure for retrieval on composite keys. *Acta Informatica*, n. 4, 1974, p. 1-9.

SAMET, Hanan. *Foundations of multidimensional and metric data structures*. San Francisco: Morgan Kaufman, 2006.

Grafos

8

Apesar da flexibilidade e das muitas diferentes aplicações das árvores, elas, por sua natureza, têm uma limitação: podem somente representar relações de um tipo hierárquico, como entre o ascendente e o filho. Outras são representadas apenas indiretamente, tal como a relação de irmão. A generalização da árvore, *grafo*, é uma estrutura de dados na qual esta limitação desaparece. Intuitivamente, grafo é uma coleção de vértices (ou nós) e as conexões entre eles. Em geral, nenhuma restrição é imposta ao número de vértices em um grafo ou ao de conexões que um vértice pode ter para outros. A Figura 8.1 contém exemplos. Grafos são estruturas de dados versáteis que podem representar um grande número de situações e eventos diferentes a partir de diversos domínios. A teoria dos grafos é uma área sofisticada da matemática e da ciência de computação que se desenvolveu nos últimos 200 anos, desde que foi estudada pela primeira vez. Muitos resultados são de interesse teórico, mas, neste capítulo, são apresentados alguns selecionados de interesse para os cientistas de computação. Antes de discutir os diferentes algoritmos e suas aplicações, diversas definições necessitam ser introduzidas.

Um *grafo simples* $G = (V, E)$ consiste em um conjunto não vazio V de *vértices* e um conjunto E de *arestas* que pode ou não ser vazio, cada aresta sendo um conjunto de dois vértices a partir de V. O número de vértices e arestas é denotado por $|V|$ e $|E|$, respectivamente. Um *grafo direcionado*, ou *dígrafo*, $G = (V, E)$, consiste em um conjunto não vazio V de vértices e um conjunto E de arestas (também chamadas *arcos*), no qual cada aresta é um par de vértices a partir de V. A diferença é que uma aresta de um grafo simples é da forma $\{v_i, v_j\}$, e, para tal aresta, $\{v_i, v_j\} = \{v_j, v_i\}$. Em um dígrafo, cada aresta é da forma (v_i, v_j), e, neste caso, $(v_i, v_j) \neq (v_j, v_i)$. A menos que seja necessário, esta distinção na notação será desprezada, e uma aresta entre os vértices v_i e v_j será referenciada como a *aresta*(v_i, v_j).

Essas definições são restritivas, pois não permitem que dois vértices tenham mais de uma aresta. *Multigrafo* é um grafo no qual dois vértices podem ser unidos por múltiplas arestas. A interpretação geométrica é muito simples (veja a Figura 8.1e). Formalmente, a definição é: um multigrafo $G = (V,E,f)$ é composto de um conjunto de vértices V, um conjunto de arestas E e uma função $f : E \rightarrow \{\{v_i,v_j\} : v_i, v_j \in V \text{ e } v_i \neq v_j\}$. *Pseudografo* é um multigrafo com a condição $v_i \neq v_j$ removida, o que permite ocorrer *laços*; em pseudografo, um vértice pode ser unido a ele mesmo por uma aresta (Figura 8.1f).

Caminho de v_1 a v_n é uma sequência de arestas $(v_1 v_2), (v_2 v_3), ..., (v_{n-1} v_n)$, denotado como o caminho $v_1, v_2, v_3, ..., v_{n-1}, v_n$. Se $v_1 = v_n$ e nenhuma aresta é repetida, o caminho é chamado *circuito* (Figura 8.1g). Se todos os vértices em um circuito são diferentes, é chamado *ciclo* (Figura 8.1h).

Capítulo 8 Grafos ■ 341

Um grafo é chamado *grafo ponderado* se cada aresta tem um número atribuído a ela. Dependendo do contexto no qual um grafo é usado, o número atribuído a uma aresta é chamado de seu peso, custo, distância, comprimento ou algum outro nome.

Um grafo com n vértices é chamado *completo* e denotado K_n se para cada par de vértices distintos existe exatamente uma aresta conectando-os, isto é, cada vértice pode ser conectado a qualquer outro vértice (Figura 8.1c). O número de arestas em tais grafos é

$$\binom{|V|}{2} = \frac{|V|!}{2!(|V|-2)!} = \frac{|V|(|V|-1)}{2} = O(|V|^2).$$

Um *subgrafo* G' do grafo $G = (V,E)$ é um grafo (V',E') tal que $V' \subseteq V$ e $E' \subseteq E$. Um subgrafo *induzido* por vértices V' é um grafo (V',E') tal que uma aresta $e \in E$ se $e \in E'$.

Dois vértices v_i e v_j são chamados *adjacentes* se (v_iv_j) está em E. Tal aresta é chamada *incidente com* os vértices v_i e v_j. O *grau* de um vértice v, $deg(v)$, é o número de arestas incidentes com v. Se $deg(v) = 0$, v é chamado *vértice isolado*. A definição de um grafo indicando que o conjunto de arestas E pode estar vazio permite que um grafo consista em apenas vértices isolados.

FIGURA 8.1 Exemplos de grafos: (a – d) grafos simples; (c) grafo K_4 completo; (e) multigrafo; (f) pseudografo; (g) circuito em um dígrafo; (h) ciclo em um dígrafo.

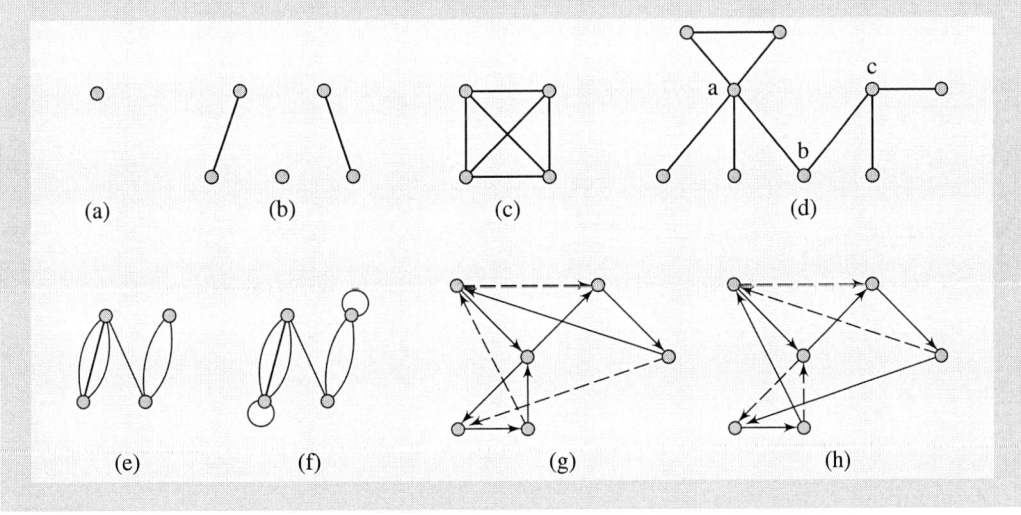

8.1 Representação de grafos

Existem vários meios para representar um grafo. Uma representação simples é dada por uma *lista de adjacências*, que especifica todos os vértices adjacentes a cada vértice do grafo. Esta lista pode ser implementada como uma tabela, e nesse caso é chamada *representação estrela*, que pode ser direta ou inversa, como ilustrado na Figura 8.2b, ou como uma lista ligada (Figura 8.2c).

Outra representação é uma matriz que vem em duas formas: uma de adjacência e uma de incidência. *Matriz de adjacência* do grafo $G = (V,E)$ é do tipo binária $|V| \times |V|$ tal que cada entrada desta matriz

$$a_{ij} = \begin{cases} 1 & \text{se existir uma aresta } (v_iv_j) \\ 0 & \text{caso contrário} \end{cases}$$

Um exemplo é mostrado na Figura 8.2d. Note que a ordem dos vértices $v_1, ..., v_{|V|}$ usados para gerar esta matriz é arbitrária; em consequência, há $n!$ matrizes de adjacência para o mesmo grafo G. A generalização desta definição para também cobrir multigrafos pode ser facilmente realizada transformando-a na seguinte forma:

$$a_{ij} = \text{número de arestas entre } v_i \text{ e } v_j$$

Outra representação de matriz de um grafo é baseada na incidência de vértices e de arestas, chamada *matriz de incidência*. Uma matriz de incidência do grafo $G = (V,E)$ é uma matriz $|V| \times |E|$ tal que

$$a_{ij} = \begin{cases} 1 & \text{se a aresta } e_j \text{ é incidente com o vértice } v_i \\ 0 & \text{caso contrário} \end{cases}$$

A Figura 8.2e mostra um exemplo de matriz incidente. Em uma matriz incidente para um multigrafo, algumas colunas são as mesmas, e uma coluna com somente um 1 indica um laço.

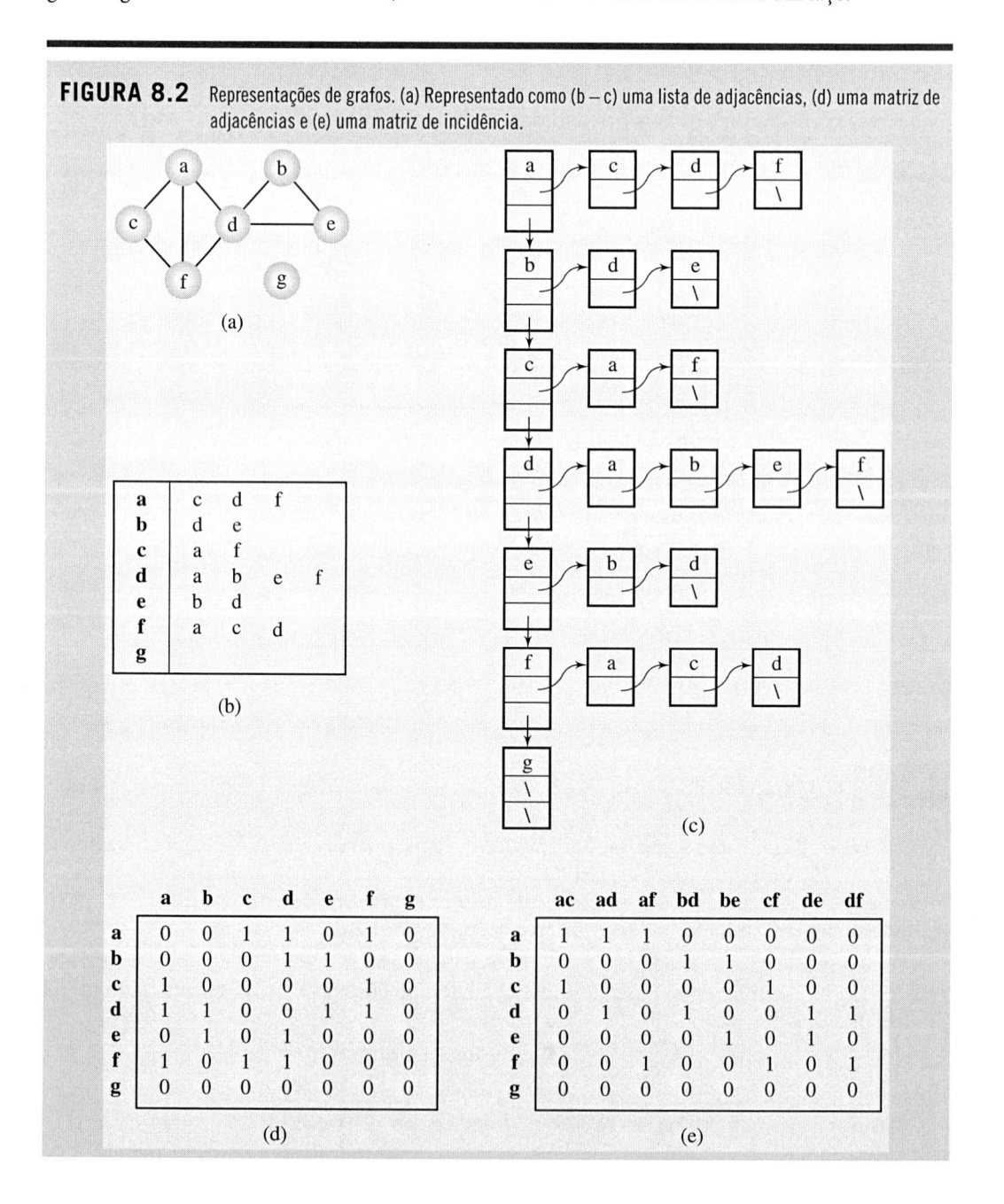

FIGURA 8.2 Representações de grafos. (a) Representado como (b – c) uma lista de adjacências, (d) uma matriz de adjacências e (e) uma matriz de incidência.

a	c	d	f	
b	d	e		
c	a	f		
d	a	b	e	f
e	b	d		
f	a	c	d	
g				

(b)

	a	b	c	d	e	f	g
a	0	0	1	1	0	1	0
b	0	0	0	1	1	0	0
c	1	0	0	0	0	1	0
d	1	1	0	0	1	1	0
e	0	1	0	1	0	0	0
f	1	0	1	1	0	0	0
g	0	0	0	0	0	0	0

(d)

	ac	ad	af	bd	be	cf	de	df
a	1	1	1	0	0	0	0	0
b	0	0	0	1	1	0	0	0
c	1	0	0	0	0	1	0	0
d	0	1	0	1	0	0	1	1
e	0	0	0	0	1	0	1	0
f	0	0	1	0	0	1	0	1
g	0	0	0	0	0	0	0	0

(e)

Que representação é melhor? Depende do problema. Se nossa tarefa é processar vértices adjacentes a um vértice *v*, a lista de adjacências exige somente *deg*(*v*) etapas, enquanto a matriz de adjacências exige |V| etapas. Por outro lado, inserir ou remover um vértice adjacente a *v* exige a manutenção de lista ligada para uma lista de adjacências (se tal implementação é usada); para uma matriz, exige-se somente mudar 0 para 1 para inserção, ou 1 para 0 para remoção, em uma célula da matriz.

8.2 Percursos em grafos

Como nas árvores, percorrer um grafo consiste em visitar cada vértice somente uma vez. Os algoritmos de percurso simples usados para as árvores não podem ser aplicados aqui, porque os grafos podem incluir ciclos, que fariam os algoritmos de percurso das árvores resultar em laços infinitos. Para evitar que isto aconteça, cada vértice visitado pode ser marcado para evitar que seja revisitado. No entanto, os grafos podem ter vértices isolados, o que significa que algumas das suas partes são deixadas de fora se os métodos de percurso de árvores não modificados são aplicados.

Um algoritmo para percorrer um grafo, conhecido como algoritmo de busca em profundidade, foi desenvolvido por John Hopcroft e Robert Tarjan. Nele, cada vértice *v* é visitado, e então cada vértice não visitado adjacente a *v* é visitado. Se um vértice *v* não tem vértices adjacentes ou todos já foram visitados, voltamos para o predecessor de *v*. O percurso está terminado se este processo de visita e retorno leva ao primeiro vértice no qual o percurso começou. Se houver ainda alguns vértices não visitados no grafo, o percurso continua reiniciando para um desses.

Embora não seja necessário para o resultado deste método, o algoritmo atribui um número único a cada vértice acessado, de modo que os vértices são agora renumerados. Isto será útil em aplicações posteriores do algoritmo.

```
DFS(v)
   num(v) = i++;
   for todos os vértices u adjacentes a v
      if num(u) é 0
         anexe a aresta(uv) a edges;
         DFS(u);

depthFirstSearch()
   for todos os vértices v
      num(v) = 0;
   edges = nulo;
   i = 1;
   while existe um vértice v tal que num(v) é 0
      DFS(v);
   saia com edges;
```

A Figura 8.3 mostra um exemplo com os números *num*(*v*) atribuídos a cada vértice *v* mostrado entre parênteses. Tendo feito todas as inicializações necessárias, depthFirstSearch() chama DFS(a). A função DFS() é primeiro invocada para o vértice *a*; para *num*(*a*) é atribuído o número 1. O vértice *a* tem quatro vértices adjacentes, e o vértice *e* é escolhido para a próxima invocação, DFS(e), que lhe atribui o número 2, isto é, *num*(*e*) = 2, e coloca a *aresta*(*ae*) em edges. O vértice *e* tem dois vértices adjacentes não visitados, e DFS() é chamada para o primeiro deles, o vértice *f*. A chamada a DFS(f) leva à atribuição *num*(*f*) = 3 e coloca a *aresta*(*ef*) em edges. O vértice *f* tem somente um vértice adjacente não visitado, *i*; assim, a quarta chamada, DFS(i), leva à atribuição *num*(*i*) = 4 e à anexação da *aresta*(*fi*) a edges. O vértice *i* tem somente vértices visitados, por isso retornamos à chamada DFS(f) e então à DFS(e), na qual o vértice *i* é acessado somente para se conhecer que *num*(*i*) não é 0, por onde a *aresta*(*ei*) não é incluída em edges. O resto da execução pode ser visto facilmente na Figura 8.3b. As linhas sólidas indicam as arestas incluídas no conjunto edges.

FIGURA 8.3 Exemplo de aplicação do algoritmo depthFirstSearch() a um grafo.

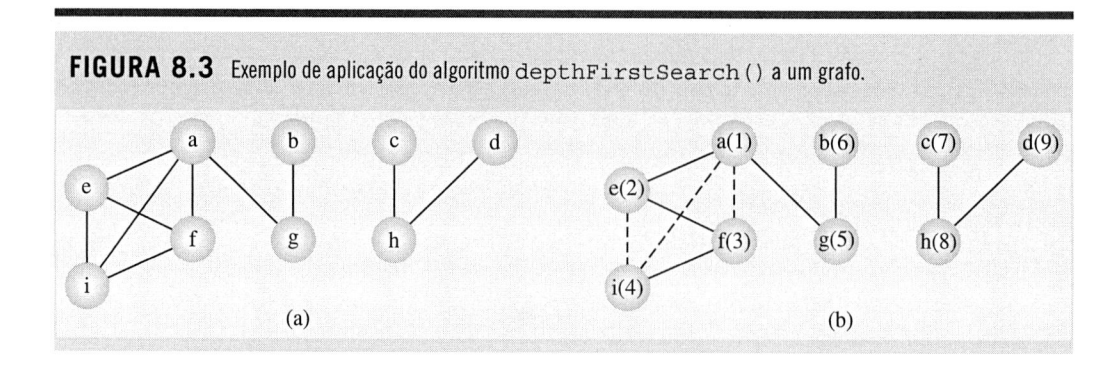

Note que este algoritmo garante gerar uma árvore (ou uma floresta, conjunto de árvores) que inclui ou se espalha sobre todos os vértices do grafo original. Uma árvore que satisfaz esta condição é chamada *árvore de espalhamento*. O fato de a árvore ser gerada é garantido porque o algoritmo não inclui na árvore resultante qualquer aresta que leve do vértice correntemente analisado a um já analisado. Uma aresta é adicionada em edges somente se a condição em "if num(u) é 0" é verdadeira, isto é, se o vértice *u*, atingível do *v*, não foi processado. Como resultado, certas arestas do grafo original não aparecem na árvore resultante. As arestas incluídas nesta árvore são chamadas *arestas frontais* (ou *arestas de árvore*) e as não incluídas, *arestas de trás*. Estas aparecem como linhas pontilhadas.

A Figura 8.4 ilustra a execução deste algoritmo para um dígrafo. Note que o grafo original resulta em três árvores de espalhamento, embora tenhamos iniciado com somente dois subgrafos isolados.

FIGURA 8.4 Algoritmo depthFirstSearch() aplicado a um dígrafo.

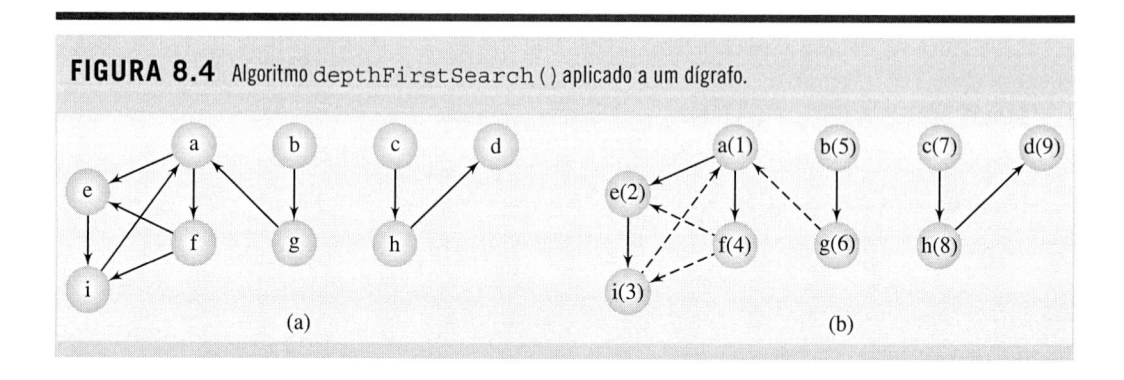

A complexidade de depthFirstSearch() é $O(|V| + |E|)$, porque (a) inicializar *num(v)* para cada vértice exige $|V|$ etapas; (b) DFS(v) é chamada *deg(v)* vezes para cada *v*, isto é, uma vez para cada aresta de *v* (para produzir mais chamadas ou para terminar a cadeia de chamadas recursivas), por isso o número total de chamadas é $2|E|$; (c) pesquisar vértices, como exigido pela instrução

while *existe um vértice* v *tal que num*(v) *é* 0

pode exigir $|V|$ etapas. Para um grafo sem partes isoladas, o laço faz somente uma iteração, e um vértice inicial pode ser encontrado em uma etapa, embora possa tomar $|V|$ etapas. Para um grafo com todos os vértices isolados, o laço iterage $|V|$ vezes, e, a cada vez que um vértice também puder ser escolhido em uma etapa, embora em uma implementação desfavorável, a *i*-ésima iteração poderá exigir *i* etapas, precisando o laço de $O(|V|^2)$ etapas no total. Por exemplo, se uma lista de adjacências é usada, para cada *v* a condição do laço

for *todos os vértices* u *adjacentes a* v

é verificada *deg*(v) vezes. No entanto, se uma matriz de adjacências é empregada, a mesma condição é usada $|V|$ vezes, tornando-se a complexidade do algoritmo $O(|V|^2)$.

Como veremos, muitos algoritmos diferentes estão baseados em DFS(); no entanto, alguns são mais eficientes se o percurso do grafo subjacente não é em profundidade, mas em extensão. Já encontramos estes dois tipos de percursos no Capítulo 6; vale lembrar que os algoritmos em profundidade contam com o uso de uma pilha (explícita ou implicitamente na recursão), e o percurso em extensão usa uma fila como estrutura básica de dados. Não surpreende que esta ideia possa também ser estendida aos grafos, como mostrado no seguinte pseudocódigo:

```
breadthFirstSearch()
    for todos os vértices u
        num(u) = 0;
    edges = nulo;
    i = 1;
    while há um vértice v tal que num(v) é 0
        num(v) = i++;
        tira_da_fila(v);
        while a fila não está vazia
            v = tira_da_fila();
            for todos os vértices u adjacentes a v
                if num(u) é 0
                    num(u) = i++;
                    tira_da_fila(u);
                    anexa a aresta(vu) a edges;
    sai com edges;
```

Exemplos de processos de um grafo simples e um dígrafo são mostrados nas Figuras 8.5 e 8.6. O algoritmo breadthFirstSearch() primeiro tenta marcar todos os vizinhos de um vértice *v* antes de prosseguir para outros vértices, enquanto DFS() pega um vizinho de um *v* e prossegue a um vizinho de seu vizinho antes de processar qualquer outro vizinho de *v*.

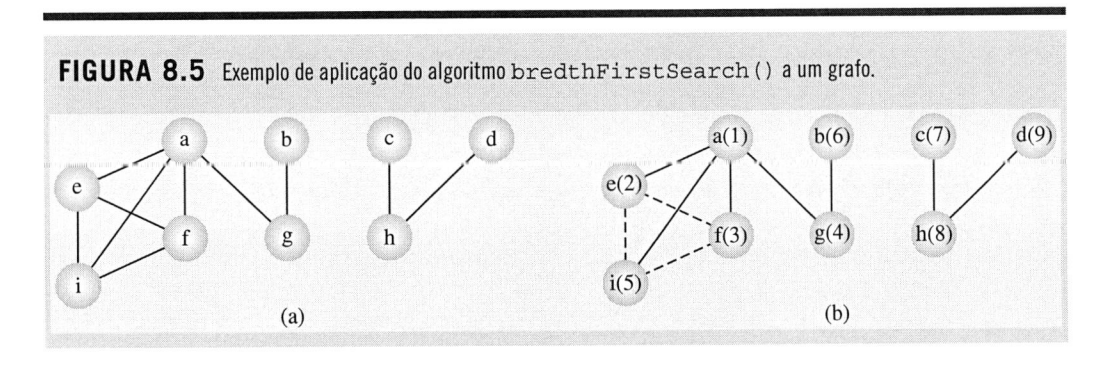

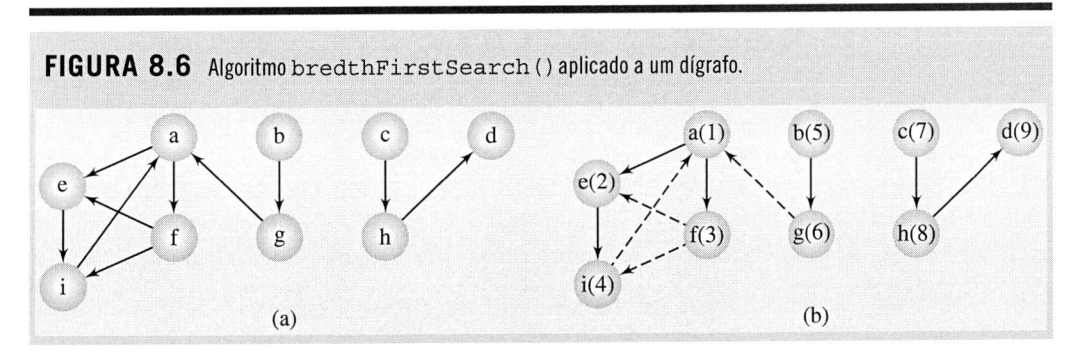

FIGURA 8.5 Exemplo de aplicação do algoritmo bredthFirstSearch() a um grafo.

FIGURA 8.6 Algoritmo bredthFirstSearch() aplicado a um dígrafo.

8.3 Caminhos mais curtos

Encontrar o caminho mais curto é um problema clássico na teoria dos grafos, e muitas soluções diferentes têm sido propostas. Às arestas são atribuídos certos pesos que representam, por exemplo, distâncias entre as cidades, tempos que separam a execução de certas tarefas, custos de se transmitir informação entre localidades, quantidades de algumas substâncias transportadas de um local para outro etc. Quando se está determinando o caminho mais curto de um vértice v para o vértice u, a informação sobre as distâncias entre vértices intermediários w tem que ser registrada. Esta informação pode ser registrada como um rótulo associado com esses vértices, em que o rótulo é somente a distância de v para w, ou aquela ao longo do predecessor de w neste caminho. Os métodos para encontrar o caminho mais curto usam esses rótulos. Dependendo de quantas vezes os rótulos são atualizados, os métodos que resolvem o problema do caminho mais curto estão divididos em duas classes: de estabelecimento de rótulos e de correção de rótulos.

Para os *métodos de estabelecimento de rótulos*, em cada passo através dos vértices que ainda serão processados, um vértice é ajustado para um valor que permaneça imutável até o fim da execução. Isto, no entanto, limita tais métodos ao processamento de grafos com somente pesos positivos. A segunda categoria inclui os *métodos de correção de rótulos*, que permitem mudar *qualquer* rótulo durante sua aplicação. Estes dois métodos podem ser aplicados a grafos com pesos negativos e sem *ciclo negativo* — um ciclo composto de arestas com pesos que somam um número negativo —, mas garantem que para todos os vértices as distâncias correntes indicam o menor caminho somente depois que o processamento do grafo termina. A maioria dos métodos de estabelecimento de rótulos e de correção de rótulos, no entanto, pode ser subordinada à mesma forma que permite encontrar os caminhos mais curtos de um vértice para todos os outros (Gallo e Pallotino, 1986):

```
genericShortestPathAlgorithm(digraph ponderado simples, first vértice)
    for todos os vértices v
        currDist(v) = ∞;
    currDist(first) = 0;
    inicializa toBeChecked;
    while toBeChecked não está vazio
        v = um vértice em toBeChecked;
        remove v de toBeChecked;
        for todos os vértices u adjacentes a v
            if currDist(u) > currDist(v) + peso(aresta(vu))
                currDist(u) = currDist(v) + peso(aresta(vu));
                predecessor(u) = v;
                adicione u a toBeChecked se ele não está lá;
```

Neste algoritmo genérico, um rótulo consiste em dois elementos:

$$rótulo(v) = (currDist(v), predecessor(v))$$

Este algoritmo deixa duas coisa abertas: a organização do conjunto `toBeChecked` e a ordem de se atribuir novos valores a *v* na instrução de atribuição

$$v = um\ vértice\ em\ \texttt{toBeChecked};$$

Deve estar claro que a organização de `toBeChecked` pode determinar a ordem de escolha de novos valores para *v*, mas também determina a eficiência do algoritmo.

O que distingue os métodos de estabelecimento de rótulos dos de correção de rótulos é o método de escolher o valor para *v*, que é sempre um vértice em `toBeChecked` com a menor distância corrente. Um dos primeiros algoritmos de estabelecimento de rótulo foi desenvolvido por Dijkstra.

No algoritmo de Dijkstra, um número de caminhos $p_1, ..., p_n$ a partir de um vértice v é tentado e, a cada vez, o menor caminho é escolhido entre eles, o que pode significar que o mesmo caminho

p_i pode ser continuado adicionando-se-lhe mais uma aresta. Mas, se p_i for mais longo que qualquer outro caminho que possa ser tentado, ele é abandonado e esse outro caminho é tentado a partir de onde foi deixado adicionando-se-lhe mais uma aresta. Como os caminhos podem levar a vértices com mais de uma aresta que sai, novos caminhos para possível exploração são adicionados para cada uma dessas arestas. Cada vértice é tentado uma única vez, todos os caminhos que saem dele são abertos e o próprio vértice é colocado à parte e não mais usado. Depois que todos os vértices são visitados, o algoritmo é terminado. O algoritmo de Dijkstra é dado a seguir:

```
DijkstraAlgorithm(digraph ponderado simples, first vértice)
    for todos os vértices v
        currDist(v) = ∞;
    currDist(first) = 0;
    toBeChecked = todos os vértices;
    while toBeChecked não está vazio
        v = um vértice em toBeChecked com currDist(v) mínimo;
        remove v de toBeChecked;
        for todos os vértices u adjacentes a v e em toBeChecked
            if currDist(u) > currDist(v) + peso(aresta(vu))
                currDist(u) = currDist(v) + peso(aresta(vu));
                predecessor(u) = v;
```

O algoritmo de Dijkstra é obtido do método genérico, sendo mais específico sobre que vértice deve ser tomado de `toBeChecked`, de modo que a linha

`v = um vértice em toBeChecked;`

é substituída pela linha

`v = um vértice em toBeChecked com currDist(v) mínimo;`

e a condição na instrução `if` é estendida: a distância corrente dos vértices eliminados de `toBeChecked` é ajustada permanentemente.[1] Note que a estrutura de `toBeChecked` não está especificada e a eficiência dos algoritmos depende do tipo de dados de `toBeChecked`, que determina quão rapidamente um vértice com a distância mínima pode ser recuperado.

A Figura 8.7 contém um exemplo. A tabela mostra todas as iterações do laço `while`. Existem dez iterações porque há dez vértices. A tabela indica as distâncias correntes determinadas até a iteração corrente.

A lista `toBeChecked` é inicializada para $\{a\ b\ \ldots\ j\}$; as distâncias correntes de todos os vértices são inicializadas para um valor muito grande, marcado aqui como ∞; e, na primeira iteração, as distâncias correntes dos vizinhos de d são ajustadas para os números iguais aos pesos das arestas a partir de d. Agora há dois candidatos para a próxima tentativa, a e h, pois d foi excluído de `toBeChecked`. Na segunda iteração h é escolhido, já que sua distância corrente é mínima, e então os dois vértices acessíveis de h — e e i — adquirem as distâncias correntes 6 e 10. Agora há três candidatos em `toBeChecked` para a próxima tentativa: a, e e i. Como a tem a menor distância corrente, é escolhido na terceira iteração. Eventualmente, na décima iteração `toBeChecked` se torna vazio e a execução do algoritmo se completa.

A complexidade do algoritmo de Dijkstra é $O(|V|^2)$. O primeiro laço `for` e o `while` são executados $|V|$ vezes. Para cada iteração do laço `while`, (a) um vértice v em `toBeChecked` com a distância corrente mínima tem que ser encontrado, o que exige $O(|V|)$ etapas, e (b) o laço `for` iterage $deg(v)$ vezes, que é também $O(|V|)$. A eficiência pode ser melhorada usando-se uma heap para armazenar e ordenar os vértices e as listas de adjacências (Johnson, 1977). O uso de heap torna a complexidade deste algoritmo em $O((|E| + |V|) \lg |V|)$; a cada vez, através do laço `while`, o custo de restaurar a heap depois de remover um vértice é proporcional a $O(\lg |V|)$. Além disso, em cada iteração, somente

---

1. Dijkstra usou seis conjuntos para averiguar esta condição: três para os vértices e três para as arestas.

vértices adjacentes são atualizados em uma lista de adjacências, de modo que as atualizações totais para todos os vértices considerados em todas as iterações são proporcionais a $|E|$, e cada atualização de lista corresponde ao custo de $\lg|V|$ da atualização da heap.

O algoritmo de Dijkstra não é geral o suficiente; pode falhar quando pesos negativos são usados em grafos. Para ver por que, mude o peso de *aresta*(*ah*) de 10 para –10. Note que o caminho *d, a, h, e* é agora –1, enquanto o *d, a, e*, como determinado pelo algoritmo, é 5. A razão para não detectar este caminho mais barato é que os vértices com a distância corrente ajustada de ∞ para dado valor não são realmente verificados: primeiro, os sucessores do vértice *d* são varridos e *d* é removido de `toBeChecked`, então o vértice *h* é removido de `toBeChecked` e somente depois disso é que o vértice *a* é considerado como um candidato a ser incluído no caminho de *d* para outros vértices. Mas agora a *aresta*(*ah*) não é levada em consideração porque a condição no laço `for` previne que o algoritmo faça isto. Para superar esta limitação, um método de correção de rótulo é necessário.

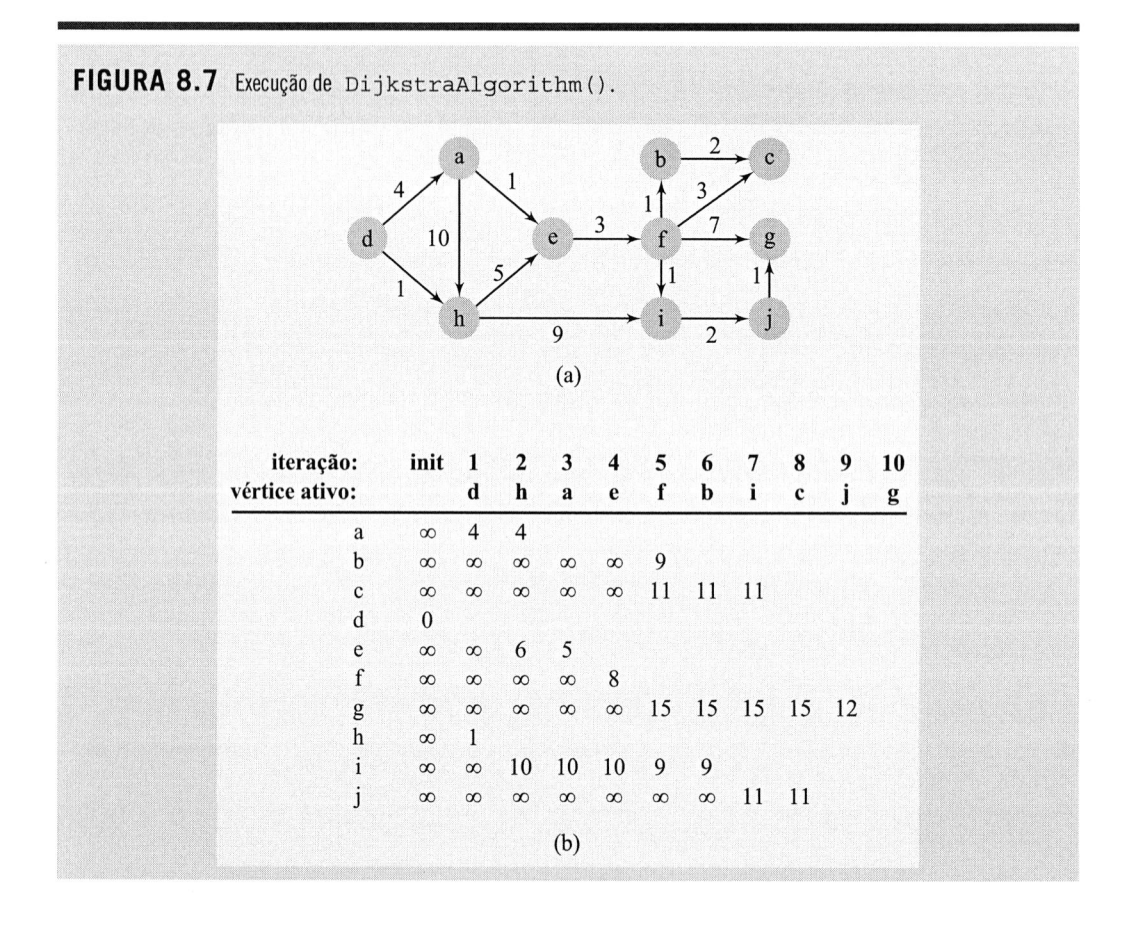

FIGURA 8.7 Execução de `DijkstraAlgorithm()`.

(a)

iteração: vértice ativo:	init	1 d	2 h	3 a	4 e	5 f	6 b	7 i	8 c	9 j	10 g
a	∞	4	4								
b	∞	∞	∞	∞	∞	9					
c	∞	∞	∞	∞	∞	11	11	11			
d	0										
e	∞	∞	6	5							
f	∞	∞	∞	∞	8						
g	∞	∞	∞	∞	∞	15	15	15	15	12	
h	∞	1									
i	∞	∞	10	10	10	9	9				
j	∞	∞	∞	∞	∞	∞	∞	11	11		

(b)

Um dos primeiros algoritmos de correção de rótulo foi idealizado por Lester Ford. Como o algoritmo de Dijkstra, ele usa o mesmo método de ajustar as distâncias correntes, mas o método de Ford não determina permanentemente a menor distância para qualquer vértice até que processe o grafo inteiro. Ele é mais poderoso que o método de Dijkstra, pois pode processar grafos com pesos negativos (mas não com ciclos negativos).

Conforme exigido pela forma original do algoritmo, todas as arestas são monitoradas a fim de encontrar uma possibilidade para uma melhoria da distância corrente dos vértices, de modo que o algoritmo pode ser apresentado neste pseudocódigo:

Capítulo 8 Grafos ■ 349

```
FordAlgorithm(digraph ponderado simples, first vértice)
    for todos os vértices v
        currDist(v) = ∞;
    currDist(first) = 0;
    while há uma aresta(vu) tal que currDist(u) > currDist(v) + peso(aresta(vu))
        currDist(u) = currDist(v) + peso(aresta(vu));
```

Para impor certa ordem ao monitoramento das arestas, uma sequência alfabeticamente ordenada de arestas pode ser usada, de modo que o algoritmo pode ir repetidamente através da sequência e ajustar a distância corrente de qualquer vértice, se necessário. A Figura 8.8 mostra um exemplo. O grafo inclui arestas com pesos negativos. A tabela indica iterações do laço while e as distâncias correntes atualizadas em cada iteração, na qual uma iteração é definida como um passo através das arestas. Note que um vértice pode mudar sua distância corrente durante a mesma iteração. No entanto, no final, cada vértice do grafo pode ser atingido, através do caminho mais curto, a partir do vértice de início (vértice c no exemplo da Figura 8.8).

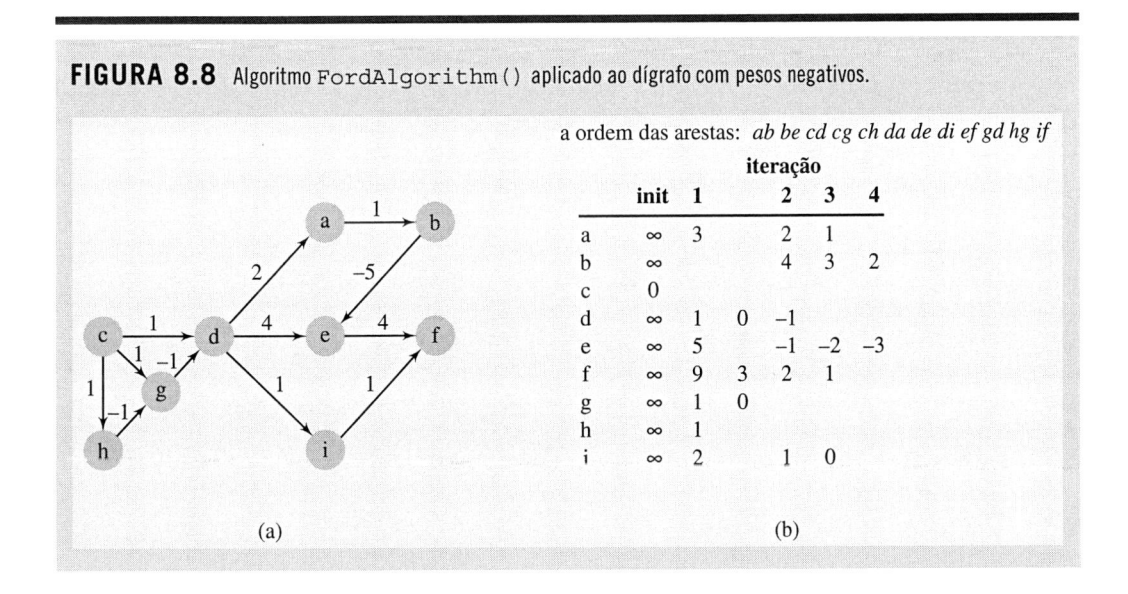

FIGURA 8.8 Algoritmo FordAlgorithm() aplicado ao dígrafo com pesos negativos.

a ordem das arestas: *ab be cd cg ch da de di ef gd hg if*

	init	1	2	3	4
a	∞	3	2	1	
b	∞		4	3	2
c	0				
d	∞	1	0	−1	
e	∞	5	−1	−2	−3
f	∞	9	3	2	1
g	∞	1	0		
h	∞	1			
i	∞	2	1	0	

(a) (b)

A complexidade computacional deste algoritmo é $O(|V||E|)$. Haverá no máximo $|V| - 1$ passes através da sequência de $|E|$ arestas, pois $|V| - 1$ é o maior número de arestas em qualquer caminho. No primeiro passe, pelo menos, todos os caminhos de uma aresta são determinados; no segundo, todos os caminhos de duas arestas são determinados, e assim por diante. No entanto, para grafos com pesos irracionais, esta complexidade é $O(2^{|V|})$ (Gallo e Pallottino, 1986).

Vimos, no caso do algoritmo de Dijkstra, que a eficiência de um algoritmo pode ser melhorada varrendo-se as arestas e os vértices em certa ordem, que por sua vez depende da estrutura de dados usada para armazená-los. Isto vale para os métodos de correção de rótulos. Em particular, o algoritmo FordAlgorithm() não especifica a ordem de verificação das arestas. No exemplo ilustrado na Figura 8.8, uma solução simples foi usada, em que todas as listas de adjacências de todos os vértices foram visitadas em cada iteração. No entanto, nesta abordagem, todas as arestas são verificadas todas as vezes, o que não é necessário, e uma organização mais judiciosa da lista de vértices pode limitar o número de visitas por vértice. Tal melhoria é baseada no genericShortestPathAlgorithm(), referindo-se explicitamente à lista toBeChecked, que no algoritmo FordAlgorithm() é usada apenas de maneira implícita; ela é simplesmente o conjunto de todos os vértices V e permanece como tal para a rodada inteira do algoritmo. Isto nos leva a uma forma geral do algoritmo de correção de rótulo, como expressado neste pseudocódigo:

```
labelCorrectingAlgorithm(digraph ponderado simples, first vértice)
    for todos os vértices v
        currDist(v) = ∞;
    currDist(first) = 0;
    toBeChecked = {first};
    while toBeChecked não está vazio
        v = um vértice em toBeChecked;
        remova v de toBeChecked;
        for todos os vértices u    adjacentes a v
            if currDist(u) > currDist(v) + peso(aresta(vu))
                currDist(u) = currDist(v) + peso(aresta(vu));
                predecessor(u) = v;
                adicione u a toBeChecked se ele não está lá;
```

A eficiência das instanciações particulares deste algoritmo se apoia na estrutura de dados usada pela lista `toBeChecked` e nas operações para extrair e excluir os elementos desta lista.

Uma possível organização desta lista é uma fila: o vértice *v* é tirado da fila `toBeChecked` e, se a distância corrente de qualquer de seus vizinhos, *u*, é atualizada, *u* é colocada na fila `toBeChecked`. Isto parece uma escolha natural, e, de fato, foi uma das primeiras, usada em 1968 por C. Witzgall (Deo e Pang, 1984). No entanto, ela tem defeitos, pois algumas vezes reavalia os mesmos rótulos mais vezes do que é necessário. A Figura 8.9 mostra um exemplo de uma reavaliação excessiva. Nela, a tabela mostra todas as mudanças em `toBeChecked` implementadas como uma fila, quando `labelCorrectingAlgorithm()` é aplicado ao grafo da Figura 8.8a. O vértice *d* é atualizado três vezes. Essas atualizações causam três mudanças nos seus sucessores, *a* e *i*, e duas em outro sucessor, *e*. A mudança de *a* se traduz em duas mudanças em *b*, e estas em mais duas em *e*. Para evitar tais atualizações repetitivas, uma fila com dois finais ("deques") pode ser usada.

FIGURA 8.9 Execução de `labelCorrectingAlgorithm()` que usa uma fila.

											vértice ativo										
		c	d	g	h	a	e	i	d	g	b	f	a	e	i	d	b	f	a	i	e	b	f	e
fila		d	g	h	a	e	i	d	g	b	f	a	e	i	d	b	f	a	i	e	b	f	e
		g	h	a	e	i	d	g	b	f	a	e	i	d	b	f	a	i	e	b	f	
		h	a	e	i	d	g	b	f	a	e	i	d	b	f	a	i	e	b	f		
			e	i	d	g	b	f	a	e	i	d	b				i	e				
			i	d	g	b	f		e	i	d											
									i	d												
a	∞	∞	3	3	3	3	3	3	2	2		2	2	2	2	2	1					
b	∞	∞	∞	∞	∞	∞	4	4	4	4	4		4	3	3	3	3	3	3	2			
c	0																						
d	∞		1	1	0	0	0	0	0	-1												
e	∞		∞	5	5	5	5	5	5	4	4	-1	-1	-1	-1	-1	-1	-2	-2	-2	-2	-2	-3
f	∞		∞	∞	∞	∞	∞	9	3	3	3		3	3	3	3	2	2	2	2	2	1	
g	∞		1	1	1	0																	
h	∞		1																				
i	∞		∞	2	2	2	2	2	1	1		1	1	1	1	1	0						

A escolha de uma deque como solução a este problema é atribuída a D. D'Esopo (Pollack e Wiebenson, 1960) e implementada por Pape. Neste método, os vértices incluídos em `toBeChecked` pela primeira vez são colocados no final da lista; caso contrário, adicionados à frente. O raciocínio para este procedimento é que, se um vértice *v* é incluído pela primeira vez, há uma boa chance de que os vértices acessíveis a partir de *v* não tenham sido processados ainda; assim, serão processados depois de processar *v*. Por outro lado, se *v* já foi processado pelo menos uma vez, é provável que os vértices atingíveis a partir dele estejam ainda na lista, esperando pelo processamento; colocando-se *v* no final da lista, esses vértices podem muito provavelmente ser reprocessados devido à atualização de *currDist*(*v*). Em consequência, é melhor colocar *v* à frente de seus sucessores para evitar uma rodada desnecessária de atualização. A Figura 8.10 mostra as mudanças na deque durante a execução de `labelCorrectingAlgorithm()` aplicada ao grafo da Figura 8.8a. Desta vez, o número de iterações é dramaticamente reduzido. Embora *d* seja novamente avaliado três vezes, as avaliações são realizadas antes de se processar seus sucessores, de modo que *a* e *i* são processados uma vez, e *e* duas vezes. No entanto, este algoritmo tem um problema próprio, porque, no pior caso, sua performance é uma função exponencial do número de vértice. (Veja o Exercício 13 no final deste capítulo.) No caso médio, como indicam as rodadas experimentais de Pape, esta implementação é pelo menos 60% melhor que a solução prévia de fila.

Em vez de usar uma deque, que combina duas filas, as duas filas podem ser usadas separadamente. Nesta versão do algoritmo, os vértices armazenados pela primeira vez são colocados na fila$_1$, e, caso contrário, na fila$_2$. Os vértices são retirados da fila$_1$ se não estiver vazia, e da fila$_2$, caso contrário (Gallo e Pallottino, 1988).

FIGURA 8.10 Execução de `labelCorrectingAlgorithm()`, que aplica uma deque.

						vértice ativo						
		c	d	g	d	h	g	d	a	e	i	b	e	f
fila		d	g	d	h	g	d	a	e	i	b	e	f
			g	h	h	a	a	a	e	i	b	f	f
			h	a	a	e	e	e	i	b	f		
				e	e	i	i	i	b	f			
				i	i								

a	∞	∞	3	3	2	2	2	1				
b	∞	∞	∞	∞	∞	∞	∞	∞	2			
c	0											
d	∞	1	1	0	0	0	−1					
e	∞	∞	5	5	4	4	4	3	3	3	3	−3
f	∞	∞	∞	∞	∞	∞	∞	∞	7	1		
g	∞	1	1	1	1	0						
h	∞	1										
i	∞	∞	2	2	1	1	1	0				

Outra versão do método de correção de rótulo é o *algoritmo do limiar*, que também usa duas listas. Os vértices são tomados para processamento da lista$_1$. Um vértice é adicionado ao fim da lista$_1$ se seu rótulo está abaixo do corrente nível de limiar, e à lista$_2$, caso contrário. Se a lista$_1$ está vazia, o nível de limiar é modificado para um valor maior do que um rótulo mínimo entre os rótulos dos vértices na lista$_2$, e então os vértices com os valores de rótulo abaixo do limiar são movidos para a lista$_1$ (Glover; Glover; Klingman, 1984).

Outro algoritmo ainda é o método do *pequeno rótulo primeiro*. Neste, um vértice é incluído à frente de uma deque se seu rótulo é menor do que o que está no topo da deque; caso contrário, é colocado no final (Bertsekas, 1993). Até certo ponto, este método inclui o critério principal dos métodos de estabelecimento de rótulos. Os expostos anteriores sempre recuperam o elemento mínimo da lista; o do pequeno rótulo primeiro coloca um vértice com o rótulo menor que o do vértice frontal no topo. A abordagem pode ser levada a sua conclusão lógica exigindo que cada vértice seja incluído na lista de acordo com sua ordem, de modo que a deque se torna uma fila com prioridades e o método resultante se torna uma versão da correção de rótulos do algoritmo de Dijkstra.

8.3.1 O problema do caminho mais curto todos-para-todos

Embora a tarefa de encontrar todos os menores caminhos a partir de um vértice para qualquer outro pareça ser mais complicada que a de lidar com uma fonte apenas, um método concebido por Stephen Warshall e implementado por Robert W. Floyd e P. Z. Ingerman faz isto de maneira surpreendentemente simples com a condição de que uma matriz de adjacências seja fornecida indicando todos os pesos das arestas do grafo (ou dígrafo). O grafo pode incluir pesos negativos. O algoritmo é:

```
WFIalgorithm(matrix weight)
    for i = 1 até |V|
        for j = 1 até |V|
            for k = 1 até |V|
                if weight[j][k] > weight[j][i] + weight[i][k]
                    weight[j][k] = weight[j][i] + weight[i][k];
```

O laço mais externo refere-se aos vértices que podem estar em um caminho entre o vértice com índice j e o com o índice k. Por exemplo, na primeira iteração, quando $i = 1$, todos os caminhos $v_j \ldots v_1 \ldots v_k$ são considerados, e, se atualmente não há caminho a partir de v_j para v_k e v_k é atingível a partir de v_j, o caminho é estabelecido, com seu peso igual a $p = peso(caminho(v_j v_1)) + peso(caminho(v_1 v_k))$, ou o peso corrente deste caminho, $peso(caminho(v_j v_k))$, é mudado para p se p é menor que $peso(caminho(v_j v_k))$. Como exemplo, considere o grafo e a correspondente matriz de adjacências na Figura 8.11, que também inclui tabelas que mostram as mudanças na matriz para cada valor de i e as mudanças nos caminhos como estabelecido pelo algoritmo. Depois da primeira iteração, a matriz e o grafo permanecem os mesmos, pois a não tem arestas de entrada (Figura 8.11a). E também permanecem os mesmos na última iteração quando $i = 5$; nenhuma mudança é introduzida à matriz porque o vértice e não tem arestas saindo. Um caminho melhor, com o peso combinado mais baixo, é sempre escolhido quando possível. Por exemplo, o caminho de uma aresta direto de b para e na Figura 8.11c é abandonado depois que um caminho de duas arestas de b para e é encontrado com um peso mais baixo, como na Figura 8.11d.

Este algoritmo também nos permite detectar ciclos se a diagonal é inicializada para ∞ e não para zero. Se qualquer um dos valores da diagonal é modificado, o grafo contém um ciclo. Além disso, se um valor inicial de ∞ entre dois vértices na matriz não é mudado para um valor finito, há uma indicação de que um vértice não pode ser atingido de outro.

A simplicidade do algoritmo é refletida na facilidade com que sua complexidade pode ser calculada: como todos os três laços for são executados $|V|$ vezes, sua complexidade é $|V|^3$. É uma boa eficiência para grafos densos, quase completos, mas em grafos esparsos não há necessidade de verificar todas as conexões possíveis entre os vértices. Para grafos esparsos, pode ser mais benéfico usar um método um-para-todos $|V|$ vezes; isto é, aplicá-lo para cada vértice separadamente. Isto pode ser um algoritmo de estabelecimento de rótulos, que, como regra, tem melhor complexidade do que o algoritmo de correção de rótulo. No entanto, um algoritmo de estabelecimento de rótulos não pode trabalhar com grafos com pesos negativos. Para resolver este problema temos que modificar o grafo de modo que não tenha pesos negativos e garanta ter os mesmos menores caminhos que o grafo original. Afortunadamente, tal modificação é possível (Edmonds e Karp, 1972).

Primeiro, observe que, para qualquer vértice v, o comprimento do menor caminho para v nunca é maior que o do menor caminho para qualquer de seus predecessores w mais o comprimento da aresta de w para v, ou

$$dist(v) \leq dist(w) + peso(aresta(wv))$$

FIGURA 8.11 Execução de `WFIalgorithm()`.

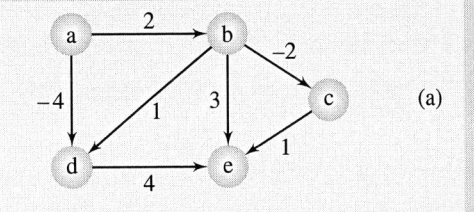

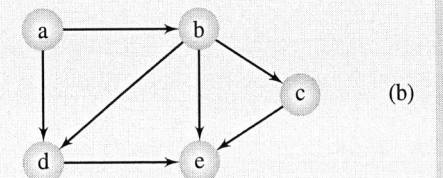

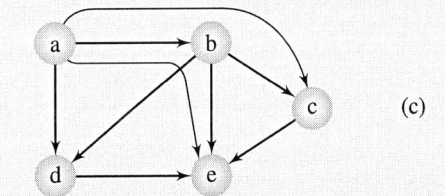

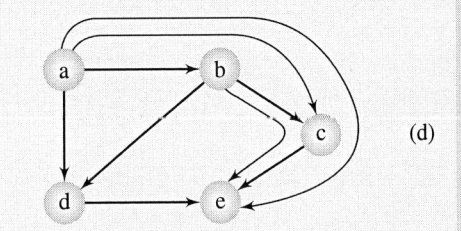

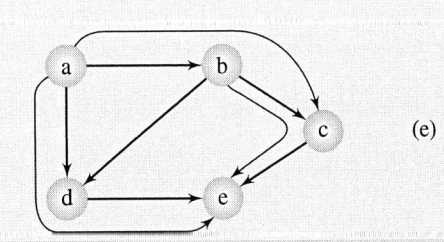

	a	b	c	d	e
a	0	2	∞	-4	∞
b	∞	0	-2	1	3
c	∞	∞	0	∞	1
d	∞	∞	∞	0	4
e	∞	∞	∞	∞	0

	a	b	c	d	e
a	0	2	0	-4	5
b	∞	0	-2	1	3
c	∞	∞	0	∞	1
d	∞	∞	∞	0	9
e	∞	∞	∞	∞	0

	a	b	c	d	e
a	0	2	0	-4	1
b	∞	0	-2	1	-1
c	∞	∞	0	∞	1
d	∞	∞	∞	0	4
e	∞	∞	∞	∞	0

	a	b	c	d	e
a	0	2	0	-4	0
b	∞	0	-2	1	-1
c	∞	∞	0	∞	1
d	∞	∞	∞	0	4
e	∞	∞	∞	∞	0

para quaisquer vértices v e w. Esta desigualdade é equivalente à

$$0 \leq peso'(aresta(wv)) = peso(aresta(vw)) + dist(w) - dist(v)$$

Por isso, mudar $peso(e)$ para $peso'(e)$ para todas as arestas e produz um grafo com pesos de arestas não negativos. Note agora que o caminho mais curto $v_1, v_2, \ldots, v_k$ é

$$\sum_{i=1}^{k-1} weight'(edge(v_i v_{i+1})) = \left(\sum_{i=1}^{k-1} weight(edge(v_i v_{i+1})) \right) + dist(v_1) - dist(v_k)$$

Em consequência, se o comprimento L' do caminho de v_1 para v_k é encontrado em termos de pesos não negativos, então o comprimento L do mesmo caminho no mesmo grafo que usa os pesos originais, alguns possivelmente negativos, é $L = L' - dist(v_1) + dist(v_k)$.

No entanto, em razão de os caminhos mais curtos terem que ser conhecidos para se fazer tal transformação, o grafo deve ser pré-processado pela aplicação de um método de correção de rótulo. Somente mais tarde os pesos são modificados, e então um método de estabelecimento de rótulo é aplicado $|V|$ vezes.

8.4 Detecção de ciclo

Muitos algoritmos baseiam-se em detecção de ciclos nos grafos. Acabamos de ver que, como efeito colateral, o algoritmo `WFIalgorithm()` permite detectar ciclos nos grafos. No entanto, ele é um algoritmo cúbico, o que em muitas situações é muito ineficiente. Em consequência, outros métodos de detecção têm que ser explorados.

Tal algoritmo é obtido diretamente de `depthFirstSearch()`. Para grafos não direcionados, pequenas modificações de `DFS(v)` são necessárias para detectar a presença de um ciclo, e determiná-lo:

```
cycleDetectionDFS(v)
    num(v) = i++;
    for todos os vértices u adjacentes a v
        if num(u) é 0
            pred(u) = v;
            cycleDetectionDFS(u);
        else if aresta(vu) não está em edges
            pred(u) = v;
            ciclo detectado;
```

Para dígrafos a situação é um pouco mais complicada, pois pode haver arestas entre diferentes subárvores de espalhamento, chamadas *arestas colaterais* (veja *aresta(ga)* na Figura 8.4b). Uma aresta (ou contra-aresta) indica um ciclo se une dois vértices já incluídos na mesma subárvore de espalhamento. Para considerar somente este caso, um número maior do que qualquer um gerado nas pesquisas subsequentes é atribuído a um vértice que está sendo visitado depois que todos os seus descendentes já o foram. Deste modo, se um vértice está para ser unido por uma aresta com um vértice que tem um número menor, declaramos uma detecção de ciclo. O algoritmo é agora

```
digraphCycleDetectionDFS(v)
    num(v) = i++;
    for todos os vértices u adjacentes a v;
        if num(u) é 0
            pred(u) = v;
            digraphCycleDetectionDFS(u);
        else if num(u) não é ∞
            pred(u) = v;
            ciclo detectado;
    num(v) = ∞
```

8.4.1 O problema encontrar-unir

Vamos lembrar que, na seção precedente, a busca em profundidade garantiu gerar uma árvore de espalhamento na qual nenhum elemento de `edges` usado por `depthFirstSearch()` levou a um ciclo com outros elementos de `edges`. Isto aconteceu, porque, se os vértices *v* e *u* pertenciam a `edges`, a *aresta(vu)* era desprezada por `depthFirstSearch()`. Um problema surge quando depth-

FirstSearch() é modificado de modo que possa detectar se uma *aresta*(vu) específica é parte de um ciclo (veja o Exercício 20). Como esta busca em profundidade modificada deve ser aplicada a cada aresta separadamente, a rodada total seria $O(|E|(|E| + |V|))$, que se tornaria $O(|V|^4)$ para grafos densos. Por isso, um método melhor precisa ser encontrado.

A tarefa é determinar se dois vértices estão no mesmo conjunto. Duas operações são necessárias para implementá-la: encontrar o conjunto ao qual o vértice *v* pertence e unir dois conjuntos em um, se o vértice *v* pertence a um deles e *w* ao outro. Isto é conhecido como *problema encontrar-unir*.

Os conjuntos usados para resolver o problema encontrar-unir são implementados com listas ligadas circulares; cada lista é identificada por um vértice, que é a raiz das três às quais os vértices na lista pertencem. Mas, primeiro, todos os vértices são numerados com inteiros 0, ... , $|V|$ – 1, usados como índices em três matrizes: `root[]` para armazenar um índice de vértice que identifica um conjunto de vértices, `next[]` para indicar o próximo vértice na lista, e `length[]` para indicar o número de vértices na lista.

Usamos listas circulares para que possamos combinar duas listas diretamente, como ilustrado na Figura 8.12. As listas L1 e L2 (Figura 8.12a) são fundidas em uma, intercambiando os ponteiros `next` em ambas as listas (Figura 8.12b ou, a mesma lista, Figura 8.12c). No entanto, os vértices em L2 têm que "saber" a qual lista pertencem; em consequência, seus indicadores de raiz têm que ser mudados para a nova raiz. Como isto tem que ser feito para todos os vértices da lista L2, então esta deve ser a menor das duas listas. Para determinar o comprimento das listas, a terceira matriz é usada, `length[]`, mas somente comprimentos para identificar os nós (raízes) têm que ser atualizados. Por esta razão, os comprimentos indicados para os outros vértices que foram raízes (e no início cada um deles era) são desprezados.

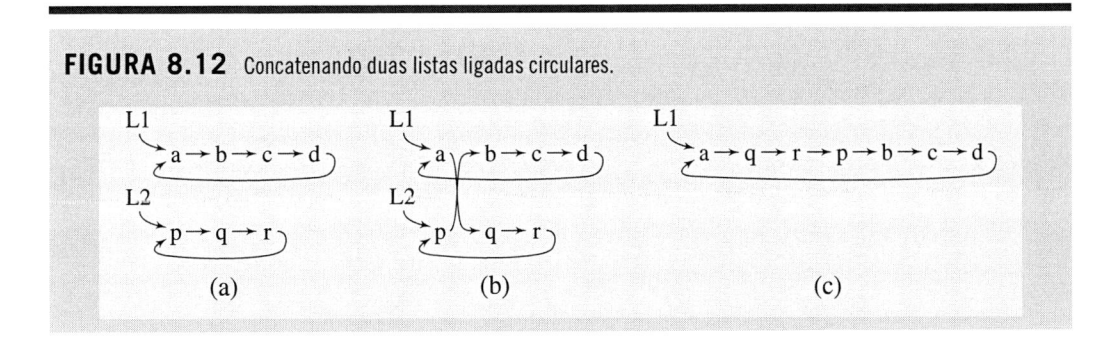

FIGURA 8.12 Concatenando duas listas ligadas circulares.

A operação de união realiza todas as tarefas necessárias, por isso a operação de encontrar se torna trivial. Constantemente atualizando a matriz `root[]`, o conjunto, ao qual um vértice *j* pertence, pode ser imediatamente identificado, pois é um conjunto cujo vértice de identificação é `root[j]`. Agora, depois das inicializações necessárias

```
inicialize()
   for i = 0 até |V| - 1
      root[i] = next[i] = i;
      length[i] = 1;
```
union() pode ser definido como a seguir:
```
union(aresta(vu))
   if (root[u] == root[v])                          // despreze esta aresta,
      return;                                        // ja que v e u estao
   else if (length[root[v]] < length[root[u]])      // no mesmo conjunto; combine
      rt = root[v];                                  // dois conjuntos em um;
      length[root[u]] += length[rt];
      root[rt] = root[u];                            // atualize a raiz da rt e
```

```
    for (j = next[rt]; j != rt; j = next[j])     // então outros vertices
        root[j] = root[u];                        // na lista circular;
    troque(next[rt], next[root[u]]);              // faça a fusao de duas listas;
    adicione aresta(vu) a spanningTree;
else  // se length[root[v]] >= length[root[u]]
    // prossiga como antes, com v e u invertidos;
```

FIGURA 8.13 Exemplo de aplicação de union() para fundir listas.

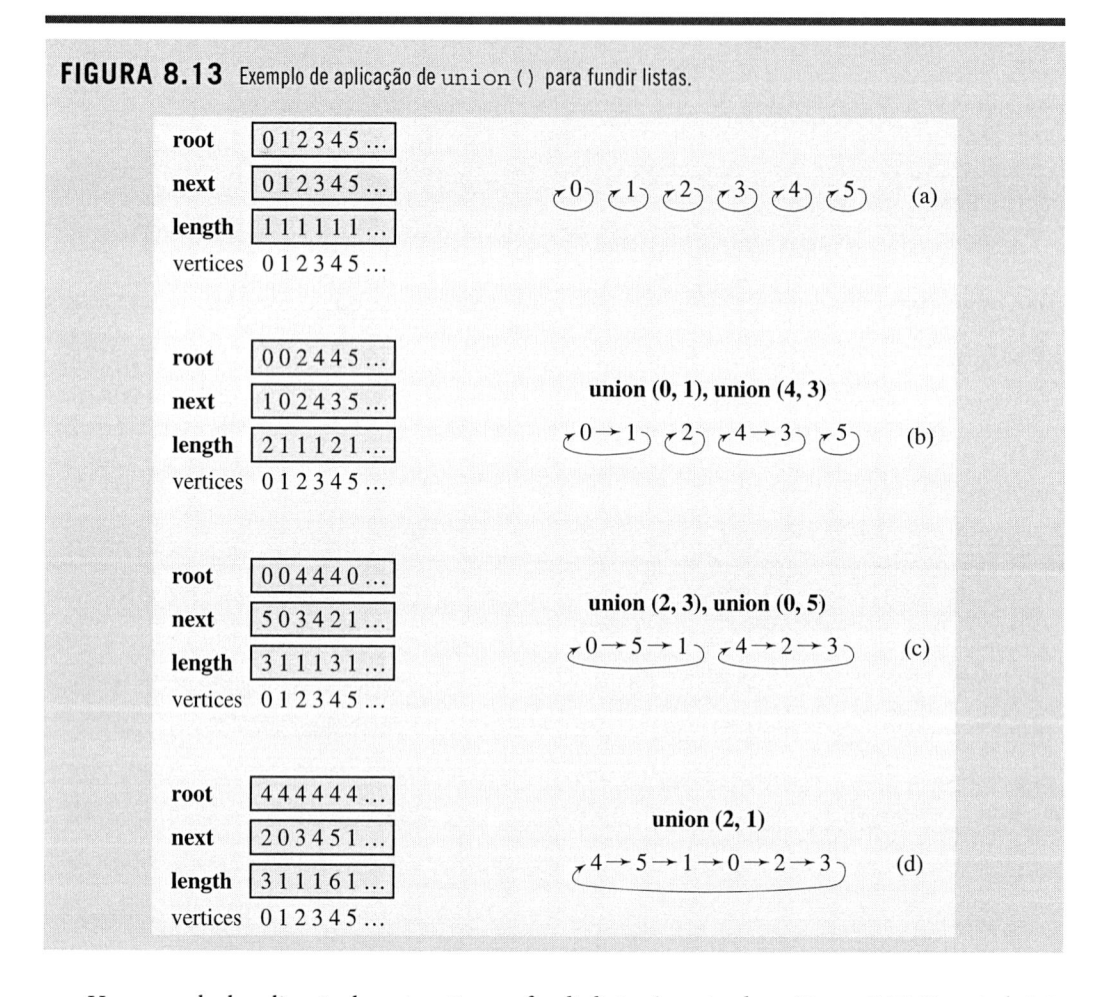

root	0 1 2 3 4 5 ...	
next	0 1 2 3 4 5 ...	(a)
length	1 1 1 1 1 1 ...	
vertices	0 1 2 3 4 5 ...	

root	0 0 2 4 4 5 ...	union (0, 1), union (4, 3)
next	1 0 2 4 3 5 ...	
length	2 1 1 1 2 1 ...	(b)
vertices	0 1 2 3 4 5 ...	

root	0 0 4 4 4 0 ...	union (2, 3), union (0, 5)
next	5 0 3 4 2 1 ...	
length	3 1 1 1 3 1 ...	(c)
vertices	0 1 2 3 4 5 ...	

root	4 4 4 4 4 4 ...	union (2, 1)
next	2 0 3 4 5 1 ...	
length	3 1 1 1 6 1 ...	(d)
vertices	0 1 2 3 4 5 ...	

Um exemplo da aplicação de union() para fundir listas é mostrado na Figura 8.13. Depois da inicialização, há $|V|$ conjuntos unários ou listas ligadas de um nó, como na Figura 8.13a. Depois de executar union() diversas vezes, as menores listas ligadas são fundidas em listas maiores e, a cada vez, a nova situação é refletida nas três matrizes, como mostrado nas Figuras 8.13b-d.

A complexidade de union() depende do número de vértices que precisam ser atualizados durante a fusão de duas listas, especificamente do número de vértices na menor lista, já que este número determina quantas vezes o laço for em union() iterage. Como este número pode estar entre 1 e $|V|/2$, a complexidade de union() é dada por $O(|V|)$.

8.5 Árvores de espalhamento

Considere o grafo que representa as conexões de linha aérea entre sete cidades (Figura 8.14a). Se a situação econômica força esta linha aérea a fechar tantas conexões quanto for possível, quais delas devem ser retidas para se estar seguro de que ainda é possível atingir qualquer cidade a partir de qualquer outra, mesmo que indiretamente? Uma possibilidade é o grafo da Figura 8.14b. A cidade *a* pode ser alcançada a partir da cidade *d* usando o caminho *d, c, a*, mas é também possível usar o *d, e, b, a*. Já que o número de conexões retidas é a questão, há ainda a possibilidade de podermos reduzi--lo. Deve estar claro que o número mínimo de tais conexões forma uma árvore, porque os caminhos alternativos surgem como um resultado dos ciclos do grafo. Por isso, para criar o número mínimo de conexões, uma árvore de espalhamento — subproduto de depthFirstSearch() — deve ser criada. Claramente podemos criar diferentes árvores de espalhamento (Figuras 8.14c–d), isto é, decidir reter diferentes conjuntos de conexões, mas todas essas árvores têm seis arestas e não podemos fazer nada melhor do que isto.

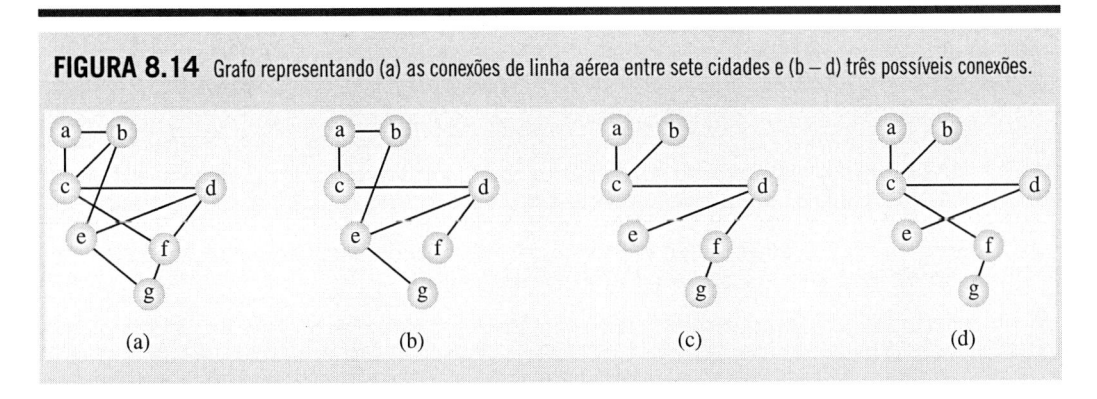

FIGURA 8.14 Grafo representando (a) as conexões de linha aérea entre sete cidades e (b – d) três possíveis conexões.

A solução para este problema não é ótima quando as distâncias entre as cidades não são levadas em conta. Como há seis arestas de conexão alternativas entre as cidades, a linha aérea usa o custo dessas conexões para escolher a melhor, assim garantindo o custo ótimo. Isto pode ser obtido com as menores distâncias possíveis entre as seis conexões. O problema pode agora ser descrito como encontrar uma *árvore de espalhamento mínima*, cuja soma dos pesos de suas arestas é mínima. O problema anterior de encontrar uma árvore de espalhamento em um grafo simples é o caso do problema da árvore de espalhamento mínima na qual os pesos para cada aresta são assumidos como iguais a um. Em consequência, cada árvore de espalhamento é uma árvore mínima em um grafo simples.

O problema da árvore de espalhamento mínima tem muitas soluções, e somente algumas são aqui apresentadas (para uma revisão destes métodos, veja Graham e Hell, 1985, e o Exercício 26).

Um algoritmo popular foi idealizado por Joseph Kruskal. Neste método, todas as arestas são ordenadas pelo peso, depois, verifica-se cada aresta desta sequência ordenada para ver se pode ser considerada parte da árvore em construção. Ela é adicionada à árvore se não aparece nenhum ciclo depois de sua inclusão. Este algoritmo simples pode ser resumido como:

```
KruskalAlgorithm(graph ponderado conectado e sem endereco)
    tree = nula;
    edges = sequencia de todas as arestas de graph ordenadas pelo peso;
    for (i = 1; i ≤ |E| e |tree| < |V| - 1; i++)
        if e_i de edges não forma um ciclo com as arestas em tree
            adicione e_i a tree;
```

As Figuras 8.15ba – bf contêm um exemplo etapa por etapa do algoritmo de Kruskal.

A complexidade deste algoritmo é determinada pela do método de ordenação aplicado, que para uma ordenação eficiente é $O(|E| \lg |E|)$. Ela também depende da complexidade do método usado para a detecção de ciclo. Se usamos union() para implementar o algoritmo de Kruskal, o laço for de KruskalAlgorithm() se torna

```
for (i = 1; i ≤ |E| e |tree| < |V| - 1; i++)
    union(e_i = aresta(vu));
```

Embora `union()` possa ser chamado até $|E|$ vezes, ele é terminado depois de um (o primeiro) teste, caso um ciclo seja detectado, e realiza a união, que é de complexidade $O(|V|)$, somente para $|V| - 1$ arestas adicionadas à `tree`. Por isso, a complexidade do laço `for` de `KruskalAlgorithm()` é $O(|E| + (|V| - 1)|V|)$, que é $O(|V|^2)$. Em consequência, a complexidade de `KruskalAlgorithm()` é determinada pela complexidade de um algoritmo de ordenação que é $O(|E|\lg|E|)$, isto é, $O(|E|\lg|V|)$.

O algoritmo de Kruskal exige que todas as arestas sejam ordenadas antes de começar a construir a árvore de expansão. Isto, no entanto, não é necessário; é possível construir uma árvore de expansão usando qualquer ordem de arestas. Um método foi proposto por Dijkstra (1960) e, de forma independente, por Robert Kalaba.

```
DijkstraMethod(graph ponderado conectado não direcionado)
    tree = nulo;
    edges = uma sequência não ordenada de todas as bordas do graph;
    for i = 1 para |E|
        acrescenta e_i a tree;
        if há um ciclo na tree
            remover uma borda com peso máximo a partir deste único ciclo;
```

Neste algoritmo, a árvore está sendo expandida, adicionando-lhe bordas uma a uma, e se um ciclo é detectado, então é descartada neste ciclo uma borda com peso máximo. Um exemplo de construção da árvore de expansão mínima é mostrado com este método nas Figuras 8.15ca–cl.

Para lidar com os ciclos, o `DijkstraMethod()` pode usar uma versão modificada da `união()`. Na versão modificada, uma matriz adicional, `prior`, é usada para ativar um descolamento imediato de um vértice de uma lista vinculada. Além disso, cada vértice deve ter um campo `next` de modo que uma borda com o peso máximo pode ser encontrada ao verificar todas as bordas em um ciclo. Com estas modificações, o algoritmo roda no tempo $O(|E||V|)$.

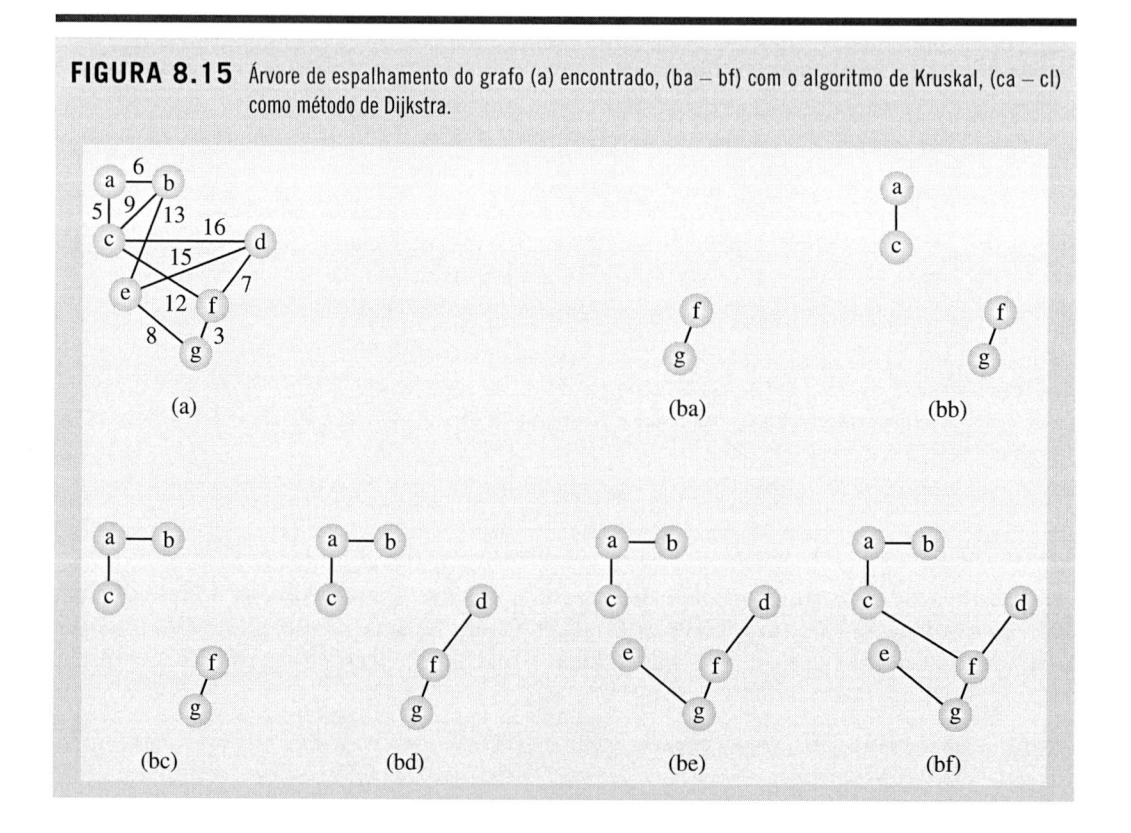

FIGURA 8.15 Árvore de espalhamento do grafo (a) encontrado, (ba – bf) com o algoritmo de Kruskal, (ca – cl) como método de Dijkstra.

FIGURA 8.15 Árvore de espalhamento do grafo (a) encontrado, (ba – bf) com o algoritmo de Kruskal, (ca – cl) como método de Dijkstra. (*continuação*)

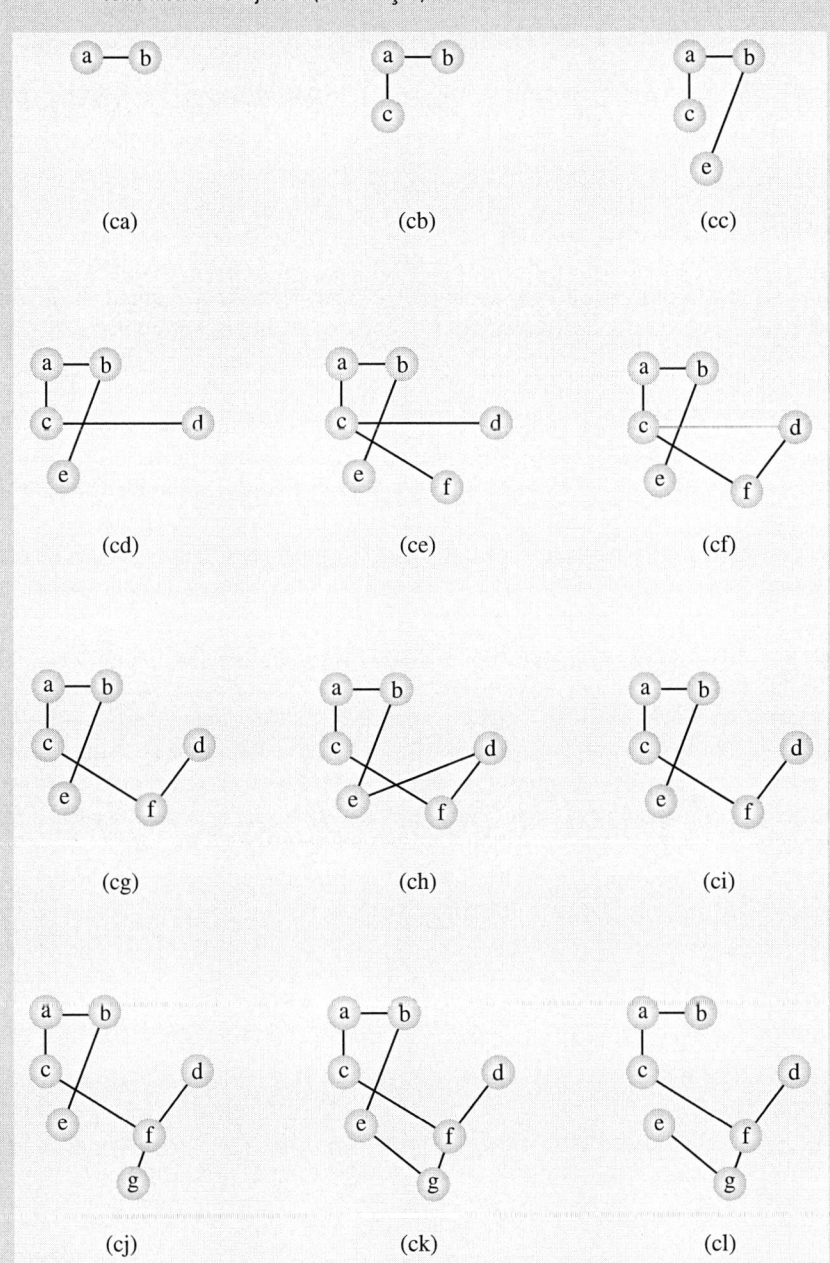

8.6 Conectividade

Em muitos problemas, estamos interessados em encontrar um caminho no grafo a partir de um vértice para qualquer outro vértice. Para grafos não direcionados, isto significa que não há partes separadas ou subgrafos do grafo; para um dígrafo, significa que há alguns lugares no grafo que podemos alcançar de algumas direções, mas não necessariamente capazes de retornar aos pontos iniciais.

8.6.1 Conectividade em grafos não direcionados

Um grafo não direcionado é chamado *conectado* quando há um caminho entre dois vértices quaisquer do grafo. O algoritmo de busca em profundidade pode ser usado para reconhecer se um grafo está conectado com a condição de que o cabeçalho do laço

```
while existe um vértice v tal que num(v) é 0
```

seja removido. Terminado o algoritmo, temos que verificar se a lista `edges` inclui todos os vértices do grafo ou simplesmente se `i` é igual ao número de vértices.

A conectividade vem em graus: um grafo pode estar mais ou menos conectado e depende do número de caminhos diferentes entre seus vértices. Um grafo é chamado *n-conectado* se há pelo menos *n* caminhos diferentes entre dois vértices quaisquer, isto é, se há *n* caminhos entre dois vértices quaisquer que não tenham vértices em comum. Um tipo especial é um grafo *2-conectado* ou *biconectado*, para o qual existem pelo menos dois diferentes caminhos entre dois vértices quaisquer. Um grafo não é biconectado se pode ser encontrado um vértice que sempre tem que ser incluído no caminho entre pelo menos dois vértices *a* e *b*. Em outras palavras, se este vértice é removido do grafo (junto com as arestas incidentes), não há meios de encontrar um caminho de *a* para *b*, o que significa que o grafo está dividido em dois subgrafos separados. Tais vértices são chamados *pontos de articulação* ou *vértices de corte*. Os vértices *a* e *b* da Figura 8.1d são exemplos de pontos de articulação. Se uma aresta faz um grafo ser dividido em dois subgrafos é chamada de *ponte;* por exemplo, a *aresta(bc)* da Figura 8.1d. Os subgrafos conectados com nenhum ponto de articulação ou uma ponte são chamados *blocos,* ou, quando incluem ao menos dois vértices, *componentes biconectados*. É importante saber como decompor um grafo em componentes biconectados.

Os pontos de articulação podem ser detectados estendendo-se o algoritmo de busca em profundidade. Este algoritmo cria uma árvore com arestas frontais (as arestas do grafo incluídas na árvore) e traseiras (arestas não incluídas). Um vértice *v* nesta árvore é um ponto de articulação se tem pelo menos uma subárvore não conectada, com qualquer de seus predecessores, por uma aresta traseira; por ser uma árvore, certamente nenhum dos predecessores de *v* é atingível a partir de qualquer de seus sucessores por um vínculo avançado. Por exemplo, o grafo da Figura 8.16a é transformado em uma árvore de busca em profundidade (Figura 8.16c), e esta árvore tem quatro pontos de articulação, *b, d, h* e *i,* já que não há aresta traseira, a partir de qualquer nó abaixo de *d,* para qualquer nó acima dele na árvore, e nenhuma aresta traseira, a partir de qualquer vértice na subárvore direita de *h,* para qualquer vértice acima de *h*. Mas o vértice *g* não pode ser um ponto de articulação, porque seu sucessor *h* está conectado a um vértice acima dele. Os quatro vértices dividem o grafo em cinco blocos, indicados na Figura 8.16c por linhas pontilhadas.

Um caso especial de ponto de articulação é quando um vértice é uma raiz com mais de um descendente. Na Figura 8.16a, o vértice escolhido para a raiz, *a*, tem três arestas incidentes, mas somente uma delas se torna uma aresta à frente nas Figuras 8.16b e 8.16c, já que as outras duas são processadas pela busca em profundidade. Em consequência, se este algoritmo outra vez atinge *a* recursivamente, não há aresta não tentada. Se *a* fosse um ponto de articulação, haveria pelo menos uma aresta não tentada, e isto indicaria que *a* é um vértice de corte. Assim, *a* não é um ponto de articulação. Para resumir, dizemos que um vértice *v* é um ponto de articulação:

1. se *v* é a raiz da árvore de busca em profundidade e há mais de um descendente nesta árvore; ou
2. se pelo menos uma das subárvores de *v* não inclui vértices conectados por uma aresta traseira com quaisquer predecessores de *v*.

Para encontrar os pontos de articulação, um parâmetro *pred(v)* é usado, definido como $\min(num(v), num(u_1), \ldots, num(u_k))$, onde $u_1, \ldots, u_k$ são vértices conectados por uma aresta traseira com um descendente de *v* ou o próprio *v*. Dado que, quanto maior é um predecessor de *v* menor é seu número, escolher um número mínimo significa escolher o predecessor mais alto. No caso da árvore da Figura 8.16c, *pred(c)* = *pred(d)* = 1, *pred(b)* = 4 e *pred(k)* = 7.

FIGURA 8.16 Encontrando blocos e pontos de articulação com o uso do algoritmo `blockDFS()`.

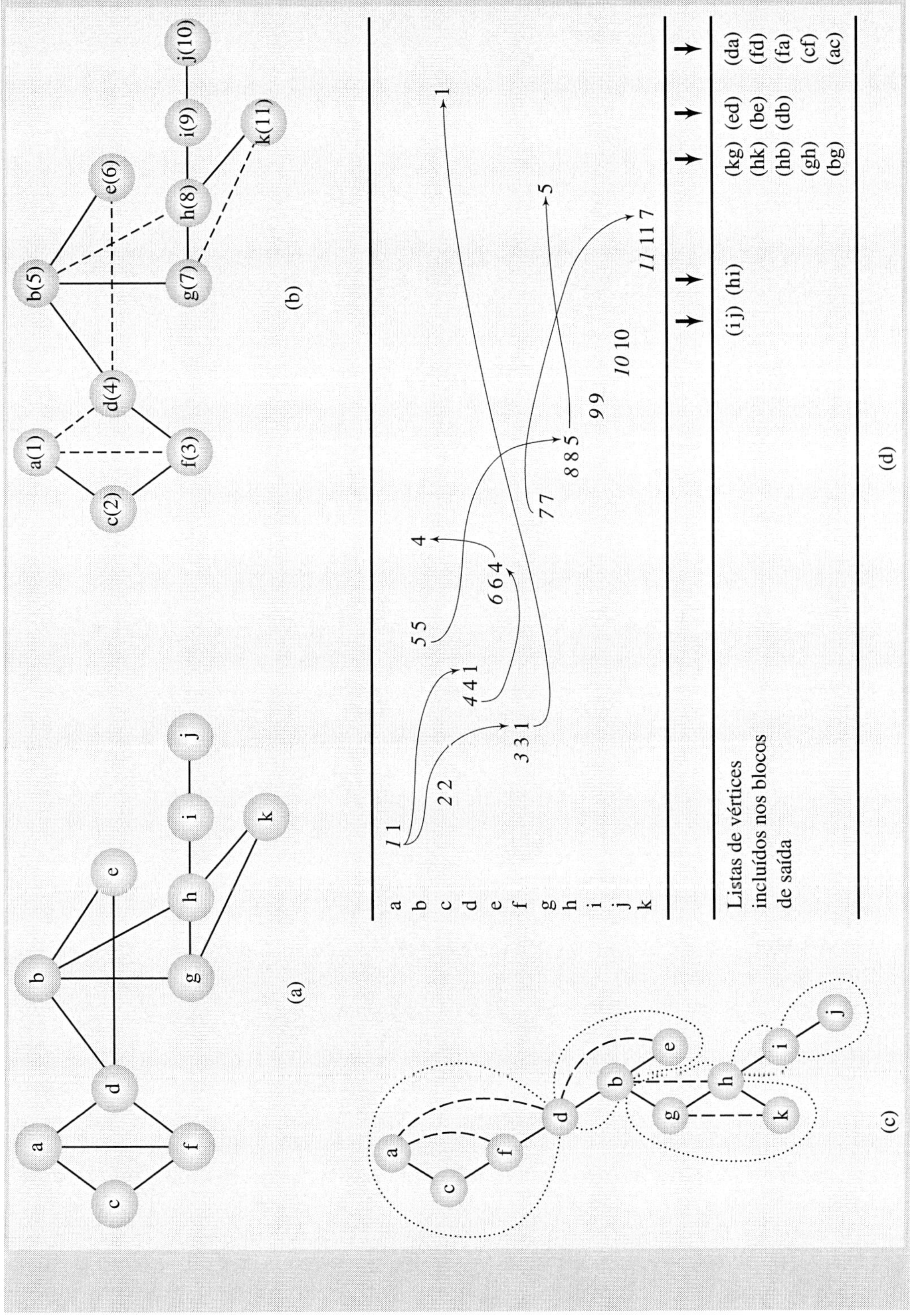

Listas de vértices incluídos nos blocos de saída

→ (ij) (hi)
→
→ (kg) (hk) (hb) (gh) (bg)
→ (ed) (be) (db)
→ (da) (fd) (fa) (cf) (ac)

O algoritmo usa uma pilha para armazenar todas as arestas correntemente processadas. Depois que um ponto de articulação é identificado, as arestas que correspondem a um bloco do grafo são exibidas na tela ou na impressora. O algoritmo é dado como a seguir:

```
blockDFS(v)
    pred(v) = num(v) = i++;
    for todos os vértices u adjacentes a v
        if aresta(uv) não foi processada
            coloca_na_pilha(aresta(uv));
        if num(u) é 0
            blockDFS(u);
            if pred(u) ≥ num(v)                    // se nao ha aresta de u para um
                e = tira_da_pilha();               // vertice acima de v, saia com um bloco
                while e ≠ edge(vu)                 // tirando todas as arestas da
                    sai com e;                     // pilha ate que a aresta(vu) seja
                    e = tira_da_pilha();           // retirada da pilha;
                sai com e;                         // e == aresta(vu);
            else pred(v) = min(pred(v),pred(u));   // tome um predecessor mais alto na
        else if u não é o ascendente de v          // arvore;
            pred(v) = min(pred(v),num(u));         // atualize quando a aresta(vu)
                                                   // traseira é encontrada;
blockSearch()
    for todos os vértices v
        num(v) = 0;
    i = 1;
    while há um vértice v tal que num(v) == 0
        blockDFS(v);
```

Um exemplo da execução deste algoritmo está na Figura 8.16d, aplicada ao grafo da Figura 8.16a. A tabela lista todas as mudanças em *pred*(v) para os vértices v processados pelo algoritmo, e as setas mostram a fonte de novos valores de *pred*(v). Para cada vértice v, blockDFS(v) primeiro atribui dois números: *num*(v), mostrado em itálico, e *pred*(v), que pode mudar durante a execução de blockDFS(v). Por exemplo, *a* é processado primeiro com *num*(a) e *pred*(a) ajustado para 1. A *aresta*(ac) é colocada na pilha, e, como *num*(c) é 0, o algoritmo é invocado para *c*. Neste ponto, *num*(c) e *pred*(c) são ajustados para 2. A seguir, o algoritmo é invocado para *f*, descendente de *c*, de modo que *num*(f) e *pred*(f) são ajustados para 3, e, então, é invocado para *a*, descendente de *f*. Como *num*(a) não é 0 e *a* não é ascendente de *f*, *pred*(f) é ajustado para 1 = min(*pred*(f),*num*(a)) = min(3, 1).

Este algoritmo também produz as arestas em blocos detectados, mostradas na Figura 8.16d no momento em que foram produzidas depois de tiradas da pilha.

8.6.2 Conectividade em grafos direcionados

Para grafos direcionados, a conectividade pode ser definida de dois modos, dependendo de o endereço das arestas ser levado em conta ou não. Um grafo direcionado é *fracamente conectado* se o grafo não direcionado com os mesmos vértices e as mesmas arestas está conectado. Um grafo direcionado é *fortemente conectado* se para cada par de vértices existe um caminho entre eles em ambas as direções. O dígrafo inteiro não é sempre fortemente conectado, mas pode ser composto de *componentes fortemente conectados* – SCC (do inglês, *strongly connected components*), definidos como subconjuntos de vértices do grafo de modo que cada um desses subconjuntos induz um dígrafo fortemente conectado.

Para determinar SCCs também nos referimos à busca em profundidade. Seja o vértice *v* o primeiro de um SCC para o qual a busca em profundidade é aplicada. Tal vértice é chamado *raiz do SCC*. Como cada vértice *u* neste SCC é atingível a partir de *v*, *num*(*v*) < *num*(*u*), e, somente depois que todos esses vértices *u* forem visitados, a busca em profundidade retorna para *v*. Neste caso, reconhecido pelo fato de que *pred*(*v*) = *num*(*v*), o SCC acessível a partir da raiz pode ser produzido.

O problema agora é como encontrar todas as raízes do dígrafo, o que é semelhante a encontrar os pontos de articulação em um grafo não direcionado. Para este fim, o parâmetro *pred*(*v*) também é usado, onde *pred*(*v*) é o menor número escolhido de *num*(*v*) e *pred*(*u*), e *u* é um vértice atingível a partir de *v* e pertencente ao mesmo SCC que *v*. Como podemos determinar se dois vértices pertencem ao mesmo SCC antes que SCC tenha sido determinado? A aparente circularidade é resolvida usando-se uma pilha que armazena todos os vértices pertencentes aos SCCs em construção. Os vértices mais no topo da pilha pertencem ao SCC correntemente analisado. Embora a construção não esteja terminada, pelo menos conhecemos quais vértices já estão incluídos no SCC. O algoritmo atribuído a Tarjan é:

```
strongDFS(v)
  pred(v) = num(v) = i++;
  coloca_na_pilha(v);
  for todos os vértices u adjacentes a v
    if num(u) é 0
      strongDFS(u);
      pred(v) = min(pred(v),pred(u));             // tome um predecessor mais alto na
    else if num(u) < num(v) e u está na pilha     // arvore; atualize se aresta traseira encontrada
      pred(v) = min(pred(v),num(u));              // para o vertice u esta no mesmo SCC;
  if pred(v) == num(v)                            // se a raiz de um SCC e encontrada,;
    w = retira_da_pilha();                        // produza esse SCC, isto e,
    while w ≠ v                                   // retire todos os vertices da pilha
      produz w;                                   // ate que v seja retirado;
      w = retira_da_pilha();
    retira w;                                     // w == v;

stronglyConnectedComponentSearch()
  for todos os vértices v
    num(v) = 0;
  i = 1;
  while existe um vértice v tal que num(v) == 0
    strongDFS(v);
```

A Figura 8.17 mostra um exemplo de execução do algoritmo de Tarjan. O dígrafo na Figura 8.17a é processado por uma série de chamadas para `strongDFS()`, que atribui aos vértices *a* até *k* os números mostrados entre parênteses na Figura 8.17b. Durante este processo cinco SCCs são detectados: {*a,c,f*}, {*b,d,e,g,h*},{*i*},{*j*}, e {*k*}. A Figura 8.17c mostra a árvore de busca em profundidade criada por este processo. Note que duas árvores são criadas, de modo que o número de árvores não tem que corresponder ao de SCCs, da mesma forma que o número de árvores não corresponde ao de blocos no caso de grafos não direcionados. A Figura 8.17d indica, em itálico, os números atribuídos a *num*(*v*) e todas as mudanças do parâmetro *pred*(*v*) para todos os vértices *v* no grafo, e também mostra as saídas de SCCs durante o processamento do grafo.

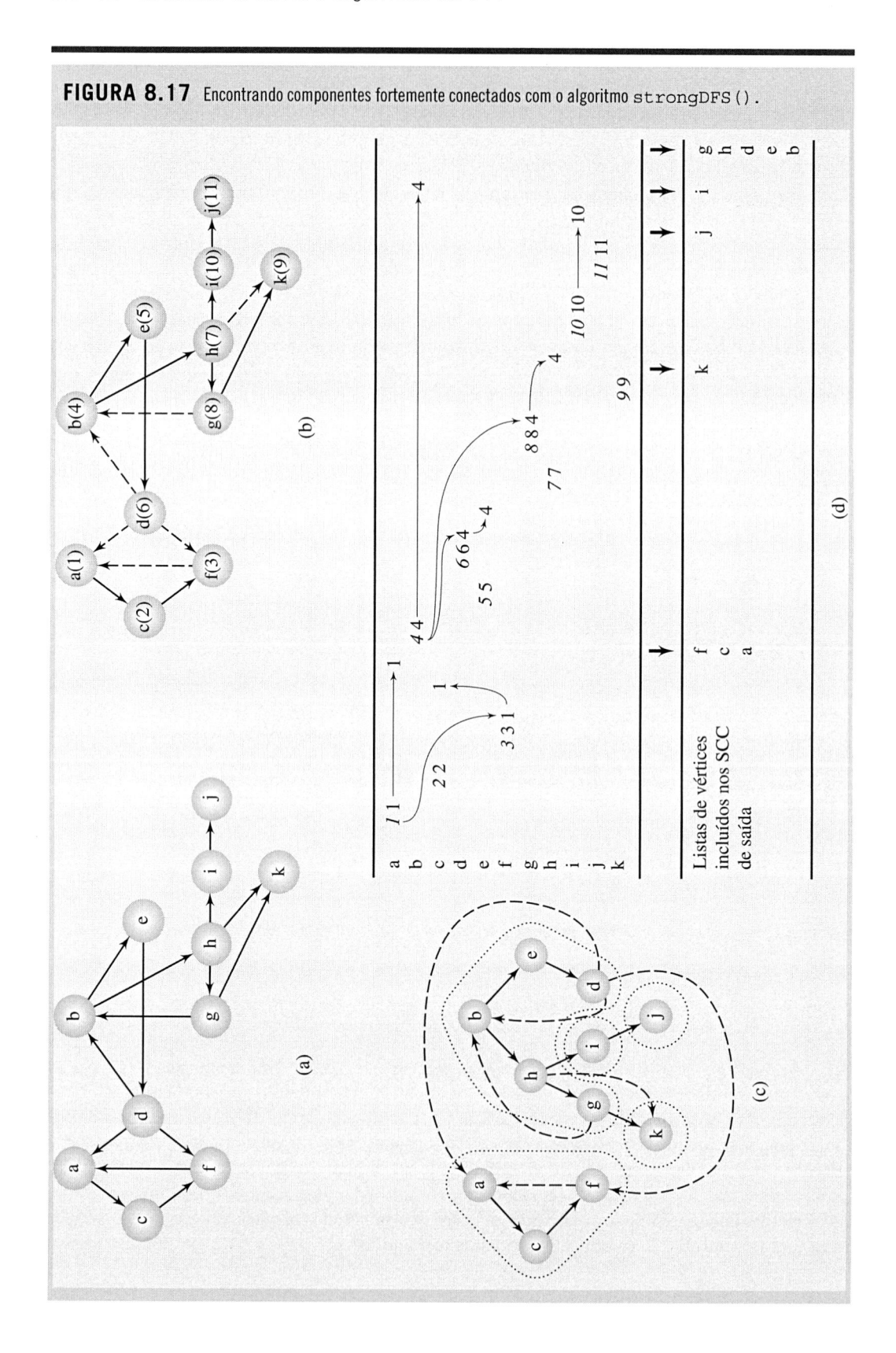

FIGURA 8.17 Encontrando componentes fortemente conectados com o algoritmo `strongDFS()`.

8.7 Ordenamento topológico

Em muitas situações, há um conjunto de tarefas a ser realizado. Para alguns pares, leva-se em conta qual tarefa é realizada primeiro; para outros, a ordem de execução é irrelevante. Por exemplo, os estudantes necessitam levar em consideração quais cursos são pré ou correquisitos de outros quando estão fazendo uma programação para o semestre vindouro; assim, Programação de Computadores II não pode ser feito antes de Programação de Computadores I, mas o primeiro pode ser feito junto com, digamos, Ética ou Introdução à Sociologia.

As dependências entre as tarefas podem ser mostradas na forma de um dígrafo. Uma *ordenação topológica* lineariza um dígrafo, isto é, rotula todos os vértices com números 1, ...,$|V|$, de modo que $i < j$ somente se há um caminho do vértice v_i para o v_j. O dígrafo não pode incluir um ciclo; caso contrário, a ordenação topológica é impossível.

O algoritmo para uma ordenação topológica é simples. Temos que encontrar um vértice v que não tenha nenhuma aresta saindo, chamado *escoadouro* ou *vértice mínimo*, e então desprezar todas as arestas que levem de qualquer vértice a v. O resumo do algoritmo de ordenação topológica é:

```
topologicalSort(digraph)
    for i = 1 até |V|
        encontre um vértice mínimo v;
        num(v) = i;
        remova de digraph o vértice v e todas as arestas incidentes em v;
```

A Figura 8.18 mostra um exemplo de aplicação deste algoritmo. O grafo da 8.18a sofre uma sequência de remoções (Figuras 8.18b–f) e resulta na sequência *g, e, b, f, d, c, a*.

Na verdade, não é necessário remover os vértices e as arestas do dígrafo enquanto ele é processado, se for possível averiguar que todos os sucessores do vértice sendo processado já o foram, e, portanto, possam ser considerados removidos. Mais uma vez, a busca em profundidade é útil. Pela natureza deste método, se a pesquisa retorna a um vértice v, pode-se considerar que todos os sucessores de v foram pesquisados (isto é, saídos e removidos do dígrafo). Eis como a busca em profundidade pode ser adaptada para a ordenação topológica:

```
TS(v)
    num(v) = i++;
    for todos os vértices u adjacentes a v
        if num(u) == 0
            TS(u);
        else if TSNum(u) == 0
            erro;              // um ciclo detectado;
    TSNum(v) = j++;            // depois de processar todos os sucessores de v,
                               // atribua a v um número maior do que o
                               // atribuído a qualquer de seus sucessores;
topologicalSorting(digraph)
    for todos os vértices v
        num(v) = TSNum(v) = 0;
    i = j = 1;
    j = |V|
    while existe um vértice v tal que num(v) == 0
        TS(v);
```
sai com os vértices de acordo com seus TSNum's;

A tabela da Figura 8.18h indica a ordem na qual este algoritmo atribui a *num(v)* o primeiro número em cada linha, e *TSNum(v)* o segundo número, para cada vértice v do grafo da Figura 8.18a.

FIGURA 8.18 Executando ordenação topológica.

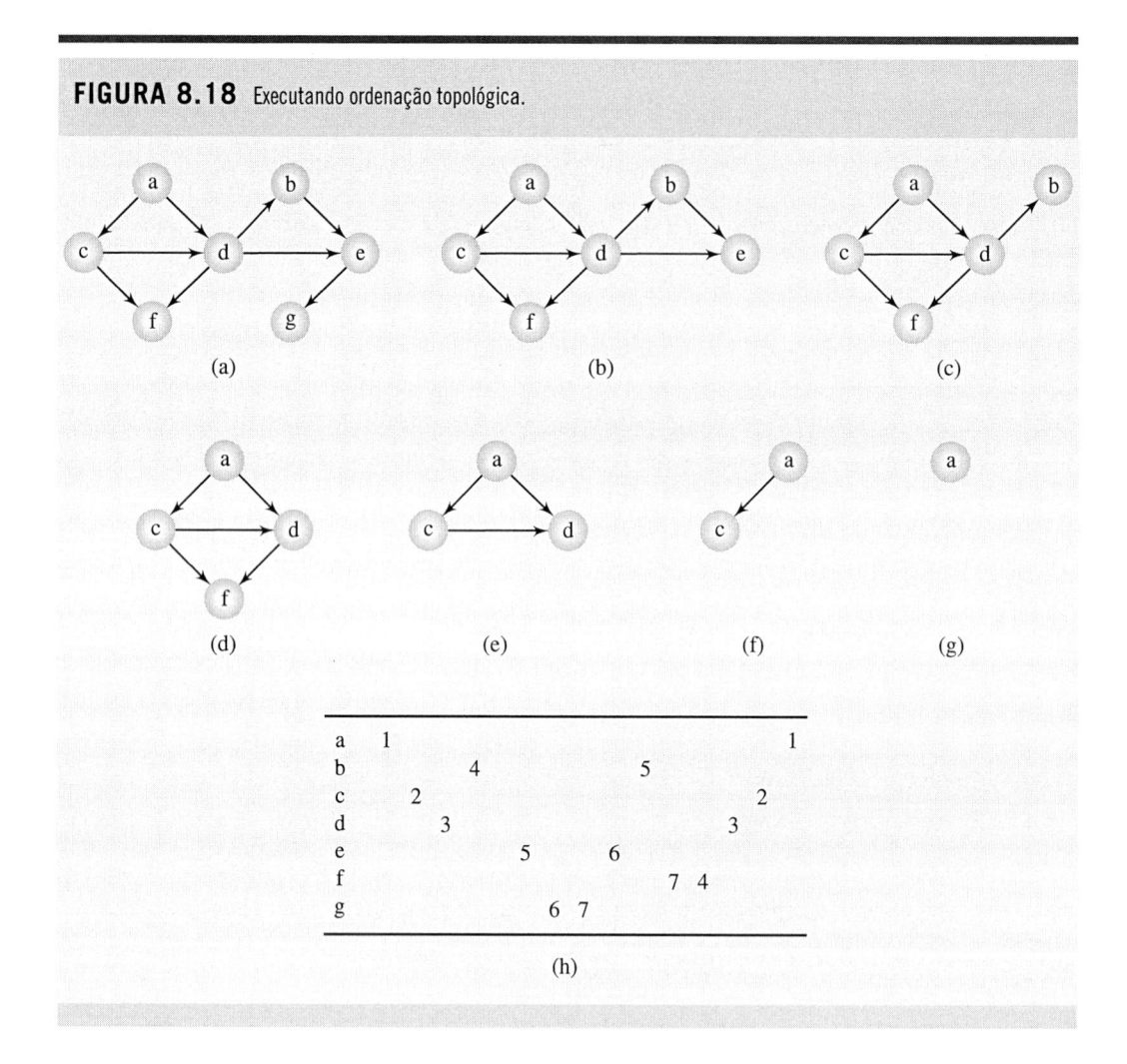

(a) (b) (c)

(d) (e) (f) (g)

```
a  1                              1
b       4         5
c  2                         2
d     3                 3
e              5     6
f                       7  4
g                 6  7
```
(h)

8.8 Redes

8.8.1 Fluxos máximos

Um importante tipo de grafo é uma rede, que pode ser exemplificada por uma rede de tubos usada para escoar água de uma fonte para seu destino. A água não é simplesmente bombeada através de um tubo, mas de muitos tubos com muitas estações de bombeamento entre eles. O tubos são de diferentes diâmetros e as estações de diferentes potências, de modo que a quantidade de água bombeada pode diferir de uma tubulação para outra. Por exemplo, a rede da Figura 8.19 tem oito tubos e seis estações de bombeamento. Os números nela mostrados são as máximas capacidades de cada tubulação. Por exemplo, o tubo que se encaminha na direção nordeste a partir da fonte *s*, o tubo *sa*, tem capacidade de cinco unidades (digamos, 5.000 galões por hora). O problema é aumentar a capacidade da rede inteira, de modo que possa transferir a máxima quantidade de água. Pode não ser óbvio como realizar este objetivo. Note que o tubo *sa* vindo da fonte vai para uma estação que tem somente um tubo saindo, *ab*, de capacidade 4. Isto significa que não podemos colocar cinco unidades através do tubo *sa*, já que o tubo *ab* não pode transferi-lo. Além disso, a quantidade de água que vem da estação *b* tem que ser controlada do mesmo modo porque, se ambos os tubos que chegam, *ab* e *cb*, são usados em plena capacidade, o tubo que sai, *bt*, também não pode processá-lo. Está longe do óbvio, especialmente para grandes redes, que quantidade de água deve ser colocada através de cada tubo para utilizar a rede em seu potencial máximo. A análise computacional deste problema de rede foi iniciada por Lester R. Ford e D. Ray Fulkerson. Desde seus trabalhos, diversos algoritmos têm sido publicados para resolvê-lo.

FIGURA 8.19 Tubulação com oito tubos e seis estações de bombeamento.

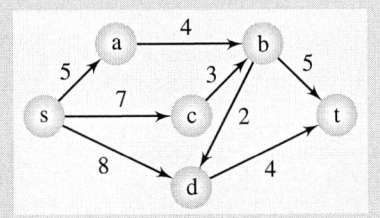

Antes que o problema seja estabelecido mais formalmente, gostaríamos de dar algumas definições. *Rede* é um dígrafo com um vértice *s*, chamado *fonte*, sem arestas que chegam, e um vértice *t*, chamado *escoadouro*, sem arestas que saem. (Estas definições são escolhidas por intuição; no entanto, em um caso mais geral, tanto a fonte quanto o escoadouro podem ser quaisquer dois vértices.) Para cada aresta *e* associamos um número *cap(e)*, chamado *capacidade* da aresta. *Fluxo* é uma função real $f: E \rightarrow R$ que atribui um número a cada aresta da rede e satisfaz estas duas condições:

1. O fluxo através de uma aresta *e* não pode ser maior do que sua capacidade, ou $0 \leq f(e) \leq cap(e)$ (restrição de capacidade).
2. O fluxo total que chega a um vértice *v* é o mesmo do fluxo total que sai dele, ou $\Sigma_u f(aresta(uv))$ = $\Sigma_w f(aresta(vw))$, onde *v* não é a fonte nem o escoadouro (conservação de fluxo).

O problema agora é aumentar o fluxo *f* de modo que a soma $\Sigma_u f(aresta(ut))$ tenha um valor máximo para qualquer função *f* possível. Isto é chamado *problema de fluxo máximo*.

Um importante conceito usado no algoritmo de Ford-Fulkerson é o do corte. Um *corte separando s e t* é um conjunto de arestas entre os vértices do conjunto *X* e os do $\overline{X}$; qualquer vértice do grafo pertence a um desses conjuntos; a fonte *s* está em *X*, e o escoadouro em $\overline{X}$. Por exemplo, na Figura 8.19, se *X* = {*s,a*}, então $\overline{X}$ = {*b,c,d,t*}, e o corte é o conjunto de arestas {(*a,b*),(*s,c*),(*s,d*)}. Isto significa que, se todas as arestas pertencentes a este conjunto são cortes, não há meio de ir de *s* para *t*. Vamos definir a capacidade de corte como a soma das capacidades de todas as suas arestas que saem de um vértice em *X* a um vértice em $\overline{X}$; assim, *cap*{(*a,b*),(*s,c*),(*s,d*)} = *cap*(*a,b*) + *cap*(*s,c*) + *cap*(*s,d*) = 19. Agora, deve estar claro que o fluxo através da rede não pode ser maior do que a capacidade de qualquer corte. Esta observação leva ao *teorema de máximo-fluxo mínimo-corte* (Ford e Fulkerson, 1956):

Teorema. Em qualquer rede, o fluxo máximo de *s* para *t* é igual à capacidade mínima de qualquer corte.

Este teorema estabelece o que é expresso na analogia de uma corrente como sendo tão forte quanto seu elo mais fraco. Embora possa haver cortes com grande capacidade, aquele com a menor capacidade determina o fluxo da rede. Por exemplo, embora a capacidade *cap*{(*a,b*),(*s,c*),(*s,d*)} = 19, duas arestas indo para *t* não podem transferir mais do que 9 unidades. Agora temos de encontrar um corte que tenha a menor capacidade entre todos os cortes possíveis e transferir, através de cada aresta desse corte, tantas unidades quanto a capacidade permitir. Para este fim um novo conceito é usado.

Caminho de aumento de fluxo de *s* para *t* é uma sequência de arestas de *s* para *t* tal que, para cada aresta neste caminho, o fluxo $f(e) < cap(e)$ nas arestas frontais e $f(e) > 0$ nas traseiras. Isto significa que este caminho ainda não está sendo totalmente usado, por isto pode transferir mais unidades. Se o fluxo em pelo menos uma aresta do caminho atinge sua capacidade, obviamente não pode ser aumentado. Note que o caminho não tem que consistir somente em arestas frontais, de modo que os exemplos dos caminhos na Figura 8.19 são *s, a, b, t* e *s, d, b, t*. As arestas traseiras são o que são, traseiras; repelem algumas unidades do fluxo, diminuindo o fluxo da rede. Se elas podem ser eliminadas, o fluxo total na rede pode então ser aumentado. Por isso, o processo de aumentar os fluxos dos caminhos não termina até que o fluxo para tais arestas seja zero. Nossa tarefa é encontrar um caminho de aumento, se houver. Como pode haver um número muito grande de caminhos de *s* para *t*, encontrar um caminho de aumento não é um problema trivial, e Ford e Fulkerson (1957) idealizaram o primeiro algoritmo para realizar isto de maneira sistemática.

A fase de *rotulagem* do algoritmo consiste em atribuir a cada vértice *v* um rótulo que é o par

$$rótulo(v) = (ascendente(v), sobra(v))$$

onde *ascendente(v)* é o vértice do qual *v* está sendo acessado, e *sobra(v)* a quantidade de fluxo que pode ser transferida de *s* para *v*. As arestas frontais e traseiras são tratadas de forma diferente. Se um vértice *u* é acessado de *v* através de uma aresta frontal, então

$$rótulo(u) = (v^+, mín(sobra(v), sobra(aresta(vu))))$$

onde

$$sobra(aresta(vu)) = cap(aresta(vu)) - f(aresta(vu))$$

que é a diferença entre a capacidade de *aresta(vu)* e a quantidade de fluxo correntemente carregada por esta aresta. Se a aresta de *v* para *u* é para trás (isto é, para a frente de *u* para *v*), então

$$rótulo(u) = (v^-, mín(sobra(v), f(aresta(uv))))$$

e

$$sobra(v) = mín(sobra(ascendente(v)), sobra(aresta(ascendente(v)v)))$$

Rotulado um vértice, ele é armazenado para processamento posterior. Neste processo, somente esta *aresta(vu)* é rotulada, o que permite algum fluxo a mais a ser adicionado. Para arestas frontais, isto é possível quando *sobra(aresta(vu))* > 0, e, para arestas traseiras, quando *f(aresta(uv))* > 0. No entanto, encontrar tal caminho pode não terminar o processo inteiro, que só termina se estamos cravados no meio da rede, incapazes de rotular outras arestas. Se atingimos o escoadouro *t*, os fluxos das arestas no caminho de aumento encontrado são atualizados, aumentando os fluxos das arestas à frente e diminuindo os das arestas atrás. O processo então reinicia na busca de outro caminho de aumento. Eis um resumo do algoritmo:

```
augmentPath(network com fonte s e escoadouro t)
    for cada aresta e no caminho de s para t
        if à_frente(e)
            f(e) += flow(t);
        else f(e) -= flow(t);


FordFulkersonAlgorithm(network com fonte s e escoadouro t)
    ajusta o fluxo de todas as arestas e vértices para 0;
    rotulo(s) = (nulo,∞);
    labeled = {s};
    while labeled não está vazio // enquanto nao esta cravado;
        desanexe um vértice v de labeled;
        for todos os vértices u não rotulados adjacentes a v
            if à_frente(aresta(vu)) e slack(aresta(vu)) > 0
```

```
            rótulo(u) = (v⁺, min(flow(v), slack(aresta(vu))))
    else if atrás(aresta(vu)) e f(aresta(uv)) > 0
            rótulo(u) = (v⁻; min(flow(v), f(aresta(uv))));
    if u fica rotulado
        if u == t
            augmentPath(network);
            labeled = {s};    // procura outro caminho;
    else inclui u em labeled;
```

Observe que este algoritmo não é comprometido com o modo como a rede deve ser varrida. Exatamente em que ordem devem os vértices ser incluídos em `labeled` e dele ser desanexados? Esta questão é deixada aberta e escolhemos colocar e tirar de `labeled` como implementações dessas duas operações, por este meio processando a rede pelo modo em profundidade.

A Figura 8.20 ilustra um exemplo. Cada aresta tem dois números associados, a capacidade e o fluxo corrente, e inicialmente o fluxo é ajustado para zero para cada aresta (Figura 8.20a). Começamos colocando o vértice *s* em `labeled`. Na primeira iteração do laço `while`, *s* é desanexado de `labeled`, e, no laço `for`, o rótulo (*s*,2) é atribuído ao primeiro vértice adjacente, *a*, o rótulo (*s*,4) ao vértice *c*, e o rótulo (*s*,1) ao vértice *e* (Figura 8.20b), e todos os três vértices são colocados em `labeled`. O laço `for` é deixado e, como `labeled` não está vazio, o laço `while` começa sua segunda iteração. Nesta, um vértice é retirado de `labeled`, que é *e*, e ambos os vértices não rotulados incidentes em *e*, *d* e *f* são rotulados e colocados em `labeled`. Agora, a terceira iteração do laço `while` começa retirando *f* de `labeled` e rotulando seu único vizinho não rotulado, o vértice *t*. Como *t* é o escoadouro, os fluxos de todas as arestas no caminho de aumento *s*, *e*, *f*, *t* são atualizados no laço `for` mais interno (Figura 8.20c), `labeled` é reinicializado a {*s*} e a próxima rodada começa para encontrar outro caminho de aumento.

A próxima rodada começa com a quarta iteração do laço `while`. Na sua oitava iteração, o escoadouro é atingido (Figura 8.20d) e os fluxos das arestas no novo caminho de aumento são atualizados (Figura 8.20e). Note que, desta vez, uma aresta, *aresta(fe)*, é traseira. A única unidade de fluxo que foi transferida do vértice *e* por meio da *aresta(ef)* é redirecionada para a *aresta(ed)*. Em consequência, seu fluxo é reduzido, não incrementado como no caso das arestas frontais. Depois disso, mais dois caminhos que aumentam são encontrados e as arestas correspondentes atualizadas. Na última rodada, somos incapazes de atingir o escoadouro (Figura 8.20j), o que significa que todas as arestas que aumentam foram encontradas e o fluxo máximo determinado.

Se depois de terminar a execução do algoritmo todos os vértices rotulados na última rodada, incluindo a fonte, estão no conjunto *X* e os não rotulados no conjunto $\overline{X}$, temos um corte mínimo (Figura 8.20k). Por questão de clareza, ambos os conjuntos são também mostrados na Figura 8.20l. Note que todas as arestas de *X* para $\overline{X}$ são usadas em plena capacidade, e que todas as de $\overline{X}$ para *X* não transferem quaisquer fluxos.

A complexidade desta implementação do algoritmo não é necessariamente uma função do número de vértices e arestas na rede. Considere a rede da Figura 8.21. Usando uma implementação primária de profundidade, poderíamos escolher o caminho de aumento *s, a, b, t* com fluxos das três arestas ajustadas para 1. O próximo caminho de aumento poderia ser *s, b, a, t* com os fluxos de duas arestas frontais ajustados para 1 e o fluxo da *aresta(ba)* traseira reajustado para 0. Na próxima vez o caminho de aumento poderia ser o mesmo que o primeiro, com os fluxos de duas arestas ajustadas para 2 e a aresta vertical ajustada para 1. Está claro que um caminho de aumento poderia ser escolhido 2·10 vezes, embora haja somente quatro vértices na rede.

O problema com `FordFulkersonAlgorithm()` é que ele usa a abordagem em profundidade quando está buscando um caminho de aumento. Mas, como já mencionado, esta escolha não traça a origem da natureza deste algoritmo. A abordagem em profundidade tenta atingir o escoadouro tão rapidamente quanto possível. No entanto, tentar encontrar o caminho de aumento mais curto dá melhores resultados. Isto leva a uma abordagem em amplitude (Edmonds e Karp, 1972). O processamento em amplitude usa o mesmo procedimento que `FordFulkersonAlgorithm()`, exceto que, desta vez, `labeled` é uma fila. A Figura 8.22 ilustra um exemplo.

Para determinar um caminho de aumento único, o algoritmo exige no máximo $2|E|$, ou $O(|E|)$ etapas, para verificar ambos os lados de cada aresta. O menor caminho de aumento na rede pode ter somente uma aresta, e o mais longo, no máximo $|V| - 1$ arestas. Em consequência, pode haver caminhos de aumento de comprimentos $1, 2, \ldots, |V| - 1$. O número de caminhos de aumento de certo comprimento é no máximo $|E|$, por isso, para encontrar todos os caminhos de aumento de todos os possíveis comprimentos, o algoritmo necessita realizar $O(|V||E|)$ etapas. Considerando que encontrar tal caminho é da ordem $O(|E|)$, o algoritmo é da ordem $O(|V||E|^2)$.

Embora a abordagem da busca em amplitude pura seja melhor do que a implementação da busca em profundidade pura, ainda está longe do ideal. Não mais cairemos em um laço de diminutos incrementos de etapas de aumento, mas ainda parece haver uma grande porção de esforço perdido. Na busca em amplitude, um grande número de vértices é rotulado para se encontrar o menor caminho (o menor em uma iteração). Então, todos esses rótulos são descartados para ser recriados durante a busca por outro caminho de aumento (*aresta*(*sc*), *aresta*(*se*) e *aresta*(*cf*) na Figura 8.22b – d). Em consequência, é desejável diminuir esta redundância. Além disso, há algum mérito em usar a abordagem em amplitude, visto que ela tenta apontar para o objetivo, o escoadouro, sem expandir um número de caminhos ao mesmo tempo, e, finalmente, escolhendo somente um e descartando o resto. Por isso, a solução salomônica parece usar ambas as abordagens, em profundidade e em amplitude. Esta última prepara o grupo para evitar que laços de pequenos incrementos aconteçam (como na Figura 8.21) e garantir que a busca em profundidade tome a rota mais curta. Somente mais tarde a busca em profundidade é lançada para encontrar o escoadouro apontando diretamente para ele. Um algoritmo baseado neste princípio foi idealizado primeiro por Efim A. Dinic (pronuncia-se "di-nitz").

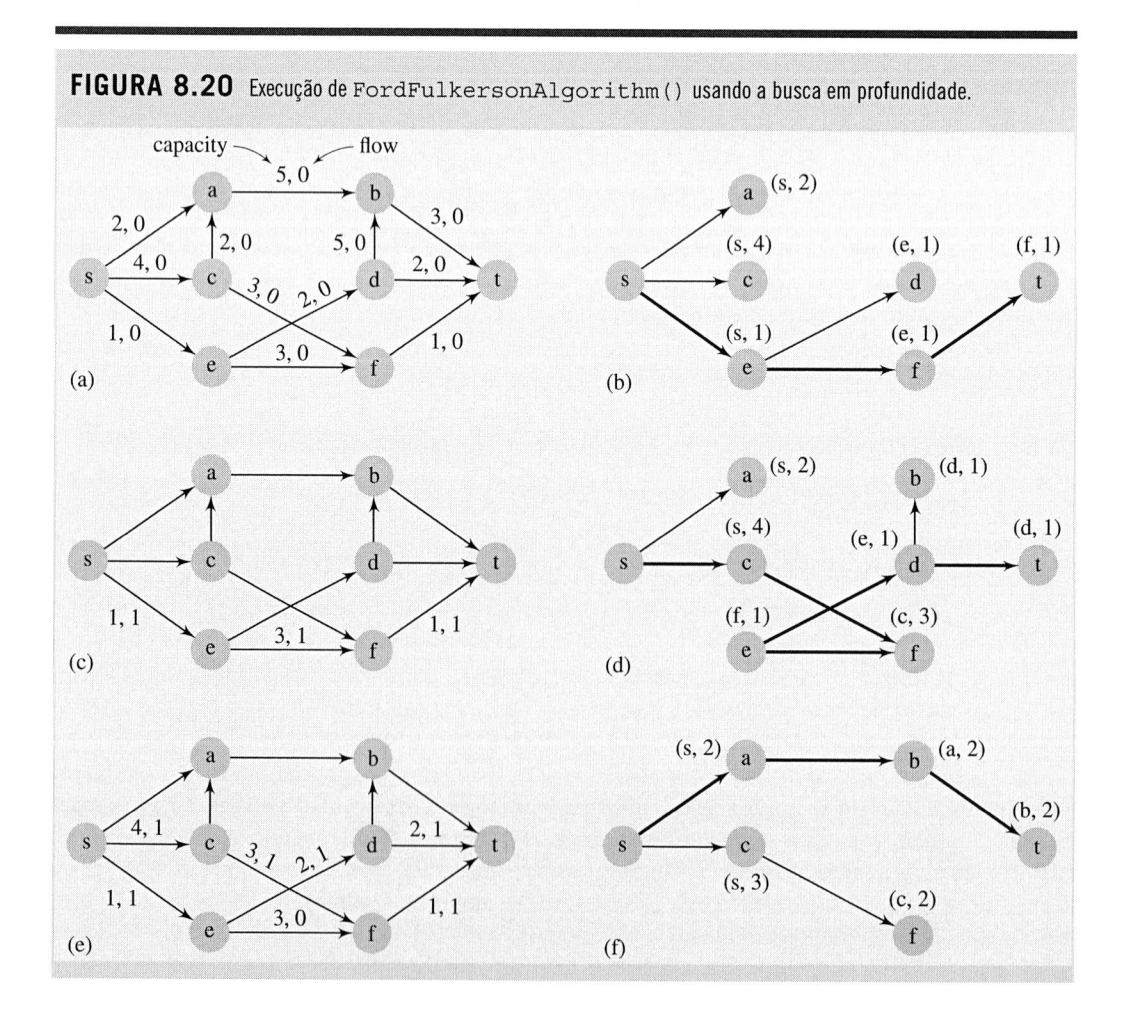

FIGURA 8.20 Execução de `FordFulkersonAlgorithm()` usando a busca em profundidade.

FIGURA 8.20 Execução de `FordFulkersonAlgorithm()` usando a busca em profundidade. (*continuação*)

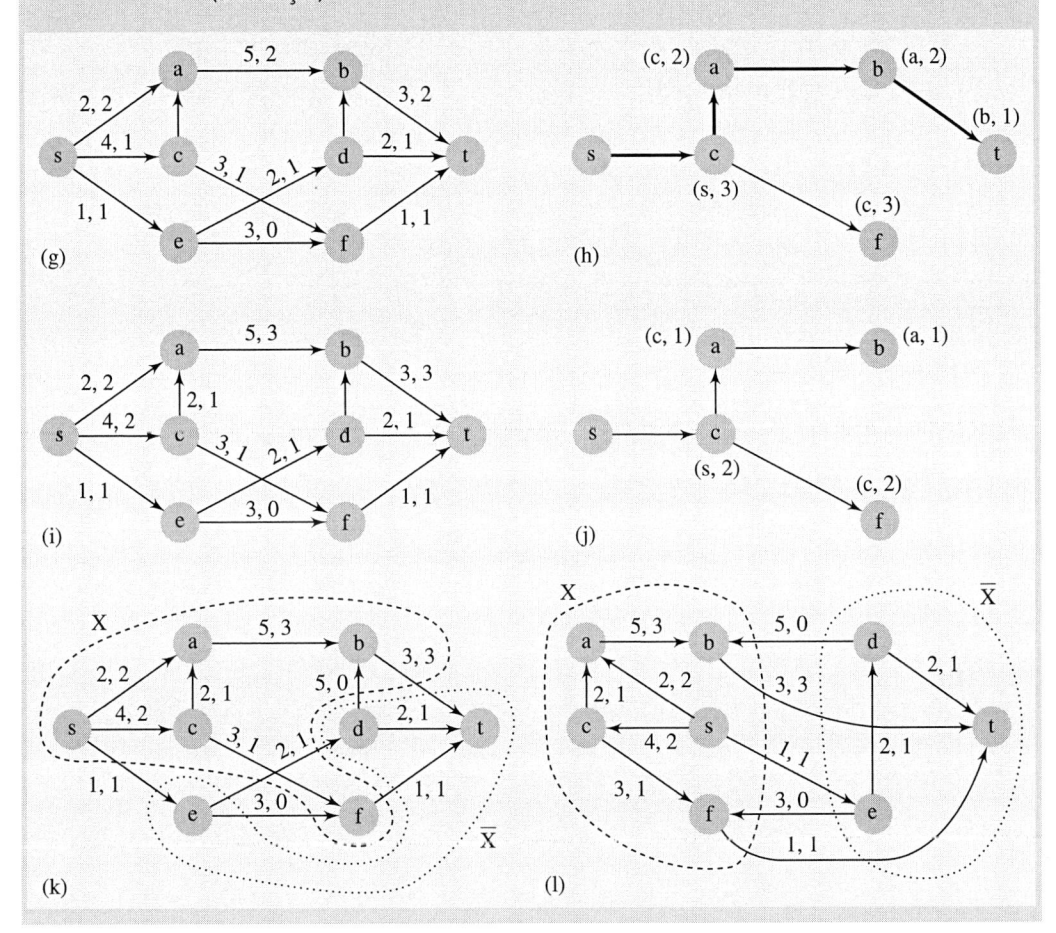

FIGURA 8.21 Exemplo de uma ineficiência de `FordFulkersonAlgorithm()`.

FIGURA 8.22 Execução de `FordFulkersonAlgorithm()` usando a busca em amplitude.

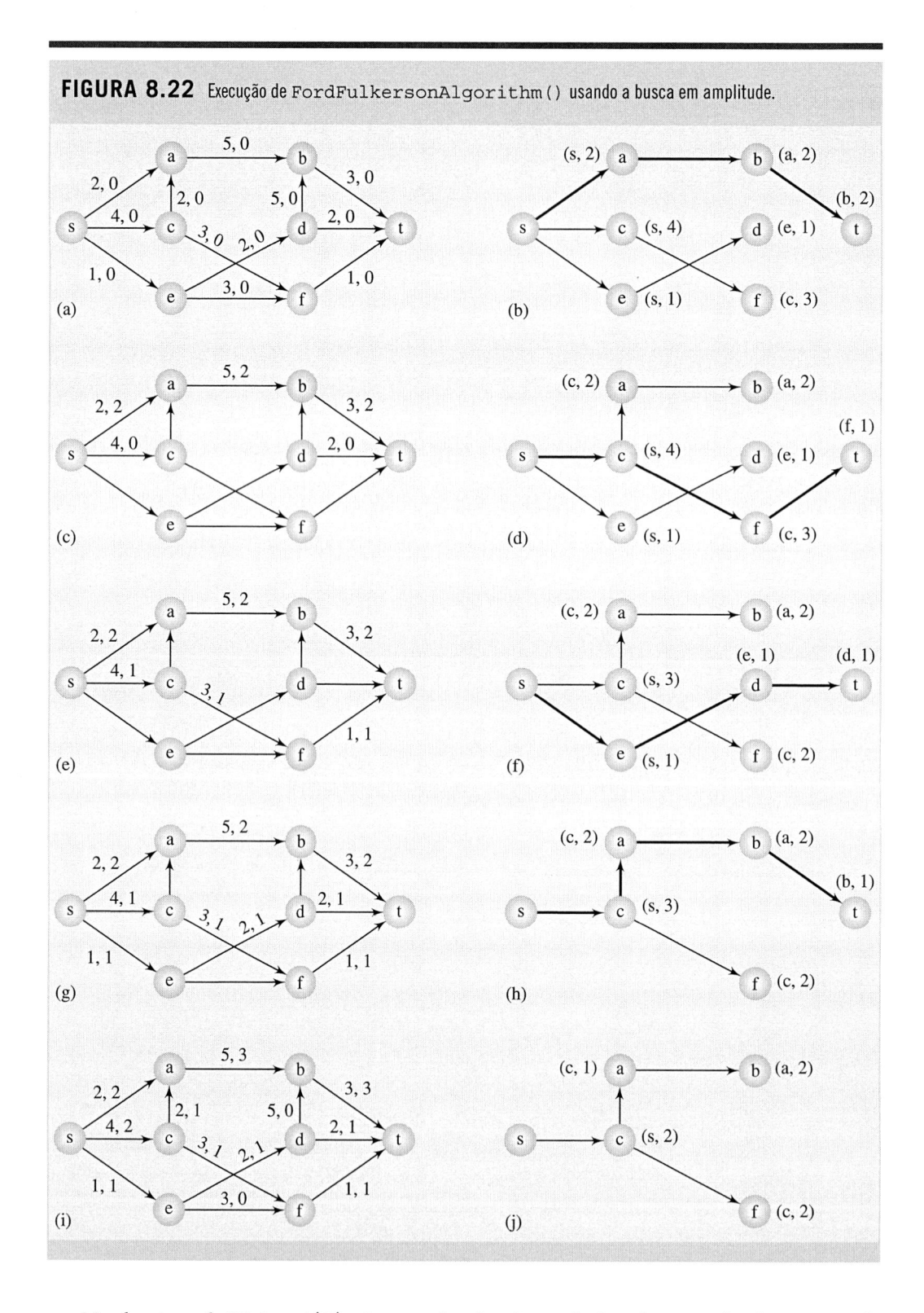

No algoritmo de Dinic, até $|V| - 1$ passes (ou fases) através da rede são realizados e, em cada um, todos os caminhos de aumento de mesmo comprimento da fonte até o escoadouro são determinados. Então, somente alguns desses caminhos, ou todos eles, são aumentados.

Todos os caminhos de aumento formam uma *rede em camadas* (também chamada *rede de níveis*). A extração de redes em camadas a partir de rede fundamental começa pelos mais baixos valores. Primeiro, uma rede em camadas de um caminho de comprimento um é encontrada se tal rede existir. Depois, ela é processada, e uma rede em camadas de caminhos de comprimento dois é determinada, se existir, e assim por diante. Por exemplo, a rede em camadas com os caminhos mais curtos correspondentes à rede da Figura 8.23a é mostrada na Figura 8.23b. Nela, todos os caminhos de aumento são de comprimento três. Uma rede em camadas com um caminho simples de comprimento um e redes em camadas com caminhos de comprimento dois não existem. A rede em camadas é criada usando o processamento em amplitude, e somente arestas frontais que possam carregar mais fluxo e arestas traseiras que já carreguem algum fluxo são incluídas. Caso contrário, mesmo estando a aresta assentada sobre um pequeno caminho da fonte até o escoadouro, ela não é incluída. Note que a rede em camadas é determinada pela busca em amplitude que começa no escoadouro e termina na fonte.

Agora que todos os caminhos na rede em camadas são do mesmo comprimento, é possível evitar testes redundantes que são parte dos caminhos de aumento. Se em uma rede em camadas não há meios de ir de um vértice v para qualquer um de seus vizinhos, haverá a mesma situação em testes posteriores na mesma rede em camadas, por isso não é necessário verificar novamente todos os vizinhos de v. Em consequência, se um vértice v de extremidade morta é detectado, todas as arestas incidentes em v são marcadas como bloqueadas, de modo que não há possibilidade de ir para v a partir de nenhuma direção. Além disso, consideram-se bloqueadas todas as arestas saturadas. Todas as arestas bloqueadas são mostradas em linhas tracejadas na Figura 8.23.

Depois que uma rede em camadas é determinada, o processo em profundidade encontra tantos caminhos de aumento quanto for possível. Como todos os caminhos são do mesmo comprimento, a busca em profundidade não vai ao escoadouro através de alguma sequência mais longa de arestas. Depois que um caminho é encontrado, ele é aumentado, e outro caminho de aumento de mesmo comprimento é procurado. Para cada um desses caminhos, pelo menos uma aresta se torna saturada, de modo que, eventualmente, nenhum caminho de aumento pode ser encontrado. Por exemplo, na rede em camadas da Figura 8.23b, que inclui somente caminhos de aumento de três arestas de comprimento, o caminho s, e, f, t é encontrado (Figura 8.23c) e todas as suas arestas são aumentadas (Figura 8.23d). Depois, somente mais um caminho de três arestas é encontrado, o caminho s, a, b, t (8.23e), já que, por exemplo, o aumento anterior saturou a *aresta(ft)*, de modo que o caminho parcial s, c, f termina com uma extremidade morta. Além disso, devido ao fato de nenhum outro vértice poder ser atingido a partir de f, todas as arestas incidentes em f são bloqueadas (Figura 8.23f), de modo que uma tentativa para encontrar o terceiro caminho de aumento de três arestas somente testa o vértice c, e não o vértice f, pois a *aresta(cf)* está bloqueada.

Se mais nenhum caminho de aumento pode ser encontrado, uma rede em camadas de maior nível é encontrada e caminhos de aumento para ela são procurados. O processo para quando nenhuma rede em camadas pode ser formada. Por exemplo, além da rede da Figura 8.23f, a rede em camadas da 8.23g é formada com somente um caminho de quatro arestas. Este é o único caminho de aumento para esta rede. Depois de aumentar este caminho, a situação da rede é como a da Figura 8.23h, e a última rede em camadas é formada, também com somente um caminho, desta vez de cinco arestas. O caminho é aumentado (Figura 8.23j), e então nenhuma outra rede em camadas pode ser encontrada. O seguinte pseudocódigo é um resumo deste algoritmo:

```
layerNetwork(network com a fonte s e o escoadouro t)
    for todos os vértices u
        nível(u) = -1;
    nível(t) = 0;
    coloca_na_fila(t);
    while a fila não está vazia
        v = tira_da_fila();
        for todos os vértices u adjacentes a v tal que o nível(u) == -1
```

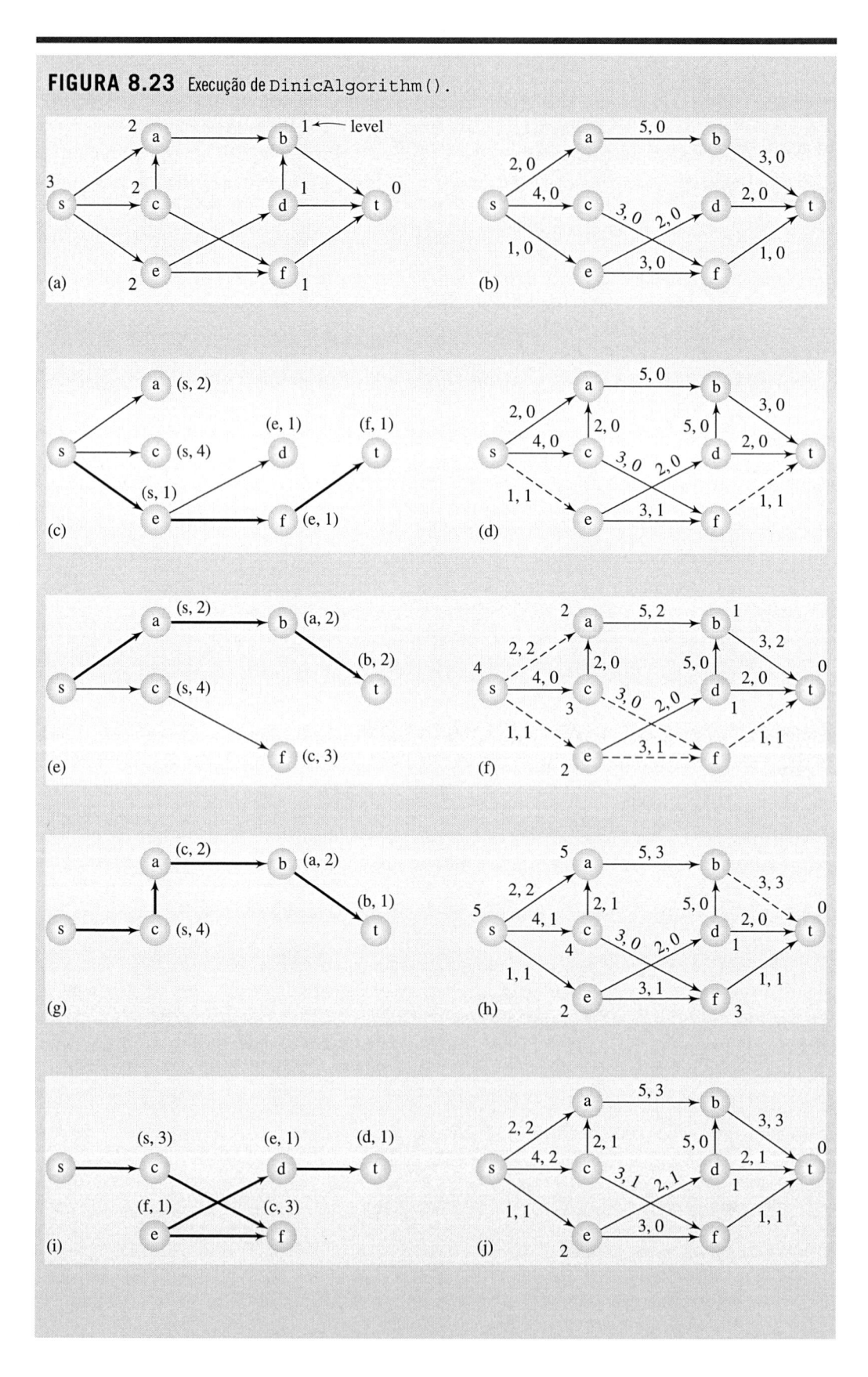

FIGURA 8.23 Execução de `DinicAlgorithm()`.

```
            if à_frente(aresta(uv)) e slack(aresta(uv)) > 0 ou
               atrás(aresta(uv)) e f(aresta(vu)) > 0
                  nível(u) = nível(v) + 1;
                  coloca_na_fila(u);
            if u == s
               return sucesso;
   return falha;

processAugmentingPaths(network com a fonte s e o escoadouro t)
   desbloqueia todas as arestas;
   labeled = {s};
   while labeled não está vazio  // enquanto nao esta cravado;
      tira v de labeled;
      for todos os vértices não rotulados u adjacentes a v tal que
         aresta(vu) não está bloqueada e nível(v) == nível(u) + 1
            if à_frente(aresta(vu)) e slack(aresta(vu)) > 0
               rótulo(u) = (v⁺, min(flow(v), slack(aresta(vu))))
            else if atrás(aresta(vu)) e f(aresta(uv)) > 0
               rótulo(u) = (v⁻, min(flow(v), f(aresta(vu))));
            if u foi rotulado
               if u == t
                  augmentPath(network);
                  bloqueia as arestas saturadas;
                  labeled = {s};   // procura outro caminho;
               else coloca u em labeled;
      if nenhum vizinho de v foi rotulado
         bloqueia todas as arestas incidentes em v;

DinicAlgorithm(network com fonte s escoadouro t)
   ajusta os fluxos de todas as arestas e vértices para 0;
   rótulo(s) = (nulo, ∞);
   while layerNetwork(network) é bem-sucedido
      processAugmentingPaths(network);
```

Qual é a complexidade deste algoritmo? Existem $|V| - 1$ camadas (fases) máximas e até $O(|E|)$ etapas para colocar uma camada na rede. Por isso, encontrar todas as redes em camadas exige $O(|V||E|)$ etapas. Mais ainda, existem $O(|E|)$ caminhos por fase (por rede em camadas) e, devido ao bloqueio, $(O(|V|))$ etapas para se encontrar um caminho, e por haver $O(|V|)$ redes em camadas, no pior caso $O(|V|^2|E|)$ etapas são exigidas para encontrar os caminhos de aumento. Esta estimativa determina a eficiência do algoritmo, que é melhor do que $O(|V||E|^2)$ para FordFulkersonAlgorithm() em amplitude. A melhoria está no número de etapas para encontrar um caminho de aumento, que agora é $O(|V|)$, não $O(|E|)$, como antes. O preço desta melhoria é a necessidade de preparar a rede criando-se redes em camadas, que, como estabelecido, exigem $O(|V||E|)$ etapas adicionais.

A diferença no pseudocódigo para FordFulkersonAlgorithm() e processAugmentingPaths() não é grande. A mais importante está na condição ampliada para expandir um caminho de certo vértice *v*: são consideradas apenas as arestas para os vértices adjacentes *u*, que não estendem os caminhos de aumento além do comprimento daqueles na rede em camadas.

8.8.2 Fluxos máximos de custos mínimos

Na discussão anterior, as arestas tinham dois parâmetros, capacidade e fluxo: quanto fluxo podiam carregar e quanto realmente estavam carregando. Embora muitos diferentes fluxos máximos através da rede sejam possíveis, escolhemos aquele ditado pelo algoritmo correntemente em uso. Por exemplo, a Figura 8.24 ilustra dois possíveis fluxos máximos para a mesma rede. Note que, no primeiro caso, a *aresta*(*ab*) não é usada; somente no segundo caso todas as arestas estão transferindo algum fluxo. O algoritmo em amplitude leva ao primeiro máximo fluxo e termina nossa busca para o máximo fluxo depois de identificá-lo. No entanto, em muitas situações esta não é uma boa decisão. Se há muitos fluxos máximos possíveis, isto não significa que qualquer um deles seja igualmente bom.

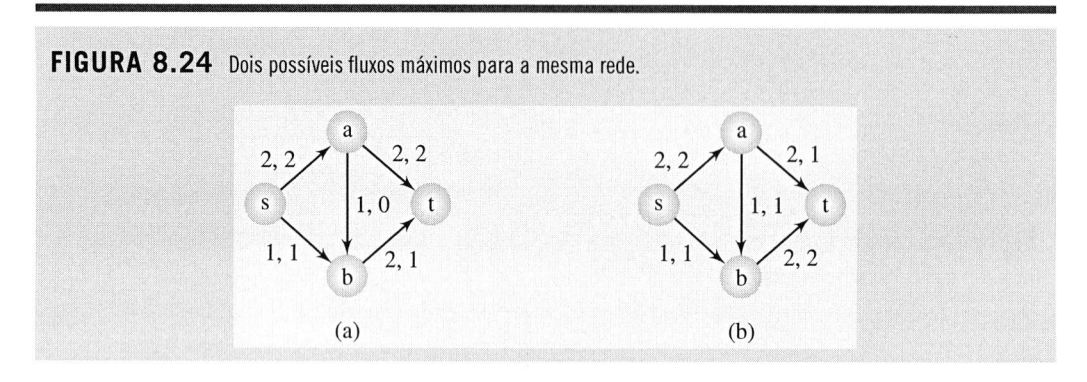

FIGURA 8.24 Dois possíveis fluxos máximos para a mesma rede.

Considere o seguinte exemplo. Se as arestas são rodovias entre algumas localidades, não é suficiente saber que a rodovia tem uma ou duas pistas para escolher uma rota apropriada. Se a *distância*(*a,t*) é muito longa e as (*a,b*) e (*b,t*) são relativamente pequenas, é melhor considerar o segundo fluxo máximo (Figura 8.24b) como opção mais viável do que a primeira (Figura 8.24a). No entanto, isto pode não ser suficiente. O menor caminho pode não ter pavimento, ser lamacento, montanhoso, perto de áreas de avalanche, algumas vezes bloqueado por grandes pedras, entre outras desvantagens. Por isso, usar a distância como o único critério para escolher uma rodovia é insuficiente. Tomar o caminho indireto pode nos levar ao destino mais rápido e mais barato (para mencionar somente tempo e gasolina consumida).

Sem dúvida, precisamos de um terceiro parâmetro para uma aresta: o *custo* de transferir uma unidade de fluxo através dela. O problema agora é como encontrar um fluxo máximo com o mínimo custo. Mais formalmente, se para cada aresta e o *custo*(e) de enviar uma unidade de fluxo é determinado de tal modo que custa costs $n \cdot cost(e)$ para transmitir n unidades de fluxo sobre a aresta e, necessitamos encontrar um fluxo máximo f de mínimo custo, ou um fluxo tal que

$$custo(f) = \min\{\Sigma_{e \in E} f(e) \cdot custo(e) : f \text{ é um fluxo máximo}\}$$

Encontrar todos os possíveis fluxos máximos e comparar seus custos não é uma solução viável, porque a quantidade de trabalho para encontrar todos os fluxos pode ser proibitiva. Algoritmos são necessários para encontrar não somente um fluxo máximo, mas o fluxo máximo a um mínimo custo.

Uma estratégia é baseada no seguinte teorema, provado primeiro por W. S. Jewell, R. G. Busacker e P. J. Gowen, e implicitamente usado por M. Iri (Ford e Fulkerson, 1962):

Teorema. Se f é um fluxo de mínimo custo com o valor de fluxo v, e p o caminho de aumento de máximo custo quando se envia um fluxo de valor 1 da fonte para o escoadouro, então o fluxo $f + p$ é mínimo e seu valor de fluxo é $v + 1$.

O teorema deve ser intuitivamente claro. Se determinamos o modo mais barato para enviar v unidades de fluxo através da rede e depois encontrar um caminho para enviar 1 unidade de fluxo da fonte para o escoadouro, então encontramos o modo mais barato para enviar $v + 1$ unidades usando a rota que é uma combinação da já determinada e o caminho encontrado. Se este caminho de aumento permite enviar 1 unidade pelo mínimo custo, permite também enviar 2 unidades e também 3 unidades, até n unidades, onde n é a quantia máxima de unidades que pode ser enviada através deste caminho, isto é,

$$n = \min\{capacidade(e) - f(e) : e \text{ é uma aresta no caminho de aumento de mínimo custo}\}$$

Isto também sugere como podemos prosseguir sistematicamente para encontrar a rota máxima mais barata. Começamos com todos os fluxos ajustados para zero. No primeiro passe, encontramos o modo mais barato para enviar 1 unidade e então tantas unidades quanto possível através deste caminho. Depois da segunda iteração, encontramos um caminho para enviar 1 unidade ao menor custo, e enviamos através deste caminho tantas unidades quanto ele pode conter, e assim por diante, até que nenhuma expedição da fonte possa ser feita ou que o escoadouro não possa receber outro fluxo.

Note que o problema de encontrar o fluxo máximo de mínimo custo tem alguma semelhança com o problema de encontrar o caminho mais curto, já que este pode ser entendido como o caminho com o mínimo custo. Por isso, um procedimento é necessário para encontrar o caminho mais curto na rede, de modo que o máximo de fluxo possível possa ser enviado através deste caminho. Em consequência, uma referência a um algoritmo que resolve o problema do caminho mais curto não deve ser surpreendente. Modificamos o algoritmo de Dijkstra usado para resolver o problema do caminho mais curto um para um (veja o Exercício 7 no final deste capítulo). Eis o algoritmo:

```
modifiedDijkstraAlgorithm(network, s, t)
    for todos os vértices u
        f(u) = 0;
        custo(u) = ∞;
    ajuste os fluxos de todas as arestas para 0 ;
    rótulo(s) = (nulo,∞, 0) ;
    labeled = nulo;
    while (true)
        v = um vértice não em labeled com o mínimo custo(v) ;
        if v == t
            if custo(t) == ∞  // nenhum caminho de s para t pode ser encontrado;
                return falha;
            else return sucesso;
        adicione v a labeled;
        for todos os vértices u não em labeled e adjacentes a v ;
            if à_frente(aresta(vu)) e slack(aresta(vu)) > 0 e custo(v) + custo(vu) < custo(u)
                rótulo(u) = (v⁺, min (flow(v), slack(aresta(vu)) , custo(v) + custo(vu))
            else if atrás(aresta(vu)) e f(aresta(uv)) > 0 e custo(v) − custo(uv) < custo(u)
                rótulo(u) = (v⁻, min (flow(v), f(aresta(uv)) , custo(v) − custo(uv)) ;
maxFlowMinCostAlgorithm(network com a fonte s e escoadouro t)
    while modifiedDijkstraAlgorithm(network, s, t) é bem-sucedido
        augmentPath(network,s,t) ;
```

O algoritmo `modifiedDijkstraAlgorithm()` controla três coisas de cada vez, de modo que o rótulo para cada vértice é o triplo

$$rótulo(u) = (ascendente(u), fluxo(u), custo(u))$$

Primeiro, para cada vértice u, ele registra o predecessor v, vértice através do qual u fica acessível a partir da fonte s. Segundo, registra a máxima quantidade de fluxo que pode ser empurrada através do caminho de s a u. Terceiro, armazena o custo de passar todas as arestas a partir da fonte para u. Para a *aresta(vu)* frontal, *custo(u)* é a soma dos custos já acumulados em v mais o custo de empurrar uma unidade de fluxo através da *aresta(vu)*. Para a *aresta(vu)* traseira, a unidade de custo de passar através dela é subtraída do *custo(v)* e armazenada em *custo(u)*. Além disso, os fluxos das arestas incluídas nos caminhos de aumento são atualizados; esta tarefa é realizada por `augmentPath()` (veja p. 425).

A Figura 8.25 ilustra um exemplo. Na primeira iteração do laço `while`, `labeled` se torna $\{s\}$ e os três vértices adjacentes a s são rotulados, *rótulo*(a) = (s,2,6), *rótulo*(c) = (s,4,2) e *rótulo*(e) = (s,1,1). Então, o vértice com o menor custo é escolhido: o vértice e. Agora, `labeled` = $\{s,e\}$ e os dois vértices

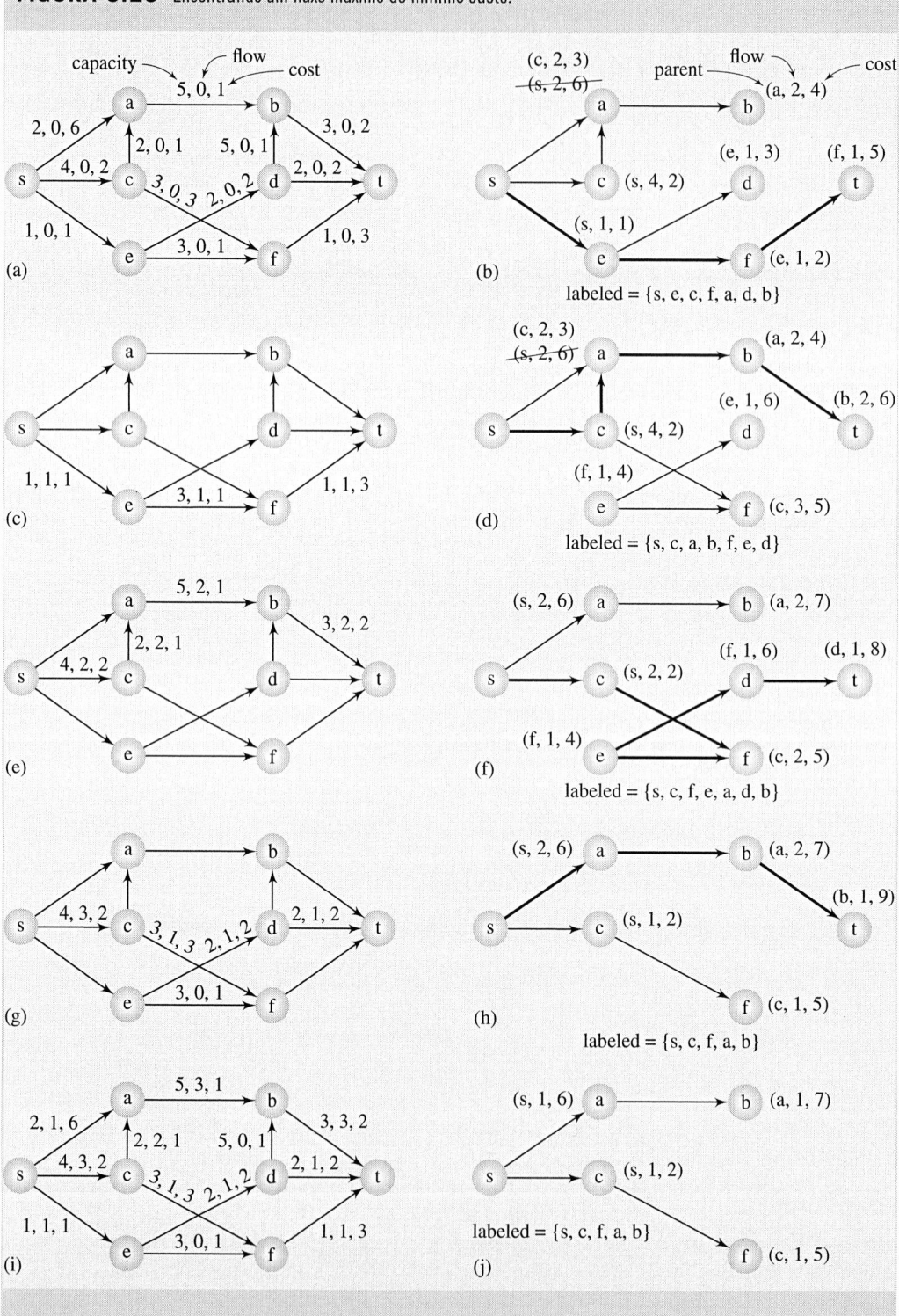

FIGURA 8.25 Encontrando um fluxo máximo de mínimo custo.

adquirem novos rótulos, *rótulo*(*d*) = (*e*,1,3) e *rótulo*(*f*) = (*e*,1,2). Na terceira iteração, o vértice *c* é escolhido, já que seu custo, 2, é mínimo (embora *f* também poderia ter sido escolhido). O vértice *a* recebe novo rótulo, (*c*,2,3), porque o custo para acessá-lo a partir de *s* através de *c* é menor do que acessá-lo diretamente a partir de *s*. O vértice *f*, adjacente a *c*, não obtém novo rótulo, pois o custo de enviar uma unidade de fluxo de *s* para *f* através de *c*, 5, excede o custo de enviá-la através de *e*, que é 2. Na quarta iteração, *f* é escolhido, `labeled` se torna {*s*,*e*,*c*,*f*} e *rótulo*(*t*) = (*f*,1,5). Depois da sétima iteração, a situação no grafo é mostrada na Figura 8.25b. A oitava iteração termina diretamente depois que o escoadouro *t* é escolhido, e então o caminho *s*, *e*, *f*, *t* é aumentado (Figura 8.25c). A execução continua, `modifiedDijkstraAlgorithm()` é invocado quatro vezes e, na última invocação, nenhum outro caminho pode ser encontrado de *s* para *t*. Note que os mesmos caminhos foram encontrados aqui como na Figura 8.20, embora numa ordem diferente, devido ao custo desses caminhos: 5 é o custo do primeiro caminho detectado (Figura 8.25b), 6 é o do segundo (Figura 8.25d), 8 é o do terceiro (Figura 8.25f) e 9 é o do quarto (Figura 8.25h). Mas a distribuição de fluxos para arestas particulares permite que o máximo fluxo seja um pouco diferente. Na Figura 8.20k, a *aresta*(*sa*) transmite 2 unidades de fluxo, a *aresta*(*sc*) 2 unidades e a *aresta*(*ca*) 1 unidade. Na Figura 8.25i, as mesmas três arestas transmitem 1, 3 e 2 unidades, respectivamente.

8.9 Casamento

Suponha que haja cinco oportunidades de trabalho, *a*, *b*, *c*, *d* e *e*, e cinco candidatos, *p*, *q*, *r*, *s* e *t*, com qualificações mostradas nesta tabela:

Candidatos:	p	q	r	s	t
Trabalhos :	a b c	b d	a e	e	c d e

O problema é como encontrar um trabalhador para cada trabalho, isto é, como casar trabalhos e trabalhadores. Existem muitos problemas deste tipo. A questão do casamento de trabalho pode ser modelada com um *grafo bipartido*, no qual o conjunto dos vértices *V* pode ser dividido em dois subconjuntos, V_1 e V_2, tais que, para cada *aresta*(*vw*), se o vértice *v* está em um dos conjuntos V_1 ou V_2, então *w* está no outro. Neste exemplo, um conjunto de vértices, V_1, representa os candidatos; o outro conjunto, V_2, os trabalhos; as arestas representam os trabalhos para os quais os candidatos estão qualificados (Figura 8.26). A tarefa é encontrar um casamento entre trabalho e candidatos de modo que um candidato esteja casado com um trabalho. Em um caso geral, pode não haver candidatos suficientes, ou meio de atribuir um candidato para cada oportunidade, mesmo se o número de candidatos exceder o de oportunidades. Por isso, a tarefa agora é atribuir candidatos a tantos trabalhos quanto possível.

FIGURA 8.26 Casando cinco candidatos com cinco trabalhos.

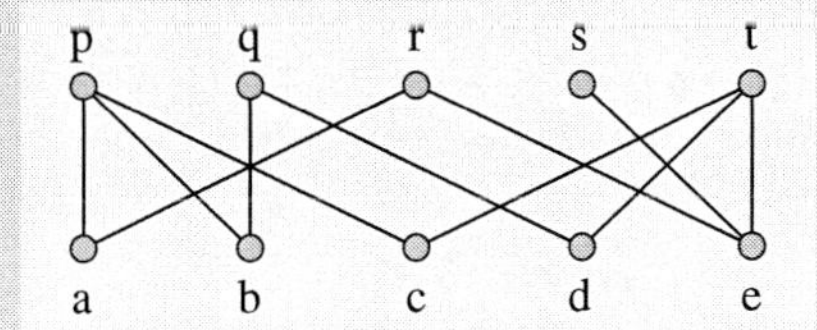

O *casamento M* em um grafo *G* = (*V*,*E*) é um subconjunto de arestas, *M* ⊆ *E*, tal que duas arestas não partilham o mesmo vértice, isto é, não há duas arestas adjacentes. *Casamento máximo* é o que contém um número máximo de arestas, de modo que o número de vértices não casados (isto é, não incidentes com as arestas em *M*) é mínimo. Por exemplo, no grafo da Figura 8.27, os conjuntos

$M_1 = \{aresta(cd), aresta(ef)\}$ e $M_2 = \{aresta(cd), aresta(ge), aresta(fh)\}$ estão casados, mas M_2 é um casamento máximo, enquanto M_1 não. *Casamento perfeito* é o que casa todos os vértices do grafo G. O casamento $M = \{aresta(pc), aresta(qb), aresta(ra), aresta(se), aresta(td)\}$ da Figura 8.26 é um casamento perfeito, o que não há no grafo da Figura 8.27. O *problema de casamento* consiste em encontrar um casamento máximo para certo grafo G. O problema de encontrar um casamento perfeito é também chamado *problema de enlace*.

FIGURA 8.27 Grafo com casamentos $M_1 = \{aresta(cd), aresta(ef)\}$ e $M_2 = [aresta(cd), aresta(ge), aresta(fh)]$.

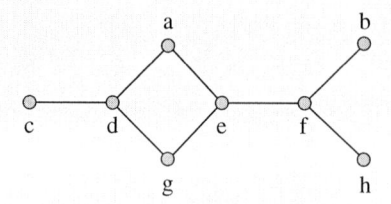

Um *caminho alternante* para M é uma sequência $aresta(v_1v_2)$, $aresta(v_2v_3)$, ..., $aresta(v_{k-1}v_k)$, que, de forma alternada, pertence a M e a E − M = o conjunto de arestas que não estão em M. Um *caminho de aumento para M* é alternante quando ambos os vértices das extremidades não são incidentes com qualquer aresta no casamento de M. Assim, um caminho de aumento tem número ímpar de arestas, 2k + 1, sendo que k pertence a M e k + 1 não está em M. Se as arestas em M são substituídas pelas que não estão em M, não há mais arestas em M que antes do intercâmbio. Assim, a cardinalidade do casamento M é aumentada em um.

Uma *diferença simétrica* entre dois conjuntos, $X \oplus Y$, é o conjunto

$$X \oplus Y = (X - Y) \cup (Y - X) = (X \cup Y) - (X \cap Y)$$

Em outras palavras, uma diferença simétrica $X \oplus Y$ inclui todos os elementos a partir de X e Y combinados, exceto os que pertencem ao mesmo tempo a X e Y.

Lema 1. Se para dois casamentos, M e N, em um grafo G = (V,E) definimos um conjunto de arestas $M \oplus N \subseteq E$, cada componente conectado do subgrafo $G' = (V, M \oplus N)$ é (a) um vértice simples, (b) um ciclo com um número par de arestas alternativamente em M e N, ou (c) um caminho cujas arestas estejam alternativamente em M e N e cada vértice de extremidade do caminho casado somente por um dos dois casamentos M e N (isto é, o caminho inteiro deve ser considerado, não somente uma parte, para cobrir todo o componente conectado).

Prova. Para cada vértice v de G', $deg(v) \leq 2$, no máximo uma aresta de cada casamento pode estar incidente com v; por isso, cada componente de G' é tanto um vértice simples quanto um caminho ou um ciclo. Se for um ciclo, as arestas precisam alternar entre ambos os casamentos; caso contrário a definição de casamento é violada. Assim, se for um ciclo, o número de arestas precisa ser par. Se é um caminho, o grau de ambos os vértices de extremidade permite que eles possam ser casados com somente um dos casamentos, não com ambos.

□

A Figura 8.28 mostra um exemplo. Uma diferença simétrica entre o casamento $M = \{aresta(ad)$, $aresta(bf), aresta(gh), aresta(ij)\}$, marcado com linhas tracejadas, e o casamento $N = \{aresta(ad)$, $aresta(cf), aresta(gi), aresta(hj)\}$, mostrado em linhas pontilhadas, é o conjunto $M \oplus N = \{aresta(bf)$, $aresta(cf), aresta(gh), aresta(gi), aresta(hj), aresta(ij)\}$, que contém um caminho e um ciclo (Figura 8.28b). Os vértices do grafo G que não são incidentes com qualquer das arestas em $M \oplus N$ são isolados no grafo $G' = (V, M \oplus N)$.

Lema 2. Se M é um casamento e P um caminho de aumento para M, então $M \oplus P$ é um casamento de cardinalidade $|M| + 1$.

Prova. Por definição de diferença simétrica, $M \oplus P = (M - P) \cup (P - M)$. Com exceção dos vértices de extremidade, todos os outros incidentes com as arestas em P são casados por estas arestas. Por isso, nenhuma aresta em $M - P$ contém vértice em P. Assim, as arestas em $M - P$ não partilham vértice com as em $P - M$. Mais ainda, como P é um caminho com todas as outras arestas em $P - M$, então $P - M$ não tem arestas que partilham vértices. Por isso, $(M - P) \cup (P - M)$ é a união de dois casamentos não sobrepostos e, portanto, um casamento. Se $|P| = 2k + 1$, então $|M - P| = |M| - k$, porque todas as arestas em $M \cup P$ são excluídas, e o número de arestas em P, mas não em M, $|P - M| = k + 1$. Como $(M - P)$ e $(P - M)$ não estão sobrepostos, $|(M - P) \cup (P - M)| = |M - P| + |P - M| = (|M| - k) + k + 1 = |M| + 1$.

$\square$

A Figura 8.29 ilustra este lema. Para o casamento $M = \{aresta(bf), aresta(gh), aresta(ij)\}$, mostrado com linhas tracejadas, e o caminho de aumento P para M, o caminho c, b, f, h, g, i, j, e, o casamento resultante é $\{aresta(bc), aresta(ej), aresta(fh), aresta(gi)\}$, que inclui todas as arestas do caminho P originalmente excluídas de M. Assim, com efeito, o lema encontra um casamento maior se, em um caminho de aumento, os papéis das arestas casadas e não casadas são invertidos.

FIGURA 8.28 (a) Dois casamentos M e N em um grafo $G = (V, E)$ e (b) o grafo $G' = (V, M \oplus N)$.

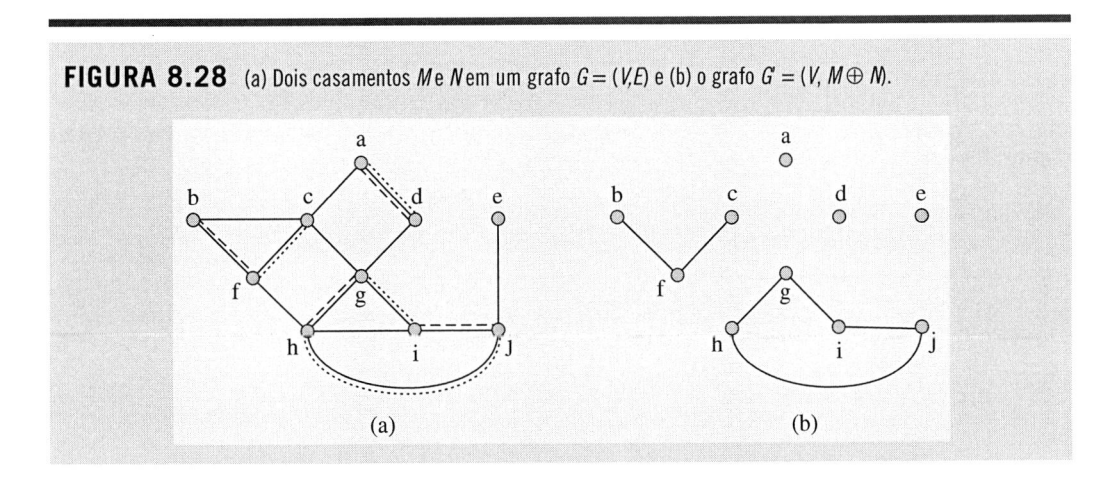

FIGURA 8.29 (a) Caminho de aumento P e um casamento M e (b) o casamento $M \oplus P$.

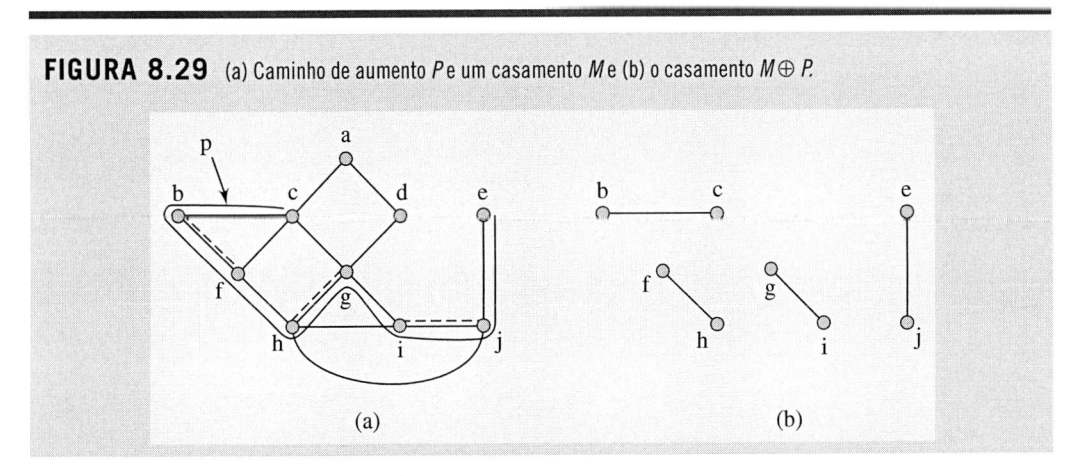

Teorema (Berge, 1957). O casamento M em um grafo G é máximo se não há caminho de aumento que conecte dois vértices não casados em G.

Prova. ⇒ Pelo lema 2, se houvesse um caminho de aumento, um casamento maior poderia ser gerado, por isso M não seria um casamento máximo.

⇐ Suponha que M não seja máximo e que um casamento N seja. Seja $G' = (V, M \oplus N)$. Pelo lema 1, os componentes conectados de G' são tanto ciclos de comprimento par quanto caminhos (vértices isolados não são incluídos aqui). Se ele é um ciclo, metade de suas arestas está em N e metade em M, porque elas estão alternadas entre M e N. Se ele é um caminho par, tem o mesmo número de arestas de M e de N. No entanto, se ele é um caminho ímpar, tem mais arestas de N do que de M, pois $|N| > |M|$, e ambos os vértices de extremidade são incidentes com arestas de N. Por isso ele é um caminho de aumento, o que leva a uma contradição com a hipótese de que não há caminho de aumento.

□

Este teorema sugere que um casamento máximo pode ser encontrado iniciando-se com um casamento inicial, possivelmente vazio, e então repetidamente encontrando novos caminhos de aumento e aumentando a cardinalidade do casamento, até que nenhum desses caminhos possa ser encontrado. Isto exige um algoritmo para determinar caminhos alternados. É muito mais fácil desenvolver um algoritmo deste tipo para grafos bipartidos do que para qualquer outro grafo; em consequência, começamos com uma discussão mais simples deste caso.

Para encontrar um caminho de aumento, a busca em amplitude é modificada a fim de permitir que sempre encontre o caminho mais curto. O procedimento constrói uma árvore, chamada *árvore húngara*, com um vértice não casado na raiz consistindo em caminhos alternados, e um sucesso é pronunciado tão logo encontre outro vértice não casado que não seja aquele na raiz (isto é, tão logo encontre um caminho de aumento). O caminho de aumento permite aumentar o tamanho do casamento. Depois que nenhum caminho pode ser encontrado, o procedimento termina. O algoritmo é este:

```
findMaximumMatching(graph bipartido)
    for todos os vértices não casados v
        ajuste o nível de todos os vértices para 0;
        ajuste o ascendente de todos os vértices para nulo;
        nível(v) = 1;
        last = nulo;
        limpe a fila;
        coloque_na_fila(v);
        while a fila não está vazia e last é nulo
            v = tire_da_fila();
            if nível(v) é um número ímpar
                for todos os vértices u adjacentes a v tal que nível(u) é 0
                    if u é não casado                    //a extremidade de um caminho
                        ascendente(u) = v;              //de aumento é encontrada;
                        last = u;                       //isso também permite sair do laço while;
                        break;                          //saia do laço for;
                    else if u é casado mas não com v
                        ascendente(u) = v;
                        nível(u) = nível(v) + 1;
                        coloque_na_fila(u);
            else  //se nível(v) é um número par
                ascendente(u) = v;
                nível(u) = nível(v) + 1;
                coloque na fila(u)
        if last não é nulo  //aumente o casamento atualizando o caminho de aumento;
            for(u = last; u não é nulo; u = ascendente(ascendente(u)))
                matchedWith(u) = ascendent(u);
                matchedWith(ascendente(u)) = u;
```

Um exemplo é mostrado na Figura 8.30. Para o casamento corrente $M = \{(u_1, v_4), (u_2, v_2), (u_3, v_3), (u_5, v_5)\}$ (Figura 8.30a), começamos a partir do vértice u_4. Primeiro, os três vértices adjacentes a u_4 (v_3, v_4 e v_5) são colocados na fila, todos conectados a u_4 com as arestas não em M. Então, v_3 é tirado da fila e, por estar em um nível par da árvore (Figura 8.30b), há no máximo um sucessor a ser considerado, o vértice u_3, porque *aresta*($u_3 v_3$) está em M e u_3 é colocado na fila. Os sucessores de v_4 e v_5 são encontrados, u_1 e u_5, respectivamente, depois disso o vértice u_3 é considerado. Este vértice está em um nível ímpar, por isso, todos os vértices diretamente acessíveis dele, através das arestas que não estão em M, são verificados. Existem três desses vértices, v_2, v_4 e v_5, mas somente o primeiro ainda não está na árvore, por isso é incluído agora. A seguir, os sucessores de u_1 são testados, mas o único candidato, v_2, não se qualifica, pois já está na árvore. Finalmente, u_5 é verificado, do qual chegamos a um vértice não casado v_6. Isto marca o final de um caminho de aumento, razão pela qual o laço `while` termina e o casamento M é modificado pela inclusão, em M, das arestas do recém--encontrado caminho que não estão em M, e exclusão de M das arestas do caminho que estão em M. Como o caminho contém uma aresta a mais dentro de M do que fora de M, depois de tal modificação o número de arestas em M aumenta em um. O novo casamento é mostrado na Figura 8.30c.

FIGURA 8.30 Aplicação do algoritmo `findMaximumMatching()`. Os vértices casados estão conectados com linhas sólidas.

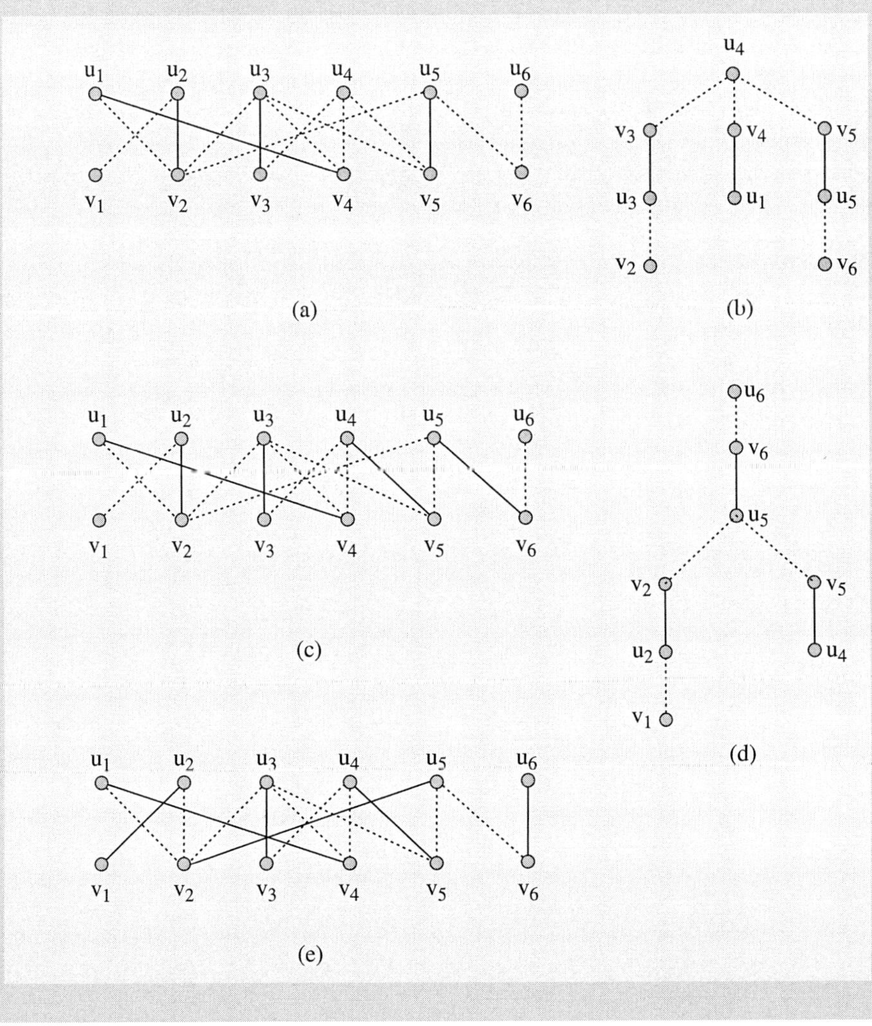

Depois de encontrar e modificar um caminho de aumento, começa uma pesquisa para outro caminho de aumento. Por haver dois vértices não casados, existe ainda a possibilidade de um casamento maior ser encontrado. Na segunda iteração do laço `for` mais externo, começamos com o vértice u_6, que eventualmente leva a uma árvore como a da Figura 8.30d, que inclui um caminho de aumento e resulta em um casamento como o da Figura 8.30e. Não sobram vértices não casados, por isso o casamento máximo encontrado, que é também um casamento perfeito.

A complexidade do algoritmo é obtida como mostrado a seguir. Cada caminho alternativo aumenta a cardinalidade do casamento em um, e, como o número máximo de arestas no casamento M é $|V|/2$, o número de iterações do laço `for` mais externo é no máximo $|V|/2$. Além disso, encontrar um caminho de aumento exige $O(|E|)$ etapas, de modo que o custo total de encontrar um casamento máximo é $O(|V||E|)$.

8.9.1 O problema da correspondência estável

No exemplo de candidatos combinando com postos de trabalho, qualquer correspondência máxima bem-sucedida era aceitável, porque não importava para os candidatos qual trabalho obtinham, e da mesma forma para os empregadores, quem contratavam. Mas, geralmente, este não é o caso. Os requerentes têm suas preferências, assim como têm os empregadores. No *problema da correspondência estável*, também chamado *problema do casamento estável*, existem dois conjuntos não sobrepostos U e W de mesma cardinalidade. Cada elemento de U tem uma lista de classificação dos elementos de W, e cada elemento de W tem uma lista de preferência constituída por elementos de U. Idealmente, os elementos devem ser combinados com as mais altas preferências, mas, por causa de possíveis conflitos entre diferentes listas (por exemplo, o mesmo w pode ser primeiro em duas listas de classificação), deve ser criada uma correspondência que seja estável. A correspondência é *instável* se dois desses elementos, u e w, classificam-se entre si maiores do que os elementos com os quais estão atualmente associados; caso contrário, a correspondência é *estável*. Considere conjuntos $U = \{u_1, u_2, u_3, u_4\}$ e $W = \{w_1, w_2, w_3, w_4\}$ e listas de classificação:

$u_1: w_2 > w_1 > w_3 > w_4$ $w_1: u_3 > u_2 > u_1 > u_4$
$u_2: w_3 > w_2 > w_1 > w_4$ $w_2: u_1 > u_3 > u_4 > u_2$
$u_3: w_3 > w_4 > w_1 > w_2$ $w_3: u_4 > u_2 > u_3 > u_1$
$u_4: w_2 > w_3 > w_4 > w_1$ $w_4: u_2 > u_1 > u_3 > u_4$

A correspondência $(u_1, w_1), (u_2, w_2), (u_3, w_4), (u_4, w_3)$ é instável porque há dois elementos, u_1 e w_2, que preferem um ao outro ao longo dos elementos com os quais são atualmente associados: u_1 prefere w_2 sobre w_1, e w_2 prefere u_1 sobre u_2.

Um algoritmo clássico para encontrar uma combinação estável foi desenhado por Gale e Shapley (1962), que também mostra que uma combinação estável sempre existe:

```
stableMatching (grafo = (U∪W,M))              // U∩W = nulo, |U| = |W|, M = nulo;
    while há um elemento não casado u∈U
        w = a maior alternativa restante do W na lista de u;
        if w é não casado
            matchedWith(u) = w;              // incluir edge(uw) na correspondência M;
            matchedWith(w) = u;
        else if w é casado e w classifica u maior que sua correspondência atual
            matchedWith(matchedWith(w)) = nulo;   // remover edge(matchedWith(w), w) de M;
            matchedWith(u) = w;              // incluir edge(uw) em M;
            matchedWith(w) = u;
```

Uma vez que a lista de opções para cada $u \in U$ diminui em cada iteração, cada lista é de comprimento $|W| = |U|$, e há $|U|$ dessas listas, uma para cada u, o algoritmo executa $O(|U|^2)$ iterações: $|U|$ vezes no melhor caso, e $|U|^2$ vezes no pior.

Considere uma aplicação deste algoritmo para o conjunto U e W definida antes com as classificações especificadas. Na primeira iteração, u_1 é escolhido e combinado imediatamente com o w_2 não casado, que é o mais elevado na lista de classificação de u_1. Na segunda, u_2 é correspondido com sucesso com a sua maior escolha, w_3. Na terceira, é feita uma tentativa para combinar u_3 com a sua maior preferência, w_3, mas w_3 já está casado e prefere seu par atual, u_2 sobre u_3, então nada acontece. Na quarta, u_3 é combinado com a sua segunda maior preferência, w_4, que atualmente não é casado. Na quinta, uma combinação é tentada por u_4 e w_2, mas sem sucesso, porque w_2 já está combinado com u_1 e este é classificado por w_2 maior do que u_4. Na sexta iteração é feita uma tentativa bem-sucedida para combinar u_4 com a sua segunda escolha, w_3; w_3 é correspondido com u_2, mas prefere u_4 sobre u_2, então u_2 torna-se não casado e u_4 está combinado com w_3. Agora, u_2 tem de ser correspondido. O resumo de todos os passos é dado na tabela seguinte:

iteração	u	w	pares casados
1	u_1	w_2	(u_1, w_2)
2	u_2	w_3	$(u_1, w_2), (u_2, w_3)$
3	u_3	w_3	$(u_1, w_2), (u_2, w_3)$
4	u_3	w_4	$(u_1, w_2), (u_2, w_3), (u_3, w_4)$
5	u_4	w_2	$(u_1, w_2), (u_2, w_3), (u_3, w_4)$
6	u_4	w_3	$(u_1, w_2), (u_3, w_4), (u_4, w_3)$
7	u_2	w_2	$(u_1, w_2), (u_3, w_4), (u_4, w_3)$
8	u_2	u_1	$(u_1, w_2), (u_2, u_1), (u_3, w_4), (u_4, u_3)$

Note que existe uma assimetria decorrente desse algoritmo no que se refere à importância relativa das classificações. O algoritmo está trabalhando em favor de elementos do conjunto U. Quando os papéis dos conjuntos U e W são invertidos, então os valores de w têm imediatamente suas opções preferidas e a combinação estável resultante é:

$$(u_1, w_2), (u_2, w_4), (u_3, w_1), (u_4, w_3)$$

u_2 e u_3 são casados com ws — w_4 e w_1, respectivamente –, que são inferiores em suas listas de classificação do que os ws escolhidos antes – w_1 e w_4 –, respectivamente.

8.9.2 O problema da atribuição

O problema de encontrar um casamento adequado complica-se em caso de um grafo ponderado. Nele, estamos interessados em encontrar um casamento com o peso total máximo, o que é chamado *problema de atribuição*. Este problema para grafos bipartidos completos com dois conjuntos de vértices do mesmo tamanho é chamado *problema de atribuição ótima*.

Um algoritmo $O(|V|)^3$ é devido a Kuhn (1955) e Munkres (1957) (Bondy e Murty, 1976; Thulasiraman e Swamy, 1992). Para um grafo bipartido $G = (V,E)$, $V = U \cup W$, definimos a função de rotulação $f: U \cup W \to R$ tal que um rótulo $f(v)$ é um número atribuído a cada vértice v de modo que, para todos os vértices $v, u, f(u) + f(v) \geq weight(edge(uv))$. Crie um conjunto $H = \{edge(uv) \in E: f(u) + f(v) = weight(edge(uv))\}$, e então um *subgrafo de igualdade* $G_f = (V, H)$. O algoritmo de Kuhn-Munkres é baseado no teorema que estabelece que, se para uma função de rotulação f e um subgrafo de igualdade G_f o grafo G contém um casamento perfeito, então esse é um casamento ótimo: para qualquer casamento de M em G, $\Sigma f(u) + \Sigma f(v) \geq weight(M)$, para qualquer casamento perfeito M_p, $\Sigma f(u) + \Sigma f(v) = weight(M_p)$; isto é, $weight(M) \leq \Sigma f(u) + \Sigma f(v) = weight(M_p)$.

O algoritmo expande a igualdade do subgrafo G_f até que um casamento perfeito possa nele ser encontrado, que também será um casamento ótimo para o grafo G.

```
optimalAssignment()
    G_f = subgrafo de igualdade para alguma rotulação de vértice f;
    M = casamento G_f;
```

```
S = {algum vértice não casado u};  // começo de um caminho de aumento P;
T = nulo;
while M não é um casamento perfeito
    Γ(S) = {w:∃u∈S: edge(uw)∈G_f};  // vértices adjacentes em G_f para os vértices em S;
    if Γ(S) == T
        d = min{ (f(u) + f(w) - peso(aresta(uw)) : u∈S, w∉T};
        for cada vértice v
            if v ∈ S
                f(v) = f(v) - d;
            else if v ∈ T
                f(v) = f(v) + d;
        construa um novo subgrafo de igualdade G_f e um novo casamento M;
    else  // if T ⊂ Γ(S)
        w = um vértice de Γ(S) - T;
        if w é não casado  // a extremidade do caminho de aumento P;
            P = caminho de aumento recém-encontrado;
            M = M ≈ P;
            S = {algum vértice u não casado};
            T = nulo;
        else S = S ∪ {vizinho de w em M};
            T = T ∪ {w};
```

Como exemplo, veja a Figura 8.31. Um grafo completo bipartido $G = (\{u_1, \ldots, u_4\} \cup \{w_1, \ldots, w_4\}, E)$ tem pesos definidos pela matriz da Figura 8.31a.

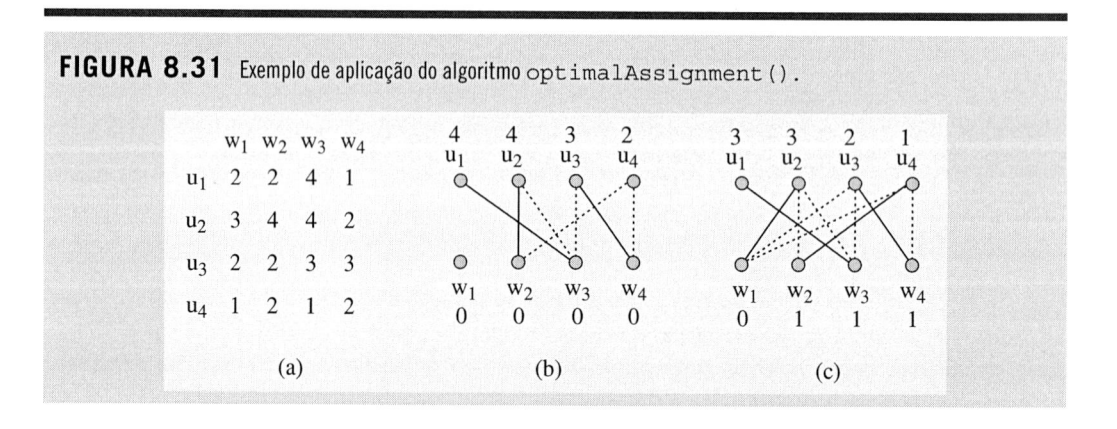

FIGURA 8.31 Exemplo de aplicação do algoritmo `optimalAssignment()`.

	w_1	w_2	w_3	w_4
u_1	2	2	4	1
u_2	3	4	4	2
u_3	2	2	3	3
u_4	1	2	1	2

(a)   (b)   (c)

0. Para uma rotulação inicial, escolhemos a função f tal que $f(u) = \max(\{weight(edge(uw)): w \in W\}$, isto é, o peso máximo da matriz de peso na linha para o vértice u, e $f(w) = 0$, de modo que, para o grafo G, a rotulação inicial é como a da Figura 8.31b. Escolhemos um casamento como o da Figura 8.31b e ajustamos o conjunto S para $\{u_4\}$, e, depois, T para nulo.

1. Na primeira iteração do laço `while`, $\Gamma(S) = \{w_2, w_4\}$, porque tanto w_2 como w_4 são vizinhos de u_4, que é o único elemento de S. Como T ⊂ Γ(S), isto é, $\emptyset \subset \{w_2, w_4\}$, a cláusula `else` mais externa é executada, por onde w = w_2 (simplesmente escolhemos o primeiro elemento em Γ(S) e não em T); por w_2 não estar casado, a cláusula `else` mais interna é executada, na qual estendemos S para $\{u_2, u_4\}$, porque u_2 está casado e adjacente a w_2, e estendemos T para $\{w_2\}$.

Todas as iterações estão sumarizadas na seguinte tabela:

Iteração	Γ(S)	w	S	T
0	∅		{u_4}	∅
1	{w_2, w_4}	w_2	{u_2, u_4}	w_2
2	{w_2, w_3, w_4}	w_3	{u_1, u_2, u_4}	{w_2, w_3}
3	{w_2, w_3, w_4}	w_4	{u_1, u_2, u_3, u_4}	{w_2, w_3, w_4}
4	{w_2, w_3, w_4}			

Na quarta iteração, a condição da instrução `if` mais externa se torna verdadeira, porque T e Γ(S) são agora iguais. A distância d = mín{(f(u) + f(w) − weight(edge(uw)): u∈S, w∉T} é então calculada. Como w_1 é o único vértice que não está em T = {w_2, w_3, w_4}, d = mín{(f(u) + f(w_1) − weight(edge(uw_1)): u∈S = {u_1, u_2, u_3, u_4}} = mín{(4 + 0 − 2), (4 + 0 − 3), (3 + 0 − 2), (2 + 0 − 1)} = 1. Com esta distância, os rótulos dos vértices do grafo G são atualizados para se tornarem os rótulos da Figura 8.31c. Os rótulos de todos os quatro vértices em S são decrementados por d = 1, e todos os três vértices em T são incrementados pelo mesmo valor. Em seguida é criado um subgrafo de igualdade que inclui todas as arestas, como na Figura 8.31c, e então é encontrado o casamento que inclui arestas desenhadas com linhas sólidas. Isto é um casamento perfeito, e, portanto, uma ótima atribuição, que conclui a execução do algoritmo.

8.9.3 Casamento em grafos não bipartidos

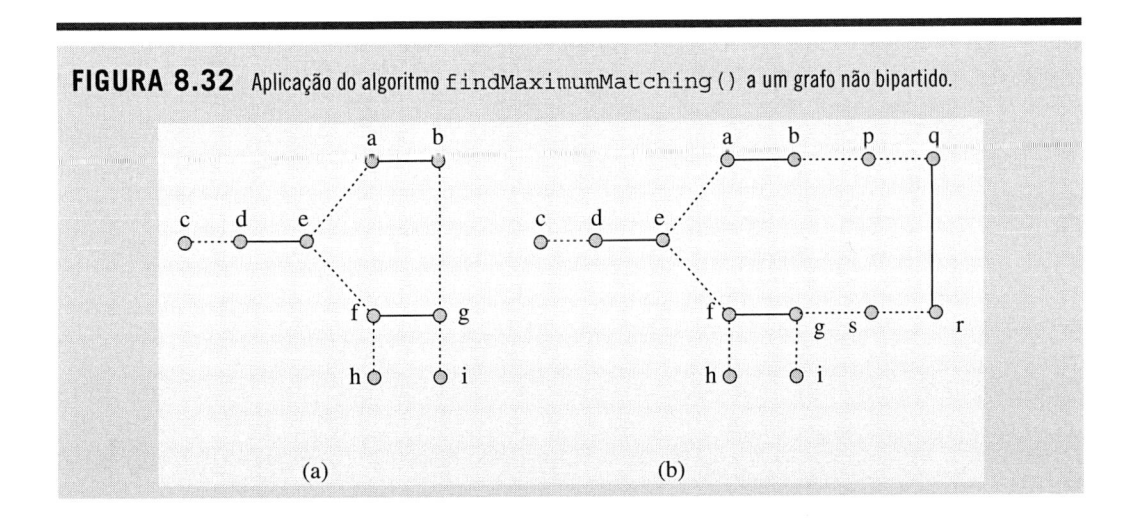

O algoritmo `findMaximumMatching()` não é geral o bastante para processar apropriadamente grafos não bipartidos. Considere os grafos da Figura 8.32a. Se começamos a construir uma árvore usando a busca em amplitude para determinar um caminho de aumento a partir do vértice c, então o vértice d está em um nível par, o vértice e em um nível ímpar e os vértices a e f também em um nível par. Em seguida, a é expandido adicionando b na árvore e, depois, f através da inclusão de g e, então, i na árvore, de modo que é encontrado um caminho de aumento c, d, e, f, g, i. Contudo, o vértice i não está incluído no grafo, por onde o único caminho de aumento c, d, e, a, b, g, f, h não pode ser detectado, visto que o vértice g foi rotulado, e por isso os blocos acessam f e, consequentemente, o vértice h. O caminho c, d, e, a, b, g, f, h poderia ser encontrado se usássemos uma busca em profundidade e expandíssemos o caminho que leva através de a antes de expandir um caminho que leva através de f, considerando que a busca determinaria primeiro o caminho c, d, e, a, b, g, f e então acessaria h a partir de f. No entanto, se h não estivesse no grafo, a mesma busca em profundidade perderia o caminho c, d, e, f, g, i porque, primeiro, o caminho c, d, e, a, b, g, f com vértices g e f seria expandido, de modo que a detecção daquele seria excluída.

FIGURA 8.32 Aplicação do algoritmo `findMaximumMatching()` a um grafo não bipartido.

Uma fonte de problemas é a presença de ciclos com um número ímpar de arestas. Mas não é só este tipo de número que causa o problema. Considere o grafo da Figura 8.32b. O ciclo *e, a, b, p, q, r, s, g, f, e* tem nove arestas, mas `findMaximumMatching()` é bem-sucedido aqui, como o leitor pode facilmente perceber (tanto a busca em profundidade quanto a em amplitude primeiro encontram o caminho *c, d, e, a, b, p*, e então o *h, f, g, i*). O problema surge em um tipo especial de ciclo com um número ímpar de arestas, chamadas flores. A técnica de determinar os caminhos de aumento para grafos com flores é devida a Jack Edmonds. Mas, primeiro, vamos ver algumas definições.

Floração é um ciclo alternante $v_1, v_2, \ldots, v_{2k-1} v_1$ tal que as *arestas*$(v_1 v_2)$ e $(v_{2k-1} v_1)$ não estão em casamento. Neste ciclo, o vértice v_i é chamado *base* da floração. Um caminho alternativo de comprimento par é chamado *caule*; um caminho de comprimento zero que tem somente um vértice é também um caule. Uma floração com um caule cuja aresta em casamento é incidente com a base de floração é chamada *flor*. Por exemplo, na Figura 8.32a, os caminhos *c, d, e* e *e* são caules, e o ciclo *e, a, b, g, f, e* é uma floração com base *e*.

Os problemas com as florações surgem se um caminho de aumento prospectivo leva a uma floração através da base. Dependendo da aresta escolhida para continuar o caminho, podemos obter um caminho de aumento. No entanto, se a floração entra através de qualquer vértice *v* que não seja a base, o problema não surge, porque podemos escolher somente uma de duas arestas de *v*. Por isso, uma ideia é evitar uma floração a partir de efeitos possivelmente nocivos, detectando-se o fato de que uma floração está sendo inserida através de sua base. A próxima etapa é remover temporariamente a floração do grafo, colocando no lugar da sua base um vértice que represente uma floração e anexando a este vértice todas as arestas conectadas a esta floração. A pesquisa por um caminho de aumento continua, e, se encontrar um caminho de aumento que inclua um vértice representando uma floração, a floração é expandida e o caminho através dele é determinado indo-se para trás da aresta que leva à floração até uma das arestas incidentes com a base.

O primeiro problema é como reconhecer que uma floração foi inserida através da base. Considere a árvore húngara da Figura 8.33a, gerada com o uso da busca em amplitude do grafo da Figura 8.32a. Agora, se tentamos encontrar os vizinhos de *b*, somente *g* se qualifica, pois a *aresta*(*ab*) está em casamento, e somente aquelas que assim não estão podem ser incluídas, iniciando a partir de *b*. Tais arestas levariam a vértices em um nível par da árvore. Mas *g* já foi rotulado e colocado em um nível ímpar. Isto marca uma detecção de floração. Se um vértice rotulado é atingido através de diferentes caminhos, um deles exigindo-lhe que esteja em um nível par e outro em um nível ímpar, sabemos que estamos no meio de uma floração inserida através de sua base. Agora, traçamos os caminhos de *g* e de *b* para trás na árvore até que uma raiz comum seja encontrada. Esta raiz comum, o vértice *e* no nosso exemplo, é a base da floração detectada. A floração é agora substituída por um vértice *A*, que leva a um grafo transformado como na Figura 8.33b. A busca por um caminho de aumento reinicia a partir do vértice *A* e continua até que seja encontrado, a saber, o caminho *c, d, A, h*. Expandimos agora a floração representada por *A* e traçamos o caminho de aumento através da floração. Fazemos isto iniciando a partir da *aresta*(*hA*), que é agora a *aresta*(*hf*). Porque ela é uma aresta que não está em casamento, a partir de *f* somente a *aresta*(*fg*) pode ser escolhida, de modo que o caminho de aumento pode ser alternado. Indo pelos vértices *f, g, b, a, e*, determinamos a parte do caminho de aumento *c, d, A, h*, que corresponde a *A* (Figura 8.33c), razão pela qual o caminho de aumento total é *c, d, e, a, b, g, f, h*. Depois que o caminho é processado, obtemos um novo casamento, como na Figura 8.33d.

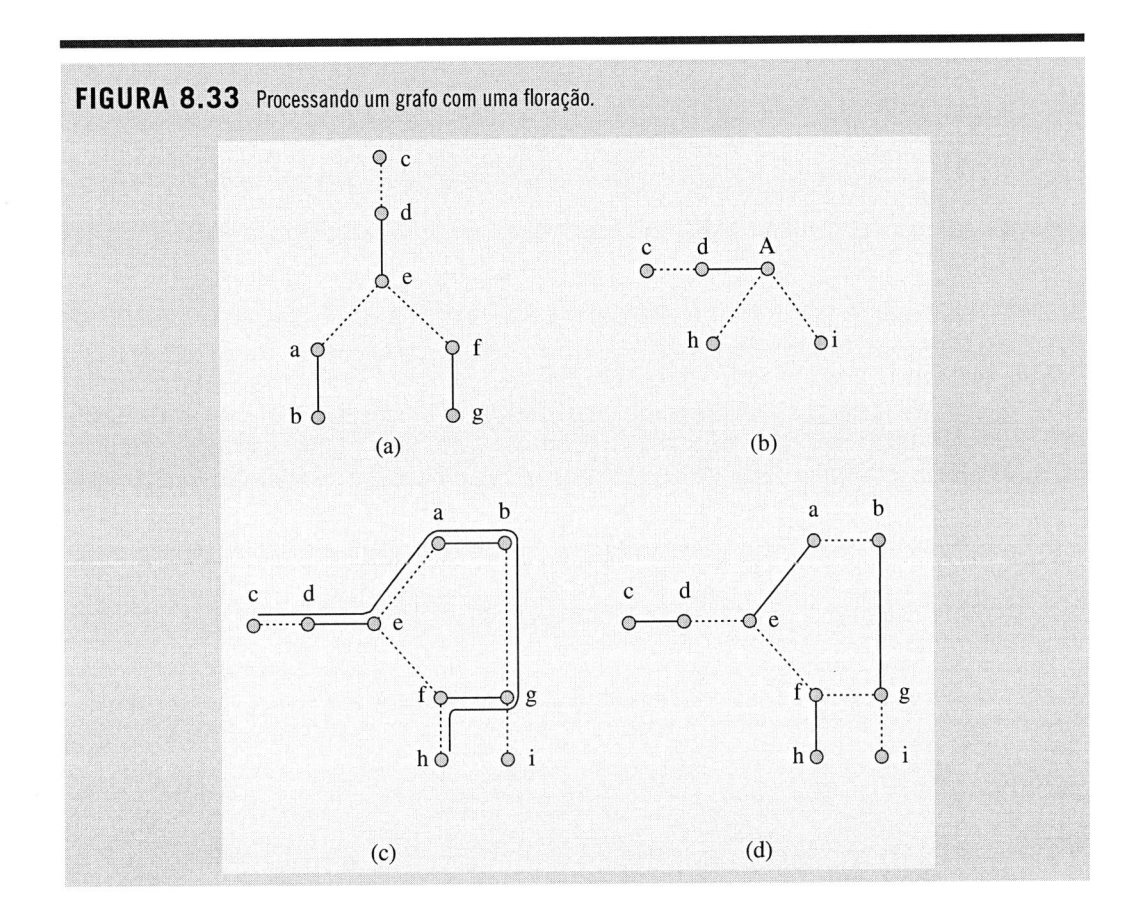

FIGURA 8.33 Processando um grafo com uma floração.

8.10 Grafos eulerianos e hamiltonianos

8.10.1 Grafos eulerianos

Trilha euleriana em um grafo é um caminho que inclui todas as arestas do grafo somente uma vez. *Ciclo euleriano* é o mesmo que trilha euleriana. Um grafo que tem um ciclo euleriano é chamado *grafo euleriano*. O teorema provado por Euler diz que um grafo é euleriano se nele cada vértice é incidente em um número par de arestas. Além disso, um grafo contém uma trilha euleriana se tiver exatamente dois vértices incidentes em um número ímpar de arestas.

O algoritmo mais antigo que nos permite encontrar um ciclo euleriano é devido possivelmente a Fleury (1883). O algoritmo toma grande cuidado em não cruzar uma ponte, isto é, uma aresta cuja remoção desconectaria os grafos G_1 e G_2, já que, se o cruzamento de G_1 não fosse concluído antes de cruzar tal aresta para passar para G_2, não seria possível retornar a G_1. Como o próprio expressa, o algoritmo consiste em "tomar um caminho isolado (= uma ponte) somente quando não há outro caminho a tomar". Somente depois de percorrido todo o subgrafo G_1 é que pode o caminho passar por uma aresta dessas. O algoritmo de Fleury é como segue:

```
FleuryAlgorithm(graph sem endereçamento)
    v = um vértice de início  //qualquer vértice;
    path = v;
    untraversed = graph;
    while v tem arestas não cruzadas
        if aresta(vu) é a única aresta não cruzada
            e = aresta(vu);
```

```
        remova v de untraversed;
    else e = aresta(vu) não é uma ponte em untraversed;
    path = path + u;
    remova e de untraversed;
    v = u;
if untraversed não tem arestas
    sucesso;
else falha;
```

Note que, caso um vértice tenha mais de uma aresta não cruzada, um algoritmo de verificação de conectividade deve ser aplicado.

Um exemplo de como encontrar um ciclo euleriano é mostrado na Figura 8.34. É crítico que, antes da escolha de uma aresta, um teste seja feito para determinar se ela é uma ponte no subgrafo não percorrido. Por exemplo, se no grafo da Figura 8.34a o percurso começa no vértice b para atingir o a através dos vértices e, f, b e c, usando o caminho b, e, f, b, c, a, necessitamos ser cuidadosos em relação a qual aresta não cruzada é escolhida em a: aresta(ab), aresta(ad) ou aresta(ae) (Figura 8.34b). Se escolhemos aresta(ab), as três arestas não cruzadas remanescentes ficam inatingíveis, porque no grafo ainda não percorrido untraversed = ({a,b,d,e}, {aresta(ab), aresta(ad), aresta(ae), aresta(de)}), a aresta(ab) é uma ponte – ela desconecta dois subgrafos de untraversed, ({a,d,e}, {aresta(ad), aresta(ae), aresta(de)}) e ({b}, ∅).

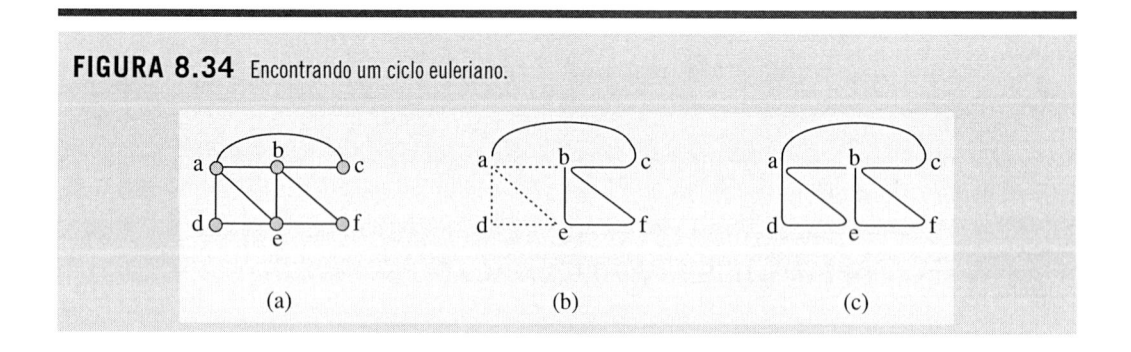

FIGURA 8.34 Encontrando um ciclo euleriano.

O problema do carteiro chinês

Este problema é demonstrado como segue: um carteiro pega a correspondência na estação dos correios, entrega a correspondência nas casas em determinada área, e volta para a estação (Kwan, 1962). A caminhada deve ter a distância mais curta ao passar por cada rua pelo menos uma vez. O problema pode ser modelado com um grafo G cujas arestas representam ruas e seus comprimentos, e vértices as esquinas em que pretendemos encontrar um mínimo de caminhos fechados. Vamos observar primeiro se o grafo G é euleriano, se for, cada ciclo euleriano dá uma solução; contudo, se não for, então este grafo pode ser amplificado de modo que se torne um grafo euleriano G^*, no qual cada aresta e aparece tantas vezes quantas a usada no caminho do carteiro. Se assim for, queremos construir tal grafo G^* em que a soma das distâncias das bordas adicionadas seja mínima. Primeiro, os vértices grau ímpar são agrupados em pares (u, w) e um caminho de novas arestas é adicionado a um já existente entre ambos os vértices de cada par, formando assim o grafo G^*. O problema consiste agora em agrupar os vértices grau ímpar de modo que a distância total dos caminhos adicionais seja mínima. O seguinte algoritmo para resolver este problema é devido a Edmonds e Johnson (Edmonds, 1965; Edmonds e Johnson, 1973; veja Gibbons, 1985):

```
ChinesePostmanTour(G = (V, E))
    ODD = conjunto de todos os vértices grau ímpar de G;
    if ODD não está vazio
```

```
E* = E;
G* = (V, E*);
```
encontre os caminhos mais curtos entre todos os pares de vértices grau ímpar;
construa um grafo bipartido completo `H = (U∪W, E')`, `ODD == v₁,...,v₂ₖ)`, *tal que*
```
    U = (u₁,...,u₂ₖ) e uᵢ seja uma cópia de vᵢ;
    W = (w₁,...,w₂ₖ) e wᵢ seja uma cópia de vᵢ;
    dist(edge(uᵢwⱼ)) = -∞;
    dist(edge(uᵢwⱼ)) = -dist(edge(vᵢvⱼ)) for i≠j;
```
encontre ótima atribuição de M em H;
```
for cada aresta (uᵢwⱼ) ∈ M tal que vᵢ seja ainda um vértice grau ímpar
    E* = E*{vértice(uw) ∈ caminho (uᵢwⱼ) : path(uᵢwⱼ) seja mínimo};
```
encontrar caminho euleriano em `G*`;

Note que o número de vértices grau ímpar é par (Exercício 46).

Um processo de encontrar uma excursão do carteiro é ilustrado na Figura 8.35. O grafo na Figura 8.35a tem seis vértices grau ímpar, ODD = {c, d, f, g, h, j}. São determinados os caminhos mais curtos entre todos os pares desses vértices (Figura 8.35b–c) e, depois, é encontrado um grafo completo bipartido H (Figura 8.35d). Em seguida, é encontrada uma atribuição ideal M. Usando o algoritmo `optimalAssignment()` (Seção 8.9.2), é encontrado um casamento em um subgrafo de igualdade inicial (Figura 8.35e). O algoritmo encontra dois casamentos, como na Figura 8.35f–g, e, em seguida, um casamento perfeito, como na Figura 8.35h. Usando este casamento, o grafo original é ampliado pela adição de novas arestas, mostradas como linhas tracejadas na Figura 8.35i, de modo que o grafo ampliado não tenha vértices grau ímpar, e assim é encontrada uma possível trilha euleriana.

8.10.2 Grafos hamiltonianos

Ciclo hamiltoniano em um grafo é aquele que passa através de todos os vértices do grafo. Um grafo é assim chamado se inclui pelo menos um ciclo hamiltoniano. Não há fórmula que caracterize este grafo. No entanto, está claro que todos os grafos completos são hamiltonianos.

Teorema (Bondy e Chvátal, 1976; Ore, 1960). Se $aresta(vu) \notin E$, o grafo $G^* = (V, E \cup \{aresta(vu)\})$ é hamiltoniano, e $deg(v) + deg(u) \geq |V|$, então o grafo $G = (V,E)$ também é.

Prova. Considere um ciclo hamiltoniano em G^* que inclui $aresta(vu) \notin E$. Isto significa que G tem um caminho hamiltoniano $v = w_1, w_2, ..., w_{|V|-1}, w_{|V|} = u$. Agora, queremos encontrar duas arestas de cruzamento, $aresta(vw_{i+1})$ e $aresta(w_iu)$, tal que $w_1, w_{i+1}, w_{i+2}, ..., w_{|V|}, w_i, ..., w_2, w_1$ seja um ciclo hamiltoniano em G (veja a Figura 8.36). Para ver que isto é possível, considere um conjunto S de subscritos de vizinhos de v, $S = \{j: aresta(vw_{j+1})\}$, e um conjunto T de subscritos de vizinhos de u, $T = \{j: aresta(w_ju)\}$. Como $S \cup T \subseteq \{1, 2, ..., |V|-1\}$, $|S| = deg(v)$, $|T| = deg(u)$, e $deg(v) + deg(u) \geq |V|$, S e T precisam ter um subscrito comum, de modo que as duas arestas de cruzamento, $aresta(vw_{i+1})$ e $aresta(w_iu)$, existem.

□

Em essência, o teorema diz que alguns grafos hamiltonianos nos permitem criar outros eliminando algumas de suas arestas. Isto leva a um algoritmo que primeiro expande um grafo a outro com mais arestas, no qual encontrar um ciclo hamiltoniano é fácil, e então manipula este ciclo adicionando algumas arestas e removendo outras, de modo que seja, eventualmente, formado um ciclo hamiltoniano com as arestas que pertencem ao grafo original. A seguir um algoritmo para encontrar ciclos hamiltonianos com base neste teorema (Chvátal, 1985):

```
HamiltonianCycle(grafo G = (V, E))
    ajusta o rótulo de todas as arestas para 0;
    k = 1;
    H = E;
    G_H = G;
```

```
while G_H contiver vértices v não adjacentes, u tal que deg_H(v) + deg_H(u) ≥ |V|
    H = H ∪ {aresta(vu)};
    G_H = (V, H);
    rótulo(aresta(vu)) = k++;
if existe um ciclo hamiltoniano C;
    while (k = max{rótulo(aresta(pq)) : aresta(pq) ∈C}) > 0
        C = um ciclo devido a um cruzamento com cada aresta rotulada por um número < k;
```

FIGURA 8.35 Resolvendo o problema do carteiro chinês.

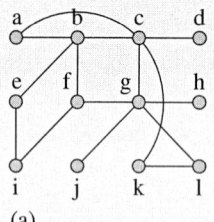

(a)

(b)

(c)

	c	d	f	g	h	j
c	0	1	2	1	2	2,4
d	1	0	3	2	3	3,4
f	2	3	0	1	2	2,4
g	1	2	1	0	1	1,4
h	2	3	2	1	0	2,4
j	2,4	3,4	2,4	1,4	2,4	0

(d)

	c	d	f	g	h	j
c	−∞	−1	−2	−1	−2	−2,4
d	−1	−∞	−3	−2	−3	−3,4
f	−2	−3	−∞	−1	−2	−2,4
g	−1	−2	−1	−∞	−1	−1,4
h	−2	−3	−2	−1	−∞	−2,4
j	−2,4	−3,4	−2,4	−1,4	−2,4	−∞

(e)

```
      −1   −1   −1   −1   −1   −1,4
 U     c    d    f    g    h    j

 W     c    d    f    g    h    j
       0    0    0    0    0    0
```

(f)

```
      −1   −1   −2   −1   −2   −1,4
 U     c    d    f    g    h    j

 W     c    d    f    g    h    j
       0    0    0    1    0    0
```

(g)

```
      −1   −1   −2   −1   −2   −2,4
 U     c    d    f    g    h    j

 W     c    d    f    g    h    j
       0    0    0    1    0    0
```

(h)

```
      −1   −1,4 −2,4 −1,4 −2,4 −2,8
 U     c    d    f    g    h    j

 W     c    d    f    g    h    j
      0,4   0   0,4  1,4  0,4   0
```

(i)

FIGURA 8.36 Arestas de cruzamento.

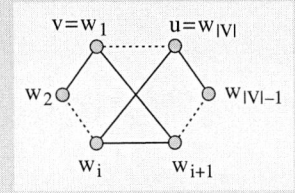

A Figura 8.37 mostra um exemplo. Na primeira fase, o laço `while` é executado para criar o grafo G_H, baseado no grafo G da Figura 8.37a. Em cada iteração, dois vértices não adjacentes são conectados com uma aresta se o número total de seus vizinhos não é menor do que o de todos os vértices no grafo. Primeiro observamos todos os vértices não adjacentes a *a*. Para o vértice *c*, $deg_H(a)$ + $deg_H(c) = 6 \geq |V| = 6$, a *aresta*(*ac*) rotulada com o número 1 está incluída em H. A seguir, o vértice *e* é considerado. Como o grau de *a* acaba de aumentar obtendo um novo vizinho, *c*, $deg_H(a) + deg_H(e)$ = 6, assim, a *aresta*(*ae*) rotulada com 2 está incluída em H. O próximo vértice, para o qual tentamos estabelecer novos vizinhos, é *b* de grau 2, para o qual há três vértices não adjacentes, *d, e* e *f*, com graus 3, 3 e 3; em consequência, a soma do grau de *b* e um grau de qualquer dos três vértices não atinge 6, e nenhuma aresta está agora incluída em H. Nas próximas iterações do laço `while`, todos os possíveis vizinhos dos vértices *c, d, e* e *f* são testados, o que resulta em um grafo H como o da Figura 8.37b, com as novas arestas mostradas como linhas tracejadas com seus rótulos.

Na segunda fase de `HamiltonianCycle()`, um ciclo hamiltoniano em H é encontrado, *a, c, e, f, d, b, a*. Neste ciclo é encontrada uma aresta com o mais alto rótulo, *aresta*(*ef*) (Figura 8.37c). Os vértices do ciclo são tão ordenados, que os desta aresta estão nas extremidades. Movendo-nos à esquerda nesta sequência de vértices, tentamos encontrar arestas cruzadas verificando as arestas de dois vértices vizinhos e aqueles nas extremidades, de modo que as arestas se cruzem. A primeira possibilidade se dá com os vértices *d* e *b* com a *aresta*(*bf*) e a *aresta*(*de*), mas este par é rejeitado porque o rótulo da *aresta*(*bf*) é maior do que o maior rótulo do ciclo corrente, 6. Depois, os vértices *b* e *a* e as arestas que os conectam às extremidades da sequência *aresta*(*af*) e *aresta*(*be*) são verificados; as arestas são aceitáveis (seus rótulos são 0 e 5), assim, o ciclo velho *f, d, b, a, c, e, f* é transformado em um novo, *f, a, c, e, b, d, f*. Isto é mostrado abaixo do diagrama da Figura 8.37d, com duas novas arestas que se cruzam, e também em uma sequência e no diagrama da Figura 8.37d.

No novo ciclo, a *aresta*(*be*) tem um rótulo mais alto, 5, por isto ele é apresentado com os vértices desta aresta, *b* e *e*, como os extremos da sequência *b, d, f, a, c, e* (Figura 8.37e). Para encontrar arestas cruzadas, primeiro investigamos o par de arestas cruzadas, *aresta*(*bf*) e *aresta*(*de*), mas o rótulo da *aresta*(*bf*), 7, é maior do que o maior rótulo do corrente ciclo hamiltoniano, 5, assim, este par é descartado. Agora, tentamos o par *aresta*(*ab*) e *aresta*(*ef*), mas, por causa da grandeza do rótulo da *aresta*(*ef*), 6, ele não é aceitável. A próxima possibilidade é o par *aresta*(*bc*) e *aresta*(*ae*), que é aceitável; portanto, um novo ciclo é formado, *b, c, e, a, f, d, b* (Figura 8.37e). Nele, um par de arestas cruzadas é encontrado, *aresta*(*ab*) e *aresta*(*de*), e forma-se um novo ciclo, *b, a, f, d, e, c* (Figura 8.37f), que inclui somente as arestas com rótulos iguais a 0 (isto é, somente as arestas do grafo G). Este ciclo marca o final da execução do algoritmo, sendo o último ciclo hamiltoniano, construído somente a partir de arestas em G.

FIGURA 8.37 Encontrando um ciclo hamiltoniano.

(a)

(b)

(c)

old f−d−b−a−c−e
new f−d−b−a−c−e
     f−a−c−e−b−d

(d)

old b−d−f−a−c−e
new b−d−f−a−c−e
     b−c−e−a−f−d

(e)

old b−c−e−a−f−d
new b−c−e−a−f−d
     b−a−f−d−e−c

(f)

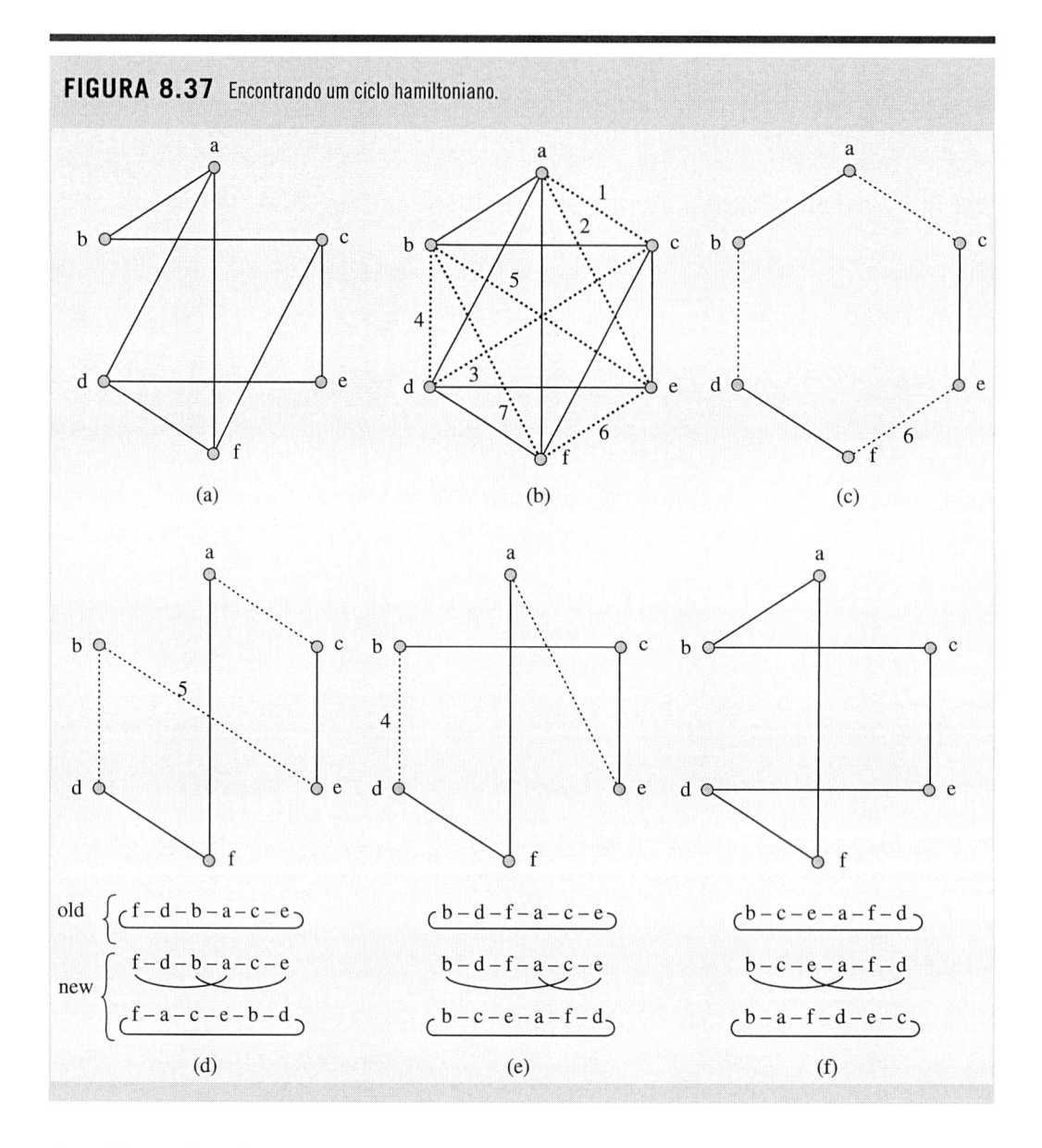

O problema do caixeiro viajante

O *problema do caixeiro viajante* (TSP, do inglês *traveling salesman problem*) consiste em encontrar um itinerário mínimo; isto é, visitando cada cidade a partir de um conjunto delas e, em seguida, voltar para casa de modo que a distância total percorrida pelo vendedor seja mínima. Se são conhecidas as distâncias entre cada par de n cidades, então existem $(n-1)!$ rotas possíveis (o número de permutações dos vértices começando com um vértice v_1) ou itinerários (ou $(n-1)!/2$ se dois passeios em sentidos opostos são equiparados). O problema é, em seguida, encontrar um ciclo hamiltoniano mínimo.

A maioria das versões do TSP depende da desigualdade do triângulo, $dist(v_i,v_j) \leq dist(v_i,v_k) + dist(v_k,v_j)$. Uma possibilidade é adicionar a um caminho já construído $v_1, \ldots, v_j$ uma cidade v_{j+1} que esteja mais próxima de v_j (um algoritmo ganancioso). O problema com esta solução é que a última $aresta(v_n,v_1)$ pode ser tão longa quanto a distância total para as bordas restantes.

Uma abordagem é a utilização de uma árvore de espalhamento mínima; isto é, definindo o comprimento da árvore para ser a soma dos comprimentos de todas as suas arestas. Como a remoção de uma aresta do itinerário resulta em uma árvore de espalhamento, o itinerário mínimo do vendedor não pode ser mais curto do que o comprimento desta árvore mst, $length(minTour) \geq length(mst)$. Além disso, uma busca em profundidade da árvore atravessa cada aresta duas vezes (quando vai para baixo e, em seguida, quando retrocede) para visitar todos os vértices (cidades), pelo que o comprimento do itinerário mínimo do vendedor é, no máximo, duas vezes o da árvore de espalhamento mínima, $2length(mst) \geq length(minTour)$. Mas um caminho que inclui cada aresta duas vezes passa por alguns vértices duas vezes, é demais. Cada vértice, no entanto, deve ser incluído apenas uma vez no caminho. Portanto, se o vértice v já foi incluído nesse caminho, então sua segunda ocorrência em um subcaminho ... w v u .... é eliminada e o subcaminho é contraído para ... w u ... no qual o comprimento do caminho é encurtado devido à desigualdade triangular. Por exemplo, a árvore de espalhamento mínima para o grafo completo que liga as cidades a até h na Figura 8.38a está dada na Figura 8.38b, e a busca em profundidade se torna o caminho da Figura 8.38c. Ao aplicar repetidamente a desigualdade triangular (Figura 8.38c–i), o caminho é transformado naqueles da Figura 8.38i, em que cada cidade é visitada apenas uma vez. Este caminho final pode ser obtido diretamente da árvore de espalhamento mínima na Figura 8.38b usando a travessia em pré-ordem desta árvore, que gera o itinerário do vendedor ligando vértices na ordem determinada pela travessia e o último vértice visitado com a raiz da árvore. O itinerário na Figura 8.38i é obtido considerando o vértice a como a raiz da árvore, pelo que as cidades estão na ordem a, d, e, f, h, g, c, b, após o que retornamos a a (Figura 8.38i). Note que o itinerário do vendedor na Figura 8.38i é mínimo, o que nem sempre é o caso. Quando o vértice d é considerado a raiz da árvore de espalhamento mínima, a travessia em pré-ordem se torna o caminho da Figura 8.38j, que claramente não é mínimo.

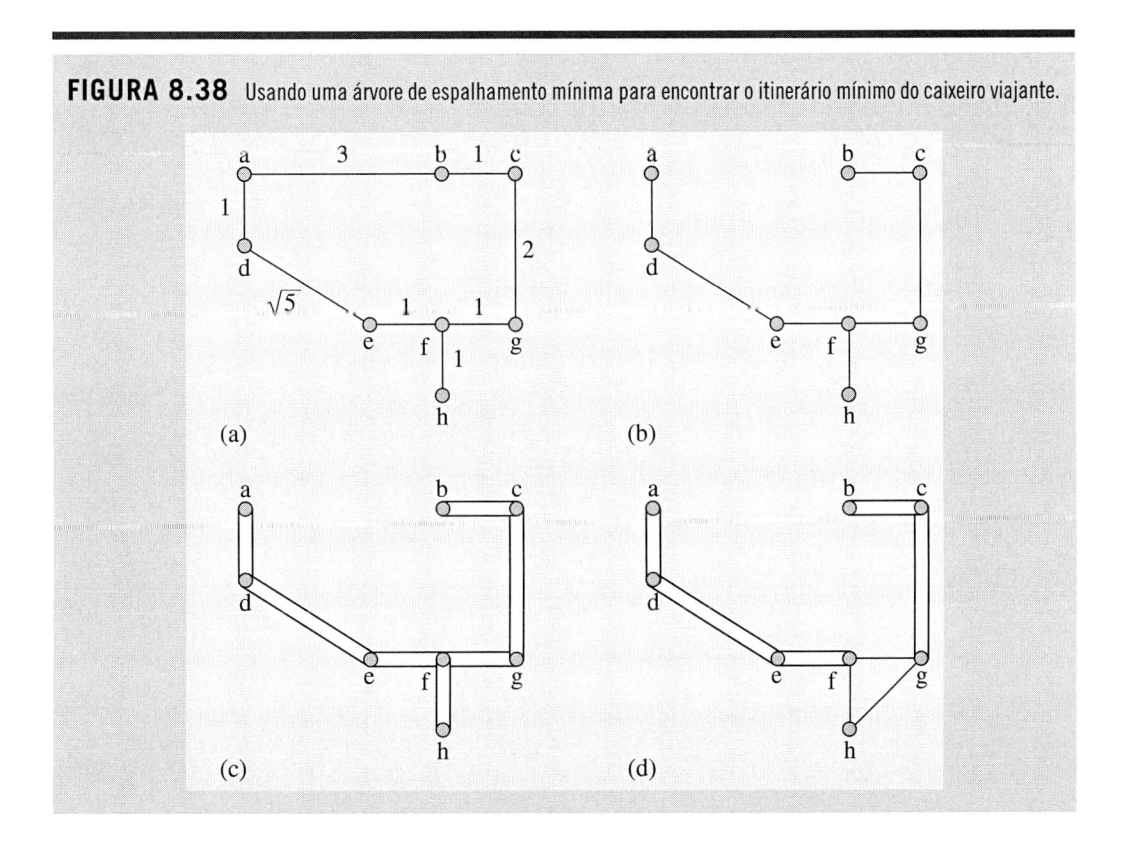

FIGURA 8.38 Usando uma árvore de espalhamento mínima para encontrar o itinerário mínimo do caixeiro viajante.

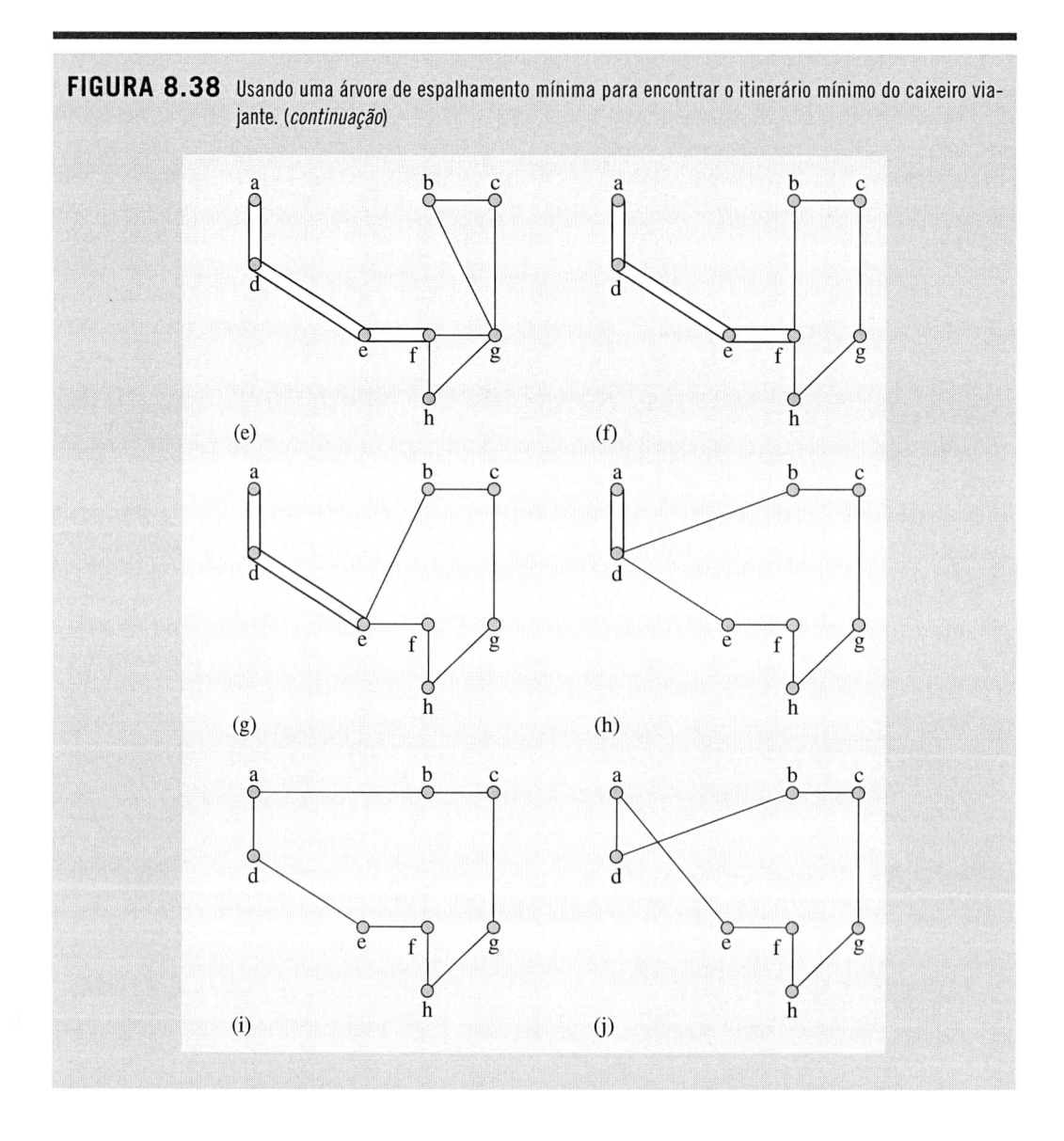

FIGURA 8.38 Usando uma árvore de espalhamento mínima para encontrar o itinerário mínimo do caixeiro viajante. (*continuação*)

Em uma versão deste algoritmo, estendemos um itinerário adicionando-lhe a cidade mais próxima. Como o itinerário é mantido inteiro, não tem semelhança com o método Jarník-Prim:

```
nearestAdditionaAlgorithm(cidades V)
    tour = {aresta(vv)} para algum v;
    while tour tem menos de |V| arestas
        v_i = um vértice não no tour mais próximo a ele;
        v_p = um vértice no tour mais próximo a v_i  (aresta(v_p v_i) ∉ tour);
        v_q = um vértice no tour tal que a aresta(v_p v_q) ∈ tour;
        tour = tour ∪ {aresta(v_p v_i), aresta(v_i v_q)} - {aresta(v_p v_q)};
```

Neste algoritmo, aresta($v_p v_q$) é uma das duas que ligam a cidade v_p no itinerário a um dos seus dois vizinhos v_q. Um exemplo de aplicação do algoritmo é apresentado na Figura 8.39.

Capítulo 8 Grafos ■ 397

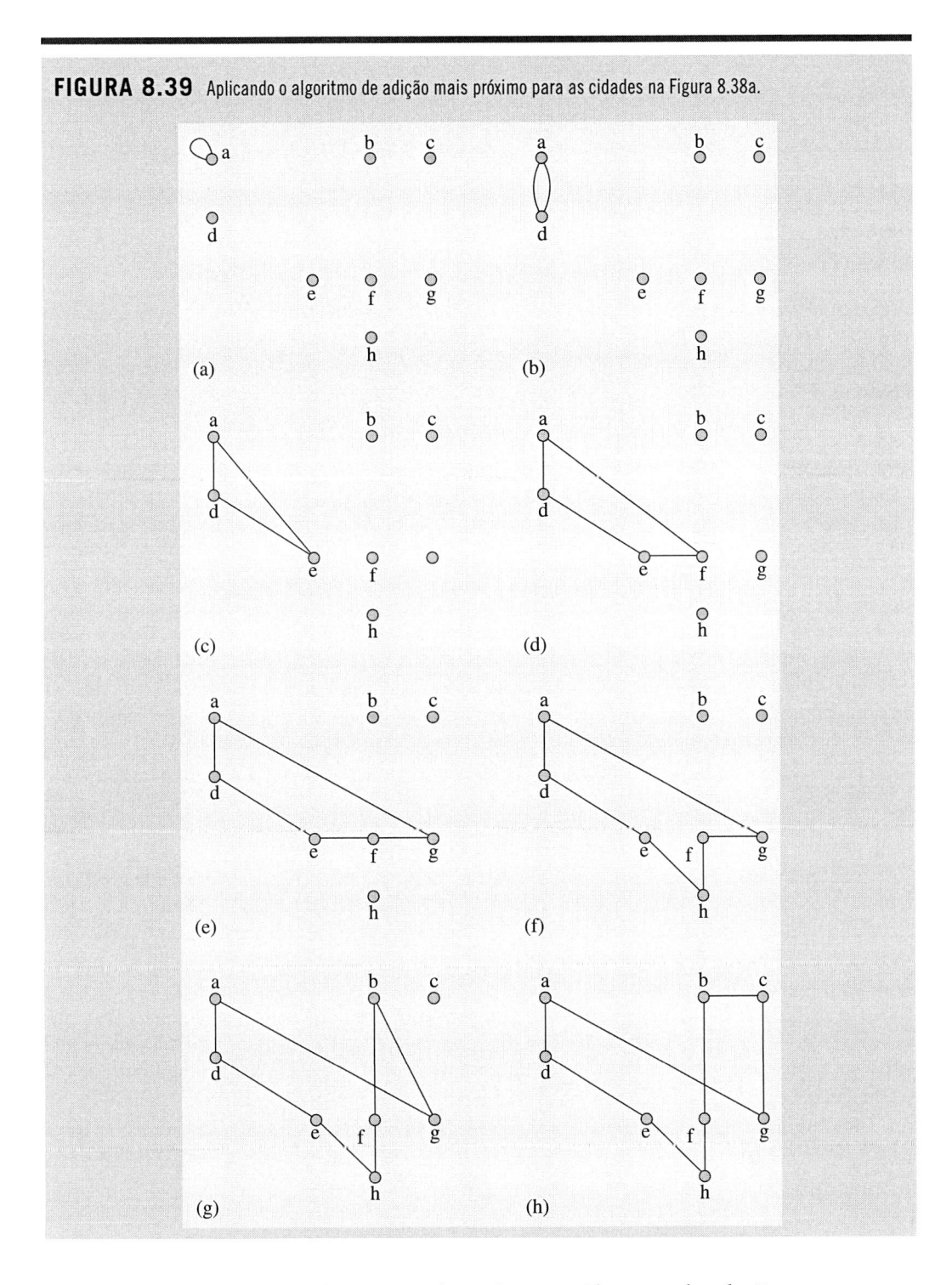

FIGURA 8.39 Aplicando o algoritmo de adição mais próximo para as cidades na Figura 8.38a.

Pode parecer que o custo de execução deste algoritmo é bastante elevado. Para encontrar v_i e v_p em uma iteração, todas as combinações devem ser tentadas, o que é $\sum_{i=1}^{|V|-1} i(|V|-i) = \frac{(|V|-1)|V|(|V|+1)}{6} = O(|V|^3)$. No entanto, um aumento de velocidade é possível por meio da estruturação cuidadosa dos dados. A seguir, o primeiro vértice v é determinado e usado para inicializar o itinerário, são encontradas as distâncias uns dos outros vértices u a v, e dois campos estão configurados corretamente para u: *distância* = *distância* (uv) e *distance To* = v; ao mesmo tempo, é determinado um vértice $v_{mín}$ com a distância mínima. Então, em cada iteração, $v_p = v_{mín}$ da iteração anterior. Em seguida, cada vértice u fora do itinerário é conferido para saber se *distância*(uv_p) é menor do que *distância*(uv_r) para um vértice v_r no itinerário. Se assim for, o campo de distância em u é atualizado, como campo *distanceTo* = v_p. Ao mesmo tempo, um vértice $v_{mín}$ é determinado com a distância mínima. Desta forma, o custo total é $\sum_{i=1}^{|V|-1} i$, que é $O(|V|^2)$.

8.11 Coloração de grafos

Algumas vezes, queremos encontrar um número mínimo de conjuntos não sobrepostos de vértices, onde cada conjunto inclui vértices que são *independentes* — isto é, não conectados a qualquer aresta. Por exemplo, há uma série de tarefas e um número de pessoas realizando-as. Se uma tarefa pode ser realizada por uma pessoa em certo tempo, as tarefas têm de ser agendadas para que seja possível realizá-las. Formamos um grafo em que as tarefas são representadas por vértices; duas tarefas são unidas por uma aresta se a mesma pessoa for responsável por realizá-las, isto é, as duas tarefas não podem ser realizadas pela mesma pessoa ao mesmo tempo. Agora, vamos tentar construir um número mínimo de conjuntos de tarefas independentes. Como as tarefas em um conjunto podem ser realizadas simultaneamente, o número de conjuntos indica o de intervalos de tempo necessários para executar todas as tarefas.

Em outra versão deste exemplo, duas tarefas são unidas por uma aresta se não puderem ser executadas ao mesmo tempo. Cada conjunto de tarefas independentes representa os conjuntos que podem ser executados simultaneamente, mas desta vez o número mínimo de conjuntos indica o número mínimo de pessoas necessárias para executá-las. Geralmente, unimos por uma aresta dois vértices quando estes não estão autorizados a ser membros da mesma classe. O problema pode ser reformulado dizendo que atribuímos cores a vértices do grafo de forma que dois vértices unidos por uma aresta têm uma cor diferente, e o problema eleva-se à *coloração* do grafo com o número mínimo de cores. Mais formalmente, se temos um conjunto de cores C, então queremos encontrar a função $f: V \rightarrow C$ tal que, se existe uma *edge*(vw), então $f(v) \neq f(w)$, e também C é de cardinalidade mínima. O mínimo número de cores usado para colorir o grafo G é chamado *número cromático* de G, designado $\chi(G)$. Um grafo para o qual $k = \chi(G)$ é chamado *k-colorível*.

Pode haver mais do que um mínimo de um conjunto de cores C. Não existe fórmula geral para o número cromático de qualquer grafo arbitrário. Para alguns casos especiais, no entanto, a fórmula é bastante fácil de determinar: para um grafo completo K_n, $\chi(K_n) = n$; para um ciclo C_{2n} com número par de arestas, $\chi(C_{2n}) = 2$; para um ciclo C_{2n+1} com número ímpar de arestas, $\chi(C_{2n+1}) = 3$; e para um grafo bipartido G, $\chi(G) \leq 2$.

A determinação de um número cromático de um grafo é um problema NP-completo. Portanto, devem ser usados métodos que possam aproximar a coloração exata do grafo razoavelmente bem – isto é, métodos que permitam colorir um grafo com número de cores que não seja muito maior que o cromático.

Uma abordagem geral, chamada *coloração sequencial*, é estabelecer as sequências de vértices e de cores antes de colori-los, e depois colorir o próximo vértice com o menor número possível.

```
sequentialColoringAlgorithm(graph = (V,E))
```
    colocar os serviços em determinada ordem $v_{p_1}, v_{p_2},...,v_{p_{|V|}}$;
    colocar as cores em determinada ordem $c_1, c_2, ..., c_k$;
```
    for i = 1 a |V|
```
        j = *o menor índice de cor que não aparece em nenhum vizinho de* v_{p_i};
```
        cor(v_{p_i}) = c_j;
```

O algoritmo não é específico sobre os critérios pelos quais os vértices são ordenados (a ordem das cores é irrelevante). Uma possibilidade é a utilização de um ordenamento de acordo com os índices já atribuídos aos vértices antes de o algoritmo ser chamado, como na Figura 8.40b, que dá o algoritmo $O(|V|^2)$, que, na verdade, pode resultar em um número de cores vastamente diferente do número cromático.

Teorema (Welsh e Powell, 1967). Para o algoritmo de coloração sequencial, o número de cores necessárias para colorir o grafo, $\chi(G) \leq \max_i \min(i, deg(v_{p_i}) + 1)$.

Prova. Ao colorir o $i^{ésimo}$ vértice, a maioria min $(i - 1, deg(v_{p_i}))$ de seus vizinhos já tem cores; por conseguinte, sua cor é, no máximo, min $(i, deg(v_{p_i}) + 1)$. Tomar o valor máximo sobre todos os vértices torna o limite superior.

□

Para o grafo da Figura 8.40a, $\chi(G) \leq \max_i \min(i, deg(v_{p_i}) + 1 = $ máx(mín(1, 4), mín(2, 4), mín(3, 3), mín(4, 3), mín(5, 3)^i, mín(6, 5), mín(7,6), mín(8,4)) = máx(1, 2, 3, 3, 3, 5, 6, 4) = 6.

O teorema indica que a sequência de vértices deve ser organizada de modo que aqueles com elevados graus devem ser colocados no início da sequência para que mín(posição na sequência, $deg(v)$) = posição na sequência, e os com baixos graus devem ser colocados no fim da sequência, de modo que mín(posição na sequência, $deg(v)$)) = $deg(v)$. Isto conduz à *primeira grande* versão do algoritmo em que os vértices são ordenados por ordem decrescente de acordo com seus graus. Desta forma, os vértices de Figura 8.40a são ordenados na sequência $v_7, v_6, v_1, v_2, v_8, v_3, v_4, v_5$, onde o vértice v_7, com o maior número de vizinhos, é colorido primeiro, como mostrado na Figura 8.40c. Esta ordenação também dá uma melhor estimativa do número cromático, porque agora $\chi(G) \leq$ max(min (1, $deg(v_7) + 1$), min(2, $deg(v_6) + 1$), min(3, $deg(v_1) + 1$), min(4, $deg(v_2) + 1$), min(5, $deg(v_8^i) + 1$), min(6, $deg(v_3) + 1$), min(7, $deg(v_4) + 1$), min(8, $deg(v_5) + 1$)) = max(1, 2, 3, 4, 4, 3, 3, 3) = 4.

FIGURA 8.40 (a) Grafo usado para colorir; (b) cores atribuídas aos vértices com o algoritmo da coloração sequencial que ordena os vértices por número de índice; (c) vértices são colocados na primeira grande sequência; (d) coloração do grafo obtida com o algoritmo Brélaz.

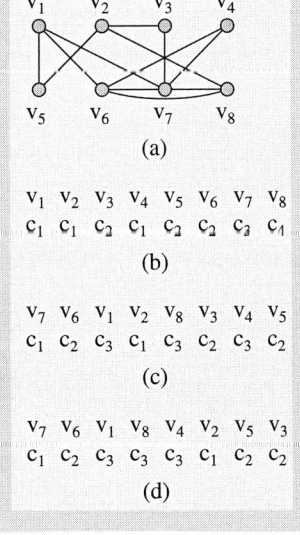

A primeira grande abordagem utiliza apenas um critério para gerar uma sequência de vértices a ser coloridos. No entanto, esta restrição pode ser levantada de modo que dois ou mais critérios possam ser utilizados ao mesmo tempo. Isto é particularmente importante na quebra de laços. No nosso exemplo, se dois vértices têm o mesmo grau, o escolhido é aquele com o índice menor. Em um algoritmo proposto por Brélaz (1979), o principal critério baseia-se no *grau de saturação* de um vértice v, que é o número de diferentes cores usadas para colorir vizinhos de v. Caso ocorra um empate, ele é quebrado pela escolha de um vértice com o maior *grau incolor*, que é o número de vértices sem cor adjacente a v.

```
BrelazColoringAlgorithm(graph)
    For cada vértice v
        saturationDeg(v) = 0;
        uncoloredDeg(v) = deg(v);
    colocar cores em determinada ordem $c_1, c_2, \ldots, c_k$;
    while nem todos os vértices são processados
        v = um vértice com mais alto grau de saturação ou,
        em caso de empate, vértice com grau incolor máximo;
        j = o menor índice de cor que não aparece em nenhum vizinho de v;
        for cada vértice incolor u adjacente a v;
            if a nenhum vértice adjacente a u é atribuída cor $c_j$
                saturationDeg(u) ++;
            uncoloredDeg(u) --;
        cor(v) = $c_j$;
```

Para um exemplo, veja a Figura 8.40d. Primeiro, v_7 é escolhido e designada a cor c_1, porque ele tem o mais alto grau. A seguir, os graus de saturação dos vértices v_1, v_3, v_4, v_6 e v_8 são ajustados para um porque são adjacentes a v_7. Entre estes cinco vértices, v_6 é selecionado porque tem o maior número de vizinhos sem cor. Em seguida, os graus de saturação de v_1 e v_8 são aumentados para dois, e como ambos os graus de saturação e sem cor dos dois vértices são iguais, escolhemos v_1 como tendo um índice mais baixo. As atribuições de cores restantes são mostradas na Figura 8.40d.

O laço while é executado $(|V|)$ vezes; v é encontrado em $O(|V|)$ etapas, e o laço for leva a deg(v) etapas, que é também $O(|V|)$; portanto, o algoritmo roda em $O(|V|^2)$ vezes.

8.12 Problemas NP-completos na teoria dos grafos

Nesta seção é apresentada a NP-completude de alguns problemas na teoria dos grafos.

8.12.1 O problema do clique

Clique em um grafo G é um subgrafo completo de G. O problema do clique é determinar se G contém um clique K_m para algum inteiro m. O problema é NP, porque podemos imaginar um conjunto de m vértices e verificar em tempo polinomial se um subgrafo com estes vértices é um clique. Para mostrar que o problema é NP-completo, reduzimos o problema 3-satisfatibilidade (ver Seção 2.10) para o clique. Faremos a redução mostrando que, para uma expressão booleana *BE* na CNF com três variáveis, podemos construir tal grafo cuja expressão pode ser satisfeita se houver um clique de tamanho m no grafo. Sendo m o número de alternativas em *BE*, isto é,

$$BE = A_1 \wedge A_2 \wedge \ldots \wedge A_m$$

e cada $A_i = (p \vee q \vee r)$, onde p, q e r são variáveis booleanas ou suas negações.

Construímos um grafo cujos vértices representam todas as variáveis e suas negações encontradas em *BE*. Dois vértices são unidos por uma aresta se as variáveis que representam estão em diferentes alternativas e não são complementares; isto é, uma não é a negação da outra. Por exemplo, para a expressão

$$BE = (x \vee y \vee \neg z) \wedge (x \vee \neg y \vee \neg z) \wedge (w \vee \neg x \vee \neg y)$$

o grafo correspondente está na Figura 8.41. Com esta construção, uma aresta entre dois vértices representa uma possibilidade de ambas as variáveis representadas pelos vértices serem verdadeiras ao mesmo tempo. Um m-clique representa uma possibilidade de uma variável de cada alternativa ser verdadeira, o que torna toda *BE* verdadeira. Na Figura 8.41, cada triângulo representa um 3-clique. Deste modo, se a *BE* é satisfeita, então um m-clique pode ser encontrado. É também claro que, se existe um *m*-clique, então a *BE* é satisfeita. Isto mostra que o problema de satisfatoriedade é reduzido para o problema do clique, e o último é NP-completo porque o anterior já foi mostrado ser NP-completo.

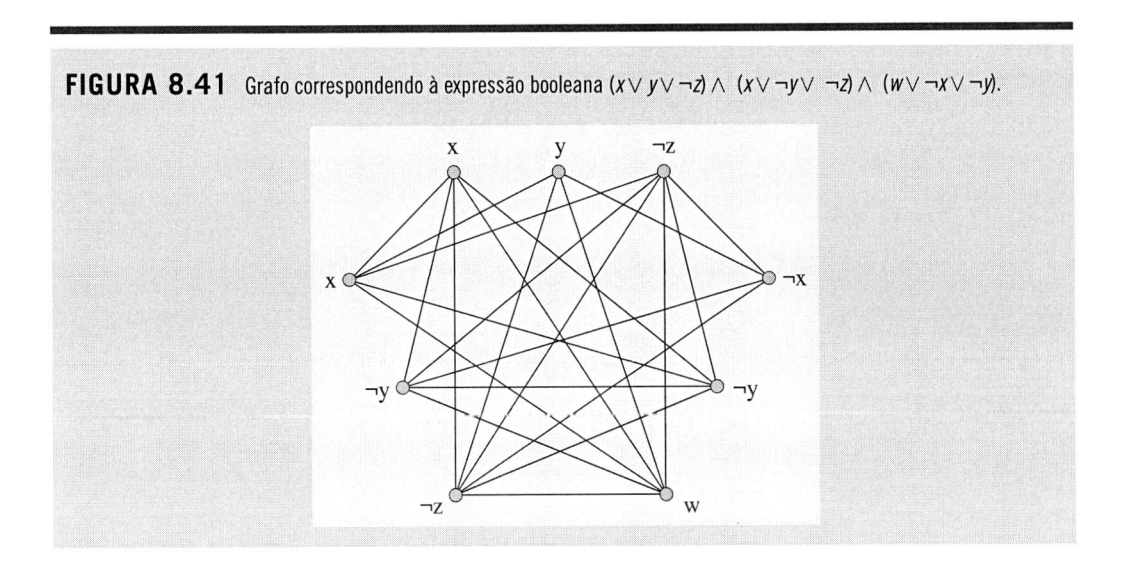

FIGURA 8.41 Grafo correspondendo à expressão booleana $(x \lor y \lor \neg z) \land (x \lor \neg y \lor \neg z) \land (w \lor \neg x \lor \neg y)$.

8.12.2 O problema 3-colorabilidade

Este problema é uma questão de saber se um grafo pode ser adequadamente colorido com três cores. Provamos que o problema é NP-completo reduzindo-o ao problema 3-satisfatibilidade. O problema 3-colorabilidade é NP porque podemos supor uma coloração de vértices com três cores e verificar em tempo quadrático que a coloração é correta (para cada um dos vértices |V| verificar a cor de até |V|-1 dos seus vizinhos). Para reduzir o problema 3-satisfatibilidade ao 3-colorabilidade, utilizamos um 9-subgrafo auxiliar. Um 9-subgrafo leva 3 vértices, v_1, v_2 e v_3, a partir de um grafo existente e acrescenta 6 novos vértices e 10 arestas, como na Figura 8.42a. Considere o conjunto {*f*, *t*, *n*} (fúcsia/falso, turquesa/verdadeiro, chagas/neutro) de três cores usadas para colorir um grafo. O leitor pode facilmente verificar a validade do seguinte lema.

Lema. 1) Se todos os três vértices v_1, v_2 e v_3 de um 9-subgrafo são coloridos com *f*, então o vértice v_4 também deve ser colorido com *f* para que este subgrafo seja colorido corretamente. 2) Se apenas as cores *t* e *f* podem ser usadas para colorir os vértices v_1, v_2 e v_3 de um 9-subgrafo e pelo menos um é colorido com *t*, então o vértice v_4 pode ser colorido com *t*.

□

Agora, para dada expressão booleana *BE* consistindo em *k* alternativas construímos um grafo da seguinte maneira. O grafo tem dois vértices especiais *a* e *b*, e *edge(ab)*. Além disso, inclui um vértice para cada variável utilizada na *BE* e um para a negação desta variável. Para cada par de vértices *x* e ¬*x*, o grafo inclui *edge(ax)*, *edge(a(¬x))* e *edge(x(¬x))*. Em seguida, para cada alternativa $p \lor q \lor r$ incluída na *BE*, o grafo tem um 9-subgrafo cujos vértices v_1, v_2 e v_3 correspondem às três variáveis booleanas ou suas negações *p*, *q* e *r* nesta alternativa. Finalmente, para cada 9-subgrafo, o grafo inclui *edge($v_4 b$)*. Um grafo correspondente à expressão booleana

$$(\neg w \lor x \lor y) \land (\neg w \lor \neg y \lor z) \land (w \lor \neg y \lor \neg z)$$

é apresentado na Figura 8.42b.

FIGURA 8.42 (a) um 9-subgrafo; (b) um grafo correspondente à expressão booleana $(\neg w \vee x \vee y) \wedge (\neg w \vee \neg y \vee z) \wedge (w \vee \neg y \vee \neg z)$.

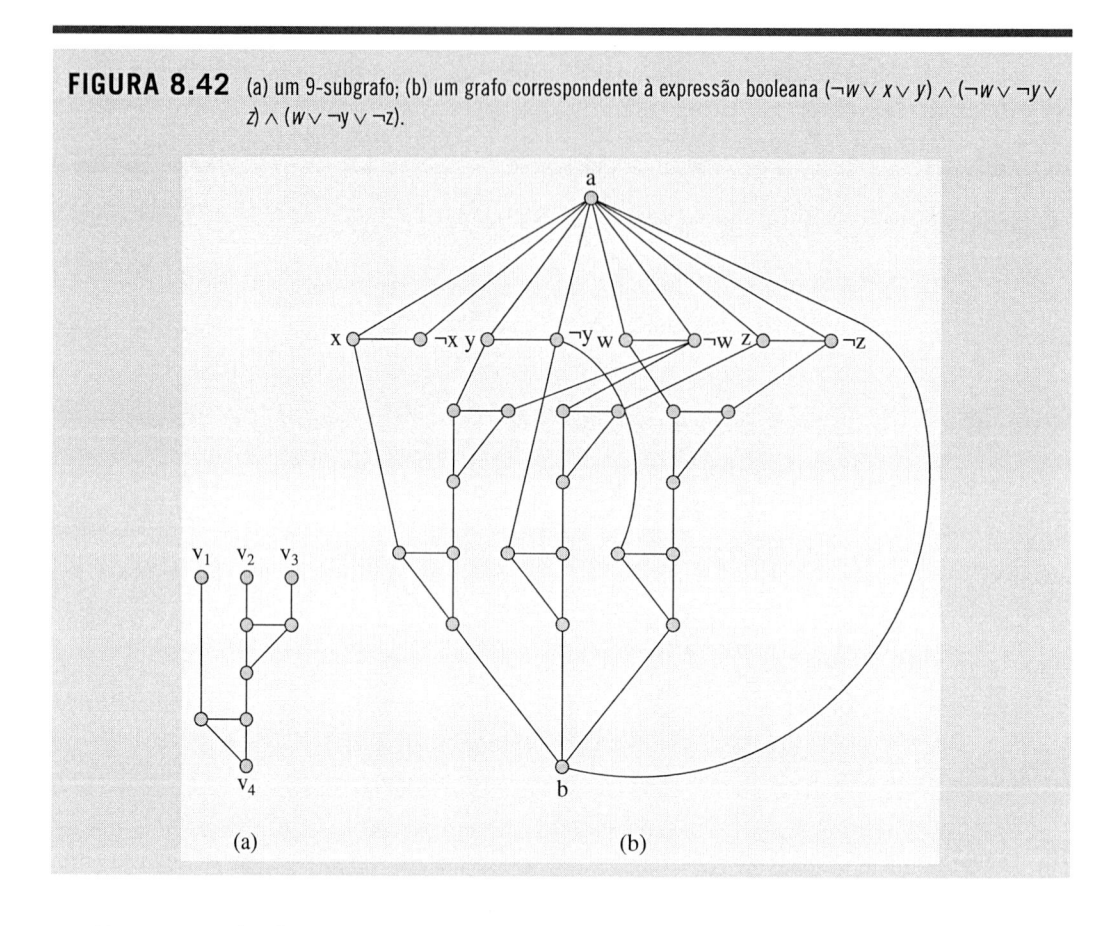

Temos agora de afirmar que, se uma expressão booleana *BE* é satisfazível, então o grafo correspondente a ela é 3-colorível. Para cada variável x na *BE*, definimos $color(x) = t$ e $color(\neg x) = f$, onde x é real e, caso contrário: $color(x) = f$ e $color(\neg x) = t$. A expressão booleana é satisfazível se cada alternativa A_i na *BE* também é, o que ocorre quando pelo menos uma variável x ou sua negação $\neg x$ na A_i é verdadeira. Uma vez que, exceto para b (cuja cor está prestes a ser determinada), cada vizinho de a tem a cor t ou f, e porque ao menos um dos três vértices v_1, v_2 e v_3 de cada 9-subgrafo tem a cor t, cada 9-subgrafo é 3-colorível, e $color(v_4) = t$; definindo $color(a) = n$ e $color(b) = f$, todo o grafo é 3-colorível.

Suponha que um grafo, como na Figura 8.42b, seja 3-colorível e que $color(a) = n$ e $color(b) = f$. Como $color(a) = n$, cada vizinho de a tem a cor f ou t, o que pode ser interpretado de modo que a variável booleana ou sua negação correspondente a este vértice vizinho seja verdadeira ou falsa. Somente se todos os três vértices v_1, v_2 e v_3 de qualquer 9-subgrafo tiverem cor f o vértice v_4 pode ter cor f, mas isto entraria em conflito com a cor f do vértice b. Portanto, nenhum dos vértices v_1, v_2 e v_3 do 9-subgrafo pode ter a cor f; isto é, pelo menos um desses vértices deve ter a cor t (o(s) restante(s) tem(têm) a cor f, não n, porque $color(a) = n$). Isto significa que não há alternativa correspondente para um 9-subgrafo poder ser falso, o que significa que cada alternativa é verdadeira, e assim toda a expressão booleana é satisfazível.

8.12.3 O problema da cobertura de vértices

Cobertura de vértices de um grafo não direcionado $G = (V, E)$ é um conjunto de vértices $W \subseteq V$ de tal modo que cada aresta no grafo é incidente para, pelo menos, um vértice de W. Desta forma, os vértices em W cobrem todas as arestas em E. O problema para determinar se G tem uma cobertura de vértices contendo no máximo k vértices para algum k inteiro é NP-completo.

Capítulo 8 Grafos ■ 403

E assim é porque uma solução pode ser suposta e então verificada em tempo polinomial. Isto é mostrado através da redução do problema do clique para o de cobertura de vértices.

Primeiro, definir um *grafo complemento* $\overline{G}$ do grafo $G = (V, E)$ é um grafo que apresenta os mesmos vértices V, mas tem conexões entre os vértices, que não são em G; isto é, $\overline{G} = (V, \overline{E} = \{edge(uv): u, v \in V \text{ e } edge(uv) \notin E\})$. O algoritmo de redução converte em tempo polinomial um grafo G com $(|V| - k)$-clique em um grafo complementar $\overline{G}$ com uma cobertura de vértices de tamanho k. Se $C = (V_C, E_C)$ é um clique em G, então os vértices do conjunto $V - V_C$ cobrem todas as arestas em $\overline{G}$, porque $\overline{G}$ não tem arestas com ambas as extremidades em V_C. Em consequência, $V - V_C$ é uma cobertura de vértices em $\overline{G}$ (veja a Figura 8.43a para um grafo com um clique, e a 8.43b para um grafo complementar com uma cobertura de vértices). Suponha agora que $\overline{G}$ possua uma cobertura do vértice W; isto é, uma aresta está em $\overline{E}$ se pelo menos uma das suas extremidades está em W. Agora, se nenhuma das extremidades de uma aresta está em W, a aresta está no grafo G - isto é, as últimas extremidades estão em $V - W$ e, assim, $V_C = V - W$ gera um clique. Isto prova que a resposta positiva para o problema do clique se dá através da conversão, uma resposta positiva a um problema de cobertura do vértice e, portanto, o último é um problema NP-completo porque o primeiro também é.

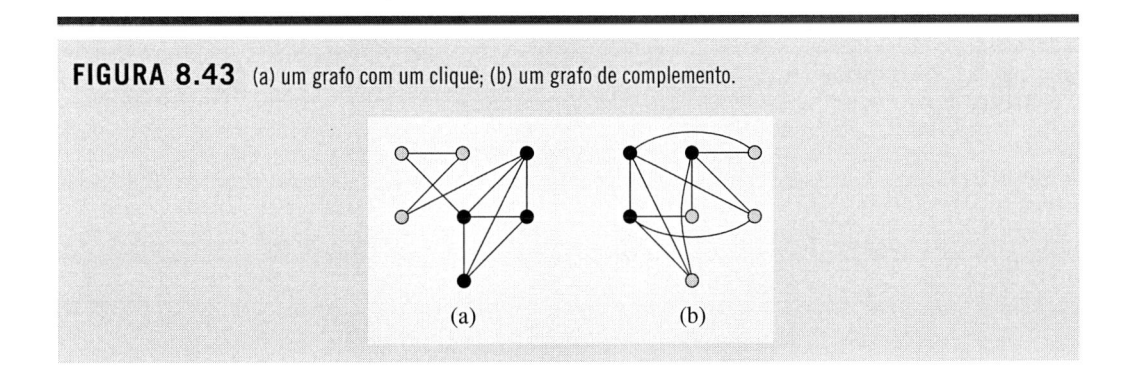

FIGURA 8.43 (a) um grafo com um clique; (b) um grafo de complemento.

8.12.4 O problema do ciclo hamiltoniano

A alegação de que encontrar um ciclo hamiltoniano em um grafo G simples é um problema NP-completo é mostrada através da redução do problema de cobertura do vértice para o problema do ciclo hamiltoniano. Primeiro, introduzimos um conceito auxiliar de 12-subgrafo que está representado na Figura 8.44a. O algoritmo de redução converte cada $edge(vu)$ do grafo G em um 12-subgrafo, de modo que um lado do subgrafo, com vértices a e b, corresponda a um vértice v de G, e, o outro lado, com vértices c e d, corresponda ao vértice u. Depois de introduzir um lado de um 12-subgrafo, por exemplo, em a, podemos passar por todos os 12 vértices na ordem a, c, d, b e sair dele no mesmo lado, em b. Além disso, podemos ir diretamente a partir de a até b e, se houver um ciclo hamiltoniano em todo o grafo, os vértices c e b são percorridos durante outra visita do 12-subgrafo. Note que qualquer outro caminho através do 12-subgrafo torna impossível a construção de um ciclo hamiltoniano do grafo inteiro.

Desde que tenhamos um grafo G, construímos um grafo G_H como segue. Criando vértices $u_1, \ldots, u_k$, onde k é o parâmetro correspondente ao problema de cobertura do vértice para o grafo G. Então, para cada aresta de G, é criado um 12-subgrafo; os 12-subgrafos associados ao vértice v estão ligados entre si sobre os lados correspondentes a v. Cada extremo da sequência do 12-subgrafo está ligado a vértices $u_1, \ldots, u_k$. O resultado da transformação do grafo G para $k = 3$ na Figura 8.44b é o grafo G_H na 8.44c. Para evitar confusão, a figura mostra apenas algumas conexões completas entre extremidades do 12-subgrafo e vértices u_1, u_2 e u_3, indicando apenas a existência de conexões remanescentes. A alegação é que, se houver uma cobertura de vértices de tamanho k no grafo G, então há um ciclo hamiltoniano no grafo G_H. Assuma que $W = \{v_1, \ldots, v_k\}$ é uma cobertura do vértice em G. Depois, há um ciclo hamiltoniano em G_H constituído da seguinte forma. Começando com u_1, percorra os lados do 12-subgrafo que correspondem a v_1. Para determinado 12-subgrafo, passe por todos os seus 12 vértices se o outro lado deste subgrafo não corresponder a um vértice na cobertura W; caso contrário, siga em linha reta através do 12-subgrafo. Neste último caso, seis vértices correspondentes a um vértice w não são atravessados, mas o são durante o processamento da parte do ciclo hamiltoniano correspondente a w. Depois de ser atingido o fim da cadeia do 12-subgrafo, vá para u_2, e a partir daí processe a sequência do 12-subgrafo correspondente a v_2, e assim por diante. Para o último vértice u_k, processe v_k e finalize o caminho em u_1, criando assim um ciclo hamiltoniano. Na Figura 8.44c é apresentada com uma linha grossa a parte do ciclo hamiltoniano correspondente a v_1, que começa em u_1 e termina em u_2. Como a cobertura $W = \{v_1, v_2, v_6\}$, o processamento continua para v_2 em u_2 e termina em u_3, e, em seguida, para v_6 em u_3 e termina em u_1.

Inversamente, se G_H tem um ciclo hamiltoniano, ele inclui subcaminhos através de k cadeias de 12-subgrafos que correspondem a k vértices em G_C que formam uma cobertura.

Considere agora esta versão do problema do caixeiro viajante. Em um grafo com distâncias atribuídas a cada aresta tentamos determinar se existe um ciclo da distância total com a distância combinada não maior do que um número inteiro k. Que o problema é NP-completo pode ser diretamente mostrado reduzindo-o ao problema do caminho hamiltoniano.

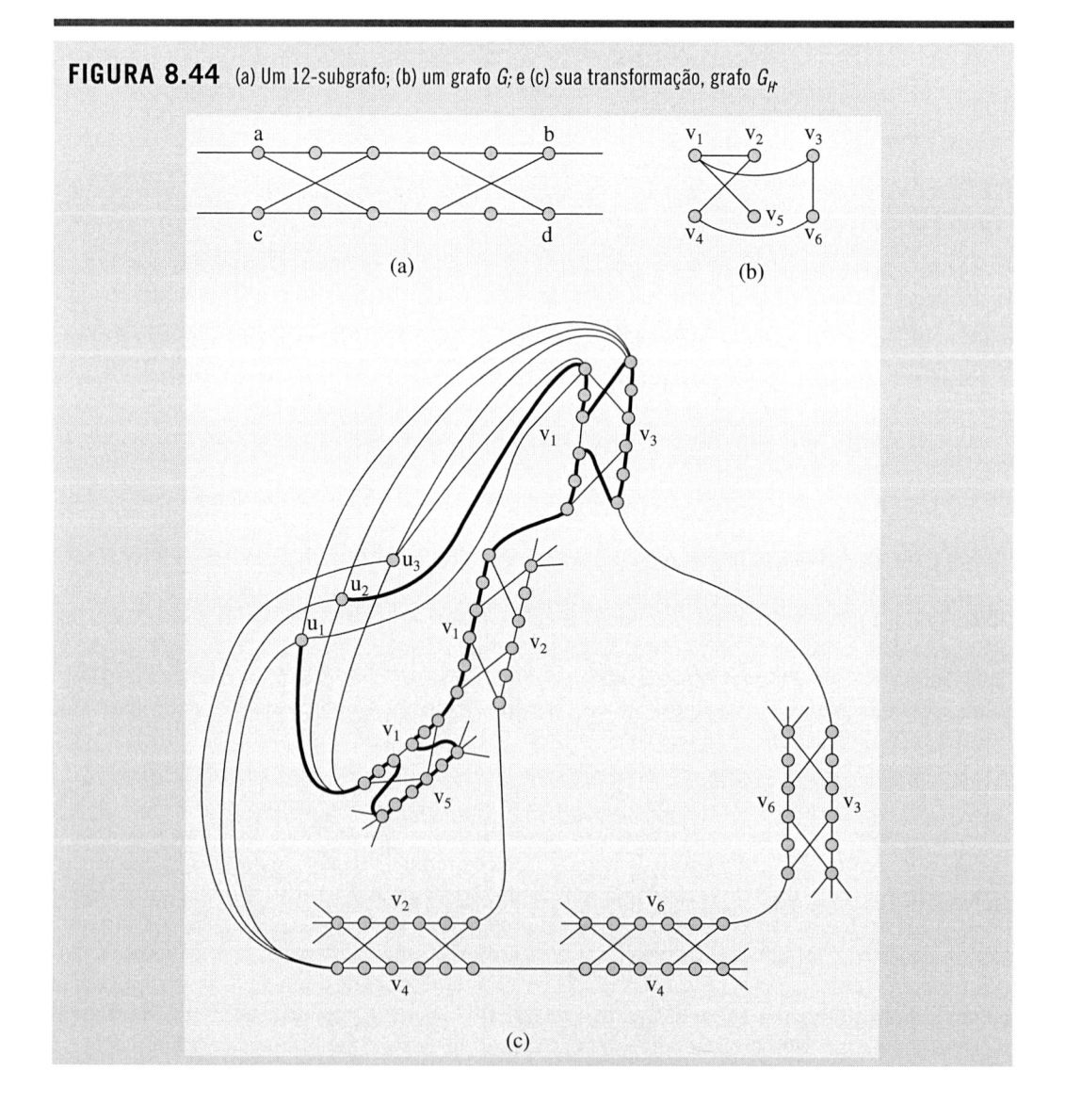

FIGURA 8.44 (a) Um 12-subgrafo; (b) um grafo G; e (c) sua transformação, grafo G_H.

8.13 Estudo de caso: Representantes distintos

Considere um conjunto de comitês, $C = \{C_1, \ldots, C_n\}$, cada um tendo pelo menos uma pessoa. O problema é determinar, se possível, representantes de cada comitê, de modo que este seja representado por uma pessoa, e cada pessoa possa representar somente um comitê. Por exemplo, se existem três comitês, $C_1 = \{M_5, M_1\}$, $C_2 = \{M_2, M_4, M_3\}$ e $C_3 = \{M_3, M_5\}$, uma possível representação é: o membro M_1 representa o comitê C_1, M_2 o C_2 e M_5 o C_3. No entanto, se temos esses três comitês, $C_4 = C_5 = \{M_6, M_7\}$ e $C_6 = \{M_7\}$, nenhuma representação distinta pode ser criada, pois há somente dois membros em todos os três comitês combinados. A última observação foi provada por P. Hall no teorema de *sistema de representantes distintos*, que pode ser escrito assim:

Teorema. Uma coleção não vazia de conjuntos finitos não vazios, $C_1, \ldots, C_n$, tem um sistema de representantes distintos se, para qualquer $i \leq n$, a união $C_{k_1} \cup \ldots \cup C_{k_i}$ tem pelo menos i elementos.

O problema pode ser resolvido com a criação de uma rede e uma tentativa de encontrar um fluxo máximo nessa rede. Por exemplo, a rede da Figura 8.45a pode representar os membros dos três comitês C_1, C_2 e C_3. Há um vértice de escoadouro falso conectado aos nós que representam os comitês; os vértices dos comitês são conectados aos que representam seus membros, e os vértices membros são todos conectados a um vértice de escoadouro falso. Assumimos que cada capacidade da aresta é $cap(e) = 1$. Um sistema de representantes distintos é encontrado se o máximo fluxo na rede é igual ao número de comitês. Os caminhos determinados por um algoritmo de fluxo máximo particular determinam os representantes. Por exemplo, o membro M_1 representa o comitê C_1 se um caminho s, C_1, M_1, t é determinado.

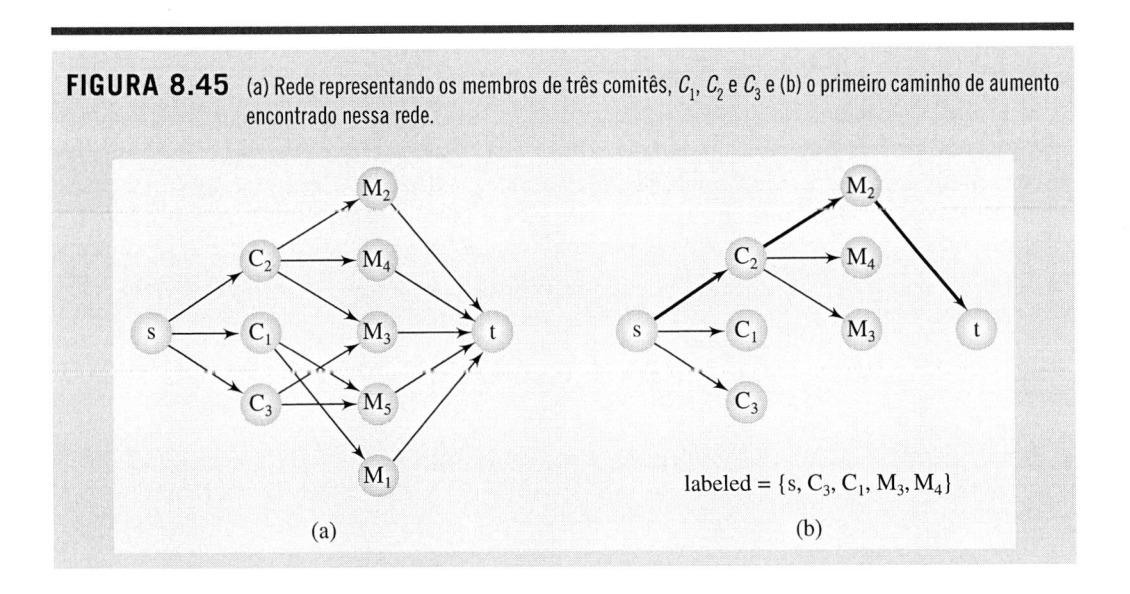

FIGURA 8.45 (a) Rede representando os membros de três comitês, C_1, C_2 e C_3 e (b) o primeiro caminho de aumento encontrado nessa rede.

A implementação tem dois estágios principais. Primeiro, uma rede é criada usando um conjunto de comitês e membros armazenados em um arquivo. A rede é então processada para encontrar os caminhos de aumento correspondentes aos membros que representam os comitês. O primeiro estágio é específico ao sistema de representantes distintos. O segundo pode ser usado para encontrar o fluxo máximo de qualquer rede, pois assume que a rede foi criada antes de ele ter começado.

Ao lermos os comitês e os membros de um arquivo, assumimos que o nome de um comitê é sempre seguido por dois-pontos e então por uma lista de membros separados por vírgulas e terminada por um ponto e vírgula. Um exemplo é o seguinte arquivo `committees`, que inclui a informação correspondente à Figura 8.45:

```
C2: M2, M4, M3;
C1: M5, M1;
C3: M3, M5;
```

Na preparação para criar uma rede, duas árvores são geradas: `committeeTree` e `memberTree`. A informação armazenada em cada nó inclui o nome do comitê ou do membro, um `idNum` atribuído pelo programa usando um contador de rodadas `numOfVertices`, e uma lista de adjacências a ser incluída mais tarde na rede. A Figura 8.46a mostra a árvore `committeeTree` que corresponde aos comitês do arquivo de exemplo. As listas de adjacências são implementadas usando-se a classe `list` da STL, mostradas de forma simplificada, com o membro `idNum` apenas e somente com o vínculo direto (listas STL são implementadas como listas duplamente ligadas; veja a Seção 3.7). Uma forma mais completa das listas está na Figura 8.46b, mas somente com os vínculos diretos. Os nomes dos membros aparecem acima dos nós dessas listas de adjacências. Uma lista de adjacências separada, `sourceList`, é construída para o vértice fonte. Note que o membro `adjacent` em um nó `NetTreeNode` não é do tipo `list<Vertex>`, mas um tipo ponteiro `list<Vertex>*`. Por essas listas ser mais tarde transferidas para a matriz `vertices`, um tipo não ponteiro usaria a atribuição que copia as listas na árvore para a matriz, o que seria ineficiente. Mais importante, o programa usa ponteiros para os vértices armazenados nas listas das árvores (`twin` em `Vertex` e `corrVer` em `VertexArrayRec`) ao criá-las, e as cópias dos vértices, naturalmente, teriam diferentes endereços além dos originais nas árvores, que levariam inevitavelmente a um colapso do programa.

Depois que o arquivo é processado e todos os comitês e membros incluídos nas árvores, a geração da rede começa. Ela é representada pela matriz `vertices`. O índice de cada célula corresponde ao `idNum` atribuído a cada nó das duas árvores. Todas as células i incluem a informação necessária para o processamento apropriado do vértice i: o nome do vértice, o fluxo do vértice, a bandeira rotulado/não rotulado, o ponteiro para a lista de adjacências, o ascendente no caminho de aumento corrente e a referência a um nó i na lista de adjacências do ascendente.

Uma lista de adjacências de um vértice na posição i representa as arestas incidentes neste vértice. Cada nó da lista é identificado por seu `idNum`, que é a posição em `vertices` do mesmo vértice. Além disso, a informação em cada nó desta lista inclui a capacidade da aresta, seu fluxo, a bandeira frontal/traseira e um ponteiro para os gêmeos. Se há uma aresta do vértice i para o j, a lista de adjacências inclui um nó que representa uma aresta frontal de i para j, e a lista de adjacências tem um nó que corresponde a uma aresta traseira de j para i. Por isso, cada aresta é representada duas vezes na rede. Se um caminho é aumentado, aumentar uma aresta significa atualizar dois nós em duas listas de adjacências. Para tornar isto possível, cada nó desta lista aponta para seu gêmeo, ou, melhor, para um nó que representa a mesma aresta tomada na direção oposta.

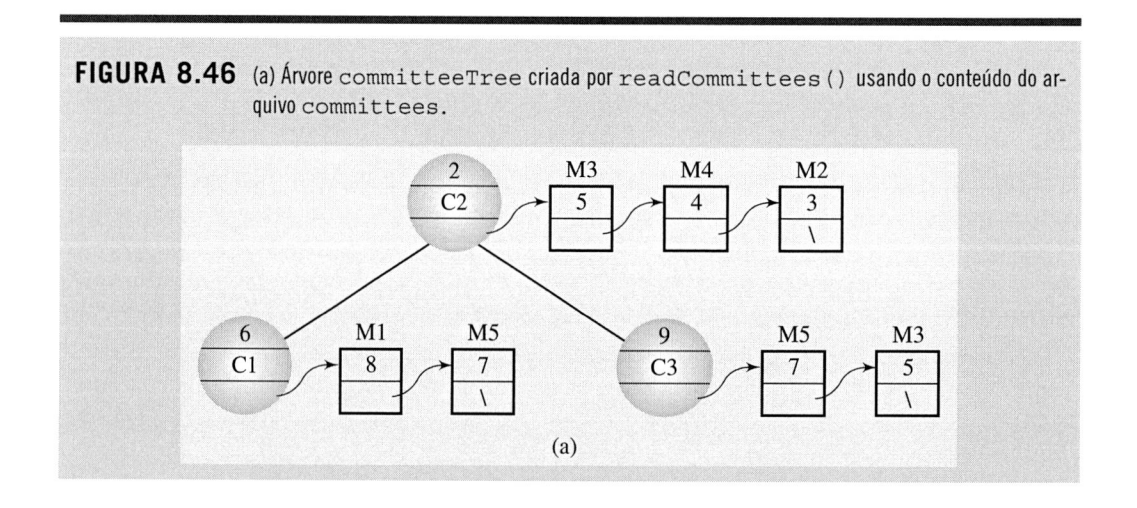

FIGURA 8.46 (a) Árvore `committeeTree` criada por `readCommittees()` usando o conteúdo do arquivo `committees`.

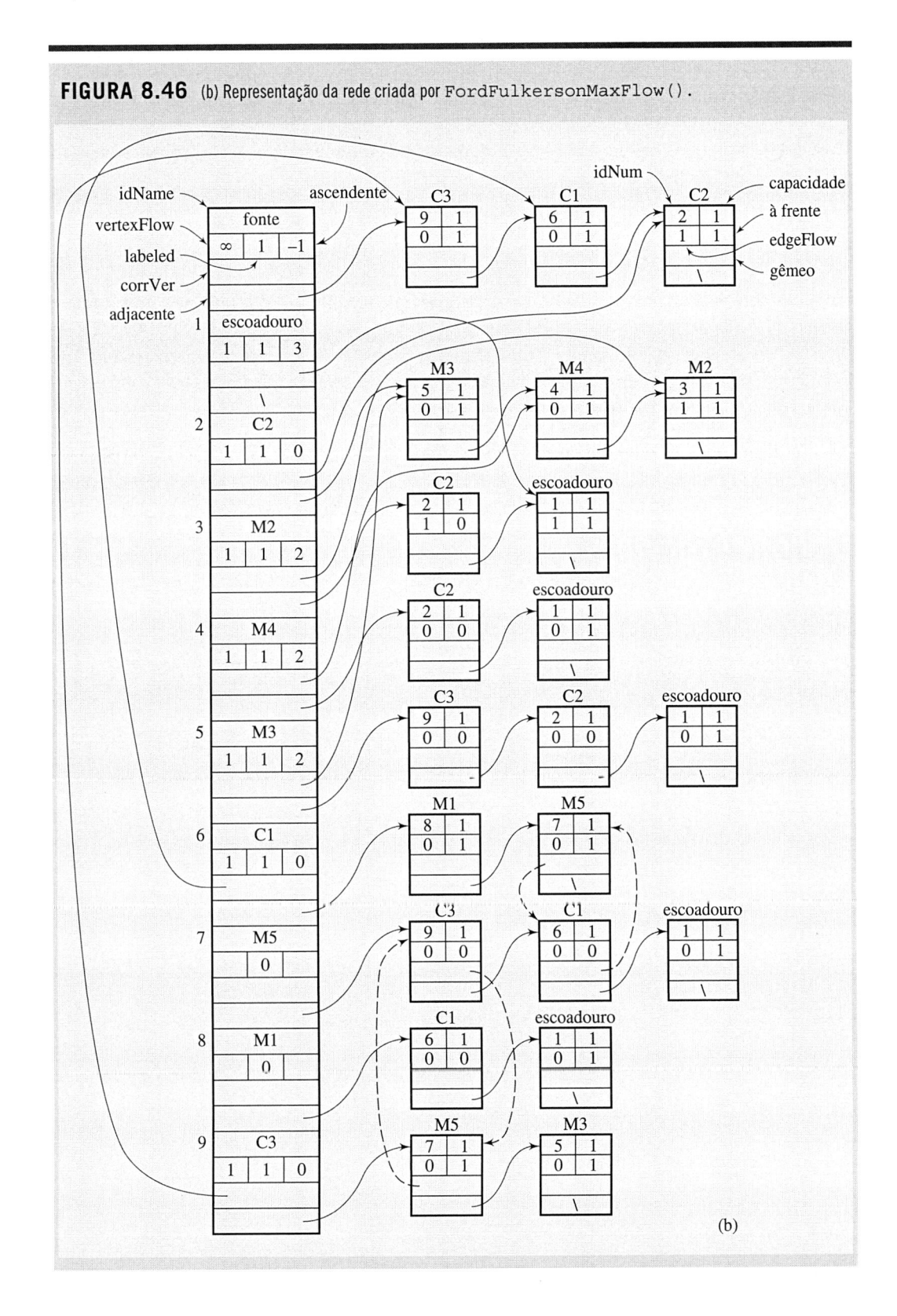

FIGURA 8.46 (b) Representação da rede criada por `FordFulkersonMaxFlow()`.

Na primeira fase do processo, a função `readCommittees()` constrói tanto o vetor `vertices` quanto a lista de adjacências para cada vértice do vetor quando lê os dados do arquivo `committees`. Tanto o vetor quanto as listas incluem elementos únicos. A função também constrói uma lista de adjacências separada para o vértice fonte.

Observe as atribuições em que os operadores de endereçamento & e de desreferenciamento * são usados juntos, como em

```
memberVerAddr = &*committeeTreeNode.adjacent->begin();
```

Para ponteiros, um operador cancela outro, de modo que p == &*p. Mas a função `begin()` retorna um iterador que indica a posição do primeiro elemento da lista, não um ponteiro. Para obter o endereço deste elemento, o operador de desreferenciamento * é aplicado ao iterador para extrair o elemento desreferenciado, e então seu endereço pode ser determinado com o operador &.

Na segunda fase, o programa procura caminhos de aumento. No algoritmo usado aqui, o nó fonte é sempre processado primeiro, por ser sempre colocado primeiro em `labeled`. Como o algoritmo exige que se processe somente vértices não rotulados, não há necessidade de incluir o vértice fonte em nenhuma lista de adjacências, pois a aresta de qualquer vértice para a fonte não tem chance de ser incluída em nenhum caminho. Além disso, depois que o escoadouro é atingido, o processo de encontrar um caminho de aumento para. Nenhuma aresta incidente no escoadouro é processada, por isso não há necessidade de manter uma lista de adjacências para o escoadouro.

A estrutura criada por `readCommittees()`, usando o arquivo `committees`, é mostrada na Figura 8.46b; esta estrutura representa a rede mostrada na Figura 8.45a. Os números nos nós e nas células da matriz são colocados por `FordFulkersonMaxFlow()` logo depois de ser encontrado o primeiro caminho de aumento, 0, 2, 3, 1, isto é, o caminho *fonte*, C_2, M_2, *escoadouro* (Figura 8.45b). Os nós da lista de adjacências de um vértice i não incluem os nomes dos vértices acessíveis a partir de i, somente seus `idNum`; em consequência, esses nomes são mostrados acima de cada nó. As linhas tracejadas mostram arestas gêmeas. Para não desorganizar a Figura 8.46 com muitos vínculos, somente os vínculos para dois pares de nós gêmeos são mostrados.

O resultado gerado pelo programa

```
Caminhos de aumento:
    fonte => C2 => M2 => escoadouro (aumentado em 1);
    fonte => C1 => M5 => escoadouro (aumentado em 1);
    fonte => C3 => M3 => escoadouro (aumentado em 1);
```

determina a seguinte representação: membro M_2 representa o comitê C_2, M_5 o C_1, e M_3 o C_3.

A Figura 8.47 contém o código para esse programa.

FIGURA 8.47 Implementação do problema de representantes distintos.

```cpp
#include <iostream>
#include <fstream>
#include <cctype>
#include <cstdlib>
#include <cstring>
#include <limits>
#include <list>
#include <stack>
#include <iterator>
using namespace std;
#include "genBST.h"
```

FIGURA 8.47 Implementação do problema de representantes distintos. (*continuação*)

```cpp
class VertexArrayRec;
class LocalTree;
class Network;

class Vertex {
public:
    Vertex() {
    }
    Vertex(int id, int c, int ef, bool f, Vertex *t = 0) {
        idNum = id; capacity = c; edgeFlow = ef; forward = f; twin = t;
    }
    bool operator== (const Vertex& v) const {
        return idNum == v.idNum;
    }
    bool operator!= (const Vertex& v) const { // exigido
        return idNum != v.idNum;
    }
    bool operator< (const Vertex& v) const { // pelo compilador;
        return idNum < v.idNum;
    }
    bool operator> (const Vertex& v) const {
        return idNum > v.idNum;
    }
private:
    int idNum, capacity, edgeFlow;
    bool forward; // direcao;
    Vertex *twin; // aresta na direcao oposta;
    friend class Network;
    friend ostream& operator<< (ostream&, const Vertex&);
};

class NetTreeNode {
public:
    NetTreeNode(forwardArrayRec **v = 0) {
        verticesPtr = v;
        adjacent = new list<Vertex>;
    }
    bool operator< (const NetTreeNode& tr) const {
        return strcmp(idName,tr.idName) < 0;
    }
    bool operator== (const NetTreeNode& tr) const {
        return strcmp(idName,tr.idName) == 0;
    }
private:
    int idNum;
    char *idName;
    VertexArrayRec **verticesPtr;
    list<Vertex> *adjacent;
    friend class Network;
    friend class LocalTree;
```

FIGURA 8.47 Implementação do problema de representantes distintos. (*continuação*)

```cpp
        friend ostream& operator<< (ostream&,const NetTreeNode&);
};

class VertexArrayRec {
public:
    VertexArrayRec() {
        adjacent = 0;
    }
private:
    char *idName;
    int vertexSlack;
    bool labeled;
    int parent;
    Vertex *corrVer;           // vertice correspondente: vertice na lista
    list<Vertex> *adjacent;    // de vertices adjacentes do ascendente com o
    friend class etwork;       // mesmo idNum que o indice da celula;
    friend class LocalTree;
    friend ostream& operator<< (ostream&,const Network&);
};
// define novo visit() para ser utilizado por inorder() a partir de genBST.h;
class LocalTree : public BST<NetTreeNode> {
    void visit(BSTNode<NetTreeNode>* p) {
        (*(p->key.verticesPtr))[p->el.idNum].idName   = p->el.idName;
        (*(p->key.verticesPtr))[p->el.idNum].adjacent = p->el.adjacent;
    }
};

class Network {
public:
    Network() : sink(1), source(0), none(-1), numOfVertices(2) {
        verticesPtr = new VertexArrayRec*;
    }
    void readCommittees(char *committees);
    void FordFulkersonMaxFlow();
private:
    const int sink, source, none;
    int numOfVertices;
    VertexArrayRec *vertices;
    VertexArrayRec **verticesPtr;   // usado por visit() em LocalTree para
                                    // atualizar os vertices;
    int edgeSlack(Vertex *u) const {
        return u->capacity - u->edgeFlow;
    }
    int min(int n, int m) const {
        return n < m ? n : m;
    }
    bool Labeled(Vertex *v) const {
        return vertices[v->idNum].labeled;
    }
```

FIGURA 8.47 Implementação do problema de representantes distintos. (*continuação*)

```cpp
    void label(Vertex*,int);
    void augmentPath();
    friend class LocalTree;
    friend ostream& operator<< (ostream&,const Network&);
};

ostream& operator<< (ostream& out, const NetTreeNode& tr) {
    out << tr.idNum << ' ' << tr.idName << ' ';
    return out;
}
ostream& operator<< (ostream& out, const Vertex& vr) {
    out << vr.idNum << ' ' << vr.capacity << ' ' << vr.edgeFlow << ' '
        << vr.forward << "| ";
    return out;
}

ostream& operator<< (ostream& out, const Network& net) {
    ostream_iterator<Vertex> output(out," ");
    for (int i = 0; i < net.numOfVertices; i++) {
        out << i << ": "
            << net.vertices[i].idName << '|'
            << net.vertices[i].vertexSlack << '|'
            << net.vertices[i].labeled << '|'
            << net.vertices[i].parent << '|'
            << /* net.vertices[i].corrVer << */ "-> ";
        if (net.vertices[i].adjacent != 0)
            copy (net.vertices[i].adjacent->begin(),
                  net.vertices[i].adjacent->end(),output);
        out << endl;
    }
    return out;
}

void Network::readCommittees(char *fileName) {
    char i, name[80], *s;
    LocalTree committeeTree, memberTree;
    Vertex memberVer(0,1,0,false), commVer(0,1,0,true);
    Vertex *commVerAddr, *memberVerAddr;
    NetTreeNode committeeTreeNode(verticesPtr),
                memberTreeNode(verticesPtr), *member;
    list<Vertex> *sourceList = new list<Vertex>;
    ifstream fIn(fileName);
    if (fIn.fail()) {
        cerr << "Nao pode abrir " << fileName << endl;
        exit(-1);
    }
    while (!fIn.eof()) {
        fIn >> name[0]; // pule os espaços dianteiros;
        if (fIn.eof()) // espaços no fim do arquivo;
```

FIGURA 8.47 Implementação do problema de representantes distintos. (*continuação*)

```
                break;
        for (i = 0; name[i] != ':'; )
            name[++i] = fIn.get();
    for (i--; isspace(name[i]); i--); // descarte os espaços traseiros;
    name[i+1] = '\0';
    s = strdup(name);
    committeeTreeNode.idNum = commVer.idNum = numOfVertices++;
    committeeTreeNode.idName = s;
    for (bool lastMember = false; lastMember == false; ) {
        fIn >> name[0]; // pule os espaços dianteiros;
        for (i = 0; name[i] != ',' && name[i] != ';'; )
            name[++i] = fIn.get();
        if (name[i] == ';')
            lastMember = true;
        for (i--; isspace(name[i]); i--); // descarte os espaços traseiros;
        name[i+1] = '\0';
        s = strdup(name);
        memberTreeNode.idName = s;
        commVer.forward = false;
        if ((member = memberTree.search(memberTreeNode)) == 0) {
            memberVer.idNum = memberTreeNode.idNum =
                            numOfVertices++;
            memberTreeNode.adjacent->push_front(Vertex(sink,1,0,true));
            memberTreeNode.adjacent->push_front(commVer);
            commVerAddr = &*memberTreeNode.adjacent->begin();
            memberTree.insert(memberTreeNode);
            memberTreeNode.adjacent = new list<Vertex>;
        }
        else {
            memberVer.idNum = member->idNum;
            member->adjacent->push_front(commVer);
            commVerAddr = &*member->adjacent->begin();
        }
        memberVer.forward = true;
        committeeTreeNode.adjacent->push_front(memberVer);
        memberVerAddr = &*committeeTreeNode.adjacent->begin();
        memberVerAddr->twin = commVerAddr;
        commVerAddr->twin = memberVerAddr;
    }
    commVer.forward = true;
    sourceList->push_front(commVer);
    committeeTree.insert(committeeTreeNode);
    committeeTreeNode.adjacent = new list<Vertex>;
}
    fIn.close();
    cout << "\nCommittee tree:\n";   committeeTree.printTree();
    cout << "\nMember tree:\n";      memberTree.printTree();
    vertices = *verticesPtr = new VertexArrayRec[numOfVertices];
```

FIGURA 8.47 Implementação do problema de representantes distintos. (*continuação*)

```
    if (vertices == 0) {
        cerr << "Sem memoria suficiente\n";
        exit(-1);
    }
    vertices[source].idName = "fonte";
    vertices[sink].idName = "escoadouro";
    vertices[source].adjacent = sourceList;
    vertices[source].parent = none;
    committeeTree.inorder(); // transfira dados de ambas as fitas
    memberTree.inorder();    // para a matriz vertices[];
}
void Network::label(Vertex *u, int v) {
    vertices[u->idNum].labeled = true;
    if (u->forward)
        vertices[u->idNum].vertexFlow =
            min(vertices[v].vertexFlow,edgeSlack(u));
    else vertices[u->idNum].vertexFlow =
            min(vertices[v].vertexFlow,u->edgeFlow);
    vertices[u->idNum].parent  = v;
    vertices[u->idNum].corrVer = u;
}

void Network::augmentPath() {
    register int i, sinkFlow = vertices[sink].vertexFlow;
    Stack<char*> path;
    for (i = sink; i != source; i = vertices[i].parent) {
        path.push(vertices[i].idName);
        if (vertices[i].corrVer->forward)
             vertices[i].corrVer->edgeFlow += sinkFlow;
        else vertices[i].corrVer->edgeFlow -= sinkFlow;
        if (vertices[i].parent != source && i != sink)
             vertices[i].corrVer->twin->edgeFlow =
                vertices[i].corrVer->edgeFlow;
    }
    for (i = 0; i < numOfVertices; i++)
        vertices[i].labeled = false;
    cout << " fonte";
    while (!path.empty())
        cout << " => " << path.pop();
    cout << " (aumentado por " << sinkFlow << ");\n";
}

void Network::FordFulkersonMaxFlow() {
    Stack<int> labeled;
    Vertex *u;
    list<Vertex>::iterator it;
    for (int i = 0; i < numOfVertices; i++) {
        vertices[i].labeled = false;
        vertices[i].vertexFlow = 0;
```

FIGURA 8.47 Implementação do problema de representantes distintos. (*continuação*)

```
            vertices[i].parent = none;
    }
    vertices[source].vertexFlow = INT_MAX;
    labeled.push(source);
    cout << "Augmenting paths:\n";
    while (!labeled.empty()) {  // enquanto nao cravado;
        int v = labeled.pop();
        for (it = vertices[v].adjacent->begin(), u = &*it;
             it != vertices[v].adjacent->end(); it++, u = &*it)
            if (!Labeled(u)) {
                if (u->forward && edgeSlack(u) > 0)
                    label(u,v);
                else if (!u->forward && u->edgeFlow > 0)
                    label(u,v);
                if (Labeled(u))
                    if (u->idNum == sink) {
                        augmentPath();
                        while (!labeled.empty())
                            labeled.pop(); // limpe a pilha;
                        labeled.push(source);// procure outro caminho;
                        break;
                    }
                    else {
                        labeled.push(u->idNum);
                        vertices[u->idNum].labeled = true;
                    }
            }
    }
}
int main(int argc, char* argv[]) {
    char fileName[80];
    Network net;
    if (argc != 2) {
        cout << "Insira um nome de arquivo: ";
        cin.getline(fileName,80);
    }
    else strcpy(fileName,argv[1]);
    net.readCommittees(fileName);
    cout << net;
    net.FordFulkersonMaxFlow();
    cout << net;
    return 0;
}
```

8.14 Exercícios

1. Observe cuidadosamente a definição de um grafo. Sob determinado aspecto, os grafos são mais específicos do que as árvores. Qual é ele?
2. Qual é a relação entre a soma dos graus de todos os vértices e o número de arestas do grafo $G = (V,E)$?
3. Qual é a complexidade de `breadthFirstSearch()`?
4. Mostre que um simples grafo está conectado se tem uma árvore de espalhamento.
5. Mostre que uma árvore com n vértices tem $n - 1$ arestas.
6. Como pode o algoritmo `DijkstraAlgorithm()` ser aplicado para grafos não direcionados?
7. Como pode `DijkstraAlgorithm()` se tornar um algoritmo usado para encontrar o menor caminho do vértice a para b?
8. A última cláusula de `genericShortestPathAlgorithm()`

    adicione u a `toBeChecked` *se ele não estiver lá;*

    não está incluída em `DijkstraAlgorithm()`. Pode esta omissão causar algum problema?
9. Modifique `FordAlgorithm()` de modo que não caia em um laço infinito se aplicado a um grafo com ciclos negativos.
10. Para qual dígrafo o laço `while` de `FordAlgorithm()` iterage somente uma vez? E duas vezes?
11. Pode `FordAlgorithm()` ser aplicado a grafos não direcionados?
12. Faça as mudanças necessárias em `FordAlgorithm()`, adaptando-o para resolver o problema do caminho mais curto todos para um, e aplique o novo algoritmo ao vértice f do grafo da Figura 8.8. Usando a mesma ordem de arestas, produza uma tabela similar à mostrada na figura.
13. O algoritmo D'Esopo-Pape é exponencial no pior caso. Considere o seguinte método para construir grafos patológicos de n vértices (Kershenbaum, 1981), cada vértice identificado por um número $1, \ldots, n$:

    ```
    KershenbaumAlgorithm()
        construa um grafo de dois vértices com vértices 1 e 2 e aresta(1,2) = 1;
        for k = 3 para n
            adicione o vértice k;
            for i = 2 para k - 1
                adicione aresta(k,i) com peso(aresta(k,i)) = peso(aresta(1,i));
                peso(aresta(1,i) = peso(1,i) + 2^{k-3} + 1;
            adicione aresta(1,k) com peso(aresta(1,k)) = 1;
    ```

    Os vértices adjacentes ao 1 são colocados em ordem ascendente, e as listas de adjacências remanescentes estão em ordem descendente. Usando este algoritmo, construa um grafo de cinco vértices e execute o algoritmo D'Esopo-Pape mostrando todas as mudanças na deque e as atualizações de aresta. Que generalização você pode fazer sobre o método de Pape para tais grafos?
14. O que você necessita modificar em `genericShortestPathAlgorithm()` para convertê-lo em um algoritmo de Dijkstra um para todos?
15. Melhore `WFIalgorithm()` para indicar os caminhos mais curtos, em adição aos seus comprimentos.

16. `WFIalgorithm()` termina a execução graciosamente mesmo na presença de um ciclo negativo. Como sabemos que o grafo contém tal ciclo?

17. A implementação original de `WFIalgorithm()`, dada por Floyd, é como segue:

    ```
    WFIalgorithm2(matriz weight)
        for i = 1 até |V|
            for j = 1 até |V|
                if weight[j,i] < ∞
                    for k = 1 até |V|
                        if weight[i,k] < ∞
                            if (weight[j][k] > weight[j][i] + weight[i][k])
                                weight[j][k] = weight[j][i] + weight[i][k];
    ```

    Há alguma vantagem nesta implementação mais longa?

18. Um método para encontrar os caminhos mais curtos de todos os vértices até todos os outros vértices exige que transformemos o grafo de modo que não inclua pesos negativos. Podemos ser tentados a fazer isto simplesmente encontrando o menor peso negativo k e adicionando $-k$ aos pesos de todas as arestas. Por que este método é inaplicável?

19. Para quais arestas o sinal ≤ na desigualdade

    $dist(v) \leq dist(w) + peso(aresta(wv))$, para qualquer vértice w

    se torna <?

20. Modifique `cycleDetectionDFS()` de modo que possa determinar se uma aresta é parte de um ciclo em um grafo não direcionado.

21. Nossa implementação de `union()` exige três matrizes. É possível usar somente duas delas e ainda ter a mesma informação com relação às raízes, próximos vértices e comprimentos? Considere usar números negativos.

22. Quando `KruskalAlgorithm()` exige $|E|$ iterações?

23. Como pode ser encontrada a segunda árvore de espalhamento mínima?

24. A árvore de espalhamento mínima é única?

25. Como podem os algoritmos usados para encontrar a árvore de espalhamento mínima serem usados para encontrar a árvore de espalhamento máxima?

26. Aplique os dois algoritmos seguintes para encontrar a árvore de espalhamento mínima para o gráfico da Figura 8.15a.

    a. Provavelmente, o primeiro algoritmo para encontrar a árvore de espalhamento mínima foi inventado em 1926 por Otakar Borůvka (pronuncia-se: boh-roof-ka). Neste método, começamos com árvores de vértice $|V|$ e para cada vértice v procuramos uma $aresta(vw)$ de peso mínimo entre todas as que saem a partir de v e criamos pequenas árvores ao incluí-las. Então, procuramos arestas de peso mínimo que possam se conectar às árvores resultantes de árvores maiores. O processo é concluído quando é criada uma árvore. A seguir, um pseudocódigo para este algoritmo:

    ```
    BorůvkaAlgorithm(graph ponderado conectado não direcionado)
        tornar cada vértice a raiz de uma árvore de um nó;
        while há mais do que uma árvore
            for cada árvore t
                e = aresta de peso mínimo (vu) onde v está incluído em t e u não;
                crie uma árvore ao combinar t e a árvore que inclui u
                    se esta árvore não existe ainda;
    ```

b. Outro algoritmo foi descoberto por Vojtech Jarník (pronuncia-se: yar-neek) em 1936, e mais tarde redescoberto por Robert Prim. Neste método, todas as arestas são também inicialmente ordenadas, mas um candidato para inclusão na árvore de espalhamento é uma aresta que não só não conduz a ciclos na árvore, mas também é incidente a um vértice já na árvore:

```
JarnikPrimAlgorithm(graph ponderado conectado não direcionado)
    tree = nulo;
    edges = sequência de todas as arestas de graph classificadas por peso;
    for i = 1 até |V| - 1
        for j = 1 até |edges|
            if e_j de edges não formam um ciclo com arestas em tree e é incidente a um
              vértice em tree
                adicionar e_j a tree;
                break;
```

27. O algoritmo blockSearch(), quando usado para grafos não direcionados, apoia-se na seguinte observação: em uma árvore de busca em profundidade criada para um grafo não direcionado, cada aresta traseira conecta um sucessor a um predecessor (e não, por exemplo, um irmão a um irmão). Mostre a validade desta observação.

28. Qual é a complexidade de blockSearch()?

29. Os blocos em grafos não direcionados são definidos em termos de arestas, e o algoritmo blockDFS() armazena as arestas na pilha para produzir os blocos. Por outro lado, SCCs nos dígrafos são definidos em termos de vértices, e o algoritmo strongDFS() armazena os vértices na pilha para produzir SCC. Por quê?

30. Considere uma possível implementação de topologicalSort(), fazendo uso da seguinte rotina:

```
minimalVertex(digraph)
    v = um vértice de digraph;
    while v tem um sucessor
        v = sucessor(v);
    return v;
```

Qual é a desvantagem de usar esta implementação?

31. Considere o seguinte algoritmo para ordenação topológica:

```
topologicalSort(digraph)
    for cada vértice v
        TSNum(v) = o número de arestas vindo até v;  //no nível
        If TSNum(v) é 0
            enfileirar(v);
    i = 1;
    while a fila não está vazia
        v = retirar da fila();
        num(v) = i++;
        for cada aresta(vu)
            TSNum(u)--;
            If TSNum(u) é 0
                enfileirar(u);
```

Aplique este algoritmo para o grafo da Figura 8.48 e mostre todas as alterações na fila e nos *TSNum's*. Além disso, processe esta figura com o algoritmo da Seção 8.7. Qual é a diferença entre estes dois algoritmos?

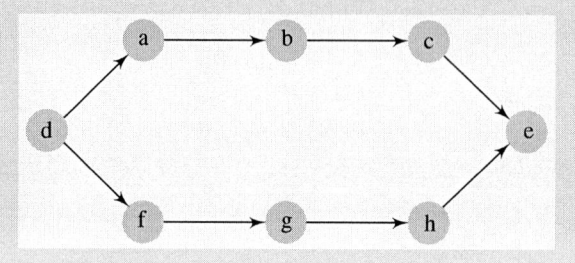

FIGURA 8.48 Um dígrafo.

32. Um *torneio* é um dígrafo no qual há exatamente uma aresta entre cada dois vértices.
    a. Quantas arestas tem um torneio?
    b. Quantos torneios diferentes de n arestas podem ser criados?
    c. Pode cada torneio ser topologicamente ordenado?
    d. Quantos vértices mínimos pode ter um torneio?
    e. *Torneio transitivo* é aquele que tem a *aresta*(vw) se tiver *aresta*(vu) e *aresta*(uw). Pode tal torneio ter um ciclo?
33. Considerar laços e arestas paralelas pode complicar a análise das redes? E com relação a fontes e escoadouros múltiplos?
34. Foi assumido que o algoritmo `FordFulkersonAlgorithm()` termina. Você acha que esta hipótese é segura?
35. O algoritmo `FordFulkersonAlgorithm()` executado de modo em profundidade tem alguma redundância. Primeiro, todas as arestas que saem são colocadas na pilha, e então a última é retirada para ser seguida pelo algoritmo. Por exemplo, na rede da Figura 8.20a, primeiro todas as três arestas saindo do vértice *s* são colocadas na pilha, e somente depois a última delas, a *aresta*(*se*), é seguida. Modifique `FordFulkersonAlgorithm()` de modo que a primeira aresta que sai de certo vértice seja imediatamente seguida, e a segunda somente se a primeira não levar a um escoadouro. Considere usar a recursão.
36. Encontre a capacidade de corte determinada pelo conjunto $X = \{s,d\}$ no grafo da Figura 8.19.
37. Qual é a complexidade de `DinicAlgorithm()` em uma rede onde todas as arestas têm capacidade de um?
38. Por que `DinicAlgorithm()` começa a partir do escoadouro para determinar uma rede em camadas?
39. No dígrafo da Figura 8.49, encontre um fluxo máximo com o algoritmo de Ford-Fulkerson que usa: a) uma pilha, b) uma fila, e, em seguida, encontre um fluxo máximo de custo mínimo com c) o algoritmo Dijkstra modificado. Compare os custos dos fluxos máximos encontrados com esses três métodos.

Capítulo 8

FIGURA 8.49 Um dígrafo com indicações de capacidades, fluxos e custos.

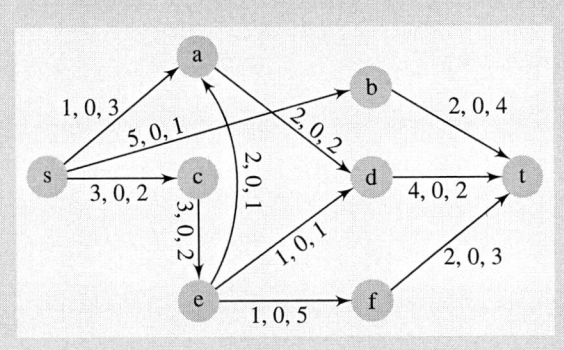

40. Aplique à Figura 8.38a os seguintes algoritmos de aproximação (Johnson e Papadimitriou, 1985; Rosenkrantz; Stearns; Lewis, 1977) para resolver o problema do caixeiro viajante.

   a. O *algoritmo do vizinho mais próximo* (*próximo melhor método*) começa com um vértice arbitrário *v* e, em seguida, encontra um vértice *w* não no itinerário que está mais próximo do vértice *u*, último adicionado e incluso no itinerário *aresta(uw)* e *aresta(wv)* após a exclusão da *aresta(uv)*.

   b. O *algoritmo de inserção mais próximo* é obtido a partir de `nearest AdditionalAlgorithm()`, encontrando dois vértices v_q e v_r no tour que minimizam a expressão

   $$dist(edge(v_q v_i)) + dist(edge(v_i v_r)) - dist(edge(v_q v_r))$$

   Desta forma, é inserido um novo vértice v_i no melhor lugar do existente `tour`, que não pode ser próximo a v_p.

   c. O *algoritmo de inserção mais econômico* é obtido a partir de `nearest AdditionalAlgorithm()` incluindo em `tour` um novo vértice v_i que minimiza o comprimento do novo `tour`.

   d. O *algoritmo de inserção mais distante* é como os de inserção mais próximos, exceto que exige que v_i esteja mais distante do `tour`, não mais próximo.

   e. O *algoritmo de junção mais próximo*, que corresponde ao algoritmo Borůvka:

`nearestMergerAlgorithm`(*cidades* V)
   criar |V| *itinerários de tal forma que* $tour_i$ = {*edge* $(v_i v_i)$};
   `while` *há pelo menos dois itinerários*
      encontre dois itinerários mais próximos $tour_i$ *e* $tour_j$
      (*a mínima distância entre a cidade* $v_s \in tour_i$ *e* $v_t \in tour_j$ *é a menor para todos os itinerários*);
      encontre aresta $(v_k v_1) \in tour_i$ *e aresta* $(v_p v_q) \in tour_j$ *de tal modo que elas minimizem*
      $dist(aresta(v_k v_p)) + dist(aresta(v_1 v_q)) - dist(aresta(v_k v_1)) - dist(aresta(v_p v_q))$;
      $tour_i = tour_i \cup tour_j \cup \{aresta(v_k v_p), aresta(v_1 v_q)\} - \{aresta(v_k v_1), aresta(v_p v_q)\}$;
      remova $tour_j$;

41. A versão do algoritmo da coloração sequencial é a *última menor* abordagem (Matula; Marble; Isaacson, 1972). Nesta versão, um vértice com o menor grau é sempre escolhido e colocado à frente da sequência de vértices. Depois disso, o vértice é temporariamente removido do grafo. Desta forma, se um vértice *v* é removido a partir do

grafo é assim também para cada aresta(vu), o que reduz o grau de cada vizinho de v. Depois é estabelecida a sequência de vértices, as ligações temporariamente removidas são restauradas e o laço `for` é executado para atribuir cores aos vértices. Aplique a última menor abordagem no gráfico da Figura 8.40a e encontre o limite superior para o número cromático.

42. Considere um grafo bipartido $G = (\{u_1 u_2 \ldots u_k\} \cup \{w_1 w_2 \ldots w_k\}, \{(aresta(u_i w_j): i \neq j\}$. Quantas cores são necessárias para colorir os vértices de G com `sequentialColoringAlgorithm()` se os vértices são coloridos na ordem

    a. $u_1, \ldots, u_k, w_1, \ldots, w_k$?

    b. $u_1, w_1, u_2, w_2, \ldots, u_k, w_k$?

43. Qual é a cobertura de vértices para um casamento? E para um grafo bipartido?

44. Mostre uma coloração de 9-subgafo a partir da Figura 8.42a em que um vértice x, y ou z é t, a cor dos outros dois vértices é f, e $cor(p) = f$.

45. Mostre que o problema de 2-colorabilidade pode ser resolvido em tempo polinomial.

46. Mostre que o número de vértices grau ímpar em gráficos simples é par.

47. A função-membro `readCommittees()` no estudo de caso utiliza duas árvores, `committeeTree` e `memberTree`, para gerar listas de adjacência e depois inicializar a matriz `vertices`. No entanto, uma árvore seria suficiente. Qual é a razão para usar duas árvores, e não uma?

48. Qual seria a saída do programa no estudo de caso se as listas ligadas na Figura 8.46b fossem na ordem inversa?

8.15 Tarefas de programação

1. Todos os algoritmos discutidos neste capítulo usados para determinar a árvore de espalhamento mínima têm uma coisa em comum: começam construindo a árvore a partir do começo e adicionam novas arestas à estrutura, que eventualmente se torna uma árvore. No entanto, podemos ir na direção oposta e construir essa árvore removendo sucessivamente as arestas para quebrar ciclos no grafo, até que nenhum circuito seja deixado. Deste modo, o grafo se torna uma árvore. As arestas escolhidas para remoção devem ser as de peso máximo entre aquelas que podem quebrar qualquer ciclo na árvore (por exemplo, o método de Dijkstra). Esse algoritmo lembra de alguma maneira o método de Kruskal, mas, por trabalhar na direção oposta, pode ser chamado de método de Kruskal *ao revés*. Use esta abordagem para encontrar a árvore de espalhamento mínima para o grafo de distâncias entre pelo menos uma dúzia de cidades.

2. Escreva um programa de demonstração de grafos para mostrar a diferença entre o método de Kruskal e o algoritmo de Jarník-Prim. Depois, gere aleatoriamente 50 vértices e mostre-os na metade esquerda da tela. Depois, gere aleatoriamente 200 arestas e mostre-as. Assegure-se de que o grafo esteja conectado. Depois que o grafo estiver pronto, crie a árvore de espalhamento mínima usando o método de Kruskal e exiba cada aresta incluída na árvore (use uma cor diferente da usada durante a geração do grafo). Então, exiba o mesmo grafo na metade direita da tela, crie a árvore de espalhamento mínima usando o algoritmo de Jarník-Prim e exiba todas as arestas que estão sendo incluídas na árvore.

3. Um importante problema no gerenciamento de banco de dados é evitar impasses entre as transações. Transação é uma sequência de operações nos registros do banco de dados. Em grandes bancos de dados, muitas transações podem ser executadas ao mesmo tempo. Isto pode levar a inconsistências se a ordem das operações executadas não for monitorada. No entanto, este monitoramento pode fazer as transações bloquearem

umas às outras, causando um impasse. Para detectar este impasse, um grafo de espera é construído para mostrar qual transação espera qual. Use um mecanismo de fechamento binário para implementar um grafo de espera. Neste mecanismo, se um registro R é acessado por uma transação T, então T coloca um fecho em R e este registro não pode ser processado por qualquer outra transação antes que T esteja concluída. Libere todos os fechos colocados por uma transação T quando T termina. A entrada é composta dos seguintes comandos: *ler(T,A)*, *escrever(T,A)*, *terminar(T)*. Por exemplo, se a entrada é

$ler(T_1,A_1)$, $ler(T_2,A_2)$, $ler(T_1,A_2)$, $escrever(T_1,A_2)$, $terminar(T_1)$...

então T_1 é suspensa quando tenta executar a etapa $ler(T_1,A_2)$ e a $aresta(T_1,T_2)$ é criada, já que T_1 espera T_2 para terminar. Se T_1 não tem que esperar, retome sua execução. Depois que cada grafo se atualiza, procure um ciclo nele. Se um ciclo é detectado, interrompa a execução da mais nova transação T e coloque suas etapas no fim da entrada.

Note que alguns registros podem ter sido modificados por uma transação, por isso devem ser restaurados ao estado de antes do início de T. Esta modificação, no entanto, poderia ter sido usada por outra transação, que deveria também ser interrompida. Neste programa, não se aplica o problema de restaurar os valores dos registros (rolar transações para trás e em cascata rolando para trás). Concentre-se na atualização e no monitoramento do grafo de espera. Note que, se uma transação é terminada, seu vértice deve ser removido do grafo, o que pode ser o que outras transações estão esperando.

4. Escreva um programa de planilha de cálculo rudimentar. Exiba uma grade de células com as colunas A até H e linhas de 1 a 20. Aceite entradas na primeira linha da tela. Os comandos são da forma *entrada coluna linha*, onde *entrada* é um número, um endereço de célula precedido por um sinal de mais (por exemplo, +A5), uma cadeia de caracteres ou uma função precedida por um sinal de arroba, @. As funções são: *máx, mín, média* e *soma*. Durante a execução do seu programa, construa e modifique o grafo refletindo a situação da planilha de cálculo. Mostre os valores apropriados nas células apropriadas. Se um valor em uma célula é atualizado, os valores em todas as células que dependem disso também devem ser modificados. Por exemplo, depois da seguinte sequência de entradas:

```
A1 10
D1 20
A2 30
D1 +A1
C1 @sum(A1..B2)
D1 +C1
```

ambas as células C1 e D1 devem exibir o número 60.

Considere usar uma modificação do interpretador do Capítulo 5 como uma melhoria desta planilha de cálculo, de modo que expressões aritméticas possam também ser usadas para entrar valores, tais como

```
C3 2*A1
C4 @max(A1..B2) - (A2 + B2)
```

Bibliografia

AHUJA, Ravindra K.; MAGNANTI, Thomas L.; ORLIN, James B. *Network flows: theory, algorithms, and applications.* Englewood Cliffs, NJ: Prentice Hall, 1993.

BERGE, Claude. Two theorems in graph theory. *Proceedings of the National Academy of Sciences of the USA*, n. 43, 1957, p. 842-44.

BERTSEKAS, Dimitri P. A simple and fast label correcting algorithm for shortest paths. *Networks*, n. 23, 1993, p. 703-09.

BONDY, John A. e Chvátal, V. A method in graph theory. *Discrete Mathematics*, n. 15, 1976, p. 111-35.

_____ e MURTY, U. S. R. *Graph theory with applications*. Nova York: Springer, 2008.

BRÉLAZ, Daniel. New methods to color the vertices of a graph. *Communications of the ACM*, n. 22, 1979, p. 251-56.

CHVÁTAL, Vašek. Hamiltonian cycles. In: LAWLER, E. L.; LENSTRA, J. K.; RINNOY, Kan, A. H. G.; SHMOYS, D. B. (eds.). *The traveling salesman problem*. Nova York: Wiley, 1985, p. 403-29.

DEO, Narsingh e PANG, Chi-yin. Shortest path algorithms: Taxonomy and annotation. *Networks*, n. 14, 1984, p. 275-323.

DIJKSTRA, Edsger W. A note on two problems in connection with graphs. *Numerische Mathematik*, n. 1, 1959, p. 269-71.

_____. Some theorems on spanning subtrees of a graph. *Indagationes Mathematicae*, n. 28, 1960, p. 196-99.

DINIC, Efim A. Algorithm for solution of a problem of maximum flow in a network with power estimation" *Soviet Mathematics Doklady*, n. 11, 1970, p. 1.277-280.

DINITZ, Yefim. Dinitz' algorithm: The original version and even's version. In: O. Goldreich, A. L. Rosenberg e A. L. Selman (eds.). *Theoretical Computer Science: Essays in Memory of Shimon Even*. Berlim: Springer, p. 218-40.

EDMONDS, Jack. Paths, trees, and flowers. *Canadian Journal of Mathematics*, n. 17, 1963, p. 449-67.

_____. The chinese postman problem. *Operations Research*, n. 13, 1965, Supl. 1, p. B-73.

_____ e JOHNSON, Elias L. Matching, euler tours and the chinese postman. *Mathematical Programming*, n. 5, 1973, p. 88-124.

_____ e KARP, Richard M. Theoretical improvement in algorithmic efficiency for network flow problems. *Journal of the ACM*, n. 19, 1972, p. 248-64.

FLEURY. Deux problemes de geometrie de situation. *Journal de Mathématiques Élémentaires*, n. 2, 1883, p. 257-61.

FLOYD, Robert W. Algorithm 97: Shortest path. *Communications of the ACM*, n. 5, 1962, p. 345.

FORD, Lester R. e FULKERSON, Delbert R. Maximal flow through a network. *Canadian Journal of Mathematics*, n. 8, 1956, p. 399-404.

_____ e FULKERSON, D. R. A simple algorithm for finding maximal network flows and an application to the Hitchcock problem. *Canadian Journal of Mathematics*, n. 9, 1957, p. 210-18.

_____ e FULKERSON, D. R. *Flows in networks*. Princeton, NJ: Princeton University Press, 1962.

GALE, David e SHAPLEY, Lloyd S. College admissions and the stability of marriage. *American Mathematical Monthly*, n. 69, 1962, p. 9-15.

GALLO, Giorgio e PALLOTTINO, Stefano. Shortest path methods: A unified approach. *Mathematical Programming Study*, n. 26, 1986, p. 38-64.

_____ e PALLOTTINO, Stefano. Shortest path methods. *Annals of Operations Research*, n. 7, 1988, p. 3-79.

GIBBONS, Alan. *Algorithmic Graph Theory*. Nova York: Cambridge University Press, 1985.

GLOVER, Fred; GLOVER, Randy; KLINGMAN, Darwin. Computational study of an improved shortest path algorithm. *Networks*, n. 14, 1984, p. 25-36.

GOULD, Ronald. *Graph Theory*. Menlo Park, CA: Benjamin/Cummings, 1988.

GRAHAM, Ronald L. e HELL, Pavol. On the history of the minimum spanning tree problem. *Annals of the History of Computing* 7, 1985, p. 43-57.

HALL, Philip. On representatives of subsets. *Journal of the London Mathematical Society* 10, 1935, p. 26-30.

INGERMAN, Peter Z. Algorithm 141: Path matrix. *Communications of the ACM* 5, 1962, p. 556.

JOHNSON, Donald B. Efficient algorithms for shortest paths in sparse networks. *Journal of the ACM* 24, 1977, p. 1-13.

JOHNSON, Donald S. e PAPADIMITRIOU, Christos H. Performance guarantees for heuristics. In: LAWLER, E. L.; LENSTRA, J. K.; RINNOY, Kan A. H. G.; SHMOYS, D. B. (eds.). *The traveling salesman problem*. Nova York: Wiley, 1985, p. 145-80.

KALABA, Robert. On some communication network problems. *Combinatorial Analysis*. Providence, RI: American Mathematical Society, 1960, p. 261-80.

KERSHENBAUM, Aaron. A note on finding shortest path trees. *Networks* 11, 1981, p. 399-400.

KRUSKAL, Joseph B. On the shortest spanning tree of a graph and the traveling salesman problem. *Proceedings of the American Mathematical Society*, n. 7, 1956, p. 48-50.

KUHN, H. W. The hungarian method for the assignment problem. *Naval Research Logistics Quarterly* 2, 1955, p. 83-97.

KWAN, Mei-ko. Graphic programming using odd or even points. *Chinese Mathematics* 1, 1962, p. 273--77. *Acta Mathematica Sinica* 10, 1960, p. 263-66.

MATULA, David W.; MARBLE, George; ISAACSON, Joel D. Graph coloring algorithms. In: READ, R. C. (ed.) *Graph Theory and Computing*. Academic Press, 1972, p. 109-22.

MUNKRES, James. Algorithms for the assignment problem and transportation problems. *Journal of the Society of Industrial and Applied Mathematics*, n. 5, 1957, p. 32-38.

ORE, Oystein. Note on hamilton circuits. *American Mathematical Monthly* 67, 1960, p. 55.

PAPADIMITRIOU, Christos H. e STEIGLITZ, Kenneth. *Combinatorial optimization: algorithms and complexity*. Englewood Cliffs, NJ: Prentice Hall, 1982.

PAPE, U. Implementation and efficiency of moore-algorithms for the shortest route problem. *Mathematical Programming*, n. 7, 1974, p. 212-22.

POLLACK, Maurice e WIEBENSON, Walter. Solutions of the shortest-route problem – A review. *Operations Research*, n. 8, 1960, p. 224-30.

PRIM, Robert C. Shortest connection networks and some generalizations. *Bell System Technical Journal*, n. 36, 1957, p. 1.389-401.

ROSENKRANTZ, Daniel J.; STEARNS, Richard E.; LEWIS, Philip M. An analysis of several heuristics for the traveling salesman problem. *SIAM Journal on Computing*, n. 6, 1977, p. 563-81.

TARJAN, Robert E. *Data structures and network algorithms*. Philadelphia: Society for Industrial and Applied Mathematics, 1983.

THULASIRAMAN, Krishnaiyan e SWAMY, M. N. S. *Graphs: theory and algorithms*. Nova York: Wiley, 1992.

WARSHALL, Stephen. A theorem on boolean matrices. *Journal of the ACM*, n. 9, 1962, p. 11-12.

WELSH, D. J. A. e POWELL, M. B. An upper bound for the chromatic number of a graph and its application to timetabling problems. *Computer Journal*, n. 10, 1967, p. 85-86.

Ordenação

9

A eficiência do manuseio de dados muitas vezes pode ser substancialmente aumentada se os dados forem ordenados de acordo com algum critério. Por exemplo, seria praticamente impossível encontrar um nome na lista telefônica se os nomes não estivessem ordenados alfabeticamente. O mesmo pode ser dito com relação a dicionários, índices de livros, folhas de pagamento, contas bancárias, listas de estudantes e outros materiais organizados alfabeticamente. A conveniência de usar dados ordenados é inquestionável, e precisa ser aplicada também à ciência da computação. Embora um computador possa manipular uma agenda de telefones não ordenada mais fácil e rapidamente do que um ser humano, é extremamente ineficiente ter o computador processando um conjunto desordenado de dados. Com frequência é necessário ordenar os dados antes do processamento.

A primeira etapa é escolher o critério. Esta escolha varia de acordo com as aplicações, definidas pelo usuário. Geralmente, o critério de ordenação é natural, como no caso de números. Um conjunto de números pode ser organizado em ordem ascendente ou descendente. O conjunto de cinco inteiros positivos (5, 8, 1, 2, 20) pode ser ordenado de forma ascendente, resultando no conjunto (1, 2, 5, 8, 20), ou descendente, resultando (20, 8, 5, 2, 1). Os nomes em uma agenda de telefone estão ordenados alfabeticamente pelo último nome, que é a ordem natural. Para caracteres alfabéticos e não alfabéticos, o código ASCII é comumente usado, embora outras escolhas — como EBCDIC (Extended Binary Coded Decimal Interchange Code, Intercâmbio de Código Decimal e Código Binário Extendido) — sejam possíveis. Selecionado um critério, a segunda etapa é como usá-lo para ordenar um conjunto de dados.

A ordenação final de dados pode ser obtida por uma variedade de modos, mas somente alguns podem ser considerados significativos e eficientes. Para decidir qual método é o melhor, certos critérios de eficiência têm que ser estabelecidos, e um método para comparar quantitativamente diferentes algoritmos deve ser selecionado.

Para tornar independente a comparação da máquina, certas propriedades críticas dos algoritmos de ordenação precisam ser definidas quando se comparam métodos alternativos. Duas dessas propriedades são: números de comparações e de movimentações de dados. A escolha dessas duas propriedades não deve ser surpreendente. Para ordenar um conjunto de dados, estes têm que ser comparados e movidos conforme necessário; a eficiência dessas duas operações depende do tamanho do conjunto de dados.

Uma vez que determinar o número exato de comparações nem sempre é necessário ou possível, pode-se calcular um valor aproximado. Por esta razão, o número de comparações e movimentações assemelha-se à notação O-Grande, dando a ordem da grandeza dos números; mas esta pode variar, dependendo da ordem inicial dos dados. Quanto tempo, por exemplo, gasta a máquina na ordenação de dados se estão sempre ordenados? Ela reconhece ou não esta ordenação inicial imediatamente? A medida da eficiência indica a "inteligência" do algoritmo. Por isso, o número de comparações e movimentações é calculado (se possível) para os seguintes três casos: o melhor (frequentemente, os dados já em ordem), o pior (podem ser dados em ordem inversa) e o médio (dados em ordem aleatória). Alguns métodos de ordenação realizam as mesmas operações, independentemente da ordenação inicial dos dados. É fácil medir o desempenho de tais algoritmos, mas o desempenho usualmente não é muito bom. Outros métodos são mais flexíveis, e suas medidas de desempenho para os três casos diferem.

Os números de comparações e de movimentações não têm que coincidir. Um algoritmo pode ser muito eficiente no primeiro e pobre no segundo, e vice-versa. Em consequência, razões práticas precisam auxiliar na escolha do algoritmo a ser usado. Por exemplo, se somente chaves simples são comparadas, como inteiros ou caracteres, as comparações são relativamente rápidas e baratas. Se cadeias de caracteres ou matrizes de números são comparadas, o custo das comparações cresce substancialmente e o peso da medida de comparação se torna mais importante. Se, por outro lado, os itens de dados movidos são grandes, como as estruturas, a medida de movimento pode sobressair como fator determinante nas considerações de eficiência. Todas as medidas teoricamente estabelecidas têm que ser usadas com atenção, e as considerações teóricas ser balanceadas com aplicações práticas. Afinal, são as aplicações práticas que servem como uma garantia de qualidade às decisões teóricas.

Os algoritmos de ordenação são de diferentes níveis de complexidade. Um método simples pode ser apenas 20% menos eficiente do que um mais elaborado. Se a ordenação é usada no programa de vez em quando e somente para pequenos conjuntos de dados, usar um algoritmo sofisticado e levemente mais eficiente pode não ser desejável; a mesma operação pode ser realizada usando-se um método e um código mais simples. Mas, se milhares de itens devem ser ordenados, não se pode desprezar um ganho de 20%. Com frequência, algoritmos simples têm desempenho melhor com uma pequena quantidade de dados do que suas contrapartes mais complexas, cuja efetividade só pode se tornar óbvia quando os dados se tornam muito grandes.

9.1 Algoritmos de ordenação elementares

9.1.1 Ordenação por inserção

Uma *ordenação por inserção* inicia considerando os dois primeiros elementos da matriz `data`: `data[0]` e `data[1]`. Se estiverem fora de ordem, uma troca se realiza. Então, o terceiro elemento, `data[2]`, é considerado e inserido em seu lugar apropriado. Se `data[2]` é menor do que `data[0]` e `data[1]`, estes dois são mudados em uma posição; `data[0]` é colocado na posição 1, `data[1]` na posição 2 e `data[2]` na posição 0. Se `data[2]` é menor do que `data[1]` e não menor do que `data[0]`, somente `data[1]` é movido para a posição 2 e seu lugar é tomado por `data[2]`. Se, finalmente, `data[2]` não é menor do que seus predecessores, permanece em sua posição. Cada elemento `data[i]` é inserido em seu local apropriado j de tal forma que $0 \leq j \leq i$, e todos os elementos maiores que `data[i]` são movidos em uma posição.

Um esboço do algoritmo da ordenação por inserção é:

```
insertionsort(data[],n)
   for i = 1 até n - 1
        mova todos os elementos data[j] maiores do que data[i] por uma posição;
        coloque data[i] em sua posição apropriada;
```

Note que a ordenação é restrita somente a uma fração da matriz em cada iteração, e somente no último passo a matriz é considerada no total. A Figura 9.1 mostra quais mudanças são feitas na matriz [5 2 3 8 1] quando `insertionsort()` é executado.

FIGURA 9.1 A matriz [5 2 3 8 1] organizada pela ordenação por inserção.

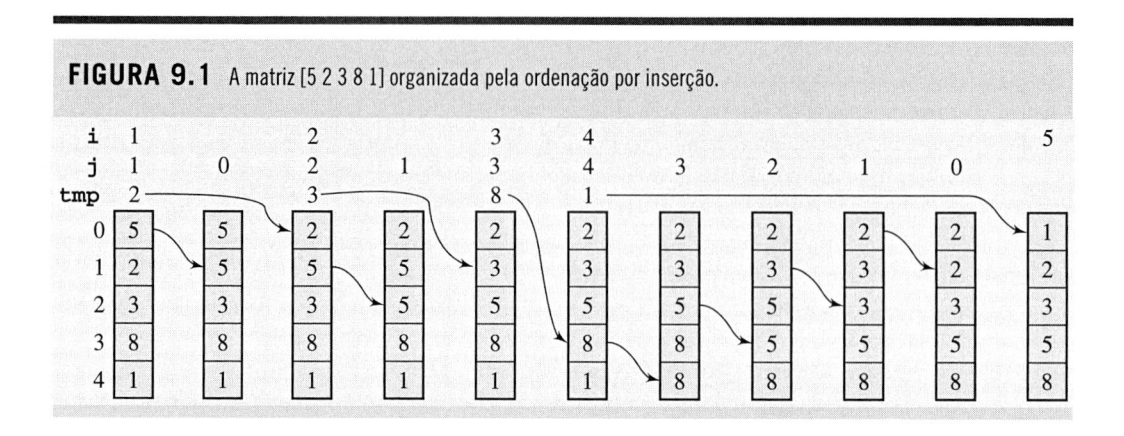

i	1		2		3	4				5
j	1	0	2	1	3	4	3	2	1	0
tmp	2		3		8	1				
0	5	5	2	2	2	2	2	2	2	1
1	2	5	5	5	3	3	3	3	2	2
2	3	3	3	5	5	5	5	3	3	3
3	8	8	8	8	8	8	5	5	5	5
4	1	1	1	1	1	8	8	8	8	8

Como uma matriz que tem somente um elemento já está ordenada, o algoritmo inicia a ordenação a partir da segunda posição, posição 1. Então, para cada elemento `tmp = data[i]`, todos os elementos maiores que `tmp` são copiados para a próxima posição e `tmp` vai para seu lugar apropriado.

Exemplo de implementação da ordenação por inserção:

```
template<class T>
void insertionsort(T data[], int n) {
    for (int i = 1, j; i < n; i++) {
        T tmp = data[i];
        for (j = i; j > 0 && tmp < data[j-1]; j--)
            data[j] = data[j-1];
        data[j] = tmp;
    }
}
```

Uma vantagem em usar a ordenação por inserção é que ela ordena a matriz somente quando é realmente necessário. Se a matriz já está em ordem, nenhum movimento substancial é realizado; somente a variável `tmp` é inicializada e o valor nela estocado é movido de volta para a mesma posição. O algoritmo reconhece que parte da matriz já está ordenada e para a execução; mas reconhece apenas isto, e o fato de que elementos podem já estar em suas posições apropriadas não é explorado. Em consequência, podem ser movidos dessas posições e voltar mais tarde. Isto vale para os números 2 e 3 do exemplo na Figura 9.1. Outra desvantagem é que, se um item está sendo inserido, todos os elementos maiores do que ele têm que ser movidos. A inserção não é localizada e pode exigir que se mova um número significativo de elementos. Considerando que um elemento pode ser movido a partir de sua posição final somente para ser recolocado lá mais tarde, o número de movimentos redundantes pode retardar a execução substancialmente.

Para encontrar o número de movimentações e comparações realizadas por `insertionsort()`, observe primeiro que o laço `for` mais externo sempre realiza $n - 1$ iterações. No entanto, o número de elementos maiores que `data[i]` a ser movidos em uma posição não é sempre o mesmo.

O melhor caso é quando os dados já estão em ordem. Somente uma comparação é feita para cada posição i; assim, há $n - 1$ comparações, que são $O(n)$, e $2(n - 1)$ movimentações, todas redundantes.

O pior caso é quando os dados estão em ordem inversa. Neste caso, para cada i, o item `data[i]` é menor que os itens `data[0], ... data[i-1]`, e cada um deles é movido em uma posição. Para cada iteração i do laço `for` mais externo há i comparações, e o número total de comparações para todas as iterações deste laço é

$$\sum_{i=1}^{n-1} i = 1 + 2 + \cdots + (n - 1) = \frac{n(n - 1)}{2} = O(n^2)$$

O número de vezes que a atribuição no laço `for` mais interno é executada pode ser calculado usando-se a mesma fórmula. O número de vezes que `tmp` é carregada e descarregada no laço `for` mais externo é somado àquele, resultando no número total de movimentações:

$$\frac{n(n-1)}{2} + 2(n-1) = \frac{n^2 + 3n - 4}{2} = O(n^2)$$

Somente casos extremos têm sido levados em consideração. O que acontece se os dados estão em ordem aleatória? O tempo de ordenação está mais perto do tempo do melhor caso, $O(n)$, ou do pior caso, $O(n^2)$? Ou está em algum lugar entre os dois? A resposta não é evidente de imediato e exige certos cálculos introdutórios. O laço `for` mais externo sempre executa $n-1$ vezes, mas é também necessário determinar o número de iterações para o laço mais interno.

Para cada iteração i do laço `for` mais externo, o número de comparações depende de quão longe o item `data[i]` está de sua posição apropriada na submatriz `data[0...i-1]` ordenada no momento. Se já está em sua posição, é realizado somente um teste para comparar `data[i]` e `data[i-1]`. Se está em uma posição longe de seu local apropriado, duas comparações são realizadas: `data[i]` é comparado com `data[i-1]` e então com `data[i-2]`. Em geral, se estiver j posições longe de seu local apropriado, `data[i]` é comparado com $j + 1$ outros elementos. Isto significa que, na iteração i do laço `for` mais externo, há ou 1, 2, ... , ou i comparações.

Assumindo igual probabilidade de ocupar as células da matriz, o número médio de comparações de `data[i]` com outros elementos, durante a iteração i do laço `for` mais externo, pode ser calculado somando todas as possíveis vezes que esses testes são realizados e dividindo a soma pelo número de tais possibilidades. O resultado é:

$$\frac{1 + 2 + \cdots + i}{i} = \frac{\frac{1}{2}i(i+1)}{i} = \frac{i+1}{2}$$

Para obter o número médio de todas as comparações, o número calculado tem que ser adicionado a todos os is (para todas as iterações do laço `for` mais externo) de 1 até $n - 1$. O resultado é

$$\sum_{i=1}^{n-1} \frac{i+1}{2} = \frac{1}{2}\sum_{i=1}^{n-1} i + \sum_{i=1}^{n-1} \frac{1}{2} = \frac{\frac{1}{2}n(n-1)}{2} + \frac{1}{2}(n-1) = \frac{n^2 + n - 2}{4}$$

que é $O(n^2)$ e aproximadamente metade do número de comparações no pior caso.

Por um raciocínio similar, podemos estabelecer que, na iteração i do laço `for` mais externo, `data[i]` pode ser movido tanto 0, 1, ... , ou i vezes; isto é

$$\frac{0 + 1 + \cdots + i}{i} = \frac{\frac{1}{2}i(i+1)}{i+1} = \frac{i}{2}$$

vezes e mais duas movimentações incondicionais (para e a partir de `tmp`). Por isso, em todas as iterações do laço `for` mais externo, temos, em média,

$$\sum_{i=1}^{n-1}\left(\frac{i}{2} + 2\right) = \frac{1}{2}\sum_{i=1}^{n-1} i + \sum_{i=1}^{n-1} 2 = \frac{\frac{1}{2}n(n-1)}{2} + 2(n-1) = \frac{n^2 + 7n - 8}{4}$$

movimentações, o que é igual a $O(n^2)$.

Isto responde à questão: o número de movimentações e de comparações para uma matriz aleatoriamente ordenada está mais perto do melhor ou do pior caso? Lamentavelmente, do pior, o que significa que, na média, quando o tamanho de uma matriz é duplicado, o esforço de ordenação quadruplica.

9.1.2 Ordenação por seleção

Ordenação por seleção é uma tentativa de localizar as trocas dos elementos da matriz, encontrando um elemento mal colocado primeiro e ajustando-o em sua posição final. O elemento com o menor valor é selecionado e trocado com o da primeira posição. Depois, o menor valor entre os elementos remanescentes `data[1], ... , data[n-1]` é encontrado e colocado na segunda posição. Esta seleção e posicionamento, encontrando em cada passada *i* o menor valor entre os elementos `data[1], ... , data[n-1]` e trocando-o com `data[i]`, prossegue até que todos os elementos estejam em suas posições apropriadas. O seguinte pseudocódigo reflete a simplicidade do algoritmo:

```
selectionsort(data[],n)
    for i = 0 até n - 2
        selecione o menor elemento entre data[i], ... , data[n-1];
        troque-o com data[i];
```

É bastante óbvio que `n - 2` deve ser o último valor para `i`, já que todos os elementos, exceto o último, já foram considerados e colocados em sua posição apropriada. Por esta razão, o *n*-ésimo elemento (que ocupa a posição `n - 1`) tem que ser o maior. Um exemplo é mostrado na Figura 9.2. Eis uma implementação em C++ da ordenação por seleção:

```cpp
template<class T>
void selectionsort(T data[], int n) {
    for (int i = 0, j, least; i < n-1; i++) {
        for (j = i+1, least = i; j < n; j++)
            if (data[j] < data[least])
                least = j;
        swap(data[least],data[i]);
    }
}
```

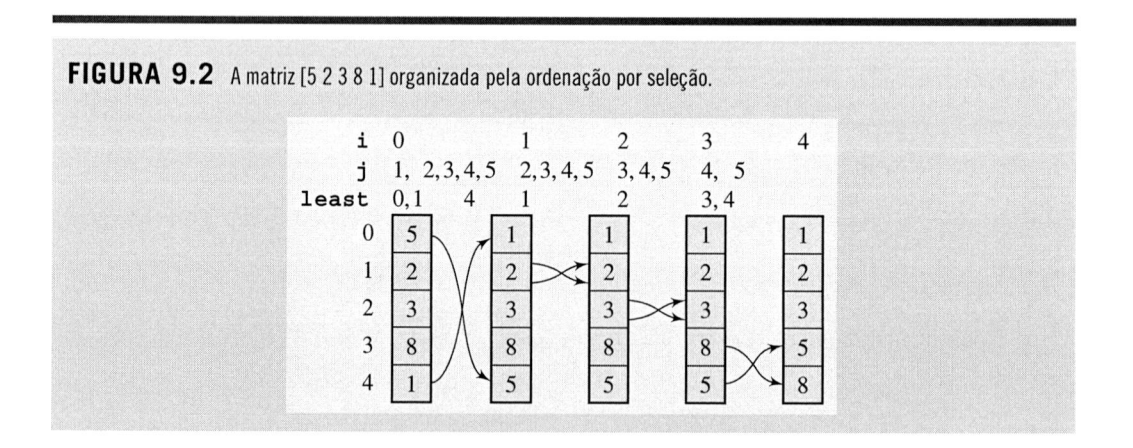

FIGURA 9.2 A matriz [5 2 3 8 1] organizada pela ordenação por seleção.

i	0	1	2	3	4
j	1, 2,3,4,5	2,3,4,5	3,4,5	4, 5	
least	0,1	4	1	2	3,4
0	5	1	1	1	1
1	2	2	2	2	2
2	3	3	3	3	3
3	8	8	8	8	5
4	1	5	5	5	8

---

onde a função `swap()` troca os elementos `data[least]` e `data[i]` (veja o final da Seção 1.2). Note que `least` não é o menor elemento, mas a sua posição.

A análise do desempenho da função `selectionsort()` é simplificada pela presença de dois laços `for` com os limites inferior e superior. O laço mais externo executa n - 1 vezes, e, para cada `i` entre 0 e n - 2, o laço mais interno iterage j = (n - 1) - i vezes. Como as comparações de chaves são feitas no laço mais interno, há

$$\sum_{i=0}^{n-2}(n - 1 - i) = (n - 1) + \cdots + 1 = \frac{n(n - 1)}{2} = O(n^2)$$

comparações. Este número vale para todos os casos. Pode haver alguma economia somente no número de trocas. Note que, se a atribuição na instrução `if` é executada, somente o índice `j` é movido, não o item corrente na posição `j`. Os elementos da matriz são trocados incondicionalmente no laço mais externo tantas vezes quantas este laço é executado, que é n - 1. Assim, em todos os casos, os itens são movidos o mesmo número de vezes, 3(n - 1).

A melhor coisa sobre esta ordenação é o número exigido de atribuições, que dificilmente pode ser batido por qualquer outro algoritmo. No entanto, pode parecer insatisfatório que o número total de trocas, 3(n - 1), seja o mesmo para todos os casos. Obviamente, nenhuma troca é necessária se um item está em sua posição final. O algoritmo despreza isto e troca o item por ele mesmo, fazendo movimentos redundantes. O problema pode ser aliviado tornando `swap()` uma operação condicional. A condição que precede `swap()` deve indicar que nenhum item menor que `data[least]` foi encontrado entre os elementos `data[i+1]`, ..., `data[n-1]`. A última linha de `selectionsort()` pode ser substituída por estas:

```
if (data[i] != data[least])
   swap (data[least], data[i]);
```

Isto aumenta o número de comparações dos elementos da matriz de n - 1, mas este aumento pode ser evitado notando-se que não há necessidade de comparar os itens. Continuamos como fizemos no caso da instrução `if` de `selectionsort()`, comparando os índices e não os itens. A última linha de `selectionsort()` pode ser substituída por:

```
if (i != least)
   swap (data[least], data[i]);
```

Essa melhoria vale o esforço de introduzir uma nova condição no procedimento e, por consequência, adicionar *n* - 1 comparações de índice? Depende dos tipos de elementos que estão sendo ordenados. Se forem números ou caracteres, interpor uma nova condição para evitar a execução de trocas redundantes tem pouco ganho em eficiência. Mas se em `data` são grandes entidades compostas, como matrizes ou estruturas, então uma troca (que exige três atribuições) pode tomar a mesma quantidade de tempo, que, digamos, 100 comparações de índices, por isso usar um `swap()` condicional é recomendado.

9.1.3 Ordenação por borbulhamento

A ordenação por borbulhamento pode ser mais bem entendida se a matriz a ser ordenada é vista como uma coluna vertical cujos menores elementos estão no topo e os maiores na base. A matriz é varrida da base para cima e dois elementos adjacentes são intercambiados caso sejam encontrados fora de ordem um em relação ao outro. Primeiro, os itens `data[n-1]` e `data[n-2]` são comparados e trocados caso estejam fora de ordem. A seguir, `data[n-2]` e `data[n-3]` são comparados e suas ordens trocadas se necessário, e assim por diante, até `data[1]` e `data[0]`. Deste modo, o menor elemento é borbulhado para cima, em direção ao topo da matriz.

Esta é, no entanto, apenas a primeira passada através da matriz. Ela é varrida novamente, comparando itens consecutivos e intercambiando-os quando necessário, mas, desta vez, a última comparação é feita para `data[2]` e `data[1]`, porque o menor elemento já está em sua posição apropriada, posição 0. A segunda passada borbulha o segundo menor elemento da matriz para cima, em direção à segunda posição — posição 1. O procedimento continua até a última passada, quando somente uma comparação, `data[n-1]` com `data[n-2]`, e possivelmente um intercâmbio, são realizados.

O pseudocódigo do algoritmo é como segue:

```
bubblesort(data[],n)
    for i = 0 até n - 2
        for j = n - 1 descendo até i + 1
            troque os elementos das posições j e j - 1 caso estejam fora de ordem;
```

A Figura 9.3 ilustra as mudanças realizadas na matriz de inteiros [5 2 3 8 1] durante a execução de bubblesort(). Eis uma implementação da ordenação por borbulhamento:

```
template<class T>
void bubblesort(T data[], int n) {
    for (int i = 0; i < n-1; i++)
        for (int j = n-1; j > i; --j)
            if (data[j] < data[j-1])
                swap(data[j],data[j-1]);
}
```

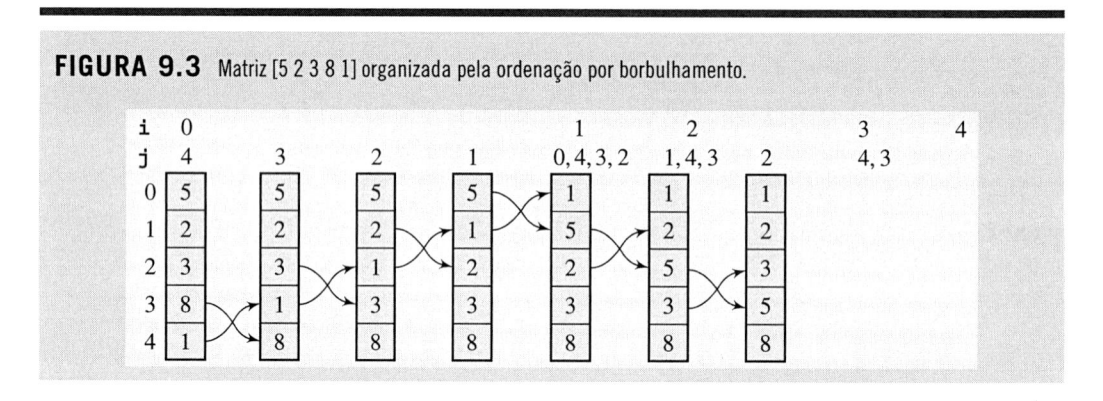

FIGURA 9.3 Matriz [5 2 3 8 1] organizada pela ordenação por borbulhamento.

O número de comparações é o mesmo em cada caso (melhor, médio e pior) e iguala o número total de iterações do laço for mais interno:

$$\sum_{i=0}^{n-2}(n-1-i) = \frac{n(n-1)}{2} = O(n^2)$$

comparações. Esta fórmula também calcula o número de trocas no pior caso, quando a matriz está em ordem inversa. Neste caso, $3\frac{n(n-1)}{2}$ movimentos têm que ser feitos.

O melhor caso, quando todos os elementos já estão ordenados, não exige trocas. Para encontrar o número de movimentos no caso médio, note que, se uma matriz de i células está em ordem aleatória, o número de trocas pode ser qualquer um entre zero e $i - 1$; isto é, pode tanto não haver nenhuma (todos os itens estão em ordem ascendente) quanto uma, duas trocas, ..., ou $i - 1$ trocas. A matriz processada pelo laço for mais interno é data[i], ..., data[n-1], e o número de trocas nesta submatriz — caso seus elementos estejam aleatoriamente ordenados — é zero, um, dois, ..., ou $n - 1 - i$. Depois de ponderar a soma de todos esses possíveis números de trocas pelo número dessas possibilidades, o número médio de trocas é obtido:

$$\frac{0 + 1 + 2 + \cdots + (n-1-i)}{n-i} = \frac{n-i-1}{2}$$

Se todas essas médias para todas as submatrizes processadas por bubblesort() são adicionadas (isto é, se tais números são somados sobre todas as iterações i do laço for mais externo), o resultado é

$$\sum_{i=0}^{n-2}\frac{n-i-1}{2} = \frac{1}{2}\sum_{i=0}^{n-2}(n-1) - \frac{1}{2}\sum_{i=0}^{n-2}i$$

$$= \frac{(n-1)^2}{2} - \frac{(n-1)(n-2)}{4} = \frac{n(n-1)}{4}$$

trocas, o que equivale a $\frac{3}{4}n(n-1)$ movimentos.

A principal desvantagem da ordenação por borbulhamento é que ela borbulha os itens meticulosamente etapa por etapa para cima, em direção ao topo da matriz, procurando dois elementos adjacentes da matriz de cada vez, trocando-os caso não estejam em ordem. Se um elemento tem que ser movido da base para o topo, é trocado com cada elemento da matriz, mas não pulando-os, como a ordenação por seleção faz. Além disso, o algoritmo concentra-se somente no item que está sendo borbulhado para cima. Em consequência, todos os elementos que distorcem a ordem são movidos, mesmo os que já estão em suas posições finais (veja os números 2 e 3 na Figura 9.3, situação análoga à da ordenação por inserção).

Qual é o desempenho da ordenação por borbulhamento em comparação às por inserção e por seleção? No caso médio, a ordenação por borbulhamento faz aproximadamente duas vezes mais comparações e o mesmo número de movimentações que a por inserção, tantas comparações quanto e n vezes mais movimentações do que a ordenação por seleção.

Pode-se dizer que a ordenação por inserção é duas vezes mais rápida que a por borbulhamento. De fato ela é, mas este fato não é compreendido imediatamente a partir das estimativas de desempenho. O ponto é que, quando se determina uma fórmula para o número de comparações, somente comparações de itens de dados são incluídas. A implementação atual para cada algoritmo envolve mais do que isto. Em `bubblesort()`, por exemplo, existem dois laços, e ambos comparam índices: i e n - 1 no primeiro laço, j e i no segundo. No total, existem $\frac{n(n-1)}{2}$ dessas comparações, e este número não deve ser tratado com desprezo. Ele se torna insignificante se os itens de dados são grandes estruturas. Mas, se `data` consiste em inteiros, comparar os dados requer um tempo similar ao de comparar índices. Um tratamento mais completo do problema da eficiência deve focar mais do que apenas a comparação de dados e a troca; deve incluir também o custo necessário para a implementação do algoritmo.

Uma melhoria aparente da ordenação por borbulhamento é obtida pela adição de uma bandeira para interromper o processamento após uma varredura completa em que nenhuma troca foi realizada:

```
template<class T>
void bubblesort2(T data[], const int n) {
      bool again = true;
      for (int i = 0; i < n-1 && again; i++)
          for (int j = n-1, again = false; j > i; --j)
              if (data[j] < data[j-1]) {
                  swap(data[j],data[j-1]);
                  again = true;
              }
}
```

A melhoria, no entanto, é insignificante, porque, no pior caso, a melhoria da ordenação por borbulhamento se comporta da mesma maneira que o original. O pior caso para o número de comparações é quando o elemento é maior no começo dos dados, antes do início da ordenação, porque este elemento pode ser movido por uma única posição em cada passagem. Há $(n - 1)!$ piores casos em uma matriz na qual todos os elementos são diferentes. Os casos, quando o segundo elemento é maior no início ou o maior elemento encontra-se na segunda posição, e também existem $(n-1)!$ casos, são apenas maus (apenas uma passagem a menos do que seria necessário no pior caso). Os casos em que o terceiro maior elemento está na primeira posição não estão muito atrás etc. Portanto, muito raramente a bandeira `again` cumpre seu dever, e muitas vezes – porque uma variável adicional tem de ser mantida por `bubblesort2()` – a versão melhorada é ainda mais lenta do que `bubblesort()`. Portanto, por si só, `bubblesort2()` não é uma modificação interessante da ordenação por borbulhamento. Mas a ordenação tipo pente, que se baseia em `bubblesort2()`, certamente é.

9.1.4 Ordenação tipo pente

Uma melhoria significativa da ordenação por borbulhamento é obtida por pré-processamento dos dados, comparando elementos por *passos* de posições distanciados um do outro, o que é uma ideia baseada na ordenação tipo pente. Em cada passagem, o *passo* torna-se menor até que seja igual a 1 (Dobosiewicz, 1980; Box e Lacey, 1991). A ideia é que grandes elementos são movidos em direção ao final da matriz antes de a ordenação propriamente dita começar. Aqui está uma implementação:

```
template<class T>
void combsort(T data[], const int n) {
    int step = n, j, k;
    while ((step = int(step/1.3)) > 1)         // phase 1
        for (j = n-1; j >= step; j--) {
            k = j-step;
            if (data[j] < data[k])
                swap(data[j],data[k]);
        }
    bool again = true;
    for (int i = 0; i < n-1 && again; i++)     // phase 2
        for (j = n-1, again = false; j > i; --j)
            if (data[j] < data[j-1] {
                swap(data[j] ,data[j-1]);
                again = true;
            }
}
```

A seguir, um exemplo da execução da ordenação tipo pente:

fase 1:

passo	etapa								data[]									
		41	11	18	7	16	25	4	23	32	31	22	9	1	22	3	7	31	6	10
1	14	3	7	18	6	10	25	4	23	32	31	22	9	1	22	41	11	31	7	16
2	10	3	7	1	6	10	11	4	7	16	31	22	9	18	22	41	25	31	23	32
3	7	3	7	1	6	9	11	4	7	16	31	22	10	18	22	41	25	31	23	32
4	5	3	4	1	6	9	11	7	7	16	31	22	10	18	22	41	25	31	23	32
5	3	3	4	1	6	7	10	7	9	11	18	22	16	31	22	23	25	31	41	32
6	2	1	4	3	6	7	9	7	10	11	16	22	18	23	22	31	25	31	41	32

fase 2

7		1	3	4	6	7	7	9	10	11	16	18	22	22	23	25	31	31	32	41
8		1	3	4	6	7	7	9	10	11	16	18	22	22	23	25	31	31	32	41

Os dados são processados da direita para a esquerda. Na fase 1, passagem 1, são feitas comparações entre os elementos $\lfloor \frac{19}{1,3} \rfloor$ = 14 posições longe um do outro: 16 e 10 (levando a uma troca), 7 e 6 (outra troca), 18 e 31, 11 e 7 (troca), e 41 e 3 (troca). Na passagem 2, a distância entre os elementos que estão sendo comparados é $\lfloor \frac{14}{1,3} \rfloor$ = 10: 32 e 16 (troca), 23 e 7 (troca), ..., e 3 e 22. A fase 2, que é bubblesort2(), exige apenas modestos dois passes.

Um problema é determinar a distância entre as posições dos elementos a ser comparados. Numerosos ensaios experimentais indicam (Box e Lacey, 1991) que, em geral, o fator de s = 1,3 deve ser utilizado para determinar distâncias $\lfloor \frac{n}{s} \rfloor, \lfloor \frac{\lfloor n/s \rfloor}{s} \rfloor, \ldots$ que podem ser aproximadas com a sequência decrescente $\frac{n}{s}, \frac{n}{s^2}, \ldots, \frac{n}{s^p}$. Como o último passo na fase 1 é igual a 2, ou seja, $\frac{n}{s^p} = 2$, vemos que $P = \frac{\lg \frac{n}{2}}{\lg s}$. Usando estas aproximações, o número de passos na fase 1 é determinado como sendo sempre igual a:

$$\sum_{i=1}^{P}\left(n - \frac{n}{s^i}\right) = P \cdot n - \frac{2-n}{1-s} = O(n \lg n)$$

O pior caso é O(n^2), devido à segunda fase (Drozdek, 2005).

Ensaios experimentais indicam que a melhoria é realmente dramática, e o desempenho impressionante da ordenação tipo pente é comparável ao da ordenação rápida (Figura 9.19).

9.2 Árvores de decisão

Os três métodos de ordenação analisados nas seções anteriores não foram muito eficientes. Isto leva a várias questões: Pode-se esperar algum nível melhor de eficiência para um algoritmo de ordenação? Podem os algoritmos, pelo menos teoricamente, ser mais eficientes quando executados mais rápido? Neste caso, quando podemos ficar satisfeitos com um algoritmo e estar seguros da improbabilidade de a velocidade de ordenação aumentar? Necessitamos de uma medida quantitativa para estimar um *limite inferior* da velocidade de ordenação.

Esta seção foca as comparações de dois elementos, e não seu intercâmbio. As questões são: Na média, quantas comparações têm que ser feitas para se ordenar n elementos? Qual é a melhor estimativa do número de comparações de itens se uma matriz é assumida como ordenada aleatoriamente?

Todo algoritmo de ordenação pode ser expresso em termos de uma árvore binária na qual os arcos carregam rótulos S(im) ou N(ão). Os nós não terminais da árvore contêm condições ou perguntas para os rótulos, e as folhas têm todas as possíveis ordenações da matriz para a qual o algoritmo é aplicado. Este tipo de árvore é chamado *árvore de decisão*. Como a ordenação inicial não pode ser prevista, todas as possibilidades têm que ser listadas na árvore para que o procedimento de ordenação manipule qualquer matriz e qualquer possível ordem inicial de dados. Esta ordem inicial determina qual caminho é tomado pelo algoritmo e qual sequência de comparações é realmente escolhida. Note que diferentes árvores têm que ser desenhadas para matrizes de diferentes comprimentos.

A Figura 9.4 ilustra as árvores de decisão para as ordenações por inserção e por borbulhamento para uma matriz [a b c]. A árvore para a ordenação por inserção tem seis folhas, e a por borbulhamento oito. Quantas folhas uma árvore para uma matriz de n elementos tem? Tal matriz pode ser ordenada em $n!$ modos diferentes, tantas quantas as possíveis permutações dos elementos da matriz, e todas essas ordenações têm que ser estocadas em folhas da árvore de decisão. Assim, a árvore para a ordenação por inserção tem seis folhas, porque $n = 3$ e $3! = 6$.

Mas, como o exemplo da árvore de decisão para a ordenação por borbulhamento indica, o número de folhas não tem que se igualar a $n!$. De fato, nunca é menor do que $n!$, o que significa que pode ser maior. Esta é uma consequência do fato de uma árvore de decisão poder ter folhas que correspondem a falhas, não somente a possíveis ordenações. Os nós de falhas são alcançados por uma sequência inconsistente de operações. Além disso, o número total de folhas pode ser maior do que $n!$, porque algumas ordenações (permutações) podem ocorrer em mais de uma folha, já que as comparações podem ser repetidas.

Uma das interessantes propriedades das árvores de decisão é o número médio de arcos cruzados, a partir da raiz, para atingir uma folha. Como um arco representa uma comparação, o número médio de arcos reflete-se no número médio de comparações de chaves quando se executa o algoritmo de ordenação.

Como já vimos no Capítulo 6, uma árvore de decisão completa de i-níveis tem 2^{i-1} folhas, $2^{i-1} - 1$ nós não terminais (para $i \geq 1$) e $2^i - 1$ nós totais. Como todas as árvores não completas com o mesmo número i de níveis têm muito menos nós do que aquela, $k + m \leq 2^i - 1$, onde m é o número de folhas e k o de não folhas. Além disso, $k \leq 2^{i-1} - 1$ e $m \leq 2^{i-1}$ (Seção 6.1 e Figura 6.5). A última desigualdade é usada como uma aproximação para m. Por isso, em uma árvore de decisão de nível i, existem no máximo 2^{i-1} folhas.

FIGURA 9.4 Árvores de decisão (a) ordenação por inserção e (b) ordenação por borbulhamento, conforme aplicadas à matriz [a b c].

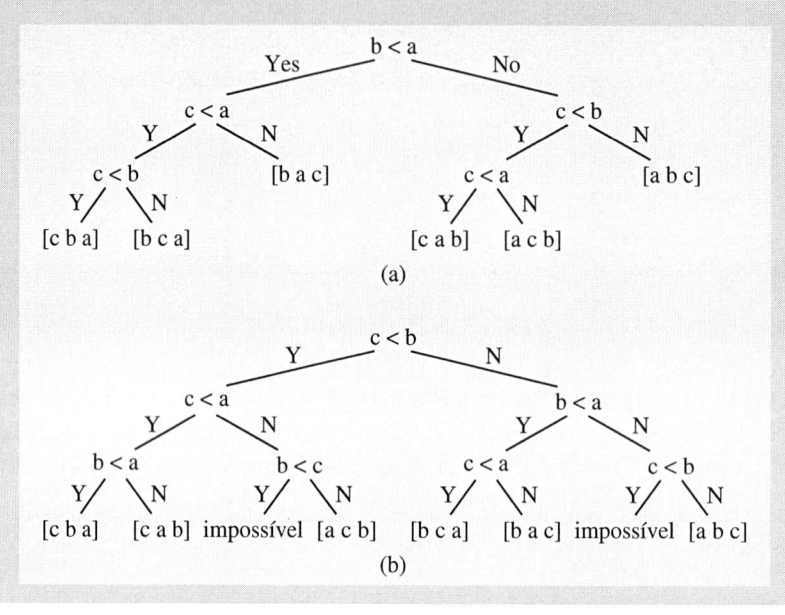

```
                            b < a
                    Yes ─────────── No
                   c < a              c < b
                 Y /   \ N          Y /   \ N
              c < b   [b a c]    c < a   [a b c]
            Y /  \ N            Y /  \ N
         [c b a] [b c a]     [c a b] [a c b]
                            (a)


                                c < b
                         Y ─────────── N
                     c < a                b < a
                   Y /   \ N            Y /   \ N
               b < a    b < c        c < a    c < b
             Y /  \ N  Y /  \ N    Y /  \ N  Y /  \ N
         [c b a][c a b] impossível [a c b] [b c a][b a c] impossível [a b c]
                            (b)
```

Agora surge uma pergunta: Qual é a relação entre o número de folhas de uma árvore de decisão e o número de todas as possíveis ordenações de uma matriz de *n* elementos? Existem *n*! possíveis ordenações, e cada uma delas é representada por uma folha em uma árvore de decisão. Mas a árvore também tem alguns nós extras devido às repetições e falhas. Em consequência, $n! \leq m \leq 2^{i-1}$, ou $2^{i-1} \geq n!$. Esta desigualdade responde à seguinte pergunta: Quantas comparações são realizadas quando se usa um algoritmo de ordenação para uma matriz de *n* elementos no pior caso? Ou, melhor, no pior caso espera-se que qual número seja mais baixo ou melhor? Note que esta análise pertence ao pior caso. Assumimos que *i* é um nível de uma árvore independentemente de ela estar completa ou não; *i* sempre se refere ao caminho mais longo que leva da raiz da árvore para seu nível mais baixo, que é também o maior número de comparações necessárias para atingir uma configuração ordenada da matriz armazenada na raiz. Primeiro, a desigualdade $2^{i-1} \geq n!$ é transformada em $i - 1 \geq \lg(n!)$, o que significa que o comprimento do caminho em uma árvore de decisão com pelo menos *n*! folhas precisa ser pelo menos $\lg(n!)$, ou, melhor, ser $\lceil \lg(n!) \rceil$, onde $\lceil x \rceil$ é um inteiro não menor do que *x*. Veja o exemplo da Figura 9.5.

Pode-se provar que, para uma folha aleatoriamente escolhida de uma árvore de decisão de *m*--folhas, o comprimento do caminho da raiz até a folha não é menor do que $\lg m$ e que, tanto no médio como no pior casos, o número exigido de comparações, $\lg(n!)$, é $O(n \lg n)$ (veja a Seção A.2 no Apêndice A). Portanto, $O(n \lg n)$ é também o melhor que se pode esperar em casos médios.

É interessante comparar esta aproximação com alguns dos números calculados para os métodos de ordenação, especialmente para o médio e o pior casos. Por exemplo, a ordenação por inserção exige somente $n - 1$ comparações no melhor caso, mas, no médio e no pior, ela se torna um algoritmo n^2, pois as funções que relacionam o número de comparações com o de elementos são, nestes casos, os O-Grande de n^2. Isto é muito maior do que $n \lg n$, especialmente para números grandes. Em consequência, a ordenação por inserção não é um algoritmo ideal. A busca por melhores métodos pode prosseguir com pelo menos a expectativa de que o número de comparações deve ser aproximado por $n \lg n$, em vez de n^2.

Capítulo 9   Ordenação ■ 435

A diferença entre essas duas funções será mais bem vista na Figura 9.6 se o desempenho dos algoritmos analisados até agora for comparado com o esperado $n \lg n$ no caso médio. Os números na tabela da Figura 9.6 mostram que, se 100 itens são ordenados, o algoritmo desejado é quatro vezes mais rápido do que a ordenação por inserção, e oito vezes mais rápido do que as por seleção e por borbulhamento. Para 1.000 itens, é, respectivamente, 25 e 50 vezes mais rápido. Para 10.000, a

FIGURA 9.5 Exemplos de árvores de decisão para uma matriz de três elementos.

Estas são algumas árvores de decisão possíveis para uma matriz de três elementos. Essas árvores precisam ter pelo menos 3! = 6 folhas. No exemplo apresentado, foi assumido que cada árvore tem uma folha adicional (uma repetição ou uma falha). No pior caso e no caso médio, a quantidade de comparações é dada por $i - 1 \geq \lceil \lg(n!) \rceil$. Nesse exemplo, $n = 3$, portanto $i - 1 \geq \lceil \lg 3! \rceil$ = $\lceil \lg 6 \rceil \approx \lceil 2{,}59 \rceil = 3$. Conforme pode ser observado, somente a árvore mais bem balanceada (a) apresenta profundidade média de ramo menor do que três.

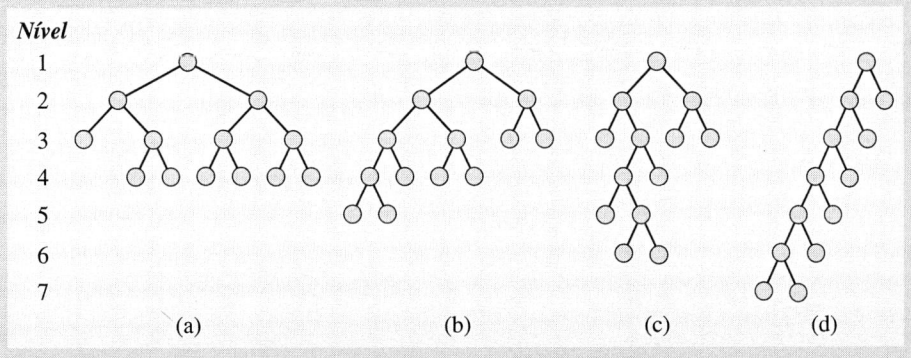

As somas dos comprimentos dos percursos a partir da raiz para todas as folhas nas árvores de (a) a (d), bem como seus respectivos comprimentos de percurso médio, são:

(a) $2 + 3 + 3 + 3 + 3 + 3 + 3 = 20$; média $= \dfrac{20}{7} \approx 2{,}86$

(b) $4 + 4 + 3 + 3 + 3 + 2 + 2 = 21$; média $= \dfrac{21}{7} = 3$

(c) $2 + 4 + 5 + 5 + 3 + 2 + 2 = 23$; média $= \dfrac{23}{7} \approx 3{,}29$

(d) $6 + 6 + 5 + 4 + 3 + 2 + 1 = 27$; média $= \dfrac{27}{7} \approx 3{,}86$

FIGURA 9.6 Número de comparações realizadas pelo método de ordenação simples e por um algoritmo cuja eficiência é estimada pela função $n \lg n$.

tipo de ordenação	n	100	1.000	10.000
inserção	$\dfrac{n^2 + n - 2}{4}$	2.524,5	250.249,5	25.002.499,5
seleção, borbulhamento	$\dfrac{n(n-1)}{2}$	4.950	499.500	49.995.000
esperado	$n \lg n$	664	9.966	132.877

diferença no desempenho difere por fatores de 188 e 376, respectivamente. Isto pode servir somente para encorajar a procura por um algoritmo que incorpore o desempenho da função $n \lg n$.

9.3 Algoritmos de ordenação eficientes

9.3.1 Ordenação de Shell

O limite $O(n^2)$ para um método de ordenação é muito grande e precisa ser quebrado para melhorar a eficiência e diminuir o tempo de execução. Como isto pode ser feito? O problema é que, usualmente, o tempo exigido para ordenar uma matriz pelos três algoritmos cresce mais rápido do que o tamanho da matriz. De fato, é geralmente uma função quadrática do tamanho. Pode ser útil ordenar partes da matriz original primeiro e então, caso estejam pelo menos parcialmente ordenadas, ordenar a matriz inteira. Se as submatrizes já estiverem ordenadas, estaremos muito mais perto do melhor caso de uma matriz ordenada. Um delineamento geral deste procedimento é este:

divida `data` *em* `h` *submatrizes;*
for i = 1 *até* h
   ordene a submatriz `data`$_i$*;*
ordene a matriz `data`*;*

Se h é muito pequeno, as submatrizes `data`$_i$ da matriz `data` podem ser muito grandes, e os algoritmos de ordenação igualmente ineficientes. Por outro lado, se h é muito grande, muitas pequenas submatrizes são criadas e, embora estejam ordenadas, isto não muda substancialmente a ordem global de `data`. Finalmente, se somente uma partição de `data` é feita, o ganho no tempo de execução pode ser modesto. Para resolver este problema, diversas diferentes subdivisões são usadas e, para cada uma delas, o mesmo procedimento é aplicado separadamente, como em

determine os números $h_t \ldots h_1$ *de modos de dividir a matriz* `data` *em submatrizes;*
for (h=h_t; t > 1; t--, h=h_t)
  divida `data` *em* `h` *submatrizes;*
  for i = 1 *até* h
    ordene a submatriz `data`$_i$*;*
ordene a matriz `data`*;*

Esta ideia é a base da *ordenação por diminuição do incremento*, também chamada *ordenação de Shell*, em homenagem a Donald L. Shell, que concebeu esta técnica. Note que esse pseudocódigo não identifica um método específico de ordenação para a ordenação das submatrizes; pode ser qualquer método simples. Usualmente, no entanto, a ordenação de Shell usa o método de inserção.

O coração da ordenação de Shell é uma divisão engenhosa da matriz `data` em diversas submatrizes. O truque é comparar primeiro os elementos espaçados mais afastados, depois os mais perto uns dos outros, e assim por diante, até os elementos adjacentes ser comparados em uma última passada. A matriz original é logicamente subdividida em submatrizes escolhendo-se cada h_t-ésimo elemento como parte de uma submatriz. Em consequência, existem h_t submatrizes e, para cada $h =$ 1, ..., h_t,

$$\text{data}_{h_t h}[i] = \text{data}[h_t \cdot i + (h-1)]$$

Por exemplo, se $h_t = 3$, a matriz `data` é subdividida em três submatrizes, `data`$_1$, `data`$_2$ e `data`$_3$, de modo que

```
data₃₁[0] = data[0],  data₃₁[1] = data[3],  ... , data₃₁[i] = data[3*i],   ....
data₃₂[0] = data[1],  data₃₂[1] = data[4],  ... , data₃₂[i] = data[3*i+1], ...
data₃₃[0] = data[2],  data₃₃[1] = data[5],  ... , data₃₃[i] = data[3*i+2], ...
```

e essas submatrizes são ordenadas separadamente. Depois, novas submatrizes são criadas com um $h_{t-1} < h_t$, e a ordenação por inserção é aplicada a elas. O processo é repetido até que nenhuma subdivisão possa ser feita. Se $h_t = 5$, o processo de extrair submatrizes e ordená-las é chamado ordenação-5.

A Figura 9.7 mostra os elementos da matriz data que estão cinco posições à parte e logicamente inseridos em uma matriz separada — "logicamente" desde que, fisicamente, eles ainda ocupem as mesmas posições em data. Para cada valor do incremento h_t, existem h_t submatrizes, e cada uma delas é ordenada separadamente. Conforme o valor do incremento diminui, o número de submatrizes diminui proporcionalmente e seus tamanhos crescem. Como a maioria da desordem de data foi removida nas iterações anteriores, na última passada a matriz está muito mais perto de sua forma final do que antes de todas as ordenações h intermediárias.

Um problema a ser tratado é escolher o valor ótimo do incremento. No exemplo da Figura 9.7, o valor 5 é escolhido para se iniciar, depois 3, e então 1 é usado para a ordenação final. Mas por que esses valores? Infelizmente, nenhuma resposta convincente pode ser dada. De fato, qualquer sequência de incrementos decrescentes pode ser usada, contanto que o último deles, h_1, seja igual a 1. Donald Knuth mostrou que, mesmo existindo somente dois incrementos, $\left(\frac{16n}{\pi}\right)^{\frac{1}{3}}$ e 1, a ordenação de Shell é mais eficiente do que a por inserçao, porque gasta um tempo $O(n^{\frac{5}{3}})$ em vez de $O(n^2)$. Mas a eficiência da ordenação de Shell pode ser melhorada usando um número maior de incrementos. Seria imprudente, no entanto, usar sequências de incrementos como 1, 2, 4, 8, ... ou 1, 3, 6, 9, ... pois o efeito de mistura dos dados é perdido.

Por exemplo, quando se usam as ordenações-4 e -2, uma submatriz, $\text{data}_{2,i}$, para $i = 1, 2$, consiste em elementos de duas matrizes, $\text{data}_{4,i}$ e $\text{data}_{4,j}$, onde $j = i + 2$, e somente estes. Seria muito me-

FIGURA 9.7 A matriz [10 8 6 20 4 3 22 1 0 15 16] organizada pela ordenação de Shell.

data antes de 5-sort	10	8	6	20	4	3	22	1	0	15	16
Cinco submatrizes antes de ordenar	10	—	—	—	—	3	—	—	—	—	16
	8	—	—	—	—	22					
	6	—	—	—	—	1					
	20	—	—	—	—	0					
	4	—	—	—	—	15					
Cinco submatrizes depois de ordenar	3	—	—	—	—	10	—	—	—	—	16
	8	—	—	—	—	22					
	1	—	—	—	—	6					
	0	—	—	—	—	20					
	4	—	—	—	—	15					
data depois de 5-sort e antes de 3-sort	3	8	1	0	4	10	22	6	20	15	16
Três submatrizes antes de ordenar	3	—	—	0	—	—	22	—	—	15	
	8	—	—	4	—	—	6	—	—	16	
	1	—	—	10	—	—	20	—	—		
Três submatrizes depois de ordenar	0	—	—	3	—	—	15	—	—	22	
	4	—	—	6	—	—	8	—	—	16	
	1	—	—	10	—	—	20	—	—		
data depois 3-sort e antes 1-sort	0	4	1	3	6	10	15	8	20	22	16
data depois 1-sort	0	1	3	4	6	8	10	15	16	20	22

lhor se os elementos de $\text{data}_{4,i}$ não se encontrassem outra vez na mesma matriz, já que uma redução mais rápida do número de inversões de trocas é obtida quando eles são enviados para matrizes diferentes ao ser realizada a ordenação-2. Usando somente potências de dois para os incrementos, como no algoritmo original de Shell, os itens nas posições pares e ímpares da matriz não interagem até a última passada, quando o incremento é igual a 1. É onde o efeito de mistura (ou sua falta) aparece. Mas não há uma prova formal que indique qual sequência de incrementos é ótima. Extensivos estudos empíricos, junto com algumas considerações teóricas, sugerem que é uma boa ideia escolher incrementos que satisfaçam às condições

$$h_1 = 1$$
$$h_{i+1} = 3h_i + 1$$

e parem com h_t, para o qual $h_{t+2} \geq n$. Para $n = 10.000$, isto dá a sequência

1, 4, 13, 40, 121, 364, 1093, 3280

Os dados experimentais foram aproximados por função exponencial, a estimativa, $1{,}21n^{\frac{5}{4}}$, e pela função logarítmica $0{,}39n \ln^2 n - 2{,}33n \ln n = O(n \ln^2 n)$. A primeira forma se ajusta melhor aos resultados dos testes. $1{,}21n^{1{,}25} = O(n^{1{,}2})$ é muito melhor do que $O(n^2)$ para a ordenação por inserção, mas é ainda maior do que o desempenho esperado $O(n \lg n)$.

A Figura 9.8 mostra uma função para ordenar a matriz data usando a ordenação de Shell. Note que, antes que a ordenação inicie, os incrementos são calculados e armazenados em increments da matriz.

O essencial da ordenação de Shell é dividir uma matriz em submatrizes, tomando-se os elementos h em posições distantes. Há três características deste algoritmo que variam de uma implementação para outra:

1. a sequência de incrementos;
2. um algoritmo de ordenação simples aplicado a todas as passadas, exceto na última;
3. um algoritmo de ordenação simples aplicado somente na última passada, para a ordenação-1.

Em nossa implementação, como na de Shell, a ordenação por inserção é aplicada em todas as ordenações h, mas outros algoritmos de ordenação podem ser usados. Por exemplo, Incerpi e Sedgewick usam duas iterações da ordenação por coqueteleira (do inglês *cocktail shaker*) e uma versão da ordenação por borbulhamento em cada ordenação h, e terminam com a ordenação por inserção, obtendo o que chamam de *ordenação por chacoalhamento* (do inglês *shakersort*. Todas essas versões têm desempenho melhor do que os métodos de ordenação simples, embora haja algumas diferenças no desempenho entre elas. Os resultados analíticos, com relação à complexidade dessas ordenações, não estão disponíveis. Todos os resultados com respeito à complexidade são de natureza empírica.

9.3.2 Ordenação de heap

A ordenação por seleção faz $O(n^2)$ comparações e é muito ineficiente, especialmente para um n grande. Mas faz relativamente poucos movimentos. Se a parte de comparação do algoritmo for melhorada, o resultado final pode ser promissor.

A *ordenação de heap*, inventada por John Williams, usa a abordagem inerente à ordenação por seleção. Esta encontra, entre os n elementos, aquele que precede todos os outros $n-1$, depois o último elemento entre aqueles $n - 1$ itens, e assim por diante, até que a matriz seja ordenada. Para se ter a matriz ordenada em ordem ascendente, a ordenação de heap coloca o maior elemento no fim da matriz, então o segundo maior na frente dele, e assim por diante. Esta ordenação começa a partir do final da matriz, encontrando os maiores elementos, enquanto a por seleção inicia a partir do começo, usando os menores elementos. A ordem final em ambos os casos é de fato a mesma.

FIGURA 9.8 Implementação da ordenação de Shell.

```cpp
template<class T>
void Shellsort(T data[], int n) {
   register int i, j, hCnt, h;
   int increments[20], k;
// criar quantidade apropriada de incrementos h
   for (h = 1, i = 0; h < n; i++) {
       increments[i] = h;
       h = 3*h + 1;
   }
// laço sobre a quantidade de incrementos distintos h
   for (i--; i >= 0; i--) {
       h = increments[i];
    // laço sobre a quantidade de submatrizes h-ordenada na i-esima passagem
       for (hCnt = h; hCnt < 2*h; hCnt++) {
        // ordenacao por insercao para submatriz contendo cada h-esimo elemento de
           for (j = hCnt; j < n; ) {    // dados de matriz
               T tmp = data[j];
               k = j;
               while (k-h >= 0 && tmp < data[k-h]) {
                   data[k] = data[k-h];
                   k -= h;
               }
               data[k] = tmp;
               j += h;
           }
       }
   }
}
```

A ordenação de heap usa uma heap como foi descrito na Seção 6.9. Heap é uma árvore binária com as duas seguintes propriedades:

1. o valor de cada nó não é menor do que os valores estocados em cada um de seus filhos;
2. a árvore é perfeitamente balanceada e as folhas no último nível estão todas nas posições mais à esquerda.

Uma árvore tem a propriedade de heap se satisfaz a condição 1. Ambas as condições são úteis para a ordenação, embora, para a segunda, isto não seja imediatamente aparente. O objetivo é usar somente a matriz que está sendo ordenada, sem usar estocagem adicional para os seus elementos; pela condição 2, todos os elementos estão locados em posições consecutivas na matriz que começa a partir da posição 0, com nenhuma posição não usada dentro da matriz. Em outras palavras, esta condição reflete-se no empacotamento de uma matriz sem lacunas.

Os elementos em uma heap não estão perfeitamente ordenados. Sabe-se somente que o maior elemento está no nó raiz e que, para cada um dos outros nós, todos os seus descendentes não são maiores do que o elemento nesse nó. A ordenação de heap, assim, inicia-se a partir da heap, coloca o maior elemento no final da matriz e regenera a heap, que agora tem um elemento a menos. A partir da nova heap, o maior elemento é removido e colocado em sua posição final, e então a propriedade de heap é regenerada para os elementos restantes. Então, em cada giro, um elemento da matriz termina em sua posição final e torna a heap menor. O processo termina exaurindo-se todos os elementos da heap, resumida no seguinte pseudocódigo:

```
heapsort(data[],n)
```
   transforme data *em uma heap;*
      for i = *descendo até* 2
      troque a raiz com o elemento na posição i;
      regenere a propriedade de heap para a árvore data[0], ..., data[i-1];

Na primeira fase desta ordenação uma matriz é transformada em heap. Neste processo, usamos o método da base para cima, idealizado por Floyd e descrito na Seção 6.9.2. Todas as etapas que levam à transformação da matriz [2 8 6 1 10 15 3 12 11] em uma heap estão ilustradas na Figura 9.9 (veja também a Figura 6.58).

A segunda fase começa depois que a heap é construída (Figuras 9.9g e 9.10a). Neste ponto, o maior elemento, o número 15, é movido para o final da matriz. Seu lugar é tomado por 8, violando assim a propriedade de heap. A propriedade tem que ser regenerada, mas desta vez isto é feito para a árvore sem o maior elemento, 15. Como ele já está em sua posição apropriada, não necessita mais ser considerado e é removido (podado) da árvore (indicado pelas linhas pontilhadas da Figura 9.10). Agora, o maior elemento entre data[0], ..., data[n-2] é procurado. Para este fim, a função moveDown() da Seção 6.9 (Figura 6.56) é chamada para construir uma heap fora de todos os elementos de data, exceto o último, data[n-1], que resulta na heap da Figura 9.10c. O número 12 é peneirado para cima e então trocado por 1, resultando na árvore da Figura 9.10d. A função moveDown() é chamada outra vez para selecionar 11 (Figura 9.10e) e o elemento é trocado pelo último da matriz corrente, 3 (Figura9.10f). Agora, 10 é selecionado (Figura 9.10g) e trocado por 2 (Figura 9.10h). O leitor pode facilmente construir árvores e heaps para os próximos passos através do laço de heapsort(). Depois da última passada, a matriz está em ordem ascendente, com a árvore assim ordenada de acordo. Veja uma implementação de heapsort():

```cpp
template<class T>
void heapsort(T data[], int n) {
    for (int i = n/2 - 1; i >= 0; --i)      // crie a heap;
        moveDown(data,i,n-1);
    for (int i = n-1; i >= 1; --i) {
        swap(data[0],data[i]); // mova o maior item para data[i];
        moveDown(data,0,i-1);  // regenere a propriedade de heap;
    }
}
```

A ordenação de heap pode ser considerada ineficiente porque o movimento de dados parece ser muito extenso. Primeiro, todos os esforços são aplicados para mover o maior elemento para o lado mais à esquerda da matriz, de modo a levá-lo para o mais distante à direita. Mas é nisto que se acha sua eficiência. Na primeira fase, para criar a heap, heapsort() usa moveDown(), que realiza $O(n)$ etapas (veja a Seção 6.9.2).

Na segunda fase, heapsort() troca $n-1$ vezes a raiz pelo elemento na posição i e também regenera a heap $n-1$ vezes, que, no pior caso, faz moveDown() iteragir $\lg i$ vezes para trazer a raiz de volta ao nível das folhas. Assim, o número total de movimentos em todas as execuções de moveDown() nesta fase de heapsort() é $\sum_{i=1}^{n-1} \lg i$, que é $O(n \lg n)$. No pior caso, heapsort() exige $O(n)$ etapas na primeira fase e, na segunda, $n-1$ trocas e $O(n \lg n)$ operações para regenerar a propriedade de heap, que dá $O(n) + O(n \lg n) + (n-1) = O(n \lg n)$ trocas para todo o processo neste caso.

Para o melhor caso, quando a matriz contém elementos idênticos, moveDown() é chamado $\frac{n}{2}$ vezes na primeira fase, mas nenhum movimento é realizado. Na segunda, heapsort() faz uma troca para mover o elemento da raiz até o final desta, resultando em somente $n-1$ movimentos. Além disso, no melhor caso, n comparações são feitas na primeira fase e $2(n-1)$ na segunda.

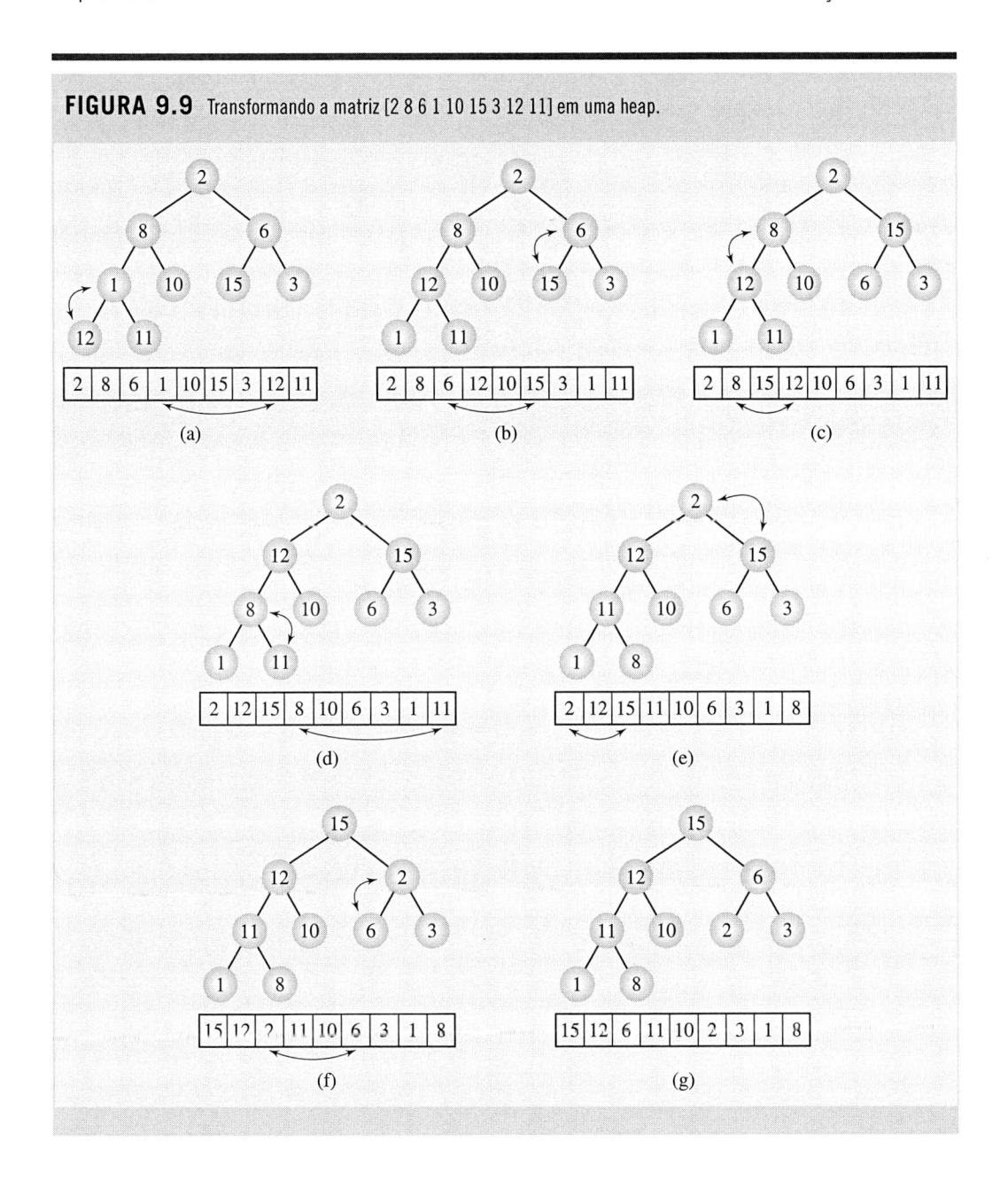

FIGURA 9.9 Transformando a matriz [2 8 6 1 10 15 3 12 11] em uma heap.

Por isso, o número total de comparações no melhor caso é $O(n)$. No entanto, se a matriz tem elementos distintos, então no melhor caso o número de comparações é igual a $n \lg n - O(n)$ (Ding e Weiss, 1992).

9.3.3 Quicksort (ordenação rápida)

A ordenação de Shell aborda o problema de ordenação dividindo a matriz original em submatrizes, ordenando-as separadamente e dividindo-as novamente para ordenar as novas submatrizes até que a matriz inteira esteja ordenada. O objetivo é reduzir o problema original em subproblemas que possam ser resolvidos mais fácil e rapidamente. O mesmo raciocínio norteou C. A. R. Hoare, que inventou um algoritmo apropriadamente chamado *quicksort* (ordenação rápida).

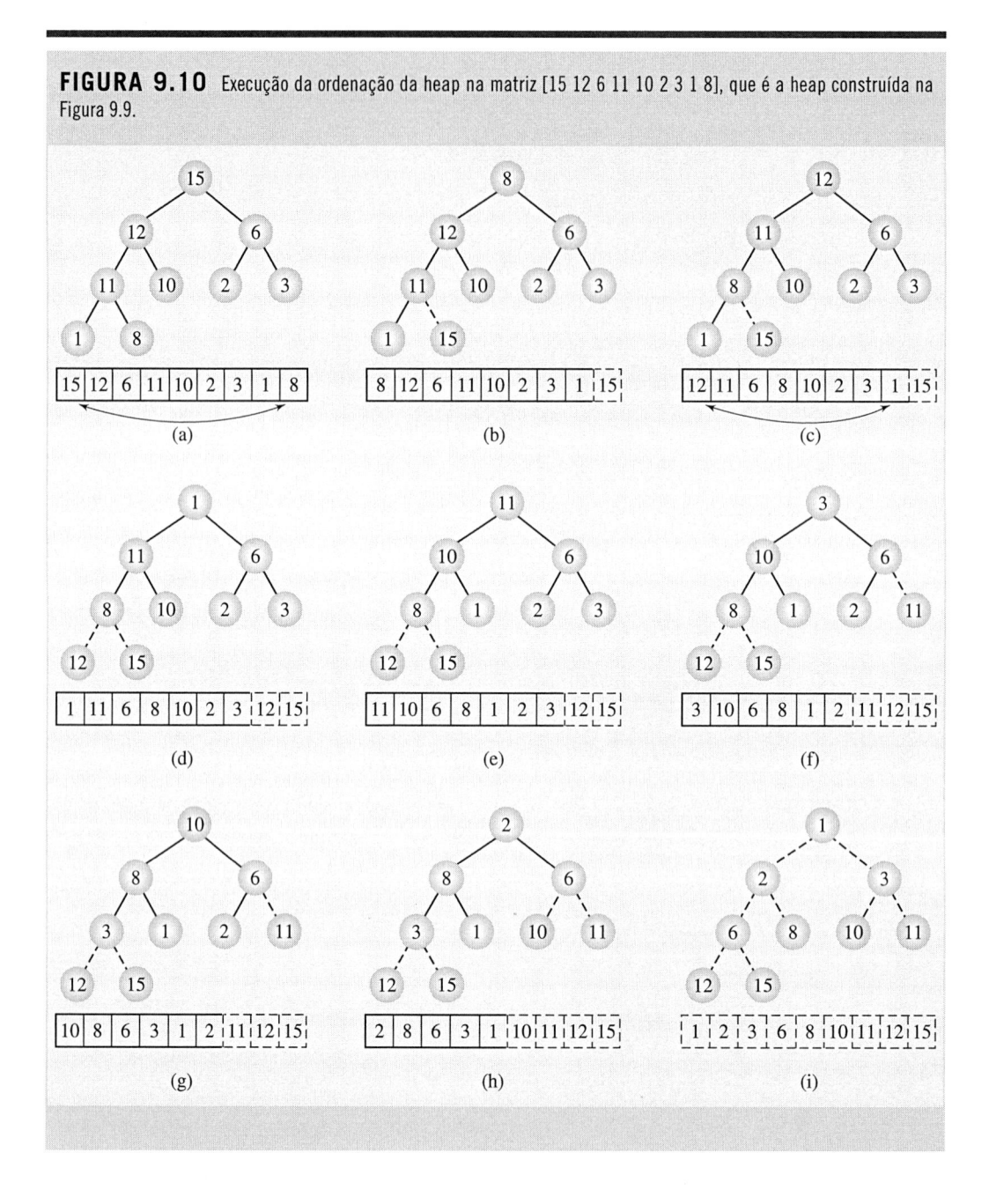

FIGURA 9.10 Execução da ordenação da heap na matriz [15 12 6 11 10 2 3 1 8], que é a heap construída na Figura 9.9.

A matriz original é dividida em duas submatrizes; a primeira contém elementos menores ou iguais a uma chave escolhida chamada *limite* ou *pivô*. A segunda inclui elementos iguais ou maiores que o limite. Ambas as submatrizes podem ser ordenadas separadamente, mas, antes que isto seja feito, o processo de partição é repetido para ambas. Como resultado, dois novos limites são escolhidos, um para cada submatriz. As quatro submatrizes são criadas porque cada uma obtida na primeira fase é agora dividida em dois segmentos. Este processo de particionar é realizado até que haja somente matrizes de uma célula que precisem ser ordenadas. Dividir a tarefa de ordenar uma grande matriz em duas tarefas mais simples e então dividi-las em tarefas ainda mais simples resulta em dados já ordenados no processo de se preparar para ordenar. Como a ordenação fica meio dissipada no processo de preparação, este processo é o núcleo do quicksort.

O quicksort é recursivo em sua natureza porque é aplicado a ambas as submatrizes de uma matriz em cada nível da partição. Esta técnica está resumida no seguinte pseudocódigo:

```
quicksort(array[])
    if comprimento(array) > 1
        escolha bound; // particione array em subarray₁ e subarray₂
        while existem elementos deixados em array
            inclua element tanto na subarray₁ = {el: el ≤ bound};
            quanto em element na subarray₂ = {el: el ≥ bound};
        quicksort(subarray₁);
        quicksort(subarray₂);
```

Para particionar uma matriz, duas operações têm que ser realizadas: um limite deve ser encontrado e a matriz ser varrida para colocar os elementos nas submatrizes apropriadas. No entanto, escolher um bom limite não é uma tarefa trivial. O problema é que as submatrizes devem ser aproximadamente do mesmo comprimento. Se uma matriz contém os números de 1 até 100 (em qualquer ordem) e 2 é escolhido como um limite, temos um desbalanceamento: a primeira submatriz contém somente um número depois do particionamento, enquanto a segunda tem 99.

Várias estratégias diferentes para selecionar um limite foram desenvolvidas. Uma das mais simples consiste em escolher o primeiro elemento da matriz. Esta abordagem pode ser suficiente para algumas aplicações. No entanto, como muitas matrizes a ser ordenadas já têm muitos elementos em suas próprias posições, uma abordagem mais cuidadosa é escolher o elemento alocado no meio da matriz. Esta abordagem está incorporada na implementação da Figura 9.11.

Outra tarefa é varrer a matriz e dividir os elementos entre suas duas submatrizes. O pseudocódigo é vago sobre como isto pode ser realizado. Em particular, ele não decide onde colocar um elemento igual ao limite; somente diz que os elementos são colocados na primeira submatriz caso sejam menores ou iguais ao limite, e na segunda se maiores ou iguais ao limite. A razão é que a diferença entre os comprimentos das duas submatrizes deve ser mínima. Em consequência, os elementos iguais ao limite devem ser divididos igualmente entre as duas submatrizes para tornar esta diferença de tamanho mínima. Os detalhes para este manuseio dependem da implementação particular; uma implementação deste tipo é dada na Figura 9.11. Nela, `quicksort(data[],n)` pré-processa a matriz a ser ordenada, localizando o maior elemento da matriz e trocando-o com seu último elemento. Com o maior elemento no final da matriz evita-se que o índice `lower` saia da sua extremidade. Isto poderia acontecer no primeiro laço interno de `while` se o limite fosse o maior elemento da matriz. Esse índice seria incrementado de maneira constante, eventualmente causando um término anormal do programa. Sem este pré-processamento, o primeiro laço interno `while` teria que ser

```
while (lower < last && data[lower] < bound)
```

O primeiro teste, no entanto, seria necessário somente em casos extremos, mas seria executado em cada uma das iterações desse laço `while`.

Nesta implementação a principal propriedade do limite é usada, ou seja, o fato de ele ser um item de fronteira. Por isso, como convém a este tipo de item, ele é colocado na linha fronteiriça entre as duas submatrizes obtidas como resultado de uma chamada de `quicksort()`. Deste modo, o limite está localizado em sua posição final e pode ser excluído do processamento posterior. Para assegurar que o limite não seja movido, é enfurnado na primeira posição e, depois que o particionamento é feito, movido para sua posição apropriada, mais à direita da primeira submatriz.

A Figura 9.12 mostra um exemplo de particionamento da matriz [8 5 4 7 6 1 6 3 8 12 10]. No primeiro particionamento, o maior elemento da matriz é localizado e trocado pelo último, resultando na matriz [8 5 4 7 6 1 6 3 8 10 12]. Como o último elemento já está em sua posição, não tem mais que ser processado. Em consequência, no primeiro particionamento, `lower` = 1, `upper` = 9, e o primeiro elemento da matriz, 8, é trocado pelo limite, 6 na posição 4, de modo que a matriz é

FIGURA 9.11 Implementação de quicksort.

```
template<class T>
void quicksort(T data[], int first, int last) {
    int lower = first+1, upper = last;
    swap(data[first],data[(first+last)/2]);
    T bound = data[first];
    while (lower <= upper) {
        while (bound > data[lower])
            lower++;
        while (bound < data[upper])
            upper--;
        if (lower < upper)
            swap(data[lower++],data[upper--]);
        else lower++;
    }
    swap(data[upper],data[first]);
    if (first < upper-1)
        quicksort (data,first,upper-1);
    if (upper+1 < last)
        quicksort (data,upper+1,last);
}

template<class T>
void quicksort(T data[], int n) {
    int i, max;
    if (n < 2)
        return;
    for (i = 1, max = 0; i < n; i++)       // encontre o maior
        if (data[max] < data[i])            // elemento e o coloca
            max = i;                        // no final de data [ ];
    swap(data[n-1],data[max]);  // maior el agora colocado em
    quicksort(data,0,n-2);       // posição final
}
```

[6 5 4 7 8 1 6 3 8 10 12] (Figura 9.12b). Na primeira iteração do laço `while` mais externo, o laço `while` mais interno move `lower` para a posição 3 com 7, que é maior que o limite. O segundo laço `while` mais interno move `upper` para a posição 7 com 3, que é menor que o limite (Figura 9.12c). A seguir, os elementos dessas duas células são trocados, resultando na matriz [6 5 4 3 8 1 6 7 8 10 12] (Figura 9.12d). Depois, `lower` é aumentado para 4 e `upper` reduzido para 6 (Figura 9.12e). Isto conclui a primeira iteração do laço `while` mais externo.

Na segunda iteração, os dois laços `while` mais internos não modificam nenhum dos dois índices, porque `lower` indica uma posição ocupada por 8, que é maior do que o limite, e `upper` uma posição ocupada por 6, igual ao limite. Os dois números são trocados (Figura 9.12f), e então ambos os índices são atualizados para 5 (Figura 9.12g).

Na terceira iteração do laço `while` mais externo, `lower` é movido para a próxima posição que contém 8, que é maior do que o limite, e `upper` permanece na mesma posição, porque 1 nesta posição é menor do que o limite (Figura 9.12h). Mas, neste ponto, `lower` e `upper` se cruzam, por isso nenhuma troca se realiza, e, depois de um incremento redundante de `lower` para 7, o laço `while`

FIGURA 9.12 Particionando a matriz [8 5 4 7 6 1 6 3 8 12 10] com quicksort().

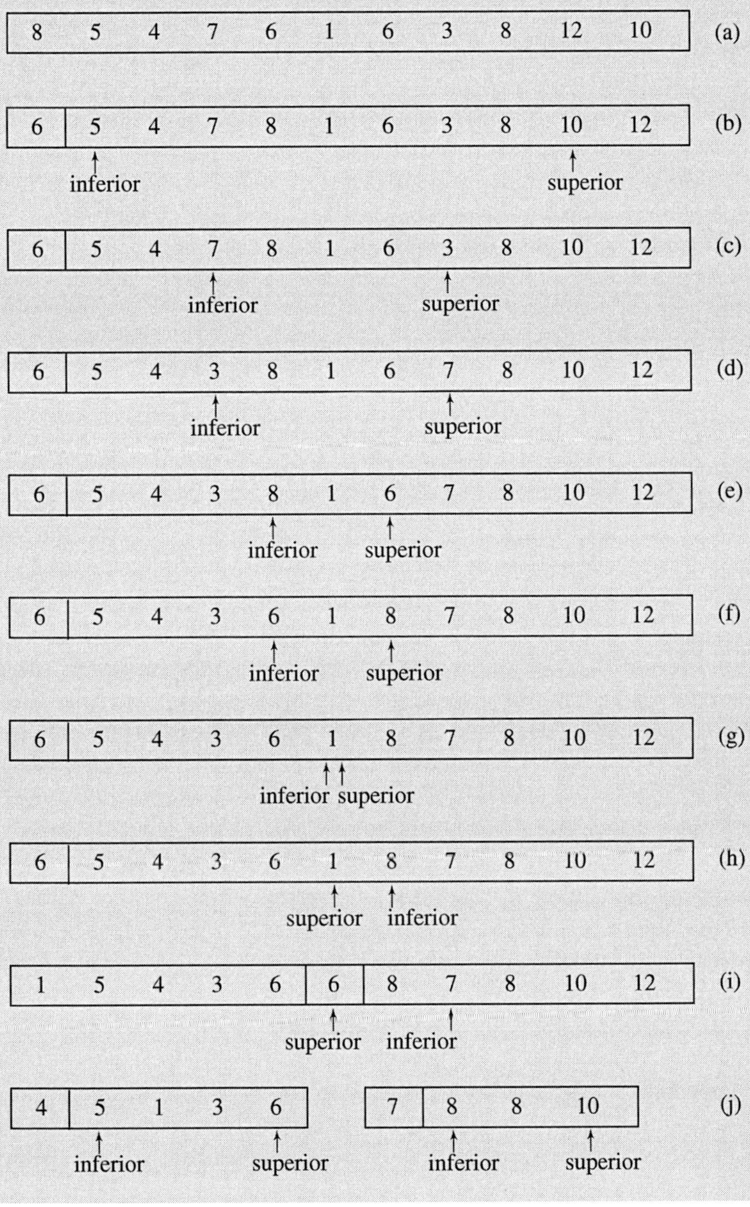

| 8 | 5 | 4 | 7 | 6 | 1 | 6 | 3 | 8 | 12 | 10 | (a) |

| 6 | 5 | 4 | 7 | 8 | 1 | 6 | 3 | 8 | 10 | 12 | (b) |
    ↑inferior   ↑superior

| 6 | 5 | 4 | 7 | 8 | 1 | 6 | 3 | 8 | 10 | 12 | (c) |
      ↑inferior ↑superior

| 6 | 5 | 4 | 3 | 8 | 1 | 6 | 7 | 8 | 10 | 12 | (d) |
    ↑inferior   ↑superior

| 6 | 5 | 4 | 3 | 8 | 1 | 6 | 7 | 8 | 10 | 12 | (e) |
    ↑inferior ↑superior

| 6 | 5 | 4 | 3 | 6 | 1 | 8 | 7 | 8 | 10 | 12 | (f) |
    ↑inferior ↑superior

| 6 | 5 | 4 | 3 | 6 | 1 | 8 | 7 | 8 | 10 | 12 | (g) |
    ↑↑ inferior superior

| 6 | 5 | 4 | 3 | 6 | 1 | 8 | 7 | 8 | 10 | 12 | (h) |
    ↑superior ↑inferior

| 1 | 5 | 4 | 3 | 6 | 6 | 8 | 7 | 8 | 10 | 12 | (i) |
    ↑superior ↑inferior

| 4 | 5 | 1 | 3 | 6 | | 7 | 8 | 8 | 10 | (j) |
↑inferior ↑superior ↑inferior ↑superior

mais externo é terminado. Agora `upper` é o índice do elemento mais à direita da primeira submatriz (com o elemento não excedendo o limite), por isso o elemento nesta posição é trocado pelo limite (Figura 9.12i). Deste modo, o limite é colocado em sua posição final e pode ser excluído de processamento subsequente. As duas submatrizes processadas a seguir são a esquerda, com elementos à esquerda do limite, e a direita, com elementos à sua direita (Figura 9.12j). O particionamento é realizado para estas duas submatrizes separadamente, e então para as submatrizes destas, até que as submatrizes tenham menos de dois elementos. O processo inteiro está resumido na Figura 9.13, na qual todas as mudanças nas matrizes correntes estão indicadas.

O pior caso ocorre se, em cada invocação de `quicksort()`, o menor (ou o maior) elemento da matriz é escolhido para cada limite. É o caso de tentarmos ordenar a matriz [5 3 1 2 4 6 8].

O primeiro limite é 1, e a matriz é quebrada em uma vazia e na [3 5 2 4 6] (o maior número, 8, não participa do particionamento). O novo limite é 2, e novamente apenas uma matriz não vazia, [5 3 4 6], é obtida como resultado do particionamento. O próximo limite e matriz retornados pela partição são 3 e [5 4 6], então 4 e [5 6], e, finalmente, 5 e [6]. O algoritmo, assim, opera com matrizes de tamanho $n - 1, n - 2, ..., 2$. As partições exigem $n - 2 + n - 3 + ... + 1$ comparações. Para cada partição, somente o limite é colocado na posição apropriada. Isto resulta em um tempo de execução igual a $O(n^2)$, que é quase um resultado desejável, especialmente para grandes matrizes ou arquivos.

O melhor caso é quando o limite divide uma matriz em duas submatrizes de comprimento aproximadamente $\frac{n}{2}$. Se os limites de ambas as submatrizes são bem escolhidos, as partições produzem quatro novas submatrizes, cada uma delas com cerca de $\frac{n}{4}$ células. Se, novamente, os limites para todas as quatro submatrizes as dividem uniformemente, as partições fornecem oito submatrizes, cada uma com aproximadamente $\frac{n}{8}$ elementos. Em consequência, o número de comparações realizadas por todas as partições é aproximadamente igual a

$$n + 2\frac{n}{2} + 4\frac{n}{4} + 8\frac{n}{8} + \cdots + n\frac{n}{n} = n(\lg n + 1)$$

que é $O(n \lg n)$. Isto se deve ao fato de os parâmetros, em termos desta soma (e também os denominadores), formarem uma sequência geométrica, de modo que $n = 2^k$ para $k = \lg n$ (assumindo que n é uma potência de 2).

Podemos agora responder à questão: o caso médio, quando a matriz está ordenada aleatoriamente, está mais perto do melhor, $n \lg n$, ou do pior caso, $O(n^2)$? Alguns cálculos mostram que o caso médio exige somente $O(n \lg n)$ comparações (veja o Apêndice A3), que é o resultado desejado. A validade desta figura pode ser fortalecida referindo-se à árvore obtida depois de se desprezar o retângulo de base da Figura 9.13, que indica quão importante é manter a árvore balanceada, e, quanto menor o número de níveis, maior o processo de ordenação. No caso extremo, a árvore pode ser transformada em uma lista ligada, na qual cada nó não folha tem somente um filho. Este fenômeno bastante raro é possível e evita que chamemos de ordenação ideal o quicksort. Mas este parece estar mais perto deste ideal, porque, como estudos analíticos indicam, excede o desempenho de outros métodos de ordenação eficientes em pelo menos um fator de 2.

Como o pior caso pode ser evitado? O procedimento de partição deve produzir matrizes de aproximadamente mesmo tamanho, o que se obtém escolhendo-se um bom limite. Este é o ponto crucial da questão: Como o melhor limite pode ser encontrado? Mencionaremos somente dois métodos. O primeiro gera aleatoriamente um número entre `first` e `last`. Este número é usado como índice do limite, que é então intercambiado com o primeiro elemento da matriz. O processo de partição continua como antes. Bons geradores de números aleatórios podem retardar o tempo de execução, pois com frequência eles mesmos usam técnicas sofisticadas e demandadoras de tempo. Assim, este método não é altamente recomendado.

O segundo método escolhe uma mediana dos três elementos: o primeiro, o médio e o último. Para a matriz [1 5 4 7 8 6 6 3 8 12 10], 6 é escolhido para o conjunto [1 6 10], e, para a primeira submatriz gerada, o limite 4 é escolhido a partir do conjunto [1 4 6]. Obviamente, há possibilidade de que todos os três elementos sejam sempre os menores (ou maiores) na matriz, mas isto não parece muito provável.

Quicksort é o melhor algoritmo? Certamente é — em geral. Mas não insuperável, e alguns problemas já foram tratados nesta seção. Primeiro, tudo depende de qual elemento do arquivo ou da matriz é escolhido para o limite. Idealmente, deve ser o elemento mediano da matriz. Um algoritmo para escolher um limite deve ser flexível o suficiente para manusear todas as ordenações possíveis de dados a serem ordenados. Como alguns casos sempre passam despercebidos por esses algoritmos, de tempos em tempos pode-se esperar que o quicksort seja qualquer coisa, exceto rápido.

Segundo, é inapropriado usar o quicksort para pequenas matrizes. Para matrizes com menos de 30 itens, a ordenação por inserção é mais eficiente do que o quicksort (Cook e Kim, 1980). Neste caso, o pseudocódigo inicial pode ser mudado para

Capítulo 9 Ordenação ■ **447**

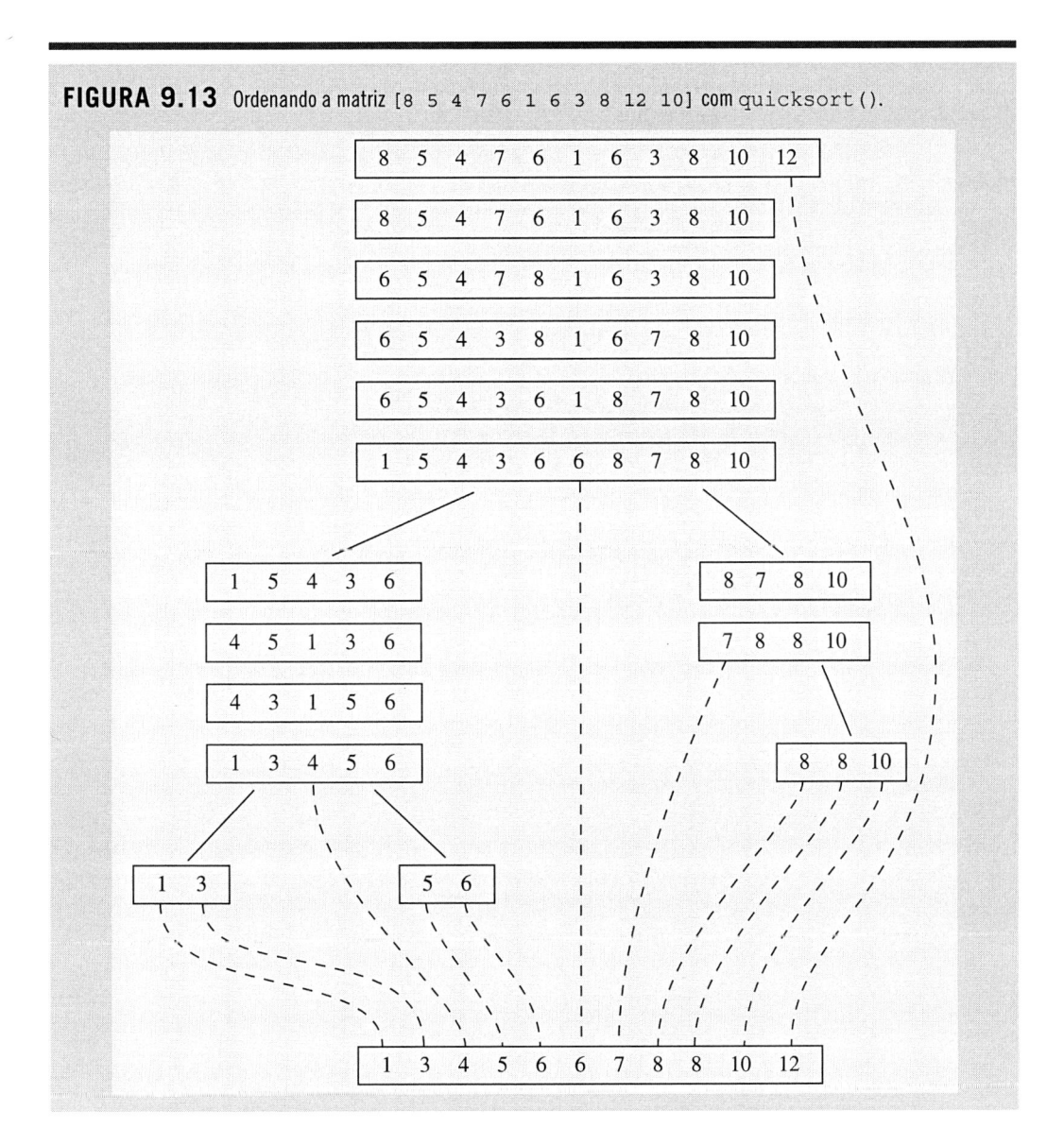

FIGURA 9.13 Ordenando a matriz [8 5 4 7 6 1 6 3 8 12 10] com quicksort().

```
                    8  5  4  7  6  1  6  3  8  10  12
                    8  5  4  7  6  1  6  3  8  10
                    6  5  4  7  8  1  6  3  8  10
                    6  5  4  3  8  1  6  7  8  10
                    6  5  4  3  6  1  8  7  8  10
                    1  5  4  3  6  6  8  7  8  10

          1  5  4  3  6                      8  7  8  10
          4  5  1  3  6                      7  8  8  10
          4  3  1  5  6
          1  3  4  5  6                            8  8  10

     1  3              5  6

                    1  3  4  5  6  6  7  8  8  10  12
```

```
quicksort2 (array[])
    if comprimento(array) > 30
        particione array em subarray₁ e subarray₂;
        quicksort2(subarray₁);
        quicksort2(subarray₂);
    else insertionsort(array);
```

e as implementações podem ser mudadas conforme necessário. No entanto, a tabela da Figura 9.19 indica que a melhora não é significativa.

9.3.4 Mergesort (ordenação por fusão)

O problema com o quicksort é que sua complexidade, no pior caso, é $O(n^2)$, por ser difícil controlar o processo de particionamento. Métodos diferentes para escolher um limite tentam tornar o comportamento deste processo regular. No entanto, não há garantia de que o particionamento resulte em matrizes de aproximadamente o mesmo tamanho. Outra estratégia é tornar o particionamento tão simples quanto possível e concentrar-se na fusão de duas matrizes ordenadas. Esta estratégia é característica do *mergesort*. Desenvolvido por John von Neumann, foi um dos primeiros algoritmos de ordenação usados em um computador.

O processo-chave no mergesort é fundir metades ordenadas de uma matriz em uma matriz ordenada. No entanto, essas metades precisam ser ordenadas primeiro, o que é realizado fundindo as metades já ordenadas dessas metades. Este processo de dividir matrizes em duas metades para quando a matriz tem menos de dois elementos. O algoritmo é recursivo por natureza, e pode ser resumido no seguinte pseudocódigo:

```
mergesort(data[])
   if data tem pelo menos dois elementos
      mergesort(metade esquerda de data);
      mergesort(metade direita de data);
      merge(ambas as metades em uma lista ordenada);
```

Fundir duas submatrizes em uma é tarefa relativamente simples, como indicado no seguinte pseudocódigo:

```
merge(array1[], array2[], array3[])
   i1, i2, i3 são apropriadamente inicializadas;
   while tanto array2 quanto array3 contém elementos
      if array[i2] < array3[i3]
         array1[i1++] = array2[i2++];
      else array1[i1++] = array3[i3++];
   carregue em array1 os elementos restantes tanto de array2 quanto de array3;
```

Por exemplo, se array2 = [1 4 6 8 10] e array3 = [2 3 5 22], a matriz resulta array1 = [1 2 3 4 5 6 8 10 22].

O pseudocódigo para merge() sugere que array1, array2 e array3 são entidades físicamente separadas. No entanto, para a execução apropriada de mergesort(), array1 é uma concatenação de array2 e array3, de modo que array1, antes da execução de merge(), é [1 4 6 8 10 2 3 5 22]. Nesta situação, merge() leva a resultados errôneos, porque, depois da segunda iteração do laço while, array2 é [1 2 6 8 10] e array1 [1 2 6 8 10 2 3 5 22]. Em consequência, uma matriz temporária tem que ser usada durante o processo de fusão. No final do processo de fusão, o conteúdo desta matriz temporária é transferido para array1. Como array2 e array3 são submatrizes de array1, não necessitam ser passadas como parâmetros para merge(). Em vez disso, os índices para o início e o fim de array1 são passados, pois array1 pode ser parte de outra matriz. O novo pseudocódigo é

```
merge (array1[], first, last)
   mid = (first + last) / 2;
   i1 = 0;
   i2 = first;
   i3 = mid + 1;
   while as submatrizes esquerda e direita de array1 contém elementos
      if array1[i2] < array1[i3]
         temp[i1++] = array1[i2++];
      else temp[i1++] = array1[i3++];
   carregue em temp os elementos restantes de array1;
   carregue em array1 o conteúdo de temp;
```

Já que toda a matriz array1 é copiada em temp e então temp é copiado de volta em array1, o número de movimentos em cada execução de merge() é sempre o mesmo e igual a 2 · (last − first + 1). O número de comparações depende da ordenação em array1. Se array1 está ordenado ou se os elementos na metade direita precedem os elementos na metade esquerda, o número de comparações é (first + last)/2. O pior caso é quando o último elemento de uma metade precede somente o último elemento da outra, como em [1 6 10 12] e [5 9 11 13]. Neste caso, o número de comparações é `last-first`. Para uma matriz de *n* elementos, o número de comparações é *n* − 1.

Agora, o pseudocódigo para `mergesort()` é

```
mergesort (data[], first, last)
  if first < last
    mid = (first + last) / 2;
    mergesort (data, first, mid);
    mergesort (data, mid+1, last);
    merge (data, first, last);
```

A Figura 9.14 ilustra um exemplo deste algoritmo de ordenação. O pseudocódigo pode ser usado para analisar o tempo calculado para o mergesort. Para uma matriz de *n* elementos, o número de movimentos é calculado pela seguinte relação de recorrência:

$$M(1) = 0$$

$$M(n) = 2M\left(\frac{n}{2}\right) + 2n$$

$M(n)$ pode ser calculado do seguinte modo:

$$M(n) = 2\left(2M\left(\frac{n}{4}\right) + 2\left(\frac{n}{4}\right)\right) + 2n = 4M\left(\frac{n}{4}\right) + 4n$$

$$= 4\left(2M\left(\frac{n}{8}\right) + 2\left(\frac{n}{4}\right)\right) + 4n = 8M\left(\frac{n}{8}\right) + 6n$$

$$\vdots$$

$$= 2^i M\left(\frac{n}{2^i}\right) + 2in$$

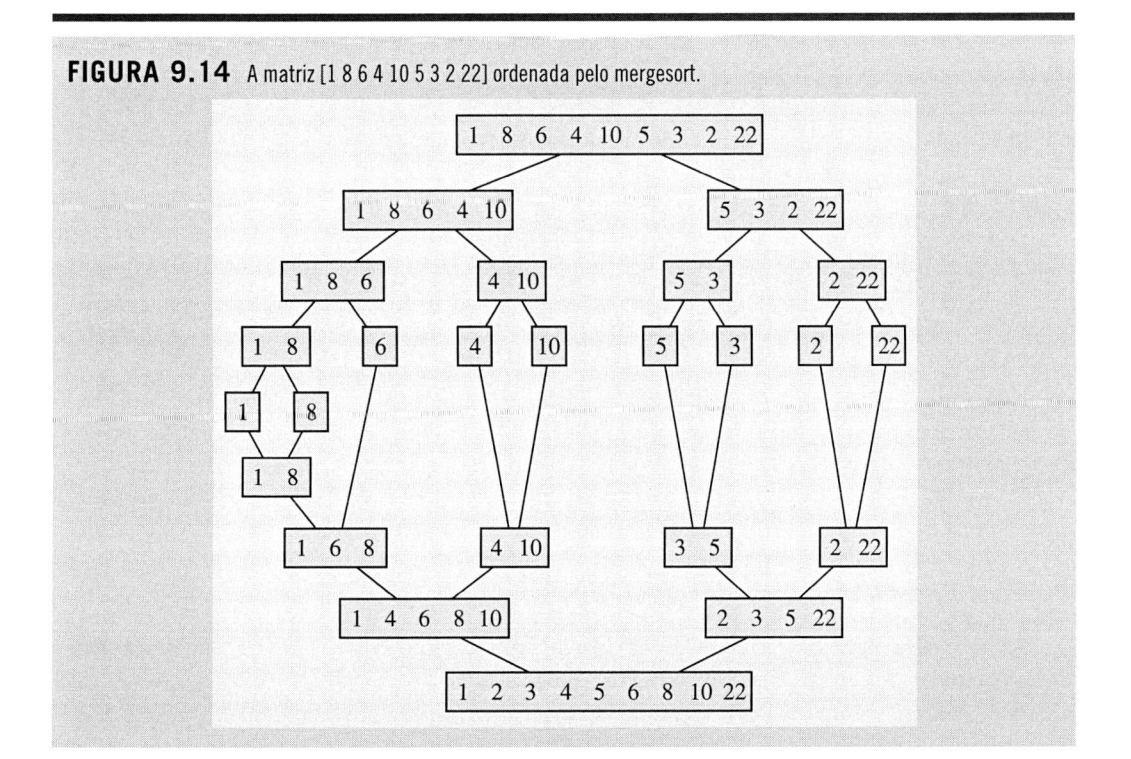

FIGURA 9.14 A matriz [1 8 6 4 10 5 3 2 22] ordenada pelo mergesort.

Escolher $i = \lg n$, de modo que $n = 2^i$ nos permite inferir

$$M(n) = 2^i M\left(\frac{n}{2^i}\right) + 2in = nM(1) + 2n \lg n = 2n \lg n = O(n \lg n)$$

O número de comparações no pior caso é dado por uma relação similar:

$$C(1) = 0$$
$$C(n) = 2C\left(\frac{n}{2}\right) + n - 1$$

que também resulta em $C(n)$, sendo $O(n \lg n)$.

O mergesort pode se tornar mais eficiente com a substituição da recursão pela iteração (veja os exercícios no final deste capítulo), ou aplicando a ordenação por inserção a pequenas partes de uma matriz — técnica que foi sugerida para o quicksort. No entanto, o mergesort tem uma séria desvantagem: a necessidade de armazenagem adicional para fundir matrizes, o que, para grandes quantidades de dados, pode ser um obstáculo insuperável. Uma solução usa uma lista ligada; a análise deste método é deixada como um exercício.

9.3.5 Ordenação de raiz

Ordenação de raiz é um modo popular de ordenação usado no dia a dia. Para ordenar cartões de biblioteca, podemos criar pilhas de cartões de acordo com as letras do alfabeto, cada pilha contendo autores cujos nomes comecem com a mesma letra. Depois, cada pilha é ordenada separadamente pelo mesmo método: criam-se pilhas de acordo com a segunda letra dos nomes dos autores. O processo continua até que o número de vezes em que as pilhas são divididas em pilha menores seja igual ao número de letras do nome mais longo. Este método é usado quando se ordena a correspondência em um posto de correio, e foi usado para ordenar cartões de 80 colunas de informação de códigos nos dias iniciais dos computadores.

Quando estamos ordenando cartões de biblioteca seguimos da esquerda para a direita. Este método pode também ser usado para ordenar correspondências, uma vez que os códigos postais têm o mesmo comprimento. No entanto, pode ser inconveniente para ordenar listas de inteiros, porque podem ter um número desigual de dígitos. Se aplicável, este método ordenaria a lista [23 123 234 567 3] na [123 23 234 3 567]. Para contornar este problema, zeros poderiam ser adicionados à frente de cada número para deixá-los com igual comprimento, de modo que a lista [023 123 234 567 003] seria ordenada na [003 023 123 234 567]. Outra técnica procura cada número como uma cadeia de bits, para que todos os inteiros tenham o mesmo comprimento. Esta abordagem será discutida brevemente. Outro modo de ordenar inteiros é ir da direita para a esquerda; este método é discutido agora.

Quando se ordenam inteiros, 10 pilhas numeradas de 0 a 9 são criadas e os inteiros inicialmente colocados em uma pilha de acordo com seu dígito mais à direita, de modo que 93 é colocado na pilha 3. As pilhas são combinadas e o processo é repetido, desta vez com o segundo dígito mais à direita; neste caso, 93 termina na pilha 9. O processo termina depois que o dígito mais à esquerda do número mais longo é processado. O algoritmo pode ser resumido no seguinte pseudocódigo:

```
radixsort()
    for d = 1 a posição do dígito mais à esquerda do número mais longo
        distribua todos os números entre as pilhas 0 a 9 de acordo com o d-ésimo dígito;
        coloque todos os inteiros em uma lista;
```

A chave para obter um resultado apropriado é o modo como as 10 pilhas são implementadas e então combinadas. Por exemplo, se são implementadas como tal, os inteiros 93, 63, 64, 94 são colocados nas pilhas 3 e 4 (outras pilhas estando vazias):

```
pile 3: 63 93
pile 4: 94 64
```

Essas pilhas são, então, combinadas nas listas 63, 93, 94, 64. Ordenando de acordo com o segundo dígito mais à direita, as pilhas são como a seguir:

```
pile 6: 64 63
pile 9: 94 93
```

e a lista resultante é 64, 63, 94, 93. O processamento termina, mas o resultado é uma lista impropriamente ordenada.

No entanto, se as pilhas são organizadas como filas, a ordem relativa dos elementos na lista é retida. Quando inteiros são ordenados de acordo com o dígito na posição d, então, dentro de cada pilha os inteiros são ordenados com relação à parte do inteiro que se estende do dígito 1 até $d - 1$. Por exemplo, se depois do terceiro passe a pilha 5 contém os inteiros 12534, 554, 3590, esta pilha é ordenada com relação aos dois dígitos mais à direita de cada número. A Figura 9.15 ilustra outro exemplo da ordenação de raiz.

FIGURA 9.15 Ordenando a lista 10, 1234, 9, 7234, 67, 9181, 733, 197, 7, 3 com a ordenação de raiz.

data = [10 1234 9 7234 67 9181 733 197 7 3]

```
                                              7
                        3      7234          197
          10    9181   733     1234           67              9
pilhas:    0      1     2       3      4      5      6    7   8   9
                                     passada 1
```

data = [10 9181 733 3 1234 7234 67 197 7 9]

```
           9
           7           7234
           3           1234
           0    10     733                    67        9181  197
pilhas:    0     1      2      3       4      5      6    7    8    9
                                     passada 2
```

data = [3 7 9 10 733 1234 7234 67 9181 197]

```
pilhas:   67
          10
           9
           7    197   7234                            773
           3   9181   1234
           0     1     2      3       4       5       6     7    8    9
                                     passada 3
```

data = [3 7 9 10 67 9181 197 1234 7234 733]

```
pilhas:  733
         197
          67
          10
           9
           7
           3   1234                                   7234        9181
           0     1      2      3      4       5       6     7     8     9
                                     passada 4
                       data = [3 7 9 10 67 197 733 1234 7234 9181]
```

Eis uma implementação da ordenação de raiz:

```
void radixsort(long data[], int n) {
   register int d, j, k, factor;
   const int radix = 10;
   const int digits = 10; // o numero maximo de digitos para um inteiro
   Queue<long> queues[radix];  // longo ;
   for (d = 0, factor = 1; d < digits; factor *= radix, d++) {
      for (j = 0; j < n; j++)
         queues[(data[j] / factor) % radix] .enqueue(data[j]);
      for (j = k = 0; j < radix; j++)
         while (!queues[j] .empty())
            data[k++] = queues[j] .dequeue();
   }
}
```

Este algoritmo não se apoia na comparação de dados, como fizeram os métodos de ordenação anteriores. Para cada inteiro de data, duas operações são realizadas: divisão por um factor, para desprezar os dígitos que seguem o dígito d que está sendo processado na atual passada, e divisão módulo radix (igual a 10), para desprezar todos os dígitos que precedem d para um total de 2$n$digits = $O(n)$ operações. A operação div — que combina tanto / quanto % — pode ser usada. Em cada passada, todos os inteiros são movidos para pilhas e então passados de volta para data para um total de 2$n$digits = $O(n)$ movimentos. O algoritmo exige espaço adicional para as pilhas, que, se implementadas como listas vinculadas, é igual a kn bytes, dependendo do tamanho k dos ponteiros. Nossa implementação usa somente laços for com contadores; em consequência, exige a mesma quantidade de passadas para cada caso: melhor, médio e pior. O corpo do único laço while é sempre executado n vezes para tirar da fila os inteiros de todas as filas.

A discussão precedente tratou os inteiros como combinações de dígitos, mas, como já mencionado, eles podem ser tratados como combinações de bits. Desta vez, a divisão e a divisão módulo não são apropriadas, pois, para cada passada, b bits para cada número têm que ser extraídos, onde $1 \le b \le 31$ para 31 bits inteiros não negativos. Neste caso, 2^b filas são exigidas.

Uma implementação é como a seguir:

```
Void bitRadixsort(long data[], int n, int b)  {
    int pow2b = 1;
    pow2b<<= b;
    int i, j, k, pos = 0, mask = pow2b-1;
    int last = (bits % b == 0) ? (bits/b)  :  (bits/b + 1);
    Queue<long> *queues = new Queue<long>[pow2b];
    for (i = 0; i < last; i++) {
       for (j = 0; j < n; j++)
          queues[(data[j] & mask) >>pos] .enqueue(data[j]);
       mask <<= b;
       pos = pos+b;
       for (j = k = 0; j < pow2b; j++)
          while (!queues[j] .empty())
             data[k++] = queues[j] .dequeue();
    }
}
```

onde bits = 31. Na escolha de b, duas coisas têm que ser consideradas: o número de filas de espera é proporcional a b, o que aumenta os requisitos de espaço; por outro lado, o número de passadas através dos dados diminui com o aumento de b.

A divisão é substituída pelo "e bit-a-bit" operação, ou seja, o operador &. A variável `mask` tem b bits definidos como 1 e o resto como 0. Depois de cada iteração este conjunto de b bits é deslocado para a esquerda. Para cada número `data[j]`, o número é emitido em `queues[(data[j] & mask) >> pos]`, onde `pos` (= $b \cdot i$) indica a quantidade de posições para mudar o resultado do "e bit-a-bit" para que o resultado seja um número entre 0 e 2^b-1, que é uma gama de valores possíveis representada por b bits. Desta forma, $\lceil 31/b \rceil$ passadas são necessárias para inteiros, durante as quais são utilizadas 2^b filas. Experimentos indicam que $b = 8$ e 256 filas ou $b = 11$ e 2.048 filas são as melhores escolhas. Os tempos de execução mostrados na Figura 9.19 são para $b = 8$. Para $b < 8$, `bitRadixsort()` é mais lento do que `radixsort()`. Para $b = 7$, os tempos de execução são iguais e, em seguida, `bitRadixsort()` se torna melhor. No entanto, para um b grande, requisitos de espaço se tornam demasiado exigentes. Para $b = 16$, é necessário um total de 65.536 filas, e para $b = 31$, a exigência cresce para 2.147.483.648, isto é, mais de dois bilhões de filas. Aliás, para $b = 31$, a ordenação de raiz se transforma em uma versão mais complicada da ordenação de contagem, a ser discutida na próxima seção.

Operações mais rápidas não podem exceder um maior número de movimentos: `bitRadixsort()` é mais lento que `radixsort()` porque as filas são implementadas como listas ligadas, e para cada item incluído em uma fila particular um novo nó tem que ser criado e anexado à fila. Para cada item copiado de volta na matriz original, o nó tem que ser destacado da fila e removido usando-se `delete`. Embora o desempenho teoricamente obtido $O(n)$ seja verdadeiramente impressionante, não inclui as operações nas filas e depende da eficiência da implementação da fila.

Uma implementação melhor é uma matriz de tamanho n para cada fila, que exige a criação dessas filas somente uma vez. A eficiência do algoritmo depende apenas do número de trocas (cópias efetuadas das pilhas e para as pilhas). No entanto, se a raiz r é um número grande e uma grande quantidade de dados tem que ser ordenada, esta solução exige r filas de tamanho n e o número $(r + 1) \cdot n$ (a matriz original incluída) pode ser ilusoriamente grande.

Uma solução melhor usa a matriz de inteiros `queues` de tamanho n, que representa listas vinculadas de índices de números pertencentes a filas particulares. A célula i da matriz `queueHeads` contém um índice do primeiro número em `data` que pertence a esta fila, cujo d-ésimo dígito é i. `queueTails[]` contém uma posição em `data` do último número, cujo d-ésimo dígito é i. A Figura 9.16 ilustra a situação depois da primeira passada, para $d = 1$. `queueHeads[4]` é 1, o que significa

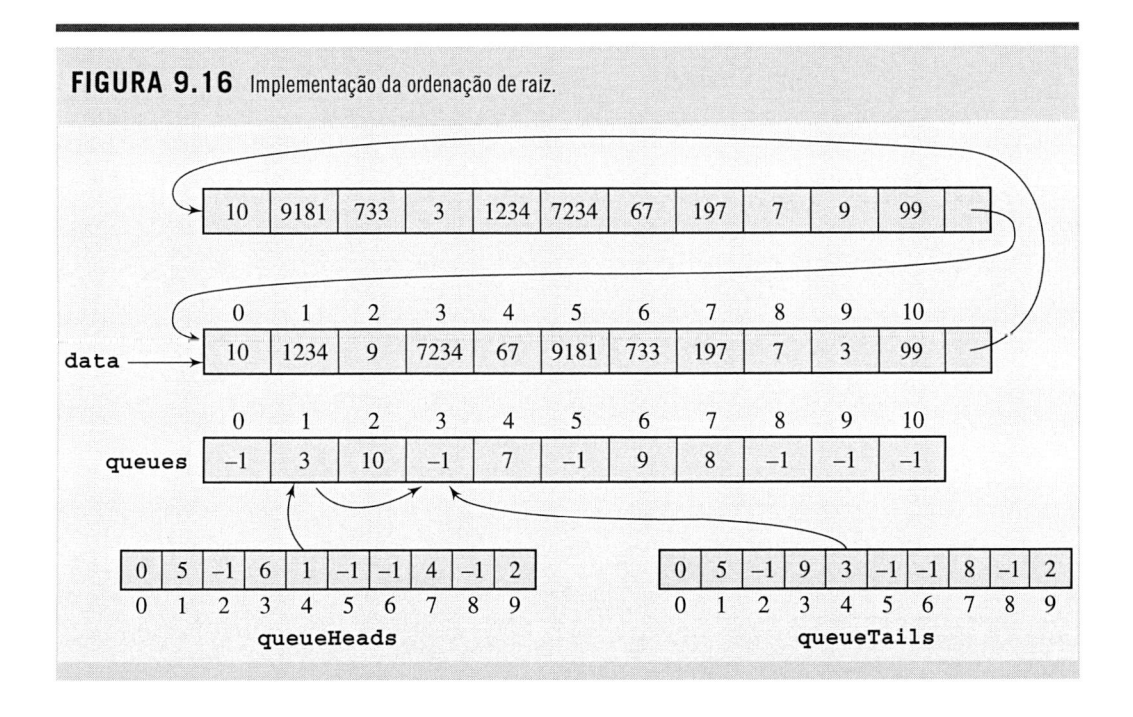

FIGURA 9.16 Implementação da ordenação de raiz.

que o número na posição 1 em `data`, 1234, é o primeiro número encontrado em `data` com 4 como o último dígito. A célula `queues[1]` contém 3, que é um índice do próximo número em `data` com 4 como o último dígito, 7234. Finalmente `queues[3]` é –1 para indicar o final dos números que satisfazem esta condição.

O próximo estágio ordena os dados de acordo com a informação reunida em `queues`. Ele copia todos os dados da matriz original para uma armazenagem temporária e, então, copia de volta para esta matriz. Para evitar a segunda cópia, duas matrizes podem ser usadas, constituindo uma lista circular ligada de dois elementos. Depois de copiar, o ponteiro para a lista é movido para o próximo nó, e a matriz neste nó é tratada como armazenagem de números a ser ordenados. A melhoria é

FIGURA 9.17 Um exemplo de aplicação da ordenação por contagem.

`data[]`

0	1	2	3	4	5	6	7	8	9	
7	1	1	3	0	7	5	5	7	3	(a)

`count[]`

0	1	2	3	4	5	6	7	
1	2	0	2	0	2	0	3	(b)

`count[]`

0	1	2	3	4	5	6	7	
1	3	3	5	5	7	7	10	(c)

`tmp[]` / `count[]`

tmp 0	1	2	3	4	5	6	7	8	9	count 0	1	2	3	4	5	6	7	
				3						1	3	3	4	5	7	7	10	(d)
				3					7	1	3	3	4	5	7	7	9	(e)
				3		5			7	1	3	3	4	5	6	7	9	(f)
				3	5	5			7	1	3	3	4	5	5	7	9	(g)
				3	5	5		7	7	1	3	3	4	5	5	7	8	(h)
0				3	5	5		7	7	0	3	3	4	5	5	7	8	(i)
0		1		3	5	5		7	7	0	2	3	4	5	5	7	8	(j)
0	1	1		3	5	5		7	7	0	1	3	4	5	5	7	8	(k)
0	1	1		3	5	5	7	7	7	0	1	3	4	5	5	7	7	(l)
0	1	1	3	3	5	5	7	7	7	0	1	3	3	5	5	7	7	(m)

Capítulo 9   Ordenação

significativa, uma vez que a nova implementação roda pelo menos duas vezes mais rápido do que a implementação que usa filas (veja a Figura 9.19).

9.3.6 Ordenação por contagem

A ordenação por contagem primeiro conta quantas vezes cada número ocorre na matriz `data[]` usando uma matriz de contadores `count[]`, que é indexada com os números de `data[]`. Em seguida, os contadores que indicam o número de inteiros $\leq i$ são adicionados e armazenados em `count[i]`. Desta maneira, `count[i]-1` indica a posição inicial de *i* em `data[]`, que prevê a possibilidade de múltipla ocorrência de qualquer número em `data[]`. A ordenação por contagem pode ser dada pelo seguinte código:

```
Void countingsort(long data[], const long n) {
    long i;
    long largest = data[o];
    long *tmp = new long[n];
    for (i = 1; i < n; i++)                    // encontre o maior número
        if (largest < data[i])                 // em dados e crie a matriz
            largest = data[i];                 // de contadores adequados;
    unsigned long *count = new unsigned long[largest+1];
    for (i = 0; i <= largest; i++)
        count[i] = 0;
    for (i = 0; i < n; i++)                    // conte números em data[];
        count[data[i]]++;
    for (i = 1; i <= largest; i++)             // conte números ≤ i;
        count[i] = count[i-1] + count[i];
    for (i = n-1; i >= o; i--) {               // coloque números em ordem em tmp[];
        tmp[count[data[i]]-1] = data[i];
        count[data[i]]--;
    }
    for (i = 0; i < n; i++)                    // transfira números de tmp[]
        data[i] = tmp[i];                      // para a matriz original;
}
```

Um exemplo de aplicação do algoritmo é dado na Figura 9.17. Primeiro, é determinado o maior número em `data[]`, que é o número 7, e, depois, criada a matriz `count[]`. Em seguida, os números em `data[]` são contados e os contadores armazenados em `count[]`: o número 0 ocorre `count[0]` = 1 vez em `data[]`, o 1 ocorre `count[1]` = 2 vezes, o 2 não é utilizado em `data[]` etc. (Figura 9.17b). Em seguida, `count[1]` é atualizado para conter contagens cumulativas: `count[1]` = 3 significa que há três 0s e 1s em `data[]`, `count[2]` = 3 significa que há três 0s, 1s e 2s em `data[]`, e, em geral, `count[i]` = *k* significa que `data[]` contém *k* números menores ou iguais a *i* (Figura 9.17c). Então, cada número é colocado na sua posição correta em uma matriz temporária `tmp[]`, a partir do final de `data[]`: primeiro, o número `data[9]` = 3 é colocado em `tmp[]`, `tmp[count[3]-1]` = `data[9]`, e `count[3]` é diminuído (Figura 9.17d). Depois disso, o penúltimo número `data[8]` = 7 é colocado na matriz temporária, `tmp[count[7]-1]` = `data[8]`, e `count[7]` é diminuído (Figura 9.17e). O processo continua até que todos os números são colocados em `tmp[]` (Figura 9.17f-m), após o que o conteúdo de `tmp[]` é transferido para `data[]`.

A ordenação por contagem é linear em máx (*n*, maior número em `data[]`). Isto significa que, mesmo para pequenos arranjos, pode ser muito caro se pelo menos um número em `data[]` for muito grande. Por exemplo, para a matriz [1, 2, 1, 10000], `count[]` teria 10001 células e todas teriam de ser processadas. Se se puder garantir que os números em `data[]` sejam pequenos, então a contagem de classificação é muito eficiente, mesmo para matrizes muito grandes. A fim de aproveitar a ordenação por contagem, a ordenação pode ser utilizada como parte da raiz, tal como sugerido neste pseudocódigo (cf. `bitRadixsort()`):

```
bitRadixsort3(data[],b)
   for i = 0 até last - 1
      ordene data[] com ordenação por contagem usando uma máscara de b bits;
```

Desta maneira, `count[]` teria no máximo $2^b + 1$ células. Este resultado é uma melhoria significativa do desempenho da ordenação de raiz, que se torna comparável ao da ordenação rápida. O desempenho torna-se particularmente bom se os parâmetros desta versão da ordenação de raiz são aperfeiçoados para o tamanho da memória cache (Rahman e Raman, 2001). Note que a incorporação da ordenação por contagem na ordenação de raiz é possível porque a primeira é estável, isto é, não muda a ordem dos números iguais e a ordem parcial obtida em uma passada não é perturbada pela passada seguinte.

9.4 Ordenação na biblioteca de formatos-padrão (STL)

A STL fornece muitas funções de ordenação, particularmente na biblioteca `<algorithm>`. As funções implementam alguns dos algoritmos de ordenação discutidos neste capítulo: quicksort, ordenação de heap e mergesort. O programa da Figura 9.18 demonstra essas funções. Para descrições das funções, veja também o Apêndice B.

O primeiro conjunto são funções de ordenação parciais. A primeira versão toma os k = `middle - first` menores elementos de um contêiner e os coloca em ordem no intervalo `[first, middle)`. Por exemplo,

`partial_sort (v1.begin(),v1.begin()+3,v1.end());`

toma os três menores inteiros de todo o vetor `v1` e os coloca nas primeiras três células do vetor. Os inteiros restantes são colocados nas células de quatro a sete. Deste modo, `v1` = [1,4,3,6,7,2,5] é transformado em `v1` = [1,2,3,6,7,4,5]. Esta versão organiza os elementos em ordem ascendente. Uma relação de ordenação pode ser mudada se é fornecida como o quarto parâmetro para a chamada de função. Por exemplo,

`partial_sort (v2.begin()+1,v2.begin()+4,v2.end(),greater<int>());`

toma os três maiores inteiros do vetor `v2` e os coloca nas posições dois a quatro em ordem descendente. A ordem dos inteiros remanescentes fora deste intervalo não é especificada. Esta chamada transforma `v2` = [1,4,3,6,7,2,5] em `v2` = [1,7,6,5,3,2,4].

A terceira versão da ordenação parcial toma k = `last1 - first1` ou `last2 - first2`, o que for menor, primeiros elementos do intervalo `[first1, last1)`, e os escreve sobre os elementos no intervalo `[first2, last2)`. A chamada

`i3 = partial_sort_copy(v2.begin(),v2.begin()+4,v3.begin(),v3.end());`

toma os primeiros quatro inteiros do vetor `v2` = [1,7,6,5] e os coloca em ordem ascendente nas primeiras quatro células de `v3`, de modo que `v3` = [9,9,9,9,9] é transformado em `v3` = [1,5,6,7,9,9]. Como um extra, retorna-se um iterador que se refere à primeira posição depois do último número copiado. A quarta versão da função de ordenação parcial é similar à terceira, mas permite que se forneça uma relação com a qual os elementos são ordenados. O programa da Figura 9.18 também demonstra a função de partição que ordena dois intervalos um em relação ao outro, colocando no primeiro intervalo números para os quais uma função booleana de um argumento é verdadeira; números para os quais a função é falsa estão no segundo intervalo. A chamada

`i1 = partition(v1.begin(),v1.end(),f1);`

FIGURA 9.18 Demonstração de funções de ordenação.

```cpp
#include <iostream>
#include <vector>
#include <algorithm>
#include <functional> // greater<>

using namespace std;

class Person {
public:
   Person(char *n = "", int a = 0) {
      name = strdup(n);
      age = a;
   }
   bool operator==(const Person& p) const {
      return strcmp(name,p.name) == 0;
   }
   bool operator<(const Person& p) const {
      return strcmp(name,p.name) < 0;
   }
private:
   char *name;
   int age;
   friend ostream& operator<< (ostream& out, const Person& p) {
      out << "(" << p.name << "," << p.age << ")";
      return out;
   }
};

bool f1(int n) {
   return n < 5;
}

template<class T>
void printVector(char *s, const vector<T>& v) {
   cout << s << " = (";
   if (v.size() == 0) {
      cout << ")\n";
      return;
   }
   for (vector<T>::const_iterator i = v.begin(); i != v.end()-1; i++)
      cout << *i << ',';
   cout << *i << ")\n";
}
```

FIGURA 9.18 Demonstração de funções de ordenação. (*continuação*)

```cpp
iut main() {
   int a[] = {1,4,3,6,7,2,5};
   vector<int> v1(a,a+7), v2(a,a+7), v3(6,9), v4(6,9);
   vector<int>::iterator i1, i2, i3, i4;
   partial_sort(v1.begin(),v1.begin()+3,v1.end());
   printVector("v1",v1);                              // v1 = (1,2,3,6,7,4,5)
   partial_sort(v2.begin()+1,v2.begin()+4,v2.end(),greater<int>());
   printVector("v2",v2);                              // v2 = (1,7,6,5,3,2,4)
   i3 = partial_sort_copy(v2.begin(),v2.begin()+4,v3.begin(),v3.end());
   printVector("v3",v3);                              // v3 = (1,5,6,7,9,9)
   cout << *(i3-1) << ' ' << *i3 << endl;             // 7 9
   i4 = partial_sort_copy(v1.begin(),v1.begin()+4,v4.begin(),v4.end(),
                          greater<int>());
   printVector("v4",v4);                              // v4 = (6,3,2,1,9,9)
   cout << *(i4-1) << ' ' << *i4 << endl;             // 1 9
   i1 = partition(v1.begin(),v1.end(),f1);            // v1 = (1,2,3,4,7,6,5)
   printVector("v1",v1);
   cout << *(i1-1) << ' ' << *i1 << endl;             // 4 7
   i2 = partition(v2.begin(),v2.end(),bind2nd(less<int>(),5));
   printVector("v2",v2);                              // v2 = (1,4,2,3,5,6,7)
   cout << *(i2-1) << ' ' << *i2 << endl;             // 3 5
   sort(v1.begin(),v1.end());                         // v1 = (1,2,3,4,5,6,7)
   sort(v1.begin(),v1.end(),greater<int>());          // v1 = (7,6,5,4,3,2,1)

   vector<Person> pv1, pv2;
   for (int i = 0; i < 20; i++) {
      pv1.push_back(Person("Josie",60 - i));
      pv2.push_back(Person("Josie",60 - i));
   }
   sort(pv1.begin(),pv1.end());            // pv1 = ((Josie,41)...(Josie,60))
   stable_sort(pv2.begin(),pv2.end());// pv2 = ((Josie,60)...(Josie,41))

   vector<int> heap1, heap2, heap3(a,a+7), heap4(a,a+7);
   for (i = 1; i <= 7; i++) {
      heap1.push_back(i);
      push_heap(heap1.begin(),heap1.end());
      printVector("heap1",heap1);
   }
   // heap1 = (1)
   // heap1 = (2,1)
   // heap1 = (3,1,2)
   // heap1 = (4,3,2,1)
   // heap1 = (5,4,2,1,3)
```

FIGURA 9.18 Demonstração de funções de ordenação. (*continuação*)

```
// heap1 = (6,4,5,1,3,2)
// heap1 = (7,4,6,1,3,2,5)
sort_heap(heap1.begin(),heap1.end());  // heap1 = (1,2,3,4,5,6,7)
for (i = 1; i <= 7; i++) {
   heap2.push_back(i);
   push_heap(heap2.begin(),heap2.end(),greater<int>());
   printVector("heap2",heap2);
}
// heap2 = (1)
// heap2 = (1,2)
// heap2 = (1,2,3)
// heap2 = (1,2,3,4)
// heap2 = (1,2,3,4,5)
// heap2 = (1,2,3,4,5,6)
// heap2 = (1,2,3,4,5,6,7)
sort_heap(heap2.begin(),heap2.end(),greater<int>());
printVector("heap2",heap2);                              // heap2 = (7,6,5,4,3,2,1)
make_heap(heap3.begin(),heap3.end());                    // heap3 = (7,6,5,1,4,2,3)
sort_heap(heap3.begin(),heap3.end());                    // heap3 = (1,2,3,4,5,6,7)
make_heap(heap4.begin(),heap4.end(),greater<int>());
printVector("heap4",heap4);                              // heap4 = (1,4,2,6,7,3,5)
sort_heap(heap4.begin(),heap4.end(),greater<int>());
printVector("heap4",heap4);                              // heap4 = (7,6,5,4,3,2,1)
return 0;
}
```

usa uma função explicitamente definida `f1()` e transforma v1 = [1,2,3,6,7,4,5] em v1 = [1,2,3,4,7,6,5], colocando todos os números menores que 5 à frente dos que não são menores que 5. A chamada

```
i2 = partition(v2.begin(),v2.end(),bind2nd(less<int>(),5));
```

realiza o mesmo para v2 com o funcional incorporado `bind2nd`, que une o segundo argumento do operador < a 5, efetivamente gerando uma função que trabalha justamente como `f1()`.

Provavelmente a mais útil é a função `sort()`, que implementa o quicksort. A chamada

```
sort(v1.begin(),v1.end());
```

transforma v1 = [1,2,3,6,7,4,5] na totalmente ordenada v1 = [1,2,3,4,5,6,7]. A segunda versão de `sort()` permite especificar qualquer relação de ordenação.

A STL fornece também funções de ordenação estáveis. Um algoritmo de ordenação é *estável* se chaves iguais permanecem na mesma ordem relativa na saída, como eram inicialmente (isto é, se `data [i]` é igual a `data[j]` para *i* < *j* e o *i*-ésimo elemento termina na *k*-ésima posição e o *j*-ésimo elemento na *m*-ésima posição, então *k* < *m*). Para ver a diferença entre ordenação e ordenação estável, considere um vetor de objetos do tipo `Person`. A definição de `operator<` ordena os objetos `Person` pelo nome sem levar a idade em consideração. Em consequência, dois objetos com o mesmo nome, mas com idades diferentes, são considerados iguais, como na definição de operator==, embora este operador não seja usado na ordenação; somente o operador menor é usado.

FIGURA 9.19 Comparação dos tempos de operação de diferentes algoritmos de ordenação e diferentes números de inteiros a ser ordenados.

	25.000			50.000		
	Ascendente	Aleatório	Descendente	Ascendente	Aleatório	Descendente
insertionsort	,000	,438	,887	,000 -	1,784 4,1	3,597 4,1
selectionsort	,837	,818	,772	3,268 3,9	3,272 4,0	3,112 4,0
bubblesort	,946	17,700	33,706	3,784 4,0	1 m 11,213 4,0	2 m 11,443 3,9
combsort	,002	,023	,008	,004 2,0	,050 2,2	,017 2,1
Shellsort	,001	,005	,002	,002 2,0	,011 2,2	,004 2,0
heapsort	,040	,040	,038	,087 2,2	,089 2,2	,080 2,1
mergesort	,006	,007	,005	,010 1,7	,013 1,9	,009 1,8
quicksort	,005	,014	,006	,010 2,0	,029 2,1	,012 2,0
quicksort2	,001	,010	,002	,002 2,0	,020 2,0	,005 2,5
radixsort	,288	,287	,290	,583 2,0	,583 2,0	,578 2,0
bitRadixsort	,117	,116	,117	,230 2,0	,234 2,0	,230 2,0
radixsort2	,016	,017	,016	,034 2,1	,035 2,1	,033 2,1
bitRadixsort2	,006	,006	,006	,012 2,0	,012 2,0	,011 1,8
countingsort	,000	,001	,001	,002 -	,002 2,0	,001 1,0

	100.000			200.000		
	Ascendente	Aleatório	Descendente	Ascendente	Aleatório	Descendente
insertionsort	,001 -	7,159 4,0	14,322 4,0	,001 1,0	28,701 4,0	57,270 4,0
selectionsort	13,492 4,1	13,076 4,0	12,398 4,0	55,556 3,9	52,443 4,0	49,850 4,0
bubblesort	15,253 4,0	4 m 45,003 4,0	8 m 45,770 4,0	1 m 0,906 4,0	19 m 1,973 4,0	35 m 4,596 4,0
combsort	,009 2,2	,101 2,0	,035 2,1	,019 2,1	,205 2,0	,076 2,2
Shellsort	,005 2,5	,025 2,3	,008 2,0	,011 2,2	,054 2,2	,016 2,0
heapsort	,187 2,1	,187 2,1	,169 2,1	,394 2,1	,397 2,1	,366 2,2
mergesort	,019 1,9	,028 2,2	,018 2,0	,041 2,2	,061 2,2	,038 2,1
quicksort	,020 2,0	,061 2,1	,025 2,1	,039 1,9	,132 2,2	,050 2,0
quicksort2	,005 2,5	,042 2,1	,010 2,0	,009 1,8	,093 2,2	,021 2,1
radixsort	1,160 2,0	1,163 2,0	1,155 2,0	2,325 2,0	2,324 2,0	2,327 2,0
bitRadixsort	,469 2,0	,466 2,0	,469 2,0	,938 2,0	,929 2,0	,932 2,0
radixsort2	,067 2,0	,067 1,9	,066 2,0	,138 2,1	,140 2,1	,136 2,1
bitRadixsort2	,024 2,0	,025 2,1	,025 2,3	,049 2,0	,051 2,0	,049 2,0
countingsort	,004 2,0	,002 1,0	,003 3,0	,009 2,5	,005 2,5	,004 1,3

Depois de criar dois vetores iguais, `pv1` e `pv2`, ambos iguais a [("Josie",60) ... ("Josie",41)], vemos que `sort()` transforma este vetor em [("Josie",41) ... ("Josie",60)], mas `stable_sort()` o deixa intacto, retendo a ordem relativa dos objetos iguais. A façanha é possível devido ao uso de mergesort na rotina de ordenação estável. Note que, para pequenos números de objetos, `sort()` é também estável porque, para um pequeno número de elementos, a ordenação por inserção é usada, não o quicksort (veja `quicksort2()` no final da Seção 9.3.3).

9.5 Conclusões

A Figura 9.19 compara os tempos de execução de diferentes algoritmos de ordenação e diferentes números de inteiros que são ordenados. Eles foram todos rodados em um laptop. Em cada estágio, o número de inteiros foi dobrado para que se visse os fatores pelos quais os tempos de operação aumentavam. Esses fatores estão incluídos em cada coluna, exceto nas três primeiras, e são mostrados junto com os tempos de operação. Os fatores estão arredondados para uma posição decimal, enquanto os tempos de operação (em segundos) estão arredondados para três posições decimais. Por exemplo, a ordenação de heap exige 0,040 segundo para ordenar uma matriz de 25.000 inteiros em ordem ascendente e 0,087 segundo para ordenar 50.000 inteiros, também em ordem ascendente. Dobrar o número de dados está associado ao aumento do tempo de operação por um fator de 0,087/0,040 = 2,2, e o número 2,2 segue 0,087 na quarta coluna.

A tabela da Figura 9.19 indica que o tempo de operação para métodos de ordenação elementares, que são algoritmos elevados ao quadrado, crescem aproximadamente por um fator de 4 depois que a quantidade de dados é dobrada, enquanto o mesmo fator para métodos não elementares, cuja complexidade é $O(n \lg n)$, é aproximadamente 2. Isto também é verdadeiro para as quatro implementações da ordenação de raiz, cuja complexidade é igual a $2n$`digits` ou $2n$`bits`. A tabela mostra também que a ordenação por contagem é o algoritmo mais rápido entre todos os métodos de ordenação; no entanto, é limitado, pois pode ordenar apenas números inteiros não negativos, e, assim, fazer todas as quatro versões da ordenação de raiz. Apresenta o melhor desempenho entre os algoritmos restantes, ordenação Shell, mergesort e quicksort. A maior parte do tempo, ele roda pelo menos duas vezes mais rápido do que qualquer outro algoritmo.

9.6 Estudo de caso: Somando polinômios

Somar polinômios é uma operação comum e usualmente um cálculo simples. Sabe-se que para adicionar dois termos, estes precisam conter as mesmas variáveis elevadas às mesmas potências, e o termo resultante retém essas variáveis e potências, exceto que seus coeficientes são calculados simplesmente somando os coeficientes de ambos os termos. Por exemplo,

$$3x^2y^3 + 5x^2y^3 = 8x^2y^3$$

mas $3x^2y^3$ e $5x^2z^3$ ou $3x^2y^3$ e $5x^2y^2$ não podem ser convenientemente somados, porque o primeiro par de termos tem variáveis diferentes e as variáveis no segundo par estão elevadas a diferentes potências. Gostaríamos de escrever um programa que calculasse a soma de dois polinômios dados pelo usuário. Por exemplo, se

$$3x^2y^3 + 5x^2w^3 - 8x^2w^3z^4 + 3$$

e

$$-2x^2w^3 + 9y - 4xw - x^2y^3 + 8x^2w^3z^4 - 4$$

são dados, o programa deve produzir a saída

$$-4wx + 3w^3x^2 + 2x^2y^3 + 9y - 1$$

Para ser mais exato, a entrada e a saída para este problema devem ser assim:

```
Enter two polynomials ended with a semicolon :
3x2y3 + 5x2w3 - 8x2w3z4 + 3;
- 2x2w3 + 9y - 4xw - x2y3 + 8x2w3z4 - 4;
The result is:
- 4wx + 3w3x2 + 2x2y3 + 9y - 1
```

Deve ser observado que a ordem das variáveis em um termo é irrelevante. Por exemplo, x^2y^3 e y^3x^2 representam exatamente o mesmo termo. Em consequência, antes de qualquer soma ser realizada, o programa deve ordenar todas as variáveis em cada termo, para tornar os termos homogêneos e somá-los apropriadamente. Assim, há duas grandes tarefas a ser implementadas: ordenar as variáveis em cada termo de ambos os polinômios e somá-los. Antes que embarquemos no problema de implementar os algoritmos, temos que decidir como representar os polinômios em C++. Dentre as muitas possibilidades, uma representação de lista ligada é escolhida, com cada nó na lista representando um termo que contém informações sobre um coeficiente, variáveis e expoentes nele incluídos. Como cada variável e seu expoente se relacionam, são também mantidos juntos em um objeto do tipo `Variable`. Além disso, devido ao fato de o número de variáveis poder mudar de um termo para outro, um vetor dos objetos `Variable` é usado para armazenar em um nó a informação relativa às variáveis em um termo. Um polinômio é simplesmente uma lista ligada de tais nós. Por exemplo,

$$-x^2y + y - 4x^2y^3 + 8x^2w^3z^4$$

é representado pela lista da Figura 9.20a, que em C++ se parece com a lista da Figura 9.20b.

A primeira operação a ser realizada sobre esses polinômios é a ordenação das variáveis em seus termos. Depois que um polinômio é dado, cada termo é ordenado separadamente, ordenando-se os vetores acessíveis a partir dos nós da lista.

A segunda tarefa é somar os polinômios. O processo começa com a criação de uma lista ligada que consiste em cópias de nós dos polinômios a ser somados. Deste modo, os dois polinômios não são afetados e podem ser usados em outras operações.

Agora a soma é reduzida para simplificar. Em uma lista ligada, todos os termos iguais (exceto pelos coeficientes) têm que ser colapsados juntos e os nós redundantes ser eliminados. Por exemplo, se a lista que está sendo processada é como a da Figura 9.21a, então a lista resultante na Figura 9.21b provém da operação de simplificação.

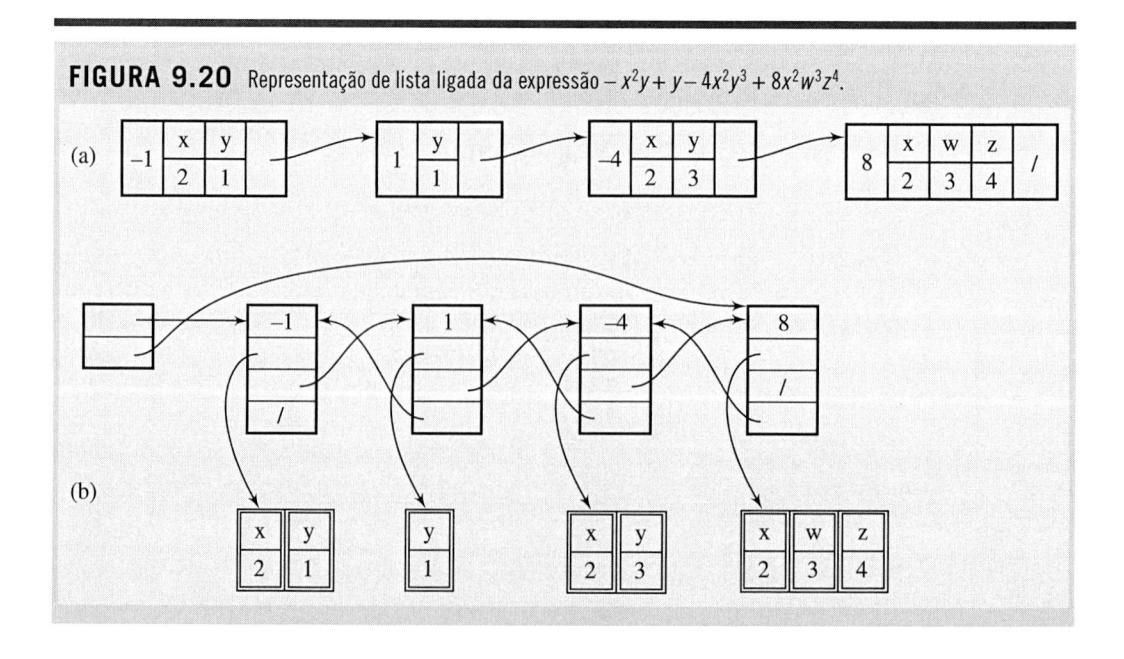

FIGURA 9.20 Representação de lista ligada da expressão $-x^2y + y - 4x^2y^3 + 8x^2w^3z^4$.

Capítulo 9 Ordenação ■ 463

FIGURA 9.21 Transformando (a) lista que representa a expressão $-x^2y^3 + 3x^2y^3 + y^2z + 2x^2y^3 - 2y^2z$ em (b) lista que representa a versão simplificada da expressão $4x^2y^3 - y^2z$.

(a)

(b)

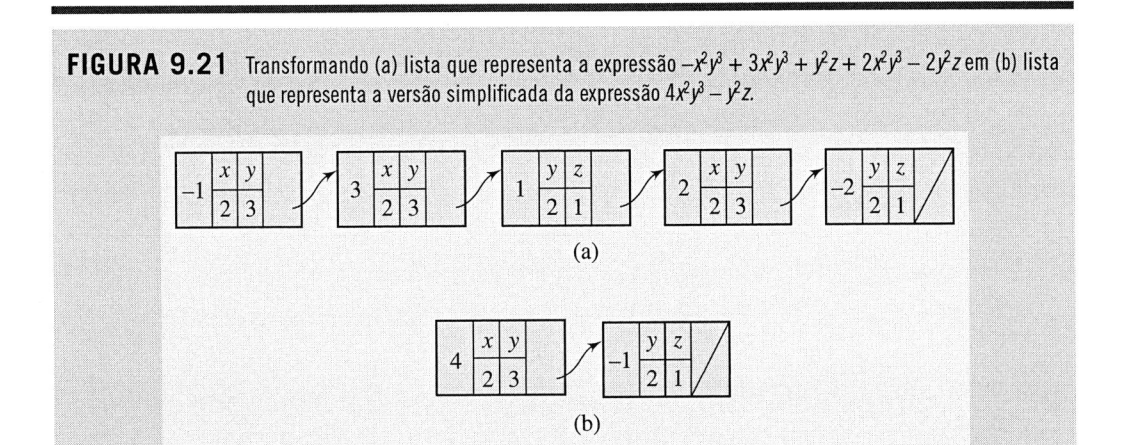

Ao imprimir os resultados, é preciso lembrar-se de que nem tudo deve ser impresso. Se o coeficiente for zero, um termo será omitido; se for um ou menos um, o termo será impresso, mas o coeficiente não será incluído (exceto para o sinal), a menos que o termo tenha apenas um coeficiente. Se um expoente for um, ele também será omitido.

Outro desafio para a impressão é ordenar os termos em um polinômio; isto é, converter um polinômio desordenado

$$-z^2 - 2w^2x^3 + 5 + 9y - 5z - 4wx - x^2y^3 + 3w^2x^3z^4 + 10yz$$

na forma mais ordenada

$$-4wx - 2w^2x^3 + 3w^2x^3z^4 - x^2y^3 + 9y + 10yz - 5z - z^2 + 5$$

Para realizar isto, a lista ligada que representa um polinômio tem que ser ordenada.

A Figura 9.22 mostra o código completo do programa para somar polinômios.

FIGURA 9.22 Implementação do programa para somar polinômios.

```cpp
#include <iostream>
#include <cctype>
#include <cstdlib>
#include <vector>
#include <list>
#include <algorithm>

using namespace std;

class Variable {
public:
    char id;
    int exp;
    Variable() { // exigido por <vector>;
    }
    Variable(char c, int i) {
```

FIGURA 9.22 Implementação do programa para somar polinômios. (*continuação*)

```cpp
        id = c; exp = i;
    }
    bool operator== (const Variable& v) const {
        return id  == v.id  && exp == v.exp;
    }
    bool operator< (const Variable& v) const { // usado por sort();
        return id < v.id;
    }
};

class Term {
public:
    Term() {
        coeff = 0;
    }
    int coeff;
    vector<Variable> vars;
    bool operator== (const Term&) const;
    bool operator!= (const Term& term) const { // requerido por <list>
        return !(*this == term);
    }
    bool operator< (const Term&) const;
    bool operator> (const Term& term) const {  // requerido por <list>
        return *this != term && (*this < term);
    }
    int min(int n, int m) const {
        return (n < m) ? n : m;
    }
};

class Polynomial {
public:
    Polynomial() {
    }
    Polynomial operator+ (const Polynomial&) const;
    void error(char *s) {
        cerr << s << endl; exit(1);
    }
private:
    list<Term> terms;
    friend istream& operator>> (istream&, Polynomial&);
    friend ostream& operator<< (ostream&, const Polynomial&);
};

// dois termos sao iguais se todas as variaveis sao iguais e
// as variaveis correspondentes sao elevadas as mesmas potencias;
// a primeira celula do no contendo um termo e excluida
```

FIGURA 9.22 Implementação do programa para somar polinômios. (*continuação*)

```cpp
// da comparacao pois ela armazena coeficientes do termo;
bool Term::operator== (const Term& term) const {
   for (int i = 0; i < min(vars.size(),term.vars.size()) &&
               vars[i] == term.vars[i]; i++);
   return i == vars.size() && vars.size() == term.vars.size();
}

bool Term::operator< (const Term& term2) const { // usada por sort();
   if (vars.size() == 0)
      return false;          // *this e apenas um coeficiente;
   else if (term2.vars.size() == 0)
      return true;           // term2 e apenas um coeficiente;
   for (int i = 0; i < min(vars.size(),term2.vars.size()); i++)
      if (vars[i].id < term2.vars[i].id)
         return true;        // *this precede term2;
      else if (term2.vars[i].id < vars[i].id)
         return false;       // term2 precede *this;
      else if (vars[i].exp < term2.vars[i].exp)
         return true;        // *this precede term2;
      else if (term2.vars[i].exp < vars[i].exp)
         return false;       // term2 precede *this;
   return ((int)vars.size()-(int)term2.vars.size() < 0) ? true : false;
}

Polynomial Polynomial::operator+ (const Polynomial& polyn2) const {
   Polynomial result;
   list<Term>::iterator p1, p2;
   bool erased;
   for (p1 = terms.begin(); p1 != terms.end(); p1++) // cria um novo
      result.terms.push_back(*p1);                    // polyn a partir de
                                                      // copias de *this
   for (p1 = polyn2.terms.begin(); p1 != polyn2.terms.end(); p1++)
      result.terms.push_back(*p1);                    // e polyn2;
   for (p1 = result.terms.begin(); p1 != result.terms.end(); ) {
      for (p2 = p1, p2++, erased = false; p2 != result.terms.end();
            p2++)
         if (*p1 == *p2) {              // se dois termos forem iguais (a menos
            p1->coeff += p2->coeff;     // do coeficiente) soma os
            result.terms.erase(p2);     // dois coeficientes e apaga
            if (p1->coeff == 0) {       // um dos termos redundantes; se o
               result.terms.erase(p1);  // coeficiente no termo restante
               erased = true;           // for igual a zero, interrompe;
                                        // também apaga o termo;
            }
         }

      if (erased)           // reinicia o processo desde o início
         p1 = result.terms.begin();  // se algum no for apagado;
```

FIGURA 9.22 Implementação do programa para somar polinômios. (*continuação*)

```cpp
        else p1++;
    }
    result.terms.sort();
    return result;
}

istream& operator>> (istream& in, Polynomial& polyn) {
    char ch, sign, coeffUsed, id;
    int exp;
    Term term;
    in >> ch;
    while (true) {
        coeffUsed = 0;
        if (!isalnum(ch) && ch != ';' && ch != '-' && ch != '+')
            polyn.error("Wrong character entered2");
        sign = 1;
        while (ch == '-' || ch == '+') { // primeiro captura sign(s) de Term
            if (ch == '-')
                sign *= -1;
            ch = in.get();
            if (isspace(ch))
                in >> ch;
        }
        if (isdigit(ch)) {              // e depois seu coeficiente;
            in.putback(ch);
            in >> term.coeff;
            ch = in.get();
            term.coeff *= sign;
            coeffUsed = 1;
        }
        else term.coeff = sign;
        for (int i = 0; isalnum(ch); i++) { // processa o termo:
            id = ch;                    // coleta nome de variável
            ch = in.get();
            if (isdigit(ch)) {          // e exponente (se houver);
                in.putback(ch);
                in >> exp >> ch;
            }
            else exp = 1;
            term.vars.push_back(Variable(id,exp));
        }
        polyn.terms.push_back(term);// e inclui na lista ligada;
        term.vars.resize(0);
        if (isspace(ch))
            in >> ch;
        if (ch == ';')                  // termina caso seja encontrado um ponto
                                        //   e virgula;
            if (coeffUsed || i > 0)
```

FIGURA 9.22 Implementação do programa para somar polinômios. (*continuação*)

```cpp
                break;
            else polyn.error("Term is missing");    // ex., 2x - ; ou
                                                    // apenas ';'
        else if (ch != '-' && ch != '+')            // ex., 2x  4y;
            polyn.error("wrong character entered");
    }
    for (list<Term>::iterator i = polyn.terms.begin();
                              i != polyn.terms.end(); i++)
        if (i->vars.size() > 1)
            sort(i->vars.begin(),i->vars.end());
    return in;
}

ostream& operator<< (ostream& out, const Polynomial& polyn) {
    int afterFirstTerm = 0, i;
    for (list<Term>::iterator pol = polyn.terms.begin();
                              pol != polyn.terms.end(); pol++) {
        out.put(' ');
        if (pol->coeff < 0)                         // coloca '-' antes do polinomio
            out.put('-');                           // e entre os termos (se
                                                    // necessario);
        else if (afterFirstTerm)                    // não coloca '+' na frente de
            out.put('+');                           // polinomio;
        afterFirstTerm++;
        if (abs(pol->coeff) != 1)                   // imprime um coeficiente
            out << ' ' << abs(pol->coeff);          // desde que não seja 1 nem -1, ou
        else if (pol->vars.size() == 0)             // que o termo tenha apenas um
                                                    // coeficiente
            out << " 1";
        else out.put(' ');
        for (i = 1; i <= pol->vars.size(); i++) {
            out << pol->vars[i-1].id;               // imprime um nome de variável
            if (pol->vars[i-1].exp != 1)            // e um expoente apenas
                out << pol->vars[i-1].exp;          // se for diferente de 1;
        }
    }
    out << endl;
    return out;
}

int main() {
    Polynomial polyn1, polyn2;
    cout << "Enter two polynomials, each ended with a semicolon:\n";
    cin >> polyn1 >> polyn2;
    cout << "The result is:\n" << polyn1 + polyn2;
    return 0;
}
```

9.7 Exercícios

1. Muitas operações podem ser desenvolvidas mais rapidamente em dados ordenados do que em não ordenados. Para quais das seguintes operações este é o caso?

   a. verificar se uma palavra é um anagrama de outra; por exemplo, *plum* e *lump*
   b. encontrar um item com um valor mínimo
   c. calcular uma média de valores
   d. encontrar o valor do meio (a mediana)
   e. encontrar o valor que aparece com mais frequência nos dados

2. A fase de pré-processamento da ordenação tipo pente lembra a técnica utilizada na ordenação Shell. Qual é a diferença entre estes dois métodos de ordenação?

3. Irá `bubblesort()` trabalhar apropriadamente se o laço mais interno

   ```
   for (int j = n-1; j > i; --j)
   ```
   for substituído por
   ```
   for (int j = n-1; j > 0; --j)
   ```
   Qual é a complexidade da nova versão?

4. Em nossa implementação da ordenação por borbulhamento, uma matriz ordenada foi varrida de baixo para cima para borbulhar para cima os menores elementos. Quais modificações são necessárias para fazê-la trabalhar de cima para baixo para borbulhar para baixo os maiores elementos?

5. Uma *ordenação por coqueteleira*, idealizado por Donald Knuth, é uma modificação da ordenação por borbulhamento, na qual a direção do borbulhamento muda em cada iteração: em uma iteração, o menor elemento é borbulhado para cima; na seguinte, o maior é borbulhado para baixo; na próxima, o segundo menor elemento é borbulhado para cima; e assim por diante. Implemente este novo algoritmo e explore sua complexidade.

6. A ordenação por inserção trabalha sequencialmente através da matriz quando se faz comparações para se encontrar um lugar certo para um elemento que está sendo processado. Considere usar a busca binária, em vez de ir sequencialmente, e forneça uma complexidade resultante da ordenação por inserção.

7. Desenhe árvores de decisão para todos os algoritmos de ordenação elementares conforme aplicados à matriz [a b c d].

8. Qual dos algoritmos discutidos neste capítulo é facilmente adaptável a simples listas ligadas singulares? E para listas duplamente ligadas?

9. Quais são exatamente os menores e os maiores números de movimentações e comparações para ordenar quatro elementos usando `heapsort()`, `quicksort()` e `mergesort()`?

10. Implemente e teste `mergesort()`.

11. Mostre que para mergesort o número de comparações é $C(n) = n \lg n - 2^{\lg n} + 1$.

12. Implemente e analise a complexidade da seguinte versão não recursiva de mergesort. Primeiro, faça a fusão das submatrizes de comprimento 1 em $\frac{n}{2}$ submatrizes de duas células, possivelmente uma delas sendo uma matriz de uma célula. As matrizes resultantes são então fundidas em $\frac{n}{4}$ submatrizes de quatro células, possivelmente com uma matriz menor, tendo uma, duas ou três células etc., até que a matriz inteira esteja ordenada. Note que isto é uma abordagem de baixo para cima para a implementação do mergesort, em contrapartida à abordagem de cima para baixo discutida neste capítulo.

13. `mergesort()` funde as submatrizes de uma matriz que já está ordenada. Outra versão de mergesort de cima para baixo alivia este problema fundindo somente matrizes *rodadas* com os elementos ordenados. A fusão é aplicada somente depois de se determinar duas rodadas. Por exemplo, na matriz [6 7 8 3 4 1 11 12 13 2], as rodadas [6 7 8] e [3 4] são primeiro fundidas para se tornar [3 4 6 7 8], então as rodadas [1 11 12 13] e [2] são fundidas para se tornar [1 2 11 12 13] e, finalmente, as rodadas [3 4 6 7 8] e [1 2 11 12 13] são fundidas para se tornar [1 2 3 4 6 7 8 11 12 13]. Implemente este algoritmo e investigue sua complexidade. Uma ordenação por fusão que tira vantagem de uma ordenação parcial de dados (isto é, usa as rodadas) é chamada *ordenação natural*. Uma versão que despreza as rodadas, sempre dividindo as matrizes em (quase) seções homogêneas, é chamada *fusão direta*.

14. Para evitar duplicação do espaço de trabalho necessário quando as matrizes são ordenadas com mergesort, pode ser melhor usar uma lista ligada de dados em vez de uma matriz. Em que situação esta abordagem é melhor? Implemente esta técnica e discuta sua complexidade.

15. Quais algoritmos de ordenação são estáveis?

16. Considere um algoritmo de *ordenação lenta*, que aplica a ordenação por seleção para cada i-ésimo elemento de uma matriz de n elementos, onde i toma os valores $n/2, n/3$, ..., n/n (Julstrom, 1992). Primeiro, a ordenação por seleção é aplicada a dois elementos da matriz, o primeiro e o do meio, depois a três elementos, separados pela distância $n/3$ etc., e, finalmente, a cada elemento. Calcule a complexidade deste algoritmo.

17. Para $b = 31$, `bitRadixsort()` não funcionaria. Qual é a razão?

18. Para `bitRadixsort()`, $b = 8$ e, em seguida, $b = 11$ foram considerados bons candidatos. Por que você acha que $b = 9$ e $b = 10$ não foram?

19. Para $b = 31$, uma semelhança entre `bitRadixsort()` e a ordenação por contagem tem sido indicada. Onde exatamente está a semelhança?

20. A ordenação por contagem também pode ser implementada de forma eficiente para grandes números, uma vez que estes, por si sós, não são prejudiciais para a ordenação por contagem, o que seria prejudicial é uma diferença grande entre o menor e o maior número em `data[]`. Modifique `countingsort()` para que esta diferença seja pequena fazendo o espaço eficiente para as matrizes.

21. Implemente a ordenação de raiz de bit que use a ordenação por contagem em cada passada.

9.8 Tarefas de programação

1. No final da seção que discute o quicksort, duas técnicas para escolher o limite foram mencionadas – usar um elemento do arquivo escolhido aleatoriamente, e usar um elemento mediano do primeiro elemento, do elemento do meio e do último da matriz. Implemente essas duas versões do quicksort, aplique-as a grandes matrizes e compare seus tempos de execução.

2. O conselho de educação mantém um banco de dados de professores substitutos na área. Se uma substituição temporária é necessária para determinada matéria um professor disponível é enviado à escola que o requisitou. Escreva um programa, orientado por menus, que mantenha este banco de dados.

   O arquivo `substitutes` lista do primeiro ao último nome dos professores substitutos, se estão disponíveis ou não (S(im) ou N(ão)) e uma lista de números que representam as matérias que podem ensinar. Um exemplo de `substitutes` é:

```
Hilliard Roy          S 0 4 5
Ennis John            N 2 3
Nelson William        S 1 2 4 5
Baird Lyle            S 1 3 4 5
Geiger Melissa        N 3 5
Kessel Warren         S 3 4 5
Scherer Vincent       S 4 5
Hester Gary           N 0 1 2 4
Linke Jerome          S 0 1
Thornton Richard      N 2 3 5
```

Crie uma `class teacher` com três campos: índice, filho à esquerda e filho à direita. Declare uma matriz `subjects` com o mesmo número de células que o número de matérias, com cada célula armazenando um ponteiro para `class Teacher`, que é realmente um ponteiro para a raiz de uma árvore binária de busca de professores que ensinam dada matéria. Além disso, declare uma matriz `names` com cada célula contendo uma entrada do arquivo.

Primeiro, prepare a matriz `names` para criar as árvores de busca binária. Para fazer isto, carregue todas as entradas de `substitutes` para `names` e ordene `names` usando um dos algoritmos discutidos neste capítulo. Depois, crie uma árvore binária usando a função `balance()` da Seção 6.7: vá através da matriz `names` e, para cada matéria associada a cada nome, crie um nó na árvore que corresponda a esta matéria. O campo índice de tal nó indica uma posição, em `names`, de um professor que ensina esta matéria. (Note que `insert()` em `balance()` deve ser capaz de ir para uma árvore apropriada.) A Figura 9.23 mostra a matriz ordenada `names` e as árvores acessíveis a partir de `subjects` como criadas por `balance()` para nosso arquivo de amostra.

Permita ao usuário reservar professores caso isto seja requisitado. Se o programa termina e uma opção de saída é escolhida, carregue todas as entradas de `names` de volta a `substitutes`, desta vez com a informação de disponibilidade atualizada.

3. Implemente diferentes versões da ordenação de Shell, misturando ordenações simples usadas em ordenações h, ordenação 1 e diferentes sequências de incrementos. Rode cada versão com (pelo menos) uma das seguintes sequências:

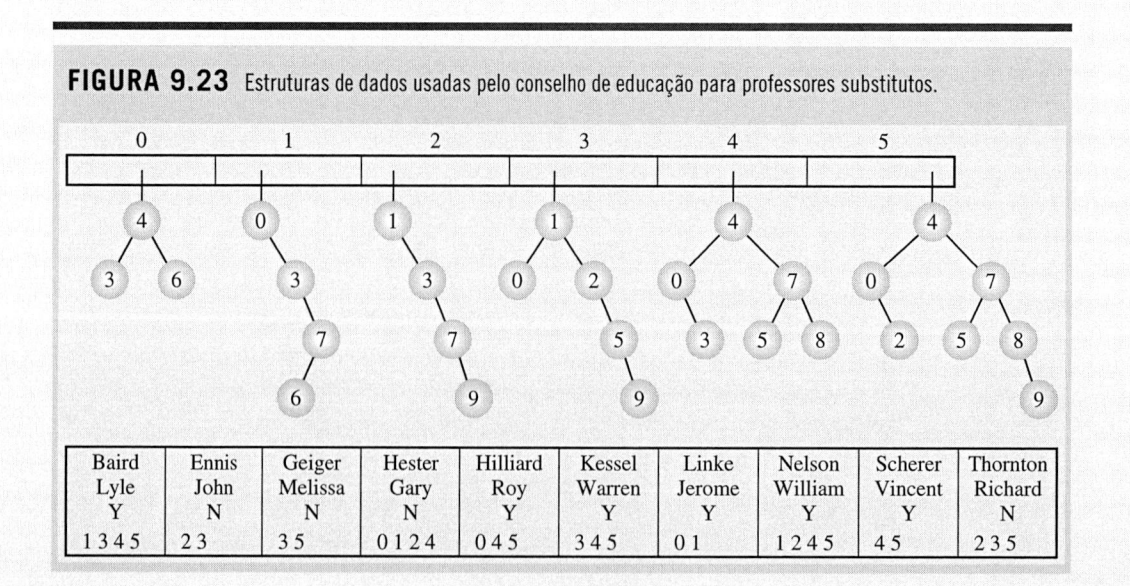

FIGURA 9.23 Estruturas de dados usadas pelo conselho de educação para professores substitutos.

a. $h_1 = 1$, $h_{i+1} = 3h_i + 1$ e pare com h_t, para a qual $h_{t+2} \geq n$ (Knuth)
b. $2^k - 1$ (Hibbard)
c. $2^k + 1$ (Papernov e Stasevich)
d. Números de Fibonacci
e. $\frac{n}{2}$ é o primeiro incremento e, então, $h_i = 0{,}75h_{i+1}$ (Dobosiewicz)

Rode todas essas versões para pelo menos cinco conjuntos de dados de tamanhos 1.000, 5.000, 10.000, 50.000 e 100.000. Tabele e trace em um gráfico os resultados e tente aproximá-los com alguma fórmula que expresse a complexidade dessas versões.

4. Estenda o programa do estudo de caso para incluir a multiplicação polinomial.
5. Estenda o programa do estudo de caso para incluir a diferenciação polinomial. Quanto a regras, veja os exercícios do Capítulo 5.

Bibliografia

Algoritmos de ordenação

FLORES, Ivan. *Computer sorting*. Englewood Cliffs. NJ: Prentice Hall, 1969.

KNUTH, Donald E. *The art of computer programming*. Vol. 3: Sorting and searching. Reading, MA: Addison-Wesley, 1998.

LORIN, Harold. *Sorting and sort systems*. Reading, MA: Addison-Welsey, 1975.

MAHMOUD, Hosam M. *Sorting*: a distribution theory. Nova York: Wiley, 2000.

McLUCKIE, Keith e BARBER, Angus. *Sorting routines for microcomputers*. Basingstoke: United Kingdom MacMillan, 1986.

MEHLHORN, Kurt. *Data structures and algorithms*. Vol. 1: Sorting and searching. Berlim: Springer, 1984.

REYNOLDS, Carl W. Sorts of sorts. *Computer Language*, mar. 1988, p. 49-62.

RICH, R. *Internal sorting methods illustrated with PL/1 programs*. Englewood Cliffs, NJ: Prentice Hall, 1972.

Ordenação por borbulhamento

ASTRACHAN, Owen. Bubble sort: an archaeological algorithmic analysis. *ACM SIGCSE Bulletin*, n. 35, 2003, v. 1, p. 1-5.

Ordenação tipo pente

BOX, Richard e LACEY, Stephen. A fast, easy sort. *Byte*, 1991, n. 4, p. 315-18. Reproduzido em J. Ranade, A. Nash (eds.). *Best of Byte*. Nova York: McGraw-Hill, 1994, p. 123-26.

DROZDEK, Adam. Worst case for comb sort. *Informatyka Teoretyczna i Stosowana*, n. 5, 2005, n. 2, p. 23-27.

DOBOSIEWICZ, Włodzimierz. An efficient variation of bubble sort. *Information Processing Letters*, n. 11, 1980, p. 5-6.

Ordenação Shell

GALE, David e KARP, Richard M. A phenomenon in the theory of sorting. *Journal of Computer and System Sciences*, n. 6, 1972, p. 103-15.

INCERPI, Janet e SEDGEWICK, Robert. Practical variations of shellsort. *Information Processing Letters*, n. 26, 1987-1988, p. 37-43.

POONEN, Bjorn. The worst case in shellsort and related algorithms. *Journal of Algorithms*, n. 15, 1993, p. 101-24.

PRATT, Vaughan R. *Shellsort and sorting networks*. Nova York: Garland, 1979.

SHELL, Donald L. A high-speed sorting procedure. *Communications of the ACM*, n. 2, 1959, p. 30-32.

WEISS, Mark A. e SEDGEWICK, Robert. Tight lower bounds for shellsort. *Journal of Algorithms*, n. 11, 1990, p. 242-51.

Ordenação heap

CARLSSON, Svente. Average-case results on heapsort. *BIT*, n. 27, 1987, p. 2-17.

DING, Yuzheng e WEISS, Mark A. Best case lower bounds for heapsort. *Computing*, n. 49, 1992, p. 1-9.

WEGENER, Ingo. Bottom-up-heap sort, a new variant of heap sort beating on average quick sort. In: ROVAN, B. (ed.) *Mathematical Foundations of Computer Science*. Berlim: Springer, 1990, p. 516-22.

WILLIAMS, John W. J. Algorithm 232: heapsort. *Communications of the ACM*, n. 7, 1964, p. 347-48.

Quicksort

COOK, Curtis R. e KIM, Do Jin. Best sorting algorithm for nearly sorted lists. *Communications of the ACM*, n. 23, 1980, p. 620-24.

DROMEY, R. Geoff. Exploiting partial order with quicksort. *Software Practice and Experience*, n. 14, 1984, p. 509-18.

FRAZER, William D. e McKELLAR, Archie C. Samplesort: a sampling approach to minimal storage tree sorting. *Journal of the ACM*, n. 17, 1970, p. 496-507.

HOARE, Charles A. R. Algorithm 63: quicksort. *Communications of the ACM*, n. 4, 1961, p. 321.

_____. Quicksort. *Computer Journal*, n. 2, 1962, p. 10-15.

HUANG, Bing-Chao e KNUTH, Donald. A one-way, stackless quicksort algorithm. *BIT*, n. 26, 1986, p. 127-30.

MOTZKIN, Dalia. Meansort. *Communications of the ACM*, n. 26, 1983, p. 250-51.

SEDGEWICK, Robert. *Quicksort*. Nova York: Garland, 1980.

Mergesort

DVORAK, S. e DURIAN, Bronislav. Unstable linear time $O(1)$ space merging. *The Computer Journal*, n. 31, 1988, p. 279-83.

HUANG, Bing-Chao e LANGSTON, Michael A. Practical in-place merging. *Communications of the ACM*, n. 31, 1988, p. 348-52.

KNUTH, Donald. Von Neumann's first computer program. *Computing Surveys*, n. 2, 1970, p. 247-60.

Ordenação de raiz

RAHMAN, Naila e RAMAN, Rajeev. Adapting radix sort to the memory hierarchy. *Journal of Experimental Algorithmics*, n. 6, 2001, n. 7, p. 1-30.

Ordenação lenta

JULSTROM, A. Slow sorting: a whimsical inquiry. *SIGCSE Bulletin* 24, 1992, n. 3, p. 11-13.

Árvores de decisão

MORET, Bernard M. E. Decision trees and algorithms. *Computing Surveys*, n. 14, 1982, p. 593-623.

Escrutínio (*Hashing*)

10

A principal operação usada pelos métodos de pesquisa descritos nos capítulos anteriores foi a comparação de chaves. Na pesquisa sequencial, a tabela que armazena os elementos é pesquisada sucessivamente para determinar qual célula da tabela deve ser verificada, e a comparação da chave determina se um elemento foi encontrado ou não. Em uma busca binária, a tabela que armazena os elementos é dividida sucessivamente em metades para determinar qual célula verificar e, novamente, a comparação da chave determina se um elemento foi encontrado ou não. De forma similar, a decisão de continuar a busca em uma árvore binária de busca em uma direção particular é realizada comparando-se chaves.

Uma abordagem diferente para a busca calcula a posição da chave na tabela com base no valor da chave. Este valor é a única indicação da posição. Quando a chave é conhecida, a posição na tabela pode ser acessada diretamente, sem fazer qualquer outro teste preliminar, conforme exigido na busca binária ou durante a pesquisa em uma árvore. Isto significa que o tempo de busca é reduzido de $O(n)$, como na busca sequencial, ou de $O(\lg n)$, como na busca binária, para 1 ou pelo menos $O(1)$; independentemente do número de elementos buscados, o tempo de operação é sempre o mesmo. Mas isto é apenas um ideal; e, em aplicações reais, somente pode ser aproximado.

Precisamos encontrar uma função h que possa transformar uma chave particular K — seja ela uma cadeia de caracteres, um número, um registro etc. — em um índice na tabela usada para armazenar itens do mesmo tipo que K. A função h é chamada *função de escrutínio (hash)*. Se h transforma diferentes chaves em diferentes números, é chamada *função de escrutínio perfeita*. Para criar uma função de escrutínio perfeita, que é sempre o objetivo, a tabela tem que conter pelo menos o mesmo número de posições que o de elementos sendo escrutinados. Mas o número de elementos não é sempre conhecido *a priori*. Por exemplo, um compilador mantém todas as variáveis usadas em um programa em uma tabela de símbolos. Os programas reais usam somente uma fração do vasto número de nomes de variáveis possíveis; por isso uma tabela de 1.000 células é usualmente um tamanho adequado.

Mesmo que esta tabela possa acomodar todas as variáveis no programa, como é possível conceber uma função h que permita ao compilador acessar imediatamente a posição associada com cada variável? Todas as letras do nome da variável podem ser adicionadas, e a soma ser usada como um índice. Neste caso, a tabela necessita de 3.782 células (para uma variável K constituída de 31 letras "z", $h(K) = 31 \cdot 122 = 3.782$). Mas, mesmo com este tamanho, a função h não retorna valores únicos. Por exemplo, $h(\text{"abc"}) = h(\text{"acb"})$. Este problema é chamado *colisão*, e será discutido mais à frente. A importância de uma função de escrutínio depende de quão bem ela evita as colisões. Podem-se evitar colisões tornando a função mais sofisticada, mas esta sofisticação não deve ir muito longe, porque o custo computacional de determinar $h(K)$ pode ser proibitivo, e métodos menos sofisticados podem ser mais rápidos.

10.1 Funções de escrutínio

O número dessas funções que podem ser usadas para atribuir posições a n itens em uma tabela de m posições (para $n \leq m$) é igual a m^n. O número de funções de escrutínio perfeitas é o mesmo que o de diferentes disposições desses itens na tabela: $\frac{m!}{(m-n)!}$. Por exemplo, para 50 elementos e uma matriz de 100 células, há $100^{50} = 10^{100}$ funções de escrutínio, das quais "somente" 10^{94} (uma em um milhão) são perfeitas. A maioria dessas funções é de manuseio muito difícil para aplicações práticas e não pode ser representada por uma fórmula concisa. No entanto, mesmo entre as funções que podem ser expressas com uma fórmula, o número de possibilidades é vasto. Esta seção discute alguns tipos específicos de funções de escrutínio.

10.1.1 Divisão

Uma função de escrutínio precisa garantir que o número que ela retorna seja um índice válido para uma das células da tabela. A maneira mais simples de fazer isto é usar o módulo de divisão $TSize = sizeof(table)$, como em $h(K) = K$ mod $TSize$, caso K seja um número. Melhor ainda se $TSize$ for um número primo; caso contrário, $h(K) = (K$ mod $p)$ mod $TSize$ para algum primo $p > TSize$ pode ser usado. No entanto, divisores não primos podem trabalhar igualmente bem como divisores primos, com a condição de que não tenham fatores primos menores do que 20 (Lum et al., 1971). O método de divisão é usualmente a escolha preferida para a função de escrutínio se muito pouco é conhecido sobre as chaves.

10.1.2 Enlaçamento

Neste método, a chave está dividida em diversas partes (que cobrem o verdadeiro significado da palavra *escrutínio*). Essas partes são combinadas ou enlaçadas juntas e com frequência transformadas de certo modo para criar o endereço alvo. Existem dois tipos de enlaçamento: *enlaçamento deslocado* e *enlaçamento limite*.

A chave é dividida em diversas partes, que são processadas usando uma operação simples, tal como soma, para combiná-las de certo modo. No enlaçamento deslocado, uma é colocada embaixo da outra e ambas são processadas a seguir. Por exemplo, um código pessoal 123-45-6789 pode ser dividido em três partes, 123, 456 e 789, e então essas partes ser adicionadas. O número resultante, 1.368, pode ser dividido em módulo *Tsize*, ou, se o tamanho da tabela é 1.000, os primeiros três algoritmos podem ser usados para o endereço. Para se assegurar disto, observe se a divisão pode ser feita de muitos modos diferentes. Outra possibilidade é dividir o mesmo número 123-45-6789 em cinco partes (digamos, 12, 34, 56, 78 e 9), somá-los e dividir o resultado em módulo *TSize*.

Com o enlaçamento limite, a chave é vista como escrita em um pedaço de papel dobrado nas bordas entre partes diferentes da chave. Deste modo, cada parte será colocada em ordem inversa. Considere as mesmas três partes do código pessoal: 123, 456 e 789. A primeira parte, 123, é tomada na mesma ordem, então o pedaço de papel com a segunda parte é enlaçado embaixo dela, de modo que 123 esteja alinhado com 654, que é a segunda parte, 456, em ordem inversa. Quando o enlaçamento continua, 789 é alinhado com as duas partes anteriores. O resultado é 123 + 654 + 789 = 1.566.

Em ambas as versões, a chave é usualmente dividida em partes homogêneas de algum tamanho fixo, mais algum resto, e então somada. Este processo é simples e rápido, especialmente quando padrões de bits são usados no lugar de valores numéricos. Uma versão orientada para bits do enlaçamento deslocado é obtida aplicando-se a operação ou exclusiva, ($\wedge$).

No caso de cadeias de caracteres, uma abordagem processa todos os caracteres da cadeia através de uma operação xor, colocando-os juntos e usando o resultado para o endereço. Por exemplo, para a cadeia "abcd", $h(\text{"abcd"}) = $ "a"$\wedge$"b"$\wedge$"c"$\wedge$"d". No entanto, este método simples resulta em endereços entre os números 0 e 127. Para um melhor resultado, grandes pedaços de cadeias de caracteres — e não caracteres simples — são colocados juntos através da operação xor. Esses pedaços são compostos de número de caracteres igual ao de bytes em um inteiro. Como um inteiro em uma implementação C++, para um computador IBM PC, tem dois bytes de comprimento, h("abcd") = "ab" xor "cd" (muito provavelmente dividido em módulo *TSize*). Tal função é usada no estudo de caso deste capítulo.

10.1.3 Função meio-quadrado

No método meio-quadrado, a chave é *elevada ao quadrado* e o meio ou a parte do meio do resultado é usada como endereço. Se a chave é uma cadeia de caracteres, ela tem que ser pré-processada para produzir um número usando, por exemplo, o enlaçamento. Em uma função de escrutínio meio-quadrado, a chave inteira participa da geração do endereço, de modo que há melhor chance de endereços diferentes ser gerados para diferentes chaves. Por exemplo, se a chave é 3.121, então 3.121^2 = 9.740.641, e, para a tabela de 1.000 células, h(3.121) = 406, que é a parte do meio de 3.121^2. Na prática, é mais eficiente escolher uma potência de 2 para o tamanho da tabela e extrair a parte do meio da representação de bit do quadrado da chave. Se assumirmos que o tamanho da tabela é 1.024, então, neste exemplo, a representação binária de 3.121^2 é a cadeia de bits 10010100*1010000101*100001, com a parte do meio mostrada em itálico. Esta parte do meio, o número binário 0101000010, é igual a 322; ela pode facilmente ser extraída usando uma máscara e uma operação de deslocamento.

10.1.4 Extração

No método de extração, somente uma parte da chave é usada para calcular o endereço. Para o código pessoal 123-45-6789, este método pode usar os primeiros quatro dígitos, 1234, os últimos quatro, 6789, os dois primeiros combinados com os últimos dois, 1289, ou alguma outra combinação. Em cada caso, somente uma porção da chave é usada. Se essa porção é cuidadosamente escolhida, pode ser suficiente para o escrutínio, com a condição de que a porção omitida distinga as chaves somente de um modo insignificante. Por exemplo, em algumas universidades, todos os números de identificação de estudantes internacionais começam com 999. Em consequência, os primeiros três dígitos podem ser seguramente omitidos em uma função de escrutínio que usa as identificações de estudantes para calcular as posições da tabela. De forma similar, os dígitos de início do código ISBN são os mesmos para todos os livros publicados pelo mesmo editor (por exemplo, 1133 para as publicações da Cengage Learning). Eles devem, portanto, ser excluídos do cálculo dos endereços se uma tabela de dados contém somente livros de um editor.

10.1.5 Transformação de raiz

Usando a transformação de raiz, a chave *K* é transformada em outro número base; *K* é expressa em outro sistema numérico que usa outra raiz. Se *K* é o número decimal 345, seu valor na base 9 (nonal) é 423. Este valor é então dividido em módulo *TSize* e o número resultante é usado como endereço do local para o qual *K* deve ser escrutinada. As colisões, no entanto, não podem ser evitadas. Se *TSize* = 100, então, embora 345 e 245 (decimais) não sejam escrutinados para o mesmo local, 345 e 264 são, porque 264 decimal é 323 no sistema nonal, e tanto 423 quanto 323 retornam 23 quando divididos em módulo 100.

10.1.6 Funções universais de escrutínio

Quando muito pouco se sabe sobre chaves, uma *classe universal de funções de escrutínio* pode ser usada; uma classe de funções é universal quando, para qualquer amostra, espera-se que um seu membro escolhido aleatoriamente distribua de maneira uniforme a amostra. Dessa forma membros dessa classe garantem baixa probabilidade de colisões (Carter eWegman, 1979).

Seja *H* uma classe de funções a partir de um conjunto de *keys* para uma tabela de escrutínio de *TSize*. Dizemos que *H* é universal se para duas chaves diferentes, *x* e *y*, o número de funções de escrutínio h em H para os quais $h(x) = h(y)$ é igual $|H|/Tsize$. Isto é, H é universal se nenhum par de chaves distintas é mapeado para o mesmo índice por uma função h escolhida aleatoriamente com a probabilidade igual a $1/TSize$. Em outras palavras, quando é aplicada uma função de escrutínio escolhida aleatoriamente, há uma chance em $TSize$ de que duas chaves colidam. Uma classe de tais funções é definida como se segue.

Para um número primo $p \geq |keys|$, e os números escolhidos aleatoriamente a e b,

$$H = \{h_{a,b}(K): h_{a,b}(K) = ((aK+b) \bmod p) \bmod TSize \text{ e } 0 \leq a, b < p\}$$

Outro exemplo é uma classe H para *keys* considerando ser sequências de bytes, $K = K_0 K_1 \ldots K_{r-1}$. Para alguns números primos $p \geq 2^8 = 256$ e a sequência $a = a_0, a_1, \ldots, a_{r-1}$,

$$H = \left\{h_a(K): h_a(K) = \left(\left(\sum_{i=0}^{r-1} a_i K_i\right) \bmod p\right) \bmod TSize \text{ e } 0 \leq a_0, a_1, \ldots, a_{r-1} < p\right\}$$

10.2 Resolução das colisões

Note que o escrutínio direto tem seus problemas, já que, para quase todas as funções de escrutínio, mais de uma chave pode ser atribuída à mesma posição. Por exemplo, se a função de escrutínio h_1 aplicada a nomes retorna o valor ASCII da primeira letra de cada nome, isto é, $h_1(name) = name[0]$, então todos os nomes que começam com a mesma letra são escrutinados para a mesma posição. Este problema pode ser resolvido com uma função que distribua nomes mais uniformemente na tabela. Por exemplo, a função h_2 poderia adicionar as duas primeiras letras, isto é, $h_2(name) = name[0] + name[1]$, que seria melhor que h_1. Mesmo se todas as letras fossem consideradas, isto é, $h_3(name) = name[0] + \ldots + name[\texttt{strlen}(name) - 1]$, a possibilidade de escrutinar diferentes nomes para o mesmo local ainda existiria. A função h_3 seria a melhor das três, porque distribuiria os nomes mais uniformemente para as três funções definidas, mas também assumiria tacitamente um aumento do tamanho da tabela. Se a tabela tivesse somente 26 posições, que é o número de diferentes valores retornados por h_1, não haveria melhoria com o uso de h_3 em vez de h_1. Em consequência, mais uma função poderia contribuir para evitar conflitos entre as chaves de escrutínio: o tamanho da tabela. Aumentar este tamanho pode levar a um melhor escrutínio, mas não sempre! Esses dois fatores — função de escrutínio e tamanho da tabela — podem reduzir o número de colisões, mas não eliminá-las completamente. O problema da colisão tem que ser tratado de maneira que sempre garanta uma solução.

Existem muitas estratégias que evitam escrutinar múltiplas chaves para o mesmo local. Somente alguns destes métodos são discutidos neste capítulo.

10.2.1 Endereçamento aberto

Neste método, quando uma chave colide com outra, a colisão é resolvida encontrando-se uma entrada de tabela disponível diferente da posição (endereço) para a qual a chave que colide é originalmente escrutinada. Se a posição $h(K)$ está ocupada, as posições na sequência de sondagem

$$norm(h(K) + p(1)), norm(h(K) + p(2)), \ldots, norm(h(K) + p(i)), \ldots$$

são tentadas até que uma célula disponível seja encontrada, a mesma posição tentada repetidamente ou a tabela esteja cheia. A função p é uma *função de sondagem*, i a *sonda* e *norm* uma *função de normalização*, muito provavelmente divisão módulo tamanho da tabela.

O método mais simples é a *sondagem linear*, para a qual $p(i) = i$, e, para a i-ésima sonda, a posição a ser tentada é $(h(K) + i) \bmod TSize$. Na sondagem linear a posição na qual uma chave pode ser armazenada é encontrada procurando-se sequencialmente todas as posições que iniciem a partir da posição calculada pela função de escrutínio até que uma célula vazia seja encontrada. Se o fim da tabela é atingido sem que uma célula seja encontrada, a pesquisa continua a partir do início da tabela e para — em caso extremo — na célula que precede aquela a partir da qual a pesquisa iniciou. A sondagem linear, no entanto, tem uma tendência para criar agrupamentos na tabela. A Figura 10.1 mostra um exemplo no qual uma chave K_i é escrutinada para a posição i. Na Figura 10.1a, três chaves — A_5, A_2 e A_3 — foram escrutinadas para suas posições de origem. Então, B_5 chega (Figura 10.1b), cuja posição de origem está ocupada por A_5. Como a próxima posição está disponível, B_5 é armazenada lá. A seguir, A_9 é armazenada sem nenhum problema, mas B_2 o é na posição 4, a duas posições de seu endereço de origem. Um grande agrupamento já foi formado. Depois, B_9 chega. A posição 9 não está disponível; por ser a última célula da tabela, a busca começa a partir do início da tabela, cuja primeira abertura pode agora hospedar B_9. A próxima chave, C_2, termina na posição 7, a cinco posições de seu endereço de origem.

Neste exemplo, as células vazias que estavam depois do agrupamento têm uma chance maior de ser preenchidas do que as outras posições. Esta probabilidade é igual a (*sizeof(cluster)* + 1)/*TSize*. Outras células vazias têm somente 1/*TSize* chance de ser preenchidas. Se um agrupamento é criado, ele tende a crescer, e, quanto maior um agrupamento se torna, maior é a probabilidade de que ele cresça ainda mais. Este fato destrói o desempenho da tabela de escrutínio para armazenar e recuperar dados. O problema é como evitar o crescimento do agrupamento. Uma resposta pode ser encontrada numa escolha mais cuidadosa da função de sondagem p.

Esta escolha é uma função quadrática, de modo que a fórmula resultante é

$$p(i) = h(K) + (-1)^{i-1}((i+1)/2)^2 \text{ para } i = 1, 2, \ldots, TSize - 1$$

Esta fórmula, pode ser expressa de maneira mais simples, como uma sequência de sondas:

$$h(K) + i^2, h(K) - i^2 \text{ para } i = 1, 2, \ldots, (TSize - 1)/2$$

Incluir a primeira tentativa para o escrutínio K resulta na sequência:

$$h(K), h(K) + 1, h(K) - 1, h(K) + 4, h(K) - 4, \ldots, h(K) + (TSize - 1)^2/4,$$
$$h(K) - (TSize - 1)^2/4$$

todas divididas em módulo *TSize*. O tamanho da tabela não deve ser um número par, pois somente as posições pares ou as ímpares são tentadas, dependendo do valor de $h(K)$. Idealmente, o tamanho

FIGURA 10.1 Resolvendo as colisões com o método de sondagem linear. Os subscritos indicam as posições de origem das chaves que estão sendo escrutinadas.

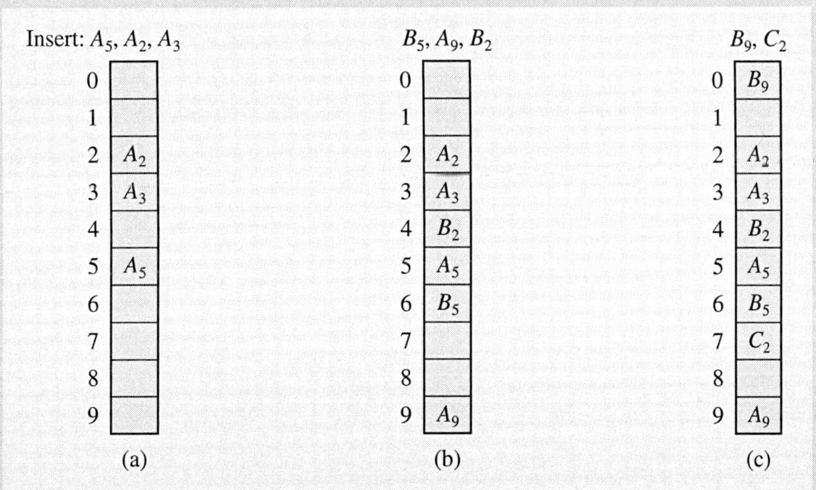

Insert: A_5, A_2, A_3 | B_5, A_9, B_2 | B_9, C_2

	(a)	(b)	(c)
0			B_9
1			
2	A_2	A_2	A_2
3	A_3	A_3	A_3
4		B_2	B_2
5	A_5	A_5	A_5
6		B_5	B_5
7			C_2
8			
9		A_9	A_9

da tabela deve ser um número primo $4j + 3$ de um inteiro j, o que garante a inclusão de todas as posições na sequência de sondagem (Radke, 1970). Por exemplo, se $j = 4$, então $TSize = 19$, e, assumindo que $h(K) = 9$ para qualquer K, a sequência resultante de sondas é[1]

$$9, 10, 8, 13, 5, 18, 0, 6, 12, 15, 3, 7, 11, 1, 17, 16, 2, 14, 4$$

A tabela da Figura 10.1 teria as mesmas chaves em uma configuração diferente, como na Figura 10.2. Ela ainda tomaria duas sondas para locar B_2 em alguma posição, mas para C_2 somente quatro sondas seriam exigidas, não cinco.

FIGURA 10.2 Usando a sondagem quadrática para a resolução de colisão.

	Inserir: A_5, A_2, A_3	B_5, A_9, B_2	B_9, C_2
0			B_9
1		B_2	B_2
2	A_2	A_2	A_2
3	A_3	A_3	A_3
4			
5	A_5	A_5	A_5
6		B_5	B_5
7			
8			C_2
9		A_9	A_9
	(a)	(b)	(c)

Note que a fórmula que determina a sequência de sondas para a sondagem quadrática não é $h(K) + i^2$, para $i = 1, 2, \ldots, TSize - 1$, porque a primeira metade da sequência

$$h(K) + 1, h(K) + 4, h(K) + 9, \ldots, h(K) + (TSize - 1)^2$$

cobre somente metade da tabela, e a segunda metade da sequência repete em ordem inversa a primeira. Por exemplo, se $TSize = 19$, e $h(K) = 9$, a sequência é

$$9, 10, 13, 18, 6, 15, 7, 1, 16, 14, 14, 16, 1, 7, 15, 6, 18, 13, 10$$

Isto não é pura coincidência. As sondas que entregam o mesmo endereço são da forma

$$i = TSize/2 + 1 \text{ e } j = TSize/2 - 1$$

e são sondas para as quais

$$i^2 \bmod TSize = j^2 \bmod TSize$$

---

1. Um cuidado especial deve ser tomado com números negativos. Durante a implementação dessas fórmulas, o operador % significa divisão módulo um módulo. No entanto, este operador é usualmente implementado como o *resto* da divisão. Por exemplo, –6 % 23 é igual a –6, e não a 17, como esperado. Em consequência, quando se usa o operador % para a implementação da divisão módulo, operando à direita de %, o módulo deve ser adicionado ao resultado quando este é negativo. Em consequência, (–6% 23) + 23 retorna 17.

isto é,

$$(i^2 - j^2) \bmod TSize$$

Neste caso,

$$(i^2 - j^2) = (TSize/2 + 1)^2 - (TSize/2 - 1)^2$$
$$= (TSize^2/4 + TSize + 1 - TSize^2/4 + TSize - 1)$$
$$= 2TSize$$

e, para assegurar isto, $2TSize \bmod TSize = 0$.

Embora usar a busca quadrática dê um resultado melhor que o da sondagem linear, o problema do crescimento do agrupamento não é inteiramente evitado, pois, nas chaves escrutinadas para a mesma posição, a mesma sequência de sonda é usada. Tais agrupamentos são chamados *agrupamentos secundários*. Estes, no entanto, são menos danosos do que os primários.

Outra possibilidade é ter p como um gerador de números aleatórios (Morris, 1968), o que elimina a necessidade de tomar cuidado especial com o tamanho da tabela. Esta abordagem evita a formação de agrupamentos secundários, mas causa um problema com a repetição da mesma sequência de sondagem para as mesmas chaves. Se o gerador de números aleatórios é inicializado na primeira invocação, diferentes sequências de sondagem são geradas para a mesma chave K. Em consequência, K é escrutinada mais de uma vez para a tabela, mas mesmo assim pode não ser encontrada durante a pesquisa. O gerador de números aleatórios deve ser inicializado, para a mesma semente e para a mesma chave, antes de começar a geração da sequência de sondagem. Em C++ isto pode ser obtido usando a função `srand()` com um parâmetro que depende da chave; por exemplo, $p(i) = $ `srand(`$sizeof(K)$`)` $\cdot i$ ou `srand(`$K[0]$`)` $+ i$. Para evitar que se apoie em `srand()`, pode ser escrito um gerador de números aleatórios que assegure que cada invocação gere um único número entre 0 e $TSize - 1$. O seguinte algoritmo foi desenvolvido por Robert Morris para tabelas com $TSize = 2^n$ para qualquer inteiro n:

```
generateNumber()
   static int r = 1;
   r = 5*r;
   r = mascare n + 2 bits de baixa ordem de r;
   return r/4;
```

O problema do agrupamento secundário é mais bem tratado com o *escrutínio duplo*. Este método utiliza duas funções de escrutínio, uma para acessar a posição primária de uma chave, h, e outra, h_p, para resolver os conflitos. A sequência de sondagem se torna

$$h(K), h(K) + h_p(K), \ldots, h(K) + i \cdot h_p(K), \ldots$$

(tudo dividido em módulo $TSize$). O tamanho da tabela deve ser um número primo, por isto cada posição na tabela pode ser incluída na sequência. Experimentos indicam que o agrupamento secundário é geralmente eliminado, pois a sequência depende de valores de h_p, que, por sua vez, depende da chave. Em consequência, se a chave K_1 é escrutinada para a posição j, a sequência de sondagem é

$$j, j + h_p(K_1), j + 2 \cdot h_p(K_1), \ldots$$

(tudo dividido em módulo $TSize$). Se outra chave K_2 é escrutinada para $j + h_p(K_1)$, a próxima posição tentada é $j + h_p(K_1) + h_p(K_2)$, não $j + 2 \cdot h_p(K_1)$, o que evita um agrupamento secundário se h_p é cuidadosamente escolhido. Além disso, mesmo se K_1 e K_2 são escrutinadas primariamente para a mesma posição j, as sequências de sondagem podem ser diferentes para cada uma. Isto, no entanto, depende da escolha da segunda função de escrutínio, h_p, que pode ocasionar as mesmas sequências para ambas as chaves. É o caso da função $h_p(K) = $ `strlen`(K), quando ambas as chaves têm o mesmo comprimento.

Usar duas funções de escrutínio pode consumir muito tempo, especialmente para funções sofisticadas. Em consequência, a segunda função de escrutínio pode ser definida em termos da primeira, como em $h_p(K) = i \cdot h(K) + 1$. A sequência de sondagem para K_1 é

$$j, 2j + 1, 5j + 2, \ldots$$

(módulo *TSize*). Se K_2 é escrutinada para $2j + 1$, a sequência de sondagem para K_2 é

$$2j + 1, 4j + 3, 10j + 11, \ldots$$

que não conflita com a primeira sequência. Isto não leva, portanto, ao crescimento do agrupamento.

Quão eficientes são todos esses métodos? Obviamente, depende do tamanho da tabela e do número de elementos que já estão nela. A ineficiência desses métodos é especialmente evidente para *buscas malsucedidas*, que procuram por elementos não presentes na tabela. Quanto mais elementos na tabela, mais provável é que os agrupamentos se formem (primários ou secundários) e que estes sejam grandes.

Considere o caso de a sondagem linear ser usada para a resolução de colisões. Se K não está na tabela, todas as células consecutivas ocupadas são verificadas, iniciando da posição $h(K)$; quanto mais longo o agrupamento, mais demorado fica para determinar que K, de fato, não está na tabela. Em caso extremo, quando a tabela está cheia, temos que verificar todas as células iniciando em $h(K)$ e terminando com $(h(K) - 1)$ mod *TSize*. Em consequência, o tempo de busca aumenta com o número de elementos na tabela.

Existem fórmulas que aproximam, para diferentes métodos de escrutínio, o número de vezes para as pesquisas bem-sucedidas e malsucedidas. Elas foram desenvolvidas por Donald Knuth e são consideradas por Thomas Standish como "umas das melhores na ciência da computação". A Figura 10.3 mostra essas fórmulas. A Figura 10.4 exibe uma tabela que mostra o número de buscas para diferentes porcentagens de células ocupadas. Esta tabela indica que as fórmulas da Figura 10.3 fornecem somente aproximações do número de buscas. Isto é particularmente evidente para altas porcentagens. Por exemplo, se 90% das células estão ocupadas, a sondagem linear exige 50 tentativas para determinar que a chave buscada não está na tabela. No entanto, para toda a tabela de 10 células, este número é 10, não 50.

Para porcentagens mais baixas, as aproximações calculadas por essas fórmulas estão mais perto dos valores reais. A tabela da Figura 10.4 indica que, se a tabela está 65% cheia, a sondagem linear exige, na média, menos de duas tentativas para encontrar um elemento. Como este número é geralmente um limite aceitável para uma função de escrutínio, a sondagem linear exige 35% dos espaços da tabela a ser desocupados para manter o desempenho em um nível aceitável. Isto pode ser consi-

FIGURA 10.3 Fórmulas que aproximam, para diferentes métodos de escrutínio, os números médios de tentativas para buscas bem e malsucedidas (Knuth, 1998).

	sondagem linear	busca quadrática[a]	escrutínio duplo
pesquisa bem-sucedida	$\frac{1}{2}\left(1 + \frac{1}{1 - LF}\right)$	$1 - \ln(1 - LF) - \frac{LF}{2}$	$\frac{1}{LF} \ln \frac{1}{1 - LF}$
pesquisa malsucedida	$\frac{1}{2}\left(1 + \frac{1}{(1 - LF)^2}\right)$	$\frac{1}{1 - LF} - LF - \ln(1 - LF)$	$\frac{1}{1 - LF}$

Fator de carga $LF = \dfrac{\text{número de elementos na tabela}}{\text{tamanho da tabela}}$

[a] As fórmulas dadas nessa coluna aproximam qualquer método de endereçamento aberto que cause o surgimento de agrupamento secundário, e a sondagem quadrática é somente um deles.

FIGURA 10.4 Os números médios de pesquisas bem e malsucedidas para diferentes métodos de resolução de colisões.

LF	sondagem linear		busca quadrática		escrutínio duplo	
	bem-sucedida	malsucedida	bem-sucedida	malsucedida	bem-sucedida	malsucedida
0.05	1.0	1.1	1.0	1.1	1.0	1.1
0.10	1.1	1.1	1.1	1.1	1.1	1.1
0.15	1.1	1.2	1.1	1.2	1.1	1.2
0.20	1.1	1.3	1.1	1.3	1.1	1.2
0.25	1.2	1.4	1.2	1.4	1.2	1.3
0.30	1.2	1.5	1.2	1.5	1.2	1.4
0.35	1.3	1.7	1.3	1.6	1.2	1.5
0.40	1.3	1.9	1.3	1.8	1.3	1.7
0.45	1.4	2.2	1.4	2.0	1.3	1.8
0.50	1.5	2.5	1.4	2.2	1.4	2.0
0.55	1.6	3.0	1.5	2.5	1.5	2.2
0.60	1.8	3.6	1.6	2.8	1.5	2.5
0.65	1.9	4.6	1.7	3.3	1.6	2.9
0.70	2.2	6.1	1.9	3.8	1.7	3.3
0.75	2.5	8.5	2.0	4.6	1.8	4.0
0.80	3.0	13.0	2.2	5.8	2.0	5.0
0.85	3.8	22.7	2.5	7.7	2.2	6.7
0.90	5.5	50.5	2.9	11.4	2.6	10.0
0.95	10.5	200.5	3.5	22.0	3.2	20.0

derado muito desperdício, especialmente para tabelas ou arquivos muito grandes. Esta porcentagem é menor para uma busca quadrática (25%) e para um escrutínio duplo (20%), mas ainda pode ser considerada grande. O escrutínio duplo exige que uma em cada cinco células esteja vazia, fração relativamente alta. Mas esses problemas podem ser resolvidos permitindo-se que mais de um item seja armazenado em uma posição ou em uma área associada com uma posição.

10.2.2 Encadeamento

As chaves não têm que ser armazenadas na própria tabela. No *encadeamento*, cada posição da tabela está associada com uma lista ligada ou uma *cadeia* de estruturas, cujos campos info armazenam as chaves ou suas referências. Este método é chamado *encadeamento separado*, e uma tabela de referências (ponteiros) é chamada *tabela dispersa*. Neste método, a tabela nunca pode transbordar, pois as listas ligadas são estendidas somente com a chegada de novas chaves, como ilustrado na Figura 10.5. Para listas ligadas pequenas, é um método muito rápido, mas aumentar o seu comprimento pode degradar significativamente o desempenho da recuperação. O desempenho pode ser melhorado mantendo-se uma ordem em todas essas listas de modo que, para buscas malsucedidas, uma busca exaustiva não seja exigida na maioria dos casos, ou usando listas ligadas auto-organizadas (Pagli, 1985).

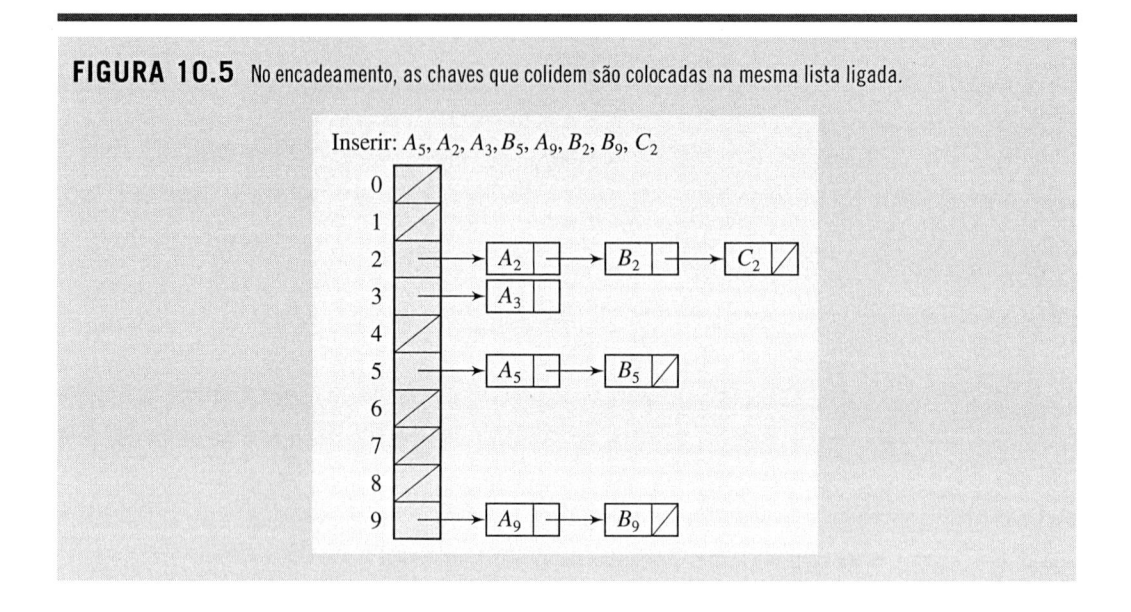

FIGURA 10.5 No encadeamento, as chaves que colidem são colocadas na mesma lista ligada.

Inserir: $A_5, A_2, A_3, B_5, A_9, B_2, B_9, C_2$

Este método exige espaço adicional para manter os ponteiros. A tabela armazena somente ponteiros, e cada nó exige um campo de ponteiro. Em consequência, para n chaves, $n + TSize$ ponteiros são necessários, o que pode ser muito para um n grande.

Uma versão de encadeamento chamada *escrutínio coalescido* (ou *encadeamento coalescido*) combina a sondagem linear com o encadeamento. Neste método, a primeira posição disponível é encontrada para uma chave que colide com outra, e o índice desta posição é armazenado com a chave que já está na tabela. Uma busca sequencial para baixo na tabela pode ser evitada acessando-se diretamente o próximo elemento da lista ligada. Cada posição *pos* da tabela armazena um objeto com dois membros: `info` para uma chave e `next` com o índice da próxima chave que é escrutinada para *pos*. As posições disponíveis podem ser marcadas por, digamos, –2 em `next`; –1 pode ser usado para indicar o final de uma cadeia. Este método exige $TSize \cdot sizeof(\text{next})$ mais espaço para a tabela, além do espaço exigido para as chaves. Isto é menos do que para o encadeamento, mas o tamanho da tabela limita o número de chaves que podem ser escrutinadas na tabela.

Uma área de transbordamento conhecida como *porão* pode ser alocada para armazenar chaves para as quais não há espaço na tabela. Esta área pode ser alocada dinamicamente se implementada como uma lista de matrizes.

A Figura 10.6 ilustra um exemplo no qual o escrutínio coalescido coloca uma chave que colide na última posição da tabela. Na Figura 10.6a, nenhuma colisão ocorre. Na 10.6b, B_5 é colocada na última célula da tabela, que é ocupada por A_9, quando ela chega. Por isso, A_9 é anexada à lista acessível a partir da posição 9. Na Figura 10.6c, duas novas chaves que colidem são adicionadas às listas correspondentes.

A Figura 10.7 ilustra o escrutínio coalescido que usa um porão. As chaves que não colidem são armazenadas em suas posições originais, como na Figura 10.7a; as que colidem, na última abertura disponível do porão e adicionadas à lista, começando a partir de sua posição original, como na Figura 10.7b. Na Figura 10.7c o porão está cheio, por isso uma célula disponível é tomada da tabela quando C_2 chega.

10.2.3 Endereçamento em balde

Outra solução para o problema da colisão é armazenar os elementos que colidem na mesma posição em uma tabela. Isto pode ser obtido com a associação de um *balde* a cada endereço. Balde é um bloco de espaço grande o suficiente para armazenar múltiplos itens.

FIGURA 10.6 O escrutínio coalescido coloca uma chave de colisão na última posição disponível da tabela.

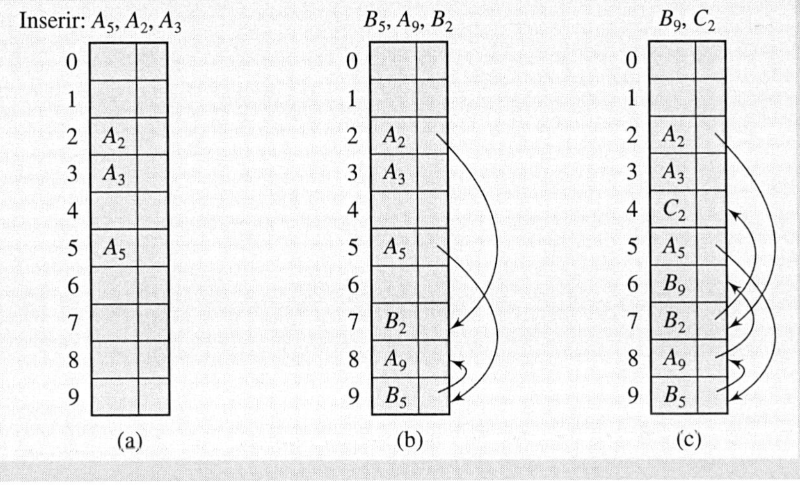

Inserir: A_5, A_2, A_3 B_5, A_9, B_2 B_9, C_2

(a)   (b)   (c)

	(a)	(b)	(c)
0			
1			
2	A_2	A_2	A_2
3	A_3	A_3	A_3
4			C_2
5	A_5	A_5	A_5
6			B_9
7		B_2	B_2
8		A_9	A_9
9		B_5	B_5

FIGURA 10.7 Escrutínio coalescido que usa um porão.

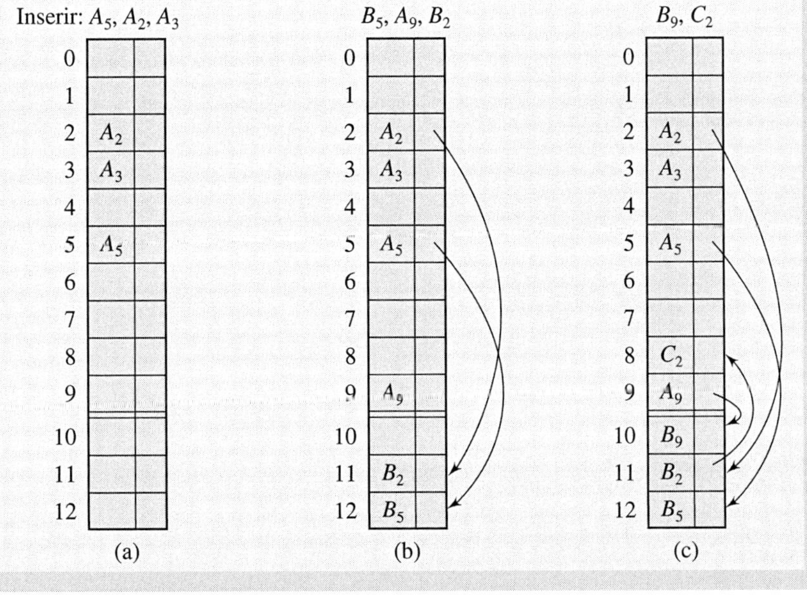

Inserir: A_5, A_2, A_3 B_5, A_9, B_2 B_9, C_2

	(a)	(b)	(c)
0			
1			
2	A_2	A_2	A_2
3	A_3	A_3	A_3
4			
5	A_5	A_5	A_5
6			
7			
8			C_2
9		A_9	A_9
10			B_9
11		B_2	B_2
12		B_5	B_5

Usando baldes, o problema das colisões não é totalmente evitado. Se o balde está cheio, um item escrutinado a ele tem que ser armazenado em outro lugar. Incorporando-se a abordagem de endereçamento aberto, o item que colide pode ser armazenado no próximo balde se tiver uma abertura disponível quando se usa a sondagem linear, como ilustrado na Figura 10.8, ou em outro balde quando, digamos, a sondagem quadrática é usada.

Os itens que colidem também podem ser armazenados em uma área de transbordamento. Neste caso, cada balde inclui um campo que indica se a busca deve ser continuada nessa área. Pode ser simplesmente um marcador sim/não. Em conjunto com o encadeamento, esse marcador pode ser o número que indica a posição na qual o início da lista ligada associada com o balde pode ser encontrado na área de transbordamento (veja a Figura 10.9).

FIGURA 10.8 Resolução da colisão com baldes e o método de sondagem linear.

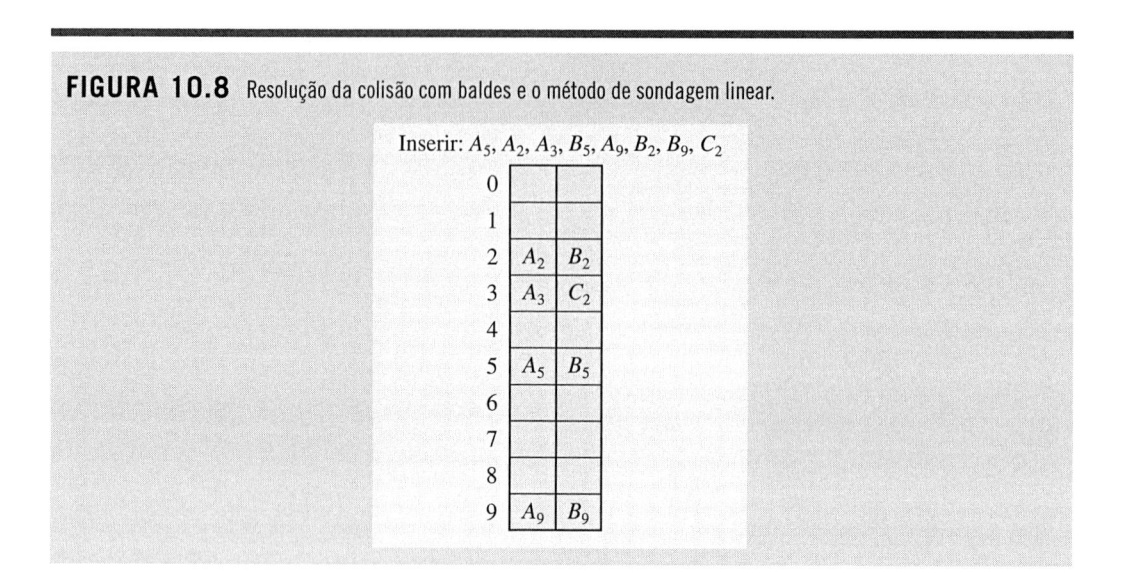

Inserir: $A_5, A_2, A_3, B_5, A_9, B_2, B_9, C_2$

0		
1		
2	A_2	B_2
3	A_3	C_2
4		
5	A_5	B_5
6		
7		
8		
9	A_9	B_9

FIGURA 10.9 Resolução da colisão com baldes e a área de transbordamento.

0			
1			
2	A_2	B_2	
3	A_3		
4			
5	A_5	B_5	
6			
7			
8			
9	A_9	B_9	

Área de transbordamento: C_2, ...

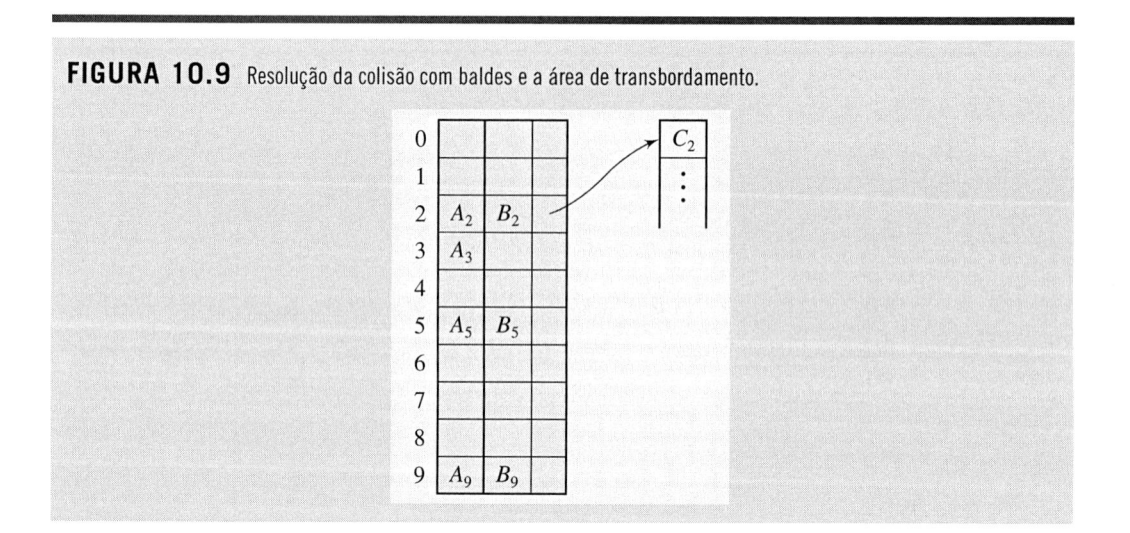

10.3 Remoção

Como podemos remover dados de uma tabela de escrutínio? Com o método de encadeamento, remover um elemento leva à remoção de um nó de uma lista ligada que contém o elemento. Para outros métodos, uma operação de remoção pode exigir tratamento mais cuidadoso da resolução de colisões, exceto no raro caso de uma função de escrutínio perfeita ser usada.

Considere a tabela da Figura 10.10a, na qual as chaves são armazenadas usando a sondagem linear. As chaves foram dadas na seguinte ordem: A_1, A_4, A_2, B_4, B_1. Depois que A_4 é removida e a posição 4 liberada (Figura 10.10b), tentamos encontrar B_4 verificando, primeiro, a posição 4. Esta posição agora está vazia, por isso podemos concluir que B_4 não está na tabela. O mesmo resultado ocorre depois de remover A_2 e marcar a célula 2 como vazia (Figura 10.10c). Então, a busca por B_1 é malsucedida, pois, se estamos usando a sondagem linear, a pesquisa termina na posição 2. A situação é a mesma para outros métodos de endereçamento aberto.

Se deixamos na tabela as chaves removidas, com marcas indicando que não são elementos válidos da tabela, qualquer busca subsequente para um elemento não termina prematuramente.

Capítulo 10　　　　　　　　　　　　　　　　　　　　Escrutínio (Hashing)　■　485

FIGURA 10.10　Busca linear na qual tanto a inserção quanto a remoção de chaves são permitidas.

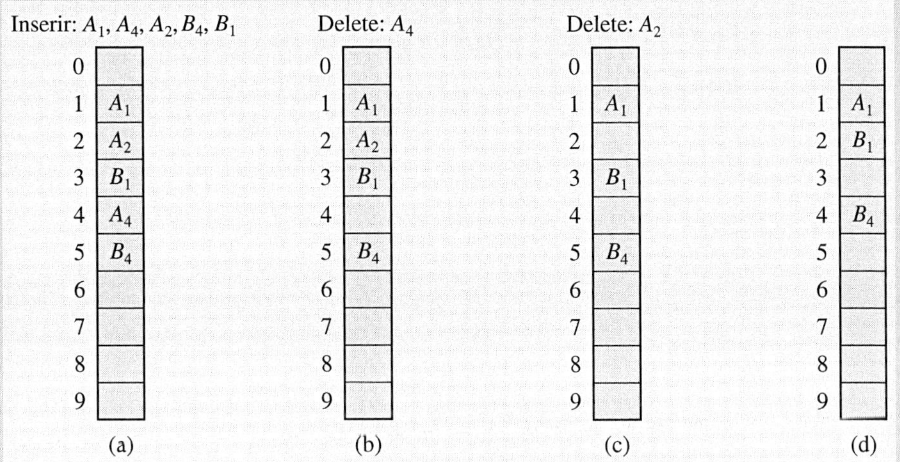

Inserir: A_1, A_4, A_2, B_4, B_1　　Delete: A_4　　Delete: A_2

	(a)	(b)	(c)	(d)
0				
1	A_1	A_1	A_1	A_1
2	A_2	A_2		B_1
3	B_1	B_1	B_1	
4	A_4			B_4
5	B_4	B_4	B_4	
6				
7				
8				
9				

Quando uma nova chave é inserida, ela sobrescreve outra que é somente um preenchedor de espaço. No entanto, para um número grande de remoções e pequeno de inserções adicionais, a tabela se torna sobrecarregada de registros removidos, que aumentam o tempo de pesquisa, porque os métodos de endereçamento abertos exigem o teste dos elementos removidos. Em consequência, devem ser expurgados depois de certo número de remoções, movendo os elementos não removidos para as células ocupadas pelos removidos. As células com elementos removidos que não são sobrescritos por este procedimento são marcadas como livres. A Figura 10.10d ilustra esta situação.

10.4　Funções de escrutínio perfeitas

Todos os casos discutidos até agora assumiram que o corpo de dados não era precisamente conhecido. Em consequência, a função de escrutínio raramente se tornou do tipo ideal, no sentido de ter imediatamente escrutinado uma chave para sua posição apropriada e evitado quaisquer colisões. Na maioria dos casos, alguma técnica de resolução de colisão teve que ser incluída, porque, mais cedo ou mais tarde, chegaria uma chave que conflitaria com outra na tabela. Além disso, o número de chaves é raramente conhecido *a priori*, por isto a tabela tinha que ser grande o suficiente para acomodar todos os dados que chegavam. Mais ainda, o tamanho da tabela contribuía para o número de colisões: uma grande tabela tem menor número de colisões (com a condição de que a função de escrutínio leve o tamanho da tabela em consideração). Tudo isso foi causado pelo fato de o corpo de dados a ser escrutinados na tabela não ser precisamente conhecido de antemão. Em consequência, uma função de escrutínio foi primeiramente idealizada e então os dados processados.

Em muitas situações, no entanto, o corpo de dados é fixo e uma função de escrutínio pode ser idealizada depois que os dados são conhecidos. Uma função deste tipo pode realmente ser uma função de escrutínio perfeita se escrutina itens na primeira tentativa. Se ela exige na tabela somente tantas células quanto o número de dados, de modo que nenhuma célula vazia permaneça depois que o escrutínio se completa, é chamada de *função de escrutínio mínima perfeita*. A perda de tempo para a resolução de colisões e a perda de espaço para células não usadas da tabela são evitadas em uma função de escrutínio mínima perfeita.

Processar um corpo de dados fixo não é uma situação incomum. Considere os seguintes exemplos: uma tabela de palavras reservadas usada por assemblers e compiladores, arquivos em discos ópticos não apagáveis, dicionários e bancos de dados léxicos.

Os algoritmos usados para escolher uma função de escrutínio perfeita usualmente exigem um trabalho tedioso devido ao fato de essas funções ser raras. Como já foi indicado, para 50 elementos e uma matriz de 100 células, somente uma em um milhão é perfeita. Outras funções levam a colisões.

10.4.1 O método de Cichelli

Um algoritmo para construir uma função de escrutínio perfeita foi desenvolvido por Richard J. Cichelli. Ele é usado para escrutinar um pequeno número de palavras reservadas. A função é da forma

$h(palavra) = (comprimento(palavra) + g(primeiraletra(palavra)) + g(ultimaletra(palavra)))$ mod $TSize$

onde g é a função a ser construída, que atribui valores às letras, de modo que a função resultante h retorna valores de escrutínio únicos para todas as palavras em um conjunto predefinido de palavras. Os valores atribuídos por g para letras particulares não têm que ser únicos. O algoritmo tem três partes: cálculo de ocorrência de letras, ordenação das palavras e pesquisa. A última etapa é o coração deste algoritmo e usa uma função auxiliar `try()`. O algoritmo de Cichelli, para construir g e h, é:

```
escolha um valor para Max;
calcule o número de ocorrências de cada primeira e última letras no conjunto de todas as palavras;
ordene todas as palavras de acordo com a frequência de ocorrência das primeiras e últimas letras;
search(wordList)
    if wordList está vazia
        pare;
    word = primeira palavra de wordList;
    wordList = wordList com a primeira palavra destacada;
    if para a primeira e para a última letras de word são atribuídos valores g
            try(word,-1,-1);  // -1 significa 'valor já atribuído'
            if sucesso
                search (wordList);
            coloque word no início de wordList e destaque seu valor de escrutínio;
    else if nem a primeira nem a última letras têm valor g
        for cada n,m em {0,...,Max}
           try(word,n,m);
           if sucesso
              search (wordList);
           coloque word no início de wordList e destaque seu valor de escrutínio;
    else if nem a primeira nem a última letras têm valor g
        for cada n em {0,...,Max}
          try(word,-1,n) ou try(word,n,-1);
          if sucesso
            search (wordList);
          coloque word no início de wordList e destaque seu valor de escrutínio;
try(word,firstLetterValue,lastLetterValue)
    if h(word) não foi solicitado
        reserve h(word);
        atribua firstLetterValue e/ou lastLetterValue como valores g de primeiraletra(word)
        e/ou últimaletra(word)     se não forem iguais a -1;
        return sucesso;
    return falha;
```

Podemos usar este algoritmo para construir uma função de escrutínio para os nomes de nove musas: Calliope, Clio, Erato, Euterpe, Melpomene, Polyhymnia, Terpsichore, Thalia e Urania. Uma

FIGURA 10.11 Invocações subsequentes do procedimento de busca com *Max* = 4, no algoritmo de Cichelli, atribuem os valores indicados às letras e à lista de valores de escrutínio reservados. Os asteriscos indicam falhas.

				valores de escrutínio reservados
Euterpe	E = 0	h = 7		{7}
Calliope	C = 0	h = 8		{7 8}
Erato	O = 0	h = 5		{5 7 8}
Terpsichore	T = 0	h = 2		{2 5 7 8}
Melpomene	M = 0	h = 0		{0 2 5 7 8}
Thalia	A = 0	h = 6		{0 2 5 6 7 8}
Clio		h = 4		{0 2 4 5 6 7 8}
Polyhymnia	P = 0	h = 1		{0 1 2 4 5 6 7 8}
Urania	U = 0	h = 6 *		{0 1 2 4 5 6 7 8}
Urania	U = 1	h = 7 *		{0 1 2 4 5 6 7 8}
Urania	U = 2	h = 8 *		{0 1 2 4 5 6 7 8}
Urania	U = 3	h = 0 *		{0 1 2 4 5 6 7 8}
Urania	U = 4	h = 1 *		{0 1 2 4 5 6 7 8}
Polyhymnia	P = 1	h = 2 *		{0 2 4 5 6 7 8}
Polyhymnia	P = 2	h = 3		{0 2 3 4 5 6 7 8}
Urania	U = 0	h = 6 *		{0 2 3 4 5 6 7 8}
Urania	U = 1	h = 7 *		{0 2 3 4 5 6 7 8}
Urania	U = 2	h = 8 *		{0 2 3 4 5 6 7 8}
Urania	U = 3	h = 0 *		{0 2 3 4 5 6 7 8}
Urania	U = 4	h = 1		{0 1 2 3 4 5 6 7 8}

simples contagem das letras gera o número de vezes que uma letra ocorre como primeira e última letras (as diferenças entre maiúsculas e minúsculas são desprezadas): E (6), A (3), C (2), O (2), T (2), M (1), P (1) e U (1). De acordo com essas frequências, as palavras podem ser colocadas na seguinte ordem: Euterpe (E ocorre seis vezes como primeira e última letras), Calliope, Erato, Terpsichore, Melpomene, Thalia, Clio, Polyhymnia e Urania.

Agora o procedimento `search()` é aplicado. A Figura 10.11 contém um sumário da sua execução, no qual Max = 4. Primeiro, a palavra Euterpe é tentada. A E é atribuído o valor g de 0, em que h(Euterpe) = 7, que é colocado na lista de valores de escrutínio reservados. Tudo vai bem, até que Urânia é tentada. Todos os cinco valores possíveis de g para U resultam em um valor de escrutínio já reservado. O procedimento retorna para a etapa precedente, quando Polyhymnia foi tentada. Seu valor corrente de escrutínio é destacado da lista e o valor g de 1 é tentado para P, o que causa uma falha, mas 2 para P dá 3 para o valor de escrutínio, por isso o algoritmo pode continuar. Urânia é tentada novamente cinco vezes, e a quinta tentativa é bem-sucedida. A todos os nomes foram atribuídos valores de escrutínio únicos e o processo de busca termina. Se os valores g para cada letra são A = C = E = O = M = T = 0, P = 2, e U = 4, então h é a função de escrutínio mínima perfeita para as nove musas.

O processo de busca no algoritmo de Cichelli é exponencial, uma vez que usa busca exaustiva e, assim, é inaplicável para grandes números de palavras. E, mais, não garante que uma função de escrutínio perfeita possa ser encontrada. Para um pequeno número de palavras, no entanto, usualmente dá bons resultados. Com frequência este programa necessita ser rodado somente uma vez, e a função de escrutínio resultante pode ser incorporada em outro programa. Cichelli aplicou seu método às palavras reservadas da linguagem Pascal. O resultado foi uma função de escrutínio que reduziu em 10% o tempo de operação de um programa Pascal de referência cruzada, depois que este substituiu a busca binária usada anteriormente.

Existem muitas tentativas bem-sucedidas para estender a técnica de Cichelli e resolver seus defeitos. Uma técnica modificou os termos envolvidos na definição da função de escrutínio. Por exemplo, outros termos, compostos pelas posições alfabéticas da segunda até a última letras da palavra, são adicionados à definição da função (Sebesta e Taylor, 1986), ou a seguinte definição é usada (Haggard e Karplus, 1986):

$$h(palavra) = comprimento(palavra) + g_1(primeiraletra(palavra)) + \cdots$$
$$+ g_{comprimento(palavra)}(ultimaletra(palavra))$$

O método de Cichelli pode também ser modificado particionando o corpo de dados em baldes separados, para os quais funções de escrutínio mínimas perfeitas são encontradas. O particionamento é realizado por uma função de grupamento, gr, que para cada palavra indica o balde ao qual ela pertence. Uma função de escrutínio geral é então criada, e sua forma é

$$h(palavra) = balde_{gr(palavra)} + h_{gr(palavra)}(palavra)$$

(por exemplo, Lewis e Cook, 1986). O problema com esta abordagem é que é difícil encontrar uma função de grupamento geralmente aplicável e sintonizada para encontrar funções de escrutínio mínimas perfeitas.

Esses dois modos — modificar a função de escrutínio e o particionamento — não alcançam tanto êxito se o mesmo algoritmo de Cichelli é usado. Embora Cichelli termine seu artigo com o adágio "Quando todas as coisas falham, tente a força bruta", as tentativas para modificar sua abordagem incluíram a idealização de um algoritmo de busca mais eficiente que evitasse a necessidade da força bruta. Uma dessas abordagens está incorporada no algoritmo FHCD.

10.4.2 O algoritmo FHCD

Uma extensão da abordagem de Cichelli foi proposta por Thomas Sager. O algoritmo FHDC, discutido nesta seção, é uma extensão do método de Sager. Este algoritmo (Fox et al., 1992) busca uma função de escrutínio mínima perfeita da forma

$$h(palavra) = h_0(palavra) + g(h_1(palavra)) + g(h_2(palavra))$$

(módulo $TSize$), onde g é a função a ser determinada pelo algoritmo. Para definir as funções h_i, três tabelas — T_0, T_1 e T_2 — de números aleatórios são definidas, uma para cada função h_i. Cada palavra é igual a uma cadeia de caracteres $c_1 c_2 \ldots c_m$ que corresponde a uma tripla ($h_0(palavra)$, $h_1(palavra)$, $h_2(palavra)$), cujos elementos são calculados de acordo com as fórmulas

$$h_0 = (T_0(c_1) + \cdots + T_0(c_m)) \bmod n$$
$$h_1 = (T_1(c_1) + \cdots + T_1(c_m)) \bmod r$$
$$h_2 = ((T_2(c_1) + \cdots + T_2(c_m)) \bmod r) + r$$

onde n é o número de todas as palavras no corpo de dados; r um parâmetro usualmente igual a $n/2$ ou menos, e $T_i(c_j)$ é o número gerado na tabela T_i para c_j. A função g é encontrada em três etapas: *mapeamento, ordenação e busca*.

Na etapa de mapeamento, n triplas ($h_0(palavra)$, $h_1(palavra)$, $h_2(palavra)$) são criadas. A aleatoriedade das funções h_i usualmente garante a unicidade destas triplas; se não forem únicas, novas tabelas T_i são geradas. A seguir, um *grafo de dependência* é construído; um grafo tripartite com metade de seu vértice correspondendo aos valores h_1 e rotulados de 0 até r – 1, e a outra metade aos valores h_2, rotulados de r até $2r$ – 1. Cada palavra corresponde a um arco do grafo entre os vértices $h_1(palavra)$ e $h_2(palavra)$. Espera-se que a etapa de mapeamento tome um tempo $O(n)$ time.

Como exemplo, novamente usamos o conjunto de nomes das nove musas. Para gerar três tabelas T_i, a função `rand()` padrão é usada e, com essas tabelas, um conjunto de nove triplas é calculado, como se vê na Figura 10.12a. A Figura 10.12b contém um grafo de dependência correspondente a $r = 3$. Note que alguns vértices não podem ser conectados a nenhum outro, e alguns pares de vértices podem ser conectados com mais de um arco.

Capítulo 10 Escrutínio (Hashing) 489

A etapa de ordenação rearranja todos os vértices de modo que possam ser particionados em uma série de níveis. Quando a sequência $v_1, \ldots, v_t$ de vértices é estabelecida, um nível $K(v_i)$ de chaves é definido como um conjunto de todos os arcos que conectam v_i com aqueles v_js, para os quais $j \le i$. A sequência é iniciada com um vértice de grau máximo. Depois, para cada posição i sucessiva da sequência, um vértice v_i é selecionado entre os que têm pelo menos uma conexão com os vértices $v_1, \ldots, v_{i-1}$, que têm grau máximo. Quando nenhum desses vértices pode ser encontrado, qualquer vértice de grau máximo é escolhido entre os vértices não selecionados. A Figura 10.12c contém um exemplo.

Na última etapa, busca, os valores de escrutínio são atribuídos às chaves nível a nível. O valor g para o primeiro vértice é escolhido aleatoriamente entre os números $0, \ldots, n-1$. Para os outros vértices, por causa de sua construção e ordenação, temos a seguinte relação: se $v_i < r$, então $v_i = h_1$. Assim, cada palavra em $K(v_i)$ tem o mesmo valor $g(h_1(palavra)) = g(v_i)$. Além disso, $g(h_2(palavra))$ já foi definido, já que é igual a algum v_j que já foi processado. Raciocínio análogo pode ser aplicado ao

FIGURA 10.12 Aplicando o algoritmo FHCD aos nomes das nove musas.

Valor de:	h_0	h_1	h_2
Calliope	(0	1	5)
Clio	(7	1	4)
Erato	(3	2	5)
Euterpe	(6	2	3)
Melpomene	(3	1	5)
Polyhymnia	(8	2	4)
Terpsichore	(8	0	5)
Thalia	(8	2	3)
Urania	(0	2	4)

(a)

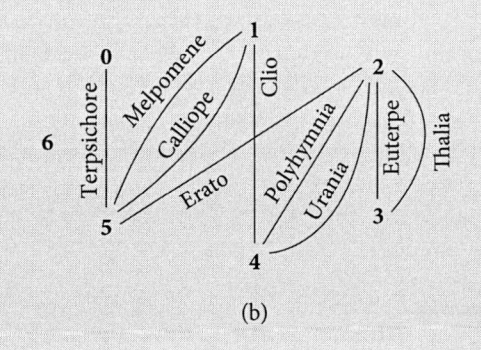

(b)

Nível	N	Arcos
0	2	
1	5	Erato
2	1	Calliope, Melpomene
3	4	Clio, Polyhymnia, Urania
4	3	Euterpe, Thalia
5	0	Terpsichore

(c)

Nível	Vértice	valor g		
0	2	2		
1	5	6	h(Erato)	$= (3 + 2 + 6) \% 9 = 2$
2	1	4	h(Calliope)	$= (0 + 4 + 6) \% 9 = 1$
2	1	4	h(Melpomene)	$= (3 + 4 + 6) \% 9 = 4$
3	4	2	h(Clio)	$= (7 + 6 + 2) \% 9 = 6$
3	4	2	h(Polyhymnia)	$= (8 + 6 + 2) \% 9 = 7$
3	4	2	h(Urania)	$= (0 + 6 + 2) \% 9 = 8$
4	3	4	h(Euterpe)	$= (6 + 2 + 4) \% 9 = 3$
4	3	4	h(Terpsichore)	$= (8 + 2 + 4) \% 9 = 5$
4	3	4	h(Thalia)	$= (8 + 4 + 6) \% 9 = 0$

Função g	
0	4
1	4
2	2
3	4
4	2
5	6

(d) (e)

caso em que $v_i > r$ e então $v_i = h_2$. Para cada palavra, tanto $g(h_1(palavra))$ quanto $g(h_2(palavra))$ são conhecidos. O segundo valor g é encontrado aleatoriamente para cada nível, de modo que os valores obtidos a partir da fórmula da função de escrutínio mínima perfeita h indicam as posições da tabela de escrutínio que estão disponíveis. Como nem sempre a primeira escolha de um número aleatório se ajustará a todas as palavras em um dado nível para a tabela de escrutínio, pode ser preciso tentar ambos os números aleatórios.

A etapa de busca para as nove musas se inicia com a escolha aleatória de $g(v_1)$. Seja $g(2) = 2$, onde $v_1 = 2$. O próximo vértice é $v_2 = 5$, de modo que $K(v_2) = \{Erato\}$. De acordo com a Figura 10.12a, $h_0(Erato) = 3$, como a borda $Erato$ conecta v_1 e v_2, tanto $h_1(Erato)$ quanto $h_2(Erato)$ precisam ser iguais a v_1. Podemos ver que $h_1(Erato) = 2 = v_1$; por isso, $g(h_1(Erato)) = g(v_1) = 2$. Um valor para $g(v_2) = g(h_2(Erato)) = 6$ é escolhido aleatoriamente. A partir disso, $h(Erato) = (h_0(Erato) + g(h_1(Erato)) + g(h_2(Erato))) \bmod TSize = (3 + 2 + 6) \bmod 9 = 2$. Isto significa que a posição 2 da tabela de escrutínio não é mais válida. O novo valor g, $g(5) = 6$, é retido para uso posterior.

Agora, $v_3 = 1$ é tentado, com $K(v_3) = \{Calliope, Melpomene\}$. Os valores h_0 para ambas as palavras são recuperados da tabela de triplas e os valores $g(h_2)$ são iguais a 6 para as duas palavras, já que $h_2 = v_2$ para ambas. Agora precisamos encontrar um valor $g(h_1)$ aleatório tal que a função de escrutínio h calculada para ambas as palavras gere dois números diferentes de 2, pois a posição dois já está ocupada. Assuma que este número seja 4. Como resultado, $h(Calliope) = 1$ e $h(Melpomene) = 4$. A Figura 10.12d contém um resumo de todas as etapas. A Figura 10.12e mostra os valores da função g. Através desses valores de g, a função h se torna uma função de escrutínio mínima perfeita. No entanto, como a função g é dada na forma tabular e não com uma fórmula elegante, essa função tem que ser armazenada como uma tabela para ser usada toda vez que a função h for necessária, o que pode não ser uma tarefa trivial. A função $g : \{0, \ldots, 2r-1\} \to \{0, \ldots, n-1\}$ e o domínio do tamanho de g aumentam com r. O parâmetro r é aproximadamente $n/2$, o que, para grandes bancos de dados, significa que a tabela que armazena todos os valores para g não tem um tamanho desprezível. Esta tabela tem que ser mantida na memória principal para tornar eficientes os cálculos da função de escrutínio.

10.5 Reescrutínio

Quando uma tabela fica cheia, a inserção de novos elementos torna-se impossível, e, quando se atinge certo nível de saturação, o escrutínio torna-se lento, exigindo muitas tentativas para localizar um item. Uma solução é reescrutinar, isto é, alocar uma tabela grande modificando a função de escrutínio (pelo menos, *Tsize*), escrutinando todos os itens da tabela antiga para a nova, descartando aquela e, em seguida, usando a nova tabela para escrutinar com a nova função de escrutínio. A nova tabela pode ser de um tamanho duplo da antiga, e ser um número primo mais próximo do dobro do tamanho atual; pode ser do tamanho atual mais um valor predefinido; ou o valor pode ser escolhido aleatoriamente etc. Todos os métodos descritos até agora podem usar o reescrutínio, após o que podem continuar o processamento dos dados usando os mesmos métodos de escrutínio e resolução de colisão. Um método para o qual o reescrutínio é particularmente importante é o *escrutínio cuco* (Pagh e Rodler, 2004).

10.5.1 O escrutínio cuco

O escrutínio cuco utiliza duas tabelas, T_1 e T_2, e duas funções de escrutínio, h_1 e h_2. Para inserir uma chave K_1, a tabela T_1 é verificada com a função h_1. Se a posição $T_1[h_1(K_1)]$ está livre, a chave é nela inserida. Se a posição é ocupada por uma chave K_2, K_2 é removida para dar espaço a K_1 e, em seguida, é feita uma tentativa de colocar K_2 com a segunda função de escrutínio na segunda tabela na posição $T_2[h_2(K_2)]$. Se esta posição é ocupada por uma chave K_3, K_3 é retirada para deixar espaço a K_2 e, então, é feita uma tentativa de colocar K_3 na posição $T_1[h_1(K_3)]$. Portanto, a chave que chega (a original ou a que está sendo empurrada para a tabela oposta) tem prioridade sobre a que ocupa a posição inicial. Em teoria, tal sequência de tentativas pode levar a um ciclo infinito se a primeira posição que foi tentada é tentada novamente. Além disso, a sequência de tentativas pode não ser bem-sucedida, já que ambas as tabelas estão cheias. Para evitar o problema, é definido um limite de tentativas e, então, se for superior, uma reescrutinação é realizada através da criação de duas novas e maiores tabelas, definindo duas novas funções de escrutínio e reescrutinando chaves das tabelas antigas para as novas. Se ao longo do caminho o limite do número de tentativas for excedido, novo reescrutínio tem lugar através da criação de tabelas maiores ainda com novas funções de escrutínio. O algoritmo pode ser resumido como segue:

```
insert(K)
    if K já está em T1[h1(K)] ou em T2[h2(K)]
        não faça nada;
    for i = 0 para maxLoop-1
        swap(K,T1[h1(K)]);
        if K é nulo
            return;
        swap(K,T2[h2(K)]);
        if K é nulo
            return;
rehash();
insert(K);
```

Um exemplo de aplicação do algoritmo é dado na Figura 10.13. A chave 2 é inserida na primeira tentativa em T_1 na posição $T_1[h_1(2)]$ (Figura 10.13a). Como $h_1(2) = h_1(7)$, a chave 7 está em conflito com a 2; assim, 2 é derrubada para dar lugar à 7 e, em seguida, 2 é inserida na posição $T_2[h_2(2)]$ (Figura 10.13b). A 12 seguinte quer ser introduzida na posição ocupada por 7, de modo que 7 é substituída por 12 (Figura 10.13c), e 7 é transferida para a tabela T_2 na posição já dada a 2, de modo que 7 substitui 2 (Figura 10.13d) e 2 é transferida para a sua posição original na tabela T_1, substituindo 12 (Figura 10.13e). Se $h_2(12)$ passa a ser igual a $h_2(7)$, então, 12 empurra 7 para fora e toma o seu lugar (Figura 10.13f), e 7 é escrutinado para onde já estava, ou seja, na posição $T_1[h_1(7)]$ ocupada por 2, forçando 2 a sair (Figura 10.13g). A chave 2 encontra-se na mesma posição na tabela T_2 em que já residia, pelo que 12 perde sua célula (Figura 10.13h). Desta forma, um círculo completo é feito e a situação que segue é a mesma que na Figura 10.13c, de modo que a continuação da execução conduziria a um laço infinito. O laço é quebrado por um tempo limite determinado pelo valor de maxLoop, após o que o reescrutínio ocorre através da alocação de novas tabelas, criando novas funções de escrutínio e usando-as para escrutinar todas as chaves para as novas tabelas. Se maxLoop estiver configurado para que o laço termine agora, reescrutinando os lugares 12 na nova tabela (Figura 10.13i), em seguida, inserir 2 leva a mover 12 para a tabela T_2 e a subsequente inserção de 7 é feita após a primeira tentativa (Figure10.13j). Depois que a chave 2 é suprimida (Figura 10.13k), a chave 13 é inserida para substituir 7; 7 substitui 12; e, finalmente, 12 termina na posição anteriormente liberada por 2 (Figura 10.13l).

Procurar uma chave K neste esquema requer a realização de apenas um teste – para verificar a posição $T_1[h_1(K)]$, ou dois testes – para verificar também a posição $T_2[h_2(K)]$. Note que o reescrutínio pode ser limitado a somente criar novas funções de escrutínio e chaves de processamento nas tabelas existentes. Mas isto também seria uma operação global que requer uma passada completa por ambas as tabelas.

10.6 Funções de escrutínio para arquivos extensíveis

Reescrutinar adiciona flexibilidade ao escrutínio, permitindo-nos expandir dinamicamente a respectiva tabela. No entanto, o processo tem que ser suspenso para criar uma nova tabela e reescrutinar todos os valores da antiga para a nova. Assim, reescrutinar tem um impacto global na tabela de

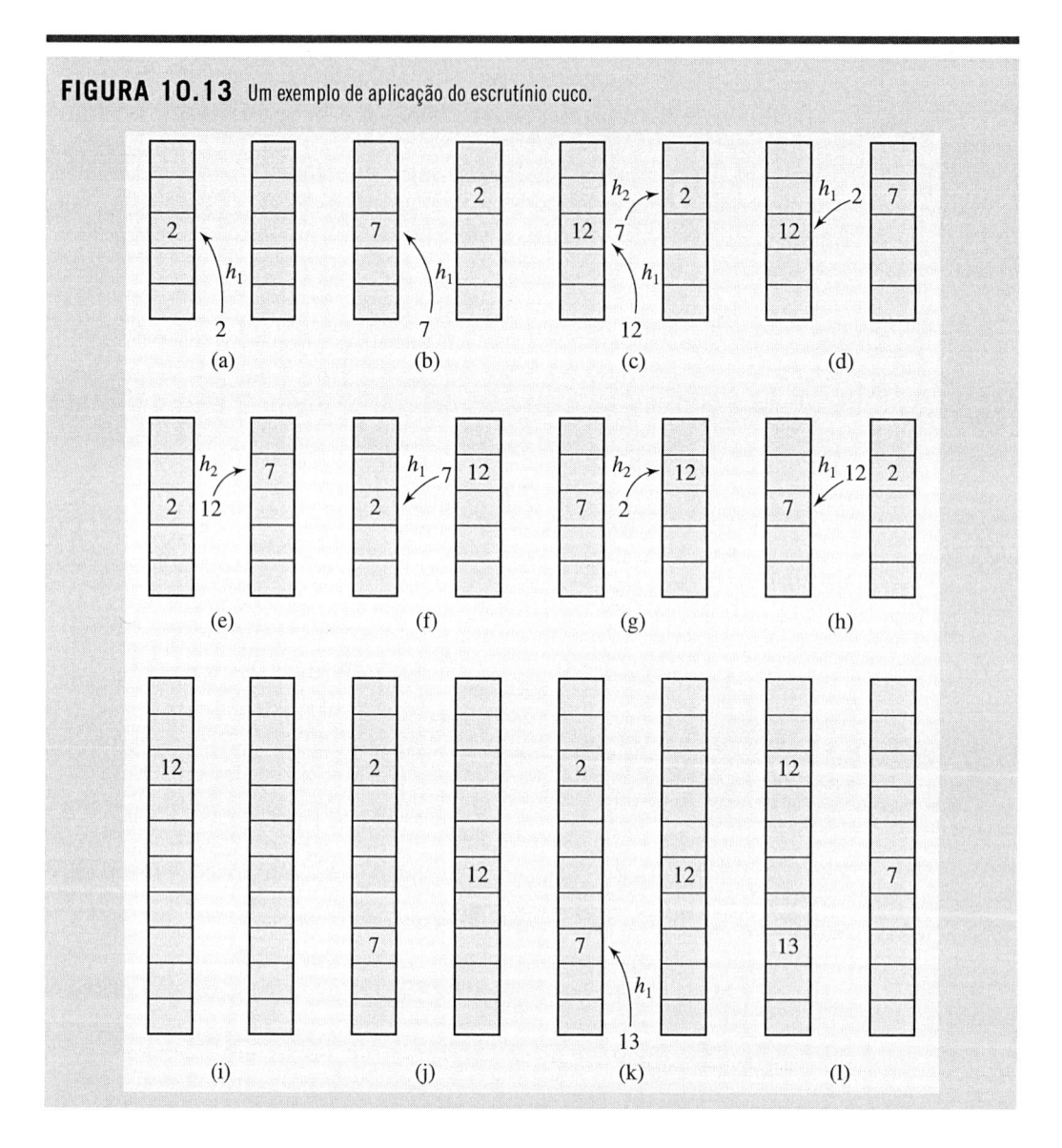

FIGURA 10.13 Um exemplo de aplicação do escrutínio cuco.

escrutínio, que pode exigir uma quantidade de tempo inaceitavelmente longo para certas situações. Outra maneira de fazer escrutínio dinâmico é não substituir a tabela de escrutínio existente, mas expandi-la, para nela permitir somente alterações locais e só reescrutínio local. Note que para matrizes isto não é muito viável; não podemos simplesmente expandir uma matriz existente anexando mais células ao seu fim. No entanto, isto é possível quando os dados são mantidos em um arquivo.

Têm sido desenvolvidas algumas técnicas de escrutínio que levam em conta especificamente o tamanho variável da tabela ou do arquivo. Podemos distinguir duas classes de tais técnicas: diretório e sem diretório.

Nos esquemas de diretório, o acesso-chave é intermediado pelo acesso a um diretório ou a um índice de chaves na estrutura. Há diversas técnicas e suas modificações na categoria dos esquemas de diretório. Mencionamos somente algumas: *escrutínio expansível* (Knott, 1971), *escrutínio dinâmico* (Larson, 1978) e *escrutínio extensível* (Fagin et al., 1979). Estes três métodos distribuem de maneira similar as chaves entre os baldes. A principal diferença é a estrutura do índice (diretório). Nos escrutínios expansível e dinâmico, uma árvore binária é usada como um índice de baldes. Por outro lado, no escrutínio extensível um diretório de registros é mantido em uma tabela.

Uma técnica sem diretório é o *escrutínio virtual*, definida como "qualquer escrutínio que possa dinamicamente mudar sua função de escrutínio" (Litwin, 1978). Esta mudança da função de escrutínio compensa a falta de um diretório. Um exemplo desta abordagem é o escrutínio linear (Litwin, 1980). Nas páginas seguintes, um método de cada categoria é discutido.

10.6.1 Escrutínio extensível

Assuma que uma técnica de escrutínio seja aplicada a um arquivo que se modifica dinamicamente. Ele é composto de baldes e cada balde pode conter somente um número fixo de itens. O escrutínio extensível acessa os dados armazenados em baldes indiretamente, através de um índice que é dinamicamente ajustado para refletir as mudanças no arquivo. O traço característico do escrutínio extensível é a organização do índice, que é uma tabela expansível.

Uma função de escrutínio aplicada a certa chave indica uma posição no índice, não no arquivo (ou tabela de chaves). Os valores retornados por tal função de escrutínio são chamados *pseudochaves*. Deste modo, o arquivo não exige reorganização quando os dados são adicionados ou dele removidos, uma vez que essas mudanças estão indicadas no índice. Somente uma função de escrutínio h pode ser usada, mas, dependendo do tamanho do índice, apenas uma porção do endereço $h(K)$ é usada. Um modo simples de obter este efeito é olhando para o endereço $h(K)$ como uma cadeia de bits da qual somente os i bits mais à esquerda podem ser usados. O número i é chamado *profundidade* do diretório. Na Figura 10.14a a profundidade é igual a dois.

Como exemplo, assuma que a função de escrutínio h gere padrões de cinco bits. Se este padrão é uma cadeia 01011 e a profundidade é dois, os dois bits mais à esquerda, 01, são considerados a posição do diretório que contém o ponteiro para um balde no qual a chave pode ser encontrada ou dentro do qual deve ser inserida. Na Figura 10.14, os valores de h são mostrados nos baldes, mas representam apenas as chaves neles realmente armazenadas.

Cada balde tem uma *profundidade local* associada a ele que indica o número de bits mais à esquerda em $h(K)$. Os bits mais à esquerda são os mesmos para todas as chaves do balde. Na Figura 10.14, as profundidades locais estão no topo de cada balde. Por exemplo, o balde b_{00} contém todas as chaves para as quais $h(K)$ inicia com 00. Mais importante, a profundidade local indica se o balde pode ser acessado de somente um local no diretório ou de pelo menos dois. No primeiro caso, quando a profundidade local é igual à do diretório, é necessário modificar o tamanho do diretório depois que o balde é dividido em caso de transbordamento. Quando a profundidade local é menor que a do diretório, dividir o balde exige somente mudar metade dos ponteiros que para ele apontam, de modo que apontem para o recém-criado. A Figura 10.14b ilustra este caso. Depois que uma chave com o valor h 11001 chega, seus dois primeiros bits (considerando que profundidade = 2) a direcionam para a quarta posição do diretório, a partir da qual é enviada para o balde b_1, que contém chaves cujo valor h começa com 1. Um transbordamento ocorre e b_1 é dividido em b_{10} (novo nome para o velho balde) e b_{11}. As profundidades locais desses dois baldes são ajustadas para dois. O ponteiro da posição 11 aponta agora para b_{11}, e as chaves de b_1 são redistribuídas entre b_{10} e b_{11}.

A situação é mais complexa se ocorre transbordamento num balde com profundidade local igual à do diretório. Por exemplo, considere o caso de uma chave com valor h 00001 chegar à tabela da Figura 10.14b e ser escrutinada através da posição 00 (seus primeiros dois bits), para o balde b_{00}. Uma divisão ocorre, mas o diretório não tem espaço para o ponteiro para o novo balde. Como resultado, o diretório é duplicado em tamanho, de modo que sua profundidade é agora igual a três, b_{00} se torna b_{000} com uma profundidade local aumentada, e o novo balde é b_{001}. Todas as chaves de b_{00} são divididas entre os novos baldes: aquelas cujo valor h começa com 000 se tornam elementos de b_{000}; as chaves restantes, com prefixo 001, são colocadas em b_{001}, como na Figura 10.14c. Além disso, todas as aberturas do novo diretório têm que ser ajustadas para seus valores apropriados, tendo *newdirectory*$[2 \cdot i]$ = *olddirectory*$[i]$ e *newdirectory*$[2 \cdot i + 1]$ = *olddirectory*$[i]$ para i's estendendo-se sobre as posições de *olddirectory*, exceto para a posição que se refere ao balde que acaba de ser dividido.

FIGURA 10.14 Exemplo de escrutínio extensível.

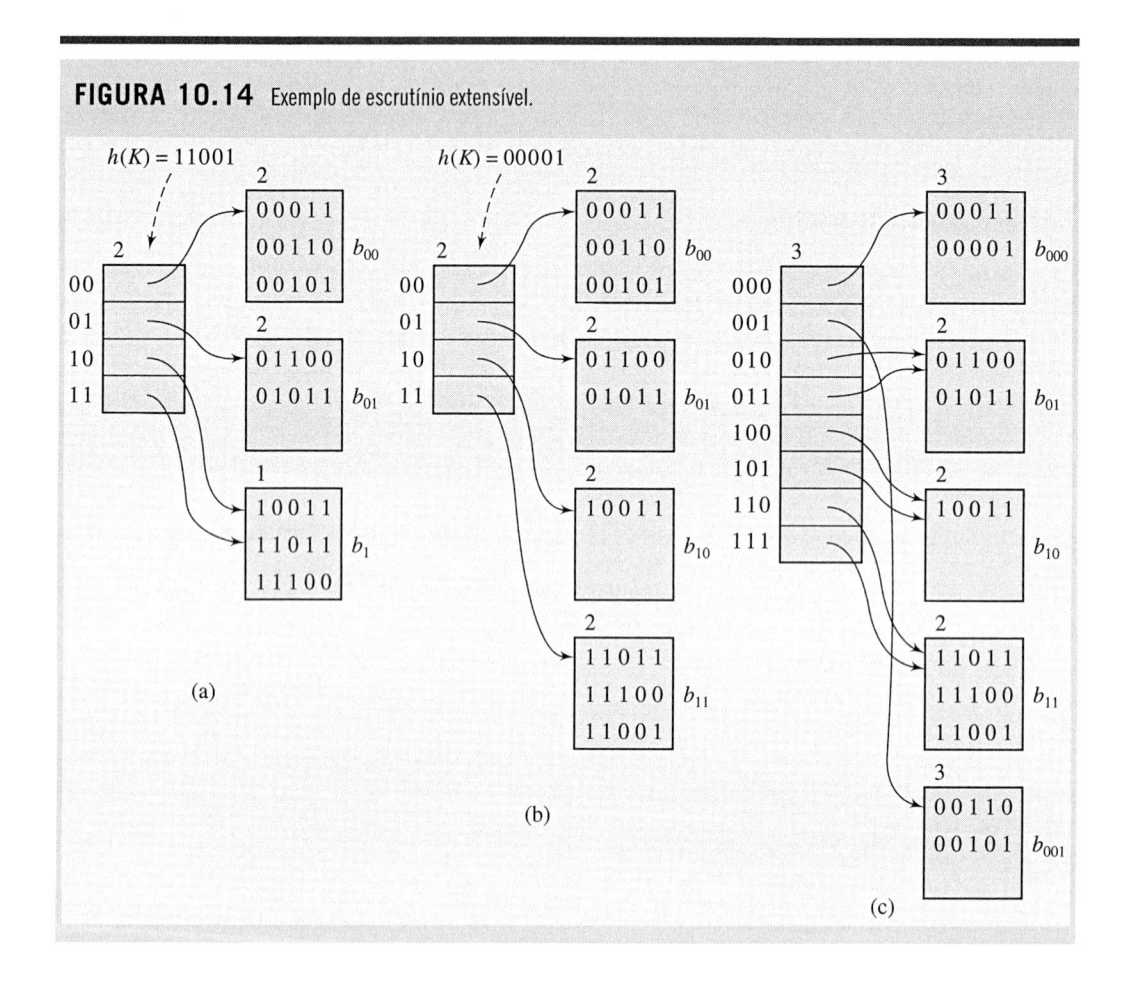

O seguinte algoritmo insere um registro em um arquivo que usa escrutínio extensível:

```
extendibleHashingInsert(K)
    bitPattern = h(K);
    p = directory[profundidade(directory) bits mais à esquerda de bitPattern];
    if espaço está disponível no balde b_d apontado por p
        coloque K no balde;
    else divida o balde b_d em b_{d0} e b_{d1};
        ajuste a profundidade local de b_{d0} e de b_{d1} para a profundidade(b_d)+1;
        distribua os registros de b_d entre b_{d0} e b_{d1};
        if profundidade(b_d) < profundidade(directory)
            atualize a metade dos ponteiros que apontam para b_d para apontar para b_{d1};
        else duplique directory e incremente sua profundidade;
            ajuste as entradas de directory para os ponteiros apropriados;
```

Uma importante vantagem de usar o escrutínio extensível é que ele evita reorganização do arquivo caso o diretório transborde. Somente o diretório é afetado. Como o diretório, na maioria das vezes, é mantido na memória principal, o custo de expandi-lo e atualizá-lo é muito pequeno. No entanto, para grandes arquivos de pequenos baldes, o tamanho do diretório pode se tornar grande a ponto de ser colocado na memória virtual ou explicitamente em um arquivo, o que pode retardar o processo de usá-lo. Além disso, o tamanho do diretório não cresce uniformemente, uma vez que é duplicado se um balde com profundidade local igual à do diretório é dividido. Isto significa que, para grandes diretórios, haverá muitas entradas redundantes no diretório. Para retificar o problema de um diretório que cresceu demais, David Lomet propôs o uso do escrutínio extensível até que o diretório se tornasse muito grande para se ajustar à memória principal. Depois, os baldes são duplicados, e não o diretório, e os bits no padrão de bit $h(K)$ que vêm depois dos primeiros bits de *depth* são usados para distinguir as diferentes partes do balde. Por exemplo, se *depth* = 3 e um balde b_{10} foi quadruplicado, suas partes são distinguidas com as cadeias de bits 00, 01, 10 e 11. Agora, Se $h(K) =$ 10101101, a chave K é buscada na segunda porção, 01, de b_{101}.

10.6.2 Escrutínio linear

O escrutínio extensível permite que o arquivo se amplie sem se reorganizar, mas ele exige espaço de armazenamento para um índice. No método desenvolvido por Witold Litwin, nenhum índice é necessário, pois novos baldes gerados pela divisão de baldes existentes são sempre adicionados pelo mesmo modo linear, daí não haver necessidade de reter índices. Para este fim, um ponteiro *split* indica qual balde deve ser dividido a seguir. Depois que o balde apontado por *split* é dividido, suas chaves são distribuídas entre ele e o balde recém-criado, que é adicionado ao final da tabela. A Figura 10.15 contém uma sequência de divisões iniciais na qual *TSize* = 3. Inicialmente, o ponteiro *split* é zero. Se o fator de carga excede certo nível, um novo balde é criado, as chaves do balde zero são distribuídas entre o balde zero e o balde três e *split* é incrementado. Como esta distribuição é realizada? Se somente uma função de escrutínio é usada, ela escrutina as chaves do balde zero para o balde zero antes e depois da divisão. Isto significa que uma função não é suficiente.

Em cada nível de divisão o escrutínio linear mantém duas funções de escrutínio, h_{level} e $h_{level+1}$, tais que $h_{level}(K) = K$ mod $(TSize \cdot 2^{level})$. A primeira função de escrutínio, h_{level}, escrutina as chaves para os baldes que ainda não foram divididos no nível atual. A segunda função, $h_{level+1}$, é usada em chaves de escrutínio para baldes já divididos. O algoritmo para o escrutínio linear é:

inicialize: `split = 0; level = 0;`

```
linearHashingInsert(K)
    if h_level(K) < split    //o balde h_level(K) foi dividido
        hashAddress = h_level+1(K);
    else hashAddress = h_level(K);
```
insira K *em um balde correspondente ou em uma área de transbordo, se possível;*
    `while` *o fator de carga é alto ou* K *não é inserido*
        crie um novo balde com o índice `split + TSize * 2`^{level};
        usando $h_{level+1}$ (K), *redistribua as chaves do balde* `split` *entre os baldes* `split` *e*
        `split + Tsize * 2`^{level};
        `split++;`
        `if split == TSize * 2`^{level} // *todos os baldes no corrente nivel foram divididos;*
            `level++;`   // *continue para o proximo nivel*
            `split = 0;`
    tente inserir K *se ele não foi inserido ainda;*

Pode ainda não estar claro quando dividir um balde. Muito provavelmente, como o algoritmo assume, um valor inicial do fator de carga é usado para decidir pela divisão ou não. Este valor inicial tem que ser conhecido antecipadamente e sua grandeza é escolhida pelo criador do programa. Para ilustrar, assuma que as chaves possam ser escrutinadas para baldes em um arquivo. Se um balde está cheio, as chaves que transbordam podem ser colocadas em uma lista ligada de uma área de transbordamento. Considere a situação da Figura 10.16a. Nela, $TSize = 3$, $h_0(K) = K$ mod $TSize$, $h_1(K) = K$ mod $2 \cdot TSize$. Considere o tamanho da área de transbordamento $OSize = 3$, e que o mais alto fator de carga aceitável, que iguala o número de elementos divididos pelo de aberturas no arquivo e na área de transbordamento, é de 80%. O fator de carga atual na Figura 10.16a é de 75%. Se a chave 10 chega, é escrutinada para o local 1, mas o fator de carga aumenta para 83%. O primeiro balde é dividido e as chaves são redistribuídas usando a função h_1, como na Figura 10.16b. Observe que o primeiro balde tinha a carga mais baixa de todos os três, e ainda assim foi dividido.

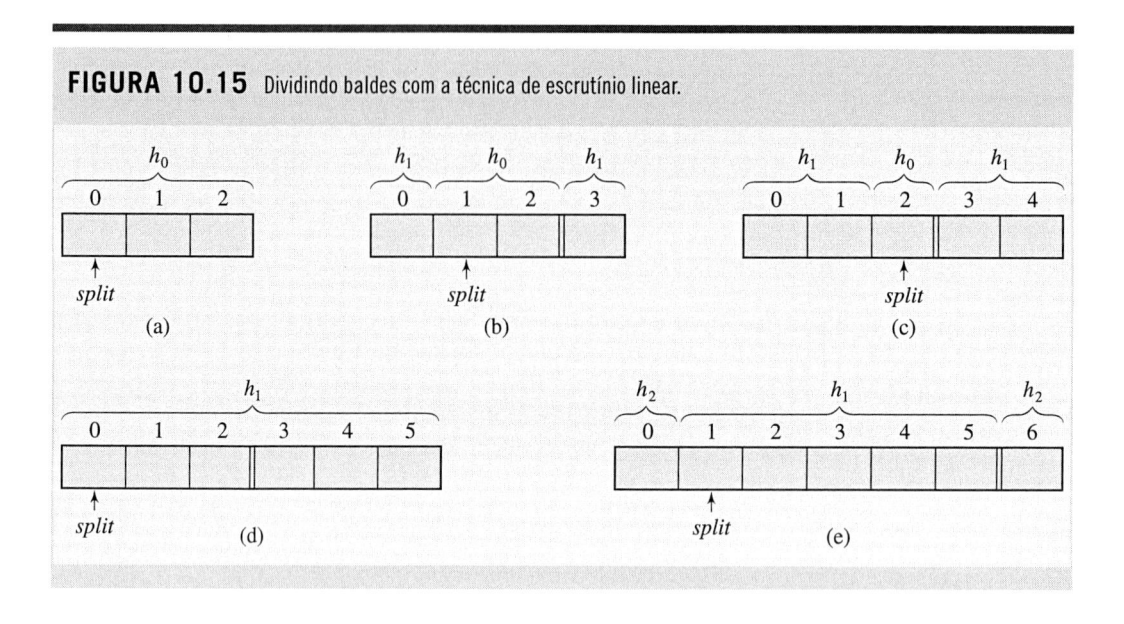

FIGURA 10.15 Dividindo baldes com a técnica de escrutínio linear.

(a) h_0: 0 1 2 — split at 0
(b) h_1 | h_0 | h_1: 0 1 2 3 — split at 1
(c) h_1 | h_0 | h_1: 0 1 2 3 4 — split at 2
(d) h_1: 0 1 2 3 4 5 — split at 0
(e) h_2 | h_1 | h_2: 0 1 2 3 4 5 6 — split at 1

Assuma que 21 e 36 foram escrutinados para a tabela (Figura 10.16c), e agora 25 chega. Isto faz o fator de carga aumentar para 87%, resultando em outra divisão, desta vez do segundo balde, que fica como a configuração mostrada na Figura 10.16d. Depois de escrutinar 27 e 37, outra divisão ocorre; a Figura 10.16e ilustra a nova situação. Como *split* atingiu o último valor desse nível, é atribuído a ele o valor zero e a função de escrutínio a ser usada no escrutínio subsequente é h_1, a mesma de antes, e uma nova função, h_2, é definida como $K \bmod 4 \cdot TSize$. Todas essas etapas estão resumidas na seguinte tabela:

FIGURA 10.16 Inserção de chaves em baldes e áreas de transbordamento fazendo uso da técnica de escrutínio linear.

(a) split ↓
| 15 12 | 7 13 31 | 14 11 8 |
overflow: | 32 |

(b) split ↓
| 12 | 7 13 31 | 14 11 8 | 15 |
overflow: | 10 | 32 |

(c) split ↓
| 12 36 | 7 13 31 | 14 11 8 | 15 21 |
overflow: | 10 25 | 32 |

(d) split ↓
| 12 36 | 7 13 31 | 14 11 8 | 15 21 | 10 |
overflow: | 25 | 32 |

(e) split ↓
| 12 36 | 7 13 31 | 14 8 32 | 15 21 27 | 10 | 11 |
overflow: | 25 37 |

K	h(K)	Número de itens	Número de células	Fator de carga	Split	Funções de escrutínio	
		9	9 + 3	9/12 = 75%	0	K mod 3	K mod 6
10	1	10	9 + 3	10/12 = 83%	0	K mod 3	K mod 6
		10	9 + 3	10/15 = 67%	1	K mod 3	K mod 6
21	3	11	12 + 3	11/15 = 73%	1	K mod 3	K mod 6
36	0	12	12 + 3	12/15 = 80%	1	K mod 3	K mod 6
25	1	13	12 + 3	13/15 = 87%	1	K mod 3	K mod 6
		13	12 + 3	13/18 = 72%	2	K mod 3	K mod 6
27	3	14	15 + 3	14/18 = 78%	2	K mod 3	K mod 6
37	1	15	15 + 3	15/18 = 83%	2	K mod 3	K mod 6
		15	18 + 3	15/21 = 71%	0	K mod 6	K mod 12

Note que o escrutínio linear exige o uso de alguma área de transbordamento, porque a ordem de divisão é predeterminada. No caso de arquivos, isto pode significar mais do que um acesso de arquivo. Esta área pode ser explícita e diferente dos baldes, mas ser introduzida em algum lugar, no espírito do escrutínio coalescido, utilizando-se espaço vazio nos baldes (Mullin, 1981). Em um esquema de diretório, por outro lado, uma área de transbordamento não é necessária, embora possa ser usada.

Em um esquema de diretório, o escrutínio linear aumenta o espaço de endereço dividindo um balde, e também redistribui as chaves do balde dividido entre os baldes que resultam da divisão. Como nenhum índice é mantido no escrutínio linear, este método é mais rápido e exige menos espaço do que os anteriores. O aumento em eficiência é particularmente perceptível para grandes arquivos.

10.7 Estudo de caso: Escrutínio com baldes

Resolver a colisão é o problema mais sério a ser solucionado nos programas que se apoiam em uma função de escrutínio para inserir e recuperar itens de um corpo indeterminado de dados. Dependendo da técnica, permitir a remoção de itens da tabela pode aumentar significativamente a complexidade do programa. Neste estudo de caso é desenvolvido um programa que permite ao usuário inserir e remover elementos do arquivo `names` interativamente. Este arquivo contém nomes e números de telefones, e está inicialmente organizado em ordem alfabética. No fim da sessão, o arquivo está ordenado com todas as atualizações incluídas. Para isto, o arquivo `outfile` é usado por toda a execução do programa. Este é o arquivo de baldes inicializado como vazio. Os elementos que não podem ser escrutinados para o balde correspondente no arquivo são armazenados no arquivo `overflow`. No final da sessão, ambos os arquivos são combinados e ordenados para substituir o conteúdo do arquivo original `names`.

O arquivo `outfile` é usado aqui como tabela de escrutínio. Primeiro, para prepará-lo, é preenchido com `tableSize * bucketSize` registros vazios (registro é simplesmente um certo número de bytes). A seguir, todas as entradas de `names` são transferidas para `out file` para os baldes indicados pela função de escrutínio. Esta transferência é realizada pela função `insertion()`, que inclui o item escrutinado no balde indicado pela função de escrutínio, ou em `overflow`, caso o balde esteja cheio. No último caso, `overflow` é pesquisado a partir do início e, se uma posição ocupada pelo registro removido é encontrada, o item transbordado o substitui. Se o final de `overflow` é atingido, o item é colocado no final deste arquivo.

Depois de inicializar `outfile`, um menu é exibido e o usuário escolhe entre inserir um novo registro, remover um velho ou sair. Para a inserção, a mesma função é usada como antes. Nenhuma duplicata é permitida. Quando o usuário quer remover um item, a função de escrutínio é usada para acessar o balde correspondente e a busca linear de posições no balde é realizada até que o item seja encontrado, caso em que a marca de remoção "#" é escrita sobre o primeiro caractere do item no balde. No entanto, se o item não é encontrado e o final do balde atingido, a busca continua sequencialmente em `overflow` até que o item seja encontrado e marcado como removido, ou que o final do arquivo seja encontrado.

Se o usuário escolhe sair, as entradas não removidas de `overflow` são transferidas para `outfile` e todas as entradas não removidas organizadas por uma ordenação externa. Para este fim, quicksort é aplicado tanto para `outfile` quanto para uma matriz `pointers[]` que contém os endereços das entradas em `outfile`. Para comparação, as entradas em `outfile` podem ser acessadas, mas os elementos de `pointers[]` são movidos, não os de `outfile`.

Depois que essa ordenação indireta é realizada, os dados em `outfile` têm que ser colocados em ordem alfabética. Isto é realizado pela transferência das entradas de `outfile` para `sorted` usando a ordem indicada em `pointers[]`, isto é, indo para baixo na matriz e recuperando a entrada em `outfile` através do endereço estocado na célula que estiver sendo acessada. Depois, `names` é removido e `sorted` é renomeado para `names`.

Eis um exemplo. Se o conteúdo do arquivo original é

```
Adam    123-4567          Brenda    345-5352        Brendon   983-7373
Charles 987-1122          Jeremiah  789-4563        Katherine 823-1573
Patrick 757-4532          Raymond   090-9383        Thorsten  929-6632
```

o escrutínio gera o arquivo `outfile`:

```
Katherine 823-1573    |******************   ||
Adam      123-4567    |Brenda    345-5352   ||
Raymond   090-9383    |Thorsten  929-6632   ||
```

e o arquivo `overflow`:

```
Brendon   983-7373    |Charles   987-1122   ||
Jeremiah  789-4563    |Patrick   757-4532   ||
```

(As barras verticais *não* estão incluídas no arquivo; uma barra divide os registros no mesmo balde, e duas barras separam os diferentes baldes.)

Depois de inserir `Carol 654-6543` e remover `Brenda 345-5352` e `Jeremiah 789-4563`, o conteúdo do arquivo é:

```
outfile:
Katherine 823-1573    |Carol     654-6543   ||
Adam      123-4567    |#renda    345-5352   ||
Raymond   090-9383    |Thorsten  929-6632   ||
```

e `overflow`:

```
Brendon   983-7373    |Charles   987-1122   ||
#eremiah  789-4563    |Patrick   757-4532   ||
```

Uma inserção subsequente de `Maggie 733-0983` e a remoção de `Brendon 983-7373` modificam somente `overflow`:

```
#rendon   983-7373    |Charles   987-1122   ||
Maggie    733-0983    |Patrick   757-4532   ||
```

Depois que o usuário escolhe sair, os arquivos não removidos de `overflow` são transferidos para `outfile`, que agora inclui:

```
Katherine 823-1573      |Carol 654-6543          ||
Adam 123-4567           |#renda 345-5352         ||
Raymond 090-9383        |Thorsten 929-6632       ||
Charles 987-1122        |Maggie 733-0983         ||
Patrick 757-4532        |
```

Este arquivo é ordenado, e o resultado é:

```
Adam 123-4567           |Carol 654-6543          ||
Charles 987-1122        |Katherine 823-1573      ||
Maggie 733-0983         |Patrick 757-4532        ||
Raymond 090-9383        |Thorsten 929-6632       ||
```

A Figura 10.17 contém o código para este programa.

FIGURA 10.17 Implementação do escrutínio usando baldes.

```cpp
#include <iostream>
#include <fstream>
#include <cstring>
#include <cctype>
#include <iomanip>
#include <cstdio> // remove(), rename();
using namespace std;
const int bucketSize = 2, tableSize = 3, strLen = 20;
const int recordLen = strLen;
class File {
public:
    File() : empty('*'), delMarker('#') {
    }
    void processFile(char*);
private:
    const char empty, delMarker;
    long *pointers;
    fstream outfile, overflow, sorted;
    int hash(char*);
    void swap(long& i, long& j) {
        long tmp = i; i = j; j = tmp;
    }
    void getName(char*);
    void insert(char line[]) {
        getName(line); insertion(line);
    }
    void insertion(char*);
    void excise(char*);
    void partition(int,int,int&);
    void QSort(int,int);
```

FIGURA 10.17 Implementação do escrutínio usando baldes. (*continuação*)

```cpp
   void sortFile();
   void combineFiles();
};

unsigned long File::hash(char *s) {
   unsigned long xor = 0, pack;
   int i, j, slength; // exclui brancos a direita;
   for (slength = strlen(s); isspace(s[slength-1]); slength--);
   for (i = 0; i < slength; ) {
      for (pack = 0, j = 0; ; j++, i++) {
          pack |= (unsigned long) s[i];      // inclui s[i] no byte
          if (j == 3 || i == slength - 1) { // mais a direita em pack;
             i++;
             break;
          }
          pack <<= 8;
      }                  // aplique xor at de uma vez 8 bytes de s;
      xor ^= pack; // a ultima iteracao pode colocar menos
   }                     // do que 8 bytes no pacote;
   return (xor % tableSize) * bucketSize * recordLen;
}// posicao do byte de retorno do balde de origem para s;
void File::getName(char line[]) {
   cout << Entre o nome: ";
   cin.getline(line,recordLen+1);
   for (int i = strlen(line); i < recordLen; i++)
      line[i] = ' ';
   line[recordLen] = '\0';
}

void File::insertion(char line[]) {
   int address = hash(line), counter = 0;
   char name[recordLen+1];
   bool done = false, inserted = false;
   outfile.clear();
   outfile.seekg(address,ios::beg);
   while (!done && outfile.get(name,recordLen+1)) {
      if (name[0] == empty || name[0] == delMarker) {
          outfile.clear();
          outfile.seekg(address+counter*recordLen,ios::beg);
          outfile << line << setw(strlen(line)-recordLen);
          done = inserted = true;
      }
      else if (!strcmp(name,line)) {
          cout << line << " ja esta no arquivo\n";
          return;
      }
      else counter++;
```

FIGURA 10.17 Implementação do escrutínio usando baldes. (*continuação*)

```
      if (counter == bucketSize)
          done = true;
      else outfile.seekg(address+counter*recordLen,ios::beg);
   }
   if (!inserted) {
      done = false;
      counter = 0;
      overflow.clear();
      overflow.seekg(0,ios::beg);
      while (!done && overflow.get(name,recordLen+1)) {
         if (name[0] == delMarker)
             done = true;
         else if (!strcmp(name,line)) {
             cout << line << " ja esta no arquivo\n";
             return;
         }
         else counter++;
      }
      overflow.clear();
      if (done)
          overflow.seekg(counter*recordLen,ios::beg);
      else overflow.seekg(0,ios::end);
      overflow << line << setw(strlen(line)-recordLen);
   }
}

void File::excise(char line[]) {
   getName(line);
   int address = hash(line), counter = 0;
   bool done = false, removed = false;
   char name2[recordLen+1];
   outfile.clear();
   outfile.seekg(address,ios::beg);
   while (!done && outfile.get(name2,recordLen+1)) {
      if (!strcmp(line,name2)) {
          outfile.clear();
          outfile.seekg(address+counter*recordLen,ios::beg);
          outfile.put(delMarker);
          done = removed = true;
      }
      else counter++;
      if (counter == bucketSize)
          done = true;
      else outfile.seekg(address+counter*recordLen,ios::beg);
   }
   if (!removed) {
       done = false;
```

FIGURA 10.17 Implementação do escrutínio usando baldes. (*continuação*)

```
        counter = 0;
        overflow.clear();
        overflow.seekg(0,ios::beg);
        while (!done && overflow.get(name2,recordLen+1)) {
            if (!strcmp(line,name2)) {
                overflow.clear();
                overflow.seekg(counter*recordLen,ios::beg);
                overflow.put(delMarker);
                done = removed = true;
            }
            else counter++;
            overflow.seekg(counter*recordLen,ios::beg);
        }
    }
    if (!removed)
        cout << line << " nao esta no banco de dados\n";
}

void File::partition (int low, int high, int& pivotLoc) {
    char rec[recordLen+1], pivot[recordLen+1];
    register int i, lastSmall;
    swap(pointers[low],pointers[(low+high)/2]);
    outfile.seekg(pointers[low]*recordLen,ios::beg);
    outfile.clear();
    outfile.get(pivot,recordLen+1);
    for (lastSmall = low, i = low+1; i <= high; i++) {
        outfile.clear();
        outfile.seekg(pointers[i]*recordLen,ios::beg);
        outfile.get(rec,recordLen+1);
        if (strcmp(rec,pivot) < 0) {
            lastSmall++;
            swap(pointers[lastSmall],pointers[i]);
        }
    }
    swap(pointers[low],pointers[lastSmall]);
    pivotLoc = lastSmall;
}
void File::QSort(int low, int high) {
    int pivotLoc;
    if (low < high) {
        partition(low, high, pivotLoc);
        QSort(low, pivotLoc-1);
        QSort(pivotLoc+1, high);
    }
}

void File::sortFile() {
```

FIGURA 10.17 Implementação do escrutínio usando baldes. (*continuação*)

```
    char rec[recordLen+1];
    QSort(1,pointers[0]);     // pointers[0] contem o # de elementos;
    rec[recordLen] = '\0';    // ponha os dados de outfile ordenadamente
    for (int i = 1; i <= pointers[0]; i++) {      // no arquivo DA ordenado;
        outfile.clear();
        outfile.seekg(pointers[i]*recordLen,ios::beg);
        outfile.get(rec,recordLen+1);
        sorted << rec << setw(strlen(rec)-recordLen);
    }
}
// os dados dos arquivos overflow e outfile sao todos armazenados em outfile e
// preparados para ordenacao externa carregando as posicoes dos dados para
   uma matriz;

void File::combineFiles() {
    int counter = bucketSize*tableSize;
    char rec[recordLen+1];
    outfile.clear();
    overflow.clear();
    outfile.seekg(0,ios::end);
    overflow.seekg(0,ios::beg);
    while (overflow.get(rec,recordLen+1)) { // transfere de
        if (rec[0] != delMarker) {          // overflow para outfile somente
            counter++;                       // itens validos (nao removidos);
            outfile << rec << setw(strlen(rec)-recordLen);
        }
    }
    pointers = new long[counter+1]; // carrega para matriz posiçoes de ponteiros
    int arrCnt = 1;                 // de dados validos armazenados em arquivo de saida;
    for (int i = 0; i < counter; i++) {
        outfile.clear();
        outfile.seekg(i*recordLen,ios::beg);
        outfile.get(rec,recordLen+1);
        if (rec[0] != empty && rec[0] != delMarker)
            pointers[arrCnt++] = i;
    }
    pointers[0] = --arrCnt; // armazena quantidade de dados em posicao 0;
}

void File::processFile(char *fileName) {
    ifstream fIn(fileName);
    if (fIn.fail()) {
        cerr << "Não pode abrir" << fileName << endl;
        return;
    }
    char command[strLen+1] = " ";
    outfile.open("outfile",ios::in|ios::out|ios::trunc);
    sorted.open("sorted",ios::in|ios::out|ios::trunc);
```

FIGURA 10.17 Implementação do escrutínio usando baldes. (*continuação*)

```
        overflow.open("overflow",ios::in|ios::out|ios::trunc);
        for (int i = 1; i <= tableSize*bucketSize*recordLen; i++)
                                            // initializa
            outfile << empty;               // outfile;
        char line[recordLen+1];
        while (fIn.get(line,recordLen+1))   // carrega infile em outfile;
            insertion(line);
        while (strcmp(command,"exit")) {
            cout << "Entre o comando (insert, remove, or exit): ";
            cin.getline(command,strLen+1);
            if (!strcmp(command,"insert"))
                insert(line);
            else if (!strcmp(command,"remove"))
                excise(line);
            else if (strcmp(command,"exit"))
                cout << "Comando incorreto entrado, por favor tente novamente.\n";
        }
        combineFiles();
        sortFile();
        outfile.close();
        sorted.close();
        overflow.close();
        fIn.close();
        remove(fileName);
        rename("sorted",fileName);
    }
}
int main(int argc, char* argv[]) {
    char fileName[30];
    if (argc != 2) {
        cout << "Entre um nome de arquivo: ";
        cin.getline(fileName,30);
    }
    else strcpy(fileName,argv[1]);
    File fClass;
    fClass.processFile(fileName);
    return 0;
}
```

A função de escrutínio usada no programa parece excessivamente complicada. A função `hash()` aplica a função ou – exclusivo para os pedaços de quatro caracteres de uma cadeia. Por exemplo, o valor de escrutínio que corresponde à cadeia "ABCDEFGHIJ" é o número "ABCD"^"EFGH"^"IJ"; isto é, em notação hexadecimal, 0x41424344^0x45464748^0x0000494a. Fica a impressão de que o mesmo resultado pode ser gerado com a função

```
unsigned long File::hash2(char *s) {
  unsigned long xor, remainder;
```

```
   for (xor = 0; strlen(s) >= 4; s += 4)
      xor ^ = *reinterpret_cast<unsigned long*>(s);
   if (strlen(s) != 0) {
       strcpy(reinterpret_cast<char*>(&remainder),s);
       xor ^ = remainder;
   }
   return (xor % tableSize) * bucketSize * recordLen;
}
```

O problema com esta função mais simples é que ela pode retornar diferentes valores para a mesma cadeia. O resultado depende do modo como os números são armazenados em um sistema particular, que, por sua vez, depende da "ordenação" suportada pelo sistema. Se um sistema é "canhoto", armazena o byte mais significativo no endereço mais baixo; isto é, os números são armazenados "no lado maior primeiro". Em um sistema "destro", o byte mais significativo está no endereço mais alto. Por exemplo, o número 0x12345678 é armazenado como 0x12345678 no sistema "canhoto" — primeiro o conteúdo do byte de mais alta ordem, 12, então o do byte de mais baixa ordem, 34, e assim por diante. Por outro lado, o mesmo número é armazenado como 0x78563412 no sistema "destro"— primeiro o conteúdo do byte de ordem mais baixa, 78, então o do byte de ordem mais alta, 56, e assim por diante. Em consequência, nos sistemas "canhotos", a instrução

```
xor ^= *reinterpret_cast<unsigned long*>(s);
```

ocasiona um xor com xor na subcadeia "ABCD" da cadeia s = "ABCDEFGHIJ", porque o cast força o sistema a tratar os primeiros quatro caracteres em s como representantes de um número longo, sem mudar a ordem dos caracteres. Em um sistema "destro", os mesmos quatro caracteres são lidos em ordem inversa, o byte de ordem mais baixa primeiro. Em consequência, para evitar a dependência deste sistema, um caractere de s é processado de cada vez e incluído em xor, e depois disso o conteúdo de xor é deslocado para a esquerda em oito bits, para deixar espaço para outro caractere. Este é um modo de simular uma leitura "canhota".

10.8 Exercícios

1. Qual é o número mínimo de chaves escrutinadas para as suas posições originais através da técnica de sondagem linear? Mostre um exemplo usando uma matriz de cinco células.

2. Considere o seguinte algoritmo de escrutínio (Bell e Kaman, 1970). Sejam Q e R o quociente e resto obtidos pela divisão de K por *TSize*, e considere a sequência de sondagem criada pela seguinte fórmula de recorrência:

$$h_i(K) = \begin{cases} R & \text{se } i = 0 \\ (h_{i-1}(K) + Q) \bmod TSize & \text{caso contrário} \end{cases}$$

Qual é o valor desejável de *TSize*? Que condição deve ser imposta a Q?

3. Há alguma vantagem em usar árvores de busca binárias em vez de listas ligadas no método de encadeamento separado?

4. No método de Cichelli para construir a função de escrutínio mínima, por que todas as palavras são primeiro ordenadas de acordo com a ocorrência da primeira e da última letras? O algoritmo subsequente de busca não faz qualquer referência a esta ordenação.

5. Trace a execução do algoritmo de busca usado na técnica de Cichelli com *Max* = 3. (Veja na Figura 10.11 a ilustração deste traço para *Max* = 4.)
6. Em que caso o método de Cichelli não garante gerar uma função de escrutínio mínima perfeita?
7. Aplique o algoritmo FHCD para as nove musas com $r = n/2 = 4$ e então com $r = 2$. Qual o impacto do valor de r na execução deste algoritmo?
8. Estritamente falando, a função de escrutínio usada no escrutínio extensível também muda dinamicamente. Em que sentido isto é verdade?
9. Considere uma implementação do escrutínio extensível que permita que baldes sejam apontados por somente um ponteiro. O diretório contém ponteiros nulos, de modo que todos os ponteiros no diretório são únicos, exceto os nulos. Que chaves são armazenadas nos baldes? Quais são as vantagens e desvantagens desta implementação?
10. Como seriam atualizados os diretórios usados no escrutínio extensível, depois da divisão, se os últimos, não os primeiros, bits *depth* de $h(K)$ são considerados um índice para o diretório?
11. Liste as similaridades e as diferenças entre o escrutínio extensível e as árvores B^+.
12. Na frequência de divisão, qual é o impacto da distribuição uniforme de chaves sobre os baldes no escrutínio extensível?
13. Aplique o método de escrutínio linear para escrutinar 12, 24, 36, 48, 60, 72 e 84 para uma tabela inicialmente vazia com três baldes e três células na área de transbordamento. Que problema pode ser observado? Pode este problema fazer o algoritmo parar?
14. Delineie um algoritmo para remover uma chave da tabela quando o método de escrutínio linear é usado para inserir chaves.
15. A função `hash()` aplicada ao estudo de caso usa a operação ou exclusiva (xor) para envolver todos os caracteres em uma cadeia de caracteres. Seria uma boa ideia substituí-la por e bit-a-bit ou bit-a-bit?

10.9 Tarefas de programação

1. Como discutido neste capítulo, a técnica de sondagem linear usada para a resolução das colisões tem desempenho rapidamente deteriorado se uma porcentagem relativamente pequena de células está disponível. Este problema pode ser sanado com outra técnica para resolver as colisões, e também encontrando uma melhor função de escrutínio, idealmente uma função de escrutínio perfeita. Escreva um programa que avalie a eficiência de várias funções de escrutínio combinadas com o método de sondagem linear. Faça seu programa escrever uma tabela similar à da Figura 10.4, que dá as médias para tentativas bem e malsucedidas de se colocar itens na tabela. Use funções para operar em cadeias de caracteres e um arquivo grande de texto, cujas palavras serão escrutinadas para a tabela. Eis alguns exemplos de tais funções (todos os valores são divididos em módulo *TSize*):
    a. FirstLetter(s) + SecondLetter(s) + ··· + LastLetter(s)
    b. FirstLetter(s) + LastLetter(s) + length(s) (Cichelli)
    c. `for (i = 1, index = 0; i < strlen(s); i++) index = (26 * index + s[i] - ' ');` (Ramakrishna)
2. Outro modo de melhorar o desempenho do escrutínio é permitir a reorganização da tabela de escrutínio durante as inserções. Escreva um programa que compare o desempenho da sondagem linear com os seguintes métodos de escrutínio de auto-organização:

a. O *escrutínio último a chegar-primeiro a ser servido* coloca um novo elemento em sua posição de origem e, em caso de colisão, o elemento que a ocupa é inserido em outra posição usando um método de sondagem linear regular, para deixar espaço ao elemento que chega (Poblete e Munro, 1989).

b. O *escrutínio Robin Hood* verifica a distância (número de posições) entre duas chaves que colidem e suas posições de origem, e continua procurando uma posição aberta para a chave mais perto de sua posição de origem (Celis et al., 1985).

3. Escreva um programa que insira registros em um arquivo e os recupere e remova usando tanto a técnica de escrutínio extensível quanto a linear.

4. Estenda o programa apresentado no estudo de caso criando uma lista ligada de registros de transbordamento associada com cada balde do arquivo intermediário `outfile`. Note que, se um balde não tem células vazias, a busca continua na área de transbordamento. Num caso extremo, isto pode significar que o balde contém somente itens removidos, e novos itens são inseridos na área de transbordamento. Em consequência, pode ser vantajoso ter uma função de limpeza que, depois de certo número de remoções, seja automaticamente invocada. Esta função transfere itens da área de transbordamento para o arquivo principal, e estes itens são escrutinados para baldes com itens removidos. Escreva esta função.

Bibliografia

BELL, James R. e KAMAN, Charles H. The linear quotient hash code. *Communications of the ACM*, n. 13, 1970, p. 675-77.

CARTER, J. Lawrence e Wegman, Mark N. Universal classes of hash functions. *Journal of Computer and System Sciences*, n. 18, 1979, p. 143-54.

CELIS, P.; LARSON, P.; MUNRO, J. I. Robin Hood hashing. *Proceedings of the 26th IEEE Symposium on the Foundations of Computer Science*, 1985, p. 281-88.

CICHELLI, Richard J. Minimal perfect hash function made simple. *Communications of the ACM*, n. 23, 1980, p. 17-19.

CZECH, Zbigniew J. e MAJEWSKI, Bohdan S. A linear time algorithm for finding minimal perfect hash functions. *Computer Journal*, n. 36, 1993, p. 579-87.

ENBODY, R. J. e DY, David H. C. Dynamic hashing schemes. *Computing Surveys*, n. 20, 1988, p. 85-113.

FAGIN, Ronald; NIEVERGELT, Jurg; PIPPENGER, Nicholas; STRONG, H. Raymond. Extendible hashing – A fast access method for dynamic files. *ACM Transactions on Database Systems*, n. 4, 1979, p. 315-44.

FOX, Edward A.; HEATH, Lenwood S.; CHEN, Qi F.; DAOUD, Amjad M. Practical minimal perfect hash functions for large databases. *Communications of the ACM*, n. 35, 1992, p. 105-21.

HAGGARD, Gary e KARPLUS, Kevin. Finding minimal perfect hash functions. *SIGCSE Bulletin*, n. 18, 1986, v. 1, p. 191-93.

KNOTT, G. D. Expandable open addressing hash table storage and retrieval. *Proceedings of the ACM SIGFIDET Workshop on Data Description, Access, and Control*, 1971, p. 186-206.

KNUTH, Donald. *The Art of Computer Programming*, vol. 3. Reading, MA: Addison-Wesley, 1998.

KONHEIM, Alan G. *Hashing in Computer Science*. Hoboken, NJ: Wiley, 2010.

LARSON, Per A. Dynamic hashing. *BIT*, 18, 1978, p. 184-201.

_____. Dynamic hash tables. *Communications of the ACM*, n. 31, 1988, p. 446-57.

LEWIS, Ted G. e COOK, Curtis R. Hashing for dynamic and static internal tables. *IEEE Computer,* out. 1986, p. 45-56.

LITWIN, Witold. Virtual hashing: A dynamically changing hashing. *Proceedings of the Fourth Conference of Very Large Databases,* 1978, p. 517-23.

_____. Linear hashing: A new tool for file and table addressing. *Proceedings of the Sixth Conference of Very Large Databases,* 1980, p. 212-23.

LOMET, David B. Bounded index exponential hashing. *ACM Transactions on Database Systems,* 8, 1983, p. 136-65.

LUM, Vincent Y.; YUEN, P. S. T.; DOOD, M. Key-to-address transformation techniques: A fundamental performance study on large existing formatted files. *Communications of the ACM,* 14, 1971, p. 228-39.

MORRIS, Robert. Scatter storage techniques. *Communications of the ACM,* 11, 1968, p. 38-44.

MULLIN, James K. Tightly controlled linear hashing without separate overflow storage. *BIT,* 21, 1981, p. 390-400.

PAGH, Rasmus e RODLER, Flemming F. Cuckoo hashing. *Journal of Algorithms,* 51, 2004, p. 122-44.

PAGLI, L. Self-adjusting hash tables. *Information Processing Letters,* 21, 1985, p. 23-25.

POBLETE, Patricio V. e MUNRO, J. Ian. Last-come-first-served hashing. *Journal of Algorithms,* 10, 1989, p. 228-48.

RADKE, Charles E. The use of the quadratic search residue. *Communications of the ACM,* 13, 1970, p. 103-05.

SAGER, Thomas J. A polynomial time generator for minimal perfect hash functions. *Communications of the ACM,* 28, 1985, p. 523-32.

SEBESTA, Robert W. e TAYLOR, Mark A. Fast identification of ada and modula-2 reserved words. *Journal of Pascal, Ada, and Modula-2,* mar.-abr. 1986, p. 36-39.

THARP, Alan L. *File organization and processing.* Nova York: Wiley, 1988.

VITTER, Jeffrey S. e CHEN, Wen C. *Design and analysis of coalesced hashing.* Nova York: Oxford University Press, 1987.

Compressão de Dados

11

A transferência de informação é essencial para o funcionamento apropriado de qualquer estrutura em qualquer nível e em qualquer tipo de organização. Quanto mais rápido uma troca de informação ocorre, melhor funciona a estrutura. Podemos aumentar a taxa de transferência pela melhora do meio através do qual os dados são transferidos, ou por uma mudança dos próprios dados, de modo que a mesma informação possa ser transferida em menor intervalo de tempo.

A informação pode ser representada em uma forma com alguma redundância. Por exemplo, em um banco de dados sobre pessoas é suficiente falar que ele é "M" ou ela "F", em vez de soletrar todas as palavras, "masculino" e "feminino", ou usar 1 e 2 para representar a mesma informação. O número cento e vinte e oito pode ser armazenado como 80 (hexadecimal), 128, 1000000 (binário), CXXVIII, ρκη (na linguagem grega usava-se letras como dígitos) ou | | | . . . | (128 barras). Se os números são armazenados como sequências de dígitos que os representam, então 80 é a menor forma. Números são representados na forma binária em computadores.

11.1 Condições para a compressão de dados

Quando se transfere informação, a escolha da representação de dados determina quão rápido a transferência é realizada. Uma escolha criteriosa pode melhorar a saída de um canal de transmissão sem mudar o próprio canal. Existem muitos métodos diferentes de *compressão de dados* (ou *compactação*) que reduzem o tamanho da representação sem afetar a própria informação.

Assuma que existam n símbolos diferentes usados para codificar as mensagens. Para um código binário, $n = 2$; para o código Morse, $n = 3$: ponto e traço para representar letras e espaço em branco para separar sequências de pontos e traços. Assuma também que todos os símbolos m_i que formam o conjunto M foram, de forma independente, escolhidos e são conhecidos por ter probabilidades de ocorrência $P(m_i)$, e que os símbolos são codificados com cadeias de 0s e 1s. Então, $P(m_1) + ... + P(m_n) = 1$. O conteúdo da informação do conjunto M, chamado de *entropia* da fonte M, é definido por

$$L_{ave} = P(m_1)L(m_1) + \cdots + P(m_n)L(m_n) \tag{11.1}$$

onde $L(m_i) = -\lg(P(m_i))$, que é o comprimento mínimo de uma palavra-chave para o símbolo m_i. Claude E. Shannon estabeleceu, em 1948, que a Equação 11.1 dá o comprimento médio melhor possível de uma palavra-chave quando os símbolos da fonte e as probabilidades de seus usos são conhecidos. Nenhum algoritmo de compressão pode ser melhor do que L_{ave}, e, quanto mais perto ele está deste número, melhor é a sua taxa de compressão.

Por exemplo, se existem três símbolos m_1, m_2 e m_3 com as probabilidades 0,25, 0,25 e 0,5, respectivamente, os comprimentos das palavras-chave atribuídas a eles são:

$$-\lg(P(m_1)) = -\lg(P(m_2)) = -\lg(0{,}25) = \lg\left(\frac{1}{0{,}25}\right) = \lg(4) = 2 \text{ e}$$
$$-\lg(P(m_3)) = \lg(2) = 1$$

e o comprimento médio de uma palavra-chave é

$$L_{ave} = P(m_1) \cdot 2 + P(m_2) \cdot 2 + P(m_3) \cdot 1 = 1{,}5$$

Várias técnicas de compressão de dados tentam diminuir o comprimento médio da palavra-chave, idealizando um código ótimo (isto é, uma atribuição de palavras-chave para símbolos) que dependa da probabilidade P com a qual um símbolo é usado. Se um símbolo é emitido com pouca frequência, a ele é atribuído uma palavra-chave longa. Para símbolos emitidos frequentemente, codificações muito curtas são mais apropriadas.

Algumas restrições precisam ser impostas aos códigos candidatos:

1. Cada palavra-chave corresponde a exatamente um símbolo.
2. A decodificação não deve exigir nenhuma olhada para a frente; depois de ler cada símbolo, deve ser possível determinar se foi atingido o fim de uma cadeia que codifica um símbolo da mensagem original. O código que satisfaz esta exigência é chamado código com *propriedade de prefixo*. Isto significa que nenhuma palavra-chave é um prefixo de outra. Em consequência, nenhuma pontuação especial é exigida para separar duas palavras-chave em uma mensagem codificada.

A segunda exigência pode ser ilustrada por três diferentes codificações de três símbolos, como dadas na seguinte tabela:

Símbolo	*código*₁	*código*₂	*código*₃
A	1	1	11
B	2	22	12
C	12	12	21

O primeiro código não nos permite fazer distinção entre AB e C, pois ambos são codificados como 12. O segundo não tem esta ambiguidade, mas exige uma olhada à frente, como em 1222: o primeiro 1 pode ser decodificado como A. O 2 seguinte pode indicar que A foi impropriamente escolhido, e 12 deve ter sido decodificado como C. Talvez A seja uma escolha apropriada se o terceiro símbolo é 2. Como 2 é encontrado, AB é escolhido como a cadeia decodificada por meio de tentativas, mas o quarto símbolo é outro 2. A primeira vez, portanto, estava errada, e A foi mal escolhido. A decodificação apropriada é CB. Todos esses problemas surgem porque tanto o *código*₁ quanto o *código*₂ violam a propriedade de prefixo. Somente o *código*₃ pode ser decodificado sem ambiguidade como lido.

Para um código ótimo, mais duas estipulações são especificadas.

3. O comprimento da palavra-chave para dado símbolo m_i não deve exceder o comprimento da palavra-chave de um símbolo m_j menos provável, isto é, se $P(m_i) \leq P(m_j)$, então $L(m_i) \geq L(m_j)$ para $1 \leq i, j \leq n$.
4. Em um sistema ótimo de codificação não deve haver pequenas palavras-chave não usadas, codificações isoladas nem prefixos para palavras-chave mais longas, pois isto significaria que as palavras-chave mais longas teriam sido criadas desnecessariamente. Por exemplo, a sequência de palavras-chave 01, 000, 001, 100, 101 para certo conjunto de cinco símbolos não é ótima, porque a palavra-chave 11 não é usada em nenhuma parte; esta codificação pode ser transformada em uma sequência ótima 01, 10, 11, 000, 001.

Nas próximas seções apresentaremos vários métodos de compressão de dados. Para comparar a eficiência desses métodos quando aplicados aos mesmos dados, a mesma medida será usada. Esta medida é a *taxa de compressão* (também chamada *fração de redução de dados*), definida como a relação

$$\frac{\text{comprimento(entrada)} - \text{comprimento(saída)}}{\text{comprimento(entrada)}} \qquad (11.2)$$

Expressa como uma porcentagem que indica a quantidade de redundância removida a partir da entrada.

11.2 Codificação de Huffman

A construção de um código ótimo foi desenvolvida por David Huffman, que utilizou a estrutura de árvore binária para um código binário. O algoritmo é surpreendentemente simples e pode ser resumido como a seguir:

```
Huffman()
    for cada símbolo crie uma árvore com um nó raiz simples e ordene todas as árvores
        de acordo com a probabilidade da ocorrência do símbolo;
    while mais de uma árvore é deixada
        tome as duas árvores t₁, t₂ com as mais baixas probabilidades p₁, p₂ (p₁ ≤ p₂)
        e crie uma árvore com t₁ e t₂ como seus filhos e com
        a probabilidade na nova raiz igual a p₁ + p₂;
    associe 0 com cada ramal esquerdo e 1 com cada ramal direito;
    crie uma única palavra-chave para cada símbolo cruzando a árvore da raiz
        até a folha que contém a probabilidade que corresponde a esse
        símbolo e colocando todos os 0s e 1s juntos;
```

A árvore resultante tem probabilidade de 1 em sua raiz.

O algoritmo não é determinístico, no sentido de produzir uma árvore única porque, para árvores com probabilidades iguais nas raízes, o algoritmo não prescreve suas posições com relação umas às outras, nem no início nem durante a execução. Se t_1 com probabilidade p_1 está na sequência de árvores e a nova árvore t_2 é criada com $p_2 = p_1$, deve t_2 ser posicionada à esquerda de t_1 ou à direita? Além disso, se existem três árvores t_1, t_2 e t_3 com a mesma mais baixa probabilidade em toda a sequência, quais duas árvores devem ser escolhidas para criar uma nova? Há três possibilidades para escolha. Como resultado, árvores diferentes podem ser obtidas, dependendo de onde aquelas com iguais probabilidades são colocadas na sequência com relação umas às outras. Independentemente da forma da árvore, o comprimento médio da palavra-chave permanece o mesmo.

Para avaliar a eficiência de compressão do algoritmo de Huffman, uma definição do *comprimento ponderado do caminho* é usada, que é a mesma da Equação 11.1, exceto que $L(m_i)$ é interpretado como o número de 0s e de 1s na palavra-chave atribuída ao símbolo m_i por este algoritmo.

A Figura 11.1 mostra um exemplo para cinco letras, A, B, C, D e E, com probabilidades 0,39, 0,21, 0,19, 0,12 e 0,09, respectivamente. As árvores nas Figuras 11.1a e b são diferentes no modo pelo qual os dois nós que contêm a probabilidade 0,21 foram escolhidos para ser combinados com a árvore 0,19, a fim de criar uma árvore de 0,40. Independentemente da escolha, os comprimentos das palavras-chave associadas com as cinco letras A até E são os mesmos: 2, 2, 2, 3 e 3, respectivamente. No entanto, as palavras-chave atribuídas a elas são levemente diferentes, como mostrado nas Figuras 11.1c e d, que apresentam versões abreviadas (e mais comumente usadas) do modo como as árvores nas Figuras 11.1a e b foram criadas. O comprimento médio para as últimas duas árvores é

$$L_{\text{Huf}} = 0{,}39 \cdot 2 + 0{,}21 \cdot 2 + 0{,}19 \cdot 2 + 0{,}12 \cdot 3 + 0{,}09 \cdot 3 = 2{,}21$$

que é muito perto de 2,09 (somente 5% fora), o comprimento médio calculado de acordo com Equação 11.1:

$$L_{ave} = 0{,}39 \cdot 1{,}238 + 0{,}21 \cdot 2{,}252 + 0{,}19 \cdot 2{,}396 + 0{,}12 \cdot 3{,}059 + 0{,}09 \cdot 3{,}474 = 2{,}09$$

As letras correspondentes nas Figuras 11.1a e 11.1b foram atribuídas a palavras-chave de mesmo comprimento. Obviamente, o comprimento médio para ambas as árvores é o mesmo. Mas cada modo de construir uma árvore de Huffman, começando a partir dos mesmos dados, deve resultar no mesmo comprimento médio, independentemente da forma da árvore. A Figura 11.2 mostra duas árvores de Huffman para as letras P, Q, R, S e T com as probabilidades 0,1, 0,1, 0,1, 0,2 e 0,5, respectivamente. Dependendo de como as probabilidades mais baixas são escolhidas, diferentes palavras-chave são atribuídas com diferentes comprimentos para essas letras, pelo menos para algumas delas. No entanto, o comprimento médio permanece o mesmo: 2,0.

O algoritmo de Huffman pode ser implementado em uma variedade de modos, pelo menos tantos quanto o número de modos como uma fila com prioridades possa ser implementada. A fila com prioridade é a estrutura de dados natural no contexto do algoritmo de Huffman, considerando que ela exige a remoção das duas probabilidades menores e a inserção da nova probabilidade na posição apropriada.

Um modo para implementar este algoritmo é usar uma lista ligada de ponteiros para as árvores, que reflete estritamente o que a Figura 11.1a ilustra. A lista ligada está inicialmente ordenada de acordo com as probabilidades armazenadas nas árvores, todas consistindo em apenas uma raiz. Então, repetitivamente, as duas árvores com as menores probabilidades são escolhidas; a árvore com a menor probabilidade é substituída por uma recém-criada, e o nó com o ponteiro para a árvore com a maior probabilidade é removido da lista ligada. Das árvores que têm as mesmas probabilidades em suas raízes, a primeira encontrada é escolhida.

Em outra implementação, todos os nós de probabilidades são primeiro ordenados, e esta ordenação é mantida em toda a operação. De tal lista ordenada, as duas primeiras árvores são sempre removidas para criar uma nova a partir delas, que é inserida perto do fim da lista. Para tanto, pode-se usar uma lista duplamente ligada de ponteiros para árvores com acesso imediato ao início e ao fim desta lista. A Figura 11.3 evidencia um traço da execução deste algoritmo para as letras A, B, C, D e E com as mesmas probabilidades apresentadas na Figura 11.1. As palavras-chave atribuídas às essas letras são também indicadas na Figura 11.3. Note que são diferentes das palavras-chave da Figura 11.1, embora seus comprimentos sejam os mesmos.

Os dois algoritmos anteriores constroem árvores de Huffman de baixo para cima, iniciando com uma sequência de árvores e terminando-as junto com um número de árvores gradualmente menores e, eventualmente, com apenas uma. No entanto, esta árvore pode ser construída de cima para baixo, começando da probabilidade mais alta. Mas somente as probabilidades a serem colocadas nas folhas são conhecidas. A probabilidade mais alta, a ser colocada na raiz, é conhecida caso as mais baixas, nos filhos da raiz, sejam determinadas; estas são conhecidas se as probabilidades ainda mais abaixo forem calculadas, e assim por diante. Em consequência, a criação de nós não terminais tem que ser adiada até que as probabilidades a ser armazenadas neles sejam encontradas. É muito conveniente usar o seguinte algoritmo recursivo para implementar uma árvore de Huffman:

```
createHuffmanTree(prob)
    declare as probabilidades p₁, p₂ e a árvore de Huffman Htree;
    if somente duas probabilidades são deixadas em prob
        return uma árvore com p₁, p₂ nas folhas e p₁ + p₂ na raiz;
    else remova as duas menores probabilidades de prob e as atribua a p₁ e p₂;
        insira p₁ + p₂ em prob;
        Htree = CreateHuffmanTree(prob);
        em Htree faça a folha com p₁ + p₂ o ascendente das duas folhas com p₁ e p₂;
        return Htree;
```

Capítulo 11   Compressão de Dados ■ 513

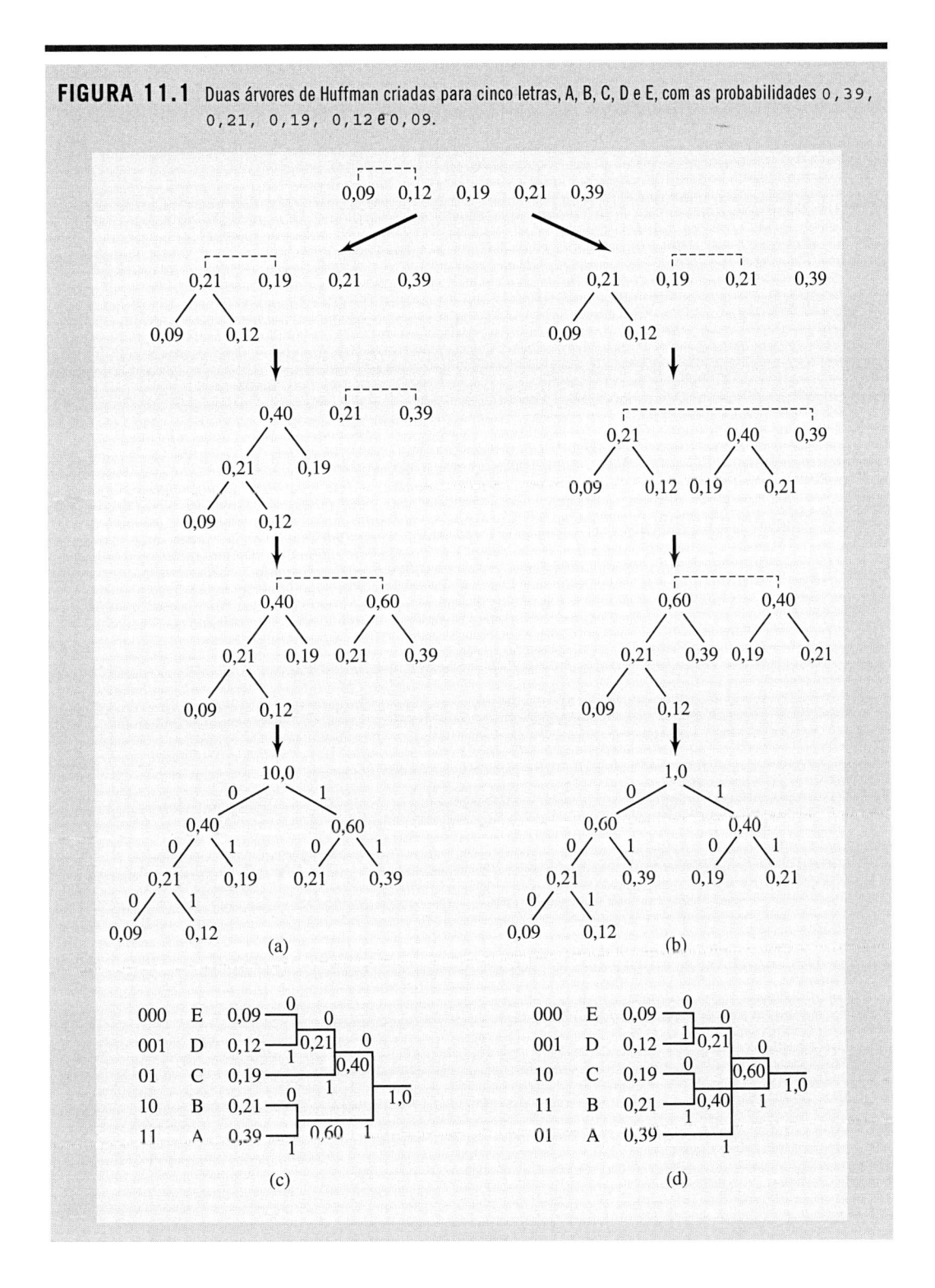

FIGURA 11.1 Duas árvores de Huffman criadas para cinco letras, A, B, C, D e E, com as probabilidades 0,39, 0,21, 0,19, 0,12 e 0,09.

A Figura 11.4 contém um resumo do traço da execução deste algoritmo para as letras A, B, C, D e E com as probabilidades mostradas na Figura 11.1. A endentação indica chamadas consecutivas para `createHuffmanTree()`.

FIGURA 11.2 Duas árvores de Huffman geradas para as letras P, Q, R, S e T, com as probabilidades 0,1, 0,1, 0,1, 0,2 e 0,5.

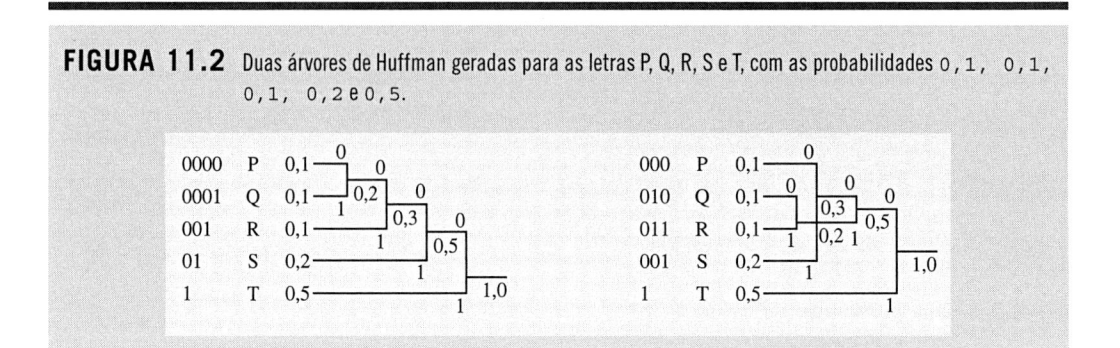

Uma implementação da fila com prioridades é uma heap mínima que pode ser também usada para executar esse algoritmo. Nessa heap cada nó não terminal tem uma probabilidade menor do que as probabilidades em seus filhos, e, pelo fato de a menor probabilidade estar na raiz, aquela é simples de ser removida. Depois de removida, a raiz fica vazia; em consequência, o maior elemento é colocado na raiz e a propriedade da heap é restaurada. O segundo elemento pode então ser removido da raiz e substituído por um novo elemento, que representa a soma da probabilidade da raiz e da probabilidade previamente removida.

FIGURA 11.3 Usando uma lista duplamente ligada para criar a árvore de Huffman para as letras da Figura 11.1.

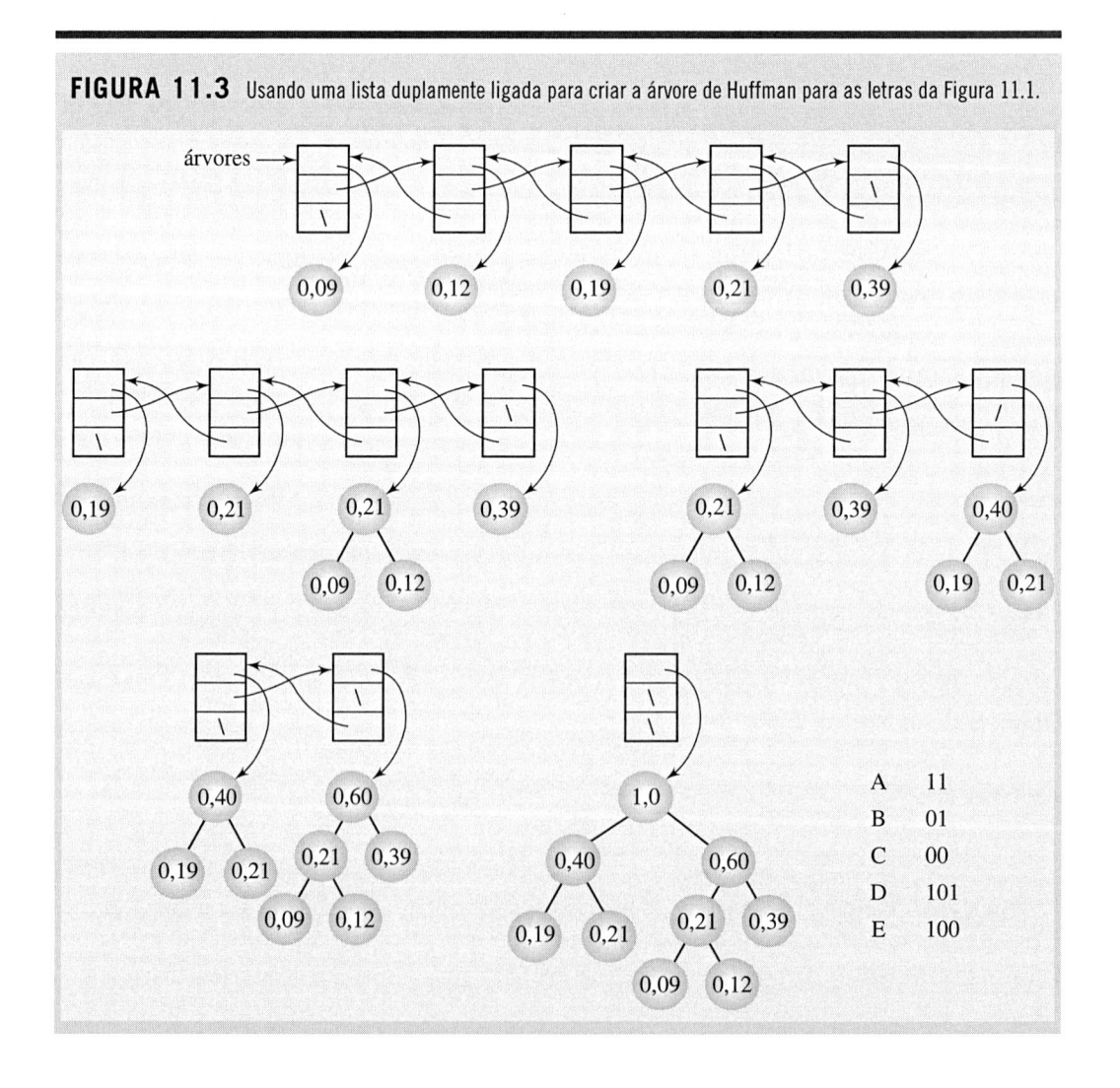

A	11
B	01
C	00
D	101
E	100

FIGURA 11.4 Construção de cima para baixo de uma árvore de Huffman usando implementação recursiva.

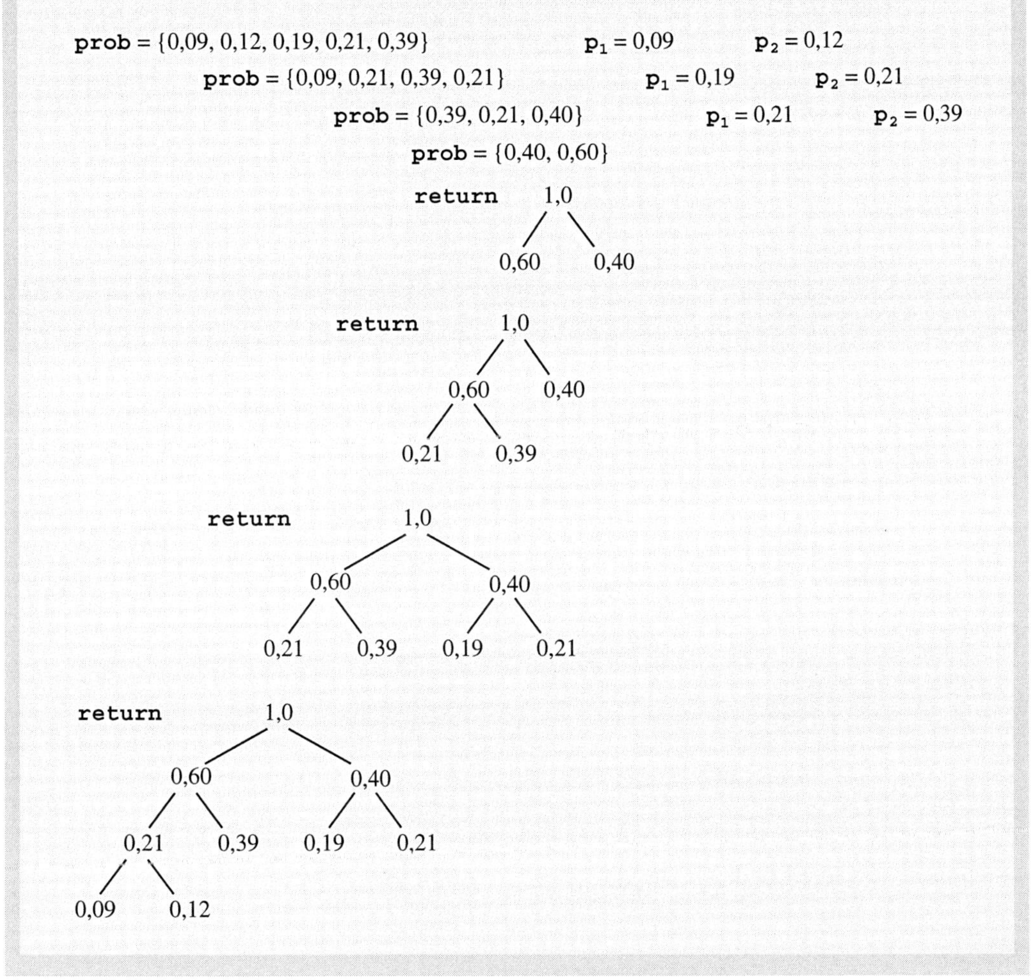

prob = {0,09, 0,12, 0,19, 0,21, 0,39} $p_1 = 0,09$ $p_2 = 0,12$
prob = {0,09, 0,21, 0,39, 0,21} $p_1 = 0,19$ $p_2 = 0,21$
prob = {0,39, 0,21, 0,40} $p_1 = 0,21$ $p_2 = 0,39$
prob = {0,40, 0,60}

return 1,0
       /   \
    0,60   0,40

return 1,0
       /   \
    0,60   0,40
   /   \
 0,21   0,39

return 1,0
       /   \
    0,60   0,40
   /   \   /   \
 0,21 0,39 0,19 0,21

return 1,0
       /   \
    0,60   0,40
   /   \   /   \
 0,21 0,39 0,19 0,21
 / \
0,09 0,12

Posteriormente a propriedade da heap tem que ser restaurada outra vez. Depois desta sequência de operações, a heap tem um nó a menos: duas probabilidades da heap prévia foram removidas e um novo nó adicionado. Mas não é suficiente criar a árvore de Huffman; a nova probabilidade é um ascendente das probabilidades que acabaram de ser removidas, e esta informação precisa ser retida. Para este fim, três matrizes podem ser usadas: *índices,* contendo os índices das probabilidades originais e as probabilidades criadas durante o processo de criação da árvore de Huffman; *probabilidades,* uma matriz das probabilidades originais e probabilidades recém-criadas; e *ascendentes,* uma matriz de índices que indicam a posição dos ascendentes dos elementos armazenados em *probabilidades.* Um número positivo em *ascendentes* indica o filho esquerdo; um negativo, o filho direito. As palavras-chave são criadas acumulando 0s e 1s quando se vai das folhas até a raiz usando a matriz *ascendentes,* que funciona como uma matriz de ponteiros. É importante notar que, nesta implementação particular, as probabilidades são ordenadas indiretamente; a heap é realmente constituída de índices para probabilidades, e todas as trocas se realizam em *índices.*

A Figura 11.5 ilustra um exemplo do uso de uma heap para implementar o algoritmo de Huffman. As heaps nas etapas (a), (e), (i) e (m) da Figura 11.5 estão prontas para o processamento.

Primeiro, a mais alta probabilidade é colocada na raiz, como nas etapas (b), (f), (j) e (n) da mesma figura. A seguir, a heap é restaurada, como nas etapas (c), (g), (k) e (o), e a probabilidade da raiz é ajustada para somar as duas probabilidades menores, como nas etapas (d), (h), (l) e (p). O processamento se completa quando há somente um nó na heap.

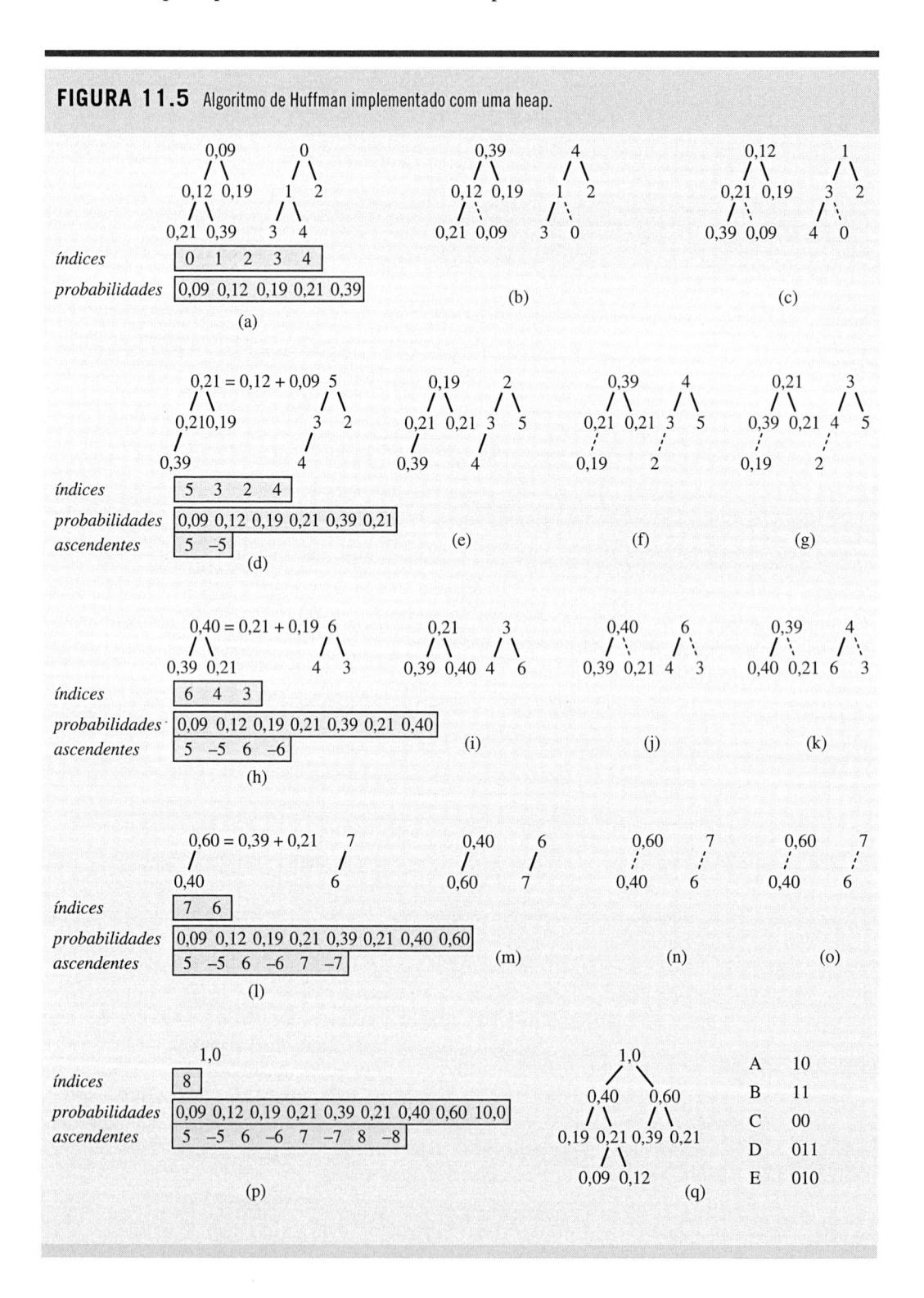

FIGURA 11.5 Algoritmo de Huffman implementado com uma heap.

```
                0,09       0                      0,39      4                   0,12       1
                / \       / \                     / \      / \                  / \       / \
             0,12 0,19   1   2                 0,12 0,19  1   2              0,21 0,19   3   2
             / \         / \                   / \                           / \
          0,21 0,39     3   4                0,21 0,09   3   0             0,39 0,09   4   0
índices        ┌─────────────┐
               │ 0  1  2  3  4│
probabilidades │0,09 0,12 0,19 0,21 0,39│       (b)                           (c)
                      (a)
```

```
              0,21 = 0,12 + 0,09   5           0,19      2                0,39      4                 0,21       3
                   / \                         / \      / \               / \      / \                / \       / \
               0,21 0,19           3   2    0,21 0,21  3   5           0,21 0,21  3   5            0,39 0,21   4   5
               /                             /                          /                           /
             0,39                 4        0,39       4                0,19      2                0,19       2
índices        ┌──────────┐
               │ 5  3  2  4│
probabilidades │0,09 0,12 0,19 0,21 0,39 0,21│
ascendentes    │ 5  -5│                             (e)                        (f)                         (g)
                   (d)
```

```
              0,40 = 0,21 + 0,19   6           0,21      3                0,40      6                 0,39       4
                   / \                         / \      / \               / \      / \                / \       / \
               0,39 0,21           4   3    0,39 0,40  4   6           0,39 0,21  4   3            0,40 0,21   6   3
índices        ┌────────┐
               │ 6  4  3│
probabilidades │0,09 0,12 0,19 0,21 0,39 0,21 0,40│
ascendentes    │ 5  -5  6  -6│                      (i)                        (j)                         (k)
                   (h)
```

```
              0,60 = 0,39 + 0,21   7           0,40      6                0,60      7                 0,60       7
                   /                           /                          /                           /
               0,40                 6        0,60       7                0,40      6                0,40       6
índices        ┌─────┐
               │ 7  6│
probabilidades │0,09 0,12 0,19 0,21 0,39 0,21 0,40 0,60│
ascendentes    │ 5  -5  6  -6  7  -7│                   (m)                      (n)                         (o)
                   (l)
```

```
                   1,0                                                  1,0                   A   10
índices        ┌───┐                                                    / \                   B   11
               │ 8 │                                               0,40   0,60                C   00
probabilidades │0,09 0,12 0,19 0,21 0,39 0,21 0,40 0,60 10,0│      / \    / \                 D   011
ascendentes    │ 5  -5  6  -6  7  -7  8  -8│                   0,19 0,21 0,39 0,21            E   010
                   (p)                                              / \
                                                                 0,09 0,12                (q)
```

A árvore de Huffman permite a construção de uma tabela que dê os equivalentes para cada símbolo em termos de 1s e 0s encontrados ao longo do caminho que leva a cada uma das folhas da árvore. Em nosso exemplo, a árvore da Figura 11.3 será usada, resultando na tabela

A 11
B 01
C 00
D 101
E 100

O processo de codificação transmite os equivalentes codificados dos símbolos a serem enviados. Por exemplo, em vez de enviar ABAAD, a sequência 11011111101 é despachada com o número médio de bits por uma letra igual a 11/5 = 2,2, quase o mesmo que 2,09, valor especificado pela fórmula para L_{ave}. Para decodificar esta mensagem, a tabela de conversão tem que ser conhecida pelo seu receptor. Usando esta tabela, uma árvore de Huffman pode ser construída com os mesmos caminhos da árvore usada para a codificação, mas suas folhas armazenam (com o propósito de eficiência) os símbolos, em vez de suas probabilidades. Deste modo, ao atingir uma folha, o símbolo pode ser recuperado diretamente a partir dela. Com o uso desta árvore, cada símbolo pode ser decodificado univocamente. Por exemplo, se 1001101 é recebido, tentamos atingir uma folha da árvore usando o caminho indicado pelos 1s e 0s à frente. Neste caso, 1 nos leva para a direita e 0 para a esquerda, onde terminamos em uma folha que contém E. Depois de atingir esta folha, a decodificação continua a partir da raiz da árvore e tenta atingir uma folha usando os 0s e 1s remanescentes. Como 100 foi processado, 1101 tem que ser decodificado. Agora, 1 nos leva para a direita e outro 1 novamente para a direita, que é uma folha com A. Iniciamos novamente a partir da raiz e a sequência 01 é decodificada como B. A mensagem inteira é agora decodificada como EAB.

Neste ponto uma pergunta pode ser feita: por que enviar 11011111101 em vez de ABAAD? Supõe-se que isto seja uma compressão de dados, mas a mensagem codificada é duas vezes mais longa que a original. Onde está a vantagem? Note precisamente o modo como as mensagens são enviadas. A, B, C, D e E são letras simples, e as letras, como caracteres, exigem um byte (oito bits) para serem enviadas, usando código ASCII estendido. A mensagem ABAAD exige cinco bytes (40 bits). Por outro lado, 0s e 1s na versão codificada podem ser enviados como bits simples. Se 11011111101 é tratada não como uma sequência de caracteres "0" e "1", mas como uma sequência de bits, somente 11 bits são necessários para enviar a mensagem, cerca de um quarto do que é exigido para enviar a mensagem em sua forma original ABAAD.

Este exemplo levanta um problema: tanto o codificador quanto o decodificador têm que usar a mesma codificação, a mesma árvore de Huffman. Caso contrário a decodificação será malsucedida. Como pode o codificador permitir que o decodificador saiba qual código particular foi usado? Existem pelo menos três possibilidades:

1. O codificador e o decodificador concordam antecipadamente sobre a árvore de Huffman e ambos a usam para enviar qualquer mensagem.
2. O codificador constrói a árvore de Huffman novamente cada vez que uma mensagem é enviada e manda a tabela de conversão junto com a mensagem. O decodificador usa a tabela para decodificar a mensagem ou reconstruir a árvore de Huffman correspondente e, então, realiza a tradução.
3. O decodificador constrói a árvore de Huffman durante a transmissão e a decodificação.

A segunda estratégia é a mais versátil, mas suas vantagens se tornam visíveis somente quando grandes arquivos são codificados e decodificados. Para o nosso exemplo simples, ABAAD, enviar a tabela de palavras-chave e a mensagem codificada 11011111101 é visto com dificuldade como uma compressão de dados. No entanto, se um arquivo contém uma mensagem de 10.000 caracteres usando os caracteres de A até E, o espaço economizado é significativo. Com o uso das probabilidades indicadas anteriormente para essas letras, projetamos que existam aproximadamente 3.900 As, 2.100 Bs, 1.900 Cs, 1.200 Ds e 900 Es. Por isso o número de bits necessários para codificar este arquivo é

$$3.900 \cdot 2 + 2.100 \cdot 2 + 1.900 \cdot 2 + 1.200 \cdot 3 + 900 \cdot 3 = 22.100 \text{ bits} = 2.762,5 \text{ bytes}$$

que é aproximadamente um quarto dos 10.000 bytes exigidos para enviar o arquivo original. Mesmo se a tabela de conversão for adicionada ao arquivo esta proporção será pouco afetada.

No entanto, ainda com esta abordagem, pode haver espaço para melhorias. Como indicado, um algoritmo ideal para compressão deve dar o mesmo comprimento médio de palavras-chave calculado pela Equação 11.1. Aos símbolos da Figura 11.1 foram atribuídas palavras-chave cujo comprimento médio é 2,21, aproximadamente 5% pior que o ideal de 2,09. Algumas vezes, no entanto, a diferença é maior. Considere, por exemplo, três símbolos, X, Y e Z, com probabilidades 0,1, 0,1 e 0,8. A Figura 11.6a mostra uma árvore de Huffman para esses símbolos, com palavras-chave atribuídas a eles. O comprimento médio, de acordo com esta árvore, é

$$L_{\text{Huf}} = 2 \cdot 0,1 + 2 \cdot 0,1 + 1 \cdot 0,8 = 1,2$$

e a melhor média esperada, L_{ave}, é 0,922. Em consequência, há a possibilidade de podermos melhorar a codificação de Huffman em aproximadamente 23,2%, ignorando o fato de que, neste ponto, uma melhoria total de 23,2% não é possível porque a média está abaixo de 1. Como isto é possível? Como já estabelecido, todas as árvores de Huffman resultam no mesmo caminho médio ponderado. Portanto, nenhuma melhoria pode ser esperada se somente os símbolos X, Y e Z são usados para construir esta árvore.

FIGURA 11.6 Melhorando o comprimento médio da palavra-chave aplicando o algoritmo de Huffman (b) para pares de letras (a) em vez de letras simples.

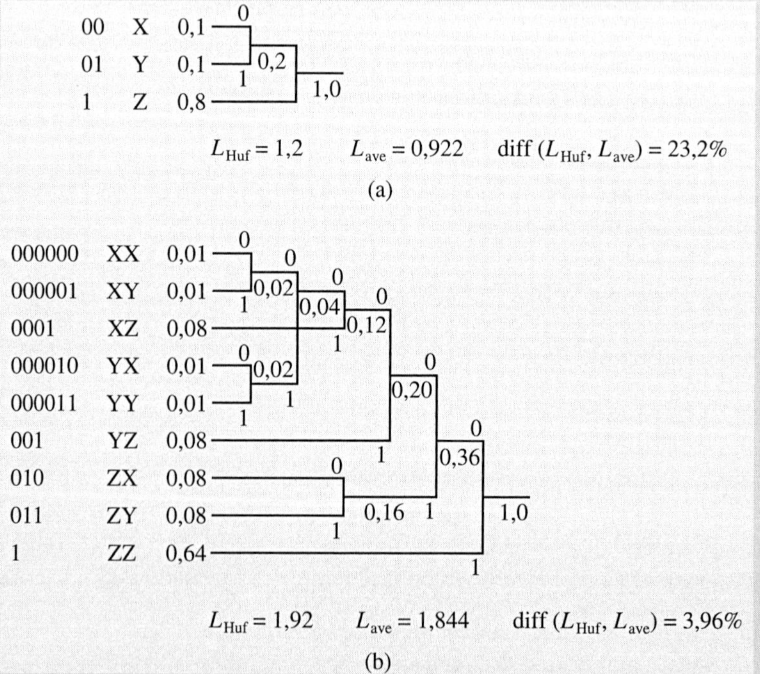

Por outro lado, se todos os pares possíveis de símbolos são usados para construir uma árvore de Huffman, a taxa de dados pode ser reduzida. A Figura 11.6b ilustra este procedimento. Além dos símbolos X, Y e Z, são criados nove pares cujas probabilidades são calculadas multiplicando-se a probabilidade de ambos os símbolos. Por exemplo, como a probabilidade para X e para Y é 0,1, a probabilidade do par XY é 0,01 = 0,1 · 0,1. A média L_{Huf} é 1,92 e a média esperada L_{ave}, 1,84 (duas vezes a L_{ave} anterior), com uma diferença de 4% entre essas médias. Isto representa uma melhoria de 19,2% ao custo de incluir uma tabela de conversão maior (nove entradas, em vez de três) como parte da mensagem a ser enviada. Se a mensagem é maior, e o número de símbolos nela usados é relativamente pequeno, o aumento do tamanho da tabela é insignificante. No entanto, para um grande número de símbolos o tamanho da tabela pode ser muito grande para que qualquer melhoria seja percebida. Para as 26 letras inglesas, o número de pares é 676, considerado relativamente pequeno. No entanto, se todos os caracteres imprimíveis têm que ser distinguidos em um texto em inglês, desde o caractere branco (código ASCII 32) até o til (código ASCII 126), mais o caractere de retorno de carro, existem (126 − 32 + 1) + 1 = 96 caracteres e 9.216 pares de caracteres. É provável que muitos desses pares ocorram (por exemplo, XQ ou KZ), mas, mesmo que 50% deles sejam encontrados, a tabela resultante que contém esses pares e as palavras-chave associadas a eles pode se tornar muito grande para ser útil.

Usar pares de símbolos ainda é uma boa ideia, mesmo que o número de símbolos seja grande. Por exemplo, uma árvore de Huffman pode ser construída para todos os símbolos e para todos os pares de símbolos que ocorrem pelo menos cinco vezes. A eficiência das variações da codificação de Huffman pode ser medida pela comparação do tamanho dos arquivos comprimidos. Experimentos foram realizados em um texto em inglês, num arquivo de programa PL/1 e em uma imagem fotográfica digitalizada (Rubin, 1976). Quando somente caracteres simples foram usados, as taxas de compressão foram aproximadamente 40%, 60% e 50%, respectivamente. Quando caracteres simples foram usados junto com os 100 grupos mais frequentes (não somente dois caracteres de comprimento), as taxas de compressão foram de 49%, 73% e 52%. Quando os 512 grupos mais frequentes foram usados, as taxas de compressão foram de cerca de 55%, 71% e 62%.

11.2.1 Codificação adaptativa de Huffman

A discussão anterior assumiu que as probabilidades de mensagens são conhecidas antecipadamente. A pergunta natural é: como nós as conhecemos?

Uma solução calcula o número de ocorrências de cada símbolo esperado nas mensagens em alguma amostra grande de textos de, digamos, 10 milhões de caracteres. Para mensagens em linguagens naturais, como inglês, tais amostras podem incluir alguns trabalhos literários, artigos de jornais e parte de uma enciclopédia. Depois de determinada frequência de caractere, uma tabela de conversão pode ser construída tanto para o envio quanto para o recebimento da transferência de dados. Isto elimina a necessidade de incluir esta tabela cada vez que um arquivo é transmitido.

No entanto, este método pode não ser útil para enviar alguns arquivos especializados, mesmo se escritos em inglês. Um artigo sobre ciência da computação inclui uma porcentagem muito mais alta de dígitos e parênteses, especialmente se apresenta ilustrações extensivas em código LISP ou código C++, do que um artigo em prosa de Jane Austen. Em tais circunstâncias, para determinar as frequências necessárias, é mais criterioso usar o texto a ser enviado, o que também requer a inclusão da tabela como um cabeçalho no arquivo a ser enviado. Um passe preliminar através deste arquivo é exigido antes que uma tabela de conversão atual possa ser construída. No entanto, o arquivo a ser pré-processado pode ser muito grande, e o pré-processamento retarda todo o processo de transmissão. Segundo, o arquivo a ser enviado pode não ser totalmente conhecido durante o envio, mas ainda assim a compressão é necessária; por exemplo, quando um texto está sendo teclado e enviado linha por linha, não há meios de conhecer o conteúdo do arquivo inteiro no momento do envio. Em tal situação, uma compressão adaptativa é uma solução viável.

Uma técnica adaptativa da codificação de Huffman foi idealizada por Robert G. Gallager e melhorada por Donald Knuth. O algoritmo é baseado na seguinte *propriedade de irmandade*: se cada nó tem um irmão (exceto para a raiz) e o cruzamento de árvore por percurso em extensão da direita para a esquerda gera uma lista de nós com contadores de frequência não crescentes, pode-se provar que uma árvore com a propriedade de irmandade é uma árvore de Huffman (Faller, 1974; Gallager, 1978).

Na codificação tirar este adaptativa de Huffman, a árvore de Huffman inclui um contador para cada símbolo, e o contador é atualizado toda vez que um símbolo correspondente de entrada está sendo codificado. Verificar se a propriedade de irmandade está sendo retida assegura que a árvore de Huffman sob construção assim permaneça. Se a propriedade de irmandade é violada, deve-se reestruturar a árvore para restabelecer esta propriedade. Veja a seguir como isto é realizado.

Primeiro, assumimos que o algoritmo mantém uma lista duplamente ligada a nodes que contém os nós da árvore ordenada pelo cruzamento de árvore por percurso em extensão da direita para a esquerda. Um $block_i$ é uma parte da lista na qual cada nó tem frequência i, e o primeiro nó de cada bloco é chamado *leader*. Por exemplo, a Figura 11.7 mostra a árvore de Huffman e a lista nodes = (7 **4** 3 2 2 2 **1** 1 1 **0**), que tem seis blocos — $block_7$, $block_4$, $block_3$, $block_2$, $block_1$ e $block_0$ — com cabeçalhos mostrados com os contadores em negrito.

Todos os símbolos não utilizados são mantidos em um nó com uma frequência 0, e cada símbolo encontrado na entrada tem seu próprio nó na árvore. Inicialmente a árvore tem apenas um nó-0 que inclui todos os símbolos. Se um símbolo de entrada não aparece na entrada, o nó-0 é dividido em dois, com o novo nó-0 contendo todos os símbolos, exceto o recém-encontrado, e o nó referente a este novo símbolo com o contador ajustado para 1; ambos os nós se tornam filhos de um ascendente cujo contador também está ajustado para 1. Se um símbolo de entrada já tem um nó p na árvore, seu contador é incrementado. No entanto, este incremento pode pôr em perigo a propriedade de irmandade, por isto esta propriedade tem que ser restaurada trocando-se o nó p com o cabeçalho do bloco ao qual p agora pertence, exceto quando este cabeçalho é ascendente de p. Esse nó é encontrado quando vamos de nodes em direção ao início da lista a partir de p. Se p pertence a $block_i$ antes do incremento, ele é trocado pelo cabeçalho do bloco e incluído em $block_{i+1}$. A seguir, o incremento do contador é feito para o possível novo ascendente de p, que pode também levar a uma transformação da árvore para restaurar a propriedade de irmandade. Este processo continua até que a raiz seja atingida. Deste modo, os contadores são atualizados no *novo* caminho de p até a raiz, em vez do seu velho caminho. Para cada símbolo a palavra-chave é emitida. Ela é obtida pela varredura da árvore de Huffman da raiz até o nó que corresponde a esse símbolo *antes* que qualquer transformação na árvore aconteça.

Existem dois tipos diferentes de palavras-chave transmitidas durante o processo. Se um símbolo que está sendo codificado já apareceu, o procedimento normal de codificação é aplicado: a árvore de Huffman é varrida da raiz até o nó que contém este símbolo para determinar sua palavra-chave. Se um símbolo aparece na entrada pela primeira vez, ele está no nó-0, mas apenas enviar a palavra-

FIGURA 11.7 Nós da lista duplamente ligada formados por percurso de árvore em-largura direita-para-a-esquerda.

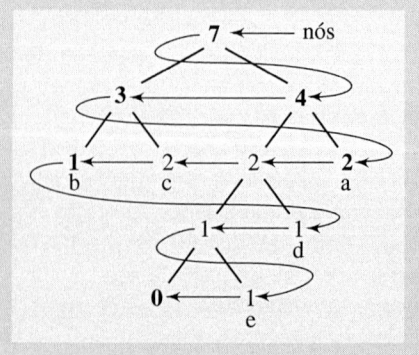

-chave de Huffman do nó-0 não é suficiente. Em consequência, junto com a palavra-chave que nos permite atingir o nó-0 é enviada a palavra-chave que indica a posição do símbolo encontrado. Por simplicidade, assumimos que a posição n é codificada como n 1s seguidos por um 0. O zero é usado para separar os 1s daqueles que pertencem à palavra-chave seguinte. Por exemplo, quando a letra c é codificada pela primeira vez, sua palavra de código, 001110, é uma combinação da palavra-chave para o nó-0, 00, e a palavra-chave 1110, que indica que c pode ser encontrado na terceira posição da lista de símbolos não utilizados associados com o nó-0. Essas palavras-chave (ou, melhor, partes de uma palavra-chave) estão marcadas na Figura 11.8, sublinhadas separadamente. Depois que um símbolo é removido da lista no nó-0, seu lugar é tomado pelo último símbolo da lista. Isto indica também que o codificador e o receptor têm que concordar sobre o alfabeto em uso e sua ordenação. O algoritmo é mostrado neste pseudocódigo:

```
FGKDynamicHuffmanEncoding(símbolo s)
    p = folha que contém o símbolo s;
    c = palavra-chave de Huffman para s;
if p é o nó-0
    c = c concatenado com o número de 1s que representa a posição de s no nó-0 e com 0;
    escreva o último símbolo do nó 0 sobre s nesse nó;
    crie um novo nó q para o símbolo s e ajuste seu contador para 1;
    p = novo nó para se tornar o ascendente do nó-0 e do nó q;
    contador(p) = 1;
    inclua os dois novos nós em nodes;
else incremente o contador(p);
while p não é a raiz
if p viola a propriedade de irmandade
    if o cabeçalho do block_i que ainda inclui p não é ascendente(p)
        troque p pelo cabeçalho;
    p = ascendente(p);
    incremente o contador(p);
return palavra-chave c;
```

Um exemplo etapa por etapa para a cadeia *aafcccbd* é mostrado na Figura 11.8.

1. Inicialmente, a árvore inclui somente o nó-0 com todas as letras fonte (*a, b, c, d, e, f*). Depois da primeira letra de entrada, *a*, somente a palavra-chave para a posição ocupada por *a* no nó-0 é produzida. Como ela está na primeira posição, um 1 é produzido, seguido por um 0. A última letra do nó-0 é colocada na primeira posição e um nó separado é criado para a letra *a*. O nó, com o contador de frequência ajustado para 1, torna-se um filho de outro nó, que é também o ascendente do nó-0.

2. Depois da segunda letra de entrada, também um *a*, 1 é produzido, que é a palavra-chave de Huffman para a folha que inclui *a*. O contador de frequência de *a* aumenta para 2, que viola a propriedade de irmandade, mas, como o cabeçalho do bloco é o ascendente do nó p (isto é, do nó *a*), nenhuma troca acontece; somente p é atualizado para apontar para o seu ascendente, e então o contador de frequência aumenta.

3. A terceira letra de entrada, *f*, é uma letra produzida pela primeira vez; assim, a palavra-chave de Huffman para o nó-0, 0, é gerada primeiro, seguida pelo número de 1s que correspondem à posição ocupada por *f* no nó-0, seguido por 0: 10. A letra *e* é colocada no lugar da letra *f* no nó-0, uma nova folha para *f* é criada e um novo nó se torna o ascendente do nó-0 e da folha recém-criada. O nó p, que é o ascendente da folha *f*, não viola a propriedade de irmandade, por isso p é atualizado, p = parent(p), tornando-se a raiz que é incrementada.

4. A quarta letra fornecida é *c*, que aparece pela primeira vez na entrada. A palavra-chave de Huffman para o nó-0 é gerada, seguida por três 1s e um 0, porque *c* é a terceira letra do nó-0. Depois disso, *d* é colocado no lugar de *c* no nó-0 e *c* é colocado em uma folha recém-criada; p é atualizado duas vezes, permitindo o incremento dos contadores de dois nós, o filho à esquerda da raiz e a própria raiz.

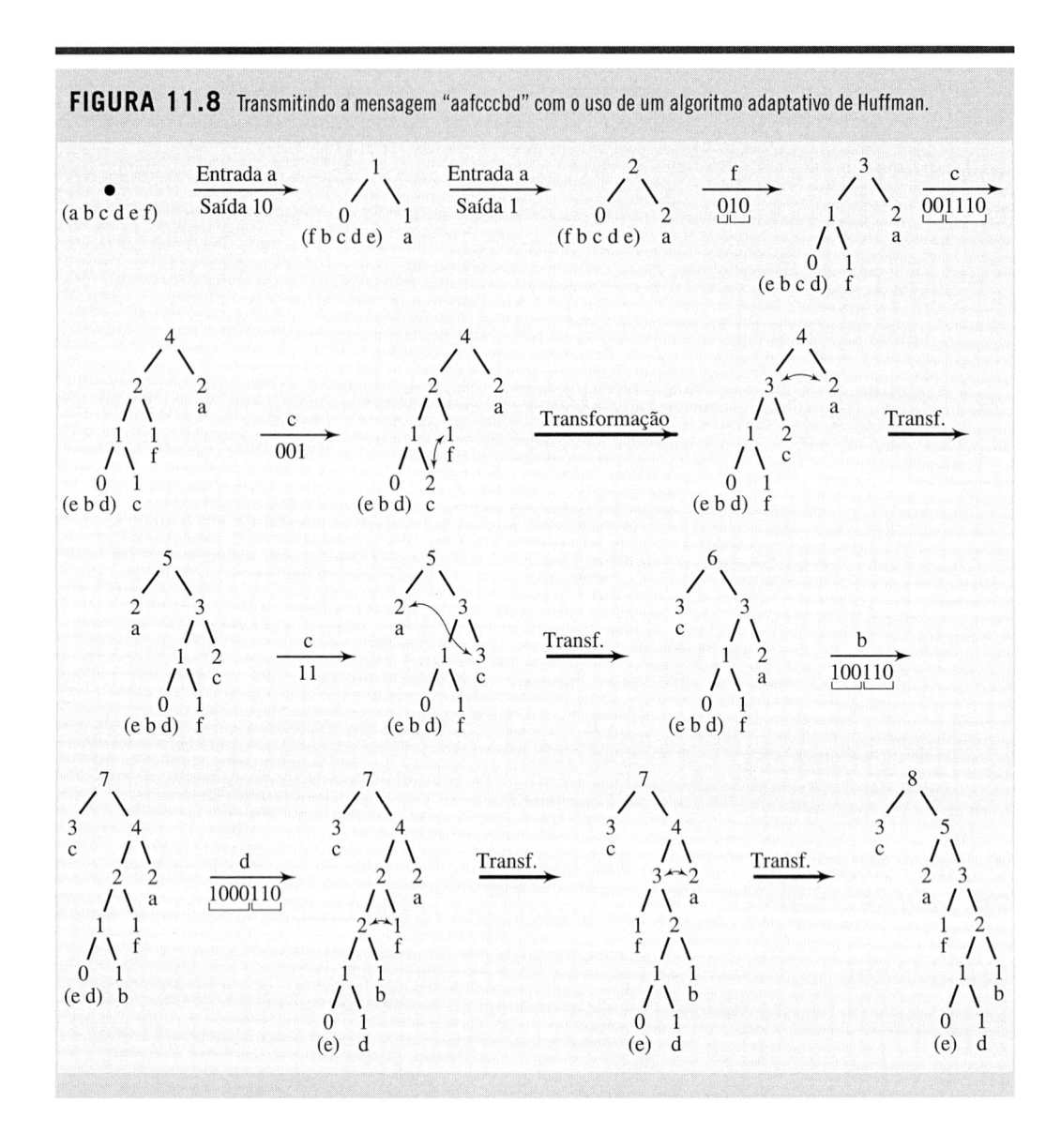

FIGURA 11.8 Transmitindo a mensagem "aafcccbd" com o uso de um algoritmo adaptativo de Huffman.

5. A letra *c* é a próxima letra de entrada. A primeira palavra-chave de Huffman para essa folha é fornecida, 001. A seguir, devido ao fato de a propriedade de irmandade ser violada, o nó p (isto é, a folha *c*) é trocado pelo cabeçalho *f* do *block*$_1$, que ainda inclui essa folha. Então, p = *parent*(p), e o novo ascendente p do nó *c* é incrementado, o que leva a outra violação da propriedade de irmandade e a uma troca do nó p pelo líder do *block*$_2$, ou seja, pelo nó *a*. A seguir, p = *parent*(p), e o nó p é incrementado, mas, por ser a raiz, o processo de atualização da árvore termina.

6. A sexta letra de entrada é *c*, que tem uma folha na árvore. Primeiro, a palavra-chave de Huffman da folha, 11, é gerada, e o contador do nó *c* é incrementado. O nó p, que é o nó *c*, viola a propriedade de irmandade, por isso p é trocado pelo cabeçalho (o nó *a*) do *block*$_3$. Agora, p = *parent*(p), o contador de p é incrementado e, como p é a raiz, a transformação da árvore é concluída para esta letra de entrada. As etapas restantes podem ser acompanhadas na Figura 11.8.

Deixamos ao leitor a tarefa de fazer as modificações apropriadas no pseudocódigo para obter um algoritmo FGKDynamicHuffmanDecoding(*palavra-chave* c).

É possível desenvolver uma codificação de Huffman que não exija nenhum conhecimento inicial do conjunto de símbolos usados pelo codificador (Cormack e Horspool, 1984). A árvore de Huffman é inicializada para um caractere de escape especial. Se um novo símbolo está para ser enviado, ele é precedido pelo caractere de escape (ou sua palavra-chave atualmente na árvore) e seguido pelo próprio símbolo. O receptor pode agora conhecer este símbolo, de modo que, se sua palavra-chave chegar mais tarde, ela poderá ser apropriadamente decodificada. O símbolo é inserido na árvore quando fazemos da folha L com a mais baixa frequência uma não folha, de modo que L tenha dois filhos, um pertencente ao símbolo previamente em L e o outro ao novo símbolo.

A codificação adaptativa de Huffman excede a codificação de Huffman simples em dois aspectos: ela exige somente um passe por meio da entrada e adiciona somente um alfabeto na saída. Ambas as versões são relativamente rápidas e, mais importante, podem ser aplicadas a qualquer tipo de arquivo, não somente a arquivos de texto. Em particular, elas podem comprimir objetos ou arquivos executáveis. O problema com estes arquivos, no entanto, é que eles geralmente usam conjuntos de caracteres maiores do que os arquivos de código-fonte, e a distribuição desses caracteres é mais uniforme que a dos arquivos de texto. Em consequência, as árvores de Huffman são grandes, as palavras-chave têm comprimentos similares e o arquivo de saída não é muito menor que o original; ele é comprimido em aproximadamente apenas 10%-20%.

11.3 Codificação comprimento-de-carreira

Carreira é definida como uma sequência de caracteres idênticos. Por exemplo, a cadeia s = "aaabba" tem três carreiras: uma de três "a"s seguida por carreiras de dois "b"s e um "a". A técnica de codificação comprimento-de-carreira aproveita a presença de carreiras e as representa em forma abreviada, comprimida.

Se as carreiras têm os mesmos caracteres, como na cadeia s = "nnnn***r%%%%%%", em vez de transmitir esta cadeia, a informação sobre as carreiras pode ser transferida. Cada carreira é codificada pelo par (n, ch), onde ch é um caractere e n o inteiro que representa o número de caracteres consecutivos ch na carreira. A cadeia s é codificada como 4n3*1r7%. No entanto, surge um problema se um dos caracteres que estão sendo transferidos é um dígito, como em 11111111111544444, que é representado como 1111554 (para onze 1s, um 5 e cinco 4s). Em consequência, para cada carreira, em vez do número n, pode ser usado um caractere cujo valor ASCII é n. Por exemplo, a carreira de 43 letras "c" consecutivas é representada como +c ("+" tem o código ASCII 43), e a carreira de 49 1s é codificada como 11 ("1" tem o código ASCII 49).

Esta técnica é eficiente somente quando carreiras de pelo menos dois caracteres são transmitidas, porque, para carreiras de apenas um, a palavra-chave é duas vezes mais longa que os caracteres. Em consequência, a técnica deve ser aplicada somente para carreiras de pelo menos dois caracteres. Isto requer o uso de um marcador indicando se o que está sendo transmitido é uma carreira em uma forma abreviada ou um caractere literal. Três caracteres são necessários para representar uma carreira: um marcador de compressão cm, um caractere literal ch e um contador n, que constitui um triplo $<cm, ch, n>$. O problema da escolha do marcador de compressão é especialmente delicado, pois não deve ser confundido com um caractere literal que está sendo transmitido. Se um arquivo de texto regular é transmitido, pode-se escolher o caractere '~'+1. Se não há nenhuma restrição sobre os caracteres transmitidos, sempre que o próprio marcador de compressão ocorre no arquivo de entrada transmitimos os marcadores de compressão duas vezes. O decodificador descarta um desses marcadores ao receber dois deles em uma linha e retém apenas um como parte dos dados que estão sendo recebidos — por exemplo, \\ para imprimir apenas uma barra invertida. Como para cada marcador literal dois deles precisam ser enviados, um marcador usado com menor frequência deve ser escolhido. Além disso, carreiras de marcadores não são enviadas em forma comprimida.

Como carreiras comprimidas resultam em uma sequência de três caracteres, esta técnica deve ser aplicada a carreiras de pelo menos quatro caracteres. O comprimento máximo de uma carreira que pode ser representada pelo triplo $<cm, ch, n>$ é de 255 para um ASCII de 8 bits, caso o número n represente o número de caracteres da carreira. Mas, como somente carreiras de quatro ou mais caracteres são codificadas, *n* pode representar o número efetivo de caracteres em uma carreira menos 4. Por exemplo, se *n* = 1, então há cinco caracteres na carreira. Neste caso, a carreira mais longa representada por um triplo tem 259 caracteres.

A codificação comprimento-de-carreira é pouco eficiente para arquivos de texto, nos quais somente o caractere branco tem uma tendência para se repetir. Neste caso, um predecessor desta técnica pode ser aplicado, *supressão de nulos*, que comprime somente carreiras de brancos e elimina a necessidade de identificar o caractere que está sendo comprimido. Como resultado, pares <*cm, n*> são usados para carreiras de três ou mais brancos. Esta técnica simples é usada no protocolo de transmissão IBM 3780 BISYNC, em que o ganho de produção está entre 30% e 50%.

A codificação comprimento-de-carreira é útil quando aplicada a arquivos com grande chance de ter muitas carreiras de pelo menos quatro caracteres. Exemplo são os bancos de dados relacionais. Todos os registros no mesmo arquivo do banco de dados relacional devem ter comprimentos iguais. Os registros (linhas, tuplas) são coleções de campos, que podem ser – e com muita frequência são – mais compridos do que a informação armazenada neles. Em consequência, têm que ser completados com algum caractere, criando, por isso, grande coleção de carreiras, cujo único propósito é preencher espaço livre em cada campo de todos os registros.

Outro candidato para a compressão que usa a codificação comprimento-de-carreira são as imagens de fax, compostas de combinações de pixels brancos e pretos. Para baixa resolução existem cerca de 1,5 milhão de pixels por página.

Uma séria desvantagem da codificação comprimento-de-carreira é que ela se apoia inteiramente na ocorrência de carreiras. Em particular, este método por si só é incapaz de reconhecer a alta frequência da ocorrência de certos símbolos que chamam palavras-chave pequenas. Por exemplo, AAAABBBB pode ser comprimida, já que é composta de duas carreiras, mas ABABABAB não, embora ambas as mensagens sejam constituídas das mesmas letras. Por outro lado, ABABABAB é comprimida pelo método de Huffman no mesmo número de palavras-chave de AAAABBBB sem levar em consideração a presença de carreiras. Em consequência, parece ser apropriado combinar ambos os métodos, como no estudo de caso deste capítulo.

11.4 Código Ziv-Lempel

O problema com alguns desses métodos discutidos até agora é que eles exigem certo conhecimento sobre os dados antes que a codificação se realize. Uma "forma pura" do codificador de Huffman precisa conhecer as frequências de ocorrências de símbolos antes que as palavras-chave lhes sejam atribuídas. Algumas versões da codificação adaptativa de Huffman podem evitar esta limitação, não se apoiando no conhecimento prévio da característica da fonte, mas construindo este conhecimento durante a transmissão dos dados. Tal método é chamado *esquema universal de codificação*, e o código Ziv-Lempel é um exemplo de um código de compressão de dados universal.

Em uma versão do método de Ziv-Lempel chamada LZ77, um buffer de símbolos é mantido. As primeiras posições l_1 contêm os mais recentes símbolos l_1 codificados a partir da entrada, e as posições l_2 remanescentes, os símbolos l_2 prestes a ser codificados. Em cada iteração, iniciando a partir de uma das primeiras posições l_1, procura-se no buffer uma subcadeia que case com um prefixo de uma cadeia localizada na segunda porção do buffer. Se encontrado este casamento, uma palavra-chave é transmitida; a palavra-chave é um triplo composto da posição na qual o casamento foi encontrado, do comprimento do casamento e do primeiro símbolo não casado. Depois, o código inteiro do buffer é deslocado para a esquerda pelo comprimento do casamento mais um. Alguns símbolos são deslocados para fora. Alguns símbolos novos da entrada são deslocados para dentro. Para iniciar este processo, as primeira posições l_1 são preenchidas com cópias l_1 do primeiro símbolo da entrada.

Como exemplo, considere o caso em que $l_1 = l_2 = 4$, e a entrada é a cadeia "aababacbaacbaadaaa....". As posições no buffer são indexadas com os números de 0 a 7. A situação inicial é mostrada no topo da Figura 11.9. O primeiro símbolo da entrada é "a", e as posições de 0 a 3 são preenchidas com "a"s. Os primeiros quatro símbolos da entrada, "aaba," são colocados nas posições remanescentes. O ca-

FIGURA 11.9 Codificando a cadeia "aababacbaacbaadaaa..." com LZ77.

Entrada	Buffer	Código Transmitido
aababacbaacbaadaa...	aaaa	a
aababacbaacbaadaa...	aaa<u>aa</u>aba	22b
abacbaacbaadaaa...	aa<u>aba</u>bac	23c
baacbaadaaa...	a<u>b</u>ac<u>b</u>aac	12a
cbaadaaa...	<u>cbaa</u>cbaa	03a
daaa...	cbaa<u>d</u>aaa	30d
aaa...	...	

samento de prefixo mais longo que casa com qualquer subcadeia que comece em qualquer posição entre 0 e 3 é "aa". Em consequência, a palavra-chave gerada é um triplo <2, 2, b>, ou simplesmente 22b; o casamento começa na posição dois, tem dois símbolos de comprimento e o símbolo que segue este casamento é "b". A seguir, um deslocamento à esquerda ocorre, três "a"s são deslocados para fora e a cadeia "bac" é deslocada para dentro. O mais longo casamento também inicia na posição dois e tem três símbolos de comprimento: "aba", seguido por "c". A palavra-chave emitida é 23c. A Figura 11.9 ilustra mais algumas etapas.

Os números l_1 e l_2 são escolhidos neste exemplo, de modo que somente dois bits são necessários para cada um. Como cada símbolo exige um byte (oito bits), uma palavra-chave pode ser armazenada em 12 bits. Em consequência l_1 e l_2 devem ser potências de 2, pois nenhum número binário deixa de ser utilizado. Se l_1 é 5, 3 bits são necessários para codificar todas as posições possíveis de 0 a 4, e as combinações de 3 bits que correspondem aos números 5, 6 e 7 não são usadas.

Uma versão do algoritmo de Ziv-Lempel aplicada com mais frequência, chamada LZW, usa uma tabela de palavras-chave criadas durante a transmissão de dados. Um algoritmo simples para codificação pode ser apresentado como a seguir (Welch, 1984; Miller e Wegman, 1985):

```
LZWcompress()
    forneça todas as letras na tabela;
    inicialize a cadeia s para a primeira letra da entrada;
    while qualquer entrada
        leia o caractere c;
        if s+c está na tabela
            s = s+c;
        else produza a palavra-chave(s);
            entre s+c na tabela;
            s = c;
    produza a palavra-chave(s);
```

A cadeia s tem sempre pelo menos um caractere de comprimento. Depois de ler um novo caractere, a concatenação da cadeia s e do caractere c é verificada na tabela. Um novo caractere é lido se a concatenação s+c está na tabela. Caso contrário, a palavra-chave para s é produzida, a concatenação s+c estocada na tabela e s inicializado para c. A Figura 11.10 mostra um traço da execução deste procedimento aplicado à entrada "aababacbaacbaadaaa. ...". A figura mostra o resultado gerado: as cadeias incluídas na tabela em formatos inteiro e abreviado, representadas por um número e um caractere.

FIGURA 11.10 LZW aplicado à cadeia "aababacbaacbaadaaa ...".

Codificador		Tabela		
Entrada	Saída	Índice (Palavra-chave)	Cadeia Completa	Cadeia Abreviada
		1	a	a
		2	b	b
		3	c	c
a		4	d	d
a	1	5	aa	1a
b	1	6	ab	1b
ab	2	7	ba	2a
a	6	8	aba	6a
c	1	9	ac	1c
ba	3	10	cb	3b
ac	7	11	baa	7a
baa	9	12	acb	9b
d	11	13	baad	11d
aa	4	14	da	4a
a	5	15	aaa	5a
...				

Um componente crucial de eficiência é a organização da tabela. Obviamente, para exemplos mais realistas, centenas de milhares de entradas podem ser esperadas nesta tabela, de modo que um método de pesquisa eficiente deve ser usado. Uma segunda preocupação é o tamanho da tabela, que cresce particularmente quando novas cadeias longas são nela inseridas. O problema do tamanho é tratado armazenando na tabela palavras-chave para os prefixos e os últimos caracteres das cadeias. Por exemplo, se para "ba" é atribuída a palavra-chave 7, então "baa" pode ser armazenada na tabela como um número de seu prefixo, "ba", e o seu último caractere, que é o caractere "a". O resultado portanto, é 7a. Deste modo, todas as entradas da tabela têm o mesmo comprimento. O problema da pesquisa é endereçado pelo uso de uma função de escrutínio.

Para decodificar, criamos a mesma tabela atualizando-a para cada código entrado, exceto o primeiro. Para cada palavra-chave um prefixo correspondente e um caractere são recuperados a partir da tabela. Como o prefixo é também uma palavra-chave (exceto para caracteres simples), isto exige outra procura na tabela, conforme a cadeia inteira é decodificada. Isto é claramente um procedimento recursivo que pode ser implementado com uma pilha explícita. Isto é necessário, pois o processo de codificação aplicado aos prefixos produz uma cadeia na ordem inversa. O procedimento de decodificação pode ser resumido como a seguir:

LZWdecompress()
forneça todas as letras na tabela;

leia `priorcodeword` *e produza um caractere que corresponda a ele;*
while *as palavras-chave são ainda deixadas*
    leia `codeword;`
    if `codeword` *não está na tabela* // *caso especial:* c+s+c+s+c, *também se s é nulo;*
        entre na tabela string(`priorcodeword`) + *firstchar*(*string*(`priorcodeword`));
        produza string(`priorcodeword`) + *firstchar*(*string*(`priorcodeword`));
    else *entre na tabela string*(`priorcodeword`) + *firstchar*(*string*(`codeword`));
        produza string(`codeword`);
    `priorcodeword = codeword;`

Este algoritmo relativamente simples deve considerar um caso especial, quando uma palavra-chave que está sendo processada não tem uma entrada correspondente na tabela. Esta situação surge quando a cadeia que está sendo decodificada contém uma subcadeia "cScSc", onde "c" é um caractere simples e "cS" já está na tabela.

Todos os algoritmos de compressão discutidos são amplamente usados. O UNIX tem três programas de compressão: *pack* usa o algoritmo de Huffman, *compact* é baseado no método adaptativo de Huffman, e *compress* usa a codificação LZW. De acordo com os manuais do sistema, *pack* comprime arquivos de texto em 25%-40%; *compact*, 40%; e *compress*, 40%-50%. A taxa de compressão é melhor para a codificação Ziv-Lempel. E é também mais rápida.

11.5 Estudo de caso: Método de Huffman com codificação comprimento-de-carreira

Como discutido na codificação comprimento-de-carreira, este método é adequado para arquivos com grande chance de ter muitas carreiras de pelo menos quatro símbolos; caso contrário, nenhuma compressão é conseguida. O algoritmo de Huffman, por outro lado, pode ser aplicado a arquivos com quaisquer carreiras, incluindo as de um a três símbolos de comprimento. Este método pode ser aplicado a símbolos simples, como letras, mas também a pares de símbolos, a triplos e a uma coleção de sequências de símbolos de comprimentos variáveis. Incorporar a codificação comprimento-de-carreira ao método de Huffman funciona extremamente bem para arquivos com muitas carreiras longas, e moderadamente bem para arquivos com um pequeno número de carreiras e grande número de símbolos diferentes.

Para arquivos sem carreiras o método é reduzido à codificação de Huffman. Nesta abordagem, um arquivo a ser comprimido é varrido primeiro para determinar todas as carreiras, incluindo as de um, dois e três símbolos de comprimento. Carreiras compostas dos mesmos símbolos, mas de diferentes comprimentos, são tratadas como diferentes "supersímbolos", usados para criar uma árvore de Huffman. Por exemplo, se a mensagem a ser comprimida é AAABAACCAABA, os supersímbolos incluídos na árvore de Huffman são AAA, B, AA, CC, e A, e não símbolos A, B e C. Deste modo, o número de palavras-chave a ser criadas cresce de três para os símbolos até cinco para os supersímbolos. A tabela de conversão torna-se maior, mas as palavras-chave atribuídas às carreiras são muito menores do que na codificação de comprimento-de-carreira direta. Nesta codificação, esta palavra-chave tem sempre 3 bytes de comprimento (24 bits). Na codificação de Huffman, ela pode ter até um 1 de comprimento.

Primeiro, um arquivo de entrada é varrido e todos os supersímbolos são coletados no vetor `data` pela função `garnerData()`, e ordenados de acordo com a frequência de ocorrência. A Figura 11.11a ilustra as posições dos dados no vetor ordenado. A seguir, os dados ordenados são armazenados no arquivo de saída para ser usados pelo decodificador, com o fim de criar a mesma árvore de Huffman que o codificador está prestes a criar. A função `createHuffmanTree()` gera as palavras-chave da árvore de Huffman usando a informação coletada em `data`. Para isto, é criada primeiro uma lista duplamente ligada de árvores de nós simples similar à lista da Figura 11.3. Então, repetitivamente, as duas árvores com as frequências mais baixas são combinadas para criar uma, que eventualmente resulta em uma árvore de Huffman, como na Figura 11.11b.

FIGURA 11.11 (a) Conteúdo da matriz `data` depois que a mensagem AAABAACCAABA foi processada. (b) Árvore de Huffman gerada a partir destes dados.

```
                        data
            symbol ──▶ │ A │ C │ A │ B │ A │ ···
            runLen ──▶ │ 3 │ 2 │ 1 │ 1 │ 2 │
            freq   ──▶ │ 1 │ 1 │ 1 │ 2 │ 2 │
                        0   1   2   3   4   5
                              (a)
```

```
                         7
                        ╱ ╲
                       3   4
                      ╱ ╲ ╱ ╲
                     A  B A   2
                                ╱ ╲
                               A   C
  codeword    ──▶   0  1  2    6   7
  freq        ──▶   1  2  2    1   1
  runLen      ──▶   1  1  2    3   2
  codewordLen ──▶   2  2  2    3   3
```

AAA	110	
AA	10	
A	00	
B	01	
CC	111	

(b)

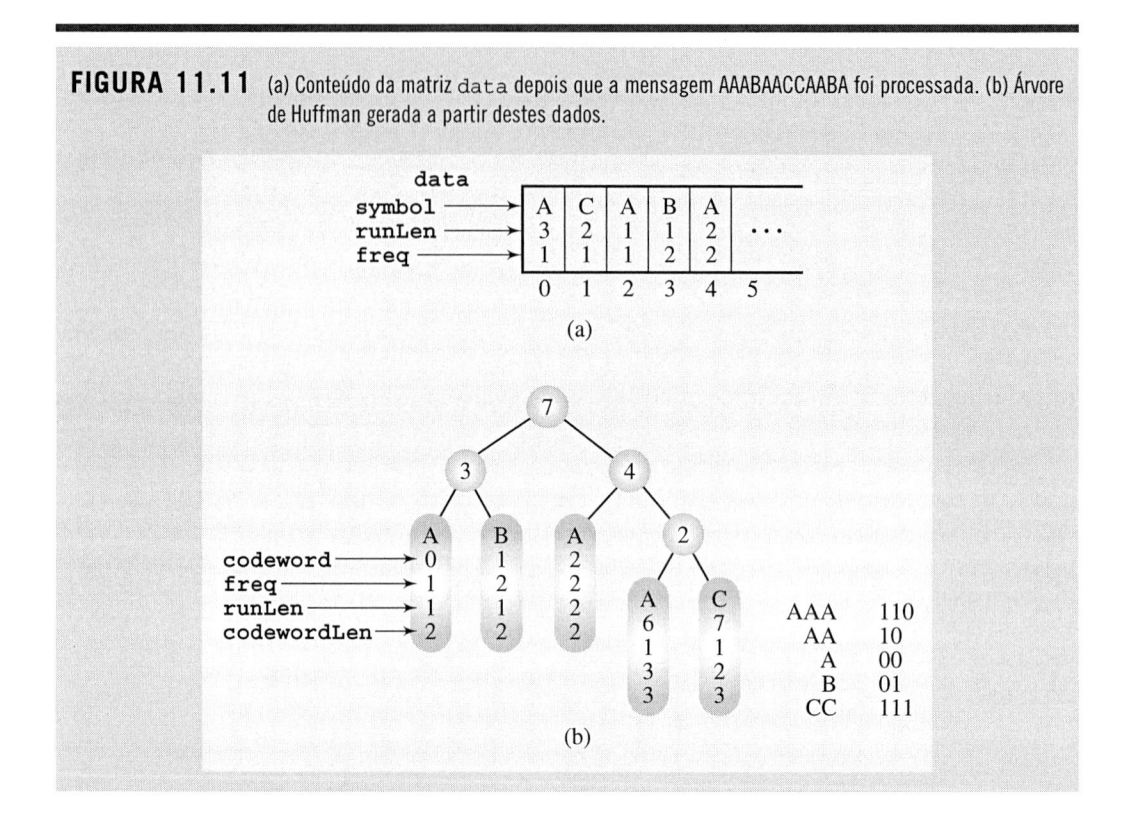

Depois de criada a árvore, as posições de todos os nós, em particular das folhas, podem ser determinadas, e através disto ser geradas as palavras-chave de todos os símbolos nas folhas. Cada nó nessa árvore tem sete membros de dados, mas somente cinco são mostrados, só para as folhas. As palavras-chave são armazenadas como números que representam sequências binárias de 0s e 1s. Por exemplo, a palavra-chave para CC é 7, 111 em binário. No entanto, esses números sempre têm o mesmo comprimento, e 7 é armazenado como 3 bits ajustados para 1 e precedidos por 29 bits ajustados para 0, 0 ... 0111. É preciso caracterizar, portanto, quantos bits além dos 32 são incluídos na sequência que representa a palavra-chave para certo símbolo. É 111, 0111, 00111 ou outra sequência? O campo da palavra-chave para As simples é 0. A palavra-chave para A é 0, 00, 000 ou alguns 0s a mais? Para evitar ambiguidade, o campo `codewordLen` armazena o número de bits incluídos na palavra-chave para determinado símbolo. Como `codewordLen` para A é 2 e `codeword` é 0, então, a sequência da palavra-chave que representa A é 00.

Gerada a árvore de Huffman e preenchidas as folhas com informações relevantes, o processo de codificar a informação no arquivo de entrada pode ser iniciado. Como pesquisar por símbolos particulares diretamente na árvore é muito demorado, é criada uma matriz `chars[]` de listas ligadas que corresponde a cada símbolo ASCII. Os nós das listas ligadas são simplesmente folhas da árvore, ligadas através de ponteiros certos, e cada lista tem tantos nós quanto o número de diferentes comprimentos-de-carreira de dado símbolo no arquivo de entrada. Ele dá acesso imediato a uma lista ligada particular, mas algumas listas ligadas podem ser longas quando há muitos comprimentos-de--carreira de determinado símbolo.

A seguir, o arquivo é varrido pela segunda vez para encontrar cada supersímbolo e sua correspondente palavra-chave na árvore de Huffman e transmiti-lo ao arquivo de saída. Como as sequências são recuperadas a partir da árvore, são firmemente empacotadas em uma variável numérica `pack` de 4 bytes. O primeiro supersímbolo encontrado no arquivo de entrada é AAA com a palavra-chave 110, que é armazenado em `pack`, de modo que `pack` contém a sequência 0 ... 0110.

Depois que B é recuperado do arquivo, seu código, 01, é anexado ao fim de `pack`. Em consequência, o conteúdo de `pack` tem que ser deslocado para a esquerda em duas posições, a fim de deixar espaço para 01, que é estocado nele usando a operação bitwise ou |. Agora, `pack` contém a cadeia 0 ... 011001. Depois que `pack` é preenchido com as palavras-chave, é enviado para o arquivo de saída como uma sequência de 4 bytes.

FIGURA 11.12 Implementação do método de Huffman com a condição comprimento-de-carreira.

```
//********************* HuffmanCoding.h *********************

#include <vector>
#include <algorithm>

class HuffmanNode {
public:
    char symbol;
    unsigned long codeword, freq;
    unsigned int runLen, codewordLen;
    HuffmanNode *left, *right;
    HuffmanNode() {
        left = right = 0;
    }
    HuffmanNode(char s, unsigned long f, unsigned int r,
        HuffmanNode *lt = 0, HuffmanNode *rt = 0) {
        symbol = s; freq = f; runLen = r; left = lt; right = rt;
    }
};

class ListNode {
public:
    HuffmanNode *tree;
    ListNode *next, *prev;
    ListNode() {
        next = prev = 0;
    }
    ListNode(ListNode *p, ListNode *n) {
        prev = p; next = n;
    }
};

class DataRec {
public:
    char symbol;
    unsigned int runLen;
    unsigned long freq;
    DataRec() {
    }
    bool operator== (const DataRec& dr) const { // usado por find();
```

FIGURA 11.12 Implementação do método de Huffman com a condição comprimento-de-carreira. (*continuação*)

```
        return symbol == dr.symbol && runLen == dr.runLen;
    }
    bool operator< (const DataRec& dr) const {  // usado por sort();
        return freq < dr.freq;
    }
};

class HuffmanCoding {
public:
    HuffmanCoding() : mask(0xff), bytes(4), bits(8), ASCII(256) {
        chars = new HuffmanNode*[ASCII+1];
    }
    void compress(char*,ifstream&);
    void decompress(char*,ifstream&);
private:
    const unsigned int bytes, bits, ASCII;
    unsigned int dataSize;
    const unsigned long mask;
    unsigned long charCnt;
    ofstream fOut;
    HuffmanNode *HuffmanTree, **chars;
    vector<DataRec> data;
    void error(char *s) {
        cerr << s << endl; exit(1);
    }
    void output(unsigned long pack);
    void garnerData(ifstream&);
    void outputFrequencies(ifstream&);
    void read2ByteNum(unsigned int&,ifstream&);
    void read4ByteNum(unsigned long&,ifstream&);
    void inputFrequencies(ifstream&);
    void createHuffmanTree();
    void createCodewords(HuffmanNode*,unsigned long,int);
    void transformTreeToArrayOfLists(HuffmanNode*);
    void encode(ifstream&);
    void decode(ifstream&);
};

void HuffmanCoding::output(unsigned long pack) {
    char *s = new char[bytes];
    for (int i = bytes - 1; i >= 0; i--) {
        s[i] = pack & mask;
        pack >>= bits;
    }
    for (i = 0; i < bytes; i++)
        fOut.put(s[i]);
}
```

FIGURA 11.12 Implementação do método de Huffman com a condição comprimento-de-carreira. (*continuação*)

```cpp
void HuffmanCoding::garnerData(ifstream& fIn) {
    char ch, ch2;
    DataRec r;
    vector<DataRec>::iterator i;
    r.freq = 1;
    for (fIn.get(ch); !fIn.eof(); ch = ch2) {
        for (r.runLen = 1, fIn.get(ch2); !fIn.eof() && ch2 == ch; r.runLen++)
            fIn.get(ch2);
        r.symbol = ch;
        if ((i = find(data.begin(),data.end(),r)) == data.end())
            data.push_back(r);
        else i->freq++;
    }
    sort(data.begin(),data.end());
}

void HuffmanCoding::outputFrequencies(ifstream& fIn) {
    unsigned long temp4;
    char ch = data.size();
    unsigned int temp2 = data.size();
    temp2 >>= bits;
    fOut.put(char(temp2)).put(ch);
    fIn.clear();
    output((unsigned long)fIn.tellg());
    for (int j = 0; j < data.size(); j++) {
        fOut.put(data[j].symbol);
        ch = temp2 = data[j].runLen;
        temp2 >>= bits;
        fOut.put(char(temp2)).put(ch);
        temp4 = data[j].freq;
        output(temp4);
    }
}

void HuffmanCoding::read2ByteNum(unsigned int& num, ifstream& fIn) {
    num = fIn.get();
    num <<= bits;
    num |= fIn.get();
}

void HuffmanCoding::read4ByteNum(unsigned long& num, ifstream& fIn) {
    num = (unsigned long) fIn.get();
    for (int i = 1; i < 4; i++) {
        num <<= bits;
        num |= (unsigned long) fIn.get();
    }
}
```

FIGURA 11.12 Implementação do método de Huffman com a condição comprimento-de-carreira. (*continuação*)

```cpp
void HuffmanCoding::inputFrequencies(ifstream& fIn) {
    DataRec r;
    read2ByteNum(dataSize,fIn);
    read4ByteNum(charCnt,fIn);
    data.reserve(dataSize);
    for (int j = 0; !fIn.eof() && j < dataSize; j++) {
        r.symbol = fIn.get();
        read2ByteNum(r.runLen,fIn);
        read4ByteNum(r.freq,fIn);
        data.push_back(r);
    }
}

void HuffmanCoding::createHuffmanTree() {
    ListNode *p, *newNode, *head, *tail;
    unsigned long newFreq;
    head = tail = new ListNode;                // inicializa ponteiros de lista;
    head->tree = new
            HuffmanNode(data[0].symbol,data[0].freq,data[0].runLen);
    for (int i = 1; i < data.size(); i++) { // cria o restante da
                                              // lista;
        tail->next = new ListNode(tail,0);
        tail = tail->next;
        tail->tree =
            new HuffmanNode(data[i].symbol,data[i].freq,data[i].runLen);
    }
    while (head != tail) {                    // cria uma arvore de Huffman;
        newFreq = head->tree->freq + head->next->tree->freq; // as duas
                                              // frequencias mais baixas
        for (p = tail; p != 0 && p->tree->freq > newFreq; p = p->prev);
        newNode = new ListNode(p,p->next);
        p->next = newNode;
        if (p == tail)
            tail = newNode;
        else newNode->next->prev = newNode;
        newNode->tree =
            new HuffmanNode('\0',newFreq,0,head->tree,head->next->tree);
        head = head->next->next;
        delete head->prev->prev;
        delete head->prev;
        head->prev = 0;
    }
    HuffmanTree = head->tree;
    delete head;
}
```

FIGURA 11.12 Implementação do método de Huffman com a condição comprimento-de-carreira. (*continuação*)

```
void HuffmanCoding::createCodewords(HuffmanNode *p, unsigned long codeword,
int level) {
   if (p->left == 0 && p->right == 0) {          // se p for uma folha,
      p->codeword    = codeword;                  // armazene palavra-chave
      p->codewordLen = level;                     // e seu comprimento,
   }
   else {                                          // caso contrario some 0
      createCodewords(p->left,  codeword<<1,    level+1); // em ramo a
                                                           // esquerda
      createCodewords(p->right,(codeword<<1)+1,level+1); // e some 1 em ramo
                                                          // a direita;
   }
}

void HuffmanCoding::transformTreeToArrayOfLists(HuffmanNode *p) {
   if (p->left == 0 && p->right == 0) {          // se p for uma folha,
      p->right = chars[(unsigned char)p->symbol]; // inclua em
      chars[(unsigned char)p->symbol] = p;        // uma lista associada ao
   }                                              // simbolo encontrado em p;
   else {
      transformTreeToArrayOfLists(p->left);
      transformTreeToArrayOfLists(p->right);
   }
}

void HuffmanCoding::encode(ifstream& fIn) {
   unsigned long packCnt = 0, hold, maxPack = bytes*bits, pack = 0;
   char ch, ch2;
   int bitsLeft, runLength;
   for (fIn.get(ch); !fIn.eof(); ) {
      for (runLength = 1, fIn.get(ch2); !fIn.eof() && ch2 == ch;
           runLength++)
         fIn.get(ch2);
      for (HuffmanNode *p = chars[(unsigned char) ch];
           p != 0 && runLength != p->runLen; p = p->right)
         ;
      if (p == 0)
         error("A problem in encode()");
      if (p->codewordLen < maxPack - packCnt) {    // se houver espaço em
         pack = (pack << p->codewordLen) | p->codeword; // pacote para
                                                        // armazenar nova
         packCnt += p->codewordLen;                 // palavra-chave,
      }                                             // seu conteudo para a
                                                    // esquerda e anexe
                                                    // nova palavra-chave;
      else {                                        // caso contrario, mova
         bitsLeft = maxPack - packCnt;              // o conteudo do pacote para a
         pack <<= bitsLeft;                         // esquerda a quantidade de
```

FIGURA 11.12 Implementação do método de Huffman com a condição comprimento-de-carreira. (*continuação*)

```
            if (bitsLeft != p->codewordLen) {    // espaços a esquerda
                hold = p->codeword;              // e se nova palavra-chave for
                hold >>= p->codewordLen - bitsLeft; // mais longa que
                                                 // espaço disponivel,
                pack |= hold;                    // left, transfira
            }                                    // somente tantos bits quantos
                                                 // couber no pacote;
            else pack |= p->codeword;            // se nova palavra-chave
                                                 // cabe exatamente no
                                                 // pacote, a transfira;
            output(pack);                        // publique pacote como
                                                 // quatro chars;
            if (bitsLeft != p->codewordLen) {    // transfira
                pack = p->codeword;              // bits não processados
                packCnt = maxPack - (p->codewordLen - bitsLeft); // de
                packCnt = p->codewordLen - bitsLeft; // nova palavra-chave para o
                                                 // pacote;
            }
            else packCnt = 0;
        }
        ch = ch2;
    }
    if (packCnt != 0) {
        pack <<= maxPack - packCnt; // transfira palavras-chave que sobrarem e
                                    // some 0s
        output(pack);
    }
}

void HuffmanCoding::compress(char *inFileName, ifstream& fIn) {
    char outFileName[30];
    strcpy(outFileName,inFileName);
    if (strchr(outFileName,'.'))              // se houver extensao
        strcpy(strchr(outFileName,'.')+1,"z");// sobrescreva com 'z'
    else strcat(outFileName,".z");            // caso contrario acrescente extensao
'.z';
    fOut.open(outFileName,ios::out|ios::binary);
    garnerData(fIn);
    outputFrequencies(fIn);
    createHuffmanTree();
    createCodewords(HuffmanTree,0,0);
    for (int i = 0; i <= ASCII; i++)
        chars[i] = 0;
    transformTreeToArrayOfLists(HuffmanTree);
    fIn.clear();      // clear especially the eof flag;
    fIn.seekg(0,ios::beg);
    encode(fIn);
    fIn.clear();
```

FIGURA 11.12 Implementação do método de Huffman com a condição comprimento-de-carreira. (*continuação*).

```
    cout.precision(2);
    cout << "Compression rate = " <<
            100.0*(fIn.tellg()-fOut.tellp())/fIn.tellg() << "%\n"
         << "Compression rate without table = " <<
            100.0*(fIn.tellg()-
                fOut.tellp()+data.size()*(2+4))/fIn.tellg();
    fOut.close();
}

void HuffmanCoding::decode(ifstream& fIn) {
    unsigned long chars;
    char ch, bitCnt = 1, mask = 1;
    mask <<= bits - 1;        // mude 00000001 para 100000000;
    for (chars = 0, fIn.get(ch); !fIn.cof() && chars < charCnt; ) {
        for (HuffmanNode *p = HuffmanTree; ; ) {
            if (p->left == 0 && p->right == 0) {
                for (int j = 0; j < p->runLen; j++)
                    fOut.put(p->symbol);
                chars += p->runLen;
                break;
            }
            else if ((ch & mask) == 0)
                p = p->left;
            else p = p->right;
            if (bitCnt++ == bits) { // leia proximo caractere de fin
                fIn.get(ch);        // se todos os bits em ch estiverem verificados;
                bitCnt = 1;
            }                       // caso contrario mova todos os bits em ch
            else ch <<= 1;          // uma posicao a esquerda;
        }
    }
}

void HuffmanCoding::decompress(char *inFileName, ifstream& fIn) {
    char outFileName[30];
    strcpy(outFileName,inFileName);
    if (strchr(outFileName,'.'))              // se ha uma extensao
        strcpy(strchr(outFileName,'.')+1,"dec");// sobrescreva-a com 'z'
    else strcat(outFileName,".dec");   // caso contrario, adicione a extensao '.z';
    fOut.open(outFileName,ios::out|ios::binary);
    inputFrequencies(fIn);
    createHuffmanTree();
    createCodewords(HuffmanTree,0,0);
    decode(fIn);
    fOut.close();
}
```

FIGURA 11.12 Implementação do método de Huffman com a condição comprimento-de-carreira. (*continuação*)

```cpp
//*********************** HuffmanEncoder.cpp ***********************

#include <iostream>
#include <fstream>
#include <cstring>
using namespace std;
#include "HuffmanCoding.h"

int main(int argc, char* argv[]) {
    char fileName[30];
    HuffmanCoding Huffman;
    if (argc != 2) {
        cout << "Entre com um nome de arquivo: ";
        cin >> fileName;
    }
    else strcpy(fileName,argv[1]);
    ifstream fIn(fileName,ios::binary);
    if (fIn.fail()) {
        cerr << "não pode abrir " << fileName << endl;
        return 0;
    }
    Huffman.decompress(fileName,fIn);
    fIn.close();
    return 0;
}
```

Deve-se tomar cuidado especial para colocar exatamente 32 bits em `pack`. Quando em `pack` há menos posições disponíveis do que o número de bits em uma palavra-chave, somente uma porção desta palavra é colada em `pack`. Em seguida, `pack` é produzido e a porção restante da palavra-chave é colocada nele antes que qualquer outro símbolo seja codificado. Por exemplo, se `pack` no momento contém 001 ... 10011, pode tomar somente mais dois bits. Como a palavra-chave 1101 tem quatro bits de comprimento, o conteúdo de `pack` é deslocado para a esquerda em duas posições, 1 ... 1001100, e os primeiros dois bits da palavra-chave, 11, são colocados no final de `pack`. Depois disto o conteúdo de `pack` é 1 ... 1001111. A seguir, `pack` sai como quatro bytes (caracteres), e então os dois bits restantes da palavra-chave, 01, são colocados em `pack`, que agora contém 0 ... 001.

Outro problema diz respeito às últimas palavras-chave. O codificador preenche o arquivo de saída com bytes (neste caso, com pedaços de quatro bytes), cada um contendo oito bits. O que acontece quando não há símbolos deixados, mas ainda há espaço em `pack`? O decodificador precisa saber que alguns bits no final do arquivo não devem ser decodificados. Caso sejam, alguns caracteres espúrios irão adicionados ao arquivo decodificado. Nesta implementação, o problema é resolvido transmitindo no começo do arquivo codificado o número de caracteres a ser decodificados. O decodificador traduz somente este número de palavras-chave. Mesmo se alguns bits são deixados no arquivo codificado, não são incluídos no processo de decodificação. Isto é um problema que surge em nosso exemplo. A mensagem AAABAACCAABA é codificada como a sequência de palavras-chave 110, 01, 10, 111, 10, 01, 00, e o conteúdo de `pack` é 00000000000000001100110111100100. Se o processo de codificação termina, o conteúdo é deslocado para a esquerda pelo número de bits não utilizados, por onde `pack` se torna 11001101111001000000000000000000 e é produzido como uma sequência de 4 bytes, 11001101, 1100100, 00000000 e 00000000, ou, em uma notação decimal mais legível, como 205, 228, 0 e 0. Os últimos 16 bits não representam palavras-chave e, se não forem indicados, serão decodificados como oito As, cuja palavra-chave é 00. Para evitar isto, o arquivo de saída inclui o número de caracteres codificados, 12: A, A, A, B, A, A, C, C, A, A, B e A. O arquivo de saída também inclui o número de todos os símbolos na árvore de Huffman. Para este exemplo, é o número 5, pois cinco diferentes supersímbolos podem ser encontrados no arquivo de entrada e na árvore de Huffman: AAA, B, AA, CC e A. Em consequência, a estrutura do arquivo de saída é: o número de supersímbolos, `dataSize`, o número de caracteres, o conteúdo de `data` (símbolos, comprimentos-de-carreira e frequências) e as palavras-chave de todos os supersímbolos encontrados no arquivo de entrada.

O decodificador é muito mais simples do que o codificador, porque usa a informação fornecida pelo codificador no cabeçalho da mensagem codificada. O decodificador recria primeiro a matriz `data[]` em `inputFrequencies()`, então reconstrói a árvore de Huffman com as mesmas `createHuffmanTree()` e `createCodewords()` que o decodificador usou e, finalmente, em `decode()`, varre a árvore na ordem determinada pela corrente de bits no arquivo comprimido para encontrar em suas folhas os símbolos codificados.

Como esperado, esta implementação dá resultados particularmente muito bons para arquivos de banco de dados, com uma taxa de compressão de 60%. Esta taxa para arquivos LISP é de 50% (carreiras de parâmetros); para arquivos de texto, 40%, e para arquivos executáveis apenas 13%.

A Figura 11.12 contém o código completo para o codificador.

11.6 Exercícios

1. Para quais probabilidades $P(m_i)$ de n símbolos o comprimento médio é máximo? Quando é mínimo?

2. Encontre L_{ave} para as letras X, Y e Z e suas probabilidades 0,05, 0,05 e 0,9. Compare-a a L_{Huf}, calculada para letras simples e pares de letras, como na Figura 11.6. L_{Huf} se aproxima satisfatoriamente de L_{ave}? Como podemos remediar o problema?

3. Avalie a complexidade de todas as implementações do algoritmo de Huffman sugeridas neste capítulo.

4. Quais são os comprimentos das palavras-chave de Huffman das mensagens menos prováveis com relação umas às outras?

5. No algoritmo adaptativo de Huffman, primeiro a palavra-chave para um símbolo encontrado é emitida e então a tabela de conversão é atualizada. Poderia a tabela ser atualizada primeiro e, depois, a nova palavra-chave para este símbolo ser emitida? Por quê?

6. As funções `createCodewords()` e `transformTreeToArrayOfLists()` usadas no estudo de caso parecem ser vulneráveis porque a primeira coisa que ambas fazem é acessar o ponteiro `left` do nó p, o que seria perigoso se p fosse nulo; em consequência, o corpo de ambas as funções deveria aparentemente ser precedido pela condição `if (p != 0)`. Explique por que isto não é necessário.

7. Que problema surge se, na codificação comprimento-de-carreira, triplos da forma <cm, n, ch> são usados, em vez de triplos da forma <cm, ch, n>?

8. Na Figura 11.9, $l_1 = l_2 = 4 = 2^2$. Em que aspecto a escolha de $l_1 = l_2 = 16 = 2^4$ simplifica a implementação do algoritmo LZ77?

9. Em que situação o algoritmo LZ77 tem melhor desempenho? E o pior?
10. Descreva o processo de decodificação usando LZ77. Que cadeia é codificada por esta sequência de palavras-chave: b, 31a, 23b, 30c, 21a, 32b?
11. Usando LZW com a tabela inicializada com as letras a, b, c, decodifique a cadeia codificada como 1 2 4 3 1 4 9 5 8 12 2.

11.7 Tarefas de programação

1. Em uma longa série de mensagens, um grande número delas com probabilidades muito baixas exige um grande número de palavras-chave muito grandes (Hankamer, 1979). Em vez disso, uma palavra-chave pode ser atribuída a todas essas mensagens e, se necessário, esta palavra é enviada junto com a mensagem. Escreva um programa para codificar e decodificar esta abordagem adaptando o algoritmo de Huffman.

2. Escreva um codificador e um decodificador que usem a técnica de codificação comprimento-de-carreira.

3. Escreva um codificador e um decodificador que usem a codificação comprimento-de-carreira para transmitir voz, com a voz simulada por certa função f. A voz é gerada continuamente, mas medida em $t_0, t_1, \ldots$, onde $t_i - t_{i-1} = \delta$, para algum intervalo de tempo δ. Se $|f(t_i) - f(t_{i-1})| < \epsilon$ para alguma tolerância E, então os números $f(t_i)$ e $f(t_{i-1})$ são tratados como iguais. Em consequência, para carreiras de tais valores iguais, pode-se transmitir uma versão comprimida na forma de um triplo $<cm, f(t_i), n>$, com cm sendo um número negativo. Na Figura 11.13, círculos representam os números incluídos em uma carreira indicada pelo primeiro projétil precedente; neste exemplo, duas carreiras são enviadas. Qual é o perigo potencial desta técnica, também conhecida como *previsor de ordem zero*? Como isto pode ser resolvido? Teste seu programa com as funções $\frac{\operatorname{sen} n}{n}$ e $\ln n$.

FIGURA 11.13 Função representando frequência de voz.

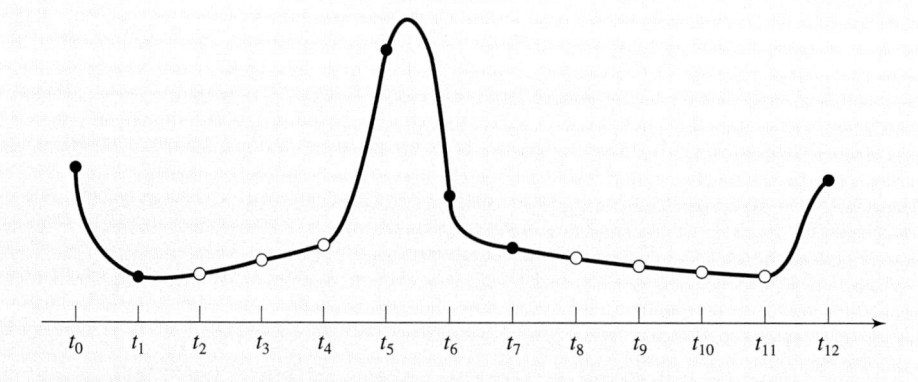

4. Técnicas de dicionário estático são caracterizadas pelo uso de um dicionário predefinido de padrões codificados com palavras únicas. Depois que um dicionário é estabelecido, o problema de usá-lo com mais eficiência permanece. Por exemplo, para um dicionário = {*ability, ility, pec, re, res, spect, tab*} a palavra *respectability* pode ser quebrada de dois modos: *res, pec, tab, ility* e *re, spect, ability*; isto é, a primeira divisão exige quatro palavras-chave para esta palavra, enquanto a segunda exige somente três. O algoritmo analisa gramaticalmente a palavra (ou palavras) e determina qual escolha será feita. Naturalmente, para um dicionário grande, pode haver mais de duas análises

gramaticais da mesma palavra ou frase. De longe, a técnica usada com mais frequência é o *algoritmo guloso*, que encontra o casamento mais longo no dicionário. Para o nosso exemplo, o casamento *res* é mais longo que *re*; em consequência, a palavra *respectability*, pela estratégia gulosa, é dividida em quatro componentes. Uma análise gramatical ótima pode ser encontrada adaptando-se um algoritmo de caminho mais curto (Schuegraf e Heaps, 1974; Bell, Cleary e Witten, 1990). Escreva um programa que, para um dicionário de padrões, comprima um arquivo de texto. Para cada cadeia *s* crie um dígrafo com $length(s)$ nós. As extremidades são rotuladas com os padrões do dicionário e seus comprimentos de palavras-chave são os custos das extremidades. Dois nós *i* e *j* são conectados com uma extremidade se o dicionário contém um padrão $s[i] \ldots s[j-1]$. O caminho mais curto representa as sequências mais curtas de palavras-chave para os padrões encontrados no caminho.

Bibliografia

Métodos de compressão de dados

BELL, Timothy C.; CLEARY, J. G.; WITTEN, Ian H. *Text compression*. Englewood Cliffs, NJ: Prentice Hall, 1990.

DROZDEK, Adam. *Elements of data compression*. Pacific Grove, CA: Brooks/Cole, 2002.

LELEVER, Debra A. e HIRSCHBERG, Daniel S. Data compression. *ACM Computing Surveys*, n. 19, 1987, p. 261-96.

RUBIN, Frank. Experiments in text file compression. *Communications of the ACM*, n. 19, 1976, p. 617-23.

SALOMON, David. *Data compression:* the complete reference. Londres: Springer, 2007.

SCHUEGRAF, E. J. e HEAPS, H. S. A comparison of algorithms for data-base compression by use of fragments as language elements. *Information Storage and Retrieval*, n. 10, 1974, p. 309-19.

Codificação de Huffman

CORMACK, Gordon V. e HORSPOOL, R. Ingel. Algorithms for adaptive Huffman codes. *Information Processing Letters*, n. 18, 1984, p. 159-65.

FALLER, Newton. An adaptive system for data compression. *Conference Record of the Seventh IEEE Asilomar Conference on Circuits, Systems, and Computers,* São Francisco: IEEE, 1974, p. 593-97.

GALLAGER, Robert G. Variations on a theme of Huffman. *IEEE Transactions on Information Theory* IT-24, 1978, p. 668-74.

HANKAMER, Michael. A modified Huffman procedure with reduced memory requirement. *IEEE Transactions on Communication* COM-27, 1979, p. 930-32.

HUFFMAN, David A. A method for the construction of minimum-redundancy codes. *Proceedings of the Institute of Radio Engineers*, n. 40, 1952, p. 1.098-101.

KNUTH, Donald E. Dynamic Huffman coding. *Journal of Algorithms*, n. 6, 1985, p. 163-80.

Codificação comprimento-de-carreira

POUNTAIN, Dick. Run-length encoding. *Byte*, n. 12, 1987, v. 6, p. 317-20.

Código de Ziv-Lempel

MILLER, Victor S. e WEGMAN, Mark N. Variations on a theme by Ziv and Lempel. In: APOSTOLICO, A. e GALIL, Z. (eds.). *Combinatorial Algorithms on Words*. Berlim: Springer, 1985, p. 131-40.

WELCH, Terry A. A technique for high-performance data compression. *Computer*, n. 17, 1984, p. 6, 8-19.

ZIV, Jacob e LEMPEL, Abraham. A universal algorithm for sequential data compression. *IEEE Transactions on Information Theory* IT-23, 1977, p. 337-43.

Gerenciamento de Memória

12

Nos capítulos anteriores raramente olhamos os bastidores para ver como os programas são realmente executados e como as variáveis dos diferentes tipos são armazenadas. A razão é que este livro enfatiza as estruturas de dados, e não o trabalho interno do computador. Este pertence mais a um livro de sistemas operacionais ou de programação de linguagem de montagem do que a uma discussão de estruturas de dados.

Pelo menos em um caso, no entanto, esta referência foi inevitável: quando se discutiu a recursão no Capítulo 5. O uso da recursão foi explicado com base no conceito de pilha de tempo de execução e de como um computador realmente trabalha. Também aludimos a este nível quando discutimos a alocação dinâmica de memória. É difícil discutir esta alocação sem um conhecimento profundo da estrutura da memória do computador e o entendimento de que, sem new, os ponteiros podem apontar para posições não alocadas de memória. Além disso, delete deve ser usado para evitar exaustão dos recursos de memória do computador. O gerenciamento de memória em C++ é responsabilidade do programador, e a memória pode ficar obstruída com posições inacessíveis que não foram desalocadas com delete se o programador não for suficientemente cuidadoso. A mais eficiente e elegante estrutura de programa pode ser desabilitada se a estrutura alocar muita memória.

Heap é a região da memória principal a partir da qual porções de memória são dinamicamente alocadas sob solicitação de um programa. (Esta heap nada tem a ver com a estrutura de árvore especial chamada heap da Seção 6.9.) Em linguagens como FORTRAN, COBOL e BASIC, o compilador determina quanta memória é necessária para operar os programas. Em linguagens que permitem alocações dinâmicas de memória, a quantidade de memória exigida não pode ser sempre determinada antes que o programa rode. Para este fim heap é usada. Se um programa C exige memória, invocando malloc() ou calloc(), e um programa C++ ou Pascal faz o mesmo com uma chamada para new, certa quantidade de bytes é alocada a partir da heap e o endereço do primeiro byte desta porção é retornado. Além disso, nessas linguagens a memória não utilizada tem que ser especificamente liberada pelo programador através de dispose() no Pascal, free() em C e delete em C++. Em algumas linguagens não há necessidade de explicitamente liberar memória. A memória não usada é simplesmente abandonada e automaticamente regenerada pelo sistema operacional. A regeneração automática de armazenamento é um luxo que não faz parte de todos os ambientes de linguagem. Ela apareceu com a LISP e é parte das linguagens funcionais, mas linguagens lógicas e a maioria das orientadas por objetos também têm a regeneração automática de armazenamento, como Smalltalk, Prolog, Modula-3, Eiffel e Java.

A manutenção dos blocos de memória livre, atribuindo-se blocos específicos de memória para os programas de usuários, se necessário, e limpando-se a memória de blocos não necessários para retorná-los ao agrupamento de memória, é realizada por uma parte do sistema operacional chamada *gerenciador de memória*, que também realiza outras funções, tais como acesso programado aos dados compartilhados, transferência de código e de dados entre a memória principal e a secundária e manutenção de um processo longe do outro. Isto é particularmente importante no sistema de multiprogramação, no qual muitos processos diferentes podem residir na memória simultaneamente e a CPU atende por uma breve quantidade de tempo um processo por vez. Os processos são colocados na memória em espaços livres, e removidos se o espaço é necessário para outros processos a ser atendidos ou depois que sua execução termina.

Um problema que um gerenciador de memória bem projetado tem que resolver é a configuração da memória disponível. Quando se retorna memória com `delete`, o programador não tem controle sobre essa configuração. Em particular, depois de muitas alocações e desalocações, a heap é dividida em pequenos pedaços de memória disponível ensanduichados entre pedaços de memória em uso. Se uma solicitação chega para alocar *n* bytes de memória, ela pode não ser satisfeita se não há suficiente memória contígua na heap, embora a memória disponível total possa, de longe, superar *n*. Esse fenômeno é chamado *fragmentação externa*. Mudar a configuração de memória e, em particular, colocar a memória disponível em uma parte da heap e a memória alocada em outra resolve o problema. Outra questão é a *fragmentação interna*, quando os pedaços de memória alocada são maiores do que a solicitada (Randell, 1969). A fragmentação externa equivale à presença de espaço perdido entre segmentos alocados de memória; a interna, à presença de memória não utilizada dentro dos segmentos.

12.1 Os métodos de ajuste sequencial

Uma organização simples de memória pode exigir uma lista ligada de todos os blocos de memória, que é atualizada depois que um bloco é requisitado ou retornado. Os blocos em tais listas ligadas podem ser organizados em uma variedade de modos, de acordo com o tamanho dos blocos ou dos seus endereços. Sempre que um bloco é solicitado, deve ser tomada uma decisão a respeito de qual bloco alocar e como tratar a porção do bloco que excede o tamanho solicitado.

Por razões de eficiência, as listas duplamente ligadas de blocos são mantidas com os vínculos que neles residem. Cada bloco de memória disponível usa uma porção própria para dois vínculos. Além disso, tanto os blocos disponíveis quanto os reservados têm dois campos para indicar seus status (disponível ou reservado) e seu tamanho.

No método de ajuste sequencial todos os blocos de memória disponível estão vinculados juntos, e busca-se na lista aquele cujo tamanho é maior ou igual ao solicitado. Uma política simples para manusear os blocos de memória retornados é uni-los com os blocos vizinhos e refletir este o fato ajustando-se apropriadamente os vínculos na lista ligada.

A ordem de busca na lista para tal bloco determina a divisão desses métodos em diversas categorias. O algoritmo *primeiro-ajuste* aloca o primeiro bloco de memória grande o suficiente para satisfazer à solicitação. O *melhor-ajuste* aloca um bloco que é o mais próximo em tamanho ao solicitado. O *pior-ajuste* encontra o maior bloco na lista, de modo que, depois de retornar sua porção igual ao tamanho solicitado, a parte restante é grande o suficiente para ser usada em solicitações posteriores. O método *próximo-ajuste* aloca o próximo bloco disponível que é suficientemente grande.

A Figura 12.1a mostra uma configuração de memória depois de diversas solicitações e retornos de blocos de memória. A Figura 12.1b ilustra quais porções de memória seriam alocadas com o método de ajuste sequencial para satisfazer uma solicitação para 8 KB de memória.

O método mais eficiente é o procedimento primeiro-ajuste. O próximo-ajuste é de velocidade comparável, mas causa uma fragmentação externa mais extensiva por varrer a lista de blocos a partir da posição corrente e atingir o final da lista muito mais cedo do que o método primeiro-ajuste. O algoritmo melhor-ajuste, no entanto, é pior ainda neste aspecto, pois busca um casamento mais próximo com relação ao tamanho. As partes de blocos que permanecem depois de retornar o tamanho exigido são pequenas e praticamente não utilizáveis. O algoritmo pior-ajuste tenta evitar este tipo

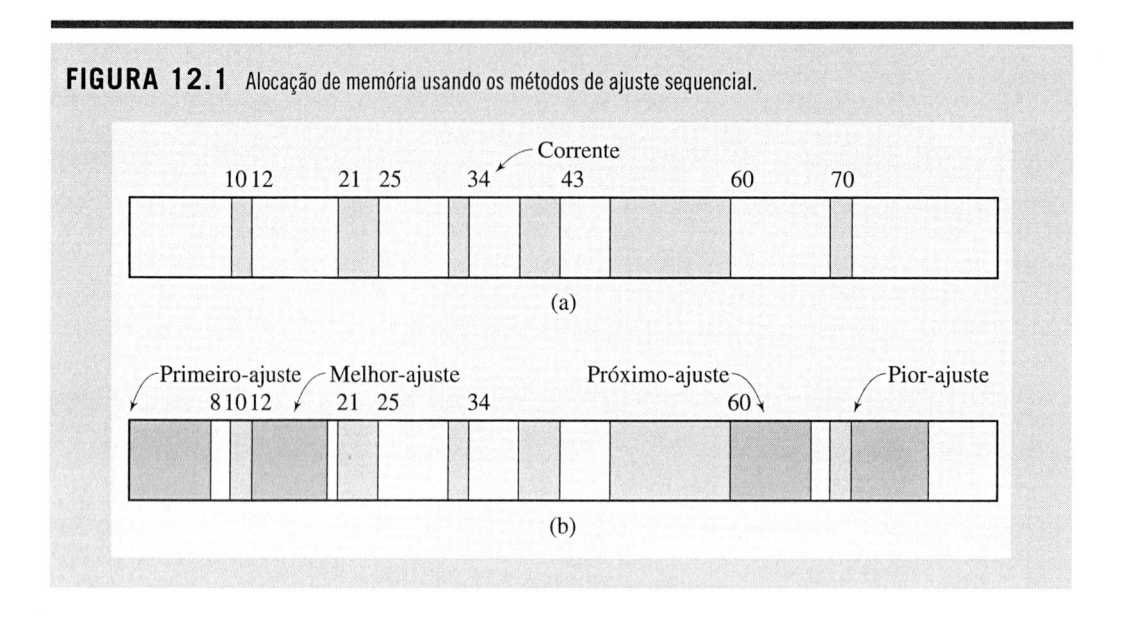

FIGURA 12.1 Alocação de memória usando os métodos de ajuste sequencial.

de fragmentação evitando, ou pelo menos atrasando, a criação de blocos pequenos. No entanto, um argumento pode ser dado, de que o nível de fragmentação depende em grande parte da execução de um método em particular, em vez da lógica do método (Johnstone e Wilson, 1999).

O modo como os blocos são organizados na lista determina quão rápido a busca para um bloco disponível é bem-sucedida ou falha. Por exemplo, para melhor desempenho dos métodos melhor e pior-ajuste, os blocos devem ser arranjados pelo tamanho. Para outros métodos a ordenação de endereço é a adequada.

12.2 Os métodos de ajuste não sequencial

Os métodos de ajuste sequencial, da forma como se apresentam, podem se tornar ineficientes para grande quantidade de memória. Neste caso, uma pesquisa não sequencial é desejável. Uma estratégia divide a memória em um número arbitrário de listas, em que cada lista contém blocos do mesmo tamanho (Ross, 1967). Blocos maiores são divididos em menores para satisfazer solicitações, e novas listas podem ser criadas. Como o número de listas pode se tornar grande, elas podem ser organizadas como uma árvore (uma árvore de listas de melhor-ajuste é discutida em Standish, 1980). Além disso, as variantes dos métodos primeiro e melhor-ajuste chamados métodos *ajuste-mais à esquerda* e *muito melhor-ajuste*, respectivamente, são implementadas com a chamada árvore cartesiana. Os novos métodos oferecem uma vantagem significativa apenas para um grande número de blocos de memória alocados (Stephenson, 1983).

Outra abordagem é baseada na observação de que o número de tamanhos solicitados por um programa é limitado, embora os tamanhos possam diferir de um programa para outro. Em consequência, as listas de blocos de diferentes tamanhos podem ser mantidas pequenas quando é possível determinar quais tamanhos são os mais populares. Isto leva a uma técnica *ajuste exato adaptativo*, que dinamicamente cria e ajusta as listas de blocos de armazenamento que se ajustam exatamente à solicitação (Oldehoeft e Allan, 1985).

No ajuste exato adaptativo é mantida uma lista das listas de tamanho de bloco de memória de um tamanho em particular liberadas durante as últimas T alocações. Um bloco b é adicionado a uma lista de bloco particular se esta lista contém blocos tamanho b e se b foi liberado pelo programa. Quando há uma solicitação de um bloco de tamanho b, um bloco da lista é destacado para satisfazer a solicitação. Caso contrário, uma busca mais demorada de um bloco na memória é disparada usando um dos métodos de ajuste sequencial.

O método de ajuste exato libera listas de bloco inteiras se nenhuma solicitação chega para um bloco a partir desta lista nas últimas T alocações. Assim, listas de tamanhos de blocos raramente usadas não são mantidas, e a lista de listas de blocos é mantida pequena para permitir uma pesquisa sequencial. Por não ser uma busca sequencial da memória, o método de ajuste exato não é considerado do tipo ajuste sequencial.

A Figura 12.2 mostra um exemplo de uma lista de tamanho e uma heap criada usando o método de ajuste exato adaptativo. A memória é fragmentada, mas, se uma solicitação chega para um bloco de tamanho 7, a alocação pode ser feita imediatamente, já que a lista de tamanho tem uma entrada para este tamanho; assim, a memória não precisa ser pesquisada. Eis um algoritmo simples para alocar blocos:

```
t = 0;
allocate (reqSize)
   t++;
   if uma lista de blocos bl com reqSize blocos está em sizeList
      lastref(bl) = t;
      b = cabeça de blocos(bl);
      if b era o único bloco acessível a partir de bl
         destaque bl de sizeList;
   else b = pesquise-a-memória-por-um-bloco-de(reqSize);
   desfaça-se de todas as listas de blocos em sizeList para as quais t - lastref(bl) < T;
   return b;
```

O procedimento para os blocos que retornam é ainda mais simples.

Este algoritmo realça o problema da fragmentação de memória. Ele precisa ser expandido para lidar com sucesso com este problema. Uma solução é escrever uma função para compactar a memória depois de certo número de alocações e desalocações. Uma abordagem de não compactação pode consistir em liquidar a lista de tamanho e construí-la novamente depois de um período predeterminado. Os autores deste método sustentam que os problemas de fragmentação "falham em se materializar", mas isto pode ser atribuído às configurações de seus testes. Tais problemas certamente se materializam em métodos de ajuste sequenciais e em outra estratégia de ajuste não sequencial, a ser discutida na próxima seção.

12.2.1 Sistemas amigos

Os métodos de gerenciamento de memória não sequencial, conhecidos como *sistemas amigos*, não atribuem memória em fatias sequenciais, mas as divide em dois "companheiros" que são fundidos

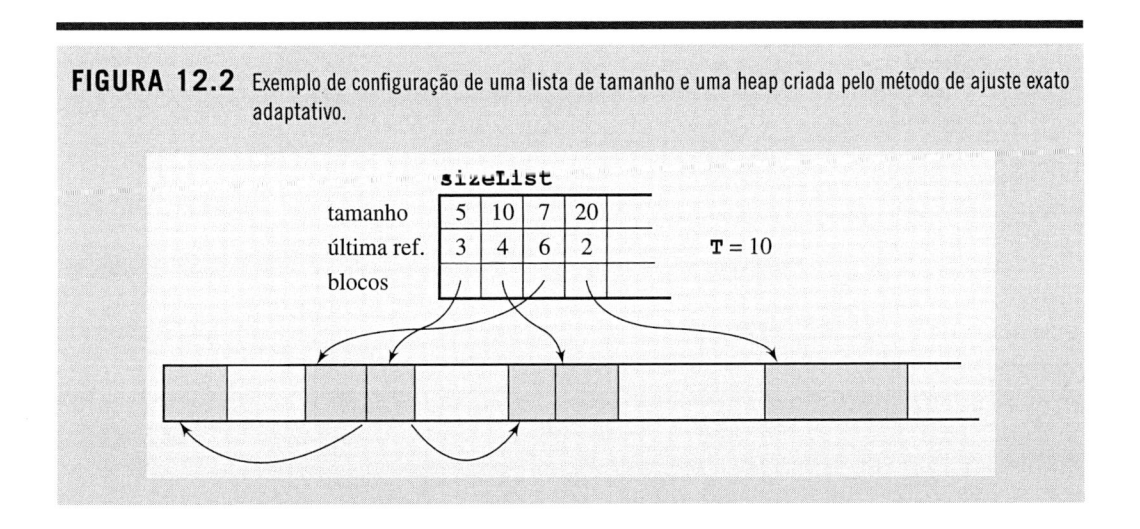

FIGURA 12.2 Exemplo de configuração de uma lista de tamanho e uma heap criada pelo método de ajuste exato adaptativo.

	sizeList				
tamanho	5	10	7	20	
última ref.	3	4	6	2	$T = 10$
blocos					

sempre que possível. Neste sistema, dois amigos nunca estão livres. Um bloco pode ter um amigo usado pelo programa ou nenhum.

O sistema clássico de amigos é o *sistema binário de amigos* (Knowlton, 1965). O sistema binário de amigos assume que o armazenamento consiste em 2^m locais para algum inteiro m, com endereços $0, \ldots, 2^m - 1$, e esses locais podem ser organizados em blocos cujos comprimentos podem ser somente potências de 2. Há também uma matriz `avail[]` tal que, para cada $i = 0, \ldots, m$, `avail[i]` é a cabeça de uma lista duplamente ligada de blocos de mesmo tamanho, 2^i.

O nome deste método é derivado do fato de que, a cada bloco de memória (exceto a memória inteira) está acoplado um amigo *do mesmo tamanho* que participa com o bloco em reservar e retornar pedaços de memória. O amigo do bloco de comprimento 2^i é determinado pelo bit complementar $(i + 1)^º$ no endereço deste bloco. Isto está estritamente relacionado aos comprimentos dos blocos, que podem ser somente potências de 2. Em particular, todos os blocos de tamanho 2^i têm 0s nas posições i mais à direita e diferem somente nos bits restantes. Por exemplo, se a memória tem somente oito localizações, os endereços possíveis dos blocos de tamanho um são {000, 001, 010, 011, 100, 101, 110, 111}, os endereços dos blocos de tamanho dois são {000, 010, 100, 110}, os de tamanho quatro {000, 100}, e os de tamanho oito, {000}. Note que no segundo conjunto de endereços o último bit é 0, e os endereços referem-se aos blocos de tamanho 2^1. Os endereços no terceiro conjunto têm dois 0s de terminação, pois o tamanho dos blocos é 2^2. Agora, para o segundo conjunto, existem dois pares de blocos e seus amigos: {(000, 010), (100, 110)}; para o terceiro conjunto existe somente um par: (000, 100). Por isso, a diferença entre o endereço do bloco de tamanho 2^i e o de seu amigo está somente no bit $i + 1$.

Se chega uma solicitação para alocar um bloco de memória de tamanho s, o sistema de amigos retorna um bloco de memória cujo tamanho é maior ou igual a s. Como há muitos candidatos para blocos, a lista de blocos é verificada em `avail[]`, cujo tamanho k é o menor entre todos $k \geq s$. Esta lista de blocos pode ser encontrada no local `avail[k]`. Se a lista está vazia, a próxima lista de blocos é verificada na posição $k + 1$, na $k + 2$, e assim por diante. A busca continua até que uma lista não vazia seja encontrada (ou que o fim de `avail[]` seja atingido), e então um bloco é destacado.

O algoritmo para a alocação de memória nos sistemas binários de amigos é este:

```
tamanho de memória = 2^m para algum m;
avail[i] = -1 para i = 0, ..., m - 1;
avail[m] = primeiro endereço na memória;
reserve(reqSize)
    roundedSize = ⌈lg(reqSize)⌉;
    availSize = min(roundedSize, ..., m) para o qual avail[availSize] > -1;
    if nenhum availSize existe
        falha;
    block = avail[availSize];
    destaque block da lista avail[availSize];
    while (rounded Size < availSize)   // enquanto um bloco disponível
        availSize--;                    // for muito grande – subdividir;
        block = metade esquerda de block;
        insira amigo de block na lista avail[availSize];
    return block;
```

Cada bloco livre do sistema de amigos deve incluir quatro campos que indiquem seu status, tamanho e dois vizinhos na lista. Por outro lado, os blocos reservados incluem somente um campo de status e um campo de tamanho. A Figura 12.3a ilustra a estrutura de um bloco livre em um sistema de amigos. O bloco é marcado como livre com o campo de status ajustado para 0. O tamanho é especificado como 2^5 posições. Nenhum predecessor é especificado, por isto este bloco é apontado por `avail[5]`. O tamanho do seu sucessor é também de 2^5 posições. A Figura 12.3b ilustra um bloco reservado cujo campo de status é ajustado para 1.

FIGURA 12.3 Estrutura de bloco no sistema binário de amigos.

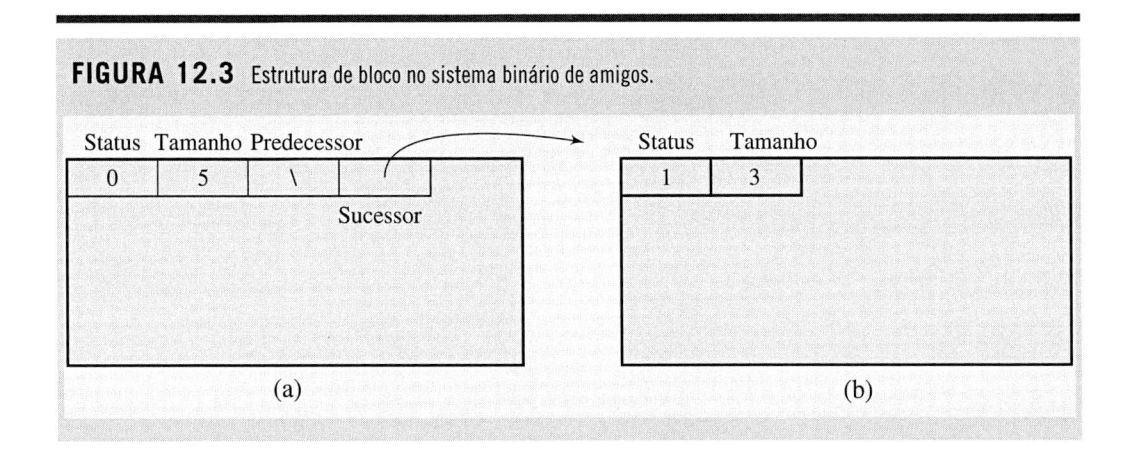

Status	Tamanho	Predecessor
0	5	\

Sucessor

(a)

Status	Tamanho
1	3

(b)

A Figura 12.4 mostra um exemplo da reserva de três blocos, assumindo que o tamanho da memória em uso é de $2^7 = 128$ posições. Primeiro, a memória inteira é liberada (Figura 12.4a). Então, 18 posições são solicitadas, por isso roundedSize = $\lceil \lg(18) \rceil$ = 5. Mas availSize = 7, assim a memória é dividida em dois amigos, cada um de tamanho 2^6. O segundo amigo é marcado como disponível ajustando-se o campo de status e incluindo-o na lista avail[6] (Figura 12.4b). O valor de availSize é ainda maior que roundedSize, por isto outra iteração do laço while de reserve() é executada. O primeiro bloco é dividido em dois e o segundo amigo é incluído na lista avail[5] (Figura 12.4c). O primeiro amigo é marcado como reservado e retorna ao ativador de reserve() para uso. Note que somente uma parte do bloco retornado é realmente necessária. No entanto, o bloco inteiro é marcado como reservado.

A seguir um bloco de 14 posições é solicitado; agora, roundedSize = $\lceil \lg(14) \rceil$ = 4, avail-Size = 5, e o bloco apontado por avail[5] é invocado (Figura 12.4d). Este bloco é muito grande, uma vez que roundedSize < availSize, por isto é dividido em dois amigos. O primeiro é marcado como reservado e retorna, e o segundo é incluído na lista (Figura 12.4e). Finalmente, um bloco de 17 posições é solicitado, que é concedido imediatamente, após o que a configuração mostrada na Figura 12.4g aparece.

Para ter certeza, os blocos de memória não são somente invocados, são também retornados; por isso têm que ser incluídos no agrupamento de blocos disponíveis. Antes que sejam incluídos, o status de cada amigo do bloco é verificado. Se o amigo está disponível, o bloco é combinado com seu amigo para criar um bloco com duas vezes o tamanho de antes da combinação. Se o amigo do novo bloco está disponível, é também combinado com seu amigo, resultando em um bloco de memória ainda maior. Este processo continua até que a memória inteira seja combinada em um bloco ou que um amigo não esteja disponível. Esta união cria blocos de memória disponível tão grandes quanto possível. O algoritmo para se incluir um bloco no agrupamento de blocos disponíveis é este:

```
include(block)
   blockSize = tamanho(block);
   buddy = endereço(block) com o bit blockSize+1 ajustado para seu complemento;
   while status(buddy) é 0                       //buddy não foi
      e tamanho(buddy) == blockSize              //invocado;
      e blockSize != lg(tamanho de memória)      //buddy existe;
      destaque buddy da lista avail[blockSize];
      block = block mais buddy;    //junte o bloco a seu amigo;
      ajuste status(block) para 0;
      blockSize++;
      buddy = endereço(agora block estendido) com o bit blockSize+1 ajustado para seu complemento;
   inclua block na lista avail[blockSize];
```

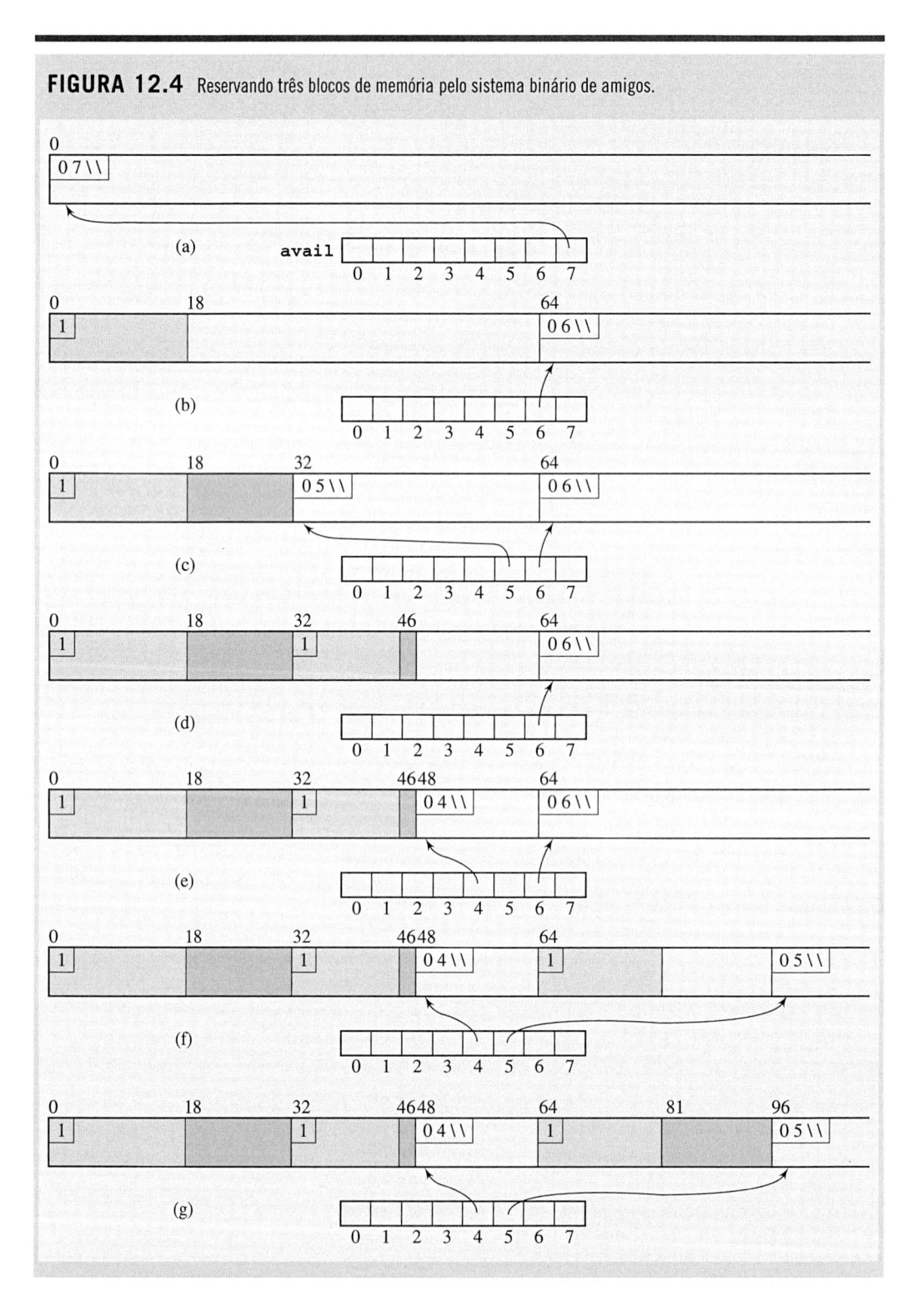

FIGURA 12.4 Reservando três blocos de memória pelo sistema binário de amigos.

A Figura 12.5 ilustra este processo. Um bloco previamente invocado é agora liberado (Figura 12.5a) e, como o amigo deste bloco está livre, é combinado com o bloco resultante do bloco de tamanho duplo, que está incluído na lista `avail[5]` (Figura 12.5b). Liberar outro bloco permite ao gerenciador de memória combiná-lo com seu amigo e o bloco resultante com seu amigo (Figura 12.5c).

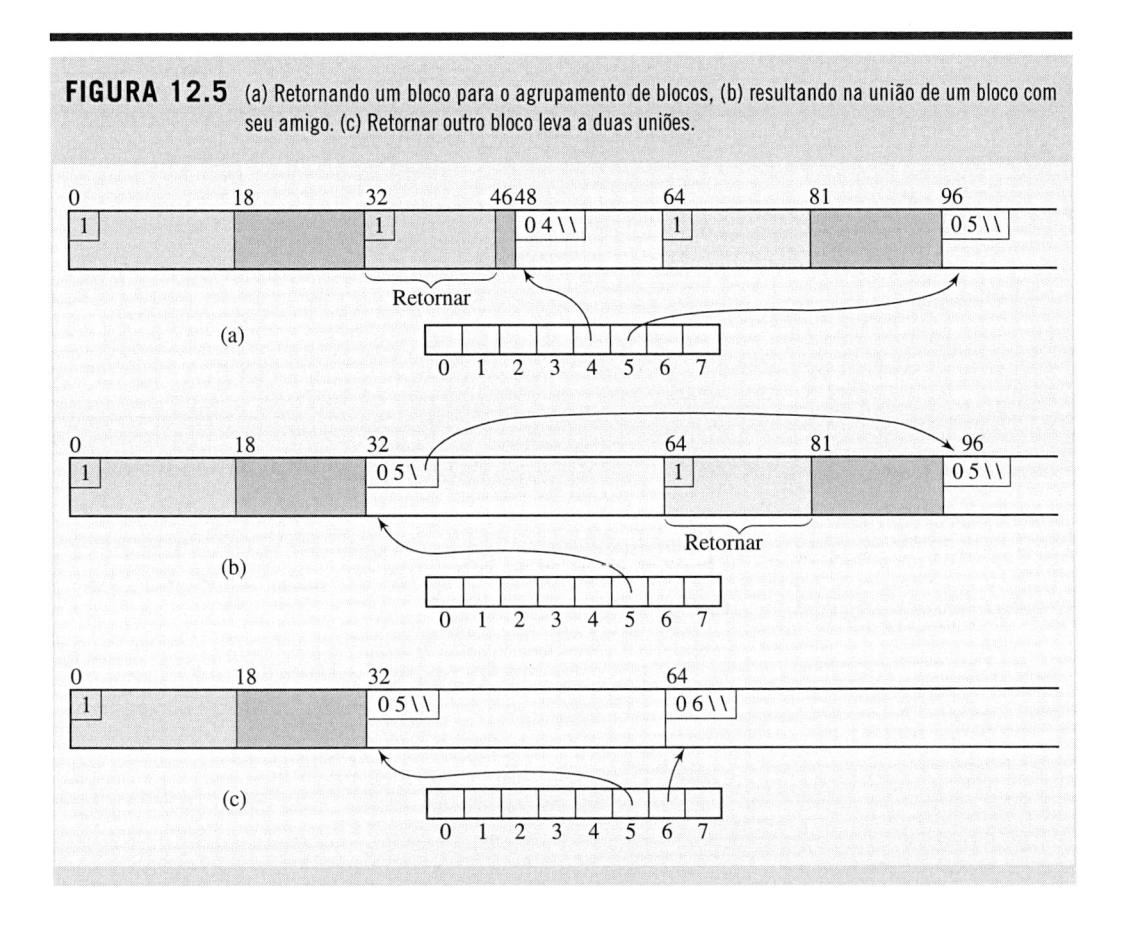

FIGURA 12.5 (a) Retornando um bloco para o agrupamento de blocos, (b) resultando na união de um bloco com seu amigo. (c) Retornar outro bloco leva a duas uniões.

Note que a porção livre do bloco mais à esquerda (marcado em mais escuro) não participa deste processo de união e é ainda tida como ocupada. Além disso, os dois blocos mais à direita, na Figura 12.5c, embora adjacentes, não foram combinados porque não são amigos. Os amigos no método binário de amigos têm que ser do mesmo tamanho.

O sistema binário de amigos, embora relativamente eficiente em termos de velocidade, pode ser ineficiente em termos de espaço. A Figura 12.4d mostra que os blocos mais à esquerda equivalem a um tamanho de 48 posições, mas somente 32 deles estão em uso, já que o usuário realmente necessita de 18 + 14 posições. Isto significa que um terço desses dois blocos é desperdiçado. A situação pode se tornar ainda pior se o número de posições exigidas é sempre levemente maior do que uma potência de 2. Neste caso, aproximadamente 50% de memória não está em uso real. Este é um problema com a fragmentação interna que resulta da necessidade de arredondar todas as solicitações à mais próxima potência maior que 2.

Pode ocorrer também um problema com a fragmentação externa; uma solicitação pode ser recusada, embora a quantidade de espaço disponível seja suficiente para satisfazê-la. Por exemplo, para a configuração de memória da Figura 12.4g, uma solicitação para 50 posições é recusada porque não há bloco disponível com um tamanho de 64 posições ou mais. Pela mesma razão, uma solicitação para 33 posições é tratada similarmente, embora existam 33 posições consecutivas disponíveis. Mas um desses locais pertence a outro bloco, que o coloca fora de alcance.

Estes problemas são causados pelo fato de o sistema binário de amigos usar uma divisão simples de blocos em duas partes iguais, que resultam na divisão de memória não suficientemente em sintonia com as solicitações que chegam. A sequência possível dos tamanhos de bloco neste sistema é 1, 2, 4, 8, 16, ... , 2^m. Uma melhoria do sistema binário de amigos pode ser obtida se esta sequência for traduzida pela equação de recorrência

$$s_i = \begin{cases} 1 & \text{se } i = 0 \\ s_{i-1} + s_{i-1} & \text{caso contrário} \end{cases}$$

que pode ser considerada um caso particular de uma equação mais geral:

$$s_i = \begin{cases} c_1 & \text{se } i = 0 \\ \vdots & \vdots \\ c_k & \text{se } i = k-1 \\ s_{i-1} + s_{i-2} & \text{caso contrário} \end{cases}$$

Se $k = 1$, esta equação se traduz na equação para o sistema binário de amigos. Se $k = 2$, então a fórmula obtida é a equação muito familiar para uma sequência de Fibonacci:

$$s_i = \begin{cases} 1 & \text{se } i = 0,1 \\ s_{i-1} + s_{i-1} & \text{caso contrário} \end{cases}$$

Isto leva ao *sistema de amigos de Fibonacci*, desenvolvido por Daniel S. Hirschberg, que escolheu 3 e 5 como valores para s_0 e s_1. Se $k > 2$, entramos no domínio dos *sistemas generalizados de Fibonacci* (Hinds, 1975; Peterson e Norman, 1977).

O problema com o sistema de amigos de Fibonacci é que encontrar um amigo de um bloco nem sempre é simples. No sistema binário de amigos a informação armazenada no campo de tamanho do bloco é suficiente para calcular o endereço do amigo. Se o tamanho contém o número k, o endereço do amigo é encontrado ao se complementar o bit $k + 1$ no endereço do bloco. Isto é independente de o bloco ter um amigo direito ou esquerdo. A razão para esta simplicidade é que somente potências de 2, para os tamanhos de todos os blocos, são usadas, e cada bloco e seu amigo são do mesmo tamanho.

No sistema de Fibonacci esta abordagem é inaplicável, já que é necessário saber se um bloco retornado tem um amigo direito ou esquerdo para então combinar os dois. Não é surpresa que encontrar o amigo de um bloco pode requerer bastante tempo ou espaço. Para este fim, Hirschberg usou uma tabela que poderia ter quase 1.000 entradas se buffers de até 17.717 posições fossem permitidos. Este método pode ser simplificado se uma bandeira apropriada é incluída em cada bloco, mas uma bandeira binária Esquerda/Direita pode ser insuficiente. Se o bloco b_1 marcado como Esquerdo é unido com seu amigo, o bloco b_2, a questão é: Como você encontra o amigo do bloco resultante, b_3? Uma solução elegante usa duas bandeiras binárias em vez de uma: uma de bits de amigos e uma de bits de memória (Cranston e Thomas, 1975). Se um bloco b_1 é dividido em blocos b_{left} e b_{right}, então buddy-bit(b_{left}) = 0, buddy-bit(b_{right}) = 1, memory-bit(b_{left}) = buddy-bit(b_1), e, finalmente, memory-bit(b_{right}) = memory-bit(b_1) (veja a Figura 12.6a). As últimas duas atribuições preservam alguma informação sobre os predecessores: bit-de-memória(b_{left}) indica se seu ascendente é um amigo à esquerda ou à direita, e bit-de-memória(b_{right}) é uma informação de bit para indicar o mesmo status para um dos predecessores de seu ascendente. Note que o processo de união é um inverso exato da divisão (veja a Figura 12.6b).

Os algoritmos para reservar blocos e para retorná-los são, em muitos aspectos, similares aos algoritmos usados para o sistema binário de amigos. Um algoritmo para reservar blocos é como segue:

```
avail[i] = -1 para i = 0, ..., m-1;
avail[m] = primeiro endereço na memória;
reserveFib(reqSize)
    availSize = a posição do primeiro número de Fibonacci maior do que reqSize
            para o qual avail[availSize] > -1;
    if nenhum availSize existe
        falha;
```

```
block = avail[availSize];
```
destaque block *da lista* avail[availSize];
```
while Fib(availSize - 1) > reqSize  // enquanto um bloco disponível é
                                     // muito grande – divida-o;
    if reqSize ≤ Fib(availSize - 2)  // escolha o menor dos amigos se ele é
        insira a maior parte de block em avail[availSize - 1];  //grande o suficiente;
        block = menor parte de block;
    else insira a menor parte de block em avail[availSize - 2];
        block = maior parte de block;
    availSize = tamanho(block);
    ajuste as bandeiras(block);
    ajuste as bandeiras(do amigo de block);
return block;
```

Outra extensão do sistema binário de amigos é o *sistema de amigos ponderado* (Shen e Peterson, 1974). Seu objetivo, como no caso dos sistemas de Fibonacci, é diminuir a quantidade da fragmentação interna, permitindo mais tamanhos de bloco do que no sistema binário. Os tamanhos de blocos no sistema de amigos ponderado, na memória de 2^m blocos unários, são 2^k para $0 \le k \le m$, e $3 \cdot 2^k$ para $0 \le k \le m - 2$; os tamanhos são 1, 2, 3, 4, 6, 8, 12, 16, 24, 32, ..., que são quase duas vezes mais tamanhos diferentes do que no método binário. Se necessário, os blocos de tamanho 2^k são divididos em blocos $3 \cdot 2^{k-2}$ e 2^{k-2}, e os blocos de tamanho $3 \cdot 2^k$ em blocos 2^{k+1} e 2^k. Note que o amigo de um bloco 2^k não pode ser univocamente determinado devido à possibilidade de haver um amigo direito de tamanho 2^{k+1} ou $3 \cdot 2^k$, ou um esquerdo de tamanho 2^{k-1}. Para distinguir entre esses três casos, uma bandeira de dois bits *type* é adicionada a cada bloco. No entanto, as simulações indicam que o sistema de amigos ponderado é três vezes mais lento e gera fragmentação externa maior que a do sistema binário de amigos. Conforme mencionado, o sistema de amigos ponderado exige dois bits adicionais por bloco e o algoritmo é mais complexo do que no sistema binário de amigos, já que exige considerar mais casos durante a união de blocos.

Um sistema de amigos que toma um curso médio entre os sistemas binário e ponderado é o *sistema de amigos dual* (Page e Hagins, 1986). Este método mantém duas áreas de memória separadas,

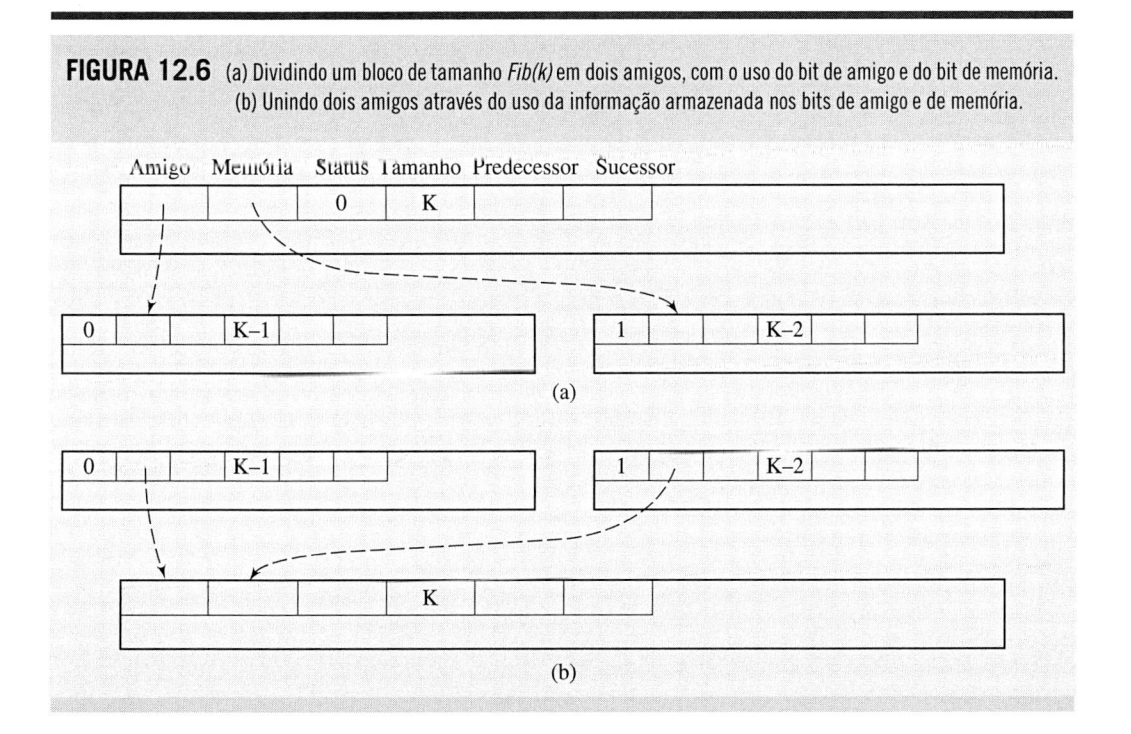

FIGURA 12.6 (a) Dividindo um bloco de tamanho *Fib(k)* em dois amigos, com o uso do bit de amigo e do bit de memória. (b) Unindo dois amigos através do uso da informação armazenada nos bits de amigo e de memória.

uma com tamanhos de blocos 1, 2, 4, 8, 16, ... , 2^i, ..., e outra com tamanhos de blocos 3, 6, 9, 18, 36, ... , $3 \cdot 2_j$, ... Deste modo, o método binário de amigos é aplicado em duas áreas. A fragmentação interna do método dual fica mais ou menos no meio do caminho entre o método binário e o ponderado. A fragmentação externa no método de amigos dual é quase a mesma que a do sistema binário de amigos.

Para concluir esta discussão, observe que a fragmentação interna é com frequência inversamente proporcional à fragmentação externa, porque a primeira é evitada se os blocos alocados estão tão próximos quanto possível, em tamanho, aos blocos solicitados. Mas isto significa que alguns pequenos blocos de pouco uso são gerados. Estes podem ser compactados para formar um grande bloco com os métodos de ajuste sequencial, mas a compactação não se enquadra muito bem com a abordagem do sistema de amigos. De fato, o sistema de amigos variante, que é uma elaboração do método de amigos ponderado, tenta compactar memória, mas a complexidade do algoritmo enfraquece sua utilidade (Bromley, 1980).

12.3 Coleta de lixo

Como mencionado no início deste capítulo, algumas linguagens têm regeneração automática do armazenamento em seu ambiente, de modo que nenhum retorno explícito de memória não usada precisa ser feito por nenhum programa. O programa pode alocar memória através da função `new`, mas não é preciso retornar ao sistema operacional o bloco de memória alocado se este não for mais necessário. O bloco é simplesmente abandonado e será regenerado por um método chamado *coletor de lixo*, que é automaticamente invocado para coletar as células de memória não usadas quando o programa está ocioso ou quando os recursos de memória estão exauridos.

O coletor de lixo vê a heap como uma coleção de células de memória ou nós, com cada célula composta de diversos campos. Dependendo do coletor de lixo, os campos podem ser diferentes. Por exemplo, em LISP, uma célula tem dois ponteiros, *head* e *tail* (ou, na terminologia LISP, *car* e *cdr*), para outras células, exceto para as células atômicas que não têm ponteiros. As células incluem cabeçalhos com elementos como bandeiras átomo/não átomo e uma bandeira marcada/não marcada. Os dados incluídos podem ser armazenados ainda em outro campo de uma célula ou na porção de células atômicas usadas para ponteiros em células não atômicas. Além disso, se células de tamanho variável são usadas, o cabeçalho inclui o número de bytes no campo de dados. Usar mais de dois campos de ponteiro é também possível. Os ponteiros para todas as estruturas ligadas atualmente em uso pelo programa são armazenados em um *conjunto de espaço* que contém todos os *ponteiros de raiz*. A tarefa do coletor de lixo é determinar as partes da memória acessíveis a partir de quaisquer desses ponteiros, além das partes que não estão correntemente em uso e podem ser retornadas para o agrupamento de memória livre.

Os métodos de coleta de lixo usualmente incluem duas fases, que podem ser implementadas como passes distintos ou ser integradas:

1. A fase de *marcação* — para identificar todas as células correntemente usadas.
2. A fase de *regeneração* — quando todas as células não marcadas são retornadas ao agrupamento de memória; esta fase também inclui a compactação da heap.

12.3.1 Marcar e trocar

Um método clássico de coletar lixo é a técnica *marcar e trocar*, que claramente distingue as duas fases (McCarthy, 1960). Primeiro, as células de memória atualmente em uso são marcadas, percorrendo cada estrutura ligada, e então a memória é limpa para recolher as células não usadas (lixo) e colocá-las juntas em um agrupamento de memória.

Marcar

Um procedimento simples de marcação se parece muito com o percurso de árvore em pré-ordem. Se um nó não estiver marcado, então o será; caso não seja um nó atômico, a marcação continuará até seu *head* e até seu *tail*:

```
marking (node)
  if node não está marcado
    marque node;
    if node não é um átomo
      marking(head(node));
      marking(tail(node));
```

Este procedimento é chamado para cada elemento do conjunto da raiz. O problema deste sucinto e elegante algoritmo é que pode causar o transbordamento da pilha de tempo de execução, expectativa muito real considerando o fato de que a lista que está sendo marcada pode ser muito longa. Em consequência, uma pilha explícita pode ser usada, de modo que não é preciso armazenar os dados necessários na pilha de tempo de execução para retomar apropriadamente a execução após o retorno de chamadas recursivas. Eis um exemplo de algoritmo que usa pilha explícita:

```
markingWithStack (node)
  push(node);
  while a pilha não está vazia
    node = pop();
    while node é um não átomo não marcado
      mark node;
      push(tail(node));
      node = head(node);
    if node é um átomo não marcado
      marque node;
```

O problema de um transbordamento não é inteiramente evitado. Se a pilha é implementada como uma matriz, esta pode se tornar muito pequena. Se é implementada como uma lista ligada, talvez seja impossível usá-la, já que a pilha exige recursos de memória que acabaram de ser usados e na regeneração da qual a pilha foi supostamente participar. Existem duas maneiras de evitar esta dificuldade: usando uma pilha de tamanho limitado e invocando algumas operações em caso de transbordamento de pilha, ou tentando não usar nenhuma pilha.

Um algoritmo útil que não exige uma pilha explícita foi desenvolvido por Schorr e Waite. Em certo sentido, a ideia básica é incorporar a pilha na lista que está sendo processada. Esta técnica pertence à mesma categoria das técnicas de percurso sem pilha, discutidas na Seção 6.4.3. No método de marcação de Schorr e Waite, alguns vínculos são temporariamente invertidos quando se cruza a lista para "lembrar" o caminho de volta, e seus ajustes originais são restaurados depois de marcar todas as células acessíveis a partir da posição na qual o percurso foi realizado. Quando um nó marcado ou um átomo é encontrado, o algoritmo retorna ao nó precedente. No entanto, ele pode retornar para um nó através do campo *head* ou do campo *tail*. No primeiro caso, o caminho *tail* tem que ser explorado e o algoritmo deve usar um marcador para indicar se os caminhos *head* e *tail* têm que ser verificados, ou se apenas o *head*. Para este fim o algoritmo usa um bit adicional chamado bit *tag*. Se *head* de uma célula é acessado, o bit tag permanece zero, de modo que, no retorno a esta célula, o caminho acessível a partir de *tail* será seguido — caso em que o bit tag é ajustado para um e reajustado para zero no retorno. O resumo dos algoritmos é este:

```
invertLink (p1, p2, p3)
  tmp = p3;
  p3 = p1;
  p1 = p2;
  p2 = tmp;

SWmarking (curr)
  prev = nulo;
  while (true)
    marque curr;
    if head(curr) está marcado ou é átomo
```

```
            if head(curr) é um átomo não marcado
               marque head(curr);
            while tail(curr)  está marcado ou é átomo
               if tail(curr)  é um átomo não marcado
                  marque tail(curr);
               while prev não é nulo e tag(prev)  é 1// retorne
                  tag(prev) = 0;
                  invertLink(curr,prev,tail(prev));
               if prev não é nulo
                  invertLink(curr,prev,head(prev));
               else terminado;
            tag(curr) = 1;
            invertLink(prev,curr,tail(curr));
         else invertLink(prev,curr,head(curr));
```

A Figura 12.7 ilustra um exemplo. Cada parte da figura mostra as mudanças na lista depois que as operações indicadas foram realizadas. Note que os nós dos átomos não exigem um bit tag. A Figura 12.7a contém a lista antes da marcação. Cada nó não átomo tem quatro partes: um bit de marcação, um bit tag e os campos *head* e *tail*. Os bits de marcação e de tag são inicializados para 0. Há um bit a mais não mostrado na figura, uma bandeira átomo/não átomo.

Eis uma descrição de cada iteração do laço while e o número da figura que contém a estrutura da lista depois da iteração:

Iteração 1: Execute `invertLink(prev,curr,head(curr))` (Figura 12.7b).

Iteração 2: Execute outro `invertLink(prev,curr,head(curr))` (Figura 12.7c).

Iteração 3: Execute ainda outro `invertLink(prev, curr, head(curr))` (Figura 12.7d).

Iteração 4: Marque *tail*(curr) e execute `invertLink(curr,prev,head(curr))` (Figura 12.7e), execute outro `invertLink(curr,prev, head(prev))` (Figura 12.7f), ajuste *tag*(curr) para 1 e execute `invertLink(prev,curr,tail(curr))` (Figura 12.7g).

Iteração 5: Marque *tail*(curr) para 1, ajuste *tag*(prev) para 0 e execute `invertLink(curr,prev, tail(prev))` (Figura 12.7h). Execute `invertLink(curr,prev,head(prev))` (Figura 12.7i), ajuste *tag*(curr) para 1 e execute `invertLink(prev,curr,tail(curr))` (Figura 12.7j).

Iteração 6: Ajuste *tag*(prev) para 0 e execute `invertLink(curr,prev, tail(prev))` (Figura 12.7k). O algoritmo se completa e `prev` se torna *nulo*.

Note que o algoritmo não tem problemas quanto a ciclos nas listas. `SWmarking()` é mais lento do que `markingWithStack()`, já que exige duas visitas por célula, manutenção de ponteiros e um bit adicional. Por isso, a remoção de uma pilha não parece ser a melhor solução. Outras abordagens tentam combinar uma pilha com alguma forma de manuseio de transbordamento. Schorr e Waite propuseram uma solução recorrendo à técnica de inversão de vínculo para o caso de uma pilha de comprimento fixo se tornar cheia. Outras técnicas são mais discriminatórias quanto a qual informação deve ser armazenada na pilha. Por exemplo, `markingWithStack()` desnecessariamente coloca na pilha os nós com campos *tail* vazios — nós cujo processamento é terminado depois que o caminho *head* termina.

O método idealizado por Wegbreit não exige bit tag e usa uma pilha de bits em vez de uma pilha de ponteiros para armazenar um bit para cada nó no caminho cujos campos *head* e *tail* referenciam não átomos. O caminho em questão é o do nó atual ao ponteiro da raiz. No entanto, como no algoritmo de Schorr e de Waite, a inversão de vínculo está ainda em uso. Uma melhoria deste método é o algoritmo de marca rápida (Kurokawa, 1981). Como no método de Wegbreit, o algoritmo de marca rápida retém a informação sobre os nós que se referem aos não átomos da pilha. A pilha armazena ponteiros aos nós, não bits, por isto a inversão de vínculo não é necessária.

FIGURA 12.7 Exemplo de execução do algoritmo de Schorr e Waite para marcar células de memória usadas.

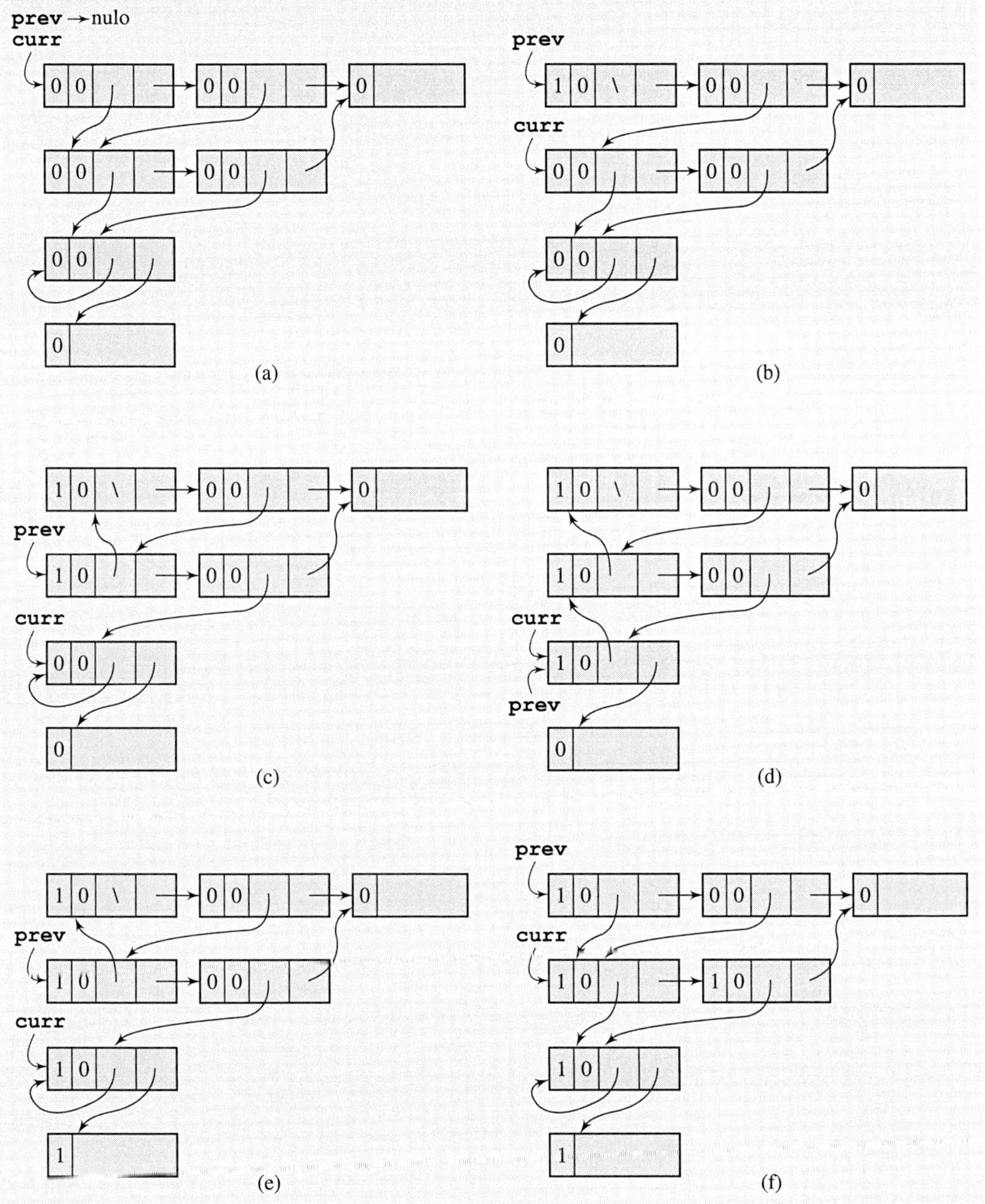

FIGURA 12.7 Exemplo de execução do algoritmo de Schorr e Waite para marcar células de memória usadas. (*continuação*)

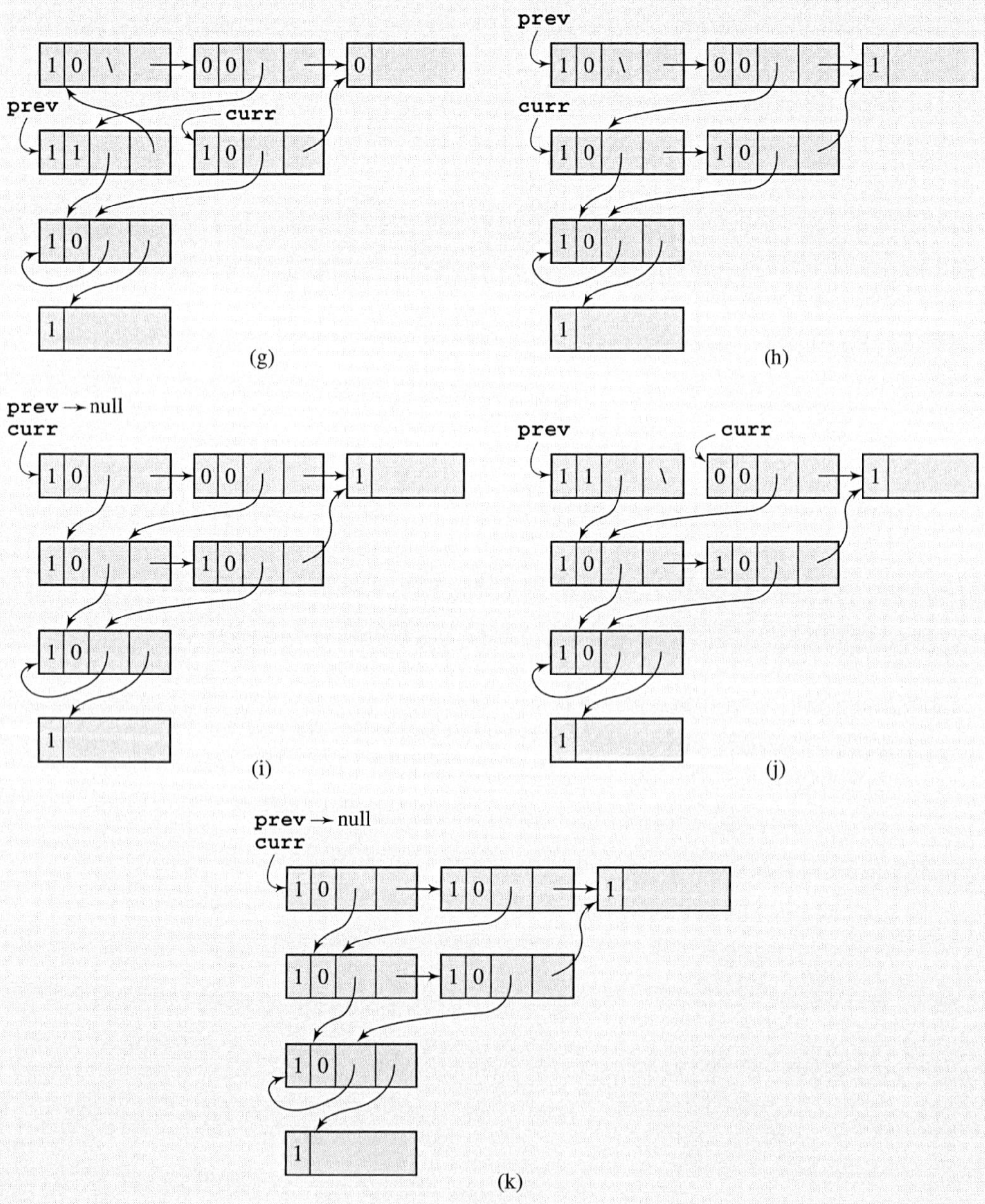

```
fastmark(node)
    if node não é um átomo
        marque node;
        while (true)
            if head(node) e tail(node) estão marcados ou são átomos
                if pilha está vazia
                    terminado;
                else node = pop();
            else if somente tail(node) não está marcado nem é átomo
                marque tail(node);
                node = tail(node);
            else if somente head(node) não está marcado nem é átomo
                marque head(node);
                node = head(node);
            else if head(node) e tail(node) não estão marcados nem são átomos
                marque head(node) e tail(node);
                push(tail(node));
                node = head(node));
```

O leitor é encorajado a aplicar este algoritmo à lista da Figura 12.7a. No entanto, o irritante problema de transbordamento da pilha não está ainda totalmente resolvido. Embora o algoritmo de marca rápida alegue exigir aproximadamente 30 posições na maioria das situações, podem ocorrer alguns casos degenerados que exijam milhares de posições na pilha. Em consequência a marca rápida tem que ser estendida para ser robusta. A ideia básica do *algoritmo de verificação do nó empilhado* é remover da pilha nós que já estejam marcados ou aqueles cujos caminhos de *head* e *tail* já tenham sido percorridos. No entanto, mesmo este algoritmo melhorado ocupa todo o espaço ocasionalmente, em cuja situação "ele desiste e avisa sobre um erro de transbordamento fatal" (Kurokawa, 1981). Por isso a abordagem de Schorr e Waite, com suas duas técnicas, empilhamento e inversão de pilha, é mais confiável, embora mais lenta.

Regeneração de espaço

Depois de marcadas todas as células em uso, o processo de regeneração retorna todas as posições não marcadas na memória para o agrupamento da heap, indo sequencialmente através das heaps, célula por célula, a partir do endereço mais alto e inserindo todas as posições não marcadas em *avail-list*. Quando este processo se completa, todas as posições em *avail-list* estão em ordem ascendente. Durante o processo, todos os bits marcados são reajustados para 0, de modo que, no fim, os bits marcados de todas as posições não usadas são 0. Este simples algoritmo é como segue:

```
sweep()
    for cada location da última para a primeira
        if mark(location) é 0
            insira location em frente de availList;
        else ajuste mark(location) para 0;
```

O algoritmo `sweep()` faz uma passada através da memória inteira. Se adicionarmos uma passada exigida e a manutenção subsequente de `availList` que contiver as posições esparsamente espalhadas por toda a heap, esta situação indesejável pedirá melhorias.

Compactação

Depois que o processo de regeneração está completo, as posições disponíveis são intercaladas com as células que estão sendo usadas pelo programa. Isto exige *compactação*. Se todas as células disponíveis estão em ordem contígua, não há necessidade de manter o `availList`. Se a coleta de lixo é usada para regenerar células de células variáveis, é altamente desejável ter todas as células disponíveis na sequência. A compactação é também necessária quando a coleta de lixo processa a memória virtual. Deste modo, as respostas para as solicitações de memória podem ser realizadas com um mínimo número de acessos. A compactação também é benéfica quando a pilha do tempo de execução e uma heap são usadas ao mesmo tempo. C++ é um exemplo de uma linguagem implementada deste modo. A heap e a pilha estão em lados opostos da memória e crescem em direção uma à outra. Se as células de memória ocupadas na heap podem ser mantidas longe da pilha, a pilha fica com mais espaço para a expansão.

Um simples *algoritmo de dois ponteiros* para a compactação da heap usa uma abordagem similar àquela utilizada para o particionamento no quicksort: dois ponteiros varrem a heap iniciando em lados opostos da memória. Depois que o primeiro ponteiro encontra uma célula não marcada e o segundo uma marcada, o conteúdo desta última célula é movido para a não marcada e sua nova localização é registrada na velha posição. Este processo continua depois que os ponteiros se cruzam. A parte compactada é varrida para reajustar os ponteiros *head* e *tail*. Se os ponteiros das células copiadas se referem às posições além da área compactada, as velhas localizações são acessadas para recuperar o novo endereço. Eis o algoritmo:

```
compact()
    lo = a base da heap;
    hi = o topo da heap;
    while (lo < hi)    // varra a heap inteira
        while *lo (a célula apontada por lo) está marcada
            lo++;
        while *hi não está marcada
            hi--;
        célula não marcada *hi;
        *lo = *hi;
        tail(*hi--) = lo++; // deixe o endereço antecipado;
    lo = a base da heap;
    while (lo <= hi) // varra somente a área compactada;
        if *lo não é átomo e head(*lo) > hi
            head(*lo) = tail(head(*lo));
        if *lo não é átomo e tail(*lo) > hi
            tail(*lo) = tail(tail(*lo));
        lo++;
```

A Figura 12.8 ilustra este processo no caso de dois locais disponíveis em frente da célula *A*, para a qual as células *B* e *C* podem ser movidas. A Figura 12.8a ilustra a situação na heap antes da compactação. Na Figura 12.8b, as células B e C foram movidas para esses locais com os campos *tail* das células velhas indicando as novas posições. A Figura 12.8c ilustra a parte compactada da heap depois de verificar os campos *head* e *tail* de todas as células e atualizando-as no caso em que se referiram às posições além da área compactada.

Este simples algoritmo é ineficiente, pois necessita de uma passada através da heap para marcar as células, uma passada para mover as células marcadas em posições contíguas e uma passada através da área compactada para atualizar os ponteiros; duas passadas e meia de heap são exigidas. Um modo de reduzir o número de passadas é integrar a marcação e a troca, o que abre uma nova categoria de métodos.

12.3.2 Métodos de cópia

Os algoritmos de cópia são mais limpos que os métodos anteriores, pois não estão em contato com o lixo. Eles processam somente as células acessíveis a partir dos ponteiros da raiz e as colocam juntas; as células não processadas ficam disponíveis. Um exemplo de método de cópia é o *algoritmo pare e copie*, que divide a heap em dois *semiespaços*, um dos quais é usado somente para alocar a memória (Fenichel e Yochelson, 1969). Depois que o ponteiro de alocação atinge o final do semiespaço, todas

FIGURA 12.8 Exemplo de compactação da heap.

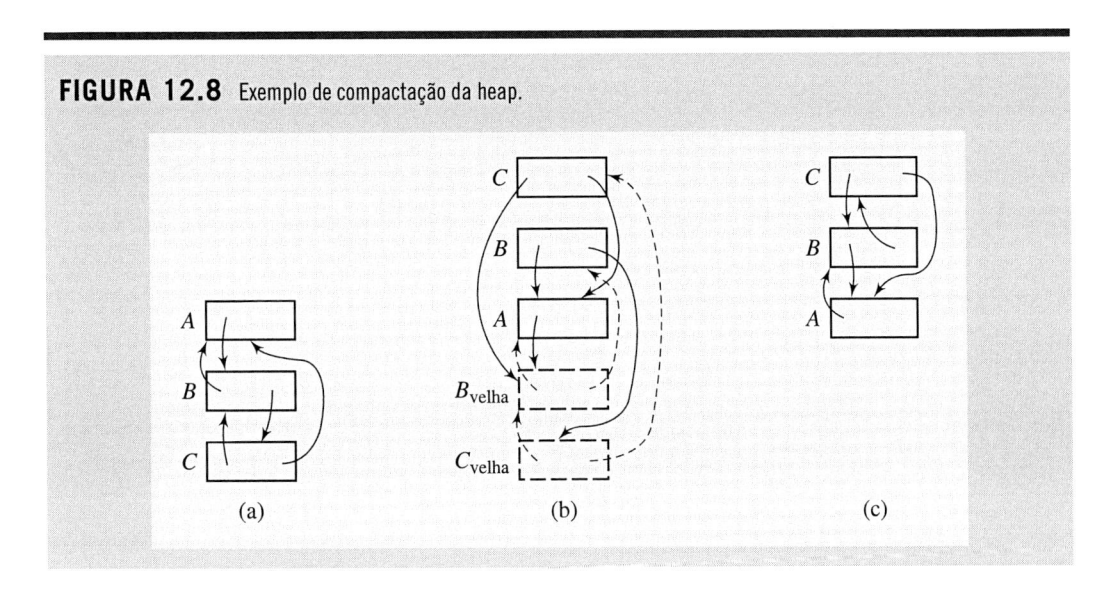

as células em uso são copiadas no segundo semiespaço, que se torna um espaço ativo, e o programa retoma a execução (veja a Figura 12.9).

Listas podem ser copiadas pelo percurso em extensão (Cheney, 1970). Se as listas fossem apenas árvores binárias sem referências cruzadas, o algoritmo seria o mesmo que o percurso em extensão de árvores discutido na Seção 6.4.1. No entanto, as listas podem ter ciclos e as células em uma lista apontar para células de outra. Neste caso, este algoritmo produziria cópias múltiplas da mesma célula. No primeiro caso, cairia em um laço infinito. O problema pode ser facilmente resolvido, como em `compact()`, retendo-se um endereço avançado na célula que está sendo copiada. Isto permite que o procedimento de cópia se refira a uma célula depois que já foi copiada. O algoritmo não exige a fase de marcação e nenhuma pilha. O percurso em extensão permite também combinar duas tarefas: copiar listas e atualizar os ponteiros. O algoritmo trata o lixo apenas indiretamente, porque não acessa realmente as células não necessárias. Quanto mais lixo houver na memória, mais rápido será o algoritmo.

Note que o custo da coleta de lixo diminui com o aumento do tamanho da heap (semiespaço). Realmente, não somente o número de coleta cai com o aumento da heap, mas o tempo para uma coleta diminui, que é mais um resultado inesperado. Para ter certeza, se a memória é realmente grande, nenhuma coleta de lixo é necessária (Appel, 1987). Isto também indica que deslocar a responsabilidade para a locação livre do programador (como em C++ ou Pascal) para o coletor de lixo nao tem que resultar em programas mais lentos. Tudo isto é verdade sob a hipótese de uma grande memória estar disponível.

12.3.3 Coleta de lixo incremental

Os coletores de lixo são invocados automaticamente quando os recursos de memória disponível se tornam escassos. Se isto acontece durante a execução de um programa, o coletor de lixo suspende a execução até que termine sua tarefa. A coleta de lixo pode levar vários segundos, que podem se tornar minutos em sistemas de tempo compartilhado. Esta situação pode não ser aceitável em sistemas de tempo real, em que a rápida resposta de um programa é de crucial importância. Em consequência, é frequentemente desejável criar *coletores de lixo incrementais*, cuja execução é intercalada com a do programa. A execução do programa é suspensa somente por um breve momento, permitindo que o coletor limpe a heap em alguma extensão, deixando alguma porção não processada da heap para ser limpa mais tarde. Mas nisto reside o problema. Depois que o coletor processa parcialmente algumas listas, o programa pode mudá-las ou transformá-las. Por esta razão, um programa usado em conexão com uma coleta de lixo incremental é chamado *mutador*. Tais mudanças têm que ser levadas em consideração depois que o coletor retoma a execução, possivelmente para reprocessar

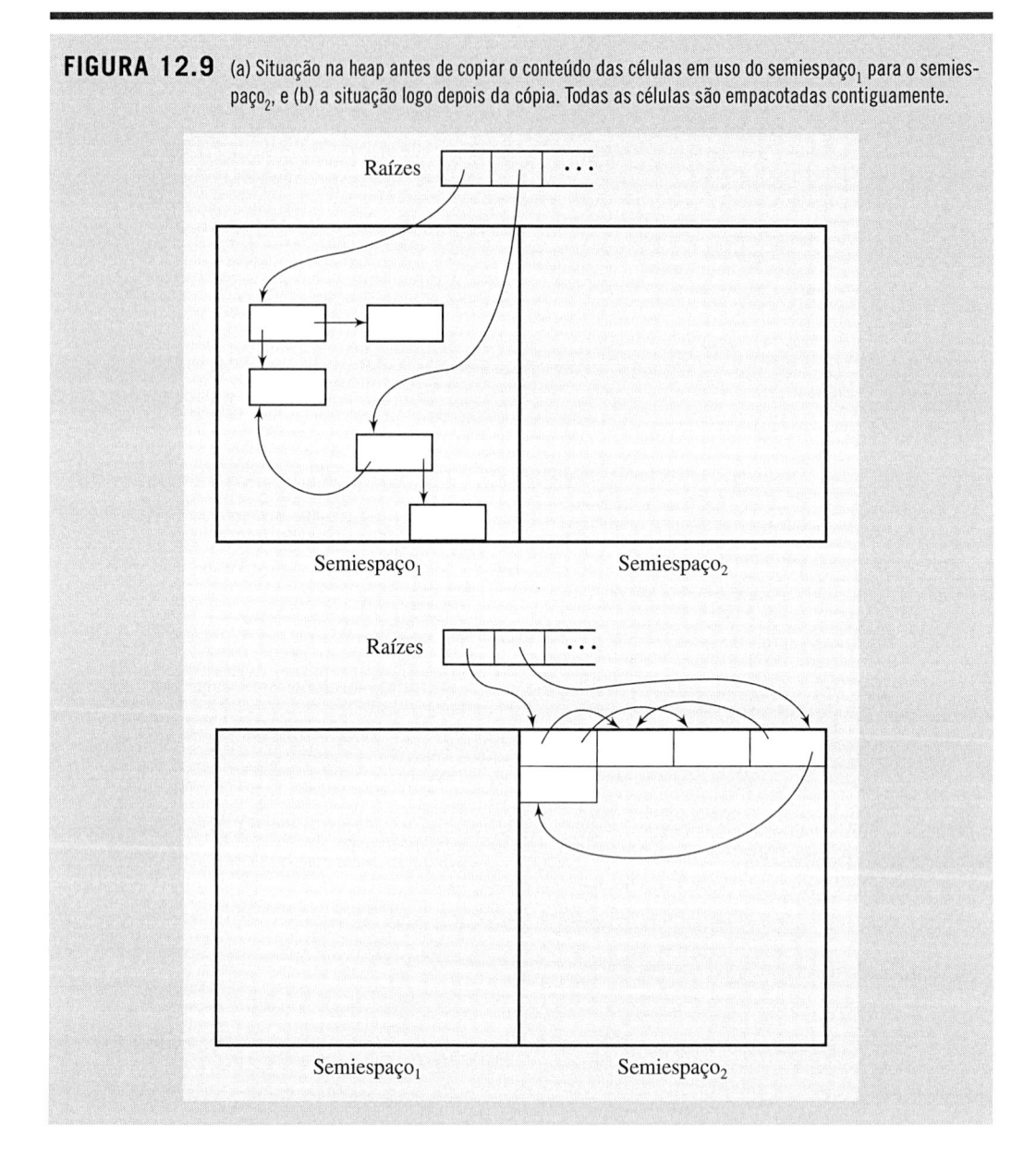

FIGURA 12.9 (a) Situação na heap antes de copiar o conteúdo das células em uso do semiespaço$_1$ para o semiespaço$_2$, e (b) a situação logo depois da cópia. Todas as células são empacotadas contiguamente.

algumas células ou listas inteiras. Esta carga adicional indica que os coletores incrementais exigem mais esforço do que os regulares. De fato, mostra-se que os coletores incrementais exigem duas vezes o poder de processamento dos regulares (Wadler, 1976).

Métodos de cópia na coleta de lixo incremental

Um algoritmo incremental baseado na técnica pare e copie foi delineado por Henry Baker (1978). Como no pare e copie, o algoritmo de Baker também usa dois semiespaços, chamados *do_espaço* e *para_o_espaço*, ambos ativos para assegurar a cooperação apropriada entre o mutador e o coletor. A ideia básica é alocar as células no para_o_espaço, começando do topo, e sempre copiar o mesmo número, *k,* de células do do_espaço para o para_o_espaço sob solicitação. Deste modo, o coletor realiza sua tarefa sem incorrer em qualquer interrupção indevida do trabalho do mutador. Depois que todas as células atingíveis são copiadas para o para_o_espaço, os papéis dos semiespaços são mudados.

O coletor mantém dois ponteiros. O primeiro, *scan*, aponta para uma célula cujas listas *head* e *tail* devem ser copiadas para para_o_espaço se ainda estiverem em do_espaço. Já que essas listas podem ser maiores do que k, não podem ser processadas de uma vez. Até k células acessíveis pelo percurso em extensão são copiadas de do_espaço, e as cópias colocadas no final da fila. Essa fila é simplesmente acessível pelo segundo ponteiro, *bottom*, que aponta para o espaço livre em para_o_espaço. O coletor pode processar *tail* da célula atual durante a mesma divisão de tempo, mas pode esperar até a próxima vez. A Figura 12.10 mostra um exemplo. Se chega uma solicitação para alocar uma célula cujo *head* aponta para P e *tail* para Q (como em *cons(P, Q)* da LISP), com P e Q residindo em para_o_espaço, uma nova célula é alocada na parte superior de para_o_espaço, com seus dois campos de ponteiro apropriadamente inicializados. Assumindo que $k = 2$, duas células são copiadas da lista *head* da célula apontada por *scan*, e *tail* é processado quando a próxima solicitação chega. Tal como em pare e copie, o algoritmo de Baker retém um endereço avançado na célula original em

FIGURA 12.10 Situação na memória (a) antes e (b) depois de alocar uma célula com os ponteiros *head* e *tail* referindo-se às células P e Q em para_o_espaço, de acordo com o algoritmo de Baker.

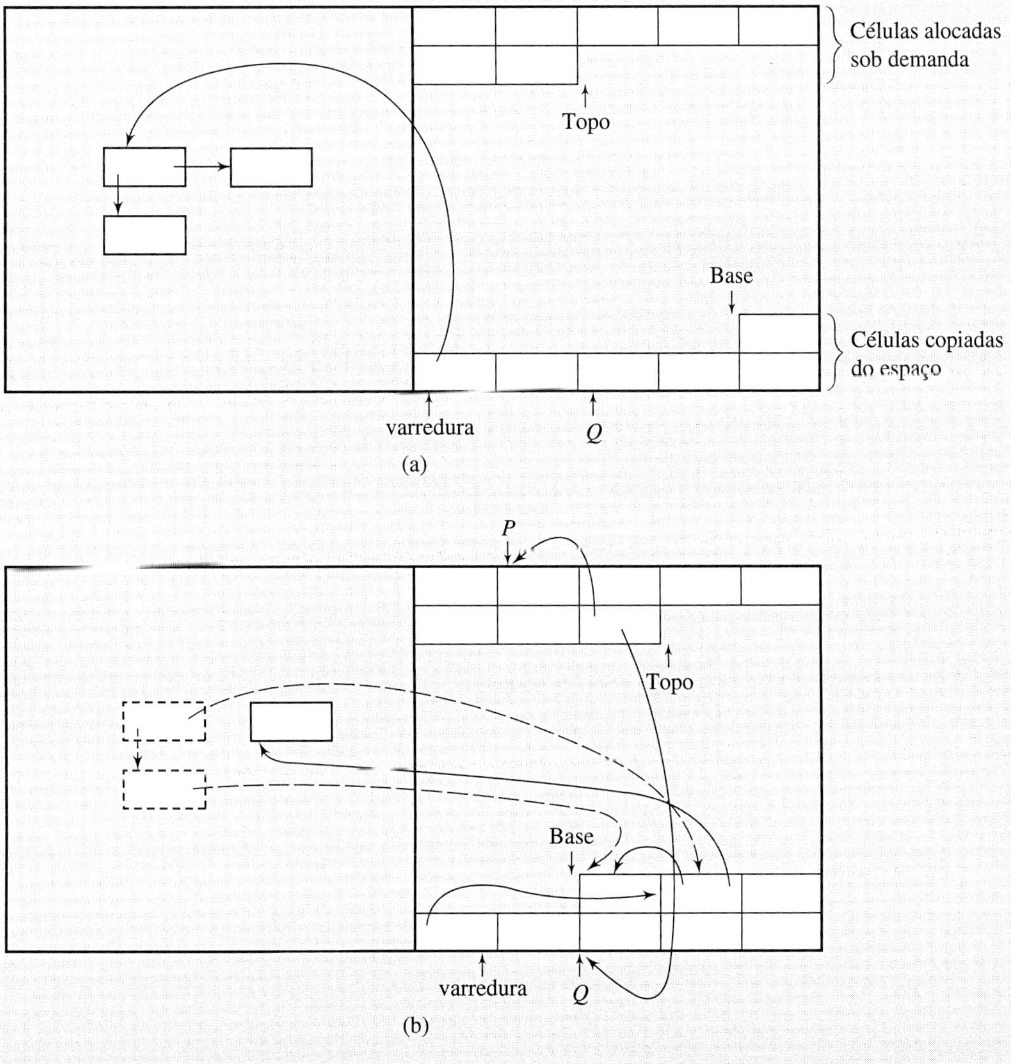

do_espaço para a sua cópia em para_o_espaço, para o caso de alocações posteriores se referirem a esse original.

Um cuidado especial precisa ser tomado quando *head* e/ou *tail* de uma célula que está sendo alocada se referem a uma célula em do_espaço que foi copiada ou ainda está em do_espaço. Como as células no topo de para_o_espaço não são processadas pelo coletor, reter um ponteiro em qualquer deles para as células de do_espaço leva a consequências fatais depois que do_espaço se torna para_o_espaço, porque as últimas células são agora consideradas disponíveis e preenchidas com o novo conteúdo. O mutador poderia em um ponto usar o ponteiro para o original, e em um ponto posterior uma cópia, levando a inconsistências. Por isso o mutador é precedido por uma *barreira de leitura* que impede o uso de referências a células em do_espaço. No caso de uma referência de do_espaço, temos que verificar se essa célula tem um endereço avançado, um endereço em seu *tail* para uma posição em para_o_espaço. Se a resposta for sim, o endereço avançado é usado na alocação; caso contrário, a célula referida na atual alocação tem que ser copiada *antes* que a alocação seja efetuada. Por exemplo, se o *head* de uma célula a ser alocada deve apontar para P, uma célula em do_espaço que já tenha sido copiada, como ilustrado na Figura 12.11a, o novo endereço de P é armazenado em *head* (veja a Figura 12.11b). Se o *tail* da nova célula deve apontar para Q, ainda intocado em do_espaço, Q é copiado para para_o_espaço (junto com um descendente, pois k = 2), e somente depois o *tail* da nova célula é inicializado para a cópia de Q.

O algoritmo de Baker concede a si mesmo várias modificações e melhorias. Por exemplo, para evitar constantes testes de condição quando se alocam novas células, um campo de indireção é incluído em cada célula. Se uma célula está em para_o_espaço, este campo aponta para ele mesmo; caso contrário, aponta para sua cópia em para_o_espaço (Brooks, 1984). Testes são evitados, mas os ponteiros de indireção têm que ser mantidos para cada célula. Outro modo de resolver este problema é utilizar as facilidades do hardware, se disponíveis. Por exemplo, as facilidades de proteção de memória podem evitar o acesso do mutador às células não processadas pelo coletor; todas as páginas da heap com células não processadas são prontamente protegidas (Ellis, Li e Appel, 1988). Se o mutador tenta acessar tais páginas, o acesso é capturado e uma exceção provocada, forçando o coletor a processar esta página para que o mutador possa retomar a execução. Mas este método pode enfraquecer a coleta incremental, porque, depois que os semiespaços mudam os papéis, as armadilhas são invocadas com frequência e cada armadilha exige que uma página inteira da heap seja processada. Algumas precauções adicionais podem ser necessárias, como não exigir uma varredura da página inteira no caso de uma armadilha. Por outro lado, se a heap não é acessada com muita frequência, isso não se torna um problema.

Outra melhoria do algoritmo de Baker é introduzida através da divisão de memória em dois espaços irregulares. Do_espaço (espaço de objeto), que contém objetos, e para_o_espaço (espaço alça), que contém referências a objetos apenas, não cópias de objetos inteiros. Estas referências são criadas na fase de marcação, de modo que os objetos ativos são marcados pela presença de uma referência a eles. Na fase de compactação, os objetos ativos são compactados no do_espaço e os passivos – sem qualquer referência a eles no para_o_espaço – são simplesmente substituídos. Na fase_final, de limpeza, qualquer referência no para_o_espaço é removida e objetos são devolvidos ao estado original, substituindo ponteiros para referências por ponteiros para objetos (Stanchina e Meyer, 2007).

Métodos sem cópia

Nos métodos incrementais baseados em cópia o maior problema não é o conteúdo das células originais e sua cópia, mas suas posições ou endereços na memória, que devem ser diferentes. O mutador não pode tratar esses endereços aos pares; caso contrário, o programa entra em colapso. Em consequência, alguns mecanismos são necessários para manter a integridade do endereçamento; a barreira de leitura serve a este propósito. Mas podemos ter que evitar uma cópia de tudo; ademais, o primeiro método de coleta de lixo, marcar e trocar, não usa cópia. Por causa de exaustivas e ininterruptas passadas, o método marcar e copiar era muito custoso, simplesmente inaceitável em sistemas de tempo real. Todavia, a simplicidade deste método é muito atraente, e Taiichi Yuasa tentou adaptá-lo para restrições em tempo real com resultados satisfatórios.

Capítulo 12 Gerenciamento de Memória ■ 561

FIGURA 12.11 Mudanças realizadas pelo algoritmo de Baker quando os endereços *P* e *Q* se referem a células em do_espaço; *P* para uma célula já copiada e *Q* para uma célula em do_espaço.

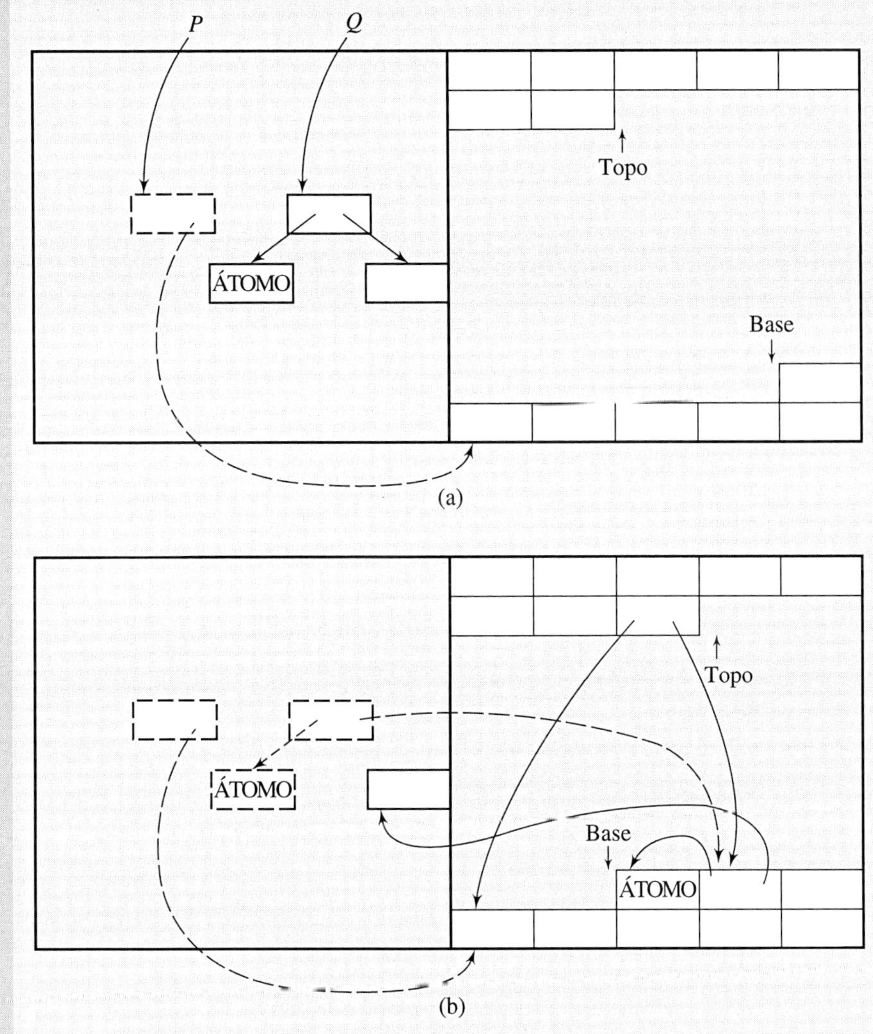

O algoritmo de Yuasa também tem duas fases: uma para marcar as células atingíveis (usadas) e outra para trocar a heap incluindo em *avail-list* todas as células não usadas (não marcadas). A fase de marcação é similar à usada no método marcar e trocar, exceto por ser incremental; a cada vez que o procedimento de marcação é invocado, ele marca somente k_1 células para alguma constante pequena. Depois de marcadas k_1 células, o mutador retoma a execução. A constante k_2 é usada durante a fase de troca para decidir quantas células devem ser processadas antes de a execução retornar para o mutador. O coletor de lixo lembra se está no meio da marcação ou da troca. O procedimento para marcar ou trocar é sempre invocado depois que uma célula é solicitada da memória por um procedimento que cria um novo ponteiro de nova raiz e inicializa seus campos *head* e *tail*, como no seguinte pseudocódigo:

```
createRootPtr(p,q,r)    // constante da LISP
    if o coletor está na fase de marcação
```

marque até k_1 células;
else if *o coletor está na fase de troca*
   troque até k_2 células;
else if *o número de células em* availList *é baixo*
   coloque todos os ponteiros de raiz na pilha do coletor st;
p = *primeira célula em* availList;
head(p) = q;
tail(p) = r;
marque p *se ele estiver na porção não trocada da heap;*

Lembre-se de que o mutador pode embaralhar alguns grafos acessíveis a partir dos ponteiros de raiz, o que é particularmente importante se acontece durante a fase de marcação, já que pode fazer que certas células permaneçam não marcadas mesmo que estejam acessíveis. A Figura 12.12 mostra um exemplo. Depois de colocadas todas as raízes na pilha st (Figura 12.12a), processadas as raízes r_3 e r_2, e a r_1 estar sendo processada (Figura 12.12b), o mutador executa duas atribuições: *head*(r_3) é mudado para *tail*(r_1) e a *tail*(r_1) é atribuído r_2 (Figura 12.12c). Se o processo de marcação é agora reiniciado, não há possibilidade de marcar *head*(r_3) = c_5, pois o grafo inteiro r_3 é assumido como processado. Isto leva a incluir a célula *head*(r_3) em *avail-list* durante a fase de troca. Para evitar isto, a função que atualiza *head* ou *tail* de qualquer célula coloca na pilha usada pelo coletor de lixo o valor antigo do campo que está sendo atualizado. Por exemplo:

updateTail(p,q)   // Lisp's rplacd
   if *o coletor está na fase de marcação*
      marque tail(p);
      st.push(tail(p));
   tail(p) = q;

Na fase de marcação, a pilha st é esvaziada até k_1 vezes, e, para cada ponteiro p retirado, seus *head* e *tail* são marcados.

A fase de troca vai de forma incremental por meio da heap, inclui em *avail-list* todas as células não marcadas e desmarca todas as marcadas. Para fins de consistência, se uma nova célula é alocada, ela permanece desmarcada se certa parte da heap já foi trocada. Caso contrário, a próxima volta de marcação poderia levar a resultados distorcidos. A Figura 12.13 ilustra um exemplo. O ponteiro *sweeper* já atingiu a célula c_3, e agora o mutador solicita uma nova célula executando createRootPtr(r_2, c_5, c_3), por onde a primeira célula é desanexada de *avail-list* e é feita uma nova raiz (Figura 12.13b). Mas a célula recém-alocada não é marcada, porque precede o *sweeper* na heap.

Se alguma célula é liberada na área trocada, torna-se lixo, mas não é trocada até que a troca reinicie do começo da memória. Por exemplo, depois de atribuir *tail*(r_1) para r_1, a célula c_2 se torna inacessível, ainda que não seja reclamada agora ao ser adicionada a *avail-list* (Figura 12.13c). O mesmo acontece às células que têm endereços mais altos do que o valor atual de *sweeper*, como é o caso da célula c_6 depois de atribuir *tail*(r_2) a *tail*(r_1) (Figura 12.13d). Isto é chamado *lixo flutuante,* que será coletado no próximo ciclo.

Ao armazenar os valores da pilha de marcação de *head* e de *tail* antes de serem substituídos por novos valores pelo mutador, o algoritmo de Yuasa, na realidade, usa uma *barreira de gravação*, que protege as partes de listas acessíveis de serem modificadas antes de processadas pelo coletor. Existem várias formas de barreiras de gravação. O algoritmo de Yuasa protege da destruição qualquer caminho na heap. Outra possibilidade é evitar a introdução de um ponteiro a partir da parte da pilha já processada pelo coletor para a parte da heap que ainda está para ser processada (Dijkstra et al., 1976). Usar barreiras é uma ferramenta eficaz que impõe apenas uma pequena sobrecarga (Blackburn e Hosking, 2004).

Em coletores de lixo geracionais a heap é dividida em diferentes regiões de acordo com a idade do objeto a ser alocado. No entanto, este não é o único critério que pode ser utilizado na

FIGURA 12.12 Inconsistência que resulta se, no coletor de lixo incremental sem cópia de Yuasa, uma pilha não é usada para registrar as células possivelmente não processadas durante a fase de marcação.

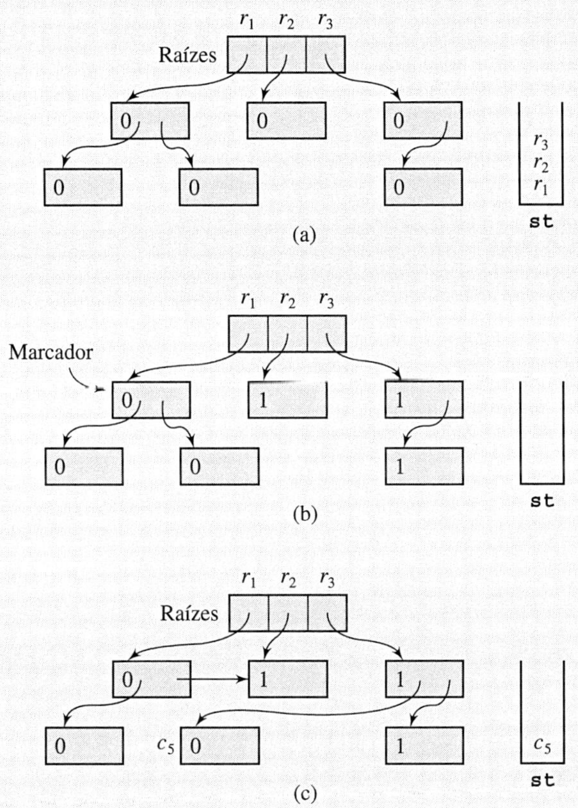

categorização de objetos, e, em consequência, a divisão da heap. Um deles é o tempo de vida restante esperado, ou seja, o problema está em determinar por quantos objetos longos viverá, não por quanto tempo já viveu (Cannarozziet al., 2000). Outro é o tipo de um objeto. Com base em uma observação de que, para cada programa, relativamente poucos tipos de objetos (tipos prolíficos) em geral são responsáveis por uma grande porcentagem de objetos, e na hipótese de que objetos de tipos prolíficos morrem mais cedo do que os de tipos não prolíficos, objetos são alocados em uma *região prolífica* ou *não-prolífica* da heap. O primeiro é então processado com mais frequência do que o último. Uma vantagem desta abordagem é que nenhuma barreira de gravação tem que ser utilizada. O problema, no entanto, é com a determinação adequada destes tipos prolíficos (Shuf et al., 2002).

12.3.4 Coleta de lixo geracional

Outra abordagem para a recolha de lixo é baseada na observação de que a maioria das células afetadas é necessária por um curto período de tempo; somente algumas para intervalos de tempo mais longos. Isto leva à técnica de *coleta de lixo geracional*, que divide todas as células alocadas em

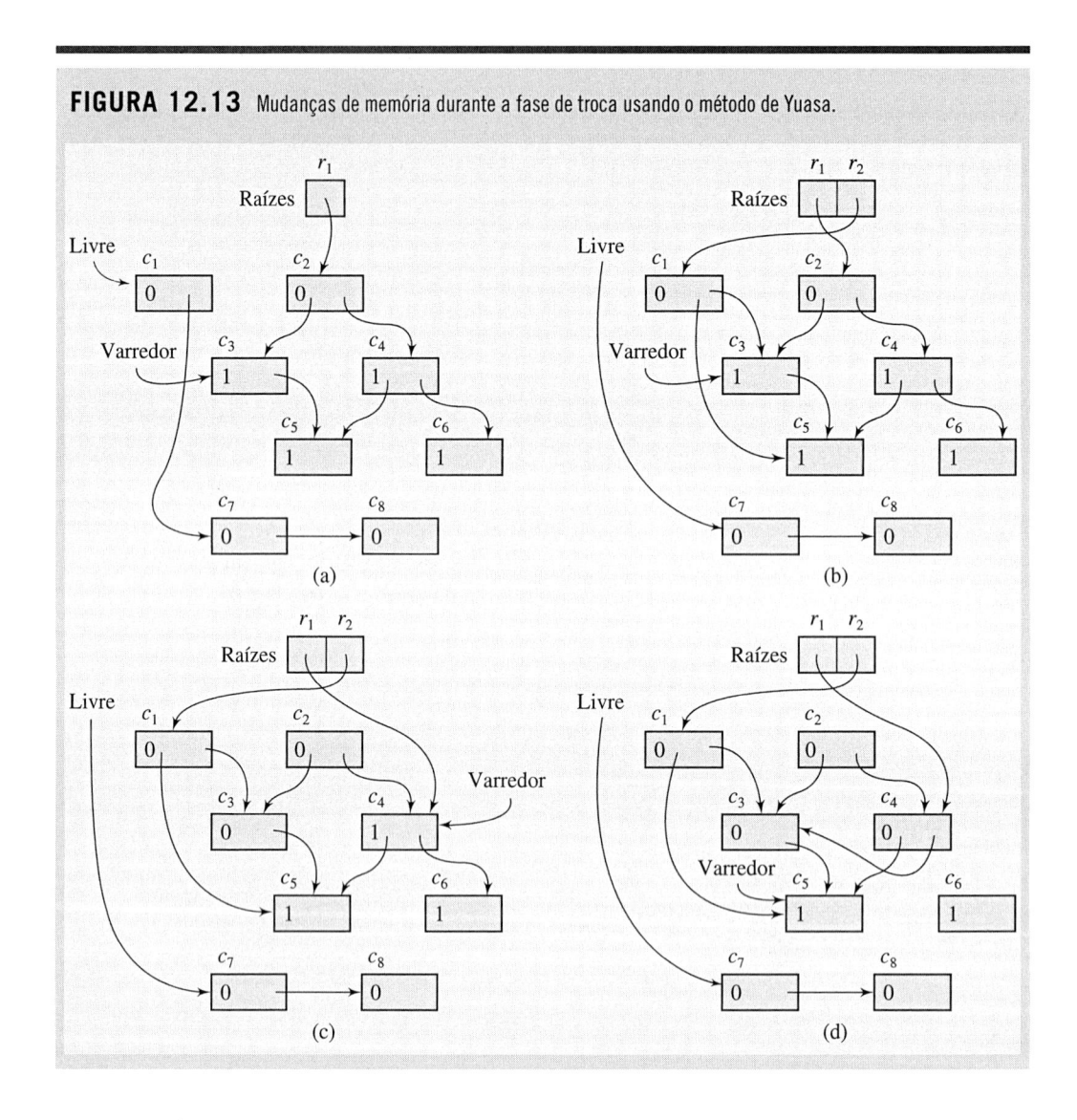

FIGURA 12.13 Mudanças de memória durante a fase de troca usando o método de Yuasa.

pelo menos duas gerações e centra sua atenção sobre a geração mais jovem, o que gera a maior parte do lixo através da realização de muitas *coleções menores* de geração(ões) jovem(ns) entre *grandes coleções* ocasionais de toda a heap. Desta forma, as células jovens não precisam ser copiadas, o que poupa o coletor de algum trabalho. Além disso, a verificação constante e a cópia de células de longa vida são desnecessárias e um desperdício, de modo que o teste da produção de lixo entre essas células é realizado apenas com pouca frequência.

Em uma versão clássica do coletor de lixo geracional, o espaço do endereço é dividido em várias regiões, e não apenas em para_o_espaço e do_espaço, cada região $r_{g,v}$ mantém células da mesma geração g versão v, ou seja, a geração que foi evacuada v vezes (Lieberman e Hewitt, 1983). A maioria dos ponteiros aponta para as células de uma geração mais velha; alguns deles, no entanto, podem apontar para a frente no tempo (por exemplo, quando *rplaca* de LISP é emitida). Neste método, tais referências à frente são feitas indiretamente através de uma *tabela de entrada* associada com cada uma das regiões. Um ponteiro de uma região $r_{i,k}$ não aponta para uma célula c numa região $r_{i+s,m}$, mas a uma célula c' na tabela da entrada associada com $r_{i+s,m}$, e c' contém um ponteiro para c. Se uma região, $r_{i,k}$ fica cheia, todas as células alcançáveis são copiadas para outra região, $r_{i,k+1}$, e todas as regiões com as gerações mais jovens do que $r_{i,k}$ são visitadas para atualizar os ponteiros referindo-se a células que tenham sido simplesmente transferidas para a nova região. As regiões com as gerações mais velhas do que $r_{i,k}$ não têm que ser visitadas; presumivelmente apenas poucas referências na tabela de entrada de $r_{i,k}$ são atualizadas (Figura 12.14). O problema da limpeza das tabelas de entrada pode ser resolvido por meio do armazenamento, em cada tabela, de um identificador exclusivo de uma região para a qual um ponteiro se refere, juntamente com o próprio ponteiro. O identificador é atualizado juntamente com o ponteiro. Alguns ponteiros podem ser abandonados, como o ponteiro na tabela de entrada para a região $r_{i+1,l}$, da Figura 12.14b, e estarão prontos para a limpeza após a região em si ser abandonada.

Um problema é decidir quando manter células, isto é, decidir que não são jovens. Tradicionalmente, as células são mantidas quando sobreviveram n coleções, onde n é diferente de um coletor de lixo para outro. A solução mais simples é a manutenção das células após cada recolha (Appel, 1989), mas também é possível ter diferentes programações de manutenção para diferentes tipos de células.

FIGURA 12.14 Uma situação em três regiões (a) antes e (b) depois de copiar células alcançáveis da região $r_{i,k}$ para a região $r_{i,k+1}$ utilizando a técnica Lieberman-Hewitt de coleta de lixo geracional.

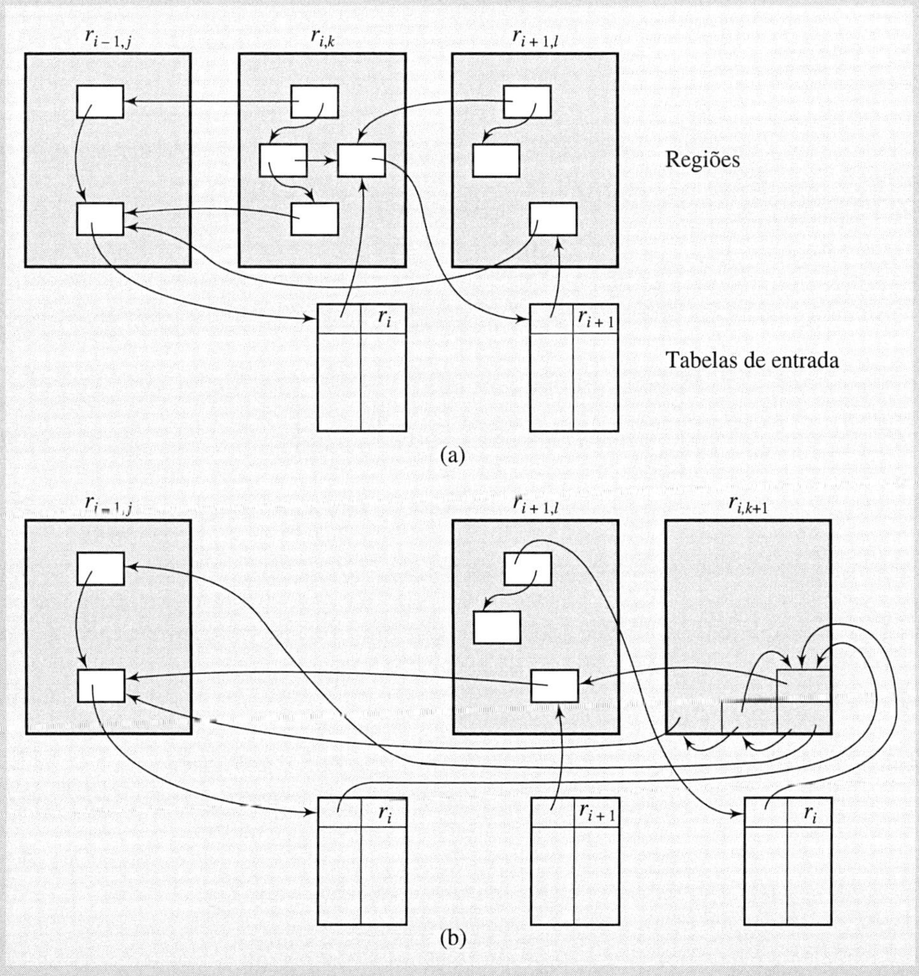

Só muito raramente são criados ponteiros avançados; por conseguinte, pode-se esperar que as tabelas de entrada sejam pequenas. Uma modificação desta técnica utiliza uma tabela de entrada para cada par de regiões (Johnson, 1991).

O problema com um coletor geracional puro é que a coleta principal, embora muito menos frequente do que coletas menores, leva muito mais tempo, interrompendo assim o processamento do mutador, por isso não é indicado em ambientes em tempo real. Para evitar este problema, o processamento incremental da heap inteira deve ser assegurado. Uma solução é proposta no *algoritmo de trem* (Hudson e Moss, 1992).

O algoritmo centra-se na geração mais velha que reside no *espaço de objeto maduro*. O espaço é dividido em áreas (*carros*) e áreas com objetos formam listas ligadas (*comboios*) conectadas por ligações traceadas na Figura 12.15, que, por sua vez, formam uma lista ligada circular conectada com ligações tracejadas-e-pontilhadas. Apenas uma área é recolhida de cada vez a partir de uma lista ligada particular. O vizinho da área é recolhido no próximo ciclo, e se chega ao fim da lista, a primeira área da lista seguinte entra no processo. Após o processamento de uma área ser concluída, a área pode ser reciclada e usada para armazenar objetos promovidos das gerações mais jovens. Aqui estão as regras de recolha de células de uma área particular.

Quando não há nenhuma referência externa para qualquer objeto em uma lista ligada, as áreas da lista se tornam espaço livre.

Quando um objeto é acessível a partir de um ponteiro de raiz, ele é copiado para outra lista ligada (existente ou recém-criada), e todos os objetos que residem na mesma área e são acessíveis a partir do objeto que acaba de ser copiado também são copiados para a mesma lista. Por exemplo, o objeto apontado por *P* na Figura 12.15a é copiado para a terceira área na segunda lista e a cópia do objeto *B* acessível a partir do objeto referenciado por *P* é posta como *B*' em uma área recém-criada (estamos supondo que somente quatro objetos podem ser acomodados em uma área) com uma ligação para ele de seu ascendente e o endereço de encaminhamento deixado para trás (na Figura 12.15b, ligações encaminhadas são mostradas como linhas pontilhadas).

Quando um objeto é acessível a partir de outra área, é copiado para o fim da lista da qual é referenciado (uma nova área pode ter de ser criada se não houver espaço na lista). Por exemplo, o objeto *A* é referenciado a partir do objeto *D* que reside em outra área diferente de *A*, mas na mesma lista; portanto, *A* é copiado como *A*' para o fim da lista atual e a referência a partir de *D* é dirigida a *A*'. O objeto *C* está referenciado a partir de um objeto *H* que reside em outra área e outra lista de *C*; portanto, *C* é copiado como *C*' para o fim da lista inicial de *H*; a referência a partir de *H* é direcionada para *C*' e a referência de *C*' para *B*', que é encontrada através do endereço de encaminhamento deixado em *B*. Os objetos de outras áreas com referências a objetos na área atual são localizados com o uso de *conjuntos de lembranças* que, geralmente, incluem referências a objetos mais antigos que se refiram diretamente a objetos mais jovens (Ungar, 1984). Conjuntos de lembranças substituem tabelas de entrada e permitem referências diretas não só de objetos mais novos para objetos mais velhos, mas também vice-versa, bem como (tabelas de entrada são usadas para fazer referências de objetos mais antigos para objetos mais jovens apenas indiretamente através de referências nestas tabelas). No algoritmo de trem, um conjunto de memória está associado a cada área, e apenas tal conjunto é mostrado na Figura 12.15a por baixo da primeira zona da lista ligada superior.

O algoritmo também pode processar grandes estruturas de objetos ligados que não podem ser acomodados em uma área, mesmo estruturas circulares. Considere a estrutura *F-G-J-H* na Figura 12.15a. Na primeira coleta, a estrutura não é afetada. Na segunda (Figura 12.15b), o objeto *F* é copiado para a última área de outra lista (depois de *D* e *E* terem sido processados, Figura 12.15c, as ligações avançadas não são mostradas). Depois da terceira coleta, a situação é como na Figura 12.15d. A estrutura circular toda reside em uma lista de áreas. Há apenas uma referência a partir do exterior para uma célula na lista, *P*. Se *P* é modificado para apontar para qualquer coisa fora desta lista, então, restam apenas inter-referências na lista, e, portanto, toda a lista pode ser recuperada como consistindo de áreas livres.

Capítulo 12   Gerenciamento de Memória ■ 567

FIGURA 12.15 Um exemplo de execução dos algoritmos de trem. (a) Duas listas ligadas de áreas. (b) A situação após a primeira coleta, depois do processamento da primeira área da parte superior da lista ligada; a primeira área é retirada da lista e pode ser reutilizada para a alocação. (c) A situação após a segunda coleta; a área com objetos D, E, F, e uma célula de lixo é removida a partir da lista a ser incluída na lista das áreas livres. (d) A situação após a terceira coleta; a lista atual desaparece depois de sua última área ser liberada. Apenas uma lista permanece na lista circular de listas.

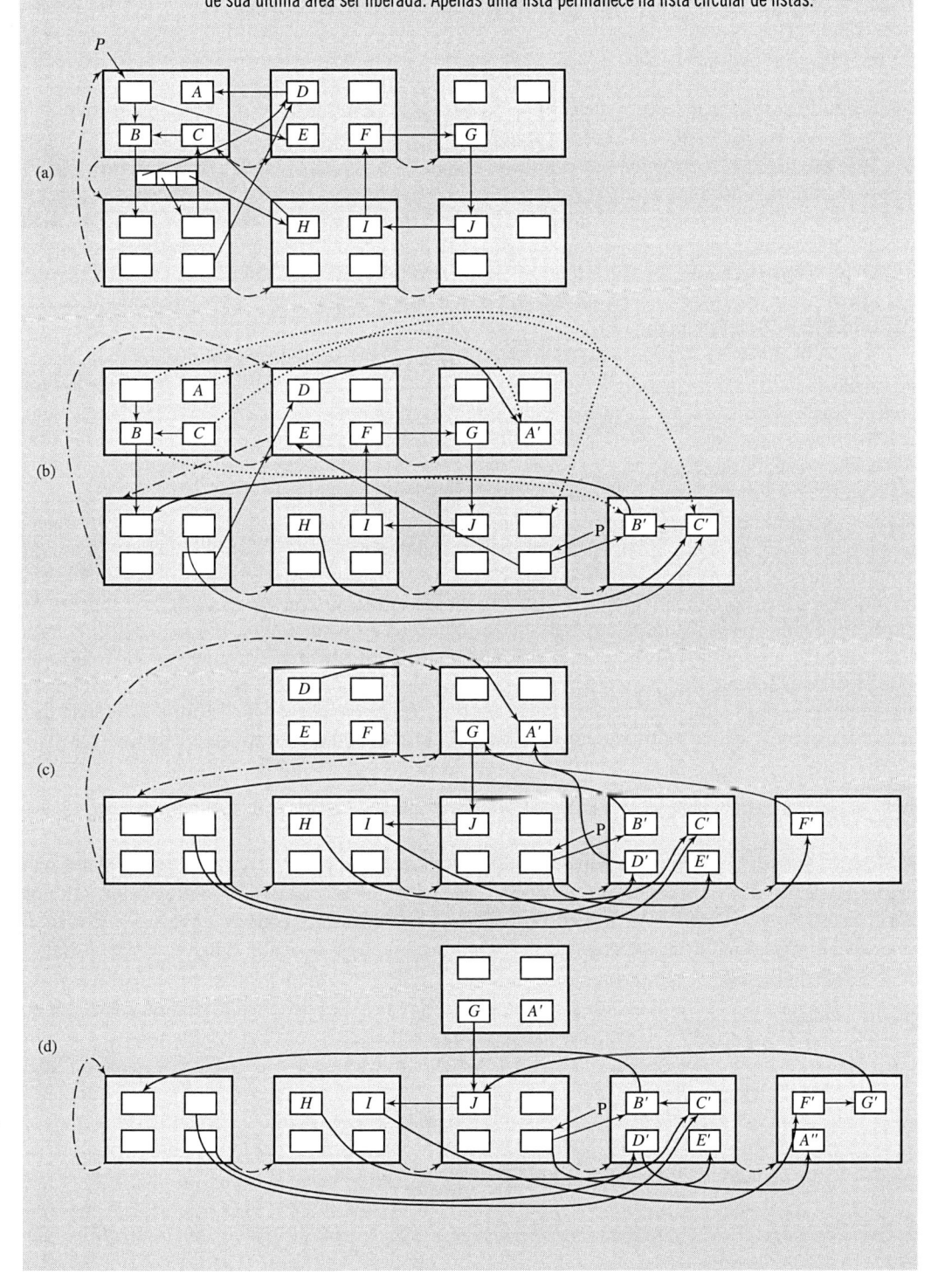

12.4 Conclusões

Ao avaliarmos a eficiência de algoritmos de memória, e especialmente de coletores de lixo, temos que ser cuidadosos para evitar a penalização de Paul Wilson, em que os livros-textos realçam a complexidade assintótica de algoritmos, esquecendo-se do ponto-chave: "os fatores constantes associados com os vários custos" (Wilson, 1992). Isto é aparente em especial no caso de algoritmos não incrementais cujo custo é usualmente proporcional ao tamanho *n* da heap (marcar e trocar) ou ao número *m* das células atingíveis (pare e copie). Esta é uma indicação imediata da superioridade das últimas técnicas, especialmente quando o número de células sobreviventes é pequeno se comparado ao tamanho da heap. No entanto, quando levamos em consideração que o custo de troca é minúsculo se comparado ao da cópia, a diferença na eficiência não é tão óbvia. De fato, como tem sido mostrado, os desempenhos em tempo real das técnicas marcar e trocar e pare e copie são muito similares (Zorn, 1990).

Este exemplo indica que há duas fontes principais que afetam a eficiência dos algoritmos: o comportamento do programa e as características do hardware de base. Se um programa aloca a memória por um longo período, *m* se aproxima de *n*; varrer somente células atingíveis é quase o mesmo que varrer a heap inteira (ou sua região). Isto é especialmente importante para os coletores de lixo geracionais, cuja eficiência se apoia na hipótese de que a maioria das células alocadas é usada por um intervalo muito breve. Por outro lado, se trocar uma célula não é mais rápido do que copiá-la, as técnicas de cópia têm uma fronteira.

A complexidade assintótica é muito imprecisa, e a pesquisa publicada sobre o gerenciamento de memória indica pouca preocupação em computar esta característica dos algoritmos. "Os fatores constantes associados aos vários custos" são muito mais relevantes. Além disso, as medidas afinadas de eficiência são propostas, mas nem todas são fáceis de medir, tais como a quantidade de trabalho por célula de memória regenerada, a taxa de criação dos objetos, o tempo de vida médio dos objetos ou a densidade dos objetos acessíveis (Lieberman e Hewitt, 1983).

Os algoritmos de gerenciamento de memória em geral são unidos ao hardware que pode determinar qual algoritmo é escolhido. Por exemplo, a coleta de lixo pode ser substancialmente agilizada com o uso de algum hardware dedicado. Sem o suporte de hardware, o tempo de processamento em tais coletores leva aproximadamente 50% do tempo de operação do programa. Se este suporte de hardware é falho, os algoritmos sem cópia se tornam uma escolha melhor. Em sistemas de tempo real, nos quais a resposta do computador é a questão, recursos adicionais do coletor de lixo são adicionados. Pode ser menos notável do que no caso de coletores não incrementais, pois em momento algum um programa tem que esperar em um modo visível para que o coletor termine sua tarefa. No entanto, a sintonia dos métodos incrementais deve ser proporcional às restrições de tempo real.

12.5 Estudo de caso: Um coletor de lixo local

Algoritmos de cópia para coletores de lixo são eficientes, pois não exigem o processamento de células não usadas. As células não processadas são consideradas lixo no final da coleta. No entanto, esses algoritmos são ineficientes em copiar células atingíveis a partir de um semiespaço para outro. Um coletor de lixo local tenta reter as vantagens dos algoritmos de cópia sem produzir cópias de células atingíveis (Baker, 1992).

O algoritmo local constantemente mantém duas listas duplamente ligadas: `freeCells` e `non-FreeCells`. A `freeCells` inicialmente contém todas as células de `heap[]`, e uma célula é movida de `freeCells` para a outra lista se chega uma solicitação para construir uma lista ou um novo átomo. Depois que `freeCells` se torna vazia, a função `collect()` é invocada. Esta função primeiro transfere todos os ponteiros da raiz de `nonFreeCells` para uma lista intermediária `markDescendants` e ajusta seu campo `marked` para verdadeiro. Então, `collect()` se destaca de `markDescendants` célula por célula para transferir cada uma para outra lista temporária, `markedCells`. Para cada célula não átomo, `collect()` anexa a `markDescendants` os ponteiros `head` e `tail`, para serem processados mais tarde. Neste estudo de caso, eles são anexados ao início de `markDescendants`, de onde são passados para o percurso em profundidade das estruturas de listas. Para o percurso em extensão (como no algoritmo de Cheney), eles têm que ser anexados ao final de `markDescendants`, que exige outro ponteiro para o final da lista. Note que, embora uma célula seja transferida para `markedCells`, ela é também marcada para evitar laços infinitos, em caso de estruturas cíclicas, e processamento redundante, em caso de estruturas não cíclicas interconectadas.

Depois que a lista `markDescendants` se torna vazia, todas as células atingíveis de `heap[]` foram processadas e `collect()` está quase pronto. Antes de retornar de `collect()`, todas as células deixadas em `nonFreeCells` se tornam membros de `freeCells`, e todas as células marcadas são colocadas em `nonFreeCells` depois de ajustar seus campos `marked` para falso. O `program()` do usuário pode agora retomar a operação.

Para se assegurar disto, o coletor de lixo é parte do meio ambiente do programa e é executado no segundo plano, quase desconhecido ao usuário. Para exemplificar os trabalhos de um coletor de lixo, alguns elementos do segundo plano do programa são simulados no estudo de caso, em particular a heap e a tabela de símbolos.

A heap é implementada como uma matriz de objetos com dois campos de bandeiras, átomo/não átomo e marcado/não marcado, e dois campos de ponteiros que são realmente campos de inteiros indicando as posições em `heap[]` das células anteriores e posteriores (se houver alguma). De acordo com esta implementação, as listas permanentes, `freeCells` e `nonFreeCells`, e as temporárias, `markDes-cendants` e `markedCells`, são simplesmente inteiros que indicam o índice em `heap[]` da primeira célula de uma lista (se houver alguma).

A tabela de símbolos é implementada como uma matriz de inteiros `roots[]` de ponteiros de raiz. Nenhum nome de variável explícita é usado, são usados somente índices para as células de `heap[]`. Por exemplo, se `roots` é [3 2 4 0], somente quatro variáveis estão em uso por `program()`, `roots[0]` até `roots[3]`, e essas variáveis estão apontando para as células 3, 2, 4 e 0 em `heap[]`. Os números 0-3 podem ser vistos como subscritos para nomes de variáveis mais palpáveis, como var_0, var_1, var_2 e var_3.

O `program()` do usuário é um simulador grosseiro que não faz nada, mas exige alocações e realocações em `heap[]`. Essas exigências são geradas aleatoriamente e classificadas pelo tipo de exigência: 20% são (re)alocações de átomos, 20% (re)alocações de listas, 20% atualizações de head, 20% atualizações de tail, e os 20% restantes são desalocações. Desalocações são simuladas pela função `deallocate()`, que decide se uma variável de raiz existente deve ser atribuída a `empty` (que representa o ponteiro nulo) ou se um bloco local é deixado, do qual todas as variáveis locais são removidas — o que significa que a memória atribuída a elas é livre. As porcentagens podem ser atribuídas de outras maneiras, e a distribuição das atribuições ser sintonizada ao número de atribuições já feitas. Isto é apenas uma questão de introduzir mudanças em `program()`. Além disso, os tamanhos de `heap[]` e o de `roots[]` podem ser modificados.

O `program()` do usuário gera aleatoriamente um número `rn` entre 0 e 99 para indicar a operação a ser realizada. Então, as variáveis são aleatoriamente escolhidas a partir de `roots[]`. Por exemplo, se `rn` é 11, `roots[]` é [3 2 4 0], e p é 2, a célula `roots[p]` = 4 de `heap[]`, indicada pela variável 2, se torna um átomo armazenando-se o valor de `val` em seu campo `value`, e o campo `atom` é ajustado para verdadeiro. Se p é 4, temos um sinal de que uma nova variável (variável 4 ou var_4) tem que ser criada na posição 4 de `roots[]`, e à posição `roots[4]` é atribuído o primeiro valor de `freeCells`.

Para ver o que este programa faz, é fornecida uma simples função `printList()` que imprime os elementos de uma lista, e o operador de saída é sobrecarregado para imprimir o conteúdo de `heap[]` e de `roots[]`. Eis um exemplo de uma saída produzida pela aplicação deste operador a uma heap de seis células:

```
roots: 1 5 3
(0: -1 2 0 0 0) (1: 5 4 0 0 1 4) (2: 0 -1 0 0 2 2)
(3: 4 -1 1 0 130 5) (4: 1 3 1 0 129 4) (5: -1 1 0 0 5 1)
freeCells: (0 0 0) (2 2 2)
nonFreeCells: (5 5 1) (1 1 4) (4 129 4) (3 130 5)
```

Esta saída representa a situação ilustrada na Figura 12.16. A Figura 12.16a mostra o conteúdo de uma heap com vínculos `prev` e `next` usados pelas listas `freeCells` e `nonFreeCells`, e o vínculo de topo `links[0]` e o vínculo de cauda `links[1]` de células não átomos. Para as células átomo algum valor é armazenado em `links`, e não vínculos. Devido ao número de vínculos entrecruzados, a mesma situação é apresentada na Figura 12.16b, na qual as células são organizadas por suas conexões, e não por suas posições em `heap`.

A Figura 12.17 mostra a listagem do programa.

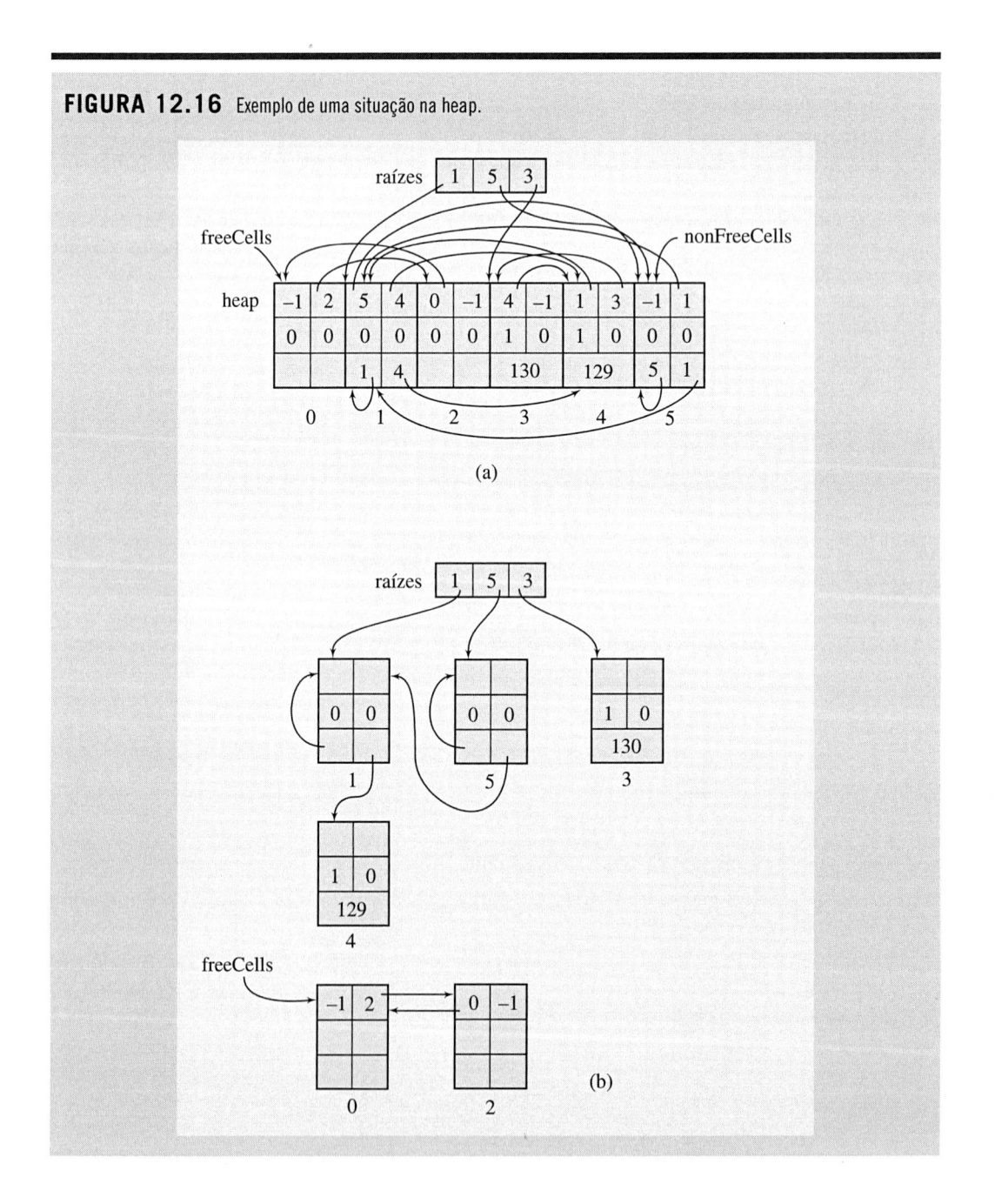

FIGURA 12.16 Exemplo de uma situação na heap.

FIGURA 12.17 Implementação de um coletor de lixo local.

```cpp
//*********************    heap.h    ******************************

#ifndef HEAP_CLASS
#define HEAP_CLASS
#include <fstream>

class Cell {
public:
    bool atom, marked;
    int prev, next;
    Cell() {
        prev = next = info.links[0] = info.links[1] = -1;
    }
    union {
        int value;      // valor para atom,
        int links[2];   // head e tail para non-atom;
    } info;
};

class Heap {
public:
    int rootCnt;
    Heap();
    void updateHead(int p, int q) {          // Rplaca da Lisp;
        if (roots[p] != empty && !atom(roots[p]))
            Head(roots[p]) = roots[q];
    }
    void updateTail(int p, int q) {          // Rplacd da Lisp;
        if (roots[p] != empty && !atom(roots[p]))
            Tail(roots[p]) = roots[q];
    }
    void allocateAtom(int,int);
    void allocateList(int,int,int);
    void deallocate(int);
    void printList(int,char*);
private:
    const int empty, OK, head, tail, maxHeap, maxRoot;
    Cell *heap;
    int *roots, freeCells, nonFreeCells;
    int& Head(int p) {
        return heap[p].info.links[head];
    }

    int& Tail(int p) {
        return heap[p].info.links[tail];
    }
    int& value(int p) {
        return heap[p].info.value;
    }
    int& prev(int p) {
```

FIGURA 12.17 Implementação de um coletor de lixo local. (*continuação*)

```cpp
        return heap[p].prev;
    }
    int& next(int p) {
        return heap[p].next;
    }
    bool& atom(int p) {
        return heap[p].atom;
    }
    bool& marked(int p) {
        return heap[p].marked;
    }
    void insert(int,int&);
    void detach(int,int&);
    void transfer(int cell, int& list1, int& list2) {
        detach(cell,list1); insert(cell,list2);
    }
    void collect();
    int allocateAux(int);
    friend ostream& operator<< (ostream&,Heap&);
};

Heap::Heap() : empty(-1), OK(1), head(0), tail(1), maxHeap(6), maxRoot(50) {
    freeCells = nonFreeCells = empty;
    rootCnt = 0;
    heap = new Cell[maxHeap];
    roots = new int[maxRoot];
    for (int i = maxRoot-1; i >= 0; i--) {
        roots[i] = empty;
    for (i = maxHeap-1; i >= 0; i--) {
        insert(i,freeCells);
        marked(i) = false;
    }
}

void Heap::detach(int cell, int& list) {
    if (next(cell) != empty)
        prev(next(cell)) = prev(cell);
    if (prev(cell) != empty)
        next(prev(cell)) = next(cell);
    if (cell == list)                 // head da lista;
        list = next(cell);
}

void Heap::insert(int cell, int& list) {
    prev(cell) = empty;
    if (cell == list)       // nao cria lista circular;
         next(cell) = empty;
    else next(cell) = list;
    if (list != empty)
       prev(list) = cell;
```

FIGURA 12.17 Implementação de um coletor de lixo local. (*continuação*)

```
      list = cell;
}

void Heap::collect() {
   int markDescendants = empty, markedCells = empty;
   for (int p = 0; p < rootCnt; p++) {
      if (roots[p] != empty) {
         transfer(roots[p],nonFreeCells,markDescendants);
         marked(roots[p]) = true;
      }
   }
   printList(markDescendants,"markDescendants");
   for (p = markDescendants; p != empty; p = markDescendants) {
      transfer(p,markDescendants,markedCells);
      if (!atom(p) && !marked(Head(p))) {
         transfer(Head(p),nonFreeCells,markDescendants);
         marked(Head(p)) = true;
      }
      if (!atom(p) && !marked(Tail(p))) {
         transfer(Tail(p),nonFreeCells,markDescendants);
         marked(Tail(p)) = true;
      }
   }
   cout << *this;

   printList(markedCells,"markedCells");
   for (p = markedCells; p != empty; p = next(p))
      marked(p) = false;
   freeCells = nonFreeCells;
   nonFreeCells = markedCells;
}

int Heap::allocateAux(int p) {
   if (p == maxRoot) {
      cout << "Sem espaço para novas raízes\n";
      return !OK;
   }
   if (freeCells == empty)
      collect();
   if (freeCells == empty) {
      cout << "No room in heap for new cells\n";
      return !OK;
   }
   if (p == rootCnt)
      roots[rootCnt++] = p;
   roots[p] = freeCells;
   transfer(freeCells,freeCells,nonFreeCells);
   return OK;
}
```

FIGURA 12.17 Implementação de um coletor de lixo local. (*continuação*)

```cpp
void Heap::allocateAtom (int p, int val) {// instancia de setf de Lisp;
    if (allocateAux(p) == OK) {
        atom(roots[p]) = true;
        value(roots[p]) = val;
    }
}

void Heap::allocateList(int p, int q, int r) { // cons do Lisp;
    if (allocateAux(p) == OK) {
        atom(roots[p]) = false;
        Head(roots[p]) = roots[q];
        Tail(roots[p]) = roots[r];
    }
}

void Heap::deallocate(int p) {
    if (rootCnt > 0)
        if (rand() % 2 == 0)
             roots[p] = roots[--rootCnt]; // remove variavel ao sair de
                                          // um bloco;
        else roots[p] = empty; // ajuste variável para nulo;
}

void Heap::printList(int list, char *name) {
    cout << name << ": ";
    for (int i = list; i != empty; i = next(i))
        cout << "(" << i << " " << Head(i) << " " << Tail(i) << ")";
    cout << endl;
}

ostream& operator<< (ostream& out, Heap& h) {
    cout << "roots: ";
    for (int i = 0; i < h.rootCnt; i++)
        cout << h.roots[i] << " ";
    cout << endl;
    for (i = 0; i < h.maxHeap; i++)
        cout << "(" << i << ": " << h.prev(i) << " " << h.next(i)
             << h.atom(i) << " " << h.marked(i) << " "
             << " " << h.Head(i) << " " << h.Tail(i) << ") ";
    cout << endl;
    h.printList(h.freeCells,"freeCells");
    h.printList(h.nonFreeCells,"nonFreeCells");
    return out;
}

#endif

//************************ collector.cpp ***************************
```

FIGURA 12.17 Implementação de um coletor de lixo local. (*continuação*)

```cpp
#include <iostream>
#include <cstdlib>
using namespace std;
#include "heap.h"

Heap heap;

void program() {
    static int val = 123;
    int rn, p, q, r;
    if (heap.rootCnt == 0) { // chamada de heap.allocateAtom(0,val++);
        p = 0;
        rn = 1;
    }
    else {
        rn = rand() % 100 + 1;
        p  = rand() % heap.rootCnt+1; // nova raiz possivel;
        q  = rand() % heap.rootCnt;
        r  = rand() % heap.rootCnt;
    }
    if (rn <= 20)
        heap.allocateAtom(p,val++);
    else if (rn <= 40)
        heap.allocateList(p,q,r);
    else if (rn <= 60)
        heap.updateHead(q,r);
    else if (rn <= 80)
        heap.updateTail(q,r);
    else heap.deallocate(p);
    cout << heap;
}

int main() {
    for (int i = 0; i < 50; i++)
        program();
    return 0;
}
```

12.6 Exercícios

1. O que acontece com o método de primeiro-ajuste se for aplicado a uma lista ordenada por tamanhos de blocos?

2. Nos métodos de ajuste sequencial, como o esforço que leva a unir blocos depende da ordem dos blocos na lista? Como podem ser resolvidos os possíveis problemas causados por essas ordens?

3. O método *ajuste-ótimo* determina qual bloco alocar depois de examinar uma amostra de blocos para encontrar o casamento mais próximo ao solicitado, e então encontrar o primeiro bloco que excede este casamento (Campbell, 1971). De que a eficiência deste método depende? Como este algoritmo se compara com a eficiência de outros métodos de ajuste-sequencial?

4. Em quais circunstâncias pode a lista de tamanho ser esvaziada no método de ajuste exato adaptativo (exceto no início)? Qual é seu tamanho máximo e quando ela pode ter este tamanho?

5. Por que, no sistema de amigos, as listas usadas são duplamente ligadas e não simplesmente ligadas?

6. Dê um algoritmo para retornar blocos ao agrupamento de memória usando o sistema de amigos de Fibonacci.

7. Aplique `markingWithStack()` às estruturas de listas degeneradas à esquerda e à direita, da Figura 12.18. Quantas chamadas para `pop()` e `push()` são executadas para cada caso? São todas elas necessárias? Como você otimizaria o código para evitar operações desnecessárias?

FIGURA 12.18 Estruturas de listas (a) degeneradas à esquerda e (b) degeneradas à direita.

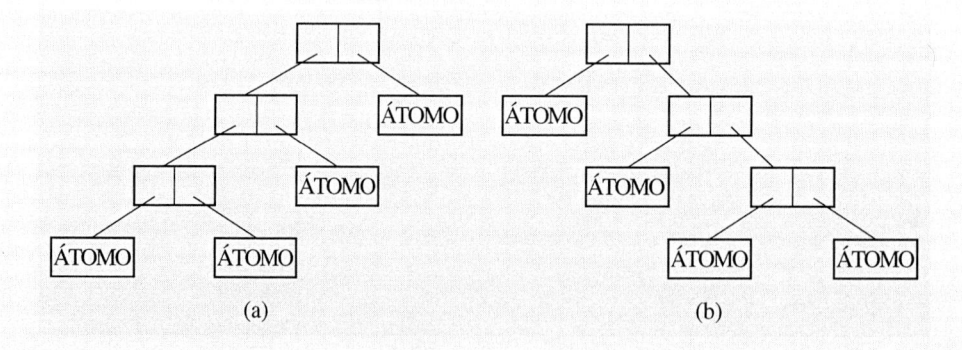

8. Em um *método de contagem de referência* de coleta de lixo, cada célula c tem um campo de contador, cujo valor indica quantas outras células se referem (apontam) a ela. O contador é incrementado cada vez que outra célula se refere a c, e reduzido se uma referência é removida. O coletor de lixo usa este contador quando troca a heap: se uma contagem de célula é zero, a célula pode ser regenerada, pois não é apontada por nenhuma outra célula. Discuta as vantagens e desvantagens deste método de coleta de lixo.

9. No algoritmo de Baker, a varredura realizada pelo coletor deve terminar antes que *bottom* atinja *top* em para_o_espaço para trocar espaços. Qual deve ser o valor de k para assegurar isto? Assuma que n é o número máximo de células exigidas por um programa, e $2m$ é o número de células em do_espaço e em para_o_espaço. Qual é o

impacto de duplicar o valor de *k* quando é um inteiro e quando é uma fração (por exemplo, se é 0,5, então uma cópia é feita por duas solicitações)?

10. Em uma modificação do algoritmo de Baker que exige atualização das páginas da heap quando o acesso do mutador é capturado (Ellis, Li e Appel, 1988), há um problema com objetos que podem cruzar o limite da página. Sugira uma solução para isto.

11. Um problema enfrentado pelo algoritmo de trem é o tamanho dos conjuntos lembrados. Quando ocorre este problema e como pode ser abordado?

12.7 Tarefas de programação

1. Implemente o seguinte método de alocação de memória desenvolvido por W. A. Wulf, C. B. Weinstock e C. B. Johnsson (Standish, 1980), chamado método de *ajuste-rápido*. Para um número *n* experimentalmente encontrado dos tamanhos de blocos solicitados com mais frequência, este método usa uma matriz *avail* de *n* + 1 células, cada célula *i* apontando para uma lista ligada de blocos de tamanho *i*. A última célula (*n* + 1) refere-se a um bloco de outros tamanhos com frequência menos necessários. Ela pode também ser um ponteiro para uma lista ligada, mas, devido à possibilidade de um grande número desses blocos, outra organização é recomendada, tal como uma árvore binária de busca. Escreva funções para alocar e desalocar blocos. Se um bloco é retornado, una-o com seus vizinhos. Para testar seu programa, gere aleatoriamente tamanhos de blocos para ser alocados a partir da memória simulada por uma matriz cujo tamanho é uma potência de 2.

2. No sistema de amigos dual duas partes de memória são gerenciadas pelo método binário de amigos. Mas o número dessas áreas pode ser maior (Page e Hagins, 1986). Escreva um programa para operar em três dessas áreas com tamanhos de blocos da forma 2^i, $3 \cdot 2^j$, e $5 \cdot 2^k$. Para um tamanho de bloco solicitado *s*, arredonde *s* para o tamanho de bloco mais próximo que pode ser gerado por este método. Por exemplo, o tamanho 11 é arredondado para 12, que é o número da segunda área. Se esta solicitação não puder ser acomodada nesta área, 12 é arredondado para o próximo número possivelmente disponível, como 15, um número da terceira área. Se não há bloco disponível para isto ou um tamanho maior nessa área, a primeira área é tentada. Em caso de falha, mantenha as solicitações na lista e as processe tão logo um bloco de tamanho suficiente seja unido. Rode o programa mudando três parâmetros: os intervalos para os quais os blocos são reservados, o número de solicitações que chegam e o tamanho total de memória.

3. Implemente uma versão simples de um coletor de lixo geracional que use somente duas regiões (Appel, 1989). A heap é dividida em duas partes homogêneas. A parte superior contém células que foram copiadas da parte inferior como células atingíveis a partir de ponteiros da raiz. A parte inferior é usada para alocação de memória e contém somente células mais novas (veja a Figura 12.19a). Depois que esta parte se torna cheia, o coletor de lixo a limpa copiando todas as células atingíveis para a parte superior (Figura 12.19b), e após as alocações são feitas a partir do começo da parte mais baixa. Depois de diversas vezes, a parte superior também se torna cheia, e as células que estão sendo copiadas da parte inferior na realidade estão sendo copiadas para a parte inferior (Figura 12.19c). Neste caso, o processo de limpeza da parte superior começa com a cópia de todas as células atingíveis da parte superior até a parte inferior (Figura 12.19d), e então todas as células atingíveis são copiadas para o início da parte superior (Figura 12.19e).

FIGURA 12.19 Heap com duas regiões para a coleta de lixo generativa de Appel.

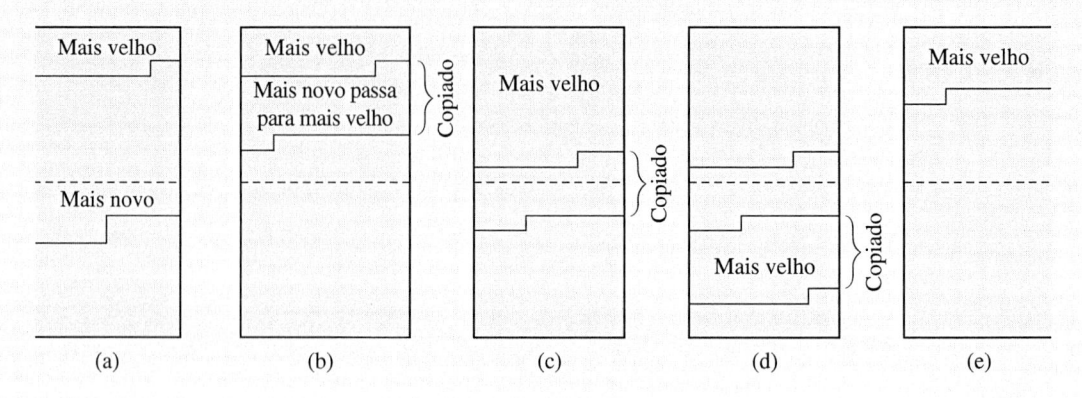

4. O estudo de caso apresentou um coletor de lixo não incremental local. Modifique e estenda-o para que se torne um coletor incremental. Neste caso, `program()` vira `mutator()`, que permite à função `collect()` processar k células para algum valor de k. Para evitar que `mutator()` introduza inconsistências em estruturas talvez não completamente processadas por `collect()`, `mutator()` deve transferir quaisquer células não marcadas de `freeCells` para `markDescendants`.

Outra modificação muito elegante é obtida pelo agrupamento de todas as quatro listas em uma lista circular, criando o que Henry Baker (1992) chamou de *moinho* (Figura 12.20a). O ponteiro `free` é movido em uma direção no sentido horário se uma nova célula é solicitada; o ponteiro `toBeMarked` é movido k vezes quando permitido pelo mutador. Para cada célula não átomo no momento varrida por `toBeMarked`, seu *head* e *tail* são transferidos para a frente de `toBeMarked` caso não estejam marcados. Depois que `toBeMarked` satisfaz `endNonFree`, não há células a ser marcadas, e, depois que `free` satisfaz `nonFree`, não há células livres na respectiva lista (Figura 12.20b). Neste caso, o que permanece entre `nonFree` e `endNonFree` (antes `nonFreeCells`) é lixo, por isto pode ser utilizado pelo mutador. Em consequência, os papéis de `nonFree` e `endNonFree` são trocados; é como se `nonFreeCells` se tornasse `freeCells` (Figura 12.20c). Todos os ponteiros de raiz são transferidos para uma parte do moinho entre `toBeMarked` e `endFree` (para criar uma semente do primeiro `markDescendants`) e o mutador pode retomar a execução.

FIGURA 12.20 O moinho de Baker.

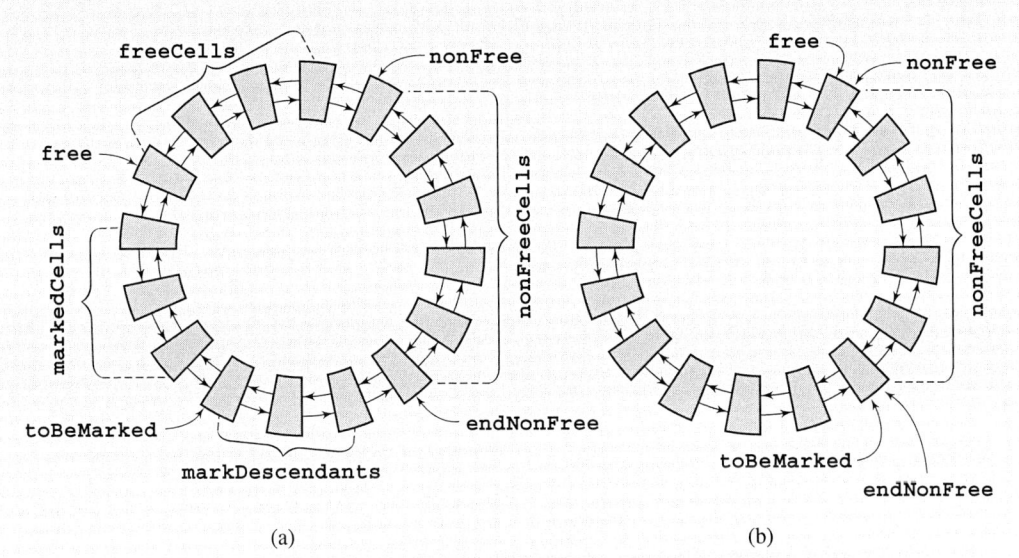

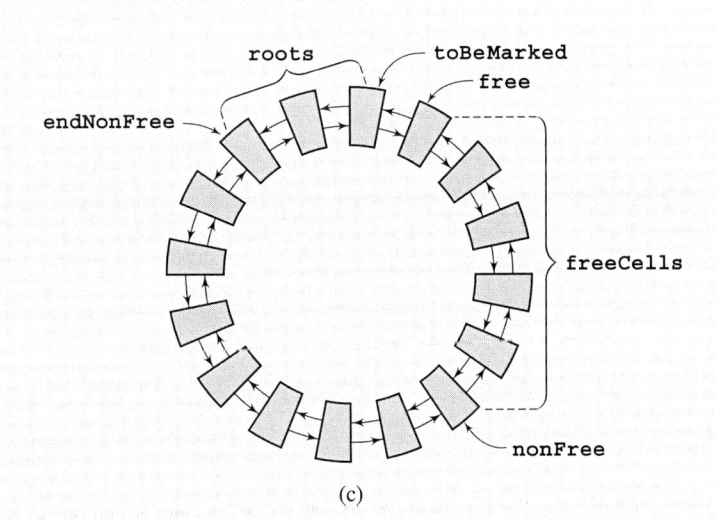

(a)

(b)

(c)

Bibliografia

Gerenciamento de memória

JOHNSTONE, Mark S. e WILSON, Paul R. The memory fragmentation problem: solved?, *Proceedings of the First International Symposium on Memory Management ISMM '98*. Publicado por *ACM SIGPLAN Notices*, n. 34, 1999, v. 3, p. 26-36.

RANDELL, Brian. A note on storage fragmentation and program segmentation. *Communications of the ACM* 12, 1969, p. 365-72.

SMITH, Hary F. *Data Structures:* Form and Function. San Diego, CA: Harcourt-Brace-Jovanovich, 1987, capítulo 11.

STANDISH, Thomas A. *Data structure techniques.* Reading, MA: Addison-Wesley, 1980, capítulos 5 e 6.

WILSON, Paul R.; JOHNSTONE, Mark S.; NEELY, Michael; BOLES, David. Dynamic storage allocation: a survey and critical review. H. G. Baker (ed.). *Memory Management.* Berlin: Springer, 1995, p. 1-116.

Métodos de ajustes sequenciais

CAMPBELL, John A. A note on an optimal-fit method for dynamic allocation of storage. *Computer Journal*, n. 14, 1971, p. 7-9.

Métodos de ajustes não sequenciais

OLDEHOEFT, Rodney R. e ALLAN, Stephen J. Adaptive exact-fit storage management. *Communications of the ACM*, n. 28, 1985, p. 506-11.

ROSS, Douglas T. The AED free storage package. *Communications of the ACM*, n. 10, 1967, p. 481-92.

STEPHENSON, C. J. Fast fits: new methods for dynamic storage allocation. *Proceedings of the Ninth ACM Symposium on Operating Systems Principles.* Publicado por *ACM SIGOPS Operating Systems Review*, n. 17, 1983, v. 5, p. 30-32.

Sistemas amigos

BROMLEY, Allan G. Memory fragmentation in buddy methods for dynamic storage allocation. *Acta Informatica*, n. 14, 1980, p. 107-17.

CRANSTON, Ben e THOMAS, Rick. A simplified recombination scheme for the Fibonacci buddy system. *Communications of the ACM*, n. 18, 1975, p. 331-32.

HINDS, James A. An algorithm for locating adjacent storage blocks in the buddy system. *Communications of the ACM*, n. 18, 1975, p. 221-22.

HIRSCHBERG, Daniel S. A class of dynamic memory allocation algorithms. *Communications of the ACM*, n. 16, 1973, p. 615-18.

KNOWLTON, Kenneth C. A fast storage allocator. *Communications of the ACM*, n. 8, 1965, p. 623-25.

PAGE, Ivor P. e HAGINS, Jeff. Improving performance of buddy systems. *IEEE Transactions on Computers* C-35, 1986, p, 441-47.

PETERSON, J. L. e NORMAN, T. A. Buddy systems. *Communications of the ACM*, n. 20, 1977, p. 421-31.

SHEN, Kenneth K. e PETERSON, James L. A weighted buddy method for dynamic storage allocation. *Communications of the ACM*, n. 17, 1974, p. 558-62.

Coleta de lixo

APPEL, Andrew W. Garbage collection can be faster than stack allocation. *Information Processing Letters*, n. 25, 1987, p. 275-79.

APPEL, Andrew W. Simple generational garbage collection and fast allocation. *Software – Practice and Experience*, n. 19, 1989, p. 171-83.

BAKER, Henry G. List processing in real time on a serial computer. *Communications of the ACM*, n. 21, 1978, p. 280-94.

_____. The treadmill: real-time garbage collection without motion sickness. *ACM SIGPLAN Notices*, n. 27, 1992, v. 3, p. 66-70.

BLACKBURN, Stephen M. e HOSKING, Antony L. Barriers: Friend or foe?. *The 2004 International Symposium on Memory Management.* Nova York: ACM Press, 2004, p. 143-51.

BROOKS, Rodney A. Trading data space for reduced time and code space in real-time collection on stock hardware. *Conference Record of the 1984 ACM Symposium on Lisp and Functional Programming.* Austin, TX, 1984, p. 108-13.

CANNAROZZI, Dante J.; PLEZBERT, Michael P.; CYTRON, Ron K. Contaminated garbage collection. *ACM SIGPLAN Notices*, n. 35, 2000, v. 5, p. 264-73.

CHENEY, C. J. A nonrecursive list compacting algorithm. *Communications of the ACM*, n. 13, 1970, p. 677-78.

COHEN, Jacques. Garbage collection of linked data structures. *Computing Surveys*, n. 13, 1981, p. 341-67.

DIJKSTRA, Edsger W.; LAMPORT, Leslie; MARTIN, A. J.; SCHOLTEN, C.; STEFFENS, E. F. M. On-the-fly garbage collection: an exercise in cooperation. *Communications of the ACM* 21, 1978, p. 966-75.

ELLIS, John R.; LI, Kai; APPEL, Andrew W. Real-time concurrent collection on stock multiprocessors. *SIGPLAN Notices*, n. 23, 1988, v. 7, p. 11-20.

FENICHEL, Robert R. e YOCHELSON, Jerome C. A Lisp garbage-collector for virtual-memory computer systems. *Communications of the ACM*, n. 12, 1969, p. 611-12.

HUDSON, Richard L. e MOSS, J. Eliot B. Incremental collection of mature objects. In: BEKKERS, Y. e COHEN, J. (eds.). *Memory Management*. Berlim: Springer, 1992, p. 388-403.

JOHNSON, Douglas. The case for a read barrier. *ACM SIGPLAN Notices*, n. 26, 1991, p. 279-87.

JONES, Richard e LINS, Rafael, *Garbage Collection: algorithms for Automatic Dynamic Memory Management*. Chichester: Wiley, 1996.

KUROKAWA, Toshiaki. A new fast and safe marking algorithm. *Software – Practice and Experience*, n. 11, 1981, p. 671-82.

LIEBERMAN, Henry e HEWITT, Carl. A real-time garbage collector based on the lifetimes of objects. *Communications of the ACM*, n. 26, 1983, p. 419-29.

SCHORR, Herbert e WAITE, William M. An efficient machine-independent procedure for garbage collection in various list structures. *Communications of the ACM*, n. 10, 1967, p. 501-06.

SHUF, Yefim; GUPTA, Manish; BORDAWEKAR, Rajesh; SINGH, Jaswinder Pal. Exploiting Prolific Types for Memory Management and Optimizations. *ACM SIGPLAN Notices*, n. 37, 2002, n. 1, p. 295-306.

STANCHINA, Sylvain e MEYER, Matthias. Mark-sweep or copying? A "best of both worlds'algorithm and a hardware-supported real-time implementation". *Proceedings of the 2007 International Symposium on Memory Management*. Nova York: ACM Press, 2007, p. 173-82.

UNGAR, David. Generation scavenging: a non-disruptive high performance storage reclamation algorithm. *ACM SIGPLAN Notices*, n. 19, 1984, v. 5, p. 157-67.

WADLER, Philip L. Analysis of algorithm for real-time garbage collection. *Communications of the ACM*, n. 19, 1976, p. 491-500; n. 20, 1977, p. 120.

WEGBREIT, Ben. A space-efficient list structure tracing algorithm. *IEEE Transactions on Computers*, C-21, 1972, p. 1.009-10.

WILSON, Paul R. Uniprocessor garbage collection techniques. In: BEKKERS, Yves e COHEN, Jacques (eds.). *Memory Management*. Berlim: Springer, 1992, p. 1-42.

YUASA, Taiichi. Real-time garbage collection on general-purpose machine. *Journal of Systems and Software*, n. 11, 1990, p. 181-98.

ZORN, Benjamin. Comparing mark-and-sweep and stop-and-copy garbage collection. *Proceedings of the 1990 ACM Conference on Lisp and Functional Programming*, 1990, p. 87-98.

Casamento de Cadeias de Caracteres

13

O casamento de cadeias de caracteres é importante para praticamente qualquer usuário de computador. Ao editar um texto, o usuário o processa, organiza em parágrafos e seções, reordena, e, muitas vezes, procura por algum subtexto ou padrão no texto para localizar o padrão ou substituí-lo por outra coisa. Quanto maior o texto que está sendo procurado, mais importante é a eficácia do algoritmo de busca. Em geral, o algoritmo não pode depender, por exemplo, da ordem alfabética de palavras, como seria o caso comum dos dicionários. Por exemplo, algoritmos de busca de caracteres são cada vez mais importantes na biologia molecular, onde são usados para extrair informações de sequências de DNA localizando um padrão e comparando as sequências de subsequências comuns. Este processamento tem de ser feito com frequência, sob o pressuposto de que não pode ser esperada uma correspondência exata. Problemas deste tipo são abordados pelo que é muitas vezes chamado *stringologia*, cuja principal área de interesse é o casamento *de padrões*. Alguns problemas *stringológicos* são discutidos neste capítulo.

Este capítulo utiliza a seguinte notação: para um texto T, que é uma sequência de símbolos, caracteres ou letras; $|T|$ significa o comprimento de T; T_j é o caractere na posição j de T; e $T(i...j)$ é uma subsequência de T que começa na posição i e termina na j. Os primeiros caracteres no padrão P e o texto T estão na posição 0. Além disso, uma *expressão regular* a^n representa uma sequência $a \ldots a$ de n as.

13.1 Casamento exato de cadeias

O casamento exato de cadeias de caracteres consiste em encontrar uma cópia exata do padrão P no texto T. É uma abordagem de tudo ou nada; se existe uma semelhança muito estreita entre P e uma subsequência de T, o casamento parcial é rejeitado.

13.1.1 Algoritmos simples

Uma abordagem simples para sequências correspondentes começa a comparação de P e T da primeira letra de T e de P. Se ocorrer uma discrepância, a correspondência começa a partir do segundo caractere de T, e assim por diante. Qualquer informação que possa ser útil nas subsequentes tentativas não é mantida. O algoritmo é dado neste pseudocódigo:

```
bruteForceStringMatching(padrão P, texto T)
    i = 0;
```

```
    while i ≤ |T| - |P|
        j = 0;
        while T_i == P_j e j < |P|
            i++;                            // tente casar todos os caracteres em P;
            j++;
        if j == |P|
            return casa em i - |P|;         // sucesso se o fim de P é atingido;
                                            // se houver uma incompatibilidade,
        i = i - j + 1;                      // mude P à direita em uma posição;
    return não casa;                        // falha se menos caracteres deixados em T do que |P|;
```

No pior caso, o algoritmo executa em O ($|T||P|$) vezes. Por exemplo, se $P = a^{m-1}b$ e $T = a^n$, então o algoritmo faz $(n- (m - 1)) m = nm - m^2 + m$ comparações, que é aproximadamente nm para um n grande e um m pequeno.

O desempenho médio depende da distribuição de probabilidade dos caracteres no padrão e no texto. Como exemplo, suponha que apenas dois caracteres sejam utilizados, e a probabilidade de utilizar qualquer um dos dois caracteres seja igual a 1/2. Neste caso, para determinada varredura i, a probabilidade é igual a 1/2, pois apenas uma comparação é feita, a probabilidade $1/2 \cdot 1/2 = 1/4$, pois são feitas duas comparações, ... , e a probabilidade $1/2 \cdot \ldots \cdot 1/2 = 2^{-|P|}$, em que são realizadas m comparações; isto é, em média, para dado i, o número de comparações é igual a:

$$\sum_{k=1}^{|P|} \frac{k}{2^k} < 2$$

de modo que o número médio de comparações para todas as verificações é igual a $2(|T|-(|P| - 1)) < 2|T|$ para um grande $|T|$. Uma estimativa muito melhor, $2^{|P|+1} - 2$, é encontrada usando a teoria de absorção de cadeias de Markov, e, mais geralmente, para um alfabeto A, o número médio de comparações é $(|A|^{|P|+1} - |A|) / (|A| - 1)$ (Barth, 1985).

Aqui está um exemplo de execução do algoritmo de força bruta para $T = ababcdabbabababad$ e $P = ababab$:

```
        ababcdabbabababad
    1   ababab
    2    ababab
    3     ababab
    4      ababab
    5       ababab                                                              (13-1)
    6        ababab
    7         ababab
    8          ababab
    9           ababab
    10           ababab
```

Os caracteres correspondentes em P e T são comparados - marcados por caracteres sublinhados em P - começando na posição onde P está atualmente alinhado com T.

Após uma incompatibilidade encontrada, a varredura através de P e T é abortada e reiniciada depois de P ser deslocado para a direita por uma posição. Na primeira iteração, o processo de casamento começa nos primeiros caracteres de P e T, e uma incompatibilidade ocorre no quinto caractere de T ($T_4 = c$) e no quinto de P ($P_4 = a$). A próxima rodada começa a partir do primeiro caractere de P, mas, desta vez, a partir do segundo caractere de T, o que conduz imediatamente a uma incompatibilidade. A terceira iteração atinge o terceiro caractere de P, a, e o quinto de T, c. O casamento de todo o padrão P é encontrado na décima iteração.

Note que nenhuma mudança real ocorre; o deslocamento é realizado através da atualização do índice i.

Uma melhoria é realizada através de um algoritmo não tão simples proposto por Hancart (1992). São iniciadas comparações do segundo caractere de P, chega ao final, e termina as comparações com o primeiro caractere. Assim, a ordem dos caracteres envolvidos em comparações é P_1, P_2, ..., $P_{|P|-1}$, P_0.

As informações sobre a igualdade dos dois primeiros caracteres de P são gravadas e utilizadas no processo de casamento. Dois casos são distinguidos: $P_0 = P_1$ e $P_0 \neq P_1$. No primeiro caso, se $P_1 \neq T_{i+1}$, o índice de texto *i* é incrementado por 2, porque $P_0 \neq T_{i+1}$; caso contrário, *i* é incrementado em 1. Semelhança se dá no segundo caso se $P_1 = T_{i+1}$. Desta forma, um deslocamento de duas posições é possível. Aqui está o algoritmo:

```
Hancart (padrão P, texto T)
    if P₀ == P₁
        sEqual = 1;
        sDiff = 2;
    else sEqual = 2;
        sDiff = 1;
    i = 0;
    while i ≤ |T| - |P|
        if T_{i+1} ≠ P₁
            i = i + sDiff;
        else j = 1;
            while j < |P| e T_{i+j} == P_j
                j++;
            if j == |P| e P₀ == T_i
                return casa em i;
            i = i + sEqual;
    return não casa;
```

O casamento começa a partir do segundo caractere padrão. Se houver uma incompatibilidade entre P_1 e T_{i+1}, então P pode ser deslocado por duas posições antes de iniciar a próxima rodada, contanto que os dois primeiros caracteres de P sejam os mesmos, porque esta incompatibilidade significa que P_0 e T_{i+1} também são diferentes:

```
  i
  ↓
  acaaca
1 aab
2   aab
```

No entanto, depois de acontecer uma incompatibilidade no laço `while`, o padrão é deslocado por apenas uma posição:

```
  i
  ↓
  acaaca
2 aab
3  aab
```

Por outro lado, se os dois primeiros caracteres de P são diferentes, então, depois de notar na instrução `if` que P_1 e T_{i+1} são diferentes, P é desviado por apenas uma posição:

```
  i
  ↓
  aabaca
1 abb
2  abb
```

de modo que uma possível ocorrência de P não está perdida. No entanto, depois de encontrada uma incompatibilidade em qualquer outra posição, P é deslocado por dois lugares:

```
  i
  ↓
  aabaca
2 abb
3   aab
```

Isto pode ser feito com segurança, porque P_1 e T_{i+1} apenas têm sido determinados como iguais e porque P_0 e P_1 são diferentes, P_0 e T_{i+1} também devem ser diferentes; portanto, não existe necessidade de verificar isto na terceira iteração. Aqui está outro exemplo:

```
  ababcdabbabababad
1 abababa
2  abababa
3   abababa
4    abababa
5     abababa
6      abababa
7       abababa
```

No pior caso, o algoritmo executa em $O(|T||P|)$ vezes, mas, como Hancart mostrou, ele executa, em média, melhor do que alguns dos algoritmos mais desenvolvidos a serem discutidos na próxima seção.

13.1.2 O algoritmo Knuth-Morris-Pratt

O algoritmo de força bruta é ineficiente na medida em que muda o padrão de P por uma posição após uma incompatibilidade encontrada. Para acelerar o processo, o algoritmo de Hancart permite uma mudança por dois caracteres. No entanto, é necessário um método para deslocar P pelo maior número de posições à direita possível, mas de modo que nenhum casamento seja perdido.

A fonte de ineficiência do algoritmo de força bruta encontra-se na realização de comparações redundantes. A redundância pode ser evitada por meio da observação de que o padrão P inclui subsequências idênticas no início de P e antes de caracteres incompatíveis. Este fato pode ser utilizado para deslocar P para a direita por mais do que uma posição antes de iniciar a próxima varredura. Considere a linha 1 do diagrama a seguir. A incompatibilidade ocorre no quinto caractere, mas, até este ponto, tanto o prefixo *ab* de P quanto a subsequência P(2 ... 3), que também é *ab*, foram processados com sucesso. P pode agora ser deslocado para a direita para alinhar sua subsequência *ab* com a subsequência T(2 ... 3), e o processo de correspondência pode começar a partir do caractere P_2 e do caractere incompatível em T, T_4. Como caracteres na subsequência P(2 ... 3) foram correspondidos com sucesso com apenas T(2 ... 3), é como se os caracteres no prefixo P(0 ... 1) tivessem sido correspondidos com T(2 ... 3). Desta forma, as duas comparações redundantes na linha 2 podem ser omitidas. Após a incompatibilidade:

```
     i
     ↓
  ababcdabbabababad
1 abababa
     ↑
     j
```

o processo de casamento continua como em:

```
     i
     ↓
```

```
    ababcdabbababababad
2   abababa
      ↑
      j
```

ignorando assim *ab* = P(0 ... 1). As duas partes idênticas relevantes para esta mudança são o prefixo de *P* e o sufixo desta parte de *P* que está atualmente correspondida com sucesso, que é o prefixo de P(0 ... 1) e o sufixo P(2 ... 3) da parte correspondente de *P*, P(0 ... 3).

Em geral, para realizar uma mudança, primeiro precisamos corresponder um prefixo de *P* com um sufixo de P(0... j), onde P_{j+1} é um caractere incompatível. Este prefixo correspondente deve ser o mais longo possível, para que nenhum casamento potencial seja ultrapassado após a mudança de *P*; isto é, se o casamento é de comprimento *len* e a varredura atual começa na posição *k* de *T*, então, nenhuma ocorrência de *P* deve começar em qualquer posição entre *k* e *k* + *len*, mas pode começar na posição *k* + *len*, de modo que o deslocamento *P* por posições *len* seja seguro.

Esta informação será usada muitas vezes durante o processo de casamento; por conseguinte, *P* deve ser pré-processado. É importante notar que nesta abordagem apenas a informação sobre *P* é usada; a configuração de caracteres em *T* é irrelevante.

Defina a tabela *next*:

$$next[j] = \begin{cases} -1 & \text{para } j = 0 \\ \max\{k : 0 < k < j \text{ e } P[0 \ldots k-1] = P[j-k \ldots j-1]\} & \text{se existir um } k \\ 0 & \text{caso contrário} \end{cases}$$

isto é, o número *next*[j] indica o comprimento do sufixo mais longo da subsequência P(0 ... j - 1) igual a um prefixo de *P*:

```
            j - next[j]   j - 1
               ↓           ↓
   a...bc...da...be...
   ↑   ↑
   0   next[j]
```

A condição *k* < *j* indica que o prefixo é também um sufixo adequado. Sem esta condição, *next*[2] para P(0 ... 2) = *aab* seria 2, porque *aa* é ao mesmo tempo prefixo e sufixo de *aa*, mas com a condição adicional *next*[2] = 1, não 2.

Por exemplo, para *P* = *abababa*,

```
P          a b a b a b a
j          0 1 2 3 4 5 6
next[j]   -1 0 0 1 2 3 4
```

Note que, por causa da condição que exige que o sufixo correspondente seja mais longo, *next*[5] = 3 para P(1 ... 6) = *ababab*, porque *aba* é o sufixo mais longo de *ababa* que casa com seu prefixo (eles se sobrepõem), não 1, embora *a* também seja tanto um prefixo quanto um sufixo de *ababa*.

O algoritmo Knuth-Morris-Pratt pode ser obtido de forma relativamente fácil a partir de `bruteForceStringMatching()`:

```
KnuthMorrisPratt(padrão P, texto T)
    findNext(P,next);
    i = j = 0;
    while i ≤ |T| - |P|
        while j == -1 ou j < |P| e T_i == P_j
            i++;    // incremente i apenas para caracteres correspondentes;
```

```
            j++;
    if j == |P|
        return um casamento em i - |P|;
    j = next[j]        // no caso de uma incompatibilidade, i não muda;
return não casa;
```

O algoritmo `findNext()` para determinar a tabela `next` será definido em breve. Por exemplo, para $P = ababab$, $next = [-1\ 0\ 0\ 1\ 2\ 3\ 4]$, e $T = ababcdabbababababad$, o algoritmo executa como segue:

```
  ababcdabbababababad
1 abababa
2  abababa
3    abababa
4    abababa
5    abababa
6      abababa
7       abababa
```

O diagrama indica que -1 em *next* significa que todo o padrão P deve ser mudado após o caractere de texto incompatível; veja a mudança das linhas 4 a 5 e 6 a 7. Uma diferença importante entre `bruteForceStringMatching()` e `KnuthMorrisPratt()` é que i nunca é diminuído no último algoritmo. Ele é incrementado no caso de um casamento; já no de uma incompatibilidade i permanece o mesmo, de forma que o caractere incompatível em T é comparado com outro caractere em P na próxima iteração do laço mais externo `while`. O único caso em que i é aumentado diante de uma incompatibilidade é quando o primeiro caractere em P é incompatível; para tal, a subcondição $j == -1$ é necessária no laço mais interno. Depois de encontrar uma incompatibilidade na posição $j \neq 0$ de P, P é deslocado por $j - next[j]$ posições; quando a incompatibilidade ocorre na primeira posição de P, o padrão é deslocado por uma posição.

Para avaliar a complexidade computacional de `KnuthMorrisPratt()`, note que o laço mais externo executa $O(|T|)$ vezes. O laço mais interno é executado no máximo $|T| - |P|$ vezes, porque i é incrementado em cada iteração do laço, e pela condição que o laço mais externo, $|T| - |P|$ é o valor máximo para i. Mas, para o caractere incompatível T_i, a j pode ser atribuído um novo valor $k \leq |P|$ vezes. Quando isto acontece, o primeiro caractere em P, para o qual ocorre a incompatibilidade, está alinhado com o caractere T_{i+k}. Considere $P = aaab$ e $T = aaacaaadaaab$. Neste caso, $next = [-1\ 0\ 1\ 2]$, e o traço da execução do algoritmo é como segue:

```
  aaacaaadaaab
1 aaab
2  aaab
3  aaab
4   aaab
5    aaab
6     aaab
7     aaab
8      aaab
9       aaab
```

O c incompatível no T é comparado com quatro caracteres em P nas linhas 1 a 4 porque b é o quarto caractere em P para que a incompatibilidade ocorra pela primeira vez e porque b está alinhado com c; isto é, todos os caracteres precedentes já foram correspondidos com sucesso. Na próxima vez, tal situação ocorre para d em T e novamente para b em P na linha 5, e desta vez todos os caracteres anteriores em P são correspondidos com sucesso. Isto significa que, para alguns i, $|P|$ comparações podem ser realizadas, mas não para cada i, apenas para cada $|P|^{ésimo}i$, de modo que o número de comparações malsucedidas pode ser até $|P|(|T|/|P|) = |T|$. Até $|T| - |P|$ comparações bem-sucedidas têm de ser adicionadas a este número para se obter o tempo de execução $O(|T|)$.

A tabela *next* ainda está para ser determinada. Podemos usar o algoritmo de força bruta para este fim, porque ele não é necessariamente ineficiente para padrões curtos. Mas podemos igualmente adaptar o algoritmo Knuth-Morris-Pratt para melhorar a eficiência em determinar *next*.

Lembre-se de que *next* contém os comprimentos dos sufixos e prefixos mais longos correspondentes de *P*; isto é, partes de *P* estão se casando com outras partes de *P*. Mas o problema de casamento é resolvido pelo algoritmo Knuth-Morris-Pratt. Neste caso, *P* casa com ela própria. No entanto, este algoritmo utiliza *next*, que ainda é desconhecida. Portanto, o algoritmo Knuth-Morris-Pratt tem de ser modificado de modo a determinar os valores da tabela *next* usando valores já encontrados. Deixe *next*[0] = −1. Assumindo que os valores *next*[0], ... , *next*[*i* − 1] já foram determinados, queremos encontrar o valor *next*[*i*]. Há dois casos a considerar.

No primeiro, o sufixo mais longo correspondendo a um prefixo é encontrado simplesmente unindo o caractere P_{i-1} com o sufixo correspondente à posição *next*[*i* − 1], o que é verdade quando $P_{i-1} = P_{next[i-1]}$:

```
a...bc............da...bc...
    ↑                   ↑
next[i-1]-1           i-1
```

$$\Downarrow next[i] = next[i-1] + 1$$

```
a...bc............da...bc...
    ↑                   ↑
 next[i-1]              i
```

Neste caso, o sufixo atual é maior por um caractere do que o previamente encontrado, pelo que *next*[*i*] = *next*[*i* − 1] + 1.

No segundo, $P_{i-1} \neq P_{next[i-1]}$. Mas esta é simplesmente uma incompatibilidade, que pode ser tratada com a tabela *next*, sendo assim por isto determinada. Como $P_{next[i-1]}$ é um caractere incompatível, temos de ir para *next*[*next*[*i* − 1]] para verificar se P_{i-1} se corresponde com $P_{next[next[i-1]]}$. Se forem iguais, *next*[*i*] é atribuído a *next*[*next*[*i* − 1]] + 1:

```
a...bc...da...be..........fa...bc...da...bc...
            ↑                             ↑
         next[i-1]                       i-1
```

$$\Downarrow next[i] = next[next[i-1]] + 1$$

```
a...bc...da...be..........fa...bc...da...bc...
    ↑                                     ↑
next[next[i-1]]                           i
```

caso contrário, P_{i-1} é comparado com $P_{next[next[next[i-1]]]}$ para ter *next*[*i*] = *next*[*next*[*next*[*i* − 1]]] + 1 se os caracteres se casam; caso contrário, a pesquisa continua até que seja encontrado um casamento ou atingido o início de *P*.

Note que, no diagrama anterior, o primeiro prefixo *a* ... *bc* ... *da* ... *b* de *P*(0 ... *i* − 1) tem um prefixo *a* ... *b* idêntico ao seu sufixo. Isto não é um acidente. A razão para *a* ... *b*, sendo ambos prefixo e sufixo de *a* ... *bc* ... *da* ... *b*, quando *a* ... *b* está prestes a ser encontrado como prefixo mais longo e sufixo de *P*(0 ... *i* − 1) é como se segue. O prefixo *P*(0 ... *j* − 1) = *a* ... *bc* ... *da* ... *b* de *P*(0 ... *i* − 1) indicado por *next*[*i* − 1] é, por definição, igual ao sufixo *P*(*i* − *j* − 1 ... *i* − 2), o que significa que o sufixo *P*(*j* − *next*[*j*] ... *j* − 1) = *a* ... *b* é também um sufixo de *P*(*i* − *j* − 1 ... *i* − 2). Por conseguinte, para determinar o valor de *next*[*i*], referimo-nos ao valor já determinado *next*[*j*] que especifica o comprimento mais curto do presente sufixo de *P*(0 ... *j* − 1) que case com um prefixo de *P*, e portanto o comprimento do sufixo *a* ... *b* de *P*(0 ... *i* − 1) que casa com o mesmo prefixo.

O algoritmo para encontrar a tabela *next* é como segue:

```
findNext(padrão P, tabela next)
   next[0] = -1;
   i = 0;
   j = -1;
   while i < |P|
      while j == 0 ou i < |P| e P_i == P_j
         i++;
         j++;
         next[i] = j;
      j = next[j];
```

Aqui está um exemplo de como encontrar *next* para o padrão $P = ababacdd$. Os valores dos índices *i* e *j* e a tabela *next* antes de entrar no laço mais interno `while` são indicados com uma seta (e pelo fato de que *i* não muda); as linhas restantes mostram esses valores no final do laço mais interno e, a seguir, um comparador. Por exemplo, na linha 2, após incrementar *i* para 1 e *j* para 0, 0 é atribuído a *next*[1], e, em seguida, o primeiro e o segundo caracteres de *P* são comparados, o que leva a sair do laço.

```
       i  j    next[]              P
  →    0 -1  -1                    ababacdd
       1  0  -1 0                  ababacdd
  →    1 -1  -1 0
       2  0  -1 0 0                ababacdd
       3  1  -1 0 0 1              ababacdd
       4  2  -1 0 0 1 2            ababacdd
       5  3  -1 0 0 1 2 3          ababacdd
  →    5  1  -1 0 0 1 2 3          ababacdd
  →    5  0  -1 0 0 1 2 3          ababacdd
  →    5 -1  -1 0 0 1 2 3
       6  0  -1 0 0 1 2 3 0        ababacdd
  →    6 -1  -1 0 0 1 2 3 0
       7  0  -1 0 0 1 2 3 0 0      ababacdd
  →    7 -1  -1 0 0 1 2 3 0 0
       8  0  -1 0 0 1 2 3 0 0
```

Devido à semelhança deste algoritmo e o de Knuth-Morris-Pratt, conclui-se que *next* pode ser determinado em $O(|P|)$ vezes.

O laço mais externo `while` em `KnuthMorrisPratt()` executa em $O(|T|)$ vezes, de modo que o algoritmo Knuth-Morris-Pratt, incluindo `findNext()`, executa em $O(|T| + |P|)$ vezes. Note que, na análise da complexidade do algoritmo, não foi feita menção sobre o alfabeto subjacente ao texto *T* e padrão *P*; isto é, a complexidade é independente do número de caracteres diferentes que constituem *P* e *T*.

O algoritmo não requer nenhum retrocesso no texto *T*; isto é, a variável *i* nunca é decrementada durante a execução do algoritmo. Isto significa que *T* pode ser processado um caractere de cada vez, o que é muito conveniente para o processamento on-line.

O algoritmo Knuth-Morris-Pratt pode ser melhorado se eliminarmos comparações pouco promissoras. Se ocorrer a incompatibilidade de caracteres T_i e P_j, então o próximo casamento é tentado para o mesmo caractere T_i e o caractere $P_{next[j]+1}$. Mas, se $P_j = P_{next[j]+1}$, então, a mesma incompatibilidade ocorre, o que significa que é feita uma comparação redundante. Considere $P = ababab$ e $T = ababcdabbabababad$, já analisado, para o qual *next* = [-1 0 0 1 2 3 4] e o algoritmo Knuth-Morris-Pratt começa com:

```
  ababcdabbabababad
1 ababab̲a
2   abab̲aba
```

A primeira incompatibilidade ocorre para *a* na quinta posição de *P*, e para *c* em *T*. A tabela *next* indica que, no caso da incompatibilidade do quinto caractere de *P*, *P* deve ser deslocado em duas posições para a direita, porque 4 − *next*[4] = 2; isto é, o prefixo de dois caracteres de *P* deve estar alinhado com o sufixo de dois caracteres de *P*(0 ... 3). A situação é ilustrada na segunda linha do diagrama. No entanto, isto significa que a comparação seguinte é feita entre *c*, que já causou uma incompatibilidade, e *a* na terceira posição de *P*. Mas esta é uma comparação que acaba de ser feita na linha 1 do diagrama, onde *a* na quinta posição de *P* também foi comparado com *c*. Portanto, se soubéssemos que o prefixo *ab* de *P* é seguido por *a*, que é também um sufixo do caractere seguinte *ab* de *P*(0 ... 3), então a situação da segunda linha do diagrama poderia ter sido evitada. Para conseguir evitá-la, a tabela *next* tem de ser redesenhada para excluir tais comparações redundantes. Isto é feito através da extensão da definição de *next* por mais uma condição, o que leva à definição seguinte de um *next* mais forte:

$$nextS[j] = \begin{cases} -1 & \text{para } j = 0 \\ \max\{k : 0 < k < j \text{ e } P[0 \ldots k-1] = P[j-k \ldots j-1] \text{ e } P_{k+1} \neq P_j\} & \text{se existir um } k \\ 0 & \text{caso contrário} \end{cases}$$

Para calcular *nextS*, o algoritmo findNext() precisa ser ligeiramente modificado para representar a condição adicional, como em:

```
findNextS(padrão P, tabela nextS)
    nextS[0] = -1;
    i = 0;
    j = -1;
    while i < |P|
        while j == -1 ou i < |P| e P_i == P_j
            i++;
            j++;
            if P_i ≠ P_j
                nextS[i] = j;
            else nextS[i] = nextS[j];
        j = nextS[j];
```

O raciocínio é como segue. Se $P_i \neq P_j$ - isto é, a nova subcondição definindo *nextS* está satisfeita −, então, claramente, *next*[i] e *nextS*[i] são iguais, e, assim, a *nextS*[i] em findNextS() é atribuído o mesmo valor que de *next*[i] em findNext(). Se os caracteres P_i e P_j são iguais,

```
a̲...b̲c̲...d̲a...be...fa...bc...da...be...
         ↑       ↑              ↑
         j      i−j             i
```

em seguida, a subcondição é violada, assim, *nextS*[i] < *next*[i], e a situação é a seguinte:

```
    a̲...bc...da...be...fa...bc...da...be...
         ↑    ↑              ↑    ↑
    j−nextS[j] j        i−nextS[i] i
```

As subsequências sublinhadas são o prefixo adequado e o sufixo de *P*(0 ... i − 1) indicado por *nextS*[i], que são mais curtos do que *next*[i] (que pode estar vazia). Mas o prefixo de *P*(0 ... j − 1) = *a* ... *bc* ... *da* ... *b* de *P*(0 ... i − 1) indicado por *next*[i] é, por definição, igual ao sufixo *P*(i − j ... i − 1), o que significa que o sufixo *P*(j − *nextS*[j] ... j − 1) = *a* ... *b*, mostrado em itálico, é também um sufixo de

$P(i - j ... i - 1)$. Por conseguinte, para determinar o valor de *nextS*[*i*] referimo-nos ao valor já determinado *nextS*[*j*], que especifica o comprimento do sufixo italizado de $P(0 ... j - 1)$ coincidindo com um prefixo de *P*, e, assim, o comprimento do sufixo de $P(0 ... i - 1)$, que casa com o mesmo prefixo. Se o prefixo é seguido pelo caractere P_i, então *nextS*[*j*] contém o comprimento de determinado prefixo curto pelo mesmo processo. Por exemplo, quando se processa a posição 11 na cadeia:

```
P     = abcabdabcabdfabcabdabcabd
nextS = .....2.....2............
```

o número 2 é copiado para *nextS*[11] de *nextS*[5], e o mesmo número de posição11 - isto é, de forma indireta, a partir da posição 5 - para *nextS*[24]:

```
P     = abcabdabcabdfabcabdabcabd
nextS = .....2.....2............2
```

O algoritmo Knuth-Morris-Pratt é modificado pela substituição `findNext()` com `findNextS()`. A execução deste algoritmo para *P* = *ababab* gera *nextS* = [-1 0 -1 0 -1 0 -1] e, em seguida, continua com comparações, como resumido neste diagrama:

```
  ababcdabbababababad
1 abababa
2     abababa
3       abababa
4         abababa
```

Este algoritmo apresenta o pior caso de desempenho para palavras de Fibonacci definidas recursivamente da seguinte forma:

$$F_1 = b, F_2 = a, F_n = F_{n-1}F_{n-2} \text{ para } n > 2$$

As palavras são: *b, a, ab, aba, abaab, abaababa, ...*

No caso de incompatibilidade, uma palavra de Fibonacci F_n pode ser deslocada $\log_\varphi |F_n|$ vezes, onde $\varphi = (1 + \sqrt{5})/2$ é a proporção áurea. Se o padrão $P = F_7 = abaababaabaab$, o algoritmo Knuth-Morris-Pratt é executado como segue:

```
  abaababaabaca...
1 abaababaabaa
2     abaabab
3       abaa
4         ab
5           a
6           a...
```

13.1.3 O algoritmo Boyer-Moore

No algoritmo Knuth-Morris-Pratt, cada um dos primeiros $|T| - |P| + 1$ caracteres é usado pelo menos uma vez em uma comparação numa busca sem sucesso. A fonte deste algoritmo de maior eficiência, em comparação com a abordagem da força bruta está em não iniciar o processo de casamento desde o começo do padrão *P* quando for detectada, se possível, qualquer diferença. Assim, o algoritmo Knuth-Morris-Pratt passa por quase todos os caracteres em *T* da esquerda para a direita e tenta minimizar o número de caracteres em *P* envolvidos no casamento. Não é possível ignorar qualquer caractere em *T* para evitar comparações pouco promissoras. Para realizar tais saltos, o algoritmo Boyer-Moore tenta casar *P* com *T*, comparando-os da direita para a esquerda, e não da esquerda para a direita. No caso de uma incompatibilidade, ele desloca *P* para a direita e sempre começa o próximo casamento a partir da extremidade de *P*, mas desloca *P* para a direita de modo que muitos caracteres em *T* não estão envolvidos nas comparações. Assim, o algoritmo Boyer-Moore

tenta ganhar velocidade, ignorando caracteres em *T*, em vez de, como o algoritmo Knuth-Morris-
-Pratt faz, ignorá-los em *P*, que é mais prudente, porque o comprimento de *P* é usualmente desprezível em comparação com o de *T*.

A ideia básica é muito simples. No caso de detecção de uma incompatibilidade no caractere T_i, *P* é deslocado para a direita para alinhar T_i com o primeiro caractere encontrado igual a T_i, se houver um. Por exemplo, para *T = aaaaebdaabadbda* e *P = dabacbd*, primeiro, os caracteres $T_6 = d$ e $P_6 = d$, em seguida, são comparados os caracteres $T_5 = b$ e $P_5 = b$, e, em seguida, a primeira incompatibilidade é encontrada em $T_4 = e$ e $P_4 = c$. Mas não há nenhuma ocorrência de *e* em *P*. Isto significa que não existe um caractere em *P* a ser alinhado com *e* em *T*; isto é, nenhum caractere pode ser casado com sucesso com *e*. Portanto, *P* pode ser deslocado para a direita após o caractere incompatível:

```
  aaaaebdaabadbda
1 dabacbd
2     dabacbd
```

Desta maneira, os quatro primeiros caracteres do texto são excluídos de comparações posteriores. Agora, o casamento começa a partir da extremidade de *P* e da posição 11 = 4 + 7 (a posição do caractere incompatível T_4) + |P|. Uma incompatibilidade é encontrada em $T_{10} = a$ e $P_5 = b$, e, em seguida, a incompatível *a* está alinhada com o primeiro *a* à esquerda da incompatível P_5:

```
  aaaaebdaabadbda
2     dabacbd
3      dabacbd
```

isto é, a posição em *T* a partir do qual o processo de casamento começa na terceira linha é 13 = 10 + 3 = (a posição do caractere incompatível $T_{10} = a$) + (|P| - posição de *a* mais à direita em *P*). Depois de casar os caracteres T_{13} com P_6 e T_{12} com P_5, uma incompatibilidade é encontrada em $T_{11} = d$ e $P_4 = c$. Se alinharmos o *d* incompatível no texto com o *d* mais à direita em *P*, *P* é movido para trás. Portanto, se houver um caractere em *P* igual ao caractere incompatível em *T* à esquerda do caractere incompatível em *P*, o padrão *P* é deslocado para a direita por uma única posição:

```
  aaaaebdaabadbda
3      dabacbd
4       dabacbd
```

Para resumir, as três regras podem ser denominadas regras de ocorrência de caracteres:

1. *Nenhuma regra de ocorrência.* Se o caractere incompatível T_i não aparece em *P*, alinhe P_0 com T_{i+1}.
2. *Regra de ocorrência do lado direito.* Se há uma incompatibilidade em T_i e P_j, e se houver uma ocorrência de caractere *ch* igual a T_i à *direita* de P_j, mude *P* por uma posição.
3. *Regra de ocorrência do lado esquerdo.* Se há uma ocorrência de caractere *ch* igual a T_i somente à esquerda de P_j, alinhe T_i com $P_k = ch$ mais próximo de P_j.

Para implementar o algoritmo para cada caractere no alfabeto há uma tabela *delta1* específica de quanto incrementar *i* depois de ser detectada uma incompatibilidade. A tabela é indexada com caracteres e definida como segue:

$$delta1[ch] = \begin{cases} |P| & \text{se } ch \text{ não está em } P \\ \min\{|P| - i - 1 : P_i = ch\} & \text{caso contrário} \end{cases}$$

Para o padrão *P = dabacbd*, *delta1*['a'] = 3, *delta1*['b'] = 1, *delta1*['c'] = 2, *delta1*['d'] = 0, e para os restantes caracteres *ch*, *delta1*[*ch*] = 7.

O próprio algoritmo pode ser resumido como segue:

```
BoyerMooreSimple(padrão P, texto T)
    inicialize todas as células de delta1 para |P|;
    for j = 0 para |P| - 1
        delta1[P_j] = |P| - j - 1;
    i = |P| - 1;
    while i < |T|
        j = |P| - 1;
        while j ≥ 0 e P_j == T_i
            i--;
            j--;
        if j == -1
            return casa em i+1;
        i = i + max(delta1[T_i],|P|-j);
    return não casa;
```

No algoritmo, i é incrementado por $delta1[T_i]$ se o caractere T_i que causou uma incompatibilidade tem em P um equivalente à esquerda do caractere P_j que causou a mesma incompatibilidade e nenhum à sua direita, o que significa mudar P para a direita de $delta1[T_i] - (|P| - j)$ posições; caso contrário, i é incrementado por $|P| - j$, o que equivale a deslocar P por uma posição à direita. Sem esta última disposição, P seria deslocado para trás para alinhar os dois caracteres.

No pior caso, o algoritmo executa em tempo $O(|T||P|)$; por exemplo, se $P = ba^{m-1}$ e $T = a^n$. Note que, neste caso, o algoritmo volta a verificar os caracteres em T que já foram verificados.

O algoritmo pode ser melhorado se levarmos em conta toda a subsequência que segue o caractere incompatível P_j. Considere o seguinte deslocamento:

```
  aaabcabcbabbaecabcab
1 abdabcabcab
2  abdabcabcab
```

que desloca P por uma posição em conformidade com a regra de ocorrência do lado esquerdo. Mas uma grande mudança pode resultar em alinhar a subsequência de T igual ao já sufixo correspondido que segue *diretamente* o caractere incompatível $P_8 = b$ com uma subsequência igual em P que começa à esquerda de P_8:

```
  aaabcabcbabbaecabcab
1 abdabcabcab
2    abdabcabcab
```

No entanto, note que, após a mudança, o caractere incompatível b em T é novamente alinhado com $c = P_5$, o que causou apenas uma incompatibilidade. Portanto, se o casamento sempre atinge c depois de reiniciar a partir do final de P, a incompatibilidade certamente reaparecerá. Para evitá-la, é melhor alinhar o sufixo ab de P que segue diretamente $P_8 = c$ com uma subsequência igual de P que é precedida por um caractere diferente de c. No nosso exemplo, a subsequência ab em P que segue o caractere incompatível P_8 deve ser alinhada com ab precedido por d porque é diferente de c:

```
  aaabcabcbabbaecabcab
1 abdabcabcab
2      abdabcabcab
```

após o que o processo de casamento é reiniciado a partir do final de P.

Qual deve ser a mudança se a subsequência não começa à esquerda do caractere incompatível P_j e é igual ao sufixo que segue diretamente P_j? Por exemplo, qual deve ser a mudança depois de uma incompatibilidade encontrada na linha 2? Neste caso, alinhamos o mais longo sufixo de P que segue o caractere incompatível P_j com um prefixo igual de P:

```
aaabcabcbabbaecabcab...
2       abdabcabcab
3             abdabcabcab
```

Em suma, há dois casos a considerar:

1. *A regra do sufixo completo*. Se o caractere incompatível P_j é seguido diretamente por um sufixo igual a uma subsequência de P que começa mais próximo à esquerda de P_j e é precedido por um caractere diferente de P_j, alinhe o sufixo com a subsequência.
2. *A regra de sufixo parcial*. Se houver um prefixo de P igual ao mais longo sufixo em qualquer lugar à direita do caractere incompatível P_j, alinhe o sufixo com o prefixo.

Para realizar essas mudanças, é criada uma tabela *delta2* que, para cada posição em P, detém um número com o qual o índice i que varre T tem de ser incrementado para reiniciar o processo de casamento; isto é, se o caractere incompatível é P_j, então i é aumentado por *delta2*[j] (e j é definido como $|P| - 1$). Formalmente, *delta2* é definido como segue:

$$delta2[j] = \min\{s + |P| - j - 1 : 1 \leq s \text{ e } (j \leq s \text{ ou } P_{j-s} \neq P_j) \text{ e para } j < k < |P|: (k \leq s \text{ ou } P_{k-s} = P_k)\}$$

e *delta2*[$|P| - 1$] = *delta2*[$|P| - 2$], se os dois últimos caracteres em P são os mesmos (se forem diferentes, então *delta2*[$|P| - 1$] = 1, porque a terceira subcondição na definição, "para ... ", é trivialmente verdadeira).

Há, como já indicado, dois casos. No primeiro, o sufixo seguindo diretamente o caractere incompatível P_j tem uma subsequência correspondente em P que é precedida por um caractere diferente de P_j, de modo que a situação depois de detectar uma incompatibilidade:

```
                              i
                              ↓
             ...............xb...cy..................y...
    1    ...ab...cd............eb...c
           ↑   ↑                ↑
       |P|-delta2[j]  2|P|-delta2[j]-j-2  j
```

quando o sufixo $P(j + 1 \ldots |P| -1)$ é igual à subsequência $P(|P| - delta2[j] \ldots 2 |P| - delta2[j] - j - 2)$ muda para:

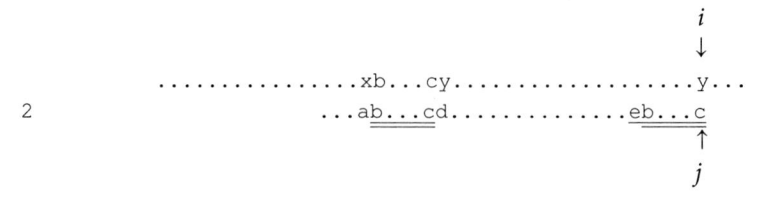

```
                                          i
                                          ↓
             ...............xb...cy..................y...
    2                   ...ab...cd............eb...c
                                                  ↑
                                                  j
```

antes de retomar o processo de casamento.

No segundo caso, a situação

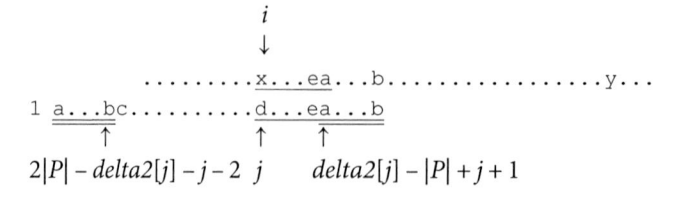

```
                              i
                              ↓
             .........x...ea...b................y...
    1  a...bc.........d...ea...b
       ↑                ↑     ↑
    2|P|-delta2[j]-j-2  j   delta2[j]-|P|+j+1
```

quando o sufixo $P(delta2[j] - |P| + j + 1 \ldots |P| - 1)$ é igual ao prefixo $P(0 \ldots 2\ |P| - delta2[j] - j - 2)$ muda para:

```
                          i
                          ↓
         .........x...ea...b...................y...
   2                 a...bc.......d...ea...b
                                          ↑
                                          j
```

Note que as desigualdades nas cláusulas *ou* na definição de *delta2* são indispensáveis para o segundo caso.

Para calcular *delta2*, pode ser utilizado um algoritmo de força bruta, como segue:

```
computeDelta2ByBruteForce(padrão P, tabela delta2)
    for k = 0 até |P|-1
        delta2[k] = 2*|P|-k-1;
// fase de sufixo parcial:
    for k = 0 até |P|-2                    // k é uma posição incompatível;
        for (i = 0, s = j = k+1; j < |P|; s++, j = s, i = 0)
            while j < |P| e P_i == P_j
                i++;
                j++;
            if j == |P|                    // um sufixo à direita de k é detectado
                delta2[k] = |P|-(k+1) + |P|-i;  // que é igual ao prefixo de P,
                break;                     // P(0... i-1) igual a P(|P|-i... |P|-1);
// fase de sufixo pleno:
    for k = |P|-2 até 0                    // k é uma posição de incompatibilidade;
        for (i = |P|-1, s = j = |P|-2; j ≥ |P|-k-2; s--, j = s, i = |P|-1)
            while i > k e P_i == P_j
                i--;
                j--;
            if j == -1 ou i == k e P_i≠P_j // uma subsequência em P é detectada
                delta2[k] = |P|-j-1;       // que é igual ao sufixo imediatamente após k,
                break;                     // P(j+1... j+|P|-k-1) igual a P(k+1... |P|-1);
    if P_{|P|-1} == P_{|P|-2}
        delta2[|P|-1] = delta2[|P|-2];
    else delta2[|P|-1] = 1;
```

O algoritmo tem três fases: inicialização, sufixo parcial e sufixo pleno. A inicialização prepara o padrão para o deslocamento mais longo; depois de uma incompatibilidade, o padrão é deslocado todo o caminho após o último caractere em *P*. A única exceção é a incompatibilidade no último caractere em *P*, após o qual *P* é deslocado por uma única posição. A fase de sufixo parcial procura os sufixos mais longos depois de um ponto de incompatibilidade nos prefixos correspondentes. A fase de sufixo pleno atualiza esses valores em *delta2* que corresponde a uma incompatibilidade sendo seguida por um sufixo que tem uma subsequência correspondente em *P*. Para $P = abdabcabcab$, os valores em *delta2* após cada fase são os seguintes:

```
         a  b  d  a  b  c  a  b  c  a  b
delta2 = 21 20 19 18 17 16 15 14 13 12  *   após a inicialização
delta2 = 19 18 17 16 15 14 13 12 11 12  *   após a fase de sufixo parcial
delta2 = 19 18 17 16 15  8 13 12  8 12  1   após a fase de sufixo pleno
```

O algoritmo pode ser aplicado somente a padrões curtos, porque é quadrático no melhor caso, e cúbico no pior caso. Para $P = a^m$, a fase de sufixo pleno executa no total,

$$\sum_{k=0}^{m-2}\sum_{j=m-k-2}^{m-2}(m-k) = \frac{(m-1)m(m+4)}{6}$$

comparações, porque em uma iteração do laço mais interno `for`, $m - k - 1$ comparações são realizadas no laço `while` e uma na declaração `if`. $P = a^{m-1}b$ é um exemplo do pior caso para a fase de sufixo parcial. Claramente, para padrões mais longos é necessário um algoritmo mais rápido.

O algoritmo pode ser significativamente melhorado utilizando uma tabela auxiliar f, que é uma contrapartida da *next* para o inverso de P. A tabela f é definida como segue:

$$f[j] = \begin{cases} |P| & \text{se } j = |P| - 1 \\ \min\{k:j < k < |P| - 1 \text{ e } P(j+1\ldots j+|P|-k) = P(k+1\ldots |P|-1)\} & \text{se } 0 \leq j < |P| - 1 \end{cases}$$

Isto é, $f[j]$ é a posição anterior à de partida do sufixo mais longo de P de comprimento $|P| - f[j]$, que é igual à subsequência de P que começa na posição $j + 1$:

```
         f[j]+1   |P|-1
           ↓       ↓
...a...bc...da...b
   ↑  ↑
 j+1 j+|P|-f[j]
```

Por exemplo, para $P = aaabaaaba$, $f[0] = 4$, porque a subsequência $P(1\ldots 4) = aaba$ é a mesma que o sufixo $P(5\ldots 8)$; $f[1] = 5$, porque a subsequência $P(2\ldots 4)$ é igual ao sufixo $P(6\ldots 8)$; ou seja, as subsequências sublinhadas em $P = a\underline{aab}a\underline{aab}a$ são iguais. A tabela inteira $f = [4\ 5\ 6\ 7\ 7\ 7\ 8\ 8\ 9]$. Note que uma subsequência de P igual a um sufixo de P pode se sobrepor como em $P = baaabaaaba$.

A tabela f nos permite ir de certa subsequência de P para um sufixo correspondente da P. Mas o processo de casamento durante a execução do algoritmo Boyer-Moore prossegue da direita para a esquerda, de modo que, depois de encontrada uma incompatibilidade, um sufixo seja conhecido e precisamos conhecer a subsequência correspondente de P para alinhá-la com o sufixo. Em outras palavras, precisamos ir do sufixo à subsequência correspondente, que é a direção oposta no que diz respeito à informação fornecida por f. Por isto é criado *delta2* para ter acesso direto à informação necessária. Isto pode ser realizado com o seguinte algoritmo, obtido a partir de `computeDelta2ByBruteForce()`:

```
computeDelta2UsingNext(padrão P, tabela delta2)
    findNext2(reverse(P),next);
    for i = 0 até |P|-1
        f[i] = |P| - next[|P|-i-1] - 1;
        delta2[i] = 2*|P| - i - 1;
    // fase de sufixo pleno:
    for i = 0 até |P|-2
        j = f[i];
        while j < |P|-1 e P_i ≠ P_j
            delta2[j] = |P| - i - 1;
            j = f[j];
    // fase de sufixo parcial:
    for (i = 0; i < |P|-1 e P_0 == P_f[i]; i = f[i])
        for j = i até f[i]-1
            if delta2[j] == 2*|P| - j - 1  // se não atualizado durante a fase de sufixo pleno,
                delta2[j] = delta2[j] - (|P| - f[i]);  // atualize agora;
    if P_{|P|-1} == P_{|P|-2}
        delta2[|P|-1] = delta2[|P|-2];
    else delta2[|P|-1] = 1;
```

Primeiro, é criada a tabela *next,* usada para inicializar a tabela *f.* Além disso, a tabela *delta2* é inicializada para valores que indicam o deslocamento de *P* após os caracteres incompatíveis em *T.* Para *P = dabcabeeeabcab* é:

```
P      = a  b  c  a  b  d  a  b  c  a  b  e  e  e  a  b  c  a  b
f      = 14 15 16 17 18 13 14 15 16 17 18 18 18 16 17 18 18 18 19
delta2 = 37 36 35 34 33 32 31 30 29 28 27 26 25 24 23 22 21 20 19
```

Como no algoritmo de força bruta, a fase de sufixo pleno aborda o primeiro caso quando o caractere incompatível P_j é imediatamente seguido pelo sufixo que é igual a uma subsequência de *P* que começa em qualquer lugar à esquerda de P_j. Nesta fase, as posições diretamente acessíveis a partir de *f* são processadas. Por exemplo, na sexta iteração do laço `for`, $i = 5$ e $f[5] = 13$, o que significa que existe um sufixo começando na posição 14, *abcab,* para o qual existe uma subsequência começando na posição $|P| - f[5] = 6$, que é igual ao sufixo. Porque também $P_5 \neq P_{13}$, a *delta2*[13] pode ser atribuído um valor adequado:

```
         0              5              13          18
P      = a  b  c  a  b  d  a  b  c  a  b  e  e  e  a  b  c  a  b
f      = 14 15 16 17 18 13 14 15 16 17 18 18 18 16 17 18 18 18 19
delta2 = 37 36 35 34 33 32 31 30 29 28 27 26 25 13 23 22 21 20 19
```

Mas a subsequência *P*(6 ... 10) = *abcab* tem um prefixo de *ab* que corresponde a um sufixo do sufixo *abcab,* e tanto o prefixo *ab* quanto o sufixo *ab* são precedidos por diferentes caracteres. A posição correta antes deste sufixo mais curto é diretamente acessível apenas a partir da posição *f* [13] = *f* [*f* [5]] = 16, porque *i* ainda é 5. Portanto, após a segunda iteração do laço `while` - ainda durante a sexta iteração do laço `for` - a situação muda para

```
         0              5              13    16    18
P      = a  b  c  a  b  d  a  b  c  a  b  e  e  e  a  b  c  a  b
f      = 14 15 16 17 18 13 14 15 16 17 18 18 18 16 17 18 18 18 19
delta2 = 37 36 35 34 33 32 31 30 29 28 27 26 25 13 23 22 13 20 19
```

O número 13 é colocado na célula *delta2*[16], o que significa que, quando o processo de casamento para em P_{16}, o índice *i* que varre *T* é incrementado por 13; isto é, quando a varredura é interrompida depois de detectar uma incompatibilidade com P_{16}, a situação é tal como em

```
                      i
                      ↓
   ...abcabdabcabeeeabcab.......x...
      abcabdabcabeeeabcab
```

de modo que a varredura é retomada depois de atualizar *i* como em

```
                                   i
                                   ↓
   ...abcabdabcabeeeabcab.......x...
               abcabdabcabeeeabcab
```

Note que o incremento é o mesmo que para a incompatibilidade com P_{14}. Isto, porque em ambos os casos o caractere $T_{i+1} = a$ (antes de atualizar *i*) está alinhado com P_6, porque ambos os sufixos *ab* e *abcab* têm um correspondente que começa em P_6. No entanto, como mostrado no diagrama anterior, um casamento seria perdido se *i* fosse incrementado em 13. Mas o algoritmo continua, e para $i = 13$ e $j = f[13] = 16$, o laço `while` é inserido para modificar *delta2*:

```
         0                          13    16    18
P      = a  b  c  a  b  d  a  b  c  a  b  e  e  e  a  b  c  a  b
f      = 14 15 16 17 18 13 14 15 16 17 18 18 18 16 17 18 18 18 19
delta2 = 37 36 35 34 33 32 31 30 29 28 27 26 25 13 23 22  5 20 19
```

que impede *i* de perder um casamento.

Depois de terminar o primeiro laço mais externo for, o segundo mais externo é executado para diminuir, se possível, outros valores em *delta2*. Para $i = 0$, o laço mais interno for é introduzido e executado em j a partir de $i = 0$ a $f[0] - 1 = 13$, de modo que *delta2* se torna

```
         0  1  2  3  4  5  6  7  8  9 10 11 12 13           18
P      = a  b  c  a  b  d  a  b  c  a  b  e  e  e     a  b  c  a  b
f      = 14 15 16 17 18 13 14 15 16 17 18 18 18 16 17 18 18 18 19
delta2 = 32 31 30 29 28 27 26 25 24 23 22 21 20 13 23 22  5 20 19
```

Deste modo, os 13 primeiros valores em *delta2* são diminuídos para 5. Isto corresponde à situação quando ocorre uma incompatibilidade para qualquer um dos primeiros 13 caracteres em P. Quando isto acontece, o sufixo *abcab* está alinhado com o prefixo *abcab* porque o sufixo está à direita de qualquer uma destas posições.

Na segunda iteração do laço mais externo, quando $i = 14$ e $f[14] - 1 = 16$, o laço mais interno atualiza *delta2*[14] e *delta2*[15], decrementando-os em 2, porque este é o comprimento do sufixo *ab* à direita de P_{14} e P_{15} que tem um prefixo correspondente:

```
         0                             14 15 16       18
P      = a  b  c  a  b  d  a  b  c  a  b  e  e  e     a  b  c  a  b
f      = 14 15 16 17 18 13 14 15 16 17 18 18 18 16 17 18 18 18 19
delta2 = 32 31 30 29 28 27 26 25 24 23 22 21 20 13 21 20  5 20 19
```

Depois de sair dos laços, o último valor é alterado de modo que, finalmente, a situação é:

```
         0                                                  18
P      = a  b  c  a  b  d  a  b  c  a  b  e  e  e     a  b  c  a  b
f      = 14 15 16 17 18 13 14 15 16 17 18 18 18 16 17 18 18 18 19
delta2 = 32 31 30 29 28 27 26 25 24 23 22 21 20 13 21 20  5 20  1
```

Para encontrar a complexidade do algoritmo estabelecemos que o laço while é executado no máximo $|P| - 1$ vezes no total. Isto porque, depois de entrar no laço while para um valor de i e executando k iterações, o laço while não entrou para as próximas $|P| - f[i] - 1$ iterações do laço mais externo for, onde $|P| - f[i] - 1$ é o comprimento de um sufixo correspondente que começa em $P_{f[i]+1}$ que case com a subsequência que começa em P_1 para a qual $k \leq |P| - f[i] - 1$. Isto, porque para cada caractere P_r na subsequência $P(i + 2 \ldots i + |P| - f[i])$, P_r e os caracteres correspondentes $P_{r+f[i]}$ são precedidos pelo mesmo caractere, de modo que a condição do laço while é falsa. Considere $P = badaacadaa$ para o qual $f = [5\ 6\ 7\ 8\ 9\ 8\ 9\ 8\ 9\ 10]$. As iterações do laço while podem ser ativadas tanto para P_0 como para s, para o qual $f[s - 1] > f[s]$ (por exemplo, para $s = 5$, $f[4] = 9$ e $f[5] = 8$). Os números crescentes em f indicam subsequências que são extensões das seguintes subsequências e os sufixos correspondentes de P. Por exemplo, para $f[1] = 6$ e $f[2] = 7$, os números 1 e 6 indicam que a subsequência $P(2 \ldots 4)$ é igual ao sufixo $P(7 \ldots 9)$, e os números 2 e 7 indicam que a subsequência $P(3 \ldots 4)$ é igual ao sufixo $P(8 \ldots 9)$; isto é, $P(2 \ldots 4)$ é uma extensão de $P(3 \ldots 4)$ e por isto é o sufixo $P(7 \ldots 9)$ uma extensão para a frente do sufixo $P(8 \ldots 9)$. Isto significa que $P_2 = P_7$, e para $j = 2$, o laço while não pode ser inserido.

No pior caso, a primeira metade de P pode conduzir a $|P|/2$ iterações do laço while seguido por $|P|/2$ iterações do laço mais externo for, sem entrar no laço while. Em seguida, a primeira metade da segunda metade de P pode levar a $|P|/4$ iterações do laço while seguidas pelo mesmo número de iterações do laço mais externo for sem entrar no laço while, e assim por diante, o que dá:

$$\sum_{k=1}^{\lg|P|} \frac{|P|}{2^k} = |P| - 1$$

iterações do laço while no total. Como o laço mais externo for pode iterar $|P| - 1$ vezes, isto dá $2(|P| - 1)$ como o número máximo de valores atribuídos a j, e, portanto, a complexidade do laço mais externo for.

O último laço for aninhado é executado no máximo |P| – 1 vezes; para cada *i*, ele é executado, para *j*, de *i* para *f*[*i*] – 1 e, em seguida, *i* é atualizado para *f*[*i*]; portanto, *j* refere-se a uma posição no máximo uma vez. Podemos concluir que o algoritmo é linear no comprimento de *P*.

Para usar *delta2*, o algoritmo BoyerMooreSimple() é modificado substituindo a linha que atualiza *i*:

```
else i = i + max(delta1[Ti], |P|-j);
```

com a linha

```
else i = i + max(delta1[Ti], delta2[j]);
```

Através de uma demonstração sofisticada, Knuth mostra que o algoritmo Boyer-Moore que utiliza tabelas *delta1* e *delta2* realiza, no máximo, 7|*T*| comparações, se o texto não contém qualquer ocorrência do padrão (Knuth; Morris e Pratt, 1977). Guibas e Odlyzko (1980) melhoraram o limite para 4|*T*|, e Cole (1994) melhorou para 3|*T*|.

Os algoritmos de Sunday

Daniel Sunday (1990) começa suas análises com a observação de que no caso de uma incompatibilidade com um caractere de texto T_i, o padrão desloca para a direita pelo menos uma posição, de modo que o caractere $T_{i+|P|}$ está incluído na iteração seguinte. O algoritmo Boyer-Moore altera o padrão de acordo com o valor na tabela *delta1* (por enquanto, deixamos a tabela *delta2* de lado) e esta tabela inclui mudanças no que diz respeito ao caractere incompatível T_i. Seria mais vantajoso, Sunday sustenta, para construir *delta1* com respeito ao caráter $T_{i+|P|}$. Desta forma, *delta1*[*ch*] é a posição do caractere *ch* em *P* contando a partir da esquerda. Isto está intimamente relacionado com o *delta1* de Boyer-Moore porque, incrementando por um os valores nesse algoritmo, obtemos *delta1* de Sunday.

Uma vantagem desta solução é que o conjunto de três regras utilizadas no algoritmo Boyer-Moore pode ser simplificado. A regra de não ocorrência é ligeiramente modificada: se o caractere $T_{i+|P|}$ não aparece em *P*, alinhe P_0 com $T_{i+|P|+1}$. A regra de ocorrência do lado direito não é mais necessária, porque todos os caracteres em *P* são à esquerda de $T_{i+|P|}$. Finalmente, a regra de ocorrência do lado esquerdo pode ser simplificada para a regra de ocorrência: Se houver uma ocorrência em *P* do caractere *ch* igual a $T_{i+|P|}$, alinhe $T_{i+|P|}$ com o mais próximo (o mais à direita) *ch* em *P*.

Embora a definição de *delta1* dependa da varredura da direita para a esquerda do padrão, o processo de casamento pode ser realizado em qualquer ordem, não só da esquerda para a direita ou da direita para a esquerda. O quickSearch() de Sunday realiza a varredura da esquerda para a direita. Aqui está o seu pseudocódigo:

```
quickSearch(padrão P, texto T)
    inicialize todas as células de delta1 para |P| + 1;
    for i = 0 para |P|-1
        delta1[Pi] = |P| + 1 - i;
    i = 0
    while i ≤ |T|-|P|
        j = 0;
        while j < |P| e i < |T| e Pj == Ti
            i++;
            j++;
        if j > |P|
            return sucesso em i-|P|;
        i = i + delta1[Ti+|P|];
    return falha;
```

Por exemplo, para P = cababa, delta1['a'] = 1, delta1['b'] = 2, delta1['c'] = 6, e para os caracteres ch restantes, delta1[ch] = 7. Eis um exemplo:

```
  ffffaabcfacababafa
1 cababa
2  cababa
3      cababa
4       cababa
```

A linha 1 tem uma incompatibilidade logo no início, de modo que, na linha 2, o caractere $T_{i+|P|} = T_{0+6} = b$ está alinhado com o b mais à direita em P e i = 0 é incrementado por $delta1[T_{i+|P|}]$ = delta1['b'] = 2, de modo que i = 2. Mais uma vez há uma incompatibilidade no início de P; i = 2 é incrementado por $delta1[T_{i+|P|}]$ = delta1['f'] = 6, de modo que i = 9; isto é, com efeito P é deslocado após a leitura $T_{i+|P|} = f$. A quarta iteração é bem-sucedida. Comparar este traço com o traço para BoyerMooreSimple(), para o qual delta1['a'] = 0, delta1['b'] = 1, delta1['c'] = 5, e para os caracteres restantes ch, delta1[ch] = 6:

```
  ffffaabcfacababafa
1 cababa
2  cababa
3   cababa
4       cababa
5        cababa
6         cababa
```

Sunday introduz mais dois algoritmos, ambos baseados em uma tabela *delta2* generalizada. A *delta2* de Sunday pode ser a mesma que a tabela *next* de Knuth-Morris-Pratt se a tabela *delta2* é inicializada pela varredura P da esquerda para a direita. Se for varrida na ordem inversa, *delta2* então é a mesma que *delta2* de Boyer-Moore. No entanto, o processo de casamento pode ser feito em qualquer ordem. O segundo algoritmo de Sunday, o *algoritmo de deslocamento máximo*, usa *delta2* tal que *delta2*[0] está associado a um caractere em P cuja próxima ocorrência para a esquerda em P é máxima; *delta*[1] refere-se a um caractere em P para o qual a próxima ocorrência à esquerda em P é igual ou superior a *delta2*[0], e assim por diante. No terceiro algoritmo, o *algoritmo de incompatibilidade ideal*, caracteres são ordenados por ordem crescente de frequências de ocorrência. Isto é motivado pelo fato de, em inglês, 20% das palavras terminarem com a letra *e* e 10% das letras utilizadas em inglês também terem *e*. Assim, é muito provável corresponder primeiros caracteres testados usando a varredura para trás do Boyer-Moore. O teste dos caracteres menos prováveis melhora primeiramente a probabilidade da incompatibilidade inicial. No entanto, os próprios testes de Sunday mostram que, embora seus três algoritmos se saiam muito melhor em busca de palavras inglesas curtas do que o algoritmo Boyer-Moore, há pouca diferença entre os três algoritmos, e para todos os propósitos práticos quickSearch() é suficiente. Isto é particularmente verdadeiro quando a sobrecarga para encontrar *delta2* é levada em conta (ver Pirklbauer, 1992). Para resolver o problema da frequência de ocorrência de caracteres, uma técnica adaptativa pode ser usada, como em Smith (1991).

Sunday assinala que sua tabela *delta1* normalmente permite mudanças uma posição maior do que deslocamentos baseados em *delta1* de Boyer-Moore. No entanto, após apontar que este não é sempre o caso, Smith (1991) indica que deve ser usado o maior dos dois valores.

13.1.4 Pesquisas múltiplas

Os algoritmos apresentados nas seções anteriores são projetados para encontrar a ocorrência de um padrão em um texto. Mesmo se houver muitas ocorrências, os algoritmos são descontinuados depois de encontrar a primeira ocorrência. Muitas vezes, no entanto, estamos interessados em encontrar todas as ocorrências no texto. Uma maneira de alcançar este objetivo é continuar a busca depois que uma ocorrência é detectada, após a mudança do padrão por uma posição. Por exemplo, o algoritmo Boyer-Moore pode ser rapidamente modificado para acomodar múltiplas pesquisas da seguinte forma:

```
BoyerMooreAllOccurrences(padrão P, texto T)
    inicialize todas as células de delta1 para |P|;
    for i = 0 para |P| - 1
        delta1[P_i] = |P| - i - 1;
    calcule delta2;
    i = |P| - 1;
    while i < |T|
        j = |P| - 1;
        while j ≥ 0 e P_j == T_i
            i--;
            j--;
        if j == -1
            saída: casa em i+1;
            i = i + |P| + 1; // desloque P por uma posição para a direita,
        else i = i + max(delta1[T_i],delta2[j]);
```

Mas considere o processo de encontrar todas as ocorrências de *P = abababa* em *T = ababababa* ...

```
  abababababa...
1 ababab̲a
2  ababab̲a
3   ababab̲a
4    ababab̲a
```

Em cada segunda iteração, todo o padrão é comparado com o texto somente após a mudança por duas posições. Por esta razão, o algoritmo requer $|P|(|T| - |P| + 1) / 2$, ou, de modo mais geral, $O(|T||P|)$ etapas. Para reduzir o número de comparações que devem ser reconhecidas, o padrão inclui subsequências repetitivas consecutivas, chamadas *períodos*, que não devem ser reexaminados depois que foram correspondidos com subsequências no texto com o qual estão prestes a ser correspondidos.

O algoritmo Boyer-Moore-Galil funciona da mesma forma como o de Boyer-Moore até que seja detectada a primeira ocorrência do padrão (Galil, 1979). Depois disso, o padrão é deslocado por $p = |$ o período do padrão $|$, e apenas os últimos caracteres do padrão têm de ser comparados com os correspondentes no texto para saber se todo o padrão corresponde a uma subsequência no texto. Desta forma, a parte sobreposta de uma ocorrência anterior não tem de ser verificada novamente. Por exemplo, para *P = ababab* com o período de *ab*, o novo algoritmo é executado como segue:

```
  abababababa...
1 ababab̲a
2  ababab̲a
3    ababab̲a
```

No entanto, se uma incompatibilidade for encontrada, então o algoritmo Boyer-Moore-Galil retoma suas execuções da mesma forma como o Boyer-Moore. O algoritmo é como segue:

```
BoyerMooreGalil(padrão P, texto T)
    p = period(P);
    calcule delta1 e delta2;
    skip = -1;
    i = |P|-1;
    while i < |T|
```

```
    j = |P|-1;
    while j > skip e P_j == T_i
        i--;
        j--;
    if j == skip
        saída: um casamento em i-skip;
        if p == 0
            i = i + |P|+1;
        else if skip == -1
                i = i + |P|+p;
            else i = i + 2*p;
            skip = |P|-p-1;
    else skip = -1;
        i = i + max(delta1[T_i],delta2[j]);
```

É claro que o algoritmo alcança melhor desempenho somente para padrões com períodos, e apenas se o texto contém um elevado número de ocorrências de sobreposição do padrão. Para padrões sem períodos, os dois algoritmos funcionam da mesma maneira. Para um padrão com períodos, mas sem ocorrência de sobreposição, o algoritmo Boyer-Moore-Galil executa melhor deslocamentos do que o Boyer-Moore, mas apenas quando uma ocorrência é encontrada.

13.1.5 Abordagem orientada por bit

Nesta abordagem, cada estado da busca está representado como um número – isto é, uma sequência de bits – e a transição de um estado para outro é o resultado de um número pequeno de operações bit a bit. Um *algoritmo shift-and* que usa uma abordagem orientada por bits para sequências correspondentes foi proposto por Baeza-Yates e Gonnet (1992) (ver também Wu e Manber, 1992).

Considere uma $(|P| + 1) \times (|T| + 1)$ tabela de bits definida da seguinte forma:

$$state[j,i] = \begin{cases} 0 & \text{se } i = -1 \text{ e } j > -1 \\ 1 & \text{se } j = -1 \\ 1 & \text{se } state[j-1,i-1] = 1 \text{ e } P_j = T_i \\ 0 & \text{caso contrário} \end{cases}$$

A tabela inclui informações sobre todas as correspondências entre prefixos de *P* e subsequências terminando em posições específicas do texto. Os números 1 em uma linha *j* de uma tabela indicam as posições finais em *T* de subsequências $T(i - j \ldots i)$ casando com o prefixo $P(0 \ldots j)$, e números 1 em uma coluna *i* indicam os prefixos de *P* que correspondem a subsequências terminando no *i* em *T*. Para $P = abbac$ e $T = bbababacaaba$, $state[0,4] = state[2,4] = 1$ porque a posição 4 de *T* é a final das correspondências para prefixos $P(0 \ldots 0) = a$ e $P(0 \ldots 2) = aba$. O número 1 na última linha indica a ocorrência de todo o padrão *P* em *T*.

O algoritmo calcula um novo estado do anterior, o que pode ser feito de forma muito eficiente sem a manutenção de toda a tabela *state*. Para realizá-lo, é utilizada uma tabela de bits bidimensional para indicar, para cada caractere do alfabeto, as posições em que ele ocorre no padrão:

$$charactersInP[j,ch] = \begin{cases} 1 & \text{se } ch = P_j \\ 0 & \text{caso contrário} \end{cases}$$

Por exemplo, a letra *a* ocorre nas posições 0, 2 e 4 do padrão $P = ababac$; portanto, $charactersInP[0,'a'] = charactersInP[2,'a'] = charactersInP[4,'a'] = 1$ e $charactersInP[1,'a'] = charactersInP[3,'a'] = charactersInP[5,'a'] = 0$. Na prática, *charactersInP* é uma tabela unidimensional de números, na qual as posições de bit no número são usadas implicitamente para os índices de linha. Além disso, a tabela só pode incluir informações sobre os caracteres que aparecem em P. As tabelas *state* e *charactersInP* para P = *ababac* e T = *bbababacaaba* são como segue:

```
      5 6 7
  b b a b a b a c a a b a        a b c
1 1 1 1 1 1 1 1 1 1 1 1
a 0 0 0 1 0 1 0 1 0 1 1 0 1      1 0 0
b 0 0 0 0 1 0 1 0 0 0 0 1 0      0 1 0
a 0 0 0 0 0 1 0 1 0 0 0 0 1      1 0 0
b 0 0 0 0 0 0 1 0 0 0 0 0 0      0 1 0
a 0 0 0 0 0 0 0 1 0 0 0 0 0      1 0 0
c 0 0 0 0 0 0 0 0 1 0 0 0 0      0 0 1
```

Com *charactersInP* é fácil agora calcular um estado correspondente à posição atual processada i do texto a partir do estado correspondente à posição anterior. Isto é conseguido através da execução da operação *shiftBits*, que desloca bits baixos correspondendo ao estado $i - 1$, de modo que o bit de fundo é deslocado para fora e 1 é deslocado como um novo bit de topo. O resultado desta operação é submetido à operação e bit-a-bit com os bits em *charactersInP* correspondentes ao caractere T_i:

$$state[i] = shiftBits(state[i - 1])) \text{ e bit-a-bit } charactersInP[T_i]$$

Para vê-lo, considere a transição do estado 5 para o 6; isto é, o caractere de processamento T_6 depois de o processamento de T_5 ter terminado, e depois para o estado 7. Até então, prefixos *abab* e *ab* de P foram encontrados nas subsequências correspondentes $T(2 \ldots 5)$ e $T(4 \ldots 5)$:

```
  i =       5              6              7              7
  T = bbababacaaba    abababacaaba    bbababacaaba    bbababacaaba
a 0                       a               a
b 1         ab                            ab
a 2                       aba
b 3         abab                          abac
a 4                       ababa
c 5                                       ababac         ababac
```

Passando para o estado 6 significa que tentaremos casar P com $T(1 \ldots 6)$, mas também é uma tentativa de estender resultados parciais. Portanto, os prefixos já casados não são deslocados, mas estendidos por um caractere e testados quanto a saber se o caractere adicionado é o mesmo que T_6. Isto não é feito comparando T_6 com o caractere adicional de cada prefixo parcialmente casado de P, mas usando informações em *charactersInP*, o que permite a verificação de todos estes casamentos parciais ao mesmo tempo. Isto é realizado, primeiro, deslocando os bits na coluna 5 da tabela *state* para baixo por uma posição. Isto equivale a dar aos resultados parciais já existentes a oportunidade de ser casados com sucesso depois de estendê-los por um caractere. Deslocando-se em 1, na parte superior da coluna, ao mais curto prefixo de P também é dada uma chance. É testado com *charactersInP* se os prefixos estendidos estão casando subsequências terminadas na posição 6. Número 1 na linha j de *state* indica a ocorrência de prefixos casados de P de comprimento j. Após um deslocamento para baixo, são testados os casamentos parciais estendidos testando apenas os caracteres recém-incluídos, que estão na posição j. Um prefixo estendido casa se o novo caractere é o mesmo que o atual em T, que agora é $T_6 = a$. Portanto, se para determinada linha j o último caractere de um prefixo também é a, então e bit-a-bit entre 1 de *state*[j,6] e 1 de *charactersInP*[6,'a'] dá 1 como resultado, o que significa um casamento bem-sucedido. Por exemplo, *aba* na linha 2 significa que o prefixo *ab* casou com sucesso com uma subsequência terminando na posição 5 de T, e agora estamos prestes a verificar se o mais longo prefixo *aba* casa com uma subsequência de T terminando em 6. Como a última letra deste prefixo, *a*, é a mesma que T_6, a tentativa de casamento torna-se permanente. Mas considere o processamento de T_7. Os prefixos *a*, *aba* e *ababa* são estendidos para se tornar *ab*, *abab* e *ababac*, e, em seguida, os últimos caracteres são indiretamente (com e bit-a-bit), comparados com $T_7 = c$. Fora dos três prefixos estendidos, apenas um é mantido, e como este prefixo é igual ao do próprio padrão, é relatada uma ocorrência de P.

A transição do estado de 6 para 7 é resumida como segue: primeiro, a operação de deslocamento é executada:

```
           6
           b
           1    1
           0    1
shiftBits  1 ⇒ 0
           0    1
           1    0
           0    1
```

e então o e bit-e-bit gera o estado 7:

```
                        7
                   c    c
1                  0    0
1                  0    0
0 bitwise-and  0 ⇒ 0
1                  0    0
0                  0    0
1                  1    1
```

Um pseudocódigo do algoritmo é bastante simples:

```
shiftAnd(padrão P, texto T)
    state = 0;
    matchBit = 1;
    // inicialização:
    for i = 1 para |P|-1
        matchBit <<= 1;
    for i = 0 para 255
        charactersInP[i] = 0;
    for (i = 0, j = 1; i < |P|; i++, j <<= 1)
        charactersInP[P_i] |= j;
    // processo de casamento:
    for i = 0 para |T|-1
        state = ((state << 1) | 1) & charactersInP[T_i];
        if ((matchBit & state) != 0)
            saída: um casamento em i-|P|+1;
```

A tabela bidimensional *charactersInP* é implementada como uma tabela unidimensional de números inteiros longos, em que a segunda dimensão é indicada pelas posições de bits nos números inteiros. A função *shiftBits* é implementada como desvio à esquerda seguida de ou bit-a-bit do resultado da mudança e do número 1. Deste modo, o número 1 é colocado na posição de bit menos significativo (mais à direita). O algoritmo executa $|T|$ iterações na fase de casamento, executando quatro operações bit a bit em cada iteração, uma atribuição e uma comparação.

O algoritmo não requer buffer de texto, como é o caso do algoritmo Boyer-Moore. É também evidente que o comprimento do padrão não deve exceder o tamanho de um inteiro longo, o que para muitos efeitos práticos é adequado. No entanto, esta limitação pode ser levantada usando uma versão dinâmica do algoritmo shift-and. A seguir, uma possível implementação desta versão:

```
dynamicShiftAnd(padrão P, texto T)
   cellLen = tamanho do inteiro longo em bits;
   lastBit = 1;
   matchBit = 1;
   cellNum = (|P| % 8 == 0) ? (|P|/8) : (|P|/8 + 1);
   matchBit = 1;
   // inicialização:
   for i = 1 para |P| - cellLen*(cellNum-1)-1
      matchBit <<= 1;
   for k = 0 para cellNum-1
      for i = 0 255
         charactersInP[k,i] = 0;
      for (i = k*cellLen, j = 1; i < (k+1)*cellLen && i < |P|; i++, j <<= 1)
         charactersInP[k,P_i] |= j;
   // processo de casamento:
   for j = cellNum-1 até 0
      state[j] = 0;
   for i = 0 para |T|-1
      for (j = cellNum-1 até 1
         firstBit = ((state[j-1] & lastBit) == 0) ? 0 : 1;
         state[j] = ((state[j] << 1) | firstBit) & charactersInP[j,T_i];
      state[0] = ((state[0] << 1) | 1) & charactersInP[0,T_i];
      if ((matchBit & state[cellNum-1]) != 0)
         saída: um casamento em i-|P|+1;
```

A tabela *charactersInP*, como antes, registra as ocorrências de caracteres no padrão, mas de forma fragmentada. Por exemplo, para um padrão P de comprimento 80 e 64 bits de inteiros longos, *charactersInP*[0] registra ocorrências de caracteres para subpadrões $P(0 \ldots 63)$ e *charactersInP*[1] para $P(64 \ldots 79)$. A tabela *state* ainda implementa um estado do processo de casamento. Por exemplo, *state*[0] representa o estado de $P(0 \ldots 63)$ e *state*[1] o de $P(64 \ldots 79)$. Nesse caso, a operação de deslocar bits corresponde a deslocar os bits para a célula vizinha à direita e, caso existam, deslocar também os bits das células vizinhas à esquerda. Por exemplo, o último bit deslocado para fora de *state*[0] é deslocado como o primeiro de *state*[1].

O algoritmo dinâmico não é linear para todos os comprimentos, mas é em intervalos marcados pelo tamanho do inteiro longo. Por exemplo, para uma palavra de 64 bits, os padrões de comprimento 1 a 64 exigem $O(|T|)$ operações; padrões de comprimento 65 a 128 requerem $O(2|T|)$ operações, e, em geral, $O(\lceil |P|/64 \rceil |T|)$ operações.

13.1.6 Casamento de conjuntos de palavras

O problema de casamento de conjuntos de palavras surge na situação em que para um conjunto de *keywords* = $\{s_0, \ldots s_{k-1}\}$ de sequências e um texto T precisamos identificar em T todas as subsequências que correspondem a sequências em *keywords*. É possível que as subsequências se sobreponham umas às outras. Em uma abordagem de força bruta, o processo de casamento é executado para cada palavra no conjunto *keywords* separadamente. O tempo de execução de tal abordagem é $O(|keywords||T|)$. No entanto, é possível melhorar consideravelmente o tempo de execução considerando todas as palavras relevantes ao mesmo tempo durante o processo de casamento. Um algoritmo que executa este casamento foi proposto por Aho e Corasick (1975).

Aho e Corasick construíram um autômato de casamento de cadeias que é composto de um conjunto de estados representados por números, um estado inicial 0, um alfabeto e duas funções: goto *g* que atribui a cada par (estado, caractere) um estado ou uma etiqueta especial *fail*, e, de falha *f*, que atribui um estado para um estado. Além disso, o algoritmo usa uma função de saída *output*, que associa um conjunto de palavras-chave com cada estado. Estados para os quais um conjunto de palavras-chave não estiver vazio são estados de aceitação. Depois de alcançar um estado de aceitação, um conjunto de palavras-chave associadas a ele é a saída.

Dois tipos de transições de um estado para outro são feitas durante a execução do algoritmo: goto e de falha. O autômato faz uma transição de falha quando para o *state* atual e caractere T_i, $g(state, T_i) = fail$, em cujo caso a função de falha *f* é utilizada para determinar o próximo estado atual $state = f(state)$. Se $g(state, T_i) = state_1 \neq fail$, então $state_1$ se torna o estado atual, T_{i+1} se torna o caractere atual, e é tentada a transição de $state_1$ para $g(state_1, T_{i+1})$.

Para nenhum caractere *ch*, $g(0, ch) = fail$; isto é, nenhuma transição de falha ocorre no estado inicial. Desta forma, um caractere de *T* pode ser processado em cada iteração do algoritmo. O algoritmo pode ser resumido como segue:

```
AhoCorasick(conjunto keywords, texto T)
    computeGotoFunction(keywords,g,output);    // a função output é calculada
    computeFailureFunction(g,output,f);        // nestas duas funções;
    state = 0;
    for i = 0 para |T| - 1
        while g(state,T_i) == falha
            state = f(state);
        state = g(state,T_i);
        if output(state) não está vazia
            saída: um casamento que termina em i: output(state);
```

A função goto é construída na forma de uma *trie* com nós numerados representando estados e a raiz representando o estado inicial, $state_0$. Uma *trie*, como discutido na Seção 7.2, é uma árvore múltipla em que são usados caracteres consecutivos de uma sequência para navegar pela busca na árvore. Para habilitar esta pesquisa, ligações na trie podem ser marcadas com caracteres. Ao descer por um caminho particular e concatenando os caracteres encontrados ao longo do caminho, é construída uma palavra correspondente a este caminho. Para tornar isto possível, o processo de inserção tem que construir tais caminhos. Considere a construção de uma trie para o conjunto de *keywords* = {*inner, input, in, outer, output, out, put, outing, tint*} (Figura 13.1). Depois de inserir a palavra *inner*, há apenas um caminho na trie (Figura 13.1a). Ao inserir a palavra seguinte, *input*, uma parte do caminho existente é utilizada para o prefixo *in*, e em seguida um novo caminho está se ramificando a partir do nó 2 para o sufixo *put* (Figura 13.1b). Para a palavra *in*, nenhum novo caminho é criado.

Os passos restantes estão resumidos na Figura 13.1c. Para a palavra *outer* é criado um novo caminho. Um caminho para a palavra *output* parcialmente se sobrepõe com o início do caminho para *outer*, porque as duas palavras têm o mesmo prefixo *out*.

O último passo é adicionar um laço à raiz; isto é, um caminho de um ramo longo a partir da raiz para a raiz, para todos os outros caracteres diferentes daqueles para os quais existam ramos saindo da raiz; neste caso, os caracteres *i, o, p* e *t*. Um algoritmo para construir a função goto é:

```
computeGotoFunction(conjunto keywords, função g, função output)
    newstate = 0;
    for i = 0 para |keywords| - 1
        state = 0;
        j = 0;
        P = keyword[i];
        while g(state,P_j) ≠ falha       // descer um caminho existente;
            state = g(state,P_j);
            j++;
        for p = j para |P| - 1           // criar um caminho para o sufixo P(j...|P|);
            newstate++;
            g(state,P_p) = newstate;
            state = newstate;
        adicionar P para o conjunto output(state);
    for todos os caracteres ch do alfabeto    // criar laços no estado 0;
        if g(0,ch) == fail
            g(0,ch) = 0;
```

Capítulo 13   Casamento de Cadeias de Caracteres ■ **607**

FIGURA 13.1 (a) Uma trie para a sequência *inner*; (b) para as sequências *inner* e *input*; (c) para o conjunto *keywords* = {*inner, input, in, outer, output, out, put, outing, tint*}; (d) a trie; (c) com ligações de falha; (e) varrendo a trie; (d) para o texto *T* = *outinputting*.

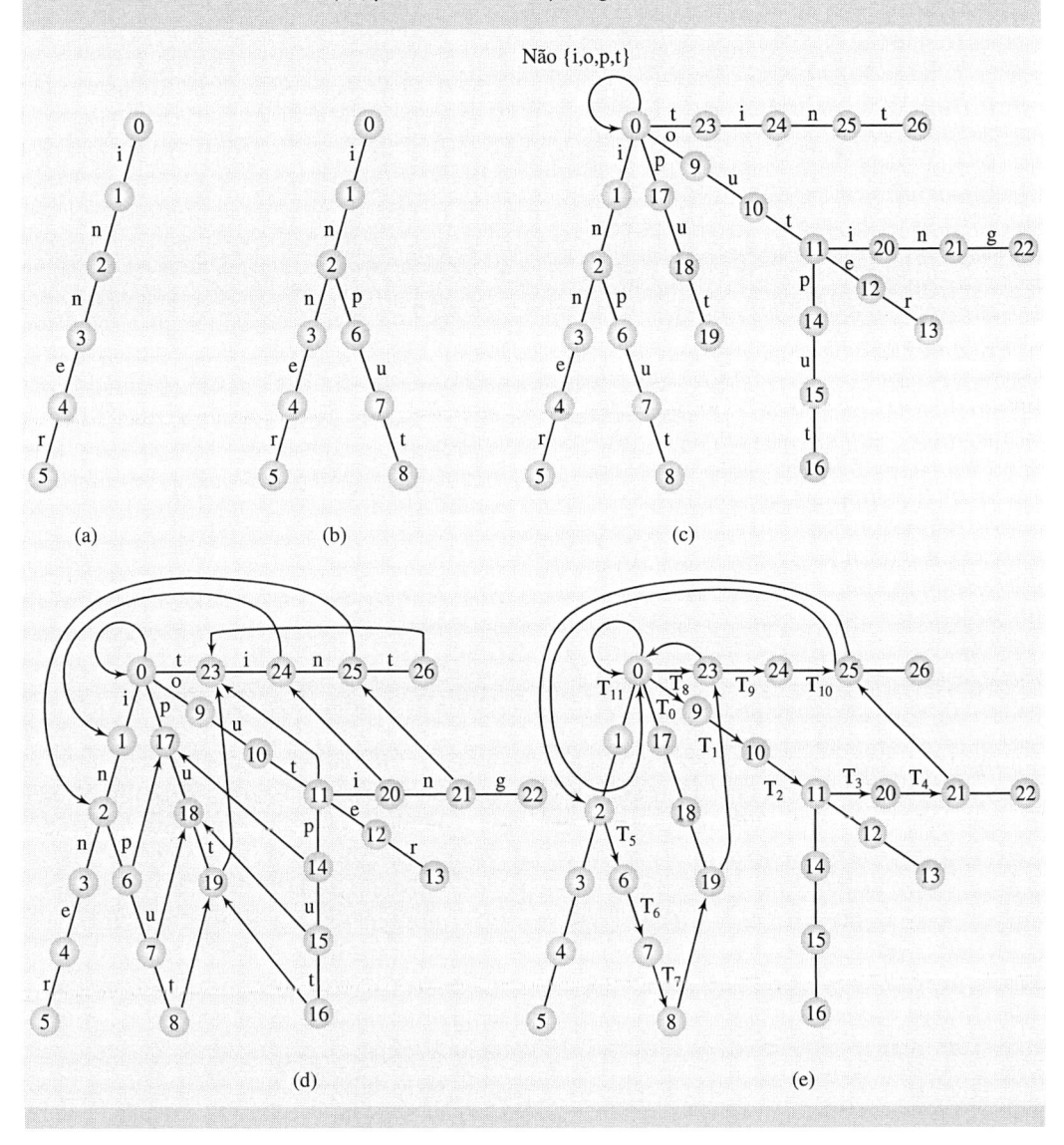

Note que agora é impossível dizer quais palavras estão incluídas na trie. A palavra *inn* está nela? Existe um caminho que a ela corresponde, mas a palavra não deve ser considerada como uma parte da trie. Para lidar com o problema de palavras cujos caminhos são inteiramente incluídos em outros – isto é, palavras que são prefixos de outras – um símbolo especial pode ser utilizado como um marcador de fim de cada palavra e incluído na trie somente quando puder surgir ambiguidade. Outra solução é incluir uma bandeira como uma parte de cada nó para indicar o final de uma palavra. O algoritmo Aho-Corasick resolve este problema com a função de saída, embora este não seja o único papel desempenhado por esta função.

A primeira etapa de construção da função de saída está incluída no `computeGotoFunction()`. Para cada estado *s* (nó da trie), a função de saída informa se há caminhos que começam em qualquer lugar entre o estado inicial e *s* que correspondem a palavras no conjunto *keywords*. Depois de `computeGotoFunction()` ser concluído, a função de saída estabelece o seguinte mapeamento entre estados e *keywords* (estados não assinalados correspondem a um conjunto vazio de palavras):

2 {*in*}	5 {*inner*}	8 {*input*}
11 {*out*}	13 {*outer*}	16 {*output*}
19 {*put*}	22 {*outing*}	26 {*tint*}

Nesta fase, a função de saída encontra para cada estado *s* uma palavra em *keywords* que corresponde ao percurso que começa no estado inicial e termina em *s*. Nesse momento, a função de saída desempenha o papel de uma bandeira, indicando para cada nó da trie se corresponde a uma palavra-chave.

A função goto é agora usada para construir a função de falha durante um percurso em largura na trie; isto é, ao atravessar a trie nível por nível. Para cada nó, a função registra o fato de que um sufixo da sequência que termina em um nó particular é também um prefixo de uma palavra que começa na raiz, se houver. Neste, a função de falha é uma generalização da tabela *next* utilizada pelo algoritmo Knuth-Morris-Pratt, e determina a partir de qual estado o processo de casamento deve ser retomado se ocorrer uma incompatibilidade. Considerando o processo de casamente executado como no algoritmo Knuth-Morris-Pratt com a comparação de caracteres:

```
              i
              ↓
      ...outinput...
1        outing
2a         inner
2b         input
2c         tint
```

Após uma incompatibilidade na posição *i*, o processo de casamento deve ser retomado a partir do mesmo caractere T_i, e um caractere em qualquer uma das palavras-chave que segue um prefixo igual para qualquer um dos sufixos nas subsequências que terminam antes da posição de incompatibilidade do padrão. No nosso exemplo, o sufixo *in* do padrão parcialmente casado *outin* é o mesmo que um prefixo de duas palavras-chave, *inner* e *input*, e o sufixo *tin* de *outin* casa com o prefixo de *tint*. Como no algoritmo Knuth-Morris-Pratt, não queremos repetir as comparações já feitas, de modo que o processo de casamento é retomado a partir do caractere incompatível T_i, e os caracteres em três palavras-chave que se seguem aos prefixos casados. Mas, ao contrário do método de Knuth--Morris-Pratt, três padrões (palavras-chave) têm de ser levados em conta ao mesmo tempo. Como pode o caractere incompatível T_i ser comparado ao mesmo tempo a três caracteres diferentes, *n*, *p* e *t*, nas três palavras-chave candidatas para um possível casamento? Eles não são comparados em tudo. Em vez de comparar os caracteres entre o texto e as palavras-chave, o caractere atual no texto é utilizado para escolher uma transição na trie, através da qual algumas das palavras-chave candidatas podem ser eliminadas. Depois, o processo de casamento continua na rodada 2, três palavras-chave são eliminadas, e a situação é como em:

```
              i
              ↓
      ...outinput...
2b         input
```

Mas como pode palavras candidatas ser escolhidas para a próxima rodada? Este é precisamente o papel da função de falha. Ela adiciona na trie as transições de falha. Uma transição de falha é feita se o processo de casamento atinge determinado nó (estado) e não há ramo que sai do nó que corresponda ao caractere do texto atual. Em outras palavras, a transição é feita quando falha uma desadaptação entre o caractere do texto atual e cada caractere acessível a partir do nó atual. A Figura 13.1d mostra as ligações de falha correspondentes para a função de falha, qual seja:

```
state     1 2 3 4 5  6  7  8 9 10 11 12 13 14 15 16 17 18 19 20 21 22 23 24 25 26
f(state)  0 0 0 0 0 17 18 19 0  0 23  0  0 17 18 19  0  0 23 24 25  0  0  1  2 23
```

Existe uma transição de falha para cada estado, exceto para o inicial. As transições ao estado inicial não são mostradas. Com esta função, uma parte do processo de casamento indicado nos dois diagramas anteriores – uma tentativa de casar *outing* na rodada 1 e, em seguida, três palavras-chave na rodada 2 – corresponde a varrer a trie ao longo do caminho mostrado na Figura 13.1e. Cada transição sem falha significa descer a trie por um caminho. Depois de alcançar o nó 21, ocorre uma incompatibilidade (o caractere de texto *p* é incompatível como único caractere acessível a partir deste nó, *g*), e a transição de falha leva ao nó 25 e, indiretamente (através de uma transição de falha do nó 25), para o nó 2. Isto significa que as palavras associadas com caminhos em que os nós 25 e 2 estão localizadas são candidatas para casamentos. A leitura do texto atual *p* não combina com a letra *t* acessível a partir do nó 25; portanto, a próxima transição de falha é feita, a partir do nó 25 ao nó 2, que eventualmente leva a um casamento bem-sucedido.

Abaixo, um algoritmo para construir a função de falha:

```
computeFailureFunction(função g, função output, função f)
    for cada caractere ch do alfabeto
        if g(0,ch) ≠ 0
            enfileirar(g(0,ch));
            f(g(0,ch)) = 0;
    while a fila não está vazia
        estado de desenfileiramento r;
        for cada caractere ch do alfabeto
            if g(r,ch) ≠ falha
                enfileirar(g(r,ch));
                state = f(r);
                while g(state,ch) == falha  // seguir os links de falhas para
                    state = f(state);        // caractere ch;
                f(g(r,ch)) = g(state,ch);
                incluído em output(s) palavras-chave de output(f(g(r,ch)));
```

Para cada estado acessível através do caractere *ch* de um estado desenfileirado *r*, o algoritmo adiciona uma ligação de falha. A partir de *f(r)*, seguem-se ligações de falha para *ch* até que seja encontrada uma transição de não falha (goto) para ele. Por exemplo, ao processar o estado 12 acessível através da letra *e* de estado *r* = 11, existe uma transição de falha para *e* a partir de *f*(11) = 23 a 0 e uma ligação de não falha para *e* de 0 para 0; portanto, *f*(12) = 0 (Figura 13.1d). Para o estado 20 acessível a partir do mesmo estado 11 através da letra *i*, existe uma transição de não falha de *f*(11) = 23 para *i*; em consequência, o laço mais interno while não é introduzido e *f*(20) = *g*(23,*i*) = 24. O laço while itera duas vezes ao determinar a transição de falha para o estado 22 acessível a partir do estado *r* = 21 através da letra *g*; a primeira ligação de falha para *g* conduz de *f*(21) = 25 a 2, e, em seguida, de 2 a 0, onde existe uma ligação de não falha para *g* para o mesmo estado 0; portanto, *f*(22) = 0.

O algoritmo também completa a construção da função de saída. Para cada nó, esta função registra as palavras que terminam neste nó, embora elas não tenham de começar na raiz. No processo de criação da função de saída durante um percurso em largura, uma lista de palavras associadas com o nó atual é expandida adicionando palavras associadas a um nó alcançável através da ligação de falha. A primeira lista expandida desta forma é a lista vazia correspondente ao nó 25 no nível 4, incluindo a palavra da lista {*in*} correspondente ao nó 2 e criada ao executar computeGotoFunction(). A próxima lista expandida neste processo é {*input*}, associada com o nó 8 no nível 6, incluindo a lista {*put*} associada com o nó 19 acessível a partir do nó 8 através de uma ligação de falha. Com efeito, o número de listas não vazias é expandido e algumas das listas existentes são estendidas pela adição de novas palavras-chave:

2 {*in*}	5 {*inner*}	8 {*put, input*}
11 {*out*}	13 {*outer*}	16 {*put, output*}
19 {*put*}	21 {*in*}	22 {*outing*}
25 {*in*}	26{*tint*}	

Deste modo, cada vez que um processo de casamento atinge um nó na trie que está associado com uma lista de palavras-chave não vazias, todas as palavras-chave podem ser emitidas como correspondendo a uma subsequência de final de texto na posição atual de texto *i*. Por exemplo, para o texto *outinputting* e *keywords* = {*inner, input, in, outer, output, out, put, outing, tint*}, os passos executados pelo AhoCorasick() são como segue:

```
outinputting   outinputting   outinputting   outinputting   outinputting
inner          out            out            outing         outing
input          outer          outer          outer          tint
in             outing         outing         output         in
outer          output         output         tint           inner
output                        tint           in             input
out                                          inner
put                                          input
outing
tint
0              9              10             11             20             21

outinputting   outinputting   outinputting   outinputting   outinputting
outing            input          input             tint           tint
  inner             put            put                              in
  input                            tint                             inner
    put                                                             input
       25 2 6         7              8          19 23 0 23          24

outinputting   outinputting
    tint          tint
   in
 inner
 input
    25             2 0 0
```

Os números indicam estados. Por exemplo, o *o* inicial conduz do estado 0 ao 9, e a letra *p* leva do estado 21 para o 25 através de uma ligação de falha, em seguida, para o estado 2, também através de uma ligação de falha, e depois para o estado 6. As letras sublinhadas são letras das palavras que estão no caminho escolhido pelo algoritmo ou que estão nas ligações de ramificação para fora do estado atual. As palavras não sublinhadas são as únicas que podem ser alcançadas indiretamente através da função de saída ou de ligações de falha.

O algoritmo produz o seguinte resultado:

```
a match ending at 2: out
A match ending at 4: in
a match ending at 7: put input
a match ending at 10: in
```

A função goto pode ser implementada como uma matriz bidimensional de tamanho (número de estados) · (número de caracteres). Esta implementação permite imediato acesso do valor correspondente a um par (*state*, *ch*); no entanto, a matriz poderia ser muito pouco povoada com transições não falhas. Portanto, uma matriz de vetores unidimensionais ou listas ligadas pode ser usada em vez disso; um conjunto de listas ligadas (vetores) de caracteres indexados com os números do estado ou uma matriz indexada com caracteres de listas ligadas (vetores) de estados (ou números de estado) (ver Seção 3.6).

A função de falha pode ser implementada como uma matriz unidimensional indexada com números de estado dos estados.

A função de saída pode ser implementada como uma matriz de listas ligadas (ou vetores) ou palavras.

Para o conjunto *keywords* = $\{s_0, \ldots, s_{k-1}\}$ e o comprimento total de palavras-chave $m = |s_0| + \ldots + |s_{k-1}|$, o algoritmo `computeGotoFunction()` é executado em tempo linear $O(m)$, e o algoritmo `computeFailureFunction()` pode ser executado ao mesmo tempo.

Para determinar a complexidade do `AhoCorasick()`, note que, em uma iteração do laço `for` para o state no nível 1, o laço `while` é executado no máximo $l - 1$ vezes, o que significa que, no máximo, $l - 1$ transições de falha podem ser feitas para o state correspondente a um nó no nível l, porque estas transições sempre sobem a trie por, pelo menos, um nível da raiz. Portanto, o número total de transições de falha pode ser, no máximo, $|T| - 1$, e porque as transições goto descem a trie por exatamente um nível, de modo que o número de transições goto é exatamente $|T|$, o número de transições de estado durante o processo inteiro de correspondência é $O(2|T|)$. Por isso, a complexidade do algoritmo Aho-Corasick, incluindo a criação das funções de falha e goto, é $O(|T| + m)$.

Vale ressaltar que o comando *fgrep* do sistema UNIX é uma implementação de Aho-Corasick.

13.1.7 Casamento de expressões regulares

Nesta seção, vamos abordar o problema de encontrar casamentos de texto que são especificados não por padrões únicos ou múltiplos, mas por expressões regulares.

As expressões regulares são definidas como segue:

1. Todas as letras do alfabeto são expressões regulares.
2. Se *r* e *s* são expressões regulares, então, *r*|*s*, (*r*), *r** e *rs* são expressões regulares.
    a. A expressão regular *r*|*s* representa a expressão regular *r* ou *s*.
    b. A expressão regular *r** (na qual a estrela é chamada de fechamento de Kleene) representa qualquer sequência finita de *rs*: *r*, *rr*, *rrr*, ...
    c. A expressão regular *rs* representa uma concatenação *rs*.
    d. (*r*) representa a expressão regular *r*.

Um algoritmo criado por Ken Thompson constrói um autômato finito não determinístico (NDFA – do inglês *nondeterministic finite automaton*) correspondente a uma expressão regular. NDFA é um grafo direcionado em que cada nó representa um estado, e cada aresta é rotulada por uma letra ou um símbolo ε que representa uma sequência vazia. O autômato tem um estado inicial e pode ter um terminal múltiplo ou estados de aceitação, mas, no contexto desta seção, ele possui apenas um estado de aceitação. Um NDFA é utilizado durante o processo de casamento. Um casamento no texto é encontrado se há um caminho com letras sobre as arestas em NDFA do estado inicial para um estado de aceitação que corresponde a uma subsequência do texto.

A construção de um NDFA é dada sob a forma do seguinte procedimento recursivo:

1. Um autômato representando uma letra tem estado inicial *i*, estado de aceitação *a* e uma vantagem do primeiro para o segundo marcado com a letra (Figura 13.2a).
2. Um autômato representando uma expressão regular *r*|*s* é uma união dos autômatos representando *r* e *s*. A união é construída:

a. criando um estado inicial *i* com duas arestas resultantes ε, uma para o estado inicial i_1 do autômato que representa *r* e um para o estado inicial i_2 do autômato que representa *s*;

b. criando um estado de aceitação com duas arestas de entrada ε de estados de aceitação a_1 e a_2 dos dois autômatos (Figura 13.2b).

3. Um autômato representando uma expressão regular *rs* é uma concatenação dos autômatos representando *r* e *s*. A concatenação é construída através da criação de uma aresta ε a partir do estado de aceitação a_1 do autômato representando *r* para o estado inicial i_2 do autômato representando *s*; o estado inicial i_1 torna-se o estado inicial do autômato concatenado, e a_2 torna-se seu estado de aceitação (Figura 13.2c).

4. Um autômato representando uma expressão regular r^* é construído como segue:
   a. Um novo estado inicial *i* é criado com uma aresta ε para o estado inicial i_1 do autômato representando *r*;
   b. Um novo estado de aceitação *a* é adicionado com uma aresta ε do estado a_1;
   c. Uma aresta ε é adicionada do estado inicial *i* para o estado de aceitação *a*; e
   d. Uma aresta ε é adicionada do estado a_1 ao estado i_1 (Figura 13.2d).

5. Um autômato representando uma expressão regular (*r*) é o mesmo que aquele que representa *r*.

O processo de construção indica que um autômato corresponde a uma expressão regular:
   a. tem um estado inicial e um estado de aceitação;
   b. cada estado tem uma aresta de saída marcada por uma letra, uma aresta ε, ou duas arestas ε;
   c. em cada etapa dois novos nós podem ser criados (ou nenhum), de modo que o número de estados no autômato é, no máximo, o dobro do comprimento da expressão regular a que corresponde, e o número de arestas é, no máximo, quatro vezes este tamanho.

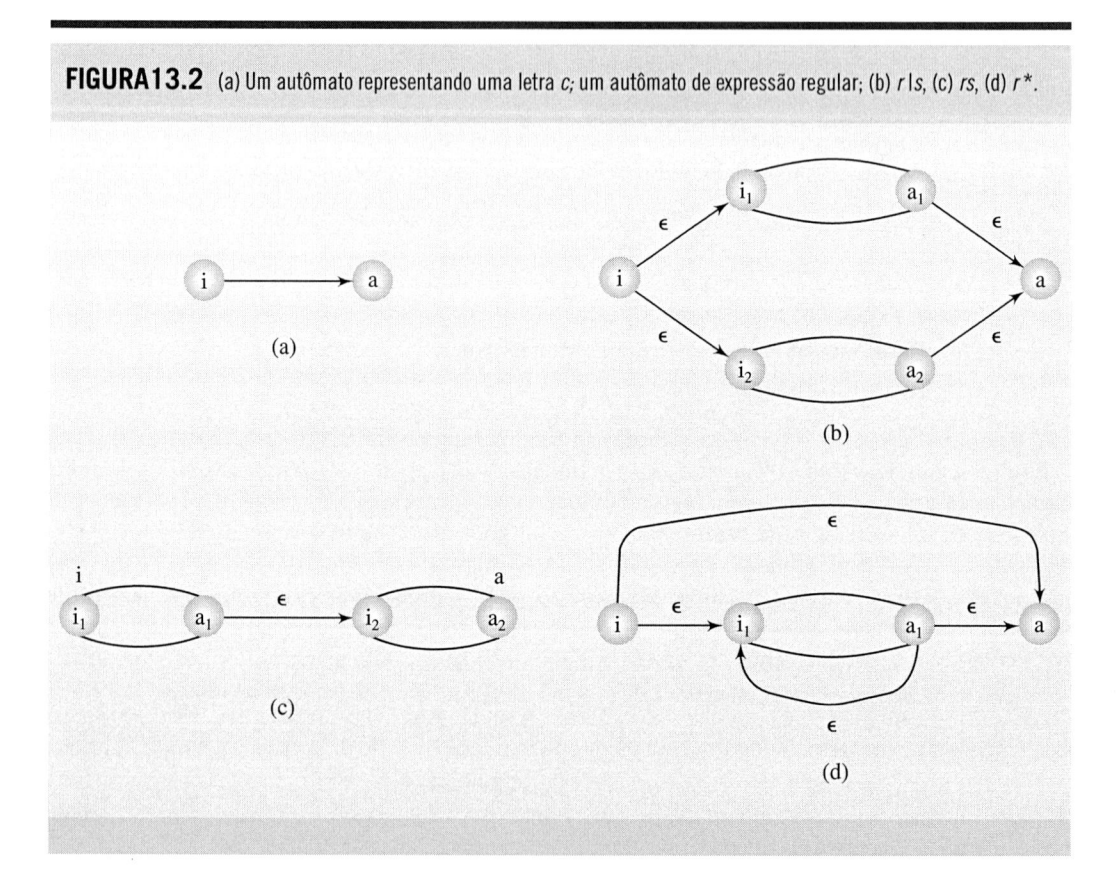

FIGURA 13.2 (a) Um autômato representando uma letra *c*; um autômato de expressão regular; (b) *r*|*s*, (c) *rs*, (d) r^*.

Um autômato pode ser criado com as seguintes rotinas:

```
component()
    if regExpr_i é uma letra
        p = um caractere autômato como na Figura 13.2a;
        i++;
    else if regExpr_i == '('
        i++;
        p = regularExpr();
        if regExpr_i ≠ ')'
            falha;
        i++;
    if regExpr_i == '*'
        while regExpr_{++i} == '*';
        p = uma estrela autômata como na Figura 13.2d;
    return p;

concatenation()
    p1 = component();
    while regExpr_i é uma letra ou '('
        p2 = component();
        p1 = concatenação de autômato como na Figura 13.2c;
    return p1;

regularExpr() {
    p1 = concatenation();
    while i < |T| e regExpr_i == '|'
        i++;
        p2 = concatenation();
        p1 = união de autômato como na Figura 13.2b ;
    return p1;
```

e o processamento começa primeiro chamando `regularExpr()`. Note que o tratamento é feito muito no mesmo espírito que o intérprete apresentado na Seção 5.11, onde `regularExpr()` corresponde a `expression()`, `concatenação()` a `term()` e `component()` a `factor()`.

Dois conjuntos são necessários para processar adequadamente a expressão regular. O conjunto *epsilon(S)* é um conjunto de estados acessíveis a partir dos estados em S através de caminhos ε. O conjunto *goto(S, ch)* é um conjunto de estados para os quais existe uma aresta marcada com o caractere *ch* de um estado em S. Os conjuntos podem ser criados com os seguintes algoritmos:

```
gotoFunction(states, ch)
    for cada state em states
        if há uma ch-transição de state para um estado s
            incluído s em states2 se já não estiver incluído;
    return states2;

epsilon(states)
    for cada state em states
        remover state from states
        for cada estado s para o qual existe uma aresta ε do estado para s
            incluído s em states e em states2 se já não estiver incluído;
    return states2;
```

O autômato e os conjuntos assim construídos são usados agora para processar um texto, detectar as mais longas expressões regulares correspondentes em um texto e imprimir suas posições no texto. O algoritmo é o seguinte:

```
Thompson(regExpr, texto T)
   initState = parse();
   from = 1;
   states = epsilon({initState});
   for i = 0 para |T|-1
      states = gotoFunction(states,T_i);
      if states está vazio
         states = gotoFunction({initState});
         from = i;
      if o estado de aceitação está em states
         saída: "casamento de" from "para" i;
      states = epsilon(states);
      if o estado de aceitação está em states
         saída: "casamento de" from "para" i;
      if states está vazio
         states = epsilon({initState});
         from = i+1;
```

A tabela a seguir mostra as etapas no processamento da sequência $T = aabbcdeffaefc$ e a expressão regular $regExpr = a(b|cd)^*ef$ com inicialização $states = epsilon(\{initState\}) = \{\}$. O autômato para a expressão é apresentado na Figura 13.3 com o número que representa a ordem em que foram gerados os estados. As subsequências na segunda coluna em negrito indicam aquelas detectadas pelo programa como correspondentes $regExpr$; são as subsequências $T(0 \ldots 6) = abbcdef$ e $T(8 \ldots 10) = aef$.

i	ch	goto(states,ch)	estados após if-stmt	epsilon(states,ch)	estados após if-stmt
0	**a**	{}	{1}	{2 4 8 10 11 12}	{2 4 8 10 11 12}
1	**a**	{}	{1}	{2 4 8 10 11 12}	{2 4 8 10 11 12}
2	**b**	{3}	{3}	{2 4 8 9 11 12}	{2 4 8 9 11 12}
3	**b**	{3}	{3}	{2 4 8 9 11 12}	{2 4 8 9 11 12}
4	**c**	{5}	{5}	{6}	{6}
5	**d**	{7}	{7}	{2 4 8 9 11 12}	{2 4 8 9 11 12}
6	**e**	{13}	{13}	{14}	{14}
7	**f**	{15}	{15}	{}	{1}
8	f	{}	{1}	{2 4 8 10 11 12}	{2 4 8 10 11 12}
9	**a**	{}	{1}	{2 4 8 10 11 12}	{2 4 8 10 11 12}
10	**e**	{13}	{13}	{14}	{14}
11	**f**	{15}	{15}	{}	{1}
12	c	{}	{1}	{}	{1}

FIGURA 13.3 O autômato de Thompson para a expressão regular $a(b|cd)^*ef$.

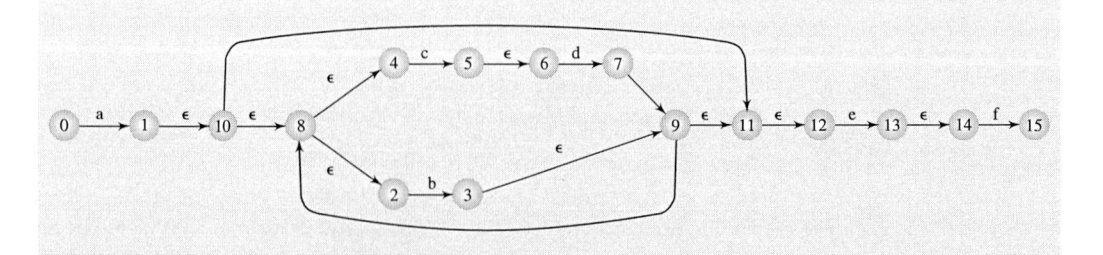

13.1.8 Tries de sufixos e árvores

Em muitas situações, é vantajoso pré-processar uma sequência ou sequências de caracteres através da criação de uma estrutura que permita ao processamento ser executado de forma mais eficiente do que sem o uso desta estrutura. Tal estrutura é uma trie de sufixos, e sua generalização, uma árvore de sufixos.

Trie de sufixos para um texto T é uma estrutura de árvore em que cada aresta está marcada com uma letra de T e cada sufixo de T é representado na trie como uma concatenação de arestas rotuladas desde a raiz até algum nó da trie. Em uma trie de sufixos, $head(i)$ é o prefixo mais longo da sequência $T(i \ldots |T| - 1)$ que corresponde a um prefixo de um sufixo $T(j \ldots |T| - 1)$ que já está na árvore. Uma trie para a palavra *caracas* é mostrada na Figura 13.4a. Deve ficar claro que, no pior caso, quando todas as letras são diferentes, uma trie requer um nó para a raiz e $|T| - i$ nós para cada sufixo, em que i é sua posição de partida – isto é, $(|T| + 1)|T|/2$ no total – o que significa que a necessidade de espaço para uma trie de sufixos é quadrática.

Um algoritmo simples para a criação de uma trie de sufixos para um texto T simplesmente olha para um sufixo de cada vez e estende caminhos correspondentes para o sufixo quando necessário:

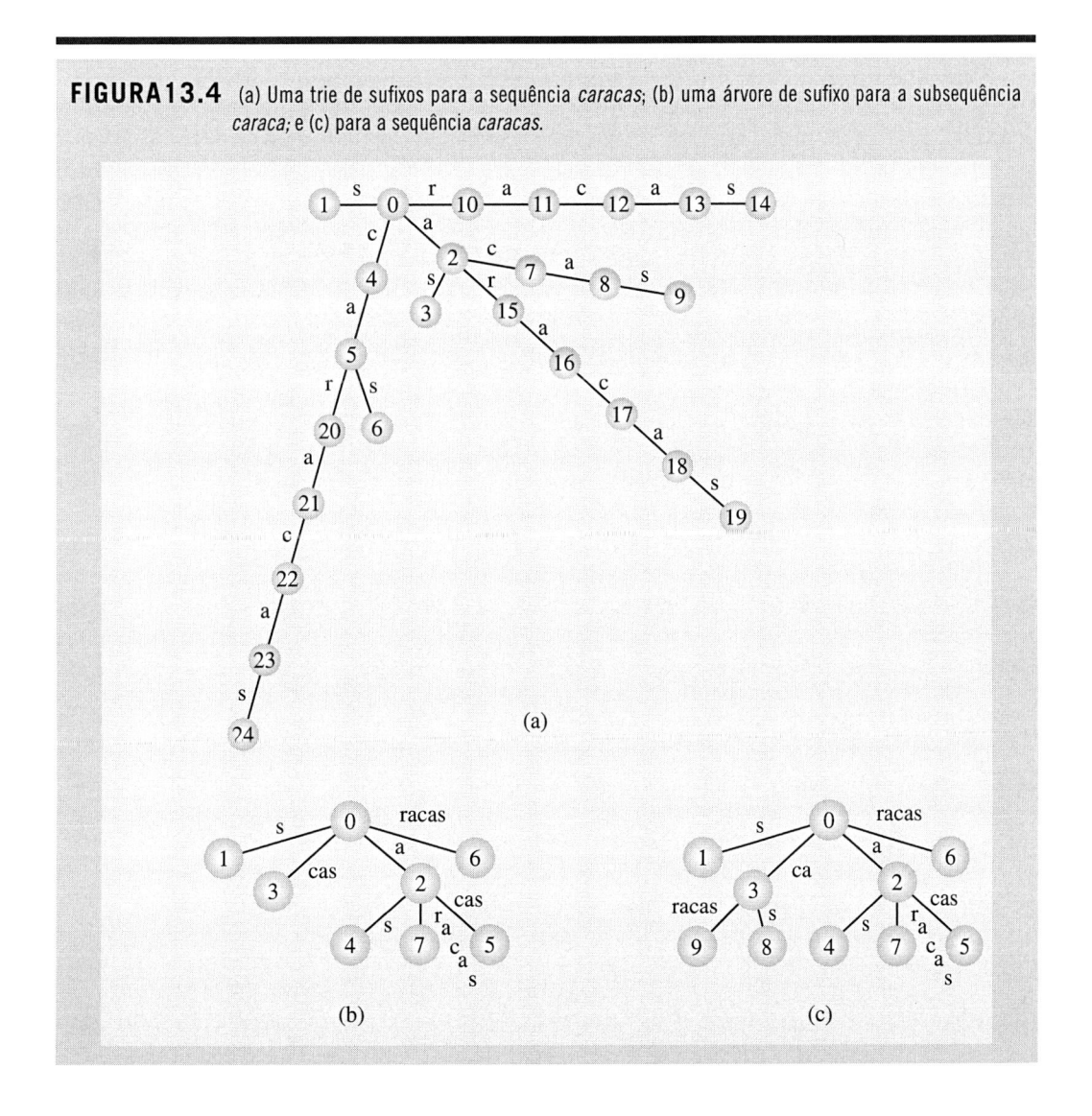

FIGURA 13.4 (a) Uma trie de sufixos para a sequência *caracas*; (b) uma árvore de sufixo para a subsequência *caraca*; e (c) para a sequência *caracas*.

```
bruteForceSuffixTrie(texto T) {
    // a ordem de sufixos de processamento não importa; pode ser
    // do maior para o menor:
//  for i = 0 para |T|-1
    // ou do menor para o maior:
    for i = |T|-1 até 0
        node = root;
        j = i; // para representar o sufixo T(i...|T|-1);
        while T_j-aresta de node existe
            node = o nó acessível através T_j-aresta de node;
            j++;
        // armazena o sufixo T(j...|T|-1) do sufixo T(i...|T|-1) na trie:
        for k = j para |T|-1
            crie newNode;
            crie aresta(node, newNode, T_k);
            node = newNode;
```

A trie na Figura 13.4a foi criada com este algoritmo, o que se reflete nos números de nós que indicam a ordem em que estes foram incluídos na trie.

O tempo de execução do algoritmo é quadrático, porque, para cada iteração i do laço mais externo, os dois laços mais internos combinados executam |T| - i + 1 iterações.

Uma versão compacta da trie de sufixo é uma *árvore de sufixos*, na qual não há nós internos com apenas um descendente. Uma árvore de sufixos pode ser obtida, a partir de uma trie de sufixos, rotulando cada aresta com a subsequência de *T* que corresponde à concatenação de caracteres nos subcaminhos da trie em que apenas os nós com um descendente são usados. Em outras palavras, nós de um descendente em tais subcaminhos são fundidos em um nó único, e as arestas sobre tais subcaminhos são mescladas em uma das arestas. Ao converter a trie da Figura 13.4a, é criada a árvore de sufixos da Figura 13.4c. Uma árvore de sufixos pode ter até |*T*| folhas e, assim, até |*T*| – 1 não folhas. Ela tem exatamente |*T*| – 1 não folhas se tiver |*T*| folhas, cada não folha tem dois descendentes, e nenhum sufixo é representado por um caminho que termina em uma não folha (ver Seção 6.1 e Figura 6.5). Deste modo, os requisitos de espaço para uma árvore de sufixos são lineares no comprimento do texto.

Em uma árvore de sufixos, a maioria dos nós está implícita; estes são os nós que numa trie correspondente têm um descendente. O problema com o processamento de uma árvore de sufixos é determinar quando um nó implícito deve ser explicitado. A situação é ilustrada inserindo o sufixo *caracas* na árvore na Figura 13.4b, o que exige a divisão da aresta rotulada *cas* em duas arestas, rotuladas *ca* e *s*, e em seguida inserindo uma nova aresta rotulada *racas*, como mostrado na Figura 13.4c. Para fins práticos, é mais conveniente rotular arestas em uma árvore de sufixos com dois índices que representam posições de início e fim de uma subsequência de *T* que é o rótulo da palavra da aresta.

A seguir, resumo de um algoritmo:

```
bruteForceSuffixTree(texto T)
    for cada sufixo s de T
        determine o topo de s (encontre o casamento mais longo para o prefixo mais longo de s
            e um caminho a partir da raiz);
        if o sufixo do topo corresponde a um rótulo inteiro de uma aresta que termina em uma folha
            estendendo o rótulo pela parte incompatível de s;
        else if o sufixo do topo corresponde a um rótulo inteiro de uma aresta que termina em uma
        não folha criando uma folha conectada na não folha com uma aresta rotulada pela parte
        incompatível de s;
        else divida a aresta(u,v) parcialmente casada com o sufixo do topo na aresta (u,w)
```

rotulada com a parte do rótulo atual correspondendo ao sufixo mais longo do topo e aresta(w,v) *rotulada com a parte incompatível do rótulo atual e aresta criada* (w,u) *rotulada com a parte incompatível de* s;

O processamento pode ser feito, pelo menos, de duas formas, da esquerda para a direita ou vice-versa. A árvore de sufixos na Figura 13.4c é criada através da transformação de sufixos de *caracas* da direita para a esquerda, do menor sufixo para o maior, o que se reflete na ordem em que os nós tiverem sido criados.

O algoritmo executa em $O(|T|^2)$ devido a uma estratégia simples para determinar o topo: a procura sempre começa na raiz, exigindo a realização de $|head(i)|$ etapas em cada iteração, o que, no pior caso, é $|T| - i$, isto é, o comprimento de sufixo $- 1$. Para ver isto, considere a sequência $a^k b$. A complexidade pode ser melhorada através da criação de maneiras mais rápidas para determinar topos de sufixos, o que é conseguido através da manutenção adicional de ligações na árvore de sufixos, que é construída por um algoritmo desenvolvido por Esko Ukkonen.

Conceitualmente, uma árvore de sufixos é uma trie de sufixos comprimida, de modo que a apresentação do algoritmo Ukkonen para uma árvore de sufixos (Ukkonen, 1995) é mais bem compreendida quando iniciada com a discussão de um algoritmo para tries de sufixos (Ukkonen e Wood, 1993).

As tries de sufixos Ukkonen e árvores de sufixos usam *ligações de sufixo* na construção (estas ligações são as mesmas que as transições de falha no algoritmo Aho-Corasick).

Uma nova trie de sufixos é obtida a partir de uma já existente por caminhos que se estendem correspondentes a todos os sufixos do subtexto $T(0 \ldots i - 1)$, adicionando novas transições correspondentes ao caractere T_i. Desta forma, a nova trie tem caminhos para todos os sufixos do subtexto $T(0 \ldots i)$. Os estados para os quais são adicionadas novas transições podem ser encontrados usando ligações de sufixos que formam um caminho a partir do nó mais profundo para a raiz. Este caminho é chamado *caminho do contorno*. Ele é percorrido, e para cada nó encontrado p, uma folha nova q é criada com *edge*(p, q, ch) (isto é, uma aresta de p para q rotulada ch), se não houver uma aresta ch saindo de p. O caminho de passagem é interrompido após encontrar o primeiro nó para o qual existe uma aresta ch.

Além disso, são criadas as novas ligações de sufixos que formam um caminho que une os nós recém-adicionados. As novas ligações de sufixos são uma parte do caminho de contorno da trie atualizada.

A seguir, o algoritmo:

```
UkkonenSuffixTrie(texto T)
    crie newNode;
    root = deepestNode = oldNewNode = newNode;
    ligaçãoSufixo(root) = null;
    for i = 0 para |T|-1
        node = deepestNode;
        while node não é nulo e T_i-aresta de node não existe
            crie newNode;
            crie aresta(node,newNode,T_i);
            if node ≠ deepestNode
                ligaçãoSufixo(oldNewNode) = newNode;
            oldNewNode = newNode;
            node = ligaçãoSufixo(node);
        if node é nulo
            ligaçãoSufixo(newNode) = root;
        else ligaçãoSufixo(newNode) = filho de node através de T_i-aresta;
        deepestNode = filho de deepestNode através de T_i-aresta;
```

O algoritmo é executado no tempo proporcional ao número de diferentes subsequências do texto T, que pode ser quadrático, como, por exemplo, para um texto com todos os caracteres diferentes.

Por exemplo, considere a construção de uma trie de sufixos para a palavra *pepper*. Ela é inicializada para uma árvore de um nó (Figura 13.5a). Na primeira iteração do laço `for`, é criado um novo nó com uma aresta correspondente à letra *p* entre a raiz e o novo nó; uma ligação do sufixo do novo nó para a raiz também é criada (Figura 13.5b). Na segunda iteração do laço `for`, é processada a letra *e*. Um novo nó é criado na primeira iteração do laço `while` (Figura 13.5c). Na segunda iteração do laço `while` é criado primeiro outro novo nó (Figura 13.5d), então é estabelecida uma ligação do sufixo (Figura 13.5e), e, depois de sair do laço `while`, é criada outra ligação de sufixo (Figura 13.5f). A Figura 13.5g-f mostra a trie sendo expandida para cada letra subsequente da palavra *pepper*. Os números entre os nós indicam a ordem na qual os nós foram criados.

Para melhorar os requisitos de espaço para uma trie de sufixos é usada uma árvore de sufixos na qual apenas os nós de uma trie que têm pelo menos dois descendentes estão incluídos. Neste caminho, as tries de sufixos das Figuras 13.5b, f-j podem ser transformadas em árvores de sufixos correspondentes na Figura 13.6a-f. Note que apenas as ligações de sufixos de não folhas são indicadas, porque, como discutido mais adiante na Seção 13.3, as folhas e, por conseguinte, as ligações de sufixos de folhas não são indispensáveis para o processamento adequado de uma árvore de sufixos.

O problema agora é que, a fim de expandir a árvore da Figura 13.6c para a da Figura 13.6d pelo processamento da letra *p*, um nó implícito entre as subsequências *p* e *ep* tem de ser explicitado e, em seguida, uma nova folha é ligada a ele com a aresta rotulada *p*. A folha velha é mantida e também anexada ao nó explícito recém-criado, e conectada com a aresta com o rótulo *epp* modificado (estendido). Para desenvolver um algoritmo para uma árvore de sufixos, considere novamente o processamento de uma trie.

A primeira não folha no caminho de contorno é chamada *ponto ativo*. Ao processar uma trie, uma nova aresta *ch* e uma nova folha são adicionadas para cada folha no caminho de contorno - isto é, para cada nó que precede o ponto ativo. Em seguida, cada nó no subtrajeto entre o ponto ativo e o chamado *nó de extremidade* também recebe uma nova aresta *ch* para uma folha nova. Portanto, um nó de extremidade é aquele para o qual uma aresta *ch* já existe, e, assim, ela existe para todos os nós no caminho de contorno da extremidade para a raiz. Um nó de extremidade pode ser um ascendente virtual da raiz se a raiz também adquire uma nova aresta *ch* (supõe-se que entre tal ascendente virtual e a raiz há uma aresta *ch* para cada letra). Por exemplo, na Figura 13.5i, no caminho de contorno 9 10 11 2 3 0 –1, o nó 2 é o ponto ativo e o nó –1, o ascendente virtual da raiz, é o de extremidade em relação ao caractere *r*, que está inserido nesta trie. Se *p* fosse nela inserido, então o ponto ativo seria o mesmo, mas o nó 2, o ponto ativo, seria o nó de extremidade.

Quando se processa uma árvore, uma atualização do equivalente do início do caminho de contorno que inclui todas as folhas requer somente atualizar os rótulos das arestas que ligam estas folhas com os ascendentes. No entanto, cada não folha no caminho de contorno até o nó antes do de extremidade pode precisar ser explicitada na árvore de modo que uma folha possa ser ligada a ele. A seguir um resumo do algoritmo:

```
UkkonenSuffixTree(text T)
    inicialize a raiz e o ponto ativo de um novo nó correspondente ao T;
    for i = 0 para |T|-1
        for cada folha no caminho de contorno (isto é, desde o início até um nó antes do ponto ativo)
            atualize o rótulo da aresta entre a folha e seu ascendente;
        for cada node no caminho do contorno do ponto ativo a um nó antes do nó
            de extremidade newNode;
            if node não explícito
                faça node explícito, inserindo-o entre o seu ascendente p e um nó q;
                atualize a aresta entre node e p;
                crie uma aresta entre node e q;
            crie aresta(node,newNode,T_i);
```

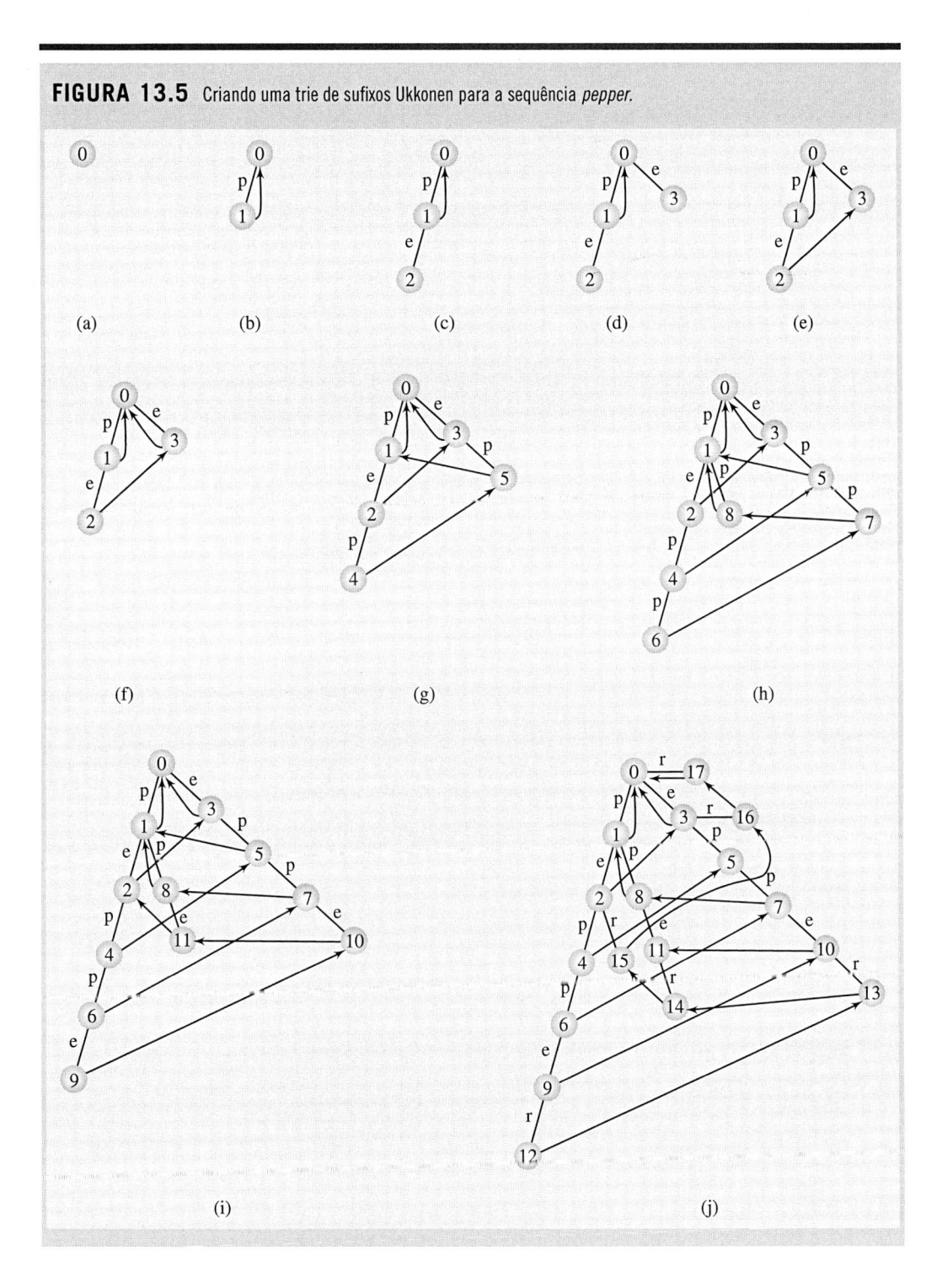

FIGURA 13.5 Criando uma trie de sufixos Ukkonen para a sequência *pepper*.

Uma implementação do algoritmo é apresentada no estudo de caso no fim deste capítulo.

13.1.9 Matrizes de sufixo

Às vezes, árvores de sufixos podem requerer muito espaço. Uma alternativa muito simples para árvores de sufixos são matrizes de sufixos (Manber e Myers, 1993).

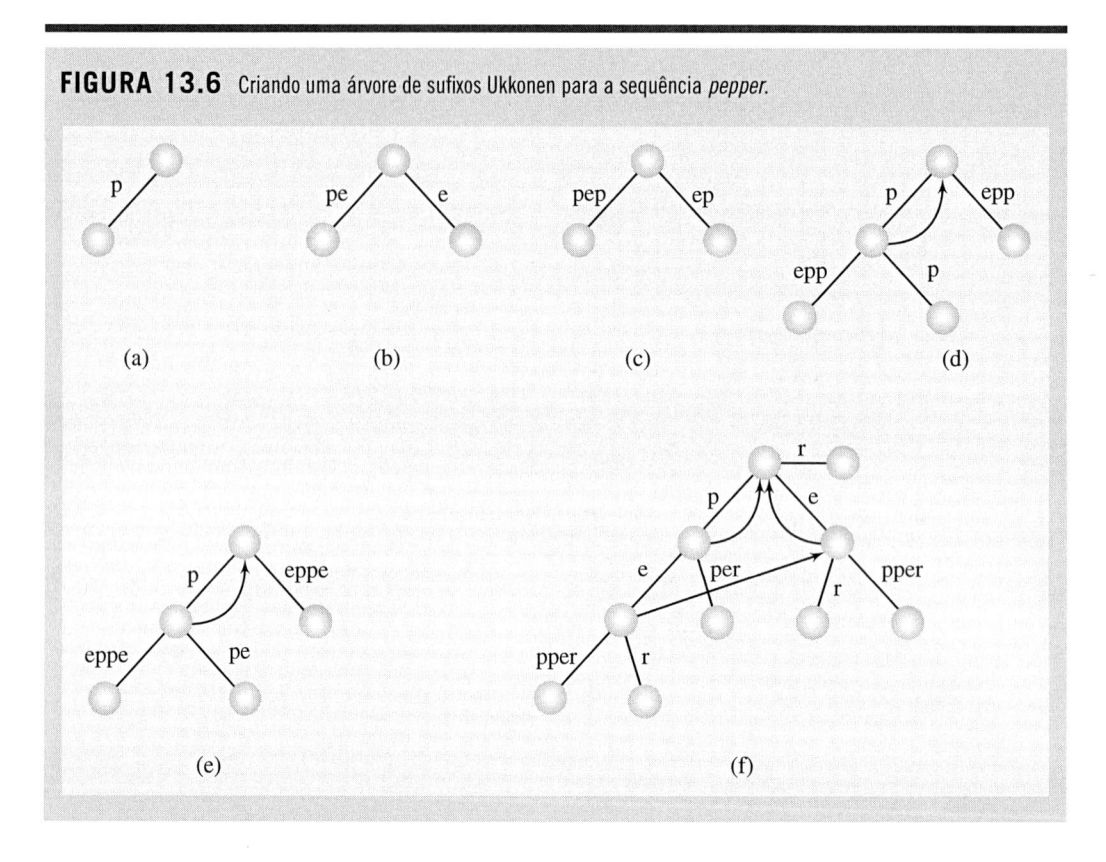

FIGURA 13.6 Criando uma árvore de sufixos Ukkonen para a sequência *pepper*.

Matriz de sufixos *pos* é a matriz de posições de 0 a |T| − 1 de sufixos tomados em ordem lexicográfica. É óbvio que a matriz de sufixos exige |T| células. Por exemplo, sufixos de texto T = *proposição* são ordenados da seguinte forma:

8 *ion*
6 *ition*
10 *n*
9 *on*
2 *oposition*
4 *osition*
3 *position*
0 *proposition*
1 *roposition*
5 *sition*
7 *tion*

com as suas posições no texto indicadas à esquerda; estas posições formam uma matriz de sufixos *pos* = [8 6 10 9 2 4 3 0 1 5 7] que corresponde à ordem dos sufixos.

A matriz de sufixos pode ser criada em $O(|T| \lg |T|)$ tempo, classificando uma matriz inicializada como [0 1 ... |T| − 1]. A rotina de triagem compara sufixos, mas move os números em *pos* quando os sufixos indicados pelas posições estão fora de sequência.

A matriz de sufixos pode ser criada a partir de uma árvore de sufixos existentes na qual é executada uma travessia ordenada em profundidade. Para cada nó da árvore, o percurso atravessa suas subárvores de acordo com a ordem de rótulos de palavras das arestas de saída, que é a ordem das primeiras letras nestes rótulos. A travessia insere na matriz de sufixos os números das folhas na ordem de alcance das folhas. As arestas podem ser classificadas em $O(|A| \lg |A|)$ tempo, de modo que a travessia seja executada em $O(|T||A| \lg |A|)$ tempo. A rotina da árvore de sufixos pode manter as arestas sobre uma lista ligada na ordem de classificação, o que equivale a $O(|A|^2)$ tempo para manter tal lista e, portanto, $O(|T||A|^2)$ tempo para manter a árvore. Só então a travessia pode ser feita em tempo linear, $O(|T|)$.

Com a matriz de sufixos, um padrão P pode ser encontrado muito rapidamente no texto T usando pesquisa binária (ver Seção 2.7) e, em seguida, todos os sufixos com prefixo P são agrupados. Para localizar o início do conjunto de tais sufixos, a seguinte versão da pesquisa binária pode ser utilizada:

```
binarySearch(padrão P, texto T, matriz de sufixos pos)
    left = 0;
    right = |T|;   // isto é, |pos|;
    while left < right
        middle = (left+right)/2;
        if P ( T(pos[middle]...|T|-1)
            right = middle;
        else left = middle+1;
    if P é igual a T(pos[left]...pos[left]+|P|)
        return left;
    else return -1; // falha;
```

Para localizar o fim do agrupamento desses sufixos, a desigualdade ≤ na declaração `if` deve ser transformada em ≥, e `left` ser substituída por `right` na declaração `if` seguindo o laço. O padrão P é encontrado em T nas posições situadas em determinado agrupamento. Este é determinado em $O(|P| \lg |T|)$ tempo, onde $\lg |T|$ se refere ao número de iterações do laço `while` do `binarySearch()` e $|P|$ ao número de comparações de caracteres entre P e os sufixos de T em uma iteração do laço.

13.2 Sequências correspondentes aproximadas

Em seções anteriores, algoritmos para correspondência exata foram analisados, sob a forma de uma proposta tudo ou nada: a busca de um padrão P em um texto T é considerada bem-sucedida se houver pelo menos uma subsequência de T que seja igual a P. Se houver pelo menos um caractere diferente, a subsequência não é considerada uma correspondência para P. Em muitas situações, no entanto, a exigência de correspondência exata pode ser relaxada, afirmando-se que apenas certo grau de semelhança entre P e T (ou sua subsequência) é necessário para considerar uma correspondência bem-sucedida.

Uma medida popular da semelhança entre duas correspondências é o número de operações elementares editadas que são necessárias para transformar uma sequência em outra. Três operações elementares nas sequências são consideradas: inserção I, exclusão E *(D no original em inglês)* e substituição S. As diferenças entre duas sequências são procuradas em termos dessas operações. Estas diferenças podem ser representadas, pelo menos, de três formas: rastreamento, alinhamento (casamento) e listagem (derivação). Por exemplo,

```
alinhamento:
-app--le        fonte
capital-        alvo

listagem:
apple           fonte
capple    (I)
capile    (S)
```

```
capitle   (I)
capitale  (I)
capital   (D)    alvo
```

rastreamento:
```
apple            fonte
↓↓↓   ↘
capital          alvo
```

As linhas no rastreamento não podem se cruzar, e apenas uma linha pode ligar um caractere fonte com uma letra alvo. Uma letra sem linha na fonte indica uma exclusão; uma letra sem linha no alvo indica uma inserção. As linhas ligam uma letra fonte com a mesma letra do alvo ou uma letra que é substituída por outra.

O alinhamento é obtido alinhando duas sequências que podem incluir caracteres nulos indicados por traços. Um traço na fonte indica uma inserção; um traço no alvo indica uma exclusão.

Listagens correspondem diretamente à maneira como as sequências são processadas por um algoritmo em particular; alinhamentos e traços resumem o trabalho de forma mais sucinta e legível.

A medida mais popular de distância entre duas sequências é a *distância Levenshtein*. Na verdade, Levenshtein (1965) introduziu dois conceitos de distância $d(Q, R)$ entre duas sequências Q e R. Uma usa o menor número de inserções, exclusões e substituições necessárias para converter Q em R. A outra leva em conta apenas exclusões e inserções.

Matematicamente, distância é uma função d que satisfaz as seguintes condições.

Para qualquer Q, R e U:

$d(Q, R) \geq 0$

$d(Q, R) = 0$ se $Q = R$

$d(Q, R) = d(R, Q)$ (simetria)

$d(Q, R) + d(Q, U) \geq d(Q, U)$ (desigualdade triangular)

A maioria das funções de distância utilizadas para o processamento da correspondência atende a estes requisitos, incluindo a distância Levenshtein, mas exceções são possíveis. Além disso, distâncias que incluem pesos são possíveis. Por exemplo, em aplicações microbiológicas, uma única exclusão de dois elementos de correspondência vizinhos pode ser muito mais provável do que duas exclusões separadas de elementos individuais. Neste caso, um peso maior é usado para duas exclusões consecutivas do que para duas supressões separadas.

13.2.1 Sequência semelhante

O problema da sequência semelhante surge quando para duas sequências, R e Q, a distância $d(Q, R)$ entre elas tem de ser determinada.

Seja $D(i, j) = d(Q(0 \ldots i - 1), R(0 \ldots j - 1))$ a distância de edição entre prefixos $Q(0 \ldots i - 1)$ e $R(0 \ldots j - 1)$. O problema da sequência semelhante pode ser abordado reduzindo o problema de encontrar a distância mínima para valores específicos de i e j ao problema de encontrar a distância mínima para valores que sejam menores do que i e j. Se os subproblemas são resolvidos, então, a solução pode ser estendida a i e j, observando qual operação é necessária para encontrar a correspondência entre os caracteres Q_i e R_j. Existem quatro possibilidades:

1. *Exclusão*. Quando Q_i é excluído de $Q(0 \ldots i)$, então $D(i - 1, j - 1) = D(i - 2, j - 1) + 1$; isto é, a distância mínima entre $Q(0 \ldots i)$ e $R(0 \ldots j)$ é igual à entre $Q(0 \ldots i - 1)$ e $R(0 \ldots j)$ mais 1, onde 1 significa a exclusão de Q_i a partir da extremidade de $Q(0 \ldots i)$.

2. *Inserção*. Quando R_j é inserido em $R(0 \ldots j - 1)$, então $D(i - 1, j - 1) = D(i - 1, j - 2) + 1$; isto é, a distância mínima entre $Q(0 \ldots i)$ e $R(0 \ldots j)$ é igual à entre $Q(0 \ldots i)$ e $R(0 \ldots j - 1)$ mais 1, onde 1 significa inserção de R_j na extremidade de $R(0 \ldots j - 1)$.

3. *Substituição.* Quando R_j é substituído em $R(0 \ldots j)$ para $Q_i \neq R_j$ em $Q(0 \ldots i)$ e, então, $D(i-1, j-1) = D(i-2, j-2) + 1$; isto é, a distância mínima entre $Q(0 \ldots i)$ e $R(0 \ldots j)$ é igual à entre $Q(0 \ldots i-1)$ e $R(0 \ldots j-1)$ mais 1, onde 1 significa a operação de substituição.
4. *Casamento.* Quando $Q_i = R_j$, não é necessária qualquer operação adicional, e, então, $D(i-1, j-1) = D(i-2, j-2)$; isto é, a distância mínima entre $Q(0 \ldots i)$ e $R(0 \ldots j)$ é igual à entre $Q(0 \ldots i-1)$ e $R(0 \ldots j-1)$.

Todas estas condições podem ser combinadas em uma relação de recorrência:

$$D(i, j) = \min(D(i-1, j) + 1, D(i, j-1) + 1, D(i-1, j-1) + c(i, j))$$

onde $c(i, j) = 0$ se $Q_i = R_j$ e 1 caso contrário.

Além disso, para transformar uma sequência não vazia em vazia, todos os seus caracteres têm de ser excluídos, de modo que

$$D(i, 0) = i$$

e para transformar uma sequência vazia em uma não vazia, todos os seus caracteres têm de ser inseridos, isto é,

$$D(0, j) = j$$

O problema pode ser resolvido de forma recursiva, utilizando diretamente as equações. Contudo, deste modo, o grande problema é reduzido para três somente um pouco menores, o que, com efeito, triplica o esforço necessário a um nível particular de recursividade. Os problemas menores têm de ser resolvidos separadamente, o que triplica o esforço para cada um deles e significa um aumento de nove vezes o esforço para o nível anterior de recursão. Eventualmente, o problema original requer esforço exponencial a ser resolvido. Para evitar a utilização excessiva de recursão, o problema é resolvido de maneira diferente.

Uma solução é a utilização de uma *tabela de edição* 2D, em que os resultados de subproblemas iterativamente resolvidos são gravados do menor para o maior. Usamos uma $(|R| + 1) \times (|Q| + 1)$ tabela de edição $dist[0 \ldots |R|, 0 \ldots |Q|]$ para os quais $dist[i, j] = D(i, j)$; isto é, suas linhas correspondem aos caracteres em R e colunas aos caracteres em Q. A primeira linha corresponde a valores $D(0, j)$ e, assim, é inicializado com números $0, 1, \ldots, |R|$. Da mesma forma, a primeira coluna corresponde a valores $D(i, 0)$ e assim é inicializado com números $0, 1, \ldots, |Q|$. Depois disso, para cada célula da tabela, o valor nela armazenado é determinado de acordo com a relação de recursividade para $D(i, j)$, o que significa que se refere a três células: uma acima, uma à esquerda e outra posicionada diagonalmente. Abaixo, um algoritmo desenvolvido por Wagner e Fischer (1974):

```
WagnerFischer(tabela de edição dist, sequência Q, sequência R)
    for i = 0 para |Q|
        dist[i,0] = i;
    for j = 0 para |R|
        dist[0,j] = j;
    for i = 1 para |Q|
        for j = 1 para |R|
            x = dist[i-1,j]+1;   // upper
            y = dist[i,j-1]+1;   // left
            z = dist[i-1,j-1];   // diagonal
            if Q_{i-1} ≠ R_{j-1}
                z++;
            dist[i,j] = min(x,y,z);
```

É evidente, a partir do uso de laços aninhados `for`, que o algoritmo roda em $O(|Q||R|)$ tempo e espaço.

Considere as sequências $Q = capital$ e $R = apple$ e a tabela editada *dist* criada para elas:

```
    a p p l e
  0 1 2 3 4 5
c 1 1 2 3 4 5
a 2 1 2 3 4 5
p 3 2 1 2 3 4
i 4 3 2 2 3 4
t 5 4 3 3 3 4
a 6 5 4 4 4 4
l 7 6 5 5 4 5
```

Após a inicialização da primeira fileira e da primeira coluna, o valor para cada célula é encontrado usando os três valores das células vizinhas mencionadas. Por exemplo, para determinar o valor $D(6,3)$ – isto é, o valor $dist[6,3] = 4$, mostrado em itálico no diagrama – as três vizinhas mostradas em negrito são consultadas. Existem dois candidatos para o valor mínimo, ambos com valor de 3: $dist[5,2]$ e $dist[5,3]$. Se o primeiro é escolhido, então opte pela operação de substituição, porque o sexto caractere em *capital*, caractere *a*, é diferente do terceiro caractere em *apple*, o caractere *p*. Desta forma, $D[6,3] = d(capita, app) = d(capit, ap) + 1 = 4$. Quando o segundo candidato é escolhido, então optamos pela operação de inserção de *a* na subsequência *capit* para obter a subsequência *capita*, de modo que $D[6,3] = d(capita, app) = d(capit, app) + 1 = 4$.

O número no canto inferior direito de *dist*, 5, é a distância mínima entre as sequências *capital* e *apple*. A tabela pode ser utilizada para gerar um alinhamento a fim de que não só $d(capital, apple)$ seja conhecida, mas também uma listagem. Se estivermos interessados em apenas uma listagem possível, então ela pode ser gerada com o seguinte algoritmo:

```
WagnerFisherPrint (tabela de edição dist, sequência Q, sequência R)
    i = |Q|;
    j = |R|;
    while i ≠ 0 ou j ≠ 0
        par de saída (i, j);
        if i > 0 e dist[i-1,j] < dist[i,j]        // up
            sQ.push(Q_{i-1});
            sR.push('-');
            i--;
        else if j > 0 e dist[i,j-1] < dist[i,j]   // left
            sQ.push('-');
            sR.push(R_{j-1});
            j--;
        else // if i > 0 e j > 0 e                // diagonally
             //   (dist[i-1,j-1] == dist[i,j] e Q_{i-1} == R_{j-1} ou
             //    dist[i-1,j-1] < dist[i,j] e Q_{i-1} ≠ R_{j-1})
            sQ.push(Q_{i-1});
            sR.push(R_{j-1});
            i--;
            j--;
    pilha de impressão sQ;
    pilha de impressão sR;
```

Pelo menos um dos índices *i* e *j* é decrementado em cada iteração do laço `while`, de modo que o algoritmo roda em $O(\max(|Q|, |R|))$ tempo.

Duas pilhas são utilizadas para gerar os elementos do alinhamento. Pilhas são muito apropriadas aqui porque a origem e o destino do alinhamento são gerados com atraso. O processamento começa no canto inferior direito, e cada célula *c* vai para uma das três vizinhas cujos valores foram utilizados para determinar o valor armazenado em *c*; dependendo de qual vizinha seja, é armazenado um caractere de uma sequência ou um traço – um traço no alvo para indicar uma exclusão e outro na fonte para indicar uma inserção. O algoritmo `WagnerFisherPrint()` gera esta saída:

```
path: [7 5] [6 5] [5 4] [4 3] [3 2] [2 1] [1 0]
capital
-apple-
```

Como um extra, também é gerado o caminho a partir do canto inferior direito para o canto superior esquerdo. A ordem das instruções `if` no algoritmo determina qual alinhamento é gerado. Se a primeira instrução `if` é trocada com a segunda, então a saída é

```
path: [7 5] [7 4] [6 3] [5 3] [4 3] [3 2] [2 1] [1 0]
capital-
-app--le
```

Também é possível gerar todos os alinhamentos e imprimi-los depois de remover as duplicatas.

O algoritmo de Wagner-Fisher pode ser melhorado de muitas maneiras, sendo uma delas a redução do espaço de $O(|Q||R|)$ para $O(|R|)$ (Drozdek, 2002); outra, melhorando o tempo de execução quando as sequências estão distantes (Hunt e Szymanski, 1977).

Para duas sequências Q e R, uma subsequência comum é a sequência de caracteres que ocorre em ambas as sequências, não necessariamente na ordem consecutiva. Por exemplo, *es*, *ece* e *ee* são subsequências comuns no *antecessor* e *descendente*. O problema da mais longa subsequência comum é a tarefa de determinar qual é a maior encontrada em duas sequências Q e R. Existe uma forte ligação entre a maior subsequência comum e a distância de edição.

É claro que o comprimento da mais longa subsequência comum $lcs(Q, R)$ é o maior número de pares (i, j) em qualquer alinhamento em que os caracteres iguais Q_i e R_j estejam alinhados. Vamos considerar tal alinhamento. Definir uma nova distância de edição d_2 em que o custo de inserção e exclusão é 1, mas o custo de substituição é 2 para caracteres desiguais e 0 quando são iguais. Isto equivale ao conceito mais restrito da distância de edição de Levenshtein, que inclui apenas exclusão e inserção, porque a substituição é, na verdade, trocada pela exclusão seguida por uma inserção. Neste caso,

$$d_2(Q, R) = |Q| + |R| - 2 lcs(Q, R)$$

porque

$$d_2(Q, R) = \#\text{exclusões} + \#\text{inserções} + 2 \cdot \#\text{substituições}$$

$$d_2(Q, R) = |Q| - \#\text{substituições} - lcs(Q, R) + |R| - \#\text{substituições} - lcs(Q, R) + 2 \cdot \#\text{substituições}$$

A maior subsequência comum pode ser encontrada com o seguinte algoritmo:

```
HuntSzymanski(Q, R)
    for i = 0 para |Q|-1
        matchlist[i] = lista em ordem decrescente de posições j para a qual Q_i == R_j;
    for i = 1 para |Q|
        threshold[k] = |R|+1;
    threshold[0] = -1;
    for i = 0 para |Q|-1
        for cada j em matchlist[i]
            encontrar a posição k tal que threshold[k] < j ≤ threshold[k+1];
            if j < threshold[k+1]
                threshold[k+1] = j;
                link[k] = new node(i,j,link[k-1]);
    k = max{t: threshold[t] < |R|+1};
```

```
for (p = link[k]; p ≠ null; p = prev(p)) // pares de impressão em ordem inversa;
   par de saída (i, j) em nó p;
```

Matchlist é uma tabela de listas de posições em ordem decrescente; uma lista *matchlist*[i] inclui todas as posições *j* para as quais $Q_i = R_j$. As listas podem ser criadas em $O(|R| \lg |R| + |Q| \lg |R|)$ tempo classificando em $O(|R| \lg |R|)$ tempo uma cópia de *R* ao recordar posições originais de seus caracteres, e, em seguida, para cada posição *i* extrair a lista de posições correspondentes ao caractere Q_i usando pesquisa binária para localizá-la. Por exemplo, para sequências *Q = rapidity* e *R = paradox*, as listas são como segue:

```
r:  matchlist[0] = (2)
a:  matchlist[1] = (3 1)
p:  matchlist[2] = (0)
i:  matchlist[3] = ()
d:  matchlist[4] = (4)
i:  matchlist[5] = ()
t:  matchlist[6] = ()
y:  matchlist[7] = ()
```

ou seja, a lista *matchlist*[0] que corresponde ao caractere *r* na *rapidity* tem um número, 2, que é a posição de *r* em *paradox*; a lista *matchlist*[1] que corresponde ao caractere *a* tem dois números, 3 e 1, que são as posições de *a* em *paradox*, e assim por diante. As listas representam a seguinte tabela:

```
    p a r a d o x
    0 1 2 3 4 5 6
r 0     x
a 1   x   x
p 2 x
i 3
d 4         x
i 5
t 6
y 7
```

em que *x*s representam caracteres correspondentes nas duas sequências.

Para encontrar a mais longa sequência comum (marcada com *x*s em negrito), é usada a tabela *threshold*. As posições marcadas com *x*s são as indicadas pelas posições *k* na *threshold* e pelos números nestas posições, os quais podem mudar durante a execução do algoritmo. Os números em *threshold* estão em ordem crescente, de modo que a posição requerida *k* pode ser encontrada em $\lg|R|$ tempo com busca binária. Denota-se por *r* o número de pares (*i*, *j*) para que $Q_i = R_j$. Como há *r* iterações do laço mais interno `for`, um para cada número em *matchlist*, esta fase é executada em $O(r\lg|R|)$ tempo, durante o qual até *r* nós em *link* podem ser criados.

Eis as mudanças no *threshold*, *link*, e algumas variáveis durante o processamento de sequências *Q = rapidity* e *R = paradox*:

```
    p a r a d o x   i j k     threshold         link
    0 1 2 3 4 5 7       0 1 2 3 4 5 6 7 8
r 0     x           0 2 0  -1 2 8 8 8 8 8 8 8  link[0] = (0,2)
a 1       x         1 3 1  -1 2 3 8 8 8 8 8 8  link[0] = (0,2)
                                               link[1] = (1,3)↗
a 1   x             1 1 0  -1 1 3 8 8 8 8 8 8  link[0] = (1,1)
                                               link[1] = (1,3)→(0,2)
p 2 x               2 0 0  -1 0 3 8 8 8 8 8 8  link[0] = (2,0)
                                               link[1] = (1,3)→(0,2)
i 3                 3      -1 0 3 8 8 8 8 8 8
```

```
d 4        x        4 4 2  -1 0 3 4 8 8 8 8 8    link[0] = (2,0)
                                                 link[1] = (1,3)→(0,2)
                                        link[2] = (4,4)↗
i 5                 5      -1 0 3 4 8 8 8 8 8
t 6                 6      -1 0 3 4 8 8 8 8 8
y 7                 7      -1 0 3 4 8 8 8 8 8
```

A posição 0 em *threshold* é sempre igual a –1. No final da iteração *i*, *threshold*[*k* + 1] é a posição *j* para a qual o comprimento da subsequência comum para *Q*(0 ... *i*) e *R*(0... *j*) é igual a *k* + 1.

Na primeira iteração do laço mais externo `for`, uma correspondência para o primeiro caractere em *rapidity*, *r*, quando *i* = 0, é recuperado a partir de *matchlist*[0], que é a posição *j* = 2 de *paradox*, e 2 é atribuído a *threshold*[0], o que indica que há uma subsequência comum de comprimento 1 para *Q*(0 ... 0) = *r* e *R*(0 ... 2) = *par*. As subsequências em si mesmas são armazenadas como um par de índices (0,2) no *link*[0], porque a lista de *link*[*k*] define uma lista de pares *k* + 1 (*i*, *j*) que gravam uma subsequência comum de comprimento *k* + 1.

Na segunda iteração do laço mais externo `for`, quando *i* = 1, o laço mais interno `for` é ativado duas vezes para os dois números em *matchlist*[*i* = 1] = (3 1). Primeiro, o número *j* = 3 é armazenado em *threshold*[*k* = 1] para indicar que subsequências *Q*(0 ... 1) = *ra* e *R*(0 ... 3) = *para* têm uma subsequência comum de comprimento *k* + 1 = 2. Na segunda iteração do laço mais interno `for`, o número *j* = 1 substitui 2 em *threshold*[0] para indicar que subsequências *Q*(0 ... 1) = *ra* e *R*(0 ... 1) = *pa* têm uma subsequência comum de comprimento 1. As subsequências são registradas em *link*. Note que *link*[0] é atualizado, mas o segundo nó em *link*[1] continua a ser a mesmo. Este nó está agora acessível apenas a partir do primeiro nó na lista *link*[1], enquanto, antes da atualização de *link*[0], era também acessível a partir de *link*[0].

Na sua última fase, o algoritmo imprime os (*i*, *j*) de pares em ordem inversa:

$$[4\ 4]\ [1\ 3]\ [0\ 2]$$

O algoritmo é executado em $O((|Q| + |R| + r)\lg|R|)$ tempo e $O(r + |Q| + |R|)$ espaço. O algoritmo é particularmente eficiente quando as sequências estão distantes; isto é, quando a maioria das posições de uma cadeia casam com apenas algumas posições da outra cadeia, em cujo caso *r* é pequeno em comparação com o comprimento das duas sequências, de modo que o algoritmo roda em $O((|Q| + |R|) \lg |R|)$ tempo. No entanto, no pior caso, para sequências *aaa ...* e *aaa ...* , $r = |Q||R|$ e o algoritmo roda em um pouco promissor $O(|Q||R| \lg |R|)$ tempo.

Vale notar que o algoritmo Hunt-Szymanski é implementado como o comando *diff* em UNIX.

13.2.2 Casamento de cadeias de caracteres com *k* erros

Nossa tarefa agora é determinar todas as subsequências de texto *T* para que a distância Levenshtein não exceda *k*; ou seja, gostaríamos de realizar o casamento de cadeias de caracteres com no máximo *k* erros (ou *k* diferenças).

Na Seção 13.1.5, discutimos o algoritmo `shiftAnd()` para o casamento exato. O algoritmo contou com operações bit a bit, e Wu e Manber (1992) conceberam uma generalização de `shiftAnd()` que pode ser utilizada para o casamento aproximado. O algoritmo é implementado em UNIX como *agrep*, o comando aproximado *grep*.

Considere o caso em que a única operação de edição é a inserção e *k* = 2. Para cada prefixo de *P* e uma subsequência terminando no caractere T_i, pode haver agora uma correspondência exata, uma correspondência com uma inserção e outra com duas. Para lidar com todas as três possibilidades, três tabelas são usadas – $state_0$ = *state*, como usada em `shiftAnd()`; $state_1$ e $state_2$, onde $state_k$ indica todas as correspondências com até *k* inserções. Um valor em $state_k$ é determinado a partir do valor correspondente em $state_{k-1}$ e os caracteres P_j e T_i sendo comparados.

Se houver um casamento exato entre $P(0 \ldots j-1)$ e $T(i-j \ldots i-1)$ e $P_j = T_i$, então o casamento exato continua para $P(0 \ldots j)$ e $T(i-j \ldots i)$, e este fato tem que ser refletido em todas as três tabelas de estado, $state_0$, $state_1$ e $state_2$. Se houver um casamento exato entre $P(0 \ldots j-1)$ e $T(i-j \ldots i-1)$ e $P_j \neq T_i$, então um casamento aproximado com uma inserção de T_i está marcado em $state_1$ e $state_2$. Com efeito, $P_0P_1 \ldots P_{j-1}$ - (observe o traço) é aproximadamente casado com $T_{i-j}T_{i-j+1} \ldots T_i$. Finalmente, se houver um casamento aproximado com uma inserção entre $P(0 \ldots j-1)$ e $T(i-j \ldots i-1)$ e $P_j \neq T_i$, então um casamento aproximado com duas inserções, de T_{i-j+s} para algum $0 \leq s \leq j-1$, e de T_i, está marcado em $state_2$. Isto significa que $P_0P_1 \ldots P_s - P_{s+1} \ldots P_{j-1}$ - (note dois traços) é aproximadamente casado com $T_{i-j}T_{i-j+1} \ldots T_i$. No entanto, se $P_j = T_i$, então o casamento de uma inserção continua, o que tem de ser refletido em ambos, $state_1$ e $state_2$. Portanto, todos os casamentos indicados no $state_e$ também são encontrados em $state_s$ para $e < s \leq k$; isto é, a quantidade de informação cresce com o aumento do subscrito e em $state_e$ de acordo com critérios para tornar o casamento mais e mais permissivo. Considere o padrão $P = abc$ e o texto $T = abaccabc$. A situação na tabela $state_0$ muda da seguinte forma:

```
i = 0        1         2         3         4         5         6         7
T = abaccabc abaccabc abaccabc abaccabc abaccabc abaccabc abaccabc abaccabc
a 0   a                 a                             a
b 1             ab                                                ab
c 2                                                                         abc
```

Para $i = 0$, as subsequências $P(0 \ldots 0)$ e $T(0 \ldots 0)$ são casadas, para $i = 1$, um casamento é continuado para subsequências $P(0 \ldots 1)$ e $T(0 \ldots 1)$, mas para $i = 2$, $P_2 \neq T_2$, de modo que os casamentos para $P(0 \ldots 1)$ e $T(0 \ldots 1)$ têm de ser interrompidos. Mas há um casamento para $P(0 \ldots 0)$ e $T(2 \ldots 2)$. No entanto, o último casamento também é interrompido para $i = 3$. É encontrado um casamento exato para $i = 7$.

A tabela $state_1$ é mais rica em informações:

```
i = 0        1         2         3         4         5         6         7
T = abaccabc abaccabc abaccabc abaccabc abaccabc abaccabc abaccabc abaccabc
a 0   a        a-        a        a-                  a         a-
b 1            ab        ab-                                    ab        ab-
c 2                                ab-c                                    abc
```

Para $i = 0$, como antes, subsequências $P(0 \ldots 0)$ e $T(0 \ldots 0)$ são casadas; para $i = 1$, um casamento é continuado por subsequências $P(0 \ldots 1)$ e $T(0 \ldots 1)$, mas também um casamento com uma inserção, para $P(0 \ldots 0)$ - (um traço) e $T(0 \ldots 1)$. Este casamento aproximado não pode ser continuado para $i = 2$ quando $P_2 \neq T_2$, mas o casamento aproximado $P(0 \ldots 1)$ - (um traço) e $T(0 \ldots 2)$ pode, o que leva a um casamento aproximado de sucesso de todo o padrão com a subsequência $T(0 \ldots 3)$ na etapa $i = 3$. Observe que as subsequências em $state_0$ aparecem em $state_1$, o que leva a refletir o casamento exato entre P e $T(5 \ldots 7)$ também em $state_1$.

Finalmente, a tabela $state_2$:

```
i = 0        1         2         3         4         5         6         7
T = abaccabc abaccabc abaccabc abaccabc abaccabc abaccabc abaccabc abaccabc
a 0   a        a-        a        a-        a--       a         a-        a--
                          a--
b 1            ab        ab-      ab--                           ab        ab-
c 2                                ab-c      ab--c                         abc
```

Subsequências são casadas e estendidas de forma semelhante às inscrições em $state_0$ e $state_1$. Note que para $i = 2$ há dois casamentos para $P(0 \ldots 0)$: com $T(0 \ldots 2)$, duas inserções e um casamento exato com $T(2 \ldots 2)$. Para $i = 4$, há um casamento com duas inserções entre P e $T(0 \ldots 4)$, que não aparece nas tabelas anteriores.

Nas tabelas utilizadas até agora, somente casamentos exatos e com inserções foram analisados. A situação é semelhante para duas outras operações de edição, exclusão e substituição. Além disso, é preciso considerar um caso geral para *k* erros em um casamento.

Todas as possibilidades de casamento $P(0 \ldots j)$ com uma subsequência de *T* que termina na posição *i* com $e \leq k$ erros podem ser resumidas como segue:

1. *Casamento*. $P_j = T_i$, e há um casamento com *e* erros entre $P(0 \ldots j - 1)$ e uma subsequência terminando em T_{j-1}.
2. *Substituição*. Há um casamento com $e - 1$ erros entre $P(0 \ldots j - 1)$ e uma subsequência terminando em T_{j-1}.
3. *Inserção*. Há um casamento com $e - 1$ erros entre $P(0 \ldots j)$ e uma subsequência terminando em T_{j-1}.
4. *Exclusão*. Há um casamento com $e - 1$ erros entre $P(0 \ldots j - 1)$ e uma subsequência terminando em T_j.

Um $state_1$ pode ser derivado a partir de um $state_{e-1}$ anterior de modo extremamente simples generalizando a fórmula utilizada na implementação de shiftAnd():

$$state_{e,i+1} = 11 \ldots 1100 \ldots 00 \text{ with } e \text{ 1s.}$$

$$state_{e,i+1} = (shiftBits(state_{e,i}) \text{ AND } charactersInP[T_i]) \text{ OR } shiftBits(state_{e-1,i})$$
$$\text{OR } shiftBits(state_{e-1,i+1}) \text{ OR } state_{e-1,i}$$

onde AND e OR são operações bit a bit. AND é utilizado para transferir informação para fora, e OR é para acumulá-la. Com ou bit-a-bit, as informações incluídas no estado anterior também estão incluídas no estado atual. A seguir, uma implementação do algoritmo:

```
WuManber(padrão P, texto T, int k)
   matchBit = 1;
   for i = 1 para |P|-1
      matchBit <<= 1;
   inicialize charactersInP;
   oldState[0] = 0;
   for e = 1 para k
      oldState[e] = (oldState[e-1] << 1) | 1;
   for i = 0 para |T|-1
      state[0] = ((state[0] << 1) | 1) & charactersInP[T_i]; // casamento
      for e = 1 para k
         state[e] = ((oldState[e]   << 1) | 1) & charactersInP[T_i] |
                                               // inserção/substituição/
                                               // exclusão/casamento
                    ((oldState[e-1] << 1) | 1) |   // substituição
                    ((state[e-1]    << 1) | 1) |   // exclusão
                     oldState[e-1];                // inserção
      for e = 0 para k
         oldState[e] = state[e];
      if matchBit & state[k] ≠ 0
         saída "um casamento que termina em" i;
```

Criar charactersInP leva $O(|P||A|)$ tempo; as matrizes state exigem um espaço *k* e *k* etapas de inicialização. O processo de casamento leva $O(|T|k)$ etapas.

O algoritmo pode ser acelerado usando a *abordagem de partição* no caso em que *k* é pequeno em comparação com $|P|$. Neste caso, o padrão *P* é dividido nos blocos $k + 1$ ou $k + 2$, cada um dos primeiros blocos $k + 1$ de tamanho $r = |P| / (k + 1)$. Se houver um casamento com um máximo de *k* erros para P em T, então pelo menos um dos blocos k + 1 é casado sem qualquer erro. Portanto, se um dos blocos é casado exatamente, um casamento aproximado pode ser encontrado na vizinhança de tamanho |P| de casamento exato.

Para localizar casamentos exatos dos primeiros blocos de k + 1, pode-se usar um algoritmo que procure por todos os blocos ao mesmo tempo. Para tanto, o algoritmo Aho-Corasick pode ser usado (Baeza-Yates e Perleberg, 1992), mas Wu e Manber propõem uma pequena modificação do algoritmo `shiftAnd()`. Considere o seguinte exemplo. Para P = *abcdefghi* e k = 3, o padrão é dividido em cinco blocos *ab*, *cd*, *ef*, *gh* e *i*, mas só os quatro primeiros são considerados. Os quatro blocos são intercalados para formar um novo padrão *acegbdfh* ao qual `WuManber()` é aplicado com uma diferença: em vez de mudar por um em cada iteração do laço principal, o *state* é deslocado por quatro, sendo que em cada passo quatro valores 1 também são deslocados. Um casamento é detectado se qualquer um dos últimos quatro bits é 1. Considere o texto T = *aibcdiefgabb* ... `shiftAnd()` que, uma vez modificado, efetua as seguintes alterações de bits em *state*:

```
   1 2 3 4 5 6 7 8 9 10          charactersInP
   a i b c d i e f g a b b       a b c d e f g h
   1 1 1 1 1 1 1 1 1 1
a  0 1 0 0 0 0 0 0 0 1 0 0       1 0 0 0 0 0 0 0
c  0 0 0 0 1 0 0 0 0 0 0 0       0 0 1 0 0 0 0 0
e  0 0 0 0 0 0 1 0 0 0 0 0       0 0 0 0 1 0 0 0
g  0 0 0 0 0 0 0 0 1 0 0 0       0 0 0 0 0 0 1 0
b  0 0 0 0 0 0 0 0 0 0 1 0       0 1 0 0 0 0 0 0
d  0 0 0 0 0 1 0 0 0 0 0 0       0 0 0 1 0 0 0 0
f  0 0 0 0 0 0 0 1 0 0 0 0       0 0 0 0 0 1 0 0
h  0 0 0 0 0 0 0 0 0 0 0 0       0 0 0 0 0 0 0 1
```

Na etapa 4, quando $T_3 = c$, P_1 também é *c*, o que se reflete na definição do bit na fileira 2 (a terceira linha) para 1. Em seguida, *state* é deslocado por quatro e o resultado é casado com *charactersInP*[T_4 = 'd'] usando e bit-a-bit, o que dá um 1 na linha 6, e esta linha é uma das últimas quatro fileiras. Isto significa a detecção de um bloco em T, que passa a ser o bloco *cd*, e, em consequência, a uma busca por um casamento aproximado na sua vizinhança. A última pesquisa corresponde P com T(0 ... 9) = *aibcdiefga*. Em seguida, voltamos a encontrar outra ocorrência de um bloco em T, que ocorre em T_7, para o bloco *ef* e, em seguida, em T_7, para o bloco *ab*.

13.3 Estudo de caso: A maior subsequência comum

Encontrar a maior subsequência comum de duas sequências Q e R é um problema clássico no processamento de sequências. Já se conjecturou que é impossível resolver o problema em tempo linear (Knuth; Morris; Pratt, 1977); no entanto, usando uma árvore de sufixos, isto se torna possível. Portanto, antes de discutir o problema, uma implementação do algoritmo Ukkonen é introduzida para construir uma árvore de sufixos da Seção 13.1.8.

Um nó na árvore de sufixos é implementado como um objeto que inclui uma matriz de referências a descendentes; a matriz é indexada com letras do alfabeto a partir das quais é construído um texto T a ser processado. Além disso, o nó abrange as matrizes de índices à direita e à esquerda de letras em T para indicar o rótulo da aresta principal para um descendente. Por exemplo, para T = *abaabaac* e nó 1 na Figura 13.7i, `left['a'-offset]= right['a'-offset]= 3`, o que equivale ao rótulo *a*; `left['b'-offset] = 1`, `right['b'-offset] = 3`, que identifica o rótulo *baa*; e, finalmente, `left['c'-offset] = right['c'-offset] = 7`, que corresponde ao rótulo *c*. Além disso, para o nó 1, `descendants['a'-offset] = nó 4`, `descendants['b'-offset] = nó 2`, e `descendants['c'-offset] = null`. Usando rótulos de arestas e nós a partir dos quais as arestas se originam, cada aresta pode ser identificada de forma única, o que é importante em uma árvore de sufixos, na qual alguns nós podem não ser explícitos. Para este fim, é usada a notação *node*(nó

Capítulo 13 Casamento de Cadeias de Caracteres ■ 631

explícito, rótulo de aresta) = *node*(nó explícito, direita, esquerda). A notação é chamada *referência canônica*, e o nó explícito nela utilizado, quando é o mais próximo do nó implícito para o qual a referência é utilizada, é chamado *nó canônico*. Por exemplo, na Figura 13.7h, *node*(nó 1, *ba*) = *node*(nó 1, 1, 2) identifica um nó implícito que cai entre *ba* e *a* na aresta entre o nó 1 e o nó 2; *node*(nó 1, casamento nula) = *node*(nó 1, 2, 1) identifica o próprio nó 1.

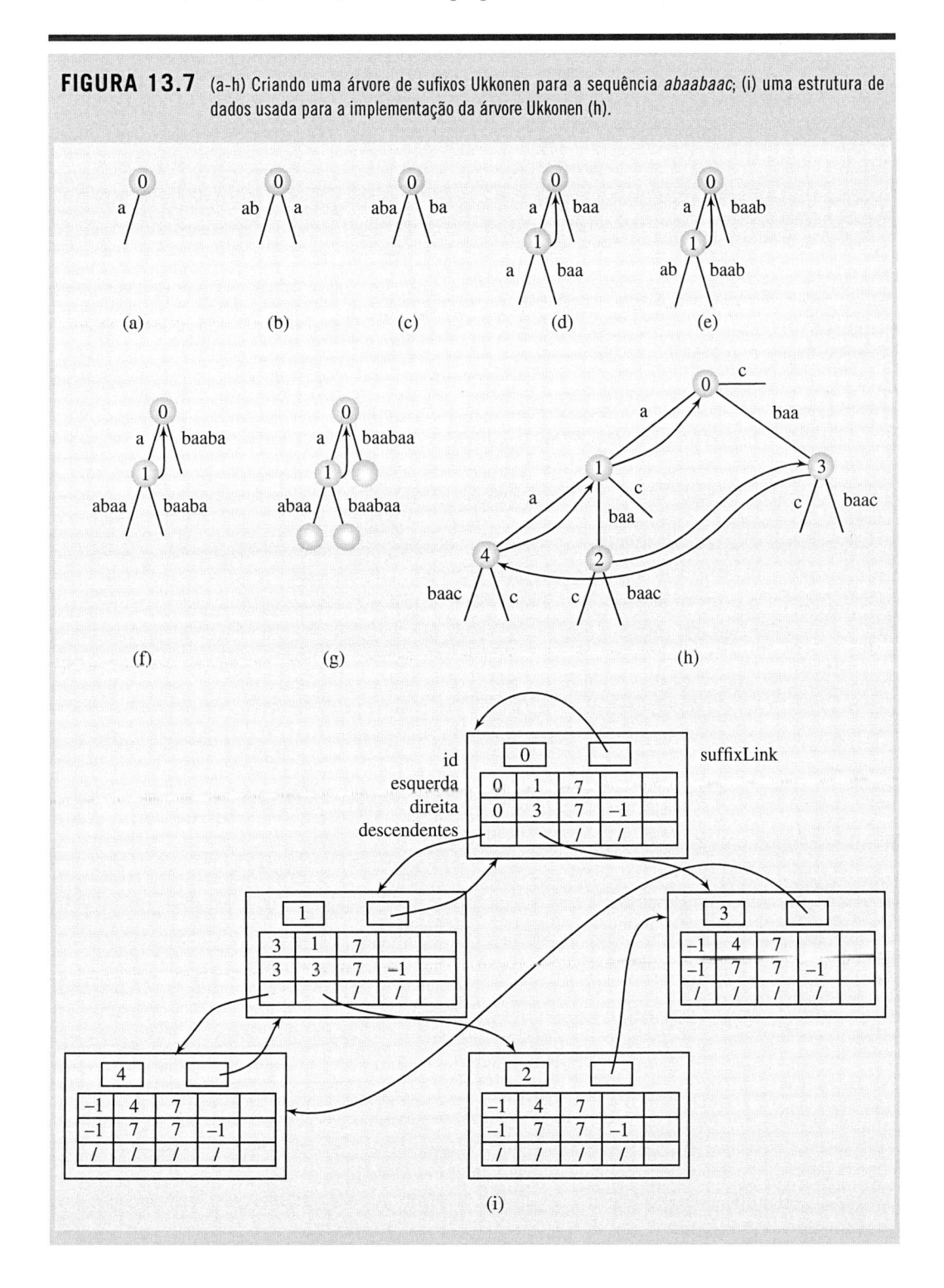

FIGURA 13.7 (a-h) Criando uma árvore de sufixos Ukkonen para a sequência *abaabaac*; (i) uma estrutura de dados usada para a implementação da árvore Ukkonen (h).

Como discutido na Seção 13.1.8, apenas os nós do equivalente ao caminho de contorno da trie têm de ser atualizados. A primeira parte do caminho inclui apenas as folhas; contudo, não há necessidade de processá-las no caminho de contorno, porque, após o processamento de um texto T, todas as folhas estão ligadas a seus ascendentes com arestas que são sufixos de T, de modo que, primeiro, pode-se assumir que cada aresta está marcada com um sufixo. Por conseguinte, as arestas principais para as folhas não têm de ser atualizadas, e, assim, o primeiro laço `for` em `UkkonenSuffixTree()`, também apresentado na referida seção, pode ser eliminado. Além disso, como um dispositivo de poupança de espaço, as folhas também podem ser eliminadas retendo apenas as arestas que levam a eles. Desta forma, o pior caso para uma trie para T com todas as letras diferentes, quando $1 + (1 + 2 + ... + |T|)$ nós são necessários, transforma-se no melhor caso de árvore com só um nó, a raiz.

A segunda parte do caminho de contorno começa com a primeira não folha, o ponto ativo, e termina logo antes do nó de extremidade. O processamento da árvore de sufixos se concentra nestes nós.

Para criar uma nova aresta para um nó, o nó, se implícito, tem de ser explicitado primeiro. Para torná-lo explícito, uma aresta de um ascendente explícito do nó em direção ao próprio nó deve ser dividida. Para dividi-la, o ascendente, um nó canônico, tem de ser encontrado primeiro. Este é o papel da função `findCanonicalNode()` que, para um *implicitNode* = *node*(*explicitNode*, esquerda, direita) determina se *explicitNode* é canônico. Se for, a pesquisa é concluída; se não, o nó canônico é encontrado. Por exemplo, para a árvore da Figura 13.7 g e q = *node*(nó 0, 5, 6) = *node*(nó 0, *aa*), o nó canônico é o nó 1, e q se torna explícito como o nó 4 e um descendente do nó 1. Depois, um nó implícito r é explicitado, as arestas entre r e seu ascendente e entre r e seu descendente são atualizadas; depois, se for explícita ou implícita, o nó adquire uma nova aresta T_i.

A tarefa de modificar a árvore por nós de processamento do ponto ativo para o nó antes do de extremidade é realizada pela função `update()`. A tarefa de determinar se o nó atual é de extremidade é realizada por `testAndSplit()`.

O processamento de uma letra T_i começa a partir do ponto ativo. O ponto é facilmente determinado porque o nó de extremidade é atingido depois que o processamento da letra T_{i-1} está terminado. Para ver isto, considere o processamento da letra T_{i-1} em uma trie. No caminho do contorno da trie, cada nó adquire uma nova folha acessível a partir de seu ascendente através de uma aresta T_{i-1}. O processamento termina no nó de extremidade que já tem uma aresta T_{i-1}. Portanto, todas as folhas adicionadas são ligadas em um novo caminho de contorno que inclui o nó de extremidade. Este é a primeira não folha no caminho, e, assim, torna-se o ponto ativo antes de o processamento da letra T_i começar, e o processamento é iniciado a partir deste ponto ativo.

Por padrão, cada nó transporta três matrizes de 128 células cada uma, de modo que cada letra do texto seria um índice para as matrizes. Se um conjunto de caracteres é conhecido, os primeiros e os últimos caracteres do intervalo podem ser dados como argumentos a um construtor, em que a variável `offset` é definida para ser o primeiro caractere, e para cada caractere de texto o índice encontra-se subtraindo o deslocamento.

O código para a árvore de sufixos, que segue de perto o pseudocódigo dado por Ukkonen (1995), é apresentado na Figura 13.8.

Com a árvore de sufixos, a solução da maior subsequência comum para sequências Q e R é agora bastante simples. Primeiro, precisamos criar uma árvore de sufixos para a sequência T = Q\$$R$#, onde \$ e # representam caracteres não utilizados nas duas sequências. Nesta árvore, nenhum sufixo termina em um nó interno (implícito ou explícito). Uma folha correspondente para Q representa uma folha que está ligada com seu ascendente com uma aresta cujo rótulo inclui \$ (e #); uma folha correspondente a R está ligada ao seu ascendente com uma aresta cujo rótulo inclui #(mas não \$). Agora, a árvore é percorrida para encontrar um nó que reúna duas condições. O nó é a raiz de uma subárvore com rótulos e arestas correspondentes a ambas as sequências. Além disso, o nó deve corresponder à mais longa sequência obtida concatenando rótulos a partir da raiz para este nó; esta sequência concatenada é a subsequência mais longa procurada para Q e R.

Na implementação fornecida na Figura 13.8, os símbolos \$ e # são os caracteres que seguem diretamente o intervalo especificado pelo usuário, e são automaticamente anexados às duas sequências. Por exemplo, se o intervalo é de *a* a *z*, e as sequências são *abccab* e *daababca*, então a árvore de sufixos é construída para a sequência *T = abccab{daababca|*, porque no conjunto de caracteres ASCII, caracteres '{' e '|' vão diretamente a 'z'.

FIGURA 13.8 Listagem do programa para encontrar a maior subsequência comum.

```cpp
#include <iostream>
#include <string>

using namespace std;

class SuffixTreeNode {
public:
    SuffixTreeNode **descendants;
    int *left, *right;
    SuffixTreeNode *suffixLink;
    int id;           // somente para impressão;
    SuffixTreeNode() {
        SuffixTreeNode(128);
    }
    SuffixTreeNode(int sz) {
        id = cnt++;
        descendants = new SuffixTreeNode*[sz];
        suffixLink = 0;
        left  = new int[sz];
        right = new int[sz];
        for (int i = 0; i < sz; i++) {
            descendants[i] = 0;
            left[i] = -1;
        }
    }
private:
    static int cnt; // somente para impressão;
};

int SuffixTreeNode::cnt;

class UkkonenSuffixTree {
public:
    UkkonenSuffixTree() {
        UkkonenSuffixTree(0,127);
    }
    UkkonenSuffixTree(int from, int to) {
        size = para - from + 1;
        offset = from;
        root = new SuffixTreeNode(size);
        root->suffixLink = root;
    }
```

FIGURA 13.8 Listagem do programa para encontrar a maior subsequência comum. (*continuação*)

```cpp
    void printTree(int pos) {
        cout << endl;
        printTree(root,0,0,0,pos);
    }
    void createTree(string text) {
        T = text;
        int Lt = 1;
        bool endPoint;
        const int n = T.length(), pos = T[0]-offset;
        SuffixTreeNode *canonicalNodeAP = root, *canonicalNodeEP;
        root->left [pos] = 0;
        root->right[pos] = n-1;
        for (int i = 1; i < n; i++) {
            canonicalNodeEP = update(canonicalNodeAP,i,Lt);
            // e assim, endpoint = node(canonicalNodeEP,Lt,i);
            canonicalNodeAP = findCanonicalNode(canonicalNodeEP,i,Lt);
            // e então, active point = node(canonicalNodeAP,Lt,i);
            printTree(i);
        }
    }
protected:
    SuffixTreeNode *root;
    int size, offset;
    string T;
private:
    void printTree(SuffixTreeNode *p, int lvl, int lt, int rt, int pos) {
        for (int i = 1; i <= lvl; i++)
            cout << "   ";
        se (p != 0) {    // se a nonleaf;
            se (p == root)
                cout << p->id << endl;
            else se (p->suffixLink != 0)         // para imprimir durante a execução
                cout << T.substr(lt,lt-rt+1)          // de atualização;
                     << " " << p->id << " " << p->suffixLink->id
                     << " [" << lt << " " << rt << "]\n";
            else cout << T.substr(lt,pos-lt+1) << " " << p->id;
            for (char i = 0; i < size; i++)
                se (p->left[i] != -1) // se um nó de árvore;
                    printTree(p->descendants[i],lvl+1,p->left[i],p->right[i],pos);
        }
        else cout << T.substr(lt,pos-lt+1) <<" [" << lt << " " << rt << "]\n";
    }
    SuffixTreeNode* testAndSplit(SuffixTreeNode *p, int i, int& Lt, bool& endPoint) {
        int Rt = i-1;
        se (Lt <= Rt) {
            int pos = T[Lt]-offset;
            SuffixTreeNode *pp = p->descendants[pos];
            int lt = p->left[pos];
```

cias. Por exemplo, se o intervalo é de *a* a *z*, e as sequências são *abccab* e *daababca*, então a árvore de sufixos é construída para a sequência *T* = *abccab*{*daababca*|, porque no conjunto de caracteres ASCII, caracteres '{' e '|' vão diretamente a 'z'.

FIGURA 13.8 Listagem do programa para encontrar a maior subsequência comum.

```cpp
#include <iostream>
#include <string>

using namespace std;

class SuffixTreeNode {
public:
    SuffixTreeNode **descendants;
    int *left, *right;
    SuffixTreeNode *suffixLink;
    int id;              // somente para impressão;
    SuffixTreeNode() {
        SuffixTreeNode(128);
    }
    SuffixTreeNode(int sz) {
        id = cnt++;
        descendants = new SuffixTreeNode*[sz];
        suffixLink = 0;
        left  = new int[sz];
        right = new int[sz];
        for (int i = 0; i < sz; i++) {
            descendants[i] = 0;
            left[i] = -1;
        }
    }
private:
    static int cnt; // somente para impressão;
};

int SuffixTreeNode::cnt;

class UkkonenSuffixTree {
public:
    UkkonenSuffixTree() {
        UkkonenSuffixTree(0,127);
    }
    UkkonenSuffixTree(int from, int to) {
        size = para - from + 1;
        offset = from;
        root = new SuffixTreeNode(size);
        root->suffixLink = root;
    }
```

FIGURA 13.8 Listagem do programa para encontrar a maior subsequência comum. (*continuação*)

```
    void printTree(int pos) {
        cout << endl;
        printTree(root,0,0,0,pos);
    }
    void createTree(string text) {
        T = text;
        int Lt = 1;
        bool endPoint;
        const int n = T.length(), pos = T[0]-offset;
        SuffixTreeNode *canonicalNodeAP = root, *canonicalNodeEP;
        root->left [pos] = 0;
        root->right[pos] = n-1;
        for (int i = 1; i < n; i++) {
            canonicalNodeEP = update(canonicalNodeAP,i,Lt);
            // e assim, endpoint = node(canonicalNodeEP,Lt,i);
            canonicalNodeAP = findCanonicalNode(canonicalNodeEP,i,Lt);
            // e então, active point = node(canonicalNodeAP,Lt,i);
            printTree(i);
        }
    }
protected:
    SuffixTreeNode *root;
    int size, offset;
    string T;
private:
    void printTree(SuffixTreeNode *p, int lvl, int lt, int rt, int pos) {
        for (int i = 1; i <= lvl; i++)
            cout << "  ";
        se (p != 0) {   // se a nonleaf;
            se (p == root)
                cout << p->id << endl;
            else se (p->suffixLink != 0)        // para imprimir durante a execução
                cout << T.substr(lt,lt-rt+1)         // de atualização;
                     << " " << p->id << " " << p->suffixLink->id
                     << " [" << lt << " " << rt << "]\n";
            else cout << T.substr(lt,pos-lt+1) << " " << p->id;
            for (char i = 0; i < size; i++)
                se (p->left[i] != -1) // se um nó de árvore;
                    printTree(p->descendants[i],lvl+1,p->left[i],p->right[i],pos);
        }
        else cout << T.substr(lt,pos-lt+1) <<" [" << lt << " " << rt << "]\n";
    }
    SuffixTreeNode* testAndSplit(SuffixTreeNode *p, int i, int& Lt, bool& endPoint) {
        int Rt = i-1;
        se (Lt <= Rt) {
            int pos = T[Lt]-offset;
            SuffixTreeNode *pp = p->descendants[pos];
            int lt = p->left[pos];
```

FIGURA 13.8 Listagem do programa para encontrar a maior subsequência comum. (*continuação*)

```
        int rt = p->right[pos];
        se (T[i] == T[lt+Rt-Lt+1]) {    // se T(lt...rt) for
          endPoint = true;              // e extensão de
          return p;                     // T(Lt...i);
        }
        else{// inserir um novo nó r entre s e ss por divisão
          // edge(p,pp) = T(lt...rt) em
          // edge(p,r)  = T(lt...lt+Rt-Lt) and
          // edge(r,pp) = T(lt+Rt-Lt+1...rt);
          pos = T[lt]-offset;
          SuffixTreeNode *r = p->descendants[pos] = new SuffixTreeNode(size);
          p->right[pos] = lt+Rt-Lt;
          pos = T[lt+Rt-Lt+1]-offset;
          r->descendants[pos] = pp;
          r->left [pos] = lt+Rt-Lt+1;
          r->right[pos] = rt;
          endPoint = false;
          return r;
        }
      }
      else se (p->left[T[i]-offset] == -1)
          endPoint = false;
      else endPoint = true;
      return p;
    }
    SuffixTreeNode* findCanonicalNode(SuffixTreeNode *p, int Rt, int& Lt) {
      se (Rt >= Lt) {
          int pos = T[Lt]-offset;
          SuffixTreeNode *pp = p->descendants[pos];
          int lt = p->left[pos];
          int rt = p->right[pos];
          while (rt - lt <= Rt - Lt) {
            Lt = Lt + rt - lt + 1;
            p = pp;
            se (Lt <= Rt) {
                pos = T[Lt]-offset;
                pp = p->descendants[pos];
                lt = p->left[pos];
                rt = p->right[pos];
                se (p == root)
                  pp = root;
            }
          }
      }
      return p;
    }
    SuffixTreeNode* update(SuffixTreeNode *p, int i, int& Lt) {
      bool endPoint;
```

FIGURA 13.8 Listagem do programa para encontrar a maior subsequência comum. (*continuação*)

```cpp
        SuffixTreeNode *prev = 0, *r = testAndSplit(p,i,Lt,endPoint);
        while (!endPoint) {
            int pos = T[i]-offset;
            r->left [pos] = i;     // adicionar um T(i)-edge a r;
            r->right[pos] = T.length()-1;
            se (prev != 0)
               prev->suffixLink = r;
            prev = r;
            se (p == root)
               Lt++;
            else p = p->suffixLink;
            p = findCanonicalNode(p,i-1,Lt);
            r = testAndSplit(p,i,Lt,endPoint); // verificar se não é ponto terminal;
        }
        se (prev != 0)
           prev->suffixLink = p;
        return p;
        }
};

class LongestCommonSubstring : public UkkonenSuffixTree {
public:
    LongestCommonSubstring(int from, int to) : UkkonenSuffixTree(from,to+2) {
    }
    void run(string s1, string s2) {
        createTree(s1 + char(size+offset-2) + s2 + char(size+offset-1));
        findLongest(s1,s2);
    }
private:
    int s1length, position, length;
    void findLongest(string s1, string s2) {
      bool dummy[] = {false, false};
      position = length = 0;
      s1length = s1.length();
      traverseTree(root,0,0,dummy);
      se(length == 0)
            cout << "Strings \"" << s1 << "\" and \"" << s2
                 << "\" have no common substring\n";
      else cout << "A longest common substring for \""
                << s1 << "\" and \"" << s2 << "\" is " << "\""
                << T.substr(position-length,length) << "\" of length "
                << length << endl;
    }
    void traverseTree(SuffixTreeNode *p, int lt, int len, bool *whichEdges) {
      bool edges[] = {false, false};
      for (char i = 0; i < size; i++)
          se (p->left[i] != -1) {
             se (p->descendants[i] == 0)        // se for aresta para
```

FIGURA 13.8 Listagem do programa para encontrar a maior subsequência comum. (*continuação*)

```
            se (p->left[i] <= s1length)  // uma folha correspondendo
                whichEdges[0] = edges[0] = true; // para s1
            else whichEdges[1] = edges[1] = true; // para s2
        else {
            traverseTree(p->descendants[i],p->left[i],
                    len+(p->right[i]-p->left[i]+1),edges);
            se (edges[0])
                whichEdges[0] = true;
                se (edges[1])
                    whichEdges[1] = true;
            }
            se (edges[0] && edges[1] && len > length) {
                position = p->left[i];
                length = len;
            }
        }
    }
};

int main(int argc, string argv[]) {
    string s1 = "abcabc";
    string s2 = "cabaca";
    se (argc == 3) {
        s1 = argv[1];
        s2 = argv[2];
    }
    (new LongestCommonSubstring('a','z'))->run(s1,s2);
return 0;
}
```

Para saber, durante uma passagem de árvore, se uma subárvore particular contém arestas correspondentes a ambas as sequências (somente arestas que levam a folhas podem fornecer esta informação), uma matriz booleana de duas células está associada com cada nó. Quando uma aresta é detectada que conduz a uma folha (folhas são nós implícitos), então é testado o indicador à esquerda de seu rótulo. Se o índice não é maior do que o comprimento de Q, então, a folha casa com a um sufixo de Q; caso contrário, a um sufixo de R. O programa mantém o comprimento máximo da subsequência comum, e quando detecta um nó com uma subsequência mais comum e com sufixos de ambas as sequências em sua subárvore, o comprimento máximo é atualizado, que é a posição na qual termina a subsequência.

É claro que, devido à árvore de sufixos poder ser criada em tempo linear, assim como o percurso da árvore, o problema de encontrar as maiores subsequências comuns para sequências Q e R é resolvido em tempo linear $O(|Q| + |R|)$.

13.4 Exercícios

1. Aplique o algoritmo Knuth-Morris-Pratt primeiro com *next* e depois com *nextS* para $P = bacbaaa$ e $T = bacbacabcbacbbbacabacbabcbbba$.

2. Determine todas as três posições de i, j, k, de tal modo que para a sequência *abcabdabcabdfabcabdabcabd* `findNextS()` execute primeiro $nextS[i] = nextS[j]$ e depois $nextS[j] = nextS[k]$.

3. Como mencionado na Seção 13.3, $P = a^{m-1}b$ é um exemplo do pior caso para a fase de sufixo parcial para `computeDelta2ByBruteForce()`. Qual é exatamente o número total de comparações para esta fase?

4. Considere a busca de um padrão em um texto quando o padrão não se encontra no texto. Qual é o menor número de comparações de caracteres, neste caso, executada por:
    a. Knuth-Morris-Pratt?
    b. Boyer-Moore?

5. Um exemplo do pior caso para `bruteForceStringMatching()` são sequências $P = a^{m-1}b$ e $T = a^n$, e para `BoyerMooreSimple()`, sequências $P = ba^{m-1}$ e $T = a^n$. Explique esta simetria.

6. Tal como está, `BoyerMooreSimple()` desloca P por uma posição se ocorre um caractere de texto incompatível também em P para a direita dos caracteres padrão incompatíveis, por exemplo,

    ```
      abbaabac...
    1 aabbcbac
    2  aabbcbac
    ```

    onde o caractere de texto incompatível *a* ocorre também em P à direita do caractere padrão incompatível *c*. No entanto, é evidente que seria mais eficiente alinhar o caractere de texto incompatível com o mesmo caractere em P que está mais próximo à esquerda do caractere padrão incompatível, como em

    ```
      abbaabac...
    1 aabbcbac
    2    aabbcbac
    ```

    onde o caractere de texto incompatível *a* está alinhado com um *a* à direita do caractere padrão incompatível *c* e mais próximo de *c*. Generalize esta regra e proponha uma implementação de *delta1* para a nova regra.

7. Horspool dá uma versão do algoritmo Boyer-Moore que utiliza apenas uma tabela, *delta12*, que é como *delta1*, exceto para o último caractere de P, a entrada no *delta12* é $|P|$, e não um valor $< |P|$ como em *delta1*:

    ```
    BoyerMooreHorspool(padrão P, texto T)
       inicialize todas as células de delta12 para |P|;
       for j = 0 para |P|-2 // |P|-2, não |P|-1 quanto a delta1;
          delta12[P_j] = |P| - j - 1;
       i = |P| - 1;
       while i < |T|
          j = |T| - 1;
          if T_i == P_{|P|-1}
             if T(i-|P|+1...i) é igual a P
                return casamento i+|P|+1;
          i = i + delta12[T_i];
       return não casa;
    ```

Aplique BoyerMooreHorspool() e BoyerMooreSimple() para T = *ababababbababba* e P = *aacaab*.

8. Implemente a função period() para ser usada pelo algoritmo BoyerMooreGalil().

9. BoyerMooreGalil() pode ser menos eficiente que BoyerMoore() porque para padrões sem períodos verifica a condição em uma instrução if em cada iteração do laço mais externo while. Altere o algoritmo de modo que uma função de driver pré-processe o padrão para verificar se há um período, e, se for encontrado, ele chama BoyerMoore(); caso contrário, chama BoyerMooreGalil() sem a instrução if.

10. Adote quickSearch() para que execute casamento da direita para a esquerda.

11. Mostre um exemplo para o caso em que BoyerMooreSimple() proporciona melhor troca que quickSearch() de Sunday.

12. O algoritmo shiftAnd() realiza quatro operações bit a bit em cada iteração do último laço for. O número pode ser reduzido para três se os papéis de bits são revertidos, como é feito originalmente por Baeza-Yates e Gonnet (1992); por exemplo, em *charactersInP*, 0 representa as posições nas quais aparece um caractere no padrão. Com esta inversão de padrão, a atribuição:

    state = ((state << 1) | 1) & charactersInP [T [i]];

    pode ser alterada para

    state = (state << 1) | charactersInP [T [i]];

    Escreva um algoritmo shiftOr() fazendo todas as mudanças necessárias em shiftAnd(), incluindo as modificações indicadas.

13. Qual é o número máximo de palavras-chave em um conjunto *output*(*state*) para algum *state*?

14. Desenhe uma trie de sufixos Ukkonen para

    a. *aaaa*
    b. *aabb*
    c. *abba*
    d. *abcd*
    e. *baaa*
    f. *abaa*
    g. *aaba*
    h. *aaab*

15. Como pode o número de ocorrências de padrão P no texto T ser determinado utilizando uma árvore de sufixos para T?

16. Como pode uma árvore de sufixos ser usada para determinar todas as subsequências de Q que não são subsequências de R?

17. O problema do casamento de cadeias de caracteres com k diferenças pode ser resolvido através da modificação simples do algoritmo de Wagner-Fischer. Isto é conseguido fazendo que as entradas na tabela de distâncias de edição representem a distância mínima entre o prefixo Q(0 ... i) e qualquer sufixo de R(0 ... j) (Sellers, 1980). Isto é feito através da definição das entradas na matriz com a mesma relação de recorrência como $D(i, j) = \min(D(i-1, j) + 1, D(i, j-1) + 1, D(i-1, j-1) + c(i, j))$, nas mesmas condições de contorno para a coluna 0: $D(i, 0) = i$, mas uma condição diferente para a linha 0: $D(0, j) = 0$, para indicar que uma ocorrência pode começar em qualquer posição de R. Na tabela editada resultante, qualquer número na última linha que não seja maior que k indica uma posição em R do fim de uma subsequência de R que tem no máximo k diferenças com Q. Construa tal tabela de edição para sequências Q = *abcabb* e R = *acbdcbbcdd*.

13.5 Tarefas de programação

1. Escreva um programa que implemente e teste o algoritmo de força bruta para criar uma árvore de sufixos.
2. Estenda o programa a partir do estudo de caso para que possa encontrar todas as subsequências de comprimento maior que k comuns a ambas as sequências.
3. Escreva um programa que usa uma árvore de sufixos para encontrar a subsequência mais longa repetida em uma sequência s. Depois de criar a árvore, execute uma passagem de árvore e encontre um nó que tenha apenas descendentes da folha e uma subsequência mais longa determinada pelo caminho da raiz para este nó. Considere a possibilidade de alargar seu programa de uma das três maneiras:
   a. Encontrar apenas subsequências não sobrepostas.
   b. Encontrar a subsequência mais longa repetida pelo menos k vezes.
   c. Encontrar as subsequências repetidas com mais de m caracteres.
4. Um construtor da classe `UkkonenSuffixTree` permite usar uma gama de caracteres para economizar espaço para as três matrizes utilizadas em cada nó. Às vezes, no entanto, apenas alguns caracteres não consecutivos são utilizados no texto; por exemplo, letras A, C, G e T em sequências de DNA. Nesta situação, o construtor `UkkonenSuffixTree('A','T')` pode ser usado, o que criaria três matrizes de 'T' – 'A' + 1 = 20 células cada, embora apenas quatro células fossem usadas em cada matriz. Modifique o programa para que aceite um conjunto de caracteres a ser usado – como a sequência "ACGT" do nosso exemplo – e opere em matrizes de tamanho igual ao número de caracteres usados no conjunto.

Bibliografia

AHO, Alfred V. e CORASICK, Margaret J. Efficient string matching: an aid to bibliographic search. *Communications of the ACM*, n. 18, 1975, p. 333-40.

BAEZA-Yates, Ricardo A. e PERLEBERG, Chris H. Fast and practical approximate string matching. In: APOSTOLICO, A.; CROCHEMORE, M., GALIL, Z.; MANBER, U. (eds.). *Combinatorial pattern matching*. Berlim: Springer, 1992, p. 185-92.

BAEZA-YATES, Ricardo e GONNET, Gaston H. A new approach to text searching. *Communications of the ACM*, n. 35, 1992, v. 10, p. 74-82.

BARTH, Gerhard. Relating the average-case costs of the brute-force and Knuth-Morris-Pratt matching algorithm. In: APOSTOLICO, A. e GALIL, Z. (eds.). *Combinatorial algorithms on words*. Berlim: Springer, 1985, p. 45-58.

BOYER, Robert S. e MOORE, J. Strother. A fast searching algorithm. *Communications of the ACM*, n. 20, 1977, p. 762-72.

COLE, Richard. Right bounds on the complexity of the Boyer-Moore string matching algorithm. *SIAM Journal on Computing*, n. 23, 1994, p. 1.075-091.

DROZDEK, Adam. Hirschberg's algorithm for approximate matching. *Computer Science*, n. 4, 2002, p. 91-100.

GALIL, Zvi. On improving the worst case running time of the Boyer-Moore string matching. *Communications of the ACM*, n. 22, 1979, p. 505-08.

GUIBAS, Leo J. e ODLYZKO, Andrew M. A new proof of the linearity of the Boyer-Moore string searching algorithm. *SIAM Journal on Computing*, n. 9, 1980, p. 672-82.

HANCART, Christophe. Un analyse en moyenne de l'algorithm de Morris et Pratt et ses raffinements. In: KROB, D. (ed.). *Actes des Deuxièmes Journées Franco-Belges*. Rouen: Université de Rouen, 1992, p. 99-110.

HORSPOOL, R. Nigel. Practical fast searching in strings. *Software – Practice and experience*, n. 10, 1980, p. 501-06.

HUNT, James W. e SZYMANSKI, Thomas G. A fast algorithm for computing longest common subsequences. *Communications of the ACM*, n. 20, 1977, p. 350-53.

KNUTH, Donald E.; MORRIS, James H.; PRATT, Vaughan R. Fast pattern matching in strings. *SIAM Journal on Computing*, n. 6, 1977, p. 323-50.

LEVENSHTEIN, Vladimir I. Binary codes capable of correcting deletions, insertions, and reversals. *Cybernetics and Control Theory* 10, 1966, p. 707-10. Trad. de *Doklady Akademii Nauk SSSR* 163, 1965, p. 845-48.

MANBER, Udi e MYERS, Gene. Suffix arrays: a new method for on-line string searches. *SIAM Journal on Computing*, n. 22, 1993, p. 935-48.

PIRKLBAUER, Klaus. A study of pattern-matching algorithms. *Structured Programming*, n. 13, 1992, p. 89-98.

SELLERS, Peter H. The theory and computation of evolutionary distances: pattern recognition. *Journal of Algorithms*, n. 1, 1980, p. 359-73.

SMITH, P. D. Experiments with a very fast substring search algorithm. *Software – Practice and Experience*, n. 21, 1991, p. 1.065-074.

SUNDAY, Daniel M. A very fast substring searching algorithm. *Communications of the ACM*, n. 33, 1990, p. 132-42.

THOMPSON, Ken. Regular expression search algorithm. *Communications of the ACM*, n. 6, 1968, p. 419-22.

UKKONEN, Esko. On-line construction of suffix trees. *Algoritmica*, n. 14, 1995, p. 249-60.

_____ e WOOD, Derick. Approximate string matching with suffix automata. *Algoritmica*, n. 10, 1993, p. 353-64.

WAGNER, Richard A. e FISCHER, M. J. The string-to-string correction problem. *Journal of the ACM*, n. 21, 1974, p. 168-73.

WU, Sun e MANBER, Udi. Fast text searching allowing errors. *Communications of the ACM*, n. 35, 1992, v. 10, p. 83-91.

Calculando O-Grande

A.1 Séries harmônicas

Em alguns cálculos neste livro, a convenção H_n é usada para os números harmônicos. *Números harmônicos* H_n são definidos como as somas da *série harmônica*, da forma $\sum_{i=1}^{n} \frac{1}{i}$. Essa é uma série muito importante para analisar e pesquisar algoritmos. Prova-se que

$$H_n = \ln n + \gamma + \frac{1}{2n} - \frac{1}{12n^2} + \frac{1}{120n^4} - \epsilon$$

onde $n \geq 1$, $0 < \epsilon < \frac{1}{256n^6}$ e a *constante de Euler* $\gamma \approx 0{,}5772$. É difícil, no entanto, manusear esta aproximação, e, no contexto de nossa análise, é desnecessário apresentá-la nesta forma. O maior termo de H_n é quase sempre $\ln n$, o único que aumenta em H_n. Assim, H_n pode ser referido como $O(\ln n)$.

A.2 Aproximação da função LG(N!)

A aproximação mais grosseira de $\lg(n!)$ pode ser obtida observando-se que cada número no produto $n! = 1 \cdot 2 \cdot \cdots \cdot (n-1) \cdot n$ é menor ou igual a n. Assim, $n! \leq n^n$ (somente para $n = 1$, $n = n^n$), o que implica $\lg(n!) < \lg(n^n) = n \lg n$ – isto é, $n \lg n$ é um limite superior para $\lg(n!)$ – e que $\lg(n!)$ é $O(n \lg n)$.

Vamos também encontrar um limite inferior para $\lg(n!)$. Se os elementos do produto $n!$ estão agrupados apropriadamente, como em

$$P_{n!} = (1 \cdot n)(2 \cdot (n-1))(3 \cdot (n-2)) \cdots (i \cdot (n-i+1)) \ldots, \text{ for } 1 \leq i \leq \frac{n}{2}$$

então há $\frac{n}{2}$ de tais termos e $n! = P_{n!}$ para ns pares, ou $\frac{n+1}{2}$ termos e $n! = P_{n!} \frac{n+1}{2}$ para ns ímpares. Afirmamos que cada termo de $P_{n!}$ não é menor que n, ou

$$1 \leq i \leq \frac{n}{2} \Rightarrow i(n-i+1) \geq n$$

De fato, isto vale porque

$$\frac{n}{2} \geq i = \frac{j(i-1)}{i-1} \Rightarrow i(n - 2i + 2) \geq n$$

e, como pode ser facilmente verificado,

$$i \geq 1 \Rightarrow (n - 2i + 2) \leq (n - i + 1)$$

Demonstramos que $n! = P_{n!} \geq n^{\frac{n}{2}}$, o que significa que $\lg(n!) \geq \frac{n}{2} \lg n$. Isto pressupõe que n é par. Se for ímpar, tem que ser elevado à potência de $\frac{n+1}{2}$, que não introduz mudança substancial.

O número $\lg(n!)$ foi estimado usando os limites inferior e superior desta função, e o resultado é $\frac{n}{2} \lg n \leq \lg(n!) \leq n \lg n$. Para aproximar $\lg(n!)$, os limites inferior e superior foram usados de forma que cresça a uma taxa de $n \lg n$. Isto implica que $\lg(n!)$ cresce à mesma taxa de $n \lg n$, ou que $\lg(n!)$ não é somente $O(n \lg n)$, mas também $\Theta(n \lg n)$. Em outras palavras, qualquer algoritmo de ordenação que usa comparações de uma matriz de tamanho n precisa fazer pelo menos $O(n \lg n)$ comparações no pior caso. Assim, a função $n \lg n$ aproxima-se do número ótimo de comparações no pior caso.

No entanto, este resultado parece insatisfatório por se referir apenas ao pior caso, que só ocorre ocasionalmente. Na maioria das vezes ocorrem casos médios com ordenação aleatória de dados. O número de comparações é realmente melhor em tais casos, e é uma hipótese razoável de que o número de comparações no caso médio pode ser melhor que $O(n \lg n)$? Infelizmente esta conjectura tem que ser rejeitada, e os cálculos seguintes provam que é falsa.

Nossa conjectura é que, em qualquer árvore binária com m folhas e dois filhos para cada nó não terminal, o número médio de arcos que levam da raiz até uma folha é maior ou igual a $\lg m$.

Para $m = 2$, $\lg m = 1$, se há exatamente uma raiz com duas folhas, então há somente um arco para cada uma delas. Assuma que a proposição seja válida para certo $m \geq 2$ e que

$$\text{Ave}_m = \frac{p_1 + \cdots + p_m}{m} \geq \lg m$$

onde cada p_i é um caminho (o número de arcos) da raiz até o nó i. Considere agora uma folha aleatoriamente escolhida, com dois filhos prestes a ser anexados. Esta folha convertida em um nó não terminal tem índice m (escolhido para simplificar a notação), e o caminho a partir da raiz até o nó m é p_m. Depois de adicionar as duas novas folhas, o número total de folhas é incrementado em um e o caminho para ambas as folhas anexadas é $p_{m+1} = p_m + 1$. Agora é verdade que

$$\text{Ave}_{m+1} = \frac{p_1 + \cdots + p_{m-1} + 2p_m + 2}{m + 1} \geq \lg(m + 1)$$

Da definição de Ave_m e Ave_{m+1} e do fato de que $p_m = \text{Ave}_m$ (já que a folha m foi escolhida aleatoriamente),

$$(m + 1)\text{Ave}_{m+1} = m\text{Ave}_m + p_m + 2 = (m + 1)\text{Ave}_m + 2$$

Agora é verdade que

$$(m + 1)\text{Ave}_{m+1} \geq (m + 1) \lg(m + 1)$$

ou

$$(m + 1)\text{Ave}_{m+1} = (m + 1)\text{Ave}_m + 2 \geq (m + 1) \lg m + 2 \geq (m + 1) \lg(m + 1)$$

Isto é transformado em

$$2 \geq \lg \left(\frac{m+1}{m}\right)^{m+1} = \lg\left(1 + \frac{1}{m}\right) + \lg\left(1 + \frac{1}{m}\right)^m \to \lg 1 + \lg e = \lg e \approx 1{,}44$$

que é verdade para qualquer $m \geq 1$. Isto completa a prova da conjectura.

Temos prova de que, para uma folha aleatoriamente escolhida de uma árvore de decisão de m folhas, a expectativa razoável é que o caminho da raiz à folha seja não menor do que lg m. O número de folhas em tal árvore não é menor do que $n!$, que é o número de todas as possíveis ordenações de uma matriz de n elementos. Se $m \geq n!$, então lg $m \geq$ lg($n!$). Isso é um resultado infeliz, indicando que um caso médio também exige, como o pior caso, lg($n!$) comparações (comprimento do caminho = número de comparações), e, como já estimado, lg($n!$) é $O(n \lg n)$. Isso é também o melhor que se pode esperar nos casos médios.

A.3 O-Grande para o caso médio de quicksort

Seja $C(n)$ o número de comparações exigidas para ordenar uma matriz de n células. Como as matrizes de tamanho 1 e 0 não são particionadas, $C(0) = C(1) = 0$. Assumindo uma ordenação aleatória de uma matriz de n elementos, qualquer deles pode ser escolhido como limite; a probabilidade de que qualquer elemento se tornará o limite é a mesma para todos os elementos. Com $C(i - 1)$ e $C(n - i)$ denotando os números de comparações exigidas para ordenar as duas submatrizes, há

$$C(n) = n - 1 + \frac{1}{n} \sum_{i=1}^{n} (C(i-1) + C(n-i)), \text{ for } n \geq 2$$

comparações, onde $n - 1$ é o número de comparações na partição da matriz de tamanho n. Primeiro, alguma simplificação pode ser feita:

$$C(n) = n - 1 + \frac{1}{n} \left(\sum_{i=1}^{n} C(i-1) + \sum_{i=1}^{n} C(n-i) \right)$$

$$= n - 1 + \frac{1}{n} \left(\sum_{i=1}^{n} C(i-1) + \sum_{j=1}^{n} C(j-1) \right)$$

$$= n - 1 + \frac{2}{n} \sum_{i=0}^{n-1} C(i)$$

ou

$$nC(n) = n(n-1) = 2 \sum_{i=0}^{n-1} C(i)$$

Para resolver a equação, o operador soma é removido primeiro. Para isto, a última equação é subtraída de outra obtida a partir dela,

$$(n+1)C(n+1) = (n+1)n + 2 \sum_{i=0}^{n} C(i)$$

resultando em

$$(n+1)C(n+1) - nC(n) = (n+1)n - n(n-1) + 2\left(\sum_{i=0}^{n} C(i) - \sum_{i=0}^{n-1} C(i) \right) = 2C(n) + 2n$$

da qual

$$\frac{C(n+1)}{n+2} = \frac{C(n)}{n+1} + \frac{2n}{(n+1)(n+2)} = \frac{C(n)}{n+1} + \frac{4}{n+2} - \frac{2}{n+1}$$

Esta equação pode ser expandida, o que resulta

$$\frac{C(2)}{3} = \frac{C(1)}{2} + \frac{4}{3} - \frac{2}{2} = \frac{4}{3} - \frac{2}{2}$$

$$\frac{C(3)}{4} = \frac{C(2)}{3} + \frac{4}{4} - \frac{2}{3}$$

$$\frac{C(4)}{5} = \frac{C(3)}{4} + \frac{4}{5} - \frac{2}{4}$$

$$\vdots$$

$$\frac{C(n)}{n+1} = \frac{C(n-1)}{n} + \frac{4}{n+1} - \frac{2}{n}$$

$$\frac{C(n+1)}{n+2} = \frac{C(n)}{n+1} + \frac{4}{n+2} - \frac{2}{n+1}$$

a partir da qual

$$\frac{C(n+1)}{n+2} = \left(\frac{4}{3} - \frac{2}{2}\right) + \left(\frac{4}{4} - \frac{2}{3}\right) + \left(\frac{4}{5} - \frac{2}{4}\right) + \cdots + \left(\frac{4}{n+1} - \frac{2}{n}\right)$$

$$+ \left(\frac{4}{n+2} - \frac{2}{n+1}\right)$$

$$= -\frac{2}{2} + \frac{2}{3} + \frac{2}{4} + \frac{2}{5} + \cdots + \frac{2}{n} + \frac{2}{n+1} + \frac{4}{n+2}$$

$$= -4 + 2H_{n+2} + \frac{2}{n+2}$$

Note que H_{n+2} é um número harmônico. Usando uma aproximação para este número (veja o Apêndice A.1),

$$C(n) = (n+1)\left(-4 + 2H_{n+1} + \frac{2}{n+1}\right)$$

$$= (n+1)\left(-4 + 2O(\ln n) + \frac{2}{n+1}\right)$$

$$= O(n \lg n)$$

A.4 O comprimento do caminho médio em uma árvore binária aleatória

No Capítulo 6 usou-se uma aproximação para o comprimento do caminho médio em uma árvore binária de busca criada aleatoriamente. Assumindo que

$$P_n(i) = \frac{(i-1)(P_{i-1}+1) + (n-i)(P_{n-i}+1)}{n}$$

a aproximação é dada por esta relação da recorrência:

$$P_1 = 0$$

$$P_n = \frac{1}{n}\sum_{i=0}^{n} P_n(i) = \frac{1}{n^2}\sum_{i=1}^{n}((i-1)(P_{i-1}+1) + (n-i)(P_{n-i}+1))$$

$$P_n = \frac{2}{n^2}\sum_{i=1}^{n-1} i(P_i + 1) \qquad (1)$$

A partir disso, temos também

$$P_{n-1} = \frac{2}{(n-1)^2}\sum_{i=1}^{n-2} i(P_i + 1) \qquad (2)$$

Depois de multiplicar esta equação por $\frac{(n-1)^2}{n^2}$ e subtrair a equação resultante de (1), temos

$$P_n = P_{n-1}\frac{(n-1)^2}{n^2} + \frac{2(n-1)(P_{n-1}+1)}{n^2} = \frac{(n-1)}{n^2}((n+1)P_{n-1} + 2)$$

Depois de sucessivas aplicações desta fórmula para cada P_{n-i}, temos

$$P_n = \frac{n-1}{n^2}\left((n+1)\frac{(n-2)}{(n-1)^2}\left(n\frac{(n-3)}{(n-2)^2}\left((n-1)\frac{(n-4)}{(n-3)^2}\left(\cdots\frac{1}{2^2}(3P_1 + 2)\cdots\right) + 2\right) + 2\right) + 2\right)$$

$$P_n = 2\left(\frac{n-1}{n^2} + \frac{(n+1)(n-2)}{(n-1)n^2} + \frac{(n+1)(n-3)}{n(n-1)(n-2)} + \frac{(n+1)(n-4)}{n(n-2)(n-3)} + \cdots + \frac{n+1}{2\cdot 3n}\right)$$

$$P_n = 2\left(\frac{n+1}{n}\right)\sum_{i=1}^{n-1}\frac{n-i}{(n-i+1)(n-i+2)} = 2\left(\frac{n+1}{n}\right)\sum_{i=1}^{n-1}\left(\frac{2}{n-i+2} - \frac{1}{n-i+1}\right)$$

$$P_n = 2\left(\frac{n+1}{n}\right)\frac{2}{n+1} + 2\left(\frac{n+1}{n}\right)\left(\sum_{i=1}^{n}\frac{1}{i} - 2\right) = 2\left(\frac{n+1}{n}\right)H_n - 4$$

Assim, P_n é $O(2 \ln n)$.

A.5 Número de nós em uma árvore AVL

O número mínimo de nós em uma árvore AVL é determinado pela equação recorrente:

$$AVL_h = AVL_{h-1} + AVL_{h-2} + 1$$

com $AVL_0 = 0$ e $AVL_1 = 1$. Uma comparação desta equação com a definição da sequência de Fibonacci (Seção 5.8) indica que $AVL_h = F_{h+2} - 1$; isto é, usando a fórmula de Moivre:

$$F_h = \frac{1}{\sqrt{5}}\left(\frac{1+\sqrt{5}}{2}\right)^h - \frac{1}{\sqrt{5}}\left(\frac{1-\sqrt{5}}{2}\right)^h$$

obtemos

$$AVL_h = \frac{1}{\sqrt{5}}\left(\frac{1+\sqrt{5}}{2}\right)^{h+2} - \frac{1}{\sqrt{5}}\left(\frac{1-\sqrt{5}}{2}\right)^{h+2} - 1$$

Como $\left|\frac{1}{2}(1-\sqrt{5})\right| \approx 0{,}618034$, o segundo termo da equação diminui rapidamente com o aumento de h e tem o valor máximo de $0{,}17082$ para $h = 0$; portanto:

Apêndice A — Calculando O-Grande

$$AVL_h \geq \frac{1}{\sqrt{5}}\left(\frac{1+\sqrt{5}}{2}\right)^{h+2} - 0{,}17082 - 1 \geq \frac{1}{\sqrt{5}}\left(\frac{1+\sqrt{5}}{2}\right)^{h+2} - 2$$

ou

$$AVL_h + 2 \geq \frac{1}{\sqrt{5}}\left(\frac{1+\sqrt{5}}{2}\right)^{h+2}$$

Tomando o log de ambos os lados torna

$$\lg(AVL_h + 2) \geq \lg\frac{1}{\sqrt{5}} + 2\lg\left(\frac{1+\sqrt{5}}{2}\right) + h\lg\left(\frac{1+\sqrt{5}}{2}\right) \approx 0{,}22787 + 0{,}69424h$$

a partir do qual obtemos um limite superior em h

$$h \leq 1{,}44042\,\lg(AVL_h + 2) - 0{,}32824 \leq 1{,}44042\,\lg(AVL_h + 2)$$

e, assim

$$\lg(AVL_h + 1) \leq h < 1{,}44042\lg(AVL_h + 2) - 0{,}32824.$$

Algoritmos na Biblioteca de Formatos-Padrão

B

B.1 Algoritmos-padrão

Para acessar esses algoritmos, o programa tem que incluir a instrução

```
#include <algorithm>
```

Nas duas tabelas a seguir a frase "elementos no intervalo [first, last)" é uma abreviação de "elementos indicados pelos iteradores no intervalo [first, last)", ou "elementos referenciados pelos iteradores de first até, mas não incluindo, last".

Função-Membro	Operação
`iterator adjacent_find (first, last)`	encontra o primeiro par de duplicatas no intervalo [first, last) e retorna um iterador indicando a posição do primeiro elemento duplicado; retorna last se nenhuma duplicata é encontrada
`iterator adjacent_find (first, last, f())`	encontra o primeiro par de duplicatas no intervalo [first, last) e retorna um iterador indicando a posição do primeiro elemento duplicado; usa uma função f() booleana de dois argumentos para comparar elementos; retorna last se nenhuma duplicata é encontrada
`bool binary_search(first, last, value)`	retorna true se a pesquisa binária localiza value no intervalo [first, last), e, caso contrário, false
`bool binary_search(first, last, value, f())`	retorna true se a pesquisa binária localiza value no intervalo [first, last) usando uma função f() booleana de dois argumentos para comparar elementos e, caso contrário, false
`iterator copy(first, last, result)`	copia todos os elementos do intervalo [first, last) para result e retorna um iterador indicando o final do intervalo dos elementos copiados
`iterator copy_backward(first, last, result)`	copia todos os elementos do intervalo [first, last) para o intervalo cujo final é indicado por result e retorna um iterador indicando o início do intervalo

`size_type count(first, last, value)`	retorna o número de elementos iguais a `value` do intervalo [`first`, `last`)
`size_type count_if(first, last, f())`	retorna o número de elementos que retornam true para uma função `f()` booleana de um argumento do intervalo [`first`, `last`)
`bool equal(first1, last1, first2)`	compara o intervalo [`first1`, `last1`) e o intervalo do mesmo comprimento que inicia na posição indicada pelo iterador `first2`, e retorna true se os intervalos contêm os mesmos elementos ou false, caso contrário
`bool equal(first1, last1, first2, f())`	compara o intervalo [`first1`, `last1`) e o intervalo do mesmo comprimento que inicia na posição indicada pelo iterador `first2`, e retorna true se os intervalos contêm elementos similares, sendo a similaridade determinada por uma função `f()` booleana de dois argumentos; retorna false, caso contrário
`pair<iterator, iterator> equal_range(first, last, value)`	retorna um par de iteradores indicando o subintervalo do intervalo [`first`, `last`) de elementos em ordem ascendente, na qual todos os elementos são iguais a `value`; se nenhum subintervalo é encontrado, o par retornado contém dois iteradores iguais a `first`
`pair<iterator, iterator> equal_range(first, last, value, f())`	retorna um par de iteradores que indicam o subintervalo do intervalo [`first`, `last`) na ordem determinada pela função `f()` booleana de dois argumentos, na qual todos os elementos são iguais a `value`; se nenhum subintervalo é encontrado, o par retornado contém dois iteradores iguais a `first`
`void fill(first, last, value)`	atribui `value` a todos os elementos do intervalo [`first`, `last`)
`void fill_n(first, n, value)`	atribui `value` a todos os elementos do intervalo [`first`, `first+n`)
`iterator find(first, last, value)`	retorna um iterador para a primeira ocorrência de `value` no intervalo [`first`, `last`); retorna `last` se tal ocorrência não é encontrada
`iterator find_end(first1, last1, first2, last2)`	retorna o último iterador do intervalo [`first1`, `last1`) que indica o início de um subintervalo de elementos iguais aos elementos do intervalo [`first2`, `last2`); se não encontrado, retorna `last1`
`iterator find_end(first1, last1, first2, last2, f())`	retorna o último iterador do intervalo [`first1`, `last1`) que indica o início de um subintervalo de elementos que estão na relação `f()` para os elementos do intervalo [`first2`, `last2`); se não encontrado, retorna `last1`
`iterator find_first_of(first1, last1, first2, last2)`	retorna a posição do intervalo [`first1`, `last1`) de um elemento que está presente também no intervalo [`first2`, `last2`); se não encontrado, retorna `last1`
`iterator find_first_of(first1, last1, first2, last2, f())`	retorna a posição do intervalo [`first1`, `last1`) de um elemento que está em relação `f()` a um elemento do intervalo [`first2`, `last2`); se não encontrado, retorna `last1`
`iterator find_if(first, last, f())`	retorna um iterador para a primeira ocorrência de um elemento do intervalo [`first`, `last`), para o qual uma função `f()` booleana de um argumento retorna true; retorna `last` se tal ocorrência não é encontrada
`function for_each(first, last, f())`	aplica a função `f()` para todos os elementos do intervalo [`first`, `last`) e retorna essa função

`void generate(first, last, f())`	preenche os elementos do intervalo [`first`, `last`) com os valores sucessivos gerados pela função `f()`, a qual não tem argumentos
`void generate_n(first, n, f())`	preenche os elementos do intervalo [`first`, `first+n`) com os valores sucessivos gerados pela função `f()`, a qual não tem argumentos
`bool includes(first1, last1, first2, last2)`	retorna true se os elementos do intervalo ordenado [`first1`, `last1`) estão incluídos no intervalo ordenado [`first2`, `last2`); retorna false, caso contrário
`bool includes(first1, last1, first2, last2, f())`	retorna true se os elementos do intervalo ordenado [`first1`, `last1`) estão incluídos no intervalo ordenado [`first2`, `last2`); retorna false, caso contrário; ambos os intervalos são ordenados pela função `f()`
`void inplace_merge(first, middle, last)`	coloca em `first` o resultado da fusão dos intervalos [`first`, `middle`) e [`middle`, `last`); os intervalos estão em ordem ascendente.
`void inplace_merge(first, middle, last, f())`	coloca em `first` o resultado da fusão dos intervalos [`first`, `middle`) e [`middle`, `last`); os intervalos estão ordenados com uma relação `f()`
`void iter_swap(i1, i2)`	troca os elementos `*i1` e `*i2`
`bool lexicographical_compare (first1, last1, first2, last2)`	retorna true somente se o intervalo [`first1`, `last1`) é lexicograficamente menor que o intervalo [`first2`, `last2`)
`bool lexicographical_compare (first1, last1, first2, last2, f())`	retorna true somente se o intervalo [`first1`, `last1`) é lexicograficamente menor que o intervalo [`first2`, `last2`) quanto à relação `f()`
`iterator lower_bound(first, last, value)`	retorna um iterador que referencia a mais baixa posição do intervalo [`first`, `last`) que está em ordem ascendente, antes do qual `value` pode ser inserido sem violar a ordem; retorna `last` se `value` é maior que todos os elementos
`iterator lower_bound(first, last, value, f())`	retorna um iterador que referencia a mais baixa posição do intervalo [`first`, `last`) que está em ordem pela relação `f()` antes do qual `value` pode ser inserido sem violar a ordem; retorna `last` se `value` sucede todos os elementos
`void make_heap (first, last)`	rearranja os elementos do intervalo [`first`, `last`) para formar um heap
`void make_heap (first, last, f())`	rearranja os elementos do intervalo [`first`, `last`) para formar um heap; usa a relação `f()` para comparar os elementos
`const T& max(x, y)`	retorna o máximo dos elementos x e y
`const T& max(x, y, f())`	retorna o máximo dos elementos x e y determinado pela relação `f()`
`iterator max_element(first, last)`	retorna um iterador indicando a posição do maior elemento do intervalo [`first`, `last`)
`iterator max_element(first, last, f())`	retorna um iterador indicando a posição do maior elemento do intervalo [`first`, `last`) determinado pela relação `f()`

`void merge(first1, last1, first2, last2, result)`	coloca em `result` o resultado da fusão dos intervalos [`first1`, `last1`) e [`first2`, `last2`); os intervalos estão em ordem ascendente
`void merge(first1, last1, first2, last2, result, f())`	coloca em `result` o resultado da fusão dos intervalos [`first1`, `last1`) e [`first2`, `last2`); os intervalos estão ordenados pela função `f()`
`const T& min(x, y)`	retorna o mínimo dos elementos x e y
`const T& min(x, y, f())`	retorna o mínimo dos elementos x e y, determinado pela relação `f()`
`iterator min_element(first, last)`	retorna um iterador indicando a posição do menor elemento do intervalo [`first`, `last`)
`iterator min_element(first, last, f())`	retorna um iterador indicando a posição do menor elemento do intervalo [`first`, `last`) determinado pela relação `f()`
`pair<iterator, iterator> mismatch(first1, last1, first2)`	compara os elementos do intervalo [`first1`, `last1`) e [`first2`, `first2+(last1-first1)`) e retorna um par de iteradores que se referenciam às primeiras posições dos intervalos nos quais um descasamento ocorre
`pair<iterator, iterator> mismatch(first1, last1, first2, f())`	compara os elementos do intervalo [`first1`, `last1`) e [`first2`, `first2+(last1-first1)`) e retorna um par de iteradores que se referenciam às primeiras posições dos intervalos nos quais um descasamento ocorre; usa a relação `f()` para comparar os elementos correspondentes
`bool next_permutation(first, last)`	gera um intervalo de elementos que é uma permutação lexicograficamente maior que os elementos do intervalo [`first`, `last`); retorna true se essa permutação existe e false, caso contrário
`bool next_permutation(first, last, f())`	gera um intervalo de elementos que é uma permutação lexicograficamente maior que os elementos do intervalo [`first`, `last`); retorna true se essa permutação existe e false, caso contrário; usa a relação `f()` para a comparação lexicográfica
`void nth_element(first, nth, last)`	coloca na (`nth` - `first`)-ésima posição o (`nth` - `first`)-ésimo elemento do intervalo [`first`, `last`) e rearranja os elementos restantes de modo que os elementos antes de *nth não sejam maiores que *nth, e os elementos que os seguem não sejam menores que *nth
`void nth_element(first, nth, last, f())`	coloca na (`nth` - `first`)-ésima posição o (`nth` - `first`)-ésimo elemento do intervalo [`first`, `last`) e rearranja os elementos restantes de modo que os elementos antes de *nth não estejam na relação `f()`, para *nth, e os elementos que os seguem estejam na relação `f()` ou sejam iguais a *nth
`void partial_sort(first, middle, last)`	coloca no intervalo [`first`, `middle`) os menores `middle` - `first` elementos do intervalo [`first`, `last`) em ordem ascendente, e os elementos restantes do intervalo [`middle`, `last`), em qualquer ordem
`void partial_sort(first, middle, last, f())`	coloca no intervalo [`first`, `middle`) os menores `middle` - `first` elementos do intervalo [`first`, `last`) na ordem determinada pela relação `f()`, e os elementos restantes do intervalo [`middle`, `last`), em qualquer ordem

`iterator partial_sort_copy(first1, last1, first2, last2)`	coloca no intervalo [`first2`, `last2`) os menores `min(last1 - first1, last2 - first2)` elementos do intervalo [`first1`, `last1`) em ordem ascendente; retorna um iterador que se refere a uma posição após o último elemento copiado
`iterator partial_sort_copy(first1, last1, first2, last2, f())`	coloca no intervalo [`first2`, `last2`) os menores `min(last1 - (first1, last1, first2, last2`, elementos do intervalo [`first1, last1`) em ordem determinada pela relação `f()`; retorna um iterador que se refere a uma posição após o último elemento copiado
`iterator partition(first, last, f())`	rearranja os elementos do intervalo [first, last) de modo que todos os elementos que satisfaçam a condição `f()` sejam colocados antes dos elementos que o violem; retorna um iterador que indica o início do segundo intervalo
`void pop_heap(first, last)`	troca a raiz do heap [first, last) pelo último elemento e restaura o heap para o intervalo [first, last-1)
`void pop_heap(first, last, f())`	troca a raiz do heap [first, last) pelo último elemento e restaura o heap para o intervalo [first, last-1); usa a relação `f()` para organizar o heap
`bool prev_permutation(first, last)`	gera um intervalo de elementos que é uma permutação lexicograficamente menor do que os elementos do intervalo [first, last); retorna true se essa permutação existe, e false, caso contrário
`bool prev_permutation(first, last, f())`	gera um intervalo de elementos que é uma permutação lexicograficamente menor do que os elementos do intervalo [first, last); retorna true se essa permutação existe, e false, caso contrário; usa a função `f()` para a comparação lexicográfica
`void push_heap(first, last)`	faz um heap fora do heap [first, last-1) e um elemento *(last-1)
`void push_heap(first, last, f())`	faz um heap fora do heap [first, last-1) e um elemento *(last-1); usa a relação `f()` para organizar o heap
`void random_shuffle(first, last)`	rearranja aleatoriamente os elementos em [first, last) usando um gerador de número aleatório interno
`void random_shuffle(first, last, f())`	rearranja aleatoriamente os elementos em [first, last) usando um gerador `f()` de número aleatório
`iterator remove(first, last, value)`	remove do intervalo [first, last) todos os elementos iguais a `value`; retorna um iterador que indica o final do novo intervalo
`iterator remove_copy(first, last, result, value)`	copia do intervalo [first, last) todos os elementos não iguais a `value` para um intervalo que inicia em `result`; retorna um iterador que indica o final do intervalo copiado
`iterator remove_copy_if(first, last, result, f())`	copia do intervalo [first, last) todos elementos, para os quais a função `f()` booleana de um argumento é falsa, para um intervalo que inicia em `result`; retorna um iterador que indica o final do intervalo copiado
`iterator remove_if(first, last, f())`	remove do intervalo [first, last) todos os elementos para os quais a função `f()` booleana de um argumento é true; retorna um iterador que indica o final do novo intervalo
`void replace(first, last, oldValue, newValue)`	substitui todas as ocorrências de `oldValue` por `newValue` no intervalo [first, last)

`iterator replace_copy(first, last, result, oldValue, newValue)`	copia os elementos do intervalo [first, last) para o intervalo que inicia em result, e substitui todas as ocorrências de oldValue por newValue no novo intervalo; retorna um iterador que indica o final do novo intervalo
`iterator replace_copy_if(first, last, result, f(), value)`	copia os elementos do intervalo [first, last) para o intervalo que inicia em result, e substitui por value, no novo intervalo, todos os elementos para os quais a função f() é true; retorna um iterador que indica o final do novo intervalo
`void replace_if(first, last, f(), value)`	substitui por value todos os elementos para os quais a função f() é true no intervalo [first, last)
`void reverse(first, last)`	inverte a ordem dos elementos no intervalo [first, last)
`iterator reverse_copy(first, last, result)`	copia na ordem inversa os elementos do intervalo [first, last) para o intervalo que inicia em result; retorna um iterador que indica o final do intervalo dos elementos copiados
`void rotate(first, middle, last)`	gira para a esquerda todos os elementos do intervalo [first, last), por middle-first posições
`iterator rotate_copy(first, middle, last, result)`	cria no intervalo que inicia em result uma cópia rotacionada de todos os elementos do intervalo [first, last) por middle-first posições
`iterator search(first1, last1, first2, last2)`	busca pelo subintervalo [first2, last2) no intervalo [first, last) e retorna um iterador que indica o início do subintervalo, ou last1 se o subintervalo não é localizado
`iterator search(first1, last1, first2, last2, f())`	busca pelo subintervalo [first2, last2) no intervalo [first1, last1) e retorna um iterador que indica o início do subintervalo, ou last1 se o subintervalo não é localizado; usa a função f() booleana de dois argumentos para comparar os elementos
`iterator search_n(first, last, n, value)`	busca o intervalo [first, last) por um subintervalo de n elementos iguais a value e retorna um iterador que indica o início do subintervalo ou last1, se o subintervalo não é localizado; compara os elementos com uma função f() booleana de dois argumentos
`iterator search_n(first, last, n, value, f())`	busca o intervalo [first, last) por um subintervalo de n elementos iguais a value e retorna um iterador que indica o início do subintervalo ou se o subintervalo não é localizado; compara os elementos com uma função f() booleana de dois argumentos
`iterator set_difference(first1, last1, first2, last2, result)`	iniciando na posição result, coloca em ordem ascendente todos os elementos que ocorrem no intervalo [first1, last1), mas não os do intervalo [first2, last2), que estão em ordem ascendente; retorna um iterador indicando o final do intervalo resultante
`iterator set_difference(first1, last1, first2, last2, result, f())`	iniciando na posição result, coloca em ordem todos os elementos que ocorrem no intervalo [first1, last1), mas não os do intervalo [first2, last2), que estão na ordem determinada pela relação f(); retorna um iterador indicando o final do intervalo resultante
`iterator set_intersection(first1, last1, first2, last2, result)`	iniciando na posição result, coloca em ordem ascendente todos os elementos que ocorrem nos intervalos [first1, last1) e [first2, last2) que estão em ordem ascendente; retorna um iterador que indica o final do intervalo resultante

`iterator set_intersection (first1, last1, first2, last2, result, f())`	iniciando na posição `result`, coloca em ordem ascendente todos os elementos que ocorrem nos intervalos [`first1`, `last1`) e [`first2`, `last2`) que estão em ordem determinada pela relação `f()`; retorna um iterador que indica o final do intervalo resultante
`iterator set_symmetric_difference(first1, last1, last2, result)`	iniciando na posição `result`, coloca em ordem ascendente todos os elementos que ocorrem em um dos intervalos [`first1`, `last1`) e [`first2`, `last2`) que estão em ordem ascendente, mas não em ambas; retorna um iterador que indica o final do intervalo resultante
`iterator set_symmetric_difference(first1, last1, last2, result, f())`	iniciando na posição `result`, coloca em ordem ascendente todos os elementos que ocorrem em um dos intervalos [`first1`, `last1`) e [`first2`, `last2`) que estão em ordem, mas não em ambos; a ordem é determinada pela relação `f()`; retorna um iterador que indica o final do intervalo resultante
`iterator set_union(first1, last1, first2, last2, result)`	iniciando na posição `result`, coloca em ordem ascendente todos os elementos que ocorrem pelo menos uma vez nos intervalos [`first1`, `last1`) e [`first2`, `last2`) que estão em ordem ascendente; retorna um iterador que indica o final do intervalo resultante
`iterator set_union(first1, last1, first2, last2, result, f())`	iniciando na posição `result`, coloca em ordem ascendente todos os elementos que ocorrem pelo menos uma vez nos intervalos [`first1`, `last1`) e [`first2`, `last2`) que estão em ordem determinada pela relação `f()`; retorna um iterador que indica o final do intervalo resultante
`void sort(first, last)`	ordena em ordem ascendente os elementos do intervalo [`first`, `last1`)
`void sort(first, last, f())`	ordena os elementos do intervalo [`first`, `last`) usando a relação `f()`
`void sort_heap(first, last)`	ordena em ordem ascendente os elementos do heap [`first`, `last`)
`void sort_heap(first, last, f())`	ordena os elementos do heap [`first`, `last`) usando a relação `f()`
`iterator stable_partition (first, last, f())`	rearranja os elementos do intervalo [`first`, `last`) de modo que todos os elementos para os quais a condição `f()` é true venham antes de todos os elementos que violem a condição
`void stable_sort(first, last)`	ordena os elementos do intervalo [`first`, `last`) em ordem ascendente, sem mudar a ordem relativa dos elementos iguais
`void stable_sort(first, last, f())`	ordena os elementos do intervalo [`first`, `last`) na ordem determinada pela relação `f()`, sem mudar a ordem relativa dos elementos equivalentes
`void swap(x, y)`	troca os elementos x e y
`iterator swap_ranges(first1, last1, first2)`	troca os elementos correspondentes nos intervalos [`first1`, `last1`) e [`first2`, `first2+(last1-first1)`) e retorna o iterador `first2+(last1-first1)`
`iterator transform(first, last, result, f())`	transforma os elementos do intervalo [`first`, `last`), aplicando a eles a função `f()` e coloca os elementos transformados no intervalo que inicia em `result`; retorna um iterador que indica o final desse intervalo

`iterator transform(first1, last1, first2, result, f())`	aplica a função `f()` de dois argumentos aos elementos correspondentes nos intervalos [`first1`, `last1`) e [`first2`, `first2+(last1-first1)`) e coloca os elementos resultantes no intervalo que inicia em `result`; retorna um iterador que indica o final desse intervalo
`iterator unique(first, last)`	remove todas as duplicatas do intervalo [`first`, `last`), que está em ordem ascendente, e retorna um iterador que indica o final de um intervalo possivelmente encurtado
`iterator unique(first, last, f())`	remove todas as duplicatas do intervalo [`first`, `last`), que está ordenado pela função `f()`, e retorna um iterador que indica o final de um intervalo possivelmente encurtado
`iterator unique_copy(first, last, result)`	copia o intervalo [`first`, `last`) que está em ordem ascendente, para o intervalo que inicia em `result` e remove todas as duplicatas durante a cópia; retorna um iterador que indica o final do intervalo com os elementos copiados
`iterator unique_copy(first, last, result, f())`	copia o intervalo [`first`, `last`), que está ordenado pela relação `f()`, para o intervalo que inicia em `result` e remove todas as duplicatas durante a cópia; retorna um iterador que indica o final do intervalo com os elementos copiados
`iterator upper_bound(first, last, value)`	retorna um iterador que referencia a mais alta posição do intervalo [`first`, `last`) que está em ordem ascendente, antes do qual `value` pode ser inserido sem violar a ordem; retorna `last` se `value` é maior que todos os elementos
`iterator upper_bound(first, last, value, f())`	retorna um iterador que referencia a mais alta posição do intervalo [`first`, `last`) que está em ordem pela relação `f()` antes do qual `value` pode ser inserido sem violar a ordem; retorna `last` se `value` é maior que todos os elementos

Para acessar os algoritmos a seguir o programa tem que incluir a instrução

```
#include <numeric>
```

Função-Membro	**Operação**
`T accumulate(first, last, value)`	retorna `value` mais a soma de todos os valores do intervalo indicado pelos iteradores `first` e `last`
`T accumulate(first, last, op(), value)`	retorna o resultado da aplicação de uma operação `op()` de dois argumentos a `value` e a todos os valores do intervalo indicado pelos iteradores [`first` e `last`]
`iterator adjacent_difference (first, last, result)`	calcula a diferença entre cada par de elementos do intervalo indicado pelos iteradores [`first` e `last`] e armazena o resultado em um contêiner referenciado pelo iterador `result`; retorna `result + (last-first)`; como não há um valor menos diferente que o número de elementos entre `first` e `last`, 0 é adicionado ao início do contêiner resultante, de modo que ele tenha o mesmo número de elementos que o intervalo [`first` e `last`]
`iterator adjacent_difference (first, last, result, op())`	como antes, mas usa um operador `op()` de dois argumentos em vez de subtração

`T inner_product(first1, last1, first2, value)`	retorna a soma de `value` mais a soma dos produtos dos elementos correspondentes dos intervalos [`first1`,`last1`,`first2`+(`last1`-`first1`); isto é `value` + $\sum_i (x_i \cdot y_i)$
`T inner_product(first1, last1, first2, value, op1(), op2())`	substitui `value` `last1-first1` vezes, aplicando `op1()` a `value` e o resultado da aplicação de `op2()` aos elementos correspondentes dos intervalos indicados pelos iteradores [`first1`,`last1`) [`first1`, `first2`+(`last1`-`first1`); retorna `value`
`iterator partial_sum(first, last, result)`	atribui ao intervalo [`result`, `result`+(`last-first`)) as somas cumulativas dos elementos correspondentes anteriores na sequência [`first`, `last`), isto é, `*(result+i)` = `*(first+0)+*(first+1)+ ...+*(first+i)`; retorna um iterador `result+(last-first)`
`iterator partial_sum(first, last, result, f())`	atribui ao intervalo [`result`, `result`+(`last-first`)) os resultados da aplicação cumulativa da função `f()` aos anteriores elementos correspondentes na sequência [`first`,`last`), isto é, `*(result+i)` = `f(f(..., f(*first, *(first + 1)),...), *(first+i))`

NP-Completude

C-1 Teorema de Cook

uma máquina de Turing é um dispositivo que lê e manipula símbolos nas células de uma fita infinita. Ele processa símbolos, utilizando uma cabeça que pode mover-se em qualquer direção. Mais formalmente, uma *máquina de Turing M* é definida como uma tupla.

$$M = (Q, \Sigma, \Gamma, \delta, q_0, F)$$

onde:

$Q = \{q_0, q_1, \ldots, q_n\}$ é um conjunto finito de estados.
$\Sigma \subset \Gamma - \{\#\}$ é um alfabeto de entrada finito.
$\Gamma = \{a_0, a_1, \ldots, a_m\}$, a_0 = blank # é um alfabeto de fita finito.
$\delta: Q \times \Gamma \rightarrow Q \times \Gamma \times \{-1, +1\}$ é uma função de transição.
q_0 é um estado inicial.
$F \subseteq Q$ é um conjunto de estados finais.

A máquina aceita ou rejeita qualquer sequência de símbolos construídos a partir do alfabeto Σ. Desta forma, uma máquina de Turing define uma linguagem que é um conjunto de todas as sequências aceitáveis pela máquina.

Em seguida, uma máquina de Turing que calcula o sinal da função para inteiros binários (possivelmente começando com 0s redundantes), isto é:

$$\text{sgn}(n) = \begin{cases} 0 \text{ if } n = 0, \\ 1 \text{ if } n > 0 \end{cases}$$

Para esta máquina, $Q = \{q_0, q_1, q_2, q_3\}$, $\Sigma = \{0, 1, \#\}$, $\Gamma = \{0, 1\}$, $F = \{q_3\}$, e a função de transição δ é dado pela seguinte tabela:

δ	0	1	#
q_0	$(q_0, 0, +1)$	$(q_1, 1, +1)$	$(q_2, 0, -1)$
q_1	$(q_1, 0, +1)$	$(q_1, 1, +1)$	$(q_2, 1, -1)$
q_2	$(q_3, \#, +1)$	$(q_3, \#, +1)$	

Para a representação binária do número 2 com um 0 redundante, 010, as mudanças de estados são indicadas pelas seguintes modificações da fita:

Situação inicial:

↓					
0	1	0	#	#	...

Passo 0. Como $\delta(q_0,0) = (q_0,0,+1)$ — onde se lê: Do estado q_0 e 0 na célula atual, deixa 0 nesta célula, vai para a célula à sua direita e para o estado q_0 — a próxima situação é:

	↓				
0	1	0	#	#	...

Passo 1. Como $\delta(q_0,1) = (q_1,1,+1)$, então:

		↓			
0	1	0	#	#	...

Passo 2. Como $\delta(q_1,0) = (q_1,0,+1)$, temos:

			↓		
0	1	0	#	#	...

Passo 3. Na forma $\delta(q_1,\#) = (q_2,1,-1)$, a próxima configuração é:

		↓			
0	1	0	1	#	...

Passo 4. Por conta da transição $\delta(q_2,0) = (q_3,\#,+1)$,

		↓			
0	1	#	1	#	...

Neste exemplo, o topo vai para a direita quando encontra 0 ou 1 numa célula.

Quando encontra um espaço em branco, escreve 1 sobre ele, vai para a esquerda, escreve um espaço em branco sobre ele, e a máquina termina a execução. Quando uma entrada é toda 0s, o topo ignora esses zeros se movendo para a direita até encontrar um espaço em branco. Em seguida, ele escreve 0 sobre ele, se move para a esquerda, escreve um espaço em branco sobre ele, e termina a execução.

Uma *máquina de Turing não determinística* tem um número finito de escolhas para o próximo movimento e não se determina qual movimento deve ser feito.

Teorema (Cook). O problema de satisfatibilidade é NP-completo.

Prova. A máquina de Turing M não determinística é assumida como sendo tempo limitado polinomialmente; isto é, uma sequência de cálculo válido na entrada I toma $N = p(|I|)$ passos, onde $p(|I|)$ é um polinômio no comprimento $|I|$ de entrada I, e pode utilizar no máximo N células de fita. M tem uma fita infinita estendida em uma única direção, com células 0, 1, ...

Para mostrar que todo problema NP é polinomialmente transformável para um problema de satisfiabilidade, um mapeamento é construído a partir de alguma entrada I de uma máquina de Turing M não determinística a uma instância $r(I)$ de um problema de satisfatibilidade. O mapeamento

r é construído de forma que a fórmula booleana $r(I)$ seja satisfatível iff M aceita I. Assim, a redução $r(I)$ modela um cálculo em M para uma entrada I.

Existem três tipos de variáveis (símbolos proposicionais) lógicas (booleanas) usadas pela função r para construir $r(I)$:

$P(i,s,t)$[1] é verdade iff no passo t, célula de fita s contém o símbolo a_i.

$Q(j,t)$ é verdade iff no passo t, M é no estado q_j.

$S(s,t)$ é verdade iff no passo t, a célula s é varrida pelo topo de M.

onde $0 \leq i \leq m$, $0 \leq j \leq n$, $0 \leq s, t \leq N$. Com estas definições, os cálculos de M em I podem ser representados como atribuições de valores verdadeiros para sequências de variáveis booleanas. Com essas variáveis, as cláusulas booleanas podem ser escritas para descrever várias situações em M durante o cálculo em I. A conjunção destas cláusulas que representam a história do cálculo de M em I é a fórmula $r(I)$.

A declaração $r(I)$ é uma conjunção de oito grupos de declarações, cada grupo usado para impor uma exigência que $r(I)$ modela um cálculo em M.

Seja $\bigwedge_{0 \leq i \leq m} Q(i,t) = Q(0,t) \wedge Q(1,t) \wedge \ldots \wedge Q(m,t)$, e similarmente para a alternativa.

1. Em cada passo t, cada célula de fita contém exatamente um símbolo:

$$\bigwedge_{0 \leq s, t \leq N} \left(\bigvee_{0 \leq i \leq m} P(i,s,t) \wedge \bigwedge_{0 \leq i < i' \leq N} (\neg P(i,s,t) \vee \neg P(i',s,t)) \right)$$

Esta condição indica que em cada passo t e cada célula s, s inclui pelo menos um símbolo a_i, $P(i, s, t)$, mas, ao mesmo tempo, não mais do que um símbolo; isto é, $\neg(P(i,s',t) \wedge P(i,s,t))$, ou, pela lei de Morgan, $\neg P(i,s,t) \vee \neg P(i',s,t)$ para dois símbolos diferentes a_i e $a_{i'}$.

2. Em cada passo t, M está em exatamente um estado q_j:

$$\bigwedge_{0 \leq t \leq N} \left(\bigvee_{0 \leq j \leq n} Q(j,t) \wedge \bigwedge_{0 \leq j < j' \leq n} (\neg Q(j,t) \vee \neg Q(j',t)) \right)$$

3. Em cada passo t, M está varrendo exatamente uma célula de fita s

$$\bigwedge_{0 \leq t \leq N} \left(\bigvee_{0 \leq s \leq N} S(s,t) \wedge \bigwedge_{0 \leq s < s' \leq N} (\neg S(s,t) \vee \neg S(s',t)) \right)$$

4. O processo de cálculo começa no estado q_0 com os símbolos de entrada $I = a_{s_1} a_{s_2} \ldots a_{s_{|I|}}$ ocupando $0, \ldots, |I| - 1$ células mais à esquerda da fita, com as restantes células cheias de caracteres em branco #. Esta situação inicial é representada por esta fórmula:

$$Q(0,0) \wedge S(0,0) \wedge \wedge \ldots \wedge \wedge P(\#,|I|,0) \wedge \ldots \wedge P(\#,N,0)$$

5. As transições permitidas durante a computação são dadas pela função de transição $\delta(q_j, a_i) = (q_{j'}, a_{i'}, d \in \{-1, +1\})$. Usando esta função, tem de ser dito agora que, em cada passo, os valores de funções P, Q e S são devidamente atualizados. Por exemplo, para cada célula s e passo t, se M está no estado q_j varrendo o símbolo a_i, no passo seguinte, está no estado $q_{j'}$, como especificado pela função δ:

$$\bigwedge_{0 \leq t < N} \bigwedge_{0 \leq s \leq N} (P(i,s,t) \wedge Q(j,t) \wedge S(s,t)) \Rightarrow Q(j',t+1)$$

Ou seja, pela definição de implicação ($\alpha \Rightarrow \beta = \neg \alpha \vee \beta$) e pela lei de Morgan:

$$\bigwedge_{0 \leq t < N} \bigwedge_{0 \leq s \leq N} (\neg P(i,s,t) \vee \neg Q(j,t) \vee \neg S(s,t) \vee Q(j',t+1))$$

Depois que o generalizamos para todos os passos e todas as células, obtemos a exigência:

$$\bigwedge_{0 \leq t < N} \bigwedge_{0 \leq s \leq N} \bigwedge_{0 \leq i \leq m} \bigwedge_{0 \leq j \leq n} (\neg P(i,s,t) \vee \neg Q(j,t) \vee \neg S(s,t) \vee Q(j',t+1))$$

---

[1]. A notação $P_{i,s,t}$ também pode ser usada.

Onde "para todos" deve ser qualificado para variar ao longo de i e j para o qual é definido $\delta(q_j,a_i)$. Se M está em um estado de parada, então, na etapa seguinte ele permanece nesse estado, na mesma célula, e o símbolo na célula permanece o mesmo. Se M está na célula 0 e o próximo passo exigiria ir para a esquerda, deslizando assim a fita, então M para; ou seja, ele permanece no mesmo estado, na mesma cela com o mesmo símbolo na célula.

6. Da mesma forma, obtemos atualizações permitidas para P:

$$\bigwedge_{0 \leq t < N} \bigwedge_{0 \leq s \leq N} \bigwedge_{0 \leq i \leq m} \bigwedge_{0 \leq j \leq n} (\neg P(i,s,t) \vee \neg Q(j,t) \vee \neg S(s,t) \vee P(i',s,t+1))$$

7. e para S:

$$\bigwedge_{0 \leq t < N} \bigwedge_{0 \leq s \leq N} \bigwedge_{0 \leq i \leq m} \bigwedge_{0 \leq j \leq n} (\neg P(i,s,t) \vee \neg Q(j,t) \vee \neg S(s,t) \vee S(s+d,t+1))$$

8. A máquina finalmente chega a um estado de aceitação, que se reflete na fórmula simples:

$$\bigvee_{\{j:q_j \in F\}} Q(j,N)$$

Se a entrada I pertence à linguagem para a qual foi construído M, então M atinge o estado de aceitação ao processar I. Esta transformação impõe atribuições de valores verdadeiros que satisfazem todas as cláusulas dos grupos 1 a 8. Além disso, qualquer atribuição de valores de verdade com declarações 1- 8 que os satisfaça, descreve um cálculo que termina em um estado de aceitação. Portanto, $r(I)$ é satisfatível iff a entrada I for um elemento de linguagem reconhecível por M.

O processo de construção de $r(I)$ indica que $r(I)$ pode ser construído em tempo polinomial.

Para a máquina de Turing M definida anteriormente, com $N = 4$, $m = 2$ e $n = 3$, a instrução $r(010)$ tem a seguinte conjunção de alternativas:

$(P(0,0,0) \vee P(1,0,0) \vee P(2,0,0)) \wedge (\neg P(0,0,0) \vee \neg P(1,0,0)) \wedge (\neg P(0,0,0) \vee \neg P(2,0,0)) \wedge (\neg P(1,0,0) \vee \neg P(2,0,0)) \wedge$
$(P(0,0,1) \vee P(1,0,1) \vee P(2,0,1)) \wedge (\neg P(0,0,1) \vee \neg P(1,0,1)) \wedge (\neg P(0,0,1) \vee \neg P(2,0,1)) \wedge (\neg P(1,0,1) \vee \neg P(2,0,1)) \wedge$
$(P(0,0,2) \vee P(1,0,2) \vee P(2,0,2)) \wedge (\neg P(0,0,2) \vee \neg P(1,0,2)) \wedge (\neg P(0,0,2) \vee \neg P(2,0,2)) \wedge (\neg P(1,0,2) \vee \neg P(2,0,2)) \wedge$
$(P(0,0,3) \vee P(1,0,3) \vee P(2,0,3)) \wedge (\neg P(0,0,3) \vee \neg P(1,0,3)) \wedge (\neg P(0,0,3) \vee \neg P(2,0,3)) \wedge (\neg P(1,0,3) \vee \neg P(2,0,3)) \wedge$
$(P(0,0,4) \vee P(1,0,4) \vee P(2,0,4)) \wedge (\neg P(0,0,4) \vee \neg P(1,0,4)) \wedge (\neg P(0,0,4) \vee \neg P(2,0,4)) \vee (\neg P(1,0,4) \vee (P(2,0,4)) \wedge$
$(P(0,1,0) \vee P(1,1,0) \vee P(2,1,0)) \wedge (\neg P(0,1,0) \vee \neg P(1,1,0)) \wedge (\neg P(0,1,0) \vee \neg P(2,1,0)) \wedge (\neg P(1,1,0) \vee \neg P(2,1,0)) \wedge$
$(P(0,1,1) \vee P(1,1,1) \vee P(2,1,1)) \wedge (\neg P(0,1,1) \vee \neg P(1,1,1)) \wedge (\neg P(0,1,1) \vee \neg P(2,1,1)) \wedge (\neg P(1,1,1) \vee \neg P(2,1,1)) \wedge$
$(P(0,1,2) \vee P(1,1,2) \vee P(2,1,2)) \wedge (\neg P(0,1,2) \vee \neg P(1,1,2)) \wedge (\neg P(0,1,2) \vee \neg P(2,1,2)) \wedge (\neg P(1,1,2) \vee \neg P(2,1,2)) \wedge$
$(P(0,1,3) \vee P(1,1,3) \vee P(2,1,3)) \wedge (\neg P(0,1,3) \vee \neg P(1,1,3)) \wedge (\neg P(0,1,3) \vee \neg P(2,1,3)) \wedge (\neg P(1,1,3) \vee \neg P(2,1,3)) \wedge$
$(P(0,1,4) \vee P(1,1,4) \vee P(2,1,4)) \wedge (\neg P(0,1,4) \vee \neg P(1,1,4)) \wedge (\neg P(0,1,4) \vee \neg P(2,1,4)) \wedge (\neg P(1,1,4) \vee \neg P(2,1,4)) \wedge$
$(P(0,2,0) \vee P(1,2,0) \vee P(2,2,0)) \wedge (\neg P(0,2,0) \vee \neg P(1,2,0)) \wedge (\neg P(0,2,0) \vee \neg P(2,2,0)) \wedge (\neg P(1,2,0) \vee \neg P(2,2,0)) \wedge$
$(P(0,2,1) \vee P(1,2,1) \vee P(2,2,1)) \wedge (\neg P(0,2,1) \vee \neg P(1,2,1)) \wedge (\neg P(0,2,1) \vee \neg P(2,2,1)) \wedge (\neg P(1,2,1) \vee \neg P(2,2,1)) \wedge$
$(P(0,2,2) \vee P(1,2,2) \vee P(2,2,2)) \wedge (\neg P(0,2,2) \vee \neg P(1,2,2)) \wedge (\neg P(0,2,2) \vee \neg P(2,2,2)) \wedge (\neg P(1,2,2) \vee \neg P(2,2,2)) \wedge$
$(P(0,2,3) \vee P(1,2,3) \vee P(2,2,3)) \wedge (\neg P(0,2,3) \vee \neg P(1,2,3)) \wedge (\neg P(0,2,3) \vee \neg P(2,2,3)) \wedge (\neg P(1,2,3) \vee \neg P(2,2,3)) \wedge$
$(P(0,2,4) \vee P(1,2,4) \vee P(2,2,4)) \wedge (\neg P(0,2,4) \vee \neg P(1,2,4)) \wedge (\neg P(0,2,4) \vee \neg P(2,2,4)) \wedge (\neg P(1,2,4) \vee \neg P(2,2,4)) \wedge$
$(P(0,3,0) \vee P(1,3,0) \vee P(2,3,0)) \wedge (\neg P(0,3,0) \vee \neg P(1,3,0)) \wedge (\neg P(0,3,0) \vee \neg P(2,3,0)) \wedge (\neg P(1,3,0) \vee \neg P(2,3,0)) \wedge$
$(P(0,3,1) \vee P(1,3,1) \vee P(2,3,1)) \wedge (\neg P(0,3,1) \vee \neg P(1,3,1)) \wedge (\neg P(0,3,1) \vee \neg P(2,3,1)) \wedge (\neg P(1,3,1) \vee \neg P(2,3,1)) \wedge$
$(P(0,3,2) \vee P(1,3,2) \vee P(2,3,2)) \wedge (\neg P(0,3,2) \vee \neg P(1,3,2)) \wedge (\neg P(0,3,2) \vee \neg P(2,3,2)) \wedge (\neg P(1,3,2) \vee \neg P(2,3,2)) \wedge$
$(P(0,3,3) \vee P(1,3,3) \vee P(2,3,3)) \wedge (\neg P(0,3,3) \vee \neg P(1,3,3)) \wedge (\neg P(0,3,3) \vee \neg P(2,3,3)) \wedge (\neg P(1,3,3) \vee \neg P(2,3,3)) \wedge$
$(P(0,3,4) \vee P(1,3,4) \vee P(2,3,4)) \wedge (\neg P(0,3,4) \vee \neg P(1,3,4)) \wedge (\neg P(0,3,4) \vee \neg P(2,3,4)) \wedge (\neg P(1,3,4) \vee \neg P(2,3,4)) \wedge$
$(P(0,4,0) \vee P(1,4,0) \vee P(2,4,0)) \wedge (\neg P(0,4,0) \vee \neg P(1,4,0)) \wedge (\neg P(0,4,0) \vee \neg P(2,4,0)) \wedge (\neg P(1,4,0) \vee \neg P(2,4,0)) \wedge$
$(P(0,4,1) \vee P(1,4,1) \vee P(2,4,1)) \wedge (\neg P(0,4,1) \vee \neg P(1,4,1)) \wedge (\neg P(0,4,1) \vee \neg P(2,4,1)) \wedge (\neg P(1,4,1) \vee \neg P(2,4,1)) \wedge$
$(P(0,4,2) \vee P(1,4,2) \vee P(2,4,2)) \wedge (\neg P(0,4,2) \vee \neg P(1,4,2)) \wedge (\neg P(0,4,2) \vee \neg P(2,4,2)) \wedge (\neg P(1,4,2) \vee \neg P(2,4,2)) \wedge$
$(P(0,4,3) \vee P(1,4,3) \vee P(2,4,3)) \wedge (\neg P(0,4,3) \vee \neg P(1,4,3)) \wedge (\neg P(0,4,3) \vee \neg P(2,4,3)) \wedge (\neg P(1,4,3) \vee \neg P(2,4,3)) \wedge$

$(P(0,4,4) \lor P(1,4,4) \lor P(2,4,4)) \land (\neg P(0,4,4) \lor \neg P(1,4,4)) \land (\neg P(0,4,4) \lor \neg P(2,4,4)) \land (\neg P(1,4,4) \lor \neg P(2,4,4)) \land$
$(Q(0,0) \lor Q(1,0) \lor Q(2,0) \lor Q(3,0)) \land$ // grupo 2
$(\neg Q(0,0) \lor \neg Q(1,0)) \land (\neg Q(0,0) \lor \neg Q(2,0)) \land (\neg Q(0,0) \lor \neg Q(3,0)) \land$
$(\neg Q(1,0) \lor \neg Q(2,0)) \land (\neg Q(1,0) \lor \neg Q(3,0)) \land$
$(\neg Q(2,0) \lor \neg Q(3,0)) \land$
$(Q(0,1) \lor Q(1,1) \lor Q(2,1) \lor Q(3,1)) \land$
$(\neg Q(0,1) \lor \neg Q(1,1)) \land (\neg Q(0,1) \lor \neg Q(2,1)) \land (\neg Q(0,1) \lor \neg Q(3,1)) \land$
$(\neg Q(1,1) \lor \neg Q(2,1)) \land (\neg Q(1,1) \lor \neg Q(3,1)) \land$
$(\neg Q(2,1) \lor \neg Q(3,1)) \land$
$(Q(0,2) \lor Q(1,2) \lor Q(2,2) \lor Q(3,2)) \land$
$(\neg Q(0,2) \lor \neg Q(1,2)) \land (\neg Q(0,2) \lor \neg Q(2,2)) \land (\neg Q(0,2) \lor \neg Q(3,2)) \land$
$(\neg Q(1,2) \lor \neg Q(2,2)) \land (\neg Q(1,2) \lor \neg Q(3,2)) \land$
$(\neg Q(2,2) \lor \neg Q(3,2)) \land$
$(Q(0,3) \lor Q(1,3) \lor Q(2,3) \lor Q(3,3)) \land$
$(\neg Q(0,3) \lor \neg Q(1,3)) \land (\neg Q(0,3) \lor \neg Q(2,3)) \land (\neg Q(0,3) \lor \neg Q(3,3)) \land$
$(\neg Q(1,3) \lor \neg Q(2,3)) \land (\neg Q(1,3) \lor \neg Q(3,3)) \land$
$(\neg Q(2,3) \lor \neg Q(3,3)) \land$
$(Q(0,4) \lor Q(1,4) \lor Q(2,4) \lor Q(3,4)) \land$
$(\neg Q(0,4) \lor \neg Q(1,4)) \land (\neg Q(0,4) \lor \neg Q(2,4)) \land (\neg Q(0,4) \lor \neg Q(3,4)) \land$
$(\neg Q(1,4) \lor \neg Q(2,4)) \land (\neg Q(1,4) \lor \neg Q(3,4)) \land$
$(\neg Q(2,4) \lor \neg Q(3,4)) \land$
$(S(0,0) \lor S(1,0) \lor S(2,0) \lor S(3,0) \lor S(4,0)) \land$ // grupo 3
$(\neg S(0,0) \lor \neg S(1,0)) \land (\neg S(0,0) \lor \neg S(2,0)) \land (\neg S(0,0) \lor \neg S(3,0)) \land (\neg S(0,0) \lor \neg S(4,0))$
$(\neg S(1,0) \lor \neg S(2,0)) \land (\neg S(1,0) \lor \neg S(3,0)) \land (\neg S(1,0) \lor \neg S(4,0)) \land$
$(\neg S(2,0) \lor \neg S(3,0)) \land (\neg S(2,0) \lor \neg S(4,0)) \land$
$(\neg S(3,0) \lor \neg S(4,0)) \land$
$(S(0,1) \lor S(1,1) \lor S(2,1) \lor S(3,1) \lor S(4,1)) \land$
$(\neg S(0,1) \lor \neg S(1,1)) \land (\neg S(0,1) \lor \neg S(2,1)) \land (\neg S(0,1) \lor \neg S(3,1)) \land (\neg S(0,1) \lor \neg S(4,1)) \land$
$(\neg S(1,1) \lor \neg S(2,1)) \land (\neg S(1,1) \lor \neg S(3,1)) \land (\neg S(1,1) \lor \neg S(4,1)) \land$
$(\neg S(2,1) \lor \neg S(3,1)) \land (\neg S(2,1) \lor \neg S(4,1)) \land$
$(\neg S(3,1) \lor \neg S(4,1)) \land$
$(S(0,2) \lor S(1,2) \lor S(2,2) \lor S(3,2) \lor S(4,2)) \land$
$(\neg S(0,2) \lor \neg S(1,2)) \land (\neg S(0,2) \lor \neg S(2,2)) \land (\neg S(0,2) \lor \neg S(3,2)) \land (\neg S(0,2) \lor \neg S(4,2)) \land$
$(\neg S(1,2) \lor \neg S(2,2)) \land (\neg S(1,2) \lor \neg S(3,2)) \land (\neg S(1,2) \lor \neg S(4,2)) \land$
$(\neg S(2,2) \lor \neg S(3,2)) \land (\neg S(2,2) \lor \neg S(4,2)) \land$
$(\neg S(3,2) \lor \neg S(4,2)) \land$
$(S(0,3) \lor S(1,3) \lor S(2,3) \lor S(3,3) \lor S(4,3)) \land$
$(\neg S(0,3) \lor \neg S(1,3)) \land (\neg S(0,3) \lor \neg S(2,3)) \land (\neg S(0,3) \lor \neg S(3,3)) \land (\neg S(0,3) \lor \neg S(4,3)) \land$
$(\neg S(1,3) \lor \neg S(2,3)) \land (\neg S(1,3) \lor \neg S(3,3)) \land (\neg S(1,3) \lor \neg S(4,3)) \land$
$(\neg S(2,3) \lor \neg S(3,3)) \land (\neg S(2,3) \lor \neg S(4,3)) \land$
$(\neg S(3,3) \lor \neg S(4,3)) \land$
$(S(0,4) \lor S(1,4) \lor S(2,4) \lor S(3,4) \lor S(4,4)) \land$
$(\neg S(0,4) \lor \neg S(1,4)) \land (\neg S(0,4) \lor \neg S(2,4)) \land (\neg S(0,4) \lor \neg S(3,4)) \land (\neg S(0,4) \lor \neg S(4,4)) \land$
$(\neg S(1,4) \lor \neg S(2,4)) \land (\neg S(1,4) \lor \neg S(3,4)) \land (\neg S(1,4) \lor \neg S(4,4)) \land$
$(\neg S(2,4) \lor \neg S(3,4)) \land (\neg S(2,4) \lor \neg S(4,4)) \land$

$(\neg S(3,4) \lor \neg S(4,4)) \land$

$Q(0,0) \land S(0,0) \land P(0,0,0) \land P(1,1,0) \land P(0,2,0) \land P(\#,3,0) \land P(\#,4,0) \land$ // grupo 4
$(\neg P(0,0,0) \lor \neg Q(0,0) \lor \neg S(0,0) \lor Q(0,1)) \land (\neg P(0,0,1) \lor \neg Q(0,1) \lor \neg S(0,1) \lor Q(0,2)) \land$ // grupo 5
$(\neg P(0,0,2) \lor \neg Q(0,2) \lor \neg S(0,2) \lor Q(0,3)) \land (\neg P(0,0,3) \lor \neg Q(0,3) \lor \neg S(0,3) \lor Q(0,4)) \land$
$(\neg P(1,0,0) \lor \neg Q(0,0) \lor \neg S(0,0) \lor Q(1,1)) \land (\neg P(1,0,1) \lor \neg Q(0,1) \lor \neg S(0,1) \lor Q(1,2)) \land$
$(\neg P(1,0,2) \lor \neg Q(0,2) \lor \neg S(0,2) \lor Q(1,3)) \land (\neg P(1,0,3) \lor \neg Q(0,3) \lor \neg S(0,3) \lor Q(1,4)) \land$
// Um espaço em branco # na célula 0 no estado 0 causa a parada de M para evitar que ele deslize para fora da fita:
$(\neg P(\#,0,0) \lor \neg Q(0,0) \lor \neg S(0,0) \lor Q(3,1)) \land (\neg P(\#,0,1) \lor \neg Q(0,1) \lor \neg S(0,1) \lor Q(3,2)) \land$
$(\neg P(\#,0,2) \lor \neg Q(0,2) \lor \neg S(0,2) \lor Q(3,3)) \land (\neg P(\#,0,3) \lor \neg Q(0,3) \lor \neg S(0,3) \lor Q(3,4)) \land$
$(\neg P(0,1,0) \lor \neg Q(0,0) \lor \neg S(1,0) \lor Q(0,1)) \land (\neg P(0,1,1) \lor \neg Q(0,1) \lor \neg S(1,1) \lor Q(0,2)) \land$
$(\neg P(0,1,2) \lor \neg Q(0,2) \lor \neg S(1,2) \lor Q(0,3)) \land (\neg P(0,1,3) \lor \neg Q(0,3) \lor \neg S(1,3) \lor Q(0,4)) \land$
$(\neg P(1,1,0) \lor \neg Q(0,0) \lor \neg S(1,0) \lor Q(1,1)) \land (\neg P(1,1,1) \lor \neg Q(0,1) \lor \neg S(1,1) \lor Q(1,2)) \land$
$(\neg P(1,1,2) \lor \neg Q(0,2) \lor \neg S(1,2) \lor Q(1,3)) \land (\neg P(1,1,3) \lor \neg Q(0,3) \lor \neg S(1,3) \lor Q(1,4)) \land$
$(\neg P(\#,1,0) \lor \neg Q(0,0) \lor \neg S(1,0) \lor Q(2,1)) \land (\neg P(\#,1,1) \lor \neg Q(0,1) \lor \neg S(1,1) \lor Q(2,2)) \land$
$(\neg P(\#,1,2) \lor \neg Q(0,2) \lor \neg S(1,2) \lor Q(2,3)) \land (\neg P(\#,1,3) \lor \neg Q(0,3) \lor \neg S(1,3) \lor Q(2,4)) \land$
$(\neg P(0,2,0) \lor \neg Q(0,0) \lor \neg S(2,0) \lor Q(0,1)) \land (\neg P(0,2,1) \lor \neg Q(0,1) \lor \neg S(2,1) \lor Q(0,2)) \land$
$(\neg P(0,2,2) \lor \neg Q(0,2) \lor \neg S(2,2) \lor Q(0,3)) \land (\neg P(0,2,3) \lor \neg Q(0,3) \lor \neg S(2,3) \lor Q(0,4)) \land$
$(\neg P(1,2,0) \lor \neg Q(0,0) \lor \neg S(2,0) \lor Q(1,1)) \land (\neg P(1,2,1) \lor \neg Q(0,1) \lor \neg S(2,1) \lor Q(1,2)) \land$
$(\neg P(1,2,2) \lor \neg Q(0,2) \lor \neg S(2,2) \lor Q(1,3)) \land (\neg P(1,2,3) \lor \neg Q(0,3) \lor \neg S(2,3) \lor Q(1,4)) \land$
$(\neg P(\#,2,0) \lor \neg Q(0,0) \lor \neg S(2,0) \lor Q(2,1)) \land (\neg P(\#,2,1) \lor \neg Q(0,1) \lor \neg S(2,1) \lor Q(2,2)) \land$
$(\neg P(\#,2,2) \lor \neg Q(0,2) \lor \neg S(2,2) \lor Q(2,3)) \land (\neg P(\#,2,3) \lor \neg Q(0,3) \lor \neg S(2,3) \lor Q(2,4)) \land$
$(\neg P(0,3,0) \lor \neg Q(0,0) \lor \neg S(3,0) \lor Q(0,1)) \land (\neg P(0,3,1) \lor \neg Q(0,1) \lor \neg S(3,1) \lor Q(0,2)) \land$
$(\neg P(0,3,2) \lor \neg Q(0,2) \lor \neg S(3,2) \lor Q(0,3)) \land (\neg P(0,3,3) \lor \neg Q(0,3) \lor \neg S(3,3) \lor Q(0,4)) \land$
$(\neg P(1,3,0) \lor \neg Q(0,0) \lor \neg S(3,0) \lor Q(1,1)) \land (\neg P(1,3,1) \lor \neg Q(0,1) \lor \neg S(3,1) \lor Q(1,2)) \land$
$(\neg P(1,3,2) \lor \neg Q(0,2) \lor \neg S(3,2) \lor Q(1,3)) \land (\neg P(1,3,3) \lor \neg Q(0,3) \lor \neg S(3,3) \lor Q(1,4)) \land$
$(\neg P(\#,3,0) \lor \neg Q(0,0) \lor \neg S(3,0) \lor Q(2,1)) \land (\neg P(\#,3,1) \lor \neg Q(0,1) \lor \neg S(3,1) \lor Q(2,2)) \land$
$(\neg P(\#,3,2) \lor \neg Q(0,2) \lor \neg S(3,2) \lor Q(2,3)) \land (\neg P(\#,3,3) \lor \neg Q(0,3) \lor \neg S(3,3) \lor Q(2,4)) \land$
$(\neg P(0,4,0) \lor \neg Q(0,0) \lor \neg S(4,0) \lor Q(0,1)) \land (\neg P(0,4,1) \lor \neg Q(0,1) \lor \neg S(4,1) \lor Q(0,2)) \land$
$(\neg P(0,4,2) \lor \neg Q(0,2) \lor \neg S(4,2) \lor Q(0,3)) \land (\neg P(0,4,3) \lor \neg Q(0,3) \lor \neg S(4,3) \lor Q(0,4)) \land$
$(\neg P(1,4,0) \lor \neg Q(0,0) \lor \neg S(4,0) \lor Q(1,1)) \land (\neg P(1,4,1) \lor \neg Q(0,1) \lor \neg S(4,1) \lor Q(1,2)) \land$
$(\neg P(1,4,2) \lor \neg Q(0,2) \lor \neg S(4,2) \lor Q(1,3)) \land (\neg P(1,4,3) \lor \neg Q(0,3) \lor \neg S(4,3) \lor Q(1,4)) \land$
$(\neg P(\#,4,0) \lor \neg Q(0,0) \lor \neg S(4,0) \lor Q(2,1)) \land (\neg P(\#,4,1) \lor \neg Q(0,1) \lor \neg S(4,1) \lor Q(2,2)) \land$
$(\neg P(\#,4,2) \lor \neg Q(0,2) \lor \neg S(4,2) \lor Q(2,3)) \land (\neg P(\#,4,3) \lor \neg Q(0,3) \lor \neg S(4,3) \lor Q(2,4)) \land$
$(\neg P(0,0,0) \lor \neg Q(1,0) \lor \neg S(0,0) \lor Q(1,1)) \land (\neg P(0,0,1) \lor \neg Q(1,1) \lor \neg S(0,1) \lor Q(1,2)) \land$ //não pode estar no estado 1
$(\neg P(0,0,2) \lor \neg Q(1,2) \lor \neg S(0,2) \lor Q(1,3)) \land (\neg P(0,0,3) \lor \neg Q(1,3) \lor \neg S(0,3) \lor Q(1,4)) \land$ //no passo 0
$(\neg P(1,0,0) \lor \neg Q(1,0) \lor \neg S(0,0) \lor Q(1,1)) \land (\neg P(1,0,1) \lor \neg Q(1,1) \lor \neg S(0,1) \lor Q(1,2)) \land$
$(\neg P(1,0,2) \lor \neg Q(1,2) \lor \neg S(0,2) \lor Q(1,3)) \land (\neg P(1,0,3) \lor \neg Q(1,3) \lor \neg S(0,3) \lor Q(1,4)) \land$
// Um espaço em branco # na célula 0 no estado 1 causa a parada de M:
$(\neg P(\#,0,0) \lor \neg Q(1,0) \lor \neg S(0,0) \lor Q(3,1)) \land (\neg P(\#,0,1) \lor \neg Q(1,1) \lor \neg S(0,1) \lor Q(3,2)) \land$
$(\neg P(\#,0,2) \lor \neg Q(1,2) \lor \neg S(0,2) \lor Q(3,3)) \land (\neg P(\#,0,3) \lor \neg Q(1,3) \lor \neg S(0,3) \lor Q(3,4)) \land$
$(\neg P(0,1,0) \lor \neg Q(1,0) \lor \neg S(1,0) \lor Q(1,1)) \land (\neg P(0,1,1) \lor \neg Q(1,1) \lor \neg S(1,1) \lor Q(1,2)) \land$
$(\neg P(0,1,2) \lor \neg Q(1,2) \lor \neg S(1,2) \lor Q(1,3)) \land (\neg P(0,1,3) \lor \neg Q(1,3) \lor \neg S(1,3) \lor Q(1,4)) \land$
$(\neg P(1,1,0) \lor \neg Q(1,0) \lor \neg S(1,0) \lor Q(1,1)) \land (\neg P(1,1,1) \lor \neg Q(1,1) \lor \neg S(1,1) \lor Q(1,2)) \land$
$(\neg P(1,1,2) \lor \neg Q(1,2) \lor \neg S(1,2) \lor Q(1,3)) \land (\neg P(1,1,3) \lor \neg Q(1,3) \lor \neg S(1,3) \lor Q(1,4)) \land$
$(\neg P(\#,1,0) \lor \neg Q(1,0) \lor \neg S(1,0) \lor Q(2,1)) \land (\neg P(\#,1,1) \lor \neg Q(1,1) \lor \neg S(1,1) \lor Q(2,2)) \land$
$(\neg P(\#,1,2) \lor \neg Q(1,2) \lor \neg S(1,2) \lor Q(2,3)) \land (\neg P(\#,1,3) \lor \neg Q(1,3) \lor \neg S(1,3) \lor Q(2,4)) \land$

$(\neg P(0,2,0) \lor \neg Q(1,0) \lor \neg S(2,0) \lor Q(1,1)) \land (\neg P(0,2,1) \lor \neg Q(1,1) \lor \neg S(2,1) \lor Q(1,2)) \land$
$(\neg P(0,2,2) \lor \neg Q(1,2) \lor \neg S(2,2) \lor Q(1,3)) \land (\neg P(0,2,3) \lor \neg Q(1,3) \lor \neg S(2,3) \lor Q(1,4)) \land$
$(\neg P(1,2,0) \lor \neg Q(1,0) \lor \neg S(2,0) \lor Q(1,1)) \land (\neg P(1,2,1) \lor \neg Q(1,1) \lor \neg S(2,1) \lor Q(1,2)) \land$
$(\neg P(1,2,2) \lor \neg Q(1,2) \lor \neg S(2,2) \lor Q(1,3)) \land (\neg P(1,2,3) \lor \neg Q(1,3) \lor \neg S(2,3) \lor Q(1,4)) \land$
$(\neg P(\#,2,0) \lor \neg Q(1,0) \lor \neg S(2,0) \lor Q(2,1)) \land (\neg P(\#,2,1) \lor \neg Q(1,1) \lor \neg S(2,1) \lor Q(2,2)) \land$
$(\neg P(\#,2,2) \lor \neg Q(1,2) \lor \neg S(2,2) \lor Q(2,3)) \land (\neg P(\#,2,3) \lor \neg Q(1,3) \lor \neg S(2,3) \lor Q(2,4)) \land$
$(\neg P(0,3,0) \lor \neg Q(1,0) \lor \neg S(3,0) \lor Q(1,1)) \land (\neg P(0,3,1) \lor \neg Q(1,1) \lor \neg S(3,1) \lor Q(1,2)) \land$
$(\neg P(0,3,2) \lor \neg Q(1,2) \lor \neg S(3,2) \lor Q(1,3)) \land (\neg P(0,3,3) \lor \neg Q(1,3) \lor \neg S(3,3) \lor Q(1,4)) \land$
$(\neg P(1,3,0) \lor \neg Q(1,0) \lor \neg S(3,0) \lor Q(1,1)) \land (\neg P(1,3,1) \lor \neg Q(1,1) \lor \neg S(3,1) \lor Q(1,2)) \land$
$(\neg P(1,3,2) \lor \neg Q(1,2) \lor \neg S(3,2) \lor Q(1,3)) \land (\neg P(1,3,3) \lor \neg Q(1,3) \lor \neg S(3,3) \lor Q(1,4)) \land$
$(\neg P(\#,3,0) \lor \neg Q(1,0) \lor \neg S(3,0) \lor Q(2,1)) \land (\neg P(\#,3,1) \lor \neg Q(1,1) \lor \neg S(3,1) \lor Q(2,2)) \land$
$(\neg P(\#,3,2) \lor \neg Q(1,2) \lor \neg S(3,2) \lor Q(2,3)) \land (\neg P(\#,3,3) \lor \neg Q(1,3) \lor \neg S(3,3) \lor Q(2,4)) \land$
$(\neg P(0,4,0) \lor \neg Q(1,0) \lor \neg S(4,0) \lor Q(1,1)) \land (\neg P(0,4,1) \lor \neg Q(1,1) \lor \neg S(4,1) \lor Q(1,2)) \land$
$(\neg P(0,4,2) \lor \neg Q(1,2) \lor \neg S(4,2) \lor Q(1,3)) \land (\neg P(0,4,3) \lor \neg Q(1,3) \lor \neg S(4,3) \lor Q(1,4)) \land$
$(\neg P(1,4,0) \lor \neg Q(1,0) \lor \neg S(4,0) \lor Q(1,1)) \land (\neg P(1,4,1) \lor \neg Q(1,1) \lor \neg S(4,1) \lor Q(1,2)) \land$
$(\neg P(1,4,2) \lor \neg Q(1,2) \lor \neg S(4,2) \lor Q(1,3)) \land (\neg P(1,4,3) \lor \neg Q(1,3) \lor \neg S(4,3) \lor Q(1,4)) \land$
$(\neg P(\#,4,0) \lor \neg Q(1,0) \lor \neg S(4,0) \lor Q(2,1)) \land (\neg P(\#,4,1) \lor \neg Q(1,1) \lor \neg S(4,1) \lor Q(2,2)) \land$
$(\neg P(\#,4,2) \lor \neg Q(1,2) \lor \neg S(4,2) \lor Q(2,3)) \land (\neg P(\#,4,3) \lor \neg Q(1,3) \lor \neg S(4,3) \lor Q(2,4)) \land$
$(\neg P(0,0,0) \lor \neg Q(2,0) \lor \neg S(0,0) \lor Q(3,1)) \land (\neg P(0,0,1) \lor \neg Q(2,1) \lor \neg S(0,1) \lor Q(3,2)) \land$
$(\neg P(0,0,2) \lor \neg Q(2,2) \lor \neg S(0,2) \lor Q(3,3)) \land (\neg P(0,0,3) \lor \neg Q(2,3) \lor \neg S(0,3) \lor Q(3,4)) \land$
$(\neg P(1,0,0) \lor \neg Q(2,0) \lor \neg S(0,0) \lor Q(3,1)) \land (\neg P(1,0,1) \lor \neg Q(2,1) \lor \neg S(0,1) \lor Q(3,2)) \land$
$(\neg P(1,0,2) \lor \neg Q(2,2) \lor \neg S(0,2) \lor Q(3,3)) \land (\neg P(1,0,3) \lor \neg Q(2,3) \lor \neg S(0,3) \lor Q(3,4)) \land$
$(\neg P(0,1,0) \lor \neg Q(2,0) \lor \neg S(1,0) \lor Q(3,1)) \land (\neg P(0,1,1) \lor \neg Q(2,1) \lor \neg S(1,1) \lor Q(3,2)) \land$
$(\neg P(0,1,2) \lor \neg Q(2,2) \lor \neg S(1,2) \lor Q(3,3)) \land (\neg P(0,1,3) \lor \neg Q(2,3) \lor \neg S(1,3) \lor Q(3,4)) \land$
$(\neg P(1,1,0) \lor \neg Q(2,0) \lor \neg S(1,0) \lor Q(3,1)) \land (\neg P(1,1,1) \lor \neg Q(2,1) \lor \neg S(1,1) \lor Q(3,2)) \land$
$(\neg P(1,1,2) \lor \neg Q(2,2) \lor \neg S(1,2) \lor Q(3,3)) \land (\neg P(1,1,3) \lor \neg Q(2,3) \lor \neg S(1,3) \lor Q(3,4)) \land$
$(\neg P(0,2,0) \lor \neg Q(2,0) \lor \neg S(2,0) \lor Q(3,1)) \land (\neg P(0,2,1) \lor \neg Q(2,1) \lor \neg S(2,1) \lor Q(3,2)) \land$
$(\neg P(0,2,2) \lor \neg Q(2,2) \lor \neg S(2,2) \lor Q(3,3)) \land (\neg P(0,2,3) \lor \neg Q(2,3) \lor \neg S(2,3) \lor Q(3,4)) \land$
$(\neg P(1,2,0) \lor \neg Q(2,0) \lor \neg S(2,0) \lor Q(3,1)) \land (\neg P(1,2,1) \lor \neg Q(2,1) \lor \neg S(2,1) \lor Q(3,2)) \land$
$(\neg P(1,2,2) \lor \neg Q(2,2) \lor \neg S(2,2) \lor Q(3,3)) \land (\neg P(1,2,3) \lor \neg Q(2,3) \lor \neg S(2,3) \lor Q(3,4)) \land$
$(\neg P(0,3,0) \lor \neg Q(2,0) \lor \neg S(3,0) \lor Q(3,1)) \land (\neg P(0,3,1) \lor \neg Q(2,1) \lor \neg S(3,1) \lor Q(3,2)) \land$
$(\neg P(0,3,2) \lor \neg Q(2,2) \lor \neg S(3,2) \lor Q(3,3)) \land (\neg P(0,3,3) \lor \neg Q(2,3) \lor \neg S(3,3) \lor Q(3,4)) \land$
$(\neg P(1,3,0) \lor \neg Q(2,0) \lor \neg S(3,0) \lor Q(3,1)) \land (\neg P(1,3,1) \lor \neg Q(2,1) \lor \neg S(3,1) \lor Q(3,2)) \land$
$(\neg P(1,3,2) \lor \neg Q(2,2) \lor \neg S(3,2) \lor Q(3,3)) \land (\neg P(1,3,3) \lor \neg Q(2,3) \lor \neg S(3,3) \lor Q(3,4)) \land$
$(\neg P(0,4,0) \lor \neg Q(2,0) \lor \neg S(4,0) \lor Q(3,1)) \land (\neg P(0,4,1) \lor \neg Q(2,1) \lor \neg S(4,1) \lor Q(3,2)) \land$
$(\neg P(0,4,2) \lor \neg Q(2,2) \lor \neg S(4,2) \lor Q(3,3)) \land (\neg P(0,4,3) \lor \neg Q(2,3) \lor \neg S(4,3) \lor Q(3,4)) \land$
$(\neg P(1,4,0) \lor \neg Q(2,0) \lor \neg S(4,0) \lor Q(3,1)) \land (\neg P(1,4,1) \lor \neg Q(2,1) \lor \neg S(4,1) \lor Q(3,2)) \land$
$(\neg P(1,4,2) \lor \neg Q(2,2) \lor \neg S(4,2) \lor Q(3,3)) \land (\neg P(1,4,3) \lor \neg Q(2,3) \lor \neg S(4,3) \lor Q(3,4)) \land$
$(\neg P(0,0,0) \lor \neg Q(3,0) \lor \neg S(0,0) \lor Q(3,1)) \land (\neg P(0,0,1) \lor \neg Q(3,1) \lor \neg S(0,1) \lor Q(3,2)) \land$
$(\neg P(0,0,2) \lor \neg Q(3,2) \lor \neg S(0,2) \lor Q(3,3)) \land (\neg P(0,0,3) \lor \neg Q(3,3) \lor \neg S(0,3) \lor Q(3,4)) \land$
$(\neg P(1,0,0) \lor \neg Q(3,0) \lor \neg S(0,0) \lor Q(3,1)) \land (\neg P(1,0,1) \lor \neg Q(3,1) \lor \neg S(0,1) \lor Q(3,2)) \land$
$(\neg P(1,0,2) \lor \neg Q(3,2) \lor \neg S(0,2) \lor Q(3,3)) \land (\neg P(1,0,3) \lor \neg Q(3,3) \lor \neg S(0,3) \lor Q(3,4)) \land$
$(\neg P(\#,0,0) \lor \neg Q(3,0) \lor \neg S(0,0) \lor Q(3,1)) \land (\neg P(\#,0,1) \lor \neg Q(3,1) \lor \neg S(0,1) \lor Q(3,2)) \land$
$(\neg P(\#,0,2) \lor \neg Q(3,2) \lor \neg S(0,2) \lor Q(3,3)) \land (\neg P(\#,0,3) \lor \neg Q(3,3) \lor \neg S(0,3) \lor Q(3,4)) \land$
$(\neg P(0,1,0) \lor \neg Q(3,0) \lor \neg S(1,0) \lor Q(3,1)) \land (\neg P(0,1,1) \lor \neg Q(3,1) \lor \neg S(1,1) \lor Q(3,2)) \land$

$(\neg P(0,1,2) \lor \neg Q(3,2) \lor \neg S(1,2) \lor Q(3,3)) \land (\neg P(0,1,3) \lor \neg Q(3,3) \lor \neg S(1,3) \lor Q(3,4)) \land$
$(\neg P(1,1,0) \lor \neg Q(3,0) \lor \neg S(1,0) \lor Q(3,1)) \land (\neg P(1,1,1) \lor \neg Q(3,1) \lor \neg S(1,1) \lor Q(3,2)) \land$
$(\neg P(1,1,2) \lor \neg Q(3,2) \lor \neg S(1,2) \lor Q(3,3)) \land (\neg P(1,1,3) \lor \neg Q(3,3) \lor \neg S(1,3) \lor Q(3,4)) \land$
$(\neg P(\#,1,0) \lor \neg Q(3,0) \lor \neg S(1,0) \lor Q(3,1)) \land (\neg P(\#,1,1) \lor \neg Q(3,1) \lor \neg S(1,1) \lor Q(3,2)) \land$
$(\neg P(\#,1,2) \lor \neg Q(3,2) \lor \neg S(1,2) \lor Q(3,3)) \land (\neg P(\#,1,3) \lor \neg Q(3,3) \lor \neg S(1,3) \lor Q(3,4)) \land$
$(\neg P(0,2,0) \lor \neg Q(3,0) \lor \neg S(2,0) \lor Q(3,1)) \land (\neg P(0,2,1) \lor \neg Q(3,1) \lor \neg S(2,1) \lor Q(3,2)) \land$
$(\neg P(0,2,2) \lor \neg Q(3,2) \lor \neg S(2,2) \lor Q(3,3)) \land (\neg P(0,2,3) \lor \neg Q(3,3) \lor \neg S(2,3) \lor Q(3,4)) \land$
$(\neg P(1,2,0) \lor \neg Q(3,0) \lor \neg S(2,0) \lor Q(3,1)) \land (\neg P(1,2,1) \lor \neg Q(3,1) \lor \neg S(2,1) \lor Q(3,2)) \land$
$(\neg P(1,2,2) \lor \neg Q(3,2) \lor \neg S(2,2) \lor Q(3,3)) \land (\neg P(1,2,3) \lor \neg Q(3,3) \lor \neg S(2,3) \lor Q(3,4)) \land$
$(\neg P(\#,2,0) \lor \neg Q(3,0) \lor \neg S(2,0) \lor Q(3,1)) \land (\neg P(\#,2,1) \lor \neg Q(3,1) \lor \neg S(2,1) \lor Q(3,2)) \land$
$(\neg P(\#,2,2) \lor \neg Q(3,2) \lor \neg S(2,2) \lor Q(3,3)) \land (\neg P(\#,2,3) \lor \neg Q(3,3) \lor \neg S(2,3) \lor Q(3,4)) \land$
$(\neg P(0,3,0) \lor \neg Q(3,0) \lor \neg S(3,0) \lor Q(3,1)) \land (\neg P(0,3,1) \lor \neg Q(3,1) \lor \neg S(3,1) \lor Q(3,2)) \land$
$(\neg P(0,3,2) \lor \neg Q(3,2) \lor \neg S(3,2) \lor Q(3,3)) \land (\neg P(0,3,3) \lor \neg Q(3,3) \lor \neg S(3,3) \lor Q(3,4)) \land$
$(\neg P(1,3,0) \lor \neg Q(3,0) \lor \neg S(3,0) \lor Q(3,1)) \land (\neg P(1,3,1) \lor \neg Q(3,1) \lor \neg S(3,1) \lor Q(3,2)) \land$
$(\neg P(1,3,2) \lor \neg Q(3,2) \lor \neg S(3,2) \lor Q(3,3)) \land (\neg P(1,3,3) \lor \neg Q(3,3) \lor \neg S(3,3) \lor Q(3,4)) \land$
$(\neg P(\#,3,0) \lor \neg Q(3,0) \lor \neg S(3,0) \lor Q(3,1)) \land (\neg P(\#,3,1) \lor \neg Q(3,1) \lor \neg S(3,1) \lor Q(3,2)) \land$
$(\neg P(\#,3,2) \lor \neg Q(3,2) \lor \neg S(3,2) \lor Q(3,3)) \land (\neg P(\#,3,3) \lor \neg Q(3,3) \lor \neg S(3,3) \lor Q(3,4)) \land$
$(\neg P(0,4,0) \lor \neg Q(3,0) \lor \neg S(4,0) \lor Q(3,1)) \land (\neg P(0,4,1) \lor \neg Q(3,1) \lor \neg S(4,1) \lor Q(3,2)) \land$
$(\neg P(0,4,2) \lor \neg Q(3,2) \lor \neg S(4,2) \lor Q(3,3)) \land (\neg P(0,4,3) \lor \neg Q(3,3) \lor \neg S(4,3) \lor Q(3,4)) \land$
$(\neg P(1,4,0) \lor \neg Q(3,0) \lor \neg S(4,0) \lor Q(3,1)) \land (\neg P(1,4,1) \lor \neg Q(3,1) \lor \neg S(4,1) \lor Q(3,2)) \land$
$(\neg P(1,4,2) \lor \neg Q(3,2) \lor \neg S(4,2) \lor Q(3,3)) \land (\neg P(1,4,3) \lor \neg Q(3,3) \lor \neg S(4,3) \lor Q(3,4)) \land$
$(\neg P(\#,4,0) \lor \neg Q(3,0) \lor \neg S(4,0) \lor Q(3,1)) \land (\neg P(\#,4,1) \lor \neg Q(3,1) \lor \neg S(4,1) \lor Q(3,2)) \land$
$(\neg P(\#,4,2) \lor \neg Q(3,2) \lor \neg S(4,2) \lor Q(3,3)) \land (\neg P(\#,4,3) \lor \neg Q(3,3) \lor \neg S(4,3) \lor Q(3,4)) \land$
$(\neg P(0,0,0) \lor \neg Q(0,0) \lor \neg S(0,0) \lor P(0,0,1)) \land (\neg P(0,0,1) \lor \neg Q(0,1) \lor \neg S(0,1) \lor P(0,0,2)) \land$ // grupo 6
$(\neg P(0,0,2) \lor \neg Q(0,2) \lor \neg S(0,2) \lor P(0,0,3)) \land (\neg P(0,0,3) \lor \neg Q(0,3) \lor \neg S(0,3) \lor P(0,0,4)) \land$
$(\neg P(1,0,0) \lor \neg Q(0,0) \lor \neg S(0,0) \lor P(1,0,1)) \land (\neg P(1,0,1) \lor \neg Q(0,1) \lor \neg S(0,1) \lor P(1,0,2)) \land$
$(\neg P(1,0,2) \lor \neg Q(0,2) \lor \neg S(0,2) \lor P(1,0,3)) \land (\neg P(1,0,3) \lor \neg Q(0,3) \lor \neg S(0,3) \lor P(1,0,4)) \land$

// Um espaço em branco # na célula 0 no estado 0 causa a parada de M e mantém o espaço em branco na célula 0:
$(\neg P(\#,0,0) \lor \neg Q(0,0) \lor \neg S(0,0) \lor P(\#,0,1)) \land (\neg P(\#,0,1) \lor \neg Q(0,1) \lor \neg S(0,1) \lor P(\#,0,2)) \land$
$(\neg P(\#,0,2) \lor \neg Q(0,2) \lor \neg S(0,2) \lor P(\#,0,3)) \land (\neg P(\#,0,3) \lor \neg Q(0,3) \lor \neg S(0,3) \lor P(\#,0,4)) \land$
$(\neg P(0,1,0) \lor \neg Q(0,0) \lor \neg S(1,0) \lor P(0,1,1)) \land (\neg P(0,1,1) \lor \neg Q(0,1) \lor \neg S(1,1) \lor P(0,1,2)) \land$
$(\neg P(0,1,2) \lor \neg Q(0,2) \lor \neg S(1,2) \lor P(0,1,3)) \land (\neg P(0,1,3) \lor \neg Q(0,3) \lor \neg S(1,3) \lor P(0,1,4)) \land$
$(\neg P(1,1,0) \lor \neg Q(0,0) \lor \neg S(1,0) \lor P(1,1,1)) \land (\neg P(1,1,1) \lor \neg Q(0,1) \lor \neg S(1,1) \lor P(1,1,2)) \land$
$(\neg P(1,1,2) \lor \neg Q(0,2) \lor \neg S(1,2) \lor P(1,1,3)) \land (\neg P(1,1,3) \lor \neg Q(0,3) \lor \neg S(1,3) \lor P(1,1,4)) \land$
$(\neg P(\#,1,0) \lor \neg Q(0,0) \lor \neg S(1,0) \lor P(0,1,1)) \land (\neg P(\#,1,1) \lor \neg Q(0,1) \lor \neg S(1,1) \lor P(0,1,2)) \land$
$(\neg P(\#,1,2) \lor \neg Q(0,2) \lor \neg S(1,2) \lor P(0,1,3)) \land (\neg P(\#,1,3) \lor \neg Q(0,3) \lor \neg S(1,3) \lor P(0,1,4)) \land$
$(\neg P(0,2,0) \lor \neg Q(0,0) \lor \neg S(2,0) \lor P(0,2,1)) \land (\neg P(0,2,1) \lor \neg Q(0,1) \lor \neg S(2,1) \lor P(0,2,2)) \land$
$(\neg P(0,2,2) \lor \neg Q(0,2) \lor \neg S(2,2) \lor P(0,2,3)) \land (\neg P(0,2,3) \lor \neg Q(0,3) \lor \neg S(2,3) \lor P(0,2,4)) \land$
$(\neg P(1,2,0) \lor \neg Q(0,0) \lor \neg S(2,0) \lor P(1,2,1)) \land (\neg P(1,2,1) \lor \neg Q(0,1) \lor \neg S(2,1) \lor P(1,2,2)) \land$
$(\neg P(1,2,2) \lor \neg Q(0,2) \lor \neg S(2,2) \lor P(1,2,3)) \land (\neg P(1,2,3) \lor \neg Q(0,3) \lor \neg S(2,3) \lor P(1,2,4)) \land$
$(\neg P(\#,2,0) \lor \neg Q(0,0) \lor \neg S(2,0) \lor P(0,2,1)) \land (\neg P(\#,2,1) \lor \neg Q(0,1) \lor \neg S(2,1) \lor P(0,2,2)) \land$
$(\neg P(\#,2,2) \lor \neg Q(0,2) \lor \neg S(2,2) \lor P(0,2,3)) \land (\neg P(\#,2,3) \lor \neg Q(0,3) \lor \neg S(2,3) \lor P(0,2,4)) \land$
$(\neg P(0,3,0) \lor \neg Q(0,0) \lor \neg S(3,0) \lor P(0,3,1)) \land (\neg P(0,3,1) \lor \neg Q(0,1) \lor \neg S(3,1) \lor P(0,3,2)) \land$
$(\neg P(0,3,2) \lor \neg Q(0,2) \lor \neg S(3,2) \lor P(0,3,3)) \land (\neg P(0,3,3) \lor \neg Q(0,3) \lor \neg S(3,3) \lor P(0,3,4)) \land$
$(\neg P(1,3,0) \lor \neg Q(0,0) \lor \neg S(3,0) \lor P(1,3,1)) \land (\neg P(1,3,1) \lor \neg Q(0,1) \lor \neg S(3,1) \lor P(1,3,2)) \land$

$(\neg P(1,3,2) \lor \neg Q(0,2) \lor \neg S(3,2) \lor P(1,3,3)) \land (\neg P(1,3,3) \lor \neg Q(0,3) \lor \neg S(3,3) \lor P(1,3,4)) \land$
$(\neg P(\#,3,0) \lor \neg Q(0,0) \lor \neg S(3,0) \lor P(0,3,1)) \land (\neg P(\#,3,1) \lor \neg Q(0,1) \lor \neg S(3,1) \lor P(0,3,2)) \land$
$(\neg P(\#,3,2) \lor \neg Q(0,2) \lor \neg S(3,2) \lor P(0,3,3)) \land (\neg P(\#,3,3) \lor \neg Q(0,3) \lor \neg S(3,3) \lor P(0,3,4)) \land$
$(\neg P(0,4,0) \lor \neg Q(0,0) \lor \neg S(4,0) \lor P(0,4,1)) \land (\neg P(0,4,1) \lor \neg Q(0,1) \lor \neg S(4,1) \lor P(0,4,2)) \land$
$(\neg P(0,4,2) \lor \neg Q(0,2) \lor \neg S(4,2) \lor P(0,4,3)) \land (\neg P(0,4,3) \lor \neg Q(0,3) \lor \neg S(4,3) \lor P(0,4,4)) \land$
$(\neg P(1,4,0) \lor \neg Q(0,0) \lor \neg S(4,0) \lor P(1,4,1)) \land (\neg P(1,4,1) \lor \neg Q(0,1) \lor \neg S(4,1) \lor P(1,4,2)) \land$
$(\neg P(1,4,2) \lor \neg Q(0,2) \lor \neg S(4,2) \lor P(1,4,3)) \land (\neg P(1,4,3) \lor \neg Q(0,3) \lor \neg S(4,3) \lor P(1,4,4)) \land$
$(\neg P(\#,4,0) \lor \neg Q(0,0) \lor \neg S(4,0) \lor P(0,4,1)) \land (\neg P(\#,4,1) \lor \neg Q(0,1) \lor \neg S(4,1) \lor P(0,4,2)) \land$
$(\neg P(\#,4,2) \lor \neg Q(0,2) \lor \neg S(4,2) \lor P(0,4,3)) \land (\neg P(\#,4,3) \lor \neg Q(0,3) \lor \neg S(4,3) \lor P(0,4,4)) \land$
$(\neg P(0,0,0) \lor \neg Q(1,0) \lor \neg S(0,0) \lor P(0,0,1)) \land (\neg P(0,0,1) \lor \neg Q(1,1) \lor \neg S(0,1) \lor P(0,0,2)) \land$
$(\neg P(0,0,2) \lor \neg Q(1,2) \lor \neg S(0,2) \lor P(0,0,3)) \land (\neg P(0,0,3) \lor \neg Q(1,3) \lor \neg S(0,3) \lor P(0,0,4)) \land$
$(\neg P(1,0,0) \lor \neg Q(1,0) \lor \neg S(0,0) \lor P(1,0,1)) \land (\neg P(1,0,1) \lor \neg Q(1,1) \lor \neg S(0,1) \lor P(1,0,2)) \land$
$(\neg P(1,0,2) \lor \neg Q(1,2) \lor \neg S(0,2) \lor P(1,0,3)) \land (\neg P(1,0,3) \lor \neg Q(1,3) \lor \neg S(0,3) \lor P(1,0,4)) \land$

// Um espaço em branco # na célula 0 no estado 1 causa a parada de M e mantém o espaço em branco na célula 0:

$(\neg P(\#,0,0) \lor \neg Q(1,0) \lor \neg S(0,0) \lor P(\#,0,1)) \land (\neg P(\#,0,1) \lor \neg Q(1,1) \lor \neg S(0,1) \lor P(\#,0,2)) \land$
$(\neg P(\#,0,2) \lor \neg Q(1,2) \lor \neg S(0,2) \lor P(\#,0,3)) \land (\neg P(\#,0,3) \lor \neg Q(1,3) \lor \neg S(0,3) \lor P(\#,0,4)) \land$
$(\neg P(0,1,0) \lor \neg Q(1,0) \lor \neg S(1,0) \lor P(0,1,1)) \land (\neg P(0,1,1) \lor \neg Q(1,1) \lor \neg S(1,1) \lor P(0,1,2)) \land$
$(\neg P(0,1,2) \lor \neg Q(1,2) \lor \neg S(1,2) \lor P(0,1,3)) \land (\neg P(0,1,3) \lor \neg Q(1,3) \lor \neg S(1,3) \lor P(0,1,4)) \land$
$(\neg P(1,1,0) \lor \neg Q(1,0) \lor \neg S(1,0) \lor P(1,1,1)) \land (\neg P(1,1,1) \lor \neg Q(1,1) \lor \neg S(1,1) \lor P(1,1,2)) \land$
$(\neg P(1,1,2) \lor \neg Q(1,2) \lor \neg S(1,2) \lor P(1,1,3)) \land (\neg P(1,1,3) \lor \neg Q(1,3) \lor \neg S(1,3) \lor P(1,1,4)) \land$
$(\neg P(\#,1,0) \lor \neg Q(1,0) \lor \neg S(1,0) \lor P(1,1,1)) \land (\neg P(\#,1,1) \lor \neg Q(1,1) \lor \neg S(1,1) \lor P(1,1,2)) \land$
$(\neg P(\#,1,2) \lor \neg Q(1,2) \lor \neg S(1,2) \lor P(1,1,3)) \land (\neg P(\#,1,3) \lor \neg Q(1,3) \lor \neg S(1,3) \lor P(1,1,4)) \land$
$(\neg P(0,2,0) \lor \neg Q(1,0) \lor \neg S(2,0) \lor P(0,2,1)) \land (\neg P(0,2,1) \lor \neg Q(1,1) \lor \neg S(2,1) \lor P(0,2,2)) \land$
$(\neg P(0,2,2) \lor \neg Q(1,2) \lor \neg S(2,2) \lor P(0,2,3)) \land (\neg P(0,2,3) \lor \neg Q(1,3) \lor \neg S(2,3) \lor P(0,2,4)) \land$
$(\neg P(1,2,0) \lor \neg Q(1,0) \lor \neg S(2,0) \lor P(1,2,1)) \land (\neg P(1,2,1) \lor \neg Q(1,1) \lor \neg S(2,1) \lor P(1,2,2)) \land$
$(\neg P(1,2,2) \lor \neg Q(1,2) \lor \neg S(2,2) \lor P(1,2,3)) \land (\neg P(1,2,3) \lor \neg Q(1,3) \lor \neg S(2,3) \lor P(1,2,4)) \land$
$(\neg P(\#,2,0) \lor \neg Q(1,0) \lor \neg S(2,0) \lor P(1,2,1)) \land (\neg P(\#,2,1) \lor \neg Q(1,1) \lor \neg S(2,1) \lor P(1,2,2)) \land$
$(\neg P(\#,2,2) \lor \neg Q(1,2) \lor \neg S(2,2) \lor P(1,2,3)) \land (\neg P(\#,2,3) \lor \neg Q(1,3) \lor \neg S(2,3) \lor P(1,2,4)) \land$
$(\neg P(0,3,0) \lor \neg Q(1,0) \lor \neg S(3,0) \lor P(0,3,1)) \land (\neg P(0,3,1) \lor \neg Q(1,1) \lor \neg S(3,1) \lor P(0,3,2)) \land$
$(\neg P(0,3,2) \lor \neg Q(1,2) \lor \neg S(3,2) \lor P(0,3,3)) \land (\neg P(0,3,3) \lor \neg Q(1,3) \lor \neg S(3,3) \lor P(0,3,4)) \land$
$(\neg P(1,3,0) \lor \neg Q(1,0) \lor \neg S(3,0) \lor P(1,3,1)) \land (\neg P(1,3,1) \lor \neg Q(1,1) \lor \neg S(3,1) \lor P(1,3,2)) \land$
$(\neg P(1,3,2) \lor \neg Q(1,2) \lor \neg S(3,2) \lor P(1,3,3)) \land (\neg P(1,3,3) \lor \neg Q(1,3) \lor \neg S(3,3) \lor P(1,3,4)) \land$
$(\neg P(\#,3,0) \lor \neg Q(1,0) \lor \neg S(3,0) \lor P(1,3,1)) \land (\neg P(\#,3,1) \lor \neg Q(1,1) \lor \neg S(3,1) \lor P(1,3,2)) \land$
$(\neg P(\#,3,2) \lor \neg Q(1,2) \lor \neg S(3,2) \lor P(1,3,3)) \land (\neg P(\#,3,3) \lor \neg Q(1,3) \lor \neg S(3,3) \lor P(1,3,4)) \land$
$(\neg P(0,4,0) \lor \neg Q(1,0) \lor \neg S(4,0) \lor P(0,4,1)) \land (\neg P(0,4,1) \lor \neg Q(1,1) \lor \neg S(4,1) \lor P(0,4,2)) \land$
$(\neg P(0,4,2) \lor \neg Q(1,2) \lor \neg S(4,2) \lor P(0,4,3)) \land (\neg P(0,4,3) \lor \neg Q(1,3) \lor \neg S(4,3) \lor P(0,4,4)) \land$
$(\neg P(1,4,0) \lor \neg Q(1,0) \lor \neg S(4,0) \lor P(1,4,1)) \land (\neg P(1,4,1) \lor \neg Q(1,1) \lor \neg S(4,1) \lor P(1,4,2)) \land$
$(\neg P(1,4,2) \lor \neg Q(1,2) \lor \neg S(4,2) \lor P(1,4,3)) \land (\neg P(1,4,3) \lor \neg Q(1,3) \lor \neg S(4,3) \lor P(1,4,4)) \land$
$(\neg P(\#,4,0) \lor \neg Q(1,0) \lor \neg S(4,0) \lor P(1,4,1)) \land (\neg P(\#,4,1) \lor \neg Q(1,1) \lor \neg S(4,1) \lor P(1,4,2)) \land$
$(\neg P(\#,4,2) \lor \neg Q(1,2) \lor \neg S(4,2) \lor P(1,4,3)) \land (\neg P(\#,4,3) \lor \neg Q(1,3) \lor \neg S(4,3) \lor P(1,4,4)) \land$
$(\neg P(0,0,0) \lor \neg Q(2,0) \lor \neg S(0,0) \lor P(\#,0,1)) \land (\neg P(0,0,1) \lor \neg Q(2,1) \lor \neg S(0,1) \lor P(\#,0,2)) \land$
$(\neg P(0,0,2) \lor \neg Q(2,2) \lor \neg S(0,2) \lor P(\#,0,3)) \land (\neg P(0,0,3) \lor \neg Q(2,3) \lor \neg S(0,3) \lor P(\#,0,4)) \land$
$(\neg P(1,0,0) \lor \neg Q(2,0) \lor \neg S(0,0) \lor P(\#,0,1)) \land (\neg P(1,0,1) \lor \neg Q(2,1) \lor \neg S(0,1) \lor P(\#,0,2)) \land$
$(\neg P(1,0,2) \lor \neg Q(2,2) \lor \neg S(0,2) \lor P(\#,0,3)) \land (\neg P(1,0,3) \lor \neg Q(2,3) \lor \neg S(0,3) \lor P(\#,0,4)) \land$
$(\neg P(0,1,0) \lor \neg Q(2,0) \lor \neg S(1,0) \lor P(\#,1,1)) \land (\neg P(0,1,1) \lor \neg Q(2,1) \lor \neg S(1,1) \lor P(\#,1,2)) \land$

$(\neg P(0,1,2) \lor \neg Q(2,2) \lor \neg S(1,2) \lor P(\#,1,3)) \land (\neg P(0,1,3) \lor \neg Q(2,3) \lor \neg S(1,3) \lor P(\#,1,4)) \land$
$(\neg P(1,1,0) \lor \neg Q(2,0) \lor \neg S(1,0) \lor P(\#,1,1)) \land (\neg P(1,1,1) \lor \neg Q(2,1) \lor \neg S(1,1) \lor P(\#,1,2)) \land$
$(\neg P(1,1,2) \lor \neg Q(2,2) \lor \neg S(1,2) \lor P(\#,1,3)) \land (\neg P(1,1,3) \lor \neg Q(2,3) \lor \neg S(1,3) \lor P(\#,1,4)) \land$
$(\neg P(0,2,0) \lor \neg Q(2,0) \lor \neg S(2,0) \lor P(\#,2,1)) \land (\neg P(0,2,1) \lor \neg Q(2,1) \lor \neg S(2,1) \lor P(\#,2,2)) \land$
$(\neg P(0,2,2) \lor \neg Q(2,2) \lor \neg S(2,2) \lor P(\#,2,3)) \land (\neg P(0,2,3) \lor \neg Q(2,3) \lor \neg S(2,3) \lor P(\#,2,4)) \land$
$(\neg P(1,2,0) \lor \neg Q(2,0) \lor \neg S(2,0) \lor P(\#,2,1)) \land (\neg P(1,2,1) \lor \neg Q(2,1) \lor \neg S(2,1) \lor P(\#,2,2)) \land$
$(\neg P(1,2,2) \lor \neg Q(2,2) \lor \neg S(2,2) \lor P(\#,2,3)) \land (\neg P(1,2,3) \lor \neg Q(2,3) \lor \neg S(2,3) \lor P(\#,2,4)) \land$
$(\neg P(0,3,0) \lor \neg Q(2,0) \lor \neg S(3,0) \lor P(\#,3,1)) \land (\neg P(0,3,1) \lor \neg Q(2,1) \lor \neg S(3,1) \lor P(\#,3,2)) \land$
$(\neg P(0,3,2) \lor \neg Q(2,2) \lor \neg S(3,2) \lor P(\#,3,3)) \land (\neg P(0,3,3) \lor \neg Q(2,3) \lor \neg S(3,3) \lor P(\#,3,4)) \land$
$(\neg P(1,3,0) \lor \neg Q(2,0) \lor \neg S(3,0) \lor P(\#,3,1)) \land (\neg P(1,3,1) \lor \neg Q(2,1) \lor \neg S(3,1) \lor P(\#,3,2)) \land$
$(\neg P(1,3,2) \lor \neg Q(2,2) \lor \neg S(3,2) \lor P(\#,3,3)) \land (\neg P(1,3,3) \lor \neg Q(2,3) \lor \neg S(3,3) \lor P(\#,3,4)) \land$
$(\neg P(0,4,0) \lor \neg Q(2,0) \lor \neg S(4,0) \lor P(\#,4,1)) \land (\neg P(0,4,1) \lor \neg Q(2,1) \lor \neg S(4,1) \lor P(\#,4,2)) \land$
$(\neg P(0,4,2) \lor \neg Q(2,2) \lor \neg S(4,2) \lor P(\#,4,3)) \land (\neg P(0,4,3) \lor \neg Q(2,3) \lor \neg S(4,3) \lor P(\#,4,4)) \land$
$(\neg P(1,4,0) \lor \neg Q(2,0) \lor \neg S(4,0) \lor P(\#,4,1)) \land (\neg P(1,4,1) \lor \neg Q(2,1) \lor \neg S(4,1) \lor P(\#,4,2)) \land$
$(\neg P(1,4,2) \lor \neg Q(2,2) \lor \neg S(4,2) \lor P(\#,4,3)) \land (\neg P(1,4,3) \lor \neg Q(2,3) \lor \neg S(4,3) \lor P(\#,4,4)) \land$
$(\neg P(0,0,0) \lor \neg Q(3,0) \lor \neg S(0,0) \lor P(0,0,1)) \land (\neg P(0,0,1) \lor \neg Q(3,1) \lor \neg S(0,1) \lor P(0,0,2)) \land$
$(\neg P(0,0,2) \lor \neg Q(3,2) \lor \neg S(0,2) \lor P(0,0,3)) \land (\neg P(0,0,3) \lor \neg Q(3,3) \lor \neg S(0,3) \lor P(0,0,4)) \land$
$(\neg P(1,0,0) \lor \neg Q(3,0) \lor \neg S(0,0) \lor P(1,0,1)) \land (\neg P(1,0,1) \lor \neg Q(3,1) \lor \neg S(0,1) \lor P(1,0,2)) \land$
$(\neg P(1,0,2) \lor \neg Q(3,2) \lor \neg S(0,2) \lor P(1,0,3)) \land (\neg P(1,0,3) \lor \neg Q(3,3) \lor \neg S(0,3) \lor P(1,0,4)) \land$
$(\neg P(\#,0,0) \lor \neg Q(3,0) \lor \neg S(0,0) \lor P(\#,0,1)) \land (\neg P(\#,0,1) \lor \neg Q(3,1) \lor \neg S(0,1) \lor P(\#,0,2)) \land$
$(\neg P(\#,0,2) \lor \neg Q(3,2) \lor \neg S(0,2) \lor P(\#,0,3)) \land (\neg P(\#,0,3) \lor \neg Q(3,3) \lor \neg S(0,3) \lor P(\#,0,4)) \land$
$(\neg P(0,1,0) \lor \neg Q(3,0) \lor \neg S(1,0) \lor P(0,1,1)) \land (\neg P(0,1,1) \lor \neg Q(3,1) \lor \neg S(1,1) \lor P(0,1,2)) \land$
$(\neg P(0,1,2) \lor \neg Q(3,2) \lor \neg S(1,2) \lor P(0,1,3)) \land (\neg P(0,1,3) \lor \neg Q(3,3) \lor \neg S(1,3) \lor P(0,1,4)) \land$
$(\neg P(1,1,0) \lor \neg Q(3,0) \lor \neg S(1,0) \lor P(1,1,1)) \land (\neg P(1,1,1) \lor \neg Q(3,1) \lor \neg S(1,1) \lor P(1,1,2)) \land$
$(\neg P(1,1,2) \lor \neg Q(3,2) \lor \neg S(1,2) \lor P(1,1,3)) \land (\neg P(1,1,3) \lor \neg Q(3,3) \lor \neg S(1,3) \lor P(1,1,4)) \land$
$(\neg P(\#,1,0) \lor \neg Q(3,0) \lor \neg S(1,0) \lor P(\#,1,1)) \land (\neg P(\#,1,1) \lor \neg Q(3,1) \lor \neg S(1,1) \lor P(\#,1,2)) \land$
$(\neg P(\#,1,2) \lor \neg Q(3,2) \lor \neg S(1,2) \lor P(\#,1,3)) \land (\neg P(\#,1,3) \lor \neg Q(3,3) \lor \neg S(1,3) \lor P(\#,1,4)) \land$
$(\neg P(0,2,0) \lor \neg Q(3,0) \lor \neg S(2,0) \lor P(0,2,1)) \land (\neg P(0,2,1) \lor \neg Q(3,1) \lor \neg S(2,1) \lor P(0,2,2)) \land$
$(\neg P(0,2,2) \lor \neg Q(3,2) \lor \neg S(2,2) \lor P(0,2,3)) \land (\neg P(0,2,3) \lor \neg Q(3,3) \lor \neg S(2,3) \lor P(0,2,4)) \land$
$(\neg P(1,2,0) \lor \neg Q(3,0) \lor \neg S(2,0) \lor P(1,2,1)) \land (\neg P(1,2,1) \lor \neg Q(3,1) \lor \neg S(2,1) \lor P(1,2,2)) \land$
$(\neg P(1,2,2) \lor \neg Q(3,2) \lor \neg S(2,2) \lor P(1,2,3)) \land (\neg P(1,2,3) \lor \neg Q(3,3) \lor \neg S(2,3) \lor P(1,2,4)) \land$
$(\neg P(\#,2,0) \lor \neg Q(3,0) \lor \neg S(2,0) \lor P(\#,2,1)) \land (\neg P(\#,2,1) \lor \neg Q(3,1) \lor \neg S(2,1) \lor P(\#,2,2)) \land$
$(\neg P(\#,2,2) \lor \neg Q(3,2) \lor \neg S(2,2) \lor P(\#,2,3)) \land (\neg P(\#,2,3) \lor \neg Q(3,3) \lor \neg S(2,3) \lor P(\#,2,4)) \land$
$(\neg P(0,3,0) \lor \neg Q(3,0) \lor \neg S(3,0) \lor P(0,3,1)) \land (\neg P(0,3,1) \lor \neg Q(3,1) \lor \neg S(3,1) \lor P(0,3,2)) \land$
$(\neg P(0,3,2) \lor \neg Q(3,2) \lor \neg S(3,2) \lor P(0,3,3)) \land (\neg P(0,3,3) \lor \neg Q(3,3) \lor \neg S(3,3) \lor P(0,3,4)) \land$
$(\neg P(1,3,0) \lor \neg Q(3,0) \lor \neg S(3,0) \lor P(1,3,1)) \land (\neg P(1,3,1) \lor \neg Q(3,1) \lor \neg S(3,1) \lor P(1,3,2)) \land$
$(\neg P(1,3,2) \lor \neg Q(3,2) \lor \neg S(3,2) \lor P(1,3,3)) \land (\neg P(1,3,3) \lor \neg Q(3,3) \lor \neg S(3,3) \lor P(1,3,4)) \land$
$(\neg P(\#,3,0) \lor \neg Q(3,0) \lor \neg S(3,0) \lor P(\#,3,1)) \land (\neg P(\#,3,1) \lor \neg Q(3,1) \lor \neg S(3,1) \lor P(\#,3,2)) \land$
$(\neg P(\#,3,2) \lor \neg Q(3,2) \lor \neg S(3,2) \lor P(\#,3,3)) \land (\neg P(\#,3,3) \lor \neg Q(3,3) \lor \neg S(3,3) \lor P(\#,3,4)) \land$
$(\neg P(0,4,0) \lor \neg Q(3,0) \lor \neg S(4,0) \lor P(0,4,1)) \land (\neg P(0,4,1) \lor \neg Q(3,1) \lor \neg S(4,1) \lor P(0,4,2)) \land$
$(\neg P(0,4,2) \lor \neg Q(3,2) \lor \neg S(4,2) \lor P(0,4,3)) \land (\neg P(0,4,3) \lor \neg Q(3,3) \lor \neg S(4,3) \lor P(0,4,4)) \land$
$(\neg P(1,4,0) \lor \neg Q(3,0) \lor \neg S(4,0) \lor P(1,4,1)) \land (\neg P(1,4,1) \lor \neg Q(3,1) \lor \neg S(4,1) \lor P(1,4,2)) \land$
$(\neg P(1,4,2) \lor \neg Q(3,2) \lor \neg S(4,2) \lor P(1,4,3)) \land (\neg P(1,4,3) \lor \neg Q(3,3) \lor \neg S(4,3) \lor P(1,4,4)) \land$
$(\neg P(\#,4,0) \lor \neg Q(3,0) \lor \neg S(4,0) \lor P(\#,4,1)) \land (\neg P(\#,4,1) \lor \neg Q(3,1) \lor \neg S(4,1) \lor P(\#,4,2)) \land$
$(\neg P(\#,4,2) \lor \neg Q(3,2) \lor \neg S(4,2) \lor P(\#,4,3)) \land (\neg P(\#,4,3) \lor \neg Q(3,3) \lor \neg S(4,3) \lor P(\#,4,4)) \land$

Apêndice C   NP-Completude   667

$(\neg P(0,0,0) \lor \neg Q(0,0) \lor \neg S(0,0) \lor S(1,1)) \land (\neg P(0,0,1) \lor \neg Q(0,1) \lor \neg S(0,1) \lor S(1,2)) \land$ // grupo 7
$(\neg P(0,0,2) \lor \neg Q(0,2) \lor \neg S(0,2) \lor S(1,3)) \land (\neg P(0,0,3) \lor \neg Q(0,3) \lor \neg S(0,3) \lor S(1,4)) \land$
$(\neg P(1,0,0) \lor \neg Q(0,0) \lor \neg S(0,0) \lor S(1,1)) \land (\neg P(1,0,1) \lor \neg Q(0,1) \lor \neg S(0,1) \lor S(1,2)) \land$
$(\neg P(1,0,2) \lor \neg Q(0,2) \lor \neg S(0,2) \lor S(1,3)) \land (\neg P(1,0,3) \lor \neg Q(0,3) \lor \neg S(0,3) \lor S(1,4)) \land$
// passando a partir de $S(0,0)$ a $S(-1,1)$ significa deslizar para fora da fita, isto é, travar a execução; M permance na célula 0:
$(\neg P(\#,0,0) \lor \neg Q(0,0) \lor \neg S(0,0) \lor S(0,1)) \land (\neg P(\#,0,1) \lor \neg Q(0,1) \lor \neg S(0,1) \lor S(0,2)) \land$
$(\neg P(\#,0,2) \lor \neg Q(0,2) \lor \neg S(0,2) \lor S(0,3)) \land (\neg P(\#,0,3) \lor \neg Q(0,3) \lor \neg S(0,3) \lor S(0,4)) \land$
$(\neg P(0,1,0) \lor \neg Q(0,0) \lor \neg S(1,0) \lor S(2,1)) \land (\neg P(0,1,1) \lor \neg Q(0,1) \lor \neg S(1,1) \lor S(2,2)) \land$
$(\neg P(0,1,2) \lor \neg Q(0,2) \lor \neg S(1,2) \lor S(2,3)) \land (\neg P(0,1,3) \lor \neg Q(0,3) \lor \neg S(1,3) \lor S(2,4)) \land$
$(\neg P(1,1,0) \lor \neg Q(0,0) \lor \neg S(1,0) \lor S(2,1)) \land (\neg P(1,1,1) \lor \neg Q(0,1) \lor \neg S(1,1) \lor S(2,2)) \land$
$(\neg P(1,1,2) \lor \neg Q(0,2) \lor \neg S(1,2) \lor S(2,3)) \land (\neg P(1,1,3) \lor \neg Q(0,3) \lor \neg S(1,3) \lor S(2,4)) \land$
$(\neg P(\#,1,0) \lor \neg Q(0,0) \lor \neg S(1,0) \lor S(0,1)) \land (\neg P(\#,1,1) \lor \neg Q(0,1) \lor \neg S(1,1) \lor S(0,2)) \land$
$(\neg P(\#,1,2) \lor \neg Q(0,2) \lor \neg S(1,2) \lor S(0,3)) \land (\neg P(\#,1,3) \lor \neg Q(0,3) \lor \neg S(1,3) \lor S(0,4)) \land$
$(\neg P(0,2,0) \lor \neg Q(0,0) \lor \neg S(2,0) \lor S(3,1)) \land (\neg P(0,2,1) \lor \neg Q(0,1) \lor \neg S(2,1) \lor S(3,2)) \land$
$(\neg P(0,2,2) \lor \neg Q(0,2) \lor \neg S(2,2) \lor S(3,3)) \land (\neg P(0,2,3) \lor \neg Q(0,3) \lor \neg S(2,3) \lor S(3,4)) \land$
$(\neg P(1,2,0) \lor \neg Q(0,0) \lor \neg S(2,0) \lor S(3,1)) \land (\neg P(1,2,1) \lor \neg Q(0,1) \lor \neg S(2,1) \lor S(3,2)) \land$
$(\neg P(1,2,2) \lor \neg Q(0,2) \lor \neg S(2,2) \lor S(3,3)) \land (\neg P(1,2,3) \lor \neg Q(0,3) \lor \neg S(2,3) \lor S(3,4)) \land$
$(\neg P(\#,2,0) \lor \neg Q(0,0) \lor \neg S(2,0) \lor S(1,1)) \land (\neg P(\#,2,1) \lor \neg Q(0,1) \lor \neg S(2,1) \lor S(1,2)) \land$
$(\neg P(\#,2,2) \lor \neg Q(0,2) \lor \neg S(2,2) \lor S(1,3)) \land (\neg P(\#,2,3) \lor \neg Q(0,3) \lor \neg S(2,3) \lor S(1,4)) \land$
$(\neg P(0,3,0) \lor \neg Q(0,0) \lor \neg S(3,0) \lor S(4,1)) \land (\neg P(0,3,1) \lor \neg Q(0,1) \lor \neg S(3,1) \lor S(4,2)) \land$
$(\neg P(0,3,2) \lor \neg Q(0,2) \lor \neg S(3,2) \lor S(4,3)) \land (\neg P(0,3,3) \lor \neg Q(0,3) \lor \neg S(3,3) \lor S(4,4)) \land$
$(\neg P(1,3,0) \lor \neg Q(0,0) \lor \neg S(3,0) \lor S(4,1)) \land (\neg P(1,3,1) \lor \neg Q(0,1) \lor \neg S(3,1) \lor S(4,2)) \land$
$(\neg P(1,3,2) \lor \neg Q(0,2) \lor \neg S(3,2) \lor S(4,3)) \land (\neg P(1,3,3) \lor \neg Q(0,3) \lor \neg S(3,3) \lor S(4,4)) \land$
$(\neg P(\#,3,0) \lor \neg Q(0,0) \lor \neg S(3,0) \lor S(2,1)) \land (\neg P(\#,3,1) \lor \neg Q(0,1) \lor \neg S(3,1) \lor S(2,2)) \land$
$(\neg P(\#,3,2) \lor \neg Q(0,2) \lor \neg S(3,2) \lor S(2,3)) \land (\neg P(\#,3,3) \lor \neg Q(0,3) \lor \neg S(3,3) \lor S(2,4)) \land$
$(\neg P(0,4,0) \lor \neg Q(0,0) \lor \neg S(4,0) \lor S(5,1)) \land (\neg P(0,4,1) \lor \neg Q(0,1) \lor \neg S(4,1) \lor S(5,2)) \land$
$(\neg P(0,4,2) \lor \neg Q(0,2) \lor \neg S(4,2) \lor S(5,3)) \land (\neg P(0,4,3) \lor \neg Q(0,3) \lor \neg S(4,3) \lor S(5,4)) \land$
$(\neg P(1,4,0) \lor \neg Q(0,0) \lor \neg S(4,0) \lor S(5,1)) \land (\neg P(1,4,1) \lor \neg Q(0,1) \lor \neg S(4,1) \lor S(5,2)) \land$
$(\neg P(1,4,2) \lor \neg Q(0,2) \lor \neg S(4,2) \lor S(5,3)) \land (\neg P(1,4,3) \lor \neg Q(0,3) \lor \neg S(4,3) \lor S(5,4)) \land$
$(\neg P(\#,4,0) \lor \neg Q(0,0) \lor \neg S(4,0) \lor S(3,1)) \land (\neg P(\#,4,1) \lor \neg Q(0,1) \lor \neg S(4,1) \lor S(3,2)) \land$
$(\neg P(\#,4,2) \lor \neg Q(0,2) \lor \neg S(4,2) \lor S(3,3)) \land (\neg P(\#,4,3) \lor \neg Q(0,3) \lor \neg S(4,3) \lor S(3,4)) \land$
$(\neg P(0,0,0) \lor \neg Q(1,0) \lor \neg S(0,0) \lor S(1,1)) \land (\neg P(0,0,1) \lor \neg Q(1,1) \lor \neg S(0,1) \lor S(1,2)) \land$
$(\neg P(0,0,2) \lor \neg Q(1,2) \lor \neg S(0,2) \lor S(1,3)) \land (\neg P(0,0,3) \lor \neg Q(1,3) \lor \neg S(0,3) \lor S(1,4)) \land$
$(\neg P(1,0,0) \lor \neg Q(1,0) \lor \neg S(0,0) \lor S(1,1)) \land (\neg P(1,0,1) \lor \neg Q(1,1) \lor \neg S(0,1) \lor S(1,2)) \land$
$(\neg P(1,0,2) \lor \neg Q(1,2) \lor \neg S(0,2) \lor S(1,3)) \land (\neg P(1,0,3) \lor \neg Q(1,3) \lor \neg S(0,3) \lor S(1,4)) \land$
// uma tentativa de deslizar para fora da fita; M para e permanece na célula 0:
$(\neg P(\#,0,0) \lor \neg Q(1,0) \lor \neg S(0,0) \lor S(0,1)) \land (\neg P(\#,0,1) \lor \neg Q(1,1) \lor \neg S(0,1) \lor S(0,2)) \land$
$(\neg P(\#,0,2) \lor \neg Q(1,2) \lor \neg S(0,2) \lor S(0,3)) \land (\neg P(\#,0,3) \lor \neg Q(1,3) \lor \neg S(0,3) \lor S(0,4)) \land$ //não pode estar no estado 1
$(\neg P(0,1,0) \lor \neg Q(1,0) \lor \neg S(1,0) \lor S(2,1)) \land (\neg P(0,1,1) \lor \neg Q(1,1) \lor \neg S(1,1) \lor S(2,2)) \land$
$(\neg P(0,1,2) \lor \neg Q(1,2) \lor \neg S(1,2) \lor S(2,3)) \land (\neg P(0,1,3) \lor \neg Q(1,3) \lor \neg S(1,3) \lor S(2,4)) \land$
$(\neg P(1,1,0) \lor \neg Q(1,0) \lor \neg S(1,0) \lor S(2,1)) \land (\neg P(1,1,1) \lor \neg Q(1,1) \lor \neg S(1,1) \lor S(2,2)) \land$
$(\neg P(1,1,2) \lor \neg Q(1,2) \lor \neg S(1,2) \lor S(2,3)) \land (\neg P(1,1,3) \lor \neg Q(1,3) \lor \neg S(1,3) \lor S(2,4)) \land$
$(\neg P(\#,1,0) \lor \neg Q(1,0) \lor \neg S(1,0) \lor S(0,1)) \land (\neg P(\#,1,1) \lor \neg Q(1,1) \lor \neg S(1,1) \lor S(0,2)) \land$
$(\neg P(\#,1,2) \lor \neg Q(1,2) \lor \neg S(1,2) \lor S(0,3)) \land (\neg P(\#,1,3) \lor \neg Q(1,3) \lor \neg S(1,3) \lor S(0,4)) \land$
$(\neg P(0,2,0) \lor \neg Q(1,0) \lor \neg S(2,0) \lor S(3,1)) \land (\neg P(0,2,1) \lor \neg Q(1,1) \lor \neg S(2,1) \lor S(3,2)) \land$

$(\neg P(0,2,2) \lor \neg Q(1,2) \lor \neg S(2,2) \lor S(3,3)) \land (\neg P(0,2,3) \lor \neg Q(1,3) \lor \neg S(2,3) \lor S(3,4)) \land$
$(\neg P(1,2,0) \lor \neg Q(1,0) \lor \neg S(2,0) \lor S(3,1)) \land (\neg P(1,2,1) \lor \neg Q(1,1) \lor \neg S(2,1) \lor S(3,2)) \land$
$(\neg P(1,2,2) \lor \neg Q(1,2) \lor \neg S(2,2) \lor S(3,3)) \land (\neg P(1,2,3) \lor \neg Q(1,3) \lor \neg S(2,3) \lor S(3,4)) \land$
$(\neg P(\#,2,0) \lor \neg Q(1,0) \lor \neg S(2,0) \lor S(1,1)) \land (\neg P(\#,2,1) \lor \neg Q(1,1) \lor \neg S(2,1) \lor S(1,2)) \land$
$(\neg P(\#,2,2) \lor \neg Q(1,2) \lor \neg S(2,2) \lor S(1,3)) \land (\neg P(\#,2,3) \lor \neg Q(1,3) \lor \neg S(2,3) \lor S(1,4)) \land$
$(\neg P(0,3,0) \lor \neg Q(1,0) \lor \neg S(3,0) \lor S(4,1)) \land (\neg P(0,3,1) \lor \neg Q(1,1) \lor \neg S(3,1) \lor S(4,2)) \land$
$(\neg P(0,3,2) \lor \neg Q(1,2) \lor \neg S(3,2) \lor S(4,3)) \land (\neg P(0,3,3) \lor \neg Q(1,3) \lor \neg S(3,3) \lor S(4,4)) \land$
$(\neg P(1,3,0) \lor \neg Q(1,0) \lor \neg S(3,0) \lor S(4,1)) \land (\neg P(1,3,1) \lor \neg Q(1,1) \lor \neg S(3,1) \lor S(4,2)) \land$
$(\neg P(1,3,2) \lor \neg Q(1,2) \lor \neg S(3,2) \lor S(4,3)) \land (\neg P(1,3,3) \lor \neg Q(1,3) \lor \neg S(3,3) \lor S(4,4)) \land$
$(\neg P(\#,3,0) \lor \neg Q(1,0) \lor \neg S(3,0) \lor S(2,1)) \land (\neg P(\#,3,1) \lor \neg Q(1,1) \lor \neg S(3,1) \lor S(2,2)) \land$
$(\neg P(\#,3,2) \lor \neg Q(1,2) \lor \neg S(3,2) \lor S(2,3)) \land (\neg P(\#,3,3) \lor \neg Q(1,3) \lor \neg S(3,3) \lor S(2,4)) \land$
$(\neg P(0,4,0) \lor \neg Q(1,0) \lor \neg S(4,0) \lor S(5,1)) \land (\neg P(0,4,1) \lor \neg Q(1,1) \lor \neg S(4,1) \lor S(5,2)) \land$
$(\neg P(0,4,2) \lor \neg Q(1,2) \lor \neg S(4,2) \lor S(5,3)) \land (\neg P(0,4,3) \lor \neg Q(1,3) \lor \neg S(4,3) \lor S(5,4)) \land$
$(\neg P(1,4,0) \lor \neg Q(1,0) \lor \neg S(4,0) \lor S(5,1)) \land (\neg P(1,4,1) \lor \neg Q(1,1) \lor \neg S(4,1) \lor S(5,2)) \land$
$(\neg P(1,4,2) \lor \neg Q(1,2) \lor \neg S(4,2) \lor S(5,3)) \land (\neg P(1,4,3) \lor \neg Q(1,3) \lor \neg S(4,3) \lor S(5,4)) \land$
$(\neg P(\#,4,0) \lor \neg Q(1,0) \lor \neg S(4,0) \lor S(3,1)) \land (\neg P(\#,4,1) \lor \neg Q(1,1) \lor \neg S(4,1) \lor S(3,2)) \land$
$(\neg P(\#,4,2) \lor \neg Q(1,2) \lor \neg S(4,2) \lor S(3,3)) \land (\neg P(\#,4,3) \lor \neg Q(1,3) \lor \neg S(4,3) \lor S(3,4)) \land$
$(\neg P(0,0,0) \lor \neg Q(2,0) \lor \neg S(0,0) \lor S(1,1)) \land (\neg P(0,0,1) \lor \neg Q(2,1) \lor \neg S(0,1) \lor S(1,2)) \land$
$(\neg P(0,0,2) \lor \neg Q(2,2) \lor \neg S(0,2) \lor S(1,3)) \land (\neg P(0,0,3) \lor \neg Q(2,3) \lor \neg S(0,3) \lor S(1,4)) \land$
$(\neg P(1,0,0) \lor \neg Q(2,0) \lor \neg S(0,0) \lor S(1,1)) \land (\neg P(1,0,1) \lor \neg Q(2,1) \lor \neg S(0,1) \lor S(1,2)) \land$
$(\neg P(1,0,2) \lor \neg Q(2,2) \lor \neg S(0,2) \lor S(1,3)) \land (\neg P(1,0,3) \lor \neg Q(2,3) \lor \neg S(0,3) \lor S(1,4)) \land$
$(\neg P(\#,0,0) \lor \neg Q(2,0) \lor \neg S(0,0) \lor S(1,1)) \land (\neg P(\#,0,1) \lor \neg Q(2,1) \lor \neg S(0,1) \lor S(1,2)) \land$
$(\neg P(\#,0,2) \lor \neg Q(2,2) \lor \neg S(0,2) \lor S(1,3)) \land (\neg P(\#,0,3) \lor \neg Q(2,3) \lor \neg S(0,3) \lor S(1,4)) \land$
$(\neg P(0,1,0) \lor \neg Q(2,0) \lor \neg S(1,0) \lor S(2,1)) \land (\neg P(0,1,1) \lor \neg Q(2,1) \lor \neg S(1,1) \lor S(2,2)) \land$
$(\neg P(0,1,2) \lor \neg Q(2,2) \lor \neg S(1,2) \lor S(2,3)) \land (\neg P(0,1,3) \lor \neg Q(2,3) \lor \neg S(1,3) \lor S(2,4)) \land$
$(\neg P(1,1,0) \lor \neg Q(2,0) \lor \neg S(1,0) \lor S(2,1)) \land (\neg P(1,1,1) \lor \neg Q(2,1) \lor \neg S(1,1) \lor S(2,2)) \land$
$(\neg P(1,1,2) \lor \neg Q(2,2) \lor \neg S(1,2) \lor S(2,3)) \land (\neg P(1,1,3) \lor \neg Q(2,3) \lor \neg S(1,3) \lor S(2,4)) \land$
$(\neg P(\#,1,0) \lor \neg Q(2,0) \lor \neg S(1,0) \lor S(2,1)) \land (\neg P(\#,1,1) \lor \neg Q(2,1) \lor \neg S(1,1) \lor S(2,2)) \land$
$(\neg P(\#,1,2) \lor \neg Q(2,2) \lor \neg S(1,2) \lor S(2,3)) \land (\neg P(\#,1,3) \lor \neg Q(2,3) \lor \neg S(1,3) \lor S(2,4)) \land$
$(\neg P(0,2,0) \lor \neg Q(2,0) \lor \neg S(2,0) \lor S(3,1)) \land (\neg P(0,2,1) \lor \neg Q(2,1) \lor \neg S(2,1) \lor S(3,2)) \land$
$(\neg P(0,2,2) \lor \neg Q(2,2) \lor \neg S(2,2) \lor S(3,3)) \land (\neg P(0,2,3) \lor \neg Q(2,3) \lor \neg S(2,3) \lor S(3,4)) \land$
$(\neg P(1,2,0) \lor \neg Q(2,0) \lor \neg S(2,0) \lor S(3,1)) \land (\neg P(1,2,1) \lor \neg Q(2,1) \lor \neg S(2,1) \lor S(3,2)) \land$
$(\neg P(1,2,2) \lor \neg Q(2,2) \lor \neg S(2,2) \lor S(3,3)) \land (\neg P(1,2,3) \lor \neg Q(2,3) \lor \neg S(2,3) \lor S(3,4)) \land$
$(\neg P(\#,2,0) \lor \neg Q(2,0) \lor \neg S(2,0) \lor S(3,1)) \land (\neg P(\#,2,1) \lor \neg Q(2,1) \lor \neg S(2,1) \lor S(3,2)) \land$
$(\neg P(\#,2,2) \lor \neg Q(2,2) \lor \neg S(2,2) \lor S(3,3)) \land (\neg P(\#,2,3) \lor \neg Q(2,3) \lor \neg S(2,3) \lor S(3,4)) \land$
$(\neg P(0,3,0) \lor \neg Q(2,0) \lor \neg S(3,0) \lor S(4,1)) \land (\neg P(0,3,1) \lor \neg Q(2,1) \lor \neg S(3,1) \lor S(4,2)) \land$
$(\neg P(0,3,2) \lor \neg Q(2,2) \lor \neg S(3,2) \lor S(4,3)) \land (\neg P(0,3,3) \lor \neg Q(2,3) \lor \neg S(3,3) \lor S(4,4)) \land$
$(\neg P(1,3,0) \lor \neg Q(2,0) \lor \neg S(3,0) \lor S(4,1)) \land (\neg P(1,3,1) \lor \neg Q(2,1) \lor \neg S(3,1) \lor S(4,2)) \land$
$(\neg P(1,3,2) \lor \neg Q(2,2) \lor \neg S(3,2) \lor S(4,3)) \land (\neg P(1,3,3) \lor \neg Q(2,3) \lor \neg S(3,3) \lor S(4,4)) \land$
$(\neg P(\#,3,0) \lor \neg Q(2,0) \lor \neg S(3,0) \lor S(4,1)) \land (\neg P(\#,3,1) \lor \neg Q(2,1) \lor \neg S(3,1) \lor S(4,2)) \land$
$(\neg P(\#,3,2) \lor \neg Q(2,2) \lor \neg S(3,2) \lor S(4,3)) \land (\neg P(\#,3,3) \lor \neg Q(2,3) \lor \neg S(3,3) \lor S(4,4)) \land$
$(\neg P(0,4,0) \lor \neg Q(2,0) \lor \neg S(4,0) \lor S(5,1)) \land (\neg P(0,4,1) \lor \neg Q(2,1) \lor \neg S(4,1) \lor S(5,2)) \land$
$(\neg P(0,4,2) \lor \neg Q(2,2) \lor \neg S(4,2) \lor S(5,3)) \land (\neg P(0,4,3) \lor \neg Q(2,3) \lor \neg S(4,3) \lor S(5,4)) \land$
$(\neg P(1,4,0) \lor \neg Q(2,0) \lor \neg S(4,0) \lor S(5,1)) \land (\neg P(1,4,1) \lor \neg Q(2,1) \lor \neg S(4,1) \lor S(5,2)) \land$
$(\neg P(1,4,2) \lor \neg Q(2,2) \lor \neg S(4,2) \lor S(5,3)) \land (\neg P(1,4,3) \lor \neg Q(2,3) \lor \neg S(4,3) \lor S(5,4)) \land$

$(\neg P(\#,4,0) \lor \neg Q(2,0) \lor \neg S(4,0) \lor S(5,1)) \land (\neg P(\#,4,1) \lor \neg Q(2,1) \lor \neg S(4,1) \lor S(5,2)) \land$
$(\neg P(\#,4,2) \lor \neg Q(2,2) \lor \neg S(4,2) \lor S(5,3)) \land (\neg P(\#,4,3) \lor \neg Q(2,3) \lor \neg S(4,3) \lor S(5,4)) \land$
$(\neg P(0,0,0) \lor \neg Q(3,0) \lor \neg S(0,0) \lor S(0,1)) \land (\neg P(0,0,1) \lor \neg Q(3,1) \lor \neg S(0,1) \lor S(0,2)) \land$
$(\neg P(0,0,2) \lor \neg Q(3,2) \lor \neg S(0,2) \lor S(0,3)) \land (\neg P(0,0,3) \lor \neg Q(3,3) \lor \neg S(0,3) \lor S(0,4)) \land$
$(\neg P(1,0,0) \lor \neg Q(3,0) \lor \neg S(0,0) \lor S(0,1)) \land (\neg P(1,0,1) \lor \neg Q(3,1) \lor \neg S(0,1) \lor S(0,2)) \land$
$(\neg P(1,0,2) \lor \neg Q(3,2) \lor \neg S(0,2) \lor S(0,3)) \land (\neg P(1,0,3) \lor \neg Q(3,3) \lor \neg S(0,3) \lor S(0,4)) \land$
$(\neg P(\#,0,0) \lor \neg Q(3,0) \lor \neg S(0,0) \lor S(0,1)) \land (\neg P(\#,0,1) \lor \neg Q(3,1) \lor \neg S(0,1) \lor S(0,2)) \land$
$(\neg P(\#,0,2) \lor \neg Q(3,2) \lor \neg S(0,2) \lor S(0,3)) \land (\neg P(\#,0,3) \lor \neg Q(3,3) \lor \neg S(0,3) \lor S(0,4)) \land$
$(\neg P(0,1,0) \lor \neg Q(3,0) \lor \neg S(1,0) \lor S(1,1)) \land (\neg P(0,1,1) \lor \neg Q(3,1) \lor \neg S(1,1) \lor S(1,2)) \land$
$(\neg P(0,1,2) \lor \neg Q(3,2) \lor \neg S(1,2) \lor S(1,3)) \land (\neg P(0,1,3) \lor \neg Q(3,3) \lor \neg S(1,3) \lor S(1,4)) \land$
$(\neg P(1,1,0) \lor \neg Q(3,0) \lor \neg S(1,0) \lor S(1,1)) \land (\neg P(1,1,1) \lor \neg Q(3,1) \lor \neg S(1,1) \lor S(1,2)) \land$
$(\neg P(1,1,2) \lor \neg Q(3,2) \lor \neg S(1,2) \lor S(1,3)) \land (\neg P(1,1,3) \lor \neg Q(3,3) \lor \neg S(1,3) \lor S(1,4)) \land$
$(\neg P(\#,1,0) \lor \neg Q(3,0) \lor \neg S(1,0) \lor S(1,1)) \land (\neg P(\#,1,1) \lor \neg Q(3,1) \lor \neg S(1,1) \lor S(1,2)) \land$
$(\neg P(\#,1,2) \lor \neg Q(3,2) \lor \neg S(1,2) \lor S(1,3)) \land (\neg P(\#,1,3) \lor \neg Q(3,3) \lor \neg S(1,3) \lor S(1,4)) \land$
$(\neg P(0,2,0) \lor \neg Q(3,0) \lor \neg S(2,0) \lor S(2,1)) \land (\neg P(0,2,1) \lor \neg Q(3,1) \lor \neg S(2,1) \lor S(2,2)) \land$
$(\neg P(0,2,2) \lor \neg Q(3,2) \lor \neg S(2,2) \lor S(2,3)) \land (\neg P(0,2,3) \lor \neg Q(3,3) \lor \neg S(2,3) \lor S(2,4)) \land$
$(\neg P(1,2,0) \lor \neg Q(3,0) \lor \neg S(2,0) \lor S(2,1)) \land (\neg P(1,2,1) \lor \neg Q(3,1) \lor \neg S(2,1) \lor S(2,2)) \land$
$(\neg P(1,2,2) \lor \neg Q(3,2) \lor \neg S(2,2) \lor S(2,3)) \land (\neg P(1,2,3) \lor \neg Q(3,3) \lor \neg S(2,3) \lor S(2,4)) \land$
$(\neg P(\#,2,0) \lor \neg Q(3,0) \lor \neg S(2,0) \lor S(2,1)) \land (\neg P(\#,2,1) \lor \neg Q(3,1) \lor \neg S(2,1) \lor S(2,2)) \land$
$(\neg P(\#,2,2) \lor \neg Q(3,2) \lor \neg S(2,2) \lor S(2,3)) \land (\neg P(\#,2,3) \lor \neg Q(3,3) \lor \neg S(2,3) \lor S(2,4)) \land$
$(\neg P(0,3,0) \lor \neg Q(3,0) \lor \neg S(3,0) \lor S(3,1)) \land (\neg P(0,3,1) \lor \neg Q(3,1) \lor \neg S(3,1) \lor S(3,2)) \land$
$(\neg P(0,3,2) \lor \neg Q(3,2) \lor \neg S(3,2) \lor S(3,3)) \land (\neg P(0,3,3) \lor \neg Q(3,3) \lor \neg S(3,3) \lor S(3,4)) \land$
$(\neg P(1,3,0) \lor \neg Q(3,0) \lor \neg S(3,0) \lor S(3,1)) \land (\neg P(1,3,1) \lor \neg Q(3,1) \lor \neg S(3,1) \lor S(3,2)) \land$
$(\neg P(1,3,2) \lor \neg Q(3,2) \lor \neg S(3,2) \lor S(3,3)) \land (\neg P(1,3,3) \lor \neg Q(3,3) \lor \neg S(3,3) \lor S(3,4)) \land$
$(\neg P(\#,3,0) \lor \neg Q(3,0) \lor \neg S(3,0) \lor S(3,1)) \land (\neg P(\#,3,1) \lor \neg Q(3,1) \lor \neg S(3,1) \lor S(3,2)) \land$
$(\neg P(\#,3,2) \lor \neg Q(3,2) \lor \neg S(3,2) \lor S(3,3)) \land (\neg P(\#,3,3) \lor \neg Q(3,3) \lor \neg S(3,3) \lor S(3,4)) \land$
$(\neg P(0,4,0) \lor \neg Q(3,0) \lor \neg S(4,0) \lor S(4,1)) \land (\neg P(0,4,1) \lor \neg Q(3,1) \lor \neg S(4,1) \lor S(4,2)) \land$
$(\neg P(0,4,2) \lor \neg Q(3,2) \lor \neg S(4,2) \lor S(4,3)) \land (\neg P(0,4,3) \lor \neg Q(3,3) \lor \neg S(4,3) \lor S(4,4)) \land$
$(\neg P(1,4,0) \lor \neg Q(3,0) \lor \neg S(4,0) \lor S(4,1)) \land (\neg P(1,4,1) \lor \neg Q(3,1) \lor \neg S(4,1) \lor S(4,2)) \land$
$(\neg P(1,4,2) \lor \neg Q(3,2) \lor \neg S(4,2) \lor S(4,3)) \land (\neg P(1,4,3) \lor \neg Q(3,3) \lor \neg S(4,3) \lor S(4,4)) \land$
$(\neg P(\#,4,0) \lor \neg Q(3,0) \lor \neg S(4,0) \lor S(4,1)) \land (\neg P(\#,4,1) \lor \neg Q(3,1) \lor \neg S(4,1) \lor S(4,2)) \land$
$(\neg P(\#,4,2) \lor \neg Q(3,2) \lor \neg S(4,2) \lor S(4,3)) \land (\neg P(\#,4,3) \lor \neg Q(3,3) \lor \neg S(4,3) \lor S(4,4)) \land$
$Q(3,4)$ // grupo 8

Índice Remissivo

A

Ackermann, Wilhelm, 163
acróstico, 123
afunilamento
   configuração heterogênea, 229-230, 232
   configuração homogênea, 229-230 232
   eficiência do acesso ao nó, 231
   focando em elementos, 233
   rotações, 230-231
agrep. Ver comando aproximado *grep*
agrupamento(s)
   primários, 479
   secundários, 479
   secundários e escrutínio, 479
algoritmo(s), 22-23
   binária de busca, 54-55
   Brélaz, 399
   busca em profundidade, 343
   casamento de delimitadores, 116-117
   classes de, 51-52
   complexidade, 52-53
   complexidade amortizada, 57-58
   complexidade assintótica, 53-55
   complexidade de espaço, 51-53
   complexidade de tempo, 51-53
   constantes, 51-52
   cópia para coletores de lixo, 568
   cúbico, 52-53, 354
   custos de, 46
   de Baker, 558-560
   de busca, 582
   de correção de rótulo, 348
   de deslocamento máximo, 600
   de Dinic, 370
   de dois ponteiros para compactação heap, 556
   de fluxo máximo, 405
   de incompatibilidade ideal, 600
   de Morris, 206-207
   de ordenação eficientes, 436-456
   de ordenação elementares, 425-432
   de percurso e árvores, 343
   de redução, 61, 403
   de Schorr e Waite, 552
   de Tarjan, 363-364
   de Yuasa, 561-563
   determinista, 60-61
   determinísticos, 61-62
   DSW, 219-220
   eficiência de caso médio, 55-58
   eficiência do melhor caso, 55-58
   eficiência do pior caso, 55-58
   eficiência/eficiente do, 46-51, 61
   fontes que afetam a eficiência, 568
   ideal para compressão, 518
   iteradores, 22-23
   laços aninhados, 53
   local e listas duplamente ligadas, 568
   mal projetados, 52
   matrizes, 53-54
   não determinista, 60-61
   nearestAdditionAlgorithm(), 396
   parâmetros funcionais, 29
   pare e copie, 556
   polinomiais determinista, 62
   primeiro-ajuste, 541
   processamento de níveis de sobreposição na expressão, 251
   quadrático, 52, 53
   rejeitado prematuramente, 51
   relacionados com os conjuntos, 311
   simples para casamento exato de cadeias de caracteres, 582-585
   tempo de operação dependente do sistema, 46
   tempo e memória para realizar a tarefa, 53
   tempo polinomial, 61
   tratáveis, 61
   vetores, 28-29
algoritmo Boyer-Moore
   algoritmo computeDelta2ByBruteForce(), 595-596
   algoritmo computeDelta2UsingNext(), 596-598
   buscas múltiplas, 600-601
   casamento, comparando-os da direita para esquerda, 591-592

Índice Remissivo

deslocando/alterando padrão, 599
ignorando os caracteres, 591-592
incremento após incompatibilidade é detectado, 592-593
regra de sufixo parcial, 594
regra do sufixo completo, 594
subsequência de sufixo correspondente, 596
algoritmo de força bruta
   casamento de conjuntos de palavras, 605-606
   comparações redundantes, 585
algoritmo de Dijkstra, 346-347
   versão da correção de rótulo de, 352
algoritmo(s) de ordenação, 29
   árvores binárias, 433
   complexidade, 425
   de *heap*, 439-441
   de raiz, 450-455
   eficiência, 433, 436-456
   elementar, 425-433
   estável, 459, 461
   mergesort (ordenação por fusão), 447-450
   por borbulhamento, 429-431
   por contagem, 455-456
   por inserção, 425-426
   por seleção, 428-429
   quicksort, 441-446
   Shell, 436-438
   tipo pente, 432
algoritmo de Ziv-Lempel, 524-527
   código de compressão de dados universal, 524
   LZ77, 524-525
algoritmo FordFulkersonAlgorithm()
   abordagem em amplitude, 369-370
   abordagem em profundidade, 369-371
   busca em profundidade, 370-373
   corte, 367
   fase de rotulagem, 368
   ineficiência de, 371
   varredura na rede, 369
algoritmo Huffman(), 511-520
   implementando heap, 512
   pack do, 527
algoritmo Knuth-Morris-Pratt

algoritmo bruteForceStringMatching(), 586
algoritmo findNext(), 589-590
algoritmo findNextS(), 590-591
avaliação da complexidade computacional, 587
comparação em uma busca sem sucesso, 591
eficiência na determinação da tabela next, 588
eliminando as comparações pouco promissoras, 589
i nunca é diminuído no, 587
ignorando os caracteres, 591
minimizando caracteres envolvidos no casamento, 591
palavras de Fibonacci definidas de forma recursiva, 591
problema de casamento, 588
processo de casamento, 608
Allen, Brian, 228
alocação
   dinâmica de memória, 540
   dinâmica e pilha em tempo de execução, 150
alocação de memória
   compactação após, 543
   sistema binário de amigo, 544
American Standard Code for Information Interchange. *Ver* ASCII, código
amigos e método binário de amigo, 547
âncoras, 148, 152, 162
antecessor, 625
arcos, 186, 189
área de transbordamento, 497
aresta(s), 340, 341
   bloqueadas, 373
   capacidade, 367
   de trás, 344
   fluxo, 367
   frontais, 344
   pesos, 346
   ponte, 360
argumentos, passagem de números como, 18
aritmética
   de ponteiro, 11, 22
   do iterador, 22
arquivo(s)
   bits no final, 536
   busca, 32-40
   committees, 405-406, 408
   de entrada, 528
   de saída, 527

   especializados, 519
   extensíveis e funções de escrutínio, 491-493
   inserindo interativamente, 497
   names, 497
   outfile, 497
   ponto de vista do sistema operacional, 32
   ponto de vista do usuário, 32
   removendo elementos, 497-498
arquivos de acesso aleatório
   acessando registros diretamente, 32
   definição de formato de registro, 32-40
   encontrando registros, 32-40
   inserindo registros, 32-40
   modificando registros, 32-40
   registros de comprimento fixo, 32
arquivos de texto
   codificação comprimento-de-carreira, 524
   busca de, 32-40
árvores 2-4, 295-306
   dividindo, 298-299
   eliminação de cópia, 301
   flagFlipping, 299-300
   ligações entre ascendentes e filhos, 295
   nós, 293, 295, 301
   removendo nós, 301-302
   transformando em forma de árvore binária, 295
árvore(s)
   2-3-4, 295
   admissível, 223
   algoritmos de percurso, 343
   alinhadas, 203-205
   altura, 186
   ao acaso, 241
   arcos, 186
   arestas, 343
   armazenando múltiplas cópias dos mesmos valores, 189-190
   assimétrica, ou desbalanceada, 217
   autoajustável, 227-233
   autorreestruturáveis, 228-229
   B binária simétrica, 295
   B de ordem m, 271
   B+ de prefixos simples, 283
   balanceamento, 217-227
   binária, 188-190
   binária completa, 189
   binárias com balanceamento de altura, 217

binárias de busca, 189
binárias não alinhadas, 208
binárias ordenadas, 189
binárias perfeitamente
   balanceada, 217-218
caminhos, 186
cartesiana, 241, 542
casamento de cadeias de
   caracteres exata, 614-619
ciência e, 186
com número deliberado de
   filhos, 188
comprimento do caminho
   médio, 194
comprimento do percurso
   ponderado, 511
de bit, 291-292
de busca m-ária, 269
de busca múltipla de ordem
   m, 269
de decisão completa, 433
de decisão m-folhas, 434
de m-ária, 269
de espalhamento e grafos,
   356-360
de espalhamento mínima, 357,
   395, 395
de expressão, 251-253
definindo recursivamente, 186
degenerada, 206
degeneradas e percurso in-
   ordem, 206
desbalanceada à direita, 216
destruindo a estrutura original,
   207
disjuntas, 186
duas árvores escolhidas para
   criar, 511-512
elementos que ocorrem uma
   vez, 193
exemplos, 187
fase de construção, 222
folhas, 186, 189
horizontal-verticais, 295
húngara, 382, 388
inserções e remoções aleatórias,
   216
IPL (internal path length), 194
k-B, regiões não retangulares,
   291
linha de sucessor, 211
lista duplamente ligada de
   ponteiros, 512
localizando/buscando, 187, 217
mapas, 312-314
média, 194
não alinhadas, 209
não vazias, 186

nós, 186
nós redundantes, 193
número médio de visitas em,
   319
ordenadas, 188
ordenadas por chaves, 312
percurso por transformação,
   205-209
perfeitamente balanceada, e
   heaps, 234, 235, 241
pilha como parte de, 203
ponteiros, 203
propriedade de heap, 439
R+, 294
raízes, 186, 189, 511
relações de tipo hierárquico,
   340
representando estrutura
   hierárquica do domínio, 217
transformadas em lista ligada,
   446
transformando listas ligadas
   em, 188
vazias, 186
visitando cada nó exatamente
   uma vez, 195-209
árvores autoajustadas
   afunilamento, 229-233
   árvores autorreestruturáveis,
      228-229
   movendo-se para cima
      elementos usados com mais
      frequência, 228
árvores AVL
   árvores vh, 305-306
   estendida, 227
   fatores de balanceamento, 223,
      224, 225
   fora do balanço, 226
   inserção de nó, 225-226
   número mínimo de nós, 223
   remoção de nós, 226-227
   rotação, 224-226
   tempo de busca, 223
árvores B
   algoritmo para encontrar
      chave, 273
   armazenagem secundária e,
      270-271
   árvores 2-4, 295-298
   árvores B*, 279-280
   árvores B+, 280-281
   árvores de bit, 291-292
   árvores k-d B, 286-291
   árvores R, 293-294
   B+ de prefixos, 283-284
   balanceada, 295
   busca de, 273

chaves, 274, 276
cheia, 274
família, 269-317
folhas, 274
folhas divididas, 274
garantida ser 50% cheia, 278
nós de, 271-272, 295
número de filhos, 271
percurso em in-ordem, 281
perfeitamente balanceada, 271
pré-divisão de nós, 276
referências aos dados, 281
remoção de chaves, 278-280
árvores B+ de prefixo, 283-284
árvores de bit, 291
árvores binárias, 188-189
   árvores de decisão, 189
   árvores K-d, 243-249
   balanceada em altura, 217
   código binário, 511-523
   como o índice de baldes, 492
   elementos, 228
   estruturas ligadas, 190
   expressões aritméticas,
      relacionais e lógicas, 249-250
   filho nulo, 190
   folhas, 188-189
   heaps, 234-241, 440
   implementação, 190-193
   inserção, 209-211
   livre de parênteses, 250
   matrizes, 190
   modificando, 209
   percurso da, 208
   perfeitamente equilibrada, 217
   reestruturação, 218
   remoção, 211-213
   treaps, 241-243
árvores binárias de busca,
   189-190
   algoritmo para localizar
      elemento, 193
   armazenando predecessores,
      254
   chaves, 243
   combinando com heap,
      241-243
   desempenho de armazenagem
      secundária, 270-271
   eficiência de acesso ao nó,
      231-232
   implementação, 191-193
   inserção de nós, 209-211, 274
   matriz ordenada, 220
   não alinhadas, 208
   ordem de inserção de chave,
      319
   percorrendo/buscando, 193-
      195, 241

Índice Remissivo

pontos no plano cartesiano, 243-244
remoção por cópia, 215-217
remoção por fusão, 212-214
remoção/exclusão de nós, 211, 247-248
semiafunilamento, 254
transfigurando em árvore parecida com uma lista ligada, 220-221
treaps, 241-243
valores da subárvore à direita, 189
valores da subárvore à esquerda, 189
árvores de decisão, 433-434
  número de folhas, 188
  ordenação, 433-435
árvores de Huffman, 523
  armazenamento de símbolos em vez de probabilidades, 515
  ascendentes, 515
  caractere de escape especial, 523
  codificação adaptativa de Huffman, 519
  codificador e decodificador usam codificação, 517
  construção de baixo para cima, 512, 515
  construção de cima para baixo, 512
  contadores, 520
  implementação das, 512-515
  índices, 515
  nó-0, 520, 520-521
  palavras-chave, 515, 520, 528
  pares de símbolos, 519
  posições dos nós, 528
  probabilidades nas, 512-513
  propriedade da heap, 515
  propriedade de irmandade, 520
  reconstrução da, 537
  super-símbolos, 527-528
  varredura antes da transformação, 520
árvores de sufixos
  algoritmo Ukkonen, 617
  casamento exato de cadeias de caracteres, 582
  ligação do sufixo, 618
  nó implícito, 616
  obtida de uma trie de sufixos, 616
  transformando trie de sufixos em, 618
árvores k-d
  atributos, 243, 245

chaves, 243
custo da busca de intervalo, 247
exclusão de nó, 247
exclusão raiz q, 247
itens de saída na árvore, 246
multidimensionalmente, 243
procurando para o item, 246
árvores k-d B
  divisão de folhas, 286-287
  divisão de nós, 286-287
  excesso, 286, 287-288
  inserção de nós, 286-287
  pontos (elementos) de espaço dimensional k, 286
  remoção de nós, 288
  subtransbordamento, 288
  variações, 291
árvores múltiplas
  árvore de busca m-ária, 269
  árvore de busca múltipla de ordem m, 269
  família de árvores B, 269-317
  tries, 317-324
árvores vermelho-pretas, 295
  implementação de conjuntos como, 310
  mapas, 312
árvores vh, 295
  altura ímpar, 297-298
  árvores AVL, 306
  árvores binárias, 295
  busca/pesquisa, 296-298
  divisão de nós, 298-300
  eliminação de cópia, 301
  flag flipping, 299-300
  inserindo sequência de números, 301-302
  membros de função virtual, 20
  nós, 298, 302-305
  propriedades, 296
  sucessores, 301-302
ASCII (American Standard Code for Information Interchange), código, 424
associação
  dinâmica, 20
  estática, 20
atributos, 8
  árvores k-d, 243
Austen, Jane, 519
autômato
  criação, 611-612
  finito não determinístico. Ver NDFA (nondeterministic finite automaton)
  terminal múltiplo ou estados de aceitação, 611-612
  um estado inicial, 611-612

B

Bachmann, Paul, 47
balanceamento de árvores
  algoritmo DSW, 219-220
  árvores AVL, 223-225
baldes, 482-484
  divisão de, 493-494
  escrutínio com, 497-505
  fator de carga, 495
  listas ligadas, 481-483
  profundidades locais, 493
  transbordamento, 493-495
Baker, Henry, 558
banco de dados relacionais, 21
bandeira endOfWord, 333
barreira
  de gravação, 562-563
  de leitura, 560
BASIC, memória necessária para executar programas, 540
Bayer, Rudolf, 295
Biblioteca de Formatos Padrão. *Ver* STL (Standard Template Library)
bit D (bit de distinção), 291
bit de distinção. *Ver* bit D (bit de distinção)
Bitner, James, 228
boco(s), 360
  listas duplamente ligadas, 520
  tamanho, 271
blocos de memória, 540-541
  acoplados com o amigo de mesmo tamanho, 544
  agrupamento disponível de, 545
  algoritmo pior ajuste, 541
  fragmentação externa, 547
  liberando, 9
  livre, 540
  procedimento primeiro ajuste, 541, 542
  tamanhos disponíveis dos, 547-548
BNF (Backus-Naur form), 149-150
Busacker, R. G., 376
busca/pesquisa, 296-298
  algoritmo de Cichelli, 486
  arquivos, 32-39
  árvores, 188, 217
  árvores B, 273-274
  árvores binária de busca, 193-195, 241
  árvores de bit, 291-292
  árvores R, 294
  árvores vh, 296-298

comparações realizadas, 194
complexidade, 194
de elementos em listas, 89-90
em amplitude para grafos, 387
listas ligadas, 100, 188
listas singularmente ligadas, 79
malsucedidas, 480
melhor caso, 194-195
pior caso para árvore binária, 194-195
trie comprimida, 322-323
busca binária, 54-56
   chave conhecida e, 473
   versão não determinista, 61-62
busca em profundidade
   algoritmo FordFulkersonAlgorithm(), 368-369
   árvore de espelhamento mínima, 395-396
   ordenamento topológico, 365

C

C++
   classes genéricas, 4
   definição sintática de declaração, 150
   encapsulamento, 20
   equivalente do fatorial, 150
   ocultamento de informações, 20
   OOLs (Object-Oriented Languages), 20
   OOPs (Object-Oriented Programming), 20-21
   superconjunto de C, 20
cadeia de caracteres major, 40
cálculo da série de Fibonacci, 173
caminho(s), 186, 340, 380
   alternante para M, 380
   alternativo do mesmo comprimento, 388
   arcos, 186
   arestas frontais, 367
   arestas traseiras, 367
   de aumento, 380, 387-388, 408
   de aumento de fluxo, 367-368
   comprimento, 186
   comprimento zero, 388
   mais curto, 346-355
   número de nós em, 186
   tail, 551
caminhos mais curtos
   algoritmo de Dijkstra, 346-347
   algoritmo do limiar, 351
   algoritmo FordAlgorithm(), 349

algoritmo labelCorrectingAlgorithm(), 350-351
algoritmos de correção de rótulo, 348-349
   deque, 350-351
   método do pequeno rótulo primeiro, 351
   métodos de correção de rótulo, 346
   métodos de estabelecimento de rótulo, 346
   problema do caminho mais curto todos-para-todos, 352-353
campo(s)
   blocos, 137
   de informação, 190
   de ponteiro, 190
   resto, 137
   topo, 137
caractere
   fim de linha, 157
   nulos ('0'), 39
carreiras, 523, 527
Carroll, Lewis, 122
casamento, 379-388
   caminho alternante para M, 380
   caminho de aumento, 380-381
   conjuntos de palavras, 605-700
   de compiladores e delimitadores, 116
   de expressões regulares, 611-613
   grafos não bipartidos, 387
   máximo, 379-380, 382
   padrão, 582
   perfeito, 380
   problema de atribuição, 385-387
   problema de casamento, 380
   problema de casamento estável, 384-386
   sequência semelhante, 622
casamento de cadeias de caracteres, 582
   aproximadas, 621-630
   com k erros, 627-629
   exato, 582-621
casamento de cadeias de caracteres exata
   abordagem orientada por bit, 602
   algoritmo AhoCorasick(), 606-607
   algoritmo Boyer-Moore, 591-600
   algoritmo BoyerMooreAll Occurrences(), 601

algoritmo Boyer-Moore-Galil, 601
algoritmo bruteForceStringMatching(), 582-583
algoritmo computeFailureFunction(), 609-611
algoritmo computeGotoFunction(), 607-608
algoritmo dynamicShiftAnd(), 605
algoritmo Hancart(), 584-585
algoritmo Knuth-Morris-Pratt, 585-591
algoritmo shift-and, 602-603
algoritmos simples para, 582-585
algoritmos Sunday, 599-600
árvores, 614-619
árvores de sufixo, 615-619
buscas múltiplas, 600-601
casamento de conjuntos de palavras, 605-611
casamento de expressões regulares, 611-615
matrizes de sufixos, 619-620
tries de sufixos, 614-619
caule, 388
células, endereço avançado na, 559-560
chamadas de função em linguagens tradicionais, 3
chamada de função, 3
   alocação dinâmica usando pilha em tempo de execução, 150
   endereço de retorno, 150
   implementação de recursão, 150-152
   passagem de argumentos por referência, 16
chamadas recursivas
   acompanhamento, 153
   anatomia de, 151-153
   caractere de fim de linha, 157
   função reverse(), 156-157
   no final da implementação da função, 155-156
chaves
   antecessor, 215
   árvore binária de busca, 243
   árvores B, 273-275
   árvores B+, 280-281, 283-284
   árvores k-d, 243
   atribuição de valores a, 489

cálculo do endereço, 475
como sequência de caracteres, 317
comparação da, 473
folha, 274
inserção de pares, 314, 316
mapas, 312
multimapas, 316
nós, 271
ordem, 282
partes combinadas ou enlaçadas em conjunto, 474
procurando sequencialmente todas as posições, 476
redistribuídas, 277
remoção, 281
separadoras, 283
sucessor de, 215
transformando em índice, 473
transformando em outro número base, 473
tries, 317
valor da, 473
ciclo(s), 341-342, 380, 557
alternante, 388
detecção de, 352, 354-356
euleriano, 389-390
hamiltoniano, 391-392, 403
negativo, 346
número ímpar de arestas, 388
Cichelli, Richard J., 486
circuitos, 340
classe(s), 1
Ada (pacotes) e instâncias, 20
base, 7-8
construindo, 31
de formato (template), 21
declarações de, 4
destrutores, 15
derivadas, 7-8
funções de usuários como amigas, 20-21
funções definidas em, 1
genérica, 4, 31-40
genérica de pilha, 119, 130
hierarquia de, 5
informação privada, 20
informação pública, 20
instâncias de, 1
limitação da usabilidade, 4
parâmetros de tipo, 4
subclasses, 7
superclasse, 7
T, 39
variáveis, 1
vetor, 28
cliques, 400-401, 403

CNF (*conjunctive normal form*), 62-63
COBOL, memória necessária para executar programas, 540
codificação
 adaptativa de Huffman, 519-520, 523-524, 527
 comprimento-de-carreira, 524
 comprimento-de-carreira e imagens de fax, 524
 de compressão e LZW, 527
codificação comprimento-de-carreira, 523-524
 arquivos de texto, 524
 bancos de dados relacionais, 524
 codificação de Huffman com, 527-535
 imagens de fax, 524
codificação adaptativa de Huffman, 519-523
 arquivos de, 527
 com codificação comprimento-de-carreira, 527-535
 conjunto de símbolos usados, 523
 nós de probabilidade primeiro ordenado, 512
 ocorrências de símbolo, 524
 pré-processamento de arquivos, 519
 tabela de conversão, 519
codificação LZW, 525-526
 tabela de palavras-chave, 525
códigos, 509-510
 Morse, 509
código binário, 509
 árvore binária para, 511-523
coleções menores, 564
 de lixo local, 568-569
coleta de lixo
 algoritmo pare e copie, 556
 compactação, 555-556
 custo, 557
 geracional, 563-565
 incremental, 557-560
 métodos de cópia, 556-557
 técnica marcar e trocar, 550-555
coleta de lixo incremental
 barreira de leitura, 560
 métodos de cópia, 556-558
 métodos sem cópia, 560-562
 mutador, 557
coleta de lixo marcar e trocar
 compactação, 555-556
 de nós head e tail, 550

memória, 550
 passadas exaustivas e ininterruptas, 560
 pilha de tempo de execução, 551
 pilha explícita, 551
 procedimento de marcação, 550-553
 regeneração de espaço, 555
coletores de lixo, 550-551
 algoritmos de cópia para, 568
 campos, 550
 conjunto raiz, 551
 geracionais, 563
 heaps, 550
 invocados automaticamente, 557
 lembrando se marcação ou troca, 561
 local, 568-570
 ponteiros de raiz, 550
colocando na fila
 elementos, 235, 236
 restaurando a propriedade de heap, 236, 238
coloração
 de grafos, 398-401
 sequencial, 398
comando aproximado *grep*, 627
Comer, Douglas, 280
compact, 527
compactação, 555
comparação de chave de busca sequencial, 473
compilação, 173
complexidade
 amortizada, 57-58
 caso médio, 55-58
 computacional, 46
 laços aninhados, 53-54
 média, 55
 melhor caso, 55-58
 pior caso, 55-58
complexidade assintótica, 46-47, 53-55
 notação O-grande, 47-48
componentes fortemente conectados. Ver SCC (*strongly connected components*)
comportamento, 31
compressão de dados
 codificação comprimento-de-carreira, 523-524
 codificação Huffman, 511-523
 código Ziv-Lempel, 524-526
 comprimento de mensagem codificada, 517-518

condições para, 509-510
diminuição do comprimento
  da palavra-código, 510
restrições de código, 510-511
comprimento
  de percurso ponderado, 511
  do caminho interno. Ver IPL
    (internal path length)
  do caminho médio, 194
  do tipo long, 40
  médio de palavra-chave, 518
conectividade
  grafos, 360-365
  grafos direcionados, 362-364
  grafos não direcionados,
    360-362
  graus, 360
configuração
  heterogênea, 229-230
  homogênea, 229-230
conjunto(s)
  algoritmos relacionados com
    os, 311
  da raiz, 551
  de arestas ou edges, 341, 343
  de índices, 281, 282
  de sequências, 281
  diferença simétrica, 380
  implementado como árvore
    vermelho-preta, 310
  infinitos, 148
  inserindo número em um, 310
  operação de inserção, 306-307
  ordenação, 307, 310
  resolvendo o problema
    encontrar-unir, 354-355
constantes
  inicialização, 39
  ponteiros tratados como, 11
construtor(es)
  classe vetor, 28
  de cópia, 12-14, 21
  default, 21-22
  multimapas, 316
  nós, 69
contêiner(es), 21-22
  de fila (queue), 21, 131
  deque, 21-22, 130-131, 132-134
  list, 21, 130, 134
  map, 21, 312-315
  multimap, 21
  priority_queue, 21, 132
  set, 21, 306-308
  stack, 21, 22, 130
  vector, 21, 130, 132
  vetores, 24-31
contêiner multiset, 21
  construtores, 307

exemplo das funções-membro,
  309
Cook, Stephen, 62
cópia
  algoritmos, 556-557
  cadeias de caracteres (strings),
    12
  métodos de, 556-557
  membro a membro, 13, 14
cores, número cromático, 398
corretor ortográfico
  dicionário, 325
  implementação usando tries,
    327-333
corte, 367
cosseno, 162
critérios de eficiência, 46
Culberson, J., 216
custo amortizado, 58-60

D

D'Esopo, D., 350
dados
  comparando elementos por
    passos, 432-433
  componentes de tempo, 269
  conexão com funções-membro,
    2
  critérios utilizados para
    ordenar, 424
  espaciais, 293
  estocagem de objeto, 39
  leitura e escrita, 40
  ordem de grandeza, 424
  ordenação, 424-467
Day, Colin, 219
dBaseIII+, 21
de Moivre, Abraham, 165
declaração
  assert, 74
  de função, 4
  de tipo, 3
  delete, 9-113
definições recursivas, 148-151
delimitadores, 116-117
  chaves, {}, 116
  colchetes, [], 116
  de comentários (/* e */), 116
  parênteses, (), 116
deques (fila com duas
    extremidades)
  acesso não sequencial, 134,
    137, 137
  caminhos mais curtos, 349
  combinando comportamento
    do vetor e lista, 134
  como matriz de ponteiros, 137

inserção de elementos, 137
listas duplamente ligadas, 134,
  137
STL, 134-138
descendência recursiva, 173-174
destrutores, 14-15, 21-22
  contêineres, 21-22
  ponteiros, 14-15
detecção de ciclo e problema
  encontrar-unir, 354-356
diagramas de blocos, 149-150
diferença simétrica, 380
diferenciação, 253
dígrafos, 340
  algoritmo depthFirstSearch(),
    343
  dependências entre tarefas, 365
  detecção de ciclos, 354
Dinic, Efim A., 370
diretório
  profundidade, 493
  tamanho de, 493
  transbordamentos, 493
  escrutínio, 492-493
discos, 269-270
distância Levenshtein, 622
dividindo
  árvores 2-4, 298-300
  baldes, 493-494
  folhas, 274, 286-287
  nós, 280, 286-287, 298
divisão, 478
  função de escrutínio e, 474
Dymes, Ruth, 122

E

EBCDIC (Extended Binary
  Coded Decimal Interchange
  Code), 424
Edmonds, Jack, 388
Eiffel, 20, 540
elementos
  chave, 85
  colocando na fila, 235-236,
    238-239
  comparações de, 433-435
  ocorrências em uma árvore
    somente uma vez, 193
  tirando da fila, 235-236
  únicos, 408
empurra
  barato, 60
  caro após um empurra barato, 60
  caro seguido de empurra caro,
    60
encadeamento
  coalescido, 482

escrutínio coalescido, 482-483
marcador sim/não, 483
remoção de elemento, 484
resolução de colisão, 480-481
separado, 481
sondagem linear, 482
encapsulamento, 1-4, 20
de dados, 1
endereçamento
aberto e resolução de colisão, 476-478
de balde, 482-483
enlaçamento
deslocado, 474
limite, 474
entropia, 509
Eppinger, Jeffrey, 216
equação de recorrência, 223, 547
escoadouro, 365, 367, 368
escrutínio
coalescido, 482-483
cuco, 490-491
com baldes, 497-505
dinâmico, 492
diretório, 492-493
distribuição de nomes de maneira mais uniforme na tabela, 476
expansível, 492
extensível, 493-494
fórmulas de aproximação de número de buscas, 480-482
linear, 493, 495-497
palavras reservadas, 486-489
remoção, 484
resolução de colisão, 476-465
sem diretório, 493
virtual, 493
espaço, 46, 51
de objeto maduro, 566
espinha dorsal, 220
transformando em árvore, 221-222
esquema de codificação universal, 524
estrutura
de pilha, 151
FIFO (first in/first out), 122
estruturas de dados
árvores-B, 271-281
comportamento, 31
escondidas do usuário, 31
filas com prioridade, 129
filas, 122-129
funções-membro, 21
grafos, 340
matrizes, 67
pilhas, 115-123

programação orientada a objetos, 31
sequência de operações, 57
vetores, 24-29
primeiro a entrar/primeiro a sair. Ver estrutura LIFO (last in/first out), 115
vazias, 186
estruturas ligadas
árvores binárias, 190
ponteiros, 67
exceções, 75
expressão regular, 582
definição, 611
NDFA (nondeterministic finite automaton, 611-614
expressões, 249-250, 251-253
algébricas, 250
aritméticas, 249
lógicas, 249
relacionais, 249
expressões booleanas
CNF (conjunctive normal form), 62
satisfatível, 62

F

fator(es), 173, 174
de balanceamento, 223, 224, 225
de enchimento, 280
filas, 123-126
adição e remoção de elementos, 122-123
algoritmo acrosticIndicator(), 123
com dois finais, 350
com duas extremidades. Ver deques
com prioridade, 129
estrutura FIFO (first in/first out), 123-124
exemplo do código de implementação do Banco One, 127-129
hierarquia, 186
implementação da lista duplamente ligada, 123, 126
implementação de matriz, 123-125
limpando, 122
lista toBeChecked, 349-350
operações de enfileiramento e desenfileiramento,
percurso em extensão, 195, 345
simulações, 123-124
STL, 130

utilizadas separadamente, 351
verificando se vazia, 122
filas com prioridade, 512
encontrando a implementação eficiente, 129
heaps como, 235
implementação, 443
inicializadas com objetos da matriz P, 134
listas desordenadas, 129
listas ligadas, 129-130
ordem lexicográfica, 133
pequena lista ordenada, 129
prioridade máxima, 133-134
STL, 134
filho, 188
nulo, 190
floco de neve von Koch, 158
recursão, 159-161
flor, 388
Floyd, Robert W., 238, 352
fluxo, 366
fluxos máximos, 366, 375
de custo mínimo, 375-378
folhas, 274
adicionando, 189
árvore B de ordem m, 271, 280
árvores binárias, 188
árvores R, 293
chaves, 274
divisão, 274, 286-287
fusão, 277-278
remoção de chave, 276-278
subutilização, 277
fonte, 366
entropia, 509
Ford, Lester R., 348, 367
forma de Backus-Naur. Ver BNF(Backus-Naur form)
forma normal conjuntiva. Ver CNF (conjunctive normal form)
fórmulas, 249-250
calcular seno, cosseno e tangente, 162
FORTRAN, memória necessária para executar programas, 540
fragmentação
de memória, 543
externa, 541
interna, 541
Fredkin, E., 317
frequência, 228
de palavras, 253-257
Fulkerson, D. Ray, 367
função(ões), 1-2
Ackermann, 163
algoritmos, 23

anatomia de chamada recursiva, 151-153
âncora, 152
associação dinâmica, 20
associação estática, 20
booleana NumImpar(), 23
constante, 60
custo amortizado definido como, 60
de enlaçamento e escrutínio, 474-475
de escrutínio mínima perfeita, 485-488
de escrutínio perfeita, 473, 474, 485-490
de normalização, 476
de ordenação parciais, 456-459
de redução de r, 61
de usuários como amigas, 20-21
definido em termos dela mesma, 162
dispose(), 540
elevando o número x a uma potência inteira não negativa n, 151-152
endereço, 17
estado, 151
estado corrente, 151
estrutura de pilha, 151
exponencial, 438
genéricas, 5
implementação de ponteiros, 17-18
limites inferiores, 51
limites superiores, 50
logarítmica, 438
-membro, 1-2
nome denotando várias, 18
operando em cadeias de caracteres, 12
passagem de números, 18
ponteiros para, 17
potencial, 60
quadráticas, 477-478
recursão, 196
recursão de cauda, 155-156
recursão que não é de cauda, 156-158
redefinição, 40
registros de ativação, 151-152
tipo de retorno, 16
universais de escrutínio, 475
utilizada como um parâmetro, 162-163
valor retornado, 151
função f(), 47-48, 50, 75, 161, 606
refinada usando a notação O-Grande, 47-48

função putRainha(), 167-168, 170-171
colocando quatro rainhas, 171-172
mudanças na pilha em tempo de execução para, 170
funções de escrutínio, 474-476
acessando o balde correspondente, 498
algoritmo de Cichelli, 486-489
algoritmo FHCD, 488-490
arquivos extensíveis, 491-493
divisão, 474
enlaçamento, 474
escrutínio extensível, 491-493
escrutínio linear, 495-497
extração, 475
meio-quadrado, 475
mínima perfeita, 485
perfeitas, 485
pseudochaves, 493
resolução de colisão, 497
transformação de raiz, 475
universais de, 475
funções de sondagem
função quadrática, 478
gerador de números aleatórios, 479
sondagem linear, 476-477
funções-membro, 1-2, 3
algoritmos, 23
classe deque, 135
conexão entre os dados, 2
contêiner priority_queue, 132
contêiner queue, 131
contêiner stack, 130
contêineres, 21
declaração virtual, 20
estrutura de dados, 21
manipulação de listas, 72
tipo de retorno T&, 29
funções recursivas, 151-153
números Fibonacci, 163-165
pilha de tempo de execução, 203
versões iterativas, 158
fundindo
folhas, 277-278
listas, 355-356
matriz temporária, 448
matrizes ordenadas, 446-448
submatrizes, 448

G

Gallager, Robert G., 519
gerenciador de memória, 541
gerenciamento de memória, 540, 568
coleta de lixo, 550-567
métodos de ajuste não sequencial, 542-550
métodos de ajuste sequencial, 541-542
Gowen, P. J., 376
grafo(s), 340
2-conectado, 360
arestas, 340
árvores de espalhamento, 356-360
biconectado, 360
busca em profundidade, 387
caminhos mais curtos, 346-354
caminhos, 340
casamento, 379-388
ciclo euleriano, 389
ciclo hamiltoniano, 403
ciclo negativo, 346
ciclos, 340
circuitos, 340
clique, 403
cobertura de vértices, 402-403
coloração, 398-401
complementar, 403
completo, 341
conectividade, 360-364
de dependência, 488
detecção de ciclo, 352, 354-356
direcionados, 340, 362-363
eulerianos, 389-391
hamiltonianos, 391
k-colorível, 398
lista de adjacência, 341
matriz, 341-342
matriz de adjacência, 341
matriz de incidência, 342
multigrafos, 340
não bipartidos, 387
n-conectado, 360
número cromático, 398-399
número de situações, 340
ordenamento topológico, 365-366
percorrendo, 343-346
pesos negativos, 346
pesos positivos, 346
ponderados, 341
procura em amplitude, 387
pseudografos, 340
redes, 366-377
representação, 341-343
representação estrela, 341
simples, 340
subgrafos, 341, 359-360, 400
trilha euleriana, 389
TSP (traveling salesman problem), 394-397

vértices, 340
vértices isolados, 343, 344
grafo bipartido, 379
  grafo de dependência, 488
  problema de atribuição ótima, 385-386
grafos eulerianos, 389-390
  problema do carteiro chinês, 390-391
grafos não direcionados
  cobertura de vértices, 402-403
  conectividade, 360-362
  detectando ciclos, 354
grandes coleções, 564
grau(s)
  de saturação, 399
  incolores, 399-400

H

Hall, P., 405
Hartmanis, Juris, 46
heap(s), 234-241, 540, 555-556
  algoritmo de Dijkstra, 348
  algoritmo de dois ponteiros para a compactação, 556
  árvores perfeitamente balanceadas, 234, 235
  coletor de lixo, 550
  coletores de lixo geracionais, 563
  colocando os elementos na fila, 235, 236
  combinando com as árvores binárias, 238-240
  como filas com prioridade, 235-236
  construção de baixo para cima, 238, 240
  construção de cima para baixo, 236-237, 239
  divididos em pequenos pedaços de memória, 541
  elementos, 234, 438
  estendendo, 236
  implementação de matriz, 234, 569
  implementação do algoritmo de Huffman, 515-516
  índices de probabilidades, 515-516
  máxima, 234
  método ajuste exato adaptativo, 542
  mínima, 234, 244, 514
  ordenação, 438
  organização de matrizes como, 236-240
  perfeitamente balanceada, 235
  propriedade, 234
  região não prolífica da, 563
  região prolífica da, 563
  retornando posições não marcadas na memória para, 555
  semiespaços, 556
  subárvores, 238
  tirando o elemento da fila, 235, 237
  valor do nó, 234
Hendriksen, J. O., 130
herança, 7, 31, 32, 40
  privada, 7
  protegida, 7
  pública, 7
Hibbard, Thomas, 215
Hirschberg, Daniel S., 548
Hoare, C. A. R., 441
Hopcroft, John, 343
Huffman, David, 511

I

índices
  árvore de Huffman, 512
  mapas, 312-313
  lower, 443
informações e compressão de dados, 509-511
Ingerman, P. Z., 352
inserção
  árvores binárias, 208-211
  sequência semelhante, 622
instância, 1
  de objeto, 3
instrução
  de atribuição, 173
  include, 28
inteiros
  combinações de bits, 452
  combinações de dígitos, 452
  constante, 16
  lista singularmente ligada, 69-72
  ordenação de, 450-455
Intercâmbio de Código Decimal e Código Binário Extendido. *Ver* EBCDIC (Extended Binary Coded Decimal Interchange Code)
interpretador, 173
  de descendência recursiva, 173-179, 251
  de linguagem simples, 176-179
intervalos, encontrando o ponto médio, 18
IPL (*internal path length*), 194
Iri, M., 376
iterações, 347-349, 552
iteradores, 22-23

J

Java, 540
Jewell, W. S., 376
Jonassen, Arne, 216
Jones, Douglas W., 130

K

Kalaba, Robert, 358
Knuth, Donald, 215, 216, 262, 280, 437, 468, 519
Kruskal, Joseph, 357

L

labirinto
  programa de processamento para, 141-143
  saindo, 139-144
laços
  aninhados, 53
  do, 319
  for, 76-78, 169, 171, 348, 352
laços while, 132, 157, 201, 207-208, 221-222, 443, 444
  iterações, 347-349, 552
latência, 269-270
Lee, Meng, 21
ligações de sufixos, 618
limites, 442-443, 446
linguagem(ns)
  alocação dinâmica de memória, 540
  de programação C, 20
  lógicas de regeneração automática de armazenamento, 540
  orientadas a objeto (LOO). *Ver* OOL (object-oriented languages)
  regeneração automática do armazenamento, 550
linguagens de programação
  definições recursivas, 148
  especificação dos elementos válidos da linguagem, 149
  notação polonesa, 249
linguagens funcionais
  laços em, 21
  regeneração automática de armazenamento, 540

linhas
    de sucessor, 211
    incorporando nos nós, 203
LISP
    coletor de lixo, 550
    dados e funções, 2
    estocagem de informações em arquivos de dados, 21
    notação de prefixo, 251
    regeneração automática de armazenamento, 540
lista(s)
    auto-organizadas, 89-93
    buscando elementos, 89-90
    ciclos, 557
    circulares, 83-84, 355
    de adjacências, 341-343, 406, 408
    de adjacência sourceList, 406
    de um único nó, 77
    desordenadas e filas com prioridades, 129
    duplamente ligadas, 520, 541
    duplamente ligadas freeCells, 568
    duplamente ligadas nonFreeCells, 568
    e matrizes circulares ligadas, 454
    formatos, 79
    fundidas, 355
ligada como árvore, 217, 218
    ligadas, 67-109
    listas duplamente ligadas, 406
    ordenadas, 512
    organização de, 89-94
    percurso em extensão, 557
singularmente ligadas circulares, 83-84
    STL (*Standard Template Library*), 96-98
    tail, 559-560
listas de salto
    busca não sequencial, 84-88
    eficiência, 89
    implementação, 86-88
    inserção e remoção de nós, 86, 88-89
    níveis de nós, 84-85, 86
listas duplamente ligadas, 79-83 406
    deques, 134, 136-137
    implementação da fila, 123, 126-127
    leader e, 520
listas ligadas, 67, 100, 481-482
    alocação dinâmica de memória, 100

árvores como, 446
baldes, 482-483
biblioteca, 100-115
blocos, 540
busca de, 100, 187
definindo tipos de, 101
duas matrizes unidimensionais de, 95
duplamente, 67-87, 79-83
estruturas lineares, 186
filas com prioridades, 129-130
implementação da pilha, 119-121
indicação de status da biblioteca, 101
inserção e remoção de informações, 100
listas auto-organizadas, 89-84
listas circulares, 83-85
listas de salto, 84-88
matriz de ponteiros, 100
memória, 100
método comum, 92
método da contagem, 89-90, 93
método da ordenação, 89-90, 92-93
método de mover-para-frente, 89-90, 92-93
método de transposição, 89-90, 92-93
nós, 528
nós redundantes, 462
ordenação de raiz, 451
ordenação dos elementos, 84
ordenação estática ótima, 90
ordenadas alfabeticamente, 100
remoção do nó dalista vazia, 73-74
representando polinômios, 461-462
tabelas esparsas, 93-95
termos iguais colapsados juntos, 462
transbordamento de chaves, 495
transformadora, 188
tries, 319, 324-325
varredura sequencial, 84
listas singularmente ligadas
    ação no caso de uma exceção, 75
    acessando os nós, 67
    busca de, 79
    de inteiros, 69-72
    estocando informações, 68
    implementação de, 69-72
    incorporando os nós, 68-69
    inicializar nós, 68-69

inserindo nós, 72-73
    ligando os nós, 67-68
    manipulação de, 72
    nó de acesso, 72
    nós, 68-69, 72-73, 79-80
    ponteiros para árvores, 512
    remoção de nós, 74-80
    somente um nó para remover, 76
Litwin, Witold, 495
lixo flutuante, 562
localização e substituição de texto, 582
Lomet, David, 495
Lukasiewicz, Jan, 249
LZ77, 524

M

mapas
    acessando elementos por notação de ponto, 314
    chaves, 312
    cities, 314
    entradas de objetos, 316
    generalização dos conjuntos, 312
    implementado como árvores vermelho-pretas, 312
    indexação não convencional, 316
    índices, 312
    inserção de pares, 313, 314
    SSN, 316
Manber, Udi, 51
máquina de Turing, 62
matchlist, 626
m-clique, 400-401
marcador
    de compressão, 523
    sim/não, 483
matriz(es), 67, 341
    a raiz do elemento do meio na, 219
    acesso não sequencial, 100
    algoritmos, 22-23, 53-54
    armazenando dados, 219
    árvores binárias, 190-193
    ascendentes, 515
    bidimensionais, 95
    bidimensional de caracteres, 139
    bidimensional ranges, 246
    blocos, 137
    cadeias de caracteres (strings), 12
    circulares, 123-124
    colunas, 167-169

comparação e troca de
   elementos, 429-431
complexidade assintótica,
   53-54
de caracteres, 12
de incidência, 341
de números, 425
de ponteiros blocos, 137
de sufixos, 619-620
declarando dinamicamente, 12
declarando estaticamente, 11
diagonais direita, 167-168
diagonais esquerda, 167-168
divisão de elementos entre
   submatrizes, 443
espaço, 100
exclusão do nó da árvore, 190
flexível, 58
implementação da fila, 122-125
implementando heaps, 234
índices usados como níveis, 89
inserção ou exclusão de
   elemento, 100
limitações, 67
listas circulares ligadas, 454
locais de filhos, 190
localizando a troca de
   elementos, 428-429
maior elemento no final da, 443
ordenação, 218-219
ordenação de Shell, 436-438
ordenação por borbulhamento,
   429-433
ordenação por fusão, 447-450
ordenação por inserção,
   425-426
ordenação por seleção, 428-429
organizadas como heaps,
   236-241
particionamento de, 443-445
ponteiros, 10-12, 515
submatrizes, 219, 441-442
tamanho, 11
transformada em heap, 440
unidimensional, 123-124
matriz data[], 238, 243, 425, 455,
   537
   divisão em submatrizes,
      436-437
matriz ordenada
   árvores binária de busca,
      220-221
   localizando elementos, 54
membro
   de informação, 190
   de ponteiro, 190
   do ponteiro resto, 74
   info, 68, 72-73, 80

resto, 82-83
membro de dados,39
   city, 39
   name, 39
   numéricos, 39-40
   resto, 72, 134
   salary, 39, 40
   SSN, 39
   sucessor, 203
   topo, 72, 134
   year, 39-40
memória, 540-541
   abordagem de não
      compactação, 543
   locais acessados aleatoriamente,
      24
   alocando e desalocando
      dinamicamente, 8
   liberando, 14-15
   listas ligadas, 100
   principal e heap, 540
   vazamento de, 9-10, 15
mensagens, 3
   número de ocorrências de
      símbolos, 519
   símbolos utilizados para
      codificar, 509-510
método(s), 1-2
   ajuste-mais à esquerda, 542
   comum, 92
   de ajuste exato adaptativo, 543
   de correção de rótulo, 346
   de ajuste sequencial, 541-542
   de estabelecimento de rótulo,
      346
   de marcação Schorr e Waite,
      551
   de mover-para-frente, 89-90,
      91, 93
   de ordenação, 89-90, 93
   de transposição, 89-90, 92
   Jarník-Prim, 396
   pequeno rótulo primeiro, 351
métodos de ajuste não sequencial
   gerenciamento de memória,
      541-550
   método ajuste exato, 542
   método ajuste-mais à esquerda,
      542
   método melhor-ajuste, 542
   listas organizadas como árvore,
      542
   sistemas amigos, 543-549
   técnica ajuste exato adaptativo,
      542
modelos e processamento de
   lista, 79
modificador virtual, 7

Modula-3, 540
módulo TSize, 474, 475-476, 478,
   480
Morris, Joseph M., 206
Morris, Robert, 479
multiconjuntos, 306-310
   intervalo de todas as duplicatas,
      311
   múltiplas cópias do mesmo
      elemento, 307
   ordenados, 307, 310
multigrafos, 340-341
multimapas, 312-316
Munro, Ian, 228
mutador, 557-558, 560-562

N

NDFA (*nondeterministic finite
   automaton*), 611-613
nenhuma regra de ocorrência,
   592
nó(s), 68-69, 186
   apontando para membros de
      dados, 69
   armazenagem secundária, 271
   árvore B de ordem m, 271
   árvore de sufixos, 630
   árvores 2-4, 295
   árvores alinhadas, 209
   árvores B*, 280
   árvores B, 269-270, 271, 295
   árvores não alinhadas, 209
   atualização de fatores de
      balanceamento, 224
   caminhos, 156
   campo de informação, 190
   campo de ponteiro, 190
   canônico, 631
   comprimento de caminho
      médio, 194
   construtores, 69
   de extremidade, 618
   de probabilidade, 512
   dividindo, 280, 286-290, 298
   endereço, 69
   filho, 186-187
   inacessível aos objetos
      externos, 72
   incorporando linhas em, 203
   incorporando na lista, 69
   inicialização, 69
   inserção de, 209-211
   IPL, 194
   lista ligada vazia, 74
   listas duplamente ligadas, 79
   listas ligadas, 72-73
   membro de informação, 190

membro info, 68-69
membro próximo, 68-69
membros de ponteiro, 190
movendo-se à raiz, 228
níveis de, 186, 189
número de chaves em, 271
posições de letras, 325
pré-divisão, 276-277
removendo a chave de, 276-278
removendo somente um nó, 76
removendo, 74-80, 211-215, 288
terminais, 186
trie-C, 323
tries, 323-324, 325
notação
   de prefixo, 251
   de pós-fixo, 251
   duplo-O (OO), 51
   infixo, 251
   O-Grande, 49-50
   polonesa, 249-250
   pós-fixa de Forth, 251
   pós-fixa PostScript, 251
   pós-fixa, 251
   prefixa LOGO, 251
   seta, 69
   Θ, 50-51, 56
notação Ω
   aproximações, 56
   direção da desigualdade, 50
   igualdades nas definições de, 51
   problema de perfusão, 50
notação O-grande, 47-48
   algoritmos rejeitados prematuramente, 51
   aproximações, 56
   desigualdade com duas incógnitas, 48
   direção da desigualdade, 50
   função f, 47-48
   função g, 47-48
   funções logarítmicas, 50
   igualdades nas definições de, 51
   imprecisão inerente, 48
   limites superiores das funções, 50
   ordenação, 424-425
   possíveis problemas, 51
   problema de profusão, 50
   propriedades, 49-50
notação OO. *Ver* notação duplo-O.
NP-completude, 60-62
número(s)
   adicionando muito grandes, 117-119

como cadeias de numerais, 117-119
conversão de cadeias de caracteres para, 40
cromático, 398, 399
de Fibonacci, 163-166
do sistema "destro", 505
forma binária, 40
naturais, 51, 148-149
ordenação, 424
problema de legibilidade, 40
sistema destro, 505

O

objeto(s), 1-3
   autorreferenciais, 68
   compostos, 310
   de pilha global, 158
   definição, 148
   definidos localmente, 14
   envio de mensagem padrão para vários, 20
   estocagem de dados a partir de, 39
   funções-membro, 3
   membros de dados de ponteiro copiando dados entre, 12
   processamento da entrada e saída, 40
   região não prolífica, 563
   região prolífica, 563
   representação hierárquica, 186
   tmp, 40
objetos de função
   com dois argumentos, 29
   como parâmetro, 29
   greater, 30, 132, 133
   negate, 24
   operadores, 23
OOLs (*object-oriented languages*), 1-4
   C++, 20
   Eiffel, 20
   hierarquia de classes, 5
   regeneração automática de armazenamento, 540
   Simula, 2
   Smalltalk, 20
OOPs (*object-oriented programming*)
   C++, 20
   estruturas de dados, 31
   objetos, 1-2
   polimorfismo, 18-19
   simulação, 2
operação, 57
   demoradas, 58

"e bit-a-bit" (&), 453
ou exclusiva (^), 474
rápidas, 58
operador
   de chamada de função, 23
   de endereço (&), 8-9, 408
   de igualdade (==), 39
   de indireção asterisco (*), 8
   de módulo (%), 478
   de subscrito ([]), 314
   derreferência/ desreferenciamento (*), 18, 408
   predefinidos, 5
   sobrecarregado de entrada (>>), 39
operador de atribuição (=), 14
   contêineres, 21
   função-membro front(), 29
ordenação
   alfabética, 424
   algoritmos de ordenação eficientes, 436-456
   algoritmos de ordenação elementares, 425-433
   árvores de decisão, 433-435
   código ASCII, 424
   comparando os elementos, 432-435
   critérios de eficiência, 424
   de raiz, 450-454
   EBCDIC, 424
   estática ótima, 90-91
   funções de ordenação parciais, 456-459
   inteiros, 450-455
   matrizes, 219
   notação O-Grande, 424
   número de comparações, 424-425
   número de movimentações, 424-425
   números, 424
   por chacoalhamento (shakersort), 438
   por contagem, 455-456
   por diminuição do incremento, 436
   por seleção, 428
   Shell, 436-438
   STL (Standard Template Library), 456-459
   submatrizes, 436
   topológica, 365-366
   velocidade de estimativa de, 433
   vetores, 29-30
ordenação de heap, 438-440

convertendo uma matriz em heap, 236
ordenação por borbulhamento, 429-430
   árvores de decisão, 433
ordenação por inserção, 425-427, 433, 434-435
   comparação com a ordenação por borbulhamento, 431
   ordenação Shell, 436

P

palavras-chave, 509-510
   árvore Huffman, 520, 528
   carreiras de apenas um caractere, 523
   carreiras de pelo menos dois caracteres, 523
   comprimento, 509-510
   comprimento médio, 510-511, 518
   criação, 515
   definidas, 608
   nenhuma entrada correspondente na tabela, 527
   números que representam sequências binárias, 528
   pequenas não utilizadas, 510
   protected, 7
   public, 7
parâmetros, valores dos, 150-151
Pascal
   algoritmo do Cichelli, 486-487
   distinção entre dados e funções ou procedimentos, 2
   princípio de ocultamento de informação, 2
   sem recursos orientados a objetos, 20
passagem por referência, 16
pequena listas ordenadas, 129
percorrendo árvores binárias, 211
percurso(s)
   de árvore em pós-ordem, 196, 201-202, 204-205, 251
   por transformação da árvore, 205-209
   recursivos e pilha em tempo de execução, 208
percurso(s) de árvore
   ordem em que nós são visitados, 195-196
percurso em extensão, 195
percurso em profundidade, 195-203

percurso em profundidade sem pilha, 203-209
   visitando cada nó apenas uma vez, 195-209
percurso de árvore em pré-ordem, 196-200, 204, 207-208, 251, 550
   árvore de espalhamento mínima, 395
   versão não recursiva, 201
percurso de árvore in-ordem, 196, 197, 250-251
   árvores alinhadas, 203
   árvores B, 279-280
   árvores degeneradas, 206
   comportamento da pilha em tempo de execução, 198
   implementação não recursiva, 199, 202
   implementação recursiva, 199
   percurso pré-ordem de, 208
   saída dada pelo, 197
   tarefas realizadas para cada nó separadamente, 198
   tempo de execução, 208
percurso em extensão, 195
   cópias de listas, 557
   filas, 345
percurso em profundidade, 195-203
   implementação, 197
percurso da árvore pós-ordem, 196
percurso da árvore pré-ordem, 196-200
percurso de árvore in-ordem, 196-197
percurso organizado, 196
   variações, 196
percurso em profundidade sem pilha
   árvores alinhadas, 203-205
   percurso por transformação de árvore, 205-209
   percursos na ordem de entrada, 203-204
   nós, 209
percurso em pós-ordem, 204
percurso em pré-ordem, 204
   pilhas, 205-206
   sobrecarregando ponteiros existentes, 203-204
Peter, Rozsa, 163
pilha(s)
   algoritmos em profundidade, 345
   armazenando as coordenadas de posições de células, 140

armazenando ponteiros aos nós, 552
árvores alinhadas, 204-205
capacidade da, 121
casamento de delimitadores em programa, 116
colocando elemento no topo de, 115
como parte da árvore, 203
deveres da pilha em tempo de execução, 157
explícita e coleta de lixo marca e trocar, 550-551
hierarquia, 186
implementação de vetor de uma, 119-120
incorporando na lista que está sendo processada, 551
limpando, 115
listas ligadas, 119, 551
manipulação explícita, 157
mantida pelo usuário, 203
matrizes, 551
operações colocar (push) e extrair (pop), 115-116, 121
recuperação de dados na ordem inversa, 116
recursão, 150
retornando elemento mais alto, 115
saindo do labirinto, 139
somando números muito grandes, 117-118
STL, 130
tamanho limitado, 551
tamanho previsto, 122
tomando o elemento mais alto da, 115
transbordamento, 551-552, 555
verificando se vazia, 115
pilha do tempo de execução, 556
   acompanhamento de todas as chamadas em, 153
   alocação dinâmica, 150
   armazenando mais coisas sobre, 163
   chamadas pendentes em, 154
   coleta de lixo marcar e trocar, 550
   comportamento, 198
   dados necessários para continuar a execução, 551
   funções recursivas, 203
   mudanças, 169, 198-200
   percursos recursivos, 208
   registros de ativação, 151, 169
   transbordamento, 551

pivô, 442
polimorfismo e OOPs, 18-20
polinômios
 O-Grande de n elevado a maior potência, 49
 ordenando termos em, 463
 ordenando variáveis, 462
 somando, 461-467
ponte, 360
ponteiro(s)
 aos predecessores e sucessores, 203
 atributos, 8
 bottom, 559
 constantes, 11
 construtores de cópia, 12-14
 conteúdo, 8
 copiando dados entre objetos, 12-13
 corrente, 83
 da pilha, 154
 de arquivo database, 39
 de raiz, 550
 destrutores, 14-15
 endereços, 9
 estruturas ligadas, 67
 generalização, 22
 horizontais, 295
 implementações de funcionais, 17
 inconveniência em, 69
 inteiro constante, 16
 localização, 8
 localizações anônimas, 8
 matrizes, 10-12
 nulo, 67, 68, 76
 p, 207, 295
 para funções, 17-18
 para números, 8
 passagem por referência, 16
permanente resto, 83
pretos, 295
 scan, 559
 sobrecarregando existente, 203
 sweeper, 562
 trie, 319-320
 variáveis atribuídas a, 8
 variáveis de referência, 15-16
 variável tmp, 78
 vermelhos, 295
 verticais, 295
ponto
 ativo, 618
 de articulação, 360-362
porão, 482
princípio de ocultamento de informação, 2, 7, 20, 21, 72, 190

função amiga, 20
procedimento primeiro-ajuste, 541
processamento de corpo de dados fixo, 485
probabilidades e árvore de Huffman, 511-512
problema(s)
 3-colorabilidade, 401-402
 das oito rainhas, 166-171
 de 3-satisfazimento, 62
 de atribuição, 385-386
 de atribuição ótima, 395
 de casamento, 380
 de cobertura do vértice, 402-403
 de decisão, 61
 de referência pendente, 9
 de satisfazimento, 62-63
 decomposição em subproblemas, 149
 do caixeiro viajante. Ver TSP (traveling salesman problem)
 do caminho mais curto todos-para-todos, 352-354
 do carteiro chinês, 390-391
 do casamento estável, 384-386
 do clique, 400-401
 encontrar-unir, 354-356
 NP-completos na teoria dos grafos, 400-405
 P, 61
problemas NP-completo, 62
 número cromático do grafo, 398
 problema 3-colorabilidade, 401-402
 problema 3-satisfatibilidade, 401
 problema do ciclo hamiltoniano, 403
 problema da cobertura do vértice, 402-403
 problema do clique, 400-401
 teoria dos grafos, 400-405
profundidades locais, 493-494
programa(s), 1
 C, exigência de memória, 540
 C++, exigência de memória, 540
 compilação, 173
 compilado, 46
 de banco de dados, 271
 de biblioteca, 104-109
 interpretado, 46
 Pascal, solicitando memória, 540

usando informações depositadas em armazenagem secundária, 270
programação orientada a objetos (POO). Ver OOP (object-oriented programming)
Prolog, 540
 recursão de cauda, 155-156
propriedade
 da notação O-Grande, 49-50
 de árvore vh, 300, 301
 de irmandade, 519-520
 de prefixo, 510
 heap, 234, 439
 vh, 300
protocolo de transmissão IBM 3780 BISYNC, 524
pseudochaves, 493
pseudografo, 340-341

Q

quicksort (ordenação rápida), 441-442, 446-447

R

raiz, 186
 árvore B de ordem m, 271
 movendo nó para, 228
 transformação de raiz, 475
recursão, 540
 agilizando, 173
 âncoras, 162
 aninhada, 162-163
 aumentando o tempo de execução, 163
 autodocumentação, 155
 chamadas de função, 150-151
 convertendo em versão iterativa, 172
 de cauda, 155-156, 173
 de cauda substituída por laços, 156
 direta, 175
 dupla, 196
 excessiva, 163-166
 flocos de neve von Koch, 159-161
 funções, 226
 imprimindo linha de entrada na ordem inversa, 156-157
 indireta, 161-162
 legibilidade, 163
 legibilidade do programa, 155
 manuseando adequadamente, 151

pilha em tempo de execução, 163
que não é de cauda, 156-164, 172
repetição dos cálculos, 163-164
retrocesso, 166-172
simplicidade lógica, 163
simplificação da codificação, 155
reescrutínio
   escrutínio cuco, 490-491
   flexibilidade para escrutínio, 491
   impacto global na tabela de escrutínio, 491-492
   tabelas de escrutínio, 490
redes, 366-370
   de nível, 373
   em camadas, 373, 375
referência canônica, 631
regeneração automática de armazenamento, 540, 550
região
   não prolífica, 563
   não retangulares em árvores hB, 291
   prolífica, 563
registro(s)
   d, 39
   de comprimento fixo, 32
   definição de formato, 32-40
   em forma legível, 40
   encontrando, 32-40
   ingresso direto, 32
   inserindo, 32-40
   modificando, 32-40
   tmp, 39
registros de ativação, 151-152, 154-155, 155-156, 169-170
   função reverse(), 157
   movendo o ponteiro da pilha, 151, 155
   pilha em tempo de execução, 150-151, 170
regra
   da ocorrência do lado esquerdo, 686-687
   de ocorrência de caracteres, 592
   de ocorrência do lado direito, 592
   de sufixo parcial, 594
   do sufixo completo, 594-596
remoção
   árvores binárias, 211-216
   por cópia, 215-218, 301
   por fusão, 212-215
   sequência semelhante, 622
resolução de colisão
   encadeamento, 481-483
   endereçamento aberto, 476-481

endereçamento de balde, 482-483
escrutínio, 475-476
funções de escrutínio, 497
funções de sondagem, 476-481
sondagem linear, 476-477, 480
retrocesso, 139
   inteligência artificial, 166
   problema das oito rainhas, 166-172
   recursão, 167-172
representantes distintos, 405-408

S

Sager, Thomas, 488
saída, 1
SCC (*strongly connected components*), 362
semiafunilamento, 233, 254
semiespaços, 556
seno, 162
sequências
   alinhando, 622
   antecessor, 625
   comparações, 425
   comprimento, 12
   convertendo em números, 40
   copiando, 12
   de alinhamento, 621-622
   descendente, 625
   diferenças entre, 621
   estocadas em membros de dados numéricos, 40
   funções, 12
   maior subsequência comum, 625, 630-637
   não vazia transformada em vazia, 623
   ordem alfabética, 190
   semelhante, 622
   vazia, transformando em sequência não vazia, 623
sequências correspondentes aproximadas, 621-630
sequências correspondentes com k erros, 627-630
sequência semelhante, 622-627
Shannon, Claude E., 509
Shell, Donald L., 436
símbolos, 517, 518-520
Simula, 2
simulações, 2
sistema(s)
   de amigos de Fibonacci, 548-549
   de amigos ponderado, 549

de dual, 549-550
de tempo real e iteração, 172
e números canhotos, 505
generalizados de Fibonacci, 548
sistema binário de amigo, 543, 544-545
   alocação de memória, 544
   blocos livres, 544, 546
   blocos reservados, 544-545
   blocos, 543-544, 547-548
   equação de recorrência, 547
   espaço necessário para, 547-548
   fragmentação externa, 547
   lista de blocos, 544
   velocidade, 547
sistemas de amigos
   de Fibonacci, 548
   dividindo-se em amigos, 543, 545
   duplo, 549
   ponderado, 549
   sistema binário de amigos, 544-545
Smalltalk, 20, 540
sondagem, 476
   quadrática, 477-478
sondagem linear
   agrupamentos na tabela, 477
   armazenamento de chaves, 484
   encadeamento, 481-482
   resolução de colisão, 480
Standish, Thomas, 480
Stearns, Richard E., 46
Stepanov, Alexander, 21
STL (Standard Template Library), 21
   algoritmos, 22-23
   classe genérica de pilha, 130
   conjuntos, 306-312
   contêineres, 21-22
   deques (fila com duas extremidades), 134-139
   filas, 130
   filas com prioridade, 132-133
   implementação de lista como duplamente ligada genérica, 96-97
   iteradores, 22
   listas, 96-100
   mapas, 312-316
   multiconjuntos, 306-312
   multimapas, 312-316
   objetos de função, 23-24
   ordenação, 456-461
   pilhas, 131
   vetores, 24-30

Stout, Quentin F., 219
stringologia, 582
subárvores e heaps, 28
subclasses, 7
subgrafos, 341, 359-360, 400-401
submatrizes, 219
    dividindo, 442-443
    fundindo, 448
    limites, 442
    ordenando, 436
substituição e sequência semelhante, 622-623
subutilização, 277, 428
Sunday, Daniel, 599
superclasse, 7
supersímbolos, 527
supressão nulo, 524

T

tabela(s)
    agrupamentos e sondagem linear, 477-478
    buscas malsucedidas, 480
    de edição 2D, 623
    de índice invertido, 93
    deixando chaves removidas nas, 484
    delta 1, 592-593
    diretório ou registros, 492
    dispersa, 481
    equivalentes para símbolos, 517
    esparsas, 93-96
    índice invertido, 93
    mapas, 312-316
    sobrecarregadas com registros removidos, 484
    tamanho, 485
    transformando chaves no índice, 473
tabelas de escrutínio
    armazenando e recuperando dados, 477
    arquivo outfile como, 497
    dinamicamente expandidas, 493
    reescrutínio, 490-491
    remoção de dados, 484-485
tangente, 162
tarefas, 1
    entrada, 1
    dependências entre, 365
    independentes, 398
    representadas por vértices, 398
Tarjan, Robert, 343
técnica
    de inversão de vínculo e pilha de comprimento fixo, 552
    pare e copie, 558-559
tempo, 46
    complexidades, 51-53
    de procura, 270
teorema
    de máximo-fluxo mínimo-corte, 367
    sistema de representantes distintos, 405
teoria das filas, 123-124
texto, localizando e substituindo, 582
Thompson, Ken, 611
tipo(s)
    de dados abstratos, 1, 115
    de dados definidos pelo usuário, 96
    de referência, 16-17
    de retorno T&, 29
tipos de dados
    construídos em, 31
    definidos pelo usuário, 31, 96
    implementação mais eficaz, 115
treaps, 241-243
trie(s)
    altura, 319
    armazenando palavras inteiras, 317
    armazenando palavras do dicionário, 325
    -C, 324
    caractere especial (#) em cada nó, 317
    compostas por palavras, 317, 319
    comprimento de prefixo idêntico mais longo, 319
    comprimindo, 322-323
    de sufixos, casamento de cadeias de caracteres exata, 614-616
    dorsal, 320
    espaço necessário para, 320-322
    falha, 317
    folhas, 319, 325
    implementação da árvore 2-4, 320
    implementação do corretor ortográfico, 327-333
    imprimindo conteúdos, 325
    inclinadas por palavras, 319
    inserindo chave, 319
    listas ligadas, 325
    matrizes pseudoflexíveis, 325
    mudando a forma como as palavras são testadas, 320
    nós de comprimento fixo, 325
    nós, 319-320, 323, 325
    número médio de visitas em, 319
    ordem em que chaves são inseridas, 319
    organização de caracteres/chaves, 317
    ponteiros, 317
    retângulos verticais, 317
    sinal para a inserção de chave, 317
    tamanho, 325
    um caractere usado em comparações, 317
    velocidade de, 319
    versão em bit, 323
trilha euleriana, 389
TSP (*traveling salesman problem*), 394-395
    árvore de espalhamento mínima, 395-396
    ciclo mínimo hamiltoniano, 394-398
    desigualdade triangular, 395

U

UNIX
    comando agrep (grep aproximado), 627
    comando diff, 627
    comando fgrep, 611
    compact, 527
    compress, 527
    pack, 527

V

valores de retorno, 151-152
variável(eis), 1
    acessando valores indiretamente, 8
    apagando, 9-10
    atributos, 8
    auxiliar, 8
    avaliação de, 174
    de ponteiro, dereferenciamento, 16-17
    de referência, 15-16
    declarando, 3
    endereço, 8, 17
    inicializando, 39
    isoladas, 3
    k, 245
    locais, 2, 150

ponteiro pred, 78
ponteiros, 8-18
valor de, 173
vértice(s), 340
   adjacentes, 341
   atribuindo cores a, 398
   caminho mais curto, 346-354
   ciclo hamiltoniano, 391-392
   conjuntos mínimos não sobrepostos, 398
   de corte, 360
   de extremidade morta, 373
   de grau ímpar, 390
   escoadouro, 367
   fonte, 366
   grau, 341
   graus de saturação, 399, 400
   graus sem cor, 399-400
   incidente com, 341
   independentes, 398
   isolados, 341, 343
   lista de adjacência, 406
   mínimo, 418
   não rotulados, 408
   no mesmo conjunto, 355-356
   ordenação de alto e baixo graus, 399-400
   particionamento em séries de níveis, 488
   pontos de articulação, 360-361
   simples, 380
   tarefas representadas por, 398

V

vetor(es), 24-31
   acessando elementos, 29
   adicionando novos elementos, 28-29, 58
   algoritmos, 29-30
   alocação de memória, 24, 28
   alocando grande quantidade de células, 58
   alterando a capacidade, 28
   células disponíveis, 28
   funções de membro, 26-28
   ordenação, 29-30
   redimensionamento, 28
   transbordo, 58-59
   valores dos parâmetros, 28
   vértices, 408
vínculo dinâmico, 151
viradas de bandeira (*flag flipping*), 300
von Koch, Helge, 158
von Neumann, John, 448

W-Y

Warren, Bette L., 219
Warshall, Stephen, 352
Williams, John, 236, 438
Wilson, Paul, 568
Witzgall, C., 350
Yuasa, Taiichi, 561